Die Heilige S
Auswahlb.

Die Heilige Schrift
Einheitsübersetzung
Auswahlbibel in Großdruck

kbw bibelwerk

Die Auswahl aus dem Alten Testament basiert
auf der Einheitsübersetzung.
Die Gesamtausgabe der Heiligen Schrift
ist herausgegeben im Auftrag der Bischöfe
Deutschlands, Österreichs und der Schweiz,
des Bischofs von Luxemburg,
des Bischofs von Lüttich
und des Bischofs von Bozen-Brixen.
Für die Psalmen und das Neue Testament
auch im Auftrag des Rates
der Evangelischen Kirche in Deutschland
und der Deutschen Bibelgesellschaft.

In neuer Rechtschreibung 2006

ISBN 978-3-460-31923-3
ISBN 978-3-460-31924-0
ISBN 978-3-460-31925-7

www.bibelwerk.de

Gestaltung: Finken & Bumiller, Stuttgart
Druck und Binden: CPI Books, Leck

Inhaltsverzeichnis

Die Schriften des Neuen Testaments

Die Evangelien

Die Apostelgeschichte 487

Die Paulinischen Briefe

Die Pastoralbriefe

Die Katholischen Briefe

Die Offenbarung des Johannes 732

Anhang

Ein Wort zuvor

Sie halten eine Auswahlbibel der ökumenisch verantworteten Einheitsübersetzung in den Händen. Aus der Heiligen Schrift auszuwählen ist ein großes Unterfangen. Aufgrund des immer wieder an uns herangetragenen Wunsches nach einer handlichen Großdruckausgabe, haben wir uns jedoch dazu entschieden. Die Auswahl betrifft ausschließlich das Alte Testament. Sie wurde nach dem Kriterium eines Spannungsbogens von bekannten Erzählungen auf der einen und den theologisch herausragenden Texten des Alten Testament auf der anderen Seite getroffen. Der Psalter – das Gebetbuch Jesu – und das Neue Testament sind komplett enthalten.

Die Bibel (von griechisch bíblos = Buch) wie sie uns heute vorliegt, ist eine umfangreiche Sammlung von Einzelschriften, die das Alte und Neue Testament umfassen. Die Erzählungen, Chroniken und Psalmen sind im Laufe von etwa einem Jahrtausend entstanden. Vor ihrer Abfassung in schriftlicher Form wurden viele von ihnen von Generation zu Generation mündlich tradiert. Sie wurden den Kindern weitererzählt oder in der gottesdienstlichen Versammlung als Lied gesungen, verkündet oder von Gelehrten immer wieder neu ausgelegt.
Gemeinsames Anlieger aller biblischen Schriften – so unterschiedlich oder fremd sie uns modernen Leserinnen und Lesern heute erscheinen – ist es, den Glauben an den im eigenen Leben erfahrenen, lebendigen Gott durch verschiedenste literarischen Gattungen und Sprachformen zu bezeugen.
Das Alte Testament ist die hebräische Bibel, die Heilige Schrift der Juden und damit auch die Heilige Schrift Jesu. Treffender könnte man es auch das »erste Testament« nennen, denn die christlichen Bücher, die im Neuen Testament zusammengefasst sind, ersetzen das Alte Testament nicht, sondern führen es weiter. 46 Schriften haben wir Christen vom Judentum übernommen. Sie sind in Buchgruppen zusammengestellt: die fünf Bücher des Mose, die Bücher der Geschichte Gottes, die Bücher der Lehrweisheit

und die Psalmen, die Bücher der Propheten. Damit folgt das christliche Alte Testament in weiten Teilen dem Tanach, dem jüdischen Kanon der Heiligen Schrift.

So bietet diese Bibelausgabe im lesefreundlichen Großdruck einen übersichtlichen Querschnitt durch die komplexe Literatur des Alten Testaments und erleichtert den Einstieg in die ersten heiligen Schriften, ohne die das Neue Testament sich nicht erschließen kann.

Ihr Verlag Katholisches
Bibelwerk GmbH, Stuttgart

Aus den Schriften des Alten Testaments

DIE FÜNF BÜCHER DES MOSE
AUS DEM BUCH GENESIS

Die Erschaffung der Welt

1 Im Anfang schuf Gott Himmel
und Erde; 2 die Erde aber war wüst
und wirr, Finsternis lag über der Urflut,
und Gottes Geist schwebte über dem
Wasser.
3 Gott sprach: Es werde Licht. Und es
wurde Licht. 4 Gott sah, dass das Licht
gut war. Gott schied das Licht von der
Finsternis, 5 und Gott nannte das Licht
Tag, und die Finsternis nannte er
Nacht. Es wurde Abend, und es wurde
Morgen: erster Tag.
6 Dann sprach Gott: Ein Gewölbe ent-
stehe mitten im Wasser und scheide
Wasser von Wasser. 7 Gott machte also
das Gewölbe und schied das Wasser
unterhalb des Gewölbes vom Wasser
oberhalb des Gewölbes. So geschah es,
8 und Gott nannte das Gewölbe Him-
mel. Es wurde Abend, und es wurde
Morgen: zweiter Tag.
9 Dann sprach Gott: Das Wasser unter-
halb des Himmels sammle sich an
einem Ort, damit das Trockene sicht-
bar werde. So geschah es. 10 Das Tro-
ckene nannte Gott Land, und das ange-
sammelte Wasser nannte er Meer. Gott
sah, dass es gut war. 11 Dann sprach
Gott: Das Land lasse junges Grün
wachsen, alle Arten von Pflanzen, die
Samen tragen, und von Bäumen, die
auf der Erde Früchte bringen mit ihrem
Samen darin. So geschah es. 12 Das
Land brachte junges Grün hervor, alle
Arten von Pflanzen, die Samen tragen,
alle Arten von Bäumen, die Früchte
bringen mit ihrem Samen darin. Gott
sah, dass es gut war. 13 Es wurde Abend,
und es wurde Morgen: dritter Tag.
14 Dann sprach Gott: Lichter sollen am
Himmelsgewölbe sein, um Tag und
Nacht zu scheiden. Sie sollen Zeichen
sein und zur Bestimmung von Fest-
zeiten, von Tagen und Jahren dienen;
15 sie sollen Lichter am Himmelsgewölbe
sein, die über die Erde hin leuchten. So
geschah es. 16 Gott machte die beiden
großen Lichter, das größere, das über
den Tag herrscht, das kleinere, das über
die Nacht herrscht, auch die Sterne.
17 Gott setzte die Lichter an das Him-
melsgewölbe, damit sie über die Erde
hin leuchten, 18 über Tag und Nacht
herrschen und das Licht von der Fins-
ternis scheiden. Gott sah, dass es gut

war. 19 Es wurde Abend, und es wurde
Morgen: vierter Tag.
20 Dann sprach Gott: Das Wasser wimm-
le von lebendigen Wesen, und Vögel
sollen über dem Land am Himmels-
gewölbe dahinfliegen. 21 Gott schuf
alle Arten von großen Seetieren und
anderen Lebewesen, von denen das
Wasser wimmelt, und alle Arten von
gefiederten Vögeln. Gott sah, dass es
gut war. 22 Gott segnete sie und sprach:
Seid fruchtbar, und vermehrt euch,
und bevölkert das Wasser im Meer,
und die Vögel sollen sich auf dem Land
vermehren. 23 Es wurde Abend, und es
wurde Morgen: fünfter Tag.
24 Dann sprach Gott: Das Land bringe alle
Arten von lebendigen Wesen hervor, von
Vieh, von Kriechtieren und von Tieren des
Feldes. So geschah es. 25 Gott machte alle
Arten von Tieren des Feldes, alle Arten
von Vieh und alle Arten von Kriechtieren
auf dem Erdboden. Gott sah, dass es gut
war. 26 Dann sprach Gott: Lasst uns Men-
schen machen als unser Abbild, uns ähn-
lich. Sie sollen herrschen über die Fische
des Meeres, über die Vögel des Himmels,
über das Vieh, über die ganze Erde und
über alle Kriechtiere auf dem Land. 27
Gott schuf also den Menschen als sein Ab-
bild; als Abbild Gottes schuf er ihn. Als
Mann und Frau schuf er sie. 28 Gott seg-
nete sie, und Gott sprach zu ihnen: Seid
fruchtbar, und vermehrt euch, bevölkert
die Erde, unterwerft sie euch, und
herrscht über die Fische des Meeres, über
die Vögel des Himmels und über alle
Tiere, die sich auf dem Land regen.
29 Dann sprach Gott: Hiermit übergebe
ich euch alle Pflanzen auf der ganzen
Erde, die Samen tragen, und alle Bäu-
me mit samenhaltigen Früchten. Euch
sollen sie zur Nahrung dienen. 30 Allen
Tieren des Feldes, allen Vögeln des Him-
mels und allem, was sich auf der Erde
regt, was Lebensatem in sich hat, gebe
ich alle grünen Pflanzen zur Nahrung.
So geschah es. 31 Gott sah alles an, was
er gemacht hatte: Es war sehr gut. Es
wurde Abend, und es wurde Morgen:
der sechste Tag.

2 So wurden Himmel und Erde voll-
endet und ihr ganzes Gefüge. 2 Am
siebten Tag vollendete Gott das Werk,
das er geschaffen hatte, und er ruhte
am siebten Tag, nachdem er sein ganzes
Werk vollbracht hatte. 3 Und Gott seg-
nete den siebten Tag und erklärte ihn
für heilig; denn an ihm ruhte Gott,
nachdem er das ganze Werk der
Schöpfung vollendet hatte.
4a Das ist die Entstehungsgeschichte
von Himmel und Erde, als sie erschaf-
fen wurden.

Das Paradies

4b Zur Zeit, als Gott, der Herr, Erde und
Himmel machte, 5 gab es auf der Erde
noch keine Feldsträucher und wuchsen
noch keine Feldpflanzen; denn Gott,
der Herr, hatte es auf die Erde noch

nicht regnen lassen, und es gab noch
keinen Menschen, der den Ackerboden
bestellte; 6 aber Feuchtigkeit stieg aus
der Erde auf und tränkte die ganze
Fläche des Ackerbodens.
7 Da formte Gott, der Herr, den Men-
schen aus Erde vom Ackerboden und
blies in seine Nase den Lebensatem. So
wurde der Mensch zu einem lebendi-
gen Wesen.
8 Dann legte Gott, der Herr, in Eden, im
Osten, einen Garten an und setzte dort-
hin den Menschen, den er geformt hatte.
9 Gott, der Herr, ließ aus dem Acker-
boden allerlei Bäume wachsen, ver-
lockend anzusehen und mit köstlichen
Früchten, in der Mitte des Gartens aber
den Baum des Lebens und den Baum
der Erkenntnis von Gut und Böse.
10 Ein Strom entspringt in Eden, der den
Garten bewässert; dort teilt er sich und
wird zu vier Hauptflüssen. 11 Der eine
heißt Pischon; er ist es, der das ganze
Land Hawila umfließt, wo es Gold gibt.
12 Das Gold jenes Landes ist gut; dort gibt
es auch Bdelliumharz und Karneol-
steine. 13 Der zweite Strom heißt Gihon;
er ist es, der das ganze Land Kusch um-
fließt. 14 Der dritte Strom heißt Tigris; er
ist es, der östlich an Assur vorbeifließt.
Der vierte Strom ist der Eufrat.
15 Gott, der Herr, nahm also den
Menschen und setzte ihn in den Garten
von Eden, damit er ihn bebaue und
hüte. 16 Dann gebot Gott, der Herr, dem
Menschen: Von allen Bäumen des Gar-
tens darfst du essen, 17 doch vom Baum
der Erkenntnis von Gut und Böse darfst
du nicht essen; denn sobald du davon
isst, wirst du sterben.
18 Dann sprach Gott, der Herr: Es ist
nicht gut, dass der Mensch allein
bleibt. Ich will ihm eine Hilfe machen,
die ihm entspricht.
19 Gott, der Herr, formte aus dem
Ackerboden alle Tiere des Feldes und
alle Vögel des Himmels und führte sie
dem Menschen zu, um zu sehen, wie
er sie benennen würde. Und wie der
Mensch jedes lebendige Wesen be-
nannte, so sollte es heißen. 20 Der Mensch
gab Namen allem Vieh, den Vögeln des
Himmels und allen Tieren des Feldes.
Aber eine Hilfe, die dem Menschen ent-
sprach, fand er nicht.
21 Da ließ Gott, der Herr, einen tiefen
Schlaf auf den Menschen fallen, so dass
er einschlief, nahm eine seiner Rippen
und verschloss ihre Stelle mit Fleisch.
22 Gott, der Herr, baute aus der Rippe,
die er vom Menschen genommen hatte,
eine Frau und führte sie dem Menschen
zu. 23 Und der Mensch sprach:
Das endlich ist Bein von meinem Bein /
und Fleisch von meinem Fleisch. / Frau
soll sie heißen; / denn vom Mann ist sie
genommen.
24 Darum verlässt der Mann Vater und
Mutter und bindet sich an seine Frau,
und sie werden ein Fleisch. 25 Beide,
Adam und seine Frau, waren nackt, aber
sie schämten sich nicht voreinander.

Der Fall des Menschen

3 Die Schlange war schlauer als alle
Tiere des Feldes, die Gott, der Herr,
gemacht hatte. Sie sagte zu der Frau:
Hat Gott wirklich gesagt: Ihr dürft von
keinem Baum des Gartens essen? 2 Die
Frau entgegnete der Schlange: Von den
Früchten der Bäume im Garten dürfen
wir essen; 3 nur von den Früchten des
Baumes, der in der Mitte des Gartens
steht, hat Gott gesagt: Davon dürft ihr
nicht essen, und daran dürft ihr nicht
rühren, sonst werdet ihr sterben.
4 Darauf sagte die Schlange zur Frau:
Nein, ihr werdet nicht sterben. 5 Gott
weiß vielmehr: Sobald ihr davon esst,
gehen euch die Augen auf; ihr werdet
wie Gott und erkennt Gut und Böse.
6 Da sah die Frau, dass es köstlich wäre,
von dem Baum zu essen, dass der Baum
eine Augenweide war und dazu verlock-
te, klug zu werden. Sie nahm von seinen
Früchten und aß; sie gab auch ihrem
Mann, der bei ihr war, und auch er aß.
7 Da gingen beiden die Augen auf, und
sie erkannten, dass sie nackt waren. Sie
hefteten Feigenblätter zusammen und
machten sich einen Schurz.
8 Als sie Gott, den Herrn, im Garten
gegen den Tagwind einherschreiten
hörten, versteckten sich Adam und
seine Frau vor Gott, dem Herrn, unter
den Bäumen des Gartens. 9 Gott, der
Herr, rief Adam zu und sprach: Wo bist
du? 10 Er antwortete: Ich habe dich im
Garten kommen hören; da geriet ich in
Furcht, weil ich nackt bin, und ver-
steckte mich. 11 Darauf fragte er: Wer
hat dir gesagt, dass du nackt bist? Hast
du von dem Baum gegessen, von dem
zu essen ich dir verboten habe? 12 Adam
antwortete: Die Frau, die du mir bei-
gesellt hast, sie hat mir von dem Baum
gegeben, und so habe ich gegessen.
13 Gott, der Herr, sprach zu der Frau:
Was hast du da getan? Die Frau ant-
wortete: Die Schlange hat mich ver-
führt, und so habe ich gegessen.
14 Da sprach Gott, der Herr, zur Schlange:
Weil du das getan hast, bist du ver-
flucht / unter allem Vieh und allen
Tieren des Feldes. / Auf dem Bauch
sollst du kriechen / und Staub fressen
alle Tage deines Lebens.
15 Feindschaft setze ich zwischen dich
und die Frau, / zwischen deinen Nach-
wuchs und ihren Nachwuchs. / Er trifft
dich am Kopf, / und du triffst ihn an
der Ferse.
16 Zur Frau sprach er:
Viel Mühsal bereite ich dir, sooft du
schwanger wirst. / Unter Schmerzen ge-
bierst du Kinder. / Du hast Verlangen
nach deinem Mann; / er aber wird über
dich herrschen.
17 Zu Adam sprach er: Weil du auf deine
Frau gehört und von dem Baum ge-
gessen hast, von dem zu essen ich dir
verboten hatte:
So ist verflucht der Ackerboden deinet-
wegen. / Unter Mühsal wirst du von
ihm essen alle Tage deines Lebens.

18 Dornen und Disteln lässt er dir wach-
sen, und die Pflanzen des Feldes musst
du essen.
19 Im Schweiße deines Angesichts /
sollst du dein Brot essen, / bis du zu-
rückkehrst zum Ackerboden; / von ihm
bist du ja genommen. / Denn Staub bist
du, zum Staub musst du zurück.
20 Adam nannte seine Frau Eva (Leben),
denn sie wurde die Mutter aller Leben-
digen. 21 Gott, der Herr, machte Adam
und seiner Frau Röcke aus Fellen und
bekleidete sie damit. 22 Dann sprach
Gott, der Herr: Seht, der Mensch ist
geworden wie wir; er erkennt Gut und
Böse. Dass er jetzt nicht die Hand aus-
streckt, auch vom Baum des Lebens
nimmt, davon isst und ewig lebt! 23 Gott,
der Herr, schickte ihn aus dem Garten
von Eden weg, damit er den Acker-
boden bestellte, von dem er genommen
war. 24 Er vertrieb den Menschen und
stellte östlich des Gartens von Eden die
Kerubim auf und das lodernde Flam-
menschwert, damit sie den Weg zum
Baum des Lebens bewachten.

Kain und Abel

4 Adam erkannte Eva, seine Frau; sie
wurde schwanger und gebar Kain.
Da sagte sie: Ich habe einen Mann vom
Herrn erworben. 2 Sie gebar ein zweites
Mal, nämlich Abel, seinen Bruder. Abel
wurde Schafhirt und Kain Ackerbauer.
3 Nach einiger Zeit brachte Kain dem
Herrn ein Opfer von den Früchten des
Feldes dar; 4 auch Abel brachte eines
dar von den Erstlingen seiner Herde
und von ihrem Fett. Der Herr schaute
auf Abel und sein Opfer, 5 aber auf Kain
und sein Opfer schaute er nicht. Da
überlief es Kain ganz heiß, und sein
Blick senkte sich. 6 Der Herr sprach zu
Kain: Warum überläuft es dich heiß,
und warum senkt sich dein Blick?
7 Nicht wahr, wenn du recht tust, darfst
du aufblicken; wenn du nicht recht tust,
lauert an der Tür die Sünde als Dämon.
Auf dich hat er es abgesehen, / doch du
werde Herr über ihn!
8 Hierauf sagte Kain zu seinem Bruder
Abel: Gehen wir aufs Feld! Als sie auf
dem Feld waren, griff Kain seinen Bru-
der Abel an und erschlug ihn. 9 Da
sprach der Herr zu Kain: Wo ist dein
Bruder Abel? Er entgegnete: Ich weiß
es nicht. Bin ich der Hüter meines
Bruders? 10 Der Herr sprach: Was hast
du getan? Das Blut deines Bruders
schreit zu mir vom Ackerboden. 11 So
bist du verflucht, verbannt vom Acker-
boden, der seinen Mund aufgesperrt
hat, um aus deiner Hand das Blut
deines Bruders aufzunehmen. 12 Wenn
du den Ackerboden bestellst, wird er
dir keinen Ertrag mehr bringen. Rast-
los und ruhelos wirst du auf der Erde
sein. 13 Kain antwortete dem Herrn: Zu
groß ist meine Schuld, als dass ich sie
tragen könnte. 14 Du hast mich heute
vom Ackerland verjagt, und ich muss

mich vor deinem Angesicht verbergen;
rastlos und ruhelos werde ich auf der
Erde sein, und wer mich findet, wird
mich erschlagen. 15 Der Herr aber sprach
zu ihm: Darum soll jeder, der Kain er-
schlägt, siebenfacher Rache verfallen.
Darauf machte der Herr dem Kain ein
Zeichen, damit ihn keiner erschlage,
der ihn finde. 16 Dann ging Kain vom
Herrn weg und ließ sich im Land Nod
nieder, östlich von Eden.

Noach und die Sintflut

6 Als sich die Menschen über die
Erde hin zu vermehren begannen
und ihnen Töchter geboren wurden,
2 sahen die Gottessöhne, wie schön die
Menschentöchter waren, und sie nah-
men sich von ihnen Frauen, wie es
ihnen gefiel. 3 Da sprach der Herr: Mein
Geist soll nicht für immer im Menschen
bleiben, weil er auch Fleisch ist; daher
soll seine Lebenszeit hundertzwanzig
Jahre betragen. 4 In jenen Tagen gab es
auf der Erde die Riesen, und auch
später noch, nachdem sich die Gottes-
söhne mit den Menschentöchtern ein-
gelassen und diese ihnen Kinder ge-
boren hatten. Das sind die Helden der
Vorzeit, die berühmten Männer.
5 Der Herr sah, dass auf der Erde die
Schlechtigkeit des Menschen zunahm
und dass alles Sinnen und Trachten
seines Herzens immer nur böse war.
6 Da reute es den Herrn, auf der Erde
den Menschen gemacht zu haben, und
es tat seinem Herzen weh.
7 Der Herr sagte: Ich will den Men-
schen, den ich erschaffen habe, vom
Erdboden vertilgen, mit ihm auch das
Vieh, die Kriechtiere und die Vögel des
Himmels, denn es reut mich, sie ge-
macht zu haben.
8 Nur Noach fand Gnade in den Augen
des Herrn.

Gottes Sorge um Noach

9 Das ist die Geschlechterfolge nach
Noach: Noach war ein gerechter, unta-
deliger Mann unter seinen Zeitge-
nossen; er ging seinen Weg mit Gott.
10 Noach zeugte drei Söhne, Sem, Ham
und Jafet. 11 Die Erde aber war in Gottes
Augen verdorben, sie war voller Gewalt-
tat. 12 Gott sah sich die Erde an: Sie war
verdorben; denn alle Wesen aus Fleisch
auf der Erde lebten verdorben.
13 Da sprach Gott zu Noach: Ich sehe, das
Ende aller Wesen aus Fleisch ist da; denn
durch sie ist die Erde voller Gewalttat.
Nun will ich sie zugleich mit der Erde
verderben. 14 Mach dir eine Arche aus
Zypressenholz! Statte sie mit Kammern
aus, und dichte sie innen und außen mit
Pech ab! 15 So sollst du die Arche bauen:
Dreihundert Ellen lang, fünfzig Ellen
breit und dreißig Ellen hoch soll sie sein.
16 Mach der Arche ein Dach, und hebe es
genau um eine Elle nach oben an! Den
Eingang der Arche bring an der Seite

an! Richte ein unteres, ein zweites und
ein drittes Stockwerk ein! 17 Ich will
nämlich die Flut über die Erde bringen,
um alle Wesen aus Fleisch unter dem
Himmel, alles, was Lebensgeist in sich
hat, zu verderben. Alles auf Erden soll
verenden. 18 Mit dir aber schließe ich
meinen Bund. Geh in die Arche, du,
deine Söhne, deine Frau und die Frauen
deiner Söhne! 19 Von allem, was lebt, von
allen Wesen aus Fleisch, führe je zwei in
die Arche, damit sie mit dir am Leben
bleiben; je ein Männchen und ein
Weibchen sollen es sein. 20 Von allen
Arten der Vögel, von allen Arten des
Viehs, von allen Arten der Kriechtiere
auf dem Erdboden sollen je zwei zu dir
kommen, damit sie am Leben bleiben.
21 Nimm dir von allem Essbaren mit,
und leg dir einen Vorrat an! Dir und
ihnen soll es zur Nahrung dienen.
22 Noach tat alles genau so, wie ihm
Gott aufgetragen hatte.

7 Darauf sprach der Herr zu Noach:
Geh in die Arche, du und dein
ganzes Haus, denn ich habe gesehen,
dass du unter deinen Zeitgenossen vor
mir gerecht bist. 2 Von allen reinen
Tieren nimm dir je sieben Paare mit,
und von allen unreinen Tieren je ein
Paar, 3 auch von den Vögeln des Himmels
je sieben Männchen und Weibchen,
um Nachwuchs auf der ganzen Erde am
Leben zu erhalten.

4 Denn noch sieben Tage dauert es,
dann lasse ich es vierzig Tage und vier-
zig Nächte lang auf die Erde regnen
und tilge vom Erdboden alle Wesen,
die ich gemacht habe. 5 Noach tat alles,
was ihm der Herr aufgetragen hatte.
6 Noach war sechshundert Jahre alt, als
die Flut über die Erde kam.

7 Noach ging also mit seinen Söhnen,
seiner Frau und den Frauen seiner Söhne
in die Arche, bevor das Wasser der Flut
kam. 8 Von den reinen und unreinen
Tieren, von den Vögeln und allem, was
sich auf dem Erdboden regt, 9 kamen
immer zwei zu Noach in die Arche,
Männchen und Weibchen, wie Gott
dem Noach aufgetragen hatte. 10 Als die
sieben Tage vorbei waren, kam das
Wasser der Flut über die Erde, 11 im
sechshundertsten Lebensjahr Noachs,
am siebzehnten Tag des zweiten Monats.
An diesem Tag brachen alle Quellen der
gewaltigen Urflut auf, und die Schleusen
des Himmels öffneten sich. 12 Der Regen
ergoss sich vierzig Tage und vierzig
Nächte lang auf die Erde.

13 Genau an jenem Tag waren Noach,
die Söhne Noachs, Sem, Ham und Jafet,
Noachs Frau und mit ihnen die drei
Frauen seiner Söhne in die Arche ge-
gangen, 14 sie und alle Arten der Tiere,
alle Arten des Viehs und alle Arten der
Kriechtiere, die sich auf der Erde regen,
und alle Arten der Vögel, des fliegen-
den Getiers. 15 Sie waren zu Noach in
die Arche gekommen, immer zwei von
allen Wesen aus Fleisch, in denen Le-
bensgeist ist. 16 Von allen Tieren waren

Männchen und Weibchen gekommen,
wie Gott ihm aufgetragen hatte. Dann
schloss der Herr hinter ihm zu.

Die große Flut

17 Die Flut auf der Erde dauerte vierzig
Tage. Das Wasser stieg und hob die
Arche immer höher über die Erde.
18 Das Wasser schwoll an und stieg
immer mehr auf der Erde, die Arche
aber trieb auf dem Wasser dahin. 19 Das
Wasser war auf der Erde gewaltig an-
geschwollen und bedeckte alle hohen
Berge, die es unter dem ganzen Himmel
gibt. 20 Das Wasser war fünfzehn Ellen
über die Berge hinaus angeschwollen
und hatte sie zugedeckt. 21 Da ver-
endeten alle Wesen aus Fleisch, die sich
auf der Erde geregt hatten, Vögel, Vieh
und sonstige Tiere, alles, wovon die
Erde gewimmelt hatte, und auch alle
Menschen. 22 Alles, was auf der Erde
durch die Nase Lebensgeist atmete,
kam um. 23 Gott vertilgte also alle
Wesen auf dem Erdboden, Menschen,
Vieh, Kriechtiere und die Vögel des
Himmels; sie alle wurden vom Erd-
boden vertilgt. Übrig blieb nur Noach
und was mit ihm in der Arche war.
24 Das Wasser aber schwoll hundert-
fünfzig Tage lang auf der Erde an.

8 Da dachte Gott an Noach und an
alle Tiere und an alles Vieh, das bei
ihm in der Arche war. Gott ließ einen
Wind über die Erde wehen, und das
Wasser sank. 2 Die Quellen der Urflut
und die Schleusen des Himmels schlos-
sen sich; der Regen vom Himmel ließ
nach, 3 und das Wasser verlief sich all-
mählich von der Erde. So nahm das
Wasser nach hundertfünfzig Tagen ab.
4 Am siebzehnten Tag des siebten Mo-
nats setzte die Arche im Gebirge Ararat
auf. 5 Das Wasser nahm immer mehr
ab, bis zum zehnten Monat. Am ersten
Tag des zehnten Monats wurden die
Berggipfel sichtbar.

6 Nach vierzig Tagen öffnete Noach das
Fenster der Arche, das er gemacht
hatte, 7 und ließ einen Raben hinaus.
Der flog aus und ein, bis das Wasser auf
der Erde vertrocknet war. 8 Dann ließ er
eine Taube hinaus, um zu sehen, ob das
Wasser auf der Erde abgenommen
habe. 9 Die Taube fand keinen Halt für
ihre Füße und kehrte zu ihm in die
Arche zurück, weil über der ganzen
Erde noch Wasser stand. Er streckte
seine Hand aus und nahm die Taube
wieder zu sich in die Arche. 10 Dann
wartete er noch weitere sieben Tage
und ließ wieder die Taube aus der
Arche. 11 Gegen Abend kam die Taube
zu ihm zurück, und siehe da: In ihrem
Schnabel hatte sie einen frischen
Olivenzweig. Jetzt wusste Noach, dass
nur noch wenig Wasser auf der Erde
stand. 12 Er wartete weitere sieben Tage
und ließ die Taube noch einmal hinaus.
Nun kehrte sie nicht mehr zu ihm zu-
rück.

13 Im sechshundertersten Jahr Noachs,
am ersten Tag des ersten Monats, hatte
sich das Wasser verlaufen. Da entfernte
Noach das Verdeck der Arche, blickte
hinaus, und siehe: Die Erdoberfläche war
trocken. 14 Am siebenundzwanzigsten
Tag des zweiten Monats war die Erde
trocken. 15 Da sprach Gott zu Noach:
16 Komm heraus aus der Arche, du, deine
Frau, deine Söhne und die Frauen deiner
Söhne! 17 Bring mit dir alle Tiere heraus,
alle Wesen aus Fleisch, die Vögel, das
Vieh und alle Kriechtiere, die sich auf der
Erde regen. Auf der Erde soll es von ihnen
wimmeln; sie sollen fruchtbar sein und
sich auf der Erde vermehren. 18 Da kam
Noach heraus, er, seine Söhne, seine Frau
und die Frauen seiner Söhne. 19 Auch alle
Tiere kamen, nach Gattungen geordnet,
aus der Arche, die Kriechtiere, die Vögel,
alles, was sich auf der Erde regt.
20 Dann baute Noach dem Herrn einen
Altar, nahm von allen reinen Tieren und
von allen reinen Vögeln und brachte auf
dem Altar Brandopfer dar. 21 Der Herr
roch den beruhigenden Duft, und der
Herr sprach bei sich: Ich will die Erde
wegen des Menschen nicht noch einmal
verfluchen; denn das Trachten des Men-
schen ist böse von Jugend an. Ich will
künftig nicht mehr alles Lebendige ver-
nichten, wie ich es getan habe.
22 So lange die Erde besteht, / sollen
nicht aufhören / Aussaat und Ernte,
Kälte und Hitze, / Sommer und Winter,
Tag und Nacht.

Der Turmbau zu Babel

11 Alle Menschen hatten die glei-
che Sprache und gebrauchten
die gleichen Worte. 2 Als sie von Osten
aufbrachen, fanden sie eine Ebene im
Land Schinar und siedelten sich dort
an. 3 Sie sagten zueinander: Auf, for-
men wir Lehmziegel, und brennen wir
sie zu Backsteinen. So dienten ihnen
gebrannte Ziegel als Steine und Erd-
pech als Mörtel. 4 Dann sagten sie: Auf,
bauen wir uns eine Stadt und einen
Turm mit einer Spitze bis zum Himmel,
und machen wir uns damit einen Na-
men, dann werden wir uns nicht über
die ganze Erde zerstreuen. 5 Da stieg
der Herr herab, um sich Stadt und
Turm anzusehen, die die Menschen-
kinder bauten. 6 Er sprach: Seht nur, ein
Volk sind sie, und eine Sprache haben
sie alle. Und das ist erst der Anfang
ihres Tuns. Jetzt wird ihnen nichts
mehr unerreichbar sein, was sie sich
auch vornehmen. 7 Auf, steigen wir hi-
nab, und verwirren wir dort ihre Spra-
che, so dass keiner mehr die Sprache
des anderen versteht. 8 Der Herr zer-
streute sie von dort aus über die ganze
Erde, und sie hörten auf, an der Stadt
zu bauen. 9 Darum nannte man die
Stadt Babel (Wirrsal), denn dort hat
der Herr die Sprache aller Welt ver-
wirrt, und von dort aus hat er die Men-
schen über die ganze Erde zerstreut.

Abrahams Berufung und Wanderung nach Kanaan

12 Der Herr sprach zu Abram:
Zieh weg aus deinem Land,
von deiner Verwandtschaft und aus
deinem Vaterhaus in das Land, das ich
dir zeigen werde. 2 Ich werde dich zu
einem großen Volk machen, dich seg-
nen und deinen Namen groß machen.
Ein Segen sollst du sein. 3 Ich will seg-
nen, die dich segnen; wer dich ver-
wünscht, den will ich verfluchen. Durch
dich sollen alle Geschlechter der Erde
Segen erlangen.
4 Da zog Abram weg, wie der Herr ihm
gesagt hatte, und mit ihm ging auch
Lot. Abram war fünfundsiebzig Jahre
alt, als er aus Haran fortzog. 5 Abram
nahm seine Frau Sarai mit, seinen Nef-
fen Lot und alle ihre Habe, die sie erwor-
ben hatten, und die Knechte und Mäg-
de, die sie in Haran gewonnen hatten.
Sie wanderten nach Kanaan aus und
kamen dort an.
6 Abram zog durch das Land bis zur
Stätte von Sichem, bis zur Orakeleiche.
Die Kanaaniter waren damals im Land.
7 Der Herr erschien Abram und sprach:
Deinen Nachkommen gebe ich dieses
Land. Dort baute er dem Herrn, der
ihm erschienen war, einen Altar. 8 Von
da brach er auf zum Bergland östlich
von Bet-El und schlug sein Zelt so auf,
dass er Bet-El im Westen und Ai im
Osten hatte. Dort baute er dem Herrn
einen Altar und rief den Namen des
Herrn an. 9 Dann zog Abram immer
weiter, dem Negeb zu.

Abraham und Sara in Ägypten

10 Als über das Land eine Hungersnot
kam, zog Abram nach Ägypten hinab,
um dort zu bleiben; denn die Hun-
gersnot lastete schwer auf dem Land.
11 Als er sich Ägypten näherte, sagte er
zu seiner Frau Sarai: Ich weiß, du bist
eine schöne Frau. 12 Wenn dich die
Ägypter sehen, werden sie sagen: Das
ist seine Frau!, und sie werden mich er-
schlagen, dich aber am Leben lassen.
13 Sag doch, du seiest meine Schwester,
damit es mir deinetwegen gut geht und
ich um deinetwillen am Leben bleibe.
14 Als Abram nach Ägypten kam, sahen
die Ägypter, dass die Frau sehr schön
war. 15 Die Beamten des Pharao sahen
sie und rühmten sie vor dem Pharao.
Da holte man die Frau in den Palast des
Pharao. 16 Er behandelte Abram ihret-
wegen gut: Abram bekam Schafe und
Ziegen, Rinder und Esel, Knechte und
Mägde, Eselinnen und Kamele. 17 Als
aber der Herr wegen Sarai, der Frau Ab-
rams, den Pharao und sein Haus mit
schweren Plagen schlug, 18 ließ der
Pharao Abram rufen und sagte: Was
hast du mir da angetan? Warum hast
du mir nicht gesagt, dass sie deine Frau
ist? 19 Warum hast du behauptet, sie sei
deine Schwester, so dass ich sie mir zur
Frau nahm? Nun, da hast du deine Frau

wieder, nimm sie, und geh! 20 Dann
ordnete der Pharao seinetwegen Leute
ab, die ihn, seine Frau und alles, was
ihm gehörte, fortgeleiten sollten.

Ismaels Geburt

16 Sarai, Abrams Frau, hatte ihm
keine Kinder geboren. Sie hatte
aber eine ägyptische Magd namens
Hagar. 2 Sarai sagte zu Abram: Der Herr
hat mir Kinder versagt. Geh zu meiner
Magd! Vielleicht komme ich durch sie
zu einem Sohn. Abram hörte auf sie.
3 Sarai, Abrams Frau, nahm also die
Ägypterin Hagar, ihre Magd – zehn
Jahre, nachdem sich Abram in Kanaan
niedergelassen hatte –, und gab sie
ihrem Mann Abram zur Frau. 4 Er ging
zu Hagar, und sie wurde schwanger. Als
sie merkte, dass sie schwanger war, ver-
lor die Herrin bei ihr an Achtung. 5 Da
sagte Sarai zu Abram: Das Unrecht, das
ich erfahre, komme auf dich. Ich habe
dir meine Magd überlassen. Kaum
merkt sie, dass sie schwanger ist, so ver-
liere ich schon an Achtung bei ihr. Der
Herr entscheide zwischen mir und dir.
6 Abram entgegnete Sarai: Hier ist
deine Magd; sie ist in deiner Hand. Tu
mit ihr, was du willst. Da behandelte
Sarai sie so hart, dass ihr Hagar davon-
lief.

7 Der Engel des Herrn fand Hagar an
einer Quelle in der Wüste, an der Quelle
auf dem Weg nach Schur. 8 Er sprach:
Hagar, Magd Sarais, woher kommst du,
und wohin gehst du? Sie antwortete:
Ich bin meiner Herrin Sarai davon-
gelaufen. 9 Da sprach der Engel des
Herrn zu ihr: Geh zurück zu deiner
Herrin, und ertrag ihre harte Behand-
lung! 10 Der Engel des Herrn sprach zu
ihr: Deine Nachkommen will ich so
zahlreich machen, dass man sie nicht
zählen kann. 11 Weiter sprach der Engel
des Herrn zu ihr: Du bist schwanger, du
wirst einen Sohn gebären und ihn
Ismael (Gott hört) nennen; denn der
Herr hat auf dich gehört in deinem
Leid.

12 Er wird ein Mensch sein wie ein
Wildesel. / Seine Hand gegen alle, die
Hände aller gegen ihn! / Allen seinen
Brüdern setzt er sich vors Gesicht.

13 Da nannte sie den Herrn, der zu ihr
gesprochen hatte: El-Roï (Gott, der
nach mir schaut). Sie sagte nämlich:
Habe ich hier nicht nach dem ge-
schaut, der nach mir schaut? 14 Darum
nannte sie den Brunnen Beer-Lahai-
Roï (Brunnen des Lebendigen, der
nach mir schaut). Er liegt zwischen Ka-
desch und Bered.

15 Hagar gebar dem Abram einen Sohn,
und Abram nannte den Sohn, den ihm
Hagar gebar, Ismael. 16 Abram war
sechsundachtzig Jahre alt, als Hagar
ihm Ismael gebar.

Gott zu Gast bei Abraham

18 Der Herr erschien Abraham
bei den Eichen von Mamre.
Abraham saß zur Zeit der Mittagshitze
am Zelteingang. 2 Er blickte auf und sah
vor sich drei Männer stehen. Als er sie
sah, lief er ihnen vom Zelteingang aus
entgegen, warf sich zur Erde nieder
3 und sagte: Mein Herr, wenn ich dein
Wohl wollen gefunden habe, geh doch
an deinem Knecht nicht vorbei! 4 Man
wird etwas Wasser holen; dann könnt
ihr euch die Füße waschen und euch
unter dem Baum ausruhen. 5 Ich will
einen Bissen Brot holen, und ihr könnt
dann nach einer kleinen Stärkung wei-
tergehen; denn deshalb seid ihr doch
bei eurem Knecht vorbeigekommen.
Sie erwiderten: Tu, wie du gesagt hast.
6 Da lief Abraham eiligst ins Zelt zu
Sara und rief: Schnell drei Sea feines
Mehl! Rühr es an, und backe Brot-
fladen! 7 Er lief weiter zum Vieh, nahm
ein zartes, prächtiges Kalb und über-
gab es dem Jungknecht, der es schnell
zubereitete. 8 Dann nahm Abraham
Butter, Milch und das Kalb, das er hatte
zubereiten lassen, und setzte es ihnen
vor. Er wartete ihnen unter dem Baum
auf, während sie aßen. 9 Sie fragten ihn:
Wo ist deine Frau Sara? Dort im Zelt,
sagte er. 10 Da sprach der Herr: In einem
Jahr komme ich wieder zu dir, dann
wird deine Frau Sara einen Sohn haben.
Sara hörte am Zelteingang hinter seinem
Rücken zu. 11 Abraham und Sara waren
schon alt; sie waren in die Jahre gekom-
men. Sara erging es längst nicht mehr,
wie es Frauen zu ergehen pflegt. 12 Sara
lachte daher still in sich hinein und
dachte: Ich bin doch schon alt und ver-
braucht und soll noch das Glück der
Liebe erfahren? Auch ist mein Herr doch
schon ein alter Mann! 13 Da sprach der
Herr zu Abraham: Warum lacht Sara
und sagt: Soll ich wirklich noch Kinder
bekommen, obwohl ich so alt bin? 14 Ist
beim Herrn etwas unmöglich? Nächstes
Jahr um diese Zeit werde ich wieder zu
dir kommen; dann wird Sara einen Sohn
haben. 15 Sara leugnete: Ich habe nicht
gelacht. Sie hatte nämlich Angst. Er
aber sagte: Doch, du hast gelacht.

16 Die Männer erhoben sich von ihrem
Platz und schauten gegen Sodom.
Abraham wollte mitgehen, um sie zu
verabschieden. 17 Da sagte sich der
Herr: Soll ich Abraham verheimlichen,
was ich vorhabe? 18 Abraham soll doch
zu einem großen, mächtigen Volk wer-
den, durch ihn sollen alle Völker der
Erde Segen erlangen. 19 Denn ich habe
ihn dazu auserwählt, dass er seinen
Söhnen und seinem Haus nach ihm
aufträgt, den Weg des Herrn einzu-
halten und zu tun, was gut und recht
ist, damit der Herr seine Zusagen an
Abraham erfüllen kann.

20 Der Herr sprach also: Das Klage-
geschrei über Sodom und Gomorra, ja,
das ist laut geworden, und ihre Sünde,
ja, die ist schwer. 21 Ich will hinabgehen

und sehen, ob ihr Tun wirklich dem
Klagegeschrei entspricht, das zu mir
gedrungen ist. Ich will es wissen. 22 Die
Männer wandten sich von dort ab und
gingen auf Sodom zu.
Abraham aber stand noch immer vor
dem Herrn. 23 Er trat näher und sagte:
Willst du auch den Gerechten mit den
Ruchlosen wegraffen? 24 Vielleicht gibt
es fünfzig Gerechte in der Stadt: Willst
du auch sie wegraffen und nicht doch
dem Ort vergeben wegen der fünfzig
Gerechten dort? 25 Das kannst du doch
nicht tun, die Gerechten zusammen
mit den Ruchlosen umbringen. Dann
ginge es ja dem Gerechten genauso wie
dem Ruchlosen. Das kannst du doch
nicht tun. Sollte sich der Richter über
die ganze Erde nicht an das Recht
halten? 26 Da sprach der Herr: Wenn
ich in Sodom, in der Stadt, fünfzig
Gerechte finde, werde ich ihretwegen
dem ganzen Ort vergeben. 27 Abraham
antwortete und sprach: Ich habe es nun
einmal unternommen, mit meinem
Herrn zu reden, obwohl ich Staub und
Asche bin. 28 Vielleicht fehlen an den
fünfzig Gerechten fünf. Wirst du
wegen der fünf die ganze Stadt ver-
nichten? Nein, sagte er, ich werde sie
nicht vernichten, wenn ich dort fünf-
undvierzig finde. 29 Er fuhr fort, zu ihm
zu reden: Vielleicht finden sich dort
nur vierzig. Da sprach er: Ich werde es
der vierzig wegen nicht tun. 30 Und
weiter sagte er: Mein Herr zürne nicht,
wenn ich weiterrede. Vielleicht finden
sich dort nur dreißig. Er entgegnete:
Ich werde es nicht tun, wenn ich dort
dreißig finde. 31 Darauf sagte er: Ich
habe es nun einmal unternommen, mit
meinem Herrn zu reden. Vielleicht
finden sich dort nur zwanzig. Er ant-
wortete: Ich werde sie um der zwanzig
willen nicht vernichten. 32 Und noch-
mals sagte er: Mein Herr zürne nicht,
wenn ich nur noch einmal das Wort er-
greife. Vielleicht finden sich dort nur
zehn. Und wiederum sprach er: Ich
werde sie um der zehn willen nicht ver-
nichten. 33 Nachdem der Herr das Ge-
spräch mit Abraham beendet hatte,
ging er weg, und Abraham kehrte
heim.

Isaaks Geburt

21 Der Herr nahm sich Saras an,
wie er gesagt hatte, und er tat
Sara so, wie er versprochen hatte. 2 Sara
wurde schwanger und gebar dem Abra-
ham noch in seinem Alter einen Sohn
zu der Zeit, die Gott angegeben hatte.
3 Abraham nannte den Sohn, den ihm
Sara gebar, Isaak. 4 Als sein Sohn Isaak
acht Tage alt war, beschnitt ihn Abra-
ham, wie Gott ihm befohlen hatte.
5 Abraham war hundert Jahre alt, als
sein Sohn Isaak zur Welt kam. 6 Sara
aber sagte: Gott ließ mich lachen; jeder,
der davon hört, wird mit mir lachen.
7 Wer, sagte sie, hätte Abraham zu

sagen gewagt, Sara werde noch Kinder
stillen? Und nun habe ich ihm noch in
seinem Alter einen Sohn geboren. 8 Das
Kind wuchs heran und wurde ent-
wöhnt. Als Isaak entwöhnt wurde, ver-
anstaltete Abraham ein großes Fest-
mahl.

Hagar und Ismael

9 Eines Tages beobachtete Sara, wie der
Sohn, den die Ägypterin Hagar Abra-
ham geboren hatte, umhertollte. 10 Da
sagte sie zu Abraham: Verstoß diese
Magd und ihren Sohn! Denn der Sohn
dieser Magd soll nicht zusammen mit
meinem Sohn Isaak Erbe sein. 11 Dieses
Wort verdross Abraham sehr, denn es
ging doch um seinen Sohn. 12 Gott
sprach aber zu Abraham: Sei wegen des
Knaben und deiner Magd nicht ver-
drossen! Hör auf alles, was dir Sara
sagt! Denn nach Isaak sollen deine
Nachkommen benannt werden. 13 Aber
auch den Sohn der Magd will ich zu
einem großen Volk machen, weil auch
er dein Nachkomme ist. 14 Am Morgen
stand Abraham auf, nahm Brot und
einen Schlauch mit Wasser, übergab
beides Hagar, legte es ihr auf die
Schulter, übergab ihr das Kind und
entließ sie. Sie zog fort und irrte in der
Wüste von Beerscheba umher. 15 Als
das Wasser im Schlauch zu Ende war,
warf sie das Kind unter einen Strauch,
16 ging weg und setzte sich in der Nähe
hin, etwa einen Bogenschuß weit ent-
fernt; denn sie sagte: Ich kann nicht mit
ansehen, wie das Kind stirbt. Sie saß in
der Nähe und weinte laut. 17 Gott hörte
den Knaben schreien; da rief der Engel
Gottes vom Himmel her Hagar zu und
sprach: Was hast du, Hagar? Fürchte
dich nicht, Gott hat den Knaben dort
schreien gehört, wo er liegt. 18 Steh auf,
nimm den Knaben, und halt ihn fest an
deiner Hand; denn zu einem großen
Volk will ich ihn machen. 19 Gott öff-
nete ihr die Augen, und sie erblickte
einen Brunnen. Sie ging hin, füllte den
Schlauch mit Wasser und gab dem
Knaben zu trinken. 20 Gott war mit dem
Knaben. Er wuchs heran, ließ sich in
der Wüste nieder und wurde ein
Bogenschütze. 21 Er ließ sich in der
Wüste Paran nieder, und seine Mutter
nahm ihm eine Frau aus Ägypten.

Abrahams Opfer

22 Nach diesen Ereignissen stellte
Gott Abraham auf die Probe. Er
sprach zu ihm: Abraham! Er antwor-
tete: Hier bin ich. 2 Gott sprach: Nimm
deinen Sohn, deinen einzigen, den du
liebst, Isaak, geh in das Land Morija,
und bring ihn dort auf einem der Berge,
den ich dir nenne, als Brandopfer dar.
3 Frühmorgens stand Abraham auf,
sattelte seinen Esel, holte seine beiden
Jungknechte und seinen Sohn Isaak,
spaltete Holz zum Opfer und machte

sich auf den Weg zu dem Ort, den ihm
Gott genannt hatte. 4 Als Abraham am
dritten Tag aufblickte, sah er den Ort
von weitem. 5 Da sagte Abraham zu
seinen Jungknechten: Bleibt mit dem
Esel hier! Ich will mit dem Knaben hin-
gehen und anbeten; dann kommen wir
zu euch zurück.

6 Abraham nahm das Holz für das
Brandopfer und lud es seinem Sohn
Isaak auf. Er selbst nahm das Feuer und
das Messer in die Hand. So gingen
beide miteinander. 7 Nach einer Weile
sagte Isaak zu seinem Vater Abraham:
Vater! Er antwortete: Ja, mein Sohn!
Dann sagte Isaak: Hier ist Feuer und
Holz. Wo aber ist das Lamm für das
Brandopfer? 8 Abraham entgegnete:
Gott wird sich das Opferlamm aus-
suchen, mein Sohn. Und beide gingen
miteinander weiter.

9 Als sie an den Ort kamen, den ihm
Gott genannt hatte, baute Abraham
den Altar, schichtete das Holz auf,
fesselte seinen Sohn Isaak und legte ihn
auf den Altar, oben auf das Holz.
10 Schon streckte Abraham seine Hand
aus und nahm das Messer, um seinen
Sohn zu schlachten. 11 Da rief ihm der
Engel des Herrn vom Himmel her zu:
Abraham, Abraham! Er antwortete:
Hier bin ich. 12 Jener sprach: Streck
deine Hand nicht gegen den Knaben
aus, und tu ihm nichts zuleide! Denn
jetzt weiß ich, dass du Gott fürchtest;
du hast mir deinen einzigen Sohn nicht
vorenthalten. 13 Als Abraham auf-
schaute, sah er: Ein Widder hatte sich
hinter ihm mit seinen Hörnern im Ge-
strüpp verfangen. Abraham ging hin,
nahm den Widder und brachte ihn
statt seines Sohnes als Brandopfer dar.
14 Abraham nannte jenen Ort Jahwe-
Jire (Der Herr sieht), wie man noch
heute sagt: Auf dem Berg lässt sich der
Herr sehen.

15 Der Engel des Herrn rief Abraham
zum zweitenmal vom Himmel her zu
16 und sprach: Ich habe bei mir ge-
schworen – Spruch des Herrn: Weil du
das getan hast und deinen einzigen
Sohn mir nicht vorenthalten hast,
17 will ich dir Segen schenken in Fülle
und deine Nachkommen zahlreich
machen wie die Sterne am Himmel
und den Sand am Meeresstrand. Deine
Nachkommen sollen das Tor ihrer Fein-
de einnehmen. 18 Segnen sollen sich
mit deinen Nachkommen alle Völker
der Erde, weil du auf meine Stimme ge-
hört hast.

19 Darauf kehrte Abraham zu seinen
Jungknechten zurück. Sie machten sich
auf und gingen miteinander nach Beer-
scheba. Abraham blieb in Beerscheba
wohnen.

Die Geburt Esaus und Jakobs

25 19 Und das ist die Geschlech-
terfolge nach Isaak, dem Sohn
Abrahams: Abraham zeugte Isaak.

20 Isaak war vierzig Jahre alt, als er
Rebekka zur Frau nahm. Sie war die
Tochter des Aramäers Betuël aus
Paddan-Aram, eine Schwester des Ara-
mäers Laban. 21 Isaak betete zum Herrn
für seine Frau, denn sie war kinderlos
geblieben, und der Herr ließ sich von
ihm erbitten. Als seine Frau Rebekka
schwanger war, 22 stießen die Söhne
einander im Mutterleib. Da sagte sie:
Wenn das so ist, was soll dann aus mir
werden? Sie ging, um den Herrn zu
befragen. 23 Der Herr gab diese Ant-
wort:
Zwei Völker sind in deinem Leib, / zwei
Stämme trennen sich / schon in deinem
Schoß. / Ein Stamm ist dem andern
überlegen, / der ältere muss dem jün-
geren dienen.
24 Als die Zeit ihrer Niederkunft ge-
kommen war, zeigte es sich, dass sie
Zwillinge in ihrem Leib trug.
25 Der erste, der kam, war rötlich, über
und über mit Haaren bedeckt wie mit
einem Fell. Man nannte ihn Esau.
26 Darauf kam sein Bruder; seine Hand
hielt die Ferse Esaus fest. Man nannte
ihn Jakob (Fersenhalter). Isaak war
sechzig Jahre alt, als sie geboren wurden.

Der Verkauf des Erstgeburtsrechts an Jakob

27 Die Knaben wuchsen heran. Esau war
ein Mann geworden, der sich auf die
Jagd verstand, ein Mann des freien
Feldes. Jakob dagegen war ein unta-
deliger Mann und blieb bei den Zelten.
28 Isaak hatte Esau lieber, denn er aß
gern Wildbret; Rebekka aber hatte
Jakob lieber.
29 Einst hatte Jakob ein Gericht zu-
bereitet, als Esau erschöpft vom Feld
kam. 30 Da sagte Esau zu Jakob: Gib mir
doch etwas zu essen von dem Roten,
von dem Roten da, ich bin ganz er-
schöpft. Deshalb heißt er Edom (Roter).
31 Jakob gab zur Antwort: Dann verkauf
mir jetzt sofort dein Erstgeburtsrecht!
32 Schau, ich sterbe vor Hunger, sagte
Esau, was soll mir da das Erstgeburts-
recht? 33 Jakob erwiderte: Schwör mir
jetzt sofort! Da schwor er ihm und ver-
kaufte sein Erstgeburtsrecht an Jakob.
34 Darauf gab Jakob dem Esau Brot und
Linsengemüse; er aß und trank, stand
auf und ging seines Weges. Vom Erst-
geburtsrecht aber hielt Esau nichts.

Der Erstgeburtssegen

27 Als Isaak alt geworden und
seine Augen erloschen waren,
so dass er nicht mehr sehen konnte, rief
er seinen älteren Sohn Esau und sagte
zu ihm: Mein Sohn! Er antwortete:
Hier bin ich. 2 Da sagte Isaak: Du siehst,
ich bin alt geworden. Ich weiß nicht,
wann ich sterbe. 3 Nimm jetzt dein
Jagdgerät, deinen Köcher und deinen
Bogen, geh aufs Feld, und jag mir ein
Wild! 4 Bereite mir dann ein leckeres
Mahl, wie ich es gern mag, und bring

es mir zum Essen, damit ich dich segne,
bevor ich sterbe.
5 Rebekka hatte das Gespräch zwischen
Isaak und seinem Sohn Esau mit an-
gehört. Als Esau zur Jagd aufs Feld ge-
gangen war, um ein Wild herbeizu-
schaffen, 6 sagte Rebekka zu ihrem Sohn
Jakob: Ich habe gehört, wie dein Vater
zu deinem Bruder Esau gesagt hat: 7 Hol
mir ein Wild, und bereite mir ein lecke-
res Mahl zum Essen; dann will ich dich
vor dem Herrn segnen, bevor ich sterbe.
8 Nun hör genau zu, mein Sohn, was ich
dir auftrage: 9 Geh zur Herde, und
bring mir von dort zwei schöne Ziegen-
böckchen! Ich will damit ein leckeres
Mahl für deinen Vater zubereiten, wie
er es gern mag. 10 Du bringst es dann
deinem Vater zum Essen, damit er dich
vor seinem Tod segnet. 11 Jakob ant-
wortete seiner Mutter Rebekka: Mein
Bruder Esau ist aber behaart, und ich
habe eine glatte Haut. 12 Vielleicht betas-
tet mich mein Vater; dann könnte er
meinen, ich hielte ihn zum besten, und
ich brächte Fluch über mich statt Segen.
13 Seine Mutter entgegnete: Dein Fluch
komme auf mich, mein Sohn. Hör auf
mich, geh und hol mir die Böckchen!
14 Da ging er hin, holte sie und brachte
sie seiner Mutter. Sie bereitete ein lecke-
res Mahl zu, wie es sein Vater gern
mochte. 15 Dann holte Rebekka die
Feiertagskleider ihres älteren Sohnes
Esau, die sie bei sich im Haus hatte, und
zog sie ihrem jüngeren Sohn Jakob an.
16 Die Felle der Ziegenböckchen legte
sie um seine Hände und um seinen
glatten Hals. 17 Dann übergab sie das
leckere Essen und das Brot, das sie zu-
bereitet hatte, ihrem Sohn Jakob.
18 Er ging zu seinem Vater hinein und
sagte: Mein Vater! Ja, antwortete er, wer
bist du, mein Sohn? 19 Jakob entgeg-
nete seinem Vater: Ich bin Esau, dein
Erstgeborener. Ich habe getan, wie du
mir gesagt hast. Setz dich auf, iss von
meinem Wildbret, und dann segne
mich! 20 Da sagte Isaak zu seinem Sohn:
Wie hast du nur so schnell etwas fin-
den können, mein Sohn? Er antwor-
tete: Der Herr, dein Gott, hat es mir ent-
gegenlaufen lassen. 21 Da sagte Isaak zu
Jakob: Komm näher heran! Ich will
dich betasten, mein Sohn, ob du wirk-
lich mein Sohn Esau bist oder nicht.
22 Jakob trat zu seinem Vater Isaak hin.
Isaak betastete ihn und sagte: Die
Stimme ist zwar Jakobs Stimme, die
Hände aber sind Esaus Hände. 23 Er
erkannte ihn nicht, denn Jakobs Hände
waren behaart wie die seines Bruders
Esau, und so segnete er ihn. 24 Er fragte:
Bist du es, mein Sohn Esau? Ja, entgeg-
nete er. 25 Da sagte Isaak: Bring es mir!
Ich will von dem Wildbret meines Sohnes
essen und dich dann segnen. Jakob
brachte es ihm, und Isaak aß. Dann
reichte er ihm auch Wein, und Isaak
trank. 26 Nun sagte sein Vater Isaak zu
ihm: Komm näher, und küß mich,
mein Sohn! 27 Er trat näher und küsste

ihn. Isaak roch den Duft seiner Kleider,
er segnete ihn und sagte:
Ja, mein Sohn duftet wie das Feld, / das
der Herr gesegnet hat.
[28] Gott gebe dir vom Tau des Himmels, /
vom Fett der Erde, viel Korn und Most.
[29] Dienen sollen dir die Völker, / Stäm-
me sich vor dir niederwerfen, Herr
sollst du über deine Brüder sein. / Die
Söhne deiner Mutter sollen dir huldi-
gen. / Verflucht, wer dich verflucht. /
Gesegnet, wer dich segnet.
[30] Kaum hatte Isaak Jakob gesegnet und
war Jakob von seinem Vater Isaak weg-
gegangen, da kam sein Bruder Esau
von der Jagd. [31] Auch er bereitete ein
leckeres Mahl, brachte es seinem Vater
und sagte zu ihm: Mein Vater richte
sich auf und esse von dem Wildbret
seines Sohnes, damit du mich dann
segnest. [32] Da fragte ihn sein Vater
Isaak: Wer bist du? Er antwortete: Ich
bin dein Sohn Esau, dein Erstgebo-
rener. [33] Da überkam Isaak ein heftiges
Zittern, und er fragte: Wer war es denn,
der das Wildbret gejagt und es mir ge-
bracht hat? Ich habe von allem ge-
gessen, bevor du gekommen bist, und
ich habe ihn gesegnet; gesegnet wird er
auch bleiben. [34] Als Esau die Worte
seines Vaters hörte, schrie er heftig auf,
aufs äußerste verbittert, und sagte zu
seinem Vater: Segne auch mich, Vater!
[35] Er entgegnete: Dein Bruder ist mit
List gekommen und hat dir den Segen
weggenommen. [36] Da sagte Esau: Hat
man ihn nicht Jakob (Betrüger) ge-
nannt? Er hat mich jetzt schon zweimal
betrogen: Mein Erstgeburtsrecht hat er
mir genommen, jetzt nimmt er mir
auch noch den Segen. Dann sagte er:
Hast du mir keinen Segen aufgehoben?
[37] Isaak antwortete und sagte zu Esau:
Ich habe ihn zum Herrn über dich ge-
macht, und alle seine Brüder habe ich
ihm als Knechte gegeben. Auch mit
Korn und Most habe ich ihn versorgt.
Was kann ich da noch für dich tun,
mein Sohn? [38] Da sagte Esau zu seinem
Vater: Hattest du denn nur einen ein-
zigen Segen, Vater? Segne auch mich,
Vater! Und Esau begann laut zu
weinen. [39] Sein Vater Isaak antwortete
ihm und sprach:
Fern vom Fett der Erde musst du
wohnen, / fern vom Tau des Himmels
droben.
[40] Von deinem Schwert wirst du leben. /
Deinem Bruder wirst du dienen. / Doch
hältst du durch, so streifst du ab / sein
Joch von deinem Nacken.

Jakobs Flucht nach Haran

28 [10] Jakob zog aus Beerscheba
weg und ging nach Haran.
[11] Er kam an einen bestimmten Ort, wo
er übernachtete, denn die Sonne war
untergegangen. Er nahm einen von den
Steinen dieses Ortes, legte ihn unter
seinen Kopf und schlief dort ein. [12] Da
hatte er einen Traum: Er sah eine

Treppe, die auf der Erde stand und bis
zum Himmel reichte. Auf ihr stiegen
Engel Gottes auf und nieder. [13] Und
siehe, der Herr stand oben und sprach:
Ich bin der Herr, der Gott deines Vaters
Abraham und der Gott Isaaks. Das
Land, auf dem du liegst, will ich dir und
deinen Nachkommen geben. [14] Deine
Nachkommen werden zahlreich sein
wie der Staub auf der Erde. Du wirst
dich unaufhaltsam ausbreiten nach
Westen und Osten, nach Norden und
Süden, und durch dich und deine Nach-
kommen werden alle Geschlechter der
Erde Segen erlangen. [15] Ich bin mit dir,
ich behüte dich, wohin du auch gehst,
und bringe dich zurück in dieses Land.
Denn ich verlasse dich nicht, bis ich voll-
bringe, was ich dir versprochen habe.
[16] Jakob erwachte aus seinem Schlaf
und sagte: Wirklich, der Herr ist an
diesem Ort, und ich wusste es nicht.
[17] Furcht überkam ihn, und er sagte:
Wie ehrfurchtgebietend ist doch dieser
Ort! Hier ist nichts anderes als das
Haus Gottes und das Tor des Himmels.
[18] Jakob stand früh am Morgen auf,
nahm den Stein, den er unter seinen
Kopf gelegt hatte, stellte ihn als Stein-
mal auf und goss Öl darauf. [19] Dann gab
er dem Ort den Namen Bet-El (Gottes-
haus). Früher hieß die Stadt Lus. [20] Ja-
kob machte das Gelübde: Wenn Gott
mit mir ist und mich auf diesem Weg,
den ich eingeschlagen habe, behütet,
wenn er mir Brot zum Essen und Klei-
der zum Anziehen gibt, [21] wenn ich
wohlbehalten heimkehre in das Haus
meines Vaters und der Herr sich mir als
Gott erweist, [22] dann soll der Stein, den
ich als Steinmal aufgestellt habe, ein
Gotteshaus werden, und von allem, was
du mir schenkst, will ich dir den zehn-
ten Teil geben.

Jakobs Frauen und Söhne

29 [9] Während er sich noch mit
ihnen unterhielt, war Rahel
mit der Herde, die ihrem Vater gehörte,
eingetroffen; denn sie war Hirtin. [10] Als
Jakob Rahel, die Tochter Labans, des
Bruders seiner Mutter, und dessen Her-
de sah, trat er hinzu, schob den Stein
von der Brunnenöffnung und tränkte
das Vieh Labans, des Bruders seiner
Mutter. [11] Dann küsste er Rahel und be-
gann laut zu weinen. [12] Jakob sagte zu
Rahel, dass er ein Bruder ihres Vaters
und der Sohn Rebekkas sei. Da lief sie
weg und erzählte es ihrem Vater. [13] Als
Laban von Jakob, dem Sohn seiner
Schwester, hörte, lief er ihm entgegen;
er umarmte und küsste ihn und führte
ihn in sein Haus. Jakob erzählte Laban
die ganze Geschichte. [14] Da erwiderte
ihm Laban: Du bist wirklich mein Bein
und mein Fleisch. Als Jakob etwa einen
Monat bei ihm geblieben war, [15] sagte
Laban zu ihm: Sollst du mir umsonst
dienen, weil du mein Bruder bist? Sag
mir, welchen Lohn du haben willst.

16 Laban hatte zwei Töchter; die ältere
hieß Lea, die jüngere Rahel. 17 Die
Augen Leas waren matt, Rahel aber war
schön von Gestalt und hatte ein schö-
nes Gesicht. 18 Jakob hatte Rahel lieb,
und so sagte er: Ich will dir um die jün-
gere Tochter Rahel sieben Jahre dienen.
19 Laban entgegnete: Es ist besser, ich
gebe sie dir als einem anderen. Bleib
bei mir! 20 Jakob diente also um Rahel
sieben Jahre. Weil er sie liebte, kamen
sie ihm wie wenige Tage vor. 21 Dann
aber sagte er zu Laban: Gib mir jetzt
meine Frau; denn meine Zeit ist um,
und ich will nun zu ihr gehen. 22 Da ließ
Laban alle Männer des Ortes zusam-
menkommen und veranstaltete ein Fest-
mahl. 23 Am Abend nahm er aber seine
Tochter Lea, führte sie zu ihm, und Ja-
kob wohnte ihr bei. 24 Laban gab seine
Magd Silpa seiner Tochter Lea zur
Magd. 25 Am Morgen stellte sich heraus:
Es war Lea. Da sagte Jakob zu Laban:
Was hast du mir angetan? Habe ich dir
denn nicht um Rahel gedient? Warum
hast du mich hintergangen? 26 Laban
erwiderte: Es ist hierzulande nicht üb-
lich, die Jüngere vor der Älteren zur
Ehe zu geben. 27 Verbring mit dieser
noch die Brautwoche, dann soll dir
auch die andere gehören um weitere
sieben Jahre Dienst. 28 Jakob ging da-
rauf ein. Er verbrachte mit Lea die Braut-
woche, dann gab ihm Laban seine Toch-
ter Rahel zur Frau. 29 Laban gab seine
Magd Bilha seiner Tochter Rahel zur
Magd. 30 Jakob wohnte Rahel ebenfalls
bei, und er liebte Rahel mehr als Lea. Er
blieb noch weitere sieben Jahre bei La-
ban im Dienst.

Jakobs Trennung von Laban

31 Jakob hatte erfahren, dass die
Söhne Labans sagten: Jakob
hat alles, was unserem Vater gehört,
weggenommen; auf Kosten unseres Va-
ters hat er sich so bereichert. 2 Jakob sah
Laban ins Gesicht: Laban war ihm nicht
mehr zugetan wie früher. 3 Da sagte der
Herr zu Jakob: Kehr zurück in das Land
deiner Väter und zu deiner Verwandt-
schaft! Ich bin mit dir. 4 Jakob ließ
Rahel und Lea auf das Feld zu seiner
Herde rufen 5 und sagte zu ihnen: Ich
sehe am Gesicht eures Vaters, dass er
mir nicht mehr so gesinnt ist wie frü-
her. Aber der Gott meines Vaters war
mit mir.
14 Rahel und Lea antworteten ihm:
Haben wir noch Anteil oder Erbe im
Haus unseres Vaters? 15 Gelten wir ihm
nicht wie Fremde? Er hat uns ja ver-
kauft und sogar unser Geld aufgezehrt.
16 Ja, der ganze Reichtum, den Gott un-
serem Vater weggenommen hat, uns
gehört er und unseren Söhnen. Nun
also, tu jetzt alles, was Gott dir gesagt
hat. 17 Da machte sich Jakob auf, hob
seine Söhne und Frauen auf die Kamele
18 und führte sein ganzes Vieh fort,
seinen ganzen Besitz an Vieh, den er in

Paddan-Aram erworben hatte, um zu
seinem Vater Isaak nach Kanaan zurück-
zukehren.
25 Laban holte Jakob ein, als dieser gerade
im Gebirge die Zelte aufgeschlagen hatte.
Da schlug auch Laban mit seinen Brü-
dern im Gebirge von Gilead die Zelte auf.
26 Laban sagte nun zu Jakob: Was hast
du getan? Du hast mich überlistet und
meine Töchter wie Kriegsgefangene weg-
geführt. 27 Warum hast du mir verheim-
licht, dass du dich davonmachen woll-
test, und warum hast du mich überlistet
und mir nichts gesagt? Ich hätte dir gern
das Geleit gegeben mit Gesang, Pauken
und Harfen. 28 Du hast mir aber nicht ein-
mal gestattet, meine Söhne und Töchter
zu küssen. Da hast du töricht gehandelt.
29 Es stünde in meiner Macht, euch Schlim-
mes anzutun; aber der Gott eures Vaters
hat mir gestern nacht gesagt: Hüte dich,
Jakob auch nur das Geringste vorzuwerfen.
30a Nun bist du also fortgezogen, weil du
Heimweh hattest nach deinem Vaterhaus.
44 Jetzt aber komm, wir wollen einen Ver-
trag schließen, ich und du. Der Vertrag
soll Zeuge sein zwischen mir und dir.
45 Da nahm Jakob einen Stein und rich-
tete ihn als Steinmal auf. 46 Jakob sagte zu
seinen Brüdern: Tragt Steine zusammen!
Da holten sie Steine und legten einen
Steinhügel an. Dort auf dem Steinhügel
aßen sie. 47 Laban nannte ihn Jegar-Saha-
duta, und Jakob nannte ihn Gal-Ed.
48 Dieser Steinhügel, sagte Laban, soll
heute Zeuge sein zwischen mir und dir.
Darum gab er ihm den Namen Gal-Ed
(Zeugenhügel) 49 und Mizpa (Späh-
turm), weil er sagte: Der Herr sei Späher
zwischen mir und dir, wenn wir von-
einander nichts mehr wissen. 50 Solltest
du meine Töchter schlecht behandeln
oder dir außer meinen Töchtern noch
andere Frauen nehmen – auch wenn kein
Mensch bei uns ist: Sieh, Gott ist Zeuge
zwischen mir und dir. 51 Weiter sagte
Laban zu Jakob: Hier, dieser Steinhügel,
hier, dieses Steinmal, das ich zwischen
mir und dir errichtet habe – 52 Zeuge sei
dieser Steinhügel. Zeuge sei dieses
Steinmal: Nie will ich diesen Steinhügel
in böser Absicht gegen dich über-
schreiten, und nie sollst du diesen Stein-
hügel oder dieses Steinmal in böser Ab-
sicht gegen mich überschreiten.

Jakobs Kampf

32 14 Er brachte dort jene Nacht
zu. Dann stellte er von allem,
was er gerade zur Hand hatte, ein Ge-
schenk für seinen Bruder Esau zusam-
men: 15 zweihundert Ziegen und zwanzig
Böcke, zweihundert Mutterschafe und
zwanzig Widder, 16 dreißig säugende Ka-
mele mit ihren Jungen, vierzig Kühe und
zehn Stiere, zwanzig Eselinnen und zehn
Esel. 17 Er übergab sie, nach Herden ge-
sondert, seinen Knechten und sagte zu
ihnen: Zieht mir voraus, und haltet zwi-
schen den einzelnen Herden Abstand.
18 Dem ersten trug er auf: Wenn du auf

meinen Bruder Esau triffst und er dich
ausfragt: Zu wem gehörst du, wohin
gehst du, und wem gehört das da vor
dir?, 19 dann sag: Deinem Knecht Jakob.
Ein Geschenk ist es, gesandt an meinen
Herrn, an Esau. Schau, dort hinter uns
kommt er auch schon selbst. 20 Auch dem
zweiten und dritten, allen, die hinter den
einzelnen Herden schritten, trug er auf:
Im gleichen Sinn redet mit Esau, wenn
ihr ihn trefft. 21 Sagt: Schau, dort kommt
dein Knecht Jakob auch schon hinter uns.
Denn Jakob sagte sich: Ich will ihn mit
der geschenkten Herde, die vor mir herz-
ieht, beschwichtigen, und ihm dann erst
unter die Augen treten. Vielleicht nimmt
er mich freundlich auf. 22 Die Herde, die
er schenken wollte, zog ihm also voraus,
er aber brachte jene Nacht im Lager zu.
23 In derselben Nacht stand er auf, nahm
seine beiden Frauen, seine beiden Mägde
sowie seine elf Söhne und durchschritt
die Furt des Jabbok. 24 Er nahm sie und
ließ sie den Fluss überqueren. Dann
schaffte er alles hinüber, was ihm sonst
noch gehörte. 25 Als nur noch er allein zu-
rückgeblieben war, rang mit ihm ein
Mann, bis die Morgenröte aufstieg. 26 Als
der Mann sah, dass er ihm nicht beikom-
men konnte, schlug er ihn aufs Hüftge-
lenk. Jakobs Hüftgelenk renkte sich aus,
als er mit ihm rang. 27 Der Mann sagte:
Lass mich los; denn die Morgenröte ist
aufgestiegen. Jakob aber entgegnete: Ich
lasse dich nicht los, wenn du mich nicht
segnest. 28 Jener fragte: Wie heißt du? Ja-
kob, antwortete er. 29 Da sprach der Mann:
Nicht mehr Jakob wird man dich nennen,
sondern Israel (Gottesstreiter); denn mit
Gott und Menschen hast du gestritten
und hast gewonnen. 30 Nun fragte Jakob:
Nenne mir doch deinen Namen! Jener ent-
gegnete: Was fragst du mich nach meinem
Namen? Dann segnete er ihn dort. 31 Ja-
kob gab dem Ort den Namen Penuël (Got-
tesgesicht) und sagte: Ich habe Gott von
Angesicht zu Angesicht gesehen und bin
doch mit dem Leben davongekommen.
32 Die Sonne schien bereits auf ihn, als er
durch Penuël zog; er hinkte an seiner
Hüfte. 33 Darum essen die Israeliten den
Muskelstrang über dem Hüftgelenk nicht
bis auf den heutigen Tag; denn er hat
Jakob aufs Hüftgelenk, auf den Hüftmus-
kel geschlagen.

Jakobs Versöhnung mit Esau

33 Jakob blickte auf und sah: Esau
kam und mit ihm vierhundert
Mann. Da verteilte er die Kinder auf Lea
und Rahel und auf die beiden Mägde.
2 Die Mägde und deren Kinder stellte er
vorn hin, dahinter Lea und ihre Kinder
und zuletzt Rahel und Josef. 3 Er trat vor
und warf sich siebenmal zur Erde nieder,
bis er vor seinem Bruder stand. 4 Esau lief
ihm entgegen, umarmte ihn und fiel ihm
um den Hals; er küsste ihn, und sie wein-
ten. 5 Dann blickte Esau auf und sah die
Frauen mit den Kindern. Er fragte: Wer
sind die dort bei dir? Die Kinder, erwi-

derte er, die Gott deinem Knecht aus
Wohl wollen geschenkt hat.
6 Die Mägde und ihre Kinder kamen
näher und warfen sich nieder. 7 Dann
kamen auch Lea und ihre Kinder und
warfen sich nieder, und zuletzt kamen
Josef und Rahel und warfen sich nieder.
8 Da fragte Esau: Was willst du mit dem
ganzen Auftrieb dort, auf den ich ge-
stoßen bin? Jakob erwiderte: Ich wollte
das Wohl wollen meines Herrn finden.
9 Darauf sagte Esau: Ich habe selber ge-
nug, Bruder. Behalte, was dir gehört.
10 Nicht doch, entgegnete Jakob, wenn ich
dein Wohl wollen gefunden habe, dann
nimm das Geschenk aus meiner Hand
an! Denn dafür habe ich dein Angesicht
gesehen, wie man das Angesicht Gottes
sieht, und du bist mir wohlwollend be-
gegnet. 11 Nimm doch mein Begrüßungs-
geschenk an, das man dir überbracht hat.
Denn Gott hat mir Wohl wollen erwie-
sen, und ich habe alles, was ich brauche.
Er drängte ihn, bis er annahm.
12 Darauf machte Esau den Vorschlag:
Brechen wir auf, und ziehen wir weiter.
Ich will an deiner Seite ziehen. 13 Jakob
entgegnete ihm: Mein Herr weiß, dass
die Kinder noch Schonung brauchen;
auch habe ich für säugende Schafe und
Rinder zu sorgen. Überanstrengt man sie
nur einen einzigen Tag, so geht das ganze
Vieh ein. 14 Mein Herr ziehe doch seinem
Knecht voraus. Ich aber will mich dem
gemächlichen Gang der Viehherden vor
mir und dem Schritt der Kinder an-
passen, bis ich zu meinem Herrn nach
Seïr komme. 15 Darauf sagte Esau: Ich will
dir einige von meinen Leuten zuweisen.
Wozu? erwiderte Jakob, ich finde ja das
Wohl wollen meines Herrn.
16 Esau kehrte an jenem Tag um und zog
nach Seïr zurück. 17 Jakob brach nach
Sukkot auf. Er baute sich ein Haus, und
für sein Vieh errichtete er Hütten. Darum
gab er dem Ort den Namen Sukkot (Hüt-
ten). 18 Jakob gelangte, als er aus Paddan-
Aram kam, wohlbehalten bis Sichem in
Kanaan und schlug vor der Stadt sein
Lager auf.

Die Söhne Jakobs und der Tod Isaaks

35 22 Während Israel in jenem
Land wohnte, ging Ruben hin
und schlief mit Bilha, der Nebenfrau sei-
nes Vaters. Israel hörte davon. Jakob hatte
zwölf Söhne. 23 Die Söhne Leas waren:
Ruben, der Erstgeborene Jakobs, ferner
Simeon, Levi, Juda, Issachar und Sebulon.
24 Die Söhne Rahels waren: Josef und Ben-
jamin. 25 Die Söhne Bilhas, der Magd Ra-
hels, waren: Dan und Naftali. 26 Die Söh-
ne Silpas, der Magd Leas, waren: Gad und
Ascher. Das waren die Söhne Jakobs, die
ihm in Paddan-Aram geboren wurden.
27 Jakob kam zu seinem Vater Isaak nach
Mamre, nach Kirjat-Arba, das jetzt He-
bron heißt, wo sich Abraham und Isaak
als Fremde aufgehalten hatten. 28 Isaak
wurde hundertachtzig Jahre alt, 29 dann
verschied er.

Aus dem Buch Exodus

Jakobs Nachkommen in Ägypten

1 Das sind die Namen der Söhne
Israels, die nach Ägypten gekom-
men waren – mit Jakob waren sie ge-
kommen, jeder mit seiner Familie: 2 Ru-
ben, Simeon, Levi, Juda, 3 Issachar, Se-
bulon, Benjamin, 4 Dan, Naftali, Gad
und Ascher. 5 Zusammen waren es sieb-
zig Personen; sie alle stammten von Jakob
ab. Josef aber war bereits in Ägypten.
6 Josef, alle seine Brüder und seine Zeit-
genossen waren gestorben. 7 Aber die
Söhne Israels waren fruchtbar, so dass
das Land von ihnen wimmelte. Sie ver-
mehrten sich und wurden überaus
stark; sie bevölkerten das Land.
8 In Ägypten kam ein neuer König an
die Macht, der Josef nicht gekannt hatte.
9 Er sagte zu seinem Volk: Seht nur, das
Volk der Israeliten ist größer und stärker
als wir. 10 Gebt acht! Wir müssen über-
legen, was wir gegen sie tun können, da-
mit sie sich nicht weiter vermehren.
Wenn ein Krieg ausbricht, können sie
sich unseren Feinden anschließen, ge-
gen uns kämpfen und sich des Landes
bemächtigen. 11 Da setzte man Fronvögte
über sie ein, um sie durch schwere Ar-
beit unter Druck zu setzen. Sie mussten
für den Pharao die Städte Pitom und
Ramses als Vorratslager bauen. 12 Je
mehr man sie aber unter Druck hielt,
um so stärker vermehrten sie sich und
breiteten sie sich aus, so dass die Ägyp-
ter vor ihnen das Grauen packte. 13 Da-
her gingen sie hart gegen die Israeliten
vor und machten sie zu Sklaven. 14 Sie
machten ihnen das Leben schwer durch
harte Arbeit mit Lehm und Ziegeln und
durch alle möglichen Arbeiten auf den
Feldern. So wurden die Israeliten zu
harter Sklavenarbeit gezwungen.
15 Zu den hebräischen Hebammen – die
eine hieß Schifra, die andere Pua – sagte
der König von Ägypten: 16 Wenn ihr den
Hebräerinnen Geburtshilfe leistet, dann
achtet auf das Geschlecht! Ist es ein
Knabe, so lasst ihn sterben! Ist es ein
Mädchen, dann kann es am Leben blei-
ben. 17 Die Hebammen aber fürchteten
Gott und taten nicht, was ihnen der
König von Ägypten gesagt hatte, son-
dern ließen die Kinder am Leben.
18 Da rief der König von Ägypten die
Hebammen zu sich und sagte zu ihnen:
Warum tut ihr das und lasst die Kinder

am Leben? 19 Die Hebammen antworteten dem Pharao: Bei den hebräischen Frauen ist es nicht wie bei den Ägypterinnen, sondern wie bei den Tieren: Wenn die Hebamme zu ihnen kommt, haben sie schon geboren.

20 Gott verhalf den Hebammen zu Glück; das Volk aber vermehrte sich weiter und wurde sehr stark. 21 Weil die Hebammen Gott fürchteten, schenkte er ihnen Kindersegen. 22 Daher gab der Pharao seinem ganzen Volk den Befehl: Alle Knaben, die den Hebräern geboren werden, werft in den Nil! Die Mädchen dürft ihr alle am Leben lassen.

Die Jugend des Mose

2 Ein Mann aus einer levitischen Familie ging hin und nahm eine Frau aus dem gleichen Stamm. 2 Sie wurde schwanger und gebar einen Sohn. Weil sie sah, dass es ein schönes Kind war, verbarg sie es drei Monate lang. 3 Als sie es nicht mehr verborgen halten konnte, nahm sie ein Binsenkästchen, dichtete es mit Pech und Teer ab, legte den Knaben hinein und setzte ihn am Nilufer im Schilf aus. 4 Seine Schwester blieb in der Nähe stehen, um zu sehen, was mit ihm geschehen würde.

5 Die Tochter des Pharao kam herab, um im Nil zu baden. Ihre Dienerinnen gingen unterdessen am Nilufer auf und ab. Auf einmal sah sie im Schilf das Kästchen und ließ es durch ihre Magd holen. 6 Als sie es öffnete und hineinsah, lag ein weinendes Kind darin. Sie bekam Mitleid mit ihm, und sie sagte: Das ist ein Hebräerkind. 7 Da sagte seine Schwester zur Tochter des Pharao: Soll ich zu den Hebräerinnen gehen und dir eine Amme rufen, damit sie dir das Kind stillt? 8 Die Tochter des Pharao antwortete ihr: Ja, geh! Das Mädchen ging und rief die Mutter des Knaben herbei. 9 Die Tochter des Pharao sagte zu ihr: Nimm das Kind mit, und still es mir! Ich werde dich dafür entlohnen. Die Frau nahm das Kind zu sich und stillte es. 10 Als der Knabe größer geworden war, brachte sie ihn der Tochter des Pharao. Diese nahm ihn als Sohn an, nannte ihn Mose und sagte: Ich habe ihn aus dem Wasser gezogen.

11 Die Jahre vergingen, und Mose wuchs heran. Eines Tages ging er zu seinen Brüdern hinaus und schaute ihnen bei der Fronarbeit zu. Da sah er, wie ein Ägypter einen Hebräer schlug, einen seiner Stammesbrüder. 12 Mose sah sich nach allen Seiten um, und als er sah, dass sonst niemand da war, erschlug er den Ägypter und verscharrte ihn im Sand.

13 Als er am nächsten Tag wieder hinausging, sah er zwei Hebräer miteinander streiten. Er sagte zu dem, der im Unrecht war: Warum schlägst du deinen Stammesgenossen? 14 Der Mann erwiderte: Wer hat dich zum Aufseher und Schiedsrichter über uns bestellt?

Meinst du, du könntest mich umbrin-
gen, wie du den Ägypter umgebracht
hast? Da bekam Mose Angst und sagte:
Die Sache ist also bekannt geworden.

Die Berufung des Mose

3 Mose weidete die Schafe und
Ziegen seines Schwiegervaters
Jitro, des Priesters von Midian. Eines
Tages trieb er das Vieh über die Steppe
hinaus und kam zum Gottesberg
Horeb. 2 Dort erschien ihm der Engel
des Herrn in einer Flamme, die aus
einem Dornbusch emporschlug. Er
schaute hin: Da brannte der Dornbusch
und verbrannte doch nicht. 3 Mose sag-
te: Ich will dorthin gehen und mir die
außergewöhnliche Erscheinung anse-
hen. Warum verbrennt denn der Dorn-
busch nicht?
4 Als der Herr sah, dass Mose näher
kam, um sich das anzusehen, rief Gott
ihm aus dem Dornbusch zu: Mose,
Mose! Er antwortete: Hier bin ich. 5 Der
Herr sagte: Komm nicht näher heran!
Leg deine Schuhe ab; denn der Ort, wo
du stehst, ist heiliger Boden. 6 Dann
fuhr er fort: Ich bin der Gott deines Va-
ters, der Gott Abrahams, der Gott Isa-
aks und der Gott Jakobs. Da verhüllte
Mose sein Gesicht; denn er fürchtete
sich, Gott anzuschauen.
7 Der Herr sprach: Ich habe das Elend
meines Volkes in Ägypten gesehen,
und ihre laute Klage über ihre Antrei-
ber habe ich gehört. Ich kenne ihr Leid.
8 Ich bin herabgestiegen, um sie der
Hand der Ägypter zu entreißen und
aus jenem Land hinaufzuführen in ein
schönes, weites Land, in ein Land, in
dem Milch und Honig fließen, in das
Gebiet der Kanaaniter, Hetiter, Amo-
riter, Perisiter, Hiwiter und Jebusiter.
9 Jetzt ist die laute Klage der Israeliten
zu mir gedrungen, und ich habe auch
gesehen, wie die Ägypter sie unterdrü-
cken. 10 Und jetzt geh! Ich sende dich
zum Pharao. Führe mein Volk, die Isra-
eliten, aus Ägypten heraus! 11 Mose ant-
wortete Gott: Wer bin ich, dass ich zum
Pharao gehen und die Israeliten aus
Ägypten herausführen könnte? 12 Gott
aber sagte: Ich bin mit dir; ich habe
dich gesandt, und als Zeichen dafür
soll dir dienen: Wenn du das Volk aus
Ägypten herausgeführt hast, werdet
ihr Gott an diesem Berg verehren.
13 Da sagte Mose zu Gott: Gut, ich wer-
de also zu den Israeliten kommen und
ihnen sagen: Der Gott eurer Väter hat
mich zu euch gesandt. Da werden sie
mich fragen: Wie heißt er? Was soll ich
ihnen darauf sagen? 14 Da antwortete
Gott dem Mose: Ich bin der »Ich-bin-
da«. Und er fuhr fort: So sollst du zu
den Israeliten sagen: Der »Ich-bin-da«
hat mich zu euch gesandt. 15 Weiter
sprach Gott zu Mose: So sag zu den
Israeliten: Jahwe, der Gott eurer Väter,
der Gott Abrahams, der Gott Isaaks
und der Gott Jakobs, hat mich zu euch

gesandt. Das ist mein Name für immer,
und so wird man mich nennen in allen
Generationen.

Die Rettung am Schilfmeer

13 17 Als der Pharao das Volk
ziehen ließ, führte sie Gott
nicht den Weg ins Philisterland, ob-
wohl er der kürzere war. Denn Gott
sagte: Die Leute könnten es sonst, wenn
sie Krieg erleben, bereuen und nach
Ägypten zurückkehren wollen. 18 So
ließ sie Gott einen Umweg machen, der
durch die Wüste zum Schilfmeer führ-
te. Geordnet zogen die Israeliten aus
Ägypten hinauf. 19 Mose nahm die Ge-
beine Josefs mit; denn dieser hatte die
Söhne Israels beschworen: Wenn Gott
sich euer annimmt, dann nehmt meine
Gebeine von hier mit hinauf! 20 Sie
brachen von Sukkot auf und schlugen
ihr Lager in Etam am Rand der Wüste
auf. 21 Der Herr zog vor ihnen her, bei
Tag in einer Wolkensäule, um ihnen
den Weg zu zeigen, bei Nacht in einer
Feuersäule, um ihnen zu leuchten. So
konnten sie Tag und Nacht unterwegs
sein. 22 Die Wolkensäule wich bei Tag
nicht von der Spitze des Volkes, und die
Feuersäule nicht bei Nacht.

14 Der Herr sprach zu Mose: 2 Sag
den Israeliten, sie sollen um-
kehren und vor Pi-Hahirot zwischen
Migdol und dem Meer ihr Lager auf-
schlagen. Gegenüber von Baal-Zefon
sollt ihr am Meer das Lager auf-
schlagen. 3 Dann denkt der Pharao: Die
Israeliten haben sich im Land ver-
laufen, die Wüste hat sie eingeschlos-
sen. 4 Ich will das Herz des Pharao ver-
härten, so dass er ihnen nachjagt; dann
will ich am Pharao und an seiner
ganzen Streitmacht meine Herrlichkeit
erweisen, und die Ägypter sollen er-
kennen, dass ich der Herr bin. Und so
taten sie es.
5 Als man dem König von Ägypten
meldete, das Volk sei geflohen,
änderten der Pharao und seine Diener
ihre Meinung über das Volk und sag-
ten: Wie konnten wir nur Israel aus
unserem Dienst entlassen! 6 Er ließ
seinen Streitwagen anspannen und
nahm seine Leute mit. 7 Sechshundert
auserlesene Streitwagen nahm er mit
und alle anderen Streitwagen der
Ägypter und drei Mann auf jedem
Wagen. 8 Der Herr verhärtete das Herz
des Pharao, des Königs von Ägypten,
so dass er den Israeliten nachjagte,
während sie voll Zuversicht weiter-
zogen. 9 Die Ägypter jagten mit allen
Pferden und Streitwagen des Pharao,
mit seiner Reiterei und seiner Streit-
macht hinter ihnen her und holten sie
ein, als sie gerade am Meer lagerten.
Es war bei Pi-Hahirot vor Baal-Zefon.
10 Als der Pharao sich näherte, blickten
die Israeliten auf und sahen plötzlich
die Ägypter von hinten anrücken. Da
erschraken die Israeliten sehr und

schrien zum Herrn. 11 Zu Mose sagten
sie: Gab es denn keine Gräber in Ägyp-
ten, dass du uns zum Sterben in die
Wüste holst? Was hast du uns da ange-
tan? Warum hast du uns aus Ägypten
herausgeführt? 12 Haben wir dir in
Ägypten nicht gleich gesagt: Lass uns
in Ruhe! Wir wollen Sklaven der Ägyp-
ter bleiben; denn es ist für uns immer
noch besser, Sklaven der Ägypter zu
sein, als in der Wüste zu sterben. 13 Mose
aber sagte zum Volk: Fürchtet euch
nicht! Bleibt stehen, und schaut zu, wie
der Herr euch heute rettet. Wie ihr die
Ägypter heute seht, so seht ihr sie
niemals wieder. 14 Der Herr kämpft für
euch, ihr aber könnt ruhig abwarten.
15 Der Herr sprach zu Mose: Was
schreist du zu mir? Sag den Israeliten,
sie sollen aufbrechen. 16 Und du heb
deinen Stab hoch, streck deine Hand
über das Meer, und spalte es, damit die
Israeliten auf trockenem Boden in das
Meer hineinziehen können. 17 Ich aber
will das Herz der Ägypter verhärten,
damit sie hinter ihnen hineinziehen. So
will ich am Pharao und an seiner
ganzen Streitmacht, an seinen Streit-
wagen und Reitern meine Herrlichkeit
erweisen. 18 Die Ägypter sollen erken-
nen, dass ich der Herr bin, wenn ich am
Pharao, an seinen Streitwagen und
Reitern meine Herrlichkeit erweise.
19 Der Engel Gottes, der den Zug der
Israeliten anführte, erhob sich und
ging an das Ende des Zuges, und die
Wolkensäule vor ihnen erhob sich und
trat an das Ende. 20 Sie kam zwischen
das Lager der Ägypter und das Lager
der Israeliten. Die Wolke war da und
Finsternis, und Blitze erhellten die
Nacht. So kamen sie die ganze Nacht
einander nicht näher. 21 Mose streckte
seine Hand über das Meer aus, und der
Herr trieb die ganze Nacht das Meer
durch einen starken Ostwind fort. Er
ließ das Meer austrocknen, und das
Wasser spaltete sich. 22 Die Israeliten
zogen auf trockenem Boden ins Meer
hinein, während rechts und links von
ihnen das Wasser wie eine Mauer
stand. 23 Die Ägypter setzten ihnen
nach; alle Pferde des Pharao, seine
Streitwagen und Reiter zogen hinter
ihnen ins Meer hinein. 24 Um die Zeit
der Morgenwache blickte der Herr aus
der Feuer- und Wolkensäule auf das
Lager der Ägypter und brachte es in
Verwirrung. 25 Er hemmte die Räder an
ihren Wagen und ließ sie nur schwer
vorankommen. Da sagte der Ägypter:
Ich muss vor Israel fliehen; denn Jahwe
kämpft auf ihrer Seite gegen Ägypten.
26 Darauf sprach der Herr zu Mose:
Streck deine Hand über das Meer, da-
mit das Wasser zurückflutet und den
Ägypter, seine Wagen und Reiter zu-
deckt. 27 Mose streckte seine Hand über
das Meer, und gegen Morgen flutete
das Meer an seinen alten Platz zurück,
während die Ägypter auf der Flucht
ihm entgegenliefen. So trieb der Herr

die Ägypter mitten ins Meer. 28 Das
Wasser kehrte zurück und bedeckte
Wagen und Reiter, die ganze Streit-
macht des Pharao, die den Israeliten ins
Meer nachgezogen war. Nicht ein ein-
ziger von ihnen blieb übrig. 29 Die
Israeliten aber waren auf trockenem
Boden mitten durch das Meer gezogen,
während rechts und links von ihnen
das Wasser wie eine Mauer stand. 30 So
rettete der Herr an jenem Tag Israel aus
der Hand der Ägypter. Israel sah die
Ägypter tot am Strand liegen. 31 Als
Israel sah, dass der Herr mit mächtiger
Hand an den Ägyptern gehandelt
hatte, fürchtete das Volk den Herrn. Sie
glaubten an den Herrn und an Mose,
seinen Knecht.

Auf dem Weg zum Sinai

16 2 Die ganze Gemeinde der Isra-
eliten murrte in der Wüste ge-
gen Mose und Aaron. 3 Die Israeliten
sagten zu ihnen: Wären wir doch in
Ägypten durch die Hand des Herrn ge-
storben, als wir an den Fleischtöpfen
saßen und Brot genug zu essen hatten.
Ihr habt uns nur deshalb in diese
Wüste geführt, um alle, die hier ver-
sammelt sind, an Hunger sterben zu
lassen. 4 Da sprach der Herr zu Mose:
Ich will euch Brot vom Himmel regnen
lassen. Das Volk soll hinausgehen, um
seinen täglichen Bedarf zu sammeln.
Ich will es prüfen, ob es nach meiner
Weisung lebt oder nicht. 5 Wenn sie am
sechsten Tag feststellen, was sie zu-
sammengebracht haben, wird es doppelt
soviel sein, wie sie sonst täglich ge-
sammelt haben.
6 Da sagten Mose und Aaron zu allen
Israeliten: Heute Abend sollt ihr er-
fahren, dass der Herr euch aus Ägypten
geführt hat, 7 und morgen werdet ihr
die Herrlichkeit des Herrn schauen;
denn er hat euer Murren gegen ihn ge-
hört. Aber wer sind schon wir, dass ihr
gegen uns murrt? 8 Weiter sagte Mose:
Wenn der Herr euch heute Abend
Fleisch zu essen gibt und euch am
Morgen mit Brot sättigt, wenn er also
euer Murren hört, mit dem ihr ihn
bedrängt, was sind wir dann? Nicht
uns galt euer Murren, sondern dem
Herrn.
9 Dann sagte Mose zu Aaron: Sag der
ganzen Gemeinde der Israeliten: Tretet
hin vor den Herrn; denn er hat euer
Murren gehört. 10 Während Aaron zur
ganzen Gemeinde der Israeliten sprach,
wandten sie sich zur Wüste hin. Da
erschien plötzlich in der Wolke die
Herrlichkeit des Herrn. 11 Der Herr
sprach zu Mose: 12 Ich habe das Murren
der Israeliten gehört. Sag ihnen: Am
Abend werdet ihr Fleisch zu essen
haben, am Morgen werdet ihr satt sein
von Brot, und ihr werdet erkennen,
dass ich der Herr, euer Gott, bin.
13 Am Abend kamen die Wachteln und
bedeckten das Lager. Am Morgen lag

eine Schicht von Tau rings um das La-
ger. 14 Als sich die Tauschicht gehoben
hatte, lag auf dem Wüstenboden etwas
Feines, Knuspriges, fein wie Reif, auf
der Erde. 15 Als das die Israeliten sahen,
sagten sie zueinander: Was ist das?
Denn sie wussten nicht, was es war. Da
sagte Mose zu ihnen: Das ist das Brot,
das der Herr euch zu essen gibt.

Das Wasser aus dem Felsen

17 Die ganze Gemeinde der Israe-
liten zog von der Wüste Sin
weiter, von einem Rastplatz zum an-
dern, wie es der Herr jeweils bestimm-
te. In Refidim schlugen sie ihr Lager
auf. Weil das Volk kein Wasser zu
trinken hatte, 2 geriet es mit Mose in
Streit und sagte: Gebt uns Wasser zu
trinken! Mose aber antwortete: Was
streitet ihr mit mir? Warum stellt ihr
den Herrn auf die Probe? 3 Das Volk
dürstete dort nach Wasser und murrte
gegen Mose. Sie sagten: Warum hast
du uns überhaupt aus Ägypten hierher
geführt? Um uns, unsere Söhne und
unser Vieh verdursten zu lassen? 4 Mose
schrie zum Herrn: Was soll ich mit
diesem Volk anfangen? Es fehlt nur
wenig, und sie steinigen mich. 5 Der
Herr antwortete Mose: Geh am Volk
vorbei, und nimm einige von den Äl-
testen Israels mit; nimm auch den Stab
in die Hand, mit dem du auf den Nil ge-
schlagen hast, und geh! 6 Dort drüben
auf dem Felsen am Horeb werde ich vor
dir stehen. Dann schlag an den Felsen!
Es wird Wasser herauskommen, und
das Volk kann trinken. Das tat Mose vor
den Augen der Ältesten Israels. 7 Den
Ort nannte er Massa und Meriba (Pro-
be und Streit), weil die Israeliten Streit
begonnen und den Herrn auf die Probe
gestellt hatten, indem sie sagten: Ist der
Herr in unserer Mitte oder nicht?
8 Als Amalek kam und in Refidim den
Kampf mit Israel suchte, 9 sagte Mose
zu Josua: Wähl uns Männer aus, und
zieh in den Kampf gegen Amalek! Ich
selbst werde mich morgen auf den
Gipfel des Hügels stellen und den Got-
tesstab mitnehmen. 10 Josua tat, was ihm
Mose aufgetragen hatte, und kämpfte
gegen Amalek, während Mose, Aaron
und Hur auf den Gipfel des Hügels
stiegen. 11 Solange Mose seine Hand er-
hoben hielt, war Israel stärker; sooft er
aber die Hand sinken ließ, war Amalek
stärker. 12 Als dem Mose die Hände
schwer wurden, holten sie einen Stein-
brocken, schoben ihn unter Mose, und
er setzte sich darauf. Aaron und Hur
stützten seine Arme, der eine rechts,
der andere links, so dass seine Hände
erhoben blieben, bis die Sonne unter-
ging. 13 So besiegte Josua mit scharfem
Schwert Amalek und sein Heer.

Die Ernennung von Richtern

18 13 Am folgenden Morgen setz-
te sich Mose, um für das Volk
Recht zu sprechen. Die Leute mussten
vor Mose vom Morgen bis zum Abend
anstehen. 14 Als der Schwiegervater des
Mose sah, was er alles für das Volk zu
tun hatte, sagte er: Was soll das, was du
da für das Volk tust? Warum sitzt du
hier allein, und die vielen Leute müssen
vom Morgen bis zum Abend vor dir an-
stehen? 15 Mose antwortete seinem
Schwiegervater: Die Leute kommen zu
mir, um Gott zu befragen. 16 Wenn sie
einen Streitfall haben, kommen sie zu
mir. Ich entscheide dann ihren Fall und
teile ihnen die Gesetze und Weisungen
Gottes mit.
17 Da sagte der Schwiegervater zu Mose:
Es ist nicht richtig, wie du das machst.
18 So richtest du dich selbst zugrunde
und auch das Volk, das bei dir ist. Das
ist zu schwer für dich; allein kannst du
es nicht bewältigen. 19 Nun hör zu, ich
will dir einen Rat geben, und Gott wird
mit dir sein. Vertritt du das Volk vor
Gott! Bring ihre Rechtsfälle vor ihn,
20 unterrichte sie in den Gesetzen und
Weisungen, und lehre sie, wie sie leben
und was sie tun sollen. 21 Du aber sieh
dich im ganzen Volk nach tüchtigen,
gottesfürchtigen und zuverlässigen
Männern um, die Bestechung ab-
lehnen. Gib dem Volk Vorsteher für je
tausend, hundert, fünfzig und zehn!
22 Sie sollen dem Volk jederzeit als Rich-
ter zur Verfügung stehen. Alle wichti-
gen Fälle sollen sie vor dich bringen,
die leichteren sollen sie selber ent-
scheiden. Entlaste dich, und lass auch
andere Verantwortung tragen! 23 Wenn
du das tust, sofern Gott zustimmt,
bleibst du der Aufgabe gewachsen, und
die Leute hier können alle zufrieden
heimgehen.

Das Bundesangebot Gottes

19 3 Mose stieg zu Gott hinauf.
Da rief ihm der Herr vom Berg
her zu: Das sollst du dem Haus Jakob
sagen und den Israeliten verkünden:
4 Ihr habt gesehen, was ich den Ägyp-
tern angetan habe, wie ich euch auf Ad-
lerflügeln getragen und hierher zu mir
gebracht habe. 5 Jetzt aber, wenn ihr auf
meine Stimme hört und meinen Bund
haltet, werdet ihr unter allen Völkern
mein besonderes Eigentum sein. Mir
gehört die ganze Erde, 6 ihr aber sollt
mir als ein Reich von Priestern und als
ein heiliges Volk gehören. Das sind die
Worte, die du den Israeliten mitteilen
sollst.

Die Zehn Gebote

20 Dann sprach Gott alle diese
Worte: 2 Ich bin Jahwe, dein
Gott, der dich aus Ägypten geführt hat,
aus dem Sklavenhaus. 3 Du sollst neben
mir keine anderen Götter haben. 4 Du

sollst dir kein Gottesbild machen und
keine Darstellung von irgend etwas am
Himmel droben, auf der Erde unten
oder im Wasser unter der Erde. 5 Du
sollst dich nicht vor anderen Göttern
niederwerfen und dich nicht verpflich-
ten, ihnen zu dienen. Denn ich, der
Herr, dein Gott, bin ein eifersüchtiger
Gott: Bei denen, die mir feind sind, ver-
folge ich die Schuld der Väter an den
Söhnen, an der dritten und vierten
Generation; 6 bei denen, die mich lie-
ben und auf meine Gebote achten, er-
weise ich Tausenden meine Huld. 7 Du
sollst den Namen des Herrn, deines
Gottes, nicht missbrauchen; denn der
Herr lässt den nicht ungestraft, der sei-
nen Namen missbraucht.
8 Gedenke des Sabbats: Halte ihn
heilig! 9 Sechs Tage darfst du schaffen
und jede Arbeit tun. 10 Der siebte Tag
ist ein Ruhetag, dem Herrn, deinem
Gott, geweiht. An ihm darfst du keine
Arbeit tun: du, dein Sohn und deine
Tochter, dein Sklave und deine Sklavin,
dein Vieh und der Fremde, der in dei-
nen Stadtbereichen Wohnrecht hat.
11 Denn in sechs Tagen hat der Herr
Himmel, Erde und Meer gemacht und
alles, was dazugehört; am siebten Tag
ruhte er. Darum hat der Herr den Sab-
battag gesegnet und ihn für heilig er-
klärt.
12 Ehre deinen Vater und deine Mutter,
damit du lange lebst in dem Land, das
der Herr, dein Gott, dir gibt.
13 Du sollst nicht morden.
14 Du sollst nicht die Ehe brechen.
15 Du sollst nicht stehlen.
16 Du sollst nicht falsch gegen deinen
Nächsten aussagen.
17 Du sollst nicht nach dem Haus deines
Nächsten verlangen. Du sollst nicht
nach der Frau deines Nächsten ver-
langen, nach seinem Sklaven oder seiner
Sklavin, seinem Rind oder seinem Esel
oder nach irgend etwas, das deinem
Nächsten gehört.

Schutz vor Unterdrückung und Ausbeutung

22 20 Einen Fremden sollst du
nicht ausnützen oder aus-
beuten, denn ihr selbst seid in Ägypten
Fremde gewesen. 21 Ihr sollt keine Wit-
we oder Waise ausnützen. 22 Wenn du
sie ausnützt und sie zu mir schreit,
werde ich auf ihren Klageschrei hören.
23 Mein Zorn wird entbrennen, und ich
werde euch mit dem Schwert umbrin-
gen, so dass eure Frauen zu Witwen
und eure Söhne zu Waisen werden.
24 Leihst du einem aus meinem Volk,
einem Armen, der neben dir wohnt,
Geld, dann sollst du dich gegen ihn
nicht wie ein Wucherer benehmen. Ihr
sollt von ihm keinen Wucherzins
fordern. 25 Nimmst du von einem Mit-
bürger den Mantel zum Pfand, dann
sollst du ihn bis Sonnenuntergang zu-
rückgeben; 26 denn es ist seine einzige

Decke, der Mantel, mit dem er seinen
bloßen Leib bedeckt. Worin soll er
sonst schlafen? Wenn er zu mir schreit,
höre ich es, denn ich habe Mitleid.

Der Bundesschluss

24 3 Mose kam und übermittelte
dem Volk alle Worte und
Rechtsvorschriften des Herrn. Das
ganze Volk antwortete einstimmig und
sagte: Alles, was der Herr gesagt hat,
wollen wir tun. 4 Mose schrieb alle
Worte des Herrn auf. Am nächsten
Morgen stand er zeitig auf und er-
richtete am Fuß des Berges einen Altar
und zwölf Steinmale für die zwölf
Stämme Israels. 5 Er schickte die jungen
Männer Israels aus. Sie brachten
Brandopfer dar und schlachteten junge
Stiere als Heilsopfer für den Herrn.
6 Mose nahm die Hälfte des Blutes und
goss es in eine Schüssel, mit der
anderen Hälfte besprengte er den
Altar. 7 Darauf nahm er die Urkunde
des Bundes und verlas sie vor dem Volk.
Sie antworteten: Alles, was der Herr
gesagt hat, wollen wir tun; wir wollen
gehorchen. 8 Da nahm Mose das Blut,
besprengte damit das Volk und sagte:
Das ist das Blut des Bundes, den der
Herr aufgrund all dieser Worte mit
euch geschlossen hat.
9 Danach stiegen Mose, Aaron, Nadab,
Abihu und die siebzig von den Ältesten
Israels hinauf, 10 und sie sahen den Gott
Israels. Die Fläche unter seinen Füßen
war wie mit Saphir ausgelegt und
glänzte hell wie der Himmel selbst.
11 Gott streckte nicht seine Hand gegen
die Edlen der Israeliten aus; sie durften
Gott sehen, und sie aßen und tranken.
12 Der Herr sprach zu Mose: Komm
herauf zu mir auf den Berg, und bleib
hier! Ich will dir die Steintafeln
übergeben, die Weisung und die Ge-
bote, die ich aufgeschrieben habe. Du
sollst das Volk darin unterweisen. 13 Da
erhob sich Mose mit seinem Diener
Josua und stieg den Gottesberg hinauf.
14 Zu den Ältesten sagte er: Bleibt hier,
bis wir zu euch zurückkehren; Aaron
und Hur sind ja bei euch. Wer ein An-
liegen hat, wende sich an sie. 15 Dann
stieg Mose auf den Berg, und die Wolke
bedeckte den Berg. 16 Die Herrlichkeit
des Herrn ließ sich auf den Sinai herab,
und die Wolke bedeckte den Berg
sechs Tage lang. Am siebten Tag rief der
Herr mitten aus der Wolke Mose
herbei. 17 Die Erscheinung der Herr-
lichkeit des Herrn auf dem Gipfel des
Berges zeigte sich vor den Augen der
Israeliten wie verzehrendes Feuer.
18 Mose ging mitten in die Wolke hi-
nein und stieg auf den Berg hinauf.
Vierzig Tage und vierzig Nächte blieb
Mose auf dem Berg.

Das goldene Kalb

31 18 Nachdem der Herr zu Mose
auf dem Berg Sinai alles ge-
sagt hatte, übergab er ihm die beiden
Tafeln der Bundesurkunde, steinerne
Tafeln, auf die der Finger Gottes ge-
schrieben hatte.

32 Als das Volk sah, dass Mose
noch immer nicht vom Berg
herabkam, versammelte es sich um Aa-
ron und sagte zu ihm: Komm, mach uns
Götter, die vor uns herziehen. Denn
dieser Mose, der Mann, der uns aus
Ägypten heraufgebracht hat – wir wis-
sen nicht, was mit ihm geschehen ist.
2 Aaron antwortete: Nehmt euren
Frauen, Söhnen und Töchtern die gol-
denen Ringe ab, die sie an den Ohren
tragen, und bringt sie her! 3 Da nahm
das ganze Volk die goldenen Ohrringe
ab und brachte sie zu Aaron. 4 Er nahm
sie von ihnen entgegen, zeichnete mit
einem Griffel eine Skizze und goss da-
nach ein Kalb. Da sagten sie: Das sind
deine Götter, Israel, die dich aus
Ägypten heraufgeführt haben. 5 Als Aa-
ron das sah, baute er vor dem Kalb
einen Altar und rief aus: Morgen ist ein
Fest zur Ehre des Herrn. 6 Am folgenden
Morgen standen sie zeitig auf, brachten
Brandopfer dar und führten Tiere für
das Heilsopfer herbei. Das Volk setzte
sich zum Essen und Trinken und stand
auf, um sich zu vergnügen.
7 Da sprach der Herr zu Mose: Geh, steig
hinunter, denn dein Volk, das du aus
Ägypten heraufgeführt hast, läuft ins
Verderben. 8 Schnell sind sie von dem
Weg abgewichen, den ich ihnen vor-
geschrieben habe. Sie haben sich ein
Kalb aus Metall gegossen und werfen
sich vor ihm zu Boden. Sie bringen ihm
Schlachtopfer dar und sagen: Das sind
deine Götter, Israel, die dich aus
Ägypten heraufgeführt haben. 9 Weiter
sprach der Herr zu Mose: Ich habe
dieses Volk durchschaut: Ein störrisches
Volk ist es. 10 Jetzt lass mich, damit mein
Zorn gegen sie entbrennt und sie ver-
zehrt. Dich aber will ich zu einem
großen Volk machen. 11 Da versuchte
Mose, den Herrn, seinen Gott, zu be-
sänftigen, und sagte: Warum, Herr, ist
dein Zorn gegen dein Volk entbrannt?
Du hast es doch mit großer Macht und
starker Hand aus Ägypten heraus-
geführt. 12 Sollen etwa die Ägypter
sagen können: In böser Absicht hat er
sie herausgeführt, um sie im Gebirge
umzubringen und sie vom Erdboden
verschwinden zu lassen? Lass ab von
deinem glühenden Zorn, und lass dich
das Böse reuen, das du deinem Volk
antun wolltest. 13 Denk an deine Knechte,
an Abraham, Isaak und Israel, denen du
mit einem Eid bei deinem eigenen
Namen zugesichert und gesagt hast: Ich
will eure Nachkommen zahlreich machen
wie die Sterne am Himmel, und: Dieses
ganze Land, von dem ich gesprochen
habe, will ich euren Nachkommen geben,
und sie sollen es für immer besitzen.

14 Da ließ sich der Herr das Böse reuen,
das er seinem Volk angedroht hatte.
15 Mose kehrte um und stieg den Berg
hinab, die zwei Tafeln der Bundes-
urkunde in der Hand, die Tafeln, die
auf beiden Seiten beschrieben waren.
Auf der einen wie auf der andern Seite
waren sie beschrieben. 16 Die Tafeln
hatte Gott selbst gemacht, und die
Schrift, die auf den Tafeln eingegraben
war, war Gottes Schrift.
17 Josua hörte das Lärmen und Schreien
des Volkes und sagte zu Mose: Horch,
Krieg ist im Lager. 18 Mose antwortete:
Nicht Siegesgeschrei, auch nicht Ge-
schrei nach Niederlage ist das Geschrei,
das ich höre. 19 Als Mose dem Lager
näher kam und das Kalb und den Tanz
sah, entbrannte sein Zorn. Er schleu-
derte die Tafeln fort und zerschmet-
terte sie am Fuß des Berges. 20a Dann
packte er das Kalb, das sie gemacht
hatten, verbrannte es im Feuer und zer-
stampfte es zu Staub.

Die Erneuerung des Bundes

34 4 Da hieb Mose zwei Tafeln aus
Stein zurecht wie die ersten.
Am Morgen stand Mose zeitig auf und
ging auf den Sinai hinauf, wie es ihm
der Herr aufgetragen hatte. Die beiden
steinernen Tafeln nahm er mit. 5 Der
Herr aber stieg in der Wolke herab und
stellte sich dort neben ihn hin. Er rief
den Namen Jahwe aus. 6 Der Herr ging
an ihm vorüber und rief: Jahwe ist ein
barmherziger und gnädiger Gott, lang-
mütig, reich an Huld und Treue: 7 Er
bewahrt Tausenden Huld, nimmt
Schuld, Frevel und Sünde weg, lässt
aber (den Sünder) nicht ungestraft; er
verfolgt die Schuld der Väter an den
Söhnen und Enkeln, an der dritten und
vierten Generation. 8 Sofort verneigte
sich Mose bis zur Erde und warf sich zu
Boden. 9 Er sagte: Wenn ich deine Gna-
de gefunden habe, mein Herr, dann
ziehe doch mein Herr mit uns. Es ist
zwar ein störrisches Volk, doch vergib
uns unsere Schuld und Sünde, und lass
uns dein Eigentum sein!

Aus dem Buch Levitikus

Sozialverhalten und Nächstenliebe

19 Der Herr sprach zu Mose: 2 Rede
zur ganzen Gemeinde der Israeli-
ten, und sag zu ihnen: Seid heilig, denn
ich, der Herr, euer Gott, bin heilig.
11 Ihr sollt nicht stehlen, nicht täuschen
und einander nicht betrügen. 12 Ihr sollt
nicht falsch bei meinem Namen schwö-
ren; du würdest sonst den Namen dei-
nes Gottes entweihen. Ich bin der Herr.
13 Du sollst deinen Nächsten nicht aus-
beuten und ihn nicht um das Seine
bringen. Der Lohn des Tagelöhners soll
nicht über Nacht bis zum Morgen bei
dir bleiben. 14 Du sollst einen Tauben
nicht verfluchen und einem Blinden
kein Hindernis in den Weg stellen; viel-
mehr sollst du deinen Gott fürchten.
Ich bin der Herr.
15 Ihr sollt in der Rechtsprechung kein
Unrecht tun. Du sollst weder für einen
Geringen noch für einen Großen Partei
nehmen; gerecht sollst du deinen Stam-
mesgenossen richten. 16 Du sollst deinen
Stammesgenossen nicht verleumden
und dich nicht hinstellen und das Leben
deines Nächsten fordern. Ich bin der
Herr.
17 Du sollst in deinem Herzen keinen
Hass gegen deinen Bruder tragen. Weise
deinen Stammesgenossen zurecht, so
wirst du seinetwegen keine Schuld auf
dich laden. 18 An den Kindern deines
Volkes sollst du dich nicht rächen und
ihnen nichts nachtragen. Du sollst dei-
nen Nächsten lieben wie dich selbst.
Ich bin der Herr.

Aus dem Buch Numeri

Der Priestersegen

6 [22] Der Herr sprach zu Mose: [23] Sag
zu Aaron und seinen Söhnen: So
sollt ihr die Israeliten segnen; sprecht
zu ihnen:
[24] Der Herr segne dich und behüte dich.
[25] Der Herr lasse sein Angesicht über
dich leuchten und sei dir gnädig.
[26] Der Herr wende sein Angesicht dir zu
und schenke dir Heil.
[27] So sollen sie meinen Namen auf die Is-
raeliten legen, und ich werde sie segnen.

Aus dem Buch Deuteronomium

Die Grundforderung Gottes

6 4 Höre, Israel! Jahwe, unser Gott,
Jahwe ist einzig. 5 Darum sollst du
den Herrn, deinen Gott, lieben mit
ganzem Herzen, mit ganzer Seele und
mit ganzer Kraft.
6 Diese Worte, auf die ich dich heute
verpflichte, sollen auf deinem Herzen
geschrieben stehen. 7 Du sollst sie dei-
nen Söhnen wiederholen. Du sollst von
ihnen reden, wenn du zu Hause sitzt
und wenn du auf der Straße gehst, wenn
du dich schlafen legst und wenn du
aufstehst. 8 Du sollst sie als Zeichen um
das Handgelenk binden. Sie sollen zum
Schmuck auf deiner Stirn werden. 9 Du
sollst sie auf die Türpfosten deines Hau-
ses und in deine Stadttore schreiben.

Israel und der Reichtum

8 7 Wenn der Herr, dein Gott, dich
in ein prächtiges Land führt, ein
Land mit Bächen, Quellen und Grund-
wasser, das im Tal und am Berg hervor-
quillt, 8 ein Land mit Weizen und Gerste,
mit Weinstock, Feigenbaum und Gra-
natbaum, ein Land mit Ölbaum und
Honig, 9 ein Land, in dem du nicht
armselig dein Brot essen musst, in dem
es dir an nichts fehlt, ein Land, dessen
Steine aus Eisen sind, aus dessen Ber-
gen du Erz gewinnst; 10 wenn du dort
isst und satt wirst und den Herrn, dei-
nen Gott, für das prächtige Land, das
er dir gegeben hat, preist, 11 dann nimm
dich in acht und vergiss den Herrn,
deinen Gott, nicht, missachte nicht
seine Gebote, Rechtsvorschriften und
Gesetze, auf die ich dich heute ver-
pflichte. 12 Und wenn du gegessen hast
und satt geworden bist und prächtige
Häuser gebaut hast und sie bewohnst,
13 wenn deine Rinder, Schafe und Zie-
gen sich vermehren und Silber und
Gold sich bei dir häuft und dein ge-
samter Besitz sich vermehrt, 14 dann
nimm dich in acht, dass dein Herz
nicht hochmütig wird und du den
Herrn, deinen Gott, nicht vergisst, der
dich aus Ägypten, dem Sklavenhaus,
geführt hat; 15 der dich durch die große
und furchterregende Wüste geführt
hat, durch Feuernattern und Skorpio-
ne, durch ausgedörrtes Land, wo es
kein Wasser gab; der für dich Wasser

aus dem Felsen der Steilwand hervorsprudeln ließ; 16 der dich in der Wüste mit dem Manna speiste, das deine Väter noch nicht kannten, (und der das alles tat,) um dich gefügig zu machen, dich zu prüfen und dir zuletzt Gutes zu tun. 17 Dann nimm dich in acht und denk nicht bei dir: Ich habe mir diesen Reichtum aus eigener Kraft und mit eigener Hand erworben. 18 Denk vielmehr an den Herrn, deinen Gott: Er war es, der dir die Kraft gab, Reichtum zu erwerben, weil er seinen Bund, den er deinen Vätern geschworen hatte, so verwirklichen wollte, wie er es heute tut.

Aus den Büchern der Geschichte des Volkes Gottes
Das Buch Rut

Die Vorgeschichte

1 Zu der Zeit, als die Richter regierten, kam eine Hungersnot über das Land. Da zog ein Mann mit seiner Frau und seinen beiden Söhnen aus Betlehem in Juda fort, um sich als Fremder im Grünland Moabs niederzulassen. 2 Der Mann hieß Elimelech, seine Frau Noomi, und seine Söhne hießen Machlon und Kiljon; sie waren Efratiter aus Betlehem in Juda. Als sie im Grünland Moabs ankamen, blieben sie dort. 3 Elimelech, der Mann Noomis, starb, und sie blieb mit ihren beiden Söhnen zurück. 4 Diese nahmen sich moabitische Frauen, Orpa und Rut, und so wohnten sie dort etwa zehn Jahre lang. 5 Dann starben auch Machlon und Kiljon, und Noomi blieb allein, ohne ihren Mann und ohne ihre beiden Söhne.

Die Heimkehr

6 Da brach sie mit ihren Schwiegertöchtern auf, um aus dem Grünland Moabs heimzukehren; denn sie hatte dort gehört, der Herr habe sich seines Volkes angenommen und ihm Brot gegeben. 7 Sie verließ zusammen mit ihren beiden Schwiegertöchtern den Ort, wo sie sich aufgehalten hatte. Als sie nun auf dem Heimweg in das Land Juda waren, 8 sagte Noomi zu ihren Schwiegertöchtern: Kehrt doch beide heim zu euren Müttern! Der Herr erweise euch Liebe, wie ihr sie den Toten und mir erwiesen habt. 9 Der Herr lasse jede von euch Geborgenheit finden bei einem Gatten. Damit küsste sie beide zum Abschied; doch Orpa und Rut begannen laut zu weinen 10 und sagten zu ihr: Nein, wir wollen mit dir zu deinem Volk gehen. 11 Noomi sagte: Kehrt doch um, meine Töchter! Warum wollt ihr mit mir ziehen? Habe ich etwa in meinem Leib noch Söhne, die eure Männer werden könnten? 12 Kehrt um, meine Töchter, und geht; denn ich bin zu alt, noch einem Mann zu gehören. Selbst wenn ich dächte, ich habe noch Hoffnung, ja, wenn ich noch diese Nacht einem Mann gehörte und gar Söhne bekäme: 13 Wolltet ihr warten, bis sie erwachsen sind? Wolltet ihr euch so lange abschließen und ohne

einen Mann leben? Nein, meine
Töchter! Mir täte es bitter leid um
euch; denn mich hat die Hand des
Herrn getroffen. [14] Da weinten sie noch
lauter. Doch dann gab Orpa ihrer
Schwiegermutter den Abschiedskuss,
während Rut nicht von ihr ließ. [15] Noo-
mi sagte: Du siehst, deine Schwägerin
kehrt heim zu ihrem Volk und zu ihrem
Gott. Folge ihr doch! [16] Rut antwortete:
Dränge mich nicht, dich zu verlassen
und umzukehren. Wohin du gehst,
dahin gehe auch ich, und wo du
bleibst, da bleibe auch ich. Dein Volk
ist mein Volk, und dein Gott ist mein
Gott. Wo du stirbst, da sterbe auch ich,
da will ich begraben sein. Der Herr soll
mir dies und das antun – nur der Tod
wird mich von dir scheiden.
[18] Als sie sah, dass Rut darauf bestand,
mit ihr zu gehen, redete sie nicht länger
auf sie ein. [19] So zogen sie miteinander
bis Betlehem.
Als sie in Betlehem ankamen, geriet die
ganze Stadt ihretwegen in Bewegung.
Die Frauen sagten: Ist das nicht Noo-
mi? [20] Doch sie erwiderte: Nennt mich
nicht mehr Noomi (Liebliche), sondern
Mara (Bittere); denn viel Bitteres hat
der Allmächtige mir getan. [21] Reich bin
ich ausgezogen, aber mit leeren
Händen hat der Herr mich heimkehren
lassen. Warum nennt ihr mich noch
Noomi, da doch der Herr gegen mich
gesprochen und der Allmächtige mir
Schlimmes angetan hat?
[22] So kehrte Noomi mit Rut, ihrer moa-
bitischen Schwiegertochter, aus dem
Grünland Moabs heim. Zu Beginn der
Gerstenernte kamen sie in Betlehem
an.

Rut auf dem Acker des Boas

2 Noomi hatte einen Verwandten
von ihrem Mann her, einen Grund-
besitzer; er war aus dem Geschlecht
Elimelechs und hieß Boas. [2] Eines Tages
sagte die Moabiterin Rut zu Noomi: Ich
möchte aufs Feld gehen und Ähren
lesen, wo es mir jemand erlaubt. Sie
antwortete ihr: Geh, Tochter! [3] Rut ging
hin und las auf dem Feld hinter den
Schnittern her. Dabei war sie auf ein
Grundstück des Boas aus dem Ge-
schlecht Elimelechs geraten.
[4] Und nun kam Boas von Betlehem
dazu. Er sagte zu den Schnittern: Der
Herr sei mit euch! Sie antworteten ihm:
Der Herr segne dich. [5] Boas fragte
seinen Knecht, der die Schnitter beauf-
sichtigte: Wem gehört dieses Mädchen
da? [6] Der Knecht antwortete: Es ist eine
junge Moabiterin, die mit Noomi aus
dem Grünland Moabs gekommen ist.
[7] Sie hat gesagt: Ich möchte gern Ähren
lesen und bei den Garben hinter den
Schnittern her sammeln. So kam sie zu
uns und hielt aus vom Morgen bis jetzt
und gönnte sich kaum Ruhe. [8] Boas
sagte zu Rut: Höre wohl, meine Tochter,
geh auf kein anderes Feld, um zu lesen;

entfern dich nicht von hier, sondern
halte dich an meine Mägde; 9 behalte
das Feld im Auge, wo sie ernten, und
geh hinter ihnen her! Ich werde
meinen Knechten befehlen, dich nicht
anzurühren. Hast du Durst, so darfst
du zu den Gefäßen gehen und von dem
trinken, was die Knechte schöpfen.
10 Sie sank vor ihm nieder, beugte sich
zur Erde und sagte: Wie habe ich es ver-
dient, dass du mich so achtest, da ich
doch eine Fremde bin? 11 Boas antwor-
tete ihr: Mir wurde alles berichtet, was
du nach dem Tod deines Mannes für
deine Schwiegermutter getan hast, wie
du deinen Vater und deine Mutter, dein
Land und deine Verwandtschaft ver-
lassen hast und zu einem Volk gegan-
gen bist, das dir zuvor unbekannt war.
12 Der Herr, der Gott Israels, zu dem du
gekommen bist, um dich unter seinen
Flügeln zu bergen, möge dir dein Tun
vergelten und dich reich belohnen.
13 Sie sagte: Du bist sehr gütig zu mir,
Herr. Du hast mir Mut gemacht und so
freundlich zu deiner Magd gesprochen,
und ich bin nicht einmal eine deiner
Mägde.

14 Zur Essenszeit sagte Boas zu ihr:
Komm und iss von dem Brot, tauch dei-
nen Bissen in die Würztunke! Sie setz-
te sich neben die Schnitter. Er reichte
ihr geröstete Körner, und sie aß sich
satt und behielt noch übrig. 15 Als sie
wieder aufstand zum Ährenlesen, be-
fahl Boas seinen Knechten: Auch wenn
sie zwischen den Garben liest, dürft ihr
sie nicht schelten. 16 Ihr sollt sogar für
sie etwas aus den Bündeln herauszie-
hen und liegen lassen; sie mag es auf-
lesen, und ihr dürft sie nicht schelten.
17 So sammelte sie auf dem Feld bis zum
Abend. Als sie ausklopfte, was sie auf-
gelesen hatte, war es etwa ein Efa Gers-
te. 18 Sie hob es auf, ging in die Stadt
und zeigte ihrer Schwiegermutter, was
sie aufgelesen hatte. Dann packte sie
aus, was sie von ihrer Mahlzeit übrig
behalten hatte, und gab es ihr. 19 Ihre
Schwiegermutter fragte: Wo hast du
heute gelesen und gearbeitet? Geseg-
net sei, der auf dich Acht hatte. Sie be-
richtete ihrer Schwiegermutter, bei
wem sie gearbeitet hatte, und sagte:
Der Mann, bei dem ich heute gearbeitet
habe, heißt Boas. 20 Da sagte Noomi zu
ihrer Schwiegertochter: Gesegnet sei er
vom Herrn, der seine Gunst den Leben-
den und Toten nicht entzogen hat. Und
sie erzählte ihr: Der Mann ist mit uns
verwandt, er ist einer unserer Löser.
21 Die Moabiterin Rut sagte: Er hat noch
zu mir gesagt: Halte dich an meine
Knechte, bis sie meine Ernte eingebracht
haben. 22 Gut, meine Tochter, sagte Noo-
mi zu Rut, wenn du mit seinen Mägden
hinausgehst, dann kann man dich auf
einem anderen Feld nicht belästigen.

23 Rut hielt sich beim Ährenlesen an die
Mägde des Boas, bis die Gersten- und
Weizenernte beendet war. Danach blieb
sie bei ihrer Schwiegermutter.

Rut auf der Tenne des Boas

3 Ihre Schwiegermutter Noomi sag-
te zu ihr: Meine Tochter, ich möch-
te dir ein Heim verschaffen, in dem es
dir gut geht. 2 Nun ist ja Boas, bei des-
sen Mägden du warst, ein Verwandter
von uns. Heute Abend worfelt er die
Gerste auf der Tenne. 3 Wasch dich, sal-
be dich, und zieh dein Obergewand an,
dann geh zur Tenne! Zeig dich aber
dem Mann nicht, bis er fertig gegessen
und getrunken hat. 4 Wenn er sich nie-
derlegt, so merk dir den Ort, wo er sich
hinlegt. Geh dann hin, deck den Platz
zu seinen Füßen auf, und leg dich dort-
hin! Er wird dir dann sagen, was du tun
sollst. 5 Rut antwortete ihr: Alles, was
du sagst, will ich tun. 6 Sie ging zur
Tenne und tat genauso, wie ihre Schwie-
germutter ihr aufgetragen hatte. 7 Als
Boas gegessen und getrunken hatte
und es ihm wohl zumute wurde, ging
er hin, um sich neben dem Getreide-
haufen schlafen zu legen. Nun trat sie
leise heran, deckte den Platz zu seinen
Füßen auf und legte sich nieder. 8 Um
Mitternacht schrak der Mann auf,
beugte sich vor und fand eine Frau zu
seinen Füßen liegen. 9 Er fragte: Wer
bist du? Sie antwortete: Ich bin Rut,
deine Magd. Breite doch den Saum
deines Gewandes über deine Magd;
denn du bist Löser. 10 Da sagte er: Ge-
segnet bist du vom Herrn, meine
Tochter. So zeigst du deine Zuneigung
noch schöner als zuvor; denn du bist
nicht den jungen Männern, ob arm oder
reich, nachgelaufen. 11 Fürchte dich
nicht, meine Tochter! Alles, was du
sagst, will ich dir tun; denn jeder in
diesen Mauern weiß, dass du eine
tüchtige Frau bist. 12 Gewiss, ich bin
Löser, aber es gibt noch einen Löser, der
näher verwandt ist als ich. 13 Bleib über
Nacht, und wenn er dich dann am Mor-
gen lösen will, gut, so mag er lösen.
Wenn er dich aber nicht lösen will, so
werde ich dich lösen, so wahr der Herr
lebt. Bleib liegen bis zum Morgen!
14 Sie blieb zu seinen Füßen liegen bis
zum Morgen. Doch noch ehe man
einander erkennen konnte, stand sie
auf. Denn Boas wollte nicht bekannt
werden lassen, dass die Frau auf die
Tenne gekommen war. 15 Er sagte zu ihr:
Reich mir das Tuch, das du umgelegt
hast. Sie hielt es hin, und er füllte sechs
Maß Gerste hinein und lud es ihr auf.
Dann ging er zur Stadt.

Der Rat der Schwiegermutter

16 Rut kam nun zu ihrer Schwiegermut-
ter, und diese fragte: Wie steht es, meine
Tochter? Sie erzählte ihr, wie viel Gutes
ihr der Mann erwiesen hatte, 17 und
sagte: Diese sechs Maß Gerste hat er mir
gegeben; denn er meinte: Du sollst nicht
mit leeren Händen zu deiner Schwie-
germutter kommen. 18 Noomi antwor-
tete ihr: Warte ab, meine Tochter, bis du
erfährst, wie die Sache ausgeht; denn der

Mann wird nicht ruhen, ehe er noch
heute die Sache erledigt hat.

Die Verhandlung im Tor

4 Indes war Boas zum Tor gegangen
und hatte sich dort niederge-
lassen. Da ging gerade der Löser vorü-
ber, von dem Boas gesprochen hatte. Er
sagte zu ihm: Komm herüber, und setz
dich hierher! Der kam herüber und
setzte sich. 2 Dann holte Boas zehn
Männer von den Ältesten der Stadt und
sagte: Setzt euch hierher! Sie taten es.
3 Darauf sagte er zu dem Löser: Das
Grundstück, das unserem Verwandten
Elimelech gehört, will Noomi, die aus
dem Grünland Moabs zurückgekehrt
ist, verkaufen. 4 Ich dachte, ich will dich
davon unterrichten und dir sagen:
Erwirb es in Gegenwart der hier Sitzen-
den und in Gegenwart der Ältesten
meines Volkes! Wenn du lösen willst,
so löse! Willst du aber nicht lösen, so
sag es mir, damit ich es weiß; denn
außer dir ist niemand zum Lösen da,
und ich bin nach dir an der Reihe. Jener
antwortete: Ich werde lösen. 5 Boas fuhr
fort: Wenn du den Acker aus der Hand
der Noomi erwirbst, dann erwirbst du
zugleich auch die Moabiterin Rut, die
Frau des Verstorbenen, um den Namen
des Toten auf seinem Erbe wieder-
erstehen zu lassen. 6 Der Löser sagte:
Dann kann ich für mich nicht lösen,
sonst schädige ich mein eigenes Erbe.
Übernimm du mein Löserecht; denn
ich kann nicht lösen. 7 Früher bestand
in Israel folgender Brauch: Um ein
Löse- oder Tauschgeschäft rechtskräf-
tig zu machen, zog man den Schuh aus
und gab ihn seinem Partner. Das galt
in Israel als Bestätigung. 8 Der Löser
sagte nun zu Boas: Erwirb es! und er
zog seinen Schuh aus. 9 Boas sagte zu
den Ältesten und zu allem Volk: Ihr
seid heute Zeugen, dass ich alles Ei-
gentum Elimelechs sowie das Kiljons
und Machlons aus der Hand der Noomi
erworben habe. 10 Auch Rut, die Moa-
biterin, die Frau Machlons, habe ich
mir zur Frau erworben, um den Namen
des Verstorbenen auf seinem Erbe
wiedererstehen zu lassen, damit sein
Name unter seinen Verwandten und in-
nerhalb der Mauern seiner Stadt nicht
erlischt. Ihr seid heute Zeugen. 11 Da
antwortete alles Volk im Tor samt den
Ältesten: Wir sind Zeugen. Der Herr
mache die Frau, die in dein Haus
kommt, wie Rahel und Lea, die zwei,
die das Haus Israel aufgebaut haben.
Komm zu Reichtum in Efrata und zu
Ansehen in Betlehem! 12 Dein Haus
gleiche dem Haus des Perez, den Tamar
dem Juda geboren hat, durch die Nach-
kommenschaft, die der Herr dir aus
dieser jungen Frau geben möge.

Das gesegnete Kind

13 So nahm Boas Rut zur Frau und ging
zu ihr. Der Herr ließ sie schwanger
werden, und sie gebar einen Sohn. 14 Da
sagten die Frauen zu Noomi: Gepriesen
sei der Herr, der es dir heute nicht an
einem Löser hat fehlen lassen. Sein
Name soll in Israel gerühmt werden.
15 Du wirst jemand haben, der dein
Herz erfreut und dich im Alter ver-
sorgt; denn deine Schwiegertochter,
die dich liebt, hat ihn geboren, sie, die
mehr wert ist als sieben Söhne. 16 Noo-
mi nahm das Kind, drückte es an ihre
Brust und wurde seine Wärterin. 17 Die
Nachbarinnen wollten ihm einen Na-
men geben und sagten: Der Noomi ist
ein Sohn geboren. Und sie gaben ihm
den Namen Obed. Er ist der Vater Isais,
des Vaters Davids.

Der Stammbaum

18 Das ist die Geschlechterfolge nach
Perez: Perez zeugte Hezron, 19 Hezron
zeugte Ram, Ram zeugte Amminadab,
20 Amminadab zeugte Nachschon,
Nachschon zeugte Salmon, 21 Salmon
zeugte Boas, Boas zeugte Obed, 22 Obed
zeugte Isai, und Isai zeugte David.

Aus dem ersten Buch Samuel

Die Geburt Samuels

1 1 Einst lebte ein Mann aus Ramatajim, ein Zufiter vom Gebirge Efraim. Er hieß Elkana und war ein Sohn Jerohams, des Sohnes Elihus, des Sohnes Tohus, des Sohnes Zufs, ein Efraimiter. 2 Er hatte zwei Frauen. Die eine hieß Hanna, die andere Peninna. Peninna hatte Kinder, Hanna aber hatte keine Kinder. 3 Dieser Mann zog Jahr für Jahr von seiner Stadt nach Schilo hinauf, um den Herrn der Heere anzubeten und ihm zu opfern. Dort waren Hofni und Pinhas, die beiden Söhne Elis, Priester des Herrn. 4 An dem Tag, an dem Elkana das Opfer darbrachte, gab er seiner Frau Peninna und all ihren Söhnen und Töchtern ihre Anteile. 5 Hanna aber gab er einen doppelten Anteil; denn er hatte Hanna lieb, obwohl der Herr ihren Schoß verschlossen hatte. 6 Ihre Rivalin aber kränkte und demütigte sie sehr, weil der Herr ihren Schoß verschlossen hatte. 7 So machte es Elkana Jahr für Jahr. Sooft sie zum Haus des Herrn hinaufzogen, kränkte Peninna sie; und Hanna weinte und aß nichts. 8 Ihr Mann Elkana fragte sie: Hanna, warum weinst du, warum isst du nichts, warum ist dein Herz betrübt? Bin ich dir nicht viel mehr wert als zehn Söhne? 9 Nachdem man in Schilo gegessen und getrunken hatte, stand Hanna auf und trat vor den Herrn. Der Priester Eli saß an den Türpfosten des Tempels des Herrn auf seinem Stuhl. 10 Hanna war verzweifelt, betete zum Herrn und weinte sehr. 11 Sie machte ein Gelübde und sagte: Herr der Heere, wenn du das Elend deiner Magd wirklich ansiehst, wenn du an mich denkst und deine Magd nicht vergisst und deiner Magd einen männlichen Nachkommen schenkst, dann will ich ihn für sein ganzes Leben dem Herrn überlassen; kein Schermesser soll an sein Haupt kommen. 12 So betete sie lange vor dem Herrn. Eli beobachtete ihren Mund; 13 denn Hanna redete nur still vor sich hin, ihre Lippen bewegten sich, doch ihre Stimme war nicht zu hören.

Eli hielt sie deshalb für betrunken 14 und sagte zu ihr: Wie lange willst du dich

noch wie eine Betrunkene aufführen?
Sieh zu, dass du deinen Weinrausch los
wirst! 15 Hanna gab zur Antwort: Nein,
Herr! Ich bin eine unglückliche Frau.
Ich habe weder Wein getrunken noch
Bier; ich habe nur dem Herrn mein
Herz ausgeschüttet. 16 Halte deine Magd
nicht für eine nichtsnutzige Frau; denn
nur aus großem Kummer und aus Trau-
rigkeit habe ich so lange geredet. 17 Eli
erwiderte und sagte: Geh in Frieden!
Der Gott Israels wird dir die Bitte er-
füllen, die du an ihn gerichtet hast.
18 Sie sagte: Möge deine Magd Gnade
finden vor deinen Augen. Dann ging
sie weg; sie aß wieder und hatte kein
trauriges Gesicht mehr.
19 Am nächsten Morgen standen sie
früh auf und beteten den Herrn an.
Dann machten sie sich auf den Heim-
weg und kehrten in ihr Haus nach
Rama zurück. Elkana erkannte seine
Frau Hanna; der Herr dachte an sie,
20 und Hanna wurde schwanger. Als die
Zeit abgelaufen war, gebar sie einen
Sohn und nannte ihn Samuel, denn (sie
sagte): Ich habe ihn vom Herrn er-
beten.
21 Als dann Elkana mit seiner ganzen
Familie wieder hinaufzog, um dem
Herrn das jährliche Opfer und die
Gaben, die er gelobt hatte, darzubrin
gen, 22 zog Hanna nicht mit, sondern
sagte zu ihrem Mann: Ich werde den
Knaben erst, wenn er entwöhnt ist, hi-
naufbringen; dann soll er vor dem An-
gesicht des Herrn erscheinen und für
immer dort bleiben. 23 Ihr Mann Elkana
sagte zu ihr: Tu, was dir gefällt. Bleib
hier, bis du ihn entwöhnt hast. Wenn
nur der Herr sein Wort erfüllt! Die
Frau blieb also daheim und stillte ihren
Sohn, bis sie ihn entwöhnte. 24 Als sie
ihn entwöhnt hatte, nahm sie ihn mit
hinauf, dazu einen dreijährigen Stier,
ein Efa Mehl und einen Schlauch Wein.
So brachte sie ihn zum Haus des Herrn
in Schilo; der Knabe aber war damals
noch sehr jung. 25 Als sie den Stier ge-
schlachtet hatten, brachten sie den Kna-
ben zu Eli, 26 und Hanna sagte: Bitte,
mein Herr, so wahr du lebst, mein Herr,
ich bin die Frau, die damals neben dir
stand, um zum Herrn zu beten. 27 Ich
habe um diesen Knaben gebetet, und
der Herr hat mir die Bitte erfüllt, die
ich an ihn gerichtet habe. 28 Darum
lasse ich ihn auch vom Herrn zurück-
fordern. Er soll für sein ganzes Leben
ein vom Herrn Zurückgeforderter sein.
Und sie beteten dort den Herrn an.

Danklied der Hanna

2 Hanna betete. Sie sagte: Mein Herz
ist voll Freude über den Herrn, /
große Kraft gibt mir der Herr. / Weit öff-
net sich mein Mund gegen meine Fein-
de; / denn ich freue mich über deine Hilfe.
2 Niemand ist heilig, nur der Herr; /
denn außer dir gibt es keinen (Gott); /
keiner ist ein Fels wie unser Gott.

3 Redet nicht immer so vermessen, / kein
freches Wort komme aus eurem Mund; /
denn der Herr ist ein wissender Gott, /
und bei ihm werden die Taten geprüft.
4 Der Bogen der Helden wird zer-
brochen, / die Wankenden aber gürten
sich mit Kraft.
5 Die Satten verdingen sich um Brot, /
doch die Hungrigen können feiern für
immer. / Die Unfruchtbare bekommt
sieben Kinder, / doch die Kinderreiche
welkt dahin.
6 Der Herr macht tot und lebendig, / er
führt zum Totenreich hinab und führt
auch herauf.
7 Der Herr macht arm und macht reich, /
er erniedrigt, und er erhöht.
8 Den Schwachen hebt er empor aus
dem Staub / und erhöht den Armen,
der im Schmutz liegt; / er gibt ihm
einen Sitz bei den Edlen, / einen Ehren-
platz weist er ihm zu. / Ja, dem Herrn
gehören die Pfeiler der Erde; / auf sie
hat er den Erdkreis gegründet.
9 Er behütet die Schritte seiner From-
men, / doch die Frevler verstummen in
der Finsternis; / denn der Mensch ist
nicht stark aus eigener Kraft.
10 Wer gegen den Herrn streitet, wird
zerbrechen, / der Höchste lässt es don-
nern am Himmel. / Der Herr hält Ge-
richt bis an die Grenzen der Erde. /
Seinem König gebe er Kraft / und er-
höhe die Macht seines Gesalbten.
11 Darauf kehrte Elkana in sein Haus
nach Rama zurück, der Knabe aber
stand von da an im Dienst des Herrn
unter der Aufsicht des Priesters Eli.

Die erste Offenbarung an Samuel

3 Der junge Samuel versah den
Dienst des Herrn unter der Auf-
sicht Elis. In jenen Tagen waren Worte
des Herrn selten; Visionen waren nicht
häufig. 2 Eines Tages geschah es: Eli
schlief auf seinem Platz; seine Augen
waren schwach geworden, und er
konnte nicht mehr sehen. 3 Die Lampe
Gottes war noch nicht erloschen, und
Samuel schlief im Tempel des Herrn,
wo die Lade Gottes stand. 4 Da rief der
Herr den Samuel, und Samuel ant-
wortete: Hier bin ich. 5 Dann lief er zu
Eli und sagte: Hier bin ich, du hast
mich gerufen. Eli erwiderte: Ich habe
dich nicht gerufen. Geh wieder
schlafen! Da ging er und legte sich
wieder schlafen. 6 Der Herr rief noch
einmal: Samuel! Samuel stand auf und
ging zu Eli und sagte: Hier bin ich, du
hast mich gerufen. Eli erwiderte: Ich
habe dich nicht gerufen, mein Sohn.
Geh wieder schlafen!
7 Samuel kannte den Herrn noch nicht,
und das Wort des Herrn war ihm noch
nicht offenbart worden. 8 Da rief der
Herr den Samuel wieder, zum dritten-
mal. Er stand auf und ging zu Eli und
sagte: Hier bin ich, du hast mich
gerufen. Da merkte Eli, dass der Herr
den Knaben gerufen hatte. 9 Eli sagte

zu Samuel: Geh, leg dich schlafen!
Wenn er dich (wieder) ruft, dann ant-
worte: Rede, Herr; denn dein Diener
hört. Samuel ging und legte sich an
seinem Platz nieder. 10 Da kam der
Herr, trat (zu ihm) heran und rief wie
die vorigen Male: Samuel, Samuel! Und
Samuel antwortete: Rede, denn dein
Diener hört. 11 Der Herr sagte zu Sa-
muel: Fürwahr, ich werde in Israel
etwas tun, so dass jedem, der davon
hört, beide Ohren gellen. 12 An jenem
Tag werde ich an Eli vom Anfang bis
zum Ende alles verwirklichen, was ich
seinem Haus angedroht habe. 13 Ich
habe ihm angekündigt, dass ich über
sein Haus für immer das Urteil ge-
sprochen habe wegen seiner Schuld;
denn er wusste, wie seine Söhne Gott
lästern, und gebot ihnen nicht Einhalt.
14 Darum habe ich dem Haus Eli ge-
schworen: Die Schuld des Hauses Eli
kann durch Opfer und durch Gaben in
Ewigkeit nicht gesühnt werden. 15 Sa-
muel blieb bis zum Morgen liegen,
dann öffnete er die Türen zum Haus
des Herrn. Er fürchtete sich aber, Eli
von der Vision zu berichten. 16 Da rief
Eli Samuel und sagte: Samuel, mein
Sohn! Er antwortete: Hier bin ich. 17 Eli
fragte: Was war es, das er zu dir gesagt
hat? Verheimliche mir nichts! Gott
möge dir dies und das antun, wenn du
mir auch nur eines von all den Worten
verheimlichst, die er zu dir gesprochen
hat. 18 Da teilte ihm Samuel alle Worte
mit und verheimlichte ihm nichts.
Darauf sagte Eli: Es ist der Herr. Er tue,
was ihm gefällt.
19 Samuel wuchs heran, und der Herr
war mit ihm und ließ keines von all
seinen Worten unerfüllt. 20 Ganz Israel
von Dan bis Beerscheba erkannte, dass
Samuel als Prophet des Herrn be-
glaubigt war. 21 Auch weiterhin erschien
der Herr in Schilo: Der Herr offenbarte
sich Samuel in Schilo durch sein Wort.

Davids Salbung zum König

16 Der Herr sagte zu Samuel: Wie
lange willst du noch um Saul
trauern? Ich habe ihn doch verworfen;
er soll nicht mehr als König über Israel
herrschen. Fülle dein Horn mit Öl, und
mach dich auf den Weg! Ich schicke
dich zu dem Betlehemiter Isai; denn ich
habe mir einen von seinen Söhnen als
König ausersehen. 2 Samuel erwiderte:
Wie kann ich da hingehen? Saul wird
es erfahren und mich umbringen. Der
Herr sagte: Nimm ein junges Rind mit,
und sag: Ich bin gekommen, um dem
Herrn ein Schlachtopfer darzubringen.
3 Lade Isai zum Opfer ein! Ich selbst
werde dich dann erkennen lassen, was
du tun sollst: Du sollst mir nur den
salben, den ich dir nennen werde. 4 Sa-
muel tat, was der Herr befohlen hatte.
Als er nach Betlehem kam, gingen ihm
die Ältesten der Stadt zitternd ent-
gegen und fragten: Bedeutet dein

Kommen Frieden? [5] Er antwortete:
Frieden. Ich bin gekommen, um dem
Herrn ein Schlachtopfer darzubringen.
Heiligt euch, und kommt mit mir zum
Opfer! Dann heiligte er Isai und seine
Söhne und lud sie zum Opfer ein. [6] Als
sie kamen und er den Eliab sah, dachte
er: Gewiss steht nun vor dem Herrn
sein Gesalbter. [7] Der Herr aber sagte zu
Samuel: Sieh nicht auf sein Aussehen
und seine stattliche Gestalt, denn ich
habe ihn verworfen; Gott sieht nämlich
nicht auf das, worauf der Mensch sieht.
Der Mensch sieht, was vor den Augen
ist, der Herr aber sieht das Herz. [8] Nun
rief Isai den Abinadab und ließ ihn vor
Samuel treten. Dieser sagte: Auch ihn
hat der Herr nicht erwählt.
[9] Isai ließ Schima kommen. Samuel
sagte: Auch ihn hat der Herr nicht er-
wählt. [10] So ließ Isai sieben seiner Söhne
vor Samuel treten, aber Samuel sagte zu
Isai: Diese hat der Herr nicht erwählt.
[11] Und er fragte Isai: Sind das alle deine
Söhne? Er antwortete: Der jüngste fehlt
noch, aber der hütet gerade die Schafe.
Samuel sagte zu Isai: Schick jemand
hin, und lass ihn holen; wir wollen uns
nicht zum Mahl hinsetzen, bevor er
hergekommen ist. [12] Isai schickte also
jemand hin und ließ ihn kommen.
David war blond, hatte schöne Augen
und eine schöne Gestalt. Da sagte der
Herr: Auf, salbe ihn! Denn er ist es.
[13] Samuel nahm das Horn mit dem Öl
und salbte David mitten unter seinen
Brüdern. Und der Geist des Herrn war
über David von diesem Tag an. Samuel
aber brach auf und kehrte nach Rama
zurück.
[14] Der Geist des Herrn war von Saul
gewichen; jetzt quälte ihn ein böser
Geist, der vom Herrn kam. [15] Da sagten
die Diener Sauls zu ihm: Du siehst, ein
böser Geist Gottes quält dich. [16] Darum
möge unser Herr seinen Knechten, die
vor ihm stehen, befehlen, einen Mann
zu suchen, der die Zither zu spielen ver-
steht. Sobald dich der böse Geist Gottes
überfällt, soll er auf der Zither spielen;
dann wird es dir wieder gut gehen.
[17] Saul sagte zu seinen Dienern: Seht
euch für mich nach einem Mann um,
der gut spielen kann, und bringt ihn
her zu mir! [18] Einer der jungen Männer
antwortete: Ich kenne einen Sohn des
Betlehemiters Isai, der Zither zu spielen
versteht. Und er ist tapfer und ein guter
Krieger, wortgewandt, von schöner Ge-
stalt, und der Herr ist mit ihm. [19] Da
schickte Saul Boten zu Isai und ließ ihm
sagen: Schick mir deinen Sohn David,
der bei den Schafen ist. [20] Isai nahm
einen Esel, dazu Brot, einen Schlauch
Wein und ein Ziegenböckchen und
schickte seinen Sohn David damit zu
Saul. [21] So kam David zu Saul und trat
in seinen Dienst; Saul gewann ihn sehr
lieb, und David wurde sein Waffen-
träger. [22] Darum schickte Saul zu Isai
und ließ ihm sagen: David soll in
meinem Dienst bleiben; denn er hat

mein Wohl wollen gefunden. 23 Sooft
nun ein Geist Gottes Saul überfiel,
nahm David die Zither und spielte
darauf. Dann fühlte sich Saul erleich-
tert, es ging ihm wieder gut, und der
böse Geist wich von ihm.

David und Goliat

17 Die Philister zogen ihre Trup-
pen zum Kampf zusammen.
Sie versammelten sich bei Socho, das
zu Juda gehört, und schlugen zwischen
Socho und Aseka in Efes-Dammim ihr
Lager auf. 2 Auch Saul und die Männer
Israels sammelten sich; sie schlugen ihr
Lager im Terebinthental auf und traten
zum Kampf gegen die Philister an. 3 Die
Philister standen an dem Berg auf der
einen Seite, die Israeliten an dem Berg
auf der anderen Seite; zwischen ihnen
lag das Tal.
4 Da trat aus dem Lager der Philister ein
Vorkämpfer namens Goliat aus Gat
hervor. Er war sechs Ellen und eine
Spanne groß. 5 Auf seinem Kopf hatte
er einen Helm aus Bronze, und er trug
einen Schuppenpanzer aus Bronze, der
fünftausend Schekel wog. 6 Er hatte
bronzene Schienen an den Beinen, und
zwischen seinen Schultern hing ein
Sichelschwert aus Bronze. 7 Der Schaft
seines Speeres war (so dick) wie ein
Weberbaum, und die eiserne Speer-
spitze wog sechshundert Schekel. Sein
Schildträger ging vor ihm her. 8 Goliat
trat vor und rief zu den Reihen der
Israeliten hinüber: Warum seid ihr aus-
gezogen und habt euch zum Kampf
aufgestellt? Bin ich nicht ein Philister,
und seid ihr nicht die Knechte Sauls?
Wählt euch doch einen Mann aus! Er
soll zu mir herunterkommen. 9 Wenn
er mich im Kampf erschlagen kann,
wollen wir eure Knechte sein. Wenn ich
ihm aber überlegen bin und ihn er-
schlage, dann sollt ihr unsere Knechte
sein und uns dienen. 10 Und der Philis-
ter sagte weiter: Heute habe ich die
Reihen Israels verhöhnt (und gesagt):
Schickt mir doch einen Mann, damit
wir gegeneinander kämpfen können.
11 Als Saul und ganz Israel diese Worte
des Philisters hörten, erschraken sie
und hatten große Angst.
12 David war der Sohn eines Efratiters
namens Isai aus Betlehem in Juda, der
acht Söhne hatte. Zur Zeit Sauls war Isai
bereits alt und betagt. 13 Die drei ältes-
ten Söhne Isais waren zusammen mit
Saul in den Krieg gezogen. Seine drei
Söhne, die mit in den Krieg gezogen
waren, hießen Eliab – er war der Erst-
geborene –, der zweite Abinadab, der
dritte Schima. 14 Die drei Ältesten
waren Saul gefolgt. David aber war der
jüngste. 15 David kehrte öfters vom Hof
Sauls nach Betlehem zurück, um die
Schafe seines Vaters zu hüten.
16 Der Philister kam jeden Morgen und
Abend und stellte sich kampfbereit hin
– vierzig Tage lang. 17 Eines Tages sagte

Isai zu seinem Sohn David: Nimm für
deine Brüder ein Efa von diesem gerös-
teten Korn und diese zehn Brote, und
lauf damit zu ihnen ins Lager. 18 Und
diese zehn Käse bring dem Obersten der
Tausendschaft! Sieh nach, ob es deinen
Brüdern gut geht, und lass dir ein Pfand
(als Lebenszeichen) von ihnen geben!
19 Saul ist mit ihnen und all den anderen
Israeliten im Terebinthental, und sie
kämpfen gegen die Philister. 20 David
brach früh am Morgen auf, überließ die
Herde einem Wächter, lud die Sachen
auf und ging, wie es ihm Isai befohlen
hatte. Als er zur Wagenburg kam, rück-
te das Heer gerade in Schlachtordnung
aus und ließ den Kampfruf erschallen.
21 Israel und die Philister stellten sich,
Reihe gegen Reihe, zum Kampf auf.
22 David legte das Gepäck ab, überließ es
dem Wächter des Trosses und lief zur
Schlachtreihe. Er ging zu seinen Brüdern
und fragte, wie es ihnen gehe. 23 Wäh-
rend er noch mit ihnen redete, trat
gerade aus den Reihen der Philister ihr
Vorkämpfer, der Philister namens Goliat
aus Gat, hervor; er rief die gewohnten
Worte, und David hörte es. 24 Als die
Israeliten den Mann sahen, hatten sie
alle große Angst vor ihm und flohen.
25 Sie sagten: Habt ihr gesehen, wie
dieser Mann daherkommt? Er kommt
doch nur, um Israel zu verhöhnen. Wer
ihn erschlägt, den wird der König sehr
reich machen; er wird ihm seine Tochter
geben, und seine Familie wird er von
allen Steuern in Israel befreien. 26 David
fragte die Männer, die bei ihm standen:
Was wird man für den Mann tun, der
diesen Philister erschlägt und die Schan-
de von Israel wegnimmt? Wer ist denn
dieser unbeschnittene Philister, dass er
die Schlachtreihen des lebendigen Gottes
verhöhnen darf? 27 Die Leute antworte-
ten ihm dasselbe: Das und das wird man
dem tun, der ihn erschlägt. 28 Sein äl-
tester Bruder Eliab hörte, wie er mit den
Männern redete, und er wurde zornig
auf David. Er sagte: Wozu bist du denn
hergekommen? Wem hast du denn die
paar Schafe in der Wüste überlassen?
Ich kenne doch deine Keckheit und die
Bosheit in dir. Du bist nur hergekom-
men, um den Kampf zu sehen. 29 David
erwiderte: Was habe ich denn jetzt
wieder getan? Ich habe doch nur gefragt.
30 Dann wandte er sich von ihm ab und
einem anderen zu und fragte ihn
dasselbe. Die Leute antworteten ihm wie
beim erstenmal.

31 Als bekannt wurde, was David gesagt
hatte, berichtete man davon auch in
Sauls Umgebung, und Saul ließ ihn
holen. 32 David sagte zu Saul: Niemand
soll wegen des Philisters den Mut
sinken lassen. Dein Knecht wird hin-
gehen und mit diesem Philister kämp-
fen. 3 Saul erwiderte ihm: Du kannst
nicht zu diesem Philister hingehen, um
mit ihm zu kämpfen; du bist zu jung,
er aber ist ein Krieger seit seiner Ju-
gend. 34 David sagte zu Saul: Dein

Knecht hat für seinen Vater die Schafe
gehütet. Wenn ein Löwe oder ein Bär
kam und ein Lamm aus der Herde weg-
schleppte, 35 lief ich hinter ihm her,
schlug auf ihn ein und Riss das Tier aus
seinem Maul. Und wenn er sich dann
gegen mich aufrichtete, packte ich ihn
an der Mähne und schlug ihn tot.
36 Dein Knecht hat den Löwen und den
Bären erschlagen, und diesem unbe-
schnittenen Philister soll es genauso er-
gehen wie ihnen, weil er die Schlacht-
reihen des lebendigen Gottes verhöhnt
hat. 37 Und David sagte weiter: Der Herr,
der mich aus der Gewalt des Löwen und
des Bären gerettet hat, wird mich auch
aus der Gewalt dieses Philisters retten.
Da antwortete Saul David: Geh, der Herr
sei mit dir. 38 Und Saul zog David seine
Rüstung an; er setzte ihm einen bron-
zenen Helm auf den Kopf und legte ihm
seinen Panzer an, 39 und über der Rüstung
hängte er ihm sein Schwert um. David
versuchte (in der Rüstung) zu gehen,
aber er war es nicht gewohnt. Darum
sagte er zu Saul: Ich kann in diesen Sachen
nicht gehen, ich bin nicht daran ge-
wöhnt. Und er legte sie wieder ab,
40 nahm seinen Stock in die Hand, suchte
sich fünf glatte Steine aus dem Bach und
legte sie in die Hirtentasche, die er bei
sich hatte (und) die (ihm als) Schleuder-
steintasche (diente). Die Schleuder in der
Hand, ging er auf den Philister zu.

41 Der Philister kam immer näher an
David heran; sein Schildträger schritt
vor ihm her. 42 Voll Verachtung blickte
der Philister David an, als er ihn sah;
denn David war noch sehr jung, er war
blond und von schöner Gestalt. 43 Der
Philister sagte zu David: Bin ich denn
ein Hund, dass du mit einem Stock zu
mir kommst? Und er verfluchte David
bei seinen Göttern.

44 Er rief David zu: Komm nur her zu
mir, ich werde dein Fleisch den Vögeln
des Himmels und den wilden Tieren
(zum Fraß) geben. 45 David antwortete
dem Philister: Du kommst zu mir mit
Schwert, Speer und Sichelschwert, ich
aber komme zu dir im Namen des Herrn
der Heere, des Gottes der Schlacht-
reihen Israels, den du verhöhnt hast.
46 Heute wird dich der Herr mir aus-
liefern. Ich werde dich erschlagen und
dir den Kopf abhauen. Die Leichen des
Heeres der Philister werde ich noch
heute den Vögeln des Himmels und
den wilden Tieren (zum Fraß) geben.
Alle Welt soll erkennen, dass Israel
einen Gott hat. 47 Auch alle, die hier
versammelt sind, sollen erkennen, dass
der Herr nicht durch Schwert und
Speer Rettung verschafft; denn es ist
ein Krieg des Herrn, und er wird euch
in unsere Gewalt geben. 48 Als der Phi-
lister weiter vorrückte und immer
näher an David herankam, lief auch
David von der Schlachtreihe (der Isra-
eliten) aus schnell dem Philister ent-
gegen. 49 Er griff in seine Hirtentasche,
nahm einen Stein heraus, schleuderte

ihn ab und traf den Philister an der Stirn. Der Stein drang in die Stirn ein, und der Philister fiel mit dem Gesicht zu Boden. 50 So besiegte David den Philister mit einer Schleuder und einem Stein; er traf den Philister und tötete ihn, ohne ein Schwert in der Hand zu haben. 51 Dann lief David hin und trat neben den Philister. Er ergriff sein Schwert, zog es aus der Scheide, schlug ihm den Kopf ab und tötete ihn. Als die Philister sahen, dass ihr starker Mann tot war, flohen sie. 52 Die Männer von Israel und Juda aber griffen an, erhoben das Kriegsgeschrei und verfolgten die Philister bis nach Gat und bis vor die Tore von Ekron. Von Schaarajim bis nach Gat und Ekron lagen die erschlagenen Philister am Weg. 53 Nach der Verfolgung kehrten die Israeliten zurück und plünderten das Lager der Philister. 54 David nahm den Kopf des Philisters und brachte ihn nach Jerusalem. Goliats Waffen aber legte er in sein Zelt.

55 Als Saul David dem Philister entgegengehen sah, sagte er zu Abner, seinem Heerführer: Abner, wessen Sohn ist der junge Mann? Abner antwortete: So wahr du lebst, König, ich weiß es nicht. 56 Der König sagte: Dann erkundige dich, wessen Sohn der Knabe ist. 57 Als David zurückkehrte, nachdem er den Philister erschlagen hatte, nahm ihn Abner mit und führte ihn zu Saul. David hatte den Kopf des Philisters noch in der Hand. 58 Saul fragte ihn: Wessen Sohn bist du, junger Mann? David antwortete: Der Sohn deines Knechtes Isai aus Betlehem.

Aus dem zweiten Buch Samuel

Überführung der Bundeslade nach Jerusalem

6 12 Als man König David berichtete:
Der Herr hat das Haus Obed-
Edoms und alles, was ihm gehört, um
der Lade Gottes willen gesegnet, da ging
David hin und brachte die Lade Gottes
voll Freude aus dem Haus Obed-Edoms
in die Davidstadt hinauf. 13 Sobald die
Träger der Lade des Herrn sechs Schritte
gegangen waren, opferte er einen Stier
und ein Mastkalb.
Und David tanzte mit ganzer Hingabe
vor dem Herrn her und trug dabei das
leinene Efod. 15 So brachten David und
das ganze Haus Israel die Lade des
Herrn unter Jubelgeschrei und unter
dem Klang des Widderhorns hinauf.
16 Als die Lade des Herrn in die David-
stadt kam, schaute Michal, Sauls Toch-
ter, aus dem Fenster, und als sie sah, wie
der König David vor dem Herrn hüpfte
und tanzte, verachtete sie ihn in ihrem
Herzen. 17 Man trug die Lade des Herrn
in das Zelt, das David für sie aufgestellt
hatte, und setzte sie an ihren Platz in der
Mitte des Zeltes, und David brachte dem
Herrn Brandopfer und Heilsopfer dar.
18 Als David mit dem Darbringen der
Brandopfer und Heilsopfer fertig war,
segnete er das Volk im Namen des Herrn
der Heere 19 und ließ an das ganze Volk,
an alle Israeliten, Männer und Frauen, je
einen Laib Brot, einen Dattelkuchen und
einen Traubenkuchen austeilen. Dann
gingen alle wieder nach Hause.
20 Als David zurückkehrte, um seine
Familie zu begrüßen, kam ihm Michal,
die Tochter Sauls, entgegen und sagte:
Wie würdevoll hat sich heute der König
von Israel benommen, als er sich vor den
Augen der Mägde seiner Untertanen
bloßgestellt hat, wie sich nur einer vom
Gesindel bloßstellen kann. 21 David er-
widerte Michal: Vor dem Herrn, der
mich statt deines Vaters und seines
ganzen Hauses erwählt hat, um mich
zum Fürsten über das Volk des Herrn,
über Israel, zu bestellen, vor dem Herrn
habe ich getanzt; 22 für ihn will ich mich
gern noch geringer machen als diesmal
und in meinen eigenen Augen niedrig
erscheinen. Bei den Mägden jedenfalls,
von denen du gesprochen hast, stehe ich
in Ehren. 23 Michal aber, die Tochter Sauls,
bekam bis zu ihrem Tod kein Kind.

Die Verheißung an David

7 Als nun der König in seinem Haus
wohnte und der Herr ihm Ruhe vor
allen seinen Feinden ringsum verschafft
hatte, 2 sagte er zu dem Propheten Natan:
Ich wohne in einem Haus aus Zedernholz,
die Lade Gottes aber wohnt in einem Zelt.
3 Natan antwortete dem König: Geh nur
und tu alles, was du im Sinn hast; denn
der Herr ist mit dir. 4 Aber in jener Nacht
erging das Wort des Herrn an Natan:
5 Geh zu meinem Knecht David, und sag
zu ihm: So spricht der Herr: Du willst mir
ein Haus bauen, damit ich darin wohne?
8b So spricht der Herr der Heere: Ich habe
dich von der Weide und von der Herde
weggeholt, damit du Fürst über mein
Volk Israel wirst, 9 und ich bin überall
mit dir gewesen, wohin du auch ge-
gangen bist. Ich habe alle deine Feinde
vor deinen Augen vernichtet, und ich
will dir einen großen Namen machen,
der dem Namen der Großen auf der Erde
gleich ist. 10 Ich will meinem Volk Israel
einen Platz zuweisen und es einpflanzen,
damit es an seinem Ort (sicher) wohnen
kann und sich nicht mehr ängstigen
muss und schlechte Menschen es nicht
mehr unterdrücken wie früher 11 und
auch von dem Tag an, an dem ich Richter
in meinem Volk Israel eingesetzt habe.
Ich verschaffe dir Ruhe vor allen deinen
Feinden. Nun verkündet dir der Herr,
dass der Herr dir ein Haus bauen wird.
12 Wenn deine Tage erfüllt sind und du
dich zu deinen Vätern legst, werde ich
deinen leiblichen Sohn als deinen Nach-
folger einsetzen und seinem König-
tum Bestand verleihen. 13 Er wird für
meinen Namen ein Haus bauen, und ich
werde seinem Königsthron ewigen Be-
stand verleihen. 14a Ich will für ihn Va-
ter sein, und er wird für mich Sohn sein.
16 Dein Haus und dein Königtum sollen
durch mich auf ewig bestehen blei-
ben; dein Thron soll auf ewig Bestand
haben.

David und Batseba

11 Um die Jahreswende, zu der
Zeit, in der die Könige in den
Krieg ziehen, schickte David den Joab
mit seinen Männern und ganz Israel
aus, und sie verwüsteten das Land der
Ammoniter und belagerten Rabba.
David selbst aber blieb in Jerusalem.
2 Als David einmal zur Abendzeit von
seinem Lager aufstand und auf dem
Flachdach des Königspalastes hin- und
herging, sah er von dort aus eine Frau,
die badete. Die Frau war sehr schön an-
zusehen. 3 David schickte jemand hin
und erkundigte sich nach ihr. Man
sagte ihm: Das ist Batseba, die Tochter
Ammiëls, die Frau des Hetiters Urija.
4 Darauf schickte David Boten zu ihr
und ließ sie holen; sie kam zu ihm, und
er schlief mit ihr – sie hatte sich gerade
von ihrer Unreinheit gereinigt. Dann
kehrte sie in ihr Haus zurück. 5 Die Frau
war aber schwanger geworden und

schickte deshalb zu David und ließ ihm
mitteilen: Ich bin schwanger.
6 Darauf sandte David einen Boten zu
Joab (und ließ ihm sagen): Schick den
Hetiter Urija zu mir! Und Joab schick-
te Urija zu David. 7 Als Urija zu ihm
kam, fragte David, ob es Joab und dem
Volk gut gehe und wie es mit dem
Kampf stehe. 8 Dann sagte er zu Urija:
Geh in dein Haus hinab, und wasch dir
die Füße! Urija verließ das Haus des
Königs, und es wurde ihm ein Geschenk
des Königs nachgetragen. 9 Urija aber
legte sich am Tor des Königshauses bei
den Knechten seines Herrn nieder und
ging nicht in sein Haus hinab. 10 Man
berichtete David: Urija ist nicht in sein
Haus hinabgegangen. Darauf sagte
David zu Urija: Bist du nicht gerade von
einer Reise gekommen? Warum bist du
nicht in dein Haus hinuntergegangen?
11 Urija antwortete David: Die Lade und
Israel und Juda wohnen in Hütten, und
mein Herr Joab und die Knechte mei-
nes Herrn lagern auf freiem Feld; da
soll ich in mein Haus gehen, um zu
essen und zu trinken und bei meiner
Frau zu liegen? So wahr du lebst und
so wahr deine Seele lebt, das werde ich
nicht tun. 12 Darauf sagte David zu Uri-
ja: Bleib auch heute noch hier; morgen
werde ich dich wegschicken. So blieb
Urija an jenem Tag in Jerusalem. Am
folgenden Tag 13 lud David ihn ein, bei
ihm zu essen und zu trinken, und mach-
te ihn betrunken. Am Abend aber ging
Urija weg, um sich wieder auf seinem
Lager bei den Knechten seines Herrn
niederzulegen; er ging nicht in sein
Haus hinab.
14 Am anderen Morgen schrieb David
einen Brief an Joab und ließ ihn durch
Urija überbringen. 15 Er schrieb in dem
Brief: Stellt Urija nach vorn, wo der
Kampf am heftigsten ist, dann zieht
euch von ihm zurück, so dass er ge-
troffen wird und den Tod findet. 16 Joab
hatte die Stadt beobachtet, und er stell-
te Urija an einen Platz, von dem er
wusste, dass dort besonders tüchtige
Krieger standen. 17 Als dann die Leute
aus der Stadt einen Ausfall machten
und gegen Joab kämpften, fielen einige
vom Volk, das heißt von den Kriegern
Davids; auch der Hetiter Urija fand den
Tod. 18 Joab schickte (einen Boten) zu
David und ließ ihm den Verlauf des
Kampfes berichten. 19 Und er befahl
dem Boten: Wenn du dem König alles
über den Verlauf des Kampfes bis zu
Ende berichtet hast 20 und wenn dann
der König in Zorn gerät und zu dir
sagt: Warum seid ihr beim Kampf so
nahe an die Stadt herangegangen?
Habt ihr nicht gewusst, dass sie von der
Mauer herabschießen? 21 Wer hat Abi-
melech, den Sohn Jerubbaals, erschla-
gen? Hat nicht eine Frau in Tebez einen
Mühlstein von der Mauer auf ihn he-
rabgeworfen, so dass er starb? Warum
seid ihr so nahe an die Mauer heran-
gegangen?, dann sollst du sagen: Auch

dein Knecht, der Hetiter Urija, ist tot.
22 Der Bote ging fort, kam zu David und
berichtete ihm alles, was Joab ihm auf-
getragen hatte. 23 Der Bote sagte zu
David: Die Männer waren stärker als
wir und waren gegen uns bis aufs freie
Feld vorgedrungen; wir aber drängten
sie bis zum Eingang des Tores zurück.
24 Da schossen die Schützen von der
Mauer herab auf deine Knechte, so dass
einige von den Knechten des Königs
starben; auch dein Knecht, der Hetiter
Urija, ist tot. 25 Da sagte David zu dem
Boten: So sollst du zu Joab sagen: Be-
trachte die Sache nicht als so schlimm;
denn das Schwert frisst bald hier, bald
dort. Setz den Kampf gegen die Stadt
mutig fort, und zerstöre sie! So sollst
du ihm Mut machen. 26 Als die Frau
Urijas hörte, dass ihr Mann Urija tot
war, hielt sie für ihren Gemahl die
Totenklage. 27 Sobald die Trauerzeit
vorüber war, ließ David sie zu sich in
sein Haus holen. Sie wurde seine Frau
und gebar ihm einen Sohn. Dem Herrn
aber missfiel, was David getan hatte.

Gottes Strafe für David

12 Darum schickte der Herr den
Natan zu David; dieser ging zu
David und sagte zu ihm: In einer Stadt
lebten einst zwei Männer; der eine war
reich, der andere arm. 2 Der Reiche be-
saß sehr viele Schafe und Rinder, 3 der
Arme aber besaß nichts außer einem
einzigen kleinen Lamm, das er gekauft
hatte. Er zog es auf, und es wurde bei
ihm zusammen mit seinen Kindern
groß. Es aß von seinem Stück Brot, und
es trank aus seinem Becher, in seinem
Schoß lag es und war für ihn wie eine
Tochter. 4 Da kam ein Besucher zu dem
reichen Mann, und er brachte es nicht
über sich, eines von seinen Schafen oder
Rindern zu nehmen, um es für den zu-
zubereiten, der zu ihm gekommen war.
Darum nahm er dem Armen das Lamm
weg und bereitete es für den Mann zu,
der zu ihm gekommen war.
5 Da geriet David in heftigen Zorn über
den Mann und sagte zu Natan: So wahr
der Herr lebt: Der Mann, der das getan
hat, verdient den Tod. 6 Das Lamm soll
er vierfach ersetzen, weil er das getan
und kein Mitleid gehabt hat. 7 Da sagte
Natan zu David: Du selbst bist der
Mann. So spricht der Herr, der Gott
Israels: Ich habe dich zum König von
Israel gesalbt, und ich habe dich aus der
Hand Sauls gerettet. 8 Ich habe dir das
Haus deines Herrn und die Frauen
deines Herrn in den Schoß gegeben,
und ich habe dir das Haus Israel und
Juda gegeben, und wenn das zu wenig
ist, gebe ich dir noch manches andere
dazu. 9 Aber warum hast du das Wort
des Herrn verachtet und etwas getan,
was ihm missfällt? Du hast den Hetiter
Urija mit dem Schwert erschlagen und
hast dir seine Frau zur Frau genommen;
durch das Schwert der Ammoniter hast

du ihn umgebracht. 10 Darum soll jetzt
das Schwert auf ewig nicht mehr von
deinem Haus weichen; denn du hast
mich verachtet und dir die Frau des
Hetiters genommen, damit sie deine
Frau werde. 11 So spricht der Herr: Ich
werde dafür sorgen, dass sich aus deinem
eigenen Haus das Unheil gegen dich
erhebt, und ich werde dir vor deinen
Augen deine Frauen wegnehmen und sie
einem andern geben; er wird am hellen
Tag bei deinen Frauen liegen. 12 Ja, du
hast es heimlich getan, ich aber werde es
vor ganz Israel und am hellen Tag tun.
13 Darauf sagte David zu Natan: Ich habe
gegen den Herrn gesündigt. Natan ant-
wortete David: Der Herr hat dir deine
Sünde vergeben; du wirst nicht sterben.
14 Weil du aber die Feinde des Herrn
durch diese Sache zum Lästern veran-
lasst hast, muss der Sohn, der dir gebo-
ren wird, sterben.

15 Dann ging Natan nach Hause. Der
Herr aber ließ das Kind, das die Frau des
Urija dem David geboren hatte, schwer
krank werden. 16 David suchte Gott wegen
des Knaben auf und fastete streng; und
wenn er heimkam, legte er sich bei Nacht
auf die bloße Erde. 17 Die Ältesten seines
Hauses kamen zu ihm, um ihn dazu zu
bewegen, von der Erde aufzustehen. Er
aber wollte nicht und aß auch nicht mit
ihnen. 18 Am siebten Tag aber starb das
Kind. Davids Diener fürchteten sich, ihm
mitzuteilen, dass das Kind tot war; denn
sie sagten: Wir haben ihm zugeredet, als
das Kind noch am Leben war; er aber hat
nicht auf uns gehört. Wie können wir
ihm jetzt sagen: Das Kind ist tot? Er
würde ein Unheil anrichten. 19 David
jedoch sah, dass seine Diener miteinan-
der flüsterten, und merkte daran, dass
das Kind tot war. Er fragte seine Diener:
Ist das Kind tot? Sie antworteten: Ja, es
ist tot. 20 Da erhob sich David von der
Erde, wusch sich, salbte sich, wechselte
seine Kleider, ging zum Haus des Herrn
und warf sich (davor) nieder. Als er dann
nach Hause zurückkehrte, verlangte er
(zu essen). Man setzte ihm etwas vor,
und er aß. 21 Da fragten ihn seine Diener:
Was soll das bedeuten, was du getan
hast? Als das Kind noch am Leben war,
hast du seinetwegen gefastet und ge-
weint. Nachdem aber das Kind tot ist,
stehst du auf und isst. 22 Er antwortete:
Als das Kind noch am Leben war, habe
ich gefastet und geweint; denn ich
dachte: Wer weiß, vielleicht ist der Herr
mir gnädig, und das Kind bleibt am
Leben. 23 Jetzt aber, da es tot ist, warum
soll ich da noch fasten? Kann ich es zu-
rückholen? Ich werde einmal zu ihm
gehen, aber es kommt nicht zu mir zu-
rück. 24 Und David tröstete seine Frau
Batseba; er ging zu ihr hinein und schlief
mit ihr. Und sie gebar einen Sohn, und er
gab ihm den Namen Salomo. Der Herr
liebte Salomo 25 und sandte den Pro-
pheten Natan, damit er ihm um des
Herrn willen den Namen Jedidja (Lieb-
ling des Herrn) gebe.

Aus dem ersten Buch der Könige

Salomos Bitte um Weisheit

3 2 Das Volk opferte zu jener Zeit
auf den Kulthöhen, weil dem
Namen des Herrn noch kein Haus ge-
baut war. 3 Salomo aber liebte den
Herrn und befolgte die Gebote seines
Vaters David; nur brachte er auf den
Kulthöhen Schlachtopfer und Rauch-
opfer dar.
4 So ging der König nach Gibeon, um
dort zu opfern; denn hier war die
angesehenste Kulthöhe. Tausend Brand-
opfer legte Salomo auf ihren Altar.
5 In Gibeon erschien der Herr dem
Salomo nachts im Traum und forderte
ihn auf: Sprich eine Bitte aus, die ich dir
gewähren soll. 6 Salomo antwortete: Du
hast deinem Knecht David, meinem
Vater, große Huld erwiesen; denn er
lebte vor dir in Treue, in Gerechtigkeit
und mit aufrichtigem Herzen. Du hast
ihm diese große Huld bewahrt und
ihm einen Sohn geschenkt, der heute
auf seinem Thron sitzt. 7 So hast du
jetzt, Herr, mein Gott, deinen Knecht
anstelle meines Vaters David zum
König gemacht. Doch ich bin noch sehr
jung und weiß nicht, wie ich mich als
König verhalten soll. 8 Dein Knecht
steht aber mitten in deinem Volk, das
du erwählt hast: einem großen Volk,
das man wegen seiner Menge nicht
zählen und nicht schätzen kann. 9 Ver-
leih daher deinem Knecht ein hörendes
Herz, damit er dein Volk zu regieren
und das Gute vom Bösen zu unters-
cheiden versteht. Wer könnte sonst
dieses mächtige Volk regieren? 10 Es
gefiel dem Herrn, dass Salomo diese
Bitte aussprach. 11 Daher antwortete
ihm Gott: Weil du gerade diese Bitte
ausgesprochen hast und nicht um
langes Leben, Reichtum oder um den
Tod deiner Feinde, sondern um Ein-
sicht gebeten hast, um auf das Recht zu
hören, 12 werde ich deine Bitte erfüllen.
Sieh, ich gebe dir ein so weises und ver-
ständiges Herz, dass keiner vor dir war
und keiner nach dir kommen wird, der
dir gleicht. 13 Aber auch das, was du
nicht erbeten hast, will ich dir geben:
Reichtum und Ehre, so dass zu deinen
Lebzeiten keiner unter den Königen dir
gleicht. 14 Wenn du auf meinen Wegen

gehst, meine Gesetze und Gebote be-
folgst wie dein Vater David, dann schen-
ke ich dir ein langes Leben. 15 Da er-
wachte Salomo und merkte, dass es ein
Traum war. Als er nach Jerusalem kam,
trat er vor die Bundeslade des Herrn,
brachte Brand- und Heilsopfer dar und
gab ein Festmahl für alle seine Diener.

Das Weihegebet

8 22 Dann trat Salomo in Gegenwart
der ganzen Versammlung Israels
vor den Altar des Herrn, breitete seine
Hände zum Himmel aus 23 und betete:
Herr, Gott Israels, im Himmel oben
und auf der Erde unten gibt es keinen
Gott, der so wie du Bund und Huld
seinen Knechten bewahrt, die mit un-
geteiltem Herzen vor ihm leben. 24 Du
hast das Versprechen gehalten, das du
deinem Knecht, meinem Vater David,
gegeben hast. Deine Hand hat heute
erfüllt, was dein Mund versprochen
hat. 25 Und nun, Herr, Gott Israels, halte
auch das andere Versprechen, das du
deinem Knecht David, meinem Vater,
gegeben hast, als du sagtest: Es soll dir
nie an einem Nachkommen fehlen, der
vor mir auf dem Thron Israels sitzt,
wenn nur deine Söhne darauf achten,
ihren Weg so vor mir zu gehen, wie du
es getan hast. 26 Gott Israels, möge sich
jetzt dein Wort, das du deinem Knecht
David, meinem Vater, gegeben hast, als
wahr erweisen.
27 Wohnt denn Gott wirklich auf der
Erde? Siehe, selbst der Himmel und die
Himmel der Himmel fassen dich nicht,
wie viel weniger dieses Haus, das ich
gebaut habe. 28 Wende dich, Herr, mein
Gott, dem Beten und Flehen deines
Knechtes zu! Höre auf das Rufen und
auf das Gebet, das dein Knecht heute
vor dir verrichtet. 29 Halte deine Augen
offen über diesem Haus bei Nacht und
bei Tag, über der Stätte, von der du
gesagt hast, dass dein Name hier
wohnen soll. Höre auf das Gebet, das
dein Knecht an dieser Stätte verrichtet.
30 Achte auf das Flehen deines Knechtes
und deines Volkes Israel, wenn sie an
dieser Stätte beten. Höre sie im Him-
mel, dem Ort, wo du wohnst. Höre sie,
und verzeih!
41 Auch Fremde, die nicht zu deinem
Volk Israel gehören, werden wegen
deines Namens aus fernen Ländern
kommen; 42 denn sie werden von dei-
nem großen Namen, deiner starken
Hand und deinem hoch erhobenen
Arm hören. Sie werden kommen und
in diesem Haus beten. 43 Höre sie dann
im Himmel, dem Ort, wo du wohnst,
und tu alles, weswegen der Fremde zu
dir ruft. Dann werden alle Völker der
Erde deinen Namen erkennen. Sie wer-
den dich fürchten, wie dein Volk Israel
dich fürchtet, und erfahren, dass dein
Name ausgerufen ist über diesem Haus,
das ich gebaut habe.

Elija am Bach Kerit

17 Der Prophet Elija aus Tischbe
in Gilead sprach zu Ahab: So
wahr der Herr, der Gott Israels, lebt, in
dessen Dienst ich stehe: in diesen Jahren
sollen weder Tau noch Regen fallen, es
sei denn auf mein Wort hin.
2 Danach erging das Wort des Herrn an
Elija: 3 Geh weg von hier, wende dich
nach Osten, und verbirg dich am Bach
Kerit östlich des Jordan! 4 Aus dem
Bach sollst du trinken, und den Raben
habe ich befohlen, dass sie dich dort er-
nähren. 5 Elija ging weg und tat, was der
Herr befohlen hatte; er begab sich zum
Bach Kerit östlich des Jordan und ließ
sich dort nieder. 6 Die Raben brachten
ihm Brot und Fleisch am Morgen und
ebenso Brot und Fleisch am Abend, und
er trank aus dem Bach. 7 Nach einiger
Zeit aber vertrocknete der Bach; denn
es fiel kein Regen im Land.

Elija in Sarepta

8 Da erging das Wort des Herrn an
Elija: 9 Mach dich auf, und geh nach
Sarepta, das zu Sidon gehört, und bleib
dort! Ich habe dort einer Witwe befoh-
len, dich zu versorgen. 10 Er machte sich
auf und ging nach Sarepta. Als er an
das Stadttor kam, traf er dort eine Wit-
we, die Holz auflas. Er bat sie: Bring mir
in einem Gefäß ein wenig Wasser zum
Trinken! 11 Als sie wegging, um es zu
holen, rief er ihr nach: Bring mir auch
einen Bissen Brot mit! 12 Doch sie sagte:
So wahr der Herr, dein Gott, lebt: Ich
habe nichts mehr vorrätig als eine
Handvoll Mehl im Topf und ein wenig
Öl im Krug. Ich lese hier ein paar
Stücke Holz auf und gehe dann heim,
um für mich und meinen Sohn etwas
zuzubereiten. Das wollen wir noch es-
sen und dann sterben. 13 Elija entgeg-
nete ihr: Fürchte dich nicht! Geh heim,
und tu, was du gesagt hast. Nur mache
zuerst für mich ein kleines Gebäck, und
bring es zu mir heraus! Danach kannst
du für dich und deinen Sohn etwas zu-
bereiten; 14 denn so spricht der Herr,
der Gott Israels: Der Mehltopf wird
nicht leer werden und der Ölkrug nicht
versiegen bis zu dem Tag, an dem der
Herr wieder Regen auf den Erdboden
sendet.
15 Sie ging und tat, was Elija gesagt
hatte. So hatte sie mit ihm und ihrem
Sohn viele Tage zu essen. 16 Der Mehl-
topf wurde nicht leer, und der Ölkrug
versiegte nicht, wie der Herr durch Elija
versprochen hatte.
17 Nach einiger Zeit erkrankte der Sohn
der Witwe, der das Haus gehörte. Die
Krankheit verschlimmerte sich so, dass
zuletzt kein Atem mehr in ihm war.
18 Da sagte sie zu Elija: Was habe ich
mit dir zu schaffen, Mann Gottes? Du
bist nur zu mir gekommen, um an mei-
ne Sünde zu erinnern und meinem
Sohn den Tod zu bringen. 19 Er antwor-
tete ihr: Gib mir deinen Sohn! Und er

nahm ihn von ihrem Schoß, trug ihn in
das Obergemach hinauf, in dem er
wohnte, und legte ihn auf sein Bett.
20 Dann rief er zum Herrn und sagte:
Herr, mein Gott, willst du denn auch
über die Witwe, in deren Haus ich
wohne, Unheil bringen und ihren Sohn
sterben lassen? 21 Hierauf streckte er
sich dreimal über den Knaben hin, rief
zum Herrn und flehte: Herr, mein Gott,
lass doch das Leben in diesen Knaben
zurückkehren! 22 Der Herr erhörte das
Gebet Elijas. Das Leben kehrte in den
Knaben zurück, und er lebte wieder
auf. 23 Elija nahm ihn, brachte ihn vom
Obergemach in das Haus hinab und
gab ihn seiner Mutter zurück mit den
Worten: Sieh, dein Sohn lebt.
24 Da sagte die Frau zu Elija: Jetzt weiß
ich, dass du ein Mann Gottes bist und
dass das Wort des Herrn wirklich in
deinem Mund ist.

Das Gottesurteil auf dem Karmel

18 20 Ahab schickte in ganz Israel
umher und ließ die Propheten
auf dem Karmel zusammenkommen.
21 Und Elija trat vor das ganze Volk und
rief: Wie lange noch schwankt ihr nach
zwei Seiten? Wenn Jahwe der wahre
Gott ist, dann folgt ihm! Wenn aber
Baal es ist, dann folgt diesem! Doch
das Volk gab ihm keine Antwort. 22 Da
sagte Elija zum Volk: Ich allein bin als
Prophet des Herrn übrig geblieben; die
Propheten des Baal aber sind vier-
hundertfünfzig. 23 Man gebe uns zwei
Stiere. Sie sollen sich einen auswählen,
ihn zerteilen und auf das Holz legen,
aber kein Feuer anzünden. Ich werde
den andern zubereiten, auf das Holz
legen und kein Feuer anzünden. 24 Dann
sollt ihr den Namen eures Gottes an-
rufen, und ich werde den Namen des
Herrn anrufen. Der Gott, der mit Feuer
antwortet, ist der wahre Gott. Da rief
das ganze Volk: Der Vorschlag ist gut.
25 Nun sagte Elija zu den Propheten des
Baal: Wählt ihr zuerst den einen Stier
aus, und bereitet ihn zu; denn ihr seid
die Mehrheit. Ruft dann den Namen
eures Gottes an, entzündet aber kein
Feuer! 26 Sie nahmen den Stier, den er
ihnen überließ, und bereiteten ihn zu.
Dann riefen sie vom Morgen bis zum
Mittag den Namen des Baal an und
schrien: Baal, erhöre uns! Doch es kam
kein Laut, und niemand gab Antwort.
Sie tanzten hüpfend um den Altar, den
sie gebaut hatten. 27 Um die Mittagszeit
verspottete sie Elija und sagte: Ruft
lauter! Er ist doch Gott. Er könnte be-
schäftigt sein, könnte beiseite gegan-
gen oder verreist sein. Vielleicht schläft
er und wacht dann auf. 28 Sie schrien
nun mit lauter Stimme. Nach ihrem
Brauch ritzten sie sich mit Schwertern
und Lanzen wund, bis das Blut an
ihnen herabfloß. 29 Als der Mittag vo-
rüber war, verfielen sie in Raserei, und
das dauerte bis zu der Zeit, da man das

Speiseopfer darzubringen pflegt. Doch
es kam kein Laut, keine Antwort, keine
Erhörung.
30 Nun forderte Elija das ganze Volk auf:
Tretet her zu mir! Sie kamen, und Elija
baute den zerstörten Altar Jahwes
wieder auf. 31 Er nahm zwölf Steine,
nach der Zahl der Stämme der Söhne
Jakobs, zu dem der Herr gesagt hatte:
Israel soll dein Name sein. 32 Er fügte
die Steine zu einem Altar für den
Namen des Herrn, zog rings um den
Altar einen Graben und grenzte eine
Fläche ab, die zwei Sea Saat hätte auf-
nehmen können. 33 Sodann schichtete
er das Holz auf, zerteilte den Stier und
legte ihn auf das Holz. 34 Nun befahl er:
Füllt vier Krüge mit Wasser, und gießt
es über das Brandopfer und das Holz!
Hierauf sagte er: Tut es noch einmal!
Und sie wiederholten es. Dann sagte er:
Tut es zum drittenmal! Und sie taten es
zum drittenmal. 35 Das Wasser lief
rings um den Altar. Auch den Graben
füllte er mit Wasser. 36 Zu der Zeit nun,
da man das Speiseopfer darzubringen
pflegt, trat der Prophet Elija an den
Altar und rief: Herr, Gott Abrahams,
Isaaks und Israels, heute soll man er-
kennen, dass du Gott bist in Israel, dass
ich dein Knecht bin und all das in
deinem Auftrag tue. 37 Erhöre mich,
Herr, erhöre mich! Dieses Volk soll er-
kennen, dass du, Herr, der wahre Gott
bist und dass du sein Herz zur Umkehr
wendest. 38 Da kam das Feuer des Herrn
herab und verzehrte das Brandopfer,
das Holz, die Steine und die Erde. Auch
das Wasser im Graben leckte es auf.
39 Das ganze Volk sah es, warf sich auf
das Angesicht nieder und rief: Jahwe ist
Gott, Jahwe ist Gott! 40 Elija aber befahl
ihnen: Ergreift die Propheten des Baal!
Keiner von ihnen soll entkommen. Man
ergriff sie, und Elija ließ sie zum Bach
Kischon hinabführen und dort töten.

Elija am Horeb

19 Ahab erzählte Isebel alles, was
Elija getan, auch dass er alle
Propheten mit dem Schwert getötet
habe. 2 Sie schickte einen Boten zu Elija
und ließ ihm sagen: Die Götter sollen
mir dies und das antun, wenn ich
morgen um diese Zeit dein Leben nicht
dem Leben eines jeden von ihnen
gleich mache. 3 Elija geriet in Angst,
machte sich auf und ging weg, um sein
Leben zu retten. Er kam nach Beer-
scheba in Juda und ließ dort seinen
Diener zurück. 4 Er selbst ging eine Ta-
gereise weit in die Wüste hinein. Dort
setzte er sich unter einen Ginster-
strauch und wünschte sich den Tod. Er
sagte: Nun ist es genug, Herr. Nimm
mein Leben; denn ich bin nicht besser
als meine Väter. 5 Dann legte er sich
unter den Ginsterstrauch und schlief
ein. Doch ein Engel rührte ihn an und
sprach: Steh auf und iss! 6 Als er um sich
blickte, sah er neben seinem Kopf Brot,

das in glühender Asche gebacken war,
und einen Krug mit Wasser. Er aß und
trank und legte sich wieder hin. 7 Doch
der Engel des Herrn kam zum zwei-
tenmal, rührte ihn an und sprach: Steh
auf und iss! Sonst ist der Weg zu weit
für dich. 8 Da stand er auf, aß und trank
und wanderte, durch diese Speise ge-
stärkt, vierzig Tage und vierzig Nächte
bis zum Gottesberg Horeb. 9 Dort ging
er in eine Höhle, um darin zu über-
nachten. Doch das Wort des Herrn
erging an ihn: Was willst du hier, Elija?
10 Er sagte: Mit leidenschaftlichem Eifer
bin ich für den Herrn, den Gott der
Heere, eingetreten, weil die Israeliten
deinen Bund verlassen, deine Altäre
zerstört und deine Propheten mit dem
Schwert getötet haben. Ich allein bin
übrig geblieben, und nun trachten sie
auch mir nach dem Leben. 11 Der Herr
antwortete: Komm heraus, und stell
dich auf den Berg vor den Herrn! Da
zog der Herr vorüber: Ein starker, hefti-
ger Sturm, der die Berge zerriss und die
Felsen zerbrach, ging dem Herrn vo-
raus. Doch der Herr war nicht im
Sturm. Nach dem Sturm kam ein Erd-
beben. Doch der Herr war nicht im
Erdbeben. 12 Nach dem Beben kam ein
Feuer. Doch der Herr war nicht im
Feuer. Nach dem Feuer kam ein sanftes,
leises Säuseln. 13 Als Elija es hörte, hüll-
te er sein Gesicht in den Mantel, trat
hinaus und stellte sich an den Eingang
der Höhle.

Aus dem zweiten Buch der Könige

Die Entrückung Elijas

2 An dem Tag, da der Herr Elija im
Wirbelsturm in den Himmel auf-
nehmen wollte, ging Elija mit Elischa
von Gilgal weg. 2 Er sagte zu Elischa:
Bleib hier; denn der Herr hat mich nach
Bet-El gesandt. Doch Elischa erwiderte:
So wahr der Herr lebt, und so wahr du
lebst: Ich verlasse dich nicht. So gingen
sie nach Bet-El.
6 Elija aber bat ihn: Bleib hier; denn der
Herr hat mich an den Jordan gesandt.
Elischa erwiderte: So wahr der Herr
lebt, und so wahr du lebst: Ich verlasse
dich nicht. So gingen beide miteinan-
der. 7 Fünfzig Prophetenjünger folgten
ihnen und blieben dann seitwärts in ei-
niger Entfernung stehen. Die beiden
traten an den Jordan. 8 Hier nahm Elija
seinen Mantel, rollte ihn zusammen
und schlug mit ihm auf das Wasser.
Dieses teilte sich nach beiden Seiten,
und sie schritten trockenen Fußes hin-
durch.
9 Als sie drüben angekommen waren,
sagte Elija zu Elischa: Sprich eine Bitte
aus, die ich dir erfüllen soll, bevor ich
von dir weggenommen werde. Elischa
antwortete: Möchten mir doch zwei
Anteile deines Geistes zufallen. 10 Elija
entgegnete: Du hast etwas Schweres
erbeten. Wenn du siehst, wie ich von
dir weggenommen werde, wird es dir
zuteil werden. Sonst aber wird es nicht
geschehen. 11 Während sie miteinander
gingen und redeten, erschien ein feuri-
ger Wagen mit feurigen Pferden und
trennte beide voneinander. Elija fuhr
im Wirbelsturm zum Himmel empor.
12 Elischa sah es und rief laut: Mein
Vater, mein Vater! Wagen Israels und
sein Lenker! Als er ihn nicht mehr sah,
fasste er sein Gewand und Riss es mit-
ten entzwei. 13 Dann hob er den Mantel
auf, der Elija entfallen war, kehrte um
und trat an das Ufer des Jordan. 14 Er
nahm den Mantel, der Elija entfallen
war, schlug mit ihm auf das Wasser
und rief: Wo ist der Herr, der Gott des
Elija? Als er auf das Wasser schlug,
teilte es sich nach beiden Seiten, und
Elischa ging hinüber.

Die Heilung des Aramäers Naaman

5 Naaman, der Feldherr des Königs
von Aram, galt viel bei seinem
Herrn und war angesehen; denn durch
ihn hatte der Herr den Aramäern den
Sieg verliehen. Der Mann war tapfer,
aber an Aussatz erkrankt. 2 Nun hatten
die Aramäer bei einem Streifzug ein
junges Mädchen aus dem Land Israel
verschleppt. Es war in den Dienst der
Frau Naamans gekommen. 3 Es sagte zu
seiner Herrin: Wäre mein Herr doch bei
dem Propheten in Samaria! Er würde
seinen Aussatz heilen. 4 Naaman ging zu
seinem Herrn und meldete ihm: Das
und das hat das Mädchen aus Israel ge-
sagt. 5 Der König von Aram antwortete:
So geh doch hin; ich werde dir ein
Schreiben an den König von Israel mit-
geben. Naaman machte sich auf den
Weg. Er nahm zehn Talente Silber,
sechstausend Schekel Gold und zehn
Festkleider mit 6 und überbrachte dem
König von Israel das Schreiben. Es hatte
folgenden Inhalt: Wenn jetzt dieser
Brief zu dir gelangt, so wisse: Ich habe
meinen Knecht Naaman zu dir ge-
schickt, damit du seinen Aussatz heilst.
7 Als der König von Israel den Brief
gelesen hatte, zerriss er seine Kleider
und rief: Bin ich denn ein Gott, der töten
und zum Leben erwecken kann? Er
schickt einen Mann zu mir, damit ich
ihn von seinem Aussatz heile. Merkt
doch und seht, dass er nur Streit mit mir
sucht.
8 Als der Gottesmann Elischa hörte, der
König von Israel habe seine Kleider
zerrissen, ließ er ihm sagen: Warum
hast du deine Kleider zerrissen? Naa-
man soll zu mir kommen; dann wird er
erfahren, dass es in Israel einen Pro-
pheten gibt. 9 So kam Naaman mit sei-
nen Pferden und Wagen und hielt vor
dem Haus Elischas. 10 Dieser schickte
einen Boten zu ihm hinaus und ließ
ihm sagen: Geh und wasch dich sieben-
mal im Jordan! Dann wird dein Leib
wieder gesund, und du wirst rein.
11 Doch Naaman wurde zornig. Er ging
weg und sagte: Ich dachte, er würde
herauskommen, vor mich hintreten,
den Namen Jahwes, seines Gottes, an-
rufen, seine Hand über die kranke
Stelle bewegen und so den Aussatz hei-
len. 12 Sind nicht der Abana und der
Parpar, die Flüsse von Damaskus, bes-
ser als alle Gewässer Israels? Kann ich
nicht dort mich waschen, um rein zu
werden? Voll Zorn wandte er sich ab
und ging weg. 13 Doch seine Diener tra-
ten an ihn heran und redeten ihm zu:
Wenn der Prophet etwas Schweres von
dir verlangt hätte, würdest du es tun;
wie viel mehr jetzt, da er zu dir nur
gesagt hat: Wasch dich, und du wirst
rein. 14 So ging er also zum Jordan hi-
nab und tauchte siebenmal unter, wie
ihm der Gottesmann befohlen hatte.
Da wurde sein Leib gesund wie der Leib
eines Kindes, und er war rein.
15 Nun kehrte er mit seinem ganzen Ge-

folge zum Gottesmann zurück, trat vor
ihn hin und sagte: Jetzt weiß ich, dass
es nirgends auf der Erde einen Gott
gibt außer in Israel. So nimm jetzt von
deinem Knecht ein Dankgeschenk an!
16 Elischa antwortete: So wahr der Herr
lebt, in dessen Dienst ich stehe: Ich
nehme nichts an. Auch als Naaman ihn
dringend bat, es zu nehmen, lehnte er
ab. 17 Darauf sagte Naaman: Wenn es
also nicht sein kann, dann gebe man
deinem Knecht so viel Erde, wie zwei
Maultiere tragen können; denn dein
Knecht wird keinem andern Gott mehr
Brand- und Schlachtopfer darbringen
als Jahwe allein. 18 Nur dies möge Jahwe
deinem Knecht verzeihen: Wenn mein
Herr zur Anbetung in den Tempel
Rimmons geht, stützt er sich dort auf
meinen Arm. Ich muss mich dann im
Tempel Rimmons niederwerfen, wenn
er sich dort niederwirft. Dann möge
das Jahwe deinem Knecht verzeihen.
19 Elischa antwortete: Geh in Frieden!

Aus dem zweiten Buch der Chronik

Das Ende des Reiches Juda

36 14 Auch alle führenden Männer
Judas und die Priester und das
Volk begingen viel Untreue. Sie ahmten
die Greueltaten der Völker nach und
entweihten das Haus, das der Herr in
Jerusalem zu seinem Heiligtum gemacht
hatte. 15 Immer wieder hatte der Herr, der
Gott ihrer Väter, sie durch seine Boten
gewarnt; denn er hatte Mitleid mit sei-
nem Volk und seiner Wohnung. 16 Sie
aber verhöhnten die Boten Gottes, ver-
achteten sein Wort und verspotteten
seine Propheten, bis der Zorn des Herrn
gegen sein Volk so groß wurde, dass es
keine Heilung mehr gab.
17 Der Herr ließ nun den König der
Chaldäer gegen sie heranziehen. Dieser
tötete ihre jungen Krieger in ihrem Heilig-
tum mit dem Schwert und verschonte
keinen jungen Mann und keine junge
Frau, keinen Greis und Betagten; alle gab
Gott in seine Hand. 18 Nebukadnezzar
ließ die großen und kleinen Geräte des
Hauses Gottes, die Tempelschätze und
die Schätze des Königs und seiner hohen
Beamten insgesamt nach Babel bringen.
19 Die Chaldäer verbrannten das Haus
Gottes, rissen die Mauern Jerusalems
nieder, legten Feuer an alle seine Paläste
und zerstörten alle wertvollen Geräte.
20 Alle, die dem Schwert entgangen wa-
ren, führte Nebukadnezzar in die Verban-
nung nach Babel. Dort mussten sie ihm
und seinen Söhnen als Sklaven dienen,
bis das Reich der Perser zur Herrschaft
kam. 21 Da ging das Wort in Erfüllung,
das der Herr durch den Mund Jeremias
verkündet hatte. Das Land bekam seine
Sabbate ersetzt, es lag brach während der
ganzen Zeit der Verwüstung, bis siebzig
Jahre voll waren.
22 Im ersten Jahr des Königs Kyrus von
Persien sollte sich erfüllen, was der Herr
durch Jeremia gesprochen hatte. Darum
erweckte der Herr den Geist des Königs
Kyrus von Persien, und Kyrus ließ in sei-
nem ganzen Reich mündlich und schrift-
lich den Befehl verkünden: 23 So spricht
Kyrus, der König von Persien: Der Herr,
der Gott des Himmels, hat mir alle Reiche
der Erde verliehen. Er selbst hat mir auf-
getragen, ihm in Jerusalem in Juda ein
Haus zu bauen. Jeder unter euch, der zu
seinem Volk gehört – der Herr, sein Gott,
sei mit ihm –, der soll hinaufziehen.

AUS DEM BUCH NEHEMIA

Die Unterweisung im Gesetz

8 Das ganze Volk versammelte sich
geschlossen auf dem Platz vor
dem Wassertor und bat den Schriftge-
lehrten Esra, das Buch mit dem Gesetz
des Mose zu holen, das der Herr den
Israeliten vorgeschrieben hat. 2 Am
ersten Tag des siebten Monats brachte
der Priester Esra das Gesetz vor die Ver-
sammlung; zu ihr gehörten die Männer
und die Frauen und alle, die das Gesetz
verstehen konnten. 3 Vom frühen Morgen
bis zum Mittag las Esra auf dem Platz
vor dem Wassertor den Männern und
Frauen und denen, die es verstehen
konnten, das Gesetz vor. Das ganze Volk
lauschte auf das Buch des Gesetzes.
4a Der Schriftgelehrte Esra stand auf
einer Kanzel aus Holz, die man eigens
dafür errichtet hatte. 5 Esra öffnete das
Buch vor aller Augen; denn er stand
höher als das versammelte Volk. Als er
das Buch aufschlug, erhoben sich alle.
6 Dann pries Esra den Herrn, den gro-
ßen Gott; darauf antworteten alle mit
erhobenen Händen: Amen, amen! Sie
verneigten sich, warfen sich vor dem
Herrn nieder, mit dem Gesicht zur Erde.
9 Der Statthalter Nehemia, der Priester
und Schriftgelehrte Esra und die Levi-
ten, die das Volk unterwiesen, sagten
dann zum ganzen Volk: Heute ist ein
heiliger Tag zu Ehren des Herrn, eures
Gottes. Seid nicht traurig, und weint
nicht! Alle Leute weinten nämlich, als
sie die Worte des Gesetzes hörten.
10 Dann sagte Esra zu ihnen: Nun geht,
haltet ein festliches Mahl, und trinkt
süßen Wein! Schickt auch denen et-
was, die selbst nichts haben; denn heu-
te ist ein heiliger Tag zur Ehre des
Herrn. Macht euch keine Sorgen; denn
die Freude am Herrn ist eure Stärke.
11 Auch die Leviten beruhigten das
ganze Volk und sagten: Seid still, denn
dieser Tag ist heilig. Macht euch keine
Sorgen! 12 Da gingen alle Leute nach
Hause, um zu essen und zu trinken und
auch andern davon zu geben und um
ein großes Freudenfest zu begehen;
denn sie hatten die Worte verstanden,
die man ihnen verkündet hatte.

Aus den Büchern der Lehrweisheit und die Psalmen
Aus dem Buch Ijob

Die Rahmenerzählung

Ijobs Redlichkeit

1 Im Lande Uz lebte ein Mann mit
Namen Ijob. Dieser Mann war
untadelig und rechtschaffen; er fürch-
tete Gott und mied das Böse. 2 Sieben
Söhne und drei Töchter wurden ihm
geboren. 3 Er besaß siebentausend
Stück Kleinvieh, dreitausend Kamele,
fünfhundert Joch Rinder und fünfhun-
dert Esel, dazu zahlreiches Gesinde. An
Ansehen übertraf dieser Mann alle Be-
wohner des Ostens. 4 Reihum hielten
seine Söhne ein Gastmahl, ein jeder an
seinem Tag in seinem Haus. Dann
schickten sie hin und luden auch ihre
Schwestern ein, mit ihnen zu essen und
zu trinken. 5 Wenn die Tage des Gast-
mahls vorbei waren, schickte Ijob hin
und entsühnte sie. Früh am Morgen
stand er auf und brachte so viele Brand-
opfer dar, wie er Kinder hatte. Denn
Ijob sagte: Vielleicht haben meine
Kinder gesündigt und Gott gelästert in
ihrem Herzen. So tat Ijob jedes Mal.

Der Verlust des Reichtums

13 Nun geschah es eines Tages, dass
seine Söhne und Töchter im Haus ihres
erstgeborenen Bruders aßen und Wein
tranken. 14 Da kam ein Bote zu Ijob und
meldete: Die Rinder waren beim
Pflügen, und die Esel weideten da-
neben. 15 Da fielen Sabäer ein, nahmen
sie weg und erschlugen die Knechte
mit scharfem Schwert. Ich ganz allein
bin entronnen, um es dir zu berichten.
16 Noch ist dieser am Reden, da kommt
schon ein anderer und sagt: Feuer
Gottes fiel vom Himmel, schlug bren-
nend ein in die Schafe und Knechte
und verzehrte sie. Ich ganz allein bin
entronnen, um es dir zu berichten.
17 Noch ist dieser am Reden, da kommt
schon ein anderer und sagt: Die
Chaldäer stellten drei Rotten auf, fielen
über die Kamele her, nahmen sie weg
und erschlugen die Knechte mit
scharfem Schwert. Ich ganz allein bin
entronnen, um es dir zu berichten.
18 Noch ist dieser am Reden, da kommt
schon ein anderer und sagt: Deine
Söhne und Töchter aßen und tranken

Wein im Haus ihres erstgeborenen
Bruders. 19 Da kam ein gewaltiger Wind
über die Wüste und packte das Haus
an allen vier Ecken; es stürzte über die
jungen Leute, und sie starben. Ich ganz
allein bin entronnen, um es dir zu be-
richten. 20 Nun stand Ijob auf, zerriss
sein Gewand, schor sich das Haupt, fiel
auf die Erde und betete an. 21 Dann
sagte er:
Nackt kam ich hervor aus dem Schoß
meiner Mutter; / nackt kehre ich dahin
zurück. / Der Herr hat gegeben, der
Herr hat genommen; / gelobt sei der
Name des Herrn.
22 Bei alldem sündigte Ijob nicht und
äußerte nichts Ungehöriges gegen Gott.

Der Verlust der Gesundheit

2 7 Der Satan ging weg vom An-
gesicht Gottes und schlug Ijob
mit bösartigem Geschwür von der Fuß-
sohle bis zum Scheitel. 8 Ijob setzte sich
mitten in die Asche und nahm eine
Scherbe, um sich damit zu schaben.
9 Da sagte seine Frau zu ihm: Hältst du
immer noch fest an deiner Frömmig-
keit? Lästere Gott, und stirb! 10 Er aber
sprach zu ihr: Wie eine Törin redet, so
redest du. Nehmen wir das Gute an von
Gott, sollen wir dann nicht auch das
Böse annehmen? Bei all dem sündigte
Ijob nicht mit seinen Lippen.

Der Besuch der Freunde

11 Die drei Freunde Ijobs hörten von all
dem Bösen, das über ihn gekommen
war. Und sie kamen, jeder aus seiner
Heimat: Elifas aus Teman, Bildad aus
Schuach und Zofar aus Naama. Sie ver-
einbarten hinzugehen, um ihm ihre
Teilnahme zu bezeigen und um ihn zu
trösten.
12 Als sie von fern aufblickten, erkann-
ten sie ihn nicht; sie schrien auf und
weinten. Jeder zerriss sein Gewand; sie
streuten Asche über ihr Haupt gegen
den Himmel. 13 Sie saßen bei ihm auf
der Erde sieben Tage und sieben Näch-
te; keiner sprach ein Wort zu ihm.
Denn sie sahen, dass sein Schmerz sehr
groß war.

Ijobs neues Glück

42 11 Da kamen zu ihm alle seine
Brüder, alle seine Schwestern
und alle seine früheren Bekannten und
speisten mit ihm in seinem Haus. Sie
bezeigten ihm ihr Mitleid und tröste-
ten ihn wegen all des Unglücks, das der
Herr über ihn gebracht hatte. Ein jeder
schenkte ihm eine Kesita und einen
goldenen Ring.
12 Der Herr aber segnete die spätere
Lebenszeit Ijobs mehr als seine frühere.
Er besaß vierzehntausend Schafe, sechs-
tausend Kamele, tausend Joch Rinder
und tausend Esel. 13 Auch bekam er
sieben Söhne und drei Töchter.

14 Die erste nannte er Jemima, die zwei-
te Kezia und die dritte Keren-Happuch.
15 Man fand im ganzen Land keine
schöneren Frauen als die Töchter Ijobs;
ihr Vater gab ihnen Erbbesitz unter
ihren Brüdern.
16 Ijob lebte danach noch hundertvier-
zig Jahre; er sah seine Kinder und Kin-
deskinder, vier Geschlechter. 17 Dann
starb Ijob, hochbetagt und satt an Le-
benstagen.

Die Ijobdichtung

Ijobs Schmerz

3 Danach tat Ijob seinen Mund auf
und verfluchte seinen Tag. 2 Ijob
ergriff das Wort und sprach:
3 Ausgelöscht sei der Tag, an dem ich
geboren bin, / die Nacht, die sprach:
Ein Mann ist empfangen.
4 Jener Tag werde Finsternis, / nie frage
Gott von oben nach ihm, / nicht leuch-
te über ihm des Tages Licht.
7 Ja, diese Nacht sei unfruchtbar, / kein
Jubel komme auf in ihr.
8 Verwünschen sollen sie die Verflucher
der Tage, / die es verstehen, den Levía-
tan zu wecken.
9 Verfinstert seien ihrer Dämmerung
Sterne; / sie harre auf das Licht, jedoch
umsonst; / die Wimpern der Morgen-
röte schaue sie nicht.
10 Denn sie hat die Pforten / an meiner
Mutter Leib nicht verschlossen, / nicht
das Leid verborgen vor meinen Augen.
11 Warum starb ich nicht vom Mutter-
schoß weg, / kam ich aus dem Mutter-
leib und verschied nicht gleich?
12 Weshalb nur kamen Knie mir entge-
gen, / wozu Brüste, dass ich daran trank?
13 Still läge ich jetzt und könnte rasten, /
entschlafen wäre ich und hätte Ruhe

Aus den Reden der Freunde

4 Da antwortete Elifas von Teman
und sprach:
2 Versucht man ein Wort an dich, ist es
dir lästig? / Doch die Rede aufzuhalten,
wer vermag es?
7 Bedenk doch! Wer geht ohne Schuld
zugrunde? / Wo werden Redliche im
Stich gelassen?
8 Wohin ich schaue: Wer Unrecht
pflügt, / wer Unheil sät, der erntet es auch.
9 Durch Gottes Atem gehen sie zugrun-
de, / sie schwinden hin im Hauch seines
Zornes.
17 Ist wohl ein Mensch vor Gott gerecht, /
ein Mann vor seinem Schöpfer rein?
18 Selbst seinen Dienern traut er nicht, /
zeiht seine Engel noch des Irrtums.
19 Wie erst jene, die im Lehmhaus
wohnen, / die auf den Staub gegründet
sind; / schneller als eine Motte werden
sie zerdrückt.
20 Vom Morgen bis zum Abend werden
sie zerschlagen, / für immer gehen sie
zugrunde, unbeachtet.
21 Wird nicht das Zelt über ihnen abge-

brochen, / so dass sie sterben, ohne Ein-
sicht?

5 17 Ja, wohl dem Mann, den Gott
zurechtweist. / Die Zucht des All-
mächtigen verschmähe nicht!
18 Denn er verwundet, und er verbin-
det, / er schlägt, doch seine Hände heilen
auch.

27 13 Das ist des Frevlers Anteil bei
Gott, / der Gewalttätigen Erbe, /
das sie vom Allmächtigen empfangen:
14 Werden zahlreich seine Söhne, / fürs
Schwert sind sie bestimmt; / nie wer-
den seine Kinder satt an Brot.
16 Häuft er auch Silber auf wie Staub /
und beschafft er sich Kleider wie Lehm:
17 er schafft sie zwar an; / doch anziehen
wird sie der Gerechte, / das Silber wird
der Schuldlose erben.

36 21 Hüte dich, und wende dich
nicht zum Bösen! / Denn da-
rum wirst du durch Leid geprüft.

Aus Ijobs Gegenreden

13 4 Ihr aber seid nur Lügentün-
cher, / untaugliche Ärzte alle.
5 Dass ihr endlich schweigen wolltet; /
das würde Weisheit für euch sein.

19 2 Wie lange noch wollt ihr mich
quälen / und mich mit Worten
niedertreten?
3 Zum zehntenmal schon schmäht ihr
mich / und schämt euch nicht, mich zu
beleidigen.
Da antwortete Ijob und sprach:
2 Ach, würde doch mein Gram gewogen, /
legte man auf die Waage auch mein Leid!
3 Denn nun ist es schwerer als der Sand
des Meeres, / darum reden meine Worte
irr.
4 Die Pfeile des Allmächtigen stecken
in mir, / mein Geist hat ihr Gift ge-
trunken, / Gottes Schrecken stellen sich
gegen mich.
15 Meine Brüder sind trügerisch wie ein
Bach, / wie Wasserläufe, die verrinnen;
16 trüb sind sie vom Eis, / wenn über
ihnen der Schnee schmilzt.
17 Zur Zeit der Hitze versiegen sie; /
wenn es heiß wird, verdunsten sie in
ihrem Bett.

Ijobs Glaube in der Zerreißprobe

16 Da antwortete Ijob und sprach:
2 Ähnliches habe ich schon viel
gehört; / leidige Tröster seid ihr alle.
3 Sind nun zu Ende die windigen
Worte, / oder was sonst reizt dich zum
Widerspruch?
4 Auch ich könnte reden wie ihr, / wenn
ihr an meiner Stelle wäret, / schöne
Worte über euch machen / und meinen
Kopf über euch schütteln.
5 Ich könnte euch stärken mit meinem
Mund, / nicht sparen das Beileid mei-
ner Lippen.

9 Sein Zorn zerreißt, befehdet mich, /
knirscht gegen mich mit den Zähnen, /
mein Gegner schärft die Augen gegen
mich.
11 Gott gibt mich dem Bösen preis, / in
die Hand der Frevler stößt er mich.
12 In Ruhe lebte ich, da hat er mich er-
schüttert, / mich im Nacken gepackt,
mich zerschmettert, / mich als Zielschei-
be für sich aufgestellt.
13 Seine Pfeile umschwirren mich, /
schonungslos durchbohrt er mir die
Nieren, / schüttet meine Galle zur Erde.
14 Bresche über Bresche bricht er mir, /
stürmt wie ein Krieger gegen mich an.
16 Mein Gesicht ist vom Weinen rot, /
und Dunkel liegt auf meinen Wimpern.
17 Doch kein Unrecht klebt an meinen
Händen, / und mein Gebet ist lauter.

Ijobs Auflehnung gegen Gott

30 16 Und nun zerfließt die Seele
in mir, / des Elends Tage packen
mich an.
17 Des Nachts durchbohrt es mir die
Knochen, / mein nagender Schmerz
kommt nicht zur Ruh.
19 Er warf mich in den Lehm, / so dass
ich Staub und Asche gleiche.
20 Ich schreie zu dir, und du erwiderst
mir nicht; / ich stehe da, doch du
achtest nicht auf mich.
21 Du wandelst dich zum grausamen
Feind gegen mich, / mit deiner starken
Hand befehdest du mich.

31 7 Wenn mein Schritt vom We-
ge wich, / mein Herz meinen
Augen folgte, / an meinen Händen
Makel klebte,
8 dann esse ein anderer, was ich säe, /
entwurzelt werde, was mir sprosst.
9 Wenn sich mein Herz von einer Frau
betören ließ / und ich an der Tür mei-
nes Nachbarn lauerte,
10 dann mahle meine Frau einem an-
dern, / und andere sollen sich beugen
über sie.
29 Wenn ich am Unglück meines Feinds
mich freute / und triumphierte, dass
Unheil ihn traf –
30 habe ich doch meinem Mund zu
sündigen verboten, / sein Leben mit
Fluch zu verwünschen.
35 Gäbe es doch einen, der mich hört. /
Das ist mein Begehr, dass der All-
mächtige mir Antwort gibt: / Hier ist
das Schriftstück, das mein Gegner ge-
schrieben.

Aus den Elihu-Reden

32 6b Noch bin ich jung an Jah-
ren, / doch ihr seid hochbe-
tagt; / deshalb hielt ich mich zurück
und scheute mich, / euch mein Wissen
zu beweisen.
7 Ich dachte: Mag erst das Alter reden, /
der Jahre Fülle Weisheit künden.
9 Die alt an Jahren sind, nicht immer
sind sie weise / noch Greise stets des
Rechten kundig.

[10] Darum sage ich: Hört mich an! / Beweisen will auch ich mein Wissen.
[11] Seht, gewartet habe ich auf eure Worte, / gelauscht auf eure klugen Sprüche, / bis ihr die rechten Worte fändet.
[12] Ich bin euch aufmerksam gefolgt, / doch seht, keiner hat Ijob widerlegt, / keiner von euch ihm zu entgegnen vermocht.

33 [8] Jedoch, du sprachst vor meinen Ohren, / und ich vernahm der Worte Laut:
[9] Rein bin ich und ohne Sünde, / makellos und ohne Schuld.
[10] Vorwürfe sucht Gott gegen mich zu finden, / er sieht mich an als seinen Feind.
[11] Meine Füße legt er in den Block, / er überwacht alle meine Pfade.
[12] Da bist du nicht im Recht, sage ich dir, / denn Gott ist größer als der Mensch.
[13] Weshalb hast du mit ihm gehadert, / weil er all deinen Worten nicht erwidert?

34 [5] Denn Ijob sagt: Ich bin im Recht, / doch Gott hat mir mein Recht entzogen.
[7] Wo ist ein Mann wie Ijob, / der Lästerung wie Wasser trinkt,
[8] der hingeht, um sich den Übeltätern zuzugesellen, / und mit den Frevlern Umgang pflegt?
[9] Er sagte ja: Es nützt dem Menschen nichts, / dass er in Freundschaft lebt mit Gott.

36 [22] Sieh, groß ist Gott in seiner Macht. / Wer ist ein Lehrer wie er?
[23] Wer will ihm weisen seinen Weg? / Wer kann ihm sagen: Du tust Unrecht?
[26] Sieh, Gott ist groß, nicht zu begreifen, / unerforschlich ist die Zahl seiner Jahre.

37 [23] Den Allmächtigen ergründen wir nicht, / er ist erhaben an Macht und Recht, / er ist reich an Gerechtigkeit; Recht beugt er nicht.

Die große Gottesrede

38 Da antwortete der Herr dem Ijob aus dem Wettersturm und sprach:
[2] Wer ist es, der den Ratschluss verdunkelt / mit Gerede ohne Einsicht?
[3] Auf, gürte deine Lenden wie ein Mann: / Ich will dich fragen, du belehre mich!
[4] Wo warst du, als ich die Erde gegründet? / Sag es denn, wenn du Bescheid weißt.
[5] Wer setzte ihre Maße? Du weißt es ja. / Wer hat die Meßschnur über ihr gespannt?
[6] Wohin sind ihre Pfeiler eingesenkt? / Oder wer hat ihren Eckstein gelegt,
[7] als alle Morgensterne jauchzten, / als jubelten alle Gottessöhne?
[8] Wer verschloss das Meer mit Toren, / als schäumend es dem Mutterschoß entquoll,

9 als Wolken ich zum Kleid ihm machte, /
ihm zur Windel dunklen Dunst,
10 als ich ihm ausbrach meine Grenze, /
ihm Tor und Riegel setzte
11 und sprach: Bis hierher darfst du und
nicht weiter, / hier muss sich legen dei-
ner Wogen Stolz?

Ijobs Verstummen

40 3 Da antwortete Ijob dem
Herrn und sprach:
4 Siehe, ich bin zu gering. Was kann ich
dir erwidern? / Ich lege meine Hand
auf meinen Mund.
5 Einmal habe ich geredet, ich tu es
nicht wieder; / ein zweites Mal, doch
nun nicht mehr!

42 3b So habe ich denn im Unver-
stand geredet über Dinge, / die
zu wunderbar für mich und unbegreif-
lich sind.
5 Vom Hörensagen nur hatte ich von dir
vernommen; / jetzt aber hat mein Auge
dich geschaut.
6 Darum widerrufe ich und atme auf, /
in Staub und Asche.

Gottes Tadel an die Adresse der Freunde

7 Als der Herr diese Worte zu Ijob ge-
sprochen hatte, sagte der Herr zu Elifas
von Teman: Mein Zorn ist entbrannt
gegen dich und deine beiden Gefähr-
ten; denn ihr habt nicht recht von mir
geredet wie mein Knecht Ijob.

Die Psalmen

Das erste Buch

Die beiden Wege

1 Wohl dem Mann, der nicht dem
Rat der Frevler folgt, / nicht auf
dem Weg der Sünder geht, / nicht im
Kreis der Spötter sitzt,
2 sondern Freude hat an der Weisung
des Herrn, / über seine Weisung nach-
sinnt bei Tag und bei Nacht.
3 Er ist wie ein Baum, / der an Wasser-
bächen gepflanzt ist,
der zur rechten Zeit seine Frucht bringt /
und dessen Blätter nicht welken.
Alles, was er tut, / wird ihm gut gelingen.
4 Nicht so die Frevler: / Sie sind wie
Spreu, die der Wind verweht.
5 Darum werden die Frevler im Gericht
nicht bestehen / noch die Sünder in der
Gemeinde der Gerechten.
6 Denn der Herr kennt den Weg der
Gerechten, / der Weg der Frevler aber
führt in den Abgrund.

Der Herr und sein Gesalbter

2 Warum toben die Völker, warum
machen die Nationen vergebliche
Pläne?
2 Die Könige der Erde stehen auf, / die
Großen haben sich verbündet gegen
den Herrn und seinen Gesalbten.
3 »Lasst uns ihre Fesseln zerreißen / und
von uns werfen ihre Stricke!«
4 Doch er, der im Himmel thront, lacht, /
der Herr verspottet sie.
5 Dann aber spricht er zu ihnen im
Zorn, / in seinem Grimm wird er sie er-
schrecken:
6 »Ich selber habe meinen König ein-
gesetzt / auf Zion, meinem heiligen
Berg.«
7 Den Beschluss des Herrn will ich kund-
tun. / Er sprach zu mir: »Mein Sohn bist
du. Heute habe ich dich gezeugt.
8 Fordre von mir, und ich gebe dir die
Völker zum Erbe, / die Enden der Erde
zum Eigentum.
9 Du wirst sie zerschlagen mit eiserner
Keule, / wie Krüge aus Ton wirst du sie
zertrümmern.«

10 Nun denn, ihr Könige, kommt zur
Einsicht, / lasst euch warnen, ihr Ge-
bieter der Erde!
11 Dient dem Herrn in Furcht, / und
küsst ihm mit Beben die Füße,
12 damit er nicht zürnt / und euer Weg
nicht in den Abgrund führt.
Denn wenig nur, und sein Zorn ist ent-
brannt. / Wohl allen, die ihm vertrauen!

Hilferuf in Feindesnot

3 [Ein Psalm Davids, als er vor sei-
nem Sohn Abschalom floh.]
2 Herr, wie zahlreich sind meine Be-
dränger; / so viele stehen gegen mich
auf.
3 Viele gibt es, die von mir sagen: / »Er
findet keine Hilfe bei Gott.« [Sela]
4 Du aber, Herr, bist ein Schild für mich, /
du bist meine Ehre und richtest mich
auf.
5 Ich habe laut zum Herrn gerufen; / da
erhörte er mich von seinem heiligen
Berg. [Sela]
6 Ich lege mich nieder und schlafe ein, /
ich wache wieder auf, denn der Herr
beschützt mich.
7 Viele Tausende von Kriegern fürchte
ich nicht, / wenn sie mich ringsum
belagern.
8 Herr, erhebe dich, / mein Gott, bring
mir Hilfe!
Denn all meinen Feinden hast du den
Kiefer zerschmettert, / hast den Frev-
lern die Zähne zerbrochen.
9 Beim Herrn findet man Hilfe. / Auf
dein Volk komme dein Segen! [Sela]

Gottes Schutz in der Nacht

4 [Für den Chormeister. Mit Saiten-
spiel. Ein Psalm Davids.]
2 Wenn ich rufe, erhöre mich, / Gott, du
mein Retter!
Du hast mir Raum geschaffen, als mir
angst war. / Sei mir gnädig, und hör auf
mein Flehen!
3 Ihr Mächtigen, wie lange noch
schmäht ihr meine Ehre, / warum liebt
ihr den Schein und sinnt auf Lügen?
[Sela]
4 Erkennt doch: Wunderbar handelt
der Herr an den Frommen; / der Herr
erhört mich, wenn ich zu ihm rufe.
5 Ereifert ihr euch, so sündigt nicht! /
Bedenkt es auf eurem Lager, und wer-
det still! [Sela]
6 Bringt rechte Opfer dar, / und vertraut
auf den Herrn!
7 Viele sagen: »Wer lässt uns Gutes
erleben?« / Herr, lass dein Angesicht
über uns leuchten!
8 Du legst mir größere Freude ins Herz, /
als andere haben bei Korn und Wein in
Fülle.
9 In Frieden leg' ich mich nieder und
schlafe ein; / denn du allein, Herr, lässt
mich sorglos ruhen.

Ein Gebet zum Morgenopfer

5 [Für den Chormeister. Zum Flö-
tenspiel. Ein Psalm Davids.]
2 Höre meine Worte, Herr, / achte auf
mein Seufzen!
3 Vernimm mein lautes Schreien, mein
König und mein Gott, / denn ich flehe
zu dir.
4 Herr, am Morgen hörst du mein Ru-
fen, / am Morgen rüst' ich das Opfer zu,
halte Ausschau nach dir.
5 Denn du bist kein Gott, dem das
Unrecht gefällt; / der Frevler darf nicht
bei dir weilen.
6 Wer sich brüstet, besteht nicht vor
deinen Augen; / denn dein Hass trifft
alle, die Böses tun.
7 Du lässt die Lügner zugrunde gehn, /
Mörder und Betrüger sind dem Herrn
ein Greuel.
8 Ich aber darf dein Haus betreten /
dank deiner großen Güte,
ich werfe mich nieder in Ehrfurcht / vor
deinem heiligen Tempel.
9 Leite mich, Herr, in deiner Gerechtig-
keit, / meinen Feinden zum Trotz; /
ebne deinen Weg vor mir!
10 Aus ihrem Mund kommt kein wahres
Wort, / ihr Inneres ist voll Verderben.
Ihre Kehle ist ein offenes Grab, / aal-
glatt ist ihre Zunge.
11 Gott, lass sie dafür büßen; / sie sollen
fallen durch ihre eigenen Ränke.
Verstoße sie wegen ihrer vielen Ver-
brechen; / denn sie empören sich gegen
dich.
12 Doch alle sollen sich freuen, die auf
dich vertrauen, / und sollen immerfort
jubeln.
Beschütze alle, die deinen Namen lie-
ben, / damit sie dich rühmen.
13 Denn du, Herr, segnest den Gerech-
ten. / Wie mit einem Schild deckst du
ihn mit deiner Gnade.

Ein Bußgebet in Todesnot

6 [Für den Chormeister. Mit Saiten-
spiel nach der Achten. Ein Psalm
Davids.]
2 Herr, strafe mich nicht in deinem
Zorn, / und züchtige mich nicht in dei-
nem Grimm!
3 Sei mir gnädig, Herr, ich sieche dahin; /
heile mich, Herr, denn meine Glieder
zerfallen!
4 Meine Seele ist tief verstört. / Du aber,
Herr, wie lange säumst du noch?
5 Herr, wende dich mir zu und errette
mich, / in deiner Huld bring mir Hilfe!
6 Denn bei den Toten denkt niemand
mehr an dich. / Wer wird dich in der
Unterwelt noch preisen?
7 Ich bin erschöpft vom Seufzen, / jede
Nacht benetzen Ströme von Tränen
mein Bett, / ich überschwemme mein
Lager mit Tränen.
8 Mein Auge ist getrübt vor Kummer, / ich
bin gealtert wegen all meiner Gegner.
9 Weicht zurück von mir, all ihr Frevler; /
denn der Herr hat mein lautes Weinen
gehört.

10 Gehört hat der Herr mein Flehen, /
der Herr nimmt mein Beten an.
11 In Schmach und Verstörung geraten
all meine Feinde, / sie müssen weichen
und gehen plötzlich zugrunde.

Gebet in Verfolgung

7 [Ein Klagelied Davids, das er dem
Herrn sang wegen des Benjami-
niters Kusch.]
2 Herr, mein Gott, ich flüchte mich zu
dir; / hilf mir vor allen Verfolgern und
rette mich,
3 damit mir niemand wie ein Löwe das
Leben raubt, / mich zerreißt, und keiner
ist da, der mich rettet.
4 Wenn ich das getan habe, Herr, mein
Gott, / wenn an meinen Händen Un-
recht klebt,
5 wenn ich meinem Freunde Böses tat, /
wenn ich den quälte, der mich grund-
los bedrängt hat,
6 dann soll mich der Feind verfolgen
und ergreifen; / er richte mein Leben
zugrunde und trete meine Ehre mit Fü-
ßen. [Sela]
7 Herr, steh auf in deinem Zorn, / erheb
dich gegen meine wütenden Feinde!
Wach auf, du mein Gott! / Du hast zum
Gericht gerufen. / Der Herr richtet die
Völker.
8 Um dich stehe die Schar der Völker im
Kreis; / über ihnen throne du in der
Höhe!
9 Herr, weil ich gerecht bin, verschaff
mir Recht, / (und tu an mir Gutes,) weil
ich schuldlos bin!
10 Die Bosheit der Frevler finde ein
Ende, / doch gib dem Gerechten Be-
stand, / gerechter Gott, der du auf Herz
und Nieren prüfst.
11 Ein Schild über mir ist Gott, / er rettet
die Menschen mit redlichem Herzen.
12 Gott ist ein gerechter Richter, / ein
Gott, der täglich strafen kann.
13 Wenn der Frevler sein Schwert wieder
schärft, / seinen Bogen spannt und zielt,
14 dann rüstet er tödliche Waffen gegen
sich selbst, / bereitet sich glühende Pfeile.
15 Er hat Böses im Sinn; / er geht schwan-
ger mit Unheil, und Tücke gebiert er.
16 Er gräbt ein Loch, er schaufelt es aus, /
doch er stürzt in die Grube, die er sel-
ber gemacht hat.
17 Seine Untat kommt auf sein eigenes
Haupt, / seine Gewalttat fällt auf seinen
Scheitel zurück.
18 Ich will dem Herrn danken, denn er ist
gerecht; / dem Namen des Herrn, des
Höchsten, will ich singen und spielen.

Die Herrlichkeit des Schöpfers – die Würde des Menschen

8 [Für den Chormeister. Nach dem
Kelterlied. Ein Psalm Davids.]
2 Herr, unser Herrscher, / wie gewaltig
ist dein Name auf der ganzen Erde; /
über den Himmel breitest du deine Ho-
heit aus.

[3] Aus dem Mund der Kinder und Säug-
linge schaffst du dir Lob, / deinen Geg-
nern zum Trotz; / deine Feinde und Wi-
dersacher müssen verstummen.
[4] Seh' ich den Himmel, das Werk deiner
Finger, / Mond und Sterne, die du be-
festigt:
[5] Was ist der Mensch, dass du an ihn
denkst, / des Menschen Kind, dass du
dich seiner annimmst?
[6] Du hast ihn nur wenig geringer ge-
macht als Gott, / hast ihn mit Herrlich-
keit und Ehre gekrönt.
[7] Du hast ihn als Herrscher eingesetzt
über das Werk deiner Hände, / hast
ihm alles zu Füßen gelegt:
[8] All die Schafe, Ziegen und Rinder /
und auch die wilden Tiere,
[9] die Vögel des Himmels und die Fische
im Meer, / alles, was auf den Pfaden der
Meere dahinzieht.
[10] Herr, unser Herrscher, / wie gewaltig
ist dein Name auf der ganzen Erde!

Gott, der Retter der Armen und Bedrängten

9 [Für den Chormeister. Nach der
Weise »Stirb für den Sohn!« Ein
Psalm Davids.]
[2] Ich will dir danken, Herr, aus ganzem
Herzen, / verkünden will ich all deine
Wunder.
[3] Ich will jauchzen und an dir mich
freuen, / für dich, du Höchster, will ich
singen und spielen.
[4] Denn zurückgewichen sind meine
Feinde, / gestürzt und vergangen vor
deinem Angesicht.
[5] Du hast mir Recht verschafft und für
mich entschieden, / dich auf den Thron
gesetzt als ein gerechter Richter.
[6] Du hast die Völker bedroht, die Frev-
ler vernichtet, / ihren Namen gelöscht
für immer und ewig.
[7] Die Feinde sind dahin, zerschlagen für
immer. / Du hast Städte entvölkert, ihr
Ruhm ist versunken.
[8] Der Herr aber thront für ewig; / er
stellt seinen Thron auf zum Gericht.
[9] Er richtet den Erdkreis gerecht, / er
spricht den Völkern das Urteil, das sie
verdienen.
[10] So wird der Herr für den Bedrückten
zur Burg, / zur Burg in Zeiten der Not.
[11] Darum vertraut dir, wer deinen Na-
men kennt; / denn du, Herr, verlässt
keinen, der dich sucht.
[12] Singt dem Herrn, der thront auf dem
Zion, / verkündet unter den Völkern
seine Taten!
[13] Denn er, der jede Blutschuld rächt,
denkt an die Armen, / und ihren Not-
schrei vergisst er nicht.
[14] Sei mir gnädig in meiner Not; / Herr,
sieh doch, wie sie mich hassen!
Führ mich herauf von den Pforten des
Todes, / [15] damit ich all deinen Ruhm
verkünde in den Toren von Zion / und
frohlocke, weil du mir hilfst.
[16] Völker versanken in der Grube, die
sie selber gegraben; / im Netz, das sie

heimlich gelegt, hat ihr Fuß sich ver-
fangen.
17 Kundgetan hat sich der Herr: Er hielt
sein Gericht; / im eigenen Werk hat sich
der Frevler verstrickt. [Zwischenspiel.
Sela]
18 Hinabfahren müssen die Frevler zum
Totenreich, / alle Heiden, die Gott ver-
gessen.
19 Doch der Arme ist nicht auf ewig ver-
gessen, / des Elenden Hoffnung ist nicht
für immer verloren.
20 Erheb dich, Herr, damit nicht der
Mensch triumphiert, / damit die Völker
gerichtet werden vor deinem Angesicht.
21 Wirf Schrecken auf sie, o Herr! /
Erkennen sollen die Völker: Sie sind
nur Menschen. [Sela]

Ein Hilferuf gegen gewalttätige Menschen

10 Herr, warum bleibst du so fern, /
verbirgst dich in Zeiten der Not?
2 In seinem Hochmut quält der Frevler
die Armen. / Er soll sich fangen in den
Ränken, die er selbst ersonnen hat.
3 Denn der Frevler rühmt sich nach
Herzenslust, / er raubt, er lästert und
verachtet den Herrn.
4 Überheblich sagt der Frevler: / »Gott
straft nicht. Es gibt keinen Gott.« / So
ist sein ganzes Denken.
5 Zu jeder Zeit glückt ihm sein Tun. /
Hoch droben und fern von sich wähnt
er deine Gerichte. All seine Gegner faucht
er an.
6 Er sagt in seinem Herzen: »Ich werde
niemals wanken. / Von Geschlecht zu
Geschlecht trifft mich kein Unglück.«
7 Sein Mund ist voll Fluch und Trug und
Gewalttat; / auf seiner Zunge sind Ver-
derben und Unheil.
8 Er liegt auf der Lauer in den Gehöf-
ten / und will den Schuldlosen heim-
lich ermorden; / seine Augen spähen
aus nach dem Armen.
9 Er lauert im Versteck wie ein Löwe im
Dickicht, / er lauert darauf, den Armen
zu fangen; / er fängt den Armen und
zieht ihn in sein Netz.
10 Er duckt sich und kauert sich nieder, /
seine Übermacht bringt die Schwachen
zu Fall.
11 Er sagt in seinem Herzen: »Gott ver-
gisst es, / er verbirgt sein Gesicht, er
sieht es niemals.«
12 Herr, steh auf, Gott, erheb deine
Hand, / vergiss die Gebeugten nicht!
13 Warum darf der Frevler Gott ver-
achten, / und in seinem Herzen sagen:
»Du strafst nicht«?
14 Du siehst es ja selbst; / denn du
schaust auf Unheil und Kummer.
Der Schwache vertraut sich dir an; / du
bist den Verwaisten ein Helfer.
15 Zerbrich den Arm des Frevlers und
des Bösen, / bestraf seine Frevel, / so
dass man von ihm nichts mehr findet.
16 Der Herr ist König für immer und
ewig, / in seinem Land gehen die Hei-
den zugrunde.

[17] Herr, du hast die Sehnsucht der Ar-
men gestillt, / du stärkst ihr Herz, du
hörst auf sie:
[18] Du verschaffst den Verwaisten und
Bedrückten ihr Recht. / Kein Mensch
mehr verbreite Schrecken im Land.

Gottes Blick auf den Menschen

11 [Für den Chormeister. Von David.]
Beim Herrn finde ich Zuflucht. / Wie
könnt ihr mir sagen: »In die Berge flieh
wie ein Vogel«?
[2] Schon spannen die Frevler den Bogen, /
sie legen den Pfeil auf die Sehne,
um aus dem Dunkel zu treffen / die
Menschen mit redlichem Herzen.
[3] Gerät alles ins Wanken, / was kann da
der Gerechte noch tun?
[4] Der Herr weilt in seinem heiligen
Tempel, / der Thron des Herrn ist im
Himmel.
Seine Augen schauen herab,/ seine
Blicke prüfen die Menschen.
[5] Der Herr prüft Gerechte und Frevler; /
wer Gewalttat liebt, den hasst er aus
tiefster Seele.
[6] Auf die Frevler lasse er Feuer und
Schwefel regnen; / sengender Wind sei
ihr Anteil.
[7] Denn der Herr ist gerecht, er liebt
gerechte Taten; / wer rechtschaffen ist,
darf sein Angesicht schauen.

Die Falschheit der Menschen – die Treue Gottes

12 [Für den Chormeister. Nach der Achten. Ein Psalm Davids.]
[2] Hilf doch, o Herr, die Frommen schwin-
den dahin, / unter den Menschen gibt
es keine Treue mehr.
[3] Sie lügen einander an, einer den
andern, / mit falscher Zunge und zwie-
spältigem Herzen reden sie.
[4] Der Herr vertilge alle falschen Zun-
gen, / jede Zunge, die vermessen redet.
[5] Sie sagen: »Durch unsre Zunge sind
wir mächtig; / unsre Lippen sind unsre
Stärke. Wer ist uns überlegen?«
[6] Die Schwachen werden unterdrückt,
die Armen seufzen. / Darum spricht
der Herr: »Jetzt stehe ich auf, / dem Ver-
achteten bringe ich Heil.«
[7] Die Worte des Herrn sind lautere
Worte, / Silber, geschmolzen im Ofen, /
von Schlacken geschieden, geläutert
siebenfach.
[8] Du, Herr, wirst uns behüten / und uns
vor diesen Leuten für immer erretten,
[9] auch wenn die Frevler frei umher-
gehen / und unter den Menschen die
Gemeinheit groß wird.

Klage und Vertrauen in großer Not

13 [Für den Chormeister. Ein Psalm Davids.]
[2] Wie lange noch, Herr, vergisst du
mich ganz? / Wie lange noch verbirgst
du dein Gesicht vor mir?

3 Wie lange noch muss ich Schmerzen
ertragen in meiner Seele, / in meinem
Herzen Kummer Tag für Tag? / Wie
lange noch darf mein Feind über mich
triumphieren?
4 Blick doch her, erhöre mich, Herr,
mein Gott, / erleuchte meine Augen,
damit ich nicht entschlafe und
sterbe,
5 damit mein Feind nicht sagen kann: /
»Ich habe ihn überwältigt«,
damit meine Gegner nicht jubeln, /
weil ich ihnen erlegen bin.
6 Ich aber baue auf deine Huld, / mein
Herz soll über deine Hilfe frohlocken.
Singen will ich dem Herrn, / weil er mir
Gutes getan hat.

Die Torheit der Gottesleugner

14 [Für den Chormeister. Von David.]
Die Toren sagen in ihrem Herzen: / »Es
gibt keinen Gott.«
Sie handeln verwerflich und schnöde; /
da ist keiner, der Gutes tut.
2 Der Herr blickt vom Himmel herab
auf die Menschen, / ob noch ein Verständiger da ist, der Gott sucht.
3 Alle sind sie abtrünnig und verdorben, / keiner tut Gutes, auch nicht
ein einziger.
4 Haben denn all die Übeltäter keine
Einsicht? / Sie verschlingen mein Volk.
Sie essen das Brot des Herrn, / doch
seinen Namen rufen sie nicht an.
5 Es trifft sie Furcht und Schrecken; /
denn Gott steht auf der Seite der
Gerechten.
6 Die Pläne der Armen wollt ihr vereiteln, / doch ihre Zuflucht ist der Herr.
7 Ach, käme doch vom Zion Hilfe für
Israel! / Wenn einst der Herr das Geschick seines Volkes wendet, / dann
jubelt Jakob, dann freut sich Israel.

Die Bedingungen für den Eintritt ins Heiligtum

15 [Ein Psalm Davids.]
Herr, wer darf Gast sein in deinem Zelt, /
wer darf weilen auf deinem heiligen
Berg?
2 Der makellos lebt und das Rechte tut; /
der von Herzen die Wahrheit sagt /
3 und mit seiner Zunge nicht verleumdet;
der seinem Freund nichts Böses antut /
und seinen Nächsten nicht schmäht;
4 der den Verworfenen verachtet, / doch
alle, die den Herrn fürchten, in Ehren
hält; der sein Versprechen nicht ändert, /
das er seinem Nächsten geschworen
hat;
5 der sein Geld nicht auf Wucher ausleiht / und nicht zum Nachteil des
Schuldlosen Bestechung annimmt.
Wer sich danach richtet, / der wird niemals wanken.

Gott, der Anteil seiner Getreuen

16 [Ein Lied Davids.]
Behüte mich, Gott, denn ich vertraue
dir. / 2 Ich sage zum Herrn: »Du bist
mein Herr; mein ganzes Glück bist du
allein.«
3 An den Heiligen im Lande, den Herr-
lichen, / an ihnen nur hab‹ ich mein
Gefallen.
4 Viele Schmerzen leidet, wer fremden
Göttern folgt. / Ich will ihnen nicht
opfern, / ich nehme ihre Namen nicht
auf meine Lippen.
5 Du, Herr, gibst mir das Erbe und
reichst mir den Becher; / du hältst mein
Los in deinen Händen.
6 Auf schönem Land fiel mir mein An-
teil zu. / Ja, mein Erbe gefällt mir gut.
7 Ich preise den Herrn, der mich
beraten hat. / Auch mahnt mich mein
Herz in der Nacht.
8 Ich habe den Herrn beständig vor
Augen. / Er steht mir zur Rechten, ich
wanke nicht.
9 Darum freut sich mein Herz und
frohlockt meine Seele; / auch mein Leib
wird wohnen in Sicherheit.
10 Denn du gibst mich nicht der Unter-
welt preis; / du lässt deinen Frommen
das Grab nicht schauen.
11 Du zeigst mir den Pfad zum Leben. /
Vor deinem Angesicht herrscht Freude
in Fülle, / zu deiner Rechten Wonne für
alle Zeit.

Das Gebet eines Verfolgten

17 [Ein Gebet Davids.]
Höre, Herr, die gerechte Sache, / achte
auf mein Flehen, / vernimm mein Ge-
bet von Lippen ohne Falsch!
2 Von deinem Angesicht ergehe mein
Urteil; / denn deine Augen sehen, was
recht ist.
3 Prüfst du mein Herz, / suchst du mich
heim in der Nacht und erprobst mich, /
dann findest du an mir kein Unrecht.
Mein Mund verging sich nicht, / 4 trotz
allem, was die Menschen auch treiben; /
ich halte mich an das Wort deiner
Lippen.
5 Auf dem Weg deiner Gebote gehn
meine Schritte, / meine Füße wanken
nicht auf deinen Pfaden.
6 Ich rufe dich an, denn du, Gott,
erhörst mich. / Wende dein Ohr mir zu,
vernimm meine Rede!
7 Wunderbar erweise deine Huld! / Du
rettest alle, die sich an deiner Rechten
vor den Feinden bergen.
8 Behüte mich wie den Augapfel, den
Stern des Auges, / birg mich im Schat-
ten deiner Flügel
9 vor den Frevlern, die mich hart be-
drängen, / vor den Feinden, die mich
wütend umringen.
10 Sie haben ihr hartes Herz verschlos-
sen, / sie führen stolze Worte im Mund,
11 sie lauern mir auf, jetzt kreisen sie
mich ein; / sie trachten danach, mich zu
Boden zu strecken,

[12] so wie der Löwe voll Gier ist zu zer-
reißen, / wie der junge Löwe, der im
Hinterhalt lauert.
[13] Erheb dich, Herr, tritt dem Frevler
entgegen! / Wirf ihn zu Boden, mit
deinem Schwert entreiß mich ihm!
[14] Rette mich, Herr, mit deiner Hand
vor diesen Leuten, / vor denen, die im
Leben schon alles haben.
Du füllst ihren Leib mit Gütern, / auch
ihre Söhne werden noch satt / und
hinterlassen den Enkeln, was übrig
bleibt.
[15] Ich aber will in Gerechtigkeit dein
Angesicht schauen, / mich satt sehen an
deiner Gestalt, wenn ich erwache.

Ein Danklied des Königs für Rettung und Sieg

18 [Für den Chormeister. Von David, dem Knecht des Herrn, der dem Herrn die Worte dieses Liedes sang an dem Tag, als ihn der Herr aus der Gewalt all seiner Feinde und aus der Hand Sauls errettet hatte.
[2] Er sprach:]
Ich will dich rühmen, Herr, meine Stär-
ke, / [3] Herr, du mein Fels, meine Burg,
mein Retter,
mein Gott, meine Feste, in der ich mich
berge, / mein Schild und sicheres Heil,
meine Zuflucht.
[4] Ich rufe: Der Herr sei gepriesen!, /
und ich werde vor meinen Feinden ge-
rettet.
[5] Mich umfingen die Fesseln des Todes, /
mich erschreckten die Fluten des Ver-
derbens.
[6] Die Bande der Unterwelt umstrickten
mich, / über mich fielen die Schlingen
des Todes.
[7] In meiner Not rief ich zum Herrn /
und schrie zu meinem Gott.
Aus seinem Heiligtum hörte er mein
Rufen, / mein Hilfeschrei drang an sein
Ohr.
[8] Da wankte und schwankte die Erde, /
die Grundfesten der Berge erbebten. /
Sie wankten, denn sein Zorn war ent-
brannt.
[9] Rauch stieg aus seiner Nase auf, / aus
seinem Mund kam verzehrendes Feuer, /
glühende Kohlen sprühten aus von ihm.
[10] Er neigte den Himmel und fuhr he-
rab, / zu seinen Füßen dunkle Wolken.
[11] Er fuhr auf dem Kerub und flog da-
her; / er schwebte auf den Flügeln des
Windes.
[12] Er hüllte sich in Finsternis, /
in dunkles Wasser und dichtes Gewölk
wie in ein Zelt.
[13] Von seinem Glanz erstrahlten die
Wolken, / Hagel fiel nieder und glü-
hende Kohlen.
[14] Da ließ der Herr den Donner im
Himmel erdröhnen, / der Höchste ließ
seine Stimme erschallen.
[15] Er schoß seine Pfeile und streute sie, /
er schleuderte Blitze und jagte sie da-
hin.

16 Da wurden sichtbar die Tiefen des
Meeres, / die Grundfesten der Erde wur-
den entblößt
vor deinem Drohen, Herr, / vor dem
Schnauben deines zornigen Atems.
17 Er griff aus der Höhe herab und fass-
te mich, / zog mich heraus aus gewal-
tigen Wassern.
18 Er entriss mich meinen mächtigen
Feinden, / die stärker waren als ich und
mich hassten.
19 Sie überfielen mich am Tag meines
Unheils, / doch der Herr wurde mein
Halt.
20 Er führte mich hinaus ins Weite, / er
befreite mich, denn er hatte an mir
Gefallen.
21 Der Herr hat gut an mir gehandelt
und mir vergolten, / weil ich gerecht
bin und meine Hände rein sind.
22 Denn ich hielt mich an die Wege des
Herrn / und fiel nicht ruchlos ab von
meinem Gott.
23 Ja, ich habe alle seine Gebote vor
Augen, / weise seine Gesetze niemals
ab.
24 Ich war vor ihm ohne Makel, / ich
nahm mich in acht vor der Sünde.
25 Darum hat der Herr mir vergolten,
weil ich gerecht bin / und meine Hände
rein sind vor seinen Augen.
26 Gegen den Treuen zeigst du dich
treu, / an dem Aufrichtigen handelst du
recht.
27 Gegen den Reinen zeigst du dich
rein, / doch falsch gegen den Falschen.
28 Dem bedrückten Volk bringst du
Heil, / doch die Blicke der Stolzen
zwingst du nieder.
29 Du, Herr, lässt meine Leuchte er-
strahlen, / mein Gott macht meine
Finsternis hell.
30 Mit dir erstürme ich Wälle, / mit
meinem Gott überspringe ich Mauern.
31 Vollkommen ist Gottes Weg, / das
Wort des Herrn ist im Feuer geläutert. /
Ein Schild ist er für alle, die sich bei ihm
bergen.
32 Denn wer ist Gott als allein der Herr, /
wer ist ein Fels, wenn nicht unser Gott?
33 Gott hat mich mit Kraft umgürtet, /
er führte mich auf einen Weg ohne
Hindernis.
34 Er ließ mich springen schnell wie
Hirsche, / auf hohem Weg ließ er mich
gehen.
35 Er lehrte meine Hände zu kämpfen, /
meine Arme, den ehernen Bogen zu
spannen.
36 Du gabst mir deine Hilfe zum Schild, /
deine Rechte stützt mich; / du neigst
dich mir zu und machst mich groß.
37 Du schaffst meinen Schritten wei-
ten Raum, / meine Knöchel wanken
nicht.
38 Ich verfolge meine Feinde und hole
sie ein, / ich kehre nicht um, bis sie ver-
nichtet sind.
39 Ich schlage sie nieder; / sie können
sich nicht mehr erheben, sie fallen und
liegen unter meinen Füßen.

40 Du hast mich zum Kampf mit Kraft
umgürtet, / hast alle in die Knie ge-
zwungen, die sich gegen mich erhoben.
41 Meine Feinde hast du zur Flucht ge-
zwungen; / ich konnte die vernichten,
die mich hassen.
42 Sie schreien, doch hilft ihnen nie-
mand, / sie schreien zum Herrn, doch
er gibt keine Antwort.
43 Ich zermalme sie zu Staub vor dem
Wind, / schütte sie auf die Straße wie
Unrat.
44 Du rettest mich vor zahllosem Kriegs-
volk, / du machst mich zum Haupt über
ganze Völker.
Stämme, die ich früher nicht kannte,
sind mir nun untertan. / 45 Sobald sie
mich nur hören, gehorchen sie.
Mir huldigen die Söhne der Fremde, /
46 sie kommen zitternd aus ihren Bur-
gen hervor.
47 Es lebt der Herr! Mein Fels sei ge-
priesen. / Der Gott meines Heils sei
hoch erhoben;
48 denn Gott verschaffte mir Vergeltung /
und unterwarf mir die Völker.
49 Du hast mich von meinen Feinden
befreit, / mich über meine Gegner er-
hoben, / dem Mann der Gewalt mich
entrissen.
50 Darum will ich dir danken, Herr, vor
den Völkern, / ich will deinem Namen
singen und spielen.
51 Seinem König verlieh er große Hilfe, /
Huld erwies er seinem Gesalbten, /
David und seinem Stamm auf ewig.

Lob der Schöpfung – Lob des Gesetzes

19 [Für den Chormeister. Ein
Psalm Davids.]
2 Die Himmel rühmen die Herrlichkeit
Gottes, / vom Werk seiner Hände kün-
det das Firmament.
3 Ein Tag sagt es dem andern, / eine
Nacht tut es der andern kund,
4 ohne Worte und ohne Reden, / unhör-
bar bleibt ihre Stimme.
5 Doch ihre Botschaft geht in die ganze
Welt hinaus, / ihre Kunde bis zu den
Enden der Erde.
Dort hat er der Sonne ein Zelt gebaut. /
6 Sie tritt aus ihrem Gemach hervor wie
ein Bräutigam;
sie frohlockt wie ein Held / und läuft
ihre Bahn.
7 Am einen Ende des Himmels geht sie
auf / und läuft bis ans andere Ende; /
nichts kann sich vor ihrer Glut verbergen.
8 Die Weisung des Herrn ist vollkom-
men, / sie erquickt den Menschen.
Das Gesetz des Herrn ist verlässlich, /
den Unwissenden macht es weise.
9 Die Befehle des Herrn sind richtig, /
sie erfreuen das Herz;
das Gebot des Herrn ist lauter, / es er-
leuchtet die Augen.
10 Die Furcht des Herrn ist rein, / sie be-
steht für immer.
Die Urteile des Herrn sind wahr, /
gerecht sind sie alle.
11 Sie sind kostbarer als Gold, als Fein-
gold in Menge. / Sie sind süßer als Ho-
nig, als Honig aus Waben.

12 Auch dein Knecht lässt sich von
ihnen warnen; / wer sie beachtet, hat
reichen Lohn.
13 Wer bemerkt seine eigenen Fehler? /
Sprich mich frei von Schuld, die mir
nicht bewusst ist!
14 Behüte deinen Knecht auch vor ver-
messenen Menschen; / sie sollen nicht
über mich herrschen.
Dann bin ich ohne Makel / und rein von
schwerer Schuld.
15 Die Worte meines Mundes mögen
dir gefallen; / was ich im Herzen er-
wäge, stehe dir vor Augen, / Herr, mein
Fels und mein Erlöser.

Bitte für den König

20 [Für den Chormeister. Ein Psalm Davids.]

2 Der Herr erhöre dich am Tag der
Not, / der Name von Jakobs Gott möge
dich schützen.
3 Er sende dir Hilfe vom Heiligtum /
und stehe dir bei vom Zion her.
4 An all deine Speiseopfer denke er, /
nehme dein Brandopfer gnädig an.
[Sela]
5 Er schenke dir, was dein Herz begehrt, /
und lasse all deine Pläne gelingen.
6 Dann wollen wir jubeln über deinen
Sieg, / im Namen unsres Gottes das
Banner erheben. / All deine Bitten er-
fülle der Herr.
7 Nun bin ich gewiss: / der Herr schenkt
seinem Gesalbten den Sieg;
er erhört ihn von seinem heiligen Him-
mel her / und hilft ihm mit der Macht
seiner Rechten.
8 Die einen sind stark durch Wagen, die
andern durch Rosse / wir aber sind stark
im Namen des Herrn, unsres Gottes.
9 Sie sind gestürzt und gefallen; / wir
bleiben aufrecht und stehen.
10 Herr, verleihe dem König den Sieg! /
Erhör uns am Tag, da wir rufen!

Dank für den Sieg des Königs

21 [Für den Chormeister. Ein Psalm Davids.]

2 An deiner Macht, Herr, freut sich der
König; / über deine Hilfe, wie jubelt er
laut!
3 Du hast ihm den Wunsch seines
Herzens erfüllt, / ihm nicht versagt, was
seine Lippen begehrten. [Sela]
4 Du kamst ihm entgegen mit Segen
und Glück, / du kröntest ihn mit einer
goldenen Krone.
5 Leben erbat er von dir, du gabst es
ihm, / viele Tage, für immer und ewig.
6 Groß ist sein Ruhm durch deine Hilfe, /
du hast ihn bekleidet mit Hoheit und
Pracht.
7 Du machst ihn zum Segen für immer; /
wenn du ihn anblickst, schenkst du
ihm große Freude.
8 Denn der König vertraut auf den
Herrn, / die Huld des Höchsten lässt
ihn niemals wanken.

9 Deine Hand wird all deine Feinde finden; / wer dich hasst, den trifft deine Rechte.

10 Du lässt sie glühen wie einen feurigen Ofen, / sobald du erscheinst.
Der Herr verschlingt sie im Zorn, / das Feuer verzehrt sie.

11 Du wirst ihre Brut von der Erde vertilgen; / ihr Geschlecht (verschwindet) aus der Mitte der Menschen.

12 Schmieden sie auch böse und listige Pläne, / richten sie doch nichts aus gegen dich.

13 Du schlägst sie alle in die Flucht, / wenn du mit deinem Bogen auf sie zielst.

14 Erhebe dich, Herr, in deiner Macht! / Deiner siegreichen Kraft wollen wir singen und spielen.

Gottverlassenheit und Heilsgewissheit

22 [Für den Chormeister. Nach der Weise »Hinde der Morgenröte«. Ein Psalm Davids.]

2 Mein Gott, mein Gott, warum hast du mich verlassen, / bist fern meinem Schreien, den Worten meiner Klage?

3 Mein Gott, ich rufe bei Tag, doch du gibst keine Antwort; / ich rufe bei Nacht und finde doch keine Ruhe.

4 Aber du bist heilig, / du thronst über dem Lobpreis Israels.

5 Dir haben unsre Väter vertraut, / sie haben vertraut, und du hast sie gerettet.

6 Zu dir riefen sie und wurden befreit, / dir vertrauten sie und wurden nicht zuschanden.

7 Ich aber bin ein Wurm und kein Mensch, / der Leute Spott, vom Volk verachtet.

8 Alle, die mich sehen, verlachen mich, / verziehen die Lippen, schütteln den Kopf:

9 »Er wälze die Last auf den Herrn, / der soll ihn befreien!
Der reiße ihn heraus, / wenn er an ihm Gefallen hat.«

10 Du bist es, der mich aus dem Schoß meiner Mutter zog, / mich barg an der Brust der Mutter.

11 Von Geburt an bin ich geworfen auf dich, / vom Mutterleib an bist du mein Gott.

12 Sei mir nicht fern, denn die Not ist nahe, / und niemand ist da, der hilft.

13 Viele Stiere umgeben mich, / Büffel von Baschan umringen mich.

14 Sie sperren gegen mich ihren Rachen auf, / reißende, brüllende Löwen.

15 Ich bin hingeschüttet wie Wasser, / gelöst haben sich all meine Glieder. / Mein Herz ist in meinem Leib wie Wachs zerflossen.

16 Meine Kehle ist trocken wie eine Scherbe, / die Zunge klebt mir am Gaumen, / du legst mich in den Staub des Todes.

17 Viele Hunde umlagern mich, / eine Rotte von Bösen umkreist mich. / Sie durchbohren mir Hände und Füße.

18 Man kann all meine Knochen zählen; /
sie gaffen und weiden sich an mir.
19 Sie verteilen unter sich meine Kleider /
und werfen das Los um mein Gewand.
20 Du aber, Herr, halte dich nicht fern! /
Du, meine Stärke, eil mir zu Hilfe!
21 Entreiße mein Leben dem Schwert, /
mein einziges Gut aus der Gewalt der
Hunde!
22 Rette mich vor dem Rachen des
Löwen, / vor den Hörnern der Büffel
rette mich Armen!
23 Ich will deinen Namen meinen
Brüdern verkünden, / inmitten der Ge-
meinde dich preisen.
24 Die ihr den Herrn fürchtet, preist ihn, /
ihr alle vom Stamm Jakobs, rühmt
ihn; / erschauert alle vor ihm, ihr Nach-
kommen Israels!
25 Denn er hat nicht verachtet, / nicht
verabscheut das Elend des Armen.
Er verbirgt sein Gesicht nicht vor ihm; /
er hat auf sein Schreien gehört.
26 Deine Treue preise ich in großer Ge-
meinde; / ich erfülle meine Gelübde vor
denen, die Gott fürchten.
27 Die Armen sollen essen und sich
sättigen; / den Herrn sollen preisen, die
ihn suchen. / Aufleben soll euer Herz
für immer.
28 Alle Enden der Erde sollen daran
denken / und werden umkehren zum
Herrn: / Vor ihm werfen sich alle Stäm-
me der Völker nieder.
29 Denn der Herr regiert als König; / er
herrscht über die Völker.
30 Vor ihm allein sollen niederfallen die
Mächtigen der Erde, /
vor ihm sich alle niederwerfen, die in
der Erde ruhen.
[Meine Seele, sie lebt für ihn; / 31 mein
Stamm wird ihm dienen.]
Vom Herrn wird man dem künftigen
Geschlecht erzählen, / 32 seine Heils-
tat verkündet man dem kommenden
Volk; / denn er hat das Werk getan.

Der gute Hirt

23

[Ein Psalm Davids.]
Der Herr ist mein Hirte, / nichts wird
mir fehlen.
2 Er lässt mich lagern auf grünen Auen /
und führt mich zum Ruheplatz am
Wasser.
3 Er stillt mein Verlangen; / er leitet
mich auf rechten Pfaden, treu seinem
Namen.
4 Muss ich auch wandern in finsterer
Schlucht, / ich fürchte kein Unheil;
denn du bist bei mir, / dein Stock und
dein Stab geben mir Zuversicht.
5 Du deckst mir den Tisch / vor den Au-
gen meiner Feinde.
Du salbst mein Haupt mit Öl, / du füllst
mir reichlich den Becher.
6 Lauter Güte und Huld werden mir
folgen mein Leben lang, / und im Haus
des Herrn darf ich wohnen für lange Zeit.

Der Einzug des Herrn in sein Heiligtum

24 [Ein Psalm Davids.]

Dem Herrn gehört die Erde und was sie
erfüllt, / der Erdkreis und seine Bewoh-
ner.
2 Denn er hat ihn auf Meere gegründet, /
ihn über Strömen befestigt.
3 Wer darf hinaufziehn zum Berg des
Herrn, / wer darf stehn an seiner heili-
gen Stätte?
4 Der reine Hände hat und ein lauteres
Herz, / der nicht betrügt und keinen
Meineid schwört.
5 Er wird Segen empfangen vom Herrn /
und Heil von Gott, seinem Helfer.
6 Das sind die Menschen, die nach ihm
fragen, / die dein Antlitz suchen, Gott
Jakobs. [Sela]
7 Ihr Tore, hebt euch nach oben, / hebt
euch, ihr uralten Pforten; / denn es
kommt der König der Herrlichkeit.
8 Wer ist der König der Herrlichkeit? /
Der Herr, stark und gewaltig, / der Herr,
mächtig im Kampf.
9 Ihr Tore, hebt euch nach oben, / hebt
euch, ihr uralten Pforten; / denn es
kommt der König der Herrlichkeit.
10 Wer ist der König der Herrlichkeit? /
Der Herr der Heerscharen, / er ist der
König der Herrlichkeit. [Sela]

Die Bitte um Vergebung und Leitung

25 [Von David.]

Zu dir, Herr, erhebe ich meine Seele. /
2 Mein Gott, auf dich vertraue ich.
Lass mich nicht scheitern, / lass meine
Feinde nicht triumphieren!
3 Denn niemand, der auf dich hofft,
wird zuschanden; / zuschanden wird,
wer dir schnöde die Treue bricht.
4 Zeige mir, Herr, deine Wege, / lehre
mich deine Pfade!
5 Führe mich in deiner Treue und lehre
mich; / denn du bist der Gott meines
Heiles. / Auf dich hoffe ich allezeit.
6 Denk an dein Erbarmen, Herr, / und
an die Taten deiner Huld; / denn sie be-
stehen seit Ewigkeit.
7 Denk nicht an meine Jugendsünden
und meine Frevel! / In deiner Huld
denk an mich, Herr, denn du bist gütig.
8 Gut und gerecht ist der Herr, / darum
weist er die Irrenden auf den rechten
Weg.
9 Die Demütigen leitet er nach seinem
Recht, / die Gebeugten lehrt er seinen
Weg.
10 Alle Pfade des Herrn sind Huld und
Treue / denen, die seinen Bund und
seine Gebote bewahren.
11 Um deines Namens willen, Herr, ver-
zeih mir; / denn meine Schuld ist groß.
12 Wer ist der Mann, der Gott fürchtet? /
Ihm zeigt er den Weg, den er wählen soll.
13 Dann wird er wohnen im Glück, /
seine Kinder werden das Land besitzen.

14 Die sind Vertraute des Herrn, die ihn fürchten; / er weiht sie ein in seinen Bund.
15 Meine Augen schauen stets auf den Herrn; / denn er befreit meine Füße aus dem Netz.
16 Wende dich mir zu und sei mir gnädig; / denn ich bin einsam und gebeugt.
17 Befrei mein Herz von der Angst, / führe mich heraus aus der Bedrängnis!
18 Sieh meine Not und Plage an, / und vergib mir all meine Sünden!
19 Sieh doch, wie zahlreich meine Feinde sind, / mit welch tödlichem Hass sie mich hassen!
20 Erhalte mein Leben und rette mich, / lass mich nicht scheitern! / Denn ich nehme zu dir meine Zuflucht.
21 Unschuld und Redlichkeit mögen mich schützen, / denn ich hoffe auf dich, o Herr.
22 O Gott, erlöse Israel / aus all seinen Nöten!

Die Bitte eines unschuldig Verfolgten

26 [Von David.]
Verschaff mir Recht, o Herr; denn ich habe ohne Schuld gelebt. / Dem Herrn habe ich vertraut, ohne zu wanken.
2 Erprobe mich, Herr, und durchforsche mich, / prüfe mich auf Herz und Nieren!
3 Denn mir stand deine Huld vor Augen, / ich ging meinen Weg in Treue zu dir.
4 Ich saß nicht bei falschen Menschen, / mit Heuchlern hatte ich keinen Umgang.
5 Verhasst ist mir die Schar derer, die Unrecht tun; / ich sitze nicht bei den Frevlern.
6 Ich wasche meine Hände in Unschuld; / ich umschreite, Herr, deinen Altar,
7 um laut dein Lob zu verkünden / und all deine Wunder zu erzählen.
8 Herr, ich liebe den Ort, wo dein Tempel steht, / die Stätte, wo deine Herrlichkeit wohnt.
9 Raff mich nicht hinweg mit den Sündern, / nimm mir nicht das Leben zusammen mit dem der Mörder!
10 An ihren Händen klebt Schandtat, / ihre Rechte ist voll von Bestechung.
11 Ich aber gehe meinen Weg ohne Schuld. / Erlöse mich, und sei mir gnädig!
12 Mein Fuß steht auf festem Grund. / Den Herrn will ich preisen in der Gemeinde.

Die Gemeinschaft mit Gott

27 [Von David.]
Der Herr ist mein Licht und mein Heil: / Vor wem sollte ich mich fürchten?
Der Herr ist die Kraft meines Lebens: / Vor wem sollte mir bangen?

2 Dringen Frevler auf mich ein, / um
mich zu verschlingen,
meine Bedränger und Feinde, / sie
müssen straucheln und fallen.
3 Mag ein Heer mich belagern: / Mein
Herz wird nicht verzagen.
Mag Krieg gegen mich toben: / Ich
bleibe dennoch voll Zuversicht.
4 Nur eines erbitte ich vom Herrn, / da-
nach verlangt mich:
Im Haus des Herrn zu wohnen / alle
Tage meines Lebens,
die Freundlichkeit des Herrn zu schau-
en / und nachzusinnen in seinem Tem-
pel.
5 Denn er birgt mich in seinem Haus /
am Tag des Unheils;
er beschirmt mich im Schutz seines
Zeltes, / er hebt mich auf einen Felsen
empor.
6 Nun kann ich mein Haupt erheben /
über die Feinde, die mich umringen.
Ich will Opfer darbringen in seinem
Zelt, Opfer mit Jubel; / dem Herrn will
ich singen und spielen.
7 Vernimm, o Herr, mein lautes Rufen; /
sei mir gnädig, und erhöre mich!
8 Mein Herz denkt an dein Wort: »Sucht
mein Angesicht!« / Dein Angesicht,
Herr, will ich suchen.
9 Verbirg nicht dein Gesicht vor mir; /
weise deinen Knecht im Zorn nicht ab! /
Du wurdest meine Hilfe.
Verstoß mich nicht, Verlass mich nicht, /
du Gott meines Heiles!
10 Wenn mich auch Vater und Mutter
verlassen, / der Herr nimmt mich auf.
11 Zeige mir, Herr, deinen Weg, / leite
mich auf ebener Bahn trotz meiner
Feinde!
12 Gib mich nicht meinen gierigen
Gegnern preis; / denn falsche Zeugen
stehen gegen mich auf und wüten.
13 Ich aber bin gewiss, zu schauen / die
Güte des Herrn im Land der Lebenden.
14 Hoffe auf den Herrn, und sei stark! /
Hab festen Mut, und hoffe auf den Herrn!

Hilferuf in Todesgefahr und Dank für Erhörung

28 [Von David.]
Zu dir rufe ich, Herr, mein Fels. / Wen-
de dich nicht schweigend ab von mir!
Denn wolltest du schweigen, / würde
ich denen gleich, die längst begraben
sind.
2 Höre mein lautes Flehen, wenn ich zu
dir schreie, / wenn ich die Hände zu
deinem Allerheiligsten erhebe.
3 Raff mich nicht weg mit den Übel-
tätern und Frevlern, / die ihren Nächs-
ten freundlich grüßen, / doch Böses
hegen in ihrem Herzen.
4 Vergilt ihnen, wie es ihrem Treiben
entspricht / und ihren bösen Taten.
Vergilt ihnen, wie es das Werk ihrer
Hände verdient. / Wende ihr Tun auf
sie selbst zurück!

5 Denn sie achten nicht auf das Walten des
Herrn / und auf das Werk seiner Hände.
Darum reißt er sie nieder / und richtet
sie nicht wieder auf.
6 Der Herr sei gepriesen. / Denn er hat
mein lautes Flehen erhört.
7 Der Herr ist meine Kraft und mein
Schild, / mein Herz vertraut ihm.
Mir wurde geholfen. Da jubelte mein
Herz; / ich will ihm danken mit meinem Lied.
8 Der Herr ist die Stärke seines Volkes, /
er ist Schutz und Heil für seinen Gesalbten.
9 Hilf deinem Volk, und segne dein
Erbe, / führe und trage es in Ewigkeit!

Gottes Herrlichkeit im Gewitter

29 [Ein Psalm Davids.]
Bringt dar dem Herrn, ihr Himmlischen,
/ bringt dar dem Herrn Lob und Ehre!
2 Bringt dar dem Herrn die Ehre seines
Namens, / werft euch nieder vor dem
Herrn in heiligem Schmuck!
3 Die Stimme des Herrn erschallt über
den Wassern. / Der Gott der Herrlichkeit donnert, / der Herr über gewaltigen Wassern.
4 Die Stimme des Herrn ertönt mit
Macht, / die Stimme des Herrn voll Majestät.
5 Die Stimme des Herrn zerbricht die
Zedern, / der Herr zerschmettert die
Zedern des Libanon.
6 Er lässt den Libanon hüpfen wie ein
Kalb, / wie einen Wildstier den Sirjon.
7 Die Stimme des Herrn sprüht flammendes Feuer, /
8 die Stimme des Herrn
lässt die Wüste beben, / beben lässt der
Herr die Wüste von Kadesch.
9 Die Stimme des Herrn wirbelt Eichen
empor, / sie reißt ganze Wälder kahl. /
In seinem Palast rufen alle: O herrlicher
Gott!
10 Der Herr thront über der Flut, / der
Herr thront als König in Ewigkeit.
11 Der Herr gebe Kraft seinem Volk. /
Der Herr segne sein Volk mit Frieden.

Dank für die Rettung aus Todesnot

30 [Ein Psalm. Ein Lied zur Tempelweihe. Von David.]
2 Ich will dich rühmen, Herr, / denn du
hast mich aus der Tiefe gezogen / und
lässt meine Feinde nicht über mich
triumphieren.
3 Herr, mein Gott, ich habe zu dir geschrien, / und du hast mich geheilt.
4 Herr, du hast mich herausgeholt aus
dem Reich des Todes, / aus der Schar der
Todgeweihten mich zum Leben gerufen.
5 Singt und spielt dem Herrn, ihr seine
Frommen, / preist seinen heiligen Namen!
6 Denn sein Zorn dauert nur einen Augenblick, / doch seine Güte ein Leben
lang.
Wenn man am Abend auch weint, / am
Morgen herrscht wieder Jubel.

7 Im sicheren Glück dachte ich einst: /
Ich werde niemals wanken.
8 Herr, in deiner Güte / stelltest du mich
auf den schützenden Berg.
Doch dann hast du dein Gesicht verborgen. / Da bin ich erschrocken.
9 Zu dir, Herr, rief ich um Hilfe, / ich
flehte meinen Herrn um Gnade an.
10 (Ich sagte:) / Was nützt dir mein Blut,
wenn ich begraben bin? / Kann der Staub dich preisen, deine Treue verkünden?
11 Höre mich, Herr, sei mir gnädig! /
Herr, sei du mein Helfer!
12 Da hast du mein Klagen in Tanzen
verwandelt, / hast mir das Trauergewand ausgezogen und mich mit Freude umgürtet.
13 Darum singt dir mein Herz und will
nicht verstummen. / Herr, mein Gott, ich will dir danken in Ewigkeit.

Gott, die sichere Zuflucht

31 [Für den Chormeister. Ein Psalm Davids.]
2 Herr, ich suche Zuflucht bei dir. / Lass
mich doch niemals scheitern; / rette mich in deiner Gerechtigkeit!
3 Wende dein Ohr mir zu, / erlöse mich
bald!
Sei mir ein schützender Fels, / eine feste Burg, die mich rettet.
4 Denn du bist mein Fels und meine
Burg; / um deines Namens willen wirst du mich führen und leiten.
5 Du wirst mich befreien aus dem Netz,
das sie mir heimlich legten; / denn du bist meine Zuflucht.
6 In deine Hände lege ich voll Vertrauen
meinen Geist; / du hast mich erlöst, Herr, du treuer Gott.
7 Dir sind alle verhasst, die nichtige
Götzen verehren, / ich aber verlasse mich auf den Herrn.
8 Ich will jubeln und über deine Huld
mich freuen; / denn du hast mein Elend angesehn, / du bist mit meiner Not vertraut.
9 Du hast mich nicht preisgegeben der
Gewalt meines Feindes, / hast meinen Füßen freien Raum geschenkt.
10 Herr, sei mir gnädig, denn mir ist
angst; / vor Gram zerfallen mir Auge, Seele und Leib.
11 In Kummer schwindet mein Leben
dahin, / meine Jahre verrinnen im Seufzen.
Meine Kraft ist ermattet im Elend, / meine Glieder sind zerfallen.
12 Zum Spott geworden bin ich all
meinen Feinden, / ein Hohn den Nachbarn, ein Schrecken den Freunden; / wer mich auf der Straße sieht, der flieht vor mir.
13 Ich bin dem Gedächtnis entschwun-
den wie ein Toter, / bin geworden wie ein zerbrochenes Gefäß.
14 Ich höre das Zischeln der Menge –
Grauen ringsum. / Sie tun sich gegen mich zusammen; / sie sinnen darauf, mir das Leben zu rauben.

15 Ich aber, Herr, ich vertraue dir, / ich
sage: »Du bist mein Gott.«
16 In deiner Hand liegt mein Geschick; /
entreiß mich der Hand meiner Feinde
und Verfolger!
17 Lass dein Angesicht leuchten über
deinem Knecht, / hilf mir in deiner
Güte!
18 Herr, lass mich nicht scheitern, / denn
ich rufe zu dir.
Scheitern sollen die Frevler, / verstummen
und hinabfahren ins Reich der Toten.
19 Jeder Mund, der lügt, soll sich schlie-
ßen, / der Mund, der frech gegen den
Gerechten redet, / hochmütig und ver-
ächtlich.
20 Wie groß ist deine Güte, Herr, / die
du bereithältst für alle, die dich
fürchten und ehren;
du erweist sie allen, / die sich vor den
Menschen zu dir flüchten.
21 Du beschirmst sie im Schutz deines
Angesichts / vor dem Toben der
Menschen.
Wie unter einem Dach bewahrst du sie /
vor dem Gezänk der Zungen.
22 Gepriesen sei der Herr, der wunder-
bar an mir gehandelt / und mir seine
Güte erwiesen hat zur Zeit der Bedräng-
nis.
23 Ich aber dachte in meiner Angst: / Ich
bin aus deiner Nähe verstoßen.
Doch du hast mein lautes Flehen ge-
hört, / als ich zu dir um Hilfe rief.
24 Liebt den Herrn, all seine Frommen! /
Seine Getreuen behütet der Herr, / doch
den Hochmütigen vergilt er ihr Tun mit
vollem Maß.
25 Euer Herz sei stark und unver-
zagt, / ihr alle, die ihr wartet auf den
Herrn.

Freude über die Vergebung

32 [Von David. Ein Weisheits-
lied.]
Wohl dem, dessen Frevel vergeben /
und dessen Sünde bedeckt ist.
2 Wohl dem Menschen, dem der Herr
die Schuld nicht zur Last legt / und
dessen Herz keine Falschheit kennt.
3 Solang' ich es verschwieg, waren
meine Glieder matt, / den ganzen Tag
musste ich stöhnen.
4 Denn deine Hand lag schwer auf mir
bei Tag und bei Nacht; / meine Lebens-
kraft war verdorrt wie durch die Glut
des Sommers. [Sela]
5 Da bekannte ich dir meine Sünde /
und verbarg nicht länger meine Schuld
vor dir.
Ich sagte: Ich will dem Herrn meine
Frevel bekennen. / Und du hast mir die
Schuld vergeben. [Sela]
6 Darum soll jeder Fromme in der Not
zu dir beten; / fluten hohe Wasser
heran, ihn werden sie nicht erreichen.
7 Du bist mein Schutz, bewahrst mich
vor Not; / du rettest mich und hüllst
mich in Jubel. [Sela]
8 »Ich unterweise dich und zeige dir den
Weg, den du gehen sollst. / Ich will dir

raten; über dir wacht mein Auge.«
9 Werdet nicht wie Roß und Maultier, /
die ohne Verstand sind.
Mit Zaum und Zügel muss man ihr Un-
gestüm bändigen, / sonst folgen sie dir
nicht.
10 Der Frevler leidet viele Schmerzen, /
doch wer dem Herrn vertraut, den wird
er mit seiner Huld umgeben.
11 Freut euch am Herrn und jauchzt, ihr
Gerechten, / jubelt alle, ihr Menschen
mit redlichem Herzen!

Ein Loblied auf den mächtigen und gütigen Gott

33 Ihr Gerechten, jubelt vor dem
Herrn; / für die Frommen ziemt
es sich, Gott zu loben.
2 Preist den Herrn mit der Zither, / spielt
für ihn auf der zehnsaitigen Harfe!
3 Singt ihm ein neues Lied, / greift voll
in die Saiten und jubelt laut!
4 Denn das Wort des Herrn ist wahr-
haftig, / all sein Tun ist verlässlich.
5 Er liebt Gerechtigkeit und Recht, / die
Erde ist erfüllt von der Huld des Herrn.
6 Durch das Wort des Herrn wurden
die Himmel geschaffen, / ihr ganzes
Heer durch den Hauch seines Mundes.
7 Wie in einem Schlauch fasst er das
Wasser des Meeres, / verschließt die Ur-
flut in Kammern.
8 Alle Welt fürchte den Herrn; / vor ihm
sollen alle beben, die den Erdkreis be-
wohnen.
9 Denn der Herr sprach, und sogleich
geschah es; / er gebot, und alles war da.
10 Der Herr vereitelt die Beschlüsse der
Heiden, / er macht die Pläne der Völker
zunichte.
11 Der Ratschluss des Herrn bleibt ewig
bestehen, / die Pläne seines Herzens
überdauern die Zeiten.
12 Wohl dem Volk, dessen Gott der Herr
ist, / der Nation, die er sich zum Erbteil
erwählt hat.
13 Der Herr blickt herab vom Himmel, /
er sieht auf alle Menschen.
14 Von seinem Thronsitz schaut er
nieder / auf alle Bewohner der Erde.
15 Der ihre Herzen gebildet hat, / er
achtet auf all ihre Taten.
16 Dem König hilft nicht sein starkes
Heer, / der Held rettet sich nicht durch
große Stärke.
17 Nichts nützen die Rosse zum Sieg, /
mit all ihrer Kraft können sie niemand
retten.
18 Doch das Auge des Herrn ruht auf
allen, die ihn fürchten und ehren, / die
nach seiner Güte ausschaun;
19 denn er will sie dem Tod entreißen /
und in der Hungersnot ihr Leben er-
halten.
20 Unsre Seele hofft auf den Herrn; / er
ist für uns Schild und Hilfe.
21 Ja, an ihm freut sich unser Herz, / wir
vertrauen auf seinen heiligen Namen.
22 Lass deine Güte über uns walten, o
Herr, / denn wir schauen aus nach dir.

Unter Gottes Schutz

34 [Von David, als er sich vor Abi-
melech wahnsinnig stellte und
dieser ihn fortjagte und er ging.]
2 Ich will den Herrn allezeit preisen; /
immer sei sein Lob in meinem Mund.
3 Meine Seele rühme sich des Herrn; /
die Armen sollen es hören und sich
freuen.
4 Verherrlicht mit mir den Herrn, / lasst
uns gemeinsam seinen Namen rühmen.
5 Ich suchte den Herrn, und er hat mich
erhört, / er hat mich all meinen Äng-
sten entrissen.
6 Blickt auf zu ihm, so wird euer Gesicht
leuchten, / und ihr braucht nicht zu er-
röten.
7 Da ist ein Armer; er rief, und der Herr
erhörte ihn. / Er half ihm aus all seinen
Nöten.
8 Der Engel des Herrn umschirmt alle,
die ihn fürchten und ehren, / und er
befreit sie.
9 Kostet und seht, wie gütig der Herr ist; /
wohl dem, der zu ihm sich flüchtet!
10 Fürchtet den Herrn, ihr seine Hei-
ligen; / denn wer ihn fürchtet, leidet
keinen Mangel.
11 Reiche müssen darben und hungern; /
wer aber den Herrn sucht, braucht kein
Gut zu entbehren.
12 Kommt, ihr Kinder, hört mir zu! / Ich
will euch in der Furcht des Herrn unter-
weisen.
13 Wer ist der Mensch, der das Leben
liebt / und gute Tage zu sehen wünscht?
14 Bewahre deine Zunge vor Bösem /
und deine Lippen vor falscher Rede!
15 Meide das Böse, und tu das Gute; /
suche Frieden, und jage ihm nach!
16 Die Augen des Herrn blicken auf die
Gerechten, / seine Ohren hören ihr
Schreien.
17 Das Antlitz des Herrn richtet sich
gegen die Bösen, / um ihr Andenken
von der Erde zu tilgen.
18 Schreien die Gerechten, so hört sie der
Herr; / er entreißt sie all ihren Ängsten.
19 Nahe ist der Herr den zerbrochenen
Herzen, / er hilft denen auf, die zer-
knirscht sind.
20 Der Gerechte muss viel leiden, / doch
allem wird der Herr ihn entreißen.
21 Er behütet all seine Glieder, / nicht
eines von ihnen wird zerbrochen.
22 Den Frevler wird seine Bosheit töten; /
wer den Gerechten hasst, muss es büßen.
23 Der Herr erlöst seine Knechte; /
straflos bleibt, wer zu ihm sich flüchtet.

Bitte um Rettung vor falschen Anklägern

35 [Von David.]
Streite, Herr, gegen alle, die gegen mich
streiten, / bekämpfe alle, die mich be-
kämpfen!
2 Ergreife Schild und Waffen; / steh auf,
um mir zu helfen!
3 Schwing den Speer und die Lanze
gegen meine Verfolger! / Sag zu mir:
»Ich bin deine Hilfe.«

4 In Schmach und Schande sollen alle
fallen, / die mir nach dem Leben trachten.
Zurückweichen sollen sie und vor
Scham erröten, / die auf mein Unglück
sinnen.
5 Sie sollen werden wie Spreu vor dem
Wind; / der Engel des Herrn stoße sie
fort.
6 Ihr Weg soll finster und schlüpfrig
sein; / der Engel des Herrn verfolge sie.
7 Denn sie haben mir ohne Grund ein
Netz gelegt, / mir ohne Grund eine
Grube gegraben.
8 Unvermutet ereile ihn das Verderben; /
er fange sich selbst in seinem Netz, / er
falle in die eigene Grube.
9 Meine Seele aber wird jubeln über den
Herrn / und sich über seine Hilfe freuen.
10 Mit Leib und Seele will ich sagen: /
Herr, wer ist wie du?
Du entreißt den Schwachen dem, der
stärker ist, / den Schwachen und Ar-
men dem, der ihn ausraubt.
11 Da treten ruchlose Zeugen auf. / Man
wirft mir Dinge vor, von denen ich
nichts weiß.
12 Sie vergelten mir Gutes mit Bösem; /
ich bin verlassen und einsam.
13 Ich aber zog ein Bußkleid an, als sie
erkrankten, / und quälte mich ab mit
Fasten. / Nun kehre mein Gebet zurück
in meine Brust.
14 Als wäre es ein Freund oder ein
Bruder, / so ging ich betrübt umher,
wie man Leid trägt um die Mutter, /
trauernd und tief gebeugt.
15 Doch als ich stürzte, lachten sie / und
taten sich zusammen.
Sie taten sich gegen mich zusammen /
wie Fremde, die ich nicht kenne.
Sie hören nicht auf, mich zu schmähen; /
16 sie verhöhnen und verspotten mich, /
knirschen gegen mich mit den Zähnen.
17 Herr, wie lange noch wirst du das
ansehn? / Rette mein Leben vor den
wilden Tieren, / mein einziges Gut vor
den Löwen!
18 Ich will dir danken in großer Ge-
meinde, / vor zahlreichem Volk dich
preisen.
19 Über mich sollen die sich nicht freu-
en, / die mich ohne Grund befeinden.
Sie sollen nicht mit den Augen
zwinkern, / die mich grundlos hassen.
20 Denn was sie reden, dient nicht dem
Frieden; / gegen die Stillen im Land er-
sinnen sie listige Pläne.
21 Sie reißen den Mund gegen mich auf
und sagen: / »Dir geschieht recht. Jetzt
sehen wir's mit eigenen Augen.«
22 Du hast es gesehen, Herr. So schweig
doch nicht! / Herr, bleib mir nicht fern!
23 Wach auf, tritt ein für mein Recht, /
verteidige mich, mein Gott und mein
Herr!
24 Verschaff mir Recht nach deiner
Gerechtigkeit, Herr, mein Gott! / Sie
sollen sich über mich nicht freuen.
25 Lass sie nicht denken: »Recht so! Das
freut uns.« / Sie sollen nicht sagen: »Wir
haben ihn verschlungen.«

26 In Schmach und Schande sollen alle
fallen, / die sich über mein Unglück
freuen,
in Schimpf und Schande sich kleiden, /
die gegen mich prahlen.
27 Alle sollen sich freuen und jubeln, / die
wünschen, dass ich im Recht bin.
Sie sollen jederzeit sagen: »Groß ist der
Herr, / er will das Heil seines Knechtes.«
28 Meine Zunge soll deine Gerechtigkeit
verkünden, / dein Lob alle Tage.

Gott, die Quelle des Lebens

36 [Für den Chormeister. Von Da-
vid, dem Knecht des Herrn.]
2 Der Frevler spricht: »Ich bin entschlos-
sen zum Bösen.« / In seinen Augen gibt
es kein Erschrecken vor Gott.
3 Er gefällt sich darin, / sich schuldig zu
machen und zu hassen.
4 Die Worte seines Mundes sind Trug
und Unheil; / er hat es aufgegeben,
weise und gut zu handeln.
5 Unheil plant er auf seinem Lager, / er
betritt schlimme Wege / und scheut
nicht das Böse.
6 Herr, deine Güte reicht, so weit der
Himmel ist, / deine Treue, so weit die
Wolken ziehn.
7 Deine Gerechtigkeit steht wie die
Berge Gottes, / deine Urteile sind tief
wie das Meer.
Herr, du hilfst Menschen und Tieren. /
8 Gott, wie köstlich ist deine Huld!
Die Menschen bergen sich im Schatten
deiner Flügel, / 9 sie laben sich am
Reichtum deines Hauses; / du tränkst
sie mit dem Strom deiner Wonnen.
10 Denn bei dir ist die Quelle des Le-
bens, / in deinem Licht schauen wir das
Licht.
11 Erhalte denen, die dich kennen, deine
Huld / und deine Gerechtigkeit den
Menschen mit redlichem Herzen!
12 Lass mich nicht kommen unter den
Fuß der Stolzen; / die Hand der Frevler
soll mich nicht vertreiben.
13 Dann brechen die Bösen zusammen, /
sie werden niedergestoßen und können
nie wieder aufstehn.

Gott, der Anwalt der Guten

37 [Von David]
Errege dich nicht über die Bösen, / we-
gen der Übeltäter ereifere dich nicht!
2 Denn sie verwelken schnell wie das
Gras, / wie grünes Kraut verdorren sie.
3 Vertrau auf den Herrn und tu das
Gute, / bleib wohnen im Land und
bewahre Treue!
4 Freu dich innig am Herrn! / Dann gibt
er dir, was dein Herz begehrt.
5 Befiehl dem Herrn deinen Weg und
vertrau ihm; / er wird es fügen.
6 Er bringt deine Gerechtigkeit heraus
wie das Licht / und dein Recht so hell
wie den Mittag.
7 Sei still vor dem Herrn und harre auf
ihn! / Erhitze dich nicht über den

Mann, dem alles gelingt, / den Mann,
der auf Ränke sinnt.
8 Steh ab vom Zorn und lass den Grimm;
/ erhitze dich nicht, es führt nur zu Bösem.
9 Denn die Bösen werden ausgetilgt; /
die aber auf den Herrn hoffen, werden
das Land besitzen.
10 Eine Weile noch, und der Frevler ist
nicht mehr da; / schaust du nach seiner
Wohnung – sie ist nicht mehr zu finden.
11 Doch die Armen werden das Land bekommen, / sie werden Glück in Fülle
genießen.
12 Der Frevler sinnt auf Ränke gegen den
Gerechten / und knirscht gegen ihn mit
den Zähnen.
13 Der Herr verlacht ihn, / denn er sieht,
dass sein Tag kommt.
14 Die Frevler zücken das Schwert / und
spannen ihren Bogen;
sie wollen den Schwachen und Armen
fällen / und alle hinschlachten, die den
rechten Weg gehn.
15 Ihr Schwert dringe in ihr eigenes
Herz, / und ihre Bogen sollen zerbrechen.
16 Besser das Wenige, das der Gerechte
besitzt, / als der Überfluss vieler Frevler.
17 Denn die Arme der Frevler werden
zerschmettert, / doch die Gerechten
stützt der Herr.
18 Der Herr kennt die Tage der Bewährten, / ihr Erbe hat ewig Bestand.
19 In bösen Zeiten werden sie nicht zuschanden, / sie werden satt in den Tagen
des Hungers.
20 Doch die Frevler gehen zugrunde, /
die Feinde des Herrn sind wie die Pracht
der Auen: / Sie schwinden dahin, wie
Rauch schwinden sie hin.
21 Der Frevler muss borgen und kann
nicht bezahlen, / doch freigebig schenkt
der Gerechte.
22 Denn wen der Herr segnet, der wird
das Land besitzen, / aber wen er verflucht, der wird ausgetilgt.
23 Der Herr festigt die Schritte des Mannes, / er hat Gefallen an seinem Weg.
24 Auch wenn er strauchelt, stürzt er
nicht hin; / denn der Herr hält ihn fest
an der Hand.
25 Einst war ich jung, nun bin ich alt, /
nie sah ich einen Gerechten verlassen /
noch seine Kinder betteln um Brot.
26 Allzeit ist er mildtätig, gern leiht er
aus, / seine Kinder werden zum Segen.
27 Meide das Böse und tu das Gute, / so
bleibst du wohnen für immer.
28 Denn der Herr liebt das Recht / und
verlässt seine Frommen nicht.
Doch das Geschlecht der Frevler wird
ausgetilgt, / sie werden für immer vernichtet.
29 Die Gerechten werden das Land besitzen / und darin wohnen für alle Zeiten.
30 Der Mund des Gerechten bewegt
Worte der Weisheit, / und seine Zunge
redet, was recht ist.
31 Er hat die Weisung seines Gottes im
Herzen, / seine Schritte wanken nicht.
32 Der Frevler belauert den Gerechten /
und sucht ihn zu töten.

33 Der Herr überlässt ihn nicht seiner
Hand, / lässt nicht zu, dass man ihn vor
Gericht verurteilt.
34 Hoffe auf den Herrn / und bleib auf
seinem Weg!
Er wird dich erhöhen zum Erben des
Landes; / du wirst sehen, wie der Frevler
vernichtet wird.
35 Ich sah einen Frevler, bereit zu Ge-
walttat; / er reckte sich hoch wie eine
grünende Zeder.
36 Wieder ging ich vorüber, und er war
nicht mehr da; / ich suchte ihn, doch er
war nicht zu finden.
37 Achte auf den Frommen und schau
auf den Redlichen! / Denn Zukunft hat
der Mann des Friedens.
38 Die Sünder aber werden alle zu-
sammen vernichtet; / die Zukunft der
Frevler ist Untergang.
39 Die Rettung der Gerechten kommt
vom Herrn, / er ist ihre Zuflucht in
Zeiten der Not.
40 Der Herr hilft ihnen und rettet sie, /
er rettet sie vor den Frevlern;
er schenkt ihnen Heil / denn sie suchen
Zuflucht bei ihm.

Die Klage eines Kranken

38 [Ein Psalm Davids. Zum Weih-
rauchopfer.]
2 Herr, strafe mich nicht in deinem
Zorn, / und züchtige mich nicht in dei-
nem Grimm!
3 Denn deine Pfeile haben mich getrof-
fen, / deine Hand lastet schwer auf mir.
4 Nichts blieb gesund an meinem Leib,
weil du mir grollst, / weil ich gesün-
digt, blieb an meinen Gliedern nichts
heil.
5 Denn meine Sünden schlagen mir
über dem Kopf zusammen, / sie erdrü-
cken mich wie eine schwere Last.
6 Mir schwären, mir eitern die Wunden /
wegen meiner Torheit.
7 Ich bin gekrümmt und tief gebeugt, /
den ganzen Tag geh' ich traurig einher.
8 Denn meine Lenden sind voller Brand, /
nichts blieb gesund an meinem Leib.
9 Kraftlos bin ich und ganz zerschla-
gen, / ich schreie in der Qual meines
Herzens.
10 All mein Sehnen, Herr, liegt offen vor
dir, / mein Seufzen ist dir nicht ver-
borgen.
11 Mein Herz pocht heftig, mich hat die
Kraft verlassen, / geschwunden ist mir
das Licht der Augen.
12 Freunde und Gefährten bleiben mir
fern in meinem Unglück, / und meine
Nächsten meiden mich.
13 Die mir nach dem Leben trachten,
legen mir Schlingen; / die mein Unheil
suchen, planen Verderben, / den gan-
zen Tag haben sie Arglist im Sinn.
14 Ich bin wie ein Tauber, der nicht
hört, / wie ein Stummer, der den Mund
nicht auftut.
15 Ich bin wie einer, der nicht mehr
hören kann, / aus dessen Mund keine
Entgegnung kommt.

16 Doch auf dich, Herr, harre ich; / du
wirst mich erhören, Herr, mein Gott.
17 Denn ich sage: Über mich sollen die
sich nicht freuen, / die gegen mich
prahlen, wenn meine Füße straucheln.
18 Ich bin dem Fallen nahe, / mein Leid
steht mir immer vor Augen.
19 Ja, ich bekenne meine Schuld, / ich
bin wegen meiner Sünde in Angst.
20 Die mich ohne Grund befehden, sind
stark; / viele hassen mich wegen nichts.
21 Sie vergelten mir Gutes mit Bösem, /
sie sind mir feind; denn ich trachte
nach dem Guten.
22 Herr, Verlass mich nicht, bleib mir
nicht fern, mein Gott! / 23 Eile mir zu
Hilfe, Herr, du mein Heil!

Die Not des vergänglichen Menschen

39 [Für den Chormeister. Von
Jedutun. Ein Psalm Davids.]
2 Ich sagte: Ich will auf meine Wege
achten, / damit ich nicht sündige mit
meiner Zunge.
Ich lege meinem Mund einen Zaum an, /
solange der Frevler vor mir steht.
3 So blieb ich stumm und still; / ich
schwieg, vom Glück verlassen, / doch
mein Schmerz war aufgerührt.
4 Heiß wurde mir das Herz in der Brust, /
bei meinem Grübeln entbrannte ein
Feuer; / da musste ich reden:
5 Herr, tu mir mein Ende kund und die
Zahl meiner Tage! / Lass mich er-
kennen, wie sehr ich vergänglich bin!
6 Du machtest meine Tage nur eine
Spanne lang, / meine Lebenszeit ist vor
dir wie ein Nichts. / Ein Hauch nur ist
jeder Mensch. [Sela]
7 Nur wie ein Schatten geht der Mensch
einher, / um ein Nichts macht er
Lärm. / Er rafft zusammen und weiß
nicht, wer es einheimst.
8 Und nun, Herr, worauf soll ich hof-
fen? / Auf dich allein will ich harren.
9 Entreiß mich allen, die mir Unrecht
tun, / und überlaß mich nicht dem
Spott der Toren!
10 Ich bin verstummt, ich tue den Mund
nicht mehr auf. / Denn so hast du es ge-
fügt.
11 Nimm deine Plage weg von mir! /
Unter der Wucht deiner Hand vergehe
ich.
12 Du strafst und züchtigst den Mann
wegen seiner Schuld, / du zerstörst sei-
ne Anmut wie Motten das Kleid, / ein
Hauch nur ist jeder Mensch. [Sela]
13 Hör mein Gebet, Herr, vernimm
mein Schreien, / schweig nicht zu mei-
nen Tränen!
Denn ich bin nur ein Gast bei dir, / ein
Fremdling wie all meine Väter.
14 Wende dein strafendes Auge ab von
mir, / so dass ich heiter blicken kann, /
bevor ich dahinfahre und nicht mehr
da bin.

Dank, Hingabe und Bitte

40 [Für den Chormeister. Ein
Psalm Davids.]
2 Ich hoffte, ja ich hoffte auf den Herrn. /
Da neigte er sich mir zu und hörte
mein Schreien.
3 Er zog mich herauf aus der Grube des
Grauens, / aus Schlamm und Morast.
Er stellte meine Füße auf den Fels, /
machte fest meine Schritte.
4 Er legte mir ein neues Lied in den
Mund, / einen Lobgesang auf ihn, un-
sern Gott.
Viele werden es sehen, sich in Ehr-
furcht neigen / und auf den Herrn ver-
trauen.
5 Wohl dem Mann, der auf den Herrn
sein Vertrauen setzt, / sich nicht zu den
Stolzen hält / noch zu treulosen Lüg-
nern.
6 Zahlreich sind die Wunder, die du
getan hast, / und deine Pläne mit uns; /
Herr, mein Gott, nichts kommt dir
gleich.
Wollte ich von ihnen künden und reden,
/ es wären mehr, als man zählen kann.
7 An Schlacht- und Speiseopfern hast
du kein Gefallen, / Brand- und Sünd-
opfer forderst du nicht.
Doch das Gehör hast du mir einge-
pflanzt; /
8 darum sage ich: Ja, ich kom-
me. / In dieser Schriftrolle steht, was an
mir geschehen ist.
9 Deinen Willen zu tun, mein Gott,
macht mir Freude, / deine Weisung
trag' ich im Herzen.
10 Gerechtigkeit verkünde ich in großer
Gemeinde, / meine Lippen verschließe
ich nicht; Herr, du weißt es.
11 Deine Gerechtigkeit verberge ich
nicht im Herzen, / ich spreche von
deiner Treue und Hilfe,
ich schweige nicht über deine Huld
und Wahrheit / vor der großen Ge-
meinde.
12 Du, Herr, verschließ mir nicht dein
Erbarmen, / deine Huld und Wahrheit
mögen mich immer behüten!
13 Denn Leiden ohne Zahl umfangen
mich, / meine Sünden holen mich ein, /
ich vermag nicht mehr aufzusehn.
Zahlreicher sind sie als die Haare auf
meinem Kopf, / der Mut hat mich ganz
verlassen.
14 Gewähre mir die Gunst, Herr, und
reiß mich heraus; / Herr, eile mir zu Hilfe!
15 In Schmach und Schande sollen alle
fallen, / die mir nach dem Leben trachten.
Zurückweichen sollen sie und vor
Scham erröten, / die sich über mein
Unglück freuen.
16 Vor Schande sollen alle schaudern, /
die zu mir sagen: »Dir geschieht recht.«
17 Alle, die dich suchen, frohlocken; / sie
mögen sich freuen in dir.
Die dein Heil lieben, sollen immer
sagen: / Groß ist Gott, der Herr.
18 Ich bin arm und gebeugt; / der Herr
aber sorgt für mich.
Meine Hilfe und mein Retter bist du. /
Mein Gott, säume doch nicht!

Das Gebet eines Kranken und Verfolgten

41 [Für den Chormeister. Ein
Psalm Davids.]
2 Wohl dem, der sich des Schwachen
annimmt; / zur Zeit des Unheils wird
der Herr ihn retten.
3 Ihn wird der Herr behüten / und am
Leben erhalten.
Man preist ihn glücklich im Land. / Gib
ihn nicht seinen gierigen Feinden
preis!
4 Auf dem Krankenbett wird der Herr
ihn stärken; / seine Krankheit ver-
wandelst du in Kraft.
5 Ich sagte: Herr, sei mir gnädig, / heile
mich; denn ich habe gegen dich
gesündigt.
6 Meine Feinde reden böse über mich: /
»Wann stirbt er endlich, und wann ver-
geht sein Name?«
7 Besucht mich jemand, / so kommen
seine Worte aus falschem Herzen.
Er häuft in sich Bosheit an, / dann geht
er hinaus und redet.
8 Im Hass gegen mich sind sich alle ei-
nig; / sie tuscheln über mich und sinnen
auf Unheil:
9 »Verderben hat sich über ihn ergos-
sen; / wer einmal daliegt, steht nicht
mehr auf.«
10 Auch mein Freund, dem ich vertraute, /
der mein Brot aß, hat gegen mich ge-
prahlt.
11 Du aber, Herr, sei mir gnädig; / richte
mich auf, damit ich ihnen vergelten kann.
12 Daran erkenne ich, dass du an mir
Gefallen hast: / wenn mein Feind nicht
über mich triumphieren darf.
13 Weil ich aufrichtig bin, hältst du mich
fest / und stellst mich vor dein Antlitz für
immer.
14 Gepriesen sei der Herr, der Gott Isra-
els, / von Ewigkeit zu Ewigkeit. Amen, ja
amen.

Das zweite Buch

Sehnsucht nach dem lebendigen Gott

42 [Für den Chormeister. Ein
Weisheitslied der Korachiter.]
2 Wie der Hirsch lechzt nach frischem
Wasser, / so lechzt meine Seele, Gott,
nach dir.
3 Meine Seele dürstet nach Gott, / nach
dem lebendigen Gott.
Wann darf ich kommen / und Gottes
Antlitz schauen?
4 Tränen waren mein Brot bei Tag und
bei Nacht; / denn man sagt zu mir
den ganzen Tag: / »Wo ist nun dein
Gott?«
5 Das Herz geht mir über, wenn ich
daran denke: / wie ich zum Haus Gottes
zog in festlicher Schar, / mit Jubel und
Dank in feiernder Menge.
6 Meine Seele, warum bist du betrübt /
und bist so unruhig in mir?
Harre auf Gott; denn ich werde ihm
noch danken, / meinem Gott und Retter,
auf den ich schaue.
7 Betrübt ist meine Seele in mir, darum

denke ich an dich / im Jordanland, am
Hermon, am Mizar-Berg.
8 Flut ruft der Flut zu beim Tosen deiner
Wasser, / all deine Wellen und Wogen
gehen über mich hin.
9 Bei Tag schenke der Herr seine Huld; /
ich singe ihm nachts und flehe zum
Gott meines Lebens.
10 Ich sage zu Gott, meinem Fels: / »Wa-
rum hast du mich vergessen?
Warum muss ich trauernd umhergehen, /
von meinem Feind bedrängt?«
11 Wie ein Stechen in meinen Gliedern /
ist für mich der Hohn der Bedränger;
denn sie rufen mir ständig zu: / »Wo ist
nun dein Gott?«
12 Meine Seele, warum bist du betrübt /
und bist so unruhig in mir?
Harre auf Gott; denn ich werde ihm
noch danken, / meinem Gott und
Retter, auf den ich schaue.

43 Verschaff mir Recht, o Gott, /
und führe meine Sache gegen
ein treuloses Volk! / Rette mich vor
bösen und tückischen Menschen!
2 Denn du bist mein starker Gott. / Wa-
rum hast Du mich verstoßen?
Warum muss ich trauernd umher-
gehen, / von meinem Feind bedrängt?
3 Sende dein Licht und deine Wahr-
heit, / damit sie mich leiten;
sie sollen mich führen zu deinem
heiligen Berg / und zu deiner Woh-
nung.
4 So will ich zum Altar Gottes treten,
zum Gott meiner Freude. / Jauchzend
will ich dich auf der Harfe loben, / Gott,
mein Gott.
5 Meine Seele, warum bist du betrübt /
und bist so unruhig in mir?
Harre auf Gott; denn ich werde ihm
noch danken, / meinem Gott und
Retter, auf den ich schaue.

Klage in Kriegsnot

44 [Für den Chormeister. Ein
Weisheitslied der Korachiter.]
2 Gott, wir hörten es mit eigenen
Ohren, / unsere Väter erzählten uns
von dem Werk, das du in ihren Tagen
vollbracht hast, / in den Tagen der Vor-
zeit.
3 Mit eigener Hand hast du Völker ver-
trieben, / sie aber eingepflanzt.
Du hast Nationen zerschlagen, / sie
aber ausgesät.
4 Denn sie gewannen das Land nicht
mit ihrem Schwert, / noch verschaffte
ihr Arm ihnen den Sieg;
nein, deine Rechte war es, dein Arm
und dein leuchtendes Angesicht; /
denn du hattest an ihnen Gefallen.
5 Du, mein König und mein Gott, / du
bist es, der Jakob den Sieg verleiht.
6 Mit dir stoßen wir unsere Bedränger
nieder, / in deinem Namen zertreten
wir unsere Gegner.
7 Denn ich verlasse mich nicht auf meinen
Bogen, / noch kann mein Schwert mir
helfen;

8 nein, du hast uns vor unsern Be-
drängern gerettet; / alle, die uns hassen,
bedeckst du mit Schande.
9 Wir rühmen uns Gottes den ganzen
Tag / und preisen deinen Namen auf
ewig. [Sela]
10 Doch nun hast du uns verstoßen und
mit Schmach bedeckt, / du ziehst nicht
mit unserm Heer in den Kampf.
11 Du lässt uns vor unsern Bedrängern
fliehen, / und Menschen, die uns has-
sen, plündern uns aus.
12 Du gibst uns preis wie Schlacht
vieh, / unter die Völker zerstreust du uns.
13 Du verkaufst dein Volk um ein Spott-
geld / und hast an dem Erlös keinen
Gewinn.
14 Du machst uns zum Schimpf für die
Nachbarn, / zu Spott und Hohn bei
allen, die rings um uns wohnen.
15 Du machst uns zum Spottlied der
Völker, / die Heiden zeigen uns nichts
als Verachtung.
16 Meine Schmach steht mir allzeit vor
Augen, / und Scham bedeckt mein Ge-
sicht
17 wegen der Worte des lästernden
Spötters, / wegen der rachgierigen
Blicke des Feindes.
18 Das alles ist über uns gekommen, /
und doch haben wir dich nicht ver-
gessen, / uns von deinem Bund nicht
treulos abgewandt.
19 Unser Herz ist nicht von dir ge-
wichen, / noch hat unser Schritt deinen
Pfad verlassen.
20 Doch du hast uns verstoßen an den
Ort der Schakale / und uns bedeckt mit
Finsternis.
21 Hätten wir den Namen unseres
Gottes vergessen / und zu einem frem-
den Gott die Hände erhoben,
22 würde Gott das nicht ergründen? /
Denn er kennt die heimlichen Gedan-
ken des Herzens.
23 Nein, um deinetwillen werden wir
getötet Tag für Tag, / behandelt wie
Schafe, / die man zum Schlachten be-
stimmt hat.
24 Wach auf! Warum schläfst du, Herr? /
Erwache, verstoß nicht für immer!
25 Warum verbirgst du dein Gesicht, /
vergisst unsere Not und Bedrängnis?
26 Unsere Seele ist in den Staub hinab-
gebeugt, / unser Leib liegt am Boden.
27 Steh auf und hilf uns! / In deiner
Huld erlöse uns!

Ein Lied zur Hochzeit des Königs

45

[Für den Chormeister. Nach
der Weise »Lilien«. Ein Weis-
heitslied der Korachiter. Ein Liebes-
lied.]
2 Mein Herz fließt über von froher
Kunde, / ich weihe mein Lied dem Kö-
nig. / Meine Zunge gleicht dem Griffel
des flinken Schreibers.
3 Du bist der Schönste von allen
Menschen, / Anmut ist ausgegossen
über deine Lippen; / darum hat Gott
dich für immer gesegnet.

4 Gürte, du Held, dein Schwert um die
Hüfte, / kleide dich in Hoheit und Herr-
lichkeit!
5 Zieh aus mit Glück, kämpfe für Wahr-
heit und Recht! / Furchtgebietende Ta-
ten / soll dein rechter Arm dich lehren.
6 Deine Pfeile sind scharf, dir unter-
liegen die Völker, / die Feinde des Kö-
nigs verlieren den Mut.
7 Dein Thron, du Göttlicher, steht für
immer und ewig; / das Zepter deiner
Herrschaft ist ein gerechtes Zepter.
8 Du liebst das Recht und hasst das
Unrecht, / darum hat Gott, dein Gott,
dich gesalbt mit dem Öl der Freude /
wie keinen deiner Gefährten.
9 Von Myrrhe, Aloe und Kassia duften
all deine Gewänder, aus Elfenbeinhal-
len erfreut dich Saitenspiel.
10 Königstöchter gehen dir entgegen, /
die Braut steht dir zur Rechten / im
Schmuck von Ofirgold.
11 Höre, Tochter, sieh her und neige
dein Ohr, / vergiss dein Volk und dein
Vaterhaus!
12 Der König verlangt nach deiner
Schönheit; / er ist ja dein Herr, verneig
dich vor ihm!
13 Die Töchter von Tyrus kommen mit
Gaben, / deine Gunst begehren die Ed-
len des Volkes.
14 Die Königstochter ist herrlich ge-
schmückt, / ihr Gewand ist durchwirkt
mit Gold und Perlen.
15 Man geleitet sie in buntgestickten
Kleidern zum König, /
Jungfrauen sind ihr Gefolge, / ihre
Freundinnen führt man zu dir.
16 Man geleitet sie mit Freude und Ju-
bel, / sie ziehen ein in den Palast des
Königs.
17 An die Stelle deiner Väter treten einst
deine Söhne; / du bestellst sie zu Fürs-
ten im ganzen Land.
18 Ich will deinen Namen rühmen von
Geschlecht zu Geschlecht; / darum
werden die Völker dich preisen immer
und ewig.

Gott, unsre Burg

46 [Für den Chormeister. Von den
Korachitern. Nach der Weise
»Mädchen«. Ein Lied.]
2 Gott ist uns Zuflucht und Stärke, / ein
bewährter Helfer in allen Nöten.
3 Darum fürchten wir uns nicht, wenn
die Erde auch wankt, / wenn Berge
stürzen in die Tiefe des Meeres,
4 wenn seine Wasserwogen tosen und
schäumen / und vor seinem Ungestüm
die Berge erzittern.
Der Herr der Heerscharen ist mit uns, /
der Gott Jakobs ist unsre Burg. [Sela]
5 Die Wasser eines Stromes erquicken
die Gottesstadt, / des Höchsten heilige
Wohnung.
6 Gott ist in ihrer Mitte, darum wird sie
niemals wanken; / Gott hilft ihr, wenn
der Morgen anbricht.
7 Völker toben, Reiche wanken, / es dröhnt
sein Donner, da zerschmilzt die Erde.

8 Der Herr der Heerscharen ist mit uns, /
der Gott Jakobs ist unsre Burg. [Sela]
9 Kommt und schaut die Taten des
Herrn, / der Furchtbares vollbringt auf
der Erde.
10 Er setzt den Kriegen ein Ende / bis an
die Grenzen der Erde;
er zerbricht die Bogen, zerschlägt die
Lanzen, / im Feuer verbrennt er die
Schilde.
11 »Lasst ab und erkennt, dass ich Gott
bin, / erhaben über die Völker, erhaben
auf Erden.«
12 Der Herr der Heerscharen ist mit uns, /
der Gott Jakobs ist unsre Burg. [Sela]

Gott, der König aller Völker

47 [Für den Chormeister. Ein
Psalm der Korachiter.]
2 Ihr Völker alle, klatscht in die Hände; /
jauchzt Gott zu mit lautem Jubel!
3 Denn furchtgebietend ist der Herr, der
Höchste, / ein großer König über die
ganze Erde.
4 Er unterwirft uns Völker / und zwingt
Nationen unter unsre Füße.
5 Er wählt unser Erbland für uns aus, /
den Stolz Jakobs, den er liebt. [Sela]
6 Gott stieg empor unter Jubel, / der
Herr beim Schall der Hörner.
7 Singt unserm Gott, ja singt ihm! /
Spielt unserm König, spielt ihm!
8 Denn Gott ist König der ganzen Erde.
/ Spielt ihm ein Psalmenlied!
9 Gott wurde König über alle Völker, /
Gott sitzt auf seinem heiligen Thron.
10 Die Fürsten der Völker sind ver-
sammelt / als Volk des Gottes Abra-
hams.
Denn Gott gehören die Mächte der
Erde; / er ist hoch erhaben.

Die Stadt des großen Königs

48 [Ein Lied. Ein Psalm der Kora-
chiter.]
2 Groß ist der Herr und hoch zu prei-
sen / in der Stadt unsres Gottes.
3 Sein heiliger Berg ragt herrlich em-
por; / er ist die Freude der ganzen Welt.
Der Berg Zion liegt weit im Norden; /
er ist die Stadt des großen Königs.
4 Gott ist in ihren Häusern bekannt / als
ein sicherer Schutz.
5 Denn seht: Die Könige vereinten
sich / und zogen gemeinsam heran;
6 doch als sie aufsahen, erstarrten sie
vor Schreck,/ sie waren bestürzt und
liefen davon.
7 Dort packte sie das Zittern, / wie die
Wehen eine gebärende Frau,
8 Wie der Sturm vom Osten, / der die
Schiffe von Tarschisch zerschmettert.
9 Wie wir's gehört hatten, so erlebten
wir's jetzt in der Stadt des Herrn der
Heere,
in der Stadt unsres Gottes; / Gott lässt
sie ewig bestehen. [Sela]
10 Über deine Huld, o Gott, denken
wir nach / in deinem heiligen Tempel.
11 Wie dein Name, Gott, so reicht dein

Ruhm bis an die Enden der Erde; / dei-
ne rechte Hand ist voll von Gerechtig-
keit.
12 Der Berg Zion freue sich, / die Töch-
ter Judas sollen über deine gerechten
Urteile jubeln.
13 Umkreist den Zion, / umschreitet ihn,
zählt seine Türme!
14 Betrachtet seine Wälle, / geht in sei-
nen Palästen umher, / damit ihr dem
kommenden Geschlecht erzählen könnt:
15 »Das ist Gott, unser Gott für immer
und ewig. / Er wird uns führen in Ewig-
keit.«

Die Vergänglichkeit des Menschen

49 [Für den Chormeister. Ein
Psalm der Korachiter.]
2 Hört dies an, ihr Völker alle, / ver-
nehmt es, alle Bewohner der Erde,
3 ihr Leute aus dem Volk und vom
Adel, / Reiche und Arme zusammen!
4 Mein Mund spreche weise Worte; /
was mein Herz ersinnt, sei voller Ein-
sicht.
5 Ich wende mein Ohr einem Weis-
heitsspruch zu, / ich enthülle mein Ge-
heimnis beim Harfenspiel.
6 Warum soll ich mich in bösen Tagen
fürchten, / wenn mich der Frevel tü-
ckischer Feinde umgibt?
7 Sie verlassen sich ganz auf ihren Be-
sitz / und rühmen sich ihres großen
Reichtums.
8 Loskaufen kann doch keiner den an-
dern / noch an Gott für ihn ein Sühne-
geld zahlen
9 – für das Leben ist jeder Kaufpreis zu
hoch; / für immer muss man davon ab-
stehn –
10 damit er auf ewig weiterlebt / und
niemals das Grab schaut.
11 Denn man sieht: Weise sterben; /
genauso gehen Tor und Narr zugrun-
de, / sie müssen andern ihren Reichtum
lassen.
12 Das Grab ist ihr Haus auf ewig, / ist
ihre Wohnung für immer, / ob sie auch
Länder nach ihren Namen benannten.
13 Der Mensch bleibt nicht in seiner
Pracht; / er gleicht dem Vieh, das ver-
stummt.
14 So geht es denen, die auf sich selbst
vertrauen, / und so ist das Ende derer,
die sich in großen Worten gefallen.
[Sela]
15 Der Tod führt sie auf seine Weide wie
Schafe, / sie stürzen hinab zur Unter-
welt.
Geradewegs sinken sie hinab in das
Grab; / ihre Gestalt zerfällt, die Unter-
welt wird ihre Wohnstatt.
16 Doch Gott wird mich loskaufen aus
dem Reich des Todes, / ja, er nimmt
mich auf. [Sela]
17 Lass dich nicht beirren, wenn einer
reich wird / und die Pracht seines
Hauses sich mehrt;
18 denn im Tod nimmt er das alles nicht
mit, / seine Pracht steigt nicht mit ihm
hinab.

19 Preist er sich im Leben auch glücklich /
und sagt zu sich: / »Man lobt dich, weil
du dir's wohl sein lässt«,
20 so muss er doch zur Schar seiner
Väter hinab, / die das Licht nie mehr er-
blicken.
21 Der Mensch in Pracht, doch ohne
Einsicht, / er gleicht dem Vieh, das ver-
stummt.

Der rechte Gottesdienst

50 [Ein Psalm Asafs.]

Der Gott der Götter, der Herr, spricht, /
er ruft der Erde zu / vom Aufgang der
Sonne bis zum Untergang.
2 Vom Zion her, der Krone der Schön-
heit, / geht Gott strahlend auf.
3 Unser Gott kommt und schweigt
nicht; / Feuer frisst vor ihm her; um ihn
stürmt es gewaltig.
4 Dem Himmel droben und der Erde ruft
er zu, / er werde sein Volk nun richten:
5 »Versammelt mir all meine From-
men, / die den Bund mit mir schlossen
beim Opfer.«
6 Die Himmel sollen seine Gerechtig-
keit künden; / Gott selbst wird Richter
sein. [Sela]
7 »Höre, mein Volk, ich rede. / Israel, ich
klage dich an, / ich, der ich dein Gott
bin.
8 Nicht wegen deiner Opfer rüg' ich
dich, / deine Brandopfer sind mir im-
mer vor Augen.
9 Doch nehme ich von dir Stiere nicht
an / noch Böcke aus deinen Hürden.
10 Denn mir gehört alles Getier des
Waldes, / das Wild auf den Bergen zu
Tausenden.
11 Ich kenne alle Vögel des Himmels, /
was sich regt auf dem Feld, ist mein eigen.
12 Hätte ich Hunger, ich brauchte es dir
nicht zu sagen, / denn mein ist die Welt
und was sie erfüllt.
13 Soll ich denn das Fleisch von Stieren
essen / und das Blut von Böcken trin-
ken?
14 Bring Gott als Opfer dein Lob, / und
erfülle dem Höchsten deine Gelübde!
15 Rufe mich an am Tag der Not; / dann
rette ich dich, und du wirst mich ehren.«
16 Zum Frevler aber spricht Gott: / »Was
zählst du meine Gebote auf / und
nimmst meinen Bund in deinen Mund?
17 Dabei ist Zucht dir verhasst, / meine
Worte wirfst du hinter dich.
18 Siehst du einen Dieb, so läufst du
mit, / du machst dich mit Ehebrechern
gemein.
19 Dein Mund redet böse Worte, / und
deine Zunge stiftet Betrug an.
20 Von deinem Bruder redest du schänd-
lich, / auf den Sohn deiner Mutter häufst
du Verleumdung.
21 Das hast du getan, und ich soll schwei-
gen? / Meinst du, ich bin wie du? / Ich
halte es dir vor Augen und rüge dich.
22 Begreift es doch, ihr, die ihr Gott ver-
gesst! / Sonst zerreiße ich euch, und
niemand kann euch retten.

23 Wer Opfer des Lobes bringt, ehrt
mich; / wer rechtschaffen lebt, dem
zeig' ich mein Heil.«

Bitte um Vergebung und Neuschaffung

51 [Für den Chormeister. Ein
Psalm Davids, 2 als der Prophet
Natan zu ihm kam, nachdem sich Da-
vid mit Batseba vergangen hatte.]
3 Gott, sei mir gnädig nach deiner
Huld, / tilge meine Frevel nach deinem
reichen Erbarmen!
4 Wasch meine Schuld von mir ab, / und
mach mich rein von meiner Sünde!
5 Denn ich erkenne meine bösen Taten, /
meine Sünde steht mir immer vor Augen.
6 Gegen dich allein habe ich gesün-
digt, / ich habe getan, was dir missfällt.
So behältst du recht mit deinem Urteil, /
rein stehst du da als Richter.
7 Denn ich bin in Schuld geboren; / in
Sünde hat mich meine Mutter emp-
fangen.
8 Lauterer Sinn im Verborgenen gefällt
dir, / im Geheimen lehrst du mich Weis-
heit.
9 Entsündige mich mit Ysop, dann
werde ich rein; / wasche mich, dann
werde ich weißer als Schnee.
10 Sättige mich mit Entzücken und
Freude! / Jubeln sollen die Glieder, die
du zerschlagen hast.
11 Verbirg dein Gesicht vor meinen
Sünden, / tilge all meine Frevel!
12 Erschaffe mir, Gott, ein reines Herz, /
und gib mir einen neuen, beständigen
Geist!
13 Verwirf mich nicht von deinem
Angesicht, / und nimm deinen heiligen
Geist nicht von mir!
14 Mach mich wieder froh mit deinem
Heil; / mit einem willigen Geist rüste
mich aus!
15 Dann lehre ich Abtrünnige deine
Wege, / und die Sünder kehren um zu
dir.
16 Befrei mich von Blutschuld, Herr, du
Gott meines Heiles, dann wird meine
Zunge jubeln über deine Gerechtigkeit.
17 Herr, öffne mir die Lippen, / und
mein Mund wird deinen Ruhm ver-
künden.
18 Schlachtopfer willst du nicht, ich
würde sie dir geben; / an Brandopfern
hast du kein Gefallen.
19 Das Opfer, das Gott gefällt, ist ein zer-
knirschter Geist, /
ein zerbrochenes und zerschlagenes
Herz wirst du, Gott, nicht verschmähen.
20 In deiner Huld tu Gutes an Zion; / bau
die Mauern Jerusalems wieder auf!
21 Dann hast du Freude an rechten
Opfern, / an Brandopfern und Ganz-
opfern, / dann opfert man Stiere auf
deinem Altar.

Die Überheblichkeit des Bösen – das Vertrauen des Frommen

52 [Für den Chormeister. Ein
Weisheitslied Davids, 2 als der

Edomiter Doëg zu Saul kam und ihm
meldete: David ist in das Haus des Ahimelech gegangen.]
3 Was rühmst du dich deiner Bosheit,
du Mann der Gewalt, / was prahlst du
allzeit vor dem Frommen?
4 Du Ränkeschmied, du planst Verderben; / deine Zunge gleicht einem
scharfen Messer.
5 Du liebst das Böse mehr als das Gute /
und Lüge mehr als wahrhaftige Rede.
[Sela]
6 Du liebst lauter verderbliche Worte, /
du tückische Zunge.
7 Darum wird Gott dich verderben für
immer, / dich packen und herausreißen
aus deinem Zelt, / dich entwurzeln aus
dem Land der Lebenden. [Sela]
8 Gerechte werden es sehen und sich
fürchten; / sie werden über ihn lachen
und sagen:
9 »Seht, das ist der Mann, / der nicht zu
Gott seine Zuflucht nahm;
auf seinen großen Reichtum hat er sich
verlassen / und auf seinen Frevel gebaut.«
10 Ich aber bin im Haus Gottes wie ein
grünender Ölbaum; / auf Gottes Huld
vertraue ich immer und ewig.
11 Ich danke dir, Herr, in Ewigkeit; /
denn du hast das alles vollbracht.
Ich hoffe auf deinen Namen im Kreis
der Frommen; / denn du bist gütig.

Die Torheit der Gottesleugner

53 [Für den Chormeister. Nach der Weise »Krankheit«. Ein Weisheitslied Davids.]
2 Die Toren sagen in ihrem Herzen: / »Es
gibt keinen Gott.«
Sie handeln verwerflich und schnöde; /
da ist keiner, der Gutes tut.
3 Gott blickt vom Himmel herab auf die
Menschen, / ob noch ein Verständiger
da ist, der Gott sucht.
4 Alle sind sie abtrünnig und verdorben, / keiner tut Gutes, auch nicht ein
einziger.
5 Haben denn die Übeltäter keine Einsicht? / Sie verschlingen mein Volk.
Sie essen Gottes Brot, / doch seinen
Namen rufen sie nicht an.
6 Es trifft sie Furcht und Schrecken, /
obwohl doch nichts zu fürchten ist.
Deinen Bedrängern hat Gott die Glieder zerschlagen. / Gott lässt sie scheitern, denn er hat sie verworfen.
7 Ach käme doch vom Zion Hilfe für
Israel! / Wenn Gott einst das Geschick
seines Volkes wendet, / dann jubelt Jakob, dann freut sich Israel.

Hilferuf eines Bedrängten

54 [Für den Chormeister. Mit Saitenspiel. Ein Weisheitslied
Davids,
2 als die Sifiter kamen und Saul
meldeten: David hält sich bei uns verborgen.]
3 Hilf mir, Gott, durch deinen Namen, /

verschaff mir Recht mit deiner Kraft!
4 Gott, höre mein Flehen, / vernimm die
Worte meines Mundes!
5 Denn es erheben sich gegen mich
stolze Menschen, / freche Leute trach-
ten mir nach dem Leben; / sie haben
Gott nicht vor Augen. [Sela]
6 Doch Gott ist mein Helfer, / der Herr
beschützt mein Leben.
7 Auf meine Gegner falle das Unheil
zurück. / Weil du treu bist, vernichte
sie!
8 Freudig bringe ich dir dann mein
Opfer dar / und lobe deinen Namen,
Herr; denn du bist gütig.
9 Der Herr hat mich herausgerissen aus
all meiner Not, / und mein Auge kann
auf meine Feinde herabsehn.

Klage und Vertrauen eines Alleingelassenen

55 [Für den Chormeister. Mit Sai-
tenspiel. Ein Weisheitslied Da-
vids.]
2 Vernimm, o Gott, mein Beten; / verbirg
dich nicht vor meinem Flehen!
3 Achte auf mich, und erhöre mich! /
Unstet schweife ich umher und klage.
4 Das Geschrei der Feinde macht mich
verstört; / mir ist angst, weil mich die
Frevler bedrängen.
Sie überhäufen mich mit Unheil / und
befehden mich voller Grimm.
5 Mir bebt das Herz in der Brust; / mich
überfielen die Schrecken des Todes.
6 Furcht und Zittern erfassten mich; /
ich schauderte vor Entsetzen.
7 Da dachte ich: »Hätte ich doch Flügel
wie eine Taube, / dann flöge ich davon
und käme zur Ruhe.«
8 Weit fort möchte ich fliehen, / die
Nacht verbringen in der Wüste. [Sela]
9 An einen sicheren Ort möchte ich ei-
len / vor dem Wetter, vor dem tobenden
Sturm.
10 Entzweie sie, Herr, verwirr ihre Spra-
che! / Denn in der Stadt sehe ich Gewalt-
tat und Hader.
11 Auf ihren Mauern umschleicht man
sie bei Tag und bei Nacht; / sie ist voll
Unheil und Mühsal.
12 In ihr herrscht Verderben; / Betrug
und Unterdrückung weichen nicht von
ihren Märkten.
13 Denn nicht mein Feind beschimpft
mich, / das würde ich ertragen;
nicht ein Mann, der mich hasst, tritt
frech gegen mich auf, / vor ihm könnte
ich mich verbergen.
14 Nein, du bist es, ein Mensch aus mei-
ner Umgebung, / mein Freund, mein Ver-
trauter,
15 mit dem ich, in Freundschaft ver-
bunden, / zum Haus Gottes gepilgert
bin inmitten der Menge.
16 Der Tod soll sie überfallen, / lebend
sollen sie hinabfahren ins Totenreich. /
Denn ihre Häuser und Herzen sind
voller Bosheit.
17 Ich aber, zu Gott will ich rufen, / der
Herr wird mir helfen.

18 Am Abend, am Morgen, am Mittag
seufze ich und stöhne; / er hört mein
Klagen.
19 Er befreit mich, bringt mein Leben in
Sicherheit / vor denen, die gegen mich
kämpfen, / wenn es auch viele sind, die
gegen mich angehen.
20 Gott hört mich und beugt sie nie-
der, / er, der als König thront seit Ewig-
keit. [Sela]
Denn sie kehren nicht um / und fürch-
ten Gott nicht.
21 Der Feind legt Hand an Gottes
Freunde, / er entweiht Gottes Bund.
22 Glatt wie Butter sind seine Reden, /
doch in seinem Herzen sinnt er auf
Streit;
seine Worte sind linder als Öl / und
sind doch gezückte Schwerter.
24 Du aber, Gott, wirst sie hinabstürzen
in die tiefste Grube. /
Gewalttätige und Betrüger erreichen
nicht die Mitte ihres Lebens. / Ich aber
setze mein Vertrauen auf dich.
23 Wirf deine Sorge auf den Herrn, er
hält dich aufrecht! / Er lässt den Ge-
rechten niemals wanken.

Das Vertrauensbekenntnis eines Angefeindeten

56 [Für den Chormeister. Nach
der Weise »Stumme Taube der
Ferne«. Ein Lied Davids. Aus der Zeit,
als die Philister ihn in Gat ergriffen.]
2 Sei mir gnädig, Gott, denn Menschen
stellen mir nach; / meine Feinde be-
drängen mich Tag für Tag.
3 Täglich stellen meine Gegner mir
nach; / ja, es sind viele, die mich voll
Hochmut bekämpfen.
4 An dem Tag, da ich mich fürchten
muss, / setze ich auf dich mein Vertrauen.
5 Ich preise Gottes Wort. / Ich vertraue
auf Gott und fürchte mich nicht. / Was
können Menschen mir antun?
6 Sie verdrehen meine Worte den gan-
zen Tag; / auf mein Verderben geht ihr
ganzes Sinnen.
7 Sie lauern und spähen und be-
obachten genau meine Schritte; / denn
sie trachten mir nach dem Leben.
8 Sie haben gefrevelt; es gibt für sie kein
Entrinnen. / In deinem Zorn, o Gott,
wirf die Völker zu Boden!
9 Mein Elend ist aufgezeichnet bei dir. /
Sammle meine Tränen in einem Krug, /
zeichne sie auf in deinem Buch!
10 Dann weichen die Feinde zurück an
dem Tag, da ich rufe. / Ich habe erkannt:
Mir steht Gott zur Seite.
11 Ich preise Gottes Wort, / ich preise
das Wort des Herrn.
12 Ich vertraue auf Gott und fürchte
mich nicht. / Was können Menschen
mir antun?
13 Ich schulde dir die Erfüllung meiner
Gelübde, o Gott; / ich will dir Dank-
opfer weihen.
14 Denn du hast mein Leben dem Tod
entrissen, / meine Füße bewahrt vor
dem Fall.

So gehe ich vor Gott meinen Weg / im
Licht der Lebenden.

Geborgenheit im Schutz Gottes

57 [Für den Chormeister. Nach
der Weise »Zerstöre nicht!«.
Ein Lied Davids, als er vor Saul in die
Höhle floh.]
2 Sei mir gnädig, o Gott, sei mir gnädig; /
denn ich flüchte mich zu dir.
Im Schatten deiner Flügel finde ich Zu-
flucht, / bis das Unheil vorübergeht.
3 Ich rufe zu Gott, dem Höchsten, / zu
Gott, der mir beisteht.
4 Er sende mir Hilfe vom Himmel; /
meine Feinde schmähen mich. [Sela] /
Gott sende seine Huld und Treue.
5 Ich muss mich mitten unter Löwen
lagern, / die gierig auf Menschen sind.
Ihre Zähne sind Spieße und Pfeile, / ein
scharfes Schwert ihre Zunge.
7 Sie haben meinen Schritten ein Netz
gelegt / und meine Seele gebeugt.
Sie haben mir eine Grube gegraben; /
doch fielen sie selbst hinein. [Sela]
6 Erheb dich über die Himmel, o Gott! /
Deine Herrlichkeit erscheine über der
ganzen Erde.
8 Mein Herz ist bereit, o Gott, / mein Herz
ist bereit, / ich will dir singen und spielen.
9 Wach auf, meine Seele! / Wacht auf,
Harfe und Saitenspiel! / Ich will das
Morgenrot wecken.
10 Ich will dich vor den Völkern preisen,
Herr, / dir vor den Nationen lobsingen.
11 Denn deine Güte reicht, so weit der
Himmel ist, / deine Treue, so weit die
Wolken ziehn.
12 Erheb dich über die Himmel, o Gott; /
deine Herrlichkeit erscheine über der
ganzen Erde.

Gott, der gerechte Richter

58 [Für den Chormeister. Nach
der Weise »Zerstöre nicht!«.
Ein Lied Davids.]
2 Sprecht ihr wirklich Recht, ihr Mächti-
gen? / Richtet ihr die Menschen gerecht?
3 Nein, ihr schaltet im Land nach Will-
kür, / euer Herz ist voll Bosheit; / eure
Hände bahnen dem Unrecht den Weg.
4 Vom Mutterschoß an sind die Frevler
treulos, / von Geburt an irren sie vom
Weg ab und lügen.
5 Ihr Gift ist wie das Gift der Schlange, /
wie das Gift der tauben Natter, die ihr
Ohr verschließt,
6 die nicht auf die Stimme des Be-
schwörers hört, / der sich auf Zauber-
sprüche versteht.
7 O Gott, zerbrich ihnen die Zähne im
Mund! / Zerschlage, Herr, das Gebiss
der Löwen!
8 Sie sollen vergehen wie verrinnendes
Wasser, / wie Gras, das verwelkt auf
dem Weg,
9 wie die Schnecke, die sich auflöst in
Schleim; / wie eine Fehlgeburt sollen sie
die Sonne nicht schauen.

10 Ehe eure Töpfe das Feuer des Dorn-
strauchs spüren, / fege Gott die Feinde
hinweg, ob frisch, ob verdorrt.
11 Wenn er die Vergeltung sieht, freut
sich der Gerechte; / er badet seine Füße
im Blut des Frevlers.
12 Dann sagen die Menschen: »Der
Gerechte erhält seinen Lohn; / es gibt
einen Gott, der auf Erden Gericht hält.«

Klage und Zuversicht eines Verfolgten

59 [Für den Chormeister. Nach
der Weise »Zerstöre nicht!«.
Ein Lied Davids, als Saul hinschickte
und man das Haus bewachte, um ihn
zu töten.]
2 Entreiß mich den Feinden, mein Gott, /
beschütze mich vor meinen Gegnern!
3 Entreiß mich denen, die Unrecht tun, /
rette mich vor den Mördern!
4 Sieh her: Sie lauern mir auf, / Mächtige
stellen mir nach.
Ich aber habe keinen Frevel begangen
und keine Sünde; 5 Herr, ich bin ohne
Schuld.
Sie stürmen vor und stellen sich auf.
Wach auf, / komm mir entgegen, sieh
her!
6 Herr, du Gott der Heerscharen, Gott
Israels, / werde wach, suche alle Völker
heim! / Sei keinem treulosen Frevler
gnädig! [Sela]
7 Abend für Abend kommen sie wie-
der, / sie kläffen wie Hunde, durch-
streifen die Stadt.
8 Ja, sie geifern mit ihrem Maul. / Die
Schwerter zwischen ihren Lippen, wer
nimmt sie wahr?
9 Du aber, Herr, verlachst sie; / du spot-
test über alle Völker.
10 Meine Stärke, an dich will ich mich
halten, / denn du, Gott, bist meine
Burg.
11 Mein huldreicher Gott kommt mir
entgegen; / Gott lässt mich herabsehen
auf meine Gegner.
12 Töte sie nicht, / damit mein Volk
nicht vergisst. In deiner Kraft zerstreue
sie, / wirf sie nieder, Herr, unser Schild!
13 Wegen der Sünde ihres Mundes,
wegen all ihrer Reden / sollen sie sich
in ihrem Hochmut verfangen; / denn
sie fluchen und verbreiten nur Lügen.
14 Vernichte sie im Zorn, / vernichte sie;
sie sollen zugrunde gehen.
Sie sollen erkennen, dass Gott der Herr-
scher in Jakob ist / und bis an das Ende
der Erde. [Sela]
15 Abend für Abend kommen sie wie-
der, / sie kläffen wie Hunde, durchstrei-
fen die Stadt.
16 Sie streunen umher, gierig nach Fraß; /
werden sie nicht satt, dann knurren sie.
17 Ich aber will deine Macht besingen, /
will über deine Huld jubeln am Morgen.
Denn du bist eine Burg für mich, / bist
meine Zuflucht am Tag der Not.
18 Meine Stärke, dir will ich singen und
spielen; / denn du, Gott, bist meine
Burg, mein huldreicher Gott.

Bitte um Hilfe nach einer Niederlage

60 [Für den Chormeister. Nach
der Weise »Lilie des Zeugnis-
ses«. Ein Lied Davids zum Lehren, 2 als er
mit den Aramäern Mesopotamiens und
den Aramäern von Zoba kämpfte und
als Joab umkehrte und die Edomiter im
Salztal schlug, zwölftausend Mann.]
3 Du hast uns verworfen, o Gott, und
zerschlagen. / Du hast uns gezürnt.
Richte uns wieder auf!
4 Erschüttert hast du das Land und ge-
spalten. / Heile seine Risse! Denn es
kam ins Wanken.
5 Du hast dein Volk hart geprüft, / du
gabst uns betäubenden Wein zu trin-
ken.
6 Für alle, die dich fürchten, hast du ein
Zeichen aufgestellt, / zu dem sie fliehen
können vor dem Bogen. [Sela]
7 Hilf mit deiner Rechten, erhöre uns, /
damit die gerettet werden, die du so
sehr liebst.
8 Gott hat in seinem Heiligtum ge-
sprochen: / »Ich will triumphieren, will
Sichem verteilen / und das Tal von
Sukkot vermessen.
9 Mein ist Gilead, mein auch Manasse, /
Efraim ist der Helm auf meinem Haupt, /
Juda mein Herrscherstab.
10 Doch Moab ist mein Waschbecken, /
auf Edom werfe ich meinen Schuh, / ich
triumphiere über das Land der Philister.«
11 Wer führt mich hin zu der befestig-
ten Stadt, / wer wird mich nach Edom
geleiten?
12 Gott, hast denn du uns verworfen? /
Du ziehst ja nicht aus, o Gott, mit
unseren Heeren.
13 Bring uns doch Hilfe im Kampf mit
dem Feind! / Denn die Hilfe von Men-
schen ist nutzlos.
14 Mit Gott werden wir Großes voll-
bringen; / er selbst wird unsere Feinde
zertreten.

Fürbitte für den König

61 [Für den Chormeister. Mit Sai-
tenspiel. Von David.]
2 Gott, höre mein Flehen, / achte auf
mein Beten!
3 Vom Ende der Erde rufe ich zu dir; /
denn mein Herz ist verzagt. / Führe
mich auf den Felsen, der mir zu hoch
ist!
4 Du bist meine Zuflucht, / ein fester
Turm gegen die Feinde.
5 In deinem Zelt möchte ich Gast sein
auf ewig, / mich bergen im Schutz
deiner Flügel. [Sela]
6 Denn du, o Gott, hast meine Gelübde
gehört / und denen das Erbe gegeben, /
die deinen Namen fürchten.
7 Füge den Tagen des Königs noch viele
hinzu! / Seine Jahre mögen dauern /
von Geschlecht zu Geschlecht.
8 Er throne ewig vor Gottes Angesicht. /
Huld und Treue mögen ihn behüten.
9 Dann will ich allzeit deinem Namen
singen und spielen / und Tag für Tag
meine Gelübde erfüllen.

Vertrauen auf Gottes Macht und Huld

62 [Für den Chormeister. Nach
Jedutun. Ein Psalm Davids.]
2 Bei Gott allein kommt meine Seele zur
Ruhe, / von ihm kommt mir Hilfe.
3 Nur er ist mein Fels, meine Hilfe, meine
Burg; / darum werde ich nicht wanken.
4 Wie lange rennt ihr an gegen einen
einzigen, / stürmt alle heran wie gegen
eine fallende Wand / wie gegen eine
Mauer, die einstürzt? Gott,
5 Ja, sie planen, ihn von seiner Höhe zu
stürzen; / Lügen ist ihre Lust.
Sie segnen mit ihrem Mund, / doch in
ihrem Herzen fluchen sie. [Sela]
6 Bei Gott allein kommt meine Seele zur
Ruhe; / denn von ihm kommt meine
Hoffnung.
7 Nur er ist mein Fels, meine Hilfe,
meine Burg; / darum werde ich nicht
wanken.
8 Bei Gott ist mein Heil, meine Ehre; /
Gott ist mein schützender Fels, meine
Zuflucht.
9 Vertrau ihm, Volk (Gottes), zu jeder
Zeit! / Schüttet euer Herz vor ihm
aus! / Denn Gott ist unsere Zuflucht.
[Sela]
10 Nur ein Hauch sind die Menschen, /
die Leute nur Lug und Trug.
Auf der Waage schnellen sie empor, /
leichter als ein Hauch sind sie alle.
11 Vertraut nicht auf Gewalt, / verlasst
euch nicht auf Raub! Wenn der Reich-
tum auch wächst, / so verliert doch
nicht euer Herz an ihn!
12 Eines hat Gott gesagt, / zweierlei habe
ich gehört:
Bei Gott ist die Macht; /
13 Herr, bei dir ist die Huld. Denn du
wirst jedem vergelten, / wie es seine
Taten verdienen.

Sehnsucht nach Gott

63 [Ein Psalm Davids, als er in der
Wüste Juda war.]
2 Gott, du mein Gott, dich suche ich, /
meine Seele dürstet nach dir.
Nach dir schmachtet mein Leib / wie
dürres, lechzendes Land ohne Wasser.
3 Darum halte ich Ausschau nach dir im
Heiligtum, / um deine Macht und Herr-
lichkeit zu sehen.
4 Denn deine Huld ist besser als das
Leben; / darum preisen dich meine Lip-
pen.
5 Ich will dich rühmen mein Leben lang, /
in deinem Namen die Hände erheben.
6 Wie an Fett und Mark wird satt meine
Seele, / mit jubelnden Lippen soll mein
Mund dich preisen.
7 Ich denke an dich auf nächtlichem
Lager / und sinne über dich nach, wenn
ich wache.
8 Ja, du wurdest meine Hilfe; / jubeln
kann ich im Schatten deiner Flügel.
9 Meine Seele hängt an dir, / deine
rechte Hand hält mich fest.
10 Viele trachten mir ohne Grund nach
dem Leben, / aber sie müssen hinab-
fahren in die Tiefen der Erde.

11 Man gibt sie der Gewalt des Schwer-
tes preis, / sie werden eine Beute der
Schakale.
12 Der König aber freue sich an Gott. /
Wer bei ihm schwört, darf sich rüh-
men. / Doch allen Lügnern wird der
Mund verschlossen.

Bitte um Schutz vor den Feinden

64 [Für den Chormeister. Ein
Psalm Davids.]
2 Höre, o Gott, mein lautes Klagen, /
schütze mein Leben vor dem Schrecken
des Feindes!
3 Verbirg mich vor der Schar der Bösen, /
vor dem Toben derer, die Unrecht tun.
4 Sie schärfen ihre Zunge wie ein
Schwert, / schießen giftige Worte wie
Pfeile, 5 um den Schuldlosen von ihrem
Versteck aus zu treffen. / Sie schießen
auf ihn, plötzlich und ohne Scheu.
6 Sie sind fest entschlossen zu bösem
Tun. / Sie planen, Fallen zu stellen, /
und sagen: »Wer sieht uns schon?«
7 Sie haben Bosheit im Sinn, / doch
halten sie ihre Pläne geheim.
Ihr Inneres ist heillos verdorben, / ihr
Herz ist ein Abgrund.
8 Da trifft sie Gott mit seinem Pfeil; / sie
werden jählings verwundet.
9 Ihre eigene Zunge bringt sie zu Fall. /
Alle, die es sehen, schütteln den Kopf.
10 Dann fürchten sich alle Menschen; /
sie verkünden Gottes Taten / und be-
denken sein Wirken.
11 Der Gerechte freut sich am Herrn
und sucht bei ihm Zuflucht. / Und es
rühmen sich alle Menschen mit red-
lichem Herzen.

Dank für Gottes Gaben

65 [Für den Chormeister. Ein
Psalm Davids. Ein Lied.]
2 Dir gebührt Lobgesang, Gott, auf dem
Zion, / dir erfüllt man Gelübde.
3 Du erhörst die Gebete. / Alle Men-
schen kommen zu dir 4 unter der Last
ihrer Sünden.
Unsere Schuld ist zu groß für uns, / du
wirst sie vergeben.
5 Wohl denen, die du erwählst und in
deine Nähe holst, / die in den Vorhöfen
deines Heiligtums wohnen.
Wir wollen uns am Gut deines Hauses
sättigen, / am Gut deines Tempels.
6 Du vollbringst erstaunliche Taten, / er-
hörst uns in Treue, du Gott unsres Heiles,
du Zuversicht aller Enden der Erde /
und der fernsten Gestade.
7 Du gründest die Berge in deiner
Kraft, / du gürtest dich mit Stärke.
8 Du stillst das Brausen der Meere, / das
Brausen ihrer Wogen, das Tosen der
Völker.
9 Alle, die an den Enden der Erde woh-
nen, / erschauern vor deinen Zeichen; /
Ost und West erfüllst du mit Jubel.
10 Du sorgst für das Land und tränkst
es; / du überschüttest es mit Reichtum.
Der Bach Gottes ist reichlich gefüllt, /

du schaffst ihnen Korn; so ordnest du
alles.
11 Du tränkst die Furchen, ebnest die
Schollen, / machst sie weich durch Regen,
segnest ihre Gewächse.
12 Du krönst das Jahr mit deiner Güte, /
deinen Spuren folgt Überfluss.
13 In der Steppe prangen die Auen, / die
Höhen umgürten sich mit Jubel.
14 Die Weiden schmücken sich mit
Herden, / die Täler hüllen sich in Korn. /
Sie jauchzen und singen.

Aufruf zum Lobpreis

66 [Für den Chormeister. Ein
Lied. Ein Psalm.]
Jauchzt vor Gott, alle Länder der Erde! /
2 Spielt zum Ruhm seines Namens! /
Verherrlicht ihn mit Lobpreis!
3 Sagt zu Gott: »Wie ehrfurchtgebie-
tend sind deine Taten; / vor deiner ge-
waltigen Macht müssen die Feinde sich
beugen.«
4 Alle Welt bete dich an und singe dein
Lob, / sie lobsinge deinem Namen!
[Sela]
5 Kommt und seht die Taten Gottes! /
Staunenswert ist sein Tun an den Men-
schen:
6 Er verwandelte das Meer in trockenes
Land, / sie schritten zu Fuß durch den
Strom; / dort waren wir über ihn voll
Freude.
7 In seiner Kraft ist er Herrscher auf
ewig; / seine Augen prüfen die Völker. /
Die Trotzigen können sich gegen ihn
nicht erheben. [Sela]
8 Preist unseren Gott, ihr Völker; lasst
laut sein Lob erschallen!
9 Er erhielt uns am Leben / und ließ
unseren Fuß nicht wanken.
10 Du hast, o Gott, uns geprüft, / und
uns geläutert, wie man Silber läutert.
11 Du brachtest uns in schwere Bedräng-
nis / und legtest uns eine drückende Last
auf die Schulter.
12 Du ließest Menschen über unsere
Köpfe schreiten. /
Wir gingen durch Feuer und Wasser. /
Doch du hast uns in die Freiheit
hinausgeführt.
13 Ich komme mit Opfern in dein Haus; /
ich erfülle dir meine Gelübde,
14 die ich einst dir versprach, / die dir
mein Mund in der Not gelobte.
15 Fette Tiere bringe ich dir als Brand-
opfer dar, / zusammen mit dem Rauch
von Widdern; / ich richte dir Rinder
und Böcke zu. [Sela]
16 Ihr alle, die ihr Gott fürchtet, kommt
und hört; / ich will euch erzählen, was
er mir Gutes getan hat.
17 Zu ihm hatte ich mit lauter Stimme
gerufen, / und schon konnte mein Mund
ihn preisen.
18 Hätte ich Böses im Sinn gehabt, /
dann hätte der Herr mich nicht er-
hört.
19 Gott aber hat mich erhört, / hat auf
mein drängendes Beten geachtet.
20 Gepriesen sei Gott; denn er hat mein

Gebet nicht verworfen / und mir seine
Huld nicht entzogen.

Dank für den Segen Gottes

67 [Für den Chormeister. Mit Sait-
enspiel. Ein Psalm. Ein Lied.]
2 Gott sei uns gnädig und segne uns. /
Er lasse über uns sein Angesicht leuch-
ten, [Sela]
3 damit auf Erden sein Weg erkannt
wird / und unter allen Völkern sein Heil.
4 Die Völker sollen dir danken, o Gott, /
danken sollen dir die Völker alle.
5 Die Nationen sollen sich freuen und
jubeln. / Denn du richtest den Erdkreis
gerecht.
Du richtest die Völker nach Recht / und
regierst die Nationen auf Erden. [Sela]
6 Die Völker sollen dir danken, o Gott, /
danken sollen dir die Völker alle.
7 Das Land gab seinen Ertrag. / Es segne
uns Gott, unser Gott.
8 Es segne uns Gott. / Alle Welt fürchte
und ehre ihn.

Ein Lied auf Gottes Sieg und Herrschaft

68 [Für den Chormeister. Ein
Psalm Davids. Ein Lied.]
2 Gott steht auf, seine Feinde zerstie-
ben; / die ihn hassen, fliehen vor sei-
nem Angesicht.
3 Sie verfliegen, wie Rauch verfliegt; /
wie Wachs am Feuer zerfließt, / so ver-
gehen die Frevler vor Gottes Angesicht.
4 Die Gerechten aber freuen sich und
jubeln vor Gott; / sie jauchzen in heller
Freude.
5 Singt für Gott, spielt seinem Namen; /
jubelt ihm zu, ihm, der auf den Wolken
einherfährt!
Preist seinen Namen! / Freut euch vor
seinem Angesicht!
6 Ein Vater der Waisen, ein Anwalt der
Witwen / ist Gott in seiner heiligen
Wohnung.
7 Gott bringt die Verlassenen heim, /
führt die Gefangenen hinaus in das
Glück; / doch die Empörer müssen
wohnen im dürren Land.
8 Gott, als du deinem Volk voranzogst, /
als du die Wüste durchschrittest, [Sela] /
9 da bebte die Erde,
da ergossen sich die Himmel vor Gott, /
vor Gott, dem Herrn vom Sinai, vor
Israels Gott.
10 Gott, du ließest Regen strömen in
Fülle / und erquicktest dein verschmach-
tendes Erbland.
11 Deine Geschöpfe finden dort
Wohnung; / Gott, in deiner Güte ver-
sorgst du den Armen.
12 Der Herr entsendet sein Wort; / groß
ist der Siegesbotinnen Schar.
13 Die Könige der Heere fliehen, sie
fliehen. / Im Haus verteilt man die Beute.
14 Was bleibt ihr zurück in den Hür-
den? / Du Taube mit silbernen Schwin-
gen, mit goldenem Flügel!
15 Als der Allmächtige die Könige ver-
trieb, / fiel Schnee auf dem Zalmon.

16 Ein Gottesberg ist der Baschanberg, /
ein Gebirge, an Gipfeln reich, ist der
Baschan.
17 Warum blickt ihr voll Neid, ihr
hohen Gipfel, / auf den Berg, den Gott
sich zum Wohnsitz erwählt hat? / Dort
wird der Herr wohnen in Ewigkeit.
18 Die Wagen Gottes sind zahllos,
tausendmal tausend. / Vom Sinai zieht
der Herr zu seinem Heiligtum.
19 Du zogst hinauf zur Höhe, / führtest
Gefangene mit;
du nahmst Gaben entgegen von den
Menschen. / Auch Empörer müssen
wohnen bei Gott, dem Herrn.
20 Gepriesen sei der Herr, Tag für Tag! /
Gott trägt uns, er ist unsre Hilfe. [Sela]
21 Gott ist ein Gott, der uns Rettung
bringt, / Gott, der Herr, führt uns
heraus aus dem Tod.
22 Denn Gott zerschmettert das Haupt
seiner Feinde, / den Kopf des Frevlers,
der in Sünde dahinlebt.
23 Der Herr hat gesprochen: »Ich bringe
(sie) vom Baschan zurück, / ich bringe
(sie) zurück aus den Tiefen des Meeres.
24 Dein Fuß wird baden im Blut, / die
Zunge deiner Hunde ihren Anteil bekommen an den Feinden.«
25 Gott, sie sahen deinen Einzug, / den
Einzug meines Gottes und Königs ins
Heiligtum:
26 voraus die Sänger, die Saitenspieler
danach, / dazwischen Mädchen mit
kleinen Pauken.
27 Versammelt euch und preist unsern
Gott, / den Herrn in der Gemeinde Israels:
28 voran der kleine Stamm Benjamin, /
im Zug die Fürsten von Juda, / die
Fürsten von Sebulon, die Fürsten von
Naftali.
29 Biete auf, o Gott, deine Macht, / die
Gottesmacht, die du an uns erwiesen
hast / 30a von deinem Tempel aus, hoch
über Jerusalem.
31 Wehr ab das Untier im Schilf, die
Rotte der Starken, / wehr ab die Herrscher der Völker!
Sie sind gierig nach Silber, tritt sie
nieder; / zerstreue die Völker, die Lust
haben am Krieg.
30b Könige kommen mit Gaben, / 32 aus
Ägypten bringt man Geräte von Erz, /
Kusch erhebt zu Gott seine Hände.
33 Ihr Königreiche der Erde, singt für
Gott, / singt und spielt für den Herrn,
[Sela]
34 der dahinfährt über den Himmel,
den uralten Himmel, / der seine Stimme
erhebt, seine machtvolle Stimme.
35 Preist Gottes Macht! / Über Israel
ragt seine Hoheit empor, / seine Macht
ragt bis zu den Wolken.
36 Gott in seinem Heiligtum ist voll
Majestät, Israels Gott; /
seinem Volk verleiht er Stärke und
Kraft. Gepriesen sei Gott.

Der Hilferuf eines unschuldig Verfolgten

69 [Für den Chormeister. Nach
der Weise »Lilien«. Von David.]
2 Hilf mir, o Gott! / Schon reicht mir das
Wasser bis an die Kehle.
3 Ich bin in tiefem Schlamm versun-
ken / und habe keinen Halt mehr;
ich geriet in tiefes Wasser, / die Strö-
mung reißt mich fort.
4 Ich bin müde vom Rufen, / meine Kehle
ist heiser,
mir versagen die Augen, / während ich
warte auf meinen Gott.
5 Zahlreicher als die Haare auf meinem
Kopf / sind die, die mich grundlos hassen.
Zahlreich sind meine Verderber, meine
verlogenen Feinde. / Was ich nicht
geraubt habe, soll ich erstatten.
6 Gott, du kennst meine Torheit, / mei-
ne Verfehlungen sind dir nicht ver-
borgen.
7 Wer auf dich hofft, Herr, du Herr der
Heere, / soll durch mich nicht schei-
tern; wer dich sucht, Gott Israels, /
gerate durch mich nicht in Schande.
8 Denn deinetwegen erleide ich Schmach,
/ und Schande bedeckt mein Gesicht.
9 Entfremdet bin ich den eigenen
Brüdern, / den Söhnen meiner Mutter
wurde ich fremd.
10 Denn der Eifer für dein Haus hat
mich verzehrt; /
die Schmähungen derer, die dich schmä-
hen, haben mich getroffen.
11 Ich nahm mich durch Fasten in
Zucht, / doch es brachte mir Schmach
und Schande.
12 Ich ging in Sack und Asche, / doch sie
riefen Spottverse hinter mir her.
13 Man redet über mich in der Ver-
sammlung am Tor, / von mir singen die
Zecher beim Wein.
14 Ich aber bete zu dir, / Herr, zur Zeit
der Gnade.
Erhöre mich in deiner großen Huld, /
Gott, hilf mir in deiner Treue!
15 Entreiß mich dem Sumpf, / damit ich
nicht versinke.
Zieh mich heraus aus dem Verderben, /
aus dem tiefen Wasser!
16 Lass nicht zu, dass die Flut mich
überschwemmt, / die Tiefe mich ver-
schlingt, / der Brunnenschacht über
mir seinen Rachen schließt.
17 Erhöre mich, Herr, in deiner Huld
und Güte, / wende dich mir zu in
deinem großen Erbarmen!
18 Verbirg nicht dein Gesicht vor
deinem Knecht; / denn mir ist angst.
Erhöre mich bald!
19 Sei mir nah, und erlöse mich! / Befrei
mich meinen Feinden zum Trotz!
20 Du kennst meine Schmach und
meine Schande. / Dir stehen meine Wi-
dersacher alle vor Augen.
21 Die Schande bricht mir das Herz, /
ganz krank bin ich vor Schmach;
umsonst habe ich auf Mitleid gewartet, /
auf einen Tröster, doch ich habe keinen
gefunden.
22 Sie gaben mir Gift zu essen, / für den

Durst reichten sie mir Essig.
23 Der Opfertisch werde für sie zur
Falle, / das Opfermahl zum Fangnetz.
24 Blende ihre Augen, so dass sie nicht
mehr sehen; / lähme ihre Hüften für
immer!
25 Gieß über sie deinen Grimm aus, /
dein glühender Zorn soll sie treffen!
26 Ihr Lagerplatz soll veröden, / in ihren
Zelten soll niemand mehr wohnen.
27 Denn sie verfolgen den Mann, den du
schon geschlagen hast, / und mehren den
Schmerz dessen, der von dir getroffen ist.
28 Rechne ihnen Schuld über Schuld an, /
damit sie nicht teilhaben an deiner
Gerechtigkeit.
29 Sie seien aus dem Buch des Lebens
getilgt / und nicht bei den Gerechten
verzeichnet.
30 Ich aber bin elend und voller Schmer-
zen; / doch deine Hilfe, o Gott, wird
mich erhöhen.
31 Ich will den Namen Gottes rühmen
im Lied, / in meinem Danklied ihn
preisen.
32 Das gefällt dem Herrn mehr als ein
Opferstier, / mehr als Rinder mit Hör-
nern und Klauen.
33 Schaut her, ihr Gebeugten, und freut
euch; / ihr, die ihr Gott sucht: euer Herz
lebe auf!
34 Denn der Herr hört auf die Armen, /
er verachtet die Gefangenen nicht.
35 Himmel und Erde sollen ihn rühmen,
/ die Meere und was sich in ihnen regt.
36 Denn Gott wird Zion retten, / wird
Judas Städte neu erbauen.
Seine Knechte werden dort wohnen
und das Land besitzen,/
37 ihre Nachkommen sollen es erben; /
wer seinen Namen liebt, soll darin
wohnen.

Bitte um Gottes Hilfe

70 [Für den Chormeister. Von
David. Zum Weihrauchopfer.]
2 Gott, komm herbei, um mich zu
retten, / Herr, eil mir zu Hilfe!
3 In Schmach und Schande sollen alle
fallen, / die mir nach dem Leben trach-
ten.
Zurückweichen sollen sie und vor
Scham erröten, / die sich über mein
Unglück freuen.
4 Beschämt sollen sich alle abwenden, /
die lachen und höhnen / und sagen:
»Dir geschieht recht.«
5 Alle, die dich suchen, frohlocken; / sie
mögen sich freuen in dir.
Die dein Heil lieben, sollen immer
sagen: / »Groß ist Gott, der Herr.«
6 Ich aber bin arm und gebeugt. / Eile, o
Gott, mir zu Hilfe!
Meine Hilfe und mein Retter bist du. /
Herr, säume doch nicht!

Gott, die Zuflucht bis ins Alter

71 Herr, ich suche Zuflucht bei
dir. Lass mich doch niemals
scheitern!

[2] Reiß mich heraus und rette mich in
deiner Gerechtigkeit, / wende dein Ohr
mir zu und hilf mir!
[3] Sei mir ein sicherer Hort, / zu dem ich
allzeit kommen darf.
Du hast mir versprochen zu helfen; /
denn du bist mein Fels und meine Burg.
[4] Mein Gott, rette mich aus der Hand
des Frevlers, / aus der Faust des Be-
drückers und Schurken!
[5] Herr, mein Gott, du bist ja meine Zu-
versicht, / meine Hoffnung von Jugend
auf.
[6] Vom Mutterleib an stütze ich mich
auf dich, / vom Mutterschoß an bist du
mein Beschützer; / dir gilt mein Lob-
preis allezeit.
[7] Für viele bin ich wie ein Gezeichneter, /
du aber bist meine starke Zuflucht.
[8] Mein Mund ist erfüllt von deinem Lob,
/ von deinem Ruhm den ganzen Tag.
[9] Verwirf mich nicht, wenn ich alt bin, /
Verlass mich nicht, wenn meine Kräfte
schwinden.
[10] Denn meine Feinde reden schlecht
von mir, / die auf mich lauern, beraten
gemeinsam;
[11] sie sagen: »Gott hat ihn verlassen. /
Verfolgt und ergreift ihn! / Für ihn gibt
es keinen Retter.«
[12] Gott, bleib doch nicht fern von mir! /
Mein Gott, eil mir zu Hilfe!
[13] Alle, die mich bekämpfen, / sollen
scheitern und untergehn;
über sie komme Schmach und Schan-
de, / weil sie mein Unglück suchen.
[14] Ich aber will jederzeit hoffen, / all
deinen Ruhm noch mehren.
[15] Mein Mund soll von deiner Gerech-
tigkeit künden / und von deinen Wohl-
taten sprechen den ganzen Tag; / denn
ich kann sie nicht zählen.
[16] Ich will kommen in den Tempel
Gottes, des Herrn, / deine großen und
gerechten Taten allein will ich rühmen.
[17] Gott, du hast mich gelehrt von
Jugend auf, / und noch heute verkünde
ich dein wunderbares Walten.
[18] Auch wenn ich alt und grau bin, /
o Gott, Verlass mich nicht,
damit ich von deinem machtvollen
Arm der Nachwelt künde, / den kom-
menden Geschlechtern von deiner
Stärke / [19] und von deiner Gerechtig-
keit, Gott, die größer ist als alles.
Du hast Großes vollbracht. / Mein Gott,
wer ist wie du?
[20] Du ließest mich viel Angst und Not
erfahren. / Belebe mich neu, / führe
mich herauf aus den Tiefen der Erde!
[21] Bring mich wieder zu Ehren! / Du
wirst mich wiederum trösten.
[22] Dann will ich dir danken mit Saiten-
spiel / und deine Treue preisen;
mein Gott, du Heiliger Israels, / ich will
dir auf der Harfe spielen.
[23] Meine Lippen sollen jubeln, / denn
dir will ich singen und spielen, / meine
Seele, die du erlöst hast, soll jubeln.
[24] Auch meine Zunge soll von deiner
Gerechtigkeit reden den ganzen Tag. /
Denn alle, die mein Unglück suchen,

müssen vor Scham erröten und scheitern.

Der Friedenskönig und sein Reich

72 [Von Salomo.]
Verleih dein Richteramt, o Gott, dem
König, / dem Königssohn gib dein gerechtes Walten!
2 Er regiere dein Volk in Gerechtigkeit /
und deine Armen durch rechtes Urteil.
3 Dann tragen die Berge Frieden für das
Volk / und die Höhen Gerechtigkeit.
4 Er wird Recht verschaffen den Gebeugten im Volk, / Hilfe bringen den
Kindern der Armen, / er wird die Unterdrücker zermalmen.
5 Er soll leben, solange die Sonne bleibt
und der Mond, / bis zu den fernsten Geschlechtern.
6 Er ströme wie Regen herab auf die
Felder, / wie Regenschauer, die die Erde
benetzen.
7 Die Gerechtigkeit blühe auf in seinen
Tagen / und großer Friede, bis der Mond
nicht mehr da ist.
8 Er herrsche von Meer zu Meer, / vom
Strom bis an die Enden der Erde.
9 Vor ihm sollen seine Gegner sich beugen, / Staub sollen lecken all seine Feinde.
10 Die Könige von Tarschisch und von den
Inseln bringen Geschenke, / die Könige
von Saba und Seba kommen mit Gaben.
11 Alle Könige müssen ihm huldigen, /
alle Völker ihm dienen.
12 Denn er rettet den Gebeugten, der
um Hilfe schreit, / den Armen und den,
der keinen Helfer hat.
13 Er erbarmt sich des Gebeugten und
Schwachen, / er rettet das Leben der
Armen.
14 Von Unterdrückung und Gewalttat
befreit er sie, / ihr Blut ist in seinen
Augen kostbar.
15 Er lebe, und Gold von Saba soll man
ihm geben! / Man soll für ihn allezeit
beten, / stets für ihn Segen erflehen.
16 Im Land gebe es Korn in Fülle. / Es
rausche auf dem Gipfel der Berge.
Seine Frucht wird sein wie die Bäume
des Libanon. / Menschen blühn in der
Stadt wie das Gras der Erde.
17 Sein Name soll ewig bestehen; / solange die Sonne bleibt, sprosse sein
Name.
Glücklich preisen sollen ihn alle Völker / und in ihm sich segnen.
18 Gepriesen sei der Herr, der Gott
Israels! / Er allein tut Wunder.
19 Gepriesen sei sein herrlicher Name in
Ewigkeit! / Seine Herrlichkeit erfülle
die ganze Erde. / Amen, ja amen.
[Ende der Gebete Davids, des Sohnes
Isais.]

DAS DRITTE BUCH

Das scheinbare Glück der Frevler

73 [Ein Psalm Asafs.]
Lauter Güte ist Gott für Israel, / für alle
Menschen mit reinem Herzen.
2 Ich aber – fast wären meine Füße ge-
strauchelt, / beinahe wäre ich gefallen.
3 Denn ich habe mich über die Prahler
ereifert, / als ich sah, dass es diesen
Frevlern so gut ging.
4 Sie leiden ja keine Qualen, / ihr Leib
ist gesund und wohlgenährt.
5 Sie kennen nicht die Mühsal der
Sterblichen, / sind nicht geplagt wie an-
dere Menschen.
6 Darum ist Hochmut ihr Halsschmuck, /
wie ein Gewand umhüllt sie Gewalttat.
7 Sie sehen kaum aus den Augen vor Fett,
/ ihr Herz läuft über von bösen Plänen.
8 Sie höhnen, und was sie sagen, ist
schlecht; / sie sind falsch und reden von
oben herab.
9 Sie reißen ihr Maul bis zum Himmel
auf / und lassen auf Erden ihrer Zunge
freien Lauf.
10 Darum wendet sich das Volk ihnen
zu / und schlürft ihre Worte in vollen
Zügen.
11 Sie sagen:
»Wie sollte Gott das merken? / Wie
kann der Höchste das wissen?«
12 Wahrhaftig, so sind die Frevler: /
Immer im Glück, häufen sie Reichtum
auf Reichtum.
13 Also hielt ich umsonst mein Herz rein
/ und wusch meine Hände in Unschuld.
14 Und doch war ich alle Tage geplagt /
und wurde jeden Morgen gezüchtigt.
21 Mein Herz war verbittert, / mir bohr-
te der Schmerz in den Nieren;
22 ich war töricht und ohne Verstand, /
war wie ein Stück Vieh vor dir.
15 Hätte ich gesagt: »Ich will reden wie
sie«, / dann hätte ich an deinen Kin-
dern Verrat geübt.
16 Da sann ich nach, um das zu be-
greifen; / es war eine Qual für mich,
17 bis ich dann eintrat ins Heiligtum
Gottes / und begriff, wie sie enden.
18 Ja, du stellst sie auf schlüpfrigen
Grund, / du stürzt sie in Täuschung
und Trug.
19 Sie werden plötzlich zunichte, /
werden dahingerafft und nehmen ein
schreckliches Ende,
20 wie ein Traum, der beim Erwachen
verblasst, / dessen Bild man vergisst,
wenn man aufsteht.
23 Ich aber bleibe immer bei dir, / du
hältst mich an meiner Rechten.
24 Du leitest mich nach deinem Rat-
schluss / und nimmst mich am Ende
auf in Herrlichkeit.
25 Was habe ich im Himmel außer dir? /
Neben dir erfreut mich nichts auf der
Erde.
26 Auch wenn mein Leib und mein
Herz verschmachten, / Gott ist der Fels
meines Herzens / und mein Anteil auf
ewig.

27 Ja, wer dir fern ist, geht zugrunde; /
du vernichtest alle, die dich treulos ver-
lassen.
28 Ich aber – Gott nahe zu sein ist mein
Glück. / Ich setze auf Gott, den Herrn,
mein Vertrauen. / Ich will all deine Ta-
ten verkünden.

Klage über die Verwüstung des Heiligtums

74 [Ein Weisheitslied Asafs.]
Warum, Gott, hast du uns für immer
verstoßen? / Warum ist dein Zorn ge-
gen die Herde deiner Weide entbrannt?
2 Denk an deine Gemeinde, die du vor-
zeiten erworben, / als Stamm dir zu
eigen erkauft, / an den Berg Zion, den
du zur Wohnung erwählt hast.
3 Erheb deine Schritte zu den uralten
Trümmern! / Der Feind hat im Heilig-
tum alles verwüstet.
4 Deine Widersacher lärmten an deiner
heiligen Stätte, / stellten ihre Banner
auf als Zeichen des Sieges.
5 Wie einer die Axt schwingt im Dick-
icht des Waldes, /
6 so zerschlugen sie
all das Schnitzwerk mit Beil und Ham-
mer.
7 Sie legten an dein Heiligtum Feuer, /
entweihten die Wohnung deines Na-
mens bis auf den Grund.
8 Sie sagten in ihrem Herzen: »Wir zer-
stören alles.« / Und sie verbrannten alle
Gottesstätten ringsum im Land.
9 Zeichen für uns sehen wir nicht, / es
ist kein Prophet mehr da, / niemand
von uns weiß, wie lange noch.
10 Wie lange, Gott, darf der Bedränger
noch schmähen, / darf der Feind ewig
deinen Namen lästern?
11 Warum ziehst du die Hand von uns
ab, / hältst deine Rechte im Gewand
verborgen?
12 Doch Gott ist mein König von alters
her, / Taten des Heils vollbringt er auf
Erden.
13 Mit deiner Macht hast du das Meer
zerspalten, / die Häupter der Drachen
über den Wassern zerschmettert.
14 Du hast die Köpfe des Levíatan
zermalmt, / ihn zum Fraß gegeben den
Ungeheuern der See.
15 Hervorbrechen ließest du Quellen
und Bäche, / austrocknen Ströme, die
sonst nie versiegen.
16 Dein ist der Tag, dein auch die Nacht, /
hingestellt hast du Sonne und Mond.
17 Du hast die Grenzen der Erde fest-
gesetzt, / hast Sommer und Winter ge-
schaffen.
18 Denk daran:
Der Feind schmäht den Herrn, / ein
Volk ohne Einsicht lästert deinen
Namen.
19 Gib dem Raubtier das Leben deiner
Taube nicht preis; / das Leben deiner
Armen vergiss nicht für immer!
20 Blick hin auf deinen Bund! / Denn
voll von Schlupfwinkeln der Gewalt ist
unser Land.

21 Lass den Bedrückten nicht beschämt
von dir weggehn! / Arme und Gebeugte sollen deinen Namen rühmen.
22 Erheb dich, Gott, und führe deine
Sache! / Bedenke, wie die Toren dich täglich schmähen.
23 Vergiss nicht das Geschrei deiner
Gegner, / das Toben deiner Widersacher, das ständig emporsteigt.

Gott, der gerechte Richter

75 [Für den Chormeister. Nach der Weise »Zerstöre nicht!«. Ein Psalm Asafs. Ein Lied.]
2 Wir preisen dich, Gott, wir preisen
dich; / dein Name ist denen nahe, die deine Wunder erzählen.
3 »Ja, zu der Zeit, die ich selbst be-
stimme, / halte ich Gericht nach meinem Recht.
4 Die Erde mit allen, die auf ihr
wohnen, mag wanken; / doch ich selbst habe ihre Säulen auf festen Grund gestellt.« [Sela]
5 Ich sage zu den Stolzen: Seid nicht so
vermessen!, / und zu den Frevlern: Brüstet euch nicht mit eurer Macht!
6 Brüstet euch nicht stolz mit eurer
Macht, / redet nicht so überheblich daher!
7 Denn weder vom Osten noch vom
Westen / noch aus der Wüste kommt die Erhöhung.
8 Nein, der Richter ist Gott; / den einen
erniedrigt er, den andern erhöht er.
9 Ja, in der Hand des Herrn ist ein
Becher, / herben, gärenden Wein reicht er dar; ihn müssen alle Frevler der Erde trinken, / müssen ihn samt der Hefe schlürfen.
10 Ich aber werde jubeln für immer; /
dem Gott Jakobs will ich singen und spielen.
11 »Ich schlage die ganze Macht der
Frevler nieder; / doch das Haupt des Gerechten wird hoch erhoben.«

Der Weltenrichter auf dem Zion

76 [Für den Chormeister. Mit Saitenspiel. Ein Psalm Asafs. Ein Lied.]
2 Gott gab sich zu erkennen in Juda, /
sein Name ist groß in Israel.
3 Sein Zelt erstand in Salem, / seine
Wohnung auf dem Zion.
4 Dort zerbrach er die blitzenden Pfeile
des Bogens, / Schild und Schwert, die Waffen des Krieges. [Sela]
5 Du bist furchtbar und herrlich, / mehr
als die ewigen Berge.
6 Ausgeplündert sind die tapferen
Streiter, / sie sinken hin in den Schlaf; / allen Helden versagen die Hände.
7 Wenn du drohst, Gott Jakobs, / er-
starren Rosse und Wagen.
8 Furchtbar bist du. Wer kann bestehen
vor dir, / vor der Gewalt deines Zornes?
9 Vom Himmel her machst du das Ur-
teil bekannt; / Furcht packt die Erde, und sie verstummt,

10 wenn Gott sich erhebt zum Gericht, /
um allen Gebeugten auf der Erde zu
helfen. [Sela]
11 Denn auch der Mensch voll Trotz
muss dich preisen / und der Rest der
Völker dich feiern.
12 Legt Gelübde ab und erfüllt sie dem
Herrn, eurem Gott! / Ihr alle ringsum,
bringt Gaben ihm, den ihr fürchtet.
13 Er nimmt den Fürsten den Mut; / furcht-
erregend ist er für die Könige der Erde.

Gottes Weg mit seinem Volk

77 [Für den Chormeister. Nach
Jedutun. Ein Psalm Asafs.]
2 Ich rufe zu Gott, ich schreie, / ich rufe
zu Gott, bis er mich hört.
3 Am Tag meiner Not suche ich den
Herrn; / unablässig erhebe ich nachts
meine Hände, / meine Seele lässt sich
nicht trösten.
4 Denke ich an Gott, muss ich seufzen; /
sinne ich nach, dann will mein Geist
verzagen. [Sela]
5 Du lässt mich nicht mehr schlafen; /
ich bin voll Unruhe und kann nicht
reden.
6 Ich sinne nach über die Tage von einst, /
ich will denken an längst vergangene
Jahre.
7 Mein Herz grübelt bei Nacht, / ich
sinne nach, es forscht mein Geist.
8 Wird der Herr mich denn auf ewig
verstoßen / und mir niemals mehr
gnädig sein?
9 Hat seine Huld für immer ein Ende, /
ist seine Verheißung aufgehoben für
alle Zeiten?
10 Hat Gott seine Gnade vergessen, / im
Zorn sein Erbarmen verschlossen?
[Sela]
11 Da sagte ich mir: »Das ist mein
Schmerz, / dass die Rechte des
Höchsten so anders handelt.«
12 Ich denke an die Taten des Herrn, /
ich will denken an deine früheren
Wunder.
13 Ich erwäge all deine Werke / und will
nachsinnen über deine Taten.
14 Gott, dein Weg ist heilig. / Wo ist ein
Gott, so groß wie unser Gott?
15 Du allein bist der Gott, der Wunder
tut, / du hast deine Macht den Völkern
kundgetan.
16 Du hast mit starkem Arm dein Volk
erlöst, / die Kinder Jakobs und Josefs.
[Sela]
17 Die Wasser sahen dich, Gott, / die
Wasser sahen dich und bebten. / Die
Tiefen des Meeres tobten.
18 Die Wolken gossen ihr Wasser aus, /
das Gewölk ließ die Stimme dröhnen, /
auch deine Pfeile flogen dahin.
19 Dröhnend rollte dein Donner, / Blitze
erhellten den Erdkreis, / die Erde bebte
und wankte.
20 Durch das Meer ging dein Weg, /
dein Pfad durch gewaltige Wasser, /
doch niemand sah deine Spuren.
21 Du führtest dein Volk wie eine Herde /
durch die Hand von Mose und Aaron.

Die Geschichte Israels als Mahnung und Warnung

78 [Ein Weisheitslied Asafs.]
Mein Volk, vernimm meine Weisung! /
Wendet euer Ohr zu den Worten
meines Mundes!
2 Ich öffne meinen Mund zu einem
Spruch; / ich will die Geheimnisse der
Vorzeit verkünden.
3 Was wir hörten und erfuhren, / was
uns die Väter erzählten,
4 das wollen wir unseren Kindern nicht
verbergen, / sondern dem kommenden
Geschlecht erzählen:
die ruhmreichen Taten und die Stärke
des Herrn, / die Wunder, die er getan
hat.
5 Er stellte sein Gesetz auf in Jakob, / gab
in Israel Weisung / und gebot unseren
Vätern, ihre Kinder das alles zu lehren,
6 damit das kommende Geschlecht da-
von erfahre, / die Kinder späterer Zei-
ten; / sie sollten aufstehen und es wei-
tergeben an ihre Kinder,
7 damit sie ihr Vertrauen auf Gott
setzen, / die Taten Gottes nicht ver-
gessen / und seine Gebote bewahren
8 und nicht werden wie ihre Väter, /
jenes Geschlecht voll Trotz und
Empörung, / das wankelmütige Ge-
schlecht, dessen Geist nicht treu zu
Gott hielt.
9 Die Söhne Efraims, Kämpfer mit Pfeil
und Bogen, / wandten den Rücken am
Tag der Schlacht;
10 Gottes Bund hielten sie nicht, / sie
weigerten sich, seiner Weisung zu folgen.
11 Sie vergaßen die Taten des Herrn, /
die Wunder, die er sie sehen ließ.
12 Vor den Augen ihrer Väter voll-
brachte er Wunder / im Land Ägypten,
im Gefilde von Zoan.
13 Er spaltete das Meer und führte sie
hindurch, / er ließ das Wasser fest-
stehen wie einen Damm.
14 Er leitete sie bei Tag mit der Wolke /
und die ganze Nacht mit leuchtendem
Feuer.
15 Er spaltete Felsen in der Wüste / und
gab dem Volk reichlich zu trinken, wie
mit Wassern der Urflut.
16 Er ließ Bäche aus dem Gestein ent-
springen, / ließ Wasser fließen gleich
Strömen.
17 Doch sie sündigten weiter gegen ihn, /
sie trotzten in der Wüste dem Höchsten.
18 In ihrem Herzen versuchten sie Gott, /
forderten Nahrung für den Hunger.
19 Sie redeten gegen Gott; sie fragten: /
»Kann uns denn Gott den Tisch decken
in der Wüste?
20 Zwar hat er an den Felsen geschlagen, /
so dass Wasser floß und Bäche ström-
ten.
Kann er uns auch Brot verschaffen /
und sein Volk mit Fleisch versorgen?«
21 Das hörte der Herr und war voll
Grimm; / Feuer flammte auf gegen Ja-
kob, / Zorn erhob sich gegen Israel,
22 weil sie Gott nicht glaubten / und
nicht auf seine Hilfe vertrauten.

23 Dennoch gebot er den Wolken dro-
ben / und öffnete die Tore des Him-
mels.
24 Er ließ Manna auf sie regnen als
Speise, / er gab ihnen Brot vom Him-
mel.
25 Da aßen die Menschen Wunderbrot; /
Gott gab ihnen Nahrung in Fülle.
26 Er ließ den Ostwind losbrechen
droben am Himmel, / führte in seiner
Macht den Südwind herbei,
27 ließ Fleisch auf sie regnen wie Staub, /
gefiederte Vögel wie Sand am Meer.
28 Er ließ sie mitten ins Lager fallen, /
rings um Israels Zelte.
29 Da aßen alle und wurden satt; / er
hatte ihnen gebracht, was sie be-
gehrten.
30 Noch aber hatten sie ihre Gier nicht
gestillt, / noch war die Speise in ihrem
Mund,
31 da erhob sich gegen sie Gottes Zorn; /
er erschlug ihre Führer / und streckte
die jungen Männer Israels nieder.
32 Doch sie sündigten trotz allem weiter /
und vertrauten nicht seinen Wundern.
33 Darum ließ er ihre Tage schwinden
wie einen Hauch / und ihre Jahre voll
Schrecken vergehen.
34 Wenn er dreinschlug, fragten sie
nach Gott, / kehrten um und suchten
ihn.
35 Sie dachten daran, dass Gott ihr Fels
ist, / Gott, der Höchste, ihr Erlöser.
36 Doch sie täuschten ihn mit falschen
Worten, / und ihre Zunge belog ihn.
37 Ihr Herz hielt nicht fest zu ihm, / sie
hielten seinem Bund nicht die Treue.
38 Er aber vergab ihnen voll Erbarmen die
Schuld / und tilgte sein Volk nicht aus.
Oftmals ließ er ab von seinem Zorn /
und unterdrückte seinen Groll.
39 Denn er dachte daran, dass sie nichts
sind als Fleisch, / nur ein Hauch, der
vergeht und nicht wiederkehrt.
40 Wie oft haben sie ihm in der Wüste
getrotzt, / ihn gekränkt in der Steppe!
41 Immer wieder stellten sie ihn auf die
Probe, / sie reizten den heiligen Gott
Israels.
42 Sie dachten nicht mehr an seine
mächtige Hand, / an den Tag, als er sie
vom Unterdrücker befreite,
43 als er in Ägypten Zeichen tat / und
Wunder im Gefilde von Zoan:
44 Er verwandelte ihre Flüsse und Bäche
in Blut; / sie konnten daraus nicht mehr
trinken.
45 Er schickte einen Schwarm von
Fliegen, der fraß sie auf, / ein Heer von
Fröschen, das vertilgte sie.
46 Ihre Ernte überließ er den Grillen /
und den Heuschrecken den Ertrag
ihrer Mühen.
47 Ihre Reben zerschlug er mit Hagel, /
ihre Maulbeerbäume mit Körnern aus
Eis.
48 Ihr Vieh überließ er der Pest / und
ihre Herden den Seuchen.
49 Er ließ die Glut seines Zorns auf sie
los: / Grimm und Wut und Bedrängnis, /
Boten des Unheils in Scharen.

50 Er ließ seinem Zorn freien Lauf; / er
bewahrte sie nicht vor dem Tod / und
lieferte ihr Leben der Pest aus.
51 Er schlug in Ägypten alle Erstgeburt, /
in den Zelten Hams die Blüte der Ju-
gend.
52 Dann führte er sein Volk hinaus wie
Schafe, / leitete sie wie eine Herde
durch die Wüste.
53 Er führte sie sicher, sie mussten
nichts fürchten, / doch ihre Feinde be-
deckte das Meer.
54 Er brachte sie in sein heiliges Land, /
in die Berge, die er erwarb mit mäch-
tiger Hand.
55 Er vertrieb die Völker vor ihnen, / ließ
in ihren Zelten die Stämme Israels
wohnen / und teilte ihnen ihr Erbteil
zu.
56 Doch sie versuchten Gott und trotz-
ten dem Höchsten; / sie hielten seine
Satzungen nicht.
57 Wie ihre Väter, fielen sie treulos von
ihm ab, / sie wandten sich ab wie ein
Bogen, der versagt.
58 Sie erbitterten ihn mit ihrem Kult auf
den Höhen / und reizten seine Eifer-
sucht mit ihren Götzen.
59 Als Gott es sah, war er voll Grimm /
und sagte sich los von Israel.
60 Er verwarf seine Wohnung in Schilo, /
das Zelt, wo er unter den Menschen
wohnte.
61 Er gab seine Macht in Gefangen-
schaft, / seine heilige Lade fiel in die
Hand des Feindes.
62 Er lieferte sein Volk dem Schwert aus; /
er war voll Grimm über sein Eigentum.
63 Die jungen Männer fraß das Feuer; /
den jungen Mädchen sang man kein
Brautlied.
64 Die Priester wurden mit dem Schwert
erschlagen; / die Witwen konnten die
Toten nicht beweinen.
65 Da erwachte der Herr wie aus dem
Schlaf, / wie ein Held, der betäubt war
vom Wein.
66 Er schlug seine Feinde zurück / und
gab sie ewiger Schande preis.
67 Das Zelt Josefs verwarf er, / dem
Stamm Efraim entzog er die Erwäh-
lung.
68 Doch den Stamm Juda erwählte er, /
den Berg Zion, den er liebt.
69 Dort baute er sein hoch aufragendes
Heiligtum, /
so fest wie die Erde, / die er für immer
gegründet hat.
70 Und er erwählte seinen Knecht
David; / er holte ihn weg von den Hür-
den der Schafe, / 71 von den Muttertie-
ren nahm er ihn fort,
damit er sein Volk Jakob weide / und
sein Erbe Israel.
72 Er sorgte als Hirt für sie mit lauterem
Herzen / und führte sie mit klugen
Händen.

Die Klage über die Zerstörung Jerusalems

79 [Ein Psalm Asafs.]
Gott, die Heiden sind eingedrungen in
dein Erbe, / sie haben deinen heiligen
Tempel entweiht / und Jerusalem in
Trümmer gelegt.
2 Die Leichen deiner Knechte haben sie
zum Fraß gegeben den Vögeln des
Himmels, / die Leiber deiner Frommen
den Tieren des Feldes.
3 Ihr Blut haben sie wie Wasser ver-
gossen / rings um Jerusalem, / und
keiner hat sie begraben.
4 Zum Schimpf sind wir geworden / in
den Augen der Nachbarn, / zu Spott
und Hohn bei allen, die rings um uns
wohnen.
5 Wie lange noch, Herr? Willst du auf
ewig zürnen? / Wie lange noch wird
dein Eifer lodern wie Feuer?
6 Gieß deinen Zorn aus über die
Heiden, / die dich nicht kennen, / über
jedes Reich, das deinen Namen nicht
anruft.
7 Denn sie haben Jakob aufgezehrt /
und seine Felder verwüstet.
8 Rechne uns die Schuld der Vorfahren
nicht an! / Mit deinem Erbarmen komm
uns eilends entgegen! / Denn wir sind
sehr erniedrigt.
9 Um der Ehre deines Namens willen /
hilf uns, du Gott unsres Heils! / Um
deines Namens willen reiß uns heraus
und vergib uns die Sünden!
10 Warum dürfen die Heiden sagen: /
»Wo ist nun ihr Gott?«
Lass kund werden an den Heiden vor
unsern Augen, / wie du das vergossene
Blut deiner Knechte vergiltst.
11 Das Stöhnen der Gefangenen dringe
zu dir. / Befrei die Todgeweihten durch
die Kraft deines Armes!
12 Zahl unsern Nachbarn siebenfach
heim / die Schmach, die sie dir, Herr,
angetan.
13 Wir aber, dein Volk, die Schafe deiner
Weide, / wollen dir ewig danken, /
deinen Ruhm verkünden von
Geschlecht zu Geschlecht.

Bitte für Israel, den Weinstock Gottes

80 [Für den Chormeister. Nach
der Weise »Lilien«. Ein Zeug-
nis. Ein Psalm Asafs.]
2 Du Hirte Israels, höre, / der du Josef
weidest wie eine Herde!
Der du auf den Kerubim thronst, er-
scheine / 3 vor Efraim, Benjamin und
Manasse!
Biete deine gewaltige Macht auf, / und
komm uns zu Hilfe!
4 Gott, richte uns wieder auf! / Lass dein
Angesicht leuchten, dann ist uns ge-
holfen.
5 Herr, Gott der Heerscharen, wie lange
noch zürnst du, / während dein Volk zu
dir betet?
6 Du hast sie gespeist mit Tränenbrot, /
sie überreich getränkt mit Tränen.

[7] Du machst uns zum Spielball der
Nachbarn, / und unsere Feinde verspot-
ten uns.
[8] Gott der Heerscharen, richte uns wie-
der auf! / Lass dein Angesicht leuchten,
dann ist uns geholfen.
[9] Du hobst in Ägypten einen Weinstock
aus, / du hast Völker vertrieben, ihn
aber eingepflanzt.
[10] Du schufst ihm weiten Raum; / er hat
Wurzeln geschlagen / und das ganze
Land erfüllt.
[11] Sein Schatten bedeckte die Berge, /
seine Zweige die Zedern Gottes.
[12] Seine Ranken trieb er bis hin zum
Meer / und seine Schößlinge bis zum
Eufrat.
[13] Warum rissest du seine Mauern ein? /
Alle, die des Weges kommen, plündern
ihn aus.
[14] Der Eber aus dem Wald wühlt ihn
um, / die Tiere des Feldes fressen ihn
ab.
[15] Gott der Heerscharen, wende dich
uns wieder zu! / Blick vom Himmel
herab, und sieh auf uns!
Sorge für diesen Weinstock / [16] und für
den Garten, den deine Rechte gepflanzt
hat.
[17] Die ihn im Feuer verbrannten wie
Kehricht, / sie sollen vergehen vor dei-
nem drohenden Angesicht.
[18] Deine Hand schütze den Mann zu
deiner Rechten, / den Menschensohn,
den du für dich groß und stark gemacht.
[19] Erhalt uns am Leben! / Dann wollen
wir deinen Namen anrufen und nicht
von dir weichen.
[20] Herr, Gott der Heerscharen, richte
uns wieder auf! / Lass dein Angesicht
leuchten, dann ist uns geholfen.

Aufruf zur Treue gegen Gott

81 [Für den Chormeister. Nach
dem Kelterlied. Von Asaf.]
[2] Jubelt Gott zu, er ist unsre Zuflucht; /
jauchzt dem Gott Jakobs zu!
[3] Stimmt an den Gesang, schlagt die
Pauke, / die liebliche Laute, dazu die
Harfe!
[4] Stoßt in die Posaune am Neumond /
und zum Vollmond, am Tag unsres
Festes!
[5] Denn das ist Satzung für Israel, / Ent-
scheid des Gottes Jakobs.
[6] Das hat er als Gesetz für Josef erlassen, /
als Gott gegen Ägypten auszog.
Eine Stimme höre ich, die ich noch nie
vernahm: / [7] Seine Schulter hab' ich von
der Bürde befreit, / seine Hände kamen
los vom Lastkorb.
[8] Du riefst in der Not, / und ich Riss
dich heraus;
ich habe dich aus dem Gewölk des
Donners erhört, / an den Wassern von
Meríba geprüft. [Sela]
[9] Höre, mein Volk, ich will dich mahnen!
/ Israel, wolltest du doch auf mich hören!
[10] Für dich gibt es keinen andern Gott. /
Du sollst keinen fremden Gott anbeten.
[11] Ich bin der Herr, dein Gott, / der dich

herauffgeführt hat aus Ägypten. / Tu
deinen Mund auf! Ich will ihn füllen.
12 Doch mein Volk hat nicht auf meine
Stimme gehört; /
Israel hat mich nicht gewollt.
13 Da überließ ich sie ihrem verstockten
Herzen, / und sie handelten nach ihren
eigenen Plänen.
14 Ach dass doch mein Volk auf mich hör-
te, / dass Israel gehen wollte auf meinen
Wegen!
15 Wie bald würde ich seine Feinde
beugen, / meine Hand gegen seine Be-
dränger wenden.
16 Alle, die den Herrn hassen, müssten
Israel schmeicheln, / und das sollte für
immer so bleiben.
17 Ich würde es nähren mit bestem Wei-
zen / und mit Honig aus dem Felsen
sättigen.

Bitte um Gottes Eingreifen als Richter

82 [Ein Psalm Asafs.]
Gott steht auf in der Versammlung der
Götter, / im Kreis der Götter hält er Ge-
richt.
2 »Wie lange noch wollt ihr ungerecht
richten / und die Frevler begünstigen?
[Sela]
3 Verschafft Recht den Unterdrückten
und Waisen, / verhelft den Gebeugten
und Bedürftigen zum Recht!
4 Befreit die Geringen und Armen, /
entreißt sie der Hand der Frevler!«
5 Sie aber haben weder Einsicht noch
Verstand, / sie tappen dahin im Fins-
tern. / Alle Grundfesten der Erde wan-
ken.
6 »Wohl habe ich gesagt: Ihr seid
Götter, / ihr alle seid Söhne des
Höchsten.
7 Doch nun sollt ihr sterben wie
Menschen, / sollt stürzen wie jeder der
Fürsten.«
8 Erheb dich, Gott, und richte die
Erde! / Denn alle Völker werden dein
Erbteil sein.

Eine Bitte um Hilfe gegen Feinde des Volkes

83 [Ein Lied. Ein Psalm Asafs.]
2 Schweig doch nicht, o Gott, bleib
nicht still, / o Gott, bleib nicht stumm!
3 Sieh doch, deine Feinde toben; / die
dich hassen, erheben das Haupt.
4 Gegen dein Volk ersinnen sie listige
Pläne / und halten Rat gegen die, die
sich bei dir bergen.
5 Sie sagen: »Wir wollen sie ausrotten
als Volk; / an den Namen Israel soll
niemand mehr denken.«
6 Ja, sie halten einmütig Rat / und
schließen ein Bündnis gegen dich:
7 Edoms Zelte und die Ismaeliter, /
Moab und die Hagariter,
8 Gebal, Ammon und Amalek, / das
Philisterland und die Bewohner von
Tyrus.

9 Zu ihnen gesellt sich auch Assur / und
leiht seinen Arm den Söhnen Lots.
[Sela]
10 Mach es mit ihnen wie mit Midian
und Sisera, / wie mit Jabin am Bach
Kischon,
11 die du bei En-Dór vernichtet hast. /
Sie wurden zum Dung für die Äcker.
12 Mach ihre Fürsten wie Oreb und
Seeb, / wie Sebach und Zalmunna
mach all ihre Führer! / 13 Sie sagten:
»Wir wollen Gottes Land erobern.«
14 Mein Gott, lass sie dahinwirbeln wie
Staub, / wie Spreu vor dem Wind!
15 Wie das Feuer, das ganze Wälder verbrennt, / wie die Flamme, die Berge versengt,
16 so jage sie davon mit deinem Sturm, /
und schrecke sie mit deinem Wetter!
17 Bedecke mit Schmach ihr Gesicht, /
damit sie, Herr, nach deinem Namen
fragen.
18 Beschämt sollen sie sein und verstört
für immer, / sollen vor Schande zugrunde gehn.
19 Sie sollen erkennen, dass du es bist.
Herr ist dein Name. / Du allein bist der
Höchste über der ganzen Erde.

Die Freude am Heiligtum

84 [Für den Chormeister. Nach dem Kelterlied. Ein Psalm der Korachiter.]
2 Wie liebenswert ist deine Wohnung,
Herr der Heerscharen! / 3 Meine Seele
verzehrt sich in Sehnsucht / nach dem Tempel des Herrn.
Mein Herz und mein Leib jauchzen ihm zu, / ihm, dem lebendigen Gott.
4 Auch der Sperling findet ein Haus /
und die Schwalbe ein Nest für ihre Jungen – / deine Altäre, Herr der Heerscharen, mein Gott und mein König.
5 Wohl denen, die wohnen in deinem
Haus, / die dich allezeit loben. [Sela]
6 Wohl den Menschen, die Kraft finden
in dir, / wenn sie sich zur Wallfahrt rüsten.
7 Ziehen sie durch das trostlose Tal, /
wird es für sie zum Quellgrund, / und Frühregen hüllt es in Segen.
8 Sie schreiten dahin mit wachsender
Kraft; / dann schauen sie Gott auf dem Zion.
9 Herr der Heerscharen, höre mein
Beten, / vernimm es, Gott Jakobs! [Sela]
10 Gott, sieh her auf unsern Schild, /
schau auf das Antlitz deines Gesalbten!
11 Denn ein einziger Tag in den Vorhöfen deines Heiligtums / ist besser als tausend andere.
Lieber an der Schwelle stehen im Haus meines Gottes / als wohnen in den Zelten der Frevler.
12 Denn Gott der Herr ist Sonne und
Schild. / Er schenkt Gnade und Herrlichkeit;
der Herr versagt denen, die rechtschaffen sind, keine Gabe. / 13 Herr der
Heerscharen, wohl dem, der dir vertraut!

Bitte um das verheißene Heil

85 [Für den Chormeister. Ein
Psalm der Korachiter.]
2 Einst hast du, Herr, dein Land be-
gnadet / und Jakobs Unglück gewen-
det,
3 hast deinem Volk die Schuld vergeben, /
all seine Sünden zugedeckt, [Sela]
4 hast zurückgezogen deinen ganzen
Grimm / und deinen glühenden Zorn
gedämpft.
5 Gott, unser Retter, richte uns wieder
auf, / lass von deinem Unmut gegen uns
ab!
6 Willst du uns ewig zürnen, / soll dein
Zorn dauern von Geschlecht zu Ge-
schlecht?
7 Willst du uns nicht wieder beleben, / so
dass dein Volk sich an dir freuen kann?
8 Erweise uns, Herr, deine Huld, / und
gewähre uns dein Heil!
9 Ich will hören, was Gott redet: / Frieden
verkündet der Herr seinem Volk und
seinen Frommen, / den Menschen mit
redlichem Herzen. [Sela]
10 Sein Heil ist denen nahe, die ihn
fürchten. / Seine Herrlichkeit wohne in
unserm Land.
11 Es begegnen einander Huld und
Treue; / Gerechtigkeit und Friede küs-
sen sich.
12 Treue sprosst aus der Erde hervor; /
Gerechtigkeit blickt vom Himmel her-
nieder.
13 Auch spendet der Herr dann Segen, /
und unser Land gibt seinen Ertrag.
14 Gerechtigkeit geht vor ihm her, / und
Heil folgt der Spur seiner Schritte.

Der Hilferuf eines Armen zu Gott

86 [Ein Gebet Davids.]
Wende dein Ohr mir zu, erhöre mich,
Herr! / Denn ich bin arm und gebeugt.
2 Beschütze mich, denn ich bin dir er-
geben! / Hilf deinem Knecht, der dir
vertraut!
3 Du bist mein Gott. Sei mir gnädig,
o Herr! / Den ganzen Tag rufe ich zu
dir.
4 Herr, erfreue deinen Knecht; / denn
ich erhebe meine Seele zu dir.
5 Herr, du bist gütig und bereit zu ver-
zeihen, / für alle, die zu dir rufen, reich
an Gnade.
6 Herr, vernimm mein Beten, / achte auf
mein lautes Flehen!
7 Am Tag meiner Not rufe ich zu dir; /
denn du wirst mich erhören.
8 Herr, unter den Göttern ist keiner wie
du, / und nichts gleicht den Werken,
die du geschaffen hast.
9 Alle Völker kommen und beten dich
an, / sie geben, Herr, deinem Namen
die Ehre.
10 Denn du bist groß und tust Wun-
der; / du allein bist Gott.
11 Weise mir, Herr, deinen Weg; / ich
will ihn gehen in Treue zu dir.
Richte mein Herz darauf hin, / allein
deinen Namen zu fürchten!

12 Ich will dir danken, Herr, mein Gott, /
aus ganzem Herzen, / will deinen Na-
men ehren immer und ewig.
13 Du hast mich den Tiefen des Toten-
reichs entrissen. / Denn groß ist über
mir deine Huld.
14 Gott, freche Menschen haben sich
gegen mich erhoben, / die Rotte der Ge-
walttäter trachtet mir nach dem Leben; /
doch dich haben sie nicht vor Augen.
15 Du aber, Herr, bist ein barmherziger
und gnädiger Gott, / du bist langmütig,
reich an Huld und Treue.
16 Wende dich mir zu und sei mir
gnädig, / gib deinem Knecht wieder
Kraft, / und hilf dem Sohn deiner Magd!
17 Tu ein Zeichen, und schenke mir
Glück! / Alle, die mich hassen, sollen es
sehen und sich schämen, / weil du,
Herr, mich gerettet und getröstet hast.

Ein Loblied auf Zion, die Mutter aller Völker

87 [Ein Psalm der Korachiter. Ein
Lied.]
2 Der Herr liebt (Zion), seine Gründung
auf heiligen Bergen; / mehr als all seine
Stätten in Jakob liebt er die Tore Zions.
3 Herrliches sagt man von dir, / du Stadt
unseres Gottes. [Sela]
4 Leute aus Ägypten und Babel / zähle
ich zu denen, die mich kennen;
auch von Leuten aus dem Philisterland, /
aus Tyrus und Kusch / sagt man: Er ist
dort geboren.
5 Doch von Zion wird man sagen: /
Jeder ist dort geboren. / Er, der Höchste,
hat Zion gegründet.
6 Der Herr schreibt, wenn er die Völker
verzeichnet: / Er ist dort geboren. [Sela]
7 Und sie werden beim Reigentanz sin-
gen: / All meine Quellen entspringen in
dir.

Die Klage eines Kranken und Einsamen

88 [Ein Lied. Ein Psalm der Kora-
chiter. Für den Chormeister.
Nach der Weise »Krankheit« zu singen.
Ein Weisheitslied Hemans, des Esra-
chiters.]
2 Herr, du Gott meines Heils, / zu dir
schreie ich am Tag und bei Nacht.
3 Lass mein Gebet zu dir dringen, / wen-
de dein Ohr meinem Flehen zu!
4 Denn meine Seele ist gesättigt mit Leid,
/ mein Leben ist dem Totenreich nahe.
5 Schon zähle ich zu denen, die hinab-
sinken ins Grab, / bin wie ein Mann,
dem alle Kraft genommen ist.
6 Ich bin zu den Toten hinweggerafft, /
wie Erschlagene, die im Grabe ruhen;
an sie denkst du nicht mehr, / denn sie
sind deiner Hand entzogen.
7 Du hast mich ins tiefste Grab ge-
bracht, / tief hinab in finstere Nacht.
8 Schwer lastet dein Grimm auf mir, / all
deine Wogen stürzen über mir zu-
sammen. [Sela]
9 Die Freunde hast du mir entfremdet, /
mich ihrem Abscheu ausgesetzt; /

ich bin gefangen und kann nicht her-
aus.
10 Mein Auge wird trübe vor Elend. /
Jeden Tag, Herr, ruf ich zu dir; / ich
strecke nach dir meine Hände aus.
11 Wirst du an den Toten Wunder tun, /
werden Schatten aufstehn, um dich zu
preisen? [Sela]
12 Erzählt man im Grab von deiner
Huld, / von deiner Treue im Totenreich?
13 Werden deine Wunder in der Fins-
ternis bekannt, / deine Gerechtigkeit
im Land des Vergessens?
14 Herr, darum schreie ich zu dir, / früh
am Morgen tritt mein Gebet vor dich hin.
15 Warum, o Herr, verwirfst du mich, / wa-
rum verbirgst du dein Gesicht vor mir?
16 Gebeugt bin ich und todkrank von
früher Jugend an, / deine Schrecken
lasten auf mir, und ich bin zerquält.
17 Über mich fuhr die Glut deines Zorns
dahin, / deine Schrecken vernichten mich.
18 Sie umfluten mich allzeit wie Wasser /
und dringen auf mich ein von allen
Seiten.
19 Du hast mir die Freunde und Gefähr-
ten entfremdet; / mein Vertrauter ist
nur noch die Finsternis.

Das Klagelied über die Verwerfung des Hauses David

89 [Ein Weisheitslied Etans, des
Esrachiters.]
2 Von den Taten deiner Huld, Herr,
will ich ewig singen, / bis zum fernsten
Geschlecht laut deine Treue verkün-
den.
3 Denn ich bekenne: Deine Huld be-
steht für immer und ewig; / deine Treue
steht fest im Himmel.
4 »Ich habe einen Bund geschlossen mit
meinem Erwählten / und David,
meinem Knecht, geschworen:
5 Deinem Haus gebe ich auf ewig Be-
stand, / und von Geschlecht zu Ge-
schlecht richte ich deinen Thron auf.«
[Sela]
6 Die Himmel preisen, Herr, deine
Wunder / und die Gemeinde der
Heiligen deine Treue.
7 Denn wer über den Wolken ist wie der
Herr, / wer von den Göttern ist dem
Herrn gleich?
8 Gewaltig ist Gott im Rat der Heiligen, /
für alle rings um ihn her ist er groß und
furchtbar.
9 Herr, Gott der Heerscharen, wer ist
wie du? / Mächtig bist du, Herr, und
von Treue umgeben.
10 Du beherrschst die Empörung des
Meeres; / wenn seine Wogen toben – du
glättest sie.
11 Rahab hast du durchbohrt und zer-
treten, / deine Feinde zerstreut mit
starkem Arm.
12 Dein ist der Himmel, dein auch die
Erde; / den Erdkreis und was ihn erfüllt
hast du gegründet.
13 Nord und Süd hast du geschaffen, /
Tabor und Hermon jauchzen bei
deinem Namen.

[14] Dein Arm ist voll Kraft, / deine Hand
ist stark, deine Rechte hoch erhoben.
[15] Recht und Gerechtigkeit sind die
Stützen deines Thrones, / Huld und
Treue schreiten vor deinem Antlitz her.
[16] Wohl dem Volk, das dich als König
zu feiern weiß! / Herr, sie gehen im
Licht deines Angesichts.
[17] Sie freuen sich über deinen Namen
zu jeder Zeit, / über deine Gerechtig-
keit jubeln sie.
[18] Denn du bist ihre Schönheit und
Stärke, / du erhöhst unsre Kraft in
deiner Güte.
[19] Ja, unser Schild gehört dem Herrn, /
unser König dem heiligen Gott Israels.
[20] Einst hast du in einer Vision zu
deinen Frommen gesprochen: / »Einen
Helden habe ich zum König gekrönt,
einen jungen Mann aus dem Volk
erhöht.
[21] Ich habe David, meinen Knecht,
gefunden / und ihn mit meinem heili-
gen Öl gesalbt.
[22] Beständig wird meine Hand ihn
halten / und mein Arm ihn stärken.
[23] Kein Feind soll ihn täuschen, / kein
ruchloser Mensch kann ihn bezwingen.
[24] Vor ihm will ich die Feinde zer-
schmettern, / und alle, die ihn hassen,
schlage ich nieder.
[25] Meine Treue und meine Huld be-
gleiten ihn, / und in meinem Namen
erhebt er sein Haupt.
[26] Ich lege seine Hand auf das Meer, /
über die Ströme herrscht seine Rechte.
[27] Er wird zu mir rufen: Mein Vater bist
du, / mein Gott, der Fels meines Heiles.
[28] Ich mache ihn zum erstgeborenen
Sohn, / zum Höchsten unter den Herr-
schern der Erde.
[29] Auf ewig werde ich ihm meine Huld
bewahren, / mein Bund mit ihm bleibt
allzeit bestehen.
[30] Sein Geschlecht lasse ich dauern für
immer / und seinen Thron, solange der
Himmel währt.
[31] Wenn seine Söhne meine Weisung
verlassen, / nicht mehr leben nach
meiner Ordnung,
[32] wenn sie meine Gesetze entweihen, /
meine Gebote nicht mehr halten,
[33] dann werde ich ihr Vergehen mit der
Rute / strafen und ihre Sünde mit
Schlägen.
[34] Doch ich entziehe ihm nicht meine
Huld, / breche ihm nicht die Treue.
[35] Meinen Bund werde ich nicht ent-
weihen; / was meine Lippen gesprochen
haben, will ich nicht ändern.
[36] Eines hab ich geschworen, / so wahr
ich heilig bin, / und niemals werde ich
David belügen:
[37] Sein Geschlecht soll bleiben auf ewig, /
sein Thron habe Bestand vor mir wie
die Sonne;
[38] er soll ewig bestehen wie der Mond, /
der verlässliche Zeuge über den
Wolken.« [Sela]
[39] Nun aber hast du deinen Gesalbten
verstoßen, / ihn verworfen und mit
Zorn überschüttet,

40 hast den Bund mit deinem Knecht
zerbrochen, / zu Boden getreten seine
Krone.
41 Eingerissen hast du all seine Mauern, /
in Trümmer gelegt seine Burgen.
42 Alle, die des Weges kommen, plün-
dern ihn aus, / er wird zum Gespött
seiner Nachbarn.
43 Du hast die Hand seiner Bedränger
hoch erhoben, / hast all seine Feinde er-
freut.
44 Du hast die Spitze seines Schwertes
umgekehrt, / hast im Kampf ihm den
Sieg verweigert.
45 Du hast ein Ende gemacht seinem
Glanz / und seinen Thron zu Boden
geworfen.
46 Du hast ihm die Tage der Jugend ver-
kürzt / und ihn bedeckt mit Schande.
[Sela]
47 Wie lange noch, Herr? Verbirgst du
dich ewig? / Soll dein Zorn wie Feuer
brennen?
48 Bedenke, Herr: Was ist unser Leben, /
wie vergänglich hast du alle Menschen
erschaffen!
49 Wo ist der Mann, der ewig lebt und
den Tod nicht schaut, / der sich retten
kann vor dem Zugriff der Unterwelt?
[Sela]
50 Herr, wo sind die Taten deiner Huld
geblieben, / die du David in deiner
Treue geschworen hast?
51 Herr, denk an die Schmach deines
Knechtes! / Im Herzen brennt mir der
Hohn der Völker,
52 mit dem deine Feinde mich schmähen,
Herr, / und die Schritte deines Gesalb-
ten verhöhnen.
53 Gepriesen sei der Herr in Ewigkeit. /
Amen, ja amen.

Das vierte Buch

Der ewige Gott – der vergängliche Mensch

90 [Ein Gebet des Mose, des Man-
nes Gottes.]
Herr, du warst unsere Zuflucht / von
Geschlecht zu Geschlecht.
2 Ehe die Berge geboren wurden, / die
Erde entstand und das Weltall, / bist
du, o Gott, von Ewigkeit zu Ewigkeit.
3 Du lässt die Menschen zurückkehren
zum Staub / und sprichst: »Kommt
wieder, ihr Menschen!«
4 Denn tausend Jahre sind für dich / wie
der Tag, der gestern vergangen ist, / wie
eine Wache in der Nacht.
5 Von Jahr zu Jahr säst du die Menschen
aus; / sie gleichen dem sprossenden Gras.
6 Am Morgen grünt es und blüht, / am
Abend wird es geschnitten und welkt.
7 Denn wir vergehen durch deinen Zorn,
/ werden vernichtet durch deinen Grimm.
8 Du hast unsre Sünden vor dich hin-
gestellt, / unsre geheime Schuld in das
Licht deines Angesichts.
9 Denn all unsre Tage gehn hin unter
deinem Zorn, / wir beenden unsere
Jahre wie einen Seufzer.

10 Unser Leben währt siebzig Jahre, / und
wenn es hoch kommt, sind es achtzig.
Das Beste daran ist nur Mühsal und
Beschwer, / rasch geht es vorbei, wir
fliegen dahin.
11 Wer kennt die Gewalt deines Zornes /
und fürchtet sich vor deinem Grimm?
12 Unsre Tage zu zählen, lehre uns! /
Dann gewinnen wir ein weises Herz.
13 Herr, wende dich uns doch endlich
zu! / Hab Mitleid mit deinen Knech-
ten!
14 Sättige uns am Morgen mit deiner
Huld! / Dann wollen wir jubeln und
uns freuen all unsre Tage.
15 Erfreue uns so viele Tage, wie du uns
gebeugt hast, / so viele Jahre, wie wir
Unglück erlitten.
16 Zeig deinen Knechten deine Taten /
und ihren Kindern deine erhabene
Macht!
17 Es komme über uns die Güte des
Herrn, unsres Gottes. /
Lass das Werk unsrer Hände gedeihen, /
ja, lass gedeihen das Werk unsrer Hände!

Unter dem Schutz des Höchsten

91 Wer im Schutz des Höchsten
wohnt / und ruht im Schatten
des Allmächtigen,
2 der sagt zum Herrn: »Du bist für mich
Zuflucht und Burg, / mein Gott, dem
ich vertraue.«
3 Er rettet dich aus der Schlinge des
Jägers / und aus allem Verderben.
4 Er beschirmt dich mit seinen Flügeln, /
unter seinen Schwingen findest du Zu-
flucht, / Schild und Schutz ist dir seine
Treue.
5 Du brauchst dich vor dem Schrecken
der Nacht nicht zu fürchten, / noch vor
dem Pfeil, der am Tag dahinfliegt,
6 nicht vor der Pest, die im Finstern
schleicht, / vor der Seuche, die wütet
am Mittag.
7 Fallen auch tausend zu deiner Seite, /
dir zur Rechten zehnmal tausend, / so
wird es doch dich nicht treffen.
8 Ja, du wirst es sehen mit eigenen
Augen, / wirst zuschauen, wie den Frev-
lern vergolten wird.
9 Denn der Herr ist deine Zuflucht, / du
hast dir den Höchsten als Schutz
erwählt.
10 Dir begegnet kein Unheil, / kein Un-
glück naht deinem Zelt.
11 Denn er befiehlt seinen Engeln, / dich
zu behüten auf all deinen Wegen.
12 Sie tragen dich auf ihren Händen, /
damit dein Fuß nicht an einen Stein
stößt;
13 du schreitest über Löwen und Nat-
tern, / trittst auf Löwen und Drachen.
14 »Weil er an mir hängt, will ich ihn
retten; / ich will ihn schützen, denn er
kennt meinen Namen.
15 Wenn er mich anruft, dann will ich
ihn erhören. / Ich bin bei ihm in der Not,
/ befreie ihn und bringe ihn zu Ehren.
16 Ich sättige ihn mit langem Leben /
und lasse ihn schauen mein Heil.«

Ein Loblied auf die Treue Gottes

92 [Ein Psalm. Ein Lied für den
Sabbattag.]
2 Wie schön ist es, dem Herrn zu
danken, / deinem Namen, du Höchster,
zu singen,
3 am Morgen deine Huld zu verkünden /
und in den Nächten deine Treue
4 zur zehnsaitigen Laute, zur Harfe, /
zum Klang der Zither.
5 Denn du hast mich durch deine Taten
froh gemacht; /
Herr, ich will jubeln über die Werke
deiner Hände.
6 Wie groß sind deine Werke, o Herr, /
wie tief deine Gedanken!
7 Ein Mensch ohne Einsicht erkennt das
nicht, / ein Tor kann es nicht verstehen.
8 Wenn auch die Frevler gedeihen / und
alle, die Unrecht tun, wachsen, / so nur,
damit du sie für immer vernichtest.
9 Herr, du bist der Höchste, / du bleibst
auf ewig.
10 Doch deine Feinde, Herr, wahrhaftig,
deine Feinde vergehen; / auseinander
getrieben werden alle, die Unrecht tun.
11 Du machtest mich stark wie einen
Stier, / du salbtest mich mit frischem
Öl.
12 Mein Auge blickt herab auf meine
Verfolger, / auf alle, die sich gegen mich
erheben; / mein Ohr hört vom Geschick
der Bösen.
13 Der Gerechte gedeiht wie die Palme, /
er wächst wie die Zedern des Libanon.
14 Gepflanzt im Hause. des Herrn, /
gedeihen sie in den Vorhöfen unseres
Gottes.
15 Sie tragen Frucht noch im Alter / und
bleiben voll Saft und Frische;
16 sie verkünden: Gerecht ist der Herr; /
mein Fels ist er, an ihm ist kein Unrecht.

Das Königtum Gottes

93 Der Herr ist König, bekleidet
mit Hoheit; / der Herr hat sich
bekleidet und mit Macht umgürtet.
Der Erdkreis ist fest gegründet, / nie
wird er wanken.
2 Dein Thron steht fest von Anbeginn, /
du bist seit Ewigkeit.
3 Fluten erheben sich, Herr, / Fluten
erheben ihr Brausen, / Fluten erheben
ihr Tosen.
4 Gewaltiger als das Tosen vieler
Wasser, / gewaltiger als die Brandung
des Meeres / ist der Herr in der Höhe.
5 Deine Gesetze sind fest und verlässlich; / Herr, deinem Haus gebührt
Heiligkeit für alle Zeiten.

Gott, der Anwalt der Gerechten

94 Gott der Vergeltung, o Herr, / du
Gott der Vergeltung, erscheine!
2 Erhebe dich, Richter der Erde, / vergilt
den Stolzen ihr Tun!
3 Wie lange noch dürfen die Frevler, o
Herr, / wie lange noch dürfen die
Frevler frohlocken?

4 Sie führen freche Reden, / alle, die
Unrecht tun, brüsten sich.
5 Herr, sie zertreten dein Volk, / sie
unterdrücken dein Erbteil.
6 Sie bringen die Witwen und Waisen
um / und morden die Fremden.
7 Sie denken: Der Herr sieht es ja nicht, /
der Gott Jakobs merkt es nicht.
8 Begreift doch, ihr Toren im Volk! / Ihr
Unvernünftigen, wann werdet ihr klug?
9 Sollte der nicht hören, der das Ohr ge-
pflanzt hat, / sollte der nicht sehen, der
das Auge geformt hat?
10 Sollte der nicht strafen, der die
Völker erzieht, / er, der die Menschen
Erkenntnis lehrt?
11 Der Herr kennt die Gedanken der
Menschen: / Sie sind nichts als ein
Hauch.
12 Wohl dem Mann, den du, Herr, er-
ziehst, / den du mit deiner Weisung be-
lehrst.
13 Du bewahrst ihn vor bösen Tagen, /
bis man dem Frevler die Grube gräbt.
14 Ja, der Herr wird sein Volk nicht ver-
stoßen / und niemals sein Erbe ver-
lassen.
15 Nun spricht man wieder Recht nach
Gerechtigkeit; / ihr folgen alle Men-
schen mit redlichem Herzen.
16 Wer wird sich für mich gegen die
Frevler erheben, / wer steht für mich ein
gegen den, der Unrecht tut?
17 Wäre nicht der Herr meine Hilfe, /
bald würde ich im Land des Schwei-
gens wohnen.
18 Wenn ich sage: »Mein Fuß gleitet
aus«, / dann stützt mich, Herr, deine
Huld.
19 Mehren sich die Sorgen des Herzens, /
so erquickt dein Trost meine Seele.
20 Kann sich mit dir der bestechliche
Richter verbünden, / der willkürlich
straft, gegen das Gesetz?
21 Sie wollen das Leben des Gerechten
vernichten / und verurteilen schuldlose
Menschen.
22 Doch meine Burg ist der Herr, / mein
Gott ist der Fels meiner Zuflucht.
23 Er wird ihnen ihr Unrecht vergelten /
und sie wegen ihrer Bosheit vernich-
ten; / vernichten wird sie der Herr,
unser Gott.

Aufruf zur Treue gegen Gott

95 Kommt, lasst uns jubeln vor
dem Herrn / und zujauchzen
dem Fels unsres Heiles!
2 Lasst uns mit Lob seinem Angesicht
nahen, / vor ihm jauchzen mit Liedern!
3 Denn der Herr ist ein großer Gott, /
ein großer König über allen Göttern.
4 In seiner Hand sind die Tiefen der
Erde, / sein sind die Gipfel der Berge.
5 Sein ist das Meer, das er gemacht hat, /
das trockene Land, das seine Hände ge-
bildet.
6 Kommt, lasst uns niederfallen, uns vor
ihm verneigen, / lasst uns niederknien
vor dem Herrn, unserm Schöpfer!

[7] Denn er ist unser Gott, / wir sind das
Volk seiner Weide, / die Herde, von
seiner Hand geführt.
Ach, würdet ihr doch heute auf seine
Stimme hören! / [8] »Verhärtet euer Herz
nicht wie in Meríba, / wie in der Wüste
am Tag von Massa!
[9] Dort haben eure Väter mich versucht, /
sie haben mich auf die Probe gestellt
und hatten doch mein Tun gesehen.
[10] Vierzig Jahre war mir dies Geschlecht
zuwider, / und ich sagte: Sie sind ein
Volk, dessen Herz in die Irre geht; /
denn meine Wege kennen sie nicht.
[11] Darum habe ich in meinem Zorn ge-
schworen: / Sie sollen nicht kommen in
das Land meiner Ruhe.«

Der Herr, König und Richter aller Welt

96 Singet dem Herrn ein neues
Lied, / singt dem Herrn, alle
Länder der Erde!
[2] Singt dem Herrn und preist seinen
Namen, / verkündet sein Heil von Tag
zu Tag!
[3] Erzählt bei den Völkern von seiner
Herrlichkeit, / bei allen Nationen von
seinen Wundern!
[4] Denn groß ist der Herr und hoch zu
preisen, / mehr zu fürchten als alle Götter.
[5] Alle Götter der Heiden sind nichtig, / der
Herr aber hat den Himmel geschaffen.
[6] Hoheit und Pracht sind vor seinem
Angesicht, / Macht und Glanz in sei-
nem Heiligtum.
[7] Bringt dar dem Herrn, ihr Stämme
der Völker, / bringt dar dem Herrn Lob
und Ehre!
[8] Bringt dar dem Herrn die Ehre seines
Namens, / spendet Opfergaben, und
tretet ein in sein Heiligtum!
[9] In heiligem Schmuck werft euch
nieder vor dem Herrn, / erbebt vor ihm,
alle Länder der Erde!
[10] Verkündet bei den Völkern: / Der
Herr ist König.
Den Erdkreis hat er gegründet, so dass
er nicht wankt. / Er richtet die Nationen
so, wie es recht ist.
[11] Der Himmel freue sich, die Erde
frohlocke, / es brause das Meer und
alles, was es erfüllt.
[12] Es jauchze die Flur und was auf ihr
wächst. / Jubeln sollen alle Bäume des
Waldes
[13] vor dem Herrn, wenn er kommt, /
wenn er kommt, um die Erde zu richten.
Er richtet den Erdkreis gerecht / und
die Nationen nach seiner Treue.

Aufruf zur Freude über den Herrscher der Welt

97 Der Herr ist König. Die Erde
frohlocke. / Freuen sollen sich
die vielen Inseln.
[2] Rings um ihn her sind Wolken und
Dunkel, / Gerechtigkeit und Recht sind
die Stützen seines Throns.
[3] Verzehrendes Feuer läuft vor ihm her /
und frisst seine Gegner ringsum.

[4] Seine Blitze erhellen den Erdkreis; /
die Erde sieht es und bebt.
[5] Berge schmelzen wie Wachs vor dem
Herrn, / vor dem Antlitz des Herrschers
aller Welt.
[6] Seine Gerechtigkeit verkünden die
Himmel, / seine Herrlichkeit schauen
alle Völker.
[7] Alle, die Bildern dienen, werden zu-
schanden, / alle, die sich der Götzen
rühmen. / Vor ihm werfen sich alle
Götter nieder.
[8] Zion hört es und freut sich, / Judas
Töchter jubeln, Herr, über deine Ge-
richte.
[9] Denn du, Herr, bist der Höchste über
der ganzen Erde, / hoch erhaben über
alle Götter.
[10] Ihr, die ihr den Herrn liebt, hasst das
Böse! / Er behütet das Leben seiner
Frommen, / er entreißt sie der Hand der
Frevler.
[11] Ein Licht erstrahlt den Gerechten /
und Freude den Menschen mit red-
lichem Herzen.
[12] Ihr Gerechten, freut euch am Herrn, /
und lobt seinen heiligen Namen!

Ein neues Lied auf den Richter und Retter

98 [Ein Psalm.]
Singet dem Herrn ein neues Lied; /
denn er hat wunderbare Taten voll-
bracht.
Er hat mit seiner Rechten geholfen /
und mit seinem heiligen Arm.
[2] Der Herr hat sein Heil bekannt ge-
macht / und sein gerechtes Wirken ent-
hüllt vor den Augen der Völker.
[3] Er dachte an seine Huld / und an seine
Treue zum Hause Israel.
Alle Enden der Erde / sahen das Heil
unsres Gottes.
[4] Jauchzt vor dem Herrn, alle Länder
der Erde, / freut euch, jubelt und singt!
[5] Spielt dem Herrn auf der Harfe, / auf
der Harfe zu lautem Gesang!
[6] Zum Schall der Trompeten und Hör-
ner / jauchzt vor dem Herrn, dem
König!
[7] Es brause das Meer und alles, was es
erfüllt, / der Erdkreis und seine Be-
wohner.
[8] In die Hände klatschen sollen die
Ströme, / die Berge sollen jubeln im
Chor
[9] vor dem Herrn, wenn er kommt, / um
die Erde zu richten.
Er richtet den Erdkreis gerecht, / die
Nationen so, wie es recht ist.

Der heilige Gott auf dem Zion

99 Der Herr ist König: Es zittern
die Völker. / Er thront auf den
Kerubim: Es wankt die Erde.
[2] Groß ist der Herr auf Zion, / über alle
Völker erhaben.
[3] Preisen sollen sie deinen großen, ma-
jestätischen Namen. / Denn er ist heilig.

[4] Stark ist der König, er liebt das Recht. /
Du hast die Weltordnung fest be-
gründet, / hast Recht und Gerechtigkeit
in Jakob geschaffen.
[5] Rühmt den Herrn, unseren Gott; /
werft euch am Schemel seiner Füße
nieder! / Denn er ist heilig.
[6] Mose und Aaron sind unter seinen
Priestern, / Samuel unter denen, die
seinen Namen anrufen; / sie riefen zum
Herrn, und er hat sie erhört.
[7] Aus der Wolkensäule sprach er zu
ihnen; / seine Gebote hielten sie, / die
Satzung, die er ihnen gab.
[8] Herr, unser Gott, du hast sie erhört; /
du warst ihnen ein verzeihender Gott, /
aber du hast ihre Frevel vergolten.
[9] Rühmt den Herrn, unsern Gott, /
werft euch nieder an seinem heiligen
Berge! / Denn heilig ist der Herr, unser
Gott.

Lobgesang des Volkes beim Einzug ins Heiligtum

100 [Ein Psalm zum Dankopfer.]
Jauchzt vor dem Herrn, alle Länder der
Erde! / [2] Dient dem Herrn mit Freude! /
Kommt vor sein Antlitz mit Jubel!
[3] Erkennt: Der Herr allein ist Gott. / Er
hat uns geschaffen, wir sind sein Ei-
gentum, / sein Volk und die Herde
seiner Weide.
[4] Tretet mit Dank durch seine Tore ein! /
Kommt mit Lobgesang in die Vorhöfe
seines Tempels! / Dankt ihm, preist
seinen Namen!
[5] Denn der Herr ist gütig, / ewig währt
seine Huld, / von Geschlecht zu Ge-
schlecht seine Treue.

Die Vorsätze eines Königs

101 [Ein Psalm Davids.]
Von Gnade und Recht will ich singen; /
dir, o Herr, will ich spielen.
[2] Ich will auf den Weg der Bewährten
achten. / Wann kommst du zu mir? /
Ich lebe in der Stille meines Hauses mit
lauterem Herzen.
[3] Ich richte mein Auge nicht auf Schänd-
liches; / ich hasse es, Unrecht zu tun, es
soll nicht an mir haften.
[4] Falschheit sei meinem Herzen fern; /
ich will das Böse nicht kennen.
[5] Wer den Nächsten heimlich verleum-
det, / den bring ich zum Schweigen.
Stolze Augen und hochmütige Herzen /
kann ich nicht ertragen.
[6] Meine Augen suchen die Treuen im
Land; / sie sollen bei mir wohnen. / Wer
auf rechten Wegen geht, der darf mir
dienen.
[7] In meinem Haus soll kein Betrüger
wohnen; / kein Lügner kann vor meinen
Augen bestehen.
[8] Morgen für Morgen spreche ich das
Urteil / über die Frevler im Land, / um
in der Stadt des Herrn alle auszurotten,
die Unrecht tun.

Das Gebet eines Unglücklichen

102 [Gebet eines Unglückli-
chen, wenn er in Verzweif-
lung ist und vor dem Herrn seine Sorge
ausschüttet.]
2 Herr, höre mein Gebet! / Mein Schrei-
en dringe zu dir.
3 Verbirg dein Antlitz nicht vor mir! /
Wenn ich in Not bin, wende dein Ohr
mir zu! / Wenn ich dich anrufe, erhöre
mich bald!
4 Meine Tage sind wie Rauch geschwun-
den, / meine Glieder wie von Feuer ver-
brannt.
5 Versengt wie Gras und verdorrt ist
mein Herz, / so dass ich vergessen habe,
mein Brot zu essen.
6 Vor lauter Stöhnen und Schreien / bin
ich nur noch Haut und Knochen.
7 Ich bin wie eine Dohle in der Wüste, /
wie eine Eule in öden Ruinen.
8 Ich liege wach, und ich klage / wie ein
einsamer Vogel auf dem Dach.
9 Den ganzen Tag schmähen mich die
Feinde; / die mich verhöhnen, nennen
meinen Namen beim Fluchen.
10 Staub muss ich essen wie Brot, / mit
Tränen mische ich meinen Trank;
11 denn auf mir lasten dein Zorn und
dein Grimm. /
Du hast mich hochgerissen und zu
Boden geschleudert.
12 Meine Tage schwinden dahin wie
Schatten, / ich verdorre wie Gras.
13 Du aber, Herr, du thronst für immer
und ewig, / dein Name dauert von Ge-
schlecht zu Geschlecht.
14 Du wirst dich erheben, dich über Zion
erbarmen; / denn es ist Zeit, ihm gnädig
zu sein, die Stunde ist da.
15 An Zions Steinen hängt das Herz
deiner Knechte, / um seine Trümmer
tragen sie Leid.
16 Dann fürchten die Völker den Namen
des Herrn / und alle Könige der Erde
deine Herrlichkeit.
17 Denn der Herr baut Zion wieder auf /
und erscheint in all seiner Herrlich-keit.
18 Er wendet sich dem Gebet der Ver-
lassenen zu, / ihre Bitten verschmäht er
nicht.
19 Dies sei aufgeschrieben für das kom-
mende Geschlecht, / damit das Volk,
das noch erschaffen wird, den Herrn
lobpreise.
20 Denn der Herr schaut herab aus
heiliger Höhe, / vom Himmel blickt er
auf die Erde nieder;
21 er will auf das Seufzen der Ge-
fangenen hören / und alle befreien, die
dem Tod geweiht sind,
22 damit sie den Namen des Herrn auf
dem Zion verkünden / und sein Lob in
Jerusalem,
23 wenn sich dort Königreiche und Völker
versammeln, / um den Herrn zu verehren.
24 Er hat meine Kraft auf dem Weg ge-
brochen, / er hat meine Tage verkürzt.
25 Darum sage ich: Raff mich nicht weg
in der Mitte des Lebens, / mein Gott,
dessen Jahre Geschlecht um Geschlecht
überdauern!

[26] Vorzeiten hast du der Erde Grund
gelegt, / die Himmel sind das Werk
deiner Hände.
[27] Sie werden vergehen, du aber bleibst; /
sie alle zerfallen wie ein Gewand;
du wechselst sie wie ein Kleid, / und sie
schwinden dahin.
[28] Du aber bleibst, der du bist, / und
deine Jahre enden nie.
[29] Die Kinder deiner Knechte werden
(in Sicherheit) wohnen, / ihre Nach-
kommen vor deinem Antlitz bestehen.

Ein Loblied auf den gütigen und verzeihenden Gott

103 [Von David.]
Lobe den Herrn, meine Seele, / und
alles in mir seinen heiligen Namen!
[2] Lobe den Herrn, meine Seele, / und
vergiss nicht, was er dir Gutes getan
hat:
[3] der dir all deine Schuld vergibt / und
all deine Gebrechen heilt,
[4] der dein Leben vor dem Untergang
rettet / und dich mit Huld und Erbar-
men krönt,
[5] der dich dein Leben lang mit seinen
Gaben sättigt; / wie dem Adler wird dir
die Jugend erneuert.
[6] Der Herr vollbringt Taten des Heiles, /
Recht verschafft er allen Bedräng-
ten.
[7] Er hat Mose seine Wege kundgetan, /
den Kindern Israels seine Werke.
[8] Der Herr ist barmherzig und gnädig, /
langmütig und reich an Güte.
[9] Er wird nicht immer zürnen, / nicht
ewig im Groll verharren.
[10] Er handelt an uns nicht nach unsern
Sünden / und vergilt uns nicht nach
unsrer Schuld.
[11] Denn so hoch der Himmel über der
Erde ist, / so hoch ist seine Huld über
denen, die ihn fürchten.
[12] So weit der Aufgang entfernt ist vom
Untergang, / so weit entfernt er die
Schuld von uns.
[13] Wie ein Vater sich seiner Kinder er-
barmt, / so erbarmt sich der Herr über
alle, die ihn fürchten.
[14] Denn er weiß, was wir für Gebilde
sind; / er denkt daran: Wir sind nur
Staub.
[15] Des Menschen Tage sind wie Gras, / er
blüht wie die Blume des Feldes.
[16] Fährt der Wind darüber, ist sie dahin; /
der Ort, wo sie stand, weiß von ihr
nichts mehr.
[17] Doch die Huld des Herrn währt
immer und ewig / für alle, die ihn
fürchten und ehren;
sein Heil erfahren noch Kinder und
Enkel; / [18] alle, die seinen Bund be-
wahren, / an seine Gebote denken und
danach handeln.
[19] Der Herr hat seinen Thron errichtet
im Himmel, / seine königliche Macht
beherrscht das All.
[20] Lobt den Herrn, ihr seine Engel, / ihr
starken Helden, die seine Befehle voll-

strecken, / seinen Worten gehorsam!
21 Lobt den Herrn, all seine Scharen, /
seine Diener, die seinen Willen voll-
ziehen!
22 Lobt den Herrn, all seine Werke, / an
jedem Ort seiner Herrschaft! / Lobe
den Herrn, meine Seele!

Ein Loblied auf den Schöpfer

104 Lobe den Herrn, meine
Seele! / Herr, mein Gott,
wie groß bist du! / Du bist mit Hoheit
und Pracht bekleidet.
2 Du hüllst dich in Licht wie in ein
Kleid, / du spannst den Himmel aus
wie ein Zelt.
3 Du verankerst die Balken deiner
Wohnung im Wasser. / Du nimmst dir
die Wolken zum Wagen, / du fährst
einher auf den Flügeln des Sturmes.
4 Du machst dir die Winde zu Boten /
und lodernde Feuer zu deinen Dienern.
5 Du hast die Erde auf Pfeiler gegründet;
/ in alle Ewigkeit wird sie nicht wanken.
6 Einst hat die Urflut sie bedeckt wie ein
Kleid, / die Wasser standen über den
Bergen.
7 Sie wichen vor deinem Drohen zu-
rück, / sie flohen vor der Stimme deines
Donners.
8 Da erhoben sich Berge und senkten
sich Täler / an den Ort, den du für sie
bestimmt hast.
9 Du hast den Wassern eine Grenze
gesetzt, / die dürfen sie nicht über-
schreiten; / nie wieder sollen sie die
Erde bedecken.
10 Du lässt die Quellen hervorsprudeln
in den Tälern, / sie eilen zwischen den
Bergen dahin.
11 Allen Tieren des Feldes spenden sie
Trank, / die Wildesel stillen ihren Durst
daraus.
12 An den Ufern wohnen die Vögel des
Himmels, / aus den Zweigen erklingt
ihr Gesang.
13 Du tränkst die Berge aus deinen
Kammern, / aus deinen Wolken wird
die Erde satt.
14 Du lässt Gras wachsen für das Vieh, /
auch Pflanzen für den Menschen, die er
anbaut,
damit er Brot gewinnt von der Erde /
15 und Wein, der das Herz des Men-
schen erfreut,
damit sein Gesicht von Öl erglänzt /
und Brot das Menschenherz stärkt.
16 Die Bäume des Herrn trinken sich
satt, / die Zedern des Libanon, die er ge-
pflanzt hat.
17 In ihnen bauen die Vögel ihr Nest, / auf
den Zypressen nistet der Storch.
18 Die hohen Berge gehören dem
Steinbock, / dem Klippdachs bieten die
Felsen Zuflucht.
19 Du hast den Mond gemacht als Maß
für die Zeiten, / die Sonne weiß, wann
sie untergeht.
20 Du sendest Finsternis, und es wird
Nacht, / dann regen sich alle Tiere des
Waldes.

21 Die jungen Löwen brüllen nach Beute, /
sie verlangen von Gott ihre Nahrung.
22 Strahlt die Sonne dann auf, so
schleichen sie heim / und lagern sich in
ihren Verstecken.
23 Nun geht der Mensch hinaus an sein
Tagwerk, / an seine Arbeit bis zum Abend.
24 Herr, wie zahlreich sind deine
Werke! / Mit Weisheit hast du sie alle
gemacht, / die Erde ist voll von deinen
Geschöpfen.
25 Da ist das Meer, so groß und weit, /
darin ein Gewimmel ohne Zahl: kleine
und große Tiere.
26 Dort ziehen die Schiffe dahin, / auch
der Leviátan, den du geformt hast, um
mit ihm zu spielen.
27 Sie alle warten auf dich, / dass du
ihnen Speise gibst zur rechten Zeit.
28 Gibst du ihnen, dann sammeln sie
ein; / öffnest du deine Hand, werden sie
satt an Gutem.
29 Verbirgst du dein Gesicht, sind sie
verstört; / nimmst du ihnen den Atem,
so schwinden sie hin / und kehren zu-
rück zum Staub der Erde.
30 Sendest du deinen Geist aus, so
werden sie alle erschaffen, / und du er-
neuerst das Antlitz der Erde.
31 Ewig währe die Herrlichkeit des
Herrn; / der Herr freue sich seiner Werke.
32 Er blickt auf die Erde, und sie erbebt; /
er rührt die Berge an, und sie rauchen.
33 Ich will dem Herrn singen, solange
ich lebe, / will meinem Gott spielen, so-
lange ich da bin.
34 Möge ihm mein Dichten gefallen. /
Ich will mich freuen am Herrn.
35 Doch die Sünder sollen von der Erde
verschwinden, / und es sollen keine
Frevler mehr dasein. / Lobe den Herrn,
meine Seele! Halleluja!

Ein Loblied auf den Herrn der Geschichte

105 Dankt dem Herrn! Ruft
seinen Namen an! / Macht
unter den Völkern seine Taten bekannt!
2 Singt ihm und spielt ihm, / sinnt nach
über all seine Wunder!
3 Rühmt euch seines heiligen Namens! /
Alle, die den Herrn suchen, sollen sich
von Herzen freuen.
4 Fragt nach dem Herrn und seiner
Macht; / sucht sein Antlitz allezeit!
5 Denkt an die Wunder, die er getan
hat, / an seine Zeichen und die Be-
schlüsse aus seinem Mund.
6 Bedenkt es, ihr Nachkommen seines
Knechtes Abraham, / ihr Kinder Jakobs,
die er erwählt hat.
7 Er, der Herr, ist unser Gott. / Seine
Herrschaft umgreift die Erde.
8 Ewig denkt er an seinen Bund, / an das
Wort, das er gegeben hat für tausend
Geschlechter,
9 an den Bund, den er mit Abraham ge-
schlossen, / an den Eid, den er Isaak ge-
schworen hat.
10 Er bestimmte ihn als Satzung für
Jakob, / als ewigen Bund für Israel.

11 Er sprach: Dir will ich Kanaan geben, /
das Land, das dir als Erbe bestimmt ist.
12 Als sie noch gering waren an Zahl, /
nur wenige und fremd im Land,
13 und noch zogen von Volk zu Volk, /
von einem Reich zum andern,
14 da ließ er sie von niemand bedrücken, / wies ihretwegen Könige zurecht:
15 »Tastet meine Gesalbten nicht an, /
tut meinen Propheten nichts zuleide!«
16 Dann aber rief er den Hunger ins Land, / entzog ihnen allen Vorrat an Brot.
17 Doch hatte er ihnen einen Mann vorausgesandt: / Josef wurde als Sklave verkauft.
18 Man spannte seine Füße in Fesseln /
und zwängte seinen Hals ins Eisen
19 bis zu der Zeit, als sein Wort sich erfüllte / und der Spruch des Herrn ihm recht gab.
20 Da sandte der König einen Boten und ließ ihn frei, / der Herrscher der Völker ließ ihn heraus.
21 Er bestellte ihn zum Herrn über sein Haus, / zum Gebieter über seinen ganzen Besitz.
22 Er sollte die Fürsten lenken nach seinem Sinn / und die Ältesten Weisheit lehren.
23 Und Israel kam nach Ägypten, / Jakob wurde Gast im Lande Hams.
24 Da mehrte Gott sein Volk gewaltig, /
machte es stärker als das Volk der Bedrücker.
25 Er wandelte ihren Sinn zum Hass gegen sein Volk, / so dass sie an seinen Knechten tückisch handelten.
26 Dann sandte er Mose, seinen Knecht, /
und Aaron, den Gott sich erwählte.
27 Sie wirkten unter ihnen seine Zeichen, / im Lande Hams seine Wunder.
28 Er sandte Finsternis, da wurde es dunkel; / doch achteten sie nicht auf sein Wort.
29 Er verwandelte ihre Gewässer in Blut /
und ließ ihre Fische sterben.
30 Ihr Land wimmelte von Fröschen / bis
hinein in den Palast des Königs.
31 Er gebot, da kamen Schwärme von Fliegen / und von Stechmücken über das ganze Gebiet.
32 Er schickte ihnen Hagel statt Regen, /
flammendes Feuer auf ihr Land.
33 Er zerschlug ihnen Weinstock und Feigenbaum / und knickte in ihrem Gebiet die Bäume um.
34 Er gebot, da kamen Schwärme von Grillen / und Wanderheuschrecken in gewaltiger Zahl.
35 Sie fraßen alles Grün in ihrem Land, /
sie fraßen die Frucht ihrer Felder.
36 Er erschlug im Land jede Erstgeburt, /
die ganze Blüte der Jugend.
37 Er führte sein Volk heraus mit Silber und Gold; / in seinen Stämmen fand sich kein Schwächling.
38 Bei ihrem Auszug waren die Ägypter froh; / denn Schrecken vor ihnen hatte sie alle befallen.

39 Eine Wolke breitete er aus, um sie zu
decken, / und Feuer, um die Nacht zu
erleuchten.
40 Als sie ihn baten, schickte er Wachteln
/ und sättigte sie mit Brot vom Himmel.
41 Er öffnete den Felsen, und Wasser
entquoll ihm, / wie ein Strom floß es
dahin in der Wüste.
42 Denn er dachte an sein heiliges Wort /
und an Abraham, seinen Knecht.
43 Er führte sein Volk heraus in Freude, /
seine Erwählten in Jubel.
44 Er gab ihnen die Länder der Völker /
und ließ sie den Besitz der Nationen
gewinnen,
45 damit sie seine Satzungen hielten / und
seine Gebote befolgten. / Halleluja!

Gottes Güte – Israels Undank

106 Halleluja!
Danket dem Herrn; denn er ist gütig, /
denn seine Huld währt ewig.
2 Wer kann die großen Taten des Herrn
erzählen, / all seinen Ruhm verkün-
den?
3 Wohl denen, die das Recht bewahren, /
und zu jeder Zeit tun, was gerecht ist.
4 Denk an mich, Herr, aus Liebe zu
deinem Volk, / such mich auf und bring
mir Hilfe!
5 Lass mich das Glück deiner Erwählten
schauen, / an der Freude deines Volkes
mich freuen, / damit ich gemeinsam
mit deinem Erbe mich rühmen kann.
6 Wir haben zusammen mit unsern
Vätern gesündigt, / wir haben Unrecht
getan und gefrevelt.
7 Unsre Väter in Ägypten begriffen
deine Wunder nicht, / dachten nicht an
deine reiche Huld / und trotzten dem
Höchsten am Schilfmeer.
8 Er aber hat sie gerettet, um seinen
Namen zu ehren / und seine Macht zu
bekunden.
9 Er bedrohte das Schilfmeer, da wurde
es trocken; / wie durch eine Steppe
führte er sie durch die Fluten.
10 Er rettete sie aus der Hand derer, die
sie hassten, / erlöste sie aus der Gewalt
des Feindes.
11 Ihre Bedränger bedeckte das Wasser, /
nicht einer von ihnen blieb übrig.
12 Nun glaubten sie Gottes Worten /
und sangen laut seinen Lobpreis.
13 Doch sie vergaßen schnell seine
Taten, / wollten auf seinen Ratschluss
nicht warten.
14 Sie wurden in der Wüste begehrlich /
und versuchten Gott in der Öde.
15 Er gab ihnen, was sie von ihm ver-
langten; / dann aber erfasste sie Ekel
und Überdruß.
16 Sie wurden im Lager eifersüchtig auf
Mose / und auf Aaron, den Heiligen des
Herrn.
17 Die Erde tat sich auf, sie verschlang
den Datan / und bedeckte die Rotte
Abírams.
18 Feuer verbrannte die Rotte, / Flammen
verzehrten die Frevler.

[19] Sie machten am Horeb ein Kalb / und
warfen sich vor dem Gußbild nieder.
[20] Die Herrlichkeit Gottes tauschten sie
ein / gegen das Bild eines Stieres, der
Gras frisst.
[21] Sie vergaßen Gott, ihren Retter, /
der einst in Ägypten Großes vollbrachte,
[22] Wunder im Lande Hams, / furcht-
erregende Taten am Schilfmeer.
[23] Da fasste er einen Plan, und er hätte
sie vernichtet, / wäre nicht Mose, sein
Erwählter, für sie in die Bresche ge-
sprungen, / so dass Gott sie im Zorn
nicht vertilgte.
[24] Sie verschmähten das köstliche Land; /
sie glaubten seinen Verheißungen nicht.
[25] In ihren Zelten murrten sie, / hörten
nicht auf die Stimme des Herrn.
[26] Da erhob er gegen sie die Hand, / um
sie niederzustrecken noch in der Wüste,
[27] ihre Nachkommen unter die Völker
zu zerstreuen, / sie in alle Welt zu ver-
sprengen.
[28] Sie hängten sich an den Báal-Pegór /
und aßen die Opfer der toten Götzen.
[29] Sie erbitterten Gott mit ihren schänd-
lichen Taten, / bis über sie eine schwere
Plage kam.
[30] Pinhas trat auf und hielt Gericht; / so
wurde die Plage abgewandt.
[31] Das rechnete Gott ihm als Gerechtig-
keit an, / ihm und seinem Geschlecht
für immer und ewig.
[32] An den Wassern von Meríba reizten
sie Gottes Zorn, / ihretwegen erging es
Mose übel.
[33] Denn sie hatten seinen Geist er-
bittert, / sein Mund redete unbedacht.
[34] Sie rotteten die Völker nicht aus, / wie
ihnen der Herr einst befahl.
[35] Sie vermischten sich mit den Heiden /
und lernten von ihren Taten.
[36] Sie dienten ihren Götzen; / die wur-
den ihnen zur Falle.
[37] Sie brachten ihre Söhne und Töchter
dar / als Opfer für die Dämonen.
[38] Sie vergossen schuldloses Blut, / das
Blut ihrer Söhne und Töchter,
die sie den Götzen Kanaans opferten; /
so wurde das Land durch Blutschuld
entweiht.
[39] Sie wurden durch ihre Taten unrein /
und brachen Gott mit ihrem Tun die
Treue.
[40] Der Zorn des Herrn entbrannte
gegen sein Volk, / er empfand Abscheu
gegen sein Erbe.
[41] Er gab sie in die Hand der Völker, /
und die sie hassten, beherrschten
sie.
[42] Ihre Feinde bedrängten sie, / unter
ihre Hand mussten sie sich beugen.
[43] Oft hat er sie befreit; / sie aber trotz-
ten seinem Beschluss / und versanken
in ihrer Schuld.
[44] Doch als er ihr Flehen hörte, / sah er
auf ihre Not
[45] und dachte ihnen zuliebe an seinen
Bund; / er hatte Mitleid in seiner gro-
ßen Gnade.
[46] Bei denen, die sie verschleppten, /
ließ er sie Erbarmen erfahren.

47 Hilf uns, Herr, unser Gott, / führe uns
aus den Völkern zusammen!
Wir wollen deinen heiligen Namen
preisen, / uns rühmen, weil wir dich
loben dürfen.
48 Gepriesen sei der Herr, der Gott
Israels, / vom Anfang bis ans Ende der
Zeiten. Alles Volk soll sprechen: Amen. /
Halleluja!

Das fünfte Buch

Ein Danklied der Erlösten

107 Danket dem Herrn, denn
er ist gütig, / denn seine
Huld währt ewig.
2 So sollen alle sprechen, die vom Herrn
erlöst sind, / die er von den Feinden
befreit hat.
3 Denn er hat sie aus den Ländern ge-
sammelt, / vom Aufgang und Nieder-
gang, vom Norden und Süden.
4 Sie, die umherirrten in der Wüste, im
Ödland, / und den Weg zur wohn-
lichen Stadt nicht fanden,
5 die Hunger litten und Durst, / denen
das Leben dahinschwand,
6 die dann in ihrer Bedrängnis schrien
zum Herrn, / die er ihren Ängsten entriss
7 und die er führte auf geraden Wegen, /
so dass sie zur wohnlichen Stadt ge-
langten:
8 sie alle sollen dem Herrn danken für
seine Huld, / für sein wunderbares Tun
an den Menschen,
9 weil er die lechzende Seele gesättigt, /
die hungernde Seele mit seinen Gaben
erfüllt hat.
10 Sie, die saßen in Dunkel und Fins-
ternis, / gefangen in Elend und Eisen,
11 die den Worten Gottes getrotzt / und
verachtet hatten den Ratschluss des
Höchsten,
12 deren Herz er durch Mühsal beugte, /
die stürzten und denen niemand bei-
stand,
13 die dann in ihrer Bedrängnis schrien
zum Herrn, / die er ihren Ängsten entriss,
14 die er herausführte aus Dunkel und
Finsternis / und deren Fesseln er zer-
brach:
15 sie alle sollen dem Herrn danken für
seine Huld, / für sein wunderbares Tun
an den Menschen,
16 weil er die ehernen Tore zerbrochen, /
die eisernen Riegel zerschlagen hat.
17 Sie, die dahinsiechten in ihrem
sündhaften Treiben, / niedergebeugt
wegen ihrer schweren Vergehen,
18 denen vor jeder Speise ekelte, / die
nahe waren den Pforten des Todes,
19 die dann in ihrer Bedrängnis schrien
zum Herrn, / die er ihren Ängsten ent-
riss,
20 denen er sein Wort sandte, die er
heilte / und vom Verderben befreite:
21 sie alle sollen dem Herrn danken für
seine Huld, / für sein wunderbares Tun
an den Menschen.
22 Sie sollen ihm Dankopfer weihen, /
mit Jubel seine Taten verkünden.

23 Sie, die mit Schiffen das Meer be-
fuhren / und Handel trieben auf den
großen Wassern,
24 die dort die Werke des Herrn be-
staunten, / seine Wunder in der Tiefe
des Meeres
25 – Gott gebot und ließ den Sturmwind
aufstehn, / der hoch die Wogen türmte –,
26 die zum Himmel emporstiegen / und
hinabfuhren in die tiefste Tiefe, / so
dass ihre Seele in der Not verzagte,
27 die wie Trunkene wankten und
schwankten, / am Ende waren mit all
ihrer Weisheit,
28 die dann in ihrer Bedrängnis schrien
zum Herrn, / die er ihren Ängsten entriss
29 – er machte aus dem Sturm ein Säu-
seln, / so dass die Wogen des Meeres
schwiegen –,
30 die sich freuten, dass die Wogen sich
legten / und er sie zum ersehnten Hafen
führte:
31 sie alle sollen dem Herrn danken für
seine Huld, / für sein wunderbares Tun
an den Menschen.
32 Sie sollen ihn in der Gemeinde des
Volkes rühmen, / ihn loben im Kreis
der Alten.
33 Er machte Ströme zur dürren Wüste, /
Oasen zum dürstenden Ödland,
34 fruchtbares Land zur salzigen Steppe; /
denn seine Bewohner waren böse.
35 Er machte die Wüste zum Wasser-
teich, / verdorrtes Land zu Oasen.
36 Dort siedelte er Hungernde an, / sie
gründeten wohnliche Städte.
37 Sie bestellten Felder, pflanzten Reben /
und erzielten reiche Ernten.
38 Er segnete sie, so dass sie sich ge-
waltig vermehrten, / gab ihnen große
Mengen an Vieh.
39 Dann aber wurden sie geringer an
Zahl, / gebeugt unter der Last von Leid
und Kummer.
40 Er goss über die Edlen Verachtung
aus, / ließ sie umherirren in wegloser
Wüste.
41 Die Armen hob er aus dem Elend
empor / und vermehrte ihre Sippen,
einer Herde gleich.
42 Die Redlichen sehn es und freuen
sich, / doch alle bösen Menschen ver-
stummen.
43 Wer ist weise und beachtet das alles, /
wer begreift die reiche Huld des
Herrn?

Gott, Hilfe und Schutz seines Volkes

108

[Ein Lied. Ein Psalm
Davids.]
2 Mein Herz ist bereit, o Gott, / mein
Herz ist bereit, / ich will dir singen und
spielen.
Wach auf, meine Seele! / 3 Wacht auf,
Harfe und Saitenspiel! / Ich will das
Morgenrot wecken.
4 Ich will dich vor den Völkern preisen,
Herr, / dir vor den Nationen lobsingen.
5 Denn deine Güte reicht, so weit der
Himmel ist, / deine Treue, so weit die
Wolken ziehn.

6 Erheb dich über die Himmel, o Gott! /
Deine Herrlichkeit erscheine über der
ganzen Erde.
7 Hilf mit deiner Rechten, erhöre uns, /
damit die gerettet werden, die du so
sehr liebst.
8 Gott hat in seinem Heiligtum ge-
sprochen: / »Ich will triumphieren, will
Sichem verteilen / und das Tal von Suk-
kot vermessen.
9 Mein ist Gilead, mein auch Manasse, /
Efraim ist der Helm auf meinem Haupt, /
Juda mein Herrscherstab.
10 Doch Moab ist mein Waschbecken, /
auf Edom werfe ich meinen Schuh, / ich
triumphiere über das Land der Philister.«
11 Wer führt mich hin zu der be-
festigten Stadt, / wer wird mich nach
Edom geleiten?
12 Gott, hast denn du uns verworfen? /
Du ziehst ja nicht aus, o Gott, mit un-
sern Heeren.
13 Bring uns doch Hilfe im Kampf mit
dem Feind! / Denn die Hilfe von Men-
schen ist nutzlos.
14 Mit Gott werden wir Großes voll-
bringen; / er selbst wird unsere Feinde
zertreten.

Bitte um Hilfe gegen erbarmungslose Feinde

109 [Für den Chormeister. Ein
Psalm Davids.]
Gott, den ich lobe, schweig doch nicht! /
2 Denn ein Mund voll Frevel, ein Lügen-
maul hat sich gegen mich aufgetan.
Sie reden zu mir mit falscher Zunge, /
3 umgeben mich mit Worten voll Hass /
und bekämpfen mich ohne Grund.
4 Sie befeinden mich, während ich für
sie bete, / 5 sie vergelten mir Gutes mit
Bösem, / mit Hass meine Liebe.
6 Sein Frevel stehe gegen ihn auf als
Zeuge, / ein Ankläger trete an seine Seite.
7 Aus dem Gericht gehe er verurteilt her-
vor, / selbst sein Gebet werde zur Sünde.
8 Nur gering sei die Zahl seiner Tage, /
sein Amt soll ein andrer erhalten.
9 Seine Kinder sollen zu Waisen wer-
den / und seine Frau zur Witwe.
10 Unstet sollen seine Kinder umher-
ziehen und betteln, / aus den Trüm-
mern ihres Hauses vertrieben.
11 Sein Gläubiger reiße all seinen Besitz
an sich, / Fremde sollen plündern, was
er erworben hat.
12 Niemand sei da, der ihm die Gunst be-
wahrt, / keiner, der sich der Waisen er-
barmt.
13 Seine Nachkommen soll man ver-
nichten, / im nächsten Geschlecht
schon erlösche sein Name.
14 Der Herr denke an die Schuld seiner
Väter, / ungetilgt bleibe die Sünde sei-
ner Mutter.

15 Ihre Schuld stehe dem Herrn allzeit
vor Augen, / ihr Andenken lösche er aus
auf Erden.
16 Denn dieser Mensch dachte nie
daran, Gnade zu üben; / er verfolgte
den Gebeugten und Armen / und woll-
te den Verzagten töten.
17 Er liebte den Fluch – der komme über
ihn; / er verschmähte den Segen – der
bleibe ihm fern.
18 Er zog den Fluch an wie ein Gewand; /
der dringe wie Wasser in seinen Leib, /
wie Öl in seine Glieder.
19 Er werde für ihn wie das Kleid, in das
er sich hüllt, / wie der Gürtel, der ihn
allzeit umschließt.
20 So lohne der Herr es denen, die mich
verklagen, / und denen, die Böses gegen
mich reden.
21 Du aber, Herr und Gebieter, / handle
an mir, wie es deinem Namen ent-
spricht, / reiß mich heraus in deiner
gütigen Huld!
22 Denn ich bin arm und gebeugt, / mir
bebt das Herz in der Brust.
23 Wie ein flüchtiger Schatten schwinde
ich dahin; / sie schütteln mich wie eine
Heuschrecke ab.
24 Mir wanken die Knie vom Fasten, /
mein Leib nimmt ab und wird ma-
ger.
25 Ich wurde für sie zum Spott und zum
Hohn, / sie schütteln den Kopf, wenn
sie mich sehen.
26 Hilf mir, Herr, mein Gott, / in deiner
Huld errette mich!
27 Sie sollen erkennen, dass deine Hand
dies vollbracht hat, / dass du, o Herr, es
getan hast.
28 Mögen sie fluchen – du wirst seg-
nen. / Meine Gegner sollen scheitern,
dein Knecht aber darf sich freuen.
29 Meine Ankläger sollen sich bedecken
mit Schmach, / wie in einen Mantel sich
in Schande hüllen.
30 Ich will den Herrn preisen mit lauter
Stimme, / in der Menge ihn loben.
31 Denn er steht dem Armen zur Seite, /
um ihn vor falschen Richtern zu retten.

Die Einsetzung des priesterlichen Königs auf dem Zion

110

[Ein Psalm Davids.]
So spricht der Herr zu meinem Herrn: /
Setze dich mir zur Rechten, / und ich
lege dir deine Feinde als Schemel unter
die Füße.
2 Vom Zion strecke der Herr das Zepter
deiner Macht aus: / »Herrsche inmitten
deiner Feinde!«
3 Dein ist die Herrschaft am Tage deiner
Macht, / (wenn du erscheinst) in hei-
ligem Schmuck;
ich habe dich gezeugt noch vor dem
Morgenstern, / wie den Tau in der
Frühe.
4 Der Herr hat geschworen, und nie
wird's ihn reuen: / »Du bist Priester auf
ewig nach der Ordnung Melchisedeks.«
5 Der Herr steht dir zur Seite; / er zer-

schmettert Könige am Tage seines Zor-
nes.
6 Er hält Gericht unter den Völkern, er
häuft die Toten, / die Häupter zer-
schmettert er weithin auf Erden.
7 Er trinkt aus dem Bach am Weg; / so
kann er (von neuem) das Haupt er-
heben.

Ein Preislied auf die Wundertaten des Herrn

111 Halleluja!
Den Herrn will ich preisen von ganzem
Herzen / im Kreis der Frommen, in-
mitten der Gemeinde.
2 Groß sind die Werke des Herrn, / kost-
bar allen, die sich an ihnen freuen.
3 Er waltet in Hoheit und Pracht, / seine
Gerechtigkeit hat Bestand für immer.
4 Er hat ein Gedächtnis an seine Wun-
der gestiftet, / der Herr ist gnädig und
barmherzig.
5 Er gibt denen Speise, die ihn fürchten, /
an seinen Bund denkt er auf ewig.
6 Er hat seinem Volk seine machtvollen
Taten kundgetan, / um ihm das Erbe
der Völker zu geben.
7 Die Werke seiner Hände sind gerecht
und beständig, / all seine Gebote sind
verlässlich.
8 Sie stehen fest für immer und ewig, /
geschaffen in Treue und Redlichkeit.
9 Er gewährte seinem Volk Erlösung /
und bestimmte seinen Bund für ewige
Zeiten. / Furchtgebietend ist sein Name
und heilig.
10 Die Furcht des Herrn ist der Anfang
der Weisheit; / alle, die danach leben,
sind klug. / Sein Ruhm hat Bestand für
immer.

Der Segen der Gottesfurcht

112 Halleluja!
Wohl dem Mann, der den Herrn für-
chtet und ehrt / und sich herzlich freut
an seinen Geboten.
2 Seine Nachkommen werden mächtig
im Land, / das Geschlecht der Redli-
chen wird gesegnet.
3 Wohlstand und Reichtum füllen sein
Haus, / sein Heil hat Bestand für immer.
4 Den Redlichen erstrahlt im Finstern
ein Licht: / der Gnädige, Barmherzige
und Gerechte.
5 Wohl dem Mann, der gütig und zum
Helfen bereit ist, / der das Seine ordnet,
wie es recht ist.
6 Niemals gerät er ins Wanken; / ewig
denkt man an den Gerechten.
7 Er fürchtet sich nicht vor Verleum-
dung; / sein Herz ist fest, er vertraut auf
den Herrn.
8 Sein Herz ist getrost, er fürchtet sich
nie; / denn bald wird er herabschauen
auf seine Bedränger.
9 Reichlich gibt er den Armen, / sein
Heil hat Bestand für immer; / er ist
mächtig und hoch geehrt.

10 Voll Verdruss sieht es der Frevler, / er
knirscht mit den Zähnen und geht zu-
grunde. / Zunichte werden die Wün-
sche der Frevler.

Ein Loblied auf Gottes Hoheit und Huld

113 Halleluja!
Lobet, ihr Knechte des Herrn, / lobt den
Namen des Herrn!
2 Der Name des Herrn sei gepriesen /
von nun an bis in Ewigkeit.
3 Vom Aufgang der Sonne bis zum
Untergang / sei der Name des Herrn ge-
lobt.
4 Der Herr ist erhaben über alle Völker, /
seine Herrlichkeit überragt die Himmel.
5 Wer gleicht dem Herrn, unserm
Gott, / im Himmel und auf Erden,
6 ihm, der in der Höhe thront, / der
hinabschaut in die Tiefe,
7 der den Schwachen aus dem Staub
emporhebt / und den Armen erhöht,
der im Schmutz liegt?
8 Er gibt ihm einen Sitz bei den Edlen, /
bei den Edlen seines Volkes.
9 Die Frau, die kinderlos war, lässt er im
Hause wohnen; / sie wird Mutter und
freut sich an ihren Kindern. / Halleluja!

Ein Lobpreis auf die Befreiung Israels

114 Als Israel aus Ägypten aus-
zog, / Jakobs Haus aus dem
Volk mit fremder Sprache,
2 da wurde Juda Gottes Heiligtum, /
Israel das Gebiet seiner Herrschaft.
3 Das Meer sah es und floh, / der Jordan
wich zurück.
4 Die Berge hüpften wie Widder, / die
Hügel wie junge Lämmer.
5 Was ist mit dir, Meer, dass du fliehst, /
und mit dir, Jordan, dass du zurück-
weichst?
6 Ihr Berge, was hüpft ihr wie Widder, /
und ihr Hügel, wie junge Lämmer?
7 Vor dem Herrn erbebe, du Erde, / vor
dem Antlitz des Gottes Jakobs,
8 der den Fels zur Wasserflut wandelt /
und Kieselgestein zu quellendem Wasser.

Der Gott Israels und die Götter der anderen Völker

115 Nicht uns, o Herr, bring zu
Ehren, / nicht uns, sondern
deinen Namen, / in deiner Huld und
Treue!
2 Warum sollen die Völker sagen: / »Wo
ist denn ihr Gott?«
3 Unser Gott ist im Himmel; / alles, was
ihm gefällt, das vollbringt er.
4 Die Götzen der Völker sind nur Silber
und Gold, / ein Machwerk von Men-
schenhand.
5 Sie haben einen Mund und reden
nicht, / Augen und sehen nicht;
6 sie haben Ohren und hören nicht, /
eine Nase und riechen nicht;
7 mit ihren Händen können sie nicht
greifen, / mit den Füßen nicht gehen, /

sie bringen keinen Laut hervor aus
ihrer Kehle.
8 Die sie gemacht haben, sollen ihrem
Machwerk gleichen, / alle, die den
Götzen vertrauen.
9 Israel, vertrau auf den Herrn! / Er ist
für euch Helfer und Schild.
10 Haus Aaron, vertrau auf den Herrn! /
Er ist für euch Helfer und Schild.
11 Alle, die ihr den Herrn fürchtet, ver-
traut auf den Herrn! / Er ist für euch
Helfer und Schild.
12 Der Herr denkt an uns, er wird uns
segnen, / er wird das Haus Israel seg-
nen, / er wird das Haus Aaron segnen.
13 Der Herr wird alle segnen, die ihn
fürchten, / segnen Kleine und Große.
14 Es mehre euch der Herr, / euch und
eure Kinder.
15 Seid gesegnet vom Herrn, / der
Himmel und Erde gemacht hat.
16 Der Himmel ist der Himmel des
Herrn, / die Erde aber gab er den Men-
schen.
17 Tote können den Herrn nicht mehr
loben, / keiner, der ins Schweigen hi-
nabfuhr.
18 Wir aber preisen den Herrn / von nun
an bis in Ewigkeit. / Halleluja!

Der Dank für Rettung aus Todesnot

116 Ich liebe den Herrn; / denn
er hat mein lautes Flehen gehört
2 und sein Ohr mir zugeneigt / an dem
Tag, als ich zu ihm rief.
3 Mich umfingen die Fesseln des Todes, /
mich befielen die Ängste der Unterwelt, /
mich trafen Bedrängnis und Kummer.
4 Da rief ich den Namen des Herrn an: /
»Ach Herr, rette mein Leben!«
5 Der Herr ist gnädig und gerecht, /
unser Gott ist barmherzig.
6 Der Herr behütet die schlichten
Herzen; / ich war in Not, und er brachte
mir Hilfe.
7 Komm wieder zur Ruhe, mein Herz! /
Denn der Herr hat dir Gutes getan.
8 Ja, du hast mein Leben dem Tod ent-
rissen, / meine Tränen (getrocknet), /
meinen Fuß (bewahrt vor) dem Gleiten.
9 So gehe ich meinen Weg vor dem
Herrn / im Land der Lebenden.
Ein Lied zum Dankopfer
10 Voll Vertrauen war ich, auch wenn ich
sagte: / Ich bin so tief gebeugt.
11 In meiner Bestürzung sagte ich: / Die
Menschen lügen alle.
12 Wie kann ich dem Herrn all das ver-
gelten, / was er mir Gutes getan hat?
13 Ich will den Kelch des Heils erheben /
und anrufen den Namen des Herrn.
14 Ich will dem Herrn meine Gelübde
erfüllen / offen vor seinem ganzen Volk.
15 Kostbar ist in den Augen des Herrn /
das Sterben seiner Frommen.

16 Ach Herr, ich bin doch dein Knecht, /
dein Knecht bin ich, der Sohn deiner
Magd. / Du hast meine Fesseln gelöst.
17 Ich will dir ein Opfer des Dankes brin-
gen / und anrufen den Namen des Herrn.
18 Ich will dem Herrn meine Gelübde
erfüllen / offen vor seinem ganzen Volk,
19 in den Vorhöfen am Hause des Herrn, /
in deiner Mitte, Jerusalem. / Halleluja!

Aufruf an alle Völker zum Lob Gottes

117 Lobet den Herrn, alle Völker,
/ preist ihn, alle Nationen!
2 Denn mächtig waltet über uns seine
Huld, / die Treue des Herrn währt in
Ewigkeit. / Halleluja!

Eine Dankliturgie

118 Danket dem Herrn, denn er
ist gütig, / denn seine Huld
währt ewig.
2 So soll Israel sagen: / Denn seine Huld
währt ewig.
3 So soll das Haus Aaron sagen: / Denn
seine Huld währt ewig.
4 So sollen alle sagen, die den Herrn
fürchten und ehren: / Denn seine Huld
währt ewig.
5 In der Bedrängnis rief ich zum Herrn; /
der Herr hat mich erhört und mich frei
gemacht.
6 Der Herr ist bei mir, ich fürchte mich
nicht. / Was können Menschen mir
antun?
7 Der Herr ist bei mir, er ist mein Hel-
fer; / ich aber schaue auf meine Hasser
herab.
8 Besser, sich zu bergen beim Herrn, /
als auf Menschen zu bauen.
9 Besser, sich zu bergen beim Herrn, /
als auf Fürsten zu bauen.
10 Alle Völker umringen mich; / ich
wehre sie ab im Namen des Herrn.
11 Sie umringen, ja, sie umringen mich; /
ich wehre sie ab im Namen des Herrn.
12 Sie umschwirren mich wie Bienen, /
wie ein Strohfeuer verlöschen sie; / ich
wehre sie ab im Namen des Herrn.
13 Sie stießen mich hart, sie wollten
mich stürzen; / der Herr aber hat mir
geholfen.
14 Meine Stärke und mein Lied ist der
Herr; / er ist für mich zum Retter
geworden.
15 Frohlocken und Jubel erschallt in den
Zelten der Gerechten: / »Die Rechte des
Herrn wirkt mit Macht!
16 Die Rechte des Herrn ist erhoben, /
die Rechte des Herrn wirkt mit Macht!«
17 Ich werde nicht sterben, sondern
leben, / um die Taten des Herrn zu ver-
künden.
18 Der Herr hat mich hart gezüchtigt, /
doch er hat mich nicht dem Tod
übergeben.
19 Öffnet mir die Tore zur Gerechtig-
keit, / damit ich eintrete, um dem
Herrn zu danken.
20 Das ist das Tor zum Herrn, / nur
Gerechte treten hier ein.

21 Ich danke dir, dass du mich erhört hast;
/ du bist für mich zum Retter geworden.
22 Der Stein, den die Bauleute ver-
warfen, / er ist zum Eckstein geworden.
23 Das hat der Herr vollbracht, / vor un-
seren Augen geschah dieses Wunder.
24 Dies ist der Tag, den der Herr ge-
macht hat; / wir wollen jubeln und uns
an ihm freuen.
25 Ach, Herr, bring doch Hilfe! / Ach,
Herr, gib doch Gelingen!
26 Gesegnet sei er, der kommt im Na-
men des Herrn. / Wir segnen euch, vom
Haus des Herrn her. / 27 Gott, der Herr,
erleuchte uns.
Mit Zweigen in den Händen / schließt
euch zusammen zum Reigen, / bis zu
den Hörnern des Altars!
28 Du bist mein Gott, dir will ich dan-
ken; / mein Gott, dich will ich rühmen.
29 Dankt dem Herrn, denn er ist gütig, /
denn seine Huld währt ewig.

Ein Lobgesang auf Gottes Wort

119 (Alef)

Wohl denen, deren Weg ohne Tadel ist,
die leben nach der Weisung des Herrn.
2 Wohl denen, die seine Vorschriften
befolgen / und ihn suchen von ganzem
Herzen,
3 die kein Unrecht tun / und auf seinen
Wegen gehn.
4 Du hast deine Befehle gegeben, / da-
mit man sie genau beachtet.
5 Wären doch meine Schritte fest da-
rauf gerichtet, / deinen Gesetzen zu
folgen!
6 Dann werde ich niemals scheitern, /
wenn ich auf all deine Gebote schaue.
7 Mit lauterem Herzen will ich dir
danken, / wenn ich deine gerechten Ur-
teile lerne.
8 Deinen Gesetzen will ich immer folgen.
/ Lass mich doch niemals im Stich!

(Bet)
9 Wie geht ein junger Mann seinen Pfad
ohne Tadel? / Wenn er sich hält an dein
Wort.
10 Ich suche dich von ganzem Herzen. /
Lass mich nicht abirren von deinen Ge-
boten!
11 Ich berge deinen Spruch im Herzen, /
damit ich gegen dich nicht sündige.
12 Gepriesen seist du, Herr. / Lehre mich
deine Gesetze!
13 Mit meinen Lippen verkünde ich /
alle Urteile deines Mundes.
14 Nach deinen Vorschriften zu leben /
freut mich mehr als großer Besitz.
15 Ich will nachsinnen über deine
Befehle / und auf deine Pfade schauen.
16 Ich habe meine Freude an deinen
Gesetzen, / dein Wort will ich nicht ver-
gessen.

(Gimel)
17 Tu deinem Knecht Gutes, erhalt mich
am Leben! / Dann will ich dein Wort
befolgen.

18 Öffne mir die Augen / für das Wun-
derbare an deiner Weisung!
19 Ich bin nur Gast auf Erden. / Verbirg
mir nicht deine Gebote!
20 In Sehnsucht nach deinem Urteil /
verzehrt sich allezeit meine Seele.
21 Du drohst den Stolzen. / Verflucht sei,
wer abirrt von deinen Geboten.
22 Nimm von mir Schmach und Ver-
achtung! / Denn was du vorschreibst,
befolge ich.
23 Wenn auch Fürsten gegen mich
beraten: / dein Knecht sinnt nach über
deine Gesetze.
24 Deine Vorschriften machen mich
froh; / sie sind meine Berater.

(Dalet)
25 Meine Seele klebt am Boden. / Durch
dein Wort belebe mich!
26 Ich habe dir mein Geschick erzählt,
und du erhörtest mich. / Lehre mich
deine Gesetze!
27 Lass mich den Weg begreifen, den
deine Befehle mir zeigen, / dann will
ich nachsinnen über deine Wunder.
28 Meine Seele zerfließt vor Kummer. /
Richte mich auf durch dein Wort!
29 Halte mich fern vom Weg der Lüge; /
begnade mich mit deiner Weisung!
30 Ich wählte den Weg der Wahrheit; /
nach deinen Urteilen habe ich Verlangen.
31 Ich halte an deinen Vorschriften fest.
/ Herr, lass mich niemals scheitern!
32 Ich eile voran auf dem Weg deiner
Gebote, denn mein Herz machst du weit.

(He)
33 Herr, weise mir den Weg deiner Ge-
setze! / Ich will ihn einhalten bis ans
Ende.
34 Gib mir Einsicht, damit ich deiner
Weisung folge / und mich an sie halte
aus ganzem Herzen.
35 Führe mich auf dem Pfad deiner Ge-
bote! / Ich habe an ihm Gefallen.
36 Deinen Vorschriften neige mein Herz
zu, / doch nicht der Habgier!
37 Wende meine Augen ab von eitlen
Dingen; / durch dein Wort belebe mich!
38 Erfülle deinem Knecht die Ver-
heißung, / die allen gilt, die dich
fürchten und ehren.
39 Wende die Schande ab, vor der mir
graut; / denn deine Entscheide sind gut.
40 Nach deinen Befehlen hab ich Ver-
langen. / Gib mir neue Kraft durch dei-
ne Gerechtigkeit!

(Waw)
41 Herr, deine Huld komme auf mich
herab / und deine Hilfe, wie du es ver-
heißen hast.
42 Dann kann ich dem, der mich schmäht,
erwidern; / denn ich vertraue auf dein
Wort.
43 Entziehe meinem Mund nicht das
Wort der Wahrheit! / Ich hoffe so sehr
auf deine Entscheide.
44 Ich will deiner Weisung beständig
folgen, / auf immer und ewig.
45 Dann schreite ich aus auf freier Bahn; /
denn ich frage nach deinen Befehlen.

46 Deine Gebote will ich vor Königen bezeugen / und mich nicht vor ihnen schämen.
47 An deinen Geboten habe ich meine Freude, / ich liebe sie von Herzen.
48 Ich erhebe meine Hände zu deinen Geboten; / nachsinnen will ich über deine Gesetze.

(Sajin)
49 Denk an das Wort für deinen Knecht, / durch das du mir Hoffnung gabst.
50 Das ist mein Trost im Elend: / Deine Verheißung spendet mir Leben.
51 Frech verhöhnen mich die Stolzen; / ich aber weiche nicht ab von deiner Weisung.
52 Denke ich an deine Urteile seit alter Zeit, / Herr, dann bin ich getröstet.
53 Zorn packt mich wegen der Frevler, / weil sie deine Weisung missachten.
54 Zum Lobgesang wurden mir deine Gesetze / im Haus meiner Pilgerschaft.
55 In der Nacht denke ich, Herr, an deinen Namen; / ich will deine Weisung beachten.
56 Deine Befehle zu befolgen / ist das Glück, das mir zufiel.

(Chet)
57 Mein Anteil ist der Herr; / ich habe versprochen, dein Wort zu beachten.
58 Ich suche deine Gunst von ganzem Herzen. / Sei mir gnädig nach deiner Verheißung!
59 Ich überdenke meine Wege, / zu deinen Vorschriften lenke ich meine Schritte.
60 Ich eile und säume nicht, / deine Gebote zu halten.
61 Auch wenn mich die Stricke der Frevler fesseln, / vergesse ich deine Weisung nicht.
62 Um Mitternacht stehe ich auf, um dich zu preisen / wegen deiner gerechten Entscheide.
63 Ich bin ein Freund all derer, die dich fürchten und ehren, / und aller, die deine Befehle befolgen.
64 Von deiner Güte, Herr, ist die Erde erfüllt. / Lehre mich deine Gesetze!

(Tet)
65 Du hast deinem Knecht Gutes erwiesen, /
o Herr, nach deinem Wort.
66 Lehre mich Erkenntnis und rechtes Urteil! / Ich vertraue auf deine Gebote.
67 Ehe ich gedemütigt wurde, ging mein Weg in die Irre; / nun aber halte ich mich an deine Verheißung.
68 Du bist gut und wirkst Gutes. / Lehre mich deine Gesetze!
69 Stolze verbreiten über mich Lügen, / ich aber halte mich von ganzem Herzen an deine Befehle.
70 Abgestumpft und satt ist ihr Herz, / ich aber ergötze mich an deiner Weisung.
71 Dass ich gedemütigt wurde, war für mich gut; / denn so lernte ich deine Gesetze.

72 Die Weisung deines Mundes ist mir
lieb, / mehr als große Mengen von Gold
und Silber.

(Jod)
73 Deine Hände haben mich gemacht
und geformt. / Gib mir Einsicht, damit
ich deine Gebote lerne.
74 Wer dich fürchtet, wird mich sehen
und sich freuen; / denn ich warte auf
dein Wort.
75 Herr, ich weiß, dass deine Entscheide
gerecht sind; / du hast mich gebeugt,
weil du treu für mich sorgst.
76 Tröste mich in deiner Huld, / wie du
es deinem Knecht verheißen hast.
77 Dein Erbarmen komme über mich,
damit ich lebe; / denn deine Weisung
macht mich froh.
78 Schande über die Stolzen, die mich
zu Unrecht bedrücken! / Ich aber sinne
nach über deine Befehle.
79 Mir sollen sich alle zuwenden, die
dich fürchten und ehren / und die
deine Vorschriften kennen.
80 Mein Herz richte sich ganz nach deinen Gesetzen; / dann werde ich nicht
zuschanden.

(Kaf)
81 Nach deiner Hilfe sehnt sich meine
Seele; / ich warte auf dein Wort.
82 Meine Augen sehnen sich nach deiner Verheißung, / sie fragen: Wann wirst
du mich trösten?
83 Ich bin wie ein Schlauch voller Risse,
/ doch deine Gesetze habe ich nicht vergessen.
84 Wie viele Tage noch bleiben deinem
Knecht? / Wann wirst du meine Verfolger richten?
85 Stolze stellen mir Fallen, / sie handeln
nicht nach deiner Weisung.
86 Zuverlässig sind all deine Gebote. /
Zu Unrecht verfolgt man mich. Komm
mir zu Hilfe!
87 Fast hätte man mich von der Erde
ausgetilgt; / dennoch halte ich fest an
deinen Befehlen.
88 In deiner großen Huld lass mich
leben, / und ich will beachten, was dein
Mund mir gebietet.

(Lamed)
89 Herr, dein Wort bleibt auf ewig, / es
steht fest wie der Himmel.
90 Deine Treue währt von Geschlecht zu
Geschlecht; / du hast die Erde gegründet, sie bleibt bestehen.
91 Nach deiner Ordnung bestehen sie
bis heute, / und dir ist alles dienstbar.
92 Wäre nicht dein Gesetz meine
Freude, / ich wäre zugrunde gegangen
in meinem Elend.
93 Nie will ich deine Befehle vergessen; / denn durch sie schenkst du mir
Leben.
94 Ich bin dein, errette mich! / Ich frage
nach deinen Befehlen.
95 Frevler lauern mir auf, um mich zu
vernichten; / doch mein Sinn achtet auf
das, was du gebietest.

96 Ich sah, dass alles Vollkommene
Grenzen hat; / doch dein Gebot kennt
keine Schranken.

(Mem)

97 Wie lieb ist mir deine Weisung; /
ich sinne über sie nach den ganzen Tag.
98 Dein Gebot macht mich weiser als all
meine Feinde; / denn immer ist es mir
nahe.
99 Ich wurde klüger als all meine Lehrer; /
denn über deine Vorschriften sinne ich
nach.
100 Mehr Einsicht habe ich als die Alten; /
denn ich beachte deine Befehle.
101 Von jedem bösen Weg halte ich
meinen Fuß zurück; / denn ich will dein
Wort befolgen.
102 Ich weiche nicht ab von deinen Ent-
scheiden, / du hast mich ja selbst
unterwiesen.
103 Wie köstlich ist für meinen Gaumen
deine Verheißung, / süßer als Honig für
meinen Mund.
104 Aus deinen Befehlen gewinne ich
Einsicht, / darum hasse ich alle Pfade
der Lüge.

(Nun)

105 Dein Wort ist meinem Fuß eine
Leuchte, / ein Licht für meine Pfade.
106 Ich tat einen Schwur, und ich will
ihn halten: / Ich will deinen gerechten
Entscheidungen folgen.
107 Herr, ganz tief bin ich gebeugt. /
Durch dein Wort belebe mich!
108 Herr, nimm mein Lobopfer gnädig
an, / und lehre mich deine Entscheide!
109 Mein Leben ist ständig in Gefahr, /
doch ich vergesse nie deine Weisung.
110 Frevler legen mir Schlingen, / aber
ich irre nicht ab von deinen Befehlen.
111 Deine Vorschriften sind auf ewig
mein Erbteil; / denn sie sind die Freude
meines Herzens.
112 Mein Herz ist bereit, dein Gesetz zu
erfüllen / bis ans Ende und ewig.

(Samech)

113 Zwiespältige Menschen sind mir von
Grund auf verhasst, / doch dein Gesetz
ist mir lieb.
114 Du bist mein Schutz und mein
Schild, / ich warte auf dein Wort.
115 Weicht zurück von mir, ihr Bösen! /
Ich will die Gebote meines Gottes be-
folgen.
116 Stütze mich, damit ich lebe, wie du
es verheißen hast. / Lass mich in meiner
Hoffnung nicht scheitern!
117 Gib mir Halt, dann finde ich
Rettung; / immer will ich auf deine
Gesetze schauen.
118 Alle, die sich von deinen Gesetzen
entfernen, verwirfst du; / denn ihr
Sinnen und Trachten ist Lüge.
119 Alle Frevler im Land sind für dich
wie Schlacken, / darum liebe ich, was
du gebietest.
120 Aus Ehrfurcht vor dir erschauert
mein Leib, / vor deinen Urteilen emp-
finde ich heilige Scheu.

(Ajin)
121 Ich tue, was recht und gerecht ist. / Gib mich meinen Bedrückern nicht preis!
122 Verbürg dich für das Wohl deines Knechtes, / damit die Stolzen mich nicht unterdrücken.
123 Meine Augen sehnen sich nach deiner Hilfe, / nach deiner gerechten Verheißung.
124 Handle an deinem Knecht nach deiner Huld, / und lehre mich deine Gesetze!
125 Ich bin dein Knecht. Gib mir Einsicht, / damit ich verstehe, was du gebietest.
126 Herr, es ist Zeit zu handeln; / man hat dein Gesetz gebrochen.
127 Darum liebe ich deine Gebote / mehr als Rotgold und Weißgold.
128 Darum lebe ich genau nach deinen Befehlen; / ich hasse alle Pfade der Lüge.

(Pe)
129 Deine Vorschriften sind der Bewunderung wert; / darum bewahrt sie mein Herz.
130 Die Erklärung deiner Worte bringt Erleuchtung, / den Unerfahrenen schenkt sie Einsicht.
131 Weit öffne ich meinen Mund / und lechze nach deinen Geboten; / denn nach ihnen hab ich Verlangen.
132 Wende dich mir zu, sei mir gnädig, / wie es denen gebührt, die deinen Namen lieben.
133 Festige meine Schritte, wie du es verheißen hast. / Lass kein Unrecht über mich herrschen!
134 Erlöse mich aus der Gewalt der Menschen; / dann will ich deine Befehle halten.
135 Lass dein Angesicht leuchten über deinem Knecht, / und lehre mich deine Gesetze!
136 Tränenbäche strömen aus meinen Augen, / weil man dein Gesetz nicht befolgt.

(Zade)
137 Herr, du bist gerecht, / und deine Entscheide sind richtig.
138 Du hast deine Vorschriften erlassen in Gerechtigkeit / und in großer Treue.
139 Der Eifer für dich verzehrt mich; / denn meine Gegner vergessen deine Worte.
140 Deine Worte sind rein und lauter; / dein Knecht hat sie lieb.
141 Ich bin gering und verachtet, / doch ich vergesse nie deine Befehle.
142 Deine Gerechtigkeit bleibt ewig Gerechtigkeit, / deine Weisung ist Wahrheit.
143 Mich trafen Not und Bedrängnis, / doch deine Gebote machen mich froh.
144 Deine Vorschriften sind auf ewig gerecht. / Gib mir Einsicht, damit ich lebe.

(Qof)
145 Erhöre mich, Herr, ich rufe von ganzem Herzen; / deine Gesetze will ich halten.

146 Ich rufe zu dir; errette mich, / dann
will ich deinen Vorschriften folgen.
147 Schon beim Morgengrauen komme
ich und flehe; / ich warte auf dein
Wort.
148 Meine Augen eilen den Nacht-
wachen voraus; / denn ich sinne nach
über deine Verheißung.
149 Höre auf meine Stimme in deiner
Huld; / belebe mich, Herr, durch deine
Entscheide!
150 Mir nähern sich tückische Verfolger; /
sie haben sich weit von deiner Weisung
entfernt.
151 Doch du bist nahe, Herr, / und alle
deine Gebote sind Wahrheit.
152 Aus deinen Vorschriften weiß ich
seit langem, / dass du sie für ewig be-
stimmt hast.

(Resch)
153 Sieh mein Elend an, und rette mich; /
denn ich habe deine Weisung nicht
vergessen.
154 Verschaff mir Recht, und erlöse
mich; / nach deiner Weisung erhalte
mein Leben!
155 Fern bleibt den Frevlern das Heil; /
denn sie fragen nicht nach deinen
Gesetzen.
156 Herr, groß ist dein Erbarmen; /
durch deine Entscheide belebe mich!
157 Viele verfolgen und quälen mich, /
doch von deinen Vorschriften weich ich
nicht ab.
158 Wenn ich Abtrünnige sehe, emp-
finde ich Abscheu, / weil sie dein Wort
nicht befolgen.
159 Sieh an, wie sehr ich deine Vor-
schriften liebe; / Herr, in deiner Huld
belebe mich!
160 Das Wesen deines Wortes ist Wahr-
heit, / deine gerechten Urteile haben
alle auf ewig Bestand.

(Schin)
161 Fürsten verfolgen mich ohne Grund, /
doch mein Herz fürchtet nur dein
Wort.
162 Ich freue mich über deine Ver-
heißung / wie einer, der reiche Beute
gemacht hat.
163 Ich hasse die Lüge, sie ist mir ein
Greuel, / doch deine Weisung habe ich
lieb.
164 Siebenmal am Tag singe ich dein Lob /
wegen deiner gerechten Entscheide.
165 Alle, die deine Weisung lieben, emp-
fangen Heil in Fülle; / es trifft sie kein
Unheil.
166 Herr, ich hoffe auf deine Hilfe / und
befolge deine Gebote.
167 Meine Seele beachtet, was du ge-
bietest, / und liebt es von Herzen.
168 Ich folge deinen Vorschriften und
Befehlen; / denn alle meine Wege
(liegen offen) vor dir.

(Taw)
169 Herr, zu dir dringe mein Rufen. / Gib
mir Einsicht, getreu deinem Wort!
170 Mein Flehen komme vor dein Ange-

sicht. / Reiß mich heraus getreu deiner
Verheißung!
171 Meine Lippen sollen überströmen
von Lobpreis; / denn du lehrst mich
deine Gesetze.
172 Meine Zunge soll deine Verheißung
besingen; / denn deine Gebote sind alle
gerecht.
173 Deine Hand sei bereit, mir zu helfen;
/ denn ich habe mir deine Befehle
erwählt.
174 Ich sehne mich, Herr, nach deiner
Hilfe, / und deine Weisung macht mich
froh.
175 Lass meine Seele leben, damit sie
dich preisen kann. / Deine Entschei-
dungen mögen mir helfen.
176 Ich bin verirrt wie ein verlorenes
Schaf. / Suche deinen Knecht! / Denn
deine Gebote habe ich nicht vergessen.

Ein Hilferuf gegen Verleumder

120 [Ein Wallfahrtslied.]
Ich rief zum Herrn in meiner Not, / und
er hat mich erhört.
2 Herr, rette mein Leben vor Lügnern, /
rette es vor falschen Zungen!
3 Was soll er dir tun, was alles dir antun,
/ du falsche Zunge?
4 Scharfe Pfeile von Kriegerhand / und
glühende Ginsterkohlen dazu.
5 Weh mir, dass ich als Fremder in
Meschech bin / und bei den Zelten von
Kedar wohnen muss!
6 Ich muss schon allzu lange wohnen /
bei Leuten, die den Frieden hassen.
7 Ich verhalte mich friedlich; / doch ich
brauche nur zu reden, dann suchen sie
Hader und Streit.

Der Wächter Israels

121 [Ein Wallfahrtslied.]
Ich hebe meine Augen auf zu den
Bergen: / Woher kommt mir Hilfe?
2 Meine Hilfe kommt vom Herrn, / der
Himmel und Erde gemacht hat.
3 Er lässt deinen Fuß nicht wanken; / er,
der dich behütet, schläft nicht.
4 Nein, der Hüter Israels / schläft und
schlummert nicht.
5 Der Herr ist dein Hüter, der Herr gibt
dir Schatten; / er steht dir zur Seite.
6 Bei Tag wird dir die Sonne nicht
schaden / noch der Mond in der Nacht.
7 Der Herr behüte dich vor allem Bösen, /
er behüte dein Leben.
8 Der Herr behüte dich, wenn du fort-
gehst und wiederkommst, / von nun an
bis in Ewigkeit.

Ein Lied zur Wallfahrt nach Jerusalem

122 [Ein Wallfahrtslied Davids.]
Ich freute mich, als man mir sagte: /
»Zum Haus des Herrn wollen wir pil-
gern.«

2 Schon stehen wir in deinen Toren,
Jerusalem: / 3 Jerusalem, du starke
Stadt, / dicht gebaut und fest gefügt.
4 Dorthin ziehen die Stämme hinauf, die
Stämme des Herrn, / wie es Israel geboten ist, / den Namen des Herrn zu preisen.
5 Denn dort stehen Throne bereit für das Gericht, / die Throne des Hauses David.
6 Erbittet für Jerusalem Frieden! / Wer dich liebt, sei in dir geborgen.
7 Friede wohne in deinen Mauern, / in deinen Häusern Geborgenheit.
8 Wegen meiner Brüder und Freunde / will ich sagen: In dir sei Friede.
9 Wegen des Hauses des Herrn, unseres Gottes, / will ich dir Glück erflehen.

Aufblick zu Gott

123 [Ein Wallfahrtslied.]
Ich erhebe meine Augen zu dir, / der du hoch im Himmel thronst.
2 Wie die Augen der Knechte auf die Hand ihres Herrn, / wie die Augen der Magd auf die Hand ihrer Herrin,
so schauen unsre Augen auf den Herrn, unsern Gott, / bis er uns gnädig ist.
3 Sei uns gnädig, Herr, sei uns gnädig! / Denn übersatt sind wir vom Hohn der Spötter,
4 übersatt ist unsre Seele von ihrem Spott, / von der Verachtung der Stolzen.

Israels Dank für die Befreiung

124 [Ein Wallfahrtslied Davids.]
Hätte sich nicht der Herr für uns eingesetzt / – so soll Israel sagen –,
2 hätte sich nicht der Herr für uns eingesetzt, / als sich gegen uns Menschen erhoben,
3 dann hätten sie uns lebendig verschlungen, / als gegen uns ihr Zorn entbrannt war.
4 Dann hätten die Wasser uns weggespült, / hätte sich über uns ein Wildbach ergossen.
5 Dann hätten sich über uns die Wasser ergossen, / die wilden und wogenden Wasser.
6 Gelobt sei der Herr, / der uns nicht ihren Zähnen als Beute überließ.
7 Unsre Seele ist wie ein Vogel dem Netz des Jägers entkommen; / das Netz ist zerrissen, und wir sind frei.
8 Unsre Hilfe steht im Namen des Herrn, / der Himmel und Erde gemacht hat.

Gott, der Beschützer seines Volkes

125 [Ein Wallfahrtslied.]
Wer auf den Herrn vertraut, steht fest wie der Zionsberg, / der niemals wankt, der ewig bleibt.
2 Wie Berge Jerusalem rings umgeben, / so ist der Herr um sein Volk, von nun an auf ewig.

3 Das Zepter des Frevlers soll nicht auf
dem Erbland der Gerechten lasten, /
damit die Hand der Gerechten nicht
nach Unrecht greift.
4 Herr, tu Gutes den Guten, / den Men-
schen mit redlichem Herzen!
5 Doch wer auf krumme Wege abbiegt, /
den jage, Herr, samt den Frevlern da-
von! / Frieden über Israel!

Tränen und Jubel

126 [Ein Wallfahrtslied.]
Als der Herr das Los der Gefangen-
schaft Zions wendete, / da waren wir
alle wie Träumende.
2 Da war unser Mund voll Lachen / und
unsere Zunge voll Jubel.
Da sagte man unter den andern Völ-
kern: / »Der Herr hat an ihnen Großes
getan.«
3 Ja, Großes hat der Herr an uns getan. /
Da waren wir fröhlich.
4 Wende doch, Herr, unser Geschick, /
wie du versiegte Bäche wieder füllst im
Südland.
5 Die mit Tränen säen, / werden mit
Jubel ernten.
6 Sie gehen hin unter Tränen / und
tragen den Samen zur Aussaat.
Sie kommen wieder mit Jubel / und
bringen ihre Garben ein.

Die Mühe des Menschen und der Segen Gottes

127 [Ein Wallfahrtslied Salomos.]
Wenn nicht der Herr das Haus baut, /
müht sich jeder umsonst, der daran
baut.
Wenn nicht der Herr die Stadt be-
wacht, / wacht der Wächter umsonst.
2 Es ist umsonst, dass ihr früh aufsteht /
und euch spät erst niedersetzt,
um das Brot der Mühsal zu essen; / denn
der Herr gibt es den Seinen im Schlaf.
3 Kinder sind eine Gabe des Herrn, / die
Frucht des Leibes ist sein Geschenk.
4 Wie Pfeile in der Hand des Kriegers, /
so sind Söhne aus den Jahren der Ju-
gend.
5 Wohl dem Mann, der mit ihnen den
Köcher gefüllt hat! / Beim Rechtsstreit
mit ihren Feinden scheitern sie nicht.

Haussegen

128 [Ein Wallfahrtslied.]
Wohl dem Mann, der den Herrn
fürchtet und ehrt / und der auf seinen
Wegen geht!
2 Was deine Hände erwarben, kannst
du genießen; / wohl dir, es wird dir gut
ergehn.
3 Wie ein fruchtbarer Weinstock ist
deine Frau / drinnen in deinem Haus.
Wie junge Ölbäume sind deine Kinder
/ rings um deinen Tisch.

4 So wird der Mann gesegnet, / der den
Herrn fürchtet und ehrt.
5 Es segne dich der Herr vom Zion her. /
Du sollst dein Leben lang das Glück
Jerusalems schauen
6 und die Kinder deiner Kinder sehn. /
Frieden über Israel!

Hoffnung in der Bedrängnis

129 [Ein Wallfahrtslied.]

Sie haben mich oft bedrängt von
Jugend auf, / – so soll Israel sagen –,
2 sie haben mich oft bedrängt von
Jugend auf, / doch sie konnten mich
nicht bezwingen.
3 Die Pflüger haben auf meinem Rücken gepflügt, / ihre langen Furchen
gezogen.
4 Doch der Herr ist gerecht, / er hat die
Stricke der Frevler zerhauen.
5 Beschämt sollen alle weichen, / alle,
die Zion hassen.
6 Sie sollen wie das Gras auf den
Dächern sein, / das verdorrt, noch bevor man es ausreißt.
7 Kein Schnitter kann seine Hand
damit füllen, / kein Garbenbinder
den Arm.
8 Keiner, der vorübergeht, wird sagen: /
»Der Segen des Herrn sei mit euch.« – /
Wir aber segnen euch im Namen des
Herrn.

Bitte in tiefer Not

130 [Ein Wallfahrtslied.]

Aus der Tiefe rufe ich, Herr, zu dir: /
2 Herr, höre meine Stimme!
Wende dein Ohr mir zu, / achte auf
mein lautes Flehen!
3 Würdest du, Herr, unsere Sünden beachten, / Herr, wer könnte bestehen?
4 Doch bei dir ist Vergebung, / damit
man in Ehrfurcht dir dient.
5 Ich hoffe auf den Herrn, es hofft
meine Seele, / ich warte voll Vertrauen
auf sein Wort.
6 Meine Seele wartet auf den Herrn /
mehr als die Wächter auf den Morgen.
Mehr als die Wächter auf den Morgen /
7 soll Israel harren auf den Herrn.
Denn beim Herrn ist die Huld, / bei
ihm ist Erlösung in Fülle.
8 Ja, er wird Israel erlösen / von all
seinen Sünden.

Der Frieden in Gott

131 [Ein Wallfahrtslied.]

Herr, mein Herz ist nicht stolz, / nicht
hochmütig blicken meine Augen.
Ich gehe nicht um mit Dingen, die mir
zu wunderbar und zu hoch sind.
2 Ich ließ meine Seele ruhig werden und
still; / wie ein kleines Kind bei der
Mutter ist meine Seele still in mir.
3 Israel, harre auf den Herrn / von nun
an bis in Ewigkeit!

Die Erwählung Davids und des Zion

132 [Ein Wallfahrtslied.]
O Herr, denk an David, / denk an all
seine Mühen,
2 wie er dem Herrn geschworen, / dem
starken Gott Jakobs gelobt hat:
3 »Nicht will ich mein Zelt betreten /
noch mich zur Ruhe betten,
4 nicht Schlaf den Augen gönnen / noch
Schlummer den Lidern,
5 bis ich eine Stätte finde für den Herrn, /
eine Wohnung für den starken Gott
Jakobs.«
6 Wir hörten von seiner Lade in Efrata, /
fanden sie im Gefilde von Jáar.
7 Lasst uns hingehen zu seiner Woh-
nung / und niederfallen vor dem Sche-
mel seiner Füße!
8 Erheb dich, Herr, komm an den Ort
deiner Ruhe, / du und deine machtvolle
Lade!
9 Deine Priester sollen sich bekleiden
mit Gerechtigkeit, / und deine From-
men sollen jubeln.
10 Weil David dein Knecht ist, / weise
deinen Gesalbten nicht ab!
11 Der Herr hat David geschworen, /
einen Eid, den er niemals brechen wird:
»Einen Spross aus deinem Geschlecht /
will ich setzen auf deinen Thron.
12 Wenn deine Söhne meinen Bund
bewahren, / mein Zeugnis, das ich sie
lehre,
dann sollen auch ihre Söhne /auf dei-
nem Thron sitzen für immer.«
13 Denn der Herr hat den Zion erwählt, /
ihn zu seinem Wohnsitz erkoren:
14 »Das ist für immer der Ort meiner
Ruhe; / hier will ich wohnen, ich hab
ihn erkoren.
15 Zions Nahrung will ich reichlich
segnen, / mit Brot seine Armen sätti-
gen.
16 Seine Priester will ich bekleiden mit
Heil, / seine Frommen sollen jauchzen
und jubeln.
17 Dort lasse ich Davids Macht erstar-
ken / und stelle für meinen Gesalbten
ein Licht auf.
18 Ich bedecke seine Feinde mit Schan-
de; / doch auf ihm erglänzt seine
Krone.«

Ein Lob der brüderlichen Eintracht

133 [Ein Wallfahrtslied Davids.]
Seht doch, wie gut und schön ist es, /
wenn Brüder miteinander in Eintracht
wohnen.
2 Das ist wie köstliches Salböl, / das vom
Kopf hinabfließt auf den Bart, auf Aa-
rons Bart, / das auf sein Gewand hinab-
fließt.
3 Das ist wie der Tau des Hermon, / der
auf den Berg Zion niederfällt. / Denn
dort spendet der Herr Segen und Leben
in Ewigkeit.

Nächtliches Loblied im Tempel

134 [Ein Wallfahrtslied.]
Wohlan, nun preiset den Herrn, / all ihr
Knechte des Herrn,
die ihr steht im Hause. des Herrn, / zu
nächtlicher Stunde.
2 Erhebt eure Hände zum Heiligtum, /
und preist den Herrn!
3 Es segne dich der Herr vom Zion her, /
(der Herr,) der Himmel und Erde
gemacht hat.

Loblied auf Gottes Wirken in Schöpfung und Geschichte

135 Halleluja!
Lobt den Namen des Herrn, / lobt ihn,
ihr Knechte des Herrn,
2 die ihr steht im Haus des Herrn, / in
den Vorhöfen am Haus unsres Gottes.
3 Lobt den Herrn, denn der Herr ist
gütig. / Singt und spielt seinem Namen,
denn er ist freundlich.
4 Der Herr hat sich Jakob erwählt, /
Israel wurde sein Eigentum.
5 Ja, das weiß ich: Groß ist der Herr, /
unser Herr ist größer als alle Götter.
6 Alles, was dem Herrn gefällt, voll-
bringt er, / im Himmel, auf der Erde, in
den Meeren, in allen Tiefen.
7 Er führt Wolken herauf vom Ende der
Erde, / er lässt es blitzen und regnen, /
aus seinen Kammern holt er den
Sturmwind hervor.
8 Er erschlug Ägyptens Erstgeburt, / bei
Menschen und beim Vieh.
9 Gegen dich, Ägypten, sandte er
Zeichen und Wunder, / gegen den
Pharao und all seine Knechte.
10 Er schlug viele Völker nieder / und
tötete mächtige Könige:
11 Sihon, den König der Amoriter, / Og,
den König von Baschan, / und alle
Reiche Kanaans.
12 Ihr Land gab er Israel zum Erbe, /
zum Erbe Israel, seinem Volk.
13 Herr, dein Name währt ewig, / das
Gedenken an dich, Herr, dauert von
Geschlecht zu Geschlecht.
14 Denn der Herr verschafft Recht sei-
nem Volk; / er hat mit seinen Knechten
Mitleid.
15 Die Götzen der Heiden sind nur
Silber und Gold, / ein Machwerk von
Menschenhand.
16 Sie haben einen Mund und reden
nicht, / Augen und sehen nicht;
17 sie haben Ohren und hören nicht; /
auch ist kein Hauch in ihrem Mund.
18 Die sie gemacht haben, sollen ihrem
Machwerk gleichen, / alle, die den Göt-
zen vertrauen.
19 Haus Israel, preise den Herrn! / Haus
Aaron, preise den Herrn!
20 Haus Levi, preise den Herrn! / Alle,
die ihr den Herrn fürchtet, preist den
Herrn!
21 Gepriesen sei der Herr auf Zion, / er,
der thront in Jerusalem. / Halleluja!

Danklitanei für Gottes ewige Huld

136 Dankt dem Herrn, denn er
ist gütig, / denn seine Huld
währt ewig!
2 Dankt dem Gott aller Götter, / denn
seine Huld währt ewig!
3 Dankt dem Herrn aller Herren, / denn
seine Huld währt ewig!
4 Der allein große Wunder tut, / denn
seine Huld währt ewig,
5 der den Himmel geschaffen hat in
Weisheit, / denn seine Huld währt
ewig,
6 der die Erde über den Wassern ge-
gründet hat, / denn seine Huld währt
ewig,
7 der die großen Leuchten gemacht
hat, / denn seine Huld währt ewig,
8 die Sonne zur Herrschaft über den
Tag, / denn seine Huld währt ewig,
9 Mond und Sterne zur Herrschaft über
die Nacht, / denn seine Huld währt ewig.
10 Der die Erstgeburt der Ägypter
schlug, / denn seine Huld währt ewig,
11 und Israel herausführte aus ihrer Mit-
te, / denn seine Huld währt ewig,
12 mit starker Hand und erhobenem
Arm, / denn seine Huld währt ewig,
13 der das Schilfmeer zerschnitt in zwei
Teile, / denn seine Huld währt ewig,
14 und Israel hindurchführte zwischen
den Wassern, / denn seine Huld währt
ewig,
15 und den Pharao ins Meer stürzte
samt seinem Heer, / denn seine Huld
währt ewig.
16 Der sein Volk durch die Wüste führ-
te, / denn seine Huld währt ewig,
17 der große Könige schlug, / denn seine
Huld währt ewig,
18 und mächtige Könige tötete, / denn
seine Huld währt ewig,
19 Sihon, den König der Amoriter, /
denn seine Huld währt ewig,
20 und Og, den König von Baschan, /
denn seine Huld währt ewig,
21 und der ihr Land zum Erbe gab, /
denn seine Huld währt ewig,
22 der es Israel gab, seinem Knecht, /
denn seine Huld währt ewig.
23 Der an uns dachte in unsrer Ernied-
rigung, / denn seine Huld währt ewig,
24 und uns den Feinden entriss, / denn
seine Huld währt ewig,
25 der allen Geschöpfen Nahrung gibt, /
denn seine Huld währt ewig.
26 Danket dem Gott des Himmels, /
denn seine Huld währt ewig.

Heimweh nach dem Zion in der Verbannung

137 An den Strömen von Babel, /
da saßen wir und weinten, /
wenn wir an Zion dachten.
2 Wir hängten unsere Harfen / an die
Weiden in jenem Land.
3 Dort verlangten von uns die Zwing-
herren Lieder, / unsere Peiniger forder-
ten Jubel: / »Singt uns Lieder vom Zion!«
4 Wie könnten wir singen die Lieder des
Herrn, / fern, auf fremder Erde?

5 Wenn ich dich je vergesse, Jerusalem, /
dann soll mir die rechte Hand ver-
dorren.
6 Die Zunge soll mir am Gaumen
kleben, / wenn ich an dich nicht mehr
denke, / wenn ich Jerusalem nicht zu
meiner höchsten Freude erhebe.
7 Herr, vergiss den Söhnen Edoms nicht
den Tag von Jerusalem; / sie sagten:
»Reißt nieder, bis auf den Grund reißt
es nieder!«
8 Tochter Babel, du Zerstörerin! / Wohl
dem, der dir heimzahlt, was du uns
getan hast!
9 Wohl dem, der deine Kinder packt /
und sie am Felsen zerschmettert!

Dank für Gottes Hilfe

138 [Von David.]

Ich will dir danken aus ganzem Herzen, /
dir vor den Engeln singen und spielen;
2 ich will mich niederwerfen zu deinem
heiligen Tempel hin / und deinem Na-
men danken für deine Huld und Treue.
Denn du hast die Worte meines
Mundes gehört, / deinen Namen und
dein Wort über alles verherrlicht.
3 Du hast mich erhört an dem Tag, als
ich rief; / du gabst meiner Seele große
Kraft.
4 Dich sollen preisen, Herr, alle Könige
der Welt, / wenn sie die Worte deines
Mundes vernehmen.
5 Sie sollen singen von den Wegen des
Herrn; / denn groß ist die Herrlichkeit
des Herrn.
6 Ja, der Herr ist erhaben; / doch er
schaut auf die Niedrigen, / und die
Stolzen erkennt er von fern.
7 Gehe ich auch mitten durch große
Not: / du erhältst mich am Leben.
Du streckst die Hand aus gegen meine
wütenden Feinde, / und deine Rechte
hilft mir.
8 Der Herr nimmt sich meiner an. /
Herr, deine Huld währt ewig. / Lass
nicht ab vom Werk deiner Hände!

Der Mensch vor dem allwissenden Gott

139 [Für den Chormeister. Ein Psalm Davids.]

Herr, du hast mich erforscht und du
kennst mich. / 2 Ob ich sitze oder stehe,
du weißt von mir. / Von fern erkennst
du meine Gedanken.
3 Ob ich gehe oder ruhe, es ist dir
bekannt; / du bist vertraut mit all mei-
nen Wegen.
4 Noch liegt mir das Wort nicht auf er
Zunge – / du, Herr, kennst es bereits.
5 Du umschließt mich von allen Sei-
ten / und legst deine Hand auf mich.
6 Zu wunderbar ist für mich dieses
Wissen, / zu hoch, ich kann es nicht be-
greifen.
7 Wohin könnte ich fliehen vor deinem
Geist, / wohin mich vor deinem Ange-
sicht flüchten?

8 Steige ich hinauf in den Himmel, so
bist du dort; / bette ich mich in der
Unterwelt, bist du zugegen.
9 Nehme ich die Flügel des Morgenrots /
und lasse mich nieder am äußersten Meer,
10 auch dort wird deine Hand mich er-
greifen / und deine Rechte mich fassen.
11 Würde ich sagen: »Finsternis soll
mich bedecken, / statt Licht soll Nacht
mich umgeben«, / 12 auch die Finsternis
wäre für dich nicht finster,
die Nacht würde leuchten wie der Tag, /
die Finsternis wäre wie Licht.
13 Denn du hast mein Inneres geschaffen,
/ mich gewoben im Schoß meiner Mutter.
14 Ich danke dir, dass du mich so wun-
derbar gestaltet hast. / Ich weiß: Stau-
nenswert sind deine Werke.
15 Als ich geformt wurde im Dunkeln, /
kunstvoll gewirkt in den Tiefen der
Erde, / waren meine Glieder dir nicht
verborgen.
16 Deine Augen sahen, wie ich entstand, /
in deinem Buch war schon alles ver-
zeichnet;
meine Tage waren schon gebildet, / als
noch keiner von ihnen da war.
17 Wie schwierig sind für mich, o Gott,
deine Gedanken, / wie gewaltig ist ihre
Zahl!
18 Wollte ich sie zählen, es wären mehr
als der Sand. / Käme ich bis zum Ende,
wäre ich noch immer bei dir.
19 Wolltest du, Gott, doch den Frevler
töten! / Ihr blutgierigen Menschen,
lasst ab von mir!
20 Sie reden über dich voll Tücke / und
missbrauchen deinen Namen.
21 Soll ich die nicht hassen, / Herr, die
dich hassen, die nicht verabscheuen,
die sich gegen dich erheben?
22 Ich hasse sie mit glühendem Hass; /
auch mir sind sie zu Feinden geworden.
23 Erforsche mich, Gott, und erkenne
mein Herz, / prüfe mich, und erkenne
mein Denken!
24 Sieh her, ob ich auf dem Weg bin, der
dich kränkt, / und leite mich auf dem
altbewährten Weg!

Hilferuf zu Gott, dem Anwalt des Armen

140 [Für den Chormeister. Ein
Psalm Davids.]
2 Rette mich, Herr, vor bösen Menschen, /
vor gewalttätigen Leuten schütze mich!
3 Denn sie sinnen in ihrem Herzen auf
Böses, / jeden Tag schüren sie Streit.
4 Wie die Schlangen haben sie scharfe
Zungen / und hinter den Lippen Gift
wie die Nattern. [Sela]
5 Behüte mich, Herr, vor den Händen
der Frevler, / vor gewalttätigen Leuten
schütze mich, / die darauf sinnen, mich
zu Boden zu stoßen.
6 Hochmütige legen mir heimlich
Schlingen, / Böse spannen ein Netz aus,
/ stellen mir Fallen am Wegrand. [Sela]
7 Ich sage zum Herrn: Du bist mein
Gott. / Vernimm, o Herr, mein lautes
Flehen!

8 Herr, mein Gebieter, meine starke
Hilfe, / du beschirmst mein Haupt am
Tag des Kampfes.
9 Herr, erfülle nicht die Wünsche des
Frevlers, / lass seine Pläne nicht gelin-
gen! [Sela]
10 Die mich umzingeln, sollen das
Haupt nicht erheben; / die Bosheit ihrer
Lippen treffe sie selbst.
11 Er lasse glühende Kohlen auf sie
regnen, / er stürze sie hinab in den Ab-
grund, / so dass sie nie wieder aufstehn.
12 Der Verleumder soll nicht bestehen
im Land, / den Gewalttätigen treffe das
Unglück Schlag auf Schlag.
13 Ich weiß, der Herr führt die Sache des
Armen, / er verhilft den Gebeugten
zum Recht.
14 Deinen Namen preisen nur die
Gerechten; / vor deinem Angesicht dür-
fen nur die Redlichen bleiben.

Bitte um Bewahrung vor Sünde

141 [Ein Psalm Davids.]
Herr, ich rufe zu dir. Eile mir zu Hilfe; /
höre auf meine Stimme, wenn ich zu
dir rufe.
2 Wie ein Rauchopfer steige mein Gebet
vor dir auf; / als Abendopfer gelte vor
dir, wenn ich meine Hände erhebe.
3 Herr, stell eine Wache vor meinen
Mund, / eine Wehr vor das Tor meiner
Lippen!
4 Gib, dass mein Herz sich bösen Wor-
ten nicht zuneigt, / dass ich nichts tue,
was schändlich ist,
zusammen mit Menschen, die Unrecht /
tun. Von ihren Leckerbissen will ich
nicht kosten.
5 Der Gerechte mag mich schlagen aus
Güte: / Wenn er mich bessert, ist es
Salböl für mein Haupt;
da wird sich mein Haupt nicht sträu-
ben. / Ist er in Not, will ich stets für ihn
beten.
6 Haben ihre Richter sich auch die
Felsen hinabgestürzt, / sie sollen hören,
dass mein Wort für sie freundlich ist.
7 Wie wenn man Furchen zieht und das
Erdreich aufreißt, / so sind unsre Glie-
der hingestreut an den Rand der Unter-
welt.
8 Mein Herr und Gott, meine Augen
richten sich auf dich; / bei dir berge ich
mich. Gieß mein Leben nicht aus!
9 Vor der Schlinge, die sie mir legten,
bewahre mich, / vor den Fallen derer,
die Unrecht tun!
10 Die Frevler sollen sich in ihren ei-
genen Netzen fangen, / während ich
heil entkomme.

Hilferuf in schwerer Bedrängnis

142 [Ein Weisheitslied Davids,
als er in der Höhle war. Ein
Gebet.]
2 Mit lauter Stimme schreie. ich zum
Herrn, / laut flehe ich zum Herrn um
Gnade.
3 Ich schütte vor ihm meine Klagen
aus, / eröffne ihm meine Not.
4 Wenn auch mein Geist in mir verzagt, / du kennst meinen Pfad.
Auf dem Weg, den ich gehe, / legten sie
mir Schlingen.
5 Ich blicke nach rechts und schaue aus, /
doch niemand ist da, der mich beachtet.
Mir ist jede Zuflucht genommen, /
niemand fragt nach meinem Leben.
6 Herr, ich schreie zu dir, / ich sage:
Meine Zuflucht bist du, / mein Anteil
im Land der Lebenden.
7 Vernimm doch mein Flehen; / denn
ich bin arm und elend.
Meinen Verfolgern entreiß mich; / sie
sind viel stärker als ich.
8 Führe mich heraus aus dem Kerker, /
damit ich deinen Namen preise.
Die Gerechten scharen sich um mich, /
weil du mir Gutes tust.

Gebet um Kraft und Hilfe gegen Feinde

143 [Ein Psalm Davids.]
Herr, höre mein Gebet, vernimm mein
Flehen; / in deiner Treue erhöre mich,
in deiner Gerechtigkeit!
2 Geh mit deinem Knecht nicht ins Gericht; / denn keiner, der lebt, ist gerecht
vor dir.
3 Der Feind verfolgt mich, tritt mein
Leben zu Boden, / er lässt mich in der
Finsternis wohnen wie längst Verstorbene.
4 Mein Geist verzagt in mir, / mir erstarrt das Herz in der Brust.
5 Ich denke an die vergangenen Tage, /
sinne nach über all deine Taten, / erwäge das Werk deiner Hände.
6 Ich breite die Hände aus (und bete) zu
dir; / meine Seele dürstet nach dir wie
lechzendes Land. [Sela]
7 Herr, erhöre mich bald, / denn mein
Geist wird müde;
verbirg dein Antlitz nicht vor mir, / damit ich nicht werde wie Menschen, die
längst begraben sind.
8 Lass mich deine Huld erfahren am
frühen Morgen; / denn ich vertraue auf
dich.
Zeig mir den Weg, den ich gehen soll; /
denn ich erhebe meine Seele zu dir.
9 Herr, entreiß mich den Feinden! / Zu
dir nehme ich meine Zuflucht.
10 Lehre mich, deinen Willen zu tun;
denn du bist mein Gott. / Dein guter
Geist leite mich auf ebenem Pfad.

[11] Um deines Namens willen, Herr, erhalt
mich am Leben, / führe mich heraus aus
der Not in deiner Gerechtigkeit!
[12] Vertilge in deiner Huld meine Feinde, /
lass all meine Gegner untergehn! /
Denn ich bin dein Knecht.

Danklied auf das Glück des Gottesvolkes

144 [Von David]

Gelobt sei der Herr, der mein Fels ist, /
der meine Hände den Kampf gelehrt
hat, meine Finger den Krieg.
[2] Du bist meine Huld und Burg, / meine
Festung, mein Retter,
mein Schild, dem ich vertraue. / Er
macht mir Völker untertan.
[3] Herr, was ist der Mensch, dass du dich
um ihn kümmerst, / des Menschen
Kind, dass du es beachtest?
[4] Der Mensch gleicht einem Hauch, /
seine Tage sind wie ein flüchtiger Schatten.
[5] Herr, neig deinen Himmel, und steig
herab, / rühre die Berge an, so dass sie
rauchen.
[6] Schleudre Blitze, und zerstreue die
Feinde, / schieß deine Pfeile ab, und jag
sie dahin!
[7] Streck deine Hände aus der Höhe
herab, und befreie mich; / reiß mich
heraus aus gewaltigen Wassern, / aus
der Hand der Fremden!
[8] Alles, was ihr Mund sagt, ist Lüge, /
Meineide schwört ihre Rechte.
[9] Ein neues Lied will ich, o Gott, dir
singen, / auf der zehnsaitigen Harfe will
ich dir spielen,
[10] der du den Königen den Sieg verleihst
/ und David, deinen Knecht, errettest.
Vor dem bösen Schwert [11] errette mich, /
entreiß mich der Hand der Fremden!
Alles, was ihr Mund sagt, ist Lüge, /
Meineide schwört ihre Rechte.
[12] Unsre Söhne seien wie junge Bäume, /
hochgewachsen in ihrer Jugend,
unsre Töchter wie schlanke Säulen, /
die geschnitzt sind für den Tempel.
[13] Unsre Speicher seien gefüllt, / überquellend von vielerlei Vorrat;
unsre Herden mögen sich tausendfach
mehren, / vieltausendfach auf unsren
Fluren.
[14] Unsre Kühe mögen tragen, ohne zu
verwerfen und ohne Unfall; / kein Wehgeschrei werde laut auf unsern Straßen.
[15] Wohl dem Volk, dem es so ergeht, /
glücklich das Volk, dessen Gott der
Herr ist!

Lobpreis der Größe und Güte Gottes

145 [Ein Loblied Davids.]

Ich will dich rühmen, mein Gott und
König, / und deinen Namen preisen
immer und ewig;
[2] ich will dich preisen Tag für Tag / und
deinen Namen loben immer und ewig.
[3] Groß ist der Herr und hoch zu loben, /
seine Größe ist unerforschlich.

4 Ein Geschlecht verkünde dem andern
den Ruhm deiner Werke / und erzähle
von deinen gewaltigen Taten.
5 Sie sollen vom herrlichen Glanz
deiner Hoheit reden; / ich will deine
Wunder besingen.
6 Sie sollen sprechen von der Gewalt
deiner erschreckenden Taten; / ich will
von deinen großen Taten berichten.
7 Sie sollen die Erinnerung an deine
große Güte wecken / und über deine
Gerechtigkeit jubeln.
8 Der Herr ist gnädig und barmher-
zig, / langmütig und reich an Gnade.
9 Der Herr ist gütig zu allen, / sein Er-
barmen waltet über all seinen Wer-
ken.
10 Danken sollen dir, Herr, all deine
Werke / und deine Frommen dich
preisen.
11 Sie sollen von der Herrlichkeit deines
Königtums reden, / sollen sprechen
von deiner Macht,
12 den Menschen deine machtvollen
Taten verkünden / und den herrlichen
Glanz deines Königtums.
13 Dein Königtum ist ein Königtum für
ewige Zeiten, / deine Herrschaft währt
von Geschlecht zu Geschlecht.
[Der Herr ist treu in all seinen Worten, /
voll Huld in all seinen Taten.]
14 Der Herr stützt alle, die fallen, / und
richtet alle Gebeugten auf.
15 Aller Augen warten auf dich, / und du
gibst ihnen Speise zur rechten Zeit.
16 Du öffnest deine Hand / und sättigst
alles, was lebt, nach deinem Gefallen.
17 Gerecht ist der Herr in allem, was er
tut, / voll Huld in all seinen Werken.
18 Der Herr ist allen, die ihn anrufen,
nahe, / allen, die zu ihm aufrichtig
rufen.
19 Die Wünsche derer, die ihn fürchten,
erfüllt er, / er hört ihr Schreien und
rettet sie.
20 Alle, die ihn lieben, behütet der Herr, /
doch alle Frevler vernichtet er.
21 Mein Mund verkünde das Lob des
Herrn. / Alles, was lebt, preise seinen
heiligen Namen immer und ewig!

Preislied auf Gott, den Herrn und Helfer Israels

146

Halleluja!
Lobe den Herrn, meine Seele! / 2 Ich
will den Herrn loben, solange ich
lebe, / meinem Gott singen und spielen,
solange ich da bin.
3 Verlasst euch nicht auf Fürsten, / auf
Menschen, bei denen es doch keine
Hilfe gibt.
4 Haucht der Mensch sein Leben aus /
und kehrt er zurück zur Erde, / dann ist
es aus mit all seinen Plänen.
5 Wohl dem, dessen Halt der Gott
Jakobs ist / und der seine Hoffnung auf
den Herrn, seinen Gott, setzt.
6 Der Herr hat Himmel und Erde
gemacht, / das Meer und alle Ge-
schöpfe; / er hält ewig die Treue.

[7] Recht verschafft er den Unterdrück-
ten, / den Hungernden gibt er Brot; /
der Herr befreit die Gefangenen.
[8] Der Herr öffnet den Blinden die Au-
gen, / er richtet die Gebeugten auf.
[9] Der Herr beschützt die Fremden / und
verhilft den Waisen und Witwen zu
ihrem Recht.
Der Herr liebt die Gerechten, / doch die
Schritte der Frevler leitet er in die Irre.
[10] Der Herr ist König auf ewig, / dein
Gott, Zion, herrscht von Geschlecht zu
Geschlecht. Halleluja!

Bekenntnis zu Gott, dem Retter Israels

147 Halleluja!
Gut ist es, unserm Gott zu singen; /
schön ist es, ihn zu loben.
[2] Der Herr baut Jerusalem wieder auf, /
er sammelt die Versprengten Israels.
[3] Er heilt die gebrochenen Herzen / und
verbindet ihre schmerzenden Wunden.
[4] Er bestimmt die Zahl der Sterne / und
ruft sie alle mit Namen.
[5] Groß ist unser Herr und gewaltig an
Kraft, / unermesslich ist seine Weisheit.
[6] Der Herr hilft den Gebeugten auf /
und erniedrigt die Frevler.
[7] Stimmt dem Herrn ein Danklied an, /
spielt unsere.m Gott auf der Harfe!
[8] Er bedeckt den Himmel mit Wolken, /
spendet der Erde Regen / und lässt Gras
auf den Bergen sprießen.
[9] Er gibt dem Vieh seine Nahrung, / gibt
den jungen Raben, wonach sie schreien.
[10] Er hat keine Freude an der Kraft des
Pferdes, / kein Gefallen am schnellen
Lauf des Mannes.
[11] Gefallen hat der Herr an denen, die
ihn fürchten und ehren, / die voll Ver-
trauen warten auf seine Huld.
Dank für Gottes Güte
[12] Jerusalem, preise den Herrn, / lob-
singe, Zion, deinem Gott!
[13] Denn er hat die Riegel deiner Tore
festgemacht, / die Kinder in deiner Mit-
te gesegnet;
[14] er verschafft deinen Grenzen Frieden, /
und sättigt dich mit bestem Weizen.
[15] Er sendet sein Wort zur Erde, / rasch
eilt sein Befehl dahin.
[16] Er spendet Schnee wie Wolle, / streut
den Reif aus wie Asche.
[17] Eis wirft er herab in Brocken, / vor
seiner Kälte erstarren die Wasser.
[18] Er sendet sein Wort aus, und sie
schmelzen, / er lässt den Wind wehen,
dann rieseln die Wasser.
[19] Er verkündet Jakob sein Wort, / Israel
seine Gesetze und Rechte.
[20] An keinem andern Volk hat er so ge-
handelt, / keinem sonst seine Rechte
verkündet.
Halleluja!

Danklitanei auf Gott, den Schöpfer und Herrn

148 Halleluja!
Lobt den Herrn vom Himmel her, / lobt
ihn in den Höhen:
2 Lobt ihn, all seine Engel, / lobt ihn, all
seine Scharen;
3 lobt ihn, Sonne und Mond, / lobt ihn,
all ihr leuchtenden Sterne;
4 lobt ihn, alle Himmel / und ihr Wasser
über dem Himmel!
5 Loben sollen sie den Namen des
Herrn; / denn er gebot, und sie waren
erschaffen.
6 Er stellte sie hin für immer und ewig, /
er gab ihnen ein Gesetz, das sie nicht
übertreten.
7 Lobeˇt den Herrn, ihr auf der Erde, / ihr
Seeungeheuer und all ihr Tiefen,
8 Feuer und Hagel, Schnee und Nebel, /
du Sturmwind, der sein Wort voll-
zieht,
9 ihr Berge und all ihr Hügel, / ihr Frucht-
bäume und alle Zedern,
10 ihr wilden Tiere und alles Vieh, /
Kriechtiere und gefiederte Vögel,
11 ihr Könige der Erde und alle Völker, /
ihr Fürsten und alle Richter auf Erden,
12 ihr jungen Männer und auch ihr
Mädchen, / ihr Alten mit den Jungen!
13 Loben sollen sie den Namen des Herrn;
/ denn sein Name allein ist erhaben, /
seine Hoheit strahlt über Erde und
Himmel.
14 Seinem Volk verleiht er Macht, / das ist
ein Ruhm für all seine Frommen, / für
Israels Kinder, das Volk, das ihm nahen
darf.
Halleluja!

Ein Kampflied des Gottesvolkes

149 Halleluja!
Singt dem Herrn ein neues Lied! / Sein
Lob erschalle in der Gemeinde der
Frommen.
2 Israel soll sich über seinen Schöpfer
freuen, / die Kinder Zions über ihren
König jauchzen.
3 Seinen Namen sollen sie loben beim
Reigentanz, / ihm spielen auf Pauken
und Harfen.
4 Der Herr hat an seinem Volk Gefallen, /
die Gebeugten krönt er mit Sieg.
5 In festlichem Glanz sollen die Frommen
frohlocken, / auf ihren Lagern jauchzen:
6 Loblieder auf Gott in ihrem Mund, /
ein zweischneidiges Schwert in der
Hand,
7 um die Vergeltung zu vollziehn an den
Völkern, / an den Nationen das Strafge-
richt,
8 um ihre Könige mit Fesseln zu bin-
den, / ihre Fürsten mit eisernen Ketten,
9 um Gericht über sie zu halten, so wie
geschrieben steht. / Herrlich ist das für
all seine Frommen. Halleluja!

Das große Halleluja

150 Halleluja!
Lobt Gott in seinem Heiligtum, / lobt ihn
in seiner mächtigen Feste!
2 Lobt ihn für seine großen Taten, / lobt
ihn in seiner gewaltigen Größe!
3 Lobt ihn mit dem Schall der Hörner, /
lobt ihn mit Harfe und Zither!
4 Lobt ihn mit Pauken und Tanz, / lobt
ihn mit Flöten und Saitenspiel!
5 Lobt ihn mit hellen Zimbeln, / lobt ihn
mit klingenden Zimbeln!
6 Alles, was atmet, / lobe den Herrn!
Halleluja!

Aus dem Buch Kohelet

Buchtitel und Vorspruch

1 Worte Kohelets, des Davidsohnes,
der König in Jerusalem war.
2 Windhauch, Windhauch, sagte Ko-
helet, Windhauch, Windhauch, das
ist alles Windhauch. 3 Welchen Vorteil
hat der Mensch von all seinem Besitz,
für den er sich anstrengt unter der
Sonne?

Menschliches Glück durch Weltgestaltung

12 Ich, Kohelet, war in Jerusalem König
über Israel.

2 4 Ich vollbrachte meine großen
Taten:
Ich baute mir Häuser, / ich pflanzte
Weinberge.
5 Ich legte mir Gärten und Parks an, / da-
rin pflanzte ich alle Arten von Bäumen.
6 Ich legte Wasserbecken an, / um aus
ihnen den sprossenden Baumbestand
zu bewässern.
7 Ich kaufte Sklaven und Sklavinnen, /
obwohl ich schon hausgeborene Skla-
ven besaß.
Auch Vieh besaß ich in großer Zahl,
Rinder, Schafe, Ziegen, / mehr als alle
meine Vorgänger in Jerusalem.
8 Ich hortete auch Silber und Gold /
und, als meinen persönlichen Schatz,
Könige und ihre Provinzen.
Ich besorgte mir Sänger und Sänger-
innen / und die Lust jedes Menschen:
einen großen Harem.
11 Doch dann dachte ich nach über alle
meine Taten, die, die meine Hände voll-
bracht hatten, und über den Besitz, für
den ich mich bei diesem Tun ange-
strengt hatte. Das Ergebnis: Das ist alles
Windhauch und Luftgespinst. Es gibt
keinen Vorteil unter der Sonne.

Bildung und Besitz in ihrer Bedingtheit

14 Der Gebildete hat Augen im Kopf, der
Ungebildete tappt im Dunkeln.
Aber ich erkannte auch: Beide trifft ein
und dasselbe Geschick. 15 Da dachte ich
mir: Was den Ungebildeten trifft, trifft
also auch mich. Warum bin ich dann
über die Maßen gebildet? Und ich über-
legte mir, dass auch das Windhauch ist.

16 Denn an den Gebildeten gibt es
ebenso wenig wie an den Ungebildeten
eine Erinnerung, die ewig währt, weil
man schon in den Tagen, die bald
kommen, beide vergessen wird. Wie ist
es möglich, dass der Gebildete ebenso
sterben muss wie der Ungebildete? 17 Da
verdross mich das Leben. Denn das Tun,
das unter der Sonne getan wurde, lastete
auf mir als etwas Schlimmes. Denn es ist
alles Windhauch und Luftgespinst.
18 Mich verdross auch mein ganzer Be-
sitz, für den ich mich unter der Sonne
anstrenge und den ich dem Menschen
lassen muss, der nach mir kommt.
19 Wer weiß, ob er ein Wissender ist
oder ein Unwissender? Jedenfalls wird
er über meinen ganzen Besitz verfügen,
für den ich mich unter der Sonne an-
gestrengt und mein Wissen eingesetzt
habe. Auch das ist Windhauch.
21 Denn es kommt vor, dass ein Mensch,
dessen Besitz durch Wissen, Können
und Erfolg erworben wurde, ihn einem
andern, der sich nicht dafür an-
gestrengt hat, als dessen Anteil über-
lassen muss. Auch das ist Windhauch
und etwas Schlimmes, das häufig vor-
kommt. 22 Was erhält der Mensch dann
durch seinen ganzen Besitz und durch
das Gespinst seines Geistes, für die er
sich unter der Sonne anstrengt?
23 Alle Tage besteht sein Geschäft nur
aus Sorge und Ärger, / und selbst in der
Nacht kommt sein Geist nicht zur
Ruhe. Auch das ist Windhauch.

Gottes Handeln in seiner Vollkommenheit und Undurchschaubarkeit

3 Alles hat seine Stunde. Für jedes
Geschehen unter dem Himmel
gibt es eine bestimmte Zeit
2 eine Zeit zum Gebären / und eine Zeit
zum Sterben, / eine Zeit zum Pflanzen /
und eine Zeit zum Abernten der Pflanzen,
3 eine Zeit zum Töten / und eine Zeit
zum Heilen, / eine Zeit zum Nieder-
reißen / und eine Zeit zum Bauen,
4 eine Zeit zum Weinen / und eine Zeit
zum Lachen, / eine Zeit für die Klage /
und eine Zeit für den Tanz;
5 eine Zeit zum Steinewerfen / und eine
Zeit zum Steinesammeln, / eine Zeit
zum Umarmen / und eine Zeit, die Um-
armung zu lösen,
6 eine Zeit zum Suchen / und eine Zeit
zum Verlieren, / eine Zeit zum Behal-
ten / und eine Zeit zum Wegwerfen,
7 eine Zeit zum Zerreißen / und eine Zeit
zum Zusammennähen, / eine Zeit zum
Schweigen / und eine Zeit zum Reden,
8 eine Zeit zum Lieben / und eine Zeit
zum Hassen, / eine Zeit für den Krieg /
und eine Zeit für den Frieden.
10 Ich sah mir das Geschäft an, für das
jeder Mensch durch Gottes Auftrag
sich abmüht. 11 Gott hat das alles zu
seiner Zeit auf vollkommene Weise
getan. Überdies hat er die Ewigkeit in
alles hineingelegt, doch ohne dass der
Mensch das Tun, das Gott getan hat,
von seinem Anfang bis zu seinem Ende
wieder finden könnte.

12 Ich hatte erkannt: Es gibt kein in
allem Tun gründendes Glück, es sei
denn, ein jeder freut sich, und so ver-
schafft er sich Glück, während er noch
lebt, 13 wobei zugleich immer, wenn ein
Mensch isst und trinkt und durch
seinen ganzen Besitz das Glück kennen
lernt, das ein Geschenk Gottes ist.

Unrecht bei Gericht

16 Noch etwas habe ich beobachtet
unter der Sonne: An der Stätte, wo
man Urteil spricht, geschieht Unrecht;
an der Stätte, wo man gerechtes Urteil
sprechen sollte, geschieht Unrecht.
17 Da dachte ich mir: Gott ist es, der
den Unschuldigen wie den Schuldigen
verurteilt. Denn eine bestimmte Zeit
für jedes Geschehen und für jedes Tun
gibt es (auch) dort. 18 Was die ein-
zelnen Menschen angeht, dachte ich
mir, dass Gott sie herausgegriffen hat
und dass sie selbst (daraus) erkennen
müssen, dass sie eigentlich Tiere sind.
19 Denn jeder Mensch unterliegt dem
Geschick, und auch die Tiere unter-
liegen dem Geschick. Sie haben ein
und dasselbe Geschick. Wie diese
sterben, so sterben jene. Beide haben
ein und denselben Atem. Einen Vorteil
des Menschen gegenüber dem Tier
gibt es da nicht. Beide sind Wind-
hauch. 20 Beide gehen an ein und
denselben Ort. Beide sind aus Staub
entstanden, beide kehren zum Staub
zurück. 21 Wer weiß, ob der Atem der
einzelnen Menschen wirklich nach
oben steigt, während der Atem der
Tiere ins Erdreich hinabsinkt?

Ausbeutung und Konkurrenzkampf

4 1 Dann wieder habe ich alles be-
obachtet, was unter der Sonne
getan wird, um Menschen auszu-
beuten. Sieh, die Ausgebeuteten weinen,
und niemand tröstet sie; von der hand
ihrer Ausbeuter geht Gewalt aus, und
niemand tröstet sie.

Der allein stehende Mensch

9 Zwei sind besser als einer allein, falls
sie nur reichen Ertrag aus ihrem Besitz
ziehen. 10 Denn wenn sie hinfallen,
richtet einer den anderen auf. Doch
wehe dem, der allein ist, wenn er hin-
fällt, ohne dass einer bei ihm ist, der
ihn aufrichtet. 11 Außerdem:
Wenn zwei zusammen schlafen, wärmt
einer den andern; / einer allein – wie
soll er warm werden?
12 Und wenn jemand einen einzelnen
auch überwältigt, / zwei sind ihm ge-
wachsen, / und eine dreifache Schnur
reißt nicht so schnell.
13 Besser ein junger Mann, der nied-
riger Herkunft, aber gebildet ist, als ein
König, der alt, aber ungebildet ist – weil
er es nicht mehr verstand, auf Rat-
schläge zu hören.

Beamtenherrschaft

5 7 Wenn du beobachtest, dass in
der Provinz die Armen ausge-
beutet und Gericht und Gerechtigkeit
nicht gewährt werden, dann wundere
dich nicht über solche Vorgäne: Ein
Mächtiger deckt den andern, / hinter
beiden stehen noch Mächtigere,
8 und es ist auf jeden Fall ein Vorteil für
das Land, wenn das bebaute Feld einem
könig untersteht.

Die Nutzlosigkeit des Reichtums

9 Wer das Geld liebt, / bekommt vom
Geld nie genug;
wer den Luxus liebt, / hat nie genug
Einnahmen – auch das ist Windhauch.
10 Mehrt sich das Vermögen, / so meh-
ren sich auch die, die es verzehren.
Was für ein Erfolg bleibt dem Besitzer? /
Seine Augen dürfen zusehen.

Zum Thema: Zurückhaltung und Hängen am Hergebrachten

7 10 Doch frag nicht: Wie kommt es,
dass die früheren Zeiten besser
waren als unsere? Denn deine Frage
zeugt nicht von Wissen.

Zum Thema: Wissen als Mittel zu langem Leben

15 In meinen Tagen voll Windhauch
habe ich beides beobachtet: Es kommt
vor, dass ein gesetzestreuer Mensch
trotz seiner Gesetzestreue elend endet,
und es kommt vor, dass einer, der sich
nicht um das Gesetz kümmert, trotz
seines bösen Tuns ein langes Leben hat.
16 Halte dich nicht zu streng an das
Gesetz, und sei nicht maßlos im Erwerb
von Wissen! Warum solltest du dich
selbst ruinieren?
17 Entfern dich nicht
zu weit vom Gesetz, und verharre nicht
im Unwissen: Warum solltest du vor
der Zeit sterben?
18 Es ist am besten,
wenn du an dem einen festhältst, aber
auch das andere nicht loslässt. Wer
Gott fürchtet, wird sich in jedem Fall
richtig verhalten.

Zum Thema: Schicksal des gebildeten Gesetzestreuen und des ungebildeten Gesetzesübertreters

8 12b Freilich kenne ich das Wort:
Denen, die Gott fürchten, wird es gut
gehen, / weil sie sich vor ihm fürchten;
13 dem, der das Gesetz übertritt, wird
es nicht gut gehen, / und er wird kein
langes Leben haben, gleich dem Schat-
ten, / weil er sich nicht vor Gott fürch-
tet. –
14 Doch es gibt etwas, das auf der Erde
getan wurde und Windhauch ist:
Es gibt gesetzestreue Menschen, denen
es so ergeht, / als hätten sie wie Gesetzes-
brecher gehandelt;
und es gibt Gesetzesbrecher, / denen es

so ergeht, / als hätten sie wie Gesetzes-
treue gehandelt.
Ich Schloss daraus, dass auch dies
Windhauch ist.

Zum Thema: Grenzen der Erkenntnis

16/17 Als ich mir vorgenommen hatte zu
erkennen, was Wissen wirklich ist, und
zu beobachten, welches Geschäft ei-
gentlich auf der Erde getätigt wird, da
sah ich ein, dass der Mensch, selbst
wenn er seinen Augen bei Tag und
Nacht keinen Schlaf gönnt, das Tun
Gottes in seiner Ganzheit nicht wieder
finden kann, das Tun, das unter der
Sonne getan wurde. Deshalb strengt
der Mensch, danach suchend, sich an
und findet es doch nicht wieder. Selbst
wenn der Gebildete behauptet, er
erkenne – er kann es doch nicht wieder
finden.

Freude und kraftvolles Handeln

9 7 Also: Iss freudig dein Brot, und
trink vergnügt deinen Wein;
denn das, was du tust, hat Gott längst
so festgelegt, wie es ihm gefiel. 8 Trag
jederzeit frische Kleider, und nie fehle
duftendes Öl auf deinem Haupt. 9 Mit
einer Frau, die du liebst, genieß das
Leben alle Tage deines Lebens voll
Windhauch, die er dir unter der
Sonne geschenkt hat, alle deine Tage
voll Windhauch. Denn das ist dein
Anteil am Leben und an dem Besitz,
für den du dich unter der Sonne an-
strengst. 10 Alles, was deine Hand, so-
lange du Kraft hast, zu tun vorfindet,
das tu! Denn es gibt weder Tun noch
Rechnen noch Können noch Wissen
in der Unterwelt, zu der du unterwegs
bist.

Der Ungebildete

10 12 Worte aus dem Mund des
Gebildeten finden Beifall, /
jedes Wort von den Lippen des Un-
gebildeten bringt ihn selbst in Verwir-
rung.
13 Wenn er redet, steht Dummheit am
Anfang, / am Ende schlimme Verblen-
dung.
14a Und der Dumme redet endlos. Dabei
kann doch der Mensch nicht erkennen,
was geschehen wird.
20 Nicht einmal in Gedanken / schimpf
auf den König, / nicht einmal im Schlaf-
zimmer schimpf auf einen Reichen;
denn die Vögel des Himmels können
dein Wort verbreiten, / alles, was Flügel
hat, / könnte die Nachricht weiter-
melden.

Freude in der Jugend im Blick auf Alter und Tod

11 9 Freu dich, junger Mann, in
deiner Jugend, / sei heiteren
Herzens in deinen frühen Jahren!

Geh auf den Wegen, die dein Herz dir
sagt, / zu dem, was deine Augen vor
sich sehen.
[Aber sei dir bewusst, dass Gott dich
für all das vor Gericht ziehen wird.]
10 Halte deinen Sinn von Ärger frei, /
und schütz deinen Leib vor Krankheit; /
denn die Jugend und das dunkle Haar
sind Windhauch.

12 Denk an deinen Schöpfer in
deinen frühen Jahren, / ehe die
Tage der Krankheit kommen und die
Jahre dich erreichen, / von denen du
sagen wirst: Ich mag sie nicht!,
2 ehe Sonne und Licht und Mond und
Sterne erlöschen / und auch nach dem
Regen wieder Wolken aufziehen:
3 am Tag, da die Wächter des Hauses
zittern, / die starken Männer sich
krümmen, / die Müllerinnen ihre
Arbeit einstellen, weil sie zu wenige
sind, / es dunkel wird bei den Frauen,
die aus den Fenstern blicken,
4 und das Tor zur Straße verschlossen
wird; / wenn das Geräusch der Mühle
verstummt, / steht man auf beim Zwit-
schern der Vögel, / doch die Töne des
Lieds verklingen;
5 selbst vor der Anhöhe fürchtet man sich
und vor den Schrecken am Weg; / der
Mandelbaum blüht, / die Heuschrecke
schleppt sich dahin, / die Frucht der
Kaper platzt, / doch ein Mensch geht zu
seinem ewigen Haus, / und die Kla-
genden ziehen durch die Straßen –
6 ja, ehe die silberne Schnur zerreißt, /
die goldene Schale bricht, / der Krug
an der Quelle zerschmettert wird, /
das Rad zerbrochen in die Grube fällt,
7 der Staub auf die Erde zurückfällt als
das, was er war, / und der Atem zu Gott
zurückkehrt, / der ihn gegeben hat.

Aus dem Hohelied

2 16 Der Geliebte ist mein, / und ich
bin sein; / er weidet in den Lilien.
17 Wenn der Tag verweht / und die
Schatten wachsen,
komm du, mein Geliebter, / der Gazelle
gleich,
dem jungen Hirsch / auf den Balsam-
bergen.

4 Schön bist du, meine Freundin, /
ja, du bist schön.
Hinter dem Schleier / deine Augen wie
Tauben.
Dein Haar gleicht einer Herde von Zie-
gen, / die herabzieht von Gileads Bergen.
2 Deine Zähne sind wie eine Herde /
frisch geschorener Schafe, / die aus der
Schwemme steigen.
Jeder Zahn hat sein Gegenstück, / kei-
nem fehlt es.
3 Rote Bänder sind deine Lippen; / lieb-
lich ist dein Mund.
Dem Riss eines Granatapfels gleicht
deine Schläfe / hinter dem Schleier.
4 Wie der Turm Davids ist dein Hals, / in
Schichten von Steinen erbaut;
tausend Schilde hängen daran, / lauter
Waffen von Helden.
5 Deine Brüste sind wie zwei Kitzlein, /
wie die Zwillinge einer Gazelle, / die in
den Lilien weiden.
6 Wenn der Tag verweht und die Schat-
ten wachsen, /
will ich zum Myrrenberg gehen, / zum
Weihrauchhügel.
7 Alles an dir ist schön, meine Freundin; /
kein Makel haftet dir an.
12 Ein verschlossener Garten ist meine
Schwester Braut, / ein verschlossener
Garten, / ein versiegelter Quell.
13 Ein Lustgarten sprosst aus dir, /
Granatbäume mit köstlichen Früchten, /
Hennadolden, Nardenblüten,
14 Narde, Krokus, Gewürzrohr und
Zimt, / alle Weihrauchbäume,
Myrrhe und Aloe, / allerbester Balsam.
15 Die Quelle des Gartens bist du, / ein
Brunnen lebendigen Wassers, / Wasser
vom Libanon.
16 Nordwind, erwache! Südwind, her-
bei! / Durchweht meinen Garten, / lasst
strömen die Balsamdüfte!
Mein Geliebter komme in seinen Garten /
und esse von den köstlichen Früchten.

5 Ich komme in meinen Garten,
Schwester Braut; / ich pflücke mei-
ne Myrrhe, den Balsam;
esse meine Wabe samt dem Honig, /
trinke meinen Wein und die Milch.
Freunde, esst und trinkt, / berauscht
euch an der Liebe!
9 Was hat dein Geliebter den andern
voraus, / du schönste der Frauen?
Was hat dein Geliebter den andern
voraus, / dass du so uns beschwörst?
10 Mein Geliebter ist weiß und rot, / ist
ausgezeichnet vor Tausenden.
11 Sein Haupt ist reines Gold. / Seine Lo-
cken sind Rispen, rabenschwarz.
12 Seine Augen sind wie Tauben an
Wasserbächen; / (die Zähne), in Milch
gebadet, sitzen fest.
13 Seine Wangen sind wie Balsambeete,
darin Gewürzkräuter sprießen,
seine Lippen wie Lilien; / sie tropfen
von flüssiger Myrrhe.
14 Seine Finger sind wie Stäbe aus Gold, /
mit Steinen aus Tarschisch besetzt.
Sein Leib ist wie eine Platte aus Elfen-
bein, / mit Saphiren bedeckt.
15 Seine Schenkel sind Marmorsäulen, /
auf Sockeln von Feingold.
Seine Gestalt ist wie der Libanon, /
erlesen wie Zedern.
16 Sein Mund ist voll Süße;/ alles ist
Wonne an ihm.
Das ist mein Geliebter, / ja, das ist mein
Freund, / ihr Töchter Jerusalems.

8 6 Leg mich wie ein Siegel auf dein
Herz, / wie ein Siegel an deinen
Arm!
Stark wie der Tod ist die Liebe, / die
Leidenschaft ist hart wie die Unterwelt.
Ihre Gluten sind Feuergluten, / gewal-
tige Flammen.
7 Auch mächtige Wasser können die
Liebe nicht löschen; / auch Ströme
schwemmen sie nicht weg.
Böte einer für die Liebe den ganzen
Reichtum seines Hauses, / nur ver-
achten würde man ihn.

AUS DEM BUCH DER WEISHEIT

Vom Treiben der Frevler

1 16 Die Frevler aber holen winkend
und rufend den Tod herbei / und
sehnen sich nach ihm wie nach einem
Freund; / sie schließen einen Bund mit
ihm, / weil sie es verdienen, ihm zu ge-
hören.

2 Sie tauschen ihre verkehrten Ge-
danken aus und sagen: Kurz und
traurig ist unser Leben; / für das Ende
des Menschen gibt es keine Arznei, /
und man kennt keinen, der aus der
Welt des Todes befreit.
2Durch Zufall sind wir geworden, / und
danach werden wir sein, als wären wir
nie gewesen. / Der Atem in unserer
Nase ist Rauch, / und das Denken ist ein
Funke, / der vom Schlag des Herzens
entfacht wird;
3 verlöscht er, dann zerfällt der Leib zu
Asche, / und der Geist verweht wie
dünne Luft.
4 Unser Name wird bald vergessen, /
niemand denkt mehr an unsere Taten. /
Unser Leben geht vorüber wie die Spur
einer Wolke / und löst sich auf wie ein
Nebel, / der von den Strahlen der Sonne
verscheucht / und von ihrer Wärme zu
Boden gedrückt wird.
5 Unsere Zeit geht vorüber wie ein
Schatten, / unser Ende wiederholt sich
nicht; / es ist versiegelt, und keiner
kommt zurück.
6 Auf, lasst uns die Güter des Lebens
genießen / und die Schöpfung aus-
kosten, / wie es der Jugend zusteht.
7 Erlesener Wein und Salböl sollen uns
reichlich fließen, / keine Blume des Früh-
lings darf uns entgehen.
8 Bekränzen wir uns mit Rosen, ehe sie
verwelken;
9 keine Wiese bleibe unberührt / von
unserem ausgelassenen Treiben. / Über-
all wollen wir Zeichen der Fröhlichkeit
zurücklassen; / das ist unser Anteil, das
fällt uns zu.
10 Lasst uns den Gerechten unterdrü-
cken, / der in Armut lebt, / die Witwe
nicht schonen / und das graue Haar des
betagten Greises nicht scheuen!
11 Unsere Stärke soll bestimmen, was
Gerechtigkeit ist; / denn das Schwache
erweist sich als unnütz.
12 Lasst uns dem Gerechten auflauern! /

Er ist uns unbequem und steht un-
serem Tun im Weg. / Er wirft uns Ver-
gehen gegen das Gesetz vor / und be-
schuldigt uns des Verrats an unserer
Erziehung.
13 Er rühmt sich, die Erkenntnis Gottes
zu besitzen, / und nennt sich einen
Knecht des Herrn.
14 Er ist unserer Gesinnung ein leben-
diger Vorwurf, / schon sein Anblick ist
uns lästig;
15 denn er führt ein Leben, / das dem
der andern nicht gleicht, / und seine
Wege sind grundverschieden.
16 Als falsche Münze gelten wir ihm; /
von unseren Wegen hält er sich fern
wie von Unrat. / Das Ende der Ge-
rechten preist er glücklich / und prahlt,
Gott sei sein Vater.
17 Wir wollen sehen, ob seine Worte
wahr sind, / und prüfen, wie es mit ihm
ausgeht.
18 Ist der Gerechte wirklich Sohn
Gottes, / dann nimmt sich Gott seiner
an / und entreißt ihn der Hand seiner
Gegner.
19 Roh und grausam wollen wir mit ihm
verfahren, / um seine Sanftmut kennen
zu lernen, / seine Geduld zu erproben.
20 Zu einem ehrlosen Tod wollen wir
ihn verurteilen; / er behauptet ja, es
werde ihm Hilfe gewährt.
21 So denken sie, aber sie irren sich; /
denn ihre Schlechtigkeit macht sie blind.
22 Sie verstehen von Gottes Geheim-
nissen nichts, / sie hoffen nicht auf
Lohn für die Frömmigkeit / und er-
warten keine Auszeichnung für unta-
delige Seelen.
23 Gott hat den Menschen zur Unver-
gänglichkeit erschaffen / und ihn zum
Bild seines eigenen Wesens gemacht.
24 Doch durch den Neid des Teufels
kam der Tod in die Welt, / und ihn er-
fahren alle, die ihm angehören.

Die Bitte um Weisheit

9 13 Denn welcher Mensch kann
Gottes Plan erkennen, / oder wer
begreift, was der Herr will?
14 Unsicher sind die Berechnungen der
Sterblichen / und hinfällig unsere Ge-
danken;
15 denn der vergängliche Leib be-
schwert die Seele, / und das irdische
Zelt belastet den um vieles besorgten
Geist.
16 Wir erraten kaum, was auf der Erde
vorgeht, / und finden nur mit Mühe,
was doch auf der Hand liegt; / wer kann
dann ergründen, was im Himmel ist?
17 Wer hat je deinen Plan erkannt, wenn
du ihm nicht Weisheit gegeben / und
deinen heiligen Geist aus der Höhe
gesandt hast?
18 So wurden die Pfade der Erdenbe-
wohner gerade gemacht, / und die
Menschen lernten, was dir gefällt;
19 durch die Weisheit wurden sie gerettet.

Gottes Liebe zur Schöpfung

11 [20b] Du aber hast alles nach Maß,
Zahl und Gewicht geordnet. [21]
Denn du bist immer im Stande, deine
große Macht zu entfalten. Wer könnte
der Kraft deines Arms widerstehen? [22]
Die ganze Welt ist ja vor dir wie ein
Stäubchen auf der Waage, wie ein Tau-
tropfen, der am Morgen zur Erde fällt.
[23] Du hast mit allen Erbarmen, weil du
alles vermagst, und siehst über die
Sünden der Menschen hinweg, damit
sie sich bekehren. [24] Du liebst alles, was
ist, und verabscheust nichts von allem,
was du gemacht hast; denn hättest du
etwas gehasst, so hättest du es nicht ge-
schaffen. [25] Wie könnte etwas ohne
deinen Willen Bestand haben, oder wie
könnte etwas erhalten bleiben, das
nicht von dir ins Dasein gerufen wäre?
[26] Du schonst alles, weil es dein Eigentum
ist, Herr, du Freund des Lebens.

12 Denn in allem ist dein unver-
gänglicher Geist.

Aus dem Buch Jesus Sirach

Ehrfurcht gegen die Eltern

3 [2] Denn der Herr hat den Kindern
befohlen, ihren Vater zu ehren, /
und die Söhne verpflichtet, das Recht
ihrer Mutter zu achten.
[3] Wer den Vater ehrt, erlangt Ver-
zeihung der Sünden, / [4] und wer seine
Mutter achtet, / gleicht einem Men-
schen, der Schätze sammelt.
[5] Wer den Vater ehrt, wird Freude haben
an den eigenen Kindern, / und wenn er
betet, wird er Erhörung finden.
[6] Wer den Vater achtet, wird lange
leben, / und wer seiner Mutter Ehre er-
weist, der erweist sie dem Herrn.
[10] Such deinen Ruhm nicht darin, den
Vater herabzusetzen, / denn das ist kei-
ne Ehre für dich.
[11] Die Ehre eines Menschen ist die
seines Vaters; / wer seine Mutter ver-
achtet, sündigt schwer.
[12] Mein Sohn, wenn dein Vater alt ist,
nimm dich seiner an, / und betrübe ihn
nicht, solange er lebt.
[13] Wenn sein Verstand abnimmt, sieh
es ihm nach, / und beschäme ihn nicht
in deiner Vollkraft!
[14] Denn die Liebe zum Vater wird nicht
vergessen, / sie wird als Sühne für deine
Sünden eingetragen.
[15] Zur Zeit der Bedrängnis wird sie dir
vergolten werden; / sie lässt deine
Sünden schmelzen wie Wärme den
Reif.
[16] Wie ein Gotteslästerer handelt, wer
seinen Vater im Stich lässt, / und von
Gott ist verflucht, wer seine Mutter
kränkt.

Die Größe Gottes

18 Der Herr, der in Ewigkeit lebt,
hat alles insgesamt erschaf-
fen, / der Herr allein erweist sich als ge-
recht.
[4] Keiner vermag seine Werke zu ver-
künden. / Wer ergründet seine großen
Taten?
[5] Wer kann seine gewaltige Größe be-
schreiben / und seine großen Taten auf-
zählen bis zum Ende?
[6] Man kann nichts wegnehmen und
nichts hinzutun, / unmöglich ist es, die
Wunder des Herrn zu ergründen.

7 Ist der Mensch am Ende angelangt, /
steht er noch am Anfang, / wenn er es
aufgibt, ist er ratlos.
8 Was ist der Mensch, und wozu nützt
er? / Was ist gut an ihm, und was ist
schlecht?
9 Das Leben eines Menschen dauert /
höchstens hundert Jahre.
10 Wie ein Wassertropfen im Meer und
wie ein Körnchen im Sand, / so ver-
halten sich die wenigen Jahre zu der
Zeit der Ewigkeit.
11 Darum hat der Herr mit ihnen
Geduld, / und er gießt über sie sein Er-
barmen aus.
12 Er sieht und weiß, dass ihr Ende
schlimm ist; / darum hat er so viel
Nachsicht mit ihnen.
13 Das Erbarmen des Menschen gilt nur
seinem Nächsten, / das Erbarmen des
Herrn allen Menschen.
Er weist zurecht, erzieht und belehrt / und
führt wie ein Hirt seine Herde zurück.
14 Glücklich alle, die auf sein Erbarmen
hoffen / und seine Gebote annehmen.

Zwietracht und Vergebung

27 30 Groll und Zorn, auch diese
sind abscheulich, / nur der
Sünder hält daran fest.
28 Wer sich rächt, an dem rächt
sich der Herr; / dessen Sünden
behält er im Gedächtnis.
2 Vergib deinem Nächsten das Unrecht, /
dann werden dir, wenn du betest, auch
deine Sünden vergeben.
3 Der Mensch verharrt im Zorn gegen
den andern, / vom Herrn aber sucht er
Heilung zu erlangen?
4 Mit seinesgleichen hat er kein Er-
barmen, / aber wegen seiner eigenen
Sünden bittet er um Gnade?
5 Obwohl er nur ein Wesen aus Fleisch
ist, verharrt er im Groll, /
wer wird da seine Sünden vergeben?
6 Denk an das Ende, lass ab von der
Feindschaft, / denk an Untergang und
Tod, / und bleib den Geboten treu!
7 Denk an die Gebote, und grolle dem
Nächsten nicht, / denk an den Bund des
Höchsten, und verzeih die Schuld!

Opfer und Gebet

35 15b Er ist ja der Gott des Rechts,
/ bei ihm gibt es keine Begüns-
tigung.
16 Er ist nicht parteiisch gegen den Ar-
men, / das Flehen des Bedrängten hört er.
17 Er missachtet nicht das Schreien der
Waise / und der Witwe, die viel zu
klagen hat.
20 Die Nöte des Unterdrückten nehmen
ein Ende, / das Schreien des Elenden
verstummt.
21 Das Flehen des Armen dringt durch
die Wolken, / es ruht nicht, bis es am Ziel
ist.
Es weicht nicht, bis Gott eingreift /
22a und Recht schafft als gerechter
Richter.

Das Lob des Schöpfers in der Natur

42 15 Nun will ich der Werke
Gottes gedenken; / was ich
gesehen habe, will ich erzählen:
Durch Gottes Wort entstanden seine
Werke; / seine Lehre ist ein Ausfluss
seiner Liebe.
16 Über allem strahlt die leuchtende
Sonne, / die Herrlichkeit des Herrn
erfüllt alle seine Werke.
17 Die Heiligen Gottes vermögen nicht, /
alle seine Wunder zu erzählen.
Gott gibt seinen Heerscharen die Kraft, /
vor seiner Herrlichkeit zu bestehen.
18 Meerestiefe und Menschenherz
durchforscht er, / und er kennt alle ihre
Geheimnisse.
Der Höchste hat Kenntnis von allem, /
bis in die fernste Zeit sieht er das Kom-
mende.
19 Vergangenheit und Zukunft macht er
kund / und enthüllt die Rätsel des Ver-
borgenen.
20 Es fehlt ihm keine Einsicht, / kein
Ding entgeht ihm.
21 Seine machtvolle Weisheit hat er fest
gegründet, / er ist der Einzige von Ewig-
keit her.
Nichts ist hinzuzufügen, nichts weg-
zunehmen, / er braucht keinen Lehr-
meister.
22 Alle seine Werke sind vortrefflich, /
doch sehen wir nur einen Funken und
ein Spiegelbild.
23 Alles lebt und besteht für immer, / für
jeden Gebrauch ist alles bereit.
24 Jedes Ding ist vom andern ver-
schieden, / keines von ihnen hat er ver-
geblich gemacht.
25 Eines ergänzt durch seinen Wert das
andere. / Wer kann sich satt sehen an
ihrer Pracht?

Aus den Büchern der Propheten
Aus dem Buch Jesaja

Der falsche und der wahre Gottesdienst

1 10 Hört das Wort des Herrn, ihr
Herrscher von Sodom! / Ver-
nimm die Weisung unseres Gottes, du
Volk von Gomorra!
11 Was soll ich mit euren vielen
Schlachtopfern?, / spricht der Herr.
Die Widder, die ihr als Opfer ver-
brennt, / und das Fett eurer Rinder
habe ich satt; / das Blut der Stiere, der
Lämmer und Böcke ist mir zuwider.
12 Wenn ihr kommt, um mein An-
gesicht zu schauen – / wer hat von euch
verlangt, dass ihr meine Vorhöfe zer-
trampelt?
13 Bringt mir nicht länger sinnlose
Gaben, / Rauchopfer, die mir ein Greuel
sind.
Neumond und Sabbat und Festver-
sammlung – / Frevel und Feste – er-
trage ich nicht.
14 Eure Neumondfeste und Feiertage /
sind mir in der Seele verhasst,
sie sind mir zur Last geworden, / ich bin
es müde, sie zu ertragen.
15 Wenn ihr eure Hände ausbreitet, /
verhülle ich meine Augen vor euch.
Wenn ihr auch noch so viel betet, / ich
höre es nicht. / Eure Hände sind voller
Blut.
16 Wascht euch, reinigt euch! / Lasst ab
von eurem üblen Treiben! / Hört auf,
vor meinen Augen Böses zu tun!
17 Lernt, Gutes zu tun! / Sorgt für das
Recht!
Helft den Unterdrückten! / Verschafft
den Waisen Recht, / tretet ein für die
Witwen!

Das Lied vom Weinberg

5 Ich will ein Lied singen von mei-
nem geliebten Freund, / ein Lied
vom Weinberg meines Liebsten.
Mein Freund hatte einen Weinberg /
auf einer fruchtbaren Höhe.
2 Er grub ihn um und entfernte die
Steine / und bepflanzte ihn mit den
edelsten Reben.
Er baute mitten darin einen Turm / und
hieb eine Kelter darin aus.
Dann hoffte er, / dass der Weinberg
süße Trauben brächte, / doch er brachte
nur saure Beeren.

3 Nun sprecht das Urteil, Jerusalems
Bürger und ihr Männer von Juda, / im
Streit zwischen mir und dem Wein-
berg!
4 Was konnte ich noch für meinen
Weinberg tun, / das ich nicht für ihn
tat?
Warum hoffte ich denn auf süße
Trauben? / Warum brachte er nur saure
Beeren?
5 Jetzt aber will ich euch kundtun, / was
ich mit meinem Weinberg mache:
Ich entferne seine schützende Hecke; /
so wird er zur Weide.
Seine Mauer reiße ich ein; / dann wird
er zertrampelt.
6 Zu Ödland will ich ihn machen. / Man
soll seine Reben nicht schneiden / und
soll ihn nicht hacken;
Dornen und Disteln werden dort wu-
chern. / Ich verbiete den Wolken, ihm
Regen zu spenden.
7 Ja, der Weinberg des Herrn der Heere /
ist das Haus Israel,
und die Männer von Juda sind die
Reben, / die er zu seiner Freude ge-
pflanzt hat.
Er hoffte auf Rechtsspruch – / doch
siehe da: Rechtsbruch,
und auf Gerechtigkeit – / doch siehe da:
Der Rechtlose schreit.
8 Weh euch, die ihr Haus an Haus reiht /
und Feld an Feld fügt,
bis kein Platz mehr da ist / und ihr
allein im Land ansässig seid.
11 Weh euch, die ihr schon früh am
Morgen / hinter dem Bier her seid
und sitzen bleibt bis spät in die Nacht, /
wenn euch der Wein erhitzt.
20 Weh denen, die das Böse gut und das
Gute böse nennen, / die die Finsternis
zum Licht und das Licht zur Finsternis
machen, / die das Bittere süß und das
Süße bitter machen.
22 Weh denen, die Helden sind, / wenn
es gilt, Wein zu trinken, / und tapfer,
wenn es gilt, starke Getränke zu
brauen,
23 die den Schuldigen für Bestechungs-
geld freisprechen / und dem Gerechten
sein Recht vorenthalten.

Die Berufung des Propheten

6 Im Todesjahr des Königs Usija sah
ich den Herrn. Er saß auf einem
hohen und erhabenen Thron. Der
Saum seines Gewandes füllte den Tem-
pel aus.
2 Serafim standen über ihm.
Jeder hatte sechs Flügel: Mit zwei
Flügeln bedeckten sie ihr Gesicht, mit
zwei bedeckten sie ihre Füße, und mit
zwei flogen sie.
3 Sie riefen einander zu:
Heilig, heilig, heilig ist der Herr der
Heere. / Von seiner Herrlichkeit ist die
ganze Erde erfüllt.
4 Die Türschwellen bebten bei ihrem
lauten Ruf, und der Tempel füllte sich
mit Rauch.
5 Da sagte ich: Weh mir, ich bin ver-
loren. Denn ich bin ein Mann mit

unreinen Lippen und lebe mitten in
einem Volk mit unreinen Lippen, und
meine Augen haben den König, den
Herrn der Heere, gesehen. 6 Da flog
einer der Serafim zu mir; er trug in
seiner Hand eine glühende Kohle, die
er mit einer Zange vom Altar genom-
men hatte. 7 Er berührte damit meinen
Mund und sagte:
Das hier hat deine Lippen berührt:
Deine Schuld ist getilgt, / deine Sünde
gesühnt.
8 Danach hörte ich die Stimme des
Herrn, der sagte: Wen soll ich senden?
Wer wird für uns gehen? Ich ant-
wortete: Hier bin ich, sende mich!

Die Weissagung über den Immanuel

7 10 Der Herr sprach noch einmal zu
Ahas; er sagte: 11 Erbitte dir vom
Herrn, deinem Gott, ein Zeichen, sei es
von unten, aus der Unterwelt, oder von
oben, aus der Höhe. 12 Ahas antwortete:
Ich will um nichts bitten und den
Herrn nicht auf die Probe stellen. 13 Da
sagte Jesaja: Hört her, ihr vom Haus
David! Genügt es euch nicht, Men-
schen zu belästigen? Müsst ihr auch
noch meinen Gott belästigen? 14 Da-
rum wird euch der Herr von sich aus
ein Zeichen geben: Seht, die Jungfrau
wird ein Kind empfangen, sie wird
einen Sohn gebären, und sie wird ihm
den Namen Immanuel (Gott mit uns)
geben. 15 Er wird Butter und Honig
essen bis zu der Zeit, in der er versteht,
das Böse zu verwerfen und das Gute zu
wählen. 16 Denn noch bevor das Kind
versteht, das Böse zu verwerfen und das
Gute zu wählen, wird das Land verödet
sein, vor dessen beiden Königen dich
das Grauen packt.

Die Verheißung der Geburt des göttlichen Kindes

8 23b Einst hat er das Land Sebulon
und das Land Naftali verachtet,
aber später bringt er die Straße am
Meer wieder zu Ehren, das Land jen-
seits des Jordan, das Gebiet der Heiden.
9 Das Volk, das im Dunkel lebt, /
sieht ein helles Licht; über denen,
die im Land der Finsternis wohnen, /
strahlt ein Licht auf.
2 Du erregst lauten Jubel / und schenkst
große Freude.
Man freut sich in deiner Nähe, / wie
man sich freut bei der Ernte, / wie man
jubelt, wenn Beute verteilt wird.
3 Denn wie am Tag von Midian zer-
brichst du das drückende Joch, / das
Tragholz auf unserer Schulter und den
Stock des Treibers.
4 Jeder Stiefel, der dröhnend daher-
stampft, / jeder Mantel, der mit Blut be-
fleckt ist, / wird verbrannt, wird ein
Fraß des Feuers.
5 Denn uns ist ein Kind geboren, / ein
Sohn ist uns geschenkt.

Die Herrschaft liegt auf seiner Schulter; / man nennt ihn: Wunderbarer Ratgeber, Starker Gott, / Vater in Ewigkeit, Fürst des Friedens.
6 Seine Herrschaft ist groß, / und der Friede hat kein Ende.
Auf dem Thron Davids herrscht er über sein Reich; / er festigt und stützt es durch Recht und Gerechtigkeit, / jetzt und für alle Zeiten.
Der leidenschaftliche Eifer des Herrn der Heere / wird das vollbringen.

Die Ankündigung des messianischen Reiches

11 Doch aus dem Baumstumpf Isais wächst ein Reis hervor, / ein junger Trieb aus seinen Wurzeln bringt Frucht.
2 Der Geist des Herrn lässt sich nieder auf ihm: / der Geist der Weisheit und der Einsicht,
der Geist des Rates und der Stärke, / der Geist der Erkenntnis und der Gottesfurcht.
3 [Er erfüllt ihn mit dem Geist der Gottesfurcht.] / Er richtet nicht nach dem Augenschein, / und nicht nur nach dem Hörensagen entscheidet er,
4 sondern er richtet die Hilflosen gerecht / und entscheidet für die Armen des Landes, wie es recht ist.
Er schlägt den Gewalttätigen / mit dem Stock seines Wortes
und tötet den Schuldigen / mit dem Hauch seines Mundes.
5 Gerechtigkeit ist der Gürtel um seine Hüften, / Treue der Gürtel um seinen Leib.
6 Dann wohnt der Wolf beim Lamm, / der Panther liegt beim Böcklein.
Kalb und Löwe weiden zusammen, / ein kleiner Knabe kann sie hüten.
7 Kuh und Bärin freunden sich an, / ihre Jungen liegen beieinander. / Der Löwe frisst Stroh wie das Rind.
8 Der Säugling spielt vor dem Schlupfloch der Natter, / das Kind streckt seine Hand in die Höhle der Schlange.
9 Man tut nichts Böses mehr / und begeht kein Verbrechen / auf meinem ganzen heiligen Berg;
denn das Land ist erfüllt von der Erkenntnis des Herrn, / so wie das Meer mit Wasser gefüllt ist.
10 An jenem Tag wird es der Spross aus der Wurzel Isais sein, / der dasteht als Zeichen für die Nationen;
die Völker suchen ihn auf; / sein Wohnsitz ist prächtig.

Das Festmahl auf dem Berg Zion

25 6 Der Herr der Heere wird auf diesem Berg / für alle Völker ein Festmahl geben
mit den feinsten Speisen, / ein Gelage mit erlesenen Weinen,
mit den besten und feinsten Speisen, / mit besten, erlesenen Weinen.
7 Er zerreißt auf diesem Berg die Hülle, die alle Nationen verhüllt, / und die Decke, die alle Völker bedeckt.

8 Er beseitigt den Tod für immer. / Gott,
der Herr, wischt die Tränen ab von
jedem Gesicht.
Auf der ganzen Erde nimmt er von
seinem Volk die Schande hinweg. / Ja,
der Herr hat gesprochen.
9 An jenem Tag wird man sagen: / Seht,
das ist unser Gott,
auf ihn haben wir unsere Hoffnung
gesetzt, / er wird uns retten.
Das ist der Herr, auf ihn setzen wir
unsere Hoffnung. / Wir wollen jubeln
und uns freuen über seine rettende Tat.

Die Verheißung des messianischen Heils

35 Die Wüste und das trockene
Land sollen sich freuen, /
die Steppe soll jubeln und blühen.
2 Sie soll prächtig blühen wie eine Lilie, /
jubeln soll sie, jubeln und jauchzen.
Die Herrlichkeit des Libanon wird ihr
geschenkt, / die Pracht des Karmel und
der Ebene Scharon.
Man wird die Herrlichkeit des Herrn
sehen, / die Pracht unseres Gottes.
3 Macht die erschlafften Hände wieder
stark / und die wankenden Knie wieder
fest!
4 Sagt den Verzagten: / Habt Mut,
fürchtet euch nicht!
Seht, hier ist euer Gott! / Die Rache
Gottes wird kommen und seine Ver-
geltung; / er selbst wird kommen und
euch erretten.
5 Dann werden die Augen der Blinden
geöffnet, / auch die Ohren der Tauben
sind wieder offen.
6 Dann springt der Lahme wie ein
Hirsch, / die Zunge des Stummen
jauchzt auf.
In der Wüste brechen Quellen hervor, /
und Bäche fließen in der Steppe.
7 Der glühende Sand wird zum Teich /
und das durstige Land zu sprudelnden
Quellen.
An dem Ort, wo jetzt die Schakale sich
lagern, / gibt es dann Gras, Schilfrohr
und Binsen.
8 Eine Straße wird es dort geben; / man
nennt sie den Heiligen Weg.
Kein Unreiner darf ihn betreten. / Er
gehört dem, der auf ihm geht. / Un-
erfahrene gehen nicht mehr in die Irre.
9 Es wird keinen Löwen dort geben, /
kein Raubtier betritt diesen Weg,
keines von ihnen ist hier zu finden. /
Dort gehen nur die Erlösten.
10 Die vom Herrn Befreiten kehren zu-
rück / und kommen voll Jubel nach Zion.
Ewige Freude ruht auf ihren Häuptern. /
Wonne und Freude stellen sich ein, /
Kummer und Seufzen entfliehen.

Die Verheißung der Heimkehr

40 Tröstet, tröstet mein Volk, /
spricht euer Gott.
2 Redet Jerusalem zu Herzen / und ver-
kündet der Stadt,
dass ihr Frondienst zu Ende geht, / dass
ihre Schuld beglichen ist;

denn sie hat die volle Strafe erlitten /
von der Hand des Herrn / für all ihre
Sünden.
3 Eine Stimme ruft: / Bahnt für den
Herrn einen Weg durch die Wüste!
Baut in der Steppe eine ebene Straße /
für unseren Gott!
4 Jedes Tal soll sich heben, / jeder Berg
und Hügel sich senken.
Was krumm ist, soll gerade werden, /
und was züglig ist, werde eben.
5 Dann offenbart sich die Herrlichkeit
des Herrn, / alle Sterblichen werden sie
sehen. / Ja, der Mund des Herrn hat gesprochen.
6 Eine Stimme sagte: Verkünde! / Ich
fragte: Was soll ich verkünden?
Alles Sterbliche ist wie das Gras, / und
all seine Schönheit ist wie die Blume
auf dem Feld.
7 Das Gras verdorrt, die Blume verwelkt,
/ wenn der Atem des Herrn darüberweht. / Wahrhaftig, Gras ist das Volk.
8 Das Gras verdorrt, die Blume verwelkt, / doch das Wort unseres Gottes
bleibt in Ewigkeit.
9 Steig auf einen hohen Berg, / Zion, du
Botin der Freude!
Erheb deine Stimme mit Macht, /
Jerusalem, du Botin der Freude!
Erheb deine Stimme, fürchte dich
nicht! / Sag den Städten in Juda: / Seht,
da ist euer Gott.
10 Seht, Gott der Herr, kommt mit
Macht, / er herrscht mit starkem Arm.
Seht, er bringt seinen Siegespreis mit: /
Alle, die er gewonnen hat, gehen vor
ihm her.
11 Wie ein Hirt führt er seine Herde zur
Weide, / er sammelt sie mit starker
Hand.
Die Lämmer trägt er auf dem Arm, / die
Mutterschafe führt er behutsam.

Preis der Erhabenheit Gottes

26 Hebt eure Augen in die Höhe, und
seht: / Wer hat die (Sterne) dort oben
erschaffen?
Er ist es, der ihr Heer täglich zählt und
heraufführt, / der sie alle beim Namen
ruft.
Vor dem Allgewaltigen und Mächtigen /
wagt keiner zu fehlen.
27 Jakob, warum sagst du, / Israel, warum sprichst du:
Mein Weg ist dem Herrn verborgen, /
meinem Gott entgeht mein Recht?
28 Weißt du es nicht, hörst du es nicht? /
Der Herr ist ein ewiger Gott, / der die
weite Erde erschuf.
Er wird nicht müde und matt, / unergründlich ist seine Einsicht.
29 Er gibt dem Müden Kraft, / dem
Kraftlosen verleiht er große Stärke.
30 Die Jungen werden müde und matt, /
junge Männer stolpern und stürzen.
31 Die aber, die dem Herrn vertrauen, /
schöpfen neue Kraft, / sie bekommen
Flügel wie Adler.
Sie laufen und werden nicht müde, / sie
gehen und werden nicht matt.

Das erstes Lied vom Gottesknecht

42 Seht, das ist mein Knecht, den
ich stütze; / das ist mein Er-
wählter, an ihm finde ich Gefallen.
Ich habe meinen Geist auf ihn gelegt, /
er bringt den Völkern das Recht.
2 Er schreit nicht und lärmt nicht / und
lässt seine Stimme nicht auf der Straße
erschallen.
3 Das geknickte Rohr zerbricht er nicht, /
und den glimmenden Docht löscht er
nicht aus; / ja, er bringt wirklich das
Recht.
4 Er wird nicht müde und bricht nicht
zusammen, / bis er auf der Erde das
Recht begründet hat. / Auf sein Gesetz
warten die Inseln.
5 So spricht Gott, der Herr, / der den
Himmel erschaffen und ausgespannt
hat, / der die Erde gemacht hat und
alles, was auf ihr wächst,
der den Menschen auf der Erde den
Atem verleiht / und allen, die auf ihr
leben, den Geist:
6 Ich, der Herr, habe dich aus Gerechtig-
keit gerufen, / ich fasse dich an der
Hand.
Ich habe dich geschaffen und dazu be-
stimmt, / der Bund für mein Volk / und
das Licht für die Völker zu sein:
7 blinde Augen zu öffnen, / Gefangene
aus dem Kerker zu holen
und alle, die im Dunkel sitzen, / aus
ihrer Haft zu befreien.

Der Weg durch die Wüste

43 16 So spricht der Herr, der
einen Weg durchs Meer
bahnt, / einen Pfad durch das gewal-
tige Wasser,
17 der Wagen und Rosse ausziehen lässt,
/ zusammen mit einem mächtigen Heer;
doch sie liegen am Boden und stehen
nicht mehr auf, / sie sind erloschen und
verglüht wie ein Docht.
18 Denkt nicht mehr an das, was früher
war; / auf das, was vergangen ist, sollt
ihr nicht achten.
19 Seht her, nun mache ich etwas Neu-
es. / Schon kommt es zum Vorschein,
merkt ihr es nicht?
Ja, ich lege einen Weg an durch die
Steppe / und Straßen durch die Wüste.
20 Die wilden Tiere werden mich
preisen, / die Schakale und Strauße,
denn ich lasse in der Steppe Wasser
fließen / und Ströme in der Wüste, /
um mein Volk, mein erwähltes, zu
tränken.
21 Das Volk, das ich mir erschaffen
habe, / wird meinen Ruhm verkünden.

Die Berufung und Aufgabe des Kyrus

45 So spricht der Herr zu Kyrus,
seinem Gesalbten, / den er an
der rechten Hand gefasst hat,
um ihm die Völker zu unterwerfen, um
die Könige zu entwaffnen, / um ihm
die Türen zu öffnen und kein Tor ver-
schlossen zu halten:

2 Ich selbst gehe vor dir her / und ebne
die Berge ein.
Ich zertrümmere die bronzenen Tore /
und zerschlage die eisernen Riegel.
3 Ich gebe dir verborgene Schätze / und
Reichtümer, die im Dunkel versteckt
sind.
So sollst du erkennen, dass ich der Herr
bin, / der dich bei deinem Namen ruft,
ich, Israels Gott.
4 Um meines Knechtes Jakob willen, / um
Israels, meines Erwählten, willen / habe
ich dich bei deinem Namen gerufen;
ich habe dir einen Ehrennamen gege-
ben, / ohne dass du mich kanntest.
5 Ich bin der Herr, und sonst niemand; /
außer mir gibt es keinen Gott.
Ich habe dir den Gürtel angelegt / ohne
dass du mich kanntest,
6 damit man vom Aufgang der Sonne
bis zu ihrem Untergang erkennt, / dass
es außer mir keinen Gott gibt. / Ich bin
der Herr, und sonst niemand.
7 Ich erschaffe das Licht und mache das
Dunkel, / ich bewirke das Heil und er-
schaffe das Unheil. / Ich bin der Herr,
der das alles vollbringt.

Die Allmacht Jahwes

46 3 Hört auf mich, ihr vom Haus
Jakob, / und ihr alle, die vom
Haus Israel noch übrig sind,
die mir aufgebürdet sind vom Mutterleib
an, / die von mir getragen wurden, seit sie
den Schoß ihrer Mutter verließen.
4 Ich bleibe derselbe, so alt ihr auch
werdet, / bis ihr grau werdet, will ich
euch tragen.
Ich habe es getan, / und ich werde euch
weiterhin tragen, / ich werde euch
schleppen und retten.

Das zweite Lied vom Gottesknecht: Gottes Trost für Zion

49 14 Doch Zion sagt: Der Herr
hat mich verlassen, / Gott hat
mich vergessen.
15 Kann denn eine Frau ihr Kindlein ver-
gessen, / eine Mutter ihren leiblichen
Sohn?
Und selbst wenn sie ihn vergessen
würde: / ich vergesse dich nicht.

Das dritte Lied vom Gottesknecht

50 4 Gott, der Herr, gab mir die
Zunge eines Jüngers, / damit
ich verstehe, die Müden zu stärken
durch ein aufmunterndes Wort.
Jeden Morgen weckt er mein Ohr, /
damit ich auf ihn höre wie ein Jünger.
5 Gott, der Herr, hat mir das Ohr ge-
öffnet. / Ich aber wehrte mich nicht /
und wich nicht zurück.
6 Ich hielt meinen Rücken denen hin, /
die mich schlugen,
und denen, die mir den Bart ausrissen, /
meine Wangen.
Mein Gesicht verbarg ich nicht / vor
Schmähungen und Speichel.

7 Doch Gott, der Herr, wird mir helfen; /
darum werde ich nicht in Schande enden.
Deshalb mache ich mein Gesicht hart
wie einen Kiesel; / ich weiß, dass ich
nicht in Schande gerate.
8 Er, der mich freispricht, ist nahe. / Wer
wagt es, mit mir zu streiten?
Lasst uns zusammen vortreten! / Wer
ist mein Gegner im Rechtsstreit? / Er
trete zu mir heran.
9a Seht her, Gott, der Herr, wird mir
helfen. / Wer kann mich für schuldig
erklären?

Das vierte Lied vom Gottesknecht

52 13 Seht, mein Knecht hat Er-
folg, / er wird groß sein und
hoch erhaben.
14 Viele haben sich über ihn entsetzt, /
so entstellt sah er aus, nicht mehr wie
ein Mensch, / seine Gestalt war nicht
mehr die eines Menschen.
15 Jetzt aber setzt er viele Völker in
Staunen, / Könige müssen vor ihm ver-
stummen.
Denn was man ihnen noch nie erzählt
hat, / das sehen sie nun;
was sie niemals hörten, / das erfahren
sie jetzt.
53 Wer hat unserer Kunde ge-
glaubt? / Der Arm des Herrn –
wem wurde er offenbar?
2 Vor seinen Augen wuchs er auf wie ein
junger Spross, / wie ein Wurzeltrieb aus
trockenem Boden.
Er hatte keine schöne und edle Gestalt, /
so dass wir ihn anschauen mochten.
Er sah nicht so aus, / dass wir Gefallen
fanden an ihm.
3 Er wurde verachtet und von den
Menschen gemieden, / ein Mann voller
Schmerzen, / mit Krankheit vertraut.
Wie einer, vor dem man das Gesicht ver-
hüllt, / war er verachtet; wir schätzten ihn
nicht.
4 Aber er hat unsere Krankheit getra-
gen / und unsere Schmerzen auf sich
geladen.
Wir meinten, er sei von Gott geschla-
gen, / von ihm getroffen und gebeugt.
5 Doch er wurde durchbohrt wegen
unserer Verbrechen, / wegen unserer
Sünden zermalmt.
Zu unserem Heil lag die Strafe auf ihm,
/ durch seine Wunden sind wir geheilt.
6 Wir hatten uns alle verirrt wie Schafe,
/ jeder ging für sich seinen Weg.
Doch der Herr lud auf ihn / die Schuld
von uns allen.
7 Er wurde misshandelt und nieder-
gedrückt, / aber er tat seinen Mund
nicht auf.
Wie ein Lamm, das man zum
Schlachten führt, / und wie ein Schaf
angesichts seiner Scherer, / so tat auch
er seinen Mund nicht auf.
8 Durch Haft und Gericht wurde er
dahingerafft, / doch wen kümmerte
sein Geschick?
Er wurde vom Land der Lebenden
abgeschnitten / und wegen der Ver-

brechen seines Volkes zu Tode ge-
troffen.
9 Bei den Ruchlosen gab man ihm sein
Grab, / bei den Verbrechern seine
Ruhestätte,
obwohl er kein Unrecht getan hat / und
kein trügerisches Wort in seinem
Mund war.
10 Doch der Herr fand Gefallen an
seinem zerschlagenen (Knecht), / er
rettete den, der sein Leben als Sühn-
opfer hingab.
Er wird Nachkommen sehen und lange
leben. / Der Plan des Herrn wird durch
ihn gelingen.
11 Nachdem er so vieles ertrug, erblickt
er das Licht. / Er sättigt sich an Erkennt-
nis.
Mein Knecht, der gerechte, macht die
vielen gerecht; / er lädt ihre Schuld auf
sich.
12 Deshalb gebe ich ihm seinen Anteil
unter den Großen, / und mit den
Mächtigen teilt er die Beute,
weil er sein Leben dem Tod preisgab / und
sich unter die Verbrecher rechnen ließ.
Denn er trug die Sünden von vielen /
und trat für die Schuldigen ein.

Der Segen Gottes für das Volk

54 5 Denn dein Schöpfer ist dein
Gemahl, / »Herr der Heere« ist
sein Name.
Der Heilige Israels ist dein Erlöser, / »Gott
der ganzen Erde« wird er genannt.
6 Ja, der Herr hat dich gerufen / als ver-
lassene, bekümmerte Frau.
Kann man denn die Frau verstoßen, /
die man in der Jugend geliebt hat?, /
spricht dein Gott.
7 Nur für eine kleine Weile habe ich
dich verlassen, / doch mit großem Er-
barmen hole ich dich heim.
8 Einen Augenblick nur verbarg ich vor
dir mein Gesicht / in aufwallendem
Zorn;
aber mit ewiger Huld habe ich Er-
barmen mit dir, / spricht dein Erlöser,
der Herr.
9 Wie in den Tagen Noachs soll es für
mich sein: / So wie ich damals schwor,
dass die Flut Noachs die Erde nie mehr
überschwemmen wird, / so schwöre ich
jetzt, dir nie mehr zu zürnen / und dich
nie mehr zu schelten.
10 Auch wenn die Berge von ihrem Platz
weichen / und die Hügel zu wanken be-
ginnen –
meine Huld wird nie von dir weichen /
und der Bund meines Friedens nicht
wanken, / spricht der Herr, der Er-
barmen hat mit dir.
11 Du Ärmste, vom Sturm Gepeitschte, /
die ohne Trost ist,
sieh her: Ich selbst lege dir ein Fun-
dament aus Malachit / und Grund-
mauern aus Saphir.
12 Aus Rubinen mache ich deine
Zinnen, / aus Beryll deine Tore / und
alle deine Mauern aus kostbaren
Steinen.

13 Alle deine Söhne werden Jünger des
Herrn sein, / und groß ist der Friede
deiner Söhne.
14 Du wirst auf Gerechtigkeit gegründet
sein. / Du bist fern von Bedrängnis,
denn du brauchst dich nicht mehr zu
fürchten, / und bist fern von Schrecken; /
er kommt an dich nicht heran.

Die Teilnahme des ganzen Volkes am Heil

55 Auf, ihr Durstigen, kommt alle
zum Wasser! / Auch wer kein
Geld hat, soll kommen.
Kauft Getreide, und esst, kommt und
kauft ohne Geld, / kauft Wein und
Milch ohne Bezahlung!
2 Warum bezahlt ihr mit Geld, was euch
nicht nährt, / und mit dem Lohn eurer
Mühen, / was euch nicht satt macht?
Hört auf mich, dann bekommt ihr das
Beste zu essen / und könnt euch laben
an fetten Speisen.
3 Neigt euer Ohr mir zu, und kommt zu
mir, / hört, dann werdet ihr leben.
Ich will einen ewigen Bund mit euch
schließen / gemäß der beständigen
Huld, die ich David erwies.
4 Seht her: Ich habe ihn zum Zeugen für
die Völker gemacht, / zum Fürsten und
Gebieter der Nationen.
5 Völker, die du nicht kennst, wirst du
rufen; / Völker, die dich nicht kennen,
eilen zu dir,
um des Herrn, deines Gottes, des
Heiligen Israels willen, / weil er dich
herrlich gemacht hat.
6 Sucht den Herrn, solange er sich finden
lässt, / ruft ihn an, solange er nahe ist.
7 Der Ruchlose soll seinen Weg verlassen, / der Frevler seine Pläne.
Er kehre um zum Herrn, / damit er Erbarmen hat mit ihm,
und zu unserem Gott; / denn er ist groß
im Verzeihen.
8 Meine Gedanken sind nicht eure
Gedanken, / und eure Wege sind nicht
meine Wege – / Spruch des Herrn.
9 So hoch der Himmel über der Erde
ist, / so hoch erhaben sind meine Wege
über eure Wege / und meine Gedanken
über eure Gedanken.
10 Denn wie der Regen und der Schnee
vom Himmel fällt / und nicht dorthin
zurückkehrt,
sondern die Erde tränkt und sie zum
Keimen und Sprossen bringt, / wie er
dem Sämann Samen gibt und Brot zum
Essen,
11 so ist es auch mit dem Wort, / das
meinen Mund verlässt:
Es kehrt nicht leer zu mir zurück, / sondern bewirkt, was ich will, / und erreicht
all das, wozu ich es ausgesandt habe.

Die Wallfahrt der Völker zum gesegneten Jerusalem

60 Auf, werde licht, denn es
kommt dein Licht, / und die
Herrlichkeit des Herrn geht leuchtend
auf über dir.

2 Denn siehe, Finsternis bedeckt die
Erde / und Dunkel die Völker,
doch über dir geht leuchtend der Herr
auf, / seine Herrlichkeit erscheint über
dir.
3 Völker wandern zu deinem Licht / und
Könige zu deinem strahlenden Glanz.
4 Blick auf und schau umher: / Sie alle ver-
sammeln sich und kommen zu dir.
Deine Söhne kommen von fern, / deine
Töchter trägt man auf den Armen herbei.
5 Du wirst es sehen, und du wirst strah-
len, / dein Herz bebt vor Freude und
öffnet sich weit.
Denn der Reichtum des Meeres strömt
dir zu, / die Schätze der Völker kommen
zu dir.
6 Zahllose Kamele bedecken dein Land, /
Dromedare aus Midian und Efa.
Alle kommen von Saba, / bringen
Weihrauch und Gold / und verkünden
die ruhmreichen Taten des Herrn.

Die Frohe Botschaft des Gesalbten Jahwes

61 Der Geist Gottes, des Herrn,
ruht auf mir; / denn der Herr
hat mich gesalbt.
Er hat mich gesandt, damit ich den
Armen eine frohe Botschaft bringe / und
alle heile, deren Herz zerbrochen ist,
damit ich den Gefangenen die Ent-
lassung verkünde / und den Gefesselten
die Befreiung,
2 damit ich ein Gnadenjahr des Herrn
ausrufe, / einen Tag der Vergeltung un-
seres Gottes, / damit ich alle Trauernden
tröste,
3 die Trauernden Zions erfreue, / ihnen
Schmuck bringe anstelle von Schmutz,
Freudenöl statt Trauergewand, / Jubel
statt der Verzweiflung.
Man wird sie »Die Eichen der Gerechtig-
keit« nennen, / »Die Pflanzung, durch die
der Herr seine Herrlichkeit zeigt«.
4 Dann bauen sie die uralten Trümmer-
stätten wieder auf / und richten die
Ruinen ihrer Vorfahren wieder her.
Die verödeten Städte erbauen sie neu, /
die Ruinen vergangener Generationen.

Die verherrlichte Stadt Gottes

62 Um Zions willen kann ich nicht
schweigen, / um Jerusalems
willen nicht still sein,
bis das Recht in ihm aufstrahlt wie ein
helles Licht / und sein Heil aufleuchtet
wie eine brennende Fackel.
2 Dann sehen die Völker deine Ge-
rechtigkeit / und alle Könige deine
strahlende Pracht.
Man ruft dich mit einem neuen Na-
men, / den der Mund des Herrn für dich
bestimmt.
3 Du wirst zu einer prächtigen Krone / in
der Hand des Herrn,
zu einem königlichen Diadem / in der
Rechten deines Gottes.
4 Nicht länger nennt man dich »Die Ver-
lassene« / und dein Land nicht mehr »Das
Ödland«,

sondern man nennt dich »Meine Won-
ne« / und dein Land »Die Vermählte«.
Denn der Herr hat an dir seine Freude, /
und dein Land wird mit ihm vermählt.
5 Wie der junge Mann sich mit der Jung-
frau vermählt, / so vermählt sich mit dir
dein Erbauer.
Wie der Bräutigam sich freut über die
Braut, / so freut sich dein Gott über dich.

Das Gebet des Volkes um Gottes Erscheinen

63 15 Blick vom Himmel herab,
und sieh her / von deiner
heiligen, herrlichen Wohnung!
Wo ist dein leidenschaftlicher Eifer / und
deine Macht,
dein großes Mitleid und dein Erbarmen?
/ Halte dich nicht von uns fern!
16 Du bist doch unser Vater; / denn Abra-
ham weiß nichts von uns,
Israel will uns nicht kennen. / Du, Herr,
bist unser Vater, / »Unser Erlöser von
jeher« wirst du genannt.
17 Warum lässt du uns, Herr, von deinen
Wegen abirren / und machst unser Herz
hart, / so dass wir dich nicht mehr
fürchten?
Kehre zurück um deiner Knechte wil-
len, / um der Stämme willen, die dein
Eigentum sind.
18 Erst vor kurzem haben unsere Feinde
dein heiliges Volk vertrieben; / dein
Heiligtum haben sie zertreten.
19 Uns geht es, als wärest du nie unser
Herrscher gewesen, / als wären wir nicht
nach deinem Namen benannt.
Reiß doch den Himmel auf, und komm
herab, / so dass die Berge zittern vor dir.
64 Komm wie ein Feuer, das Reisig
entzündet, / wie ein Feuer, das
Wasser zum Sieden bringt.
Mach deinen Feinden deinen Namen be-
kannt, / so dass die Völker zittern vor dir,
2 wenn du schreckliche und nie erwartete
Taten vollbringst. / [Komm herab, so dass
die Berge zittern vor dir.]
3 Seit Menschengedenken hat man noch
nie vernommen, / kein Ohr hat gehört,
kein Auge gesehen,
dass es einen Gott gibt außer dir, / der
denen Gutes tut, die auf ihn hoffen.
4 Ach, kämst du doch denen entgegen, /
die tun, was recht ist, / und nachdenken
über deine Wege.
Ja, du warst zornig; / denn wir haben
gegen dich gesündigt, / von Urzeit an
sind wir treulos geworden.
5 Wie unreine (Menschen) sind wir alle
geworden, / unsere ganze Gerechtigkeit
ist wie ein schmutziges Kleid.
Wie Laub sind wir alle verwelkt, / unsere
Schuld trägt uns fort wie der Wind.
6 Niemand ruft deinen Namen an, / keiner
rafft sich dazu auf, festzuhalten an dir.
Denn du hast dein Angesicht vor uns ver-
borgen / und hast uns der Gewalt unserer
Schuld überlassen.
7 Und doch bist du, Herr, unser Vater. / Wir
sind der Ton, und du bist unser Töpfer, /
wir alle sind das Werk deiner Hände.

[8] Herr, zürne uns doch nicht allzu sehr, /
denk nicht für immer an unsere Schuld!
/ Sieh doch her: Wir alle sind dein Volk.
[9] Deine heiligen Städte sind zur Wüste
geworden. / Zion ist eine Wüste,
Jerusalem eine Öde.
[10] Unser heiliger, herrlicher Tempel, / wo
unsere Väter dich priesen,
ist ein Raub der Flammen geworden; /
alles, was uns lieb war, liegt nun in
Trümmern.
[11] Kannst du dich bei all dem zurück-
halten, Herr, / kannst du schweigen und
uns so sehr erniedrigen?

Das endzeitliche Heil

65 [17] Denn schon erschaffe ich
einen neuen Himmel / und
eine neue Erde.
Man wird nicht mehr an das Frühere
denken, / es kommt niemand mehr in
den Sinn.
[18] Nein, ihr sollt euch ohne Ende freuen
und jubeln / über das, was ich er-
schaffe.
Denn ich mache aus Jerusalem Jubel /
und aus seinen Einwohnern Freude.
[19] Ich will über Jerusalem jubeln / und
mich freuen über mein Volk.
Nie mehr hört man dort lautes Weinen /
und lautes Klagen.
[20] Dort gibt es keinen Säugling mehr, /
der nur wenige Tage lebt,
und keinen Greis, / der nicht das volle
Alter erreicht;
wer als Hundertjähriger stirbt, / gilt noch
als jung, / und wer nicht hundert Jahre alt
wird, / gilt als verflucht.
[21] Sie werden Häuser bauen / und selbst
darin wohnen, / sie werden Reben pflan-
zen / und selbst ihre Früchte genießen.
[22] Sie bauen nicht, / damit ein anderer in
ihrem Haus wohnt,
und sie pflanzen nicht, / damit ein an-
derer die Früchte genießt.
In meinem Volk werden die Menschen so
alt / wie die Bäume.
Was meine Auserwählten mit eigenen
Händen erarbeitet haben, / werden sie
selber verbrauchen.
[23] Sie arbeiten nicht mehr vergebens, / sie
bringen nicht Kinder zur Welt für einen
jähen Tod.
Denn sie sind die Nachkommen der vom
Herrn Gesegneten / und ihre Sprösslinge
zusammen mit ihnen.
[24] Schon ehe sie rufen, gebe ich Ant-
wort, / während sie noch reden, erhöre
ich sie.
[25] Wolf und Lamm weiden zusammen, /
der Löwe frisst Stroh wie das Rind / [doch
die Schlange nährt sich von Staub].
Man tut nichts Böses mehr / und begeht
kein Verbrechen / auf meinem ganzen
heiligen Berg, spricht der Herr.

Aus dem Buch Jeremia

Die Gerichtsworte über Jerusalem und Juda

Die Berufung Jeremias zum Propheten

1 Die Worte Jeremias, des Sohnes
Hilkijas, aus der Priesterschaft zu
Anatot im Land Benjamin.
2 An ihn
erging das Wort des Herrn zur Zeit des
Königs Joschija von Juda, des Sohnes
Amons, im dreizehnten Jahr seiner Re-
gierung,
3 ebenso zur Zeit des Königs
Jojakim von Juda, des Sohnes Joschijas,
bis das elfte Jahr des Königs Zidkija von
Juda, des Sohnes Joschijas, zu Ende
ging, als im fünften Monat Jerusalem
in die Verbannung ziehen musste.
4 Das Wort des Herrn erging an mich:
5 Noch ehe ich dich im Mutterleib
formte, habe ich dich ausersehen, noch
ehe du aus dem Mutterschoß hervor-
kamst, habe ich dich geheiligt, zum
Propheten für die Völker habe ich dich
bestimmt.
6 Da sagte ich: Ach, mein
Gott und Herr, ich kann doch nicht
reden, ich bin ja noch so jung.
7 Aber der
Herr erwiderte mir: Sag nicht: Ich bin
noch so jung. Wohin ich dich auch
sende, dahin sollst du gehen, und was
ich dir auftrage, das sollst du verkün-
den.
8 Fürchte dich nicht vor ihnen; denn ich
bin mit dir um dich zu retten – Spruch
des Herrn.
9 Dann streckte der Herr
seine Hand aus, berührte meinen
Mund und sagte zu mir: Hiermit lege
ich meine Worte in deinen Mund.
10 Sieh her! Am heutigen Tag setze ich
dich über Völker und Reiche; du sollst
ausreißen und niederreißen, vernich-
ten und einreißen, aufbauen und ein-
pflanzen.
11 Das Wort des Herrn erging an mich:
Was siehst du, Jeremia? Ich antwortete:
Einen Mandelzweig sehe ich.
12 Da
sprach der Herr zu mir: Du hast richtig
gesehen; denn ich wache über mein
Wort und führe es aus.
13 Abermals
erging an mich das Wort des Herrn:
Was siehst du? Ich antwortete: Einen
dampfenden Kessel sehe ich; sein Rand
neigt sich von Norden her.
14 Da sprach
der Herr zu mir: Von Norden her
ergießt sich das Unheil über alle Be-
wohner des Landes.
15 Ja, ich rufe alle

Stämme der Nordreiche – Spruch des
Herrn –, damit sie kommen und ihre
Richterstühle an den Toreingängen
Jerusalems aufstellen, gegen all seine
Mauern ringsum und gegen alle Städte
von Juda. 16 Dann werde ich mein Ur-
teil über sie sprechen und sie strafen
für alles Böse, das sie getan haben, weil
sie mich verlassen, anderen Göttern ge-
opfert und das Werk ihrer eigenen
Hände angebetet haben. 17 Du aber
gürte dich, tritt vor sie hin, und ver-
künde ihnen alles, was ich dir auftrage.
Erschrick nicht vor ihnen, sonst setze
ich dich vor ihren Augen in Schrecken.
18 Ich selbst mache dich heute zur be-
festigten Stadt, zur eisernen Säule und
zur ehernen Mauer gegen das ganze
Land, gegen die Könige, Beamten und
Priester von Juda und gegen die Bürger
des Landes. 19 Mögen sie dich bekämp-
fen, sie werden dich nicht bezwingen;
denn ich bin mit dir, um dich zu retten
– Spruch des Herrn.

Das Prophetenschicksal

20 7 Du hast mich betört, o Herr,
/ und ich ließ mich betören; /
du hast mich gepackt und überwältigt.
Zum Gespött bin ich geworden den
ganzen Tag, / ein jeder verhöhnt mich.
8 Ja, sooft ich rede, muss ich schreien, /
»Gewalt und Unterdrückung!« muss
ich rufen.
Denn das Wort des Herrn bringt mir /
den ganzen Tag nur Spott und Hohn.
9 Sagte ich aber: Ich will nicht mehr an
ihn denken / und nicht mehr in seinem
Namen sprechen!,
so war es mir, als brenne in meinem
Herzen ein Feuer, / eingeschlossen in
meinem Innern.
Ich quälte mich, es auszuhalten, / und
konnte nicht;
10 hörte ich doch das Flüstern der
Vielen: / Grauen ringsum! Zeigt ihn
an! / Wir wollen ihn anzeigen.
Meine nächsten Bekannten / warten
alle darauf, dass ich stürze:
Vielleicht lässt er sich betören, / dass
wir ihm beikommen können und uns
an ihm rächen.
11 Doch der Herr steht mir bei wie ein
gewaltiger Held. / Darum straucheln
meine Verfolger und kommen nicht
auf.
Sie werden schmählich zuschanden, da
sie nichts erreichen, / in ewiger, unver-
gesslicher Schmach.
12 Aber der Herr der Heere prüft den
Gerechten, / er sieht Herz und Nieren.
Ich werde deine Rache an ihnen
erleben; / denn dir habe ich meine
Sache anvertraut.
13 Singt dem Herrn, rühmt den Herrn; /
denn er rettet das Leben des Armen aus
der Hand der Übeltäter. –
14 Verflucht der Tag, an dem ich geboren
wurde; / der Tag, an dem mei- ne Mutter
mich gebar, sei nicht gesegnet.

15 Verflucht der Mann, / der meinem
Vater die frohe Kunde brachte:
Ein Kind, ein Knabe ist dir geboren!, /
und ihn damit hoch erfreute.
16 Jener Tag gleiche den Städten, / die
der Herr ohne Erbarmen zerstört hat.
Er höre Wehgeschrei am Morgen / und
Kriegslärm um die Mittagszeit,
17 weil er mich nicht sterben ließ im
Mutterleib. / So wäre meine Mutter mir
zum Grab geworden, / ihr Schoß auf
ewig schwanger geblieben.
18 Warum denn kam ich hervor aus
dem Mutterschoß, / um nur Mühsal
und Kummer zu erleben / und meine
Tage in Schande zu beenden?

Der Davidspross

23 Weh den Hirten, die die Schafe
meiner Weide zugrunde rich-
ten und zerstreuen – Spruch des Herrn.
2 Darum – so spricht der Herr, der Gott
Israels, über die Hirten, die mein Volk
weiden: Ihr habt meine Schafe zerstreut
und versprengt und habt euch nicht
um sie gekümmert. Jetzt ziehe ich euch
zur Rechenschaft wegen eurer bösen
Taten – Spruch des Herrn. 3 Ich selbst
aber sammle den Rest meiner Schafe
aus allen Ländern, wohin ich sie ver-
sprengt habe. Ich bringe sie zurück auf
ihre Weide; sie sollen fruchtbar sein
und sich vermehren. 4 Ich werde für sie
Hirten bestellen, die sie weiden, und sie
werden sich nicht mehr fürchten und
ängstigen und nicht mehr verloren
gehen – Spruch des Herrn.
5 Seht, es kommen Tage – Spruch des
Herrn –, da werde ich für David einen
gerechten Spross erwecken. Er wird als
König herrschen und weise handeln,
für Recht und Gerechtigkeit wird er
sorgen im Land. 6 In seinen Tagen wird
Juda gerettet werden, Israel kann in
Sicherheit wohnen. Man wird ihm den
Namen geben: Der Herr ist unsere
Gerechtigkeit. 7 Darum seht, es werden
Tage kommen – Spruch des Herrn –, da
sagt man nicht mehr: So wahr der Herr
lebt, der die Söhne Israels aus Ägypten
heraufgeführt hat!, 8 sondern: So wahr
der Herr lebt, der das Geschlecht des
Hauses Israel aus dem Nordland und
aus allen Ländern, in die er sie ver-
stoßen hatte, heraufgeführt und zu-
rückgebracht hat. Dann werden sie
wieder in ihrem Heimatland wohnen.

Der Brief an die Verbannten

29 Das ist der Wortlaut des Brie-
fes, den der Prophet Jeremia
aus Jerusalem an den Rest der Ältesten
der Gemeinde der Verbannten sandte,
an die Priester, Propheten und das
ganze Volk, das Nebukadnezzar von
Jerusalem nach Babel verschleppt
hatte, 4 So spricht der Herr der Heere,
der Gott Israels, zur ganzen Gemeinde
der Verbannten, die ich von Jerusalem
nach Babel weggeführt habe: 5 Baut

Häuser, und wohnt darin, pflanzt Gärten, und esst ihre Früchte! 6 Nehmt euch Frauen, und zeugt Söhne und Töchter, nehmt für eure Söhne Frauen, und gebt eure Töchter Männern, damit sie Söhne und Töchter gebären. Ihr sollt euch dort vermehren und nicht vermindern. 7 Bemüht euch um das Wohl der Stadt, in die ich euch weggeführt habe, und betet für sie zum Herrn; denn in ihrem Wohl liegt euer Wohl. 8 Denn so spricht der Herr der Heere, der Gott Israels: Lasst euch nicht täuschen von den Propheten, die unter euch sind, und von euren Wahrsagern. Hört nicht auf die Träume, die sie träumen. 9 Denn Lüge ist das, was sie euch in meinem Namen weissagen; ich habe sie nicht gesandt – Spruch des Herrn. 10 Ja, so spricht der Herr: Wenn siebzig Jahre für Babel vorüber sind, dann werde ich nach euch sehen, mein Heilswort an euch erfüllen und euch an diesen Ort zurückführen.

Der neue Bund

31 31 Seht, es werden Tage kommen – Spruch des Herrn –, in denen ich mit dem Haus Israel und dem Haus Juda einen neuen Bund schließen werde, 32 nicht wie der Bund war, den ich mit ihren Vätern geschlossen habe, als ich sie bei der Hand nahm, um sie aus Ägypten herauszuführen. Diesen meinen Bund haben sie gebrochen, obwohl ich ihr Gebieter war – Spruch des Herrn. 33 Denn das wird der Bund sein, den ich nach diesen Tagen mit dem Haus Israel schließe – Spruch des Herrn: Ich lege mein Gesetz in sie hinein und schreibe es auf ihr Herz. Ich werde ihr Gott sein, und sie werden mein Volk sein. 34 Keiner wird mehr den andern belehren, man wird nicht zueinander sagen: Erkennt den Herrn!, sondern sie alle, klein und groß, werden mich erkennen – Spruch des Herrn. Denn ich verzeihe ihnen die Schuld, an ihre Sünde denke ich nicht mehr.

Die Verbrennung der Buchrolle

36 Im vierten Jahr Jojakims, des Sohnes Joschijas, des Königs von Juda, erging vom Herrn dieses Wort an Jeremia: 2 Nimm dir eine Buchrolle, und schreib darauf alle Worte, die ich zu dir über Israel und Juda und über alle Völker gesprochen habe, seitdem ich zu dir rede, von den Tagen Joschijas an bis heute. 3 Vielleicht werden die Leute vom Haus Juda, wenn sie hören, wie viel Unheil ich ihnen antun will, umkehren von ihrem bösen Weg, und ich kann ihnen Schuld und Sünde verzeihen. 4 Da rief Jeremia Baruch, den Sohn Nerijas, und Baruch schrieb nach dem Diktat Jeremias alle Worte, die der Herr zu ihm gesprochen hatte, auf eine Buchrolle. 5 Jeremia gab

hierauf Baruch folgenden Auftrag: Mir
ist es verwehrt, das Haus des Herrn zu
betreten. 6 Darum geh du hin, und lies
am Fasttag aus der Rolle, die du nach
meinem Diktat geschrieben hast, dem
Volk im Haus des Herrn die Worte des
Herrn vor. Auch allen Judäern, die aus
ihren Städten herbeiströmen, sollst du
sie vorlesen.
10 Nun las Baruch im Haus des Herrn
dem ganzen Volk aus dem Buch die
Worte Jeremias vor, und zwar in der
Halle Gemarjas, des Sohnes des Staats-
schreibers Schafan, im oberen Vorhof
am Eingang des Neuen Tempeltores.
11 Als Micha, der Sohn Gemarjas, des
Sohnes Schafans, alle Worte des Herrn
aus dem Buch vernommen hatte, 12a ging
er hinab in den Königspalast zur Halle
des Staatsschreibers.
13 Micha teilte ihnen alle Worte mit, die
er gehört hatte, als Baruch dem Volk
aus dem Buch vorlas. 14 Da schickten
die versammelten Beamten Jehudi, den
Sohn Netanjas, des Sohnes Schelemjas,
des Sohnes Kuschis, zu Baruch und
ließen ihm sagen: Nimm die Rolle, aus
der du dem Volk vorgelesen hast, und
komm hierher! Sogleich nahm Baruch,
der Sohn Nerijas, die Rolle und ging zu
ihnen. 15 Sie sagten zu ihm: Setz dich,
und lies sie uns vor! Nun las ihnen Ba-
ruch vor. 16 Als sie all die Worte hörten,
schauten sie einander erschrocken an
und sagten [zu Baruch]: Wir müssen
das alles dem König mitteilen. 17 Sie
fragten Baruch: Sag uns doch, wie hast
du alle diese Worte niedergeschrie-
ben? 18 Baruch erwiderte ihnen: Jere-
mia hat mir alle diese Worte diktiert,
und ich habe sie mit Tinte in das Buch
geschrieben. 19 Darauf sagten die Be-
amten zu Baruch: Geh und verbirg
dich, du und auch Jeremia! Niemand
soll wissen, wo ihr seid. 20 Dann be-
gaben sie sich zum König in den Palast-
hof, nachdem sie die Rolle in der Halle
des Staatsschreibers Elischama ver-
wahrt hatten, und berichteten das alles
dem König. 21 Da gab der König dem
Jehudi den Auftrag, die Rolle zu holen,
und dieser holte sie aus der Halle des
Staatsschreibers Elischama. Und Jehudi
las sie dem König vor und allen Be-
amten, die um den König herumstan-
den. 22 Der König wohnte im Winter-
haus, es war ja der neunte Monat, und
vor ihm brannte das Feuer auf dem
Kohlenbecken. 23 Sooft nun Jehudi drei
oder vier Spalten gelesen hatte, schnitt
sie der König mit dem Schreibermesser
ab und warf sie in das Feuer auf dem
Kohlenbecken, bis das Feuer auf dem
Kohlenbecken die ganze Rolle verzehrt
hatte. 24 Niemand erschrak, und nie-
mand zerriss seine Kleider, weder der
König noch irgendeiner seiner Diener,
die all diese Worte gehört hatten.

Jeremia in der Zisterne

38 Schefatja, der Sohn Mattans,
Gedalja, der Sohn Paschhurs,
Juchal, der Sohn Schelemjas, und
Paschhur, der Sohn Malkijas, hörten
von den Worten, die Jeremia zum gan-
zen Volk redete, indem er sagte: 2 So
spricht der Herr: Wer in dieser Stadt
bleibt, der stirbt durch Schwert, Hunger
und Pest. Wer aber zu den Chaldäern
hinausgeht, der wird überleben; er wird
sein Leben wie ein Beutestück gewinnen
und davonkommen. 3 So spricht der Herr:
Diese Stadt wird ganz sicher dem Heer
des Königs von Babel in die Hände
fallen, und er wird sie erobern. 4 Darauf
sagten die Beamten zum König: Dieser
Mann muss mit dem Tod bestraft wer-
den; denn er lähmt mit solchen Reden
die Hände der Krieger, die in dieser
Stadt noch übrig geblieben sind, und
die Hände des ganzen Volkes. Denn
dieser Mensch sucht nicht Heil, sondern
Unheil für dieses Volk. 5 Der König Zid-
kija erwiderte: Nun, er ist in eurer Hand;
denn der König vermag nichts gegen
euch. 6 Da ergriffen sie Jeremia und warfen
ihn in die Zisterne des Prinzen Malkija,
die sich im Wachhof befand; man ließ ihn
an Stricken hinunter. In der Zisterne war
kein Wasser, sondern nur Schlamm, und
Jeremia sank in den Schlamm.

Die Rettung durch den Kuschiter

7 Der Kuschiter Ebed-Melech, ein
Höfling, der im königlichen Palast be-
dienstet war, hörte, dass man Jeremia in
die Zisterne geworfen hatte. Während
der König sich am Benjamintor aufhielt,
8 verließ Ebed-Melech den Palast und
sagte zum König: 9 Mein Herr und Kö-
nig, schlecht war alles, was diese Männer
dem Propheten Jeremia angetan haben;
sie haben ihn in die Zisterne geworfen,
damit er dort unten verhungert. Denn
es gibt in der Stadt kein Brot mehr. 10 Da
befahl der König dem Kuschiter Ebed-
Melech: Nimm dir von hier drei Männer
mit, und zieh den Propheten Jeremia aus
der Zisterne herauf, bevor er stirbt.
11 Ebed-Melech nahm die Männer mit
sich und ging zum Königspalast in die
Kleiderkammer des Vorratshauses. Dort
holte er Stücke von abgelegten und
zerrissenen Kleidern und ließ sie an Stri-
cken zu Jeremia in die Zisterne hinunter.
12 Dann rief der Kuschiter Ebed-Melech
Jeremia zu: Leg die Stücke der abge-
legten und zerrissenen Kleider in deine
Achselhöhlen unter die Stricke! Jeremia
tat es. 13 Nun zogen sie Jeremia an den
Stricken hoch und brachten ihn aus der
Zisterne herauf. Von da an blieb Jeremia
im Wachhof.

Aus den Klageliedern

1 Weh, wie einsam sitzt da / die
einst so volkreiche Stadt.
Einer Witwe wurde gleich / die Große
unter den Völkern.
Die Fürstin über die Länder / ist zur
Fron erniedrigt.
2 Sie weint und weint des Nachts, /
Tränen auf ihren Wangen.
Keinen hat sie als Tröster / von all ihren
Geliebten.
Untreu sind all ihre Freunde, / sie sind
ihr zu Feinden geworden.
3 Gefangen ist Juda im Elend, / in harter
Knechtschaft.
Nun weilt sie unter den Völkern / und
findet nicht Ruhe.
All ihre Verfolger holten sie ein / mitten
in der Bedrängnis.
4 Die Wege nach Zion trauern, /
niemand pilgert zum Fest, / verödet
sind all ihre Tore.
Ihre Priester seufzen, / ihre Jungfrauen
sind voll Gram, / sie selbst trägt Weh
und Kummer.
5a Ihre Bedränger sind an der Macht, /
ihre Feinde im Glück.
Denn Trübsal hat der Herr ihr gesandt /
wegen ihrer vielen Sünden.

Aus dem Buch Ezechiel

Ort und Zeit der Berufung

1 Am fünften Tag des vierten Mo-
nats im dreißigsten Jahr, als ich
unter den Verschleppten am Fluss Ke-
bar lebte, öffnete sich der Himmel, und
ich sah eine Erscheinung Gottes. 2 Am
fünften Tag des Monats – es war im
fünften Jahr nach der Verschleppung
des Königs Jojachin – 3 erging das Wort
des Herrn an Ezechiel, den Sohn Busis,
den Priester, im Land der Chaldäer, am
Fluss Kebar. Dort kam die Hand des
Herrn über ihn.

Die Erscheinung Gottes

4 Ich sah: Ein Sturmwind kam von
Norden, eine große Wolke mit flackern-
dem Feuer, umgeben von einem hellen
Schein. Aus dem Feuer strahlte es wie
glänzendes Gold. 5 Mitten darin er-
schien etwas wie vier Lebewesen. Und
das war ihre Gestalt: Sie sahen aus wie
Menschen. 6 Jedes der Lebewesen hatte
vier Gesichter und vier Flügel. 7 Ihre
Beine waren gerade und ihre Füße wie
die Füße eines Stieres; sie glänzten wie
glatte und blinkende Bronze. 8 Unter
den Flügeln an ihren vier Seiten hatten
sie Menschenhände. [Auch Gesichter
und Flügel hatten die vier.] 9 Ihre
Flügel berührten einander. Die Lebe-
wesen änderten beim Gehen ihre Rich-
tung nicht: Jedes ging in die Richtung,
in die eines seiner Gesichter wies.
10 Und ihre Gesichter sahen so aus: Ein
Menschengesicht (blickte bei allen vier
nach vorn), ein Löwengesicht bei allen
vier nach rechts, ein Stiergesicht bei
allen vier nach links und ein Ad-
lergesicht bei allen vier (nach hinten).
11 Ihre Flügel waren nach oben aus-
gespannt. Mit zwei Flügeln berührten
sie einander, und mit zwei bedeckten
sie ihren Leib. 12 Jedes Lebewesen ging
in die Richtung, in die eines seiner
Gesichter wies. Sie gingen, wohin der
Geist sie trieb, und änderten beim
Gehen ihre Richtung nicht. 13 Zwi-
schen den Lebewesen war etwas zu
sehen wie glühende Kohlen, etwas wie
Fackeln, die zwischen den Lebewesen
hin- und herzuckten. Das Feuer gab
einen hellen Schein, und aus dem

Feuer zuckten Blitze. 14 Die Lebewesen
liefen vor und zurück, und es sah aus
wie Blitze.
15 Ich schaute auf die Lebewesen:
Neben jedem der vier sah ich ein Rad
auf dem Boden. 16 Die Räder sahen aus,
als seien sie aus Chrysolith gemacht.
Alle vier Räder hatten die gleiche Ge-
stalt. Sie waren so gemacht, dass es aus-
sah, als laufe ein Rad mitten im andern.
17 Sie konnten nach allen vier Seiten
laufen und änderten beim Laufen ihre
Richtung nicht. 18 Ihre Felgen waren so
hoch, dass ich erschrak; sie waren voll
Augen, ringsum bei allen vier Rädern.
19 Gingen die Lebewesen, dann liefen
die Räder an ihrer Seite mit. Hoben sich
die Lebewesen vom Boden, dann
hoben sich auch die Räder. 20 Sie liefen,
wohin der Geist sie trieb. Die Räder
hoben sich zugleich mit ihnen; denn
der Geist der Lebewesen war in den
Rädern. 21 Gingen die Lebewesen, dann
liefen auch die Räder; blieben jene
stehen, dann standen auch sie still. Ho-
ben sich jene vom Boden, dann hoben
sich die Räder zugleich mit ihnen; denn
der Geist der Lebewesen war in den
Rädern.
22 Über den Köpfen der Lebewesen war
etwas wie eine gehämmerte Platte be-
festigt, furchtbar anzusehen, wie ein
strahlender Kristall, oben über ihren
Köpfen. 23 Unter der Platte waren ihre
Flügel ausgespannt, einer zum andern
hin. Mit zwei Flügeln bedeckte jedes
Lebewesen seinen Leib. 24 Ich hörte das
Rauschen ihrer Flügel; es war wie das
Rauschen gewaltiger Wassermassen,
wie die Stimme des Allmächtigen.
Wenn sie gingen, glich das tosende
Rauschen dem Lärm eines Heerlagers.
Wenn sie standen, ließen sie ihre Flügel
herabhängen. 25 Ein Rauschen war auch
oberhalb der Platte, die über ihren
Köpfen war. Wenn sie standen, ließen
sie ihre Flügel herabhängen.
26 Oberhalb der Platte über ihren
Köpfen war etwas, das wie Saphir aus-
sah und einem Thron glich. Auf dem,
was einem Thron glich, saß eine Ge-
stalt, die wie ein Mensch aussah. 27 Ober-
halb von dem, was wie seine Hüften
aussah, sah ich etwas wie glänzendes
Gold in einem Feuerkranz. Unterhalb
von dem, was wie seine Hüften aussah,
sah ich etwas wie Feuer und ringsum
einen hellen Schein. 28 Wie der Anblick
des Regenbogens, der sich an einem
Regentag in den Wolken zeigt, so war
der helle Schein ringsum. So etwa sah
die Herrlichkeit des Herrn aus. Als ich
diese Erscheinung sah, fiel ich nieder
auf mein Gesicht. Und ich hörte, wie
jemand redete.

Die Sendung Ezechiels

2 Er sagte zu mir: Stell dich auf deine
Füße, Menschensohn; ich will mit
dir reden. 2 Als er das zu mir sagte, kam
der Geist in mich und stellte mich auf

die Füße. Und ich hörte den, der mit mir
redete. 3 Er sagte zu mir: Menschensohn,
ich sende dich zu den abtrünnigen
Söhnen Israels, die sich gegen mich auf-
gelehnt haben. Sie und ihre Väter sind
immer wieder von mir abgefallen, bis
zum heutigen Tag. 4 Es sind Söhne mit
trotzigem Gesicht und hartem Herzen.
Zu ihnen sende ich dich. Du sollst zu
ihnen sagen: So spricht Gott, der Herr.
5 Ob sie dann hören oder nicht – denn
sie sind ein widerspenstiges Volk –, sie
werden erkennen müssen, dass mitten
unter ihnen ein Prophet war.

Die Verschleppung

12 Das Wort des Herrn erging an
mich: 2 Menschensohn, du
wohnst mitten unter einem widerspens-
tigen Volk, das Augen hat, um zu sehen,
und doch nicht sieht, das Ohren hat, um
zu hören, und doch nicht hört; denn sie
sind ein widerspenstiges Volk. 3 Du,
Menschensohn, pack deine Sachen, als
würdest du verschleppt, und geh am
hellen Tag vor ihren Augen weg, als ob
du vor ihren Augen von deinem Wohn-
sitz an einen andern verschleppt wür-
dest. Vielleicht sehen sie es; aber sie sind
ja ein widerspenstiges Volk. 4 Trag dein
Gepäck bei Tag vor ihren Augen hinaus,
wie ein Mann, der verschleppt wird. Am
Abend aber geh selbst vor ihren Augen
hinaus, wie die Leute, die in die Ver-
bannung ziehen. 5 Brich dir vor ihren
Augen ein Loch in die Wand, und kriech
hindurch! 6 Vor ihren Augen nimm das
Gepäck auf die Schulter! Bring es in der
Dunkelheit weg! Verhülle dein Gesicht,
damit du das Land nicht mehr siehst.
Denn ich habe dich zum Mahnzeichen
für das Haus Israel gemacht.
7 Ich tat, was mir befohlen wurde. Bei Tag
trug ich mein Gepäck hinaus, wie ein
Mann, der verschleppt wird. Am Abend
brach ich mit den Händen ein Loch
durch die Wand; in der Dunkelheit kroch
ich hindurch. Dann nahm ich vor ihren
Augen das Gepäck auf die Schulter.
8 Am nächsten Morgen erging das Wort
des Herrn an mich: 9 Menschensohn, hat
nicht das Haus Israel, das widerspenstige
Volk, zu dir gesagt: Was machst du da?
10 Sag zu ihnen: So spricht Gott, der Herr:
Dieses drohende Wort gilt dem Fürsten
von Jerusalem und dem ganzen Volk
Israel, das in Jerusalem wohnt. 11 Sag:
Ich bin ein Mahnzeichen für euch: Was
ich getan habe, das wird mit ihnen
geschehen; in die Verbannung, in die
Gefangenschaft werden sie ziehen.

Das Lied von der Untreue des Königs

17 Das Wort des Herrn erging an
mich: 2 Menschensohn, trag
dem Haus Israel ein Rätsel vor, erzähl
ihm ein Gleichnis! 3 Sag: So spricht Gott,
der Herr:
Ein mächtiger Adler mit gewaltigen
Flügeln, / mit weiten Schwingen,

mit dichtem, buntem Gefieder kam zum
Libanon / und nahm den Wipfel der
Zeder weg.
4 Den obersten Zweig Riss er ab. / Ins
Land der Krämer brachte er ihn, / in die
Stadt der Händler legte er ihn.
5 Dann nahm er vom Samen des Landes /
und streute ihn auf ein Saatfeld.
Er setzte ihn an reichlich strömendes
Wasser, / als Uferpflanze pflanzte er ihn,
6 und er wuchs heran / und wurde zum üppigen Weinstock / von niedrigem Wuchs.
Er sollte seine Ranken dem Adler zuwenden, / seine Wurzeln sollten in die
Tiefe wachsen.
Und er wurde zum Weinstock, / bildete
Triebe, entfaltete Zweige.
7 Doch es kam noch ein anderer mächtiger Adler / mit gewaltigen Flügeln und
dichtem Gefieder.
Da drehte jener Weinstock seine Wurzeln
ihm zu, / trieb ihm seine Ranken entgegen:
Der Adler sollte ihn tränken, / mehr als
das Beet, in das der Weinstock gepflanzt war.
8 Er war doch auf guten Boden gepflanzt,
/ an reichlich fließendem Wasser,
um Zweige zu treiben und Früchte zu
tragen / und ein herrlicher Weinstock
zu werden.
9 Sag: So spricht Gott, der Herr: / Wird
das gelingen?
Wird der Adler nicht seine Wurzeln
ausreißen / und seine Früchte vernichten, / so dass all seine grünenden Triebe
verdorren?
Man braucht keinen starken Arm und
nicht viele Menschen, / um ihn von den
Wurzeln zu reißen.
10 Wohl ist er gepflanzt, / doch wird er
gedeihen?
Wird er nicht völlig verdorren, / wenn
der Ostwind ihn trifft? / Auf dem Beet,
wo er wuchs, wird er verdorren.
11 Und das Wort des Herrn erging an
mich:
12 Sag doch dem widerspenstigen
Volk: / Merkt ihr denn nicht, was all das
bedeutet?
Sag ihnen: / Seht, nach Jerusalem kam
der König von Babel;
er nahm ihren König und ihre Beamten
gefangen / und führte sie mit sich nach
Babel.
13 Und er nahm einen Mann aus königlichem Stamm / und Schloss mit ihm
einen Bund,
und er ließ ihn schwören. / Doch die
Mächtigen des Landes nahm er gefangen,
14 damit das Königreich klein blieb /
und keinen Aufstand begann,
damit es den Bund auch hielt, / so dass
er Bestand haben konnte.
15 Doch jener erhob sich gegen den
König von Babel / und schickte seine
Boten ins Land der Ägypter, / damit man
ihm Pferde und viele Krieger entsandte.
Aber wird es gelingen? / Kommt er davon, wenn er das unternimmt? / Wenn
er den Bund bricht, kommt er dann
noch davon?

16 So wahr ich lebe – Spruch Gottes, des
Herrn: In der Residenz des Königs, der
ihn zum König gemacht hat, dessen Eid
er missachtet und dessen Bund er ge-
brochen hat, in Babel wird er sterben.
17 Denn der Pharao wird ihn nicht mit
einer starken Streitmacht und mit
einem großen Heer im Kampf unter-
stützen, sondern man wird einen
Damm aufschütten, einen Belage-
rungswall bauen und viele Menschen
umbringen. 18 Er hat den Eid miss-
achtet und den Bund gebrochen. Ob-
wohl er sich mit Handschlag verpflich-
tet hatte, hat er all das getan. Er kommt
nicht davon.
19 Darum – so spricht Gott, der Herr:
So wahr ich lebe – / meinen Eid, den er
missachtet,
und meinen Bund, den er gebrochen
hat, / ich lasse sie auf ihn selbst zurück-
fallen.
20 Ich werfe mein Netz über ihn, er gerät
in mein Garn. / Nach Babel führe ich ihn
und gehe dort mit ihm ins Gericht, /
denn er hat mir die Treue gebrochen.
21 Die tapfersten Krieger in all seinen
Truppen / fallen unter dem Schwert.
Die Übriggebliebenen aber / werden in
alle Winde zerstreut.
Dann werdet ihr erkennen, / dass ich,
der Herr, gesprochen habe.
22 So spricht Gott, der Herr:
Ich selbst nehme ein Stück / vom hohen
Wipfel der Zeder / und pflanze es ein.
Einen zarten Zweig aus den obersten
Ästen breche ich ab, / ich pflanze ihn
auf einen hoch aufragenden Berg.
23 Auf die Höhe von Israels Bergland
pflanze ich ihn. / Dort treibt er dann
Zweige, / er trägt Früchte und wird zur
prächtigen Zeder.
Allerlei Vögel wohnen darin; / alles,
was Flügel hat, wohnt im Schatten ihrer
Zweige.
24 Dann werden alle Bäume auf den
Feldern erkennen, / dass ich der Herr
bin.
Ich mache den hohen Baum niedrig, /
den niedrigen mache ich hoch.
Ich lasse den grünenden Baum ver-
dorren, / den verdorrten erblühen. /
Ich, der Herr, habe gesprochen, und ich
führe es aus.

Der Prophet als Wächter

33 Das Wort des Herrn erging an
mich: 2 Menschensohn, sprich
zu den Söhnen deines Volkes, und sag
zu ihnen: Wenn ich über ein Land das
Schwert kommen lasse und das Volk in
dem Land aus seiner Mitte einen Mann
wählt und ihn zu seinem Wächter
macht, 3 und wenn dieser Wächter das
Schwert über das Land kommen sieht,
in das Widderhorn bläst und das Volk
warnt, 4 und wenn dann jemand den
Schall des Horns zwar hört, sich aber
nicht warnen lässt, so dass das Schwert
kommt und ihn dahinrafft, dann ist er
selbst schuld an seinem Tod. 5 Denn er

hat den Schall des Horns zwar gehört,
sich aber nicht warnen lassen; des-
halb ist er selbst schuld an seinem Tod.
Wenn er sich jedoch warnen lässt,
dann hat er sein Leben gerettet. 6 Wenn
aber der Wächter das Schwert kommen
sieht und nicht in das Widderhorn
bläst und das Volk nicht gewarnt wird,
und wenn das Schwert kommt und
irgendeinen dahinrafft, dann wird
dieser zwar wegen seiner eigenen
Schuld dahingerafft, aber ich fordere
für sein Blut Rechenschaft von dem
Wächter.
7 Du aber, Menschensohn, ich gebe
dich dem Haus Israel als Wächter;
wenn du ein Wort aus meinem Mund
hörst, musst du sie vor mir warnen.
8 Wenn ich zu einem, der sich schuldig
gemacht hat, sage: Du musst sterben!,
und wenn du nicht redest und den
Schuldigen nicht warnst, um ihn von
seinem Weg abzubringen, dann wird
der Schuldige seiner Sünde wegen
sterben. Von dir aber fordere ich
Rechenschaft für sein Blut. 9 Wenn du
aber den Schuldigen vor seinem Weg
gewarnt hast, damit er umkehrt, und
wenn er dennoch auf seinem Weg nicht
umkehrt, dann wird er seiner Sünde
wegen sterben; du aber hast dein Leben
gerettet.

Die schlechten Hirten

34
Das Wort des Herrn erging an
mich: 2 Menschensohn, sprich
als Prophet gegen die Hirten Israels,
sprich als Prophet, und sag zu ihnen: So
spricht Gott, der Herr: Weh den Hirten
Israels, die nur sich selbst weiden.
Müssen die Hirten nicht die Herde
weiden? 3 Ihr trinkt die Milch, nehmt
die Wolle für eure Kleidung und
schlachtet die fetten Tiere; aber die
Herde führt ihr nicht auf die Weide. 4
Die schwachen Tiere stärkt ihr nicht, die
kranken heilt ihr nicht, die verletzten
verbindet ihr nicht, die verscheuchten
holt ihr nicht zurück, die verirrten sucht
ihr nicht, und die starken misshandelt
ihr. 5 Und weil sie keinen Hirten hatten,
zerstreuten sich meine Schafe und
wurden eine Beute der wilden Tiere.
6 Meine Herde irrte auf allen Bergen und
Höhen umher und war über das ganze
Land verstreut. Doch keiner kümmerte
sich um sie; niemand suchte sie. 7 Da-
rum ihr Hirten, hört das Wort des
Herrn: 8 So wahr ich lebe – Spruch
Gottes, des Herrn: Weil meine Herde
geraubt wurde und weil meine Schafe
eine Beute der wilden Tiere wurden –
denn sie hatten keinen Hirten – und
weil meine Hirten nicht nach meiner
Herde fragten, sondern nur sich selbst
und nicht meine Herde weideten, 9 da-
rum, ihr Hirten, hört das Wort des
Herrn: 10 So spricht Gott, der Herr: Nun
gehe ich gegen die Hirten vor und for-

dere meine Schafe von ihnen zurück. Ich
setze sie ab, sie sollen nicht mehr die
Hirten meiner Herde sein. Die Hirten
sollen nicht länger nur sich selbst weiden:
Ich reiße meine Schafe aus ihrem Rachen,
sie sollen nicht länger ihr Fraß sein.
11 Denn so spricht Gott, der Herr: Jetzt
will ich meine Schafe selber suchen
und mich selber um sie kümmern.
12 Wie ein Hirt sich um die Tiere seiner
Herde kümmert an dem Tag, an dem er
mitten unter den Schafen ist, die sich
verirrt haben, so kümmere ich mich
um meine Schafe und hole sie zurück
von all den Orten, wohin sie sich am
dunklen, düsteren Tag zerstreut haben.
13 Ich führe sie aus den Völkern heraus,
ich hole sie aus den Ländern zusam-
men und bringe sie in ihr Land. Ich
führe sie in den Bergen Israels auf die
Weide, in den Tälern und an allen be-
wohnten Orten des Landes. 14 Auf gute
Weide will ich sie führen, im Bergland
Israels werden ihre Weideplätze sein.
Dort sollen sie auf guten Weideplätzen
lagern, auf den Bergen Israels sollen sie
fette Weide finden. 15 Ich werde meine
Schafe auf die Weide führen, ich werde
sie ruhen lassen – Spruch Gottes, des
Herrn. 16 Die verloren gegangenen
Tiere will ich suchen, die vertriebenen
zurückbringen, die verletzten ver-
binden, die schwachen kräftigen, die
fetten und starken behüten. Ich will ihr
Hirt sein und für sie sorgen, wie es
recht ist.
17 Ihr aber, meine Herde – so spricht
Gott, der Herr –, ich sorge für Recht
zwischen Schafen und Schafen, zwi-
schen Widdern und Böcken. 18 War es
euch nicht genug, auf der besten Weide
zu weiden? Musstet ihr auch noch euer
übriges Weideland mit euren Füßen
zertrampeln? War es euch nicht genug,
das klare Wasser zu trinken? Musstet
ihr den Rest des Wassers mit euren
Füßen verschmutzen? 19 Meine Schafe
mussten abweiden, was eure Füße zer-
trampelt hatten, und trinken, was eure
Füße verschmutzt hatten. 20 Darum –
so spricht Gott, der Herr, zu euch: Ich
selbst sorge für Recht zwischen den
fetten und den mageren Schafen.
21 Weil ihr mit eurem breiten Körper
und eurer Schulter alle schwachen
Tiere zur Seite gedrängt und weil ihr sie
mit euren Hörnern weggestoßen habt,
bis ihr sie weggetrieben hattet, 22 des-
halb will ich meinen Schafen zu Hilfe
kommen. Sie sollen nicht länger eure
Beute sein; denn ich werde für Recht
sorgen zwischen Schafen und Schafen.
23 Ich setze für sie einen einzigen Hirten
ein, der sie auf die Weide führt, meinen
Knecht David. Er wird sie weiden, und
er wird ihr Hirt sein. 24 Ich selbst, der
Herr, werde ihr Gott sein, und mein
Knecht David wird in ihrer Mitte der
Fürst sein. Ich, der Herr, habe gespro-
chen.
25 Ich schließe mit ihnen einen Frie-
densbund: Ich rotte die wilden Tiere

im Land aus. Dann kann man in der
Steppe sicher wohnen und in den Wäl-
dern schlafen. 26 Ich werde sie und die
Umgebung meines Berges segnen. Ich
schicke Regen zur rechten Zeit, und der
Regen wird Segen bringen. 27 Die
Bäume des Feldes werden ihre Früchte
tragen, und das Land wird seinen Er-
trag geben. Sie werden auf ihrem
Grund und Boden sicher sein. Wenn
ich die Stangen ihres Jochs zerbreche
und sie der Gewalt derer entreiße, von
denen sie versklavt wurden, werden sie
erkennen, dass ich der Herr bin. 28 Sie
werden nicht länger eine Beute der
Völker sein, von den wilden Tieren
werden sie nicht gefressen. Sie werden
in Sicherheit wohnen, und niemand
wird sie erschrecken. 29 Ich pflanze ihnen
einen Garten des Heils. Sie werden in
ihrem Land nicht mehr vom Hunger
dahingerafft werden, und die Schmä-
hungen der Völker müssen sie nicht
mehr ertragen. 30 Sie werden erkennen,
dass ich, der Herr, ihr Gott, mit ihnen
bin und dass sie, das Haus Israel, mein
Volk sind – Spruch Gottes, des Herrn.
31 Ihr seid meine Schafe, ihr seid die
Herde meiner Weide. Ich bin euer Gott
– Spruch Gottes, des Herrn.

Die Verheißung eines neuen Lebens

36 16 Das Wort des Herrn erging
an mich: 17 (Hör zu), Men-
schensohn! Als Israel in seinem Land
wohnte, machten sie das Land durch
ihr Verhalten und ihre Taten unrein.
Wie die monatliche Unreinheit der
Frau war ihr Verhalten in meinen
Augen. 18 Da goss ich meinen Zorn über
sie aus, weil sie Blut vergossen im Land
und das Land mit ihren Götzen be-
fleckten. 19 Ich zerstreute sie unter die
Völker; in alle Länder wurden sie ver-
trieben. Nach ihrem Verhalten und
nach ihren Taten habe ich sie gerichtet.
20 Als sie aber zu den Völkern kamen,
entweihten sie überall, wohin sie ka-
men, meinen heiligen Namen; denn
man sagte von ihnen: Das ist das Volk
Jahwes, und doch mussten sie sein
Land verlassen. 21 Da tat mir mein hei-
liger Name leid, den das Haus Israel bei
den Völkern entweihte, wohin es auch
kam.

22 Darum sag zum Haus Israel: So
spricht Gott, der Herr: Nicht euret-
wegen handle ich, Haus Israel, sondern
um meines heiligen Namens willen,
den ihr bei den Völkern entweiht habt,
wohin ihr auch gekommen seid. 23 Mei-
nen großen, bei den Völkern entweih-
ten Namen, den ihr mitten unter ihnen
entweiht habt, werde ich wieder hei-
ligen. Und die Völker – Spruch Gottes,
des Herrn – werden erkennen, dass ich
der Herr bin, wenn ich mich an euch
vor ihren Augen als heilig erweise. 24 Ich
hole euch heraus aus den Völkern, ich
sammle euch aus allen Ländern und
bringe euch in euer Land. 25 Ich gieße

reines Wasser über euch aus, dann
werdet ihr rein. Ich reinige euch von
aller Unreinheit und von allen euren
Götzen. 26 Ich schenke euch ein neues
Herz und lege einen neuen Geist in
euch. Ich nehme das Herz von Stein aus
eurer Brust und gebe euch ein Herz von
Fleisch. 27 Ich lege meinen Geist in euch
und bewirke, dass ihr meinen Gesetzen
folgt und auf meine Gebote achtet und
sie erfüllt. 28 Dann werdet ihr in dem
Land wohnen, das ich euren Vätern
gab. Ihr werdet mein Volk sein, und ich
werde euer Gott sein. 29 Ich befreie euch
von allem, womit ihr euch unrein
gemacht habt. Ich rufe dem Getreide zu
und befehle ihm zu wachsen. Ich ver-
hänge über euch keine Hungersnot
mehr. 30 Ich vermehre die Früchte der
Bäume und den Ertrag des Feldes, da-
mit ihr nicht mehr unter den Völkern
die Schande einer Hungersnot ertragen
müsst.
31 Dann werdet ihr an euer verkehrtes
Verhalten und an eure bösen Taten den-
ken, und es wird euch ekeln vor euch
selbst wegen eurer Greueltaten. 32 Doch
nicht euretwegen handle ich so – Spruch
Gottes, des Herrn –, das sollt ihr wis-
sen. Errötet und vergeht vor Scham
wegen eures Treibens, ihr vom Haus
Israel.
33 So spricht Gott, der Herr: Wenn ich
euch von all euren Sünden gereinigt
habe, mache ich die Städte wieder be-
wohnbar, und die Ruinen werden
wieder aufgebaut. 34 Das verödete Land
wird bestellt, es liegt nicht mehr öde
vor den Augen all derer, die vorüber-
gehen. 35 Dann wird man sagen: Dieses
verödete Land ist wie der Garten Eden
geworden; die zerstörten, verödeten,
vernichteten Städte sind wieder be-
festigt und bewohnt. 36 Dann werden
die Völker, die rings um euch noch
übrig sind, erkennen, dass ich, der
Herr, das Zerstörte wieder aufgebaut
und das Ödland wieder bepflanzt habe.
Ich, der Herr, habe gesprochen, und ich
führe es aus.
37 So spricht Gott, der Herr: Ich lasse
mich vom Haus Israel dazu bewegen,
auch noch das zu tun: Ich werde die
Menschen vermehren wie eine Schaf-
herde.

Die Vision von der Auferweckung Israels

37 Die Hand des Herrn legte sich
auf mich, und der Herr brachte
mich im Geist hinaus und versetzte
mich mitten in die Ebene. Sie war voll
von Gebeinen. 2 Er führte mich rings-
um an ihnen vorüber, und ich sah sehr
viele über die Ebene verstreut liegen;
sie waren ganz ausgetrocknet. 3 Er
fragte mich: Menschensohn, können
diese Gebeine wieder lebendig werden?
Ich antwortete: Herr und Gott, das
weißt nur du. 4 Da sagte er zu mir:
Sprich als Prophet über diese Gebeine,
und sag zu ihnen: Ihr ausgetrockneten

Gebeine, hört das Wort des Herrn! 5 So
spricht Gott, der Herr, zu diesen Ge-
beinen: Ich selbst bringe Geist in euch,
dann werdet ihr lebendig. 6 Ich spanne
Sehnen über euch und umgebe euch
mit Fleisch; ich überziehe euch mit
Haut und bringe Geist in euch, dann
werdet ihr lebendig. Dann werdet ihr
erkennen, dass ich der Herr bin. 7 Da
sprach ich als Prophet, wie mir befoh-
len war; und noch während ich redete,
hörte ich auf einmal ein Geräusch: Die
Gebeine rückten zusammen, Bein an
Bein. 8 Und als ich hinsah, waren
plötzlich Sehnen auf ihnen, und Fleisch
umgab sie, und Haut überzog sie. Aber
es war noch kein Geist in ihnen. 9 Da
sagte er zu mir: Rede als Prophet zum
Geist, rede, Menschensohn, sag zum
Geist: So spricht Gott, der Herr: Geist,
komm herbei von den vier Winden!
Hauch diese Erschlagenen an, damit sie
lebendig werden. 10 Da sprach ich als
Prophet, wie er mir befohlen hatte, und
es kam Geist in sie. Sie wurden leben-
dig und standen auf – ein großes, ge-
waltiges Heer.

11 Er sagte zu mir: Menschensohn, diese
Gebeine sind das ganze Haus Israel.
Jetzt sagt Israel: Ausgetrocknet sind
unsere Gebeine, unsere Hoffnung ist
untergegangen, wir sind verloren. 12 Des-
halb tritt als Prophet auf, und sag zu
ihnen: So spricht Gott, der Herr: Ich
öffne eure Gräber und hole euch, mein
Volk, aus euren Gräbern herauf. Ich
bringe euch zurück in das Land Israel.
13 Wenn ich eure Gräber öffne und
euch, mein Volk, aus euren Gräbern
heraufhole, dann werdet ihr erkennen,
dass ich der Herr bin. 14 Ich hauche
euch meinen Geist ein, dann werdet ihr
lebendig, und ich bringe euch wieder
in euer Land. Dann werdet ihr er-
kennen, dass ich der Herr bin. Ich habe
gesprochen, und ich führe es aus –
Spruch des Herrn.

Der Einzug des Herrn in den Tempel

43 Dann führte er mich zu einem
der Tore, dem Tor, das im
Osten lag. 2 Da sah ich, wie die Herr-
lichkeit des Gottes Israels aus dem
Osten herankam. Ihr Rauschen war wie
das Rauschen gewaltiger Wassermas-
sen, und die Erde leuchtete auf von
seiner Herrlichkeit. 3 Die Erscheinung,
die ich sah, war wie die Erscheinung,
die ich damals sah, als er kam, um die
Stadt zu vernichten, und wie die Er-
scheinung, die ich am Fluss Kebar ge-
sehen hatte. Da fiel ich nieder auf mein
Gesicht. 4 Und die Herrlichkeit des
Herrn zog in den Tempel ein durch das
Tor, das im Osten lag.

5 Der Geist hob mich empor und
brachte mich in den Innenhof. Und die
Herrlichkeit des Herrn erfüllte den
Tempel. 6 Dann hörte ich vom Tempel
her, während der Mann neben mir
stand, einen, der mit mir redete; 7 er

sagte zu mir: Menschensohn, das ist der Ort, wo mein Thron steht, und der Ort, wo meine Füße ruhen; hier will ich für immer mitten unter den Israeliten wohnen. Das Haus Israel aber und seine Könige sollen meinen heiligen Namen nie mehr beflecken mit ihrer Unzucht und mit den Leichen ihrer
Könige [wenn sie tot sind]. 8 Sie legten
ihre Schwelle neben meine Schwelle und setzten ihre Türpfosten neben meine Türpfosten, so dass zwischen mir und ihnen nur eine Wand war. So befleckten sie meinen heiligen Namen durch die Greueltaten, die sie begingen, und ich musste sie in meinem Zorn vernichten.
9 Jetzt aber sollen sie ihre Unzucht und
die Leichen ihrer Könige von mir fern halten, so dass ich für immer mitten unter ihnen wohnen kann.
10 Du, Menschensohn, berichte dem
Haus Israel über den Tempel, damit sie sich wegen ihrer bösen Taten schämen. Sie sollen den Entwurf des Tempels
kennen lernen. 11 Wenn sie sich all des-
sen schämen, was sie getan haben, dann mach ihnen den Plan des Tempels bekannt, seine Einrichtung, seine Ausgänge und Eingänge und seinen ganzen Plan, alle ihn betreffenden Gesetze [meine ganzen Pläne] und alle ihn betreffenden Anweisungen. Zeichne alles vor ihren Augen auf! Sie sollen darauf achten, dass sie seinen ganzen Plan ausführen und alle ihn betreffenden Gesetze befolgen.
12 Das ist meine Anweisung für den
Tempelbezirk. Das ganze Gebiet auf dem Gipfel des Berges ringsum ist hochheiliger Boden. [Siehe, das ist die Anweisung für den Tempelbezirk.]

Die Tempelquelle

47 Dann führte er mich zum Eingang des Tempels zurück, und ich sah, wie unter der Tempelschwelle Wasser hervorströmte und nach Osten floß; denn die vordere Seite des Tempels schaute nach Osten. Das Wasser floß unterhalb der rechten Seite des Tempels
herab, südlich vom Altar. 2 Dann führte
er mich durch das Nordtor hinaus und ließ mich außen herum zum äußeren Osttor gehen. Und ich sah das Wasser
an der Südseite hervorrieseln. 3 Der
Mann ging nach Osten hinaus, mit der Meßschnur in der Hand, maß tausend Ellen ab und ließ mich durch das Wasser gehen; das Wasser reichte mir
bis an die Knöchel. 4 Dann maß er
wieder tausend Ellen ab und ließ mich durch das Wasser gehen; das Wasser reichte mir bis zu den Knien. Darauf maß er wieder tausend Ellen ab und ließ mich hindurchgehen; das Wasser
ging mir bis an die Hüften. 5 Und er
maß noch einmal tausend Ellen ab. Da war es ein Fluss, den ich nicht mehr durchschreiten konnte; denn das Wasser war tief, ein Wasser, durch das man schwimmen musste, ein Fluss, den

man nicht mehr durchschreiten konnte.
6 Dann fragte er mich: Hast du es ge-
sehen, Menschensohn? Darauf führte
er mich zurück, am Ufer des Flusses ent-
lang. 7 Als ich zurückging, sah ich an
beiden Ufern des Flusses sehr viele
Bäume. 8 Er sagte zu mir: Dieses Wasser
fließt in den östlichen Bezirk, es strömt
in die Araba hinab und läuft in das
Meer, in das Meer mit dem salzigen
Wasser. So wird das salzige Wasser
gesund. 9 Wohin der Fluss gelangt, da
werden alle Lebewesen, alles, was sich
regt, leben können, und sehr viele Fi-
sche wird es geben. Weil dieses Wasser
dort hinkommt, werden (die Fluten)
gesund; wohin der Fluss kommt, dort
bleibt alles am Leben. 10 Von En-Gedi
bis En-Eglajim werden Fischer am Ufer
des Meeres stehen und ihre Netze zum
Trocknen ausbreiten. Alle Arten von Fi-
schen wird es geben, so zahlreich wie
die Fische im großen Meer. 11 Die Lachen
und Tümpel aber sollen nicht gesund
werden; sie sind für die Salzgewinnung
bestimmt. 12 An beiden Ufern des Flus-
ses wachsen alle Arten von Obstbäu-
men. Ihr Laub wird nicht welken, und
sie werden nie ohne Frucht sein. Jeden
Monat tragen sie frische Früchte; denn
das Wasser des Flusses kommt aus dem
Heiligtum. Die Früchte werden als
Speise und die Blätter als Heilmittel
dienen.

Aus dem Buch Daniel

Die Standhaftigkeit der drei Freunde im Feuerofen

3 König Nebukadnezzar ließ ein
goldenes Standbild machen, sech-
zig Ellen hoch und sechs Ellen breit,
und ließ es in der Ebene von Dura in
der Provinz Babel aufstellen. 2 Dann
berief König Nebukadnezzar die Sa-
trapen, Präfekten und Statthalter ein,
die Räte, Schatzmeister, Richter und
Polizeiobersten und alle anderen ho-
hen Beamten der Provinzen; sie sollten
zur Einweihung des Standbildes kom-
men, das König Nebukadnezzar errich-
tet hatte. 3 Da versammelten sich die
Satrapen, Präfekten und Statthalter, die
Räte, Schatzmeister, Richter und Poli-
zeiobersten und alle anderen hohen
Beamten der Provinzen zur Einwei-
hung des Standbildes, das König Nebu-
kadnezzar errichtet hatte. Sie stellten
sich vor dem Standbild auf, das König
Nebukadnezzar errichtet hatte. 4 Nun
verkündete der Herold mit mächtiger
Stimme: Ihr Männer aus allen Völkern,
Nationen und Sprachen, hört den Be-
fehl! 5 Sobald ihr den Klang der Hör-
ner, Pfeifen und Zithern, der Harfen,
Lauten und Sackpfeifen und aller an-
deren Instrumente hört, sollt ihr
niederfallen und das goldene Stand-
bild anbeten, das König Nebukadnez-
zar errichtet hat. 6 Wer aber nicht nie-
derfällt und es anbetet, wird noch zur
selben Stunde in den glühenden Feuer-
ofen geworfen. 7 Sobald daher alle Völ-
ker den Klang der Hörner, Pfeifen und
Zithern, der Harfen, Lauten und Sack-
pfeifen und der anderen Instrumente
hörten, fielen die Männer aus allen
Völkern, Nationen und Sprachen so-
gleich nieder und beteten das goldene
Standbild an, das König Nebukadnez-
zar errichtet hatte.

8 Sogleich traten einige Chaldäer auf und
verklagten die Juden. 9 Sie sagten zum
König Nebukadnezzar: O König, mögest
du ewig leben. 10 Du, König, hast doch
selbst den Befehl erlassen: Jeder soll
niederfallen und das goldene Standbild
anbeten, wenn er den Klang der Hörner,
Pfeifen und Zithern, der Harfen, Lauten
und Sackpfeifen und aller anderen In-
strumente hört. 11 Wer aber nicht

niederfällt und es anbetet, wird in den
glühenden Feuerofen geworfen. 12 Nun
sind da einige Juden, denen du die Ver-
waltung der Provinz Babel anvertraut
hast: Schadrach, Meschach und Abed-
Nego. Diese Männer missachten dich,
König. Sie verehren deine Götter nicht
und beten das goldene Standbild, das du
errichtet hast, nicht an. 13 Da befahl
Nebukadnezzar voll Zorn und Wut,
Schadrach, Meschach und Abed-Nego
herbeizuholen. Man führte die Männer
also vor den König.
14 Nebukadnezzar sagte zu ihnen: Ist es
wahr, Schadrach, Meschach und Abed-
Nego: Ihr verehrt meine Götter nicht
und betet das goldene Standbild nicht
an, das ich errichtet habe? 15 Nun, wenn
ihr bereit seid, sobald ihr den Klang der
Hörner, Pfeifen und Zithern, der Har-
fen, Lauten und Sackpfeifen und aller
anderen Instrumente hört, sofort nie-
derzufallen und das Standbild anzu-
beten, das ich habe machen lassen, ist
es gut; betet ihr es aber nicht an, dann
werdet ihr noch zur selben Stunde in
den glühenden Feuerofen geworfen.
Welcher Gott kann euch dann aus
meiner Gewalt erretten? 16 Schadrach,
Meschach und Abed-Nego erwiderten
dem König Nebukadnezzar: Wir haben
es nicht nötig, dir darauf zu antworten:
17 Wenn überhaupt jemand, so kann
nur unser Gott, den wir verehren, uns
erretten; auch aus dem glühenden
Feuerofen und aus deiner Hand, König,
kann er uns retten. 18 Tut er es aber
nicht, so sollst du, König, wissen: Auch
dann verehren wir deine Götter nicht
und beten das goldene Standbild nicht
an, das du errichtet hast.
19 Da wurde Nebukadnezzar wütend;
sein Gesicht verzerrte sich vor Zorn
über Schadrach, Meschach und Abed-
Nego. Er ließ den Ofen siebenmal
stärker heizen, als man ihn gewöhnlich
heizte. 20 Dann befahl er, einige der
stärksten Männer aus seinem Heer
sollten Schadrach, Meschach und
Abed-Nego fesseln und in den glü-
henden Feuerofen werfen. 21 Da wurden
die Männer, wie sie waren – in ihren
Mänteln, Röcken und Mützen und den
übrigen Kleidungsstücken – gefesselt
und in den glühenden Feuerofen ge-
worfen. 22 Nach dem strengen Befehl
des Königs war aber der Ofen über-
mäßig geheizt worden, und die heraus-
schlagenden Flammen töteten die
Männer, die Schadrach, Meschach und
Abed-Nego hingebracht hatten. 23 Die
drei Männer aber, Schadrach, Me-
schach und Abed-Nego, fielen gefesselt
in den glühenden Feuerofen.

Das Gebet des Asarja

24 Doch sie gingen mitten in den
Flammen umher, lobten Gott und prie-
sen den Herrn. 25 Asarja blieb stehen,
öffnete den Mund und sprach mitten
im Feuer folgendes Gebet: 26 Gepriesen

und gelobt bist du, Herr, Gott unserer
Väter; herrlich ist dein Name in alle
Ewigkeit. 27 Denn du bist gerecht in
allem, was du getan hast. All deine
Taten sind richtig, deine Wege gerade.
Alle deine Urteile sind wahr. 28 Du hast
gerechte Strafen verhängt, in allem,
was du über uns gebracht hast und
über Jerusalem, die heilige Stadt
unserer Väter. Ja, nach Wahrheit und
Recht hast du all dies wegen unserer
Sünden herbeigeführt. 29 Denn wir
haben gesündigt und durch Treubruch
gefrevelt und haben in allem gefehlt.
30 Wir haben deinen Geboten nicht ge-
horcht, haben weder beachtet noch
getan, was du uns zu unserem Wohl
befohlen hast. 31 Alles, was du uns ge-
schickt hast, alles, was du uns getan
hast, das hast du nach deiner gerechten
Entscheidung getan. 32 Du hast uns der
Gewalt gesetzloser Feinde und gehäs-
siger Verräter preisgegeben und einem
ungerechten König, dem schlimmsten
König der ganzen Welt. 33 Und jetzt
dürfen wir nicht einmal den Mund auf-
tun. Schande und Schmach kam über
deine Diener und Verehrer. 34 Um
deines Namens willen verwirf uns nicht
für immer; löse deinen Bund nicht auf!
35 Versag uns nicht dein Erbarmen,
deinem Freund Abraham zuliebe,
deinem Knecht Isaak und Israel, dei-
nem Heiligen, 36 denen du Nachkom-
men verheißen hast so zahlreich wie
die Sterne am Himmel und wie der
Sand am Ufer des Meeres. 37 Ach, Herr,
wir sind geringer geworden als alle
Völker. In aller Welt sind wir heute
wegen unserer Sünden erniedrigt.
38 Wir haben in dieser Zeit weder Vor-
steher noch Propheten und kei-
nen, der uns anführt, weder Brand-
opfer noch Schlachtopfer, weder
Speiseopfer noch Räucherwerk, noch
einen Ort, um dir die Erstlingsgaben
darzubringen und um Erbarmen zu
finden bei dir. 39 Du aber nimm uns an!
Wir kommen mit zerknirschtem Herzen
und demütigem Sinn. 40 Wie Brand-
opfer von Widdern und Stieren, wie
Tausende fetter Lämmer, so gelte heute
unser Opfer vor dir und verschaffe uns
bei dir Sühne. Denn wer dir vertraut,
wird nicht beschämt. 41 Wir folgen dir
jetzt von ganzem Herzen, fürchten dich
und suchen dein Angesicht. 42 Überlaß
uns nicht der Schande, sondern hand-
le an uns nach deiner Milde, nach
deinem überreichen Erbarmen!
43 Errette uns, deinen wunderbaren
Taten entsprechend; verschaff deinem
Namen Ruhm, Herr! 44 Doch alle, die
deinen Dienern Böses tun, sollen be-
schämt werden. Sie sollen zuschanden
werden und ihre Herrschaft verlieren.
Ihre Stärke soll zerschlagen werden.
45 Sie sollen erkennen, dass du allein
der Herr und Gott bist, ruhmreich auf
der ganzen Erde.

46 Die Knechte des Königs, die die drei
Männer in den Ofen geworfen hatten,

hörten inzwischen nicht auf, den Ofen
mit Harz und Werg, Pech und Reisig zu
heizen. 47 So schlugen die Flammen bis
zu neunundvierzig Ellen hoch aus dem
Ofen heraus. 48 Sie griffen um sich und
verbrannten jeden Chaldäer, den sie im
Umkreis des Ofens erfassen konnten. 49
Aber der Engel des Herrn war zusammen
mit Asarja und seinen Gefährten in den
Ofen hinabgestiegen. Er trieb die Flam-
men des Feuers aus dem Ofen hinaus 50
und machte das Innere des Ofens so, als
wehte ein taufrischer Wind. Das Feuer
berührte sie gar nicht; es tat ihnen nichts
zuleide und belästigte sie nicht.

Der Lobgesang der drei jungen Männer

51 Da sangen die drei im Ofen wie aus
einem Mund, sie rühmten und priesen
Gott mit den Worten:
52 Gepriesen bist du, Herr, du Gott
unserer Väter, / gelobt und gerühmt in
Ewigkeit.
Gepriesen ist dein heiliger, herrlicher
Name, / hoch gelobt und verherrlicht
in Ewigkeit.
53 Gepriesen bist du im Tempel deiner
heiligen Herrlichkeit, / hoch gerühmt
und verherrlicht in Ewigkeit.
54 Gepriesen bist du, der in die Tiefen
schaut und auf Kerubim thront, / ge-
lobt und gerühmt in Ewigkeit.
55 Gepriesen bist du auf dem Thron
deiner Herrschaft, / hoch gerühmt und
gefeiert in Ewigkeit.
56 Gepriesen bist du am Gewölbe des
Himmels, / gerühmt und verherrlicht
in Ewigkeit.
57 Preist den Herrn, all ihr Werke des
Herrn; / lobt und rühmt ihn in Ewig-
keit!
58 Preist den Herrn, ihr Himmel; / lobt
und rühmt ihn in Ewigkeit!
59 Preist den Herrn, ihr Engel des
Herrn; / lobt und rühmt ihn in Ewig-
keit!
60 Preist den Herrn, all ihr Wasser über
dem Himmel; / lobt und rühmt ihn in
Ewigkeit!
61 Preist den Herrn, all ihr Mächte des
Herrn; / lobt und rühmt ihn in Ewig-
keit!
62 Preist den Herrn, Sonne und Mond; /
lobt und rühmt ihn in Ewigkeit!
63 Preist den Herrn, ihr Sterne am
Himmel; / lobt und rühmt ihn in Ewig-
keit!
64 Preist den Herrn, aller Regen und
Tau; / lobt und rühmt ihn in Ewigkeit!
65 Preist den Herrn, all ihr Winde; / lobt
und rühmt ihn in Ewigkeit!
66 Preist den Herrn, Feuer und Glut; /
lobt und rühmt ihn in Ewigkeit!
67 Preist den Herrn, Frost und Hitze; /
lobt und rühmt ihn in Ewigkeit!
68 Preist den Herrn, Tau und Schnee; /
lobt und rühmt ihn in Ewigkeit!
69 Preist den Herrn, Eis und Kälte; / lobt
und rühmt ihn in Ewigkeit!
70 Preist den Herrn, Raureif und Schnee;
/ lobt und rühmt ihn in Ewigkeit!

71 Preist den Herrn, ihr Nächte und
Tage; / lobt und rühmt ihn in Ewigkeit!
72 Preist den Herrn, Licht und Dunkel; /
lobt und rühmt ihn in Ewigkeit!
73 Preist den Herrn, ihr Blitze und
Wolken; / lobt und rühmt ihn in Ewig-
keit!
74 Die Erde preise den Herrn; / sie lobe
und rühme ihn in Ewigkeit.
75 Preist den Herrn, ihr Berge und Hügel;
/ lobt und rühmt ihn in Ewigkeit!
76 Preist den Herrn, all ihr Gewächse
auf Erden; / lobt und rühmt ihn in
Ewigkeit!
77 Preist den Herrn, ihr Quellen; / lobt
und rühmt ihn in Ewigkeit!
78 Preist den Herrn, ihr Meere und
Flüsse; / lobt und rühmt ihn in Ewig-
keit!
79 Preist den Herrn, ihr Tiere des Meeres /
und alles, was sich regt im Wasser; /
lobt und rühmt ihn in Ewigkeit!
80 Preist den Herrn, all ihr Vögel am
Himmel; / lobt und rühmt ihn in Ewig-
keit!
81 Preist den Herrn, all ihr Tiere, wilde
und zahme; / lobt und rühmt ihn in
Ewigkeit!
82 Preist den Herrn, ihr Menschen; / lobt
und rühmt ihn in Ewigkeit!
83 Preist den Herrn, ihr Israeliten; / lobt
und rühmt ihn in Ewigkeit!
84 Preist den Herrn, ihr seine Priester; /
lobt und rühmt ihn in Ewigkeit!
85 Preist den Herrn, ihr seine Knechte; /
lobt und rühmt ihn in Ewigkeit!
86 Preist den Herrn, ihr Geister und
Seelen der Gerechten; / lobt und rühmt
ihn in Ewigkeit!
87 Preist den Herrn, ihr Demütigen und
Frommen; / lobt und rühmt ihn in
Ewigkeit!
88 Preist den Herrn, Hananja, Asarja
und Mischaël; / lobt und rühmt ihn in
Ewigkeit!
Denn er hat uns der Unterwelt ent-
rissen / und aus der Gewalt des Todes
errettet.
Er hat uns aus dem lodernden Ofen
befreit, / uns mitten aus dem Feuer er-
löst.
89 Dankt dem Herrn, denn er ist gütig; /
denn seine Huld währt ewig.
90 Preist alle den Herrn, ihr seine Ver-
ehrer, / preist den Gott der Götter;
singt ihm Lob und Dank; / denn ewig
währt seine Güte.

Das Gastmahl Belschazzars

5 König Belschazzar gab ein großes
Gastmahl für seine Großen; es
waren tausend Menschen, und zu-
sammen mit den Tausend sprach er
dem Wein zu. 2 In seiner Weinlaune
nun ließ Belschazzar die goldenen und
silbernen Gefäße holen, die sein Vater
Nebukadnezzar aus dem Tempel in
Jerusalem mitgenommen hatte. Jetzt
sollten der König und seine Großen,
seine Frauen und Nebenfrauen daraus
trinken. 3 Man holte also die goldenen

Gefäße, die man aus dem Tempel des
Gotteshauses in Jerusalem mitgenom-
men hatte, und der König und seine
Großen, seine Frauen und Nebenfrau-
en tranken daraus. 4 Sie tranken Wein
und lobten die Götter aus Gold und
Silber, aus Bronze, Eisen, Holz und
Stein.
5 In derselben Stunde erschienen die
Finger einer Menschenhand und
schrieben gegenüber dem Leuchter
etwas auf die weißgetünchte Wand des
königlichen Palastes. Der König sah
den Rücken der Hand, als sie schrieb.
6 Da erbleichte er, und seine Gedanken
erschreckten ihn. Seine Glieder wurden
schwach, und ihm schlotterten die
Knie. 7 Der König schrie laut, man solle
die Wahrsager, Chaldäer und Astro-
logen holen. Dann sagte er zu den
Weisen von Babel: Wer diese Schrift
lesen und mir deuten kann – was er
auch sei: er soll in Purpur gekleidet
werden, eine goldene Kette um den
Hals tragen und als der Dritte in mei-
nem Reich herrschen.
8 Da kamen alle Weisen des Königs
herbei; aber sie waren nicht im Stande,
die Schrift zu lesen oder dem König zu
sagen, was sie bedeutete. 9 Darüber er-
schrak König Belschazzar noch mehr,
und sein Gesicht wurde bleich. Auch
seine Großen gerieten in Angst. 10 Da
die Rufe des Königs und seiner Großen
bis zur Königin drangen, kam sie in
den Festsaal und sagte: O König,
mögest du ewig leben. Lass dich von
deinen Gedanken nicht erschrecken;
du brauchst nicht zu erbleichen. 11 In
deinem Reich gibt es einen Mann, in
dem der Geist der heiligen Götter
wohnt. Schon zu deines Vaters Zeiten
fand man bei ihm Erleuchtung und
Einsicht und Weisheit, wie nur die
Götter sie haben; deshalb hat König
Nebukadnezzar, dein Vater, ihn zum
Obersten der Zeichendeuter, Wahr-
sager, Chaldäer und Astrologen er-
nannt, dein eigener Vater, o König!
12 Bei diesem Daniel also, dem der
König den Namen Beltschazzar gege-
ben hat, fand man außergewöhn-
lichen Geist sowie Erkenntnis und Ein-
sicht und die Gabe, Träume auszulegen,
Rätsel zu erklären und schwierige Fra-
gen zu lösen. Darum lass jetzt Daniel
herrufen; er wird die Deutung geben.
13 Daniel wurde vor den König ge-
bracht, und der König sagte zu ihm: Du
also bist Daniel, einer von den ver-
schleppten Juden, die mein Vater, der
König, aus Juda hierher gebracht hat.
14 In dir, so habe ich gehört, ist der Geist
der Götter, und bei dir fand man Er-
leuchtung und Einsicht und außer-
gewöhnliche Weisheit. 15 Man hat die
Weisen und die Wahrsager vor mich
gebracht, damit sie diese Schrift lesen
und mir deuten. Sie konnten mir aber
nicht sagen, was das Geschriebene
bedeutet. 16 Doch du, so habe ich ge-
hört, kannst Deutungen geben und

schwierige Fragen lösen. Wenn du nun
die Schrift lesen und mir deuten
kannst, sollst du in Purpur gekleidet
werden, um den Hals eine goldene
Kette tragen und als der Dritte in mei-
nem Reich herrschen.
17 Daniel gab dem König zur Antwort:
Behalte deine Gaben oder schenk sie
einem andern! Aber die Schrift will ich
für den König lesen und deuten.
18 Mein König! Der höchste Gott hat
deinem Vater Nebukadnezzar Herr-
schaft und Macht, Herrlichkeit und
Majestät gegeben. 19 Vor der Macht, die
ihm verliehen war, zitterten und beb-
ten alle Völker, Nationen und Spra-
chen. Er tötete, wen er wollte, und ließ
am Leben, wen er wollte. Er erhöhte,
wen er wollte, und stürzte, wen er woll-
te. 20 Als aber sein Herz überheblich
und sein Geist hochmütig wurde,
stürzte man ihn von seinem könig-
lichen Thron, und er verlor die Herr-
scherwürde. 21 Man verstieß ihn aus der
Gemeinschaft der Menschen. Sein Herz
wurde dem der Tiere gleichgemacht. Er
musste bei den wilden Eseln hausen
und sich von Gras ernähren wie die
Ochsen. Der Tau des Himmels benetzte
seinen Körper, bis er erkannte: Der
höchste Gott gebietet über die Herr-
schaft bei den Menschen und gibt sie,
wem er will. 22 Obgleich nun du, sein
Sohn Belschazzar, das alles weißt, bist
du in deinem Herzen doch nicht be-
scheiden geblieben. 23 Du hast dich
gegen den Herrn des Himmels erhoben
und dir die Gefäße aus seinem Tempel
herbeischaffen lassen. Du und deine
Großen, deine Frauen und Nebenfrau-
en, ihr habt daraus Wein getrunken.
Du hast die Götter aus Gold und Silber,
aus Bronze, Eisen, Holz und Stein ge-
priesen, die weder sehen noch hören
können und keinen Verstand haben.
Aber den Gott, der deinen Lebensatem
in seiner Hand hat und dem all deine
Wege gehören, den hast du nicht ver-
herrlicht. 24 Darum hat er diese Hand
geschickt und diese Schrift geschrie-
ben.
25 Das Geschriebene lautet aber: Mene
mene tekel u-parsin. 26 Diese Worte
bedeuten: Mene: Gezählt hat Gott die
Tage deiner Herrschaft und macht ihr
ein Ende. 27 Tekel: Gewogen wurdest du
auf der Waage und zu leicht befunden.
28 Peres: Geteilt wird dein Reich und
den Medern und Persern gegeben.
29 Da befahl Belschazzar, Daniel in
Purpur zu kleiden und ihm eine gol-
dene Kette um den Hals zu legen,
und er ließ verkünden, dass Daniel als
der Dritte im Reich herrschen sollte.
30 Aber noch in derselben Nacht wurde
Belschazzar, der König der Chaldäer,
getötet,

6 und der Meder Darius übernahm
die Königsherrschaft im Alter von
zweiundsechzig Jahren.

Daniel in der Löwengrube

2 Darius fand es für gut, über das Reich
hundertzwanzig Satrapen einzusetzen,
die über das ganze Reich verteilt sein
sollten. 3 Über diese wieder setzte er
drei oberste Beamte, zu denen auch
Daniel gehörte. Ihnen sollten die Sa-
trapen Rechenschaft ablegen, damit
der König keinen Schaden erleide. 4 Da-
niel nun zeichnete sich vor den anderen
obersten Beamten und den Satrapen
aus; denn in ihm war ein außerge-
wöhnlicher Geist. Der König erwog
sogar, ihn zum höchsten Beamten des
ganzen Reiches zu machen. 5 Da such-
ten die obersten Beamten und die Sa-
trapen einen Grund, um Daniel wegen
seiner Amtsführung anzuklagen. Sie
konnten aber keinen Grund zur An-
klage und kein Vergehen finden; denn
er war zuverlässig; keine Nachlässigkeit
und kein Vergehen konnte man ihm
nachweisen. 6 Da sagten jene Männer:
Wir werden keinen Grund finden, um
diesen Daniel anzuklagen, es sei denn,
wir finden gegen ihn etwas wegen des
Gesetzes seines Gottes. 7 Darum be-
stürmten die obersten Beamten und
Satrapen den König und sagten zu ihm:
König Darius, mögest du ewig leben.
8 Alle obersten Beamten des Reiches,
die Präfekten, Satrapen, Räte und Statt-
halter raten dem König, ein Dekret zu
erlassen und folgendes Verbot in Kraft
zu setzen: Jeder, der innerhalb von
dreißig Tagen an irgendeinen Gott
oder Menschen außer an dich, König,
eine Bitte richtet, der soll in die Löwen-
grube geworfen werden. 9 Erlass dieses
Verbot, o König, und fertige ein Schrei-
ben darüber aus! Es soll nach dem
unwandelbaren Gesetz der Meder und
Perser unabänderlich sein. 10 König
Darius unterzeichnete das Verbot.

11 Als Daniel erfuhr, dass das Schreiben
unterzeichnet war, ging er in sein Haus.
In seinem Obergemach waren die
Fenster nach Jerusalem hin offen. Dort
kniete er dreimal am Tag nieder und
richtete sein Gebet und seinen Lobpreis
an seinen Gott, ganz so, wie er es ge-
wohnt war. 12 Nun schlichen sich jene
Männer heran und fanden Daniel, wie
er zu seinem Gott betete und flehte.
13 Darauf gingen sie zum König und er-
innerten ihn an sein Verbot; sie sagten:
O König, hast du nicht ein Verbot
unterzeichnet, nach dem jeder, der in-
nerhalb von dreißig Tagen an irgend-
einen Gott oder Menschen außer an
dich, König, eine Bitte richtet, in die
Löwengrube geworfen werden soll?
Der König gab zur Antwort: Die An-
ordnung steht fest nach dem unwan-
delbaren Gesetz der Meder und Perser.
14 Da berichteten sie dem König: Da-
niel, einer von den verschleppten
Juden, achtet weder dich, König, noch
das Verbot, das du unterschrieben hast,
sondern verrichtet dreimal am Tag sein
Gebet. 15 Als der König das hörte, war
es ihm sehr peinlich, und er dachte

nach, wie er Daniel retten könne. Bis
Sonnenuntergang bemühte er sich, ihn
freizubekommen. 16 Doch jene Männer
bestürmten ihn und sagten: Bedenke,
König, es ist bei den Medern und Per-
sern Gesetz, dass jedes Verbot und De-
kret, das der König erlässt, unabän-
derlich ist. 17 Darauf befahl der König,
Daniel herzubringen, und man warf
ihn zu den Löwen in die Grube. Der
König sagte noch zu Daniel: Möge dein
Gott, dem du so unablässig dienst, dich
erretten. 18 Und man nahm einen gro-
ßen Stein und wälzte ihn auf die Öff-
nung der Grube. Der König versiegelte
ihn mit seinem Siegel und den Siegeln
seiner Großen, um zu verhindern, dass
an der Lage Daniels etwas verändert
würde.
19 Dann ging der König in seinen Palast;
fastend verbrachte er die Nacht; er ließ
sich keine Speisen bringen und konnte
keinen Schlaf finden. 20 Früh am Mor-
gen, als es gerade hell wurde, stand der
König auf und ging in Eile zur Löwen-
grube. 21 Als er sich der Grube näherte,
rief er mit schmerzlicher Stimme nach
Daniel und fragte: Daniel, du Diener
des lebendigen Gottes! Hat dein Gott,
dem du so unablässig dienst, dich vor
den Löwen erretten können? 22 Daniel
antwortete ihm: O König, mögest du
ewig leben. 23 Mein Gott hat seinen
Engel gesandt und den Rachen der
Löwen verschlossen. Sie taten mir
nichts zuleide; denn in seinen Augen
war ich schuldlos, und auch dir gegen-
über, König, bin ich ohne Schuld.
24 Darüber war der König hoch erfreut
und befahl, Daniel aus der Grube he-
rauszuholen. So wurde Daniel aus der
Grube herausgeholt; man fand an ihm
nicht die geringste Verletzung, denn er
hatte seinem Gott vertraut. 25 Nun aber
ließ der König die Männer herbei-
holen, die Daniel verklagt hatten, und
ließ sie mit ihren Kindern und Frauen
in die Löwengrube werfen. Sie waren
noch nicht am Boden der Grube an-
gelangt, da stürzten sich die Löwen auf
sie und zermalmten ihnen alle Knochen.
26 Daraufhin schrieb König Darius an
alle Völker, Nationen und Sprachen auf
der ganzen Erde: Friede sei mit euch in
Fülle! 27 Hiermit ordne ich an: Im gan-
zen Gebiet meines Reiches soll man vor
dem Gott Daniels zittern und sich vor
ihm fürchten. Denn er ist der lebendige
Gott; er lebt in Ewigkeit. Sein Reich
geht niemals unter; seine Herrschaft
hat kein Ende. 28 Er rettet und befreit;
er wirkt Zeichen und Wunder am Him-
mel und auf der Erde; er hat Daniel aus
den Tatzen der Löwen errettet.
29 Daniel aber ging es gut unter dem
König Darius und auch unter dem Per-
serkönig Kyrus.

Daniels Vision von den vier Tieren und vom Menschensohn

7 Im ersten Jahr Belschazzars, des
Königs von Babel, hatte Daniel
einen Traum; auf seinem Lager hatte er
eine Vision. Er schrieb den Traum auf,
und sein Bericht hat folgenden Inhalt:
2 Ich hatte während der Nacht eine
Vision: Die vier Winde des Himmels
wühlten das große Meer auf. 3 Dann
stiegen aus dem Meer vier große Tiere
herauf; jedes hatte eine andere Gestalt.
4 Das erste war einem Löwen ähnlich,
hatte jedoch Adlerflügel. Während ich
es betrachtete, wurden ihm die Flügel
ausgerissen; es wurde vom Boden em-
porgehoben und wie ein Mensch auf
zwei Füße gestellt, und es wurde ihm
ein menschliches Herz gegeben. 5 Dann
erschien ein zweites Tier; es glich einem
Bären und war nach einer Seite hin auf-
gerichtet. Es hielt drei Rippen zwischen
den Zähnen in seinem Maul, und man
ermunterte es: Auf, friß noch viel mehr
Fleisch! 6 Danach sah ich ein anderes
Tier; es glich einem Panther, hatte aber
auf dem Rücken vier Flügel, wie die
Flügel eines Vogels; auch hatte das Tier
vier Köpfe; ihm wurde die Macht eines
Herrschers verliehen. 7 Danach sah ich
in meinen nächtlichen Visionen ein
viertes Tier; es war furchtbar und
schrecklich anzusehen und sehr stark;
es hatte große Zähne aus Eisen. Es fraß
und zermalmte alles, und was übrig
blieb, zertrat es mit den Füßen. Von
den anderen Tieren war es völlig ver-
schieden. Auch hatte es zehn Hörner.
8 Als ich die Hörner betrachtete, da
wuchs zwischen ihnen ein anderes,
kleineres Horn empor, und vor ihm
wurden drei von den früheren Hörnern
ausgerissen; und an diesem Horn wa-
ren Augen wie Menschenaugen und ein
Maul, das anmaßend redete.
9 Ich sah immer noch hin; da wurden
Throne aufgestellt, und ein Hochbe-
tagter nahm Platz. Sein Gewand war
weiß wie Schnee, sein Haar wie reine
Wolle. Feuerflammen waren sein Thron,
und dessen Räder waren loderndes
Feuer. 10 Ein Strom von Feuer ging von
ihm aus. Tausendmal Tausende dienten
ihm, zehntausendmal Zehntausende
standen vor ihm. Das Gericht nahm
Platz, und es wurden Bücher aufge-
schlagen. 11 Ich sah immer noch hin, bis
das Tier – wegen der anmaßenden
Worte, die das Horn redete – getötet
wurde. Sein Körper wurde dem Feuer
übergeben und vernichtet. 12 Auch den
anderen Tieren wurde die Herrschaft
genommen. Doch ließ man ihnen das
Leben bis zu einer bestimmten Frist.
13 Immer noch hatte ich die nächtlichen
Visionen:
Da kam mit den Wolken des Himmels /
einer wie ein Menschensohn.
Er gelangte bis zu dem Hochbetagten /
und wurde vor ihn geführt.
14 Ihm wurden Herrschaft, / Würde und
Königtum gegeben.

Alle Völker, Nationen und Sprachen /
müssen ihm dienen.
Seine Herrschaft ist eine ewige, / un-
vergängliche Herrschaft. / Sein Reich
geht niemals unter.
15 Darüber war ich, Daniel, im Geist
bekümmert, und was mir vor Augen
stand, erschreckte mich. 16 Ich wandte
mich an einen der Umstehenden und
bat ihn, mir das alles genau zu erklären.
Er deutete mir die Vorgänge und sagte:
17 Diese großen Tiere, vier an der Zahl,
bedeuten vier Könige, die sich auf der
Erde erheben werden. 18 Das Königtum
aber werden die Heiligen des Höchsten
erhalten, und sie werden es behalten für
immer und ewig. 19 Dann wollte ich
noch Genaueres über das vierte Tier er-
fahren, das Tier, das anders war als alle
anderen, ganz furchtbar anzusehen, mit
Zähnen aus Eisen und mit Klauen aus
Bronze, das alles fraß und zermalmte,
und was übrigblieb, mit den Füßen zer-
trat. 20 Auch (wollte ich Genaueres er-
fahren) über die zehn Hörner an seinem
Kopf und über das andere Horn, das
emporgewachsen war und vor dem die
drei Hörner abgefallen waren, das Horn,
das Augen und einen Mund hatte, der
anmaßend redete, und das schließlich
größer als die anderen zu sein schien.
21 Ich sah dieses Horn gegen die Hei-
ligen kämpfen. Es überwältigte sie, 22 bis
der Hochbetagte kam. Da wurde den
Heiligen des Höchsten Recht verschafft,
und es kam die Zeit, in der die Heiligen
das Königtum erhielten. 23 Der (Engel)
antwortete mir: Das vierte Tier bedeutet:
Ein viertes Reich wird sich auf der Erde
erheben, ganz anders als alle anderen
Reiche. Es wird die ganze Erde verschlin-
gen, sie zertreten und zermalmen. 24 Die
zehn Hörner bedeuten: In jenem Reich
werden zehn Könige regieren; doch
nach ihnen kommt ein anderer. Dieser
ist ganz anders als die früheren. Er
stürzt drei Könige, 25 er lästert über den
Höchsten und unterdrückt die Heiligen
des Höchsten. Die Festzeiten und das
Gesetz will er ändern. Ihm werden die
Heiligen für eine Zeit und zwei Zeiten
und eine halbe Zeit ausgeliefert. 26 Dann
aber wird Gericht gehalten. Jenem
König wird seine Macht genommen; er
wird endgültig ausgetilgt und vernich-
tet. 27 Die Herrschaft und Macht und die
Herrlichkeit aller Reiche unter dem
ganzen Himmel werden dem Volk der
Heiligen des Höchsten gegeben. Sein
Reich ist ein ewiges Reich, und alle
Mächte werden ihm dienen und ge-
horchen.
28 Hier endet die Mitteilung. Mich, Da-
niel, erschreckten meine Gedanken sehr,
und ich erbleichte. Aber ich bewahrte
die Mitteilung in meinem Herzen.

Aus dem Buch Hosea

Die symbolische Botschaft Gottes

1 Das Wort des Herrn, das an Ho-
sea, den Sohn Beeris, in der Zeit
erging, als Usija, Jotam, Ahas und His-
kija Könige von Juda waren und als
Jerobeam, der Sohn des Joasch, König
von Israel war. 2 So begann der Herr
durch Hosea zu reden: Der Herr sagte
zu Hosea: Geh, nimm dir eine Kult-
dirne zur Frau, und (zeuge) Dirnen-
kinder! Denn das Land hat den Herrn
verlassen und ist zur Dirne geworden.
3 Da ging Hosea und nahm Gomer, die
Tochter Diblajims, zur Frau; sie wurde
schwanger und gebar ihm einen Sohn.
4 Der Herr sagte zu Hosea: Gib ihm den
Namen Jesreel! Denn es dauert nicht
mehr lange, dann werde ich das Haus
Jehu für die Blutschuld von Jesreel be-
strafen und dem Königtum in Israel ein
Ende machen. 5 An jenem Tag werde
ich den Bogen Israels in der Ebene
Jesreel zerbrechen.
6 Als Gomer wieder schwanger wurde
und eine Tochter gebar, sagte der Herr
zu Hosea: Gib ihr den Namen Lo-
Ruhama (Kein Erbarmen)! Denn von
jetzt an habe ich kein Erbarmen mehr
mit dem Haus Israel, nein, ich entziehe
es ihnen. 7 Mit dem Haus Juda jedoch
will ich Erbarmen haben und ihnen
Hilfe bringen; ich helfe ihnen als der
Herr, ihr Gott, aber nicht mit Bogen,
Schwert und Krieg, nicht mit Rossen
und Reitern.
8 Als Gomer Lo-Ruhama entwöhnt
hatte, wurde sie wieder schwanger und
gebar einen Sohn. 9 Da sagte der Herr:
Gib ihm den Namen Lo-Ammi (Nicht
mein Volk)!
Denn ihr seid nicht mein Volk, und ich
bin nicht der »Ich-bin-da« für euch.

Der neue Bund

2 18 An jenem Tag – Spruch des
Herrn – / wirst du zu mir sagen:
Mein Mann!, / und nicht mehr: Mein
Baal!
19 Ich lasse die Namen der Baale aus
ihrem Mund verschwinden, / so dass
niemand mehr ihre Namen anruft.
20 Ich schließe für Israel an jenem Tag
einen Bund / mit den Tieren des Feldes

und den Vögeln des Himmels / und mit
allem, was auf dem Erdboden kriecht.
Ich zerbreche Bogen und Schwert, / es
gibt keinen Krieg mehr im Land, / ich
lasse sie Ruhe und Sicherheit finden.
21 Ich traue dich mir an auf ewig; / ich
traue dich mir an
um den Brautpreis von Gerechtigkeit
und Recht, / von Liebe und Erbarmen,
22 ich traue dich mir an / um den Braut-
preis meiner Treue: / Dann wirst du den
Herrn erkennen.
23 An jenem Tag – Spruch des Herrn – /
will ich erhören:
Ich will den Himmel erhören, / und der
Himmel wird die Erde erhören,
24 und die Erde erhört das Korn, / den
Wein und das Öl, / und diese erhören
Jesreel.
25 Ich säe sie aus in meinem Land. / Ich
habe Erbarmen mit Lo-Ruhama (Kein
Erbarmen),
und zu Lo-Ammi (Nicht mein Volk)
sage ich: / Du bist mein Volk!, / und er
wird sagen: (Du bist) mein Gott!

Die Sünde Israels

4 11 Der Opferwein raubt meinem
Volk den Verstand: 12 Es befragt
sein Götzenbild aus Holz, / von seinem
Stock erwartet es Auskunft.
Ja, der Geist der Unzucht führt es irre. /
Es hat seinen Gott verlassen / und ist
zur Dirne geworden.
13 Sie feiern Schlachtopfer auf den Hö-
hen der Berge, / auf den Hügeln brin-
gen sie Rauchopfer dar,
unter Eichen, Storaxbäumen und Tere-
binthen, / deren Schatten so angenehm
ist.
So werden eure Töchter zu Dirnen, /
und eure Schwiegertöchter brechen die
Ehe.
14 Aber ich strafe nicht eure Töchter
dafür, / dass sie zu Dirnen werden,
und nicht eure Schwiegertöchter dafür, /
dass sie die Ehe brechen;
denn sie (die Priester) selbst / gehen
mit den Dirnen beiseite,
mit den Weihedirnen feiern sie Schlacht-
opfer. / So kommt das unwissende Volk
zu Fall.
15 Auch wenn du, Israel, zur Dirne
wirst, / so soll sich doch Juda nicht
schuldig machen.
Kommt nicht nach Gilgal, / zieht nicht
nach Bet-Awen hinauf! / Schwört nicht:
So wahr der Herr lebt!
16 Ja, Israel ist störrisch wie eine stör-
rische Kuh. / Und da sollte der Herr sie
auf die Weide führen / wie die Lämmer
auf der weiten Flur?
17 Efraim ist im Bund mit den Götzen, /
18 es sitzt da, ein Haufen von Zechern;
sie treiben es mit den Dirnen, / sie lie-
ben ihre schändliche Schamlosigkeit.
19 Doch ein Sturm rafft sie mit seinen
Flügeln dahin, / sie gehen mit Schande
zugrunde wegen ihrer Altäre.

Das Bußgebet des Volkes und die Antwort Gottes

6 Kommt, wir kehren zum Herrn zurück! / Denn er hat (Wunden) gerissen, er wird uns auch heilen; / er hat verwundet, er wird auch verbinden.
2 Nach zwei Tagen gibt er uns das Leben zurück, / am dritten Tag richtet er uns wieder auf, / und wir leben vor seinem Angesicht.
3 Lasst uns streben nach Erkenntnis, / nach der Erkenntnis des Herrn.
Er kommt so sicher wie das Morgenrot; / er kommt zu uns wie der Regen, / wie der Frühjahrsregen, der die Erde tränkt.
4 Was soll ich tun mit dir, Efraim? / Was soll ich tun mit dir, Juda?
Eure Liebe ist wie eine Wolke am Morgen / und wie der Tau, der bald vergeht.
5 Darum schlage ich drein durch die Propheten, / ich töte sie durch die Worte meines Mundes. / Dann leuchtet mein Recht auf wie das Licht.
6 Liebe will ich, nicht Schlachtopfer, / Gotteserkenntnis statt Brandopfer.
Das treulose Gottesvolk

Gottes große Liebe

11 Als Israel jung war, gewann ich ihn lieb, / ich rief meinen Sohn aus Ägypten.
2 Je mehr ich sie rief, / desto mehr liefen sie von mir weg.
Sie opferten den Baalen / und brachten den Götterbildern Rauchopfer dar.
3 Ich war es, der Efraim gehen lehrte, / ich nahm ihn auf meine Arme.
Sie aber haben nicht erkannt, / dass ich sie heilen wollte.
4 Mit menschlichen Fesseln zog ich sie an mich, / mit den Ketten der Liebe.
Ich war da für sie wie die (Eltern), / die den Säugling an ihre Wangen heben. / Ich neigte mich ihm zu und gab ihm zu essen.
5 Doch er muss wieder zurück nach Ägypten, / Assur wird sein König sein; / denn sie haben sich geweigert umzukehren.
6 Das Schwert wird in seinen Städten wüten; / es wird seinen Schwätzern den Garaus machen / und sie wegen ihrer Pläne vernichten.
7 Mein Volk verharrt in der Treulosigkeit; / sie rufen zu Baal, / doch er hilft ihnen nicht auf.
8 Wie könnte ich dich preisgeben, Efraim, / wie dich aufgeben, Israel?
Wie könnte ich dich preisgeben wie Adma, / dich behandeln wie Zebojim?
Mein Herz wendet sich gegen mich, / mein Mitleid lodert auf.
9 Ich will meinen glühenden Zorn nicht vollstrecken / und Efraim nicht noch einmal vernichten.
Denn ich bin Gott, nicht ein Mensch, / der Heilige in deiner Mitte. / Darum komme ich nicht in der Hitze des Zorns.
10 Sie werden hinter Jahwe herziehen. / Er brüllt wie ein Löwe, ja, er brüllt, dass die Söhne vom Westmeer / zitternd herbeikommen.

11 Wie Vögel kommen sie zitternd
herbei aus Ägypten, / wie Tauben aus
dem Land Assur.
Ich lasse sie heimkehren in ihre Häuser –
/ Spruch des Herrn.

Die letzte Abrechnung

13 Wenn Efraim redete, zitterten
alle. / Er war in Israel mächtig.
Dann aber machte er sich schuldig durch
Baal, / und er verfiel dem Tod.
2 Nun sündigen sie weiter / und machen
sich aus ihrem Silber gegossene Bilder,
kunstfertig stellen sie Götzen her – / alles
nur ein Machwerk von Schmieden.
Ihnen, so sagen sie, müsst ihr opfern. /
Menschen küssen Kälber.
3 Darum sollen sie werden wie die Wolken
am Morgen / und wie der Tau, der bald
vergeht,
wie die Spreu, die aus der Tenne stiebt, /
und wie Rauch, der aus der Luke zieht.
4 Ich aber, ich bin der Herr, dein Gott, /
seit der Zeit in Ägypten;
du sollst keinen anderen Gott kennen als
mich. / Es gibt keinen Retter außer mir.
5 Ich habe dich in der Wüste auf die Weide
geführt, / im Land der glühenden Hitze.
6 Als sie ihre Weide hatten, wurden sie
satt. / Als sie satt waren, wurde ihr Herz
überheblich, / darum vergaßen sie mich.

Die Umkehr als Bedingung für die Rettung

14 2 Kehr um, Israel, zum Herrn,
deinem Gott! / Denn du bist zu
Fall gekommen durch deine Schuld.
3 Kehrt um zum Herrn, / nehmt Worte
(der Reue) mit euch, und sagt zu ihm:
Nimm alle Schuld von uns, / und lass uns
Gutes erfahren! / Wir danken es dir mit
der Frucht unserer Lippen.
4 Assur kann uns nicht retten. / Wir
wollen nicht mehr auf Pferden reiten,
und zum Machwerk unserer Hände
sagen wir nie mehr: Unser Gott. / Denn
nur bei dir findet der Verwaiste Erbar-
men.
5 Ich will ihre Untreue heilen / und sie
aus lauter Großmut wieder lieben. /
Denn mein Zorn hat sich von Israel abge-
wandt.
6 Ich werde für Israel da sein wie der
Tau, / damit es aufblüht wie eine Lilie /
und Wurzeln schlägt wie der Libanon.
7 Seine Zweige sollen sich ausbreiten, /
seine Pracht soll der Pracht des Ölbaums
gleichen / und sein Duft dem Duft des
Libanon.
8 Sie werden wieder in meinem Schatten
wohnen; / sie bauen Getreide an
und gedeihen wie die Reben, / deren
Wein so berühmt ist wie der Wein vom
Libanon.
9 Was hat Efraim noch mit den Götzen
zu tun? / Ich, ja, ich erhöre ihn, ich
schaue nach ihm.
Ich bin wie der grünende Wacholder, /
an mir findest du reiche Frucht.

Aus dem Buch Joël

Der Aufruf zur Buße

2 12 Auch jetzt noch – Spruch des
Herrn: / Kehrt um zu mir von ganzem
Herzen / mit Fasten, Weinen und Klagen.
13 Zerreißt eure Herzen, nicht eure Kleider,
/ und kehrt um zum Herrn, eurem Gott!
Denn er ist gnädig und barmherzig, /
langmütig und reich an Güte, / und es
reut ihn, dass er das Unheil verhängt hat.
14 Vielleicht kehrt er um, und es reut
ihn, / und er lässt Segen zurück, so dass
ihr Speise- und Trankopfer darbringen
könnt / für den Herrn, euren Gott.
15 Auf dem Zion stoßt in das Horn, /
ordnet ein heiliges Fasten an, / ruft einen
Gottesdienst aus!
16 Versammelt das Volk, / heiligt die Gemeinde!
Versammelt die Alten, / holt die Kinder
zusammen, auch die Säuglinge!
Der Bräutigam verlasse seine Kammer /
und die Braut ihr Gemach.
17 Zwischen Vorhalle und Altar / sollen die
Priester klagen, / die Diener des Herrn
sollen sprechen:
Hab Mitleid, Herr, mit deinem Volk, / und
überlaß dein Erbe nicht der Schande, / damit die Völker nicht über uns spotten.
Warum soll man bei den Völkern sagen: / Wo ist denn ihr Gott?

Die Ausgießung des Geistes

3 Danach aber wird es geschehen, /
dass ich meinen Geist ausgieße
über alles Fleisch.
Eure Söhne und Töchter werden Propheten sein, / eure Alten werden Träume
haben, / und eure jungen Männer haben
Visionen.
2 Auch über Knechte und Mägde / werde
ich meinen Geist ausgießen in jenen
Tagen.
3 Ich werde wunderbare Zeichen wirken /
am Himmel und auf der Erde: / Blut und
Feuer und Rauchsäulen.
4 Die Sonne wird sich in Finsternis verwandeln / und der Mond in Blut,
ehe der Tag des Herrn kommt, / der große
und schreckliche Tag.
5 Und es wird geschehen: / Wer den
Namen des Herrn anruft, wird gerettet.
Denn auf dem Berg Zion / und in
Jerusalem gibt es Rettung,
wie der Herr gesagt hat, / und wen der
Herr ruft, der wird entrinnen.

Aus dem Buch Amos

Die Unterdrückung der Armen

4 Hört dieses Wort, / ihr Baschan-
kühe auf dem Berg von Samaria,
die ihr die Schwachen unterdrückt /
und die Armen zermalmt
und zu euren Männern sagt: / Schafft
Wein herbei, wir wollen trinken.
2 Bei seiner Heiligkeit / hat Gott, der
Herr, geschworen:
Seht, Tage kommen über euch, / da holt
man euch mit Fleischerhaken weg,
und was dann noch von euch übrig ist, /
mit Angelhaken.
3 Ihr müsst durch die Breschen der
Mauern hinaus, / eine hinter der andern;
man jagt euch dem Hermon zu – /
Spruch des Herrn.

Die Beugung des Rechts

5 7 Sie haben dem Herrn die Treue
gebrochen, / sie haben Bastarde
geboren. / Nun frißt ein glühender
Wind ihren ererbten Besitz. 10 Bei Ge-
richt hassen sie den, / der zur Gerech-
tigkeit mahnt, / und wer Wahres redet,
den verabscheuen sie.
11 Weil ihr von den Hilflosen Pachtgeld
annehmt / und ihr Getreide mit Steu-
ern belegt,
darum baut ihr Häuser aus behauenen
Steinen – / und wohnt nicht darin,
legt ihr euch prächtige Weinberge an –
/ und werdet den Wein nicht trinken.
12 Denn ich kenne eure vielen Vergehen
/ und eure zahlreichen Sünden.
Ihr bringt den Unschuldigen in Not, /
ihr lasst euch bestechen / und weist den
Armen ab bei Gericht.
13 Darum schweigt in dieser Zeit, wer
klug ist; / denn es ist eine böse Zeit.
14 Sucht das Gute, nicht das Böse; / dann
werdet ihr leben,
und dann wird, wie ihr sagt, / der Herr,
der Gott der Heere, bei euch sein.
15 Hasst das Böse, liebt das Gute, / und
bringt bei Gericht das Recht zur
Geltung!
Vielleicht ist der Herr, der Gott der
Heere, / dem Rest Josefs dann gnä-
dig.

Der wahre Gottesdienst

21 Ich hasse eure Feste, ich verabscheue
sie / und kann eure Feiern nicht riechen.
22 Wenn ihr mir Brandopfer darbringt, /
ich habe kein Gefallen an euren Gaben, /
und eure fetten Heilsopfer will ich
nicht sehen.
23 Weg mit dem Lärm deiner Lieder! /
Dein Harfenspiel will ich nicht hören,
24 sondern das Recht ströme wie
Wasser, / die Gerechtigkeit wie ein nie
versiegender Bach.

Die leichtlebige Oberschicht

6 Weh den Sorglosen auf dem
Zion / und den Selbstsicheren auf
dem Berg von Samaria.
Weh den Vornehmen des ersten unter
den Völkern. / [Weh denen, bei denen
sich die Israeliten versammeln.]
2 Zieht hinüber nach Kalne, und seht
euch dort um! / Geht von da nach Ha-
mat, in die große Stadt, / und steigt
hinunter nach Gat, ins Land der Phi-
lister!
Seid ihr besser als diese Reiche? / Ist
euer Gebiet größer als ihr Gebiet?
3 Ihr, die ihr den Tag des Unheils hinaus-
schieben wollt, / führt die Herrschaft
der Gewalt herbei.
4 Ihr liegt auf Betten aus Elfenbein / und
faulenzt auf euren Polstern.
Zum Essen holt ihr euch Lämmer aus
der Herde / und Mastkälber aus dem
Stall.
5 Ihr grölt zum Klang der Harfe, / ihr
wollt Lieder erfinden wie David.
6 Ihr trinkt den Wein aus großen Hum-
pen, / ihr salbt euch mit dem feinsten
Öl / und sorgt euch nicht über den
Untergang Josefs.
7 Darum müssen sie jetzt in die Ver-
bannung, / allen Verbannten voran. /
Das Fest der Faulenzer ist nun vorbei.

Die Ausweisung des Propheten

7 10 Amazja, der Priester von Bet-El,
ließ Jerobeam, dem König von
Israel, melden: Mitten im Haus Israel ruft
Amos zum Aufruhr gegen dich auf;
seine Worte sind unerträglich für das
Land. 11 Denn so sagt Amos: Jerobeam
stirbt durch das Schwert, und Israel muss
sein Land verlassen und in die Ver-
bannung ziehen.
12 Zu Amos aber sagte Amazja: Geh,
Seher, flüchte ins Land Juda! Iss dort dein
Brot, und tritt dort als Prophet auf! 13 In
Bet-El darfst du nicht mehr als Prophet
reden; denn das hier ist ein Heiligtum des
Königs und ein Reichstempel. 14 Amos
antwortete Amazja: Ich bin kein Prophet
und kein Prophetenschüler, sondern ich
bin ein Viehzüchter, und ich ziehe Maul-
beerfeigen. 15 Aber der Herr hat mich von
meiner Herde weggeholt und zu mir
gesagt: Geh und rede als Prophet zu
meinem Volk Israel!
16 Darum höre jetzt das Wort des Herrn!
Du sagst: Tritt nicht als Prophet gegen

Israel auf, und prophezei nicht gegen das
Haus Isaak! 17 Darum – so spricht der
Herr: Deine Frau wird in der Stadt als
Dirne leben, deine Söhne und Töchter
fallen unter dem Schwert, dein Ackerland
wird mit der Meßschnur verteilt, du
selbst aber stirbst in einem unreinen
Land, und Israel muss sein Land verlassen
und in die Verbannung ziehen.

Gegen die Ausbeutung

8 4 Hört dieses Wort, die ihr die
Schwachen verfolgt / und die Ar-
men im Land unterdrückt.
5 Ihr sagt: Wann ist das Neumondfest
vorbei? / Wir wollen Getreide verkaufen.
Und wann ist der Sabbat vorbei? / Wir
wollen den Kornspeicher öffnen,
das Maß kleiner und den Preis größer
machen / und die Gewichte fälschen.
6 Wir wollen mit Geld die Hilflosen kau-
fen, / für ein paar Sandalen die Armen.
Sogar den Abfall des Getreides /
machen wir zu Geld.
7 Beim Stolz Jakobs hat der Herr ge-
schworen: / Keine ihrer Taten werde ich
jemals vergessen.

DAS BUCH JONA

Die Berufung Jonas

1 Das Wort des Herrn erging an
Jona, den Sohn Amittais: 2 Mach
dich auf den Weg, und geh nach Ni-
nive, in die große Stadt, und droh ihr
(das Strafgericht) an! Denn die Kunde
von ihrer Schlechtigkeit ist bis zu mir
heraufgedrungen.

Jonas Flucht

3 Jona machte sich auf den Weg; doch er
wollte nach Tarschisch fliehen, weit
weg vom Herrn. Er ging also nach Jafo
hinab und fand dort ein Schiff, das
nach Tarschisch fuhr. Er bezahlte das
Fahrgeld und ging an Bord, um nach
Tarschisch mitzufahren, weit weg vom
Herrn.
4 Aber der Herr ließ auf dem Meer
einen heftigen Wind losbrechen; es
entstand ein gewaltiger Seesturm, und
das Schiff drohte auseinanderzubre-
chen. 5 Die Seeleute bekamen Angst,
und jeder schrie zu seinem Gott um
Hilfe. Sie warfen sogar die Ladung ins
Meer, damit das Schiff leichter wurde.
Jona war in den untersten Raum des
Schiffes hinabgestiegen, hatte sich
hingelegt und schlief fest. 6 Der Kapitän
ging zu ihm und sagte: Wie kannst du
schlafen? Steh auf, ruf deinen Gott an;
vielleicht denkt dieser Gott an uns, so
dass wir nicht untergehen. 7 Dann sag-
ten sie zueinander: Kommt, wir wollen
das Los werfen, um zu erfahren, wer an
diesem unserem Unheil schuld ist. Sie
warfen das Los, und es fiel auf Jona.
8 Da fragten sie ihn: Sag uns, was treibst
du für ein Gewerbe, und woher kommst
du, aus welchem Land und aus wel-
chem Volk? 9 Er antwortete ihnen: Ich
bin ein Hebräer und verehre Jahwe, den
Gott des Himmels, der das Meer und
das Festland gemacht hat. 10 Da beka-
men die Männer große Angst und sag-
ten zu ihm: Warum hast du das getan?
Denn sie erfuhren, dass er vor Jahwe
auf der Flucht war; er hatte es ihnen er-
zählt. 11 Und sie sagten zu ihm: Was
sollen wir mit dir machen, damit das
Meer sich beruhigt und uns verschont?
Denn das Meer wurde immer stür-
mischer. 12 Jona antwortete ihnen:

Nehmt mich und werft mich ins Meer,
damit das Meer sich beruhigt und euch
verschont. Denn ich weiß, dass dieser
gewaltige Sturm durch meine Schuld
über euch gekommen ist. 13 Die Männer
aber ruderten mit aller Kraft, um wie-
der an Land zu kommen; doch sie rich-
teten nichts aus, denn das Meer stürm-
te immer heftiger gegen sie an.
14 Da riefen sie zu Jahwe: Ach Herr, lass
uns nicht untergehen wegen dieses
Mannes, und rechne uns, was wir jetzt
tun, nicht als Vergehen an unschul-
digem Blut an. Denn wie du wolltest,
Herr, so hast du gehandelt. 15 Dann
nahmen sie Jona und warfen ihn ins
Meer, und das Meer hörte auf zu toben.
16 Da ergriff die Männer große Furcht
vor Jahwe und sie schlachteten für
Jahwe ein Opfer und machten ihm viele
Gelübde.

Die Rettung des Propheten

2 Der Herr aber schickte einen
großen Fisch, der Jona verschlang.
Jona war drei Tage und drei Nächte im
Bauch des Fisches, 2 und er betete im
Bauch des Fisches zum Herrn, seinem
Gott:
3 In meiner Not rief ich zum Herrn, /
und er erhörte mich.
Aus der Tiefe der Unterwelt schrie ich
um Hilfe, / und du hörtest mein Rufen.
4 Du hast mich in die Tiefe geworfen, /
in das Herz der Meere;
mich umschlossen die Fluten, / all
deine Wellen und Wogen schlugen
über mir zusammen.
5 Ich dachte: Ich bin aus deiner Nähe
verstoßen. / Wie kann ich deinen hei-
ligen Tempel wieder erblicken?
6 Das Wasser reichte mir bis an die
Kehle, / die Urflut umschloss mich; /
Schilfgras umschlang meinen Kopf.
7 Bis zu den Wurzeln der Berge, / tief in
die Erde kam ich hinab; / ihre Riegel
schlossen mich ein für immer.
Doch du holtest mich lebendig aus
dem Grab herauf, / Herr, mein Gott.
8 Als mir der Atem schwand, dachte ich
an den Herrn, / und mein Gebet drang
zu dir, / zu deinem heiligen Tempel.
9 Wer nichtige Götzen verehrt, / der
handelt treulos.
10 Ich aber will dir opfern / und laut
dein Lob verkünden.
Was ich gelobt habe, will ich erfüllen. /
Vom Herrn kommt die Rettung.
11 Da befahl der Herr dem Fisch, Jona
ans Land zu speien.

Jona in Ninive

3 Das Wort des Herrn erging zum
zweitenmal an Jona: 2 Mach dich
auf den Weg, und geh nach Ninive, in
die große Stadt, und droh ihr all das an,
was ich dir sagen werde. 3 Jona machte
sich auf den Weg und ging nach
Ninive, wie der Herr es ihm befohlen
hatte. Ninive war eine große Stadt vor

Gott; man brauchte drei Tage, um sie
zu durchqueren. 4 Jona begann, in die
Stadt hineinzugehen; er ging einen Tag
lang und rief: Noch vierzig Tage, und
Ninive ist zerstört! 5 Und die Leute von
Ninive glaubten Gott. Sie riefen ein
Fasten aus, und alle, groß und klein,
zogen Bußgewänder an. 6 Als die Nach-
richt davon den König von Ninive
erreichte, stand er von seinem Thron
auf, legte seinen Königsmantel ab, hüll-
te sich in ein Bußgewand und setzte
sich in die Asche. 7 Er ließ in Ninive aus-
rufen: Befehl des Königs und seiner
Großen: Alle Menschen und Tiere,
Rinder, Schafe und Ziegen, sollen
nichts essen, nicht weiden und kein
Wasser trinken. 8 Sie sollen sich in Buß-
gewänder hüllen, Menschen und Tiere.
Sie sollen laut zu Gott rufen, und jeder
soll umkehren und sich von seinen
bösen Taten abwenden und von dem
Unrecht, das an seinen Händen klebt.
9 Wer weiß, vielleicht reut es Gott
wieder, und er lässt ab von seinem
glühenden Zorn, so dass wir nicht zu-
grunde gehen. 10 Und Gott sah ihr Ver-
halten; er sah, dass sie umkehrten und
sich von ihren bösen Taten abwandten.
Da reute Gott das Unheil, das er ihnen
angedroht hatte, und er führte die
Drohung nicht aus.

Die Belehrung des Propheten

4 Das missfiel Jona ganz und gar,
und er wurde zornig. 2 Er betete
zum Herrn und sagte: Ach Herr, habe
ich das nicht schon gesagt, als ich noch
daheim war? Eben darum wollte ich ja
nach Tarschisch fliehen; denn ich wuss-
te, dass du ein gnädiger und barm-
herziger Gott bist, langmütig und reich
an Huld und dass deine Drohungen
dich reuen. 3 Darum nimm mir jetzt
lieber das Leben, Herr! Denn es ist für
mich besser zu sterben als zu leben.
4 Da erwiderte der Herr: Ist es recht von
dir, zornig zu sein?
5 Da verließ Jona die Stadt und setzte
sich östlich vor der Stadt nieder. Er
machte sich dort ein Laubdach und
setzte sich in seinen Schatten, um ab-
zuwarten, was mit der Stadt geschah.
6 Da ließ Gott, der Herr, einen Rizinus-
strauch über Jona emporwachsen, der
seinem Kopf Schatten geben und
seinen Ärger vertreiben sollte. Jona
freute sich sehr über den Rizinus-
strauch. 7 Als aber am nächsten Tag die
Morgenröte heraufzog, schickte Gott
einen Wurm, der den Rizinusstrauch
annagte, so dass er verdorrte. 8 Und als
die Sonne aufging, schickte Gott einen
heißen Ostwind. Die Sonne stach Jona
auf den Kopf, so dass er fast ohn-
mächtig wurde. Da wünschte er sich
den Tod und sagte: Es ist besser für
mich zu sterben als zu leben. 9 Gott
aber fragte Jona: Ist es recht von dir,

wegen des Rizinusstrauches zornig zu
sein? Er antwortete: Ja, es ist recht, dass
ich zornig bin und mir den Tod
wünsche. 10 Darauf sagte der Herr: Dir
ist es leid um den Rizinusstrauch, für
den du nicht gearbeitet und den du
nicht großgezogen hast. Über Nacht
war er da, über Nacht ist er einge-
gangen. 11 Mir aber sollte es nicht leid
sein um Ninive, die große Stadt, in der
mehr als hundertzwanzigtausend
Menschen leben, die nicht einmal
rechts und links unterscheiden können
– und außerdem so viel Vieh?

AUS DEM BUCH MICHA

Gegen die Habsucht der Reichen

2 Weh denen, die auf ihrem Lager
Unheil planen / und Böses ersin-
nen.
Wenn es Tag wird, führen sie es aus; /
denn sie haben die Macht dazu.
2 Sie wollen Felder haben / und reißen
sie an sich, / sie wollen Häuser haben /
und bringen sie in ihren Besitz.
Sie wenden Gewalt an gegen den Mann
und sein Haus, / gegen den Besitzer
und sein Eigentum.
3 Darum – so spricht der Herr: / Seht,
ich plane Unheil gegen diese Sippe.
Dann könnt ihr den Hals / nicht mehr
aus der Schlinge ziehen,
und ihr werdet den Kopf nicht mehr so
hoch tragen; / denn es wird eine böse
Zeit sein.
4 An jenem Tag singt man ein Spottlied
auf euch, / und es ertönt die Klage: /
Vernichtet sind wir, vernichtet!
Den Besitz seines Volkes veräußert der
Herr, / und niemand gibt ihn zurück; /
an Treulose verteilt er unsere Felder.
5 Darum wird in der Gemeinde des
Herrn keiner mehr sein, / der euch
einen Acker zuteilt mit der Meßschnur.
6 Sie geifern: Prophezeit nicht! und
sagen: / Man soll nicht prophezeien: /
Diese Schmach wird nicht enden.
7 Ist etwa das Haus Jakob verflucht? /
Hat der Herr die Geduld verloren? /
Sind das seine Taten?
Sind seine Worte nicht voll Güte /
gegenüber dem, der geradeaus geht?
8 Gestern noch war es mein Volk, / jetzt
steht es da als mein Feind.
Friedlichen Menschen reißt ihr den
Mantel herunter, / arglose Wanderer
nehmt ihr gefangen, als wäre Krieg.
9 Die Frauen meines Volkes vertreibt ihr /
aus ihrem behaglichen Heim,
ihren Kindern nehmt ihr für immer /
mein herrliches Land.
10 (Ihr sagt:) Auf, fort mit euch! / Hier
ist für euch kein Ort der Ruhe mehr.
Wegen einer Kleinigkeit pflegt ihr zu
pfänden; / diese Pfändung ist grausam.
11 Würde einer sich nach dem Wind
drehen / und dir vorlügen:
Ich prophezeie dir Wein und Bier!, /
das wäre ein Prophet für dieses Volk.

Gegen die habgierigen Propheten

3 5 So spricht der Herr gegen die
Propheten: / Sie verführen mein
Volk.
Haben sie etwas zu beißen, / dann
rufen sie: Friede! Wer ihnen aber
nichts in den Mund steckt, / dem sagen
sie den Heiligen Krieg an.
6 Darum kommt die Nacht über euch, /
in der ihr keine Visionen mehr habt,
und die Finsternis, / in der ihr nicht
mehr wahrsagen könnt.
Die Sonne geht unter für diese Pro-
pheten, / und der Tag wird schwarz
über ihnen.
7 Die Seher werden zuschanden, / die
Wahrsager müssen sich schämen.
Sie müssen alle ihren Bart verhüllen; /
denn Gottes Antwort bleibt aus.
8 Ich aber, ich bin voller Kraft, / ich bin
erfüllt vom Geist des Herrn, / voll Eifer
für das Recht und voll Mut,
Jakob seine Vergehen vorzuhalten /
und Israel seine Sünden.
9 Hört doch, ihr Häupter des Hauses
Jakob / und ihr Richter aus dem Haus
Israel!
Ihr verabscheut das Recht / und macht
alles krumm, was gerade ist.
10 Ihr erbaut Zion mit Blut / und
Jerusalem mit lauter Unrecht.
11 Die Häupter dieser Stadt sprechen
Recht / und nehmen dafür Geschenke
an, / ihre Priester lehren gegen Bezah-
lung.
Ihre Propheten wahrsagen für Geld, /
und doch berufen sie sich auf den
Herrn und sagen:
Ist nicht der Herr in unserer Mitte? /
Kein Unheil kann über uns kommen.
12 Darum wird Zion euretwegen / zum
Acker, den man umpflügt,
Jerusalem wird zu einem Trümmerhau-
fen, / der Tempelberg zur überwucher-
ten Höhe.

Die Völkerwallfahrt zum Zion

4 Am Ende der Tage wird es ge-
schehen: / Der Berg mit dem Haus
des Herrn / steht fest gegründet als
höchster der Berge;
er überragt alle Hügel. / Zu ihm strö-
men die Völker.
2 Viele Nationen machen sich auf den
Weg. / Sie sagen: Kommt,
wir ziehen hinauf zum Berg des Herrn /
und zum Haus des Gottes Jakobs.
Er zeige uns seine Wege, / auf seinen
Pfaden wollen wir gehen.
Denn von Zion kommt die Weisung, / aus
Jerusalem kommt das Wort des Herrn.
3 Er spricht Recht im Streit vieler
Völker, / er weist mächtige Nationen
zurecht [bis in die Ferne].
Dann schmieden sie Pflugscharen aus
ihren Schwertern / und Winzermesser
aus ihren Lanzen.
Man zieht nicht mehr das Schwert,
Volk gegen Volk, /
und übt nicht mehr für den Krieg.
4 Jeder sitzt unter seinem Weinstock /

und unter seinem Feigenbaum,
und niemand schreckt ihn auf. / Ja, der
Mund des Herrn der Heere hat ge-
sprochen.
5 Denn alle Völker gehen ihren Weg, /
jedes ruft den Namen seines Gottes an;
wir aber gehen unseren Weg im Na-
men Jahwes, unseres Gottes, / für im-
mer und ewig.

Der messianiche Herrscher

5 Aber du, Betlehem-Efrata, / so
klein unter den Gauen Judas,
aus dir wird mir einer hervorgehen, /
der über Israel herrschen soll.
Sein Ursprung liegt in ferner Vorzeit, /
in längst vergangenen Tagen.
2 Darum gibt der Herr sie preis, / bis die
Gebärende einen Sohn geboren hat.
Dann wird der Rest seiner Brüder
heimkehren / zu den Söhnen Israels.
3 Er wird auftreten und ihr Hirt sein /
in der Kraft des Herrn, / im hohen Na-
men Jahwes, seines Gottes.
Sie werden in Sicherheit leben; / denn
nun reicht seine Macht / bis an die
Grenzen der Erde.
4a Und er wird der Friede sein.

Das Gebet Jerusalems

7 18 Wer ist ein Gott wie du, / der du
Schuld verzeihst und dem Rest
deines Erbvolkes / das Unrecht ver-
gibst?
Gott hält nicht für immer fest an
seinem Zorn; / denn er liebt es, gnädig
zu sein.
19 Er wird wieder Erbarmen haben mit
uns / und unsere Schuld zertreten.
Ja, du wirfst all unsere Sünden / in die
Tiefe des Meeres hinab.
20 Du wirst Jakob deine Treue beweisen /
und Abraham deine Huld,
wie du unseren Vätern geschworen
hast / in den Tagen der Vorzeit.

Aus dem Buch Habakuk

Die Klage des Propheten

1 Ausspruch, den der Prophet Habakuk in einer Vision hörte.
2 Wie lange, Herr, soll ich noch rufen, / und du hörst nicht?
Ich schreie zu dir: Hilfe, Gewalt! / Aber du hilfst nicht.
3 Warum lässt du mich die Macht des Bösen erleben / und siehst der Unterdrückung zu?
Wohin ich blicke, sehe ich Gewalt und Misshandlung, / erhebt sich Zwietracht und Streit.
4 Darum ist das Gesetz ohne Kraft, / und das Recht setzt sich gar nicht mehr durch.
Die Bösen umstellen den Gerechten, / und so wird das Recht verdreht.

Aus dem Buch Zefanja

Gericht und Verheißung für Jerusalem
und die Völker

3 Weh der trotzigen, der schmutzi-
gen, / der gewalttätigen Stadt.
2 Sie will nicht hören / und nimmt sich
keine Warnung zu Herzen.
Sie verlässt sich nicht auf den Herrn /
und sucht nicht die Nähe ihres Gottes.
3 Ihre Fürsten sind brüllende Löwen. /
Ihre Richter sind wie Wölfe der Steppe,
/ die bis zum Morgen keinen Knochen
mehr übrig lassen.
11 An jenem Tag / brauchst du dich nicht
mehr zu schämen,
wegen all deiner schändlichen Taten, /
die du gegen mich verübt hast.
Ja, dann entferne ich aus deiner Mitte /
die überheblichen Prahler,
und du wirst nicht mehr hochmütig
sein / auf meinem heiligen Berg.
12 Und ich lasse in deiner Mitte übrig
ein demütiges und armes Volk, / das
seine Zuflucht sucht beim Namen des
Herrn.
13 Der Rest von Israel wird kein Unrecht
mehr tun / und wird nicht mehr lügen, /
in ihrem Mund findet man kein unwah
res Wort mehr.
Ja, sie gehen friedlich auf die Weide, /
und niemand schreckt sie auf, wenn sie
ruhen.
14 Juble, Tochter Zion! Jauchze, Israel! /
Freu dich, und frohlocke von ganzem
Herzen, / Tochter Jerusalem!
15 Der Herr hat das Urteil gegen dich
aufgehoben / und deine Feinde zur Um-
kehr gezwungen.
Der König Israels, der Herr, ist in deiner
Mitte; / du hast kein Unheil mehr zu
fürchten.
16 An jenem Tag wird man zu Jerusalem
sagen: / Fürchte dich nicht, Zion! / Lass
die Hände nicht sinken!
17 Der Herr, dein Gott, ist in deiner Mit-
te, / ein Held, der Rettung bringt.
Er freut sich und jubelt über dich, / er
erneuert seine Liebe zu dir,
er jubelt über dich und frohlockt, / wie
man frohlockt an einem Festtag.
18 Ich mache deinem Unglück ein Ende, /
ich nehme die Schmach von dir.

Aus dem Buch Sacharja

Die künftige Rettung
8 Es erging das Wort des Herrn der
Heere: 2 So spricht der Herr der
Heere: Mit großem Eifer trete ich ein
für Zion, ich setze mich glühend ein für
Jerusalem. 3 So spricht der Herr: Ich
kehre zurück nach Zion und wohne
wieder in Jerusalem. Dann wird Jerusa-
lem »Stadt der Treue« heißen und der
Berg des Herrn der Heere »Heiliger
Berg«. 4 So spricht der Herr der Heere:
Greise und Greisinnen werden wieder
auf den Plätzen Jerusalems sitzen; jeder
hält wegen seines hohen Alters einen
Stock in der Hand. 5 Die Straßen der
Stadt werden voll Knaben und Mädchen
sein, die auf den Straßen Jerusalems
spielen. 6 So spricht der Herr der Heere:
Wenn das dem Rest dieses Volkes in
jenen Tagen zu wunderbar erscheint,
muss es dann auch mir zu wunderbar
erscheinen? – Spruch des Herrn der
Heere.
7 So spricht der Herr der Heere: Seht, ich
werde mein Volk befreien aus dem Land
des Sonnenaufgangs und aus dem Land
des Sonnenuntergangs. 8 Ich werde sie
heimbringen, und sie werden in Jeru-
salem wohnen. Sie werden mein Volk
sein, und ich werde ihr Gott sein,
unwandelbar und treu.
20 So spricht der Herr der Heere: Es
wird noch geschehen, dass Völker her-
beikommen und die Einwohner vieler
Städte. 21 Die Einwohner der einen
Stadt werden zur andern gehen und
sagen: Wir wollen gehen, um den Zorn
des Herrn zu besänftigen und den
Herrn der Heere zu suchen. – Auch ich
will hingehen. – 22 Viele Völker und
mächtige Nationen werden kommen,
um in Jerusalem den Herrn der Heere
zu suchen und den Zorn des Herrn zu
besänftigen.
23 So spricht der Herr der Heere: In
jenen Tagen werden zehn Männer aus
Völkern aller Sprachen einen Mann aus
Juda an seinem Gewand fassen, ihn
festhalten und sagen: Wir wollen mit
euch gehen; denn wir haben gehört:
Gott ist mit euch.

AUS DEM BUCH MALEACHI

Gottes Erscheinen zum Gericht

2 17 Ihr ermüdet den Herrn mit
euren Reden, / und ihr fragt: Wo-
durch ermüden wir ihn?
Dadurch, dass ihr sagt: / Jeder, der Böses
tut, / ist gut in den Augen des Herrn,
an solchen Leuten hat er Gefallen. /
Oder auch: Wo ist denn Gott, der Ge-
richt hält?
3 Seht, ich sende meinen Boten; / er
soll den Weg für mich bahnen.
Dann kommt plötzlich zu seinem
Tempel / der Herr, den ihr sucht,
und der Bote des Bundes, den ihr herbei-
wünscht. / Seht, er kommt!, spricht der
Herr der Heere.
2 Doch wer erträgt den Tag, an dem er
kommt? / Wer kann bestehen, wenn er
erscheint?
Denn er ist wie das Feuer im Schmelz-
ofen / und wie die Lauge im Waschtrog.
3 Er setzt sich, / um das Silber zu schmel-
zen und zu reinigen:
Er reinigt die Söhne Levis, / er läutert
sie wie Gold und Silber.
Dann werden sie dem Herrn / die rich-
tigen Opfer darbringen.
4 Und dem Herrn wird das Opfer Judas
und Jerusalems angenehm sein / wie in
den Tagen der Vorzeit, wie in längst
vergangenen Jahren.
5 Ich komme herbei, um euch zu rich-
ten; / schon bald komme ich und trete
als Zeuge auf
gegen die Zauberer und die Ehe-
brecher, / gegen die Meineidigen und
gegen alle,
welche die Taglöhner, / Witwen und
Waisen ausbeuten,
den Fremden im Land ihr Recht ver-
weigern / und mich nicht fürchten, /
spricht der Herr der Heere.

Der Tag der göttlichen Gerechtigkeit

13 Was ihr über mich sagt, ist kühn,
spricht der Herr. / Doch ihr fragt: Was
sagen wir denn über dich?
14 Ihr sagt: Es hat keinen Sinn, Gott zu
dienen. / Was haben wir davon,
wenn wir auf seine Anordnungen ach-
ten / und vor dem Herrn der Heere in
Trauergewändern umhergehen?
15 Darum preisen wir die Überheb-

lichen glücklich, / denn die Frevler haben Erfolg;
sie stellen Gott auf die Probe / und kommen doch straflos davon. –
16 Darüber redeten die miteinander, / die den Herrn fürchten.
Der Herr horchte auf und hörte hin, / und man schrieb vor ihm ein Buch,
das alle in Erinnerung hält, / die den Herrn fürchten und seinen Namen achten.
17 Sie werden an dem Tag, den ich herbeiführe / – spricht der Herr der Heere –, / mein besonderes Eigentum sein.
Ich werde gut zu ihnen sein, / wie ein Mann gut ist zu seinem Sohn, der ihm dient.
18 Dann werdet ihr wieder den Unterschied sehen / zwischen dem Gerechten und dem, der Unrecht tut,
zwischen dem, der Gott dient, / und dem, der ihm nicht dient.
19 Denn seht, der Tag kommt, er brennt wie ein Ofen: / Da werden alle Überheblichen und Frevler zu Spreu,
und der Tag, der kommt, wird sie verbrennen, / spricht der Herr der Heere. / Weder Wurzel noch Zweig wird ihnen bleiben.
20 Für euch aber, die ihr meinen Namen fürchtet, / wird die Sonne der Gerechtigkeit aufgehen, / und ihre Flügel bringen Heilung.
Ihr werdet hinausgehen und Freudensprünge machen, / wie Kälber, die aus dem Stall kommen.

Der Wegbereiter

23 Bevor aber der Tag des Herrn kommt, / der große und furchtbare Tag, / seht, da sende ich zu euch den Propheten Elija.
24 Er wird das Herz der Väter wieder den Söhnen zuwenden / und das Herz der Söhne ihren Vätern,
damit ich nicht kommen / und das Land dem Untergang weihen muss.

Die Schriften des Neuen Testaments

Jesus Christus erhob den Anspruch, der Retter und Heilbringer zu sein, den Gott im Alten Testament verheißen hatte. So übernahm die christliche Kirche das Alte Testament als Heilige Schrift; daneben überlieferte sie die Worte Jesu und die Berichte über seine Taten und sein Schicksal. Die Worte Jesu wurden schon früh aufgezeichnet, um sie für die Glaubensunterweisung, die Verkündigung im Gottesdienst und für die Missionspredigt verwenden zu können. Bald wurden auch die Berichte über das Leiden Jesu und über die Ereignisse nach seinem Tod niedergeschrieben. Markus verfasste als erster ein Evangelium. Weitere Evangelienbücher folgten. Daneben entstanden auch andere urchristliche Schriften verschiedenster Art: Briefe von Aposteln und führenden Männern der Kirche an christliche Gemeinden und einzelne Persönlichkeiten; eine Geschichte der jungen Kirche bis zum Aufenthalt des Apostels Paulus in Rom; theologische Lehrschriften, seelsorgliche Anweisungen und ein prophetisches Buch über das Schicksal der Kirche in Gegenwart und Zukunft. Alle diese Schriften wurden etwa zwischen 50 und 120 n. Chr. abgefasst.

Die im Neuen Testament, dem Buch des Neuen Bundes, enthaltenen urchristlichen Schriften wurden von der Kirche des 2. Jahrhunderts gesammelt, weil sie den Glauben der apostolischen und nachapostolischen Zeit auf zuverlässige Weise bezeugen. Nach Auffassung der Kirche sind sie unter dem Beistand des Heiligen Geistes abgefasst worden. Sie galten von früh an als für den Glauben und das Leben der Kirche maßgebliche Urkunden (kanonische, das heißt maßgebliche Schriften). Obwohl einige Schriften (Hebr, Jak, 2 Petr, Offb) noch bis ins 4. Jahrhundert umstritten blieben, hat sich der in der Kirche gültige »Kanon« (Maßstab, verbindliches Verzeichnis) im wesentlichen in der 2. Hälfte des 2. Jahrhunderts durchgesetzt. Er weist heute folgende Ordnung auf: die vier Evangelien und die Apostelgeschichte, dreizehn Briefe des Apostels Paulus, der Brief an die Hebräer, die sieben sog. Katholischen Briefe und die Offenbarung des Johannes.

Die Evangelien

Vier Evangelienbücher fanden Aufnahme in das Neue Testament. Sie bezeugen, jedes auf seine Weise, das eine Evangelium von Jesus Christus. Ihre literarische Form zeigt an, dass die Evangelien sog. Sammelwerke sind; ursprünglich einzeln weitergegebene Überlieferungsstücke über Worte und Taten Jesu sind von den Evangelisten gesammelt und durch redaktionelle Überleitungen zu einem Ganzen zusammengefügt worden. Diese Bücher wurden von der frühen Kirche wahrscheinlich nach der damals angenommenen Abfassungszeit geordnet. Das Wort »Evangelium« stammt aus dem Griechischen (euangélion) und bedeutet »gute Nachricht«, »frohe Botschaft«. Mit diesem Wort benannten die Christen ihre Verkündigung von dem endgültigen Heil, das Gott durch Jesus Christus allen Menschen anbietet. Markus verwendete als erster dieses Wort als Überschrift seines Berichts über die Worte, die Taten und das Schicksal Jesu (1,1). Damit entstand eine neue Form religiöser Schriften, die Evangelien.

Die Überschriften der kanonischen Evangelien lauten seit dem 2. Jahrhundert: Das Evangelium nach Matthäus, nach Markus, nach Lukas, nach Johannes. Die ersten drei Evangelien sind untereinander nach Inhalt, Aufbau und Sprache eng verknüpft; darum werden sie »synoptische« Evangelien genannt (synopsis, das heißt Zusammenschau).

Das Evangelium nach Matthäus

Die Überschrift des ersten Evangeliums nennt einen Matthäus als Verfasser und will wohl auf den Zöllner von Kafarnaum verweisen, den Jesus nach Mt 9,9 und 10,3 in den Kreis der Zwölf berief. Matthäus setzt ihn mit dem Levi des Markus- und des Lukasevangeliums gleich (vgl. Mk 2,13–17; Lk 5,27–32). Nach alter kirchlicher Überlieferung soll Matthäus als erster ein Evangelium in hebräischer Sprache verfasst haben. Es sind aber keine Texte von einem solchen hebräischen Evangelium erhalten.

Das uns überlieferte Evangelium wurde in griechischer Sprache abgefasst, und es benutzt das griechisch geschriebene Markusevangelium als Vorlage. Es schöpft außerdem aus einer anderen griechischen Vorlage, die auch Lukas verwertet hat, einer heute verloren gegangenen Sammlung von Worten Jesu (sog. Spruch- oder Redequelle). Daraus sind die Bergpredigt, das Vaterunser und eine Reihe von Gleichnissen genommen, die sich bei Matthäus und Lukas, nicht aber bei Markus finden. Außerdem bietet Matthäus Überlieferungen, die weder bei Markus noch bei Lukas begegnen (sog. Sondergut).

Das Evangelium setzt den Untergang Jerusalems (70 n. Chr.) voraus; es ist wohl um 80 n. Chr. verfasst worden, und zwar vermutlich in Syrien (eher als in Palästina). Seinem Inhalt ist zu entnehmen, dass es in einem Gebiet entstanden sein muss, in dem Christen und Juden zusammenlebten. Als Verfasser nimmt man heute einen uns nicht näher bekannten judenchristlichen Lehrer an, der noch Schüler der Apostel war.

Matthäus sammelt Überlieferungen über Jesus, vor allem Worte Jesu, und ordnet sie zeitlich und thematisch in den dreistufigen Aufbau ein, den das Markusevangelium bietet: Anfang in Galiläa; Unterweisung der Jünger und Zug nach Jerusalem; Leiden und Tod in dieser Stadt. An den Anfang stellt er die Vorgeschichte Jesu, an das Ende einen Bericht von der abschließenden Erscheinung des Auferstandenen in Galiläa.

Im einzelnen lässt sich folgender Aufbau feststellen: Die Herkunft und Kindheit Jesu (1,1–2,23). Das Wirken Jesu in Galiläa (3,1–18,35) mit den Abschnitten: Vorbereitung (3,1–4,11: Taufe, Versuchung), erstes Auftreten in Galiläa und Berufung der ersten Jünger (4,12–25), die Verkündigung des Messias (5,1–7,29) und seine Taten (8,1–9,34), Aussendungsrede (9,35–11,1), Beginn der Entscheidung (11,2–12,50), die Rede über das Himmelreich (13,1–53), Belehrung der Jünger (13,54–17,27), die Rede über das Leben in der Gemeinde (18,1–35). Das Wirken Jesu in Judäa und Jerusalem (19,1–25,46) mit den Abschnitten: der Weg nach Jerusalem (19,1–20,34), die Auseinandersetzung mit den Gegnern (21,1–23,39) und die Rede über die Endereignisse (24,1 -25,46). Darauf folgen das Leiden Jesu (26,1–27,66) und die Ostergeschichte (28,1–20).

Der Evangelist wollte offenbar seiner Kirche eine Art Handbuch über Jesus und seine Lehre bieten. Seine Darstellung ist von der Absicht geprägt, Jesus als den Erben Abrahams zu erweisen, den verheißenen Messias Israels, der von Anfang an von den religiösen Führern seines Volkes abgelehnt und verfolgt, von Sündern und Heiden aber anerkannt wurde (vgl. 1,1.17.22f; 8,11f; 23,34–39). Diesem Zweck dienen auch die vielen Zitate aus dem Alten Testament. An die Stelle Israels ist nun die Kirche getreten als das wahre Volk Gottes, bestehend aus Juden und Heiden, aufgebaut auf dem Fels Petrus (22,1- 14; 21,43; 27,42; 23,38; 16,13–20). Jesus ist als der Sohn des lebendigen Gottes (16,16; 11,25–27) der endgültige Offenbarer, Gesetzgeber und Lehrer (1,21; 11,25–27; 28,16–20). Das zeigen vor allem die fünf großen Reden: die Bergpredigt (Kap. 5–7), die Aussendungsrede (9,35–11,1), die Reich-Gottes-Rede (Kap. 13), die Rede über die rechte Ordnung in der Gemeinde (18,1–35), die Gerichtsrede über die Schriftgelehrten und Pharisäer und über die letzten Dinge (Kap. 23–25). Die Mitte der Forderungen Gottes bildet das Liebesgebot (22,34–40), das nicht nur dem Nächsten, sondern auch dem Feind gegenüber gilt (5,43–48); als Goldene Regel steht es auch an zentraler Stelle der Bergpredigt (7,12; vgl. 18,23–35 und 19,19). Mit der Auferstehung Jesu ist der Weg des Heils zu allen Menschen offen, alle sollen Jünger Jesu und Kinder des Vaters im Himmel werden (28,18–20).

In der Alten Kirche wurde das erste Evangelium am meisten gelesen und beachtet und wurde so zu dem Evangelium der Kirche.

DIE VORGESCHICHTE

Der Stammbaum Jesu

1 Stammbaum Jesu Christi, des
Sohnes Davids, des Sohnes Abra-
hams:
2 Abraham war der Vater von Isaak, /
Isaak von Jakob, / Jakob von Juda und
seinen Brüdern.
3 Juda war der Vater von Perez und Ser-
ach; ihre Mutter war Tamar. / Perez war
der Vater von Hezron, / Hezron von
Aram,
4 Aram von Amminadab, / Amminadab
von Nachschon, / Nachschon von Sal-
mon.
5 Salmon war der Vater von Boas;
dessen Mutter war Rahab. / Boas war
der Vater von Obed; dessen Mutter war
Rut. / Obed war der Vater von Isai,
6 Isai der Vater des Königs David. /
David war der Vater von Salomo, dessen
Mutter die Frau des Urija war.
7 Salomo war der Vater von Rehabeam, /
Rehabeam von Abija, / Abija von Asa,
8 Asa von Joschafat, Joschafat von
Joram, / Joram von Usija.
9 Usija war der Vater von Jotam, / Jotam
von Ahas, / Ahas von Hiskija,
10 Hiskija von Manasse, / Manasse von
Amos, / Amos von Joschija.
11 Joschija war der Vater von Jojachin
und seinen Brüdern; das war zur Zeit
der Babylonischen Gefangenschaft.
12 Nach der Babylonischen Gefan-
genschaft war Jojachin der Vater von
Schealtiël, / Schealtiël von Serubbabel,
13 Serubbabel von Abihud, / Abihud
von Eljakim, / Eljakim von Azor.
14 Azor war der Vater von Zadok, /
Zadok von Achim, / Achim von Eliud,
15 Eliud von Eleasar, / Eleasar von
Mattan, / Mattan von Jakob.
16 Jakob war der Vater von Josef, dem
Mann Marias; / von ihr wurde Jesus ge-
boren, / der der Christus (der Messias)
genannt wird.
17 Im ganzen sind es also von Abraham
bis David vierzehn Generationen, von
David bis zur Babylonischen Ge-
fangenschaft vierzehn Generationen
und von der Babylonischen Gefangen-
schaft bis zu Christus vierzehn Gene-
rationen.

Die Geburt Jesu

18 Mit der Geburt Jesu Christi war es so:
Maria, seine Mutter, war mit Josef ver-
lobt; noch bevor sie zusammengekom-
men waren, zeigte sich, dass sie ein
Kind erwartete – durch das Wirken des
Heiligen Geistes. 19 Josef, ihr Mann, der
gerecht war und sie nicht bloßstellen
wollte, beschloss, sich in aller Stille von
ihr zu trennen.
20 Während er noch darüber nachdach-
te, erschien ihm ein Engel des Herrn im
Traum und sagte: Josef, Sohn Davids,
fürchte dich nicht, Maria als deine Frau
zu dir zu nehmen; denn das Kind, das
sie erwartet, ist vom Heiligen Geist.

21 Sie wird einen Sohn gebären; ihm
sollst du den Namen Jesus geben; denn
er wird sein Volk von seinen Sünden er-
lösen.
22 Dies alles ist geschehen, damit sich
erfüllte, was der Herr durch den Pro-
pheten gesagt hat:
23 Seht, die Jungfrau wird ein Kind
empfangen, / einen Sohn wird sie ge-
bären, / und man wird ihm den Namen
Immanuel geben, / das heißt übersetzt:
Gott ist mit uns.
24 Als Josef erwachte, tat er, was der Engel
des Herrn ihm befohlen hatte, und
nahm seine Frau zu sich. 25 Er erkannte
sie aber nicht, bis sie ihren Sohn gebar.
Und er gab ihm den Namen Jesus.

Die Huldigung der Sterndeuter

2 Als Jesus zur Zeit des Königs
Herodes in Betlehem in Judäa ge-
boren worden war, kamen Sterndeuter
aus dem Osten nach Jerusalem 2 und
fragten: Wo ist der neu geborene König
der Juden? Wir haben seinen Stern auf-
gehen sehen und sind gekommen, um
ihm zu huldigen. 3 Als König Herodes
das hörte, erschrak er und mit ihm
ganz Jerusalem. 4 Er ließ alle Hohen-
priester und Schriftgelehrten des Vol-
kes zusammenkommen und erkun-
digte sich bei ihnen, wo der Messias ge-
boren werden solle. 5 Sie antworteten
ihm: In Betlehem in Judäa; denn so
steht es bei dem Propheten:
6 Du, Betlehem im Gebiet von Juda, /
bist keineswegs die unbedeutendste /
unter den führenden Städten von Juda; /
denn aus dir wird ein Fürst hervor-
gehen, / der Hirt meines Volkes Israel.
7 Danach rief Herodes die Sterndeuter
heimlich zu sich und ließ sich von
ihnen genau sagen, wann der Stern
erschienen war. 8 Dann schickte er sie
nach Betlehem und sagte: Geht und
forscht sorgfältig nach, wo das Kind ist;
und wenn ihr es gefunden habt, be-
richtet mir, damit auch ich hingehe
und ihm huldige. 9 Nach diesen Worten
des Königs machten sie sich auf den
Weg. Und der Stern, den sie hatten auf-
gehen sehen, zog vor ihnen her bis zu
dem Ort, wo das Kind war; dort blieb er
stehen. 10 Als sie den Stern sahen, wur-
den sie von sehr großer Freude erfüllt.
11 Sie gingen in das Haus und sahen das
Kind und Maria, seine Mutter; da fielen
sie nieder und huldigten ihm. Dann
holten sie ihre Schätze hervor und
brachten ihm Gold, Weihrauch und
Myrrhe als Gaben dar. 12 Weil ihnen
aber im Traum geboten wurde, nicht zu
Herodes zurückzukehren, zogen sie auf
einem anderen Weg heim in ihr Land.

Die Flucht nach Ägypten

13 Als die Sterndeuter wieder gegangen
waren, erschien dem Josef im Traum
ein Engel des Herrn und sagte: Steh auf,
nimm das Kind und seine Mutter, und

flieh nach Ägypten; dort bleibe, bis ich
dir etwas anderes auftrage; denn Hero-
des wird das Kind suchen, um es zu
töten. 14 Da stand Josef in der Nacht auf
und floh mit dem Kind und dessen
Mutter nach Ägypten. 15 Dort blieb er
bis zum Tod des Herodes. Denn es soll-
te sich erfüllen, was der Herr durch den
Propheten gesagt hat: Aus Ägypten
habe ich meinen Sohn gerufen.

Der Kindermord in Betlehem

16 Als Herodes merkte, dass ihn die
Sterndeuter getäuscht hatten, wurde er
sehr zornig, und er ließ in Betlehem
und der ganzen Umgebung alle Kna-
ben bis zum Alter von zwei Jahren
töten, genau der Zeit entsprechend, die
er von den Sterndeutern erfahren hatte.
17 Damals erfüllte sich, was durch den
Propheten Jeremia gesagt worden ist:
18 Ein Geschrei war in Rama zu hören,
lautes Weinen und Klagen: / Rahel
weinte um ihre Kinder / und wollte sich
nicht trösten lassen, / denn sie waren
dahin.

Die Rückkehr aus Ägypten

19 Als Herodes gestorben war, erschien
dem Josef in Ägypten ein Engel des
Herrn im Traum 20 und sagte: Steh auf,
nimm das Kind und seine Mutter, und
zieh in das Land Israel; denn die Leute,
die dem Kind nach dem Leben ge-
trachtet haben, sind tot. 21 Da stand er
auf und zog mit dem Kind und dessen
Mutter in das Land Israel. 22 Als er aber
hörte, dass in Judäa Archelaus an Stelle
seines Vaters Herodes regierte, fürch-
tete er sich, dorthin zu gehen. Und weil
er im Traum einen Befehl erhalten
hatte, zog er in das Gebiet von Galiläa
23 und ließ sich in einer Stadt namens
Nazaret nieder. Denn es sollte sich er-
füllen, was durch die Propheten gesagt
worden ist: Er wird Nazoräer genannt
werden.

DIE VORBEREITUNG DES WIRKENS JESU

Johannes der Täufer

3 In jenen Tagen trat Johannes der
Täufer auf und verkündete in der
Wüste von Judäa: 2 Kehrt um! Denn
das Himmelreich ist nahe. 3 Er war es,
von dem der Prophet Jesaja gesagt hat:
Eine Stimme ruft in der Wüste: / Be-
reitet dem Herrn den Weg! / Ebnet ihm
die Straßen!
4 Johannes trug ein Gewand aus Kamel-
haaren und einen ledernen Gürtel um
seine Hüften; Heuschrecken und wil-
der Honig waren seine Nahrung.
5 Die Leute von Jerusalem und ganz
Judäa und aus der ganzen Jordange-
gend zogen zu ihm hinaus; 6 sie be-
kannten ihre Sünden und ließen sich
im Jordan von ihm taufen.

7 Als Johannes sah, dass viele Pharisäer
und Sadduzäer zur Taufe kamen, sagte
er zu ihnen: Ihr Schlangenbrut, wer hat
euch denn gelehrt, dass ihr dem kom-
menden Gericht entrinnen könnt?
8 Bringt Frucht hervor, die eure Umkehr
zeigt, 9 und meint nicht, ihr könntet
sagen: Wir haben ja Abraham zum
Vater. Denn ich sage euch: Gott kann
aus diesen Steinen Kinder Abrahams
machen. 10 Schon ist die Axt an die
Wurzel der Bäume gelegt; jeder Baum,
der keine gute Frucht hervorbringt,
wird umgehauen und ins Feuer ge-
worfen. 11 Ich taufe euch nur mit Was-
ser (zum Zeichen) der Umkehr. Der
aber, der nach mir kommt, ist stärker
als ich, und ich bin es nicht wert, ihm
die Schuhe auszuziehen. Er wird euch
mit dem Heiligen Geist und mit Feuer
taufen. 12 Schon hält er die Schaufel in
der Hand; er wird die Spreu vom Wei-
zen trennen und den Weizen in seine
Scheune bringen; die Spreu aber wird er
in nie erlöschendem Feuer verbrennen.

Die Taufe Jesu

13 Zu dieser Zeit kam Jesus von Galiläa
an den Jordan zu Johannes, um sich
von ihm taufen zu lassen. 14 Johannes
aber wollte es nicht zulassen und sagte
zu ihm: Ich müsste von dir getauft
werden, und du kommst zu mir? 15 Je-
sus antwortete ihm: Lass es nur zu!
Denn nur so können wir die Gerechtig-
keit (die Gott fordert) ganz erfüllen. Da
gab Johannes nach. 16 Kaum war Jesus
getauft und aus dem Wasser gestiegen,
da öffnete sich der Himmel, und er sah
den Geist Gottes wie eine Taube auf
sich herabkommen. 17 Und eine Stimme
aus dem Himmel sprach: Das ist mein
geliebter Sohn, an dem ich Gefallen
gefunden habe.

Die Versuchung Jesu

4 Dann wurde Jesus vom Geist in
die Wüste geführt; dort sollte er
vom Teufel in Versuchung geführt
werden. 2 Als er vierzig Tage und vierzig
Nächte gefastet hatte, bekam er Hun-
ger. 3 Da trat der Versucher an ihn he-
ran und sagte: Wenn du Gottes Sohn
bist, so befiehl, dass aus diesen Steinen
Brot wird. 4 Er aber antwortete: In der
Schrift heißt es: Der Mensch lebt nicht
nur von Brot, sondern von jedem Wort,
das aus Gottes Mund kommt. 5 Darauf
nahm ihn der Teufel mit sich in die
Heilige Stadt, stellte ihn oben auf den
Tempel 6 und sagte zu ihm: Wenn du
Gottes Sohn bist, so stürz dich hinab;
denn es heißt in der Schrift:
Seinen Engeln befiehlt er, / dich auf
ihren Händen zu tragen, / damit dein
Fuß nicht an einen Stein stößt.
7 Jesus antwortete ihm: In der Schrift
heißt es auch: Du sollst den Herrn,
deinen Gott, nicht auf die Probe stellen.
8 Wieder nahm ihn der Teufel mit sich

und führte ihn auf einen sehr hohen
Berg; er zeigte ihm alle Reiche der Welt
mit ihrer Pracht 9 und sagte zu ihm: Das
alles will ich dir geben, wenn du dich vor
mir niederwirfst und mich anbetest.
10 Da sagte Jesus zu ihm: Weg mit dir,
Satan! Denn in der Schrift steht: Vor
dem Herrn, deinem Gott, sollst du dich
niederwerfen und ihm allein dienen.
11 Darauf ließ der Teufel von ihm ab,
und es kamen Engel und dienten ihm.

DAS WIRKEN JESU IN GALILÄA

Erstes Auftreten in Galiläa

12 Als Jesus hörte, dass man Johannes
ins Gefängnis geworfen hatte, zog er
sich nach Galiläa zurück. 13 Er verließ
Nazaret, um in Kafarnaum zu wohnen,
das am See liegt, im Gebiet von Sebu-
lon und Naftali. 14 Denn es sollte sich
erfüllen, was durch den Propheten Je-
saja gesagt worden ist:
15 Das Land Sebulon und das Land
Naftali, / die Straße am Meer, das Ge-
biet jenseits des Jordan, / das heidni-
sche Galiläa:
16 das Volk, das im Dunkel lebte, / hat
ein helles Licht gesehen; /
denen, die im Schattenreich des Todes
wohnten, / ist ein Licht erschienen.
17 Von da an begann Jesus zu verkün-
den: Kehrt um! Denn das Himmelreich
ist nahe.

Die Berufung der ersten Jünger

18 Als Jesus am See von Galiläa entlang-
ging, sah er zwei Brüder, Simon, ge-
nannt Petrus, und seinen Bruder An-
dreas; sie warfen gerade ihr Netz in den
See, denn sie waren Fischer. 19 Da sagte
er zu ihnen: Kommt her, folgt mir nach!
Ich werde euch zu Menschenfischern
machen. 20 Sofort ließen sie ihre Netze
liegen und folgten ihm. 21 Als er wei-
terging, sah er zwei andere Brüder,
Jakobus, den Sohn des Zebedäus, und
seinen Bruder Johannes; sie waren mit
ihrem Vater Zebedäus im Boot und
richteten ihre Netze her. Er rief sie,
22 und sogleich verließen sie das Boot
und ihren Vater und folgten Jesus.

Die Wirkung des ersten Auftretens

23 Er zog in ganz Galiläa umher, lehrte
in den Synagogen, verkündete das
Evangelium vom Reich und heilte im
Volk alle Krankheiten und Leiden.
24 Und sein Ruf verbreitete sich in ganz
Syrien. Man brachte Kranke mit den
verschiedensten Gebrechen und Leiden
zu ihm, Besessene, Mondsüchtige und
Gelähmte, und er heilte sie alle. 25 Scha-
ren von Menschen aus Galiläa, der De-
kapolis, aus Jerusalem und Judäa und
aus dem Gebiet jenseits des Jordan
folgten ihm.

Die Bergpredigt:
Die Rede von der wahren
Gerechtigkeit

5 Als Jesus die vielen Menschen sah,
stieg er auf einen Berg. Er setzte
sich, und seine Jünger traten zu ihm.
2 Dann begann er zu reden und lehrte
sie.

Die Seligpreisungen
3 Er sagte:
Selig, die arm sind vor Gott; / denn
ihnen gehört das Himmelreich.
4 Selig die Trauernden; / denn sie wer-
den getröstet werden.
5 Selig, die keine Gewalt anwenden; /
denn sie werden das Land erben.
6 Selig, die hungern und dürsten nach
der Gerechtigkeit; / denn sie werden
satt werden.
7 Selig die Barmherzigen; / denn sie
werden Erbarmen finden.
8 Selig, die ein reines Herz haben; /
denn sie werden Gott schauen.
9 Selig, die Frieden stiften; / denn sie
werden Söhne Gottes genannt werden.
10 Selig, die um der Gerechtigkeit willen
verfolgt werden; / denn ihnen gehört
das Himmelreich.
11 Selig seid ihr, wenn ihr um meinet-
willen beschimpft und verfolgt und auf
alle mögliche Weise verleumdet werdet.
12 Freut euch und jubelt: Euer Lohn im
Himmel wird groß sein.
Denn so wurden schon vor euch die
Propheten verfolgt.

Vom Salz der Erde und vom Licht der Welt
13 Ihr seid das Salz der Erde. Wenn das
Salz seinen Geschmack verliert, womit
kann man es wieder salzig machen? Es
taugt zu nichts mehr; es wird wegge-
worfen und von den Leuten zertreten.
14 Ihr seid das Licht der Welt. Eine
Stadt, die auf einem Berg liegt, kann
nicht verborgen bleiben. 15 Man zündet
auch nicht ein Licht an und stülpt ein
Gefäß darüber, sondern man stellt es
auf den Leuchter; dann leuchtet es allen
im Haus. 16 So soll euer Licht vor den
Menschen leuchten, damit sie eure
guten Werke sehen und euren Vater im
Himmel preisen.

Vom Gesetz und von den Propheten
17 Denkt nicht, ich sei gekommen, um
das Gesetz und die Propheten auf-
zuheben. Ich bin nicht gekommen, um
aufzuheben, sondern um zu erfüllen.
18 Amen, das sage ich euch: Bis Himmel
und Erde vergehen, wird auch nicht der
kleinste Buchstabe des Gesetzes ver-
gehen, bevor nicht alles geschehen ist.
19 Wer auch nur eines von den kleinsten
Geboten aufhebt und die Menschen
entsprechend lehrt, der wird im
Himmelreich der Kleinste sein. Wer sie

aber hält und halten lehrt, der wird
groß sein im Himmelreich.
20 Darum sage ich euch: Wenn eure
Gerechtigkeit nicht weit größer ist als
die der Schriftgelehrten und der Phari-
säer, werdet ihr nicht in das Himmel-
reich kommen.

Vom Töten und von der Versöhnung

21 Ihr habt gehört, dass zu den Alten
gesagt worden ist: Du sollst nicht töten;
wer aber jemand tötet, soll dem Gericht
verfallen sein. 22 Ich aber sage euch:
Jeder, der seinem Bruder auch nur
zürnt, soll dem Gericht verfallen sein;
und wer zu seinem Bruder sagt: Du
Dummkopf!, soll dem Spruch des Ho-
hen Rates verfallen sein; wer aber zu
ihm sagt: Du (gottloser) Narr!, soll dem
Feuer der Hölle verfallen sein.
23 Wenn du deine Opfergabe zum Altar
bringst und dir dabei einfällt, dass dein
Bruder etwas gegen dich hat, 24 so lass
deine Gabe dort vor dem Altar liegen;
geh und versöhne dich zuerst mit dei-
nem Bruder, dann komm und opfere
deine Gabe. 25 Schließ ohne Zögern
Frieden mit deinem Gegner, solange
du mit ihm noch auf dem Weg zum
Gericht bist. Sonst wird dich dein
Gegner vor den Richter bringen, und
der Richter wird dich dem Gerichts-
diener übergeben, und du wirst ins
Gefängnis geworfen. 26 Amen, das sage
ich dir: Du kommst von dort nicht
heraus, bis du den letzten Pfennig be-
zahlt hast.

Vom Ehebruch

27 Ihr habt gehört, dass gesagt worden
ist: Du sollst nicht die Ehe brechen.
28 Ich aber sage euch: Wer eine Frau
auch nur lüstern ansieht, hat in seinem
Herzen schon Ehebruch mit ihr be-
gangen.
29 Wenn dich dein rechtes Auge zum
Bösen verführt, dann reiß es aus und
wirf es weg! Denn es ist besser für dich,
dass eines deiner Glieder verloren geht,
als dass dein ganzer Leib in die Hölle
geworfen wird. 30 Und wenn dich deine
rechte Hand zum Bösen verführt, dann
hau sie ab und wirf sie weg! Denn es ist
besser für dich, dass eines deiner Glie-
der verloren geht, als dass dein ganzer
Leib in die Hölle kommt.

Von der Ehescheidung

31 Ferner ist gesagt worden: Wer seine
Frau aus der Ehe entlässt, muss ihr eine
Scheidungsurkunde geben. 32 Ich aber
sage euch: Wer seine Frau entlässt, ob-
wohl kein Fall von Unzucht vorliegt,
liefert sie dem Ehebruch aus; und wer
eine Frau heiratet, die aus der Ehe ent-
lassen worden ist, begeht Ehebruch.

Vom Schwören

33 Ihr habt gehört, dass zu den Alten
gesagt worden ist: Du sollst keinen
Meineid schwören, und: Du sollst
halten, was du dem Herrn geschworen
hast. 34 Ich aber sage euch: Schwört
überhaupt nicht, weder beim Himmel,
denn er ist Gottes Thron, 35 noch bei der
Erde, denn sie ist der Schemel für seine
Füße, noch bei Jerusalem, denn es ist
die Stadt des großen Königs. 36 Auch
bei deinem Haupt sollst du nicht schwö-
ren; denn du kannst kein einziges Haar
weiß oder schwarz machen. 37 Euer Ja
sei ein Ja, euer Nein ein Nein; alles
andere stammt vom Bösen.

Von der Vergeltung

38 Ihr habt gehört, dass gesagt worden
ist: Auge für Auge und Zahn für Zahn.
39 Ich aber sage euch: Leistet dem, der
euch etwas Böses antut, keinen Wider-
stand, sondern wenn dich einer auf die
rechte Wange schlägt, dann halt ihm
auch die andere hin. 40 Und wenn dich
einer vor Gericht bringen will, um dir
das Hemd wegzunehmen, dann lass
ihm auch den Mantel. 41 Und wenn dich
einer zwingen will, eine Meile mit ihm
zu gehen, dann geh zwei mit ihm.
42 Wer dich bittet, dem gib, und wer
von dir borgen will, den weise nicht ab.

Von der Liebe zu den Feinden

43 Ihr habt gehört, dass gesagt worden
ist: Du sollst deinen Nächsten lieben
und deinen Feind hassen. 44 Ich aber
sage euch: Liebt eure Feinde und betet
für die, die euch verfolgen, 45 damit ihr
Söhne eures Vaters im Himmel werdet;
denn er lässt seine Sonne aufgehen
über Bösen und Guten, und er lässt
regnen über Gerechte und Ungerechte.
46 Wenn ihr nämlich nur die liebt, die
euch lieben, welchen Lohn könnt ihr
dafür erwarten? Tun das nicht auch die
Zöllner? 47 Und wenn ihr nur eure
Brüder grüßt, was tut ihr damit Be-
sonderes? Tun das nicht auch die
Heiden?
48 Ihr sollt also vollkommen sein, wie es
auch euer himmlischer Vater ist.

Vom Almosen

6 Hütet euch, eure Gerechtigkeit
vor den Menschen zur Schau zu
stellen; sonst habt ihr keinen Lohn von
eurem Vater im Himmel zu erwarten.
2 Wenn du Almosen gibst, lass es also
nicht vor dir herposaunen, wie es die
Heuchler in den Synagogen und auf
den Gassen tun, um von den Leuten ge-
lobt zu werden. Amen, das sage ich
euch: Sie haben ihren Lohn bereits
erhalten. 3 Wenn du Almosen gibst, soll
deine linke Hand nicht wissen, was
deine rechte tut. 4 Dein Almosen soll
verborgen bleiben, und dein Vater, der

auch das Verborgene sieht, wird es dir
vergelten.

Vom Beten – Das Vaterunser

5 Wenn ihr betet, macht es nicht wie die
Heuchler. Sie stellen sich beim Gebet
gern in die Synagogen und an die Stra-
ßenecken, damit sie von den Leuten
gesehen werden. Amen, das sage ich
euch: Sie haben ihren Lohn bereits
erhalten. 6 Du aber geh in deine
Kammer, wenn du betest, und schließ
die Tür zu; dann bete zu deinem Vater,
der im Verborgenen ist. Dein Vater, der
auch das Verborgene sieht, wird es dir
vergelten.
7 Wenn ihr betet, sollt ihr nicht plap-
pern wie die Heiden, die meinen, sie
werden nur erhört, wenn sie viele
Worte machen. 8 Macht es nicht wie sie;
denn euer Vater weiß, was ihr braucht,
noch ehe ihr ihn bittet. 9 So sollt ihr
beten:
Unser Vater im Himmel, / dein Name
werde geheiligt,
10 dein Reich komme, / dein Wille ge-
schehe / wie im Himmel, so auf der
Erde.
11 Gib uns heute das Brot, das wir brau-
chen.
12 Und Erlass uns unsere Schulden, / wie
auch wir sie unseren Schuldnern er-
lassen haben.
13 Und führe uns nicht in Versuchung, /
sondern rette uns vor dem Bösen.
14 Denn wenn ihr den Menschen ihre
Verfehlungen vergebt, dann wird euer
himmlischer Vater auch euch vergeben.
15 Wenn ihr aber den Menschen nicht
vergebt, dann wird euch euer Vater
eure Verfehlungen auch nicht verge-
ben.

Vom Fasten

16 Wenn ihr fastet, macht kein finsteres
Gesicht wie die Heuchler. Sie geben
sich ein trübseliges Aussehen, damit
die Leute merken, dass sie fasten.
Amen, das sage ich euch: Sie haben
ihren Lohn bereits erhalten. 17 Du aber
salbe dein Haar, wenn du fastest, und
wasche dein Gesicht, 18 damit die Leute
nicht merken, dass du fastest, sondern
nur dein Vater, der auch das Ver-
borgene sieht; und dein Vater, der das
Verborgene sieht, wird es dir vergelten.

Von der falschen und der rechten Sorge

19 Sammelt euch nicht Schätze hier auf
der Erde, wo Motte und Wurm sie zer-
stören und wo Diebe einbrechen und
sie stehlen, 20 sondern sammelt euch
Schätze im Himmel, wo weder Motte
noch Wurm sie zerstören und keine
Diebe einbrechen und sie stehlen.
21 Denn wo dein Schatz ist, da ist auch
dein Herz.
22 Das Auge gibt dem Körper Licht.
Wenn dein Auge gesund ist, dann wird

dein ganzer Körper hell sein. 23 Wenn
aber dein Auge krank ist, dann wird
dein ganzer Körper finster sein. Wenn
nun das Licht in dir Finsternis ist, wie
groß muss dann die Finsternis sein!
24 Niemand kann zwei Herren dienen;
er wird entweder den einen hassen und
den andern lieben, oder er wird zu dem
einen halten und den andern ver-
achten. Ihr könnt nicht beiden dienen,
Gott und dem Mammon.
25 Deswegen sage ich euch: Sorgt euch
nicht um euer Leben und darum, dass
ihr etwas zu essen habt, noch um euren
Leib und darum, dass ihr etwas an-
zuziehen habt. Ist nicht das Leben
wichtiger als die Nahrung und der Leib
wichtiger als die Kleidung? 26 Seht euch
die Vögel des Himmels an: Sie säen
nicht, sie ernten nicht und sammeln
keine Vorräte in Scheunen; euer himm-
lischer Vater ernährt sie. Seid ihr nicht
viel mehr wert als sie? 27 Wer von euch
kann mit all seiner Sorge sein Leben
auch nur um eine kleine Zeitspanne
verlängern? 28 Und was sorgt ihr euch
um eure Kleidung? Lernt von den Li-
lien, die auf dem Feld wachsen: Sie ar-
beiten nicht und spinnen nicht. 29 Doch
ich sage euch: Selbst Salomo war in all
seiner Pracht nicht gekleidet wie eine
von ihnen. 30 Wenn aber Gott schon das
Gras so prächtig kleidet, das heute auf
dem Feld steht und morgen ins Feuer
geworfen wird, wie viel mehr dann
euch, ihr Kleingläubigen! 31 Macht
euch also keine Sorgen und fragt nicht:
Was sollen wir essen? Was sollen wir
trinken? Was sollen wir anziehen?
32 Denn um all das geht es den Heiden.
Euer himmlischer Vater weiß, dass ihr
das alles braucht. 33 Euch aber muss es
zuerst um sein Reich und um seine
Gerechtigkeit gehen; dann wird euch
alles andere dazugegeben.
34 Sorgt euch also nicht um morgen;
denn der morgige Tag wird für sich
selbst sorgen. Jeder Tag hat genug ei-
gene Plage.

Vom Richten

7 Richtet nicht, damit ihr nicht ge-
richtet werdet! 2 Denn wie ihr
richtet, so werdet ihr gerichtet werden,
und nach dem Maß, mit dem ihr messt
und zuteilt, wird euch zugeteilt wer-
den. 3 Warum siehst du den Splitter im
Auge deines Bruders, aber den Balken
in deinem Auge bemerkst du nicht?
4 Wie kannst du zu deinem Bruder
sagen: Lass mich den Splitter aus dei-
nem Auge herausziehen! – und dabei
steckt in deinem Auge ein Balken? 5 Du
Heuchler! Zieh zuerst den Balken aus
deinem Auge, dann kannst du versu-
chen, den Splitter aus dem Auge deines
Bruders herauszuziehen.

Von der Entweihung des Heiligen

6 Gebt das Heilige nicht den Hunden,
und werft eure Perlen nicht den Schwei-
nen vor, denn sie könnten sie mit ihren
Füßen zertreten und sich umwenden
und euch zerreißen.

Vom Vertrauen beim Beten

7 Bittet, dann wird euch gegeben; sucht,
dann werdet ihr finden; klopft an, dann
wird euch geöffnet. 8 Denn wer bittet, der
empfängt; wer sucht, der findet; und wer
anklopft, dem wird geöffnet. 9 Oder ist
einer unter euch, der seinem Sohn einen
Stein gibt, wenn er um Brot bittet, 10 oder
eine Schlange, wenn er um einen Fisch
bittet? 11 Wenn nun schon ihr, die ihr
böse seid, euren Kindern gebt, was gut ist,
wie viel mehr wird euer Vater im Himmel
denen Gutes geben, die ihn bitten.

Die Goldene Regel

12 Alles, was ihr also von anderen
erwartet, das tut auch ihnen! Darin be-
steht das Gesetz und die Propheten.

Von den zwei Wegen

13 Geht durch das enge Tor! Denn das
Tor ist weit, das ins Verderben führt,
und der Weg dahin ist breit, und viele
gehen auf ihm. 14 Aber das Tor, das zum
Leben führt, ist eng, und der Weg dahin
ist schmal, und nur wenige finden ihn.

Von den falschen Propheten

15 Hütet euch vor den falschen Pro-
pheten; sie kommen zu euch wie
(harmlose) Schafe, in Wirklichkeit aber
sind sie reißende Wölfe. 16 An ihren
Früchten werdet ihr sie erkennen.
Erntet man etwa von Dornen Trauben
oder von Disteln Feigen? 17 Jeder gute
Baum bringt gute Früchte hervor, ein
schlechter Baum aber schlechte. 18 Ein
guter Baum kann keine schlechten
Früchte hervorbringen und ein schlech-
ter Baum keine guten. 19 Jeder Baum,
der keine guten Früchte hervorbringt,
wird umgehauen und ins Feuer ge-
worfen. 20 An ihren Früchten also wer-
det ihr sie erkennen.
21 Nicht jeder, der zu mir sagt: Herr!
Herr!, wird in das Himmelreich kom-
men, sondern nur, wer den Willen
meines Vaters im Himmel erfüllt.
22 Viele werden an jenem Tag zu mir
sagen: Herr, Herr, sind wir nicht in dei-
nem Namen als Propheten aufgetreten,
und haben wir nicht mit deinem
Namen Dämonen ausgetrieben und
mit deinem Namen viele Wunder voll-
bracht? 23 Dann werde ich ihnen ant-
worten: Ich kenne euch nicht. Weg von
mir, ihr Übertreter des Gesetzes!

Vom Haus auf dem Felsen

24 Wer diese meine Worte hört und da-
nach handelt, ist wie ein kluger Mann,
der sein Haus auf Fels baute. 25 Als nun

ein Wolkenbruch kam und die Wasser-
massen heranfluteten, als die Stürme
tobten und an dem Haus rüttelten, da
stürzte es nicht ein; denn es war auf Fels
gebaut. 26 Wer aber meine Worte hört
und nicht danach handelt, ist wie ein
unvernünftiger Mann, der sein Haus
auf Sand baute. 27 Als nun ein Wolken-
bruch kam und die Wassermassen
heranfluteten, als die Stürme tobten
und an dem Haus rüttelten, da stürzte
es ein und wurde völlig zerstört.

Die Wirkung der Bergpredigt

28 Als Jesus diese Rede beendet hatte,
war die Menge sehr betroffen von sei-
ner Lehre; 29 denn er lehrte sie wie
einer, der (göttliche) Vollmacht hat,
und nicht wie ihre Schriftgelehrten.

Die Taten des Messias

Die Heilung eines Aussätzigen

8 Als Jesus von dem Berg herab-
stieg, folgten ihm viele Menschen.
2 Da kam ein Aussätziger, fiel vor ihm
nieder und sagte: Herr, wenn du willst,
kannst du machen, dass ich rein werde.
3 Jesus streckte die Hand aus, berührte
ihn und sagte: Ich will es – werde rein!
Im gleichen Augenblick wurde der
Aussätzige rein.
4 Jesus aber sagte zu ihm: Nimm dich in
acht! Erzähl niemand davon, sondern
geh, zeig dich dem Priester und bring
das Opfer dar, das Mose angeordnet
hat. Das soll für sie ein Beweis (deiner
Heilung) sein.

Der Hauptmann von Kafarnaum

5 Als er nach Kafarnaum kam, trat ein
Hauptmann an ihn heran und bat ihn:
6 Herr, mein Diener liegt gelähmt zu
Hause und hat große Schmerzen. 7 Je-
sus sagte zu ihm: Ich will kommen und
ihn gesund machen. 8 Da antwortete
der Hauptmann: Herr, ich bin es nicht
wert, dass du mein Haus betrittst;
sprich nur ein Wort, dann wird mein
Diener gesund. 9 Auch ich muss Befeh-
len gehorchen, und ich habe selber Sol-
daten unter mir; sage ich nun zu einem:
Geh!, so geht er, und zu einem andern:
Komm!, so kommt er, und zu meinem
Diener: Tu das!, so tut er es.
10 Jesus war erstaunt, als er das hörte,
und sagte zu denen, die ihm nach-
folgten: Amen, das sage ich euch: Einen
solchen Glauben habe ich in Israel
noch bei niemand gefunden. 11 Ich sage
euch: Viele werden von Osten und
Westen kommen und mit Abraham,
Isaak und Jakob im Himmelreich zu
Tisch sitzen; 12 die aber, für die das
Reich bestimmt war, werden hinaus-
geworfen in die äußerste Finsternis;
dort werden sie heulen und mit den
Zähnen knirschen. 13 Und zum Haupt-
mann sagte Jesus: Geh! Es soll ge-

schehen, wie du geglaubt hast. Und in
derselben Stunde wurde der Diener
gesund.

Die Heilung der Schwiegermutter des Petrus

14 Jesus ging in das Haus des Petrus und
sah, dass dessen Schwiegermutter im
Bett lag und Fieber hatte. 15 Da berühr-
te er ihre Hand, und das Fieber wich
von ihr. Und sie stand auf und sorgte
für ihn.

Die Heilung von Besessenen und Kranken

16 Am Abend brachte man viele Be-
sessene zu ihm. Er trieb mit seinem
Wort die Geister aus und heilte alle
Kranken. 17 Dadurch sollte sich er-
füllen, was durch den Propheten Jesaja
gesagt worden ist: Er hat unsere Leiden
auf sich genommen und unsere Krank-
heiten getragen.

Von der Nachfolge

18 Als Jesus die vielen Menschen sah, die
um ihn waren, befahl er, ans andere
Ufer zu fahren. 19 Da kam ein Schriftge-
lehrter zu ihm und sagte: Meister, ich
will dir folgen, wohin du auch gehst.
20 Jesus antwortete ihm: Die Füchse
haben ihre Höhlen und die Vögel ihre
Nester; der Menschensohn aber hat
keinen Ort, wo er sein Haupt hinlegen
kann. 21 Ein anderer aber, einer seiner
Jünger, sagte zu ihm: Herr, lass mich
zuerst heimgehen und meinen Vater
begraben! 22 Jesus erwiderte: Folge mir
nach; lass die Toten ihre Toten be-
graben!

Der Sturm auf dem See

23 Er stieg in das Boot, und seine Jünger
folgten ihm. 24 Plötzlich brach auf dem
See ein gewaltiger Sturm los, so dass
das Boot von den Wellen überflutet
wurde. Jesus aber schlief. 25 Da traten
die Jünger zu ihm und weckten ihn; sie
riefen: Herr, rette uns, wir gehen zu-
grunde! 26 Er sagte zu ihnen: Warum
habt ihr solche Angst, ihr Kleingläu-
bigen? Dann stand er auf, drohte den
Winden und dem See, und es trat völ-
lige Stille ein.
27 Die Leute aber staunten und sagten:
Was ist das für ein Mensch, dass ihm
sogar die Winde und der See gehor-
chen?

Die Heilung der Besessenen von Gadara

28 Als Jesus an das andere Ufer kam, in
das Gebiet von Gadara, liefen ihm aus
den Grabhöhlen zwei Besessene ent-
gegen. Sie waren so gefährlich, dass
niemand den Weg benutzen konnte,
der dort vorbeiführte. 29 Sofort be-
gannen sie zu schreien: Was haben wir

mit dir zu tun, Sohn Gottes? Bist du hergekommen, um uns schon vor der Zeit zu quälen? 30 In einiger Entfernung weidete gerade eine große Schweineherde. 31 Da baten ihn die Dämonen: Wenn du uns austreibst, dann schick uns in die Schweineherde! 32 Er sagte zu ihnen: Geht! Da verließen sie die beiden und fuhren in die Schweine. Und die ganze Herde stürzte sich den Abhang hinab in den See und kam in den Fluten um. 33 Die Hirten flohen, liefen in die Stadt und erzählten dort alles, auch das, was mit den Besessenen geschehen war. 34 Und die ganze Stadt zog zu Jesus hinaus; als sie ihn trafen, baten sie ihn, ihr Gebiet zu verlassen.

Die Heilung eines Gelähmten

9 Jesus stieg in das Boot, fuhr über den See und kam in seine Stadt. 2 Da brachte man auf einer Tragbahre einen Gelähmten zu ihm. Als Jesus ihren Glauben sah, sagte er zu dem Gelähmten: Hab Vertrauen, mein Sohn, deine Sünden sind dir vergeben! 3 Da dachten einige Schriftgelehrte: Er lästert Gott. 4 Jesus wusste, was sie dachten, und sagte: Warum habt ihr so böse Gedanken im Herzen? 5 Was ist leichter, zu sagen: Deine Sünden sind dir vergeben!, oder zu sagen: Steh auf und geh umher? 6 Ihr sollt aber erkennen, dass der Menschensohn die Vollmacht hat, hier auf der Erde Sünden zu vergeben. Darauf sagte er zu dem Gelähmten: Steh auf, nimm deine Tragbahre, und geh nach Hause! 7 Und der Mann stand auf und ging heim. 8 Als die Leute das sahen, erschraken sie und priesen Gott, der den Menschen solche Vollmacht gegeben hat.

Die Berufung des Matthäus und das Mahl mit den Zöllnern

9 Als Jesus weiterging, sah er einen Mann namens Matthäus am Zoll sitzen und sagte zu ihm: Folge mir nach! Da stand Matthäus auf und folgte ihm. 10 Und als Jesus in seinem Haus beim Essen war, kamen viele Zöllner und Sünder und aßen zusammen mit ihm und seinen Jüngern. 11 Als die Pharisäer das sahen, sagten sie zu seinen Jüngern: Wie kann euer Meister zusammen mit Zöllnern und Sündern essen? 12 Er hörte es und sagte: Nicht die Gesunden brauchen den Arzt, sondern die Kranken. 13 Darum lernt, was es heißt: Barmherzigkeit will ich, nicht Opfer. Denn ich bin gekommen, um die Sünder zu rufen, nicht die Gerechten.

Die Frage nach dem Fasten

14 Da kamen die Jünger des Johannes zu ihm und sagten: Warum fasten deine Jünger nicht, während wir und die Pharisäer fasten? 15 Jesus antwortete ihnen: Können denn die Hochzeits-

gäste trauern, solange der Bräutigam
bei ihnen ist? Es werden aber Tage
kommen, da wird ihnen der Bräuti-
gam genommen sein; dann werden sie
fasten. 16 Niemand setzt ein Stück neu-
en Stoff auf ein altes Kleid; denn der
neue Stoff reißt doch wieder ab, und es
entsteht ein noch größerer Riss. 17 Auch
füllt man nicht neuen Wein in alte
Schläuche. Sonst reißen die Schläuche,
der Wein läuft aus, und die Schläuche
sind unbrauchbar. Neuen Wein füllt
man in neue Schläuche, dann bleibt
beides erhalten.

Die Auferweckung der Tochter eines Synagogenvorstehers und die Heilung einer kranken Frau

18 Während Jesus so mit ihnen redete,
kam ein Synagogenvorsteher, fiel vor
ihm nieder und sagte: Meine Tochter ist
eben gestorben; komm doch, leg ihr
deine Hand auf, dann wird sie wieder
lebendig. 19 Jesus stand auf und folgte
ihm mit seinen Jüngern. 20 Da trat eine
Frau, die schon zwölf Jahre an Blutun-
gen litt, von hinten an ihn heran und
berührte den Saum seines Gewandes;
21 denn sie sagte sich: Wenn ich auch
nur sein Gewand berühre, werde ich
geheilt. 22 Jesus wandte sich um, und als
er sie sah, sagte er: Hab keine Angst,
meine Tochter, dein Glaube hat dir ge-
holfen. Und von dieser Stunde an war
die Frau geheilt. 23 Als Jesus in das Haus
des Synagogenvorstehers kam und die
Flötenspieler und die Menge der kla-
genden Leute sah, 24 sagte er: Geht
hinaus! Das Mädchen ist nicht ge-
storben, es schläft nur. Da lachten sie
ihn aus.
25 Als man die Leute hinausgedrängt
hatte, trat er ein und fasste das
Mädchen an der Hand; da stand es auf.
26 Und die Kunde davon verbreitete sich
in der ganzen Gegend.

Die Heilung von zwei Blinden

27 Als Jesus weiterging, folgten ihm
zwei Blinde und schrien: Hab Er-
barmen mit uns, Sohn Davids! 28 Nach-
dem er ins Haus gegangen war, kamen
die Blinden zu ihm. Er sagte zu ihnen:
Glaubt ihr, dass ich euch helfen kann?
Sie antworteten: Ja, Herr. 29 Darauf be-
rührte er ihre Augen und sagte: Wie ihr
geglaubt habt, so soll es geschehen.
30 Da wurden ihre Augen geöffnet.
Jesus aber befahl ihnen: Nehmt euch in
acht! Niemand darf es erfahren. 31 Doch
sie gingen weg und erzählten von ihm
in der ganzen Gegend.

Die Heilung eines Stummen

32 Als sie gegangen waren, brachte man
zu Jesus einen Stummen, der von
einem Dämon besessen war. 33 Er trieb
den Dämon aus, und der Stumme
konnte reden. Alle Leute staunten und

sagten: So etwas ist in Israel noch nie
geschehen. 34 Die Pharisäer aber sagten:
Mit Hilfe des Anführers der Dämonen
treibt er die Dämonen aus.

Die Aussendungsrede

Von der Größe der Ernte

35 Jesus zog durch alle Städte und
Dörfer, lehrte in ihren Synagogen, ver-
kündete das Evangelium vom Reich
und heilte alle Krankheiten und
Leiden. 36 Als er die vielen Menschen
sah, hatte er Mitleid mit ihnen; denn
sie waren müde und erschöpft wie
Schafe, die keinen Hirten haben. 37 Da
sagte er zu seinen Jüngern: Die Ernte ist
groß, aber es gibt nur wenig Arbeiter.
38 Bittet also den Herrn der Ernte, Ar-
beiter für seine Ernte auszusenden.

Die Wahl der Zwölf

10 Dann rief er seine zwölf Jünger
zu sich und gab ihnen die Voll-
macht, die unreinen Geister aus-
zutreiben und alle Krankheiten und
Leiden zu heilen. 2 Die Namen der
zwölf Apostel sind: an erster Stelle
Simon, genannt Petrus, und sein
Bruder Andreas, dann Jakobus, der
Sohn des Zebedäus, und sein Bruder
Johannes, 3 Philippus und Bartholo-
mäus, Thomas und Matthäus, der Zöll-
ner, Jakobus, der Sohn des Alphäus,
und Thaddäus, 4 Simon Kananäus und
Judas Iskariot, der ihn später verraten
hat.

Anweisung für die Mission

5 Diese Zwölf sandte Jesus aus und ge-
bot ihnen: Geht nicht zu den Heiden,
und betretet keine Stadt der Samariter,
6 sondern geht zu den verlorenen Scha-
fen des Hauses Israel. 7 Geht und ver-
kündet: Das Himmelreich ist nahe.
8 Heilt Kranke, weckt Tote auf, macht
Aussätzige rein, treibt Dämonen aus!
Umsonst habt ihr empfangen, umsonst
sollt ihr geben. 9 Steckt nicht Gold,
Silber und Kupfermünzen in euren
Gürtel. 10 Nehmt keine Vorratstasche
mit auf den Weg, kein zweites Hemd,
keine Schuhe, keinen Wanderstab;
denn wer arbeitet, hat ein Recht auf
seinen Unterhalt.
11 Wenn ihr in eine Stadt oder in ein
Dorf kommt, erkundigt euch, wer es
wert ist, euch aufzunehmen; bei ihm
bleibt, bis ihr den Ort wieder verlasst.
12 Wenn ihr in ein Haus kommt, dann
wünscht ihm Frieden. 13 Wenn das
Haus es wert ist, soll der Friede, den ihr
ihm wünscht, bei ihm einkehren. Ist
das Haus es aber nicht wert, dann soll
der Friede zu euch zurückkehren.
14 Wenn man euch aber in einem Haus
oder in einer Stadt nicht aufnimmt und
eure Worte nicht hören will, dann geht
weg, und schüttelt den Staub von euren

Füßen. 15 Amen, das sage ich euch: Dem
Gebiet von Sodom und Gomorra wird
es am Tag des Gerichts nicht so schlimm
ergehen wie dieser Stadt.

Aufforderung zu furchtlosem Bekenntnis

16 Seht, ich sende euch wie Schafe
mitten unter die Wölfe; seid daher klug
wie die Schlangen und arglos wie die
Tauben!
17 Nehmt euch aber vor den Menschen
in acht! Denn sie werden euch vor die
Gerichte bringen und in ihren Syna-
gogen auspeitschen. 18 Ihr werdet um
meinetwillen vor Statthalter und Könige
geführt, damit ihr vor ihnen und den
Heiden Zeugnis ablegt. 19 Wenn man
euch vor Gericht stellt, macht euch
keine Sorgen, wie und was ihr reden
sollt; denn es wird euch in jener Stunde
eingegeben, was ihr sagen sollt. 20 Nicht
ihr werdet dann reden, sondern der
Geist eures Vaters wird durch euch
reden. 21 Brüder werden einander dem
Tod ausliefern und Väter ihre Kinder,
und die Kinder werden sich gegen ihre
Eltern auflehnen und sie in den Tod
schicken. 22 Und ihr werdet um meines
Namens willen von allen gehasst wer-
den; wer aber bis zum Ende standhaft
bleibt, der wird gerettet. 23 Wenn man
euch in der einen Stadt verfolgt, so
flieht in eine andere. Amen, ich sage
euch: Ihr werdet nicht zu Ende kom-
men mit den Städten Israels, bis der
Menschensohn kommt. 24 Ein Jünger
steht nicht über seinem Meister und ein
Sklave nicht über seinem Herrn. 25 Der
Jünger muss sich damit begnügen, dass
es ihm geht wie seinem Meister, und
der Sklave, dass es ihm geht wie seinem
Herrn. Wenn man schon den Herrn
des Hauses Beelzebul nennt, dann erst
recht seine Hausgenossen.
26 Darum fürchtet euch nicht vor
ihnen! Denn nichts ist verhüllt, was
nicht enthüllt wird, und nichts ist ver-
borgen, was nicht bekannt wird. 27 Was
ich euch im Dunkeln sage, davon redet
am hellen Tag, und was man euch ins
Ohr flüstert, das verkündet von den
Dächern. 28 Fürchtet euch nicht vor
denen, die den Leib töten, die Seele
aber nicht töten können, sondern
fürchtet euch vor dem, der Seele und
Leib ins Verderben der Hölle stürzen
kann. 29 Verkauft man nicht zwei
Spatzen für ein paar Pfennig? Und
doch fällt keiner von ihnen zur Erde
ohne den Willen eures Vaters. 30 Bei
euch aber sind sogar die Haare auf dem
Kopf alle gezählt. 31 Fürchtet euch also
nicht! Ihr seid mehr wert als viele
Spatzen. 32 Wer sich nun vor den
Menschen zu mir bekennt, zu dem
werde auch ich mich vor meinem Vater
im Himmel bekennen. 33 Wer mich
aber vor den Menschen verleugnet, den
werde auch ich vor meinem Vater im
Himmel verleugnen.

34 Denkt nicht, ich sei gekommen, um
Frieden auf die Erde zu bringen. Ich bin
nicht gekommen, um Frieden zu
bringen, sondern das Schwert. 35 Denn
ich bin gekommen, um den Sohn mit
seinem Vater zu entzweien und die
Tochter mit ihrer Mutter und die
Schwiegertochter mit ihrer Schwieger-
mutter; 36 und die Hausgenossen eines
Menschen werden seine Feinde sein.
37 Wer Vater oder Mutter mehr liebt als
mich, ist meiner nicht würdig, und wer
Sohn oder Tochter mehr liebt als mich,
ist meiner nicht würdig. 38 Und wer
nicht sein Kreuz auf sich nimmt und
mir nachfolgt, ist meiner nicht würdig.
39 Wer das Leben gewinnen will, wird
es verlieren; wer aber das Leben um
meinetwillen verliert, wird es gewinnen.

Vom Lohn für die Aufnahme der Jünger

40 Wer euch aufnimmt, der nimmt
mich auf, und wer mich aufnimmt,
nimmt den auf, der mich gesandt hat.
41 Wer einen Propheten aufnimmt, weil
es ein Prophet ist, wird den Lohn eines
Propheten erhalten. Wer einen Gerech-
ten aufnimmt, weil es ein Gerechter ist,
wird den Lohn eines Gerechten er-
halten. 42 Und wer einem von diesen
Kleinen auch nur einen Becher frisches
Wasser zu trinken gibt, weil es ein
Jünger ist – amen, ich sage euch: Er wird
gewiss nicht um seinen Lohn kommen.

11 Als Jesus die Unterweisung der
zwölf Jünger beendet hatte,
zog er weiter, um in den Städten zu
lehren und zu predigen.

Der Beginn der Entscheidung

Die Frage des Täufers

2 Johannes hörte im Gefängnis von den
Taten Christi. Da schickte er seine
Jünger zu ihm 3 und ließ ihn fragen:
Bist du der, der kommen soll, oder
müssen wir auf einen andern warten?
4 Jesus antwortete ihnen: Geht und be-
richtet Johannes, was ihr hört und seht:
5 Blinde sehen wieder, und Lahme ge-
hen; Aussätzige werden rein, und Tau-
be hören; Tote stehen auf, und den
Armen wird das Evangelium verkün-
det. 6 Selig ist, wer an mir keinen An-
stoß nimmt.

Das Urteil Jesu über den Täufer

7 Als sie gegangen waren, begann Jesus
zu der Menge über Johannes zu reden;
er sagte: Was habt ihr denn sehen
wollen, als ihr in die Wüste hinaus-
gegangen seid? Ein Schilfrohr, das im
Wind schwankt? 8 Oder was habt ihr
sehen wollen, als ihr hinausgegangen
seid? Einen Mann in feiner Kleidung?
Leute, die fein gekleidet sind, findet
man in den Palästen der Könige. 9 Oder
wozu seid ihr hinausgegangen? Um

einen Propheten zu sehen? Ja, ich sage
euch: Ihr habt sogar mehr gesehen als
einen Propheten. 10 Er ist der, von dem
es in der Schrift heißt:
Ich sende meinen Boten vor dir her; / er
soll den Weg für dich bahnen.
11 Amen, das sage ich euch: Unter allen
Menschen hat es keinen größeren
gegeben als Johannes den Täufer; doch
der Kleinste im Himmelreich ist größer
als er. 12 Seit den Tagen Johannes' des
Täufers bis heute wird dem Himmel-
reich Gewalt angetan; die Gewalt-
tätigen reißen es an sich. 13 Denn bis
hin zu Johannes haben alle Propheten
und das Gesetz (über diese Dinge) ge-
weissagt. 14 Und wenn ihr es gelten
lassen wollt: Ja, er ist Elija, der wieder-
kommen soll. 15 Wer Ohren hat, der
höre!
16 Mit wem soll ich diese Generation
vergleichen? Sie gleicht Kindern, die
auf dem Marktplatz sitzen und anderen
Kindern zurufen: 17 Wir haben für euch
auf der Flöte (Hochzeitslieder) ge-
spielt, und ihr habt nicht getanzt; wir
haben Klagelieder gesungen, und ihr
habt euch nicht an die Brust ge-
schlagen. 18 Johannes ist gekommen, er
isst nicht und trinkt nicht, und sie
sagen: Er ist von einem Dämon be-
sessen.
19 Der Menschensohn ist gekommen, er
isst und trinkt; darauf sagen sie: Dieser
Fresser und Säufer, dieser Freund der
Zöllner und Sünder! Und doch hat die
Weisheit durch die Taten, die sie be-
wirkt hat, recht bekommen.

Vom Gericht über die galiläischen Städte

20 Dann begann er den Städten, in
denen er die meisten Wunder getan
hatte, Vorwürfe zu machen, weil sie
sich nicht bekehrt hatten: 21 Weh dir,
Chorazin! Weh dir, Betsaida! Wenn
einst in Tyrus und Sidon die Wunder
geschehen wären, die bei euch ge-
schehen sind – man hätte dort in Sack
und Asche Buße getan. 22 Ja, das sage
ich euch: Tyrus und Sidon wird es am
Tag des Gerichts nicht so schlimm er-
gehen wie euch. 23 Und du, Kafarnaum,
meinst du etwa, du wirst bis zum
Himmel erhoben? Nein, in die Unter-
welt wirst du hinabgeworfen. Wenn in
Sodom die Wunder geschehen wären,
die bei dir geschehen sind, dann
stünde es noch heute. 24 Ja, das sage ich
euch: Dem Gebiet von Sodom wird es
am Tag des Gerichts nicht so schlimm
ergehen wie dir.

Der Dank Jesu an den Vater

25 In jener Zeit sprach Jesus: Ich preise
dich, Vater, Herr des Himmels und der
Erde, weil du all das den Weisen und
Klugen verborgen, den Unmündigen
aber offenbart hast. 26 Ja, Vater, so hat
es dir gefallen. 27 Mir ist von meinem
Vater alles übergeben worden; nie-

mand kennt den Sohn, nur der Vater,
und niemand kennt den Vater, nur der
Sohn und der, dem es der Sohn offen-
baren will.

Vom leichten Joch Jesu

28 Kommt alle zu mir, die ihr euch plagt
und schwere Lasten zu tragen habt. Ich
werde euch Ruhe verschaffen. 29 Nehmt
mein Joch auf euch und lernt von mir;
denn ich bin gütig und von Herzen
demütig; so werdet ihr Ruhe finden für
eure Seele. 30 Denn mein Joch drückt
nicht, und meine Last ist leicht.

Das Abreißen der Ähren am Sabbat

12 In jener Zeit ging Jesus an
einem Sabbat durch die Korn-
felder. Seine Jünger hatten Hunger; sie
rissen deshalb Ähren ab und aßen da-
von. 2 Die Pharisäer sahen es und sag-
ten zu ihm: Sieh her, deine Jünger tun
etwas, das am Sabbat verboten ist. 3 Da
sagte er zu ihnen: Habt ihr nicht ge-
lesen, was David getan hat, als er und
seine Begleiter hungrig waren – 4 wie er
in das Haus Gottes ging und wie sie die
heiligen Brote aßen, die weder er noch
seine Begleiter, sondern nur die Pries-
ter essen durften? 5 Oder habt ihr nicht
im Gesetz gelesen, dass am Sabbat die
Priester im Tempel den Sabbat ent-
weihen, ohne sich schuldig zu machen?
6 Ich sage euch: Hier ist einer, der
größer ist als der Tempel. 7 Wenn ihr
begriffen hättet, was das heißt: Barm-
herzigkeit will ich, nicht Opfer, dann
hättet ihr nicht Unschuldige verurteilt;
8 denn der Menschensohn ist Herr über
den Sabbat.

Die Heilung eines Mannes am Sabbat

9 Darauf verließ er sie und ging in ihre
Synagoge. 10 Dort saß ein Mann, dessen
Hand verdorrt war. Sie fragten ihn: Ist es
am Sabbat erlaubt zu heilen? Sie suchten
nämlich einen Grund zur Anklage
gegen ihn. 11 Er antwortete: Wer von
euch wird, wenn ihm am Sabbat sein
Schaf in eine Grube fällt, es nicht sofort
wieder herausziehen? 12 Und wie viel
mehr ist ein Mensch wert als ein Schaf!
Darum ist es am Sabbat erlaubt, Gutes
zu tun. 13 Dann sagte er zu dem Mann:
Streck deine Hand aus! Er streckte sie
aus, und die Hand war wieder ebenso
gesund wie die andere. 14 Die Pharisäer
aber gingen hinaus und fassten den Be-
schluss, Jesus umzubringen.

Jesus als der Knecht Gottes

15 Als Jesus das erfuhr, ging er von dort
weg. Viele folgten ihm, und er heilte
alle Kranken. 16 Aber er verbot ihnen,
in der Öffentlichkeit von ihm zu reden.
17 Auf diese Weise sollte sich erfüllen,
was durch den Propheten Jesaja gesagt
worden ist:

18 Seht, das ist mein Knecht, den ich
erwählt habe, / mein Geliebter, an dem
ich Gefallen gefunden habe.
Ich werde meinen Geist auf ihn legen, /
und er wird den Völkern das Recht ver-
künden.
19 Er wird nicht zanken und nicht
schreien, / und man wird seine Stimme
nicht auf den Straßen hören.
20 Das geknickte Rohr wird er nicht zer-
brechen / und den glimmenden Docht
nicht auslöschen, / bis er dem Recht
zum Sieg verholfen hat.
21 Und auf seinen Namen werden die
Völker ihre Hoffnung setzen.

Verteidigungsrede Jesu

22 Damals brachte man zu ihm einen
Besessenen, der blind und stumm war.
Jesus heilte ihn, so dass der Stumme
wieder reden und sehen konnte. 23 Da
gerieten alle Leute außer sich und
sagten: Ist er etwa der Sohn Davids?
24 Als die Pharisäer das hörten, sagten
sie: Nur mit Hilfe von Beelzebul, dem
Anführer der Dämonen, kann er die
Dämonen austreiben. 25 Doch Jesus
wusste, was sie dachten, und sagte zu
ihnen: Jedes Reich, das in sich gespal-
ten ist, geht zugrunde, und keine Stadt
und keine Familie, die in sich gespalten
ist, wird Bestand haben. 26 Wenn also
der Satan den Satan austreibt, dann
liegt der Satan mit sich selbst im Streit.
Wie kann sein Reich dann Bestand
haben? 27 Und wenn ich die Dämonen
durch Beelzebul austreibe, durch wen
treiben dann eure Anhänger sie aus? Sie
selbst also sprechen euch das Urteil.
28 Wenn ich aber die Dämonen durch
den Geist Gottes austreibe, dann ist das
Reich Gottes schon zu euch gekommen.
29 Wie kann einer in das Haus eines
starken Mannes einbrechen und ihm
den Hausrat rauben, wenn er den Mann
nicht vorher fesselt? Erst dann kann er
sein Haus plündern. 30 Wer nicht für
mich ist, der ist gegen mich; wer nicht
mit mir sammelt, der zerstreut.
31 Darum sage ich euch: Jede Sünde
und Lästerung wird den Menschen
vergeben werden, aber die Lästerung
gegen den Geist wird nicht vergeben.
32 Auch dem, der etwas gegen den
Menschensohn sagt, wird vergeben
werden; wer aber etwas gegen den
Heiligen Geist sagt, dem wird nicht
vergeben, weder in dieser noch in der
zukünftigen Welt.
33 Entweder: der Baum ist gut – dann
sind auch seine Früchte gut. Oder: der
Baum ist schlecht – dann sind auch
seine Früchte schlecht. An den Früch-
ten also erkennt man den Baum. 34 Ihr
Schlangenbrut, wie könnt ihr Gutes
reden, wenn ihr böse seid? Denn wo-
von das Herz voll ist, davon spricht der
Mund. 35 Ein guter Mensch bringt
Gutes hervor, weil er Gutes in sich hat,
und ein böser Mensch bringt Böses
hervor, weil er Böses in sich hat.

36 Ich sage euch: Über jedes unnütze
Wort, das die Menschen reden, werden
sie am Tag des Gerichts Rechenschaft
ablegen müssen; 37 denn aufgrund dei-
ner Worte wirst du freigesprochen,
und aufgrund deiner Worte wirst du
verurteilt werden.

Die Verweigerung eines Zeichens

38 Zu dieser Zeit sagten einige Schrift-
gelehrte und Pharisäer zu ihm: Meister,
wir möchten von dir ein Zeichen sehen.
39 Er antwortete ihnen: Diese böse und
treulose Generation fordert ein Zei-
chen, aber es wird ihr kein anderes
gegeben werden als das Zeichen des
Propheten Jona. 40 Denn wie Jona drei
Tage und drei Nächte im Bauch des Fi-
sches war, so wird auch der Menschen-
sohn drei Tage und drei Nächte im In-
nern der Erde sein. 41 Die Männer von
Ninive werden beim Gericht gegen
diese Generation auftreten und sie ver-
urteilen; denn sie haben sich nach der
Predigt des Jona bekehrt. Hier aber ist
einer, der mehr ist als Jona. 42 Die Kö-
nigin des Südens wird beim Gericht
gegen diese Generation auftreten und
sie verurteilen; denn sie kam vom Ende
der Erde, um die Weisheit Salomos zu
hören. Hier aber ist einer, der mehr ist
als Salomo.

Von der Rückkehr der unreinen Geister

43 Ein unreiner Geist, der einen Men-
schen verlassen hat, wandert durch die
Wüste und sucht einen Ort, wo er
bleiben kann. Wenn er aber keinen
findet, 44 dann sagt er: Ich will in mein
Haus zurückkehren, das ich verlas-
sen habe. Und wenn er es bei seiner
Rückkehr leer antrifft, sauber und ge-
schmückt, 45 dann geht er und holt
sieben andere Geister, die noch schlim-
mer sind als er selbst. Sie ziehen dort
ein und lassen sich nieder. So wird es
mit diesem Menschen am Ende schlim-
mer werden als vorher. Dieser bösen
Generation wird es genauso gehen.

Von den wahren Verwandten Jesu

46 Als Jesus noch mit den Leuten redete,
standen seine Mutter und seine Brüder
vor dem Haus und wollten mit ihm
sprechen. 47 Da sagte jemand zu ihm:
Deine Mutter und deine Brüder stehen
draußen und wollen mit dir sprechen.
48 Dem, der ihm das gesagt hatte, er-
widerte er: Wer ist meine Mutter, und
wer sind meine Brüder? 49 Und er
streckte die Hand über seine Jünger aus
und sagte: Das hier sind meine Mutter
und meine Brüder. 50 Denn wer den
Willen meines himmlischen Vaters
erfüllt, der ist für mich Bruder und
Schwester und Mutter.

Die Rede über das Himmelreich

Das Gleichnis vom Sämann

13 An jenem Tag verließ Jesus das
Haus und setzte sich an das
Ufer des Sees. 2 Da versammelte sich
eine große Menschenmenge um ihn. Er
stieg deshalb in ein Boot und setzte
sich; die Leute aber standen am Ufer.
3 Und er sprach lange zu ihnen in Form
von Gleichnissen. Er sagte: Ein Sämann
ging aufs Feld, um zu säen. 4 Als er säte,
fiel ein Teil der Körner auf den Weg,
und die Vögel kamen und fraßen sie.
5 Ein anderer Teil fiel auf felsigen
Boden, wo es nur wenig Erde gab, und
ging sofort auf, weil das Erdreich nicht
tief war; 6 als aber die Sonne hochstieg,
wurde die Saat versengt und verdorrte,
weil sie keine Wurzeln hatte. 7 Wieder
ein anderer Teil fiel in die Dornen, und
die Dornen wuchsen und erstickten die
Saat. 8 Ein anderer Teil schließlich fiel
auf guten Boden und brachte Frucht,
teils hundertfach, teils sechzigfach,
teils dreißigfach. 9 Wer Ohren hat, der
höre!

Sinn und Zweck der Gleichnisse

10 Da kamen die Jünger zu ihm und
sagten: Warum redest du zu ihnen in
Gleichnissen? 11 Er antwortete: Euch ist
es gegeben, die Geheimnisse des Him-
melreichs zu erkennen; ihnen aber ist
es nicht gegeben. 12 Denn wer hat, dem
wird gegeben, und er wird im Überfluß
haben; wer aber nicht hat, dem wird
auch noch weggenommen, was er hat.
13 Deshalb rede ich zu ihnen in Gleich-
nissen, weil sie sehen und doch nicht
sehen, weil sie hören und doch nicht
hören und nichts verstehen. 14 An ihnen
erfüllt sich die Weissagung Jesajas:
Hören sollt ihr, hören, aber nicht ver-
stehen; / sehen sollt ihr, sehen, aber
nicht erkennen.
15 Denn das Herz dieses Volkes ist hart
geworden, / und mit ihren Ohren
hören sie nur schwer, / und ihre Augen
halten sie geschlossen, / damit sie mit
ihren Augen nicht sehen / und mit
ihren Ohren nicht hören, / damit sie
mit ihrem Herzen / nicht zur Einsicht
kommen, / damit sie sich nicht bekeh-
ren und ich sie nicht heile.
16 Ihr aber seid selig, denn eure Augen
sehen und eure Ohren hören. 17 Amen,
ich sage euch: Viele Propheten und
Gerechte haben sich danach gesehnt zu
sehen, was ihr seht, und haben es nicht
gesehen, und zu hören, was ihr hört,
und haben es nicht gehört.

Die Deutung des Gleichnisses vom Sämann

18 Hört also, was das Gleichnis vom
Sämann bedeutet. 19 Immer wenn ein
Mensch das Wort vom Reich hört und
es nicht versteht, kommt der Böse und
nimmt alles weg, was diesem Men-

schen ins Herz gesät wurde; hier ist der
Samen auf den Weg gefallen. 20 Auf
felsigen Boden ist der Samen bei dem
gefallen, der das Wort hört und sofort
freudig aufnimmt, 21 aber keine Wurzeln
hat, sondern unbeständig ist; sobald er
um des Wortes willen bedrängt oder
verfolgt wird, kommt er zu Fall. 22 In die
Dornen ist der Samen bei dem gefallen,
der das Wort zwar hört, aber dann er-
sticken es die Sorgen dieser Welt und
der trügerische Reichtum, und es bringt
keine Frucht. 23 Auf guten Boden ist der
Samen bei dem gesät, der das Wort
hört und es auch versteht; er bringt
dann Frucht, hundertfach oder sechzig-
fach oder dreißigfach.

Das Gleichnis vom Unkraut unter dem Weizen

24 Und Jesus erzählte ihnen noch ein
anderes Gleichnis: Mit dem Himmel-
reich ist es wie mit einem Mann, der
guten Samen auf seinen Acker säte.
25 Während nun die Leute schliefen,
kam sein Feind, säte Unkraut unter den
Weizen und ging wieder weg. 26 Als die
Saat aufging und sich die Ähren
bildeten, kam auch das Unkraut zum
Vorschein. 27 Da gingen die Knechte zu
dem Gutsherrn und sagten: Herr, hast
du nicht guten Samen auf deinen Acker
gesät? Woher kommt dann das Un-
kraut? 28 Er antwortete: Das hat ein
Feind von mir getan. Da sagten die
Knechte zu ihm: Sollen wir gehen und
es ausreißen? 29 Er entgegnete: Nein,
sonst reißt ihr zusammen mit dem Un-
kraut auch den Weizen aus. 30 Lasst
beides wachsen bis zur Ernte. Wenn
dann die Zeit der Ernte da ist, werde ich
den Arbeitern sagen: Sammelt zuerst
das Unkraut und bindet es in Bündel,
um es zu verbrennen; den Weizen aber
bringt in meine Scheune.

Das Gleichnis vom Senfkorn

31 Er erzählte ihnen ein weiteres
Gleichnis und sagte: Mit dem Himmel-
reich ist es wie mit einem Senfkorn, das
ein Mann auf seinen Acker säte. 32 Es ist
das kleinste von allen Samenkörnern;
sobald es aber hochgewachsen ist, ist es
größer als die anderen Gewächse und
wird zu einem Baum, so dass die Vögel
des Himmels kommen und in seinen
Zweigen nisten.

Das Gleichnis vom Sauerteig

33 Und er erzählte ihnen noch ein
Gleichnis: Mit dem Himmelreich ist es
wie mit dem Sauerteig, den eine Frau
unter einen großen Trog Mehl misch-
te, bis das Ganze durchsäuert war.

Die Bedeutung der Gleichnisse

34 Dies alles sagte Jesus der Menschen-
menge durch Gleichnisse; er redete nur

in Gleichnissen zu ihnen. 35 Damit soll-
te sich erfüllen, was durch den Propheten gesagt worden ist:
Ich öffne meinen Mund und rede in Gleichnissen, / ich verkünde, was seit der Schöpfung verborgen war.

Die Deutung des Gleichnisses vom Unkraut

36 Dann verließ er die Menge und ging nach Hause. Und seine Jünger kamen zu ihm und sagten: Erkläre uns das Gleich-
nis vom Unkraut auf dem Acker. 37 Er
antwortete: Der Mann, der den guten
Samen sät, ist der Menschensohn; 38 der
Acker ist die Welt; der gute Samen, das sind die Söhne des Reiches; das Unkraut
sind die Söhne des Bösen; 39 der Feind,
der es gesät hat, ist der Teufel; die Ernte ist das Ende der Welt; die Arbeiter bei
dieser Ernte sind die Engel. 40 Wie nun
das Unkraut aufgesammelt und im Feuer verbrannt wird, so wird es auch am Ende
der Welt sein: 41 Der Menschensohn wird
seine Engel aussenden, und sie werden aus seinem Reich alle zusammenholen, die andere verführt und Gottes Gesetz
übertreten haben, 42 und werden sie in
den Ofen werfen, in dem das Feuer brennt. Dort werden sie heulen und mit
den Zähnen knirschen. 43 Dann werden
die Gerechten im Reich ihres Vaters wie die Sonne leuchten. Wer Ohren hat, der höre!

Die Gleichnisse vom Schatz und von der Perle

44 Mit dem Himmelreich ist es wie mit einem Schatz, der in einem Acker vergraben war. Ein Mann entdeckte ihn, grub ihn aber wieder ein. Und in seiner Freude verkaufte er alles, was er besaß,
und kaufte den Acker. 45 Auch ist es mit
dem Himmelreich wie mit einem Kauf-
mann, der schöne Perlen suchte. 46 Als
er eine besonders wertvolle Perle fand, verkaufte er alles, was er besaß, und kaufte sie.

Das Gleichnis vom Fischnetz

47 Weiter ist es mit dem Himmelreich wie mit einem Netz, das man ins Meer warf, um Fische aller Art zu fangen.
48 Als es voll war, zogen es die Fischer ans Ufer; sie setzten sich, lasen die guten Fische aus und legten sie in Körbe, die schlechten aber warfen sie weg.
49 So wird es auch am Ende der Welt sein: Die Engel werden kommen und die Bösen von den Gerechten trennen
50 und in den Ofen werfen, in dem das Feuer brennt. Dort werden sie heulen und mit den Zähnen knirschen.

Abschluss der Rede

51 Habt ihr das alles verstanden? Sie
antworteten: Ja. 52 Da sagte er zu ihnen:
Jeder Schriftgelehrte also, der ein Jün-

ger des Himmelreichs geworden ist,
gleicht einem Hausherrn, der aus sei-
nem reichen Vorrat Neues und Altes
hervorholt.
53 Als Jesus diese Gleichnisse beendet
hatte, zog er weiter.

Weitere Taten – Belehrung der Jünger

Die Ablehnung Jesu in seiner Heimat

54 Jesus kam in seine Heimatstadt und
lehrte die Menschen dort in der Sy-
nagoge. Da staunten alle und sagten:
Woher hat er diese Weisheit und die
Kraft, Wunder zu tun? 55 Ist das nicht
der Sohn des Zimmermanns? Heißt
nicht seine Mutter Maria, und sind
nicht Jakobus, Josef, Simon und Judas
seine Brüder? 56 Leben nicht alle seine
Schwestern unter uns? Woher also hat
er das alles? 57 Und sie nahmen Anstoß
an ihm und lehnten ihn ab. Da sagte
Jesus zu ihnen: Nirgends hat ein Pro-
phet so wenig Ansehen wie in seiner
Heimat und in seiner Familie. 58 Und
wegen ihres Unglaubens tat er dort nur
wenige Wunder.

Das Urteil des Herodes über Jesus

14 Zu dieser Zeit hörte der Te-
trarch Herodes, was man von
Jesus erzählte. 2 Er sagte zu seinem Ge-
folge: Das ist Johannes der Täufer. Er ist
von den Toten auferstanden; deshalb
wirken solche Kräfte in ihm.

Die Enthauptung des Täufers

3 Herodes hatte nämlich Johannes fest-
nehmen und in Ketten ins Gefängnis
werfen lassen. Schuld daran war
Herodias, die Frau seines Bruders Phi-
lippus. 4 Denn Johannes hatte zu Hero-
des gesagt: Du hattest nicht das Recht,
sie zur Frau zu nehmen. 5 Der König
wollte ihn deswegen töten lassen,
fürchtete sich aber vor dem Volk; denn
man hielt Johannes für einen Pro-
pheten. 6 Als aber der Geburtstag des
Herodes gefeiert wurde, tanzte die
Tochter der Herodias vor den Gästen.
Und sie gefiel Herodes so sehr, 7 dass er
schwor, ihr alles zu geben, was sie sich
wünschte. 8 Da sagte sie auf Drängen
ihrer Mutter: Lass mir auf einer Schale
den Kopf des Täufers Johannes her-
bringen. 9 Der König wurde traurig;
aber weil er einen Schwur geleistet
hatte – noch dazu vor allen Gästen –,
befahl er, ihr den Kopf zu bringen.
10 Und er ließ Johannes im Gefängnis
enthaupten. 11 Man brachte den Kopf
auf einer Schale und gab ihn dem Mäd-
chen, und sie brachte ihn ihrer Mutter.
12 Die Jünger des Johannes aber holten
den Leichnam und begruben ihn. Dann
gingen sie zu Jesus und berichteten
ihm alles.

Die Speisung der Fünftausend

[13] Als Jesus all das hörte, fuhr er mit
dem Boot in eine einsame Gegend, um
allein zu sein. Aber die Leute in den
Städten hörten davon und gingen ihm
zu Fuß nach.
[14] Als er ausstieg und die vielen Men-
schen sah, hatte er Mitleid mit ihnen
und heilte die Kranken, die bei ihnen
waren.
[15] Als es Abend wurde, kamen die Jün-
ger zu ihm und sagten: Der Ort ist
abgelegen, und es ist schon spät ge-
worden. Schick doch die Menschen
weg, damit sie in die Dörfer gehen und
sich etwas zu essen kaufen können.
[16] Jesus antwortete: Sie brauchen nicht
wegzugehen. Gebt ihr ihnen zu essen!
[17] Sie sagten zu ihm: Wir haben nur
fünf Brote und zwei Fische bei uns.
[18] Darauf antwortete er: Bringt sie her!
[19] Dann ordnete er an, die Leute sollten
sich ins Gras setzen. Und er nahm die
fünf Brote und die zwei Fische, blickte
zum Himmel auf, sprach den Lobpreis,
brach die Brote und gab sie den Jün-
gern; die Jünger aber gaben sie den
Leuten, [20] und alle aßen und wurden
satt. Als die Jünger die übriggeblie-
benen Brotstücke einsammelten, wurden
zwölf Körbe voll. [21] Es waren etwa fünf-
tausend Männer, die an dem Mahl teil-
nahmen, dazu noch Frauen und Kin-
der.

Der Gang Jesu auf dem Wasser

[22] Gleich darauf forderte er die Jünger
auf, ins Boot zu steigen und an das
andere Ufer vorauszufahren. Inzwischen
wollte er die Leute nach Hause schicken.
[23] Nachdem er sie weggeschickt hatte,
stieg er auf einen Berg, um in der Ein-
samkeit zu beten. Spät am Abend war er
immer noch allein auf dem Berg. [24] Das
Boot aber war schon viele Stadien vom
Land entfernt und wurde von den
Wellen hin und her geworfen; denn sie
hatten Gegenwind. [25] In der vierten
Nachtwache kam Jesus zu ihnen; er ging
auf dem See. [26] Als ihn die Jünger über
den See kommen sahen, erschraken sie,
weil sie meinten, es sei ein Gespenst,
und sie schrien vor Angst. [27] Doch Jesus
begann mit ihnen zu reden und sagte:
Habt Vertrauen, ich bin es; fürchtet euch
nicht! [28] Darauf erwiderte ihm Petrus:
Herr, wenn du es bist, so befiehl, dass ich
auf dem Wasser zu dir komme. [29] Jesus
sagte: Komm! Da stieg Petrus aus dem
Boot und ging über das Wasser auf Jesus
zu. [30] Als er aber sah, wie heftig der
Wind war, bekam er Angst und begann
unterzugehen. Er schrie: Herr, rette
mich! [31] Jesus streckte sofort die Hand
aus, ergriff ihn und sagte zu ihm: Du
Kleingläubiger, warum hast du ge-
zweifelt? [32] Und als sie ins Boot ge-
stiegen waren, legte sich der Wind.
[33] Die Jünger im Boot aber fielen vor
Jesus nieder und sagten: Wahrhaftig, du
bist Gottes Sohn.

Krankenheilungen in Gennesaret

34 Sie fuhren auf das Ufer zu und kamen
nach Gennesaret. 35 Als die Leute dort
ihn erkannten, schickten sie Boten
in die ganze Umgebung. Und man
brachte alle Kranken zu ihm 36 und bat
ihn, er möge sie wenigstens den Saum
seines Gewandes berühren lassen.
Und alle, die ihn berührten, wurden
geheilt.

Von Reinheit und Unreinheit

15 Da kamen von Jerusalem
Pharisäer und Schriftgelehrte
zu Jesus und sagten: 2 Warum miss-
achten deine Jünger die Überlieferung
der Alten? Denn sie waschen sich nicht
die Hände vor dem Essen. 3 Er entgeg-
nete ihnen: Warum missachtet denn
ihr Gottes Gebot um eurer Überliefe-
rung willen? 4 Gott hat gesagt: Ehre
Vater und Mutter!, und: Wer Vater oder
Mutter verflucht, soll mit dem Tod be-
straft werden. 5 Ihr aber lehrt: Wer zu
Vater oder Mutter sagt: Was ich dir
schulde, erkläre ich zur Opfergabe!,
6 der braucht seinen Vater oder seine
Mutter nicht mehr zu ehren. Damit
habt ihr Gottes Wort um eurer Über-
lieferung willen außer Kraft gesetzt.
7 Ihr Heuchler! Der Prophet Jesaja hatte
recht, als er über euch sagte:
8 Dieses Volk ehrt mich mit den Lippen, /
sein Herz aber ist weit weg von mir.
9 Es ist sinnlos, wie sie mich verehren; /
was sie lehren, sind Satzungen von
Menschen.
10 Und er rief die Leute zu sich und
sagte: Hört und begreift: 11 Nicht das,
was durch den Mund in den Menschen
hineinkommt, macht ihn unrein, son-
dern was aus dem Mund des Menschen
herauskommt, das macht ihn unrein.
12 Da kamen die Jünger zu ihm und
sagten: Weißt du, dass die Pharisäer
über deine Worte empört sind? 13 Er
antwortete ihnen: Jede Pflanze, die
nicht mein himmlischer Vater ge-
pflanzt hat, wird ausgerissen werden.
14 Lasst sie, es sind blinde Blinden-
führer. Und wenn ein Blinder einen
Blinden führt, werden beide in eine
Grube fallen.
15 Da sagte Petrus zu ihm: Erkläre uns
jenes rätselhafte Wort! 16 Er antworte-
te: Seid auch ihr noch immer ohne Ein-
sicht? 17 Begreift ihr nicht, dass alles,
was durch den Mund (in den Men-
schen) hineinkommt, in den Magen ge-
langt und dann wieder ausgeschieden
wird? 18 Was aber aus dem Mund he-
rauskommt, das kommt aus dem Her-
zen, und das macht den Menschen
unrein. 19 Denn aus dem Herzen kom-
men böse Gedanken, Mord, Ehebruch,
Unzucht, Diebstahl, falsche Zeugen-
aussagen und Verleumdungen. 20 Das
ist es, was den Menschen unrein macht;
aber mit ungewaschenen Händen essen
macht ihn nicht unrein.

Die Erhörung der Bitte einer heidnischen Frau

21 Von dort zog sich Jesus in das Gebiet
von Tyrus und Sidon zurück. 22 Da kam
eine kanaanäische Frau aus jener
Gegend zu ihm und rief: Hab Er-
barmen mit mir, Herr, du Sohn Davids!
Meine Tochter wird von einem Dämon
gequält. 23 Jesus aber gab ihr keine Ant-
wort. Da traten seine Jünger zu ihm
und baten: Befrei sie (von ihrer Sorge),
denn sie schreit hinter uns her. 24 Er
antwortete: Ich bin nur zu den ver-
lorenen Schafen des Hauses Israel
gesandt. 25 Doch die Frau kam, fiel vor
ihm nieder und sagte: Herr, hilf mir!
26 Er erwiderte: Es ist nicht recht, das
Brot den Kindern wegzunehmen und
den Hunden vorzuwerfen. 27 Da ent-
gegnete sie: Ja, du hast recht, Herr! Aber
selbst die Hunde bekommen von den
Brotresten, die vom Tisch ihrer Herren
fallen. 28 Darauf antwortete ihr Jesus:
Frau, dein Glaube ist groß. Was du
willst, soll geschehen. Und von dieser
Stunde an war ihre Tochter geheilt.

Die Heilung vieler Kranker

29 Jesus zog weiter und kam an den See
von Galiläa. Er stieg auf einen Berg und
setzte sich. 30 Da kamen viele Menschen
und brachten Lahme, Krüppel, Blinde,
Stumme und viele andere Kranke zu
ihm; sie legten sie vor ihn hin, und er
heilte sie. 31 Als die Menschen sahen,
dass Stumme plötzlich redeten, Krüp-
pel gesund wurden, Lahme gehen und
Blinde sehen konnten, waren sie er-
staunt und priesen den Gott Israels.

Die Speisung der Viertausend

32 Jesus rief seine Jünger zu sich und
sagte: Ich habe Mitleid mit diesen
Menschen; sie sind schon drei Tage bei
mir und haben nichts mehr zu essen.
Ich will sie nicht hungrig wegschicken,
sonst brechen sie unterwegs zu-
sammen. 33 Da sagten die Jünger zu
ihm: Wo sollen wir in dieser unbe-
wohnten Gegend so viel Brot her-
nehmen, um so viele Menschen satt zu
machen? 34 Jesus sagte zu ihnen: Wie
viele Brote habt ihr? Sie antworteten:
Sieben, und noch ein paar Fische. 35 Da
forderte er die Leute auf, sich auf den
Boden zu setzen. 36 Und er nahm die
sieben Brote und die Fische, sprach das
Dankgebet, brach die Brote und gab sie
den Jüngern, und die Jünger verteilten
sie an die Leute. 37 Und alle aßen und
wurden satt. Dann sammelte man die
übriggebliebenen Brotstücke ein, sieben
Körbe voll. 38 Es waren viertausend
Männer, die an dem Mahl teilgenom-
men hatten, dazu noch Frauen und
Kinder. 39 Danach schickte er die Menge
nach Hause, stieg ins Boot und fuhr in
die Gegend von Magadan.

Die Verweigerung eines Zeichens

16 Da kamen die Pharisäer und
Sadduzäer zu Jesus, um ihn auf
die Probe zu stellen. Sie baten ihn: Lass
uns ein Zeichen vom Himmel sehen.
2 Er antwortete ihnen:
[3] 4 Diese böse und treulose Generation
fordert ein Zeichen, aber es wird ihr
kein anderes gegeben werden als das
Zeichen des Jona. Und er ließ sie stehen
und ging weg.

Warnung vor den Pharisäern und Sadduzäern

5 Die Jünger fuhren an das andere Ufer.
Sie hatten aber vergessen, Brot mit-
zunehmen. 6 Und Jesus sagte zu ihnen:
Gebt acht, hütet euch vor dem Sauer-
teig der Pharisäer und Sadduzäer! 7 Sie
aber machten sich Gedanken und
sagten zueinander: Wir haben kein
Brot mitgenommen. 8 Als Jesus das
merkte, sagte er: Ihr Kleingläubigen,
was macht ihr euch darüber Gedanken,
dass ihr kein Brot habt? 9 Begreift ihr
immer noch nicht? Erinnert ihr euch
nicht an die fünf Brote für die Fünf-
tausend und daran, wie viele Körbe voll
ihr wieder eingesammelt habt? 10 Auch
nicht an die sieben Brote für die Vier-
tausend, und wie viele Körbe voll ihr da
eingesammelt habt? 11 Warum begreift
ihr denn nicht, dass ich nicht von Brot
gesprochen habe, als ich zu euch sagte:
Hütet euch vor dem Sauerteig der
Pharisäer und Sadduzäer? 12 Da ver-
standen sie, dass er nicht gemeint hatte,
sie sollten sich vor dem Sauerteig hü-
ten, mit dem man Brot backt, sondern
vor der Lehre der Pharisäer und Saddu-
zäer.

Das Messiasbekenntnis des Petrus und die Antwort Jesu

13 Als Jesus in das Gebiet von Cäsarea
Philippi kam, fragte er seine Jünger:
Für wen halten die Leute den Men-
schensohn? 14 Sie sagten: Die einen für
Johannes den Täufer, andere für Elija,
wieder andere für Jeremia oder sonst
einen Propheten. 15 Da sagte er zu ihnen:
Ihr aber, für wen haltet ihr mich?
16 Simon Petrus antwortete: Du bist der
Messias, der Sohn des lebendigen
Gottes! 17 Jesus sagte zu ihm: Selig bist
du, Simon Barjona; denn nicht Fleisch
und Blut haben dir das offenbart, son-
dern mein Vater im Himmel. 18 Ich aber
sage dir: Du bist Petrus, und auf diesen
Felsen werde ich meine Kirche bauen,
und die Mächte der Unterwelt werden
sie nicht überwältigen. 19 Ich werde dir
die Schlüssel des Himmelreichs geben;
was du auf Erden binden wirst, das wird
auch im Himmel gebunden sein, und
was du auf Erden lösen wirst, das wird
auch im Himmel gelöst sein. 20 Dann
befahl er den Jüngern, niemand zu
sagen, dass er der Messias sei.

Die erste Ankündigung von Leiden und Auferstehung

21 Von da an begann Jesus, seinen
Jüngern zu erklären, er müsse nach
Jerusalem gehen und von den Ältesten,
den Hohenpriestern und den Schrift-
gelehrten vieles erleiden; er werde
getötet werden, aber am dritten Tag
werde er auferstehen. 22 Da nahm ihn
Petrus beiseite und machte ihm Vor-
würfe; er sagte: Das soll Gott verhüten,
Herr! Das darf nicht mit dir ge-
schehen! 23 Jesus aber wandte sich um
und sagte zu Petrus: Weg mit dir,
Satan, geh mir aus den Augen! Du
willst mich zu Fall bringen; denn du
hast nicht das im Sinn, was Gott will,
sondern was die Menschen wollen.

Von Nachfolge und Selbstverleugnung

24 Darauf sagte Jesus zu seinen Jüngern:
Wer mein Jünger sein will, der verleug-
ne sich selbst, nehme sein Kreuz auf
sich und folge mir nach. 25 Denn wer
sein Leben retten will, wird es verlieren;
wer aber sein Leben um meinetwillen
verliert, wird es gewinnen. 26 Was nützt
es einem Menschen, wenn er die ganze
Welt gewinnt, dabei aber sein Leben
einbüßt? Um welchen Preis kann ein
Mensch sein Leben zurückkaufen?
27 Der Menschensohn wird mit seinen
Engeln in der Hoheit seines Vaters
kommen und jedem Menschen ver-
gelten, wie es seine Taten verdienen.
28 Amen, ich sage euch: Von denen, die
hier stehen, werden einige den Tod
nicht erleiden, bis sie den Menschen-
sohn in seiner königlichen Macht
kommen sehen.

Die Verklärung Jesu

17 Sechs Tage danach nahm Jesus
Petrus, Jakobus und dessen
Bruder Johannes beiseite und führte sie
auf einen hohen Berg. 2 Und er wurde
vor ihren Augen verwandelt; sein Ge-
sicht leuchtete wie die Sonne, und seine
Kleider wurden blendend weiß wie das
Licht. 3 Da erschienen plötzlich vor
ihren Augen Mose und Elija und rede-
ten mit Jesus. 4 Und Petrus sagte zu
ihm: Herr, es ist gut, dass wir hier sind.
Wenn du willst, werde ich hier drei
Hütten bauen, eine für dich, eine für
Mose und eine für Elija.
5 Noch während er redete, warf eine
leuchtende Wolke ihren Schatten auf
sie, und aus der Wolke rief eine
Stimme: Das ist mein geliebter Sohn,
an dem ich Gefallen gefunden habe;
auf ihn sollt ihr hören. 6 Als die Jünger
das hörten, bekamen sie große Angst
und warfen sich mit dem Gesicht zu
Boden. 7 Da trat Jesus zu ihnen, fasste
sie an und sagte: Steht auf, habt keine
Angst! 8 Und als sie aufblickten, sahen
sie nur noch Jesus.
9 Während sie den Berg hinabstiegen,
gebot ihnen Jesus: Erzählt niemand

von dem, was ihr gesehen habt, bis der
Menschensohn von den Toten aufer-
standen ist.

Von der Wiederkunft des Elija

10 Da fragten ihn die Jünger: Warum
sagen denn die Schriftgelehrten, zuerst
müsse Elija kommen? 11 Er gab zur Ant-
wort: Ja, Elija kommt, und er wird alles
wiederherstellen. 12 Ich sage euch aber:
Elija ist schon gekommen, doch sie
haben ihn nicht erkannt, sondern mit
ihm gemacht, was sie wollten. Ebenso
wird auch der Menschensohn durch sie
leiden müssen.
13 Da verstanden die Jünger, dass er von
Johannes dem Täufer sprach.

Die Heilung eines mondsüchtigen Jungen

14 Als sie zurückkamen, begegneten sie
einer großen Zahl von Menschen. Da
trat ein Mann auf ihn zu, fiel vor ihm
auf die Knie 15 und sagte: Herr, hab Er-
barmen mit meinem Sohn! Er ist
mondsüchtig und hat schwer zu leiden.
Immer wieder fällt er ins Feuer oder ins
Wasser. 16 Ich habe ihn schon zu deinen
Jüngern gebracht, aber sie konnten ihn
nicht heilen. 17 Da sagte Jesus: O du un-
gläubige und unbelehrbare Genera-
tion! Wie lange muss ich noch bei euch
sein? Wie lange muss ich euch noch er-
tragen? Bringt ihn her zu mir! 18 Dann
drohte Jesus dem Dämon. Der Dämon
verließ den Jungen, und der Junge war
von diesem Augenblick an geheilt.
19 Als die Jünger mit Jesus allein waren,
wandten sie sich an ihn und fragten:
Warum konnten denn wir den Dämon
nicht austreiben? 20 Er antwortete: Weil
euer Glaube so klein ist. Amen, das sage
ich euch: Wenn euer Glaube auch nur
so groß ist wie ein Senfkorn, dann
werdet ihr zu diesem Berg sagen: Rück
von hier nach dort!, und er wird weg-
rücken. Nichts wird euch unmöglich
sein. [21]

Die zweite Ankündigung von Leiden und Auferstehung

22 Als sie in Galiläa zusammenwaren,
sagte Jesus zu ihnen: Der Menschen-
sohn wird den Menschen ausgeliefert
werden, 23 und sie werden ihn töten;
aber am dritten Tag wird er auferste-
hen. Da wurden sie sehr traurig.

Von der Tempelsteuer

24 Als Jesus und die Jünger nach
Kafarnaum kamen, gingen die Männer,
die die Tempelsteuer einzogen, zu
Petrus und fragten: Zahlt euer Meister
die Doppeldrachme nicht? 25 Er ant-
wortete: Doch! Als er dann ins Haus
hineinging, kam ihm Jesus mit der
Frage zuvor: Was meinst du, Simon,
von wem erheben die Könige dieser

Welt Zölle und Steuern? Von ihren ei-
genen Söhnen oder von den anderen
Leuten? 26 Als Petrus antwortete: Von
den anderen!, sagte Jesus zu ihm: Also
sind die Söhne frei. 27 Damit wir aber
bei niemand Anstoß erregen, geh an
den See und wirf die Angel aus; den
ersten Fisch, den du heraufholst,
nimm, öffne ihm das Maul, und du
wirst ein Vierdrachmenstück finden.
Das gib den Männern als Steuer für
mich und für dich.

Die Rede über das Leben in der Gemeinde

Der Rangstreit der Jünger

18 In jener Stunde kamen die
Jünger zu Jesus und fragten:
Wer ist im Himmelreich der Größte?
2 Da rief er ein Kind herbei, stellte es in
ihre Mitte 3 und sagte: Amen, das sage
ich euch: Wenn ihr nicht umkehrt und
wie die Kinder werdet, könnt ihr nicht
in das Himmelreich kommen. 4 Wer so
klein sein kann wie dieses Kind, der ist
im Himmelreich der Größte. 5 Und wer
ein solches Kind um meinetwillen auf-
nimmt, der nimmt mich auf.

Warnung vor der Verführung und der Verachtung von Jüngern

6 Wer einen von diesen Kleinen, die an
mich glauben, zum Bösen verführt, für
den wäre es besser, wenn er mit einem
Mühlstein um den Hals im tiefen Meer
versenkt würde. 7 Wehe der Welt mit
ihrer Verführung! Es muss zwar Ver-
führung geben; doch wehe dem Men-
schen, der sie verschuldet.
8 Wenn dich deine Hand oder dein Fuß
zum Bösen verführt, dann hau sie ab
und wirf sie weg! Es ist besser für dich,
verstümmelt oder lahm in das Leben zu
gelangen, als mit zwei Händen und
zwei Füßen in das ewige Feuer gewor-
fen zu werden. 9 Und wenn dich dein
Auge zum Bösen verführt, dann reiß es
aus und wirf es weg! Es ist besser für
dich, einäugig in das Leben zu ge-
langen, als mit zwei Augen in das Feuer
der Hölle geworfen zu werden. 10 Hütet
euch davor, einen von diesen Kleinen
zu verachten! Denn ich sage euch: Ihre
Engel im Himmel sehen stets das
Angesicht meines himmlischen Vaters.
[11]

Das Gleichnis vom verlorenen Schaf

12 Was meint ihr? Wenn jemand
hundert Schafe hat und eines von
ihnen sich verirrt, lässt er dann nicht
die neunundneunzig auf den Bergen
zurück und sucht das verirrte? 13 Und
wenn er es findet – amen, ich sage euch:
er freut sich über dieses eine mehr als
über die neunundneunzig, die sich
nicht verirrt haben. 14 So will auch euer
himmlischer Vater nicht, dass einer von
diesen Kleinen verloren geht.

Von der Verantwortung für den Bruder
15 Wenn dein Bruder sündigt, dann geh
zu ihm und weise ihn unter vier Augen
zurecht. Hört er auf dich, so hast du
deinen Bruder zurückgewonnen.
16 Hört
er aber nicht auf dich, dann nimm
einen oder zwei Männer mit, denn jede
Sache muss durch die Aussage von zwei
oder drei Zeugen entschieden werden.
17 Hört er auch auf sie nicht, dann sag es
der Gemeinde. Hört er aber auch auf
die Gemeinde nicht, dann sei er für
dich wie ein Heide oder ein Zöllner.
18 Amen, ich sage euch: Alles, was ihr
auf Erden binden werdet, das wird
auch im Himmel gebunden sein, und
alles, was ihr auf Erden lösen werdet,
das wird auch im Himmel gelöst sein.
19 Weiter sage ich euch: Alles, was zwei
von euch auf Erden gemeinsam erbit-
ten, werden sie von meinem himm-
lischen Vater erhalten.
20 Denn wo zwei
oder drei in meinem Namen versam-
melt sind, da bin ich mitten unter
ihnen.

Von der Pflicht zur Vergebung
21 Da trat Petrus zu ihm und fragte:
Herr, wie oft muss ich meinem Bruder
vergeben, wenn er sich gegen mich ver-
sündigt? Siebenmal?
22 Jesus sagte zu
ihm: Nicht siebenmal, sondern sieben-
undsiebzigmal.

Das Gleichnis vom unbarmherzigen Gläubiger
23 Mit dem Himmelreich ist es deshalb
wie mit einem König, der beschloss,
von seinen Dienern Rechenschaft zu
verlangen.
24 Als er nun mit der Ab-
rechnung begann, brachte man einen
zu ihm, der ihm zehntausend Talente
schuldig war.
25 Weil er aber das Geld
nicht zurückzahlen konnte, befahl der
Herr, ihn mit Frau und Kindern und
allem, was er besaß, zu verkaufen und
so die Schuld zu begleichen.
26 Da fiel
der Diener vor ihm auf die Knie und
bat: Hab Geduld mit mir! Ich werde dir
alles zurückzahlen.
27 Der Herr hatte
Mitleid mit dem Diener, ließ ihn gehen
und schenkte ihm die Schuld.
28 Als nun der Diener hinausging, traf
er einen anderen Diener seines Herrn,
der ihm hundert Denare schuldig war.
Er packte ihn, würgte ihn und rief:
Bezahl, was du mir schuldig bist!
29 Da fiel der andere vor ihm nieder und
flehte: Hab Geduld mit mir! Ich werde
es dir zurückzahlen.
30 Er aber wollte
nicht, sondern ging weg und ließ ihn
ins Gefängnis werfen, bis er die Schuld
bezahlt habe.
31 Als die übrigen Diener
das sahen, waren sie sehr betrübt; sie
gingen zu ihrem Herrn und berich-
teten ihm alles, was geschehen war.
32 Da ließ ihn sein Herr rufen und sagte
zu ihm: Du elender Diener! Deine gan-

ze Schuld habe ich dir erlassen, weil du
mich so angefleht hast. 33 Hättest nicht
auch du mit jenem, der gemeinsam mit
dir in meinem Dienst steht, Erbarmen
haben müssen, so wie ich mit dir Er-
barmen hatte? 34 Und in seinem Zorn
übergab ihn der Herr den Folterknech-
ten, bis er die ganze Schuld bezahlt
habe. 35 Ebenso wird mein himmlischer
Vater jeden von euch behandeln, der
seinem Bruder nicht von ganzem
Herzen vergibt.

Jesu Wirken in Judäa und in Jerusalem

Der Weg nach Jerusalem

Aufbruch nach Judäa

19 Als Jesus diese Reden beendet
hatte, verließ er Galiläa und
zog in das Gebiet von Judäa jenseits des
Jordan. 2 Viele Menschen folgten ihm
dorthin, und er heilte sie.

Von Ehescheidung und Ehelosigkeit

3 Da kamen Pharisäer zu ihm, die ihm
eine Falle stellen wollten, und fragten:
Darf man seine Frau aus jedem
beliebigen Grund aus der Ehe ent-
lassen? 4 Er antwortete: Habt ihr nicht
gelesen, dass der Schöpfer die Men-
schen am Anfang als Mann und Frau
geschaffen hat 5 und dass er gesagt hat:
Darum wird der Mann Vater und
Mutter verlassen und sich an seine Frau
binden, und die zwei werden ein
Fleisch sein? 6 Sie sind also nicht mehr
zwei, sondern eins. Was aber Gott ver-
bunden hat, das darf der Mensch nicht
trennen. 7 Da sagten sie zu ihm: Wozu
hat dann Mose vorgeschrieben, dass
man (der Frau) eine Scheidungsur-
kunde geben muss, wenn man sich
trennen will? 8 Er antwortete: Nur weil
ihr so hartherzig seid, hat Mose euch
erlaubt, eure Frauen aus der Ehe zu ent-
lassen. Am Anfang war das nicht so.
9 Ich sage euch: Wer seine Frau entlässt,
obwohl kein Fall von Unzucht vorliegt,
und eine andere heiratet, der begeht
Ehebruch.

10 Da sagten die Jünger zu ihm: Wenn
das die Stellung des Mannes in der Ehe
ist, dann ist es nicht gut zu heiraten.
11 Jesus sagte zu ihnen: Nicht alle
können dieses Wort erfassen, sondern
nur die, denen es gegeben ist. 12 Denn
es ist so: Manche sind von Geburt an
zur Ehe unfähig, manche sind von den
Menschen dazu gemacht, und manche
haben sich selbst dazu gemacht – um
des Himmelreiches willen. Wer das
erfassen kann, der erfasse es.

Die Segnung der Kinder

13 Da brachte man Kinder zu ihm, da-
mit er ihnen die Hände auflegte und

für sie betete. Die Jünger aber wiesen
die Leute schroff ab. 14 Doch Jesus sagte:
Lasst die Kinder zu mir kommen; hin-
dert sie nicht daran! Denn Menschen
wie ihnen gehört das Himmelreich.
15 Dann legte er ihnen die Hände auf
und zog weiter.

Von Reichtum und Nachfolge

16 Es kam ein Mann zu Jesus und fragte:
Meister, was muss ich Gutes tun, um
das ewige Leben zu gewinnen? 17 Er
antwortete: Was fragst du mich nach
dem Guten? Nur einer ist »der Gute«.
Wenn du aber das Leben erlangen
willst, halte die Gebote! 18 Darauf fragte
er ihn: Welche? Jesus antwortete: Du
sollst nicht töten, du sollst nicht die
Ehe brechen, du sollst nicht stehlen, du
sollst nicht falsch aussagen; 19 ehre
Vater und Mutter! Und: Du sollst
deinen Nächsten lieben wie dich
selbst! 20 Der junge Mann erwiderte
ihm: Alle diese Gebote habe ich be-
folgt. Was fehlt mir jetzt noch? 21 Jesus
antwortete ihm: Wenn du vollkommen
sein willst, geh, verkauf deinen Besitz
und gib das Geld den Armen; so wirst
du einen bleibenden Schatz im Him-
mel haben; dann komm und folge mir
nach. 22 Als der junge Mann das hörte,
ging er traurig weg; denn er hatte ein
großes Vermögen. 23 Da sagte Jesus zu
seinen Jüngern: Amen, das sage ich
euch: Ein Reicher wird nur schwer in
das Himmelreich kommen. 24 Noch-
mals sage ich euch: Eher geht ein Kamel
durch ein Nadelöhr, als dass ein Rei-
cher in das Reich Gottes gelangt. 25 Als
die Jünger das hörten, erschraken sie
sehr und sagten: Wer kann dann noch
gerettet werden? 26 Jesus sah sie an und
sagte zu ihnen: Für Menschen ist das
unmöglich, für Gott aber ist alles mög-
lich.
27 Da antwortete Petrus: Du weißt, wir
haben alles verlassen und sind dir
nachgefolgt. Was werden wir dafür be-
kommen? 28 Jesus erwiderte ihnen:
Amen, ich sage euch: Wenn die Welt
neu geschaffen wird und der Men-
schensohn sich auf den Thron der Herr-
lichkeit setzt, werdet ihr, die ihr mir
nachgefolgt seid, auf zwölf Thronen
sitzen und die zwölf Stämme Israels
richten. 29 Und jeder, der um meines
Namens willen Häuser oder Brüder,
Schwestern, Vater, Mutter, Kinder oder
Äcker verlassen hat, wird dafür das
Hundertfache erhalten und das ewige
Leben gewinnen. 30 Viele aber, die jetzt
die Ersten sind, werden dann die
Letzten sein, und die Letzten werden
die Ersten sein.

Das Gleichnis von den Arbeitern im Weinberg

20 Denn mit dem Himmelreich
ist es wie mit einem Guts-
besitzer, der früh am Morgen sein Haus

verließ, um Arbeiter für seinen Wein-
berg anzuwerben. 2 Er einigte sich mit
den Arbeitern auf einen Denar für den
Tag und schickte sie in seinen Wein-
berg. 3 Um die dritte Stunde ging er
wieder auf den Markt und sah andere
dastehen, die keine Arbeit hatten. 4 Er
sagte zu ihnen: Geht auch ihr in mei-
nen Weinberg! Ich werde euch geben,
was recht ist. 5 Und sie gingen. Um die
sechste und um die neunte Stunde ging
der Gutsherr wieder auf den Markt und
machte es ebenso. 6 Als er um die elfte
Stunde noch einmal hinging, traf er
wieder einige, die dort herumstanden.
Er sagte zu ihnen: Was steht ihr hier
den ganzen Tag untätig herum? 7 Sie
antworteten: Niemand hat uns ange-
worben. Da sagte er zu ihnen: Geht
auch ihr in meinen Weinberg! 8 Als es
nun Abend geworden war, sagte der
Besitzer des Weinbergs zu seinem Ver-
walter: Ruf die Arbeiter, und zahl ihnen
den Lohn aus, angefangen bei den
letzten, bis hin zu den ersten. 9 Da
kamen die Männer, die er um die elfte
Stunde angeworben hatte, und jeder
erhielt einen Denar. 10 Als dann die
ersten an der Reihe waren, glaubten sie,
mehr zu bekommen. Aber auch sie
erhielten nur einen Denar. 11 Da be-
gannen sie, über den Gutsherrn zu
murren, 12 und sagten: Diese letzten
haben nur eine Stunde gearbeitet, und
du hast sie uns gleich gestellt; wir aber
haben den ganzen Tag über die Last der
Arbeit und die Hitze ertragen. 13 Da er-
widerte er einem von ihnen: Mein
Freund, dir geschieht kein Unrecht.
Hast du nicht einen Denar mit mir ver-
einbart? 14 Nimm dein Geld und geh!
Ich will dem letzten ebenso viel geben
wie dir. 15 Darf ich mit dem, was mir ge-
hört, nicht tun, was ich will? Oder bist
du neidisch, weil ich (zu anderen)
gütig bin? 16 So werden die Letzten die
Ersten sein und die Ersten die Letzten.

Die dritte Ankündigung von Leiden und Auferstehung

17 Als Jesus nach Jerusalem hinaufzog,
nahm er unterwegs die zwölf Jünger
beiseite und sagte zu ihnen: 18 Wir
gehen jetzt nach Jerusalem hinauf; dort
wird der Menschensohn den Hohen-
priestern und Schriftgelehrten aus-
geliefert; sie werden ihn zum Tod ver-
urteilen 19 und den Heiden übergeben,
damit er verspottet, gegeißelt und ge-
kreuzigt wird; aber am dritten Tag wird
er auferstehen.

Vom Herrschen und vom Dienen

20 Damals kam die Frau des Zebedäus
mit ihren Söhnen zu Jesus und fiel vor
ihm nieder, weil sie ihn um etwas
bitten wollte. 21 Er fragte sie: Was willst
du? Sie antwortete: Versprich, dass
meine beiden Söhne in deinem Reich
rechts und links neben dir sitzen

dürfen. 22 Jesus erwiderte: Ihr wisst
nicht, um was ihr bittet. Könnt ihr den
Kelch trinken, den ich trinken werde?
Sie sagten zu ihm: Wir können es. 23 Da
antwortete er ihnen: Ihr werdet meinen
Kelch trinken; doch den Platz zu
meiner Rechten und zu meiner Linken
habe nicht ich zu vergeben; dort wer-
den die sitzen, für die mein Vater diese
Plätze bestimmt hat.
24 Als die zehn anderen Jünger das
hörten, wurden sie sehr ärgerlich über
die beiden Brüder. 25 Da rief Jesus sie zu
sich und sagte: Ihr wisst, dass die Herr-
scher ihre Völker unterdrücken und die
Mächtigen ihre Macht über die Men-
schen missbrauchen. 26 Bei euch soll es
nicht so sein, sondern wer bei euch
groß sein will, der soll euer Diener sein,
27 und wer bei euch der Erste sein will,
soll euer Sklave sein. 28 Denn auch der
Menschensohn ist nicht gekommen,
um sich dienen zu lassen, sondern um
zu dienen und sein Leben hinzugeben
als Lösegeld für viele.

Die Heilung von zwei Blinden bei Jericho

29 Als sie Jericho verließen, folgte ihm
eine große Zahl von Menschen. 30 An
der Straße aber saßen zwei Blinde, und
als sie hörten, dass Jesus vorbeikam,
riefen sie laut: Herr, Sohn Davids, hab
Erbarmen mit uns! 31 Die Leute aber
wurden ärgerlich und befahlen ihnen
zu schweigen. Sie aber schrien noch
lauter: Herr, Sohn Davids, hab Er-
barmen mit uns! 32 Jesus blieb stehen,
rief sie zu sich und sagte: Was soll ich
euch tun? 33 Sie antworteten: Herr, wir
möchten, dass unsere Augen geöffnet
werden. 34 Da hatte Jesus Mitleid mit
ihnen und berührte ihre Augen. Im
gleichen Augenblick konnten sie wie-
der sehen, und sie folgten ihm.

Die Auseinandersetzung mit den Gegnern in Jerusalem

Der Einzug in Jerusalem

21 Als sich Jesus mit seinen Be-
gleitern Jerusalem näherte
und nach Betfage am Ölberg kam,
schickte er zwei Jünger voraus 2 und
sagte zu ihnen: Geht in das Dorf, das
vor euch liegt; dort werdet ihr eine
Eselin angebunden finden und ein
Fohlen bei ihr. Bindet sie los, und
bringt sie zu mir! 3 Und wenn euch
jemand zur Rede stellt, dann sagt: Der
Herr braucht sie, er lässt sie aber bald
zurückbringen.
4 Das ist geschehen, damit sich erfüllte,
was durch den Propheten gesagt
worden ist:
5 Sagt der Tochter Zion: / Siehe, dein
König kommt zu dir. / Er ist friedfer-
tig, / und er reitet auf einer Eselin / und
auf einem Fohlen, / dem Jungen eines
Lasttiers.

[6] Die Jünger gingen und taten, was
Jesus ihnen aufgetragen hatte. [7] Sie
brachten die Eselin und das Fohlen,
legten ihre Kleider auf sie, und er setzte
sich darauf. [8] Viele Menschen breiteten
ihre Kleider auf der Straße aus, andere
schnitten Zweige von den Bäumen und
streuten sie auf den Weg. [9] Die Leute
aber, die vor ihm hergingen und die
ihm folgten, riefen:
Hosanna dem Sohn Davids! / Geseg-
net sei er, der kommt im Namen des
Herrn. / Hosanna in der Höhe!
[10] Als er in Jerusalem einzog, geriet die
ganze Stadt in Aufregung, und man
fragte: Wer ist das? [11] Die Leute sagten:
Das ist der Prophet Jesus von Nazaret
in Galiläa.

Die Tempelreinigung

[12] Jesus ging in den Tempel und trieb
alle Händler und Käufer aus dem
Tempel hinaus; er stieß die Tische der
Geldwechsler und die Stände der
Taubenhändler um [13] und sagte: In der
Schrift steht: Mein Haus soll ein Haus
des Gebetes sein. Ihr aber macht daraus
eine Räuberhöhle. [14] Im Tempel kamen
Lahme und Blinde zu ihm, und er
heilte sie. [15] Als nun die Hohenpriester
und die Schriftgelehrten die Wunder
sahen, die er tat, und die Kinder im
Tempel rufen hörten: Hosanna dem
Sohn Davids!, da wurden sie ärgerlich
[16] und sagten zu ihm: Hörst du, was sie
rufen? Jesus antwortete ihnen: Ja, ich
höre es. Habt ihr nie gelesen: Aus dem
Mund der Kinder und Säuglinge
schaffst du dir Lob? [17] Und er ließ sie
stehen und ging aus der Stadt hinaus
nach Betanien; dort übernachtete er.

Die Verfluchung eines Feigenbaums

[18] Als er am Morgen in die Stadt zu-
rückkehrte, hatte er Hunger. [19] Da sah
er am Weg einen Feigenbaum und ging
auf ihn zu, fand aber nur Blätter daran.
Da sagte er zu ihm: In Ewigkeit soll
keine Frucht mehr an dir wachsen. Und
der Feigenbaum verdorrte auf der
Stelle. [20] Als die Jünger das sahen,
fragten sie erstaunt: Wie konnte der
Feigenbaum so plötzlich verdorren?
[21] Jesus antwortete ihnen: Amen, das
sage ich euch: Wenn ihr Glauben habt
und nicht zweifelt, dann werdet ihr
nicht nur das vollbringen, was ich mit
dem Feigenbaum getan habe; selbst
wenn ihr zu diesem Berg sagt: Heb dich
empor, und stürz dich ins Meer!, wird
es geschehen. [22] Und alles, was ihr im
Gebet erbittet, werdet ihr erhalten,
wenn ihr glaubt.

Die Frage nach der Vollmacht Jesu

[23] Als er in den Tempel ging und dort
lehrte, kamen die Hohenpriester und
die Ältesten des Volkes zu ihm und
fragten: Mit welchem Recht tust du das

alles? Wer hat dir dazu die Vollmacht
gegeben? 24 Jesus antwortete ihnen:
Auch ich will euch eine Frage stellen.
Wenn ihr mir darauf antwortet, dann
werde ich euch sagen, mit welchem
Recht ich das tue. 25 Woher stammte
die Taufe des Johannes? Vom Himmel
oder von den Menschen? Da über-
legten sie und sagten zueinander:
Wenn wir antworten: Vom Himmel!,
so wird er zu uns sagen: Warum habt
ihr ihm dann nicht geglaubt? 26 Wenn
wir aber antworten: Von den Men-
schen!, dann müssen wir uns vor den
Leuten fürchten; denn alle halten Jo-
hannes für einen Propheten. 27 Darum
antworteten sie Jesus: Wir wissen es
nicht. Da erwiderte er: Dann sage auch
ich euch nicht, mit welchem Recht ich
das alles tue.

Das Gleichnis von den ungleichen Söhnen

28 Was meint ihr? Ein Mann hatte zwei
Söhne. Er ging zum ersten und sagte:
Mein Sohn, geh und arbeite heute im
Weinberg! 29 Er antwortete: Ja, Herr!,
ging aber nicht. 30 Da wandte er sich an
den zweiten Sohn und sagte zu ihm
dasselbe. Dieser antwortete: Ich will
nicht. Später aber reute es ihn, und er
ging doch. 31 Wer von den beiden hat
den Willen seines Vaters erfüllt? Sie
antworteten: Der zweite. Da sagte Jesus
zu ihnen: Amen, das sage ich euch:
Zöllner und Dirnen gelangen eher in
das Reich Gottes als ihr. 32 Denn Jo-
hannes ist gekommen, um euch den
Weg der Gerechtigkeit zu zeigen, und
ihr habt ihm nicht geglaubt; aber die
Zöllner und die Dirnen haben ihm ge-
glaubt. Ihr habt es gesehen, und doch
habt ihr nicht bereut und ihm nicht ge-
glaubt.

Das Gleichnis von den bösen Winzern

33 Hört noch ein anderes Gleichnis: Es
war ein Gutsbesitzer, der legte einen
Weinberg an, zog ringsherum einen
Zaun, hob eine Kelter aus und baute
einen Turm. Dann verpachtete er den
Weinberg an Winzer und reiste in ein
anderes Land. 34 Als nun die Erntezeit
kam, schickte er seine Knechte zu den
Winzern, um seinen Anteil an den
Früchten holen zu lassen. 35 Die Winzer
aber packten seine Knechte; den einen
prügelten sie, den andern brachten sie
um, einen dritten steinigten sie. 36 Da-
rauf schickte er andere Knechte, mehr
als das erstemal; mit ihnen machten sie
es genauso. 37 Zuletzt sandte er seinen
Sohn zu ihnen; denn er dachte: Vor
meinem Sohn werden sie Achtung
haben. 38 Als die Winzer den Sohn
sahen, sagten sie zueinander: Das ist
der Erbe. Auf, wir wollen ihn töten, da-
mit wir seinen Besitz erben. 39 Und sie
packten ihn, warfen ihn aus dem Wein-
berg hinaus und brachten ihn um.

[40] Wenn nun der Besitzer des Wein-
bergs kommt: Was wird er mit solchen
Winzern tun? [41] Sie sagten zu ihm: Er
wird diesen bösen Menschen ein böses
Ende bereiten und den Weinberg an
andere Winzer verpachten, die ihm die
Früchte abliefern, wenn es Zeit dafür
ist. [42] Und Jesus sagte zu ihnen: Habt ihr
nie in der Schrift gelesen:
Der Stein, den die Bauleute verworfen
haben, / er ist zum Eckstein gewor-
den; / das hat der Herr vollbracht, / vor
unseren Augen geschah dieses Wun-
der?
[44] Und wer auf diesen Stein fällt, der
wird zerschellen; auf wen der Stein aber
fällt, den wird er zermalmen. [43] Darum
sage ich euch: Das Reich Gottes wird
euch weggenommen und einem Volk
gegeben werden, das die erwarteten
Früchte bringt.
[45] Als die Hohenpriester und die
Pharisäer seine Gleichnisse hörten,
merkten sie, dass er von ihnen sprach.
[46] Sie hätten ihn gern verhaften lassen;
aber sie fürchteten sich vor den Leuten,
weil alle ihn für einen Propheten
hielten.

Das Gleichnis vom königlichen Hochzeitsmahl

22 Jesus erzählte ihnen noch ein
anderes Gleichnis: [2] Mit dem
Himmelreich ist es wie mit einem
König, der die Hochzeit seines Sohnes
vorbereitete. [3] Er schickte seine Diener,
um die eingeladenen Gäste zur Hoch-
zeit rufen zu lassen. Sie aber wollten
nicht kommen. [4] Da schickte er noch
einmal Diener und trug ihnen auf: Sagt
den Eingeladenen: Mein Mahl ist fertig,
die Ochsen und das Mastvieh sind ge-
schlachtet, alles ist bereit. Kommt zur
Hochzeit! [5] Sie aber kümmerten sich
nicht darum, sondern der eine ging auf
seinen Acker, der andere in seinen
Laden, [6] wieder andere fielen über seine
Diener her, misshandelten sie und
brachten sie um. [7] Da wurde der König
zornig; er schickte sein Heer, ließ die
Mörder töten und ihre Stadt in Schutt
und Asche legen. [8] Dann sagte er zu
seinen Dienern: Das Hochzeitsmahl ist
vorbereitet, aber die Gäste waren es
nicht wert (eingeladen zu werden).
[9] Geht also hinaus auf die Straßen und
ladet alle, die ihr trefft, zur Hochzeit
ein. [10] Die Diener gingen auf die
Straßen hinaus und holten alle zu-
sammen, die sie trafen, Böse und Gute,
und der Festsaal füllte sich mit Gästen.
[11] Als sie sich gesetzt hatten und der
König eintrat, um sich die Gäste an-
zusehen, bemerkte er unter ihnen
einen Mann, der kein Hochzeitsge-
wand anhatte. [12] Er sagte zu ihm: Mein
Freund, wie konntest du hier ohne
Hochzeitsgewand erscheinen? Darauf
wusste der Mann nichts zu sagen. [13] Da
befahl der König seinen Dienern: Bin-
det ihm Hände und Füße, und werft

ihn hinaus in die äußerste Finsternis!
Dort wird er heulen und mit den Zäh-
nen knirschen. 14 Denn viele sind geru-
fen, aber nur wenige auserwählt.

Die Frage nach der kaiserlichen Steuer

15 Damals kamen die Pharisäer zu-
sammen und beschlossen, Jesus mit
einer Frage eine Falle zu stellen. 16 Sie
veranlassten ihre Jünger, zusammen
mit den Anhängern des Herodes zu
ihm zu gehen und zu sagen: Meister,
wir wissen, dass du immer die Wahr-
heit sagst und wirklich den Weg Gottes
lehrst, ohne auf jemand Rücksicht zu
nehmen; denn du siehst nicht auf die
Person. 17 Sag uns also: Ist es nach
deiner Meinung erlaubt, dem Kaiser
Steuer zu zahlen, oder nicht? 18 Jesus
aber erkannte ihre böse Absicht und
sagte: Ihr Heuchler, warum stellt ihr
mir eine Falle? 19 Zeigt mir die Münze,
mit der ihr eure Steuern bezahlt! Da
hielten sie ihm einen Denar hin. 20 Er
fragte sie: Wessen Bild und Aufschrift
ist das? 21 Sie antworteten: Des Kaisers.
Darauf sagte er zu ihnen: So gebt dem
Kaiser, was dem Kaiser gehört, und
Gott, was Gott gehört! 22 Als sie das
hörten, waren sie sehr überrascht,
wandten sich um und gingen weg.

Die Frage nach der Auferstehung der Toten

23 Am selben Tag kamen zu Jesus einige
von den Sadduzäern, die behaupten, es
gebe keine Auferstehung. Sie fragten
ihn: 24 Meister, Mose hat gesagt: Wenn
ein Mann stirbt, ohne Kinder zu haben,
dann soll sein Bruder dessen Frau hei-
raten und seinem Bruder Nachkom-
men verschaffen. 25 Bei uns lebten ein-
mal sieben Brüder. Der erste heiratete
und starb, und weil er keine Nach-
kommen hatte, hinterließ er seine Frau
seinem Bruder, 26 ebenso der zweite
und der dritte und so weiter bis zum
siebten. 27 Als letzte von allen starb die
Frau. 28 Wessen Frau wird sie nun bei
der Auferstehung sein? Alle sieben
haben sie doch zur Frau gehabt. 29 Jesus
antwortete ihnen: Ihr irrt euch; ihr
kennt weder die Schrift noch die Macht
Gottes. 30 Denn nach der Auferstehung
werden die Menschen nicht mehr hei-
raten, sondern sein wie die Engel im
Himmel. 31 Habt ihr im übrigen nicht
gelesen, was Gott euch über die Auf-
erstehung der Toten mit den Worten
gesagt hat: 32 Ich bin der Gott Abra-
hams, der Gott Isaaks und der Gott
Jakobs? Er ist doch nicht der Gott der
Toten, sondern der Gott der Lebenden.
33 Als das Volk das hörte, war es über
seine Lehre bestürzt.

Die Frage nach dem wichtigsten Gebot

34 Als die Pharisäer hörten, dass Jesus
die Sadduzäer zum Schweigen ge-
bracht hatte, kamen sie (bei ihm) zu-
sammen. 35 Einer von ihnen, ein Ge-
setzeslehrer, wollte ihn auf die Probe
stellen und fragte ihn: 36 Meister, wel-
ches Gebot im Gesetz ist das wichtig-
ste? 37 Er antwortete ihm: Du sollst den
Herrn, deinen Gott, lieben mit ganzem
Herzen, mit ganzer Seele und mit all
deinen Gedanken. 38 Das ist das wich-
tigste und erste Gebot. 39 Ebenso wich-
tig ist das zweite: Du sollst deinen
Nächsten lieben wie dich selbst. 40 An
diesen beiden Geboten hängt das gan-
ze Gesetz samt den Propheten.

Die Frage nach dem Messias

41 Danach fragte Jesus die Pharisäer, die
bei ihm versammelt waren: 42 Was
denkt ihr über den Messias? Wessen
Sohn ist er? Sie antworteten ihm: Der
Sohn Davids. 43 Er sagte zu ihnen: Wie
kann ihn dann David, vom Geist (Got-
tes) erleuchtet, »Herr« nennen? Denn
er sagt: 44 Der Herr sprach zu meinem
Herrn: Setze dich mir zur Rechten, und
ich lege dir deine Feinde unter die
Füße. 45 Wenn ihn also David »Herr«
nennt, wie kann er dann Davids Sohn
sein? 46 Niemand konnte ihm darauf
etwas erwidern, und von diesem Tag an
wagte keiner mehr, ihm eine Frage zu
stellen.

Worte gegen die Schriftgelehrten und die Pharisäer

23 Darauf wandte sich Jesus an
das Volk und an seine Jünger
2 und sagte: Die Schriftgelehrten und
die Pharisäer haben sich auf den Stuhl
des Mose gesetzt. 3 Tut und befolgt also
alles, was sie euch sagen, aber richtet
euch nicht nach dem, was sie tun; denn
sie reden nur, tun selbst aber nicht, was
sie sagen. 4 Sie schnüren schwere Lasten
zusammen und legen sie den Men-
schen auf die Schultern, wollen selber
aber keinen Finger rühren, um die
Lasten zu tragen. 5 Alles, was sie tun,
tun sie nur, damit die Menschen es
sehen: Sie machen ihre Gebetsriemen
breit und die Quasten an ihren Ge-
wändern lang, 6 bei jedem Festmahl
möchten sie den Ehrenplatz und in der
Synagoge die vordersten Sitze haben,
7 und auf den Straßen und Plätzen lassen
sie sich gern grüßen und von den
Leuten Rabbi (Meister) nennen. 8 Ihr
aber sollt euch nicht Rabbi nennen
lassen; denn nur einer ist euer Meister,
ihr alle aber seid Brüder. 9 Auch sollt ihr
niemand auf Erden euren Vater nen-
nen; denn nur einer ist euer Vater, der
im Himmel. 10 Auch sollt ihr euch nicht
Lehrer nennen lassen; denn nur einer
ist euer Lehrer, Christus. 11 Der Größte
von euch soll euer Diener sein. 12 Denn
wer sich selbst erhöht, wird erniedrigt,
und wer sich selbst erniedrigt, wird
erhöht werden.

13 Weh euch, ihr Schriftgelehrten und
Pharisäer, ihr Heuchler! Ihr verschließt
den Menschen das Himmelreich. Ihr
selbst geht nicht hinein; aber ihr lasst
auch die nicht hinein, die hineingehen
wollen. [14]
15 Weh euch, ihr Schriftgelehrten und
Pharisäer, ihr Heuchler! Ihr zieht über
Land und Meer, um einen einzigen
Menschen für euren Glauben zu ge-
winnen; und wenn er gewonnen ist,
dann macht ihr ihn zu einem Sohn der
Hölle, der doppelt so schlimm ist wie
ihr selbst.
16 Weh euch, ihr seid blinde Führer! Ihr
sagt: Wenn einer beim Tempel
schwört, so ist das kein Eid; wer aber
beim Gold des Tempels schwört, der ist
an seinen Eid gebunden. 17 Ihr blinden
Narren! Was ist wichtiger: das Gold
oder der Tempel, der das Gold erst
heilig macht? 18 Auch sagt ihr: Wenn
einer beim Altar schwört, so ist das
kein Eid; wer aber bei dem Opfer
schwört, das auf dem Altar liegt, der
ist an seinen Eid gebunden. 19 Ihr
Blinden! Was ist wichtiger: das Opfer
oder der Altar, der das Opfer erst heilig
macht? 20 Wer beim Altar schwört, der
schwört bei ihm und bei allem, was
darauf liegt. 21 Und wer beim Tempel
schwört, der schwört bei ihm und bei
dem, der darin wohnt. 22 Und wer beim
Himmel schwört, der schwört beim
Thron Gottes und bei dem, der darauf
sitzt.
23 Weh euch, ihr Schriftgelehrten und
Pharisäer, ihr Heuchler! Ihr gebt den
Zehnten von Minze, Dill und Kümmel
und lasst das Wichtigste im Gesetz
außer acht: Gerechtigkeit, Barmherzig-
keit und Treue. Man muss das eine tun,
ohne das andere zu lassen. 24 Blinde
Führer seid ihr: Ihr siebt Mücken aus
und verschluckt Kamele.
25 Weh euch, ihr Schriftgelehrten und
Pharisäer, ihr Heuchler! Ihr haltet
Becher und Schüsseln außen sauber,
innen aber sind sie voll von dem, was
ihr in eurer Maßlosigkeit zusammen-
geraubt habt. 26 Du blinder Pharisäer!
Mach den Becher zuerst innen sauber,
dann ist er auch außen rein.
27 Weh euch, ihr Schriftgelehrten und
Pharisäer, ihr Heuchler! Ihr seid wie
die Gräber, die außen weiß ange-
strichen sind und schön aussehen;
innen aber sind sie voll Knochen,
Schmutz und Verwesung. 28 So erscheint
auch ihr von außen den Menschen
gerecht, innen aber seid ihr voll Heu-
chelei und Ungehorsam gegen Gottes
Gesetz.
29 Weh euch, ihr Schriftgelehrten und
Pharisäer, ihr Heuchler! Ihr errich-
tet den Propheten Grabstätten und
schmückt die Denkmäler der Gerech-
ten 30 und sagt dabei: Wenn wir in den
Tagen unserer Väter gelebt hätten,
wären wir nicht wie sie am Tod der Pro-
pheten schuldig geworden. 31 Damit
bestätigt ihr selbst, dass ihr die Söhne

der Prophetenmörder seid. 32 Macht
nur das Maß eurer Väter voll! 33 Ihr
Nattern, ihr Schlangenbrut! Wie wollt
ihr dem Strafgericht der Hölle ent-
rinnen?
34 Darum hört: Ich sende Propheten,
Weise und Schriftgelehrte zu euch; ihr
aber werdet einige von ihnen töten, ja
sogar kreuzigen, andere in euren Sy-
nagogen auspeitschen und von Stadt
zu Stadt verfolgen. 35 So wird all das
unschuldige Blut über euch kommen,
das auf Erden vergossen worden ist,
vom Blut Abels, des Gerechten, bis zum
Blut des Zacharias, Barachias' Sohn,
den ihr im Vorhof zwischen dem Tem-
pelgebäude und dem Altar ermordet
habt. 36 Amen, das sage ich euch: Das
alles wird über diese Generation kom-
men.
37 Jerusalem, Jerusalem, du tötest die
Propheten und steinigst die Boten, die
zu dir gesandt sind. Wie oft wollte ich
deine Kinder um mich sammeln, so wie
eine Henne ihre Küken unter ihre
Flügel nimmt; aber ihr habt nicht
gewollt. 38 Darum wird euer Haus (von
Gott) verlassen. 39 Und ich sage euch:
Von jetzt an werdet ihr mich nicht
mehr sehen, bis ihr ruft: Gesegnet sei
er, der kommt im Namen des Herrn!

Die Rede über die Endzeit

Die Ankündigung der Zerstörung des Tempels

24 Als Jesus den Tempel verlassen
hatte, wandten sich seine Jün-
ger an ihn und wiesen ihn auf die ge-
waltigen Bauten des Tempels hin. 2 Er
sagte zu ihnen: Seht ihr das alles?
Amen, das sage ich euch: Kein Stein
wird hier auf dem andern bleiben; alles
wird niedergerissen werden.

Vom Anfang der Not

3 Als er auf dem Ölberg saß, wandten
sich die Jünger, die mit ihm allein wa-
ren, an ihn und fragten: Sag uns, wann
wird das geschehen, und was ist das
Zeichen für deine Ankunft und das
Ende der Welt? 4 Jesus antwortete: Gebt
acht, dass euch niemand irreführt!
5 Denn viele werden unter meinem Na-
men auftreten und sagen: Ich bin der
Messias!, und sie werden viele irreführen.
6 Ihr werdet von Kriegen hören, und
Nachrichten über Kriege werden euch
beunruhigen. Gebt acht, lasst euch
nicht erschrecken! Das muss gesche-
hen. Es ist aber noch nicht das Ende.
7 Denn ein Volk wird sich gegen das
andere erheben und ein Reich gegen
das andere, und an vielen Orten wird
es Hungersnöte und Erdbeben geben.
8 Doch das alles ist erst der Anfang der
Wehen.

9 Dann wird man euch in große Not
bringen und euch töten, und ihr
werdet von allen Völkern um meines
Namens willen gehasst. 10 Dann werden
viele zu Fall kommen und einander
hassen und verraten. 11 Viele falsche
Propheten werden auftreten, und sie
werden viele irreführen. 12 Und weil die
Missachtung von Gottes Gesetz über-
handnimmt, wird die Liebe bei vielen
erkalten. 13 Wer jedoch bis zum Ende
standhaft bleibt, der wird gerettet.
14 Aber dieses Evangelium vom Reich
wird auf der ganzen Welt verkündet
werden, damit alle Völker es hören;
dann erst kommt das Ende.

Vom Höhepunkt der Not

15 Wenn ihr dann am heiligen Ort den
unheilvollen Greuel stehen seht, der
durch den Propheten Daniel vorher-
gesagt worden ist – der Leser begreife –,
16 dann sollen die Bewohner von Judäa
in die Berge fliehen; 17 wer gerade auf
dem Dach ist, soll nicht mehr ins Haus
gehen, um seine Sachen mitzunehmen;
18 wer auf dem Feld ist, soll nicht zu-
rückkehren, um seinen Mantel zu
holen. 19 Weh aber den Frauen, die in
jenen Tagen schwanger sind oder ein
Kind stillen. 20 Betet darum, dass ihr
nicht im Winter oder an einem Sabbat
fliehen müsst. 21 Denn es wird eine so
große Not kommen, wie es noch nie
eine gegeben hat, seit die Welt besteht,
und wie es auch keine mehr geben
wird. 22 Und wenn jene Zeit nicht ver-
kürzt würde, dann würde kein Mensch
gerettet; doch um der Auserwählten
willen wird jene Zeit verkürzt werden.
23 Wenn dann jemand zu euch sagt:
Seht, hier ist der Messias!, oder: Da ist
er!, so glaubt es nicht! 24 Denn es wird
mancher falsche Messias und mancher
falsche Prophet auftreten, und sie
werden große Zeichen und Wunder
tun, um, wenn möglich, auch die Aus-
erwählten irrezuführen.
25 Denkt daran: Ich habe es euch vo-
rausgesagt. 26 Wenn sie also zu euch
sagen: Seht, er ist draußen in der Wüs-
te!, so geht nicht hinaus; und wenn sie
sagen: Seht, er ist im Haus!, so glaubt es
nicht. 27 Denn wie der Blitz bis zum
Westen hin leuchtet, wenn er im Osten
aufflammt, so wird es bei der Ankunft
des Menschensohnes sein. 28 Überall
wo ein Aas ist, da sammeln sich die
Geier.

Vom Kommen des Menschensohnes

29 Sofort nach den Tagen der großen
Not wird sich die Sonne verfinstern,
und der Mond wird nicht mehr schei-
nen; die Sterne werden vom Himmel
fallen, und die Kräfte des Himmels
werden erschüttert werden. 30 Danach
wird das Zeichen des Menschensohnes
am Himmel erscheinen; dann werden
alle Völker der Erde jammern und

klagen, und sie werden den Menschen-
sohn mit großer Macht und Herrlich-
keit auf den Wolken des Himmels
kommen sehen. 31 Er wird seine Engel
unter lautem Posaunenschall aussen-
den, und sie werden die von ihm Aus-
erwählten aus allen vier Windrich-
tungen zusammenführen, von einem
Ende des Himmels bis zum andern.

Mahnungen im Hinblick auf das Ende

32 Lernt etwas aus dem Vergleich mit
dem Feigenbaum! Sobald seine Zweige
saftig werden und Blätter treiben, wisst
ihr, dass der Sommer nahe ist. 33 Ge-
nauso sollt ihr erkennen, wenn ihr das
alles seht, dass das Ende vor der Tür
steht. 34 Amen, ich sage euch: Diese
Generation wird nicht vergehen, bis
das alles eintrifft. 35 Himmel und Erde
werden vergehen, aber meine Worte
werden nicht vergehen. 36 Doch jenen
Tag und jene Stunde kennt niemand,
auch nicht die Engel im Himmel, nicht
einmal der Sohn, sondern nur der
Vater.
37 Denn wie es in den Tagen des Noach
war, so wird es bei der Ankunft des
Menschensohnes sein. 38 Wie die Men-
schen in den Tagen vor der Flut aßen
und tranken und heirateten, bis zu dem
Tag, an dem Noach in die Arche ging,
39 und nichts ahnten, bis die Flut
hereinbrach und alle wegraffte, so wird
es auch bei der Ankunft des Menschen-
sohnes sein. 40 Dann wird von zwei
Männern, die auf dem Feld arbeiten,
einer mitgenommen und einer zurück-
gelassen. 41 Und von zwei Frauen, die
mit derselben Mühle mahlen, wird eine
mitgenommen und eine zurück-
gelassen. 42 Seid also wachsam! Denn
ihr wisst nicht, an welchem Tag euer
Herr kommt.

Das Gleichnis vom wachsamen Hausherrn

43 Bedenkt: Wenn der Herr des Hauses
wüßte, zu welcher Stunde in der Nacht
der Dieb kommt, würde er wach blei-
ben und nicht zulassen, dass man in
sein Haus einbricht. 44 Darum haltet
auch ihr euch bereit! Denn der Men-
schensohn kommt zu einer Stunde, in
der ihr es nicht erwartet.

Das Gleichnis vom treuen und vom schlechten Knecht

45 Wer ist nun der treue und kluge
Knecht, den der Herr eingesetzt hat,
damit er dem Gesinde zur rechten Zeit
gibt, was sie zu essen brauchen? 46 Se-
lig der Knecht, den der Herr damit
beschäftigt findet, wenn er kommt!
47 Amen, das sage ich euch: Er wird ihn
zum Verwalter seines ganzen Ver-
mögens machen. 48 Wenn aber der
Knecht schlecht ist und denkt: Mein
Herr kommt noch lange nicht!, 49 und

anfängt, seine Mitknechte zu schlagen,
wenn er mit Trinkern Gelage feiert,
50 dann wird der Herr an einem Tag
kommen, an dem der Knecht es nicht
erwartet, und zu einer Stunde, die er
nicht kennt; 51 und der Herr wird ihn in
Stücke hauen und ihm seinen Platz
unter den Heuchlern zuweisen. Dort
wird er heulen und mit den Zähnen
knirschen.

Das Gleichnis von den zehn Jungfrauen

25 Dann wird es mit dem Him-
melreich sein wie mit zehn
Jungfrauen, die ihre Lampen nahmen
und dem Bräutigam entgegengingen.
2 Fünf von ihnen waren töricht, und
fünf waren klug. 3 Die törichten nah-
men ihre Lampen mit, aber kein Öl,
4 die klugen aber nahmen außer den
Lampen noch Öl in Krügen mit. 5 Als
nun der Bräutigam lange nicht kam,
wurden sie alle müde und schliefen ein.
6 Mitten in der Nacht aber hörte man
plötzlich laute Rufe: Der Bräutigam
kommt! Geht ihm entgegen! 7 Da
standen die Jungfrauen alle auf und
machten ihre Lampen zurecht. 8 Die tö-
richten aber sagten zu den klugen:
Gebt uns von eurem Öl, sonst gehen
unsere Lampen aus. 9 Die klugen er-
widerten ihnen: Dann reicht es weder
für uns noch für euch; geht doch zu den
Händlern und kauft, was ihr braucht.
10 Während sie noch unterwegs waren,
um das Öl zu kaufen, kam der Bräu-
tigam; die Jungfrauen, die bereit waren,
gingen mit ihm in den Hochzeitssaal,
und die Tür wurde zugeschlossen.
11 Später kamen auch die anderen Jung-
frauen und riefen: Herr, Herr, mach
uns auf! 12 Er aber antwortete ihnen:
Amen, ich sage euch: Ich kenne euch
nicht.
13 Seid also wachsam! Denn ihr wisst
weder den Tag noch die Stunde.

Das Gleichnis vom anvertrauten Geld

14 Es ist wie mit einem Mann, der auf
Reisen ging: Er rief seine Diener und
vertraute ihnen sein Vermögen an.
15 Dem einen gab er fünf Talente Silber-
geld, einem anderen zwei, wieder
einem anderen eines, jedem nach
seinen Fähigkeiten. Dann reiste er ab.
Sofort 16 begann der Diener, der fünf
Talente erhalten hatte, mit ihnen zu
wirtschaften, und er gewann noch fünf
dazu. 17 Ebenso gewann der, der zwei
erhalten hatte, noch zwei dazu. 18 Der
aber, der das eine Talent erhalten hatte,
ging und grub ein Loch in die Erde und
versteckte das Geld seines Herrn.
19 Nach langer Zeit kehrte der Herr zu-
rück, um von den Dienern Rechen-
schaft zu verlangen. 20 Da kam der, der
die fünf Talente erhalten hatte, brachte
fünf weitere und sagte: Herr, fünf
Talente hast du mir gegeben; sieh her,
ich habe noch fünf dazugewonnen.
21 Sein Herr sagte zu ihm: Sehr gut, du

bist ein tüchtiger und treuer Diener. Du
bist im Kleinen ein treuer Verwalter
gewesen, ich will dir eine große Auf-
gabe übertragen. Komm, nimm teil an
der Freude deines Herrn! 22 Dann kam
der Diener, der zwei Talente erhalten
hatte, und sagte: Herr, du hast mir zwei
Talente gegeben; sieh her, ich habe
noch zwei dazugewonnen. 23 Sein Herr
sagte zu ihm: Sehr gut, du bist ein
tüchtiger und treuer Diener. Du bist im
Kleinen ein treuer Verwalter gewesen,
ich will dir eine große Aufgabe über-
tragen. Komm, nimm teil an der Freude
deines Herrn! 24 Zuletzt kam auch der
Diener, der das eine Talent erhalten
hatte, und sagte: Herr, ich wusste, dass
du ein strenger Mann bist; du erntest,
wo du nicht gesät hast, und sammelst,
wo du nicht ausgestreut hast; 25 weil ich
Angst hatte, habe ich dein Geld in der
Erde versteckt. Hier hast du es wieder.
26 Sein Herr antwortete ihm: Du bist ein
schlechter und fauler Diener! Du hast
doch gewusst, dass ich ernte, wo ich
nicht gesät habe, und sammle, wo ich
nicht ausgestreut habe. 27 Hättest du
mein Geld wenigstens auf die Bank ge-
bracht, dann hätte ich es bei meiner
Rückkehr mit Zinsen zurückerhalten.
28 Darum nehmt ihm das Talent weg
und gebt es dem, der die zehn Talente
hat! 29 Denn wer hat, dem wird ge-
geben, und er wird im Überfluß haben;
wer aber nicht hat, dem wird auch noch
weggenommen, was er hat. 30 Werft
den nichtsnutzigen Diener hinaus in
die äußerste Finsternis! Dort wird er
heulen und mit den Zähnen knirschen.

Vom Weltgericht

31 Wenn der Menschensohn in seiner
Herrlichkeit kommt und alle Engel mit
ihm, dann wird er sich auf den Thron
seiner Herrlichkeit setzen. 32 Und alle
Völker werden vor ihm zusammen-
gerufen werden, und er wird sie von-
einander scheiden, wie der Hirt die
Schafe von den Böcken scheidet. 33 Er
wird die Schafe zu seiner Rechten ver-
sammeln, die Böcke aber zur Linken.
34 Dann wird der König denen auf der
rechten Seite sagen: Kommt her, die ihr
von meinem Vater gesegnet seid,
nehmt das Reich in Besitz, das seit der
Erschaffung der Welt für euch be-
stimmt ist. 35 Denn ich war hungrig,
und ihr habt mir zu essen gegeben; ich
war durstig, und ihr habt mir zu
trinken gegeben; ich war fremd und
obdachlos, und ihr habt mich auf-
genommen; 36 ich war nackt, und ihr
habt mir Kleidung gegeben; ich war
krank, und ihr habt mich besucht; ich
war im Gefängnis, und ihr seid zu mir
gekommen. 37 Dann werden ihm die
Gerechten antworten: Herr, wann
haben wir dich hungrig gesehen und
dir zu essen gegeben, oder durstig und
dir zu trinken gegeben? 38 Und wann
haben wir dich fremd und obdachlos

gesehen und aufgenommen, oder nackt
und dir Kleidung gegeben? 39 Und
wann haben wir dich krank oder im
Gefängnis gesehen und sind zu dir ge-
kommen? 40 Darauf wird der König
ihnen antworten: Amen, ich sage euch:
Was ihr für einen meiner geringsten
Brüder getan habt, das habt ihr mir
getan.
41 Dann wird er sich auch an die auf der
linken Seite wenden und zu ihnen
sagen: Weg von mir, ihr Verfluchten, in
das ewige Feuer, das für den Teufel und
seine Engel bestimmt ist! 42 Denn ich
war hungrig, und ihr habt mir nichts
zu essen gegeben; ich war durstig, und
ihr habt mir nichts zu trinken gegeben;
43 ich war fremd und obdachlos, und
ihr habt mich nicht aufgenommen; ich
war nackt, und ihr habt mir keine
Kleidung gegeben; ich war krank und
im Gefängnis, und ihr habt mich nicht
besucht. 44 Dann werden auch sie ant-
worten: Herr, wann haben wir dich
hungrig oder durstig oder obdachlos
oder nackt oder krank oder im Gefäng-
nis gesehen und haben dir nicht ge-
holfen? 45 Darauf wird er ihnen ant-
worten: Amen, ich sage euch: Was ihr
für einen dieser Geringsten nicht getan
habt, das habt ihr auch mir nicht getan.
46 Und sie werden weggehen und die
ewige Strafe erhalten, die Gerechten
aber das ewige Leben.

Das Leiden und die Auferstehung Jesu

Der Beschluss des Hohen Rates

26 Als Jesus seine Reden beendet
hatte, sagte er zu seinen
Jüngern: 2 Ihr wisst, dass in zwei Tagen
das Paschafest beginnt; da wird der
Menschensohn ausgeliefert und ge-
kreuzigt werden.
3 Um die gleiche Zeit versammelten
sich die Hohenpriester und die Äl-
testen des Volkes im Palast des Hohen-
priesters, der Kajaphas hieß, 4 und be-
schlossen, Jesus mit List in ihre Gewalt
zu bringen und ihn zu töten. 5 Sie
sagten aber: Ja nicht am Fest, damit
kein Aufruhr im Volk entsteht.

Die Salbung in Betanien

6/7 Als Jesus in Betanien im Haus Si-
mons des Aussätzigen bei Tisch war,
kam eine Frau mit einem Alabaster-
gefäß voll kostbarem, wohlriechendem
Öl zu ihm und goss es über sein Haar.
8 Die Jünger wurden unwillig, als sie
das sahen, und sagten: Wozu diese Ver-
schwendung? 9 Man hätte das Öl teuer
verkaufen und das Geld den Armen
geben können. 10 Jesus bemerkte ihren
Unwillen und sagte zu ihnen: Warum
lasst ihr die Frau nicht in Ruhe? Sie hat
ein gutes Werk an mir getan. 11 Denn
die Armen habt ihr immer bei euch,
mich aber habt ihr nicht immer. 12 Als

sie das Öl über mich goss, hat sie
meinen Leib für das Begräbnis gesalbt.
[13] Amen, ich sage euch: Überall auf der
Welt, wo dieses Evangelium verkündet
wird, wird man sich an sie erinnern
und erzählen, was sie getan hat.

Der Verrat durch Judas

[14] Darauf ging einer der Zwölf namens
Judas Iskariot zu den Hohenpriestern
[15] und sagte: Was wollt ihr mir geben,
wenn ich euch Jesus ausliefere? Und sie
zahlten ihm dreißig Silberstücke. [16] Von
da an suchte er nach einer Gelegenheit,
ihn auszuliefern.

Die Vorbereitung des Paschamahls

[17] Am ersten Tag des Festes der Un-
gesäuerten Brote gingen die Jünger zu
Jesus und fragten: Wo sollen wir das
Paschamahl für dich vorbereiten? [18] Er
antwortete: Geht in die Stadt zu dem
und dem und sagt zu ihm: Der Meister
lässt dir sagen: Meine Zeit ist da; bei dir
will ich mit meinen Jüngern das
Paschamahl feiern. [19] Die Jünger taten,
was Jesus ihnen aufgetragen hatte, und
bereiteten das Paschamahl vor.

Das Mahl

[20] Als es Abend wurde, begab er sich mit
den zwölf Jüngern zu Tisch. [21] Und
während sie aßen, sprach er: Amen, ich
sage euch: Einer von euch wird mich ver-
raten und ausliefern. [22] Da waren sie sehr
betroffen, und einer nach dem andern
fragte ihn: Bin ich es etwa, Herr? [23] Er
antwortete: Der, der die Hand mit mir in
die Schüssel getaucht hat, wird mich ver-
raten. [24] Der Menschensohn muss zwar
seinen Weg gehen, wie die Schrift über
ihn sagt. Doch weh dem Menschen,
durch den der Menschensohn verraten
wird. Für ihn wäre es besser, wenn er nie
geboren wäre. [25] Da fragte Judas, der ihn
verriet: Bin ich es etwa, Rabbi? Jesus
sagte zu ihm: Du sagst es.
[26] Während des Mahls nahm Jesus das
Brot und sprach den Lobpreis; dann
brach er das Brot, reichte es den
Jüngern und sagte: Nehmt und esst;
das ist mein Leib. [27] Dann nahm er den
Kelch, sprach das Dankgebet und
reichte ihn den Jüngern mit den
Worten: Trinkt alle daraus; [28] das ist
mein Blut, das Blut des Bundes, das für
viele vergossen wird zur Vergebung der
Sünden. [29] Ich sage euch: Von jetzt an
werde ich nicht mehr von der Frucht
des Weinstocks trinken, bis zu dem
Tag, an dem ich mit euch von neuem
davon trinke im Reich meines Vaters.

Der Gang zum Ölberg

[30] Nach dem Lobgesang gingen sie zum
Ölberg hinaus. [31] Da sagte Jesus zu
ihnen: Ihr alle werdet in dieser Nacht
an mir Anstoß nehmen und zu Fall

kommen; denn in der Schrift steht: Ich
werde den Hirten erschlagen, dann
werden sich die Schafe der Herde zer-
streuen. 32 Aber nach meiner Auf-
erstehung werde ich euch nach Galiläa
vorausgehen. 33 Petrus erwiderte ihm:
Und wenn alle an dir Anstoß nehmen –
ich niemals! 34 Jesus entgegnete ihm:
Amen, ich sage dir: In dieser Nacht,
noch ehe der Hahn kräht, wirst du
mich dreimal verleugnen. 35 Da sagte
Petrus zu ihm: Und wenn ich mit dir
sterben müsste – ich werde dich nie
verleugnen. Das gleiche sagten auch
alle anderen Jünger.

Das Gebet in Getsemani

36 Darauf kam Jesus mit den Jüngern zu
einem Grundstück, das man Getse-
mani nennt, und sagte zu ihnen: Setzt
euch und wartet hier, während ich dort
bete. 37 Und er nahm Petrus und die
beiden Söhne des Zebedäus mit sich.
Da ergriff ihn Angst und Traurigkeit,
38 und er sagte zu ihnen: Meine Seele ist
zu Tode betrübt. Bleibt hier und wacht
mit mir! 39 Und er ging ein Stück
weiter, warf sich zu Boden und betete:
Mein Vater, wenn es möglich ist, gehe
dieser Kelch an mir vorüber. Aber nicht
wie ich will, sondern wie du willst.
40 Und er ging zu den Jüngern zurück
und fand sie schlafend. Da sagte er zu
Petrus: Konntet ihr nicht einmal eine
Stunde mit mir wachen? 41 Wacht und
betet, damit ihr nicht in Versuchung
geratet. Der Geist ist willig, aber das
Fleisch ist schwach. 42 Dann ging er
zum zweitenmal weg und betete: Mein
Vater, wenn dieser Kelch an mir nicht
vorübergehen kann, ohne dass ich ihn
trinke, geschehe dein Wille. 43 Als er zu-
rückkam, fand er sie wieder schlafend,
denn die Augen waren ihnen zuge-
fallen. 44 Und er ging wieder von ihnen
weg und betete zum drittenmal mit
den gleichen Worten. 45 Danach kehrte
er zu den Jüngern zurück und sagte zu
ihnen: Schlaft ihr immer noch und ruht
euch aus? Die Stunde ist gekommen;
jetzt wird der Menschensohn den
Sündern ausgeliefert. 46 Steht auf, wir
wollen gehen! Seht, der Verräter, der
mich ausliefert, ist da.

Die Gefangennahme

47 Während er noch redete, kam Judas,
einer der Zwölf, mit einer großen Schar
von Männern, die mit Schwertern und
Knüppeln bewaffnet waren; sie waren
von den Hohenpriestern und den Äl-
testen des Volkes geschickt worden.
48 Der Verräter hatte mit ihnen ein
Zeichen verabredet und gesagt: Der, den
ich küssen werde, der ist es; nehmt ihn
fest. 49 Sogleich ging er auf Jesus zu und
sagte: Sei gegrüßt, Rabbi! Und er küsste
ihn. 50 Jesus erwiderte ihm: Freund, dazu
bist du gekommen? Da gingen sie auf
Jesus zu, ergriffen ihn und nahmen ihn

fest. 51 Doch einer von den Begleitern Jesu
zog sein Schwert, schlug auf den Diener
des Hohenpriesters ein und hieb ihm ein
Ohr ab. 52 Da sagte Jesus zu ihm: Steck
dein Schwert in die Scheide; denn alle,
die zum Schwert greifen, werden durch
das Schwert umkommen. 53 Oder glaubst
du nicht, mein Vater würde mir sogleich
mehr als zwölf Legionen Engel schicken,
wenn ich ihn darum bitte? 54 Wie würde
dann aber die Schrift erfüllt, nach der es
so geschehen muss? 55 Darauf sagte Jesus
zu den Männern: Wie gegen einen
Räuber seid ihr mit Schwertern und
Knüppeln ausgezogen, um mich fest-
zunehmen. Tag für Tag saß ich im
Tempel und lehrte, und ihr habt mich
nicht verhaftet. 56 Das alles aber ist ge-
schehen, damit die Schriften der Pro-
pheten in Erfüllung gehen. Da verließen
ihn alle Jünger und flohen.

Das Verhör vor dem Hohen Rat

57 Nach der Verhaftung führte man
Jesus zum Hohenpriester Kajaphas, bei
dem sich die Schriftgelehrten und die
Ältesten versammelt hatten. 58 Petrus
folgte Jesus von weitem bis zum Hof
des hohepriesterlichen Palastes; er ging
in den Hof hinein und setzte sich zu
den Dienern, um zu sehen, wie alles
ausgehen würde.
59 Die Hohenpriester und der ganze
Hohe Rat bemühten sich um falsche
Zeugenaussagen gegen Jesus, um ihn
zum Tod verurteilen zu können. 60 Sie
erreichten aber nichts, obwohl viele
falsche Zeugen auftraten. Zuletzt ka-
men zwei Männer 61 und behaupteten:
Er hat gesagt: Ich kann den Tempel
Gottes niederreißen und in drei Tagen
wieder aufbauen. 62 Da stand der Hohe-
priester auf und fragte Jesus: Willst du
nichts sagen zu dem, was diese Leute
gegen dich vorbringen? 63 Jesus aber
schwieg. Darauf sagte der Hohepriester
zu ihm: Ich beschwöre dich bei dem
lebendigen Gott, sag uns: Bist du der
Messias, der Sohn Gottes? 64 Jesus ant-
wortete: Du hast es gesagt. Doch ich er-
kläre euch: Von nun an werdet ihr den
Menschensohn zur Rechten der Macht
sitzen und auf den Wolken des Him-
mels kommen sehen. 65 Da zerriss der
Hohepriester sein Gewand und rief: Er
hat Gott gelästert! Wozu brauchen wir
noch Zeugen? Jetzt habt ihr die Gottes-
lästerung selbst gehört. 66 Was ist eure
Meinung? Sie antworteten: Er ist schul-
dig und muss sterben.
67 Dann spuckten sie ihm ins Gesicht
und schlugen ihn. Andere ohrfeigten
ihn 68 und riefen: Messias, du bist doch
ein Prophet! Sag uns: Wer hat dich ge-
schlagen?

Die Verleugnung durch Petrus

69 Petrus aber saß draußen im Hof. Da
trat eine Magd zu ihm und sagte: Auch
du warst mit diesem Jesus aus Galiläa

zusammen. 70 Doch er leugnete es vor
allen Leuten und sagte: Ich weiß nicht,
wovon du redest. 71 Und als er zum Tor
hinausgehen wollte, sah ihn eine
andere Magd und sagte zu denen, die
dort standen: Der war mit Jesus aus
Nazaret zusammen. 72 Wieder leugnete
er und schwor: Ich kenne den Men-
schen nicht. 73 Kurz darauf kamen die
Leute, die dort standen, zu Petrus und
sagten: Wirklich, auch du gehörst zu
ihnen, deine Mundart verrät dich. 74 Da
fing er an, sich zu verfluchen und schwor:
Ich kenne den Menschen nicht. Gleich
darauf krähte ein Hahn, 75 und Petrus
erinnerte sich an das, was Jesus gesagt
hatte: Ehe der Hahn kräht, wirst du
mich dreimal verleugnen. Und er ging
hinaus und weinte bitterlich.

Die Auslieferung an Pilatus

27 Als es Morgen wurde, fassten
die Hohenpriester und die Äl-
testen des Volkes gemeinsam den Be-
schluss, Jesus hinrichten zu lassen. 2 Sie
ließen ihn fesseln und abführen und
lieferten ihn dem Statthalter Pilatus aus.

Das Ende des Judas

3 Als nun Judas, der ihn verraten hatte,
sah, dass Jesus zum Tod verurteilt war,
reute ihn seine Tat. Er brachte den
Hohenpriestern und den Ältesten die
dreißig Silberstücke zurück 4 und sagte:
Ich habe gesündigt, ich habe euch
einen unschuldigen Menschen ausge-
liefert. Sie antworteten: Was geht das
uns an? Das ist deine Sache. 5 Da warf er
die Silberstücke in den Tempel; dann
ging er weg und erhängte sich. 6 Die
Hohenpriester nahmen die Silber-
stücke und sagten: Man darf das Geld
nicht in den Tempelschatz tun; denn es
klebt Blut daran. 7 Und sie beschlossen,
von dem Geld den Töpferacker zu
kaufen als Begräbnisplatz für die Frem-
den. 8 Deshalb heißt dieser Acker bis
heute Blutacker. 9 So erfüllte sich, was
durch den Propheten Jeremia gesagt
worden ist: Sie nahmen die dreißig
Silberstücke – das ist der Preis, den er
den Israeliten wert war – 10 und kauften
für das Geld den Töpferacker, wie mir
der Herr befohlen hatte.

Die Verhandlung vor Pilatus

11 Als Jesus vor dem Statthalter stand,
fragte ihn dieser: Bist du der König der
Juden? Jesus antwortete: Du sagst es.
12 Als aber die Hohenpriester und die
Ältesten ihn anklagten, gab er keine
Antwort. 13 Da sagte Pilatus zu ihm:
Hörst du nicht, was sie dir alles vor-
werfen? 14 Er aber antwortete ihm auf
keine einzige Frage, so dass der Statt-
halter sehr verwundert war.
15 Jeweils zum Fest pflegte der Statt-
halter einen Gefangenen freizulassen,
den sich das Volk auswählen konnte.

16 Damals war gerade ein berüchtigter
Mann namens Barabbas im Gefängnis.
17 Pilatus fragte nun die Menge, die zu-
sammengekommen war: Was wollt
ihr? Wen soll ich freilassen, Barabbas
oder Jesus, den man den Messias nennt?
18 Er wusste nämlich, dass man Jesus
nur aus Neid an ihn ausgeliefert hatte.
19 Während Pilatus auf dem Richter-
stuhl saß, ließ ihm seine Frau sagen:
Lass die Hände von diesem Mann, er ist
unschuldig. Ich hatte seinetwegen
heute nacht einen schrecklichen Traum.
20 Inzwischen überredeten die Hohen-
priester und die Ältesten die Menge,
die Freilassung des Barabbas zu for-
dern, Jesus aber hinrichten zu lassen.
21 Der Statthalter fragte sie: Wen von
beiden soll ich freilassen? Sie riefen:
Barabbas! 22 Pilatus sagte zu ihnen: Was
soll ich dann mit Jesus tun, den man
den Messias nennt? Da schrien sie alle:
Ans Kreuz mit ihm! 23 Er erwiderte:
Was für ein Verbrechen hat er denn be-
gangen? Da schrien sie noch lauter:
Ans Kreuz mit ihm! 24 Als Pilatus sah,
dass er nichts erreichte, sondern dass
der Tumult immer größer wurde, ließ
er Wasser bringen, wusch sich vor allen
Leuten die Hände und sagte: Ich bin
unschuldig am Blut dieses Menschen.
Das ist eure Sache! 25 Da rief das ganze
Volk: Sein Blut komme über uns und
unsere Kinder! 26 Darauf ließ er Bar-
abbas frei und gab den Befehl, Jesus zu
geißeln und zu kreuzigen.

Die Verspottung Jesu durch die Soldaten

27 Da nahmen die Soldaten des Statt-
halters Jesus, führten ihn in das
Prätorium, das Amtsgebäude des Statt-
halters, und versammelten die ganze
Kohorte um ihn. 28 Sie zogen ihn aus und
legten ihm einen purpurroten Mantel
um. 29 Dann flochten sie einen Kranz aus
Dornen; den setzten sie ihm auf und
gaben ihm einen Stock in die rechte
Hand. Sie fielen vor ihm auf die Knie und
verhöhnten ihn, indem sie riefen: Heil
dir, König der Juden! 30 Und sie spuckten
ihn an, nahmen ihm den Stock wieder
weg und schlugen ihm damit auf den
Kopf. 31a Nachdem sie so ihren Spott mit
ihm getrieben hatten, nahmen sie ihm
den Mantel ab und zogen ihm seine ei-
genen Kleider wieder an.

Die Kreuzigung

31b Dann führten sie Jesus hinaus, um
ihn zu kreuzigen. 32 Auf dem Weg
trafen sie einen Mann aus Zyrene na-
mens Simon; ihn zwangen sie, Jesus das
Kreuz zu tragen. 33 So kamen sie an den
Ort, der Golgota genannt wird, das
heißt Schädelhöhe. 34 Und sie gaben
ihm Wein zu trinken, der mit Galle ver-
mischt war; als er aber davon gekostet
hatte, wollte er ihn nicht trinken.
35 Nachdem sie ihn gekreuzigt hatten,
warfen sie das Los und verteilten seine
Kleider unter sich. 36 Dann setzten sie
sich nieder und bewachten ihn. 37 Über

seinem Kopf hatten sie eine Aufschrift
angebracht, die seine Schuld angab:
Das ist Jesus, der König der Juden.
38 Zusammen mit ihm wurden zwei
Räuber gekreuzigt, der eine rechts von
ihm, der andere links. 39 Die Leute, die
vorbeikamen, verhöhnten ihn, schüt-
telten den Kopf 40 und riefen: Du willst
den Tempel niederreißen und in drei
Tagen wieder aufbauen? Wenn du Got-
tes Sohn bist, hilf dir selbst, und steig
herab vom Kreuz! 41 Auch die Hohen-
priester, die Schriftgelehrten und die
Ältesten verhöhnten ihn und sagten:
42 Anderen hat er geholfen, sich selbst
kann er nicht helfen. Er ist doch der
König von Israel! Er soll vom Kreuz
herabsteigen, dann werden wir an ihn
glauben. 43 Er hat auf Gott vertraut: der
soll ihn jetzt retten, wenn er an ihm
Gefallen hat; er hat doch gesagt: Ich bin
Gottes Sohn. 44 Ebenso beschimpften
ihn die beiden Räuber, die man zu-
sammen mit ihm gekreuzigt hatte.

Der Tod Jesu

45 Von der sechsten bis zur neunten
Stunde herrschte eine Finsternis im
ganzen Land. 46 Um die neunte Stunde
rief Jesus laut: Eli, Eli, lema sabach-
tani?, das heißt: Mein Gott, mein Gott,
warum hast du mich verlassen? 47 Ei-
nige von denen, die dabeistanden und
es hörten, sagten: Er ruft nach Elija.
48 Sogleich lief einer von ihnen hin,
tauchte einen Schwamm in Essig, steck-
te ihn auf einen Stock und gab Jesus zu
trinken. 49 Die anderen aber sagten:
Lass doch, wir wollen sehen, ob Elija
kommt und ihm hilft. 50 Jesus aber
schrie noch einmal laut auf. Dann
hauchte er den Geist aus.

51 Da Riss der Vorhang im Tempel von
oben bis unten entzwei. Die Erde bebte,
und die Felsen spalteten sich. 52 Die
Gräber öffneten sich, und die Leiber
vieler Heiligen, die entschlafen waren,
wurden auferweckt. 53 Nach der Auf-
erstehung Jesu verließen sie ihre Grä-
ber, kamen in die Heilige Stadt und
erschienen vielen.

54 Als der Hauptmann und die Männer,
die mit ihm zusammen Jesus bewachten,
das Erdbeben bemerkten und sahen, was
geschah, erschraken sie sehr und sagten:
Wahrhaftig, das war Gottes Sohn!

55 Auch viele Frauen waren dort und
sahen von weitem zu; sie waren Jesus
seit der Zeit in Galiläa nachgefolgt
und hatten ihm gedient. 56 Zu ihnen
gehörten Maria aus Magdala, Maria,
die Mutter des Jakobus und des Josef,
und die Mutter der Söhne des Zebe-
däus.

Das Begräbnis Jesu

57 Gegen Abend kam ein reicher Mann
aus Arimathäa namens Josef; auch er
war ein Jünger Jesu. 58 Er ging zu Pilatus
und bat um den Leichnam Jesu. Da

befahl Pilatus, ihm den Leichnam zu
überlassen. 59 Josef nahm ihn und hüll-
te ihn in ein reines Leinentuch. 60 Dann
legte er ihn in ein neues Grab, das er für
sich selbst in einen Felsen hatte hauen
lassen. Er wälzte einen großen Stein vor
den Eingang des Grabes und ging weg.
61 Auch Maria aus Magdala und die
andere Maria waren dort; sie saßen
dem Grab gegenüber.

Die Bewachung des Grabes

62 Am nächsten Tag gingen die Hohen-
priester und die Pharisäer gemeinsam zu
Pilatus; es war der Tag nach dem Rüsttag.
63 Sie sagten: Herr, es fiel uns ein, dass
dieser Betrüger, als er noch lebte, be-
hauptet hat: Ich werde nach drei Tagen
auferstehen. 64 Gib also den Befehl, dass
das Grab bis zum dritten Tag sicher be-
wacht wird. Sonst könnten seine Jünger
kommen, ihn stehlen und dem Volk
sagen: Er ist von den Toten auferstanden.
Und dieser letzte Betrug wäre noch
schlimmer als alles zuvor. 65 Pilatus ant-
wortete ihnen: Ihr sollt eine Wache
haben. Geht und sichert das Grab, so gut
ihr könnt. 66 Darauf gingen sie, um das
Grab zu sichern. Sie versiegelten den Ein-
gang und ließen die Wache dort.

Die Botschaft des Engels am leeren Grab

28 Nach dem Sabbat kamen in
der Morgendämmerung des
ersten Tages der Woche Maria aus
Magdala und die andere Maria, um
nach dem Grab zu sehen. 2 Plötzlich
entstand ein gewaltiges Erdbeben;
denn ein Engel des Herrn kam vom
Himmel herab, trat an das Grab, wälzte
den Stein weg und setzte sich darauf.
3 Seine Gestalt leuchtete wie ein Blitz,
und sein Gewand war weiß wie Schnee.
4 Die Wächter begannen vor Angst zu
zittern und fielen wie tot zu Boden.
5 Der Engel aber sagte zu den Frauen:
Fürchtet euch nicht! Ich weiß, ihr sucht
Jesus, den Gekreuzigten. 6 Er ist nicht
hier; denn er ist auferstanden, wie er
gesagt hat. Kommt her und seht euch
die Stelle an, wo er lag. 7 Dann geht
schnell zu seinen Jüngern und sagt
ihnen: Er ist von den Toten auferstan-
den. Er geht euch voraus nach Galiläa,
dort werdet ihr ihn sehen. Ich habe es
euch gesagt. 8 Sogleich verließen sie das
Grab und eilten voll Furcht und großer
Freude zu seinen Jüngern, um ihnen
die Botschaft zu verkünden.

Die Erscheinung Jesu vor den Frauen

9 Plötzlich kam ihnen Jesus entgegen
und sagte: Seid gegrüßt! Sie gingen auf
ihn zu, warfen sich vor ihm nieder und
umfassten seine Füße. 10 Da sagte Jesus
zu ihnen: Fürchtet euch nicht! Geht
und sagt meinen Brüdern, sie sollen
nach Galiläa gehen, und dort werden
sie mich sehen.

Der Betrug der Hohenpriester

[11] Noch während die Frauen unterwegs
waren, kamen einige von den Wächtern
in die Stadt und berichteten den Ho-
henpriestern alles, was geschehen war.
[12] Diese fassten gemeinsam mit den Äl-
testen den Beschluss, die Soldaten zu be-
stechen. Sie gaben ihnen viel Geld [13] und
sagten: Erzählt den Leuten: Seine Jünger
sind bei Nacht gekommen und haben
ihn gestohlen, während wir schliefen.
[14] Falls der Statthalter davon hört,
werden wir ihn beschwichtigen und da-
für sorgen, dass ihr nichts zu befürchten
habt. [15] Die Soldaten nahmen das Geld
und machten alles so, wie man es ihnen
gesagt hatte. So kommt es, dass dieses
Gerücht bei den Juden bis heute ver-
breitet ist.

Der Auftrag des Auferstandenen

[16] Die elf Jünger gingen nach Galiläa
auf den Berg, den Jesus ihnen genannt
hatte. [17] Und als sie Jesus sahen, fielen
sie vor ihm nieder. Einige aber hatten
Zweifel. [18] Da trat Jesus auf sie zu und
sagte zu ihnen: Mir ist alle Macht
gegeben im Himmel und auf der Erde.
[19] Darum geht zu allen Völkern, und
macht alle Menschen zu meinen Jün-
gern; tauft sie auf den Namen des Va-
ters und des Sohnes und des Heiligen
Geistes, [20] und lehrt sie, alles zu be-
folgen, was ich euch geboten habe. Seid
gewiss: Ich bin bei euch alle Tage bis
zum Ende der Welt.

Das Evangelium nach Markus

Das älteste, griechisch geschriebene Evangelium wird nach altkirchlicher Überlieferung Markus zugeschrieben. Damit ist gemeint Johannes Markus aus Jerusalem, Sohn einer Maria, in deren Haus sich die Urgemeinde in Jerusalem versammelte; er war ein Vetter des Barnabas, Mitarbeiter des Paulus und später auch des Petrus (Phlm 24; Kol 4,10; Apg 12,12; 13,5; 15,36–39; 1 Petr 5,13). Ebenfalls nach altkirchlicher Überlieferung schrieb er sein Evangelium in Rom. Es steht in zeitlichem Zusammenhang mit der Zerstörung Jerusalems (Mk 13) und ist deshalb um 70 n. Chr. verfasst, und zwar für Heiden und Heidenchristen (vgl. 7,3f).

Markus sammelte Überlieferungen über Jesus, vor allem Wundererzählungen, Gleichnisse, Geschichten, die in einem Jesuswort gipfeln, Einzelworte und Zeugnisse über die Passion. Er ordnete diese Stoffe zeitlich und sachlich und verarbeitete sie so zu einem Evangelium. Der geographisch bestimmte Aufriss ist folgender: Wirken Jesu in Galiläa (1,14–5,43); Wanderung durch jüdisch-heidnisches Gebiet mit Belehrung der Jünger (6,1–9,50); Zug nach Jerusalem, Ringen mit den jüdischen Führern und Tod am Kreuz (10,1–15,47). Sein Evangelium beginnt mit dem Auftreten des Täufers (1,1–13) und endet mit dem Auffinden des leeren Grabes durch Frauen am Ostermorgen (16,1–8).

Der Anhang (16,9–20) wurde erst im 2. Jahrhundert von unbekannter Hand angefügt, vermutlich weil der jähe Schluss 16,8 nicht befriedigte. Die Annahme, dass ein ursprünglicher Schluss verloren ging, ist wenig wahrscheinlich.

Indem Markus vom Wirken und vom Schicksal Jesu berichtet, verkündet er, dass Gott durch diesen Jesus seinen Willen offenbart hat, die Menschen zu retten: Jesus ist der verheißene Messias, der Sohn Gottes; durch sein Wirken ist die Heilszeit angebrochen (1,14). Er überwindet das Unheil, die Herrschaft des Satan und seiner Helfer (Dämonenaustreibungen und Krankenheilungen), er vergibt Sünden (2,1–12), verkündet den unverfälschten Willen Gottes (2,27f; 7,1–23) und richtet das Reich Gottes auf (Kap. 4). Weil in seiner Person Gottes Vollmacht in menschlicher Niedrigkeit auftritt, wird sein Geheimnis nicht begriffen, nicht von den Juden, aber auch nicht von den Jüngern vor der Auferstehung Jesu (6,4–6; 8,14–21; 14,26–42; vgl. auch die Schweigegebote Jesu 5,43; 8,30; 9,9). Die einzig angemessene Haltung der Botschaft Jesu gegenüber ist unbedingter Glaube (5,36; 9,19–24; 11,22–25). Christsein heißt, Jesus in Glaube, Selbstlosigkeit, Bereitschaft zum Dienen und Mut zum Leiden nachzufolgen (8,31–33; 9,42–48; 10,17–27.41–45) und so die Kraft des Reiches Gottes zu erfahren. Der erste Heide, der das Geheimnis Jesu erkannte, ist der Hauptmann unter dem Kreuz: »Wahrhaftig, dieser Mensch war Gottes Sohn« (15,39). In ihm sieht Markus die Heidenkirche beim Kreuz Christi vertreten. Die bedrängten Heidenchristen will Markus durch sein Evangelium in ihrem Glauben stärken und ermutigen, Christus auch in Verfolgungen treu zu bleiben.

Die Vorbereitung des Wirkens Jesu

Johannes der Täufer

1 Anfang des Evangeliums von
Jesus Christus, dem Sohn Gottes:
2 Es begann, wie es bei dem Propheten
Jesaja steht:
Ich sende meinen Boten vor dir her; / er
soll den Weg für dich bahnen.
3 Eine Stimme ruft in der Wüste: / Bereitet dem Herrn den Weg! / Ebnet ihm
die Straßen!
4 So trat Johannes der Täufer in der
Wüste auf und verkündigte Umkehr
und Taufe zur Vergebung der Sünden.
5 Ganz Judäa und alle Einwohner
Jerusalems zogen zu ihm hinaus; sie
bekannten ihre Sünden und ließen sich
im Jordan von ihm taufen. 6 Johannes
trug ein Gewand aus Kamelhaaren und
einen ledernen Gürtel um seine
Hüften, und er lebte von Heuschrecken
und wildem Honig. 7 Er verkündete:
Nach mir kommt einer, der ist stärker
als ich; ich bin es nicht wert, mich zu
bücken, um ihm die Schuhe aufzuschnüren. 8 Ich habe euch nur mit
Wasser getauft, er aber wird euch mit
dem Heiligen Geist taufen.

Die Taufe Jesu

9 In jenen Tagen kam Jesus aus Nazaret
in Galiläa und ließ sich von Johannes
im Jordan taufen. 10 Und als er aus dem

Wasser stieg, sah er, dass der Himmel
sich öffnete und der Geist wie eine
Taube auf ihn herabkam. 11 Und eine
Stimme aus dem Himmel sprach: Du
bist mein geliebter Sohn, an dir habe
ich Gefallen gefunden.

Die Versuchung Jesu

12 Danach trieb der Geist Jesus in die
Wüste. 13 Dort blieb Jesus vierzig Tage
lang und wurde vom Satan in Ver-
suchung geführt. Er lebte bei den
wilden Tieren, und die Engel dienten
ihm.

Das Wirken Jesu in Galiläa

Erstes Auftreten in Galiläa

14 Nachdem man Johannes ins Gefäng-
nis geworfen hatte, ging Jesus wieder
nach Galiläa; er verkündete das Evan-
gelium Gottes 15 und sprach: Die Zeit
ist erfüllt, das Reich Gottes ist nahe.
Kehrt um, und glaubt an das Evan-
gelium!

Die Berufung der ersten Jünger

16 Als Jesus am See von Galiläa entlang-
ging, sah er Simon und Andreas, den
Bruder des Simon, die auf dem See ihr
Netz auswarfen; sie waren nämlich Fi-
scher. 17 Da sagte er zu ihnen: Kommt
her, folgt mir nach! Ich werde euch zu
Menschenfischern machen. 18 Sogleich
ließen sie ihre Netze liegen und folgten
ihm.

19 Als er ein Stück weiterging, sah er
Jakobus, den Sohn des Zebedäus, und
seinen Bruder Johannes; sie waren im
Boot und richteten ihre Netze her.
20 Sofort rief er sie, und sie ließen ihren
Vater Zebedäus mit seinen Tagelöh-
nern im Boot zurück und folgten Jesus
nach.

Jesus in der Synagoge von Kafarnaum

21 Sie kamen nach Kafarnaum. Am
folgenden Sabbat ging er in die Sy-
nagoge und lehrte. 22 Und die Men-
schen waren sehr betroffen von seiner
Lehre; denn er lehrte sie wie einer, der
(göttliche) Vollmacht hat, nicht wie die
Schriftgelehrten.

23 In ihrer Synagoge saß ein Mann, der
von einem unreinen Geist besessen
war. Der begann zu schreien: 24 Was
haben wir mit dir zu tun, Jesus von
Nazaret? Bist du gekommen, um uns
ins Verderben zu stürzen? Ich weiß, wer
du bist: der Heilige Gottes. 25 Da befahl
ihm Jesus: Schweig und verlass ihn!
26 Der unreine Geist zerrte den Mann
hin und her und verließ ihn mit lautem
Geschrei. 27 Da erschraken alle, und
einer fragte den andern: Was hat das zu
bedeuten? Hier wird mit Vollmacht
eine ganz neue Lehre verkündet. Sogar

die unreinen Geister gehorchen seinem
Befehl. 28 Und sein Ruf verbreitete sich
rasch im ganzen Gebiet von Galiläa.

Die Heilung der Schwiegermutter des Petrus

29 Sie verließen die Synagoge und
gingen zusammen mit Jakobus und Jo-
hannes gleich in das Haus des Simon
und Andreas. 30 Die Schwiegermutter
des Simon lag mit Fieber im Bett. Sie
sprachen mit Jesus über sie, 31 und er
ging zu ihr, fasste sie an der Hand und
richtete sie auf. Da wich das Fieber von
ihr, und sie sorgte für sie.

Die Heilung von Besessenen und Kranken

32 Am Abend, als die Sonne unterge-
gangen war, brachte man alle Kranken
und Besessenen zu Jesus. 33 Die ganze
Stadt war vor der Haustür versammelt,
34 und er heilte viele, die an allen mög-
lichen Krankheiten litten, und trieb
viele Dämonen aus. Und er verbot den
Dämonen zu reden; denn sie wussten,
wer er war.

Aufbruch aus Kafarnaum

35 In aller Frühe, als es noch dunkel war,
stand er auf und ging an einen ein-
samen Ort, um zu beten. 36 Simon und
seine Begleiter eilten ihm nach, 37 und
als sie ihn fanden, sagten sie zu ihm:
Alle suchen dich. 38 Er antwortete: Lasst
uns anderswohin gehen, in die benach-
barten Dörfer, damit ich auch dort
predige; denn dazu bin ich gekommen.
39 Und er zog durch ganz Galiläa, pre-
digte in den Synagogen und trieb die
Dämonen aus.

Die Heilung eines Aussätzigen

40 Ein Aussätziger kam zu Jesus und bat
ihn um Hilfe; er fiel vor ihm auf die
Knie und sagte: Wenn du willst, kannst
du machen, dass ich rein werde. 41 Jesus
hatte Mitleid mit ihm; er streckte die
Hand aus, berührte ihn und sagte: Ich
will es – werde rein! 42 Im gleichen
Augenblick verschwand der Aussatz,
und der Mann war rein. 43 Jesus schick-
te ihn weg und schärfte ihm ein:
44 Nimm dich in acht! Erzähl niemand
etwas davon, sondern geh, zeig dich
dem Priester und bring das Reini-
gungsopfer dar, das Mose angeordnet
hat. Das soll für sie ein Beweis (meiner
Gesetzestreue) sein. 45 Der Mann aber
ging weg und erzählte bei jeder Ge-
legenheit, was geschehen war; er ver-
breitete die ganze Geschichte, so dass
sich Jesus in keiner Stadt mehr zeigen
konnte; er hielt sich nur noch außer-
halb der Städte an einsamen Orten auf.
Dennoch kamen die Leute von über-
allher zu ihm.

Die Heilung eines Gelähmten

2 Als er einige Tage später nach
Kafarnaum zurückkam, wurde
bekannt, dass er (wieder) zu Hause
war. 2 Und es versammelten sich so viele
Menschen, dass nicht einmal mehr vor
der Tür Platz war; und er verkündete
ihnen das Wort. 3 Da brachte man
einen Gelähmten zu ihm; er wurde von
vier Männern getragen. 4 Weil sie ihn
aber wegen der vielen Leute nicht bis
zu Jesus bringen konnten, deckten sie
dort, wo Jesus war, das Dach ab,
schlugen (die Decke) durch und ließen
den Gelähmten auf seiner Tragbahre
durch die Öffnung hinab. 5 Als Jesus
ihren Glauben sah, sagte er zu dem
Gelähmten: Mein Sohn, deine Sünden
sind dir vergeben! 6 Einige Schriftge-
lehrte aber, die dort saßen, dachten im
stillen: 7 Wie kann dieser Mensch so
reden? Er lästert Gott. Wer kann Sün-
den vergeben außer dem einen Gott?
8 Jesus erkannte sofort, was sie dachten,
und sagte zu ihnen: Was für Gedanken
habt ihr im Herzen? 9 Ist es leichter, zu
dem Gelähmten zu sagen: Deine Sün-
den sind dir vergeben!, oder zu sagen:
Steh auf, nimm deine Tragbahre, und
geh umher? 10 Ihr sollt aber erkennen,
dass der Menschensohn die Vollmacht
hat, hier auf der Erde Sünden zu ver-
geben. Und er sagte zu dem Gelähm-
ten: 11 Ich sage dir: Steh auf, nimm
deine Tragbahre, und geh nach Hause!
12 Der Mann stand sofort auf, nahm
seine Tragbahre und ging vor aller
Augen weg. Da gerieten alle außer sich;
sie priesen Gott und sagten: So etwas
haben wir noch nie gesehen.

Die Berufung des Levi und das Mahl mit den Zöllnern

13 Jesus ging wieder hinaus an den See.
Da kamen Scharen von Menschen zu
ihm, und er lehrte sie. 14 Als er wei-
terging, sah er Levi, den Sohn des Al-
phäus, am Zoll sitzen und sagte zu ihm:
Folge mir nach! Da stand Levi auf und
folgte ihm. 15 Und als Jesus in seinem
Haus beim Essen war, aßen viele Zöll-
ner und Sünder zusammen mit ihm
und seinen Jüngern; denn es folgten
ihm schon viele. 16 Als die Schriftge-
lehrten, die zur Partei der Pharisäer ge-
hörten, sahen, dass er mit Zöllnern und
Sündern aß, sagten sie zu seinen Jün-
gern: Wie kann er zusammen mit Zöll-
nern und Sündern essen? 17 Jesus hörte
es und sagte zu ihnen: Nicht die Gesun-
den brauchen den Arzt, sondern die
Kranken. Ich bin gekommen, um die
Sünder zu rufen, nicht die Gerechten.

Die Frage nach dem Fasten

18 Da die Jünger des Johannes und die
Pharisäer zu fasten pflegten, kamen
Leute zu Jesus und sagten: Warum
fasten deine Jünger nicht, während die
Jünger des Johannes und die Jünger der

Pharisäer fasten? 19 Jesus antwortete
ihnen: Können denn die Hochzeitsgäs-
te fasten, solange der Bräutigam bei
ihnen ist? Solange der Bräutigam bei
ihnen ist, können sie nicht fasten. 20 Es
werden aber Tage kommen, da wird
ihnen der Bräutigam genommen sein;
an jenem Tag werden sie fasten.
21 Niemand näht ein Stück neuen Stoff
auf ein altes Kleid; denn der neue Stoff
reißt doch vom alten Kleid ab, und es
entsteht ein noch größerer Riss. 22 Auch
füllt niemand neuen Wein in alte
Schläuche. Sonst zerreißt der Wein die
Schläuche; der Wein ist verloren, und
die Schläuche sind unbrauchbar. Neuer
Wein gehört in neue Schläuche.

Das Abreißen der Ähren am Sabbat

23 An einem Sabbat ging er durch die
Kornfelder, und unterwegs rissen seine
Jünger Ähren ab. 24 Da sagten die
Pharisäer zu ihm: Sieh dir an, was sie
tun! Das ist doch am Sabbat verboten.
25 Er antwortete: Habt ihr nie gelesen,
was David getan hat, als er und seine
Begleiter hungrig waren und nichts zu
essen hatten – 26 wie er zur Zeit des
Hohenpriesters Abjatar in das Haus
Gottes ging und die heiligen Brote aß,
die außer den Priestern niemand essen
darf, und auch seinen Begleitern davon
gab? 27 Und Jesus fügte hinzu: Der
Sabbat ist für den Menschen da, nicht
der Mensch für den Sabbat. 28 Deshalb
ist der Menschensohn Herr auch über
den Sabbat.

Die Heilung eines Mannes am Sabbat

3 Als er ein andermal in eine Sy-
nagoge ging, saß dort ein Mann,
dessen Hand verdorrt war. 2 Und sie
gaben acht, ob Jesus ihn am Sabbat
heilen werde; sie suchten nämlich
einen Grund zur Anklage gegen ihn.
3 Da sagte er zu dem Mann mit der ver-
dorrten Hand: Steh auf und stell dich
in die Mitte! 4 Und zu den anderen
sagte er: Was ist am Sabbat erlaubt:
Gutes zu tun oder Böses, ein Leben zu
retten oder es zu vernichten? Sie aber
schwiegen. 5 Und er sah sie der Reihe
nach an, voll Zorn und Trauer über ihr
verstocktes Herz, und sagte zu dem
Mann: Streck deine Hand aus! Er
streckte sie aus, und seine Hand war
wieder gesund. 6 Da gingen die Phari-
säer hinaus und fassten zusammen mit
den Anhängern des Herodes den Be-
schluss, Jesus umzubringen.

Der Andrang des Volkes

7 Jesus zog sich mit seinen Jüngern an
den See zurück. Viele Menschen aus
Galiläa aber folgten ihm. Auch aus
Judäa, 8 aus Jerusalem und Idumäa, aus
dem Gebiet jenseits des Jordan und aus
der Gegend von Tyrus und Sidon ka-
men Scharen von Menschen zu ihm, als

sie von all dem hörten, was er tat. 9 Da
sagte er zu seinen Jüngern, sie sollten
ein Boot für ihn bereithalten, damit er
von der Menge nicht erdrückt werde.
10 Denn er heilte viele, so dass alle, die
ein Leiden hatten, sich an ihn heran-
drängten, um ihn zu berühren. 11 Wenn
die von unreinen Geistern Besessenen
ihn sahen, fielen sie vor ihm nieder und
schrien: Du bist der Sohn Gottes!
12 Er aber verbot ihnen streng, bekannt
zu machen, wer er sei.

Die Wahl der Zwölf

13 Jesus stieg auf einen Berg und rief die
zu sich, die er erwählt hatte, und sie
kamen zu ihm. 14 Und er setzte zwölf
ein, die er bei sich haben und die er
dann aussenden wollte, damit sie
predigten 15 und mit seiner Vollmacht
Dämonen austrieben. 16 Die Zwölf, die
er einsetzte, waren: Petrus – diesen
Beinamen gab er dem Simon –, 17 Jako-
bus, der Sohn des Zebedäus, und
Johannes, der Bruder des Jakobus –
ihnen gab er den Beinamen Boanerges,
das heißt Donnersöhne –, 18 dazu
Andreas, Philippus, Bartholomäus,
Matthäus, Thomas, Jakobus, der Sohn
des Alphäus, Thaddäus, Simon Kana-
näus 19 und Judas Iskariot, der ihn
dann verraten hat.

Jesus und seine Angehörigen

20 Jesus ging in ein Haus, und wieder
kamen so viele Menschen zusammen,
dass er und die Jünger nicht einmal
mehr essen konnten. 21 Als seine An-
gehörigen davon hörten, machten sie
sich auf den Weg, um ihn mit Gewalt
zurückzuholen; denn sie sagten: Er ist
von Sinnen.

Verteidigungsrede Jesu

22 Die Schriftgelehrten, die von Jeru-
salem herabgekommen waren, sagten:
Er ist von Beelzebul besessen; mit Hilfe
des Anführers der Dämonen treibt er
die Dämonen aus. 23 Da rief er sie zu
sich und belehrte sie in Form von
Gleichnissen: Wie kann der Satan den
Satan austreiben? 24 Wenn ein Reich in
sich gespalten ist, kann es keinen Be-
stand haben. 25 Wenn eine Familie in
sich gespalten ist, kann sie keinen Be-
stand haben. 26 Und wenn sich der
Satan gegen sich selbst erhebt und mit
sich selbst im Streit liegt, kann er
keinen Bestand haben, sondern es ist
um ihn geschehen. 27 Es kann aber auch
keiner in das Haus eines starken Man-
nes einbrechen und ihm den Hausrat
rauben, wenn er den Mann nicht vorher
fesselt; erst dann kann er sein Haus
plündern. 28 Amen, das sage ich euch:
Alle Vergehen und Lästerungen wer-
den den Menschen vergeben werden,
so viel sie auch lästern mögen; 29 wer

aber den Heiligen Geist lästert, der
findet in Ewigkeit keine Vergebung,
sondern seine Sünde wird ewig an ihm
haften. 30 Sie hatten nämlich gesagt: Er
ist von einem unreinen Geist besessen.

Von den wahren Verwandten Jesu

31 Da kamen seine Mutter und seine
Brüder; sie blieben vor dem Haus ste-
hen und ließen ihn herausrufen. 32 Es
saßen viele Leute um ihn herum, und
man sagte zu ihm: Deine Mutter und
deine Brüder stehen draußen und
fragen nach dir. 33 Er erwiderte: Wer ist
meine Mutter, und wer sind meine
Brüder?
34 Und er blickte auf die Menschen, die
im Kreis um ihn herumsaßen, und
sagte: Das hier sind meine Mutter und
meine Brüder. 35 Wer den Willen Got-
tes erfüllt, der ist für mich Bruder und
Schwester und Mutter.

Die Gleichnisse vom Reich Gottes

Das Gleichnis vom Sämann

4 Ein andermal lehrte er wieder am
Ufer des Sees, und sehr viele
Menschen versammelten sich um ihn.
Er stieg deshalb in ein Boot auf dem
See und setzte sich; die Leute aber
standen am Ufer. 2 Und er sprach lange
zu ihnen und lehrte sie in Form von
Gleichnissen. Bei dieser Belehrung
sagte er zu ihnen: 3 Hört! Ein Sämann
ging aufs Feld, um zu säen. 4 Als er säte,
fiel ein Teil der Körner auf den Weg,
und die Vögel kamen und fraßen sie.
5 Ein anderer Teil fiel auf felsigen
Boden, wo es nur wenig Erde gab, und
ging sofort auf, weil das Erdreich nicht
tief war; 6 als aber die Sonne hochstieg,
wurde die Saat versengt und verdorrte,
weil sie keine Wurzeln hatte. 7 Wieder
ein anderer Teil fiel in die Dornen, und
die Dornen wuchsen und erstickten die
Saat, und sie brachte keine Frucht. 8 Ein
anderer Teil schließlich fiel auf guten
Boden und brachte Frucht; die Saat
ging auf und wuchs empor und trug
dreißigfach, ja sechzigfach und hun-
dertfach.
9 Und Jesus sprach: Wer Ohren hat zum
Hören, der höre!

Sinn und Zweck der Gleichnisse

10 Als er mit seinen Begleitern und den
Zwölf allein war, fragten sie ihn nach
dem Sinn seiner Gleichnisse. 11 Da sagte
er zu ihnen: Euch ist das Geheimnis des
Reiches Gottes anvertraut; denen aber,
die draußen sind, wird alles in Gleich-
nissen gesagt; 12 denn
sehen sollen sie, sehen, aber nicht er-
kennen; / hören sollen sie, hören, aber
nicht verstehen, / damit sie sich nicht
bekehren / und ihnen nicht vergeben
wird.

Die Deutung des Gleichnisses vom Sämann

13 Und er sagte zu ihnen: Wenn ihr schon
dieses Gleichnis nicht versteht, wie wollt
ihr dann all die anderen Gleichnisse ver-
stehen? 14 Der Sämann sät das Wort.
15 Auf den Weg fällt das Wort bei denen,
die es zwar hören, aber sofort kommt
der Satan und nimmt das Wort weg, das
in sie gesät wurde. 16 Ähnlich ist es bei
den Menschen, bei denen das Wort auf
felsigen Boden fällt: Sobald sie es hören,
nehmen sie es freudig auf; 17 aber sie
haben keine Wurzeln, sondern sind
unbeständig, und wenn sie dann um des
Wortes willen bedrängt oder verfolgt
werden, kommen sie sofort zu Fall. 18 Bei
anderen fällt das Wort in die Dornen: sie
hören es zwar, 19 aber die Sorgen der
Welt, der trügerische Reichtum und die
Gier nach all den anderen Dingen
machen sich breit und ersticken es, und
es bringt keine Frucht. 20 Auf guten
Boden ist das Wort bei denen gesät, die
es hören und aufnehmen und Frucht
bringen, dreißigfach, ja sechzigfach und
hundertfach.

Vom rechten Hören

21 Er sagte zu ihnen: Zündet man etwa
ein Licht an und stülpt ein Gefäß
darüber oder stellt es unter das Bett?
Stellt man es nicht auf den Leuchter?
22 Es gibt nichts Verborgenes, das nicht
offenbar wird, und nichts Geheimes, das
nicht an den Tag kommt. 23 Wenn einer
Ohren hat zum Hören, so höre er!
24 Weiter sagte er: Achtet auf das, was ihr
hört! Nach dem Maß, mit dem ihr messt
und zuteilt, wird euch zugeteilt werden,
ja, es wird euch noch mehr gegeben.
25 Denn wer hat, dem wird gegeben;
wer aber nicht hat, dem wird auch noch
weggenommen, was er hat.

Das Gleichnis vom Wachsen der Saat

26 Er sagte: Mit dem Reich Gottes ist es
so, wie wenn ein Mann Samen auf
seinen Acker sät; 27 dann schläft er und
steht wieder auf, es wird Nacht und
wird Tag, der Samen keimt und wächst,
und der Mann weiß nicht, wie. 28 Die
Erde bringt von selbst ihre Frucht, zu-
erst den Halm, dann die Ähre, dann
das volle Korn in der Ähre. 29 Sobald
aber die Frucht reif ist, legt er die Sichel
an; denn die Zeit der Ernte ist da.

Das Gleichnis vom Senfkorn

30 Er sagte: Womit sollen wir das Reich
Gottes vergleichen, mit welchem
Gleichnis sollen wir es beschreiben?
31 Es gleicht einem Senfkorn. Dieses ist
das kleinste von allen Samenkörnern, die
man in die Erde sät. 32 Ist es aber gesät,
dann geht es auf und wird größer als alle
anderen Gewächse und treibt große
Zweige, so dass in seinem Schatten die
Vögel des Himmels nisten können.

Schlussbemerkung zu den Gleichnissen
33 Durch viele solche Gleichnisse ver-
kündete er ihnen das Wort, so wie sie es
aufnehmen konnten. 34 Er redete nur in
Gleichnissen zu ihnen; seinen Jüngern
aber erklärte er alles, wenn er mit ihnen
allein war.

Taten und Worte Jesu

Der Sturm auf dem See
35 Am Abend dieses Tages sagte er zu
ihnen: Wir wollen ans andere Ufer
hinüberfahren. 36 Sie schickten die
Leute fort und fuhren mit ihm in dem
Boot, in dem er saß, weg; einige andere
Boote begleiteten ihn. 37 Plötzlich
erhob sich ein heftiger Wirbelsturm,
und die Wellen schlugen in das Boot,
so dass es sich mit Wasser zu füllen be-
gann. 38 Er aber lag hinten im Boot auf
einem Kissen und schlief. Sie weckten
ihn und riefen: Meister, kümmert es
dich nicht, dass wir zugrunde gehen?
39 Da stand er auf, drohte dem Wind
und sagte zu dem See: Schweig, sei still!
Und der Wind legte sich, und es trat
völlige Stille ein. 40 Er sagte zu ihnen:
Warum habt ihr solche Angst? Habt
ihr noch keinen Glauben?
41 Da ergriff sie große Furcht, und sie
sagten zueinander: Was ist das für ein
Mensch, dass ihm sogar der Wind und
der See gehorchen?

Die Heilung des Besessenen von Gerasa
5 Sie kamen an das andere Ufer des
Sees, in das Gebiet von Gerasa.
2 Als er aus dem Boot stieg, lief ihm ein
Mann entgegen, der von einem un-
reinen Geist besessen war. Er kam von
den Grabhöhlen, 3 in denen er lebte.
Man konnte ihn nicht bändigen, nicht
einmal mit Fesseln. 4 Schon oft hatte
man ihn an Händen und Füßen
gefesselt, aber er hatte die Ketten ge-
sprengt und die Fesseln zerrissen;
niemand konnte ihn bezwingen. 5 Bei
Tag und Nacht schrie er unaufhörlich
in den Grabhöhlen und auf den Bergen
und schlug sich mit Steinen. 6 Als er
Jesus von weitem sah, lief er zu ihm hin,
warf sich vor ihm nieder 7 und schrie
laut: Was habe ich mit dir zu tun, Jesus,
Sohn des höchsten Gottes? Ich be-
schwöre dich bei Gott, quäle mich
nicht! 8 Jesus hatte nämlich zu ihm
gesagt: Verlass diesen Mann, du un-
reiner Geist! 9 Jesus fragte ihn: Wie
heißt du? Er antwortete: Mein Name ist
Legion; denn wir sind viele. 10 Und er
flehte Jesus an, sie nicht aus dieser Ge-
gend zu verbannen.
11 Nun weidete dort an einem Berghang
gerade eine große Schweineherde. 12 Da
baten ihn die Dämonen: Lass uns doch
in die Schweine hineinfahren! 13 Jesus
erlaubte es ihnen. Darauf verließen die
unreinen Geister den Menschen und
fuhren in die Schweine, und die Herde
stürzte sich den Abhang hinab in den

See. Es waren etwa zweitausend Tiere,
und alle ertranken. 14 Die Hirten flohen
und erzählten alles in der Stadt und in
den Dörfern. Darauf eilten die Leute
herbei, um zu sehen, was geschehen
war. 15 Sie kamen zu Jesus und sahen bei
ihm den Mann, der von der Legion
Dämonen besessen gewesen war. Er saß
ordentlich gekleidet da und war wieder
bei Verstand. Da fürchteten sie sich.
16 Die, die alles gesehen hatten, be-
richteten ihnen, was mit dem Besesse-
nen und mit den Schweinen geschehen
war. 17 Darauf baten die Leute Jesus, ihr
Gebiet zu verlassen.
18 Als er ins Boot stieg, bat ihn der
Mann, der zuvor von den Dämonen be-
sessen war, bei ihm bleiben zu dürfen.
19 Aber Jesus erlaubte es ihm nicht,
sondern sagte: Geh nach Hause, und
berichte deiner Familie alles, was der
Herr für dich getan und wie er Er-
barmen mit dir gehabt hat. 20 Da ging
der Mann weg und verkündete in der
ganzen Dekapolis, was Jesus für ihn
getan hatte, und alle staunten.

Die Auferweckung der Tochter des Jaïrus und die Heilung einer kranken Frau

21 Jesus fuhr im Boot wieder ans andere
Ufer hinüber, und eine große Menschen-
menge versammelte sich um ihn.
Während er noch am See war, 22 kam
ein Synagogenvorsteher namens Jaïrus
zu ihm. Als er Jesus sah, fiel er ihm zu
Füßen 23 und flehte ihn um Hilfe an; er
sagte: Meine Tochter liegt im Sterben.
Komm und leg ihr die Hände auf, da-
mit sie wieder gesund wird und am
Leben bleibt. 24 Da ging Jesus mit ihm.
Viele Menschen folgten ihm und
drängten sich um ihn. 25 Darunter war
eine Frau, die schon zwölf Jahre an
Blutungen litt. 26 Sie war von vielen
Ärzten behandelt worden und hatte
dabei sehr zu leiden; ihr ganzes Ver-
mögen hatte sie ausgegeben, aber es
hatte ihr nichts genutzt, sondern ihr
Zustand war immer schlimmer gewor-
den. 27 Sie hatte von Jesus gehört. Nun
drängte sie sich in der Menge von
hinten an ihn heran und berührte sein
Gewand. 28 Denn sie sagte sich: Wenn
ich auch nur sein Gewand berühre,
werde ich geheilt. 29 Sofort hörte die
Blutung auf, und sie spürte deutlich,
dass sie von ihrem Leiden geheilt war.
30 Im selben Augenblick fühlte Jesus,
dass eine Kraft von ihm ausströmte,
und er wandte sich in dem Gedränge
um und fragte: Wer hat mein Gewand
berührt? 31 Seine Jünger sagten zu ihm:
Du siehst doch, wie sich die Leute um
dich drängen, und da fragst du: Wer
hat mich berührt? 32 Er blickte umher,
um zu sehen, wer es getan hatte. 33 Da
kam die Frau, zitternd vor Furcht, weil
sie wusste, was mit ihr geschehen war;
sie fiel vor ihm nieder und sagte ihm
die ganze Wahrheit. 34 Er aber sagte zu
ihr: Meine Tochter, dein Glaube hat dir

geholfen. Geh in Frieden! Du sollst von
deinem Leiden geheilt sein.
35 Während Jesus noch redete, kamen
Leute, die zum Haus des Synagogen-
vorstehers gehörten, und sagten (zu
Jaïrus): Deine Tochter ist gestorben.
Warum bemühst du den Meister noch
länger? 36 Jesus, der diese Worte gehört
hatte, sagte zu dem Synagogenvor-
steher: Sei ohne Furcht; glaube nur!
37 Und er ließ keinen mitkommen
außer Petrus, Jakobus und Johannes,
den Bruder des Jakobus. 38 Sie gingen
zum Haus des Synagogenvorstehers.
Als Jesus den Lärm bemerkte und
hörte, wie die Leute laut weinten und
jammerten, 39 trat er ein und sagte zu
ihnen: Warum schreit und weint ihr?
Das Kind ist nicht gestorben, es schläft
nur. 40 Da lachten sie ihn aus. Er aber
schickte alle hinaus und nahm außer
seinen Begleitern nur die Eltern mit in
den Raum, in dem das Kind lag. 41 Er
fasste das Kind an der Hand und sagte
zu ihm: Talita kum!, das heißt über-
setzt: Mädchen, ich sage dir, steh auf!
42 Sofort stand das Mädchen auf und
ging umher. Es war zwölf Jahre alt. Die
Leute gerieten außer sich vor Entsetzen.
43 Doch er schärfte ihnen ein, niemand
dürfe etwas davon erfahren; dann sagte
er, man solle dem Mädchen etwas zu
essen geben.

Die Ablehnung Jesu in seiner Heimat

6 Von dort brach Jesus auf und kam
in seine Heimatstadt; seine Jünger
begleiteten ihn. 2 Am Sabbat lehrte er in
der Synagoge. Und die vielen Menschen,
die ihm zuhörten, staunten und sagten:
Woher hat er das alles? Was ist das für
eine Weisheit, die ihm gegeben ist! Und
was sind das für Wunder, die durch ihn
geschehen! 3 Ist das nicht der Zim-
mermann, der Sohn der Maria und der
Bruder von Jakobus, Joses, Judas und
Simon? Leben nicht seine Schwestern
hier unter uns? Und sie nahmen Anstoß
an ihm und lehnten ihn ab. 4 Da sagte
Jesus zu ihnen: Nirgends hat ein Prophet
so wenig Ansehen wie in seiner Heimat,
bei seinen Verwandten und in seiner Fa-
milie. 5 Und er konnte dort kein Wunder
tun; nur einigen Kranken legte er die
Hände auf und heilte sie. 6a Und er
wunderte sich über ihren Unglauben.

Die Aussendung der zwölf Jünger

6b Jesus zog durch die benachbarten
Dörfer und lehrte. 7 Er rief die Zwölf zu
sich und sandte sie aus, jeweils zwei zu-
sammen. Er gab ihnen die Vollmacht,
die unreinen Geister auszutreiben,
8 und er gebot ihnen, außer einem
Wanderstab nichts auf den Weg mit-
zunehmen, kein Brot, keine Vorrats-
tasche, kein Geld im Gürtel, 9 kein
zweites Hemd und an den Füßen nur
Sandalen. 10 Und er sagte zu ihnen:

Bleibt in dem Haus, in dem ihr ein-
kehrt, bis ihr den Ort wieder verlasst.
[11] Wenn man euch aber in einem Ort
nicht aufnimmt und euch nicht hören
will, dann geht weiter, und schüttelt
den Staub von euren Füßen, zum Zeug-
nis gegen sie. [12] Die Zwölf machten sich
auf den Weg und riefen die Menschen
zur Umkehr auf. [13] Sie trieben viele
Dämonen aus und salbten viele Kranke
mit Öl und heilten sie.

Das Urteil des Herodes über Jesus

[14] Der König Herodes hörte von Jesus;
denn sein Name war bekannt gewor-
den, und man sagte: Johannes der
Täufer ist von den Toten auferstanden;
deshalb wirken solche Kräfte in ihm.
[15] Andere sagten: Er ist Elija. Wieder
andere: Er ist ein Prophet, wie einer von
den alten Propheten. [16] Als aber Herodes
von ihm hörte, sagte er: Johannes, den
ich enthaupten ließ, ist auferstanden.

Die Enthauptung des Täufers

[17] Herodes hatte nämlich Johannes fest-
nehmen und ins Gefängnis werfen
lassen. Schuld daran war Herodias, die
Frau seines Bruders Philippus, die er
geheiratet hatte. [18] Denn Johannes hatte
zu Herodes gesagt: Du hattest nicht das
Recht, die Frau deines Bruders zur Frau
zu nehmen. [19] Herodias verzieh ihm das
nicht und wollte ihn töten lassen. Sie
konnte ihren Plan aber nicht durch-
setzen, [20] denn Herodes fürchtete sich
vor Johannes, weil er wusste, dass
dieser ein gerechter und heiliger Mann
war. Darum schützte er ihn. Sooft er
mit ihm sprach, wurde er unruhig und
ratlos, und doch hörte er ihm gern zu.
[21] Eines Tages ergab sich für Herodias
eine günstige Gelegenheit. An seinem
Geburtstag lud Herodes seine Hof-
beamten und Offiziere zusammen mit
den vornehmsten Bürgern von Galiläa
zu einem Festmahl ein. [22] Da kam die
Tochter der Herodias und tanzte, und
sie gefiel dem Herodes und seinen
Gästen so sehr, dass der König zu ihr
sagte: Wünsch dir, was du willst; ich
werde es dir geben. [23] Er schwor ihr
sogar: Was du auch von mir verlangst,
ich will es dir geben, und wenn es die
Hälfte meines Reiches wäre. [24] Sie ging
hinaus und fragte ihre Mutter: Was soll
ich mir wünschen? Herodias ant-
wortete: Den Kopf des Täufers Jo-
hannes. [25] Da lief das Mädchen zum
König hinein und sagte: Ich will, dass
du mir sofort auf einer Schale den Kopf
des Täufers Johannes bringen lässt.
[26] Da wurde der König sehr traurig,
aber weil er vor allen Gästen einen
Schwur geleistet hatte, wollte er ihren
Wunsch nicht ablehnen. [27] Deshalb
befahl er einem Scharfrichter, sofort
ins Gefängnis zu gehen und den Kopf
des Täufers herzubringen. Der Scharf-
richter ging und enthauptete Johannes.

28 Dann brachte er den Kopf auf einer
Schale, gab ihn dem Mädchen, und das
Mädchen gab ihn seiner Mutter. 29 Als
die Jünger des Johannes das hörten,
kamen sie, holten seinen Leichnam und
legten ihn in ein Grab.

Die Rückkehr der Jünger und die Speisung der Fünftausend

30 Die Apostel versammelten sich
wieder bei Jesus und berichteten ihm
alles, was sie getan und gelehrt hatten.
31 Da sagte er zu ihnen: Kommt mit an
einen einsamen Ort, wo wir allein sind,
und ruht ein wenig aus. Denn sie
fanden nicht einmal Zeit zum Essen, so
zahlreich waren die Leute, die kamen
und gingen. 32 Sie fuhren also mit dem
Boot in eine einsame Gegend, um
allein zu sein. 33 Aber man sah sie ab-
fahren, und viele erfuhren davon; sie
liefen zu Fuß aus allen Städten dorthin
und kamen noch vor ihnen an. 34 Als er
ausstieg und die vielen Menschen sah,
hatte er Mitleid mit ihnen; denn sie
waren wie Schafe, die keinen Hirten
haben. Und er lehrte sie lange.
35 Gegen Abend kamen seine Jünger zu
ihm und sagten: Der Ort ist abgelegen,
und es ist schon spät. 36 Schick sie weg,
damit sie in die umliegenden Gehöfte
und Dörfer gehen und sich etwas zu
essen kaufen können. 37 Er erwiderte:
Gebt ihr ihnen zu essen! Sie sagten zu
ihm: Sollen wir weggehen, für zwei-
hundert Denare Brot kaufen und es
ihnen geben, damit sie zu essen haben?
38 Er sagte zu ihnen: Wie viele Brote
habt ihr? Geht und seht nach! Sie
sahen nach und berichteten: Fünf
Brote, und außerdem zwei Fische.
39 Dann befahl er ihnen, den Leuten zu
sagen, sie sollten sich in Gruppen ins
grüne Gras setzen. 40 Und sie setzten
sich in Gruppen zu hundert und zu
fünfzig. 41 Darauf nahm er die fünf
Brote und die zwei Fische, blickte zum
Himmel auf, sprach den Lobpreis,
brach die Brote und gab sie den Jün-
gern, damit sie sie an die Leute aus-
teilten. Auch die zwei Fische ließ er
unter allen verteilen. 42 Und alle aßen
und wurden satt. 43 Als die Jünger die
Reste der Brote und auch der Fische
einsammelten, wurden zwölf Körbe
voll. 44 Es waren fünftausend Männer,
die von den Broten gegessen hatten.

Der Gang Jesu auf dem Wasser

45 Gleich darauf forderte er seine Jünger
auf, ins Boot zu steigen und ans andere
Ufer nach Betsaida vorauszufahren. Er
selbst wollte inzwischen die Leute nach
Hause schicken. 46 Nachdem er sich von
ihnen verabschiedet hatte, ging er auf
einen Berg, um zu beten. 47 Spät am
Abend war das Boot mitten auf dem
See, er aber war allein an Land. 48 Und
er sah, wie sie sich beim Rudern ab-
mühten, denn sie hatten Gegenwind.

In der vierten Nachtwache ging er auf
dem See zu ihnen hin, wollte aber an
ihnen vorübergehen. 49 Als sie ihn über
den See gehen sahen, meinten sie, es sei
ein Gespenst, und schrien auf. 50 Alle
sahen ihn und erschraken. Doch er be-
gann mit ihnen zu reden und sagte:
Habt Vertrauen, ich bin es; fürchtet
euch nicht! 51 Dann stieg er zu ihnen
ins Boot, und der Wind legte sich. Sie
aber waren bestürzt und außer sich.
52 Denn sie waren nicht zur Einsicht
gekommen, als das mit den Broten ge-
schah; ihr Herz war verstockt.

Krankenheilungen in Gennesaret

53 Sie fuhren auf das Ufer zu, kamen
nach Gennesaret und legten dort an.
54 Als sie aus dem Boot stiegen, erkann-
te man ihn sofort. 55 Die Menschen
eilten durch die ganze Gegend und
brachten die Kranken auf Tragbahren
zu ihm, sobald sie hörten, wo er war.
56 Und immer, wenn er in ein Dorf oder
eine Stadt oder zu einem Gehöft kam,
trug man die Kranken auf die Straße
hinaus und bat ihn, er möge sie wenigs-
tens den Saum seines Gewandes berüh-
ren lassen. Und alle, die ihn berührten,
wurden geheilt.

Von Reinheit und Unreinheit

7 Die Pharisäer und einige Schrift-
gelehrte, die aus Jerusalem ge-
kommen waren, hielten sich bei Jesus
auf. 2 Sie sahen, dass einige seiner
Jünger ihr Brot mit unreinen, das heißt
mit ungewaschenen Händen aßen.
3 Die Pharisäer essen nämlich wie alle
Juden nur, wenn sie vorher mit einer
Handvoll Wasser die Hände gewaschen
haben, wie es die Überlieferung der
Alten vorschreibt. 4 Auch wenn sie vom
Markt kommen, essen sie nicht, ohne
sich vorher zu waschen. Noch viele
andere überlieferte Vorschriften halten
sie ein, wie das Abspülen von Bechern,
Krügen und Kesseln. 5 Die Pharisäer
und die Schriftgelehrten fragten ihn
also: Warum halten sich deine Jünger
nicht an die Überlieferung der Alten,
sondern essen ihr Brot mit unreinen
Händen? 6 Er antwortete ihnen: Der
Prophet Jesaja hatte recht mit dem, was
er über euch Heuchler sagte:
Dieses Volk ehrt mich mit den Lippen, /
sein Herz aber ist weit weg von mir.
7 Es ist sinnlos, wie sie mich verehren; /
was sie lehren, sind Satzungen von
Menschen.
8 Ihr gebt Gottes Gebot preis und haltet
euch an die Überlieferung der Men-
schen. 9 Und weiter sagte Jesus: Sehr ge-
schickt setzt ihr Gottes Gebot außer
Kraft und haltet euch an eure eigene
Überlieferung. 10 Mose hat zum Bei-
spiel gesagt: Ehre deinen Vater und
deine Mutter!, und: Wer Vater oder
Mutter verflucht, soll mit dem Tod be-
straft werden. 11 Ihr aber lehrt: Es ist er-

laubt, dass einer zu seinem Vater oder
seiner Mutter sagt: Was ich dir schulde,
ist Korbán, das heißt: eine Opfergabe.
[12] Damit hindert ihr ihn daran, noch
etwas für Vater oder Mutter zu tun.
[13] So setzt ihr durch eure eigene Über-
lieferung Gottes Wort außer Kraft. Und
ähnlich handelt ihr in vielen Fällen.
[14] Dann rief er die Leute wieder zu sich
und sagte: Hört mir alle zu und be-
greift, was ich sage: [15] Nichts, was von
außen in den Menschen hineinkommt,
kann ihn unrein machen, sondern was
aus dem Menschen herauskommt, das
macht ihn unrein. [16]
[17] Er verließ die Menge und ging in ein
Haus. Da fragten ihn seine Jünger nach
dem Sinn dieses rätselhaften Wortes.
[18] Er antwortete ihnen: Begreift auch ihr
nicht? Seht ihr nicht ein, dass das, was
von außen in den Menschen hinein-
kommt, ihn nicht unrein machen
kann? [19] Denn es gelangt ja nicht in
sein Herz, sondern in den Magen und
wird wieder ausgeschieden. Damit
erklärte Jesus alle Speisen für rein.
[20] Weiter sagte er: Was aus dem Men-
schen herauskommt, das macht ihn
unrein. [21] Denn von innen, aus dem
Herzen der Menschen, kommen die
bösen Gedanken, Unzucht, Diebstahl,
Mord, [22] Ehebruch, Habgier, Bosheit,
Hinterlist, Ausschweifung, Neid, Ver-
leumdung, Hochmut und Unvernunft.
[23] All dieses Böse kommt von innen und
macht den Menschen unrein.

Die Erhörung der Bitte einer heidnischen Frau

[24] Jesus brach auf und zog von dort in
das Gebiet von Tyrus. Er ging in ein
Haus, wollte aber, dass niemand davon
erfuhr; doch es konnte nicht verborgen
bleiben. [25] Eine Frau, deren Tochter von
einem unreinen Geist besessen war,
hörte von ihm; sie kam sogleich herbei
und fiel ihm zu Füßen. [26] Die Frau, von
Geburt Syrophönizierin, war eine Hei-
din. Sie bat ihn, aus ihrer Tochter den
Dämon auszutreiben. [27] Da sagte er zu
ihr: Lasst zuerst die Kinder satt werden;
denn es ist nicht recht, das Brot den
Kindern wegzunehmen und den
Hunden vorzuwerfen. [28] Sie erwiderte
ihm: Ja, du hast recht, Herr! Aber auch
für die Hunde unter dem Tisch fällt
etwas von dem Brot ab, das die Kinder
essen. [29] Er antwortete ihr: Weil du das
gesagt hast, sage ich dir: Geh nach
Hause, der Dämon hat deine Tochter
verlassen. [30] Und als sie nach Hause
kam, fand sie das Kind auf dem Bett
liegen und sah, dass der Dämon es ver-
lassen hatte.

Die Heilung eines Taubstummen

[31] Jesus verließ das Gebiet von Tyrus
wieder und kam über Sidon an den See
von Galiläa, mitten in das Gebiet der
Dekapolis. [32] Da brachte man einen
Taubstummen zu Jesus und bat ihn, er
möge ihn berühren. [33] Er nahm ihn

beiseite, von der Menge weg, legte ihm
die Finger in die Ohren und berührte
dann die Zunge des Mannes mit Spei-
chel; 34 danach blickte er zum Himmel
auf, seufzte und sagte zu dem Taub-
stummen: Effata!, das heißt: Öffne
dich! 35 Sogleich öffneten sich seine
Ohren, seine Zunge wurde von ihrer
Fessel befreit, und er konnte richtig
reden. 36 Jesus verbot ihnen, jemand da-
von zu erzählen. Doch je mehr er es
ihnen verbot, desto mehr machten sie
es bekannt. 37 Außer sich vor Staunen
sagten sie: Er hat alles gut gemacht; er
macht, dass die Tauben hören und die
Stummen sprechen.

Die Speisung der Viertausend

8 In jenen Tagen waren wieder ein-
mal viele Menschen um Jesus ver-
sammelt. Da sie nichts zu essen hatten,
rief er die Jünger zu sich und sagte: 2 Ich
habe Mitleid mit diesen Menschen; sie
sind schon drei Tage bei mir und haben
nichts mehr zu essen. 3 Wenn ich sie
hungrig nach Hause schicke, werden
sie unterwegs zusammenbrechen; denn
einige von ihnen sind von weither ge-
kommen. 4 Seine Jünger antworteten
ihm: Woher soll man in dieser unbe-
wohnten Gegend Brot bekommen, um
sie alle satt zu machen? 5 Er fragte sie:
Wie viele Brote habt ihr? Sie ant-
worteten: Sieben. 6 Da forderte er die
Leute auf, sich auf den Boden zu setzen.
Dann nahm er die sieben Brote, sprach
das Dankgebet, brach die Brote und
gab sie seinen Jüngern zum Verteilen;
und die Jünger teilten sie an die Leute
aus. 7 Sie hatten auch noch ein paar Fi-
sche bei sich. Jesus segnete sie und ließ
auch sie austeilen. 8 Die Leute aßen und
wurden satt. Dann sammelte man die
übriggebliebenen Brotstücke ein, sie-
ben Körbe voll. 9 Es waren etwa vier-
tausend Menschen beisammen. Danach
schickte er sie nach Hause. 10 Gleich da-
rauf stieg er mit seinen Jüngern ins
Boot und fuhr in das Gebiet von Dal-
manuta.

Die Verweigerung eines Zeichens

11 Da kamen die Pharisäer und be-
gannen ein Streitgespräch mit ihm; sie
forderten von ihm ein Zeichen vom
Himmel, um ihn auf die Probe zu
stellen. 12 Da seufzte er tief auf und
sagte: Was fordert diese Generation ein
Zeichen? Amen, das sage ich euch:
Dieser Generation wird niemals ein
Zeichen gegeben werden. 13 Und er ver-
ließ sie, stieg in das Boot und fuhr ans
andere Ufer.

Warnung vor den Pharisäern und vor Herodes

14 Die Jünger hatten vergessen, bei der
Abfahrt Brote mitzunehmen; nur ein
einziges hatten sie dabei. 15 Und er

warnte sie: Gebt acht, hütet euch vor
dem Sauerteig der Pharisäer und dem
Sauerteig des Herodes! 16 Sie aber
machten sich Gedanken, weil sie kein
Brot bei sich hatten. 17 Als er das
merkte, sagte er zu ihnen: Was macht
ihr euch darüber Gedanken, dass ihr
kein Brot habt? Begreift und versteht
ihr immer noch nicht? Ist denn euer
Herz verstockt? 18 Habt ihr denn keine
Augen, um zu sehen, und keine Ohren,
um zu hören? Erinnert ihr euch nicht:
19 Als ich die fünf Brote für die Fünf-
tausend brach, wie viele Körbe voll
Brotstücke habt ihr da aufgesammelt?
Sie antworteten ihm: Zwölf. 20 Und als
ich die sieben Brote für die Viertausend
brach, wie viele Körbe voll habt ihr da
aufgesammelt? Sie antworteten: Sieben.
21 Da sagte er zu ihnen: Versteht ihr
immer noch nicht?

Die Heilung eines Blinden bei Betsaida

22 Sie kamen nach Betsaida. Da brachte
man einen Blinden zu Jesus und bat
ihn, er möge ihn berühren. 23 Er nahm
den Blinden bei der Hand, führte ihn
vor das Dorf hinaus, bestrich seine
Augen mit Speichel, legte ihm die
Hände auf und fragte ihn: Siehst du
etwas? 24 Der Mann blickte auf und
sagte: Ich sehe Menschen; denn ich
sehe etwas, das wie Bäume aussieht
und umhergeht. 25 Da legte er ihm
nochmals die Hände auf die Augen;
nun sah der Mann deutlich. Er war ge-
heilt und konnte alles ganz genau
sehen. 26 Jesus schickte ihn nach Hause
und sagte: Geh aber nicht in das Dorf
hinein!

Auf dem Weg nach Jerusalem

Das Messiasbekenntnis des Petrus

27 Jesus ging mit seinen Jüngern in die
Dörfer bei Cäsarea Philippi. Unterwegs
fragte er die Jünger: Für wen halten
mich die Menschen? 28 Sie sagten zu
ihm: Einige für Johannes den Täufer,
andere für Elija, wieder andere für
sonst einen von den Propheten. 29 Da
fragte er sie: Ihr aber, für wen haltet ihr
mich? Simon Petrus antwortete ihm:
Du bist der Messias! 30 Doch er verbot
ihnen, mit jemand über ihn zu
sprechen.

Die erste Ankündigung von Leiden und Auferstehung

31 Dann begann er, sie darüber zu be-
lehren, der Menschensohn müsse vieles
erleiden und von den Ältesten, den
Hohenpriestern und den Schriftge-
lehrten verworfen werden; er werde
getötet, aber nach drei Tagen werde er
auferstehen. 32 Und er redete ganz offen
darüber. Da nahm ihn Petrus beiseite
und machte ihm Vorwürfe. 33 Jesus

wandte sich um, sah seine Jünger an
und wies Petrus mit den Worten zu-
recht: Weg mit dir, Satan, geh mir aus
den Augen! Denn du hast nicht das im
Sinn, was Gott will, sondern was die
Menschen wollen.

Von Nachfolge und Selbstverleugnung

34 Er rief die Volksmenge und seine
Jünger zu sich und sagte: Wer mein
Jünger sein will, der verleugne sich
selbst, nehme sein Kreuz auf sich und
folge mir nach. 35 Denn wer sein Leben
retten will, wird es verlieren; wer aber
sein Leben um meinetwillen und um
des Evangeliums willen verliert, wird es
retten. 36 Was nützt es einem Men-
schen, wenn er die ganze Welt gewinnt,
dabei aber sein Leben einbüßt? 37 Um
welchen Preis könnte ein Mensch sein
Leben zurückkaufen? 38 Denn wer sich
vor dieser treulosen und sündigen
Generation meiner und meiner Worte
schämt, dessen wird sich auch der Men-
schensohn schämen, wenn er mit den
heiligen Engeln in der Hoheit seines
Vaters kommt.

9 Und er sagte zu ihnen: Amen, ich
sage euch: Von denen, die hier
stehen, werden einige den Tod nicht
erleiden, bis sie gesehen haben, dass
das Reich Gottes in (seiner ganzen)
Macht gekommen ist.

Die Verklärung Jesu

2 Sechs Tage danach nahm Jesus Petrus,
Jakobus und Johannes beiseite und
führte sie auf einen hohen Berg, aber
nur sie allein. Und er wurde vor ihren
Augen verwandelt; 3 seine Kleider wur-
den strahlend weiß, so weiß, wie sie auf
Erden kein Bleicher machen kann. 4 Da
erschien vor ihren Augen Elija und mit
ihm Mose, und sie redeten mit Jesus.
5 Petrus sagte zu Jesus: Rabbi, es ist gut,
dass wir hier sind. Wir wollen drei
Hütten bauen, eine für dich, eine für
Mose und eine für Elija. 6 Er wusste
nämlich nicht, was er sagen sollte; denn
sie waren vor Furcht ganz benommen.
7 Da kam eine Wolke und warf ihren
Schatten auf sie, und aus der Wolke rief
eine Stimme: Das ist mein geliebter
Sohn; auf ihn sollt ihr hören. 8 Als sie
dann um sich blickten, sahen sie auf
einmal niemand mehr bei sich außer
Jesus.
9 Während sie den Berg hinabstiegen,
verbot er ihnen, irgend jemand zu er-
zählen, was sie gesehen hatten, bis der
Menschensohn von den Toten aufer-
standen sei. 10 Dieses Wort beschäftigte
sie, und sie fragten einander, was das
sei: von den Toten auferstehen.

Von der Wiederkunft des Elija

11 Da fragten sie ihn: Warum sagen die
Schriftgelehrten, zuerst müsse Elija
kommen? 12 Er antwortete: Ja, Elija

kommt zuerst und stellt alles wieder
her. Aber warum heißt es dann vom
Menschensohn in der Schrift, er werde
viel leiden müssen und verachtet
werden? 13 Ich sage euch: Elija ist schon
gekommen, doch sie haben mit ihm
gemacht, was sie wollten, wie es in der
Schrift steht.

Die Heilung eines besessenen Jungen

14 Als sie zu den anderen Jüngern zu-
rückkamen, sahen sie eine große
Menschenmenge um sie versammelt
und Schriftgelehrte, die mit ihnen
stritten. 15 Sobald die Leute Jesus sahen,
liefen sie in großer Erregung auf ihn zu
und begrüßten ihn. 16 Er fragte sie: Wa-
rum streitet ihr mit ihnen? 17 Einer aus
der Menge antwortete ihm: Meister, ich
habe meinen Sohn zu dir gebracht. Er
ist von einem stummen Geist besessen;
18 immer wenn der Geist ihn überfällt,
wirft er ihn zu Boden, und meinem
Sohn tritt Schaum vor den Mund, er
knirscht mit den Zähnen und wird
starr. Ich habe schon deine Jünger ge-
beten, den Geist auszutreiben, aber sie
hatten nicht die Kraft dazu. 19 Da sagte
er zu ihnen: O du ungläubige Genera-
tion! Wie lange muss ich noch bei euch
sein? Wie lange muss ich euch noch er-
tragen? Bringt ihn zu mir! 20 Und man
führte ihn herbei. Sobald der Geist
Jesus sah, zerrte er den Jungen hin und
her, so dass er hinfiel und sich mit
Schaum vor dem Mund auf dem Boden
wälzte. 21 Jesus fragte den Vater: Wie
lange hat er das schon? Der Vater ant-
wortete: Von Kind auf; 22 oft hat er ihn
sogar ins Feuer oder ins Wasser
geworfen, um ihn umzubringen. Doch
wenn du kannst, hilf uns; hab Mitleid
mit uns! 23 Jesus sagte zu ihm: Wenn du
kannst? Alles kann, wer glaubt. 24 Da
rief der Vater des Jungen: Ich glaube;
hilf meinem Unglauben! 25 Als Jesus
sah, dass die Leute zusammenliefen,
drohte er dem unreinen Geist und
sagte: Ich befehle dir, du stummer und
tauber Geist: Verlass ihn, und kehr
nicht mehr in ihn zurück! 26 Da zerrte
der Geist den Jungen hin und her und
verließ ihn mit lautem Geschrei. Der
Junge lag da wie tot, so dass alle Leute
sagten: Er ist gestorben.
27 Jesus aber fasste ihn an der Hand und
richtete ihn auf, und der Junge erhob
sich.
28 Als Jesus nach Hause kam und sie
allein waren, fragten ihn seine Jünger:
Warum konnten denn wir den Dämon
nicht austreiben? 29 Er antwortete ih-
nen: Diese Art kann nur durch Gebet
ausgetrieben werden.

Die zweite Ankündigung von Leiden und Auferstehung

30 Sie gingen von dort weg und zogen
durch Galiläa. Er wollte aber nicht, dass
jemand davon erfuhr; 31 denn er wollte

seine Jünger über etwas belehren. Er
sagte zu ihnen: Der Menschensohn
wird den Menschen ausgeliefert, und
sie werden ihn töten; doch drei Tage
nach seinem Tod wird er auferstehen.
32 Aber sie verstanden den Sinn seiner
Worte nicht, scheuten sich jedoch, ihn
zu fragen.

Der Rangstreit der Jünger

33 Sie kamen nach Kafarnaum. Als er
dann im Haus war, fragte er sie: Wo-
rüber habt ihr unterwegs gesprochen?
34 Sie schwiegen, denn sie hatten unter-
wegs miteinander darüber gesprochen,
wer (von ihnen) der Größte sei. 35 Da
setzte er sich, rief die Zwölf und sagte
zu ihnen: Wer der Erste sein will, soll
der Letzte von allen und der Diener
aller sein. 36 Und er stellte ein Kind in
ihre Mitte, nahm es in seine Arme und
sagte zu ihnen: 37 Wer ein solches Kind
um meinetwillen aufnimmt, der nimmt
mich auf; wer aber mich aufnimmt, der
nimmt nicht nur mich auf, sondern
den, der mich gesandt hat.

Der fremde Wundertäter

38 Da sagte Johannes zu ihm: Meister,
wir haben gesehen, wie jemand in
deinem Namen Dämonen austrieb;
und wir versuchten, ihn daran zu hin-
dern, weil er uns nicht nachfolgt. 39 Je-
sus erwiderte: Hindert ihn nicht! Kei-
ner, der in meinem Namen Wunder
tut, kann so leicht schlecht von mir
reden. 40 Denn wer nicht gegen uns ist,
der ist für uns. 41 Wer euch auch nur
einen Becher Wasser zu trinken gibt,
weil ihr zu Christus gehört – amen, ich
sage euch: er wird nicht um seinen
Lohn kommen.

Warnung vor der Verführung

42 Wer einen von diesen Kleinen, die an
mich glauben, zum Bösen verführt, für
den wäre es besser, wenn er mit einem
Mühlstein um den Hals ins Meer ge-
worfen würde. 43 Wenn dich deine
Hand zum Bösen verführt, dann hau
sie ab; es ist besser für dich, ver-
stümmelt in das Leben zu gelangen, als
mit zwei Händen in die Hölle zu
kommen, in das nie erlöschende Feuer.
[44] 45 Und wenn dich dein Fuß zum
Bösen verführt, dann hau ihn ab; es ist
besser für dich, verstümmelt in das
Leben zu gelangen, als mit zwei Füßen
in die Hölle geworfen zu werden. [46]
47 Und wenn dich dein Auge zum Bösen
verführt, dann reiß es aus; es ist besser
für dich, einäugig in das Reich Gottes
zu kommen, als mit zwei Augen in die
Hölle geworfen zu werden, 48 wo ihr
Wurm nicht stirbt und das Feuer nicht
erlischt.

Vom Salz

49 Denn jeder wird mit Feuer gesalzen
werden. 50 Das Salz ist etwas Gutes.
Wenn das Salz die Kraft zum Salzen
verliert, womit wollt ihr ihm seine
Würze wiedergeben? Habt Salz in
euch, und haltet Frieden untereinan-
der!

Aufbruch nach Judäa

10 Von dort brach Jesus auf und
kam nach Judäa und in das Ge-
biet jenseits des Jordan. Wieder ver-
sammelten sich viele Leute bei ihm,
und er lehrte sie, wie er es gewohnt war.

Von der Ehescheidung

2 Da kamen Pharisäer zu ihm und
fragten: Darf ein Mann seine Frau aus
der Ehe entlassen? Damit wollten sie
ihm eine Falle stellen. 3 Er antwortete
ihnen: Was hat euch Mose vorge-
schrieben? 4 Sie sagten: Mose hat er-
laubt, eine Scheidungsurkunde aus-
zustellen und (die Frau) aus der Ehe zu
entlassen. 5 Jesus entgegnete ihnen:
Nur weil ihr so hartherzig seid, hat er
euch dieses Gebot gegeben. 6 Am An-
fang der Schöpfung aber hat Gott sie
als Mann und Frau geschaffen. 7 Darum
wird der Mann Vater und Mutter ver-
lassen, 8 und die zwei werden ein Fleisch
sein. Sie sind also nicht mehr zwei,
sondern eins. 9 Was aber Gott verbun-
den hat, das darf der Mensch nicht tren-
nen.
10 Zu Hause befragten ihn die Jünger
noch einmal darüber. 11 Er antwortete
ihnen: Wer seine Frau aus der Ehe
entlässt und eine andere heiratet, be-
geht ihr gegenüber Ehebruch. 12 Auch
eine Frau begeht Ehebruch, wenn sie
ihren Mann aus der Ehe entlässt und
einen anderen heiratet.

Die Segnung der Kinder

13 Da brachte man Kinder zu ihm, da-
mit er ihnen die Hände auflegte. Die
Jünger aber wiesen die Leute schroff ab.
14 Als Jesus das sah, wurde er unwillig
und sagte zu ihnen: Lasst die Kinder zu
mir kommen; hindert sie nicht daran!
Denn Menschen wie ihnen gehört das
Reich Gottes. 15 Amen, das sage ich
euch: Wer das Reich Gottes nicht so
annimmt, wie ein Kind, der wird nicht
hineinkommen. 16 Und er nahm die
Kinder in seine Arme; dann legte er
ihnen die Hände auf und segnete sie.

Von Reichtum und Nachfolge

17 Als sich Jesus wieder auf den Weg
machte, lief ein Mann auf ihn zu, fiel
vor ihm auf die Knie und fragte ihn:
Guter Meister, was muss ich tun, um
das ewige Leben zu gewinnen? 18 Jesus
antwortete: Warum nennst du mich
gut? Niemand ist gut außer Gott, dem

Einen. 19 Du kennst doch die Gebote:
Du sollst nicht töten, du sollst nicht die
Ehe brechen, du sollst nicht stehlen, du
sollst nicht falsch aussagen, du sollst
keinen Raub begehen; ehre deinen
Vater und deine Mutter! 20 Er erwiderte
ihm: Meister, alle diese Gebote habe ich
von Jugend an befolgt. 21 Da sah ihn
Jesus an, und weil er ihn liebte, sagte er:
Eines fehlt dir noch: Geh, verkaufe, was
du hast, gib das Geld den Armen, und
du wirst einen bleibenden Schatz im
Himmel haben; dann komm und folge
mir nach! 22 Der Mann aber war be-
trübt, als er das hörte, und ging traurig
weg; denn er hatte ein großes Ver-
mögen. 23 Da sah Jesus seine Jünger an
und sagte zu ihnen: Wie schwer ist es
für Menschen, die viel besitzen, in das
Reich Gottes zu kommen! 24 Die Jünger
waren über seine Worte bestürzt. Jesus
aber sagte noch einmal zu ihnen:
Meine Kinder, wie schwer ist es, in das
Reich Gottes zu kommen! 25 Eher geht
ein Kamel durch ein Nadelöhr, als dass
ein Reicher in das Reich Gottes gelangt.
26 Sie aber erschraken noch mehr und
sagten zueinander: Wer kann dann
noch gerettet werden? 27 Jesus sah sie
an und sagte: Für Menschen ist das un-
möglich, aber nicht für Gott; denn für
Gott ist alles möglich.
28 Da sagte Petrus zu ihm: Du weißt, wir
haben alles verlassen und sind dir
nachgefolgt. 29 Jesus antwortete: Amen,
ich sage euch: Jeder, der um meinet-
willen und um des Evangeliums willen
Haus oder Brüder, Schwestern, Mutter,
Vater, Kinder oder Äcker verlassen hat,
30 wird das Hundertfache dafür emp-
fangen: Jetzt in dieser Zeit wird er
Häuser, Brüder, Schwestern, Mütter,
Kinder und Äcker erhalten, wenn auch
unter Verfolgungen, und in der kom-
menden Welt das ewige Leben. 31 Viele
aber, die jetzt die Ersten sind, werden
dann die Letzten sein, und die Letzten
werden die Ersten sein.

Die dritte Ankündigung von Leiden und Auferstehung

32 Während sie auf dem Weg hinauf
nach Jerusalem waren, ging Jesus
voraus. Die Leute wunderten sich über
ihn, die Jünger aber hatten Angst. Da
versammelte er die Zwölf wieder um
sich und kündigte ihnen an, was ihm
bevorstand. 33 Er sagte: Wir gehen jetzt
nach Jerusalem hinauf; dort wird der
Menschensohn den Hohenpriestern
und den Schriftgelehrten ausgeliefert;
sie werden ihn zum Tod verurteilen
und den Heiden übergeben; 34 sie wer-
den ihn verspotten, anspucken, geißeln
und töten. Aber nach drei Tagen wird
er auferstehen.

Vom Herrschen und vom Dienen

35 Da traten Jakobus und Johannes, die
Söhne des Zebedäus, zu ihm und sag-

ten: Meister, wir möchten, dass du uns
eine Bitte erfüllst. 36 Er antwortete: Was
soll ich für euch tun? 37 Sie sagten zu
ihm: Lass in deinem Reich einen von
uns rechts und den andern links neben
dir sitzen. 38 Jesus erwiderte: Ihr wisst
nicht, um was ihr bittet. Könnt ihr den
Kelch trinken, den ich trinke, oder die
Taufe auf euch nehmen, mit der ich ge-
tauft werde? 39 Sie antworteten: Wir
können es. Da sagte Jesus zu ihnen: Ihr
werdet den Kelch trinken, den ich
trinke, und die Taufe empfangen, mit
der ich getauft werde. 40 Doch den Platz
zu meiner Rechten und zu meiner
Linken habe nicht ich zu vergeben; dort
werden die sitzen, für die diese Plätze
bestimmt sind.
41 Als die zehn anderen Jünger das
hörten, wurden sie sehr ärgerlich über
Jakobus und Johannes. 42 Da rief Jesus
sie zu sich und sagte: Ihr wisst, dass die,
die als Herrscher gelten, ihre Völker
unterdrücken und die Mächtigen ihre
Macht über die Menschen missbrau-
chen. 43 Bei euch aber soll es nicht so
sein, sondern wer bei euch groß sein
will, der soll euer Diener sein, 44 und
wer bei euch der Erste sein will, soll der
Sklave aller sein. 45 Denn auch der
Menschensohn ist nicht gekommen,
um sich dienen zu lassen, sondern um
zu dienen und sein Leben hinzugeben
als Lösegeld für viele.

Die Heilung eines Blinden bei Jericho

46 Sie kamen nach Jericho. Als er mit
seinen Jüngern und einer großen
Menschenmenge Jericho wieder ver-
ließ, saß an der Straße ein blinder Bett-
ler, Bartimäus, der Sohn des Timäus.
47 Sobald er hörte, dass es Jesus von
Nazaret war, rief er laut: Sohn Davids,
Jesus, hab Erbarmen mit mir! 48 Viele
wurden ärgerlich und befahlen ihm zu
schweigen. Er aber schrie noch viel
lauter: Sohn Davids, hab Erbarmen mit
mir! 49 Jesus blieb stehen und sagte:
Ruft ihn her! Sie riefen den Blinden
und sagten zu ihm: Hab nur Mut, steh
auf, er ruft dich. 50 Da warf er seinen
Mantel weg, sprang auf und lief auf
Jesus zu.
51 Und Jesus fragte ihn: Was soll ich dir
tun? Der Blinde antwortete: Rabbuni,
ich möchte wieder sehen können. 52 Da
sagte Jesus zu ihm: Geh! Dein Glaube
hat dir geholfen. Im gleichen Augen-
blick konnte er wieder sehen, und er
folgte Jesus auf seinem Weg.

Die letzten Tage Jesu in Jerusalem

Der Einzug in Jerusalem

11 Als sie in die Nähe von Jeru-
salem kamen, nach Betfage
und Betanien am Ölberg, schickte er
zwei seiner Jünger voraus. 2 Er sagte zu
ihnen: Geht in das Dorf, das vor euch

liegt; gleich wenn ihr hineinkommt,
werdet ihr einen jungen Esel ange-
bunden finden, auf dem noch nie ein
Mensch gesessen hat. Bindet ihn los,
und bringt ihn her! 3 Und wenn je-
mand zu euch sagt: Was tut ihr da?,
dann antwortet: Der Herr braucht ihn;
er lässt ihn bald wieder zurückbringen.
4 Da machten sie sich auf den Weg und
fanden außen an einer Tür an der Stra-
ße einen jungen Esel angebunden, und
sie banden ihn los. 5 Einige, die dabei-
standen, sagten zu ihnen: Wie kommt
ihr dazu, den Esel loszubinden? 6 Sie
gaben ihnen zur Antwort, was Jesus
gesagt hatte, und man ließ sie ge-
währen. 7 Sie brachten den jungen Esel
zu Jesus, legten ihre Kleider auf das
Tier, und er setzte sich darauf. 8 Und
viele breiteten ihre Kleider auf der Stra-
ße aus; andere rissen auf den Feldern
Zweige (von den Büschen) ab und
streuten sie auf den Weg. 9 Die Leute,
die vor ihm hergingen und die ihm
folgten, riefen:
Hosanna! / Gesegnet sei er, der kommt
im Namen des Herrn!
10 Gesegnet sei das Reich unseres Vaters
David, / das nun kommt. / Hosanna in
der Höhe!
11 Und er zog nach Jerusalem hinein, in
den Tempel; nachdem er sich alles an-
gesehen hatte, ging er spät am Abend
mit den Zwölf nach Betanien hinaus.

Die Verfluchung eines Feigenbaums

12 Als sie am nächsten Tag Betanien ver-
ließen, hatte er Hunger. 13 Da sah er von
weitem einen Feigenbaum mit Blättern
und ging hin, um nach Früchten zu su-
chen. Aber er fand an dem Baum nichts
als Blätter; denn es war nicht die Zeit
der Feigenernte.
14 Da sagte er zu ihm: In Ewigkeit soll
niemand mehr eine Frucht von dir
essen. Und seine Jünger hörten es.

Die Tempelreinigung

15 Dann kamen sie nach Jerusalem.
Jesus ging in den Tempel und begann,
die Händler und Käufer aus dem
Tempel hinauszutreiben; er stieß die
Tische der Geldwechsler und die
Stände der Taubenhändler um 16 und
ließ nicht zu, dass jemand irgend etwas
durch den Tempelbezirk trug. 17 Er be-
lehrte sie und sagte: Heißt es nicht in
der Schrift: Mein Haus soll ein Haus des
Gebetes für alle Völker sein? Ihr aber
habt daraus eine Räuberhöhle gemacht.
18 Die Hohenpriester und die Schriftge-
lehrten hörten davon und suchten nach
einer Möglichkeit, ihn umzubringen.
Denn sie fürchteten ihn, weil alle Leute
von seiner Lehre sehr beeindruckt wa-
ren. 19 Als es Abend wurde, verließ Jesus
mit seinen Jüngern die Stadt.

Vom Glauben

20 Als sie am nächsten Morgen an dem
Feigenbaum vorbeikamen, sahen sie,
dass er bis zu den Wurzeln verdorrt
war. 21 Da erinnerte sich Petrus und
sagte zu Jesus: Rabbi, sieh doch, der
Feigenbaum, den du verflucht hast, ist
verdorrt. 22 Jesus sagte zu ihnen: Ihr
müsst Glauben an Gott haben. 23 Amen,
das sage ich euch: Wenn jemand zu
diesem Berg sagt: Heb dich empor, und
stürz dich ins Meer!, und wenn er in
seinem Herzen nicht zweifelt, sondern
glaubt, dass geschieht, was er sagt,
dann wird es geschehen. 24 Darum sage
ich euch: Alles, worum ihr betet und
bittet – glaubt nur, dass ihr es schon
erhalten habt, dann wird es euch zuteil.
25 Und wenn ihr beten wollt und ihr
habt einem anderen etwas vor-
zuwerfen, dann vergebt ihm, damit
auch euer Vater im Himmel euch eure
Verfehlungen vergibt. [26]

Die Frage nach der Vollmacht Jesu

27 Sie kamen wieder nach Jerusalem.
Als er im Tempel umherging, kamen
die Hohenpriester, die Schriftgelehrten
und die Ältesten zu ihm 28 und fragten
ihn: Mit welchem Recht tust du das
alles? Wer hat dir die Vollmacht ge-
geben, das zu tun? 29 Jesus sagte zu
ihnen: Zuerst will ich euch eine Frage
vorlegen. Antwortet mir, dann werde
ich euch sagen, mit welchem Recht ich
das tue. 30 Stammte die Taufe des Jo-
hannes vom Himmel oder von den
Menschen? Antwortet mir! 31 Da über-
legten sie und sagten zueinander:
Wenn wir antworten: Vom Himmel!,
so wird er sagen: Warum habt ihr ihm
dann nicht geglaubt? 32 Sollen wir also
antworten: Von den Menschen? Sie
fürchteten sich aber vor den Leuten;
denn alle glaubten, dass Johannes wirk-
lich ein Prophet war. 33 Darum ant-
worteten sie Jesus: Wir wissen es nicht.
Jesus erwiderte: Dann sage auch ich
euch nicht, mit welchem Recht ich das
alles tue.

Das Gleichnis von den bösen Winzern

12 Jesus begann zu ihnen (wie-
der) in Form von Gleichnissen
zu reden. (Er sagte:) Ein Mann legte
einen Weinberg an, zog ringsherum
einen Zaun, hob eine Kelter aus und
baute einen Turm. Dann verpachtete er
den Weinberg an Winzer und reiste in
ein anderes Land. 2 Als nun die Zeit
dafür gekommen war, schickte er einen
Knecht zu den Winzern, um bei ihnen
seinen Anteil an den Früchten des
Weinbergs holen zu lassen. 3 Sie aber
packten und prügelten ihn und jagten
ihn mit leeren Händen fort. 4 Darauf
schickte er einen anderen Knecht zu
ihnen; auch ihn misshandelten und be-
schimpften sie. 5 Als er einen dritten
schickte, brachten sie ihn um. Ähnlich

ging es vielen anderen; die einen wur-
den geprügelt, die andern umgebracht.
6 Schließlich blieb ihm nur noch einer:
sein geliebter Sohn. Ihn sandte er als
letzten zu ihnen, denn er dachte: Vor
meinem Sohn werden sie Achtung ha-
ben. 7 Die Winzer aber sagten zueinan-
der: Das ist der Erbe. Auf, wir wollen
ihn töten, dann gehört sein Erbgut uns.
8 Und sie packten ihn und brachten ihn
um und warfen ihn aus dem Weinberg
hinaus. 9 Was wird nun der Besitzer des
Weinbergs tun? Er wird kommen und
die Winzer töten und den Weinberg
anderen geben. 10 Habt ihr nicht das
Schriftwort gelesen:
Der Stein, den die Bauleute verworfen
haben, / er ist zum Eckstein geworden;
11 das hat der Herr vollbracht, / vor
unseren Augen geschah dieses Wunder?
12 Daraufhin hätten sie Jesus gern ver-
haften lassen; aber sie fürchteten die
Menge. Denn sie hatten gemerkt, dass
er mit diesem Gleichnis sie meinte. Da
ließen sie ihn stehen und gingen weg.

Die Frage nach der kaiserlichen Steuer

13 Einige Pharisäer und einige An-
hänger des Herodes wurden zu Jesus
geschickt, um ihn mit einer Frage in
eine Falle zu locken. 14 Sie kamen zu
ihm und sagten: Meister, wir wissen,
dass du immer die Wahrheit sagst und
dabei auf niemand Rücksicht nimmst;
denn du siehst nicht auf die Person,
sondern lehrst wirklich den Weg
Gottes. Ist es erlaubt, dem Kaiser Steuer
zu zahlen, oder nicht? Sollen wir sie
zahlen oder nicht zahlen? 15 Er aber
durchschaute ihre Heuchelei und sagte
zu ihnen: Warum stellt ihr mir eine
Falle? Bringt mir einen Denar, ich will
ihn sehen. 16 Man brachte ihm einen.
Da fragte er sie: Wessen Bild und Auf-
schrift ist das? Sie antworteten ihm:
Des Kaisers. 17 Da sagte Jesus zu ihnen:
So gebt dem Kaiser, was dem Kaiser ge-
hört, und Gott, was Gott gehört! Und
sie waren sehr erstaunt über ihn.

Die Frage nach der Auferstehung der Toten

18 Von den Sadduzäern, die behaupten,
es gebe keine Auferstehung, kamen ei-
nige zu Jesus und fragten ihn: 19 Meis-
ter, Mose hat uns vorgeschrieben:
Wenn ein Mann, der einen Bruder hat,
stirbt und eine Frau hinterlässt, aber
kein Kind, dann soll sein Bruder die
Frau heiraten und seinem Bruder
Nachkommen verschaffen. 20 Es lebten
einmal sieben Brüder. Der erste nahm
sich eine Frau, und als er starb, hin-
terließ er keine Nachkommen. 21 Da
nahm sie der zweite; auch er starb,
ohne Nachkommen zu hinterlassen,
und ebenso der dritte. 22 Keiner der
sieben hatte Nachkommen. Als letzte
von allen starb die Frau. 23 Wessen Frau
wird sie nun bei der Auferstehung
sein? Alle sieben haben sie doch zur
Frau gehabt. 24 Jesus sagte zu ihnen: Ihr

irrt euch, ihr kennt weder die Schrift
noch die Macht Gottes. 25 Wenn näm-
lich die Menschen von den Toten auf-
erstehen, werden sie nicht mehr hei-
raten, sondern sie werden sein wie die
Engel im Himmel. 26 Dass aber die
Toten auferstehen, habt ihr das nicht
im Buch des Mose gelesen, in der Ge-
schichte vom Dornbusch, in der Gott
zu Mose spricht: Ich bin der Gott Abra-
hams, der Gott Isaaks und der Gott
Jakobs? 27 Er ist doch nicht ein Gott von
Toten, sondern von Lebenden. Ihr irrt
euch sehr.

Die Frage nach dem wichtigsten Gebot

28 Ein Schriftgelehrter hatte ihrem
Streit zugehört; und da er bemerkt
hatte, wie treffend Jesus ihnen ant-
wortete, ging er zu ihm hin und fragte
ihn: Welches Gebot ist das erste von
allen? 29 Jesus antwortete: Das erste ist:
Höre, Israel, der Herr, unser Gott, ist
der einzige Herr. 30 Darum sollst du den
Herrn, deinen Gott, lieben mit ganzem
Herzen und ganzer Seele, mit all
deinen Gedanken und all deiner Kraft.
31 Als zweites kommt hinzu: Du sollst
deinen Nächsten lieben wie dich selbst.
Kein anderes Gebot ist größer als diese
beiden. 32 Da sagte der Schriftgelehrte
zu ihm: Sehr gut, Meister! Ganz richtig
hast du gesagt: Er allein ist der Herr,
und es gibt keinen anderen außer ihm,
33 und ihn mit ganzem Herzen, ganzem
Verstand und ganzer Kraft zu lieben
und den Nächsten zu lieben wie sich
selbst, ist weit mehr als alle Brandopfer
und anderen Opfer. 34 Jesus sah, dass er
mit Verständnis geantwortet hatte, und
sagte zu ihm: Du bist nicht fern vom
Reich Gottes. Und keiner wagte mehr,
Jesus eine Frage zu stellen.

Die Frage nach dem Messias

35 Als Jesus im Tempel lehrte, sagte er:
Wie können die Schriftgelehrten be-
haupten, der Messias sei der Sohn Da-
vids? 36 Denn David hat, vom Heiligen
Geist erfüllt, selbst gesagt: Der Herr
sprach zu meinem Herrn: Setze dich
mir zur Rechten, und ich lege dir deine
Feinde unter die Füße. 37a David selbst
also nennt ihn «Herr». Wie kann er
dann Davids Sohn sein?

Worte gegen die Schriftgelehrten

37b Es war eine große Menschenmenge
versammelt und hörte ihm mit Freude
zu. 38 Er lehrte sie und sagte: Nehmt
euch in acht vor den Schriftgelehrten!
Sie gehen gern in langen Gewändern
umher, lieben es, wenn man sie auf den
Straßen und Plätzen grüßt, 39 und sie
wollen in der Synagoge die vordersten
Sitze und bei jedem Festmahl die
Ehrenplätze haben. 40 Sie bringen die
Witwen um ihre Häuser und ver-
richten in ihrer Scheinheiligkeit lange

Gebete. Aber um so härter wird das Ur-
teil sein, das sie erwartet.

Das Opfer der Witwe

[41] Als Jesus einmal dem Opferkasten
gegenübersaß, sah er zu, wie die Leute
Geld in den Kasten warfen. Viele
Reiche kamen und gaben viel. [42] Da
kam auch eine arme Witwe und warf
zwei kleine Münzen hinein. [43] Er rief
seine Jünger zu sich und sagte: Amen,
ich sage euch: Diese arme Witwe hat
mehr in den Opferkasten hinein-
geworfen als alle andern. [44] Denn sie
alle haben nur etwas von ihrem Über-
fluss hergegeben; diese Frau aber, die
kaum das Nötigste zum Leben hat, sie
hat alles gegeben, was sie besaß, ihren
ganzen Lebensunterhalt.

Die Rede über die Endzeit

Die Ankündigung der Zerstörung des Tempels

13 Als Jesus den Tempel verließ,
sagte einer von seinen Jüngern
zu ihm: Meister, sieh, was für Steine
und was für Bauten! [2] Jesus sagte zu
ihm: Siehst du diese großen Bauten?
Kein Stein wird auf dem andern blei-
ben, alles wird niedergerissen.

Vom Anfang der Not

[3] Und als er auf dem Ölberg saß, dem
Tempel gegenüber, fragten ihn Petrus,
Jakobus, Johannes und Andreas, die
mit ihm allein waren: [4] Sag uns, wann
wird das geschehen, und an welchem
Zeichen wird man erkennen, dass das
Ende von all dem bevorsteht? [5] Jesus
sagte zu ihnen: Gebt acht, dass euch
niemand irreführt! [6] Viele werden un-
ter meinem Namen auftreten und
sagen: Ich bin es! Und sie werden viele
irreführen.

[7] Wenn ihr dann von Kriegen hört und
Nachrichten über Kriege euch beun-
ruhigen, lasst euch nicht erschrecken!
Das muss geschehen. Es ist aber noch
nicht das Ende. [8] Denn ein Volk wird
sich gegen das andere erheben und ein
Reich gegen das andere. Und an vielen
Orten wird es Erdbeben und Hungers-
nöte geben. Doch das ist erst der An-
fang der Wehen.

[9] Ihr aber, macht euch darauf gefasst:
Man wird euch um meinetwillen vor
die Gerichte bringen, in den Synago-
gen misshandeln und vor Statthalter
und Könige stellen, damit ihr vor ihnen
Zeugnis ablegt. [10] Vor dem Ende aber
muss allen Völkern das Evangelium
verkündet werden. [11] Und wenn man
euch abführt und vor Gericht stellt,
dann macht euch nicht im voraus
Sorgen, was ihr sagen sollt; sondern
was euch in jener Stunde eingegeben
wird, das sagt! Denn nicht ihr werdet

dann reden, sondern der Heilige Geist.
12 Brüder werden einander dem Tod
ausliefern und Väter ihre Kinder, und
die Kinder werden sich gegen ihre
Eltern auflehnen und sie in den Tod
schicken. 13 Und ihr werdet um meines
Namens willen von allen gehasst wer-
den; wer aber bis zum Ende standhaft
bleibt, der wird gerettet.

Vom Höhepunkt der Not

14 Wenn ihr aber den unheilvollen
Greuel an dem Ort seht, wo er nicht
stehen darf – der Leser begreife –, dann
sollen die Bewohner von Judäa in die
Berge fliehen; 15 wer gerade auf dem
Dach ist, soll nicht hinabsteigen und
ins Haus gehen, um etwas mitzuneh-
men; 16 wer auf dem Feld ist, soll nicht
zurückkehren, um seinen Mantel zu
holen. 17 Weh aber den Frauen, die in
jenen Tagen schwanger sind oder ein
Kind stillen. 18 Betet darum, dass dies
alles nicht im Winter eintritt. 19 Denn
jene Tage werden eine Not bringen, wie
es noch nie eine gegeben hat, seit Gott
die Welt erschuf, und wie es auch keine
mehr geben wird.
20 Und wenn der Herr diese Zeit nicht
verkürzen würde, dann würde kein
Mensch gerettet; aber um seiner Aus-
erwählten willen hat er diese Zeit ver-
kürzt.
21 Wenn dann jemand zu euch sagt:
Seht, hier ist der Messias!, oder: Seht,
dort ist er!, so glaubt es nicht! 22 Denn es
wird mancher falsche Messias und
mancher falsche Prophet auftreten, und
sie werden Zeichen und Wunder tun,
um, wenn möglich, die Auserwählten
irrezuführen. 23 Ihr aber, seht euch vor!
Ich habe euch alles vorausgesagt.

Vom Kommen des Menschensohnes

24 Aber in jenen Tagen, nach der großen
Not, wird sich die Sonne verfinstern,
und der Mond wird nicht mehr
scheinen; 25 die Sterne werden vom
Himmel fallen, und die Kräfte des
Himmels werden erschüttert werden.
26 Dann wird man den Menschensohn
mit großer Macht und Herrlichkeit auf
den Wolken kommen sehen. 27 Und er
wird die Engel aussenden und die von
ihm Auserwählten aus allen vier Wind-
richtungen zusammenführen, vom
Ende der Erde bis zum Ende des Him-
mels.

Mahnungen im Hinblick auf das Ende

28 Lernt etwas aus dem Vergleich mit
dem Feigenbaum! Sobald seine Zweige
saftig werden und Blätter treiben, wisst
ihr, dass der Sommer nahe ist. 29 Ge-
nauso sollt ihr erkennen, wenn ihr (all)
das geschehen seht, dass das Ende vor
der Tür steht. 30 Amen, ich sage euch:
Diese Generation wird nicht vergehen,
bis das alles eintrifft. 31 Himmel und

Erde werden vergehen, aber meine
Worte werden nicht vergehen. 32 Doch
jenen Tag und jene Stunde kennt
niemand, auch nicht die Engel im
Himmel, nicht einmal der Sohn,
sondern nur der Vater.
33 Seht euch also vor, und bleibt wach!
Denn ihr wisst nicht, wann die Zeit da
ist. 34 Es ist wie mit einem Mann, der
sein Haus verließ, um auf Reisen zu
gehen: Er übertrug alle Verantwortung
seinen Dienern, jedem eine bestimmte
Aufgabe; dem Türhüter befahl er,
wachsam zu sein. 35 Seid also wachsam!
Denn ihr wisst nicht, wann der
Hausherr kommt, ob am Abend oder
um Mitternacht, ob beim Hahnen-
schrei oder erst am Morgen. 36 Er soll
euch, wenn er plötzlich kommt, nicht
schlafend antreffen. 37 Was ich aber
euch sage, das sage ich allen: Seid wach-
sam!

Das Leiden und die Auferstehung Jesu

Der Beschluss des Hohen Rates

14 Es war zwei Tage vor dem
Pascha und dem Fest der Un-
gesäuerten Brote. Die Hohenpriester
und die Schriftgelehrten suchten nach
einer Möglichkeit, Jesus mit List in ihre
Gewalt zu bringen, um ihn zu töten.
2 Sie sagten aber: Ja nicht am Fest, da-
mit es im Volk keinen Aufruhr gibt.

Die Salbung in Betanien

3 Als Jesus in Betanien im Haus Simons
des Aussätzigen bei Tisch war, kam eine
Frau mit einem Alabastergefäß voll
echtem, kostbarem Nardenöl, zerbrach
es und goss das Öl über sein Haar. 4 Ei-
nige aber wurden unwillig und sagten
zueinander: Wozu diese Verschwen-
dung? 5 Man hätte das Öl um mehr als
dreihundert Denare verkaufen und das
Geld den Armen geben können. Und
sie machten der Frau heftige Vorwürfe.
6 Jesus aber sagte: Hört auf! Warum
lasst ihr sie nicht in Ruhe? Sie hat ein
gutes Werk an mir getan. 7 Denn die
Armen habt ihr immer bei euch, und
ihr könnt ihnen Gutes tun, so oft ihr
wollt; mich aber habt ihr nicht immer.
8 Sie hat getan, was sie konnte. Sie hat
im voraus meinen Leib für das Be-
gräbnis gesalbt. 9 Amen, ich sage euch:
Überall auf der Welt, wo das Evan-
gelium verkündet wird, wird man sich
an sie erinnern und erzählen, was sie
getan hat.

Der Verrat durch Judas

10 Judas Iskariot, einer der Zwölf, ging
zu den Hohenpriestern. Er wollte Jesus
an sie ausliefern. 11 Als sie das hörten,
freuten sie sich und versprachen, ihm
Geld dafür zu geben. Von da an suchte
er nach einer günstigen Gelegenheit,
ihn auszuliefern.

Die Vorbereitung des Paschamahls

12 Am ersten Tag des Festes der Un-
gesäuerten Brote, an dem man das
Paschalamm schlachtete, sagten die
Jünger zu Jesus: Wo sollen wir das
Paschamahl für dich vorbereiten? 13 Da
schickte er zwei seiner Jünger voraus
und sagte zu ihnen: Geht in die Stadt;
dort wird euch ein Mann begegnen,
der einen Wasserkrug trägt. Folgt ihm,
14 bis er in ein Haus hineingeht; dann
sagt zu dem Herrn des Hauses: Der
Meister lässt dich fragen: Wo ist der
Raum, in dem ich mit meinen Jüngern
das Paschalamm essen kann? 15 Und
der Hausherr wird euch einen großen
Raum im Obergeschoss zeigen, der
schon für das Festmahl hergerichtet
und mit Polstern ausgestattet ist. Dort
bereitet alles für uns vor! 16 Die Jünger
machten sich auf den Weg und kamen
in die Stadt. Sie fanden alles so, wie er
es ihnen gesagt hatte, und bereiteten
das Paschamahl vor.

Das Mahl

17 Als es Abend wurde, kam Jesus mit
den Zwölf. 18 Während sie nun bei
Tisch waren und aßen, sagte er: Amen,
ich sage euch: Einer von euch wird
mich verraten und ausliefern, einer von
denen, die zusammen mit mir essen.
19 Da wurden sie traurig, und einer
nach dem andern fragte ihn: Doch
nicht etwa ich? 20 Er sagte zu ihnen:
Einer von euch Zwölf, der mit mir aus
derselben Schüssel isst. 21 Der Men-
schensohn muss zwar seinen Weg
gehen, wie die Schrift über ihn sagt.
Doch weh dem Menschen, durch den
der Menschensohn verraten wird. Für
ihn wäre es besser, wenn er nie geboren
wäre.

22 Während des Mahls nahm er das
Brot und sprach den Lobpreis; dann
brach er das Brot, reichte es ihnen und
sagte: Nehmt, das ist mein Leib. 23 Dann
nahm er den Kelch, sprach das Dank-
gebet, reichte ihn den Jüngern, und sie
tranken alle daraus. 24 Und er sagte zu
ihnen: Das ist mein Blut, das Blut des
Bundes, das für viele vergossen wird.
25 Amen, ich sage euch: Ich werde nicht
mehr von der Frucht des Weinstocks
trinken bis zu dem Tag, an dem ich von
neuem davon trinke im Reich Gottes.

Der Gang zum Ölberg

26 Nach dem Lobgesang gingen sie zum
Ölberg hinaus. 27 Da sagte Jesus zu
ihnen: Ihr werdet alle (an mir) Anstoß
nehmen und zu Fall kommen; denn in
der Schrift steht: Ich werde den Hirten
erschlagen, dann werden sich die
Schafe zerstreuen. 28 Aber nach meiner
Auferstehung werde ich euch nach
Galiläa vorausgehen. 29 Da sagte Petrus
zu ihm: Auch wenn alle (an dir) Anstoß
nehmen – ich nicht! 30 Jesus antwortete
ihm: Amen, ich sage dir: Noch heute

nacht, ehe der Hahn zweimal kräht,
wirst du mich dreimal verleugnen.
31 Petrus aber beteuerte: Und wenn ich
mit dir sterben müsste – ich werde dich
nie verleugnen. Das gleiche sagten
auch alle anderen.

Das Gebet in Getsemani

32 Sie kamen zu einem Grundstück, das
Getsemani heißt, und er sagte zu
seinen Jüngern: Setzt euch und wartet
hier, während ich bete. 33 Und er nahm
Petrus, Jakobus und Johannes mit sich.
Da ergriff ihn Furcht und Angst, 34 und
er sagte zu ihnen: Meine Seele ist zu
Tode betrübt. Bleibt hier und wacht!
35 Und er ging ein Stück weiter, warf
sich auf die Erde nieder und betete,
dass die Stunde, wenn möglich, an ihm
vorübergehe. 36 Er sprach: Abba, Vater,
alles ist dir möglich. Nimm diesen
Kelch von mir! Aber nicht, was ich will,
sondern was du willst (soll geschehen).
37 Und er ging zurück und fand sie
schlafend. Da sagte er zu Petrus: Simon,
du schläfst? Konntest du nicht einmal
eine Stunde wach bleiben? 38 Wacht
und betet, damit ihr nicht in Ver-
suchung geratet. Der Geist ist willig,
aber das Fleisch ist schwach. 39 Und er
ging wieder weg und betete mit den
gleichen Worten. 40 Als er zurückkam,
fand er sie wieder schlafend, denn die
Augen waren ihnen zugefallen; und sie
wussten nicht, was sie ihm antworten
sollten. 41 Und er kam zum drittenmal
und sagte zu ihnen: Schlaft ihr immer
noch und ruht euch aus? Es ist genug.
Die Stunde ist gekommen; jetzt wird
der Menschensohn den Sündern aus-
geliefert. 42 Steht auf, wir wollen gehen!
Seht, der Verräter, der mich ausliefert,
ist da.

Die Gefangennahme

43 Noch während er redete, kam Judas,
einer der Zwölf, mit einer Schar von
Männern, die mit Schwertern und
Knüppeln bewaffnet waren; sie waren
von den Hohenpriestern, den Schrift-
gelehrten und den Ältesten geschickt
worden. 44 Der Verräter hatte mit ihnen
ein Zeichen vereinbart und gesagt: Der,
den ich küssen werde, der ist es. Nehmt
ihn fest, führt ihn ab, und lasst ihn
nicht entkommen. 45 Und als er kam,
ging er sogleich auf Jesus zu und sagte:
Rabbi! Und er küsste ihn. 46 Da er-
griffen sie ihn und nahmen ihn fest.
47 Einer von denen, die dabeistanden,
zog das Schwert, schlug auf den Diener
des Hohenpriesters ein und hieb ihm
ein Ohr ab. 48 Da sagte Jesus zu ihnen:
Wie gegen einen Räuber seid ihr mit
Schwertern und Knüppeln ausgezo-
gen, um mich festzunehmen. 49 Tag für
Tag war ich bei euch im Tempel und
lehrte, und ihr habt mich nicht ver-
haftet; aber (das ist geschehen), damit
die Schrift in Erfüllung geht. 50 Da ver-

ließen ihn alle und flohen. 51 Ein junger
Mann aber, der nur mit einem leinenen
Tuch bekleidet war, wollte ihm nach-
gehen. Da packten sie ihn; 52 er aber
ließ das Tuch fallen und lief nackt da-
von.

Das Verhör vor dem Hohen Rat

53 Darauf führten sie Jesus zum Hohen-
priester, und es versammelten sich alle
Hohenpriester und Ältesten und Schrift-
gelehrten. 54 Petrus aber war Jesus von
weitem bis in den Hof des hohepries-
terlichen Palastes gefolgt; nun saß er
dort bei den Dienern und wärmte sich
am Feuer.
55 Die Hohenpriester und der ganze
Hohe Rat bemühten sich um Zeugen-
aussagen gegen Jesus, um ihn zum Tod
verurteilen zu können; sie fanden aber
nichts. 56 Viele machten zwar falsche
Aussagen über ihn, aber die Aussagen
stimmten nicht überein. 57 Einige der
falschen Zeugen, die gegen ihn auf-
traten, behaupteten: 58 Wir haben ihn
sagen hören: Ich werde diesen von
Menschen erbauten Tempel nieder-
reißen und in drei Tagen einen anderen
errichten, der nicht von Menschen-
hand gemacht ist. 59 Aber auch in die-
sem Fall stimmten die Aussagen nicht
überein. 60 Da stand der Hohepriester
auf, trat in die Mitte und fragte Jesus:
Willst du denn nichts sagen zu dem,
was diese Leute gegen dich vorbrin-
gen? 61 Er aber schwieg und gab keine
Antwort. Da wandte sich der Hohe-
priester nochmals an ihn und fragte:
Bist du der Messias, der Sohn des Hoch-
gelobten? 62 Jesus sagte: Ich bin es. Und
ihr werdet den Menschensohn zur
Rechten der Macht sitzen und mit den
Wolken des Himmels kommen sehen.
63 Da zerriss der Hohepriester sein
Gewand und rief: Wozu brauchen wir
noch Zeugen? 64 Ihr habt die Gottes-
lästerung gehört. Was ist eure Mei-
nung? Und sie fällten einstimmig das
Urteil: Er ist schuldig und muss sterben.
65 Und einige spuckten ihn an, ver-
hüllten sein Gesicht, schlugen ihn und
riefen: Zeig, dass du ein Prophet bist!
Auch die Diener schlugen ihn ins
Gesicht.

Die Verleugnung durch Petrus

66 Als Petrus unten im Hof war, kam
eine von den Mägden des Hohenpries-
ters. 67 Sie sah, wie Petrus sich wärmte,
blickte ihn an und sagte: Auch du warst
mit diesem Jesus aus Nazaret zusam-
men. 68 Doch er leugnete es und sagte:
Ich weiß nicht und verstehe nicht, wo-
von du redest. Dann ging er in den Vor-
hof hinaus. 69 Als die Magd ihn dort
bemerkte, sagte sie zu denen, die dabei-
standen, noch einmal: Der gehört zu
ihnen. 70 Er aber leugnete es wieder ab.
Wenig später sagten die Leute, die dort
standen, von neuem zu Petrus: Du ge-

hörst wirklich zu ihnen; du bist doch
auch ein Galiläer. 71 Da fing er an zu
fluchen und schwor: Ich kenne diesen
Menschen nicht, von dem ihr redet.
72 Gleich darauf krähte der Hahn zum
zweitenmal, und Petrus erinnerte sich,
dass Jesus zu ihm gesagt hatte: Ehe der
Hahn zweimal kräht, wirst du mich
dreimal verleugnen. Und er begann zu
weinen.

Die Verhandlung vor Pilatus

15 Gleich in der Frühe fassten die
Hohenpriester, die Ältesten und
die Schriftgelehrten, also der ganze
Hohe Rat, über Jesus einen Beschluss:
Sie ließen ihn fesseln und abführen
und lieferten ihn Pilatus aus. 2 Pilatus
fragte ihn: Bist du der König der Juden?
Er antwortete ihm: Du sagst es. 3 Die
Hohenpriester brachten viele Anklagen
gegen ihn vor. 4 Da wandte sich Pilatus
wieder an ihn und fragte: Willst du
denn nichts dazu sagen? Sieh doch, wie
viele Anklagen sie gegen dich vor-
bringen. 5 Jesus aber gab keine Antwort
mehr, so dass Pilatus sich wunderte.
6 Jeweils zum Fest ließ Pilatus einen Ge-
fangenen frei, den sie sich ausbitten
durften. 7 Damals saß gerade ein Mann
namens Barabbas im Gefängnis, zu-
sammen mit anderen Aufrührern, die
bei einem Aufstand einen Mord be-
gangen hatten. 8 Die Volksmenge zog
(zu Pilatus) hinauf und bat, ihnen die
gleiche Gunst zu gewähren wie sonst.
9 Pilatus fragte sie: Wollt ihr, dass ich
den König der Juden freilasse? 10 Er
merkte nämlich, dass die Hohenpries-
ter nur aus Neid Jesus an ihn aus-
geliefert hatten. 11 Die Hohenpriester
aber wiegelten die Menge auf, lieber
die Freilassung des Barabbas zu for-
dern. 12 Pilatus wandte sich von neuem
an sie und fragte: Was soll ich dann mit
dem tun, den ihr den König der Juden
nennt? 13 Da schrien sie: Kreuzige ihn!
14 Pilatus entgegnete: Was hat er denn
für ein Verbrechen begangen? Sie
schrien noch lauter: Kreuzige ihn!
15 Darauf ließ Pilatus, um die Menge
zufriedenzustellen, Barabbas frei und
gab den Befehl, Jesus zu geißeln und zu
kreuzigen.

Die Verspottung Jesu durch die Soldaten

16 Die Soldaten führten ihn in den
Palast hinein, das heißt in das Präto-
rium, und riefen die ganze Kohorte zu-
sammen. 17 Dann legten sie ihm einen
Purpurmantel um und flochten einen
Dornenkranz; den setzten sie ihm auf
18 und grüßten ihn: Heil dir, König der
Juden! 19 Sie schlugen ihm mit einem
Stock auf den Kopf und spuckten ihn
an, knieten vor ihm nieder und huldig-
ten ihm. 20a Nachdem sie so ihren Spott
mit ihm getrieben hatten, nahmen sie
ihm den Purpurmantel ab und zogen
ihm seine eigenen Kleider wieder an.

Die Kreuzigung

20b Dann führten sie Jesus hinaus, um
ihn zu kreuzigen. 21 Einen Mann, der
gerade vom Feld kam, Simon von
Zyrene, den Vater des Alexander und
des Rufus, zwangen sie, sein Kreuz zu
tragen. 22 Und sie brachten Jesus an
einen Ort namens Golgota, das heißt
übersetzt: Schädelhöhe. 23 Dort reich-
ten sie ihm Wein, der mit Myrrhe ge-
würzt war; er aber nahm ihn nicht.
24 Dann kreuzigten sie ihn. Sie warfen
das Los und verteilten seine Kleider
unter sich und gaben jedem, was ihm
zufiel. 25 Es war die dritte Stunde, als sie
ihn kreuzigten. 26 Und eine Aufschrift
(auf einer Tafel) gab seine Schuld an:
Der König der Juden. 27 Zusammen mit
ihm kreuzigten sie zwei Räuber, den
einen rechts von ihm, den andern links.
[28] 29 Die Leute, die vorbeikamen,
verhöhnten ihn, schüttelten den Kopf
und riefen: Ach, du willst den Tempel
niederreißen und in drei Tagen wieder
aufbauen? 30 Hilf dir doch selbst, und
steig herab vom Kreuz! 31 Auch die
Hohenpriester und die Schriftgelehr-
ten verhöhnten ihn und sagten zu-
einander: Anderen hat er geholfen, sich
selbst kann er nicht helfen. 32 Der Mes-
sias, der König von Israel! Er soll doch
jetzt vom Kreuz herabsteigen, damit
wir sehen und glauben. Auch die
beiden Männer, die mit ihm zusam-
men gekreuzigt wurden, beschimpften
ihn.

Der Tod Jesu

33 Als die sechste Stunde kam, brach
über das ganze Land eine Finsternis
herein. Sie dauerte bis zur neunten
Stunde. 34 Und in der neunten Stunde
rief Jesus mit lauter Stimme: Eloï, Eloï,
lema sabachtani?, das heißt übersetzt:
Mein Gott, mein Gott, warum hast du
mich verlassen? 35 Einige von denen,
die dabeistanden und es hörten, sag-
ten: Hört, er ruft nach Elija! 36 Einer lief
hin, tauchte einen Schwamm in Essig,
steckte ihn auf einen Stock und gab
Jesus zu trinken. Dabei sagte er: Lasst
uns doch sehen, ob Elija kommt und
ihn herabnimmt. 37 Jesus aber schrie
laut auf. Dann hauchte er den Geist aus.
38 Da Riss der Vorhang im Tempel von
oben bis unten entzwei.

39 Als der Hauptmann, der Jesus gegen-
überstand, ihn auf diese Weise sterben
sah, sagte er: Wahrhaftig, dieser Mensch
war Gottes Sohn.

40 Auch einige Frauen sahen von wei-
tem zu, darunter Maria aus Magdala,
Maria, die Mutter von Jakobus dem
Kleinen und Joses, sowie Salome; 41 sie
waren Jesus schon in Galiläa nach-
gefolgt und hatten ihm gedient. Noch
viele andere Frauen waren dabei, die
mit ihm nach Jerusalem hinaufgezogen
waren.

Das Begräbnis Jesu

42 Da es Rüsttag war, der Tag vor dem
Sabbat, und es schon Abend wurde,
43 ging Josef von Arimathäa, ein vor-
nehmer Ratsherr, der auch auf das
Reich Gottes wartete, zu Pilatus und
wagte es, um den Leichnam Jesu zu
bitten. 44 Pilatus war überrascht, als er
hörte, dass Jesus schon tot sei. Er ließ
den Hauptmann kommen und fragte
ihn, ob Jesus bereits gestorben sei.
45 Als der Hauptmann ihm das be-
stätigte, überließ er Josef den Leich-
nam. 46 Josef kaufte ein Leinentuch,
nahm Jesus vom Kreuz, wickelte ihn in
das Tuch und legte ihn in ein Grab, das
in einen Felsen gehauen war. Dann
wälzte er einen Stein vor den Eingang
des Grabes. 47 Maria aus Magdala aber
und Maria, die Mutter des Joses, be-
obachteten, wohin der Leichnam ge-
legt wurde.

Die Botschaft des Engels im leeren Grab

16 Als der Sabbat vorüber war,
kauften Maria aus Magdala,
Maria, die Mutter des Jakobus, und
Salome wohlriechende Öle, um damit
zum Grab zu gehen und Jesus zu
salben. 2 Am ersten Tag der Woche
kamen sie in aller Frühe zum Grab, als
eben die Sonne aufging. 3 Sie sagten zu-
einander: Wer könnte uns den Stein
vom Eingang des Grabes wegwälzen?
4 Doch als sie hinblickten, sahen sie,
dass der Stein schon weggewälzt war;
er war sehr groß. 5 Sie gingen in das
Grab hinein und sahen auf der rechten
Seite einen jungen Mann sitzen, der
mit einem weißen Gewand bekleidet
war; da erschraken sie sehr. 6 Er aber
sagte zu ihnen: Erschreckt nicht! Ihr
sucht Jesus von Nazaret, den Ge-
kreuzigten. Er ist auferstanden; er ist
nicht hier. Seht, da ist die Stelle, wo
man ihn hingelegt hatte. 7 Nun aber
geht und sagt seinen Jüngern, vor allem
Petrus: Er geht euch voraus nach
Galiläa; dort werdet ihr ihn sehen, wie
er es euch gesagt hat. 8 Da verließen sie
das Grab und flohen; denn Schrecken
und Entsetzen hatte sie gepackt. Und
sie sagten niemand etwas davon; denn
sie fürchteten sich.

[*Die Erscheinungen des Auferstandenen*

9 Als Jesus am frühen Morgen des
ersten Wochentages auferstanden war,
erschien er zuerst Maria aus Magdala,
aus der er sieben Dämonen ausge-
trieben hatte. 10 Sie ging und berichtete
es denen, die mit ihm zusammenge-
wesen waren und die nun klagten und
weinten. 11 Als sie hörten, er lebe und
sei von ihr gesehen worden, glaubten
sie es nicht. 12 Darauf erschien er in
einer anderen Gestalt zweien von
ihnen, als sie unterwegs waren und aufs
Land gehen wollten. 13 Auch sie gingen
und berichteten es den anderen, und

auch ihnen glaubte man nicht. 14 Später
erschien Jesus auch den Elf, als sie bei
Tisch waren; er tadelte ihren Un-
glauben und ihre Verstocktheit, weil sie
denen nicht glaubten, die ihn nach
seiner Auferstehung gesehen hatten.
15 Dann sagte er zu ihnen: Geht hinaus
in die ganze Welt, und verkündet das
Evangelium allen Geschöpfen! 16 Wer
glaubt und sich taufen lässt, wird
gerettet; wer aber nicht glaubt, wird
verdammt werden. 17 Und durch die,
die zum Glauben gekommen sind,
werden folgende Zeichen geschehen: In
meinem Namen werden sie Dämonen
austreiben; sie werden in neuen Spra-
chen reden; 18 wenn sie Schlangen an-
fassen oder tödliches Gift trinken, wird
es ihnen nicht schaden; und die Kran-
ken, denen sie die Hände auflegen,
werden gesund werden.

19 Nachdem Jesus, der Herr, dies zu
ihnen gesagt hatte, wurde er in den
Himmel aufgenommen und setzte sich
zur Rechten Gottes. 20 Sie aber zogen
aus und predigten überall. Der Herr
stand ihnen bei und bekräftigte die
Verkündigung durch die Zeichen, die
er geschehen ließ.]

Das Evangelium nach Lukas

Die altkirchliche Überlieferung nennt als Verfasser des dritten Evangeliums und der Apostelgeschichte »Lukas, den geliebten Arzt« (vgl. Kol 4,14; Phlm 24; auch 2 Tim 4,11), der Heidenchrist war und mit Paulus in Verbindung stand. Lukas benutzt das Evangelium des Markus und schöpft aus einer mit Matthäus gemeinsamen Sammlung von Jesusworten; er blickt auf den Untergang Jerusalems (70 n. Chr.) zurück (21,20–24) und erwartet die Wiederkunft Christi nicht mehr als unmittelbar bevorstehend (17,20f; 21,24; Apg 1,8). Die Abfassung des Evangeliums (wie der Apostelgeschichte) fällt wohl in die Jahre 80–90. Ob es in Kleinasien oder in Griechenland entstanden ist, lässt sich nicht sicher bestimmen.

Lukas legt seinem Evangelium den dreistufigen Aufriss des Markusevangeliums zugrunde und ordnet seinen übrigen Stoff vor allem in zwei Blöcken in diesen Rahmen ein: 6,20–8,3 und 9,51–18,14. Die »kleine Einschaltung« (6,20–8,3) enthält die Bergpredigtüberlieferung; die »große Einschaltung« (9,51–18,14) hat er zu einem umfänglichen Bericht über die letzte Reise Jesu nach Jerusalem ausgestaltet (»Reisebericht«). Vorangestellt hat er wie Matthäus eine Vorgeschichte über Herkunft und Kindheit des Täufers und Jesu (Kap. 1–2), angeschlossen mehrere Berichte von Erscheinungen des Auferstandenen in und bei Jerusalem (Kap. 24).

Lukas will ein Schriftwerk für gebildete Heiden und Heidenchristen schaffen, wie das kunstvoll gestaltete Vorwort (1,1–4) zeigt. Darin berichtet er, dass schon viele vor ihm die auf Augenzeugen zurückgehenden Überlieferungen über Jesus zusammengestellt hätten, er also verschiedene schriftliche Vorlagen hatte, und dass er allem genau nachgegangen sei, um die Verkündigung der Kirche historisch und theologisch als zuverlässig zu erweisen.

Lukas verdanken wir verschiedene wertvolle Überlieferungen, die sich in den anderen Evangelien nicht finden, darunter die Gleichnisse vom barmherzigen Samariter, vom verlorenen

Sohn, vom klugen Verwalter, vom Pharisäer und Zöllner, eine Reihe von urchristlichen Gebeten und Hymnen (Lobgesang Marias: 1,46–55; Lobgesang des Zacharias: 1,68–79; Lobgesang des Simeon: 2,29–32), wichtige Hinweise auf das Verhalten Jesu gegenüber Frauen, Zöllnern und Sündern, auch bedeutsame Einzelzüge des Passionsgeschehens.

Die Sonderüberlieferungen des Lukas stehen im Dienst seiner theologischen Aussagen. Er zeigt in Jesus den Heiland der Verlorenen, der sozial Entrechteten, der Frauen, der Zöllner und Sünder. Jesus offenbarte die Menschenliebe Gottes auf bezwingende Weise. Alle Christen müssen daher ebenso wie Jesus handeln. Wo jemand sich dem Wort Jesu öffnet, wird er zu einem guten und edlen Menschen (8,15). Das Leben des Christen hat seine Mitte in der dienenden Liebe, die auch dem Feind und dem Fremden gelten (6,27–36; 10,25–37) und sich besonders an der Einstellung zu Reichtum und Besitz bewähren muss (12,13–21.33f; 14,12–14; 16,9–13.19–31). Jesus zeigt im Leben und im Sterben, wie sich ein Mensch gut und richtig verhalten soll.

Durch Jesus ist die entscheidende Wende der Heilsgeschichte eingetreten (16,16f). Jesus, nicht der als Friedensbringer verehrte Kaiser in Rom, ist der wahre Heiland der Welt (2,11: »Heute ist euch der Retter geboren«). Darum verknüpfte Lukas die Geschichte Jesu mit der Weltgeschichte (1,5; 2,1f; 3,1f). Der Alte Bund und die Geschichte Israels finden ihre Vollendung in der Kirche Christi, die aus Juden und Heiden besteht.

Mit der Auferstehung Jesu und dem Untergang Jerusalems ist die Epoche der Heidenmission, die Zeit der Sammlung aller Menschen zum einen Volk Gottes angebrochen. Wenn die »Zeit der Heiden« zu Ende ist (21,24), wird auch Israel Jesus als Messias anerkennen (13,35). Das Christusbild des Lukas und sein Aufruf zu sozialem Verhalten sind bis heute maßgebend für die christliche Vorstellung vom Menschen und vom rechten Verhalten in der Gemeinschaft.

Das Vorwort

1 Schon viele haben es unter-
nommen, einen Bericht über all
das abzufassen, was sich unter uns er-
eignet und erfüllt hat. 2 Dabei hielten
sie sich an die Überlieferung derer, die
von Anfang an Augenzeugen und
Diener des Wortes waren. 3 Nun habe
auch ich mich entschlossen, allem von
Grund auf sorgfältig nachzugehen, um
es für dich, hochverehrter Theophilus,
der Reihe nach aufzuschreiben. 4 So
kannst du dich von der Zuverlässigkeit
der Lehre überzeugen, in der du unter-
wiesen wurdest.

Die Vorgeschichte

Die Verheißung der Geburt des Täufers

5 Zur Zeit des Herodes, des Königs von
Judäa, lebte ein Priester namens Za-
charias, der zur Priesterklasse Abija ge-
hörte. Seine Frau stammte aus dem
Geschlecht Aarons; sie hieß Elisabet.
6 Beide lebten so, wie es in den Augen
Gottes recht ist, und hielten sich in
allem streng an die Gebote und Vor-
schriften des Herrn. 7 Sie hatten keine
Kinder, denn Elisabet war unfruchtbar,
und beide waren schon in vorgerück-
tem Alter.
8 Eines Tages, als seine Priesterklasse
wieder an der Reihe war und er beim
Gottesdienst mitzuwirken hatte, 9 wur-
de, wie nach der Priesterordnung üb-
lich, das Los geworfen, und Zacharias
fiel die Aufgabe zu, im Tempel des
Herrn das Rauchopfer darzubringen.
10 Während er nun zur festgelegten Zeit
das Opfer darbrachte, stand das ganze
Volk draußen und betete. 11 Da erschien
dem Zacharias ein Engel des Herrn; er
stand auf der rechten Seite des Rauch-
opferaltars. 12 Als Zacharias ihn sah, er-
schrak er, und es befiel ihn Furcht.
13 Der Engel aber sagte zu ihm: Fürchte
dich nicht, Zacharias! Dein Gebet ist
erhört worden. Deine Frau Elisabet
wird dir einen Sohn gebären; dem
sollst du den Namen Johannes geben.
14 Große Freude wird dich erfüllen, und
auch viele andere werden sich über
seine Geburt freuen. 15 Denn er wird
groß sein vor dem Herrn. Wein und
andere berauschende Getränke wird er
nicht trinken, und schon im Mutterleib
wird er vom Heiligen Geist erfüllt sein.
16 Viele Israeliten wird er zum Herrn,
ihrem Gott, bekehren. 17 Er wird mit
dem Geist und mit der Kraft des Elija
dem Herrn vorangehen, um das Herz
der Väter wieder den Kindern zu-
zuwenden und die Ungehorsamen zur
Gerechtigkeit zu führen und so das
Volk für den Herrn bereit zu machen.
18 Zacharias sagte zu dem Engel: Woran
soll ich erkennen, dass das wahr ist? Ich
bin ein alter Mann, und auch meine
Frau ist in vorgerücktem Alter. 19 Der
Engel erwiderte ihm: Ich bin Gabriel,
der vor Gott steht, und ich bin gesandt
worden, um mit dir zu reden und dir
diese frohe Botschaft zu bringen.
20 Aber weil du meinen Worten nicht
geglaubt hast, die in Erfüllung gehen,
wenn die Zeit dafür da ist, sollst du
stumm sein und nicht mehr reden
können, bis zu dem Tag, an dem all das
eintrifft. 21 Inzwischen wartete das Volk
auf Zacharias und wunderte sich, dass
er so lange im Tempel blieb. 22 Als er
dann herauskam, konnte er nicht mit
ihnen sprechen. Da merkten sie, dass er
im Tempel eine Erscheinung gehabt
hatte. Er gab ihnen nur Zeichen mit der
Hand und blieb stumm.
23 Als die Tage seines Dienstes (im
Tempel) zu Ende waren, kehrte er nach

Hause zurück. 24 Bald darauf empfing
seine Frau Elisabet einen Sohn und
lebte fünf Monate lang zurückgezogen.
Sie sagte: 25 Der Herr hat mir geholfen;
er hat in diesen Tagen gnädig auf mich
geschaut und mich von der Schande
befreit, mit der ich in den Augen der
Menschen beladen war.

Die Verheißung der Geburt Jesu

26 Im sechsten Monat wurde der Engel
Gabriel von Gott in eine Stadt in Galiläa
namens Nazaret 27 zu einer Jungfrau
gesandt. Sie war mit einem Mann na-
mens Josef verlobt, der aus dem Haus
David stammte. Der Name der Jungfrau
war Maria. 28 Der Engel trat bei ihr ein
und sagte: Sei gegrüßt, du Begnadete,
der Herr ist mit dir. 29 Sie erschrak über
die Anrede und überlegte, was dieser
Gruß zu bedeuten habe. 30 Da sagte der
Engel zu ihr: Fürchte dich nicht, Maria;
denn du hast bei Gott Gnade gefunden.
31 Du wirst ein Kind empfangen, einen
Sohn wirst du gebären: dem sollst du
den Namen Jesus geben. 32 Er wird groß
sein und Sohn des Höchsten genannt
werden. Gott, der Herr, wird ihm den
Thron seines Vaters David geben. 33 Er
wird über das Haus Jakob in Ewigkeit
herrschen, und seine Herrschaft wird
kein Ende haben. 34 Maria sagte zu dem
Engel: Wie soll das geschehen, da ich
keinen Mann erkenne? 35 Der Engel ant-
wortete ihr: Der Heilige Geist wird über
dich kommen, und die Kraft des
Höchsten wird dich überschatten. Des-
halb wird auch das Kind heilig und
Sohn Gottes genannt werden. 36 Auch
Elisabet, deine Verwandte, hat noch in
ihrem Alter einen Sohn empfangen; ob-
wohl sie als unfruchtbar galt, ist sie jetzt
schon im sechsten Monat. 37 Denn für
Gott ist nichts unmöglich. 38 Da sagte
Maria: Ich bin die Magd des Herrn; mir
geschehe, wie du es gesagt hast. Danach
verließ sie der Engel.

Der Besuch Marias bei Elisabet

39 Nach einigen Tagen machte sich
Maria auf den Weg und eilte in eine
Stadt im Bergland von Judäa. 40 Sie ging
in das Haus des Zacharias und begrüß-
te Elisabet. 41 Als Elisabet den Gruß
Marias hörte, hüpfte das Kind in ihrem
Leib. Da wurde Elisabet vom Heiligen
Geist erfüllt 42 und rief mit lauter Stim-
me: Gesegnet bist du mehr als alle an-
deren Frauen, und gesegnet ist die
Frucht deines Leibes.
43 Wer bin ich, dass die Mutter meines
Herrn zu mir kommt? 44 In dem Augen-
blick, als ich deinen Gruß hörte, hüpfte
das Kind vor Freude in meinem Leib.
45 Selig ist die, die geglaubt hat, dass
sich erfüllt, was der Herr ihr sagen ließ.
46 Da sagte Maria:
Meine Seele preist die Größe des
Herrn, / 47 und mein Geist jubelt über
Gott, meinen Retter.

48 Denn auf die Niedrigkeit seiner
Magd hat er geschaut. / Siehe, von nun
an preisen mich selig alle Geschlechter.
49 Denn der Mächtige hat Großes an
mir getan, / und sein Name ist heilig.
50 Er erbarmt sich von Geschlecht zu
Geschlecht / über alle, die ihn fürchten.
51 Er vollbringt mit seinem Arm macht-
volle Taten: / Er zerstreut, die im Herzen
voll Hochmut sind;
52 er stürzt die Mächtigen vom Thron /
und erhöht die Niedrigen.
53 Die Hungernden beschenkt er mit
seinen Gaben / und lässt die Reichen
leer ausgehen.
54 Er nimmt sich seines Knechtes Israel
an / und denkt an sein Erbarmen,
55 das er unsern Vätern verheißen hat, /
Abraham und seinen Nachkommen
auf ewig.
56 Und Maria blieb etwa drei Monate bei
ihr; dann kehrte sie nach Hause zurück.

Die Geburt des Täufers

57 Für Elisabet kam die Zeit der Nieder-
kunft, und sie brachte einen Sohn zur
Welt. 58 Ihre Nachbarn und Verwand-
ten hörten, welch großes Erbarmen der
Herr ihr erwiesen hatte, und freuten
sich mit ihr. 59 Am achten Tag kamen
sie zur Beschneidung des Kindes und
wollten ihm den Namen seines Vaters
Zacharias geben. 60 Seine Mutter aber
widersprach ihnen und sagte: Nein, er
soll Johannes heißen. 61 Sie antworteten
ihr: Es gibt doch niemand in deiner
Verwandtschaft, der so heißt. 62 Da
fragten sie seinen Vater durch Zeichen,
welchen Namen das Kind haben solle.
63 Er verlangte ein Schreibtäfelchen und
schrieb zum Erstaunen aller darauf:
Sein Name ist Johannes. 64 Im gleichen
Augenblick konnte er Mund und
Zunge wieder gebrauchen, und er
redete und pries Gott. 65 Und alle, die
in jener Gegend wohnten, erschraken,
und man sprach von all diesen Dingen
im ganzen Bergland von Judäa. 66 Alle,
die davon hörten, machten sich Ge-
danken darüber und sagten: Was wird
wohl aus diesem Kind werden? Denn
es war deutlich, dass die Hand des
Herrn mit ihm war.

67 Sein Vater Zacharias wurde vom
Heiligen Geist erfüllt und begann pro-
phetisch zu reden:
68 Gepriesen sei der Herr, der Gott Is-
raels! / Denn er hat sein Volk besucht
und ihm Erlösung geschaffen;
69 er hat uns einen starken Retter er-
weckt / im Hause seines Knechtes
David.
70 So hat er verheißen von alters her /
durch den Mund seiner heiligen Pro-
pheten.
71 Er hat uns errettet vor unseren
Feinden / und aus der Hand aller, die
uns hassen;
72 er hat das Erbarmen mit den Vätern
an uns vollendet / und an seinen heili-
gen Bund gedacht,

73 an den Eid, den er unserm Vater
Abraham geschworen hat; / 74 er hat
uns geschenkt, dass wir, aus Fein-
deshand befreit, / ihm furchtlos die-
nen
75 in Heiligkeit und Gerechtigkeit / vor
seinem Angesicht all unsre Tage.
76 Und du, Kind, wirst Prophet des
Höchsten heißen; / denn du wirst dem
Herrn vorangehen und ihm den Weg
bereiten.
77 Du wirst sein Volk mit der Erfahrung
des Heils beschenken / in der Ver-
gebung der Sünden.
78 Durch die barmherzige Liebe unseres
Gottes / wird uns besuchen das auf-
strahlende Licht aus der Höhe,
79 um allen zu leuchten, die in Fins-
ternis sitzen und im Schatten des To-
des, / und unsre Schritte zu lenken auf
den Weg des Friedens.
80 Das Kind wuchs heran, und sein
Geist wurde stark. Und Johannes lebte
in der Wüste bis zu dem Tag, an dem er
den Auftrag erhielt, in Israel aufzu-
treten.

Die Geburt Jesu

2 In jenen Tagen erließ Kaiser Au-
gustus den Befehl, alle Bewoh-
ner des Reiches in Steuerlisten einzu-
tragen. 2 Dies geschah zum erstenmal;
damals war Quirinius Statthalter von
Syrien. 3 Da ging jeder in seine Stadt,
um sich eintragen zu lassen.
4 So zog auch Josef von der Stadt
Nazaret in Galiläa hinauf nach Judäa in
die Stadt Davids, die Betlehem heißt;
denn er war aus dem Haus und Ge-
schlecht Davids. 5 Er wollte sich ein-
tragen lassen mit Maria, seiner Ver-
lobten, die ein Kind erwartete.
6 Als sie dort waren, kam für Maria die
Zeit ihrer Niederkunft, 7 und sie gebar
ihren Sohn, den Erstgeborenen. Sie wi-
ckelte ihn in Windeln und legte ihn in
eine Krippe, weil in der Herberge kein
Platz für sie war.
8 In jener Gegend lagerten Hirten auf
freiem Feld und hielten Nachtwache
bei ihrer Herde. 9 Da trat der Engel des
Herrn zu ihnen, und der Glanz des
Herrn umstrahlte sie. Sie fürchteten
sich sehr, 10 der Engel aber sagte zu
ihnen: Fürchtet euch nicht, denn ich
verkünde euch eine große Freude, die
dem ganzen Volk zuteil werden soll:
11 Heute ist euch in der Stadt Davids der
Retter geboren; er ist der Messias, der
Herr. 12 Und das soll euch als Zeichen
dienen: Ihr werdet ein Kind finden, das,
in Windeln gewickelt, in einer Krippe
liegt. 13 Und plötzlich war bei dem
Engel ein großes himmlisches Heer,
das Gott lobte und sprach:
14 Verherrlicht ist Gott in der Höhe, /
und auf Erden ist Friede / bei den Men-
schen seiner Gnade.
15 Als die Engel sie verlassen hatten und
in den Himmel zurückgekehrt waren,
sagten die Hirten zueinander: Kommt,

wir gehen nach Betlehem, um das Er-
eignis zu sehen, das uns der Herr ver-
künden ließ. 16 So eilten sie hin und
fanden Maria und Josef und das Kind,
das in der Krippe lag. 17 Als sie es sahen,
erzählten sie, was ihnen über dieses Kind
gesagt worden war. 18 Und alle, die es
hörten, staunten über die Worte der
Hirten. 19 Maria aber bewahrte alles, was
geschehen war, in ihrem Herzen und
dachte darüber nach. 20 Die Hirten kehr-
ten zurück, rühmten Gott und priesen
ihn für das, was sie gehört und gesehen
hatten; denn alles war so gewesen, wie es
ihnen gesagt worden war.

Das Zeugnis des Simeon und der Hanna über Jesus

21 Als acht Tage vorüber waren und das
Kind beschnitten werden sollte, gab
man ihm den Namen Jesus, den der
Engel genannt hatte, noch ehe das
Kind im Schoß seiner Mutter emp-
fangen wurde.
22 Dann kam für sie der Tag der vom
Gesetz des Mose vorgeschriebenen
Reinigung. Sie brachten das Kind nach
Jerusalem hinauf, um es dem Herrn zu
weihen, 23 gemäß dem Gesetz des
Herrn, in dem es heißt: Jede männliche
Erstgeburt soll dem Herrn geweiht
sein. 24 Auch wollten sie ihr Opfer
darbringen, wie es das Gesetz des
Herrn vorschreibt: ein Paar Turtel-
tauben oder zwei junge Tauben.
25 In Jerusalem lebte damals ein Mann
namens Simeon. Er war gerecht und
fromm und wartete auf die Rettung
Israels, und der Heilige Geist ruhte auf
ihm. 26 Vom Heiligen Geist war ihm of-
fenbart worden, er werde den Tod nicht
schauen, ehe er den Messias des Herrn
gesehen habe. 27 Jetzt wurde er vom
Geist in den Tempel geführt; und als
die Eltern Jesus hereinbrachten, um zu
erfüllen, was nach dem Gesetz üblich
war, 28 nahm Simeon das Kind in seine
Arme und pries Gott mit den Worten:
29 Nun lässt du, Herr, deinen Knecht, /
wie du gesagt hast, in Frieden scheiden.
30 Denn meine Augen haben das Heil
gesehen, / 31 das du vor allen Völkern
bereitet hast,
32 ein Licht, das die Heiden erleuchtet, /
und Herrlichkeit für dein Volk Israel.
33 Sein Vater und seine Mutter staunten
über die Worte, die über Jesus gesagt
wurden. 34 Und Simeon segnete sie und
sagte zu Maria, der Mutter Jesu: Dieser
ist dazu bestimmt, dass in Israel viele
durch ihn zu Fall kommen und viele
aufgerichtet werden, und er wird ein
Zeichen sein, dem widersprochen wird.
35 Dadurch sollen die Gedanken vieler
Menschen offenbar werden. Dir selbst
aber wird ein Schwert durch die Seele
dringen.
36 Damals lebte auch eine Prophetin na-
mens Hanna, eine Tochter Penuëls, aus
dem Stamm Ascher. Sie war schon
hochbetagt. Als junges Mädchen hatte

sie geheiratet und sieben Jahre mit
ihrem Mann gelebt; 37 nun war sie eine
Witwe von vierundachtzig Jahren. Sie
hielt sich ständig im Tempel auf und
diente Gott Tag und Nacht mit Fasten
und Beten. 38 In diesem Augenblick
nun trat sie hinzu, pries Gott und
sprach über das Kind zu allen, die auf
die Erlösung Jerusalems warteten.
39 Als seine Eltern alles getan hatten,
was das Gesetz des Herrn vorschreibt,
kehrten sie nach Galiläa in ihre Stadt
Nazaret zurück. 40 Das Kind wuchs
heran und wurde kräftig; Gott erfüllte
es mit Weisheit, und seine Gnade ruhte
auf ihm.

Der zwölfjährige Jesus im Tempel

41 Die Eltern Jesu gingen jedes Jahr zum
Paschafest nach Jerusalem. 42 Als er
zwölf Jahre alt geworden war, zogen sie
wieder hinauf, wie es dem Festbrauch
entsprach. 43 Nachdem die Festtage zu
Ende waren, machten sie sich auf den
Heimweg. Der junge Jesus aber blieb in
Jerusalem, ohne dass seine Eltern es
merkten. 44 Sie meinten, er sei irgendwo
in der Pilgergruppe, und reisten eine
Tagesstrecke weit; dann suchten sie ihn
bei den Verwandten und Bekannten.
45 Als sie ihn nicht fanden, kehrten sie
nach Jerusalem zurück und suchten
ihn dort. 46 Nach drei Tagen fanden sie
ihn im Tempel; er saß mitten unter den
Lehrern, hörte ihnen zu und stellte
Fragen. 47 Alle, die ihn hörten, waren
erstaunt über sein Verständnis und
über seine Antworten. 48 Als seine El-
tern ihn sahen, waren sie sehr betrof-
fen, und seine Mutter sagte zu ihm:
Kind, wie konntest du uns das antun?
Dein Vater und ich haben dich voll
Angst gesucht. 49 Da sagte er zu ihnen:
Warum habt ihr mich gesucht?
Wusstet ihr nicht, dass ich in dem sein
muss, was meinem Vater gehört?
50 Doch sie verstanden nicht, was er da-
mit sagen wollte. 51 Dann kehrte er mit
ihnen nach Nazaret zurück und war
ihnen gehorsam. Seine Mutter bewahr-
te alles, was geschehen war, in ihrem
Herzen. 52 Jesus aber wuchs heran, und
seine Weisheit nahm zu, und er fand
Gefallen bei Gott und den Menschen.

Die Vorbereitung des Wirkens Jesu

Johannes der Täufer

3 Es war im fünfzehnten Jahr der
Regierung des Kaisers Tiberius;
Pontius Pilatus war Statthalter von
Judäa, Herodes Tetrarch von Galiläa,
sein Bruder Philippus Tetrarch von
Ituräa und Trachonitis, Lysanias Te-
trarch von Abilene; 2 Hohepriester wa-
ren Hannas und Kajaphas. Da erging in
der Wüste das Wort Gottes an Jo-
hannes, den Sohn des Zacharias. 3 Und
er zog in die Gegend am Jordan und

verkündigte dort überall Umkehr und
Taufe zur Vergebung der Sünden. 4 (So
erfüllte sich,) was im Buch der Reden
des Propheten Jesaja steht:
Eine Stimme ruft in der Wüste: / Be-
reitet dem Herrn den Weg! Ebnet ihm
die Straßen!
5 Jede Schlucht soll aufgefüllt werden,
jeder Berg und Hügel sich senken.
Was krumm ist, soll gerade werden,
was uneben ist, soll zum ebenen Weg
werden.
6 Und alle Menschen werden das Heil
sehen, das von Gott kommt.
7 Das Volk zog in Scharen zu ihm
hinaus, um sich von ihm taufen zu
lassen. Er sagte zu ihnen: Ihr Schlan-
genbrut, wer hat euch denn gelehrt,
dass ihr dem kommenden Gericht ent-
rinnen könnt? 8 Bringt Früchte hervor,
die eure Umkehr zeigen, und fangt
nicht an zu sagen: Wir haben ja Abra-
ham zum Vater. Denn ich sage euch:
Gott kann aus diesen Steinen Kinder
Abrahams machen. 9 Schon ist die Axt
an die Wurzel der Bäume gelegt; jeder
Baum, der keine gute Frucht hervor-
bringt, wird umgehauen und ins Feuer
geworfen.
10 Da fragten ihn die Leute: Was sollen
wir also tun? 11 Er antwortete ihnen:
Wer zwei Gewänder hat, der gebe eines
davon dem, der keines hat, und wer zu
essen hat, der handle ebenso. 12 Es
kamen auch Zöllner zu ihm, um sich
taufen zu lassen, und fragten: Meister,
was sollen wir tun? 13 Er sagte zu ihnen:
Verlangt nicht mehr, als festgesetzt ist.
14 Auch Soldaten fragten ihn: Was
sollen denn wir tun? Und er sagte zu
ihnen: Misshandelt niemand, erpresst
niemand, begnügt euch mit eurem
Sold!
15 Das Volk war voll Erwartung, und alle
überlegten im stillen, ob Johannes
nicht vielleicht selbst der Messias sei.
16 Doch Johannes gab ihnen allen zur
Antwort: Ich taufe euch nur mit
Wasser. Es kommt aber einer, der
stärker ist als ich, und ich bin es nicht
wert, ihm die Schuhe aufzuschnüren.
Er wird euch mit dem Heiligen Geist
und mit Feuer taufen. 17 Schon hält er
die Schaufel in der Hand, um die Spreu
vom Weizen zu trennen und den
Weizen in seine Scheune zu bringen;
die Spreu aber wird er in nie er-
löschendem Feuer verbrennen. 18 Mit
diesen und vielen anderen Worten
ermahnte er das Volk in seiner Predigt.
19 Johannes tadelte auch den Tetrarchen
Herodes wegen (der Sache mit)
Herodias, der Frau seines Bruders, und
wegen all der anderen Schandtaten, die
er verübt hatte. 20 Deshalb ließ Herodes
Johannes ins Gefängnis werfen und lud
so noch mehr Schuld auf sich.

Die Taufe Jesu

21 Zusammen mit dem ganzen Volk ließ
auch Jesus sich taufen. Und während er

betete, öffnete sich der Himmel, 22 und
der Heilige Geist kam sichtbar in Ge-
stalt einer Taube auf ihn herab, und
eine Stimme aus dem Himmel sprach:
Du bist mein geliebter Sohn, an dir
habe ich Gefallen gefunden.

Die Vorfahren Jesu

23 Jesus war etwa dreißig Jahre alt, als er
zum erstenmal öffentlich auftrat. Man
hielt ihn für den Sohn Josefs. Die Vor-
fahren Josefs waren: Eli, 24 Mattat, Levi,
Melchi, Jannai, Josef, 25 Mattitja, Amos,
Nahum, Hesli, Naggai, 26 Mahat, Matti-
tja, Schimi, Josech, Joda, 27 Johanan,
Resa, Serubbabel, Schealtiël, Neri,
28 Melchi, Addi, Kosam, Elmadam, Er,
29 Joschua, Eliëser, Jorim, Mattat, Levi,
30 Simeon, Juda, Josef, Jonam, Eljakim,
31 Melea, Menna, Mattata, Natan, Da-
vid, 32 Isai, Obed, Boas, Salmon, Nach-
schon, 33 Amminadab, Admin, Arni,
Hezron, Perez, Juda, 34 Jakob, Isaak,
Abraham, Terach, Nahor, 35 Serug,
Regu, Peleg, Eber, Schelach, 36 Kenan,
Arpachschad, Sem, Noach, Lamech,
37 Metuschelach, Henoch, Jered, Ma-
halalel, Kenan, 38 Enosch, Set, Adam;
(der stammte von) Gott.

Die Versuchung Jesu

4 Erfüllt vom Heiligen Geist, verließ
Jesus die Jordangegend. Darauf
führte ihn der Geist vierzig Tage lang
in der Wüste umher, 2 und dabei wurde
Jesus vom Teufel in Versuchung geführt.
Die ganze Zeit über aß er nichts; als aber
die vierzig Tage vorüber waren, hatte er
Hunger. 3 Da sagte der Teufel zu ihm:
Wenn du Gottes Sohn bist, so befiehl
diesem Stein, zu Brot zu werden. 4 Jesus
antwortete ihm: In der Schrift heißt es:
Der Mensch lebt nicht nur von Brot. 5 Da
führte ihn der Teufel (auf einen Berg)
hinauf und zeigte ihm in einem einzigen
Augenblick alle Reiche der Erde. 6 Und
er sagte zu ihm: All die Macht und Herr-
lichkeit dieser Reiche will ich dir geben;
denn sie sind mir überlassen, und ich
gebe sie, wem ich will. 7 Wenn du dich
vor mir niederwirfst und mich anbetest,
wird dir alles gehören. 8 Jesus antwortete
ihm: In der Schrift steht: Vor dem Herrn,
deinem Gott, sollst du dich nieder-
werfen und ihm allein dienen. 9 Darauf
führte ihn der Teufel nach Jerusalem,
stellte ihn oben auf den Tempel und
sagte zu ihm: Wenn du Gottes Sohn bist,
so stürz dich von hier hinab; 10 denn es
heißt in der Schrift:
Seinen Engeln befiehlt er, dich zu be-
hüten;
11 und: Sie werden dich auf ihren Hän-
den tragen, / damit dein Fuß nicht an
einen Stein stößt.
12 Da antwortete ihm Jesus: Die Schrift
sagt: Du sollst den Herrn, deinen Gott,
nicht auf die Probe stellen. 13 Nach
diesen Versuchungen ließ der Teufel für
eine gewisse Zeit von ihm ab.

Das Wirken Jesu in Galiläa

Erstes Auftreten in Galiläa

14 Jesus kehrte, erfüllt von der Kraft des
Geistes, nach Galiläa zurück. Und die
Kunde von ihm verbreitete sich in der
ganzen Gegend. 15 Er lehrte in den Sy-
nagogen und wurde von allen ge-
priesen.

Die Ablehnung Jesu in seiner Heimat

16 So kam er auch nach Nazaret, wo er
aufgewachsen war, und ging, wie ge-
wohnt, am Sabbat in die Synagoge. Als
er aufstand, um aus der Schrift vor-
zulesen, 17 reichte man ihm das Buch
des Propheten Jesaja. Er schlug das
Buch auf und fand die Stelle, wo es
heißt:
18 Der Geist des Herrn ruht auf mir; /
denn der Herr hat mich gesalbt.
Er hat mich gesandt, / damit ich den
Armen eine gute Nachricht bringe;
damit ich den Gefangenen die Ent-
lassung verkünde / und den Blinden
das Augenlicht;
damit ich die Zerschlagenen in Freiheit
setze 19 und ein Gnadenjahr des Herrn
ausrufe.
20 Dann Schloss er das Buch, gab es dem
Synagogendiener und setzte sich. Die
Augen aller in der Synagoge waren auf
ihn gerichtet. 21 Da begann er, ihnen
darzulegen: Heute hat sich das Schrift-
wort, das ihr eben gehört habt, erfüllt.
22 Seine Rede fand bei allen Beifall; sie
staunten darüber, wie begnadet er
redete, und sagten: Ist das nicht der
Sohn Josefs? 23 Da entgegnete er ihnen:
Sicher werdet ihr mir das Sprichwort
vorhalten: Arzt, heile dich selbst!
Wenn du in Kafarnaum so große Dinge
getan hast, wie wir gehört haben, dann
tu sie auch hier in deiner Heimat!
24 Und er setzte hinzu: Amen, das sage
ich euch: Kein Prophet wird in seiner
Heimat anerkannt. 25 Wahrhaftig, das
sage ich euch: In Israel gab es viele
Witwen in den Tagen des Elija, als der
Himmel für drei Jahre und sechs
Monate verschlossen war und eine gro-
ße Hungersnot über das ganze Land
kam. 26 Aber zu keiner von ihnen wurde
Elija gesandt, nur zu einer Witwe in
Sarepta bei Sidon. 27 Und viele Aus-
sätzige gab es in Israel zur Zeit des Pro-
pheten Elischa. Aber keiner von ihnen
wurde geheilt, nur der Syrer Naaman.
28 Als die Leute in der Synagoge das
hörten, gerieten sie alle in Wut. 29 Sie
sprangen auf und trieben Jesus zur
Stadt hinaus; sie brachten ihn an den
Abhang des Berges, auf dem ihre Stadt
erbaut war, und wollten ihn hinab-
stürzen. 30 Er aber schritt mitten durch
die Menge hindurch und ging weg.

Jesus in der Synagoge von Kafarnaum

31 Jesus ging hinab nach Kafarnaum,
einer Stadt in Galiläa, und lehrte die
Menschen am Sabbat. 32 Sie waren sehr
betroffen von seiner Lehre, denn er
redete mit (göttlicher) Vollmacht.
33 In der Synagoge saß ein Mann, der
von einem Dämon, einem unreinen
Geist, besessen war. Der begann laut zu
schreien: 34 Was haben wir mit dir zu
tun, Jesus von Nazaret? Bist du gekom-
men, um uns ins Verderben zu stürzen?
Ich weiß, wer du bist: der Heilige
Gottes! 35 Da befahl ihm Jesus: Schweig
und Verlass ihn! Der Dämon warf den
Mann mitten in der Synagoge zu Boden
und verließ ihn, ohne ihn jedoch zu
verletzen. 36 Da waren alle erstaunt und
erschrocken, und einer fragte den
andern: Was ist das für ein Wort? Mit
Vollmacht und Kraft befiehlt er den
unreinen Geistern, und sie fliehen.
37 Und sein Ruf verbreitete sich in der
ganzen Gegend.

Die Heilung der Schwiegermutter des Petrus

38 Jesus stand auf, verließ die Synagoge
und ging in das Haus des Simon. Die
Schwiegermutter des Simon hatte ho-
hes Fieber, und sie baten ihn, ihr zu
helfen. 39 Er trat zu ihr hin, beugte sich
über sie und befahl dem Fieber zu
weichen. Da wich es von ihr, und sie
stand sofort auf und sorgte für sie.

Die Heilung von Besessenen und Kranken

40 Als die Sonne unterging, brachten
die Leute ihre Kranken, die alle mög-
lichen Leiden hatten, zu Jesus. Er legte
jedem Kranken die Hände auf und
heilte alle. 41 Von vielen fuhren auch
Dämonen aus und schrien: Du bist der
Sohn Gottes! Da fuhr er sie schroff an
und ließ sie nicht reden; denn sie
wussten, dass er der Messias war.

Aufbruch aus Kafarnaum

42 Bei Tagesanbruch verließ er die Stadt
und ging an einen einsamen Ort. Aber
die Menschen suchten ihn, und als sie
ihn fanden, wollten sie ihn daran hin-
dern wegzugehen. 43 Er sagte zu ihnen:
Ich muss auch den anderen Städten das
Evangelium vom Reich Gottes ver-
künden; denn dazu bin ich gesandt
worden. 44 Und er predigte in den Sy-
nagogen Judäas.

Die Berufung der ersten Jünger

5 Als Jesus am Ufer des Sees Gen-
nesaret stand, drängte sich das
Volk um ihn und wollte das Wort
Gottes hören. 2 Da sah er zwei Boote am
Ufer liegen. Die Fischer waren aus-
gestiegen und wuschen ihre Netze.
3 Jesus stieg in das Boot, das dem Simon
gehörte, und bat ihn, ein Stück weit
vom Land wegzufahren. Dann setzte er

sich und lehrte das Volk vom Boot aus.
4 Als er seine Rede beendet hatte, sagte
er zu Simon: Fahr hinaus auf den See!
Dort werft eure Netze zum Fang aus!
5 Simon antwortete ihm: Meister, wir
haben die ganze Nacht gearbeitet und
nichts gefangen. Doch wenn du es
sagst, werde ich die Netze auswerfen.
6 Das taten sie, und sie fingen eine so
große Menge Fische, dass ihre Netze zu
reißen drohten. 7 Deshalb winkten sie
ihren Gefährten im anderen Boot, sie
sollten kommen und ihnen helfen. Sie
kamen, und gemeinsam füllten sie
beide Boote bis zum Rand, so dass sie
fast untergingen. 8 Als Simon Petrus
das sah, fiel er Jesus zu Füßen und
sagte: Herr, geh weg von mir; ich bin
ein Sünder. 9 Denn er und alle seine Be-
gleiter waren erstaunt und erschro-
cken, weil sie so viele Fische gefangen
hatten; 10 ebenso ging es Jakobus und
Johannes, den Söhnen des Zebedäus,
die mit Simon zusammenarbeiteten.
Da sagte Jesus zu Simon: Fürchte dich
nicht! Von jetzt an wirst du Menschen
fangen. 11 Und sie zogen die Boote an
Land, ließen alles zurück und folgten
ihm nach.

Die Heilung eines Aussätzigen

12 Als Jesus in einer der Städte war, kam
ein Mann, der am ganzen Körper Aus-
satz hatte. Sobald er Jesus sah, warf er
sich vor ihm zu Boden und bat ihn:
Herr, wenn du willst, kannst du ma-
chen, dass ich rein werde. 13 Da streck-
te Jesus die Hand aus, berührte ihn und
sagte: Ich will es – werde rein! Im
gleichen Augenblick verschwand der
Aussatz. 14 Jesus befahl ihm: Erzähl
niemand davon, sondern geh, zeig dich
dem Priester und bring das Rei-
nigungsopfer dar, wie es Mose ange-
ordnet hat. Das soll für sie ein Beweis
(deiner Heilung) sein.
15 Sein Ruf verbreitete sich immer mehr,
so dass die Menschen von überall
herbeiströmten. Sie alle wollten ihn
hören und von ihren Krankheiten ge-
heilt werden. 16 Doch er zog sich an
einen einsamen Ort zurück, um zu
beten.

Die Heilung eines Gelähmten

17 Eines Tages, als Jesus wieder lehrte,
saßen unter den Zuhörern auch Pha-
risäer und Gesetzeslehrer; sie waren
aus allen Dörfern Galiläas und Judäas
und aus Jerusalem gekommen. Und die
Kraft des Herrn drängte ihn dazu, zu
heilen. 18 Da brachten einige Männer
einen Gelähmten auf einer Tragbahre.
Sie wollten ihn ins Haus bringen und
vor Jesus hinlegen. 19 Weil es ihnen aber
wegen der vielen Leute nicht möglich
war, ihn hineinzubringen, stiegen sie
aufs Dach, deckten die Ziegel ab und
ließen ihn auf seiner Tragbahre in die
Mitte des Raumes hinunter, genau vor

Jesus hin. 20 Als er ihren Glauben sah,
sagte er zu dem Mann: Deine Sünden
sind dir vergeben. 21 Da dachten die
Schriftgelehrten und die Pharisäer:
Wer ist das, dass er eine solche Gottes-
lästerung wagt? Wer außer Gott kann
Sünden vergeben? 22 Jesus aber merkte,
was sie dachten, und sagte zu ihnen:
Was habt ihr für Gedanken im Herzen?
23 Was ist leichter, zu sagen: Deine
Sünden sind dir vergeben!, oder zu
sagen: Steh auf und geh umher? 24 Ihr
sollt aber erkennen, dass der Men-
schensohn die Vollmacht hat, hier auf
der Erde Sünden zu vergeben. Und er
sagte zu dem Gelähmten: Ich sage dir:
Steh auf, nimm deine Tragbahre, und
geh nach Hause!
25 Im gleichen Augenblick stand der
Mann vor aller Augen auf. Er nahm die
Tragbahre, auf der er gelegen hatte,
und ging heim, Gott lobend und prei-
send. 26 Da gerieten alle außer sich; sie
priesen Gott und sagten voller Furcht:
Heute haben wir etwas Unglaubliches
gesehen.

Die Berufung des Levi und das Mahl mit den Zöllnern

27 Als Jesus von dort wegging, sah er
einen Zöllner namens Levi am Zoll
sitzen und sagte zu ihm: Folge mir
nach! 28 Da stand Levi auf, verließ alles
und folgte ihm. 29 Und er gab für Jesus
in seinem Haus ein großes Festmahl.
Viele Zöllner und andere Gäste waren
mit ihnen bei Tisch. 30 Da sagten die
Pharisäer und ihre Schriftgelehrten
voll Unwillen zu seinen Jüngern: Wie
könnt ihr zusammen mit Zöllnern und
Sündern essen und trinken? 31 Jesus
antwortete ihnen: Nicht die Gesunden
brauchen den Arzt, sondern die
Kranken. 32 Ich bin gekommen, um die
Sünder zur Umkehr zu rufen, nicht die
Gerechten.

Die Frage nach dem Fasten

33 Sie sagten zu ihm: Die Jünger des Jo-
hannes fasten und beten viel, ebenso
die Jünger der Pharisäer; deine Jünger
aber essen und trinken. 34 Jesus erwi-
derte ihnen: Könnt ihr denn die Hoch-
zeitsgäste fasten lassen, solange der
Bräutigam bei ihnen ist? 35 Es werden
aber Tage kommen, da wird ihnen der
Bräutigam genommen sein; in jenen
Tagen werden sie fasten.
36 Und er erzählte ihnen auch noch ein
Gleichnis: Niemand schneidet ein
Stück von einem neuen Kleid ab und
setzt es auf ein altes Kleid; denn das
neue Kleid wäre zerschnitten, und zu
dem alten Kleid würde das Stück von
dem neuen nicht passen. 37 Auch füllt
niemand neuen Wein in alte Schläu-
che. Denn der neue Wein zerreißt die
Schläuche; er läuft aus, und die Schläu-
che sind unbrauchbar. 38 Neuen Wein
muss man in neue Schläuche füllen.

39 Und niemand, der alten Wein ge-
trunken hat, will neuen; denn er sagt:
Der alte Wein ist besser.

Das Abreißen der Ähren am Sabbat

6 Als er an einem Sabbat durch die
Kornfelder ging, rissen seine
Jünger Ähren ab, zerrieben sie mit den
Händen und aßen sie. 2 Da sagten ei-
nige Pharisäer: Was tut ihr da? Das ist
doch am Sabbat verboten! 3 Jesus er-
widerte ihnen: Habt ihr nicht gelesen,
was David getan hat, als er und seine
Begleiter hungrig waren – 4 wie er in
das Haus Gottes ging und die heiligen
Brote nahm, die nur die Priester essen
dürfen, und wie er sie aß und auch
seinen Begleitern davon gab? 5 Und
Jesus fügte hinzu: Der Menschensohn
ist Herr über den Sabbat.

Die Heilung eines Mannes am Sabbat

6 An einem anderen Sabbat ging er in
die Synagoge und lehrte. Dort saß ein
Mann, dessen rechte Hand verdorrt
war. 7 Die Schriftgelehrten und die Pha-
risäer gaben acht, ob er am Sabbat
heilen werde; sie suchten nämlich
einen Grund zur Anklage gegen ihn.
8 Er aber wusste, was sie im Sinn hatten,
und sagte zu dem Mann mit der ver-
dorrten Hand: Steh auf und stell dich
in die Mitte! Der Mann stand auf und
trat vor. 9 Dann sagte Jesus zu ihnen: Ich
frage euch: Was ist am Sabbat erlaubt:
Gutes zu tun oder Böses, ein Leben zu
retten oder es zugrunde gehen zu las-
sen? 10 Und er sah sie alle der Reihe
nach an und sagte dann zu dem Mann:
Streck deine Hand aus! Er tat es, und
seine Hand war wieder gesund. 11 Da
wurden sie von sinnloser Wut erfüllt
und berieten, was sie gegen Jesus unter-
nehmen könnten.

Die Wahl der Zwölf

12 In diesen Tagen ging er auf einen
Berg, um zu beten. Und er verbrachte
die ganze Nacht im Gebet zu Gott.
13 Als es Tag wurde, rief er seine Jünger
zu sich und wählte aus ihnen zwölf aus;
sie nannte er auch Apostel. 14 (Es wa-
ren) Simon, dem er den Namen Petrus
gab, und sein Bruder Andreas, dazu
Jakobus und Johannes, Philippus und
Bartholomäus, 15 Matthäus und Tho-
mas, Jakobus, der Sohn des Alphäus,
und Simon, genannt der Zelot, 16 Judas,
der Sohn des Jakobus, und Judas Iska-
riot, der zum Verräter wurde.

Der Andrang des Volkes

17 Jesus stieg mit ihnen den Berg hinab.
In der Ebene blieb er mit einer großen
Schar seiner Jünger stehen, und viele
Menschen aus ganz Judäa und Jeru-
salem und dem Küstengebiet von Tyrus
und Sidon 18 strömten herbei. Sie alle

wollten ihn hören und von ihren Krank-
heiten geheilt werden. Auch die von
unreinen Geistern Geplagten wurden
geheilt. 19 Alle Leute versuchten, ihn zu
berühren; denn es ging eine Kraft von
ihm aus, die alle heilte.

Die Feldrede

Seligpreisungen und Weherufe

20 Er richtete seine Augen auf seine
Jünger und sagte:
Selig, ihr Armen, denn euch gehört das
Reich Gottes.
21 Selig, die ihr jetzt hungert, denn ihr
werdet satt werden. / Selig, die ihr jetzt
weint, denn ihr werdet lachen.
22 Selig seid ihr, wenn euch die Men-
schen hassen und aus ihrer Gemein-
schaft ausschließen, wenn sie euch be-
schimpfen und euch in Verruf bringen
um des Menschensohnes willen. 23 Freut
euch und jauchzt an jenem Tag; euer
Lohn im Himmel wird groß sein. Denn
ebenso haben es ihre Väter mit den
Propheten gemacht.
24 Aber weh euch, die ihr reich seid;
denn ihr habt keinen Trost mehr zu
erwarten.
25 Weh euch, die ihr jetzt satt seid; denn
ihr werdet hungern.
Weh euch, die ihr jetzt lacht; denn ihr
werdet klagen und weinen.
26 Weh euch, wenn euch alle Men-
schen loben; denn ebenso haben es ihre
Väter mit den falschen Propheten ge-
macht.

Von der Vergeltung und von der Liebe zu den Feinden

27 Euch, die ihr mir zuhört, sage ich:
Liebt eure Feinde; tut denen Gutes, die
euch hassen. 28 Segnet die, die euch ver-
fluchen; betet für die, die euch miss-
handeln. 29 Dem, der dich auf die eine
Wange schlägt, halt auch die andere
hin, und dem, der dir den Mantel
wegnimmt, lass auch das Hemd. 30 Gib
jedem, der dich bittet; und wenn dir
jemand etwas wegnimmt, verlang es
nicht zurück. 31 Was ihr von anderen
erwartet, das tut ebenso auch ihnen.
32 Wenn ihr nur die liebt, die euch
lieben, welchen Dank erwartet ihr
dafür? Auch die Sünder lieben die, von
denen sie geliebt werden. 33 Und wenn
ihr nur denen Gutes tut, die euch Gutes
tun, welchen Dank erwartet ihr dafür?
Das tun auch die Sünder. 34 Und wenn
ihr nur denen etwas leiht, von denen
ihr es zurückzubekommen hofft, wel-
chen Dank erwartet ihr dafür? Auch
die Sünder leihen Sündern in der Hoff-
nung, alles zurückzubekommen. 35 Ihr
aber sollt eure Feinde lieben und sollt
Gutes tun und leihen, auch wo ihr
nichts dafür erhoffen könnt. Dann wird
euer Lohn groß sein, und ihr werdet
Söhne des Höchsten sein; denn auch er
ist gütig gegen die Undankbaren und

Bösen. 36 Seid barmherzig, wie es auch
euer Vater ist!

Vom Richten

37 Richtet nicht, dann werdet auch ihr
nicht gerichtet werden. Verurteilt
nicht, dann werdet auch ihr nicht ver-
urteilt werden. Erlasst einander die
Schuld, dann wird auch euch die
Schuld erlassen werden. 38 Gebt, dann
wird auch euch gegeben werden. In
reichem, vollem, gehäuftem, über-
fließendem Maß wird man euch be-
schenken; denn nach dem Maß, mit
dem ihr messt und zuteilt, wird auch
euch zugeteilt werden.
39 Er gebrauchte auch einen Vergleich
und sagte: Kann ein Blinder einen
Blinden führen? Werden nicht beide in
eine Grube fallen? 40 Der Jünger steht
nicht über seinem Meister; jeder aber,
der alles gelernt hat, wird wie sein
Meister sein. 41 Warum siehst du den
Splitter im Auge deines Bruders, aber
den Balken in deinem eigenen Auge
bemerkst du nicht? 42 Wie kannst du zu
deinem Bruder sagen: Bruder, lass
mich den Splitter aus deinem Auge
herausziehen!, während du den Balken
in deinem eigenen Auge nicht siehst?
Du Heuchler! Zieh zuerst den Balken
aus deinem Auge; dann kannst du ver-
suchen, den Splitter aus dem Auge
deines Bruders herauszuziehen.

Von der wahren Frömmigkeit

43 Es gibt keinen guten Baum, der
schlechte Früchte hervorbringt, noch
einen schlechten Baum, der gute
Früchte hervorbringt. 44 Jeden Baum
erkennt man an seinen Früchten: Von
den Disteln pflückt man keine Feigen,
und vom Dornstrauch erntet man
keine Trauben. 45 Ein guter Mensch
bringt Gutes hervor, weil in seinem
Herzen Gutes ist; und ein böser Mensch
bringt Böses hervor, weil in seinem
Herzen Böses ist. Wovon das Herz voll
ist, davon spricht der Mund. 46 Was sagt
ihr zu mir: Herr! Herr!, und tut nicht,
was ich sage?

Vom Haus auf dem Felsen

47 Ich will euch zeigen, wem ein Mensch
gleicht, der zu mir kommt und meine
Worte hört und danach handelt. 48 Er
ist wie ein Mann, der ein Haus baute
und dabei die Erde tief aushob und das
Fundament auf einen Felsen stellte. Als
nun ein Hochwasser kam und die
Flutwelle gegen das Haus prallte, konn-
te sie es nicht erschüttern, weil es gut
gebaut war. 49 Wer aber hört und nicht
danach handelt, ist wie ein Mann, der
sein Haus ohne Fundament auf die
Erde baute. Die Flutwelle prallte da-
gegen, das Haus stürzte sofort in sich
zusammen und wurde völlig zerstört.

Zeichen und Worte Jesu

Der Hauptmann von Kafarnaum

7 Als Jesus diese Rede vor dem Volk
beendet hatte, ging er nach Kafar-
naum hinein. 2 Ein Hauptmann hatte
einen Diener, der todkrank war und
den er sehr schätzte. 3 Als der Haupt-
mann von Jesus hörte, schickte er ei-
nige von den jüdischen Ältesten zu ihm
mit der Bitte, zu kommen und seinen
Diener zu retten. 4 Sie gingen zu Jesus
und baten ihn inständig. Sie sagten: Er
verdient es, dass du seine Bitte erfüllst;
5 denn er liebt unser Volk und hat uns
die Synagoge gebaut. 6 Da ging Jesus
mit ihnen. Als er nicht mehr weit von
dem Haus entfernt war, schickte der
Hauptmann Freunde und ließ ihm
sagen: Herr, bemüh dich nicht! Denn
ich bin es nicht wert, dass du mein
Haus betrittst. 7 Deshalb habe ich mich
auch nicht für würdig gehalten, selbst
zu dir zu kommen. Sprich nur ein
Wort, dann muss mein Diener gesund
werden. 8 Auch ich muss Befehlen ge-
horchen, und ich habe selber Soldaten
unter mir; sage ich nun zu einem: Geh!,
so geht er, und zu einem andern:
Komm!, so kommt er, und zu meinem
Diener: Tu das!, so tut er es. 9 Jesus war
erstaunt über ihn, als er das hörte. Und
er wandte sich um und sagte zu den
Leuten, die ihm folgten: Ich sage euch:
Nicht einmal in Israel habe ich einen
solchen Glauben gefunden. 10 Und als
die Männer, die der Hauptmann ge-
schickt hatte, in das Haus zurückkehr-
ten, stellten sie fest, dass der Diener
gesund war.

Die Auferweckung eines jungen Mannes in Naïn

11 Einige Zeit später ging er in eine
Stadt namens Naïn; seine Jünger und
eine große Menschenmenge folgten
ihm. 12 Als er in die Nähe des Stadttors
kam, trug man gerade einen Toten
heraus. Es war der einzige Sohn seiner
Mutter, einer Witwe. Und viele Leute
aus der Stadt begleiteten sie. 13 Als der
Herr die Frau sah, hatte er Mitleid mit
ihr und sagte zu ihr: Weine nicht!
14 Dann ging er zu der Bahre hin und
fasste sie an. Die Träger blieben stehen,
und er sagte: Ich befehle dir, junger
Mann: Steh auf! 15 Da richtete sich der
Tote auf und begann zu sprechen, und
Jesus gab ihn seiner Mutter zurück.
16 Alle wurden von Furcht ergriffen; sie
priesen Gott und sagten: Ein großer
Prophet ist unter uns aufgetreten: Gott
hat sich seines Volkes angenommen.
17 Und die Kunde davon verbreitete sich
überall in Judäa und im ganzen Gebiet
ringsum.

Die Frage des Täufers

18 Johannes erfuhr das alles von seinen
Jüngern. Da rief er zwei von ihnen zu

sich, 19 schickte sie zum Herrn und ließ
ihn fragen: Bist du der, der kommen
soll, oder müssen wir auf einen andern
warten? 20 Als die beiden Männer zu
Jesus kamen, sagten sie: Johannes der
Täufer hat uns zu dir geschickt und
lässt dich fragen: Bist du der, der kom-
men soll, oder müssen wir auf einen
andern warten? 21 Damals heilte Jesus
viele Menschen von ihren Krankheiten
und Leiden, befreite sie von bösen
Geistern und schenkte vielen Blinden
das Augenlicht. 22 Er antwortete den
beiden: Geht und berichtet Johannes,
was ihr gesehen und gehört habt:
Blinde sehen wieder, Lahme gehen,
und Aussätzige werden rein; Taube
hören, Tote stehen auf, und den Armen
wird das Evangelium verkündet. 23 Selig
ist, wer an mir keinen Anstoß nimmt.

Das Urteil Jesu über den Täufer

24 Als die Boten des Johannes weg-
gegangen waren, begann Jesus zu der
Menge über Johannes zu reden; er
sagte: Was habt ihr denn sehen wollen,
als ihr in die Wüste hinausgegangen
seid? Ein Schilfrohr, das im Wind
schwankt? 25 Oder was habt ihr sehen
wollen, als ihr hinausgegangen seid?
Einen Mann in feiner Kleidung? Leute,
die vornehm gekleidet sind und üppig
leben, findet man in den Palästen der
Könige. 26 Oder was habt ihr sehen
wollen, als ihr hinausgegangen seid?
Einen Propheten? Ja, ich sage euch: Ihr
habt sogar mehr gesehen als einen Pro-
pheten. 27 Er ist der, von dem es in der
Schrift heißt:
Ich sende meinen Boten vor dir her; / er
soll den Weg für dich bahnen.
28 Ich sage euch: Unter allen Menschen
gibt es keinen größeren als Johannes;
doch der Kleinste im Reich Gottes ist
größer als er. 29 Das ganze Volk, das Jo-
hannes hörte, selbst die Zöllner, sie alle
haben den Willen Gottes anerkannt
und sich von Johannes taufen lassen.
30 Doch die Pharisäer und die Ge-
setzeslehrer haben den Willen Gottes
missachtet und sich von Johannes nicht
taufen lassen.
31 Mit wem soll ich also die Menschen
dieser Generation vergleichen? Wem
sind sie ähnlich? 32 Sie sind wie Kinder,
die auf dem Marktplatz sitzen und
einander zurufen: Wir haben für euch
auf der Flöte (Hochzeitslieder) ge-
spielt, und ihr habt nicht getanzt; wir
haben Klagelieder gesungen, und ihr
habt nicht geweint. 33 Johannes der
Täufer ist gekommen, er isst kein Brot
und trinkt keinen Wein, und ihr sagt:
Er ist von einem Dämon besessen.
34 Der Menschensohn ist gekommen, er
isst und trinkt; darauf sagt ihr: Dieser
Fresser und Säufer, dieser Freund der
Zöllner und Sünder! 35 Und doch hat
die Weisheit durch alle ihre Kinder
recht bekommen.

Die Begegnung Jesu mit der Sünderin

36 Jesus ging in das Haus eines Pharisäers, der ihn zum Essen eingeladen hatte, und legte sich zu Tisch. 37 Als nun eine Sünderin, die in der Stadt lebte, erfuhr, dass er im Haus des Pharisäers bei Tisch war, kam sie mit einem Alabastergefäß voll wohlriechendem Öl 38 und trat von hinten an ihn heran. Dabei weinte sie, und ihre Tränen fielen auf seine Füße. Sie trocknete seine Füße mit ihrem Haar, küsste sie und salbte sie mit dem Öl. 39 Als der Pharisäer, der ihn eingeladen hatte, das sah, dachte er: Wenn er wirklich ein Prophet wäre, müsste er wissen, was das für eine Frau ist, von der er sich berühren lässt; er wüßte, dass sie eine Sünderin ist. 40 Da wandte sich Jesus an ihn und sagte: Simon, ich möchte dir etwas sagen. Er erwiderte: Sprich, Meister! 41 (Jesus sagte:) Ein Geldverleiher hatte zwei Schuldner; der eine war ihm fünfhundert Denare schuldig, der andere fünfzig. 42 Als sie ihre Schulden nicht bezahlen konnten, erließ er sie beiden. Wer von ihnen wird ihn nun mehr lieben? 43 Simon antwortete: Ich nehme an, der, dem er mehr erlassen hat. Jesus sagte zu ihm: Du hast recht. 44 Dann wandte er sich der Frau zu und sagte zu Simon: Siehst du diese Frau? Als ich in dein Haus kam, hast du mir kein Wasser zum Waschen der Füße gegeben; sie aber hat ihre Tränen über meinen Füßen vergossen und sie mit ihrem Haar abgetrocknet. 45 Du hast mir (zur Begrüßung) keinen Kuss gegeben; sie aber hat mir, seit ich hier bin, unaufhörlich die Füße geküsst. 46 Du hast mir nicht das Haar mit Öl gesalbt; sie aber hat mir mit ihrem wohlriechenden Öl die Füße gesalbt. 47 Deshalb sage ich dir: Ihr sind ihre vielen Sünden vergeben, weil sie (mir) so viel Liebe gezeigt hat. Wem aber nur wenig vergeben wird, der zeigt auch nur wenig Liebe. 48 Dann sagte er zu ihr: Deine Sünden sind dir vergeben. 49 Da dachten die anderen Gäste: Wer ist das, dass er sogar Sünden vergibt? 50 Er aber sagte zu der Frau: Dein Glaube hat dir geholfen. Geh in Frieden!

Frauen im Gefolge Jesu

8 In der folgenden Zeit wanderte er von Stadt zu Stadt und von Dorf zu Dorf und verkündete das Evangelium vom Reich Gottes. Die Zwölf begleiteten ihn, 2 außerdem einige Frauen, die er von bösen Geistern und von Krankheiten geheilt hatte: Maria Magdalene, aus der sieben Dämonen ausgefahren waren, 3 Johanna, die Frau des Chuzas, eines Beamten des Herodes, Susanna und viele andere. Sie alle unterstützten Jesus und die Jünger mit dem, was sie besaßen.

Das Gleichnis vom Sämann

4 Als die Leute aus allen Städten zu-
sammenströmten und sich viele Men-
schen um ihn versammelten, erzählte er
ihnen dieses Gleichnis: 5 Ein Sämann
ging aufs Feld, um seinen Samen aus-
zusäen. Als er säte, fiel ein Teil der
Körner auf den Weg; sie wurden zer-
treten, und die Vögel des Himmels
fraßen sie. 6 Ein anderer Teil fiel auf
Felsen, und als die Saat aufging, ver-
dorrte sie, weil es ihr an Feuchtigkeit
fehlte. 7 Wieder ein anderer Teil fiel
mitten in die Dornen, und die Dornen
wuchsen zusammen mit der Saat hoch
und erstickten sie. 8 Ein anderer Teil
schließlich fiel auf guten Boden, ging
auf und brachte hundertfach Frucht.
Als Jesus das gesagt hatte, rief er: Wer
Ohren hat zum Hören, der höre!

Sinn und Zweck der Gleichnisse

9 Seine Jünger fragten ihn, was das
Gleichnis bedeute. 10 Da sagte er: Euch
ist es gegeben, die Geheimnisse des
Reiches Gottes zu erkennen. Zu den
anderen Menschen aber wird nur in
Gleichnissen geredet; denn sie sollen
sehen und doch nicht sehen, hören und
doch nicht verstehen.

Die Deutung des Gleichnisses vom Sämann

11 Das ist der Sinn des Gleichnisses: Der
Samen ist das Wort Gottes. 12 Auf den
Weg ist der Samen bei denen gefallen,
die das Wort zwar hören, denen es aber
der Teufel dann aus dem Herzen reißt,
damit sie nicht glauben und nicht
gerettet werden. 13 Auf den Felsen ist der
Samen bei denen gefallen, die das Wort
freudig aufnehmen, wenn sie es hören;
aber sie haben keine Wurzeln: Eine Zeit
lang glauben sie, doch in der Zeit der
Prüfung werden sie abtrünnig. 14 Unter
die Dornen ist der Samen bei denen
gefallen, die das Wort zwar hören, dann
aber weggehen und in den Sorgen, dem
Reichtum und den Genüssen des Lebens
ersticken, deren Frucht also nicht reift.
15 Auf guten Boden ist der Samen bei
denen gefallen, die das Wort mit gutem
und aufrichtigem Herzen hören, daran
festhalten und durch ihre Ausdauer
Frucht bringen.

Vom rechten Hören

16 Niemand zündet ein Licht an und
deckt es mit einem Gefäß zu oder stellt
es unter das Bett, sondern man stellt das
Licht auf den Leuchter, damit alle, die
eintreten, es leuchten sehen. 17 Es gibt
nichts Verborgenes, das nicht offenbar
wird, und nichts Geheimes, das nicht
bekannt wird und an den Tag kommt.
18 Gebt also acht, dass ihr richtig zuhört!

Denn wer hat, dem wird gegeben; wer
aber nicht hat, dem wird auch noch weg-
genommen, was er zu haben meint.

Von den wahren Verwandten Jesu

19 Eines Tages kamen seine Mutter und
seine Brüder zu ihm; sie konnten aber
wegen der vielen Leute nicht zu ihm
gelangen. 20 Da sagte man ihm: Dei-
ne Mutter und deine Brüder stehen
draußen und möchten dich sehen. 21 Er
erwiderte: Meine Mutter und meine
Brüder sind die, die das Wort Gottes
hören und danach handeln.

Der Sturm auf dem See

22 Eines Tages stieg er mit seinen Jüngern
in ein Boot und sagte zu ihnen: Wir
wollen ans andere Ufer des Sees hinüber-
fahren. Und sie fuhren ab. 23 Während
der Fahrt aber schlief er ein. Plötzlich
brach über dem See ein Wirbelsturm los;
das Wasser schlug in das Boot, und sie
gerieten in große Gefahr. 24 Da traten sie
zu ihm und weckten ihn; sie riefen:
Meister, Meister, wir gehen zugrunde! Er
stand auf, drohte dem Wind und den
Wellen, und sie legten sich, und es trat
Stille ein. 25 Dann sagte er zu den
Jüngern: Wo ist euer Glaube? Sie aber
fragten einander voll Schrecken und
Staunen: Was ist das für ein Mensch,
dass sogar die Winde und das Wasser
seinem Befehl gehorchen?

Die Heilung des Besessenen von Gerasa

26 Sie fuhren in das Gebiet von Gerasa,
das dem galiläischen Ufer gegenüber-
liegt. 27 Als Jesus an Land ging, lief ihm
ein Mann aus der Stadt entgegen, der
von Dämonen besessen war. Schon seit
langem trug er keine Kleider mehr und
lebte nicht mehr in einem Haus,
sondern in den Grabhöhlen. 28 Als er
Jesus sah, schrie er auf, fiel vor ihm
nieder und rief laut: Was habe ich mit
dir zu tun, Jesus, Sohn des höchsten
Gottes? Ich bitte dich: Quäle mich
nicht! 29 Jesus hatte nämlich dem un-
reinen Geist befohlen, den Mann zu
verlassen. Denn schon seit langem
hatte ihn der Geist in seiner Gewalt,
und man hatte ihn wie einen Gefan-
genen an Händen und Füßen gefesselt.
Aber immer wieder zerriss er die
Fesseln und wurde von dem Dämon in
menschenleere Gegenden getrieben.
30 Jesus fragte ihn: Wie heißt du? Er
antwortete: Legion. Denn er war von
vielen Dämonen besessen. 31 Und die
Dämonen baten Jesus, sie nicht zur
Hölle zu schicken.

32 Nun weidete dort an einem Berg
gerade eine große Schweineherde. Die
Dämonen baten Jesus, ihnen zu erlau-
ben, in die Schweine hineinzufahren.
Er erlaubte es ihnen. 33 Da verließen die
Dämonen den Menschen und fuhren in
die Schweine, und die Herde stürzte
sich den Abhang hinab in den See und
ertrank. 34 Als die Hirten das sahen,

flohen sie und erzählten alles in der Stadt
und in den Dörfern. 35 Darauf eilten die
Leute herbei, um zu sehen, was ge-
schehen war. Sie kamen zu Jesus und
sahen, dass der Mann, den die Dämonen
verlassen hatten, wieder bei Verstand
war und ordentlich gekleidet Jesus zu
Füßen saß. Da fürchteten sie sich. 36 Die,
die alles gesehen hatten, berichteten
ihnen, wie der Besessene geheilt wurde.
37 Darauf baten alle, die im Gebiet von
Gerasa wohnten, Jesus, sie zu verlassen;
denn es hatte sie große Angst gepackt. Da
stieg Jesus ins Boot und fuhr zurück.
38 Der Mann, den die Dämonen verlassen
hatten, bat Jesus, bei ihm bleiben zu dür-
fen. Doch Jesus schickte ihn weg und
sagte: 39 Kehr in dein Haus zurück, und
erzähl alles, was Gott für dich getan hat.
Da ging er weg und verkündete in der
ganzen Stadt, was Jesus für ihn getan
hatte.

Die Auferweckung der Tochter des Jaïrus und die Heilung einer kranken Frau

40 Als Jesus (ans andere Ufer) zurück-
kam, empfingen ihn viele Menschen;
sie hatten alle schon auf ihn gewartet.
41 Da kam ein Mann namens Jaïrus, der
Synagogenvorsteher war. Er fiel Jesus
zu Füßen und bat ihn, in sein Haus zu
kommen. 42 Denn sein einziges Kind,
ein Mädchen von etwa zwölf Jahren, lag
im Sterben.
Während Jesus auf dem Weg zu ihm
war, drängten sich die Menschen um
ihn und erdrückten ihn beinahe. 43 Da-
runter war eine Frau, die schon seit
zwölf Jahren an Blutungen litt und
bisher von niemand geheilt werden
konnte. 44 Sie drängte sich von hinten
an ihn heran und berührte den Saum
seines Gewandes. Im gleichen Augen-
blick kam die Blutung zum Stillstand.
45 Da fragte Jesus: Wer hat mich be-
rührt? Als alle es abstritten, sagten
Petrus und seine Gefährten: Meister,
die Leute drängen sich doch von allen
Seiten um dich und erdrücken dich
fast. 46 Jesus erwiderte: Es hat mich
jemand berührt; denn ich fühlte, wie
eine Kraft von mir ausströmte. 47 Als die
Frau merkte, dass sie es nicht ver-
heimlichen konnte, kam sie zitternd zu
ihm, fiel vor ihm nieder und erzählte
vor allen Leuten, warum sie ihn berührt
hatte und wie sie durch die Berührung
sofort gesund geworden war. 48 Da sagte
er zu ihr: Meine Tochter, dein Glaube
hat dir geholfen. Geh in Frieden!
49 Während Jesus noch redete, kam
einer, der zum Haus des Synagogen-
vorstehers gehörte, und sagte (zu
Jaïrus): Deine Tochter ist gestorben.
Bemüh den Meister nicht länger!
50 Jesus hörte es und sagte zu Jaïrus: Sei
ohne Furcht; glaube nur, dann wird sie
gerettet. 51 Als er in das Haus ging, ließ
er niemand mit hinein außer Petrus, Jo-
hannes und Jakobus und die Eltern des

Mädchens. 52 Alle Leute weinten und
klagten über ihren Tod. Jesus aber
sagte: Weint nicht! Sie ist nicht ge-
storben, sie schläft nur. 53 Da lachten sie
ihn aus, weil sie wussten, dass sie tot
war. 54 Er aber fasste sie an der Hand
und rief: Mädchen, steh auf! 55 Da kehr-
te das Leben in sie zurück, und sie
stand sofort auf. Und er sagte, man
solle ihr etwas zu essen geben. 56 Ihre
Eltern aber waren außer sich. Doch
Jesus verbot ihnen, irgend jemand zu
erzählen, was geschehen war.

Die Aussendung der zwölf Jünger

9 Dann rief er die Zwölf zu sich und
gab ihnen die Kraft und die Voll-
macht, alle Dämonen auszutreiben
und die Kranken gesund zu machen.
2 Und er sandte sie aus mit dem Auf-
trag, das Reich Gottes zu verkünden
und zu heilen. 3 Er sagte zu ihnen:
Nehmt nichts mit auf den Weg, keinen
Wanderstab und keine Vorratstasche,
kein Brot, kein Geld und kein zweites
Hemd. 4 Bleibt in dem Haus, in dem ihr
einkehrt, bis ihr den Ort wieder ver-
lasst. 5 Wenn euch aber die Leute in
einer Stadt nicht aufnehmen wollen,
dann geht weg, und schüttelt den
Staub von euren Füßen, zum Zeugnis
gegen sie. 6 Die Zwölf machten sich auf
den Weg und wanderten von Dorf zu
Dorf. Sie verkündeten das Evangelium
und heilten überall die Kranken.

Das Urteil des Herodes über Jesus

7 Der Tetrarch Herodes hörte von allem,
was geschah, und wusste nicht, was er
davon halten sollte. Denn manche
sagten: Johannes ist von den Toten auf-
erstanden. 8 Andere meinten: Elija ist
wiedererschienen. Wieder andere: Einer
der alten Propheten ist auferstanden.
9 Herodes aber sagte: Johannes habe ich
selbst enthaupten lassen. Wer ist dann
dieser Mann, von dem man mir sol-
che Dinge erzählt? Und er hatte den
Wunsch, ihn einmal zu sehen.

Die Rückkehr der Jünger und die Speisung der Fünftausend

10 Die Apostel kamen zurück und er-
zählten Jesus alles, was sie getan
hatten. Dann nahm er sie beiseite und
zog sich in die Nähe der Stadt Betsaida
zurück, um mit ihnen allein zu sein.
11 Aber die Leute erfuhren davon und
folgten ihm. Er empfing sie freundlich,
redete zu ihnen vom Reich Gottes
und heilte alle, die seine Hilfe brauch-
ten.

12 Als der Tag zur Neige ging, kamen die
Zwölf zu ihm und sagten: Schick die
Menschen weg, damit sie in die um-
liegenden Dörfer und Gehöfte gehen,
dort Unterkunft finden und etwas zu
essen bekommen; denn wir sind hier an
einem abgelegenen Ort. 13 Er antwor-
tete: Gebt ihr ihnen zu essen! Sie sag-
ten: Wir haben nicht mehr als fünf

Brote und zwei Fische; wir müssten erst
weggehen und für all diese Leute Essen
kaufen. [14] Es waren etwa fünftausend
Männer. Er erwiderte seinen Jüngern:
Sagt ihnen, sie sollen sich in Gruppen
zu ungefähr fünfzig zusammensetzen.
[15] Die Jünger taten, was er ihnen sagte,
und veranlassten, dass sich alle setzten.
[16] Jesus aber nahm die fünf Brote und
die zwei Fische, blickte zum Himmel
auf, segnete sie und brach sie; dann gab
er sie den Jüngern, damit sie diese an
die Leute austeilten. [17] Und alle aßen
und wurden satt. Als man die übrig-
gebliebenen Brotstücke einsammelte,
waren es zwölf Körbe voll.

Das Messiasbekenntnis des Petrus und die erste Ankündigung von Leiden und Auferstehung

[18] Jesus betete einmal in der Einsamkeit,
und die Jünger waren bei ihm. Da
fragte er sie: Für wen halten mich die
Leute? [19] Sie antworteten: Einige für Jo-
hannes den Täufer, andere für Elija;
wieder andere sagen: Einer der alten
Propheten ist auferstanden. [20] Da sagte
er zu ihnen: Ihr aber, für wen haltet ihr
mich? Petrus antwortete: Für den Mes-
sias Gottes. [21] Doch er verbot ihnen
streng, es jemand weiterzusagen.
[22] Und er fügte hinzu: Der Menschen-
sohn muss vieles erleiden und von den
Ältesten, den Hohenpriestern und den
Schriftgelehrten verworfen werden; er
wird getötet werden, aber am dritten
Tag wird er auferstehen.

Von Nachfolge und Selbstverleugnung

[23] Zu allen sagte er: Wer mein Jünger
sein will, der verleugne sich selbst,
nehme täglich sein Kreuz auf sich und
folge mir nach. [24] Denn wer sein Leben
retten will, wird es verlieren; wer aber
sein Leben um meinetwillen verliert,
der wird es retten. [25] Was nützt es ei-
nem Menschen, wenn er die ganze Welt
gewinnt, dabei aber sich selbst verliert
und Schaden nimmt? [26] Denn wer sich
meiner und meiner Worte schämt,
dessen wird sich der Menschensohn
schämen, wenn er in seiner Hoheit
kommt und in der Hoheit des Vaters
und der heiligen Engel. [27] Wahrhaftig,
das sage ich euch: Von denen, die hier
stehen, werden einige den Tod nicht
erleiden, bis sie das Reich Gottes gese-
hen haben.

Die Verklärung Jesu

[28] Etwa acht Tage nach diesen Reden
nahm Jesus Petrus, Johannes und
Jakobus beiseite und stieg mit ihnen
auf einen Berg, um zu beten. [29] Und
während er betete, veränderte sich das
Aussehen seines Gesichtes, und sein
Gewand wurde leuchtend weiß. [30] Und
plötzlich redeten zwei Männer mit
ihm. Es waren Mose und Elija; [31] sie

erschienen in strahlendem Licht und
sprachen von seinem Ende, das sich in
Jerusalem erfüllen sollte. 32 Petrus und
seine Begleiter aber waren einge-
schlafen, wurden jedoch wach und
sahen Jesus in strahlendem Licht und
die zwei Männer, die bei ihm standen.
33 Als die beiden sich von ihm trennen
wollten, sagte Petrus zu Jesus: Meister,
es ist gut, dass wir hier sind. Wir wollen
drei Hütten bauen, eine für dich, eine
für Mose und eine für Elija. Er wusste
aber nicht, was er sagte. 34 Während er
noch redete, kam eine Wolke und warf
ihren Schatten auf sie. Sie gerieten in
die Wolke hinein und bekamen Angst.
35 Da rief eine Stimme aus der Wolke:
Das ist mein auserwählter Sohn, auf
ihn sollt ihr hören. 36 Als aber die Stim-
me erklang, war Jesus wieder allein. Die
Jünger schwiegen jedoch über das, was
sie gesehen hatten, und erzählten in
jenen Tagen niemand davon.

Die Heilung eines besessenen Jungen

37 Als sie am folgenden Tag den Berg
hinabstiegen, kam ihnen eine große
Menschenmenge entgegen. 38 Da schrie
ein Mann aus der Menge: Meister, ich
bitte dich, hilf meinem Sohn! Es ist
mein einziger. 39 Er ist von einem Geist
besessen; plötzlich schreit er auf, wird
hin und her gezerrt, und Schaum tritt
ihm vor den Mund, und der Geist quält
ihn fast unaufhörlich. 40 Ich habe schon
deine Jünger gebeten, ihn auszutrei-
ben, aber sie konnten es nicht. 41 Da
sagte Jesus: O du ungläubige und un-
belehrbare Generation! Wie lange
muss ich noch bei euch sein und euch
ertragen? Bring deinen Sohn her! 42 Als
der Sohn herkam, warf der Dämon ihn
zu Boden und zerrte ihn hin und her.
Jesus aber drohte dem unreinen Geist,
heilte den Jungen und gab ihn seinem
Vater zurück. 43a Und alle gerieten
außer sich über die Macht und Größe
Gottes.

Die zweite Ankündigung von Leiden und Auferstehung

43b Alle Leute staunten über das, was
Jesus tat; er aber sagte zu seinen
Jüngern: 44 Merkt euch genau, was ich
jetzt sage: Der Menschensohn wird den
Menschen ausgeliefert werden. 45 Doch
die Jünger verstanden den Sinn seiner
Worte nicht; er blieb ihnen verborgen,
so dass sie ihn nicht begriffen. Aber sie
scheuten sich, Jesus zu fragen, was er
damit sagen wollte.

Der Rangstreit der Jünger

46 Unter den Jüngern kam die Frage auf,
wer von ihnen der Größte sei. 47 Jesus
wusste, was in ihrem Herzen vorging.
Deshalb nahm er ein Kind, stellte es
neben sich 48 und sagte zu ihnen: Wer
dieses Kind um meinetwillen auf-
nimmt, der nimmt mich auf; wer aber
mich aufnimmt, der nimmt den auf,

der mich gesandt hat. Denn wer unter
euch allen der Kleinste ist, der ist groß.

Der fremde Wundertäter

49 Da sagte Johannes: Meister, wir
haben gesehen, wie jemand in deinem
Namen Dämonen austrieb, und wir
versuchten, ihn daran zu hindern, weil
er nicht mit uns zusammen dir nach-
folgt. 50 Jesus antwortete ihm:
Hindert ihn nicht! Denn wer nicht
gegen euch ist, der ist für euch.

AUF DEM WEG NACH JERUSALEM

Von der wahren Jüngerschaft

Die ungastlichen Samariter

51 Als die Zeit herankam, in der er (in
den Himmel) aufgenommen werden
sollte, entschloss sich Jesus, nach
Jerusalem zu gehen. 52 Und er schickte
Boten vor sich her. Diese kamen in ein
samaritisches Dorf und wollten eine
Unterkunft für ihn besorgen. 53 Aber
man nahm ihn nicht auf, weil er auf
dem Weg nach Jerusalem war. 54 Als
die Jünger Jakobus und Johannes das
sahen, sagten sie: Herr, sollen wir be-
fehlen, dass Feuer vom Himmel fällt
und sie vernichtet? 55 Da wandte er
sich um und wies sie zurecht. 56 Und
sie gingen zusammen in ein anderes
Dorf.

Von der Nachfolge

57 Als sie auf ihrem Weg weiterzogen,
redete ein Mann Jesus an und sagte: Ich
will dir folgen, wohin du auch gehst.
58 Jesus antwortete ihm: Die Füchse
haben ihre Höhlen und die Vögel ihre
Nester; der Menschensohn aber hat
keinen Ort, wo er sein Haupt hinlegen
kann. 59 Zu einem anderen sagte er:
Folge mir nach! Der erwiderte: Lass
mich zuerst heimgehen und meinen
Vater begraben. 60 Jesus sagte zu ihm:
Lass die Toten ihre Toten begraben; du
aber geh und verkünde das Reich
Gottes! 61 Wieder ein anderer sagte: Ich
will dir nachfolgen, Herr. Zuvor aber
lass mich von meiner Familie Abschied
nehmen. 62 Jesus erwiderte ihm: Keiner,
der die Hand an den Pflug gelegt hat
und nochmals zurückblickt, taugt für
das Reich Gottes.

Die Aussendung der zweiundsiebzig Jünger

10 Danach suchte der Herr zwei-
undsiebzig andere aus und
sandte sie zu zweit voraus in alle Städte
und Ortschaften, in die er selbst gehen
wollte. 2 Er sagte zu ihnen: Die Ernte ist
groß, aber es gibt nur wenig Arbeiter.
Bittet also den Herrn der Ernte, Ar-

beiter für seine Ernte auszusenden.
3 Geht! Ich sende euch wie Schafe mit-
ten unter die Wölfe. 4 Nehmt keinen
Geldbeutel mit, keine Vorratstasche
und keine Schuhe! Grüßt niemand un-
terwegs! 5 Wenn ihr in ein Haus kommt,
so sagt als erstes: Friede diesem Haus!
6 Und wenn dort ein Mann des Friedens
wohnt, wird der Friede, den ihr ihm
wünscht, auf ihm ruhen; andernfalls
wird er zu euch zurückkehren. 7 Bleibt
in diesem Haus, esst und trinkt, was
man euch anbietet; denn wer arbeitet,
hat ein Recht auf seinen Lohn. Zieht
nicht von einem Haus in ein anderes!
8 Wenn ihr in eine Stadt kommt und
man euch aufnimmt, so esst, was man
euch vorsetzt. 9 Heilt die Kranken, die
dort sind, und sagt den Leuten: Das
Reich Gottes ist euch nahe. 10 Wenn ihr
aber in eine Stadt kommt, in der man
euch nicht aufnimmt, dann stellt euch
auf die Straße und ruft: 11 Selbst den
Staub eurer Stadt, der an unseren Fü-
ßen klebt, lassen wir euch zurück; doch
das sollt ihr wissen: Das Reich Gottes
ist nahe. 12 Ich sage euch: Sodom wird
es an jenem Tag nicht so schlimm er-
gehen wie dieser Stadt.
13 Weh dir, Chorazin! Weh dir, Bet-
saida! Wenn einst in Tyrus und Sidon
die Wunder geschehen wären, die bei
euch geschehen sind – man hätte dort
in Sack und Asche Buße getan. 14 Tyrus
und Sidon wird es beim Gericht nicht
so schlimm ergehen wie euch.
15 Und du, Kafarnaum, meinst du etwa,
du wirst bis zum Himmel erhoben?
Nein, in die Unterwelt wirst du hinab-
geworfen.
16 Wer euch hört, der hört mich, und
wer euch ablehnt, der lehnt mich ab;
wer aber mich ablehnt, der lehnt den
ab, der mich gesandt hat.

Der Lohn der Jünger

17 Die Zweiundsiebzig kehrten zurück
und berichteten voll Freude: Herr,
sogar die Dämonen gehorchen uns,
wenn wir deinen Namen aussprechen.
18 Da sagte er zu ihnen: Ich sah den
Satan wie einen Blitz vom Himmel
fallen. 19 Seht, ich habe euch die Voll-
macht gegeben, auf Schlangen und
Skorpione zu treten und die ganze
Macht des Feindes zu überwinden.
Nichts wird euch schaden können.
20 Doch freut euch nicht darüber, dass
euch die Geister gehorchen, sondern
freut euch darüber, dass eure Namen
im Himmel verzeichnet sind.

Der Dank Jesu an den Vater

21 In dieser Stunde rief Jesus, vom
Heiligen Geist erfüllt, voll Freude aus:
Ich preise dich, Vater, Herr des
Himmels und der Erde, weil du all das
den Weisen und Klugen verborgen,
den Unmündigen aber offenbart hast.
Ja, Vater, so hat es dir gefallen. 22 Mir ist

von meinem Vater alles übergeben wor-
den; niemand weiß, wer der Sohn ist,
nur der Vater, und niemand weiß, wer
der Vater ist, nur der Sohn und der,
dem es der Sohn offenbaren will.

Die Seligpreisung der Jünger

23 Jesus wandte sich an die Jünger und
sagte zu ihnen allein: Selig sind die,
deren Augen sehen, was ihr seht. 24 Ich
sage euch: Viele Propheten und Könige
wollten sehen, was ihr seht, und haben
es nicht gesehen, und wollten hören,
was ihr hört, und haben es nicht ge-
hört.

Das Beispiel vom barmherzigen Samariter

25 Da stand ein Gesetzeslehrer auf, und
um Jesus auf die Probe zu stellen, fragte
er ihn: Meister, was muss ich tun, um
das ewige Leben zu gewinnen? 26 Jesus
sagte zu ihm: Was steht im Gesetz?
Was liest du dort? 27 Er antwortete: Du
sollst den Herrn, deinen Gott, lieben
mit ganzem Herzen und ganzer Seele,
mit all deiner Kraft und all deinen
Gedanken, und: Deinen Nächsten sollst
du lieben wie dich selbst. 28 Jesus sagte
zu ihm: Du hast richtig geantwortet.
Handle danach, und du wirst leben.
29 Der Gesetzeslehrer wollte seine Frage
rechtfertigen und sagte zu Jesus: Und
wer ist mein Nächster?
30 Darauf antwortete ihm Jesus: Ein
Mann ging von Jerusalem nach Jericho
hinab und wurde von Räubern über-
fallen. Sie plünderten ihn aus und
schlugen ihn nieder; dann gingen sie
weg und ließen ihn halbtot liegen.
31 Zufällig kam ein Priester denselben
Weg herab; er sah ihn und ging weiter.
32 Auch ein Levit kam zu der Stelle; er
sah ihn und ging weiter. 33 Dann kam
ein Mann aus Samarien, der auf der
Reise war. Als er ihn sah, hatte er Mit-
leid, 34 ging zu ihm hin, goss Öl und
Wein auf seine Wunden und verband
sie. Dann hob er ihn auf sein Reittier,
brachte ihn zu einer Herberge und
sorgte für ihn. 35 Am andern Morgen
holte er zwei Denare hervor, gab sie
dem Wirt und sagte: Sorge für ihn, und
wenn du mehr für ihn brauchst, werde
ich es dir bezahlen, wenn ich wieder-
komme.
36 Was meinst du: Wer von diesen
dreien hat sich als der Nächste dessen
erwiesen, der von den Räubern über-
fallen wurde? 37 Der Gesetzeslehrer ant-
wortete: Der, der barmherzig an ihm
gehandelt hat. Da sagte Jesus zu ihm:
Dann geh und handle genauso!

Maria und Marta

38 Sie zogen zusammen weiter, und er
kam in ein Dorf. Eine Frau namens
Marta nahm ihn freundlich auf. 39 Sie
hatte eine Schwester, die Maria hieß.

Maria setzte sich dem Herrn zu Füßen
und hörte seinen Worten zu. 40 Marta
aber war ganz davon in Anspruch
genommen, für ihn zu sorgen. Sie kam
zu ihm und sagte: Herr, kümmert es
dich nicht, dass meine Schwester die
ganze Arbeit mir allein überlässt? Sag
ihr doch, sie soll mir helfen! 41 Der Herr
antwortete: Marta, Marta, du machst
dir viele Sorgen und Mühen. 42 Aber
nur eines ist notwendig. Maria hat das
Bessere gewählt, das soll ihr nicht
genommen werden.

Das Gebet des Herrn

11 Jesus betete einmal an einem
Ort; und als er das Gebet be-
endet hatte, sagte einer seiner Jünger
zu ihm: Herr, lehre uns beten, wie schon
Johannes seine Jünger beten gelehrt
hat. 2 Da sagte er zu ihnen: Wenn ihr
betet, so sprecht:
Vater, / dein Name werde geheiligt. /
Dein Reich komme.
3 Gib uns täglich das Brot, das wir
brauchen.
4 Und erlass uns unsere Sünden; / denn
auch wir erlassen jedem, was er uns
schuldig ist. / Und führe uns nicht in
Versuchung.

Das Gleichnis vom bittenden Freund

5 Dann sagte er zu ihnen:
Wenn einer von euch einen Freund hat
und um Mitternacht zu ihm geht und
sagt: Freund, leih mir drei Brote; 6 denn
einer meiner Freunde, der auf Reisen
ist, ist zu mir gekommen, und ich habe
ihm nichts anzubieten!, 7 wird dann
etwa der Mann drinnen antworten:
Lass mich in Ruhe, die Tür ist schon
verschlossen, und meine Kinder schla-
fen bei mir; ich kann nicht aufstehen
und dir etwas geben? 8 Ich sage euch:
Wenn er schon nicht deswegen auf-
steht und ihm seine Bitte erfüllt, weil
er sein Freund ist, so wird er doch we-
gen seiner Zudringlichkeit aufstehen
und ihm geben, was er braucht.

Vom Vertrauen beim Beten

9 Darum sage ich euch: Bittet, dann
wird euch gegeben; sucht, dann werdet
ihr finden; klopft an, dann wird euch
geöffnet. 10 Denn wer bittet, der emp-
fängt; wer sucht, der findet; und wer
anklopft, dem wird geöffnet. 11 Oder ist
unter euch ein Vater, der seinem Sohn
eine Schlange gibt, wenn er um einen
Fisch bittet, 12 oder einen Skorpion,
wenn er um ein Ei bittet? 13 Wenn nun
schon ihr, die ihr böse seid, euren
Kindern gebt, was gut ist, wie viel mehr
wird der Vater im Himmel den Hei-
ligen Geist denen geben, die ihn bitten.

Verteidigungsrede Jesu

14 Jesus trieb einen Dämon aus, der
stumm war. Als der Dämon den Stum-
men verlassen hatte, konnte der Mann
reden. Alle Leute staunten. 15 Einige
von ihnen aber sagten: Mit Hilfe von
Beelzebul, dem Anführer der Dämo-
nen, treibt er die Dämonen aus. 16 An-
dere wollten ihn auf die Probe stellen
und forderten von ihm ein Zeichen
vom Himmel. 17 Doch er wusste, was sie
dachten, und sagte zu ihnen:
Jedes Reich, das in sich gespalten ist,
wird veröden, und ein Haus ums an-
dere stürzt ein. 18 Wenn also der Satan
mit sich selbst im Streit liegt, wie kann
sein Reich dann Bestand haben? Ihr
sagt doch, dass ich die Dämonen mit
Hilfe von Beelzebul austreibe. 19 Wenn
ich die Dämonen durch Beelzebul aus-
treibe, durch wen treiben dann eure
Anhänger sie aus? Sie selbst also spre-
chen euch das Urteil. 20 Wenn ich aber
die Dämonen durch den Finger Gottes
austreibe, dann ist doch das Reich
Gottes schon zu euch gekommen. 21 So-
lange ein bewaffneter starker Mann
seinen Hof bewacht, ist sein Besitz
sicher; 22 wenn ihn aber ein Stärkerer
angreift und besiegt, dann nimmt ihm
der Stärkere all seine Waffen weg, auf
die er sich verlassen hat, und verteilt
die Beute. 23 Wer nicht für mich ist, der
ist gegen mich; wer nicht mit mir
sammelt, der zerstreut.

Von der Rückkehr der unreinen Geister

24 Ein unreiner Geist, der einen Men-
schen verlassen hat, wandert durch die
Wüste und sucht einen Ort, wo er blei-
ben kann. Wenn er keinen findet, sagt
er: Ich will in mein Haus zurückkehren,
das ich verlassen habe. 25 Und wenn er
es bei seiner Rückkehr sauber und ge-
schmückt antrifft, 26 dann geht er und
holt sieben andere Geister, die noch
schlimmer sind als er selbst. Sie ziehen
dort ein und lassen sich nieder. So wird
es mit diesem Menschen am Ende
schlimmer werden als vorher.

Zweierlei Seligpreisungen

27 Als er das sagte, rief eine Frau aus der
Menge ihm zu:
Selig die Frau, deren Leib dich getragen
und deren Brust dich genährt hat. 28 Er
aber erwiderte: Selig sind vielmehr die,
die das Wort Gottes hören und es be-
folgen.

Die Verweigerung eines Zeichens

29 Als immer mehr Menschen zu ihm
kamen, sagte er: Diese Generation ist
böse. Sie fordert ein Zeichen; aber es
wird ihr kein anderes gegeben werden
als das Zeichen des Jona. 30 Denn wie
Jona für die Einwohner von Ninive ein
Zeichen war, so wird es auch der Men-
schensohn für diese Generation sein.
31 Die Königin des Südens wird beim

Gericht gegen die Männer dieser Gene-
ration auftreten und sie verurteilen;
denn sie kam vom Ende der Erde, um die
Weisheit Salomos zu hören. Hier aber ist
einer, der mehr ist als Salomo. 32 Die
Männer von Ninive werden beim Ge-
richt gegen diese Generation auftreten
und sie verurteilen; denn sie haben sich
nach der Predigt des Jona bekehrt. Hier
aber ist einer, der mehr ist als Jona.

Vom Licht und vom Auge

33 Niemand zündet ein Licht an und
stellt es in einen versteckten Winkel
oder stülpt ein Gefäß darüber, sondern
man stellt es auf einen Leuchter, damit
alle, die eintreten, es leuchten sehen.
34 Dein Auge gibt dem Körper Licht.
Wenn dein Auge gesund ist, dann wird
auch dein ganzer Körper hell sein.
Wenn es aber krank ist, dann wird dein
Körper finster sein.
35 Achte also darauf, dass in dir nicht
Finsternis statt Licht ist. 36 Wenn dein
ganzer Körper von Licht erfüllt und
nichts Finsteres in ihm ist, dann wird
er so hell sein, wie wenn die Lampe
dich mit ihrem Schein beleuchtet.

Worte gegen die Pharisäer und die Schriftgelehrten

37 Nach dieser Rede lud ein Pharisäer
Jesus zum Essen ein. Jesus ging zu ihm
und setzte sich zu Tisch. 38 Als der Pha-
risäer sah, dass er sich vor dem Essen
nicht die Hände wusch, war er ver-
wundert.
39 Da sagte der Herr zu ihm: O ihr
Pharisäer! Ihr haltet zwar Becher und
Teller außen sauber, innen aber seid ihr
voll Raubgier und Bosheit. 40 Ihr Un-
verständigen! Hat nicht der, der das
Äußere schuf, auch das Innere geschaf-
fen? 41 Gebt lieber, was in den Schüs-
seln ist, den Armen, dann ist für euch
alles rein.
42 Doch weh euch Pharisäern! Ihr gebt
den Zehnten von Minze, Gewürzkraut
und allem Gemüse, die Gerechtigkeit
aber und die Liebe zu Gott vergesst ihr.
Man muss das eine tun, ohne das
andere zu unterlassen.
43 Weh euch Pharisäern! Ihr wollt in
den Synagogen den vordersten Sitz
haben und auf den Straßen und Plät-
zen von allen gegrüßt werden.
44 Weh euch: Ihr seid wie Gräber, die
man nicht mehr sieht; die Leute gehen
darüber, ohne es zu merken.
45 Darauf erwiderte ihm ein Gesetzes-
lehrer: Meister, damit beleidigst du
auch uns. 46 Er antwortete:
Weh auch euch Gesetzeslehrern! Ihr
ladet den Menschen Lasten auf, die sie
kaum tragen können, selbst aber rührt
ihr keinen Finger dafür.
47 Weh euch! Ihr errichtet Denkmäler
für die Propheten, die von euren Vätern
umgebracht wurden. 48 Damit bestätigt
und billigt ihr, was eure Väter getan

haben. Sie haben die Propheten umge-
bracht, ihr errichtet ihnen Bauten.
49 Deshalb hat auch die Weisheit Gottes
gesagt: Ich werde Propheten und Apos-
tel zu ihnen senden, und sie werden
einige von ihnen töten und andere ver-
folgen, 50 damit das Blut aller Propheten,
das seit der Erschaffung der Welt ver-
gossen worden ist, an dieser Generation
gerächt wird, 51 vom Blut Abels bis zum
Blut des Zacharias, der im Vorhof zwi-
schen Altar und Tempel umgebracht
wurde. Ja, das sage ich euch: An dieser
Generation wird es gerächt werden.
52 Weh euch Gesetzeslehrern! Ihr habt
den Schlüssel (der Tür) zur Erkenntnis
weggenommen. Ihr selbst seid nicht
hineingegangen, und die, die hinein-
gehen wollten, habt ihr daran ge-
hindert.
53 Als Jesus das Haus verlassen hatte,
begannen die Schriftgelehrten und die
Pharisäer, ihn mit vielerlei Fragen hart-
näckig zu bedrängen; 54 sie versuchten,
ihm eine Falle zu stellen, damit er sich
in seinen eigenen Worten verfange.

Warnung vor der Heuchelei der Pharisäer

12 Unterdessen strömten Tausen-
de von Menschen zusammen,
so dass es ein gefährliches Gedränge
gab. Jesus wandte sich zuerst an seine
Jünger und sagte: Hütet euch vor dem
Sauerteig der Pharisäer, das heißt vor
der Heuchelei. 2 Nichts ist verhüllt, was
nicht enthüllt wird, und nichts ist ver-
borgen, was nicht bekannt wird. 3 Des-
halb wird man alles, was ihr im Dun-
keln redet, am hellen Tag hören, und
was ihr einander hinter verschlossenen
Türen ins Ohr flüstert, das wird man
auf den Dächern verkünden.

Aufforderung zum furchtlosen Bekenntnis

4 Euch aber, meinen Freunden, sage ich:
Fürchtet euch nicht vor denen, die den
Leib töten, euch aber sonst nichts tun
können. 5 Ich will euch zeigen, wen ihr
fürchten sollt: Fürchtet euch vor dem,
der nicht nur töten kann, sondern die
Macht hat, euch auch noch in die Hölle
zu werfen. Ja, das sage ich euch: Ihn
sollt ihr fürchten. 6 Verkauft man nicht
fünf Spatzen für ein paar Pfennig? Und
doch vergisst Gott nicht einen von
ihnen. 7 Bei euch aber sind sogar die
Haare auf dem Kopf alle gezählt.
Fürchtet euch nicht! Ihr seid mehr wert
als viele Spatzen.
8 Ich sage euch: Wer sich vor den Men-
schen zu mir bekennt, zu dem wird sich
auch der Menschensohn vor den
Engeln Gottes bekennen. 9 Wer mich
aber vor den Menschen verleugnet, der
wird auch vor den Engeln Gottes ver-
leugnet werden. 10 Jedem, der etwas
gegen den Menschensohn sagt, wird
vergeben werden; wer aber den Heili-

gen Geist lästert, dem wird nicht ver-
geben. 11 Wenn man euch vor die Ge-
richte der Synagogen und vor die Herr-
scher und Machthaber schleppt, dann
macht euch keine Sorgen, wie ihr euch
verteidigen oder was ihr sagen sollt.
12 Denn der Heilige Geist wird euch in
der gleichen Stunde eingeben, was ihr
sagen müsst.

Das Beispiel von der falschen Selbstsicherheit des reichen Mannes

13 Einer aus der Volksmenge bat Jesus:
Meister, sag meinem Bruder, er soll das
Erbe mit mir teilen. 14 Er erwiderte ihm:
Mensch, wer hat mich zum Richter
oder Schlichter bei euch gemacht?
15 Dann sagte er zu den Leuten: Gebt
acht, hütet euch vor jeder Art von
Habgier. Denn der Sinn des Lebens be-
steht nicht darin, dass ein Mensch auf-
grund seines großen Vermögens im
Überfluss lebt.
16 Und er erzählte ihnen folgendes Bei-
spiel: Auf den Feldern eines reichen
Mannes stand eine gute Ernte. 17 Da
überlegte er hin und her: Was soll ich
tun? Ich weiß nicht, wo ich meine Ernte
unterbringen soll. 18 Schließlich sagte
er: So will ich es machen: Ich werde
meine Scheunen abreißen und größere
bauen; dort werde ich mein ganzes Ge-
treide und meine Vorräte unter-
bringen. 19 Dann kann ich zu mir selber
sagen: Nun hast du einen großen Vor-
rat, der für viele Jahre reicht. Ruh dich
aus, iss und trink, und freu dich des
Lebens! 20 Da sprach Gott zu ihm: Du
Narr! Noch in dieser Nacht wird man
dein Leben von dir zurückfordern.
Wem wird dann all das gehören, was
du angehäuft hast? 21 So geht es jedem,
der nur für sich selbst Schätze sammelt,
aber vor Gott nicht reich ist.

Von der falschen und der rechten Sorge

22 Und er sagte zu seinen Jüngern: Des-
wegen sage ich euch: Sorgt euch nicht
um euer Leben und darum, dass ihr
etwas zu essen habt, noch um euren
Leib und darum, dass ihr etwas an-
zuziehen habt. 23 Das Leben ist wich-
tiger als die Nahrung und der Leib
wichtiger als die Kleidung. 24 Seht auf
die Raben: Sie säen nicht und ernten
nicht, sie haben keinen Speicher und
keine Scheune; denn Gott ernährt sie.
Wie viel mehr seid ihr wert als die
Vögel! 25 Wer von euch kann mit all
seiner Sorge sein Leben auch nur um
eine kleine Zeitspanne verlängern?
26 Wenn ihr nicht einmal etwas so Ge-
ringes könnt, warum macht ihr euch
dann Sorgen um all das übrige? 27 Seht
euch die Lilien an: Sie arbeiten nicht
und spinnen nicht. Doch ich sage euch:
Selbst Salomo war in all seiner Pracht
nicht gekleidet wie eine von ihnen.
28 Wenn aber Gott schon das Gras so
prächtig kleidet, das heute auf dem

Feld steht und morgen ins Feuer gewor-
fen wird, wie viel mehr dann euch, ihr
Kleingläubigen! 29 Darum fragt nicht,
was ihr essen und was ihr trinken sollt,
und ängstigt euch nicht! 30 Denn um
all das geht es den Heiden in der Welt.
Euer Vater weiß, dass ihr das braucht.
31 Euch jedoch muss es um sein Reich
gehen; dann wird euch das andere da-
zugegeben.
32 Fürchte dich nicht, du kleine Herde!
Denn euer Vater hat beschlossen, euch
das Reich zu geben.

Vom wahren Schatz

33 Verkauft eure Habe, und gebt den Er-
lös den Armen! Macht euch Geldbeu-
tel, die nicht zerreißen. Verschafft euch
einen Schatz, der nicht abnimmt, dro-
ben im Himmel, wo kein Dieb ihn
findet und keine Motte ihn frisst.
34 Denn wo euer Schatz ist, da ist auch
euer Herz.

Das Gleichnis vom treuen und vom schlechten Knecht

35 Legt euren Gürtel nicht ab, und lasst
eure Lampen brennen! 36 Seid wie
Menschen, die auf die Rückkehr ihres
Herrn warten, der auf einer Hochzeit
ist, und die ihm öffnen, sobald er
kommt und anklopft. 37 Selig die Knech-
te, die der Herr wach findet, wenn er
kommt! Amen, ich sage euch: Er wird
sich gürten, sie am Tisch Platz nehmen
lassen und sie der Reihe nach bedienen.
38 Und kommt er erst in der zweiten
oder dritten Nachtwache und findet sie
wach – selig sind sie. 39 Bedenkt: Wenn
der Herr des Hauses wüßte, in welcher
Stunde der Dieb kommt, so würde er
verhindern, dass man in sein Haus ein-
bricht. 40 Haltet auch ihr euch bereit!
Denn der Menschensohn kommt zu
einer Stunde, in der ihr es nicht er-
wartet.
41 Da sagte Petrus: Herr, meinst du mit
diesem Gleichnis nur uns oder auch all
die anderen? 42 Der Herr antwortete:
Wer ist denn der treue und kluge Ver-
walter, den der Herr einsetzen wird, da-
mit er seinem Gesinde zur rechten Zeit
die Nahrung zuteilt? 43 Selig der
Knecht, den der Herr damit beschäftigt
findet, wenn er kommt! 44 Wahrhaftig,
das sage ich euch: Er wird ihn zum Ver-
walter seines ganzen Vermögens
machen. 45 Wenn aber der Knecht
denkt: Mein Herr kommt noch lange
nicht zurück!, und anfängt, die Knech-
te und Mägde zu schlagen; wenn er isst
und trinkt und sich berauscht, 46 dann
wird der Herr an einem Tag kommen,
an dem der Knecht es nicht erwartet,
und zu einer Stunde, die er nicht kennt;
und der Herr wird ihn in Stücke hauen
und ihm seinen Platz unter den Un-
gläubigen zuweisen.
47 Der Knecht, der den Willen seines
Herrn kennt, sich aber nicht darum

kümmert und nicht danach handelt,
der wird viele Schläge bekommen.
49 Wer aber, ohne den Willen des Herrn
zu kennen, etwas tut, was Schläge ver-
dient, der wird wenig Schläge be-
kommen. Wem viel gegeben wurde,
von dem wird viel zurückgefordert
werden, und wem man viel anvertraut
hat, von dem wird man um so mehr
verlangen.

Von Frieden und Zwietracht

49 Ich bin gekommen, um Feuer auf die
Erde zu werfen. Wie froh wäre ich, es
würde schon brennen! 50 Ich muss mit
einer Taufe getauft werden, und ich bin
sehr bedrückt, solange sie noch nicht
vollzogen ist.
51 Meint ihr, ich sei gekommen, um
Frieden auf die Erde zu bringen? Nein,
sage ich euch, nicht Frieden, sondern
Spaltung. 52 Denn von nun an wird es
so sein: Wenn fünf Menschen im glei-
chen Haus leben, wird Zwietracht herr-
schen: Drei werden gegen zwei stehen
und zwei gegen drei, 53 der Vater gegen
den Sohn und der Sohn gegen den
Vater, die Mutter gegen die Tochter und
die Tochter gegen die Mutter, die
Schwiegermutter gegen ihre Schwie-
gertochter und die Schwiegertochter
gegen die Schwiegermutter.

Von den Zeichen der Zeit

54 Außerdem sagte Jesus zu den Leuten:
Sobald ihr im Westen Wolken auf-
steigen seht, sagt ihr: Es gibt Regen.
Und es kommt so. 55 Und wenn der
Südwind weht, dann sagt ihr: Es wird
heiß. Und es trifft ein. 56 Ihr Heuchler!
Das Aussehen der Erde und des Him-
mels könnt ihr deuten. Warum könnt
ihr dann die Zeichen dieser Zeit nicht
deuten? 57 Warum findet ihr nicht
schon von selbst das rechte Urteil?

Von der Versöhnung

58 Wenn du mit deinem Gegner vor Ge-
richt gehst, bemüh dich noch auf dem
Weg, dich mit ihm zu einigen. Sonst
wird er dich vor den Richter schleppen,
und der Richter wird dich dem Ge-
richtsdiener übergeben, und der Ge-
richtsdiener wird dich ins Gefängnis
werfen. 59 Ich sage dir: Du kommst von
dort nicht heraus, bis du auch den
letzten Pfennig bezahlt hast.

Mahnung zur Umkehr

13 Zu dieser Zeit kamen einige
Leute zu Jesus und berichteten
ihm von den Galiläern, die Pilatus
beim Opfern umbringen ließ, so dass
sich ihr Blut mit dem ihrer Opfertiere
vermischte. 2 Da sagte er zu ihnen:
Meint ihr, dass nur diese Galiläer Sün-
der waren, weil das mit ihnen ge-

schehen ist, alle anderen Galiläer aber
nicht? 3 Nein, im Gegenteil: Ihr alle
werdet genauso umkommen, wenn
ihr euch nicht bekehrt. 4 Oder jene
achtzehn Menschen, die beim Einsturz
des Turms von Schiloach erschlagen
wurden – meint ihr, dass nur sie Schuld
auf sich geladen hatten, alle anderen
Einwohner von Jerusalem aber nicht?
5 Nein, im Gegenteil: Ihr alle werdet
genauso umkommen, wenn ihr euch
nicht bekehrt. 6 Und er erzählte ihnen
dieses Gleichnis: Ein Mann hatte in
seinem Weinberg einen Feigenbaum;
und als er kam und nachsah, ob er
Früchte trug, fand er keine. 7 Da sagte
er zu seinem Weingärtner: Jetzt kom-
me ich schon drei Jahre und sehe nach,
ob dieser Feigenbaum Früchte trägt,
und finde nichts. Hau ihn um! Was soll
er weiter dem Boden seine Kraft neh-
men? 8 Der Weingärtner erwiderte:
Herr, lass ihn dieses Jahr noch stehen;
ich will den Boden um ihn herum auf-
graben und düngen. 9 Vielleicht trägt
er doch noch Früchte; wenn nicht, dann
lass ihn umhauen.

Die Heilung einer Frau am Sabbat

10 Am Sabbat lehrte Jesus in einer Sy-
nagoge. 11 Dort saß eine Frau, die seit
achtzehn Jahren krank war, weil sie von
einem Dämon geplagt wurde; ihr Rü-
cken war verkrümmt, und sie konnte
nicht mehr aufrecht gehen. 12 Als Jesus
sie sah, rief er sie zu sich und sagte: Frau,
du bist von deinem Leiden erlöst. 13 Und
er legte ihr die Hände auf. Im gleichen
Augenblick richtete sie sich auf und
pries Gott. 14 Der Synagogenvorsteher
aber war empört darüber, dass Jesus am
Sabbat heilte, und sagte zu den Leuten:
Sechs Tage sind zum Arbeiten da.
Kommt also an diesen Tagen und lasst
euch heilen, nicht am Sabbat! 15 Der
Herr erwiderte ihm: Ihr Heuchler!
Bindet nicht jeder von euch am Sabbat
seinen Ochsen oder Esel von der Krippe
los und führt ihn zur Tränke? 16 Diese
Tochter Abrahams aber, die der Satan
schon seit achtzehn Jahren gefesselt
hielt, sollte am Sabbat nicht davon
befreit werden dürfen? 17 Durch diese
Worte wurden alle seine Gegner be-
schämt; das ganze Volk aber freute sich
über all die großen Taten, die er voll-
brachte.

Das Gleichnis vom Senfkorn

18 Er sagte: Wem ist das Reich Gottes
ähnlich, womit soll ich es vergleichen?
19 Es ist wie ein Senfkorn, das ein Mann
in seinem Garten in die Erde steckte; es
wuchs und wurde zu einem Baum, und
die Vögel des Himmels nisteten in
seinen Zweigen.

Das Gleichnis vom Sauerteig
[20] Außerdem sagte er: Womit soll ich
das Reich Gottes vergleichen?
[21] Es ist wie der Sauerteig, den eine Frau
unter einen großen Trog Mehl mischte, bis das Ganze durchsäuert war.

Von der neuen Ordnung im Reich Gottes

Von der engen und von der verschlossenen Tür
[22] Auf seinem Weg nach Jerusalem zog
er von Stadt zu Stadt und von Dorf zu
Dorf und lehrte. [23] Da fragte ihn einer:
Herr, sind es nur wenige, die gerettet
werden? Er sagte zu ihnen: [24] Bemüht
euch mit allen Kräften, durch die enge Tür zu gelangen; denn viele, sage ich euch, werden versuchen hineinzukommen, aber es wird ihnen nicht gelingen.
[25] Wenn der Herr des Hauses aufsteht
und die Tür verschließt, dann steht ihr draußen, klopft an die Tür und ruft: Herr, mach uns auf! Er aber wird euch antworten: Ich weiß nicht, woher ihr
seid. [26] Dann werdet ihr sagen: Wir
haben doch mit dir gegessen und getrunken, und du hast auf unseren Stra-
ßen gelehrt. [27] Er aber wird erwidern:
Ich sage euch, ich weiß nicht, woher ihr seid. Weg von mir, ihr habt alle
Unrecht getan! [28] Da werdet ihr heulen
und mit den Zähnen knirschen, wenn ihr seht, dass Abraham, Isaak und Jakob und alle Propheten im Reich Gottes sind, ihr selbst aber ausgeschlossen
seid. [29] Und man wird von Osten und
Westen und von Norden und Süden kommen und im Reich Gottes zu Tisch
sitzen. [30] Dann werden manche von den
Letzten die Ersten sein und manche von den Ersten die Letzten.

Der Abschied von Galiläa
[31] Zu dieser Zeit kamen einige Pharisäer zu ihm und sagten: Geh weg, Verlass dieses Gebiet, denn Herodes will
dich töten. [32] Er antwortete ihnen: Geht
und sagt diesem Fuchs: Ich treibe Dämonen aus und heile Kranke, heute und morgen, und am dritten Tag werde
ich mein Werk vollenden. [33] Doch heute
und morgen und am folgenden Tag muss ich weiterwandern; denn ein Prophet darf nirgendwo anders als in Jerusalem umkommen.
[34] Jerusalem, Jerusalem, du tötest die
Propheten und steinigst die Boten, die zu dir gesandt sind. Wie oft wollte ich deine Kinder um mich sammeln, so wie eine Henne ihre Küken unter ihre Flügel nimmt; aber ihr habt nicht gewollt.
[35] Darum wird euer Haus (von Gott)
verlassen. Ich sage euch: Ihr werdet mich nicht mehr sehen, bis die Zeit kommt, in der ihr ruft: Gesegnet sei er, der kommt im Namen des Herrn!

Die Heilung eines Wassersüchtigen am Sabbat

14 Als Jesus an einem Sabbat in
das Haus eines führenden Pha-
risäers zum Essen kam, beobachtete
man ihn genau. 2 Da stand auf einmal
ein Mann vor ihm, der an Wassersucht
litt. 3 Jesus wandte sich an die Gesetzes-
lehrer und die Pharisäer und fragte: Ist
es am Sabbat erlaubt zu heilen, oder
nicht? 4 Sie schwiegen. Da berührte er
den Mann, heilte ihn und ließ ihn
gehen. 5 Zu ihnen aber sagte er: Wer
von euch wird seinen Sohn oder seinen
Ochsen, der in den Brunnen fällt, nicht
sofort herausziehen, auch am Sabbat?
6 Darauf konnten sie ihm nichts er-
widern.

Mahnung zur Bescheidenheit

7 Als er bemerkte, wie sich die Gäste die
Ehrenplätze aussuchten, nahm er das
zum Anlass, ihnen eine Lehre zu er-
teilen. Er sagte zu ihnen: 8 Wenn du zu
einer Hochzeit eingeladen bist, such
dir nicht den Ehrenplatz aus. Denn es
könnte ein anderer eingeladen sein, der
vornehmer ist als du, 9 und dann würde
der Gastgeber, der dich und ihn einge-
laden hat, kommen und zu dir sagen:
Mach diesem hier Platz! Du aber wärst
beschämt und müsstest den untersten
Platz einnehmen. 10 Wenn du also ein-
geladen bist, setz dich lieber, wenn du
hinkommst, auf den untersten Platz;
dann wird der Gastgeber zu dir kom-
men und sagen: Mein Freund, rück
weiter hinauf! Das wird für dich eine
Ehre sein vor allen anderen Gästen.
11 Denn wer sich selbst erhöht, wird
erniedrigt, und wer sich selbst ernied-
rigt, wird erhöht werden.

Von den rechten Gästen

12 Dann sagte er zu dem Gastgeber:
Wenn du mittags oder abends ein
Essen gibst, so lade nicht deine Freunde
oder deine Brüder, deine Verwandten
oder reiche Nachbarn ein; sonst laden
auch sie dich ein, und damit ist dir
wieder alles vergolten. 13 Nein, wenn du
ein Essen gibst, dann lade Arme,
Krüppel, Lahme und Blinde ein. 14 Du
wirst selig sein, denn sie können es dir
nicht vergelten; es wird dir vergolten
werden bei der Auferstehung der
Gerechten.

Das Gleichnis vom Festmahl

15 Als einer der Gäste das hörte, sagte er
zu Jesus: Selig, wer im Reich Gottes am
Mahl teilnehmen darf. 16 Jesus sagte zu
ihm: Ein Mann veranstaltete ein großes
Festmahl und lud viele dazu ein. 17 Als
das Fest beginnen sollte, schickte er
seinen Diener und ließ den Gästen, die
er eingeladen hatte, sagen: Kommt, es
steht alles bereit! 18 Aber einer nach
dem andern ließ sich entschuldigen.

Der erste ließ ihm sagen: Ich habe
einen Acker gekauft und muss jetzt
gehen und ihn besichtigen. Bitte, ent-
schuldige mich! 19 Ein anderer sagte:
Ich habe fünf Ochsengespanne gekauft
und bin auf dem Weg, sie mir genauer
anzusehen. Bitte, entschuldige mich!
20 Wieder ein anderer sagte: Ich habe
geheiratet und kann deshalb nicht
kommen. 21 Der Diener kehrte zurück
und berichtete alles seinem Herrn. Da
wurde der Herr zornig und sagte zu
seinem Diener: Geh schnell auf die
Straßen und Gassen der Stadt und hol
die Armen und die Krüppel, die
Blinden und die Lahmen herbei. 22 Bald
darauf meldete der Diener: Herr, dein
Auftrag ist ausgeführt; aber es ist im-
mer noch Platz. 23 Da sagte der Herr zu
dem Diener: Dann geh auf die Land-
straßen und vor die Stadt hinaus und
nötige die Leute zu kommen, damit
mein Haus voll wird. 24 Das aber sage
ich euch: Keiner von denen, die einge-
laden waren, wird an meinem Mahl
teilnehmen.

Vom Ernst der Nachfolge

25 Viele Menschen begleiteten ihn; da
wandte er sich an sie und sagte: 26 Wenn
jemand zu mir kommt und nicht Vater
und Mutter, Frau und Kinder, Brüder
und Schwestern, ja sogar sein Leben
gering achtet, dann kann er nicht mein
Jünger sein. 27 Wer nicht sein Kreuz
trägt und mir nachfolgt, der kann nicht
mein Jünger sein.

28 Wenn einer von euch einen Turm
bauen will, setzt er sich dann nicht zu-
erst hin und rechnet, ob seine Mittel
für das ganze Vorhaben ausreichen?
29 Sonst könnte es geschehen, dass er
das Fundament gelegt hat, dann aber
den Bau nicht fertig stellen kann. Und
alle, die es sehen, würden ihn ver-
spotten 30 und sagen: Der da hat einen
Bau begonnen und konnte ihn nicht zu
Ende führen.

31 Oder wenn ein König gegen einen
anderen in den Krieg zieht, setzt er sich
dann nicht zuerst hin und überlegt, ob
er sich mit seinen zehntausend Mann
dem entgegenstellen kann, der mit
zwanzigtausend gegen ihn anrückt?
32 Kann er es nicht, dann schickt er eine
Gesandtschaft, solange der andere
noch weit weg ist, und bittet um Frie-
den.

33 Darum kann keiner von euch mein
Jünger sein, wenn er nicht auf seinen
ganzen Besitz verzichtet.

34 Das Salz ist etwas Gutes. Wenn aber
das Salz seinen Geschmack verliert, wo-
mit kann man ihm die Würze wie-
dergeben? 35 Es taugt weder für den
Acker noch für den Misthaufen, man
wirft es weg. Wer Ohren hat zum
Hören, der höre!

Die Gleichnisse vom verlorenen Schaf und von der verlorenen Drachme

15 Alle Zöllner und Sünder
kamen zu ihm, um ihn zu hö-
ren. 2 Die Pharisäer und die Schriftge-
lehrten empörten sich darüber und
sagten: Er gibt sich mit Sündern ab und
isst sogar mit ihnen.
3 Da erzählte er ihnen ein Gleichnis und
sagte: 4 Wenn einer von euch hundert
Schafe hat und eins davon verliert, lässt
er dann nicht die neunundneunzig in
der Steppe zurück und geht dem ver-
lorenen nach, bis er es findet? 5 Und
wenn er es gefunden hat, nimmt er es
voll Freude auf die Schultern, 6 und
wenn er nach Hause kommt, ruft er
seine Freunde und Nachbarn zusam-
men und sagt zu ihnen: Freut euch mit
mir; ich habe mein Schaf wieder ge-
funden, das verloren war. 7 Ich sage
euch: Ebenso wird auch im Himmel
mehr Freude herrschen über einen ein-
zigen Sünder, der umkehrt, als über
neunundneunzig Gerechte, die es nicht
nötig haben umzukehren.
8 Oder wenn eine Frau zehn Drachmen
hat und eine davon verliert, zündet sie
dann nicht eine Lampe an, fegt das
ganze Haus und sucht unermüdlich,
bis sie das Geldstück findet? 9 Und
wenn sie es gefunden hat, ruft sie ihre
Freundinnen und Nachbarinnen zu-
sammen und sagt: Freut euch mit mir;
ich habe die Drachme wieder gefun-
den, die ich verloren hatte. 10 Ich sage
euch: Ebenso herrscht auch bei den
Engeln Gottes Freude über einen ein-
zigen Sünder, der umkehrt.

Das Gleichnis vom verlorenen Sohn

11 Weiter sagte Jesus: Ein Mann hatte
zwei Söhne. 12 Der jüngere von ihnen
sagte zu seinem Vater: Vater, gib mir
das Erbteil, das mir zusteht. Da teilte
der Vater das Vermögen auf. 13 Nach
wenigen Tagen packte der jüngere
Sohn alles zusammen und zog in ein
fernes Land. Dort führte er ein zügel-
loses Leben und verschleuderte sein
Vermögen. 14 Als er alles durchgebracht
hatte, kam eine große Hungersnot über
das Land, und es ging ihm sehr
schlecht. 15 Da ging er zu einem Bürger
des Landes und drängte sich ihm auf;
der schickte ihn aufs Feld zum Schwei-
nehüten. 16 Er hätte gern seinen Hunger
mit den Futterschoten gestillt, die die
Schweine fraßen; aber niemand gab
ihm davon. 17 Da ging er in sich und
sagte: Wie viele Tagelöhner meines Va-
ters haben mehr als genug zu essen,
und ich komme hier vor Hunger um.
18 Ich will aufbrechen und zu meinem
Vater gehen und zu ihm sagen: Vater,
ich habe mich gegen den Himmel und
gegen dich versündigt. 19 Ich bin nicht
mehr wert, dein Sohn zu sein; mach
mich zu einem deiner Tagelöhner.
20 Dann brach er auf und ging zu sei-
nem Vater. Der Vater sah ihn schon von

weitem kommen, und er hatte Mitleid
mit ihm. Er lief dem Sohn entgegen, fiel
ihm um den Hals und küsste ihn. 21 Da
sagte der Sohn: Vater, ich habe mich
gegen den Himmel und gegen dich ver-
sündigt; ich bin nicht mehr wert, dein
Sohn zu sein. 22 Der Vater aber sagte zu
seinen Knechten: Holt schnell das bes-
te Gewand, und zieht es ihm an, steckt
ihm einen Ring an die Hand, und zieht
ihm Schuhe an. 23 Bringt das Mastkalb
her, und schlachtet es; wir wollen essen
und fröhlich sein. 24 Denn mein Sohn
war tot und lebt wieder; er war verloren
und ist wieder gefunden worden. Und
sie begannen, ein fröhliches Fest zu
feiern.
25 Sein älterer Sohn war unterdessen auf
dem Feld. Als er heimging und in die
Nähe des Hauses kam, hörte er Musik
und Tanz. 26 Da rief er einen der
Knechte und fragte, was das bedeuten
solle. 27 Der Knecht antwortete: Dein
Bruder ist gekommen, und dein Vater
hat das Mastkalb schlachten lassen,
weil er ihn heil und gesund wiederbe-
kommen hat. 28 Da wurde er zornig und
wollte nicht hineingehen. Sein Vater
aber kam heraus und redete ihm gut
zu. 29 Doch er erwiderte dem Vater: So
viele Jahre schon diene ich dir, und nie
habe ich gegen deinen Willen ge-
handelt; mir aber hast du nie auch nur
einen Ziegenbock geschenkt, damit ich
mit meinen Freunden ein Fest feiern
konnte. 30 Kaum aber ist der hier ge-
kommen, dein Sohn, der dein Ver-
mögen mit Dirnen durchgebracht hat,
da hast du für ihn das Mastkalb ge-
schlachtet. 31 Der Vater antwortete ihm:
Mein Kind, du bist immer bei mir, und
alles, was mein ist, ist auch dein. 32 Aber
jetzt müssen wir uns doch freuen und
ein Fest feiern; denn dein Bruder war
tot und lebt wieder; er war verloren und
ist wieder gefunden worden.

Das Gleichnis vom klugen Verwalter

16 Jesus sagte zu den Jüngern: Ein
reicher Mann hatte einen Ver-
walter. Diesen beschuldigte man bei
ihm, er verschleudere sein Vermögen.
2 Darauf ließ er ihn rufen und sagte zu
ihm: Was höre ich über dich? Leg
Rechenschaft ab über deine Ver-
waltung! Du kannst nicht länger mein
Verwalter sein. 3 Da überlegte der Ver-
walter: Mein Herr entzieht mir die Ver-
waltung. Was soll ich jetzt tun? Zu
schwerer Arbeit tauge ich nicht, und zu
betteln schäme ich mich. 4 Doch – ich
weiß, was ich tun muss, damit mich die
Leute in ihre Häuser aufnehmen, wenn
ich als Verwalter abgesetzt bin. 5 Und
er ließ die Schuldner seines Herrn,
einen nach dem andern, zu sich
kommen und fragte den ersten: Wie
viel bist du meinem Herrn schuldig?
6 Er antwortete: Hundert Fass Öl. Da
sagte er zu ihm: Nimm deinen Schuld-
schein, setz dich gleich hin, und schreib

»fünfzig«. 7 Dann fragte er einen an-
dern: Wie viel bist du schuldig? Der antwortete: Hundert Sack Weizen. Da sagte er zu ihm: Nimm deinen Schuldschein, und schreib »achtzig«.
8 Und der Herr lobte die Klugheit des unehrlichen Verwalters und sagte: Die Kinder dieser Welt sind im Umgang mit ihresgleichen klüger als die Kinder des Lichtes.

Vom rechten Gebrauch des Reichtums

9 Ich sage euch: Macht euch Freunde mit Hilfe des ungerechten Mammons, damit ihr in die ewigen Wohnungen aufgenommen werdet, wenn es (mit euch) zu Ende geht.
10 Wer in den kleinsten Dingen zuverlässig ist, der ist es auch in den großen, und wer bei den kleinsten Dingen Unrecht tut, der tut es auch bei den
großen. 11 Wenn ihr im Umgang mit
dem ungerechten Reichtum nicht zuverlässig gewesen seid, wer wird euch dann das wahre Gut anvertrauen?
12 Und wenn ihr im Umgang mit dem fremden Gut nicht zuverlässig gewesen seid, wer wird euch dann euer (wahres) Eigentum geben?
13 Kein Sklave kann zwei Herren dienen; er wird entweder den einen hassen und den andern lieben, oder er wird zu dem einen halten und den andern verachten. Ihr könnt nicht beiden dienen, Gott und dem Mammon.

Das Urteil Jesu über die Pharisäer

14 Das alles hörten auch die Pharisäer, die sehr am Geld hingen, und sie lach-
ten über ihn. 15 Da sagte er zu ihnen: Ihr
redet den Leuten ein, dass ihr gerecht seid; aber Gott kennt euer Herz. Denn was die Menschen für großartig halten, das ist in den Augen Gottes ein Greuel.

Vom Gesetz und von der Ehescheidung

16 Bis zu Johannes hatte man nur das Gesetz und die Propheten. Seitdem wird das Evangelium vom Reich Gottes verkündet, und alle drängen sich danach, hineinzukommen.
17 Aber eher werden Himmel und Erde vergehen, als dass auch nur der kleinste Buchstabe im Gesetz wegfällt.
18 Wer seine Frau aus der Ehe entlässt und eine andere heiratet, begeht Ehebruch; auch wer eine Frau heiratet, die von ihrem Mann aus der Ehe entlassen worden ist, begeht Ehebruch.

Das Beispiel vom reichen Mann und vom armen Lazarus

19 Es war einmal ein reicher Mann, der sich in Purpur und feines Leinen kleidete und Tag für Tag herrlich und in
Freuden lebte. 20 Vor der Tür des Rei-
chen aber lag ein armer Mann namens Lazarus, dessen Leib voller Geschwüre
war. 21 Er hätte gern seinen Hunger mit
dem gestillt, was vom Tisch des Reichen

herunterfiel. Statt dessen kamen die
Hunde und leckten an seinen Ge-
schwüren. 22 Als nun der Arme starb,
wurde er von den Engeln in Abrahams
Schoß getragen. Auch der Reiche starb
und wurde begraben. 23 In der Unter-
welt, wo er qualvolle Schmerzen litt,
blickte er auf und sah von weitem Abra-
ham, und Lazarus in seinem Schoß.
24 Da rief er: Vater Abraham, hab Er-
barmen mit mir, und schick Lazarus zu
mir; er soll wenigstens die Spitze seines
Fingers ins Wasser tauchen und mir die
Zunge kühlen, denn ich leide große
Qual in diesem Feuer. 25 Abraham er-
widerte: Mein Kind, denk daran, dass du
schon zu Lebzeiten deinen Anteil am
Guten erhalten hast, Lazarus aber nur
Schlechtes. Jetzt wird er dafür getröstet,
du aber musst leiden. 26 Außerdem ist
zwischen uns und euch ein tiefer, un-
überwindlicher Abgrund, so dass nie-
mand von hier zu euch oder von dort zu
uns kommen kann, selbst wenn er woll-
te. 27 Da sagte der Reiche: Dann bitte ich
dich, Vater, schick ihn in das Haus
meines Vaters! 28 Denn ich habe noch
fünf Brüder. Er soll sie warnen, damit
nicht auch sie an diesen Ort der Qual
kommen. 29 Abraham aber sagte: Sie
haben Mose und die Propheten, auf die
sollen sie hören. 30 Er erwiderte: Nein,
Vater Abraham, nur wenn einer von den
Toten zu ihnen kommt, werden sie
umkehren. 31 Darauf sagte Abraham:
Wenn sie auf Mose und die Propheten
nicht hören, werden sie sich auch nicht
überzeugen lassen, wenn einer von den
Toten aufersteht.

Warnung vor der Verführung

17 Er sagte zu seinen Jüngern: Es
ist unvermeidlich, dass Ver-
führungen kommen. Aber wehe dem,
der sie verschuldet. 2 Es wäre besser für
ihn, man würde ihn mit einem Mühl-
stein um den Hals ins Meer werfen, als
dass er einen von diesen Kleinen zum
Bösen verführt. 3a Seht euch vor!

Von der Pflicht zur Vergebung

3b Wenn dein Bruder sündigt, weise ihn
zurecht; und wenn er sich ändert, ver-
gib ihm. 4 Und wenn er sich siebenmal
am Tag gegen dich versündigt und
siebenmal wieder zu dir kommt und
sagt: Ich will mich ändern!, so sollst du
ihm vergeben.

Von der Macht des Glaubens

5 Die Apostel baten den Herrn: Stärke
unseren Glauben! 6 Der Herr erwiderte:
Wenn euer Glaube auch nur so groß
wäre wie ein Senfkorn, würdet ihr zu
dem Maulbeerbaum hier sagen: Heb
dich samt deinen Wurzeln aus dem
Boden, und verpflanz dich ins Meer!,
und er würde euch gehorchen.

Das Gleichnis vom unnützen Sklaven

7 Wenn einer von euch einen Sklaven
hat, der pflügt oder das Vieh hütet,
wird er etwa zu ihm, wenn er vom Feld
kommt, sagen: Nimm gleich Platz zum
Essen? 8 Wird er nicht vielmehr zu ihm
sagen: Mach mir etwas zu essen, gürte
dich, und bediene mich; wenn ich ge-
gessen und getrunken habe, kannst
auch du essen und trinken. 9 Bedankt er
sich etwa bei dem Sklaven, weil er getan
hat, was ihm befohlen wurde? 10 So soll
es auch bei euch sein: Wenn ihr alles
getan habt, was euch befohlen wurde,
sollt ihr sagen: Wir sind unnütze Skla-
ven; wir haben nur unsere Schuldigkeit
getan.

Der dankbare Samariter

11 Auf dem Weg nach Jerusalem zog
Jesus durch das Grenzgebiet von Sa-
marien und Galiläa. 12 Als er in ein Dorf
hineingehen wollte, kamen ihm zehn
Aussätzige entgegen. Sie blieben in der
Ferne stehen 13 und riefen: Jesus, Meis-
ter, hab Erbarmen mit uns! 14 Als er sie
sah, sagte er zu ihnen: Geht, zeigt euch
den Priestern! Und während sie zu den
Priestern gingen, wurden sie rein.
15 Einer von ihnen aber kehrte um, als
er sah, dass er geheilt war; und er lobte
Gott mit lauter Stimme. 16 Er warf sich
vor den Füßen Jesu zu Boden und
dankte ihm. Dieser Mann war aus
Samarien. 17 Da sagte Jesus: Es sind
doch alle zehn rein geworden. Wo sind
die übrigen neun? 18 Ist denn keiner
umgekehrt, um Gott zu ehren, außer
diesem Fremden? 19 Und er sagte zu
ihm: Steh auf und geh! Dein Glaube
hat dir geholfen.

Vom Kommen des Gottesreiches

20 Als Jesus von den Pharisäern gefragt
wurde, wann das Reich Gottes komme,
antwortete er: Das Reich Gottes kommt
nicht so, dass man es an äußeren Zei-
chen erkennen könnte. 21 Man kann
auch nicht sagen: Seht, hier ist es!,
oder: Dort ist es! Denn: Das Reich
Gottes ist (schon) mitten unter euch.

Vom Kommen des Menschensohnes

22 Er sagte zu den Jüngern: Es wird eine
Zeit kommen, in der ihr euch danach
sehnt, auch nur einen von den Tagen
des Menschensohnes zu erleben; aber
ihr werdet ihn nicht erleben. 23 Und
wenn man zu euch sagt: Dort ist er!
Hier ist er!, so geht nicht hin, und lauft
nicht hinterher! 24 Denn wie der Blitz
von einem Ende des Himmels bis zum
andern leuchtet, so wird der Men-
schensohn an seinem Tag erscheinen.
25 Vorher aber muss er vieles erleiden
und von dieser Generation verworfen
werden. 26 Und wie es zur Zeit des
Noach war, so wird es auch in den
Tagen des Menschensohnes sein. 27 Die

Menschen aßen und tranken und hei-
rateten bis zu dem Tag, an dem Noach
in die Arche ging; dann kam die Flut
und vernichtete alle. 28 Und es wird
ebenso sein, wie es zur Zeit des Lot war:
Sie aßen und tranken, kauften und ver-
kauften, pflanzten und bauten. 29 Aber
an dem Tag, als Lot Sodom verließ,
regnete es Feuer und Schwefel vom
Himmel, und alle kamen um. 30 Ebenso
wird es an dem Tag sein, an dem sich
der Menschensohn offenbart. 31 Wer
dann auf dem Dach ist und seine
Sachen im Haus hat, soll nicht hinab-
steigen, um sie zu holen, und wer auf
dem Feld ist, soll nicht zurückkehren.
32 Denkt an die Frau des Lot! 33 Wer sein
Leben zu bewahren sucht, wird es
verlieren; wer es dagegen verliert, wird
es gewinnen. 34 Ich sage euch: Von
zwei Männern, die in jener Nacht auf
einem Bett liegen, wird der eine mit-
genommen und der andere zurück-
gelassen. 35 Von zwei Frauen, die mit
derselben Mühle Getreide mahlen,
wird die eine mitgenommen und die
andere zurückgelassen. [36] 37 Da frag-
ten sie ihn: Wo wird das geschehen,
Herr? Er antwortete: Wo ein Aas ist, da
sammeln sich auch die Geier.

Das Gleichnis vom gottlosen Richter und der Witwe

18 Jesus sagte ihnen durch ein
Gleichnis, dass sie allezeit be-
ten und darin nicht nachlassen sollten:
2 In einer Stadt lebte ein Richter, der
Gott nicht fürchtete und auf keinen
Menschen Rücksicht nahm. 3 In der
gleichen Stadt lebte auch eine Witwe,
die immer wieder zu ihm kam und
sagte: Verschaff mir Recht gegen
meinen Feind! 4 Lange wollte er nichts
davon wissen. Dann aber sagte er sich:
Ich fürchte zwar Gott nicht und nehme
auch auf keinen Menschen Rücksicht;
5 trotzdem will ich dieser Witwe zu
ihrem Recht verhelfen, denn sie lässt
mich nicht in Ruhe. Sonst kommt sie
am Ende noch und schlägt mich ins
Gesicht. 6 Und der Herr fügte hinzu:
Bedenkt, was der ungerechte Richter
sagt. 7 Sollte Gott seinen Auserwählten,
die Tag und Nacht zu ihm schreien,
nicht zu ihrem Recht verhelfen, son-
dern zögern? 8 Ich sage euch: Er wird
ihnen unverzüglich ihr Recht ver-
schaffen. Wird jedoch der Menschen-
sohn, wenn er kommt, auf der Erde
(noch) Glauben vorfinden?

Das Beispiel vom Pharisäer und vom Zöllner

9 Einigen, die von ihrer eigenen Gerech-
tigkeit überzeugt waren und die an-
deren verachteten, erzählte Jesus dieses
Beispiel: 10 Zwei Männer gingen zum
Tempel hinauf, um zu beten; der eine
war ein Pharisäer, der andere ein
Zöllner. 11 Der Pharisäer stellte sich hin

und sprach leise dieses Gebet: Gott, ich
danke dir, dass ich nicht wie die
anderen Menschen bin, die Räuber, Be-
trüger, Ehebrecher oder auch wie
dieser Zöllner dort. 12 Ich faste zweimal
in der Woche und gebe dem Tempel
den zehnten Teil meines ganzen Ein-
kommens. 13 Der Zöllner aber blieb
ganz hinten stehen und wagte nicht
einmal, seine Augen zum Himmel zu
erheben, sondern schlug sich an die
Brust und betete: Gott, sei mir Sünder
gnädig! 14 Ich sage euch: Dieser kehrte
als Gerechter nach Hause zurück, der
andere nicht. Denn wer sich selbst
erhöht, wird erniedrigt, wer sich aber
selbst erniedrigt, wird erhöht werden.

Die Segnung der Kinder

15 Man brachte auch kleine Kinder zu
ihm, damit er ihnen die Hände auf-
legte. Als die Jünger das sahen, wiesen
sie die Leute schroff ab. 16 Jesus aber rief
die Kinder zu sich und sagte: Lasst die
Kinder zu mir kommen; hindert sie
nicht daran! Denn Menschen wie ihnen
gehört das Reich Gottes. 17 Amen, das
sage ich euch: Wer das Reich Gottes
nicht so annimmt, wie ein Kind, der wird
nicht hineinkommen.

Von Reichtum und Nachfolge

18 Einer von den führenden Männern
fragte ihn: Guter Meister, was muss ich
tun, um das ewige Leben zu gewinnen?
19 Jesus antwortete: Warum nennst du
mich gut? Niemand ist gut außer Gott,
dem Einen. 20 Du kennst doch die Ge-
bote: Du sollst nicht die Ehe brechen, du
sollst nicht töten, du sollst nicht stehlen,
du sollst nicht falsch aussagen; ehre
deinen Vater und deine Mutter! 21 Er er-
widerte: Alle diese Gebote habe ich von
Jugend an befolgt. 22 Als Jesus das hörte,
sagte er: Eines fehlt dir noch: Verkauf
alles, was du hast, verteil das Geld an die
Armen, und du wirst einen bleibenden
Schatz im Himmel haben; dann komm
und folge mir nach! 23 Der Mann aber
wurde sehr traurig, als er das hörte; denn
er war überaus reich. 24 Jesus sah ihn an
und sagte: Wie schwer ist es für Men-
schen, die viel besitzen, in das Reich
Gottes zu kommen! 25 Denn eher geht
ein Kamel durch ein Nadelöhr, als dass
ein Reicher in das Reich Gottes gelangt.
26 Die Leute, die das hörten, fragten: Wer
kann dann noch gerettet werden? 27 Er
erwiderte: Was für Menschen unmög-
lich ist, ist für Gott möglich.
28 Da sagte Petrus:
Du weißt, wir haben unser Eigentum
verlassen und sind dir nachgefolgt.
29 Jesus antwortete ihnen: Amen, ich
sage euch: Jeder, der um des Reiches
Gottes willen Haus oder Frau, Brüder,
Eltern oder Kinder verlassen hat,
30 wird dafür schon in dieser Zeit das
Vielfache erhalten und in der kommen-
den Welt das ewige Leben.

Die dritte Ankündigung von Leiden und Auferstehung

31 Jesus versammelte die Zwölf um sich
und sagte zu ihnen: Wir gehen jetzt
nach Jerusalem hinauf; dort wird sich
alles erfüllen, was bei den Propheten
über den Menschensohn steht: 32 Er
wird den Heiden ausgeliefert, wird ver-
spottet, misshandelt und angespuckt
werden, 33 und man wird ihn geißeln
und töten. Aber am dritten Tag wird er
auferstehen. 34 Doch die Zwölf ver-
standen das alles nicht; der Sinn der
Worte war ihnen verschlossen, und sie
begriffen nicht, was er sagte.

Die Heilung eines Blinden bei Jericho

35 Als Jesus in die Nähe von Jericho
kam, saß ein Blinder an der Straße und
bettelte. 36 Er hörte, dass viele Men-
schen vorbeigingen, und fragte: Was
hat das zu bedeuten? 37 Man sagte ihm:
Jesus von Nazaret geht vorüber. 38 Da
rief er: Jesus, Sohn Davids, hab Er-
barmen mit mir! 39 Die Leute, die vo-
rausgingen, wurden ärgerlich und be-
fahlen ihm zu schweigen. Er aber schrie
noch viel lauter: Sohn Davids, hab Er-
barmen mit mir! 40 Jesus blieb stehen
und ließ ihn zu sich herführen. Als der
Mann vor ihm stand, fragte ihn Jesus:
41 Was soll ich dir tun? Er antwortete:
Herr, ich möchte wieder sehen können.
42 Da sagte Jesus zu ihm: Du sollst
wieder sehen. Dein Glaube hat dir ge-
holfen. 43 Im gleichen Augenblick konn-
te er wieder sehen. Da pries er Gott und
folgte Jesus. Und alle Leute, die das
gesehen hatten, lobten Gott.

Jesus im Haus des Zöllners Zachäus

19 Dann kam er nach Jericho und
ging durch die Stadt. 2 Dort
wohnte ein Mann namens Zachäus; er
war der oberste Zollpächter und war
sehr reich.
3 Er wollte gern sehen, wer dieser Jesus
sei, doch die Menschenmenge ver-
sperrte ihm die Sicht; denn er war
klein. 4 Darum lief er voraus und stieg
auf einen Maulbeerfeigenbaum, um
Jesus zu sehen, der dort vorbeikommen
musste. 5 Als Jesus an die Stelle kam,
schaute er hinauf und sagte zu ihm:
Zachäus, komm schnell herunter! Denn
ich muss heute in deinem Haus zu Gast
sein. 6 Da stieg er schnell herunter und
nahm Jesus freudig bei sich auf. 7 Als
die Leute das sahen, empörten sie sich
und sagten: Er ist bei einem Sünder
eingekehrt. 8 Zachäus aber wandte sich
an den Herrn und sagte: Herr, die Hälf-
te meines Vermögens will ich den Ar-
men geben, und wenn ich von jemand
zu viel gefordert habe, gebe ich ihm das
Vierfache zurück. 9 Da sagte Jesus zu
ihm: Heute ist diesem Haus das Heil ge-
schenkt worden, weil auch dieser Mann
ein Sohn Abrahams ist. 10 Denn der
Menschensohn ist gekommen, um zu

suchen und zu retten, was verloren
ist.

Das Gleichnis vom anvertrauten Geld

11 Weil Jesus schon nahe bei Jerusalem
war, meinten die Menschen, die von all
dem hörten, das Reich Gottes werde
sofort erscheinen. Daher erzählte er
ihnen ein weiteres Gleichnis.
12 Er sagte: Ein Mann von vornehmer
Herkunft wollte in ein fernes Land
reisen, um die Königswürde zu er-
langen und dann zurückzukehren. 13 Er
rief zehn seiner Diener zu sich, verteilte
unter sie Geld im Wert von zehn Minen
und sagte: Macht Geschäfte damit, bis
ich wiederkomme. 14 Da ihn aber die
Einwohner seines Landes hassten, schick-
ten sie eine Gesandtschaft hinter ihm her
und ließen sagen: Wir wollen nicht,
dass dieser Mann unser König wird.
15 Dennoch wurde er als König einge-
setzt.
Nach seiner Rückkehr ließ er die Die-
ner, denen er das Geld gegeben hatte,
zu sich rufen. Er wollte sehen, welchen
Gewinn jeder bei seinen Geschäften
erzielt hatte.
16 Der erste kam und sagte: Herr, ich
habe mit deiner Mine zehn Minen er-
wirtschaftet. 17 Da sagte der König zu
ihm: Sehr gut, du bist ein tüchtiger
Diener. Weil du im Kleinsten zuver-
lässig warst, sollst du Herr über zehn
Städte werden.
18 Der zweite kam und sagte: Herr, ich
habe mit deiner Mine fünf Minen er-
wirtschaftet. 19 Zu ihm sagte der König:
Du sollst über fünf Städte herrschen.
20 Nun kam ein anderer und sagte:
Herr, hier hast du dein Geld zurück. Ich
habe es in ein Tuch eingebunden und
aufbewahrt; 21 denn ich hatte Angst vor
dir, weil du ein strenger Mann bist: Du
hebst ab, was du nicht eingezahlt hast,
und erntest, was du nicht gesät hast.
22 Der König antwortete: Aufgrund
deiner eigenen Worte spreche ich dir
das Urteil. Du bist ein schlechter
Diener. Du hast gewusst, dass ich ein
strenger Mann bin? Dass ich abhebe,
was ich nicht eingezahlt habe, und
ernte, was ich nicht gesät habe? 23 Wa-
rum hast du dann mein Geld nicht auf
die Bank gebracht? Dann hätte ich es
bei der Rückkehr mit Zinsen abheben
können. 24 Und zu den anderen, die
dabeistanden, sagte er: Nehmt ihm das
Geld weg, und gebt es dem, der die
zehn Minen hat. 25 Sie sagten zu ihm:
Herr, er hat doch schon zehn. 26 (Da er-
widerte er:) Ich sage euch: Wer hat,
dem wird gegeben werden; wer aber
nicht hat, dem wird auch noch weg-
genommen, was er hat. 27 Doch meine
Feinde, die nicht wollten, dass ich ihr
König werde – bringt sie her, und
macht sie vor meinen Augen nieder!

Die letzten Tage in Jerusalem

Die Auseinandersetzung mit den Gegnern in Jerusalem

Der Einzug in Jerusalem

28 Nach dieser Rede zog Jesus weiter
und ging nach Jerusalem hinauf. 29 Als
er in die Nähe von Betfage und Beta-
nien kam, an den Berg, der Ölberg
heißt, schickte er zwei seiner Jünger
voraus 30 und sagte: Geht in das Dorf,
das vor uns liegt. Wenn ihr hinein-
kommt, werdet ihr dort einen jungen
Esel angebunden finden, auf dem noch
nie ein Mensch gesessen hat. Bindet ihn
los, und bringt ihn her! 31 Und wenn
euch jemand fragt: Warum bindet ihr
ihn los?, dann antwortet: Der Herr
braucht ihn. 32 Die beiden machten sich
auf den Weg und fanden alles so, wie
er es ihnen gesagt hatte. 33 Als sie den
jungen Esel losbanden, sagten die
Leute, denen er gehörte: Warum bindet
ihr den Esel los? 34 Sie antworteten: Der
Herr braucht ihn. 35 Dann führten sie
ihn zu Jesus, legten ihre Kleider auf das
Tier und halfen Jesus hinauf. 36 Wäh-
rend er dahinritt, breiteten die Jünger
ihre Kleider auf der Straße aus. 37 Als er
an die Stelle kam, wo der Weg vom Öl-
berg hinabführt, begannen alle Jünger
freudig und mit lauter Stimme Gott zu
loben wegen all der Wundertaten, die
sie erlebt hatten. 38 Sie riefen: Gesegnet
sei der König, der kommt im Namen
des Herrn. Im Himmel Friede und
Herrlichkeit in der Höhe!
39 Da riefen ihm einige Pharisäer aus
der Menge zu: Meister, bring deine
Jünger zum Schweigen! 40 Er erwiderte:
Ich sage euch: Wenn sie schweigen,
werden die Steine schreien.

Die Ankündigung der Zerstörung Jerusalems

41 Als er näher kam und die Stadt sah,
weinte er über sie 42 und sagte: Wenn
doch auch du an diesem Tag erkannt
hättest, was dir Frieden bringt. Jetzt aber
bleibt es vor deinen Augen verborgen.
43 Es wird eine Zeit für dich kommen, in
der deine Feinde rings um dich einen
Wall aufwerfen, dich einschließen und
von allen Seiten bedrängen. 44 Sie wer-
den dich und deine Kinder zerschmet-
tern und keinen Stein auf dem andern
lassen; denn du hast die Zeit der Gnade
nicht erkannt.

Die Tempelreinigung

45 Dann ging er in den Tempel und be-
gann, die Händler hinauszutreiben.
46 Er sagte zu ihnen: In der Schrift steht:
Mein Haus soll ein Haus des Gebetes
sein. Ihr aber habt daraus eine Räuber-
höhle gemacht.
47 Er lehrte täglich im Tempel. Die Ho-
henpriester, die Schriftgelehrten und

die übrigen Führer des Volkes aber
suchten ihn umzubringen. 48 Sie wuss-
ten jedoch nicht, wie sie es machen
sollten, denn das ganze Volk hing an
ihm und hörte ihn gern.

Die Frage nach der Vollmacht Jesu

20 Als er eines Tages im Tempel
das Volk lehrte und das Evan-
gelium verkündete, kamen die Hohen-
priester und die Schriftgelehrten mit
den Ältesten hinzu 2 und fragten ihn:
Sag uns: Mit welchem Recht tust du das
alles? Wer hat dir dazu die Vollmacht
gegeben? 3 Er antwortete ihnen: Auch
ich will euch eine Frage stellen. Sagt
mir: 4 Stammte die Taufe des Johannes
vom Himmel oder von den Menschen?
5 Da überlegten sie und sagten zu-
einander: Wenn wir antworten: Vom
Himmel!, so wird er sagen: Warum
habt ihr ihm dann nicht geglaubt?
6 Wenn wir aber antworten: Von den
Menschen!, dann wird das ganze Volk
uns steinigen; denn sie sind überzeugt,
dass Johannes ein Prophet gewesen ist.
7 Darum antworteten sie: Wir wissen
nicht, woher. 8 Jesus erwiderte: Dann
sage auch ich euch nicht, mit welchem
Recht ich das alles tue.

Das Gleichnis von den bösen Winzern

9 Er erzählte dem Volk dieses Gleichnis:
Ein Mann legte einen Weinberg an,
verpachtete ihn an Winzer und reiste
für längere Zeit in ein anderes Land.
10 Als nun die Zeit dafür gekommen
war, schickte er einen Knecht zu den
Winzern, damit sie ihm seinen Anteil
am Ertrag des Weinbergs ablieferten.
Die Winzer aber prügelten ihn und
jagten ihn mit leeren Händen fort. 11 Da-
rauf schickte er einen anderen Knecht;
auch ihn prügelten und beschimpften
sie und jagten ihn mit leeren Händen
fort. 12 Er schickte noch einen dritten
Knecht; aber auch ihn schlugen sie
blutig und warfen ihn hinaus. 13 Da
sagte der Besitzer des Weinbergs: Was
soll ich tun? Ich will meinen geliebten
Sohn zu ihnen schicken. Vielleicht
werden sie vor ihm Achtung haben.
14 Als die Winzer den Sohn sahen, über-
legten sie und sagten zueinander: Das
ist der Erbe; wir wollen ihn töten, da-
mit das Erbgut uns gehört. 15 Und sie
warfen ihn aus dem Weinberg hinaus
und brachten ihn um. Was wird nun
der Besitzer des Weinbergs mit ihnen
tun? 16 Er wird kommen und diese
Winzer töten und den Weinberg
anderen geben. Als sie das hörten,
sagten sie: Das darf nicht geschehen!
17 Da sah Jesus sie an und sagte: Was
bedeutet das Schriftwort:
Der Stein, den die Bauleute verworfen
haben, / er ist zum Eckstein geworden?
18 Jeder, der auf diesen Stein fällt, wird
zerschellen; auf wen der Stein aber fällt,
den wird er zermalmen.

19 Die Schriftgelehrten und die Hohen-
priester hätten ihn gern noch in dersel-
ben Stunde festgenommen; aber sie
fürchteten das Volk. Denn sie hatten
gemerkt, dass er sie mit diesem Gleich-
nis meinte.

Die Frage nach der kaiserlichen Steuer

20 Daher lauerten sie ihm auf und
schickten Spitzel, die sich fromm
stellen und ihn bei einer (unüberleg-
ten) Antwort ertappen sollten. Denn
sie wollten ihn der Gerichtsbarkeit des
Statthalters übergeben. 21 Die Spitzel
fragten ihn: Meister, wir wissen, dass
du aufrichtig redest und lehrst und
nicht auf die Person siehst, sondern
wirklich den Weg Gottes lehrst. 22 Ist es
uns erlaubt, dem Kaiser Steuer zu
zahlen, oder nicht? 23 Er aber durch-
schaute ihre Hinterlist und sagte zu
ihnen: 24 Zeigt mir einen Denar! Wes-
sen Bild und Aufschrift sind darauf?
Sie antworteten: Die des Kaisers. 25 Da
sagte er zu ihnen: Dann gebt dem
Kaiser, was dem Kaiser gehört, und
Gott, was Gott gehört! 26 So gelang es
ihnen nicht, ihn öffentlich bei einem
(unüberlegten) Wort zu ertappen. Sie
waren von seiner Antwort sehr über-
rascht und schwiegen.

Die Frage nach der Auferstehung der Toten

27 Von den Sadduzäern, die die Auf-
erstehung leugnen, kamen einige zu
Jesus und fragten ihn: 28 Meister, Mose
hat uns vorgeschrieben: Wenn ein
Mann, der einen Bruder hat, stirbt und
eine Frau hinterlässt, ohne Kinder zu
haben, dann soll sein Bruder die Frau
heiraten und seinem Bruder Nach-
kommen verschaffen. 29 Nun lebten ein-
mal sieben Brüder. Der erste nahm sich
eine Frau, starb aber kinderlos. 30 Da
nahm sie der zweite, 31 danach der
dritte, und ebenso die anderen bis zum
siebten; sie alle hinterließen keine
Kinder, als sie starben. 32 Schließlich
starb auch die Frau. 33 Wessen Frau
wird sie nun bei der Auferstehung
sein? Alle sieben haben sie doch zur
Frau gehabt. 34 Da sagte Jesus zu ihnen:
Nur in dieser Welt heiraten die
Menschen. 35 Die aber, die Gott für
würdig hält, an jener Welt und an der
Auferstehung von den Toten teil-
zuhaben, werden dann nicht mehr hei-
raten. 36 Sie können auch nicht mehr
sterben, weil sie den Engeln gleich und
durch die Auferstehung zu Söhnen
Gottes geworden sind. 37 Dass aber
die Toten auferstehen, hat schon Mose
in der Geschichte vom Dornbusch
angedeutet, in der er den Herrn den
Gott Abrahams, den Gott Isaaks und
den Gott Jakobs nennt. 38 Er ist doch
kein Gott von Toten, sondern von Le-

benden; denn für ihn sind alle leben-
dig. 39 Da sagten einige Schriftgelehrte:
Meister, du hast gut geantwortet.
40 Und man wagte nicht mehr, ihn et-
was zu fragen.

Die Frage nach dem Messias

41 Da fragte er sie: Wie kann man be-
haupten, der Messias sei der Sohn
Davids? 42 Denn David selbst sagt im
Buch der Psalmen: Der Herr sprach zu
meinem Herrn: Setze dich mir zur
Rechten, 43 und ich lege dir deine Fein-
de als Schemel unter die Füße. 44 David
nennt ihn also »Herr«. Wie kann er
dann Davids Sohn sein?

Worte gegen die Schriftgelehrten

45 Jesus sagte vor dem ganzen Volk zu
seinen Jüngern: 46 Hütet euch vor den
Schriftgelehrten! Sie gehen gern in
langen Gewändern umher, lieben es,
wenn man sie auf den Straßen und
Plätzen grüßt, und wollen in der Sy-
nagoge die vordersten Sitze und bei
jedem Festmahl die Ehrenplätze haben.
47 Sie bringen die Witwen um ihre
Häuser und verrichten in ihrer Schein-
heiligkeit lange Gebete. Aber um so
härter wird das Urteil sein, das sie
erwartet.

Das Opfer der Witwe

21 Er blickte auf und sah, wie die
Reichen ihre Gaben in den
Opferkasten legten. 2 Dabei sah er auch
eine arme Witwe, die zwei kleine
Münzen hineinwarf. 3 Da sagte er:
Wahrhaftig, ich sage euch: Diese arme
Witwe hat mehr hineingeworfen als
alle anderen. 4 Denn sie alle haben nur
etwas von ihrem Überfluß geopfert;
diese Frau aber, die kaum das Nötigste
zum Leben hat, sie hat ihren ganzen
Lebensunterhalt hergegeben.

Die Rede über die Endzeit

Die Ankündigung der Zerstörung des Tempels

5 Als einige darüber sprachen, dass der
Tempel mit schönen Steinen und Wei-
hegeschenken geschmückt sei, sagte
Jesus: 6 Es wird eine Zeit kommen, da
wird von allem, was ihr hier seht, kein
Stein auf dem andern bleiben; alles
wird niedergerissen werden.

Vom Anfang der Not

7 Sie fragten ihn: Meister, wann wird
das geschehen, und an welchem Zei-
chen wird man erkennen, dass es be-
ginnt? 8 Er antwortete: Gebt acht, dass
man euch nicht irreführt! Denn viele
werden unter meinem Namen auf-
treten und sagen: Ich bin es!, und: Die

Zeit ist da. – Lauft ihnen nicht nach!
[9] Und wenn ihr von Kriegen und Un-
ruhen hört, lasst euch dadurch nicht
erschrecken! Denn das muss als erstes
geschehen; aber das Ende kommt noch
nicht sofort. [10] Dann sagte er zu ihnen:
Ein Volk wird sich gegen das andere
erheben und ein Reich gegen das
andere. [11] Es wird gewaltige Erdbeben
und an vielen Orten Seuchen und Hun-
gersnöte geben; schreckliche Dinge
werden geschehen, und am Himmel
wird man gewaltige Zeichen sehen.
[12] Aber bevor das alles geschieht, wird
man euch festnehmen und euch ver-
folgen. Man wird euch um meines Na-
mens willen den Gerichten der Syna-
gogen übergeben, ins Gefängnis wer-
fen und vor Könige und Statthalter
bringen.
[13] Dann werdet ihr Zeugnis ablegen
können. [14] Nehmt euch fest vor, nicht
im voraus für eure Verteidigung zu
sorgen; [15] denn ich werde euch die
Worte und die Weisheit eingeben, so
dass alle eure Gegner nicht dagegen
ankommen und nichts dagegen sagen
können. [16] Sogar eure Eltern und Ge-
schwister, eure Verwandten und Freun-
de werden euch ausliefern, und man-
che von euch wird man töten. [17] Und ihr
werdet um meines Namens willen von
allen gehasst werden. [18] Und doch wird
euch kein Haar gekrümmt werden.
[19] Wenn ihr standhaft bleibt, werdet ihr
das Leben gewinnen.

Vom Gericht über Jerusalem

[20] Wenn ihr aber seht, dass Jerusalem
von einem Heer eingeschlossen wird,
dann könnt ihr daran erkennen, dass
die Stadt bald verwüstet wird. [21] Dann
sollen die Bewohner von Judäa in die
Berge fliehen; wer in der Stadt ist, soll
sie verlassen, und wer auf dem Land ist,
soll nicht in die Stadt gehen. [22] Denn
das sind die Tage der Vergeltung, an
denen alles in Erfüllung gehen soll, was
in der Schrift steht. [23] Wehe den Frauen,
die in jenen Tagen schwanger sind oder
ein Kind stillen. Denn eine große Not
wird über das Land hereinbrechen: Der
Zorn (Gottes) wird über dieses Volk
kommen. [24] Mit scharfem Schwert wird
man sie erschlagen, als Gefangene wird
man sie in alle Länder verschleppen,
und Jerusalem wird von den Heiden
zertreten werden, bis die Zeiten der
Heiden sich erfüllen.

Vom Kommen des Menschensohnes

[25] Es werden Zeichen sichtbar werden
an Sonne, Mond und Sternen, und auf
der Erde werden die Völker bestürzt
und ratlos sein über das Toben und
Donnern des Meeres. [26] Die Menschen
werden vor Angst vergehen in der Er-
wartung der Dinge, die über die Erde
kommen; denn die Kräfte des Himmels
werden erschüttert werden. [27] Dann
wird man den Menschensohn mit gro-
ßer Macht und Herrlichkeit auf einer

Wolke kommen sehen. 28 Wenn (all)
das beginnt, dann richtet euch auf, und
erhebt eure Häupter; denn eure Er-
lösung ist nahe.

Mahnungen im Hinblick auf das Ende

29 Und er gebrauchte einen Vergleich
und sagte: Seht euch den Feigenbaum
und die anderen Bäume an: 30 Sobald
ihr merkt, dass sie Blätter treiben, wisst
ihr, dass der Sommer nahe ist. 31 Ge-
nauso sollt ihr erkennen, wenn ihr (all)
das geschehen seht, dass das Reich
Gottes nahe ist. 32 Amen, ich sage euch:
Diese Generation wird nicht vergehen,
bis alles eintrifft. 33 Himmel und Erde
werden vergehen, aber meine Worte
werden nicht vergehen.
34 Nehmt euch in acht, dass Rausch und
Trunkenheit und die Sorgen des All-
tags euch nicht verwirren und dass
jener Tag euch nicht plötzlich über-
rascht, 35 (so) wie (man in) eine Falle
(gerät); denn er wird über alle Be-
wohner der ganzen Erde herein-
brechen. 36 Wacht und betet allezeit,
damit ihr allem, was geschehen wird,
entrinnen und vor den Menschensohn
hintreten könnt.

Die Lehrtätigkeit Jesu im Tempel

37 Tagsüber lehrte Jesus im Tempel;
abends aber ging er zum Ölberg hinaus
und verbrachte dort die Nacht. 38 Schon
früh am Morgen kam das ganze Volk
zu ihm in den Tempel, um ihn zu
hören.

Das Leiden und die Auferstehung Jesu

Der Beschluss des Hohen Rates

22 Das Fest der Ungesäuerten
Brote, das Pascha genannt wird,
war nahe. 2 Und die Hohenpriester und
die Schriftgelehrten suchten nach einer
Möglichkeit, Jesus (unauffällig) zu be-
seitigen; denn sie fürchteten sich vor
dem Volk.

Der Verrat durch Judas

3 Der Satan aber ergriff Besitz von Judas,
genannt Iskariot, der zu den Zwölf ge-
hörte. 4 Judas ging zu den Hohen-
priestern und den Hauptleuten und
beriet mit ihnen, wie er Jesus an sie aus-
liefern könnte. 5 Da freuten sie sich und
kamen mit ihm überein, ihm Geld
dafür zu geben. 6 Er sagte zu und suchte
von da an nach einer Gelegenheit, ihn
an sie auszuliefern, ohne dass das Volk
es merkte.

Die Vorbereitung des Paschamahls

7 Dann kam der Tag der Ungesäuerten
Brote, an dem das Paschalamm ge-
schlachtet werden musste. 8 Jesus

schickte Petrus und Johannes in die
Stadt und sagte: Geht und bereitet das
Paschamahl für uns vor, damit wir es
gemeinsam essen können. 9 Sie fragten
ihn: Wo sollen wir es vorbereiten? 10 Er
antwortete ihnen: Wenn ihr in die
Stadt kommt, wird euch ein Mann be-
gegnen, der einen Wasserkrug trägt.
Folgt ihm in das Haus, in das er hinein-
geht, 11 und sagt zu dem Herrn des
Hauses: Der Meister lässt dich fragen:
Wo ist der Raum, in dem ich mit
meinen Jüngern das Paschalamm essen
kann? 12 Und der Hausherr wird euch
einen großen Raum im Obergeschoss
zeigen, der mit Polstern ausgestattet ist.
Dort bereitet alles vor! 13 Sie gingen
und fanden alles so, wie er es ihnen
gesagt hatte, und bereiteten das Pas-
chamahl vor.

Das Mahl

14 Als die Stunde gekommen war, begab
er sich mit den Aposteln zu Tisch.
15 Und er sagte zu ihnen: Ich habe mich
sehr danach gesehnt, vor meinem
Leiden dieses Paschamahl mit euch zu
essen. 16 Denn ich sage euch: Ich werde
es nicht mehr essen, bis das Mahl seine
Erfüllung findet im Reich Gottes.
17 Und er nahm den Kelch, sprach das
Dankgebet und sagte: Nehmt den
Wein, und verteilt ihn untereinander!
18 Denn ich sage euch: Von nun an
werde ich nicht mehr von der Frucht
des Weinstocks trinken, bis das Reich
Gottes kommt. 19 Und er nahm Brot,
sprach das Dankgebet, brach das Brot
und reichte es ihnen mit den Worten:
Das ist mein Leib, der für euch
hingegeben wird. Tut dies zu meinem
Gedächtnis! 20 Ebenso nahm er nach
dem Mahl den Kelch und sagte: Dieser
Kelch ist der Neue Bund in meinem
Blut, das für euch vergossen wird.
21 Doch seht, der Mann, der mich ver-
rät und ausliefert, sitzt mit mir am
Tisch. 22 Der Menschensohn muss zwar
den Weg gehen, der ihm bestimmt ist.
Aber weh dem Menschen, durch den er
verraten wird. 23 Da fragte einer den
andern, wer von ihnen das wohl sei, der
so etwas tun werde.

Vom Herrschen und vom Dienen

24 Es entstand unter ihnen ein Streit
darüber, wer von ihnen wohl der Größ-
te sei. 25 Da sagte Jesus: Die Könige herr-
schen über ihre Völker, und die Mäch-
tigen lassen sich Wohltäter nennen.
26 Bei euch aber soll es nicht so sein,
sondern der Größte unter euch soll
werden wie der Kleinste, und der
Führende soll werden wie der Dienende.
27 Welcher von beiden ist größer: wer bei
Tisch sitzt oder wer bedient? Natürlich
der, der bei Tisch sitzt. Ich aber bin unter
euch wie der, der bedient.
28 In allen meinen Prüfungen habt ihr
bei mir ausgeharrt. 29 Darum vermache

ich euch das Reich, wie es mein Vater
mir vermacht hat: 30 Ihr sollt in meinem
Reich mit mir an meinem Tisch essen
und trinken, und ihr sollt auf Thronen
sitzen und die zwölf Stämme Israels
richten.

Die Ankündigung der Verleugnung und der Umkehr des Petrus

31 Simon, Simon, der Satan hat verlangt,
dass er euch wie Weizen sieben darf.
32 Ich aber habe für dich gebetet, dass
dein Glaube nicht erlischt. Und wenn
du dich wieder bekehrt hast, dann
stärke deine Brüder. 33 Darauf sagte
Petrus zu ihm: Herr, ich bin bereit, mit
dir sogar ins Gefängnis und in den Tod
zu gehen. 34 Jesus erwiderte: Ich sage
dir, Petrus, ehe heute der Hahn kräht,
wirst du dreimal leugnen, mich zu
kennen.

Die Stunde der Entscheidung

35 Dann sagte Jesus zu ihnen: Als ich
euch ohne Geldbeutel aussandte, ohne
Vorratstasche und ohne Schuhe, habt
ihr da etwa Not gelitten? Sie ant-
worteten: Nein. 36 Da sagte er: Jetzt
aber soll der, der einen Geldbeutel
hat, ihn mitnehmen, und ebenso die
Tasche. Wer aber kein Geld hat, soll
seinen Mantel verkaufen und sich
dafür ein Schwert kaufen. 37 Ich sage
euch: An mir muss sich das Schrift-
wort erfüllen: Er wurde zu den Ver-
brechern gerechnet. Denn alles, was
über mich gesagt ist, geht in Erfül-
lung. 38 Da sagten sie: Herr, hier sind
zwei Schwerter. Er erwiderte: Genug
davon!

Das Gebet am Ölberg

39 Dann verließ Jesus die Stadt und
ging, wie er es gewohnt war, zum Öl-
berg; seine Jünger folgten ihm. 40 Als er
dort war, sagte er zu ihnen: Betet
darum, dass ihr nicht in Versuchung
geratet! 41 Dann entfernte er sich von
ihnen ungefähr einen Steinwurf weit,
kniete nieder und betete: 42 Vater, wenn
du willst, nimm diesen Kelch von mir!
Aber nicht mein, sondern dein Wille
soll geschehen. 43 Da erschien ihm ein
Engel vom Himmel und gab ihm
(neue) Kraft. 44 Und er betete in seiner
Angst noch inständiger, und sein
Schweiß war wie Blut, das auf die Erde
tropfte. 45 Nach dem Gebet stand er auf,
ging zu den Jüngern zurück und fand
sie schlafend; denn sie waren vor Kum-
mer erschöpft.

46 Da sagte er zu ihnen: Wie könnt ihr
schlafen? Steht auf und betet, damit ihr
nicht in Versuchung geratet.

Die Gefangennahme

47 Während er noch redete, kam eine
Schar Männer; Judas, einer der Zwölf,

ging ihnen voran. Er näherte sich Jesus,
um ihn zu küssen. 48 Jesus aber sagte zu
ihm: Judas, mit einem Kuss verrätst du
den Menschensohn? 49 Als seine Be-
gleiter merkten, was (ihm) drohte,
fragten sie: Herr, sollen wir mit dem
Schwert dreinschlagen? 50 Und einer
von ihnen schlug auf den Diener des
Hohenpriesters ein und hieb ihm das
rechte Ohr ab. 51 Jesus aber sagte: Hört
auf damit! Und er berührte das Ohr
und heilte den Mann. 52 Zu den Hohen-
priestern aber, den Hauptleuten der
Tempelwache und den Ältesten, die vor
ihm standen, sagte Jesus: Wie gegen
einen Räuber seid ihr mit Schwertern
und Knüppeln ausgezogen. 53 Tag für
Tag war ich bei euch im Tempel, und ihr
habt nicht gewagt, gegen mich vor-
zugehen. Aber das ist eure Stunde, jetzt
hat die Finsternis die Macht.

Die Verleugnung durch Petrus

54 Darauf nahmen sie ihn fest, führten
ihn ab und brachten ihn in das Haus
des Hohenpriesters. Petrus folgte von
weitem. 55 Mitten im Hof hatte man ein
Feuer angezündet, und Petrus setzte
sich zu den Leuten, die dort bei-
einander saßen. 56 Eine Magd sah ihn
am Feuer sitzen, schaute ihn genau an
und sagte: Der war auch mit ihm zu-
sammen. 57 Petrus aber leugnete es und
sagte: Frau, ich kenne ihn nicht. 58 Kurz
danach sah ihn ein anderer und
bemerkte: Du gehörst auch zu ihnen.
Petrus aber sagte: Nein, Mensch, ich
nicht! 59 Etwa eine Stunde später be-
hauptete wieder einer: Wahrhaftig, der
war auch mit ihm zusammen; er ist doch
auch ein Galiläer. 60 Petrus aber er-
widerte: Mensch, ich weiß nicht, wovon
du sprichst. Im gleichen Augenblick,
noch während er redete, krähte ein Hahn.
61 Da wandte sich der Herr um und blick-
te Petrus an. Und Petrus erinnerte sich an
das, was der Herr zu ihm gesagt hatte:
Ehe heute der Hahn kräht, wirst du mich
dreimal verleugnen. 62 Und er ging
hinaus und weinte bitterlich.

Die Verspottung durch die Wächter

63 Die Wächter trieben ihren Spott mit
Jesus. Sie schlugen ihn, 64 verhüllten
ihm das Gesicht und fragten ihn: Du
bist doch ein Prophet! Sag uns: Wer
hat dich geschlagen? 65 Und noch mit
vielen anderen Lästerungen verhöhn-
ten sie ihn.

Das Verhör vor dem Hohen Rat

66 Als es Tag wurde, versammelten sich
die Ältesten des Volkes, die Hohen-
priester und die Schriftgelehrten, also
der Hohe Rat, und sie ließen Jesus vor-
führen. 67 Sie sagten zu ihm: Wenn du
der Messias bist, dann sag es uns! Er
antwortete ihnen: Auch wenn ich es
euch sage – ihr glaubt mir ja doch nicht;

68 und wenn ich euch etwas frage, ant-
wortet ihr nicht. 69 Von nun an wird der
Menschensohn zur Rechten des all-
mächtigen Gottes sitzen. 70 Da sagten
alle: Du bist also der Sohn Gottes. Er ant-
wortete ihnen: Ihr sagt es – ich bin es.
71 Da riefen sie: Was brauchen wir noch
Zeugenaussagen? Wir haben es selbst
aus seinem eigenen Mund gehört.

Die Auslieferung an Pilatus

23 Daraufhin erhob sich die
ganze Versammlung, und
man führte Jesus zu Pilatus. 2 Dort
brachten sie ihre Anklage gegen ihn
vor; sie sagten: Wir haben festgestellt,
dass dieser Mensch unser Volk ver-
führt, es davon abhält, dem Kaiser
Steuer zu zahlen, und behauptet, er sei
der Messias und König. 3 Pilatus fragte
ihn: Bist du der König der Juden? Er
antwortete ihm: Du sagst es. 4 Da sagte
Pilatus zu den Hohenpriestern und
zum Volk: Ich finde nicht, dass dieser
Mensch eines Verbrechens schuldig ist.
5 Sie aber blieben hartnäckig und
sagten: Er wiegelt das Volk auf und ver-
breitet seine Lehre im ganzen jü-
dischen Land von Galiläa bis hierher.

Die Verspottung durch Herodes

6 Als Pilatus das hörte, fragte er, ob der
Mann ein Galiläer sei. 7 Und als er er-
fuhr, dass Jesus aus dem Gebiet des
Herodes komme, ließ er ihn zu Herodes
bringen, der in jenen Tagen ebenfalls
in Jerusalem war. 8 Herodes freute sich
sehr, als er Jesus sah; schon lange hatte
er sich gewünscht, mit ihm zu-
sammenzutreffen, denn er hatte von
ihm gehört. Nun hoffte er, ein Wunder
von ihm zu sehen.
9 Er stellte ihm viele Fragen, doch Jesus
gab ihm keine Antwort. 10 Die Hohen-
priester und die Schriftgelehrten, die
dabeistanden, erhoben schwere Be-
schuldigungen gegen ihn. 11 Herodes
und seine Soldaten zeigten ihm offen
ihre Verachtung. Er trieb seinen Spott
mit Jesus, ließ ihm ein Prunkgewand
umhängen und schickte ihn so zu Pila-
tus zurück. 12 An diesem Tag wurden
Herodes und Pilatus Freunde; vorher
waren sie Feinde gewesen.

Die Verhandlung vor Pilatus

13 Pilatus rief die Hohenpriester und
die anderen führenden Männer und
das Volk zusammen 14 und sagte zu
ihnen: Ihr habt mir diesen Menschen
hergebracht und behauptet, er wiegle
das Volk auf. Ich selbst habe ihn in
eurer Gegenwart verhört und habe
keine der Anklagen, die ihr gegen
diesen Menschen vorgebracht habt, be-
stätigt gefunden, 15 auch Herodes
nicht, denn er hat ihn zu uns zurück-
geschickt. Ihr seht also: Er hat nichts
getan, worauf die Todesstrafe steht.

16 Daher will ich ihn nur auspeitschen
lassen, und dann werde ich ihn
freilassen. [17] 18 Da schrien sie alle mit-
einander: Weg mit ihm; lass den
Barabbas frei! 19 Dieser Mann war
wegen eines Aufruhrs in der Stadt und
wegen Mordes ins Gefängnis geworfen
worden. 20 Pilatus aber redete wieder
auf sie ein, denn er wollte Jesus frei-
lassen. 21 Doch sie schrien: Kreuzige
ihn, kreuzige ihn! 22 Zum drittenmal
sagte er zu ihnen: Was für ein Ver-
brechen hat er denn begangen? Ich
habe nichts feststellen können, wofür
er den Tod verdient. Daher will ich ihn
auspeitschen lassen, und dann werde
ich ihn freilassen. 23 Sie aber schrien
und forderten immer lauter, er solle
Jesus kreuzigen lassen, und mit ihrem
Geschrei setzten sie sich durch: 24 Pi-
latus entschied, dass ihre Forderung
erfüllt werden solle. 25 Er ließ den Mann
frei, der wegen Aufruhr und Mord im
Gefängnis saß und den sie gefordert
hatten. Jesus aber lieferte er ihnen aus,
wie sie es verlangten.

Die Kreuzigung

26 Als sie Jesus hinausführten, ergriffen
sie einen Mann aus Zyrene namens
Simon, der gerade vom Feld kam. Ihm
luden sie das Kreuz auf, damit er es
hinter Jesus hertrage. 27 Es folgte eine
große Menschenmenge, darunter auch
Frauen, die um ihn klagten und wein-
ten. 28 Jesus wandte sich zu ihnen um
und sagte: Ihr Frauen von Jerusalem,
weint nicht über mich; weint über euch
und eure Kinder! 29 Denn es kommen
Tage, da wird man sagen: Wohl den
Frauen, die unfruchtbar sind, die nicht
geboren und nicht gestillt haben.
30 Dann wird man zu den Bergen sagen:
Fallt auf uns!, und zu den Hügeln:
Deckt uns zu! 31 Denn wenn das mit
dem grünen Holz geschieht, was wird
dann erst mit dem dürren werden?
32 Zusammen mit Jesus wurden auch
zwei Verbrecher zur Hinrichtung
geführt.
33 Sie kamen zur Schädelhöhe; dort
kreuzigten sie ihn und die Verbrecher,
den einen rechts von ihm, den andern
links. 34 Jesus aber betete: Vater, vergib
ihnen, denn sie wissen nicht, was sie
tun. Dann warfen sie das Los und ver-
teilten seine Kleider unter sich. 35 Die
Leute standen dabei und schauten zu;
auch die führenden Männer des Volkes
verlachten ihn und sagten: Anderen hat
er geholfen, nun soll er sich selbst
helfen, wenn er der erwählte Messias
Gottes ist. 36 Auch die Soldaten ver-
spotteten ihn; sie traten vor ihn hin,
reichten ihm Essig 37 und sagten: Wenn
du der König der Juden bist, dann
hilf dir selbst! 38 Über ihm war eine
Tafel angebracht; auf ihr stand: Das
ist der König der Juden. 39 Einer der
Verbrecher, die neben ihm hingen,
verhöhnte ihn: Bist du denn nicht

der Messias? Dann hilf dir selbst und
auch uns! 40 Der andere aber wies
ihn zurecht und sagte: Nicht einmal du
fürchtest Gott? Dich hat doch das gleiche
Urteil getroffen. 41 Uns geschieht recht,
wir erhalten den Lohn für unsere Taten;
dieser aber hat nichts Unrechtes getan.
42 Dann sagte er: Jesus, denk an mich,
wenn du in dein Reich kommst. 43 Jesus
antwortete ihm: Amen, ich sage dir:
Heute noch wirst du mit mir im Pa-
radies sein.

Der Tod Jesu

44 Es war etwa um die sechste Stunde, als
eine Finsternis über das ganze Land
hereinbrach. Sie dauerte bis zur neunten
Stunde. 45 Die Sonne verdunkelte sich.
Der Vorhang im Tempel Riss mitten
entzwei, 46 und Jesus rief laut: Vater, in
deine Hände lege ich meinen Geist.
Nach diesen Worten hauchte er den
Geist aus.
47 Als der Hauptmann sah, was ge-
schehen war, pries er Gott und sagte:
Das war wirklich ein gerechter Mensch.
48 Und alle, die zu diesem Schauspiel
herbeigeströmt waren und sahen, was
sich ereignet hatte, schlugen sich an die
Brust und gingen betroffen weg.
49 Alle seine Bekannten aber standen in
einiger Entfernung (vom Kreuz), auch
die Frauen, die ihm seit der Zeit in
Galiläa nachgefolgt waren und die alles
mit ansahen.

Das Begräbnis Jesu:

50/51 Damals gehörte zu den Mit-
gliedern des Hohen Rates ein Mann na-
mens Josef, der aus der jüdischen Stadt
Arimathäa stammte. Er wartete auf das
Reich Gottes und hatte dem, was die
anderen beschlossen und taten, nicht
zugestimmt, weil er gut und gerecht
war. 52 Er ging zu Pilatus und bat um
den Leichnam Jesu. 53 Und er nahm ihn
vom Kreuz, hüllte ihn in ein Leinen-
tuch und legte ihn in ein Felsengrab, in
dem noch niemand bestattet worden
war. 54 Das war am Rüsttag, kurz bevor
der Sabbat anbrach. 55 Die Frauen, die
mit Jesus aus Galiläa gekommen waren,
gaben ihm das Geleit und sahen zu, wie
der Leichnam in das Grab gelegt
wurde. 56 Dann kehrten sie heim und
bereiteten wohlriechende Öle und
Salben zu. Am Sabbat aber hielten sie
die vom Gesetz vorgeschriebene Ruhe
ein.

Die Botschaft der Engel im leeren Grab

24 Am ersten Tag der Woche gin-
gen die Frauen mit den wohl-
riechenden Salben, die sie zubereitet
hatten, in aller Frühe zum Grab. 2 Da
sahen sie, dass der Stein vom Grab
weggewälzt war; 3 sie gingen hinein,
aber den Leichnam Jesu, des Herrn,
fanden sie nicht. 4 Während sie ratlos
dastanden, traten zwei Männer in
leuchtenden Gewändern zu ihnen.

5 Die Frauen erschraken und blickten
zu Boden. Die Männer aber sagten zu
ihnen: Was sucht ihr den Lebenden bei
den Toten? 6 Er ist nicht hier, sondern er
ist auferstanden. Erinnert euch an das,
was er euch gesagt hat, als er noch in
Galiläa war: 7 Der Menschensohn muss
den Sündern ausgeliefert und ge-
kreuzigt werden und am dritten Tag
auferstehen.
8 Da erinnerten sie sich an seine Worte.
9 Und sie kehrten vom Grab in die Stadt
zurück und berichteten alles den Elf
und den anderen Jüngern. 10 Es waren
Maria Magdalene, Johanna und Maria,
die Mutter des Jakobus; auch die
übrigen Frauen, die bei ihnen waren,
erzählten es den Aposteln. 11 Doch die
Apostel hielten das alles für Geschwätz
und glaubten ihnen nicht. 12 Petrus
aber stand auf und lief zum Grab. Er
beugte sich vor, sah aber nur die Lei-
nenbinden (dort liegen). Dann ging er
nach Hause, voll Verwunderung über
das, was geschehen war.

Die Begegnung mit dem Auferstandenen auf dem Weg nach Emmaus

13 Am gleichen Tag waren zwei von den
Jüngern auf dem Weg in ein Dorf na-
mens Emmaus, das sechzig Stadien von
Jerusalem entfernt ist. 14 Sie sprachen
miteinander über all das, was sich er-
eignet hatte. 15 Während sie redeten
und ihre Gedanken austauschten, kam
Jesus hinzu und ging mit ihnen. 16 Doch
sie waren wie mit Blindheit geschlagen,
so dass sie ihn nicht erkannten. 17 Er
fragte sie: Was sind das für Dinge, über
die ihr auf eurem Weg miteinander
redet? Da blieben sie traurig stehen,
18 und der eine von ihnen – er hieß
Kleopas – antwortete ihm: Bist du so
fremd in Jerusalem, dass du als einziger
nicht weißt, was in diesen Tagen dort
geschehen ist? 19 Er fragte sie: Was
denn? Sie antworteten ihm: Das mit
Jesus aus Nazaret. Er war ein Prophet,
mächtig in Wort und Tat vor Gott und
dem ganzen Volk. 20 Doch unsere Ho-
henpriester und Führer haben ihn zum
Tod verurteilen und ans Kreuz schlagen
lassen. 21 Wir aber hatten gehofft, dass
er der sei, der Israel erlösen werde. Und
dazu ist heute schon der dritte Tag,
seitdem das alles geschehen ist. 22 Aber
nicht nur das: Auch einige Frauen aus
unserem Kreis haben uns in große Auf-
regung versetzt. Sie waren in der Frühe
beim Grab, 23 fanden aber seinen Leich-
nam nicht. Als sie zurückkamen, er-
zählten sie, es seien ihnen Engel erschie-
nen und hätten gesagt, er lebe. 24 Einige
von uns gingen dann zum Grab und
fanden alles so, wie die Frauen gesagt
hatten; ihn selbst aber sahen sie nicht.
25 Da sagte er zu ihnen: Begreift ihr
denn nicht? Wie schwer fällt es euch,
alles zu glauben, was die Propheten
gesagt haben. 26 Musste nicht der Mes-
sias all das erleiden, um so in seine
Herrlichkeit zu gelangen? 27 Und er
legte ihnen dar, ausgehend von Mose

und allen Propheten, was in der gesamten Schrift über ihn geschrieben
steht. 28 So erreichten sie das Dorf, zu
dem sie unterwegs waren. Jesus tat, als
wolle er weitergehen, 29 aber sie drängten ihn und sagten: Bleib doch bei uns;
denn es wird bald Abend, der Tag hat
sich schon geneigt. Da ging er mit
hinein, um bei ihnen zu bleiben. 30 Und
als er mit ihnen bei Tisch war, nahm er
das Brot, sprach den Lobpreis, brach
das Brot und gab es ihnen. 31 Da gingen
ihnen die Augen auf, und sie erkannten
ihn; dann sahen sie ihn nicht mehr.
32 Und sie sagten zueinander: Brannte
uns nicht das Herz in der Brust, als er
unterwegs mit uns redete und uns den
Sinn der Schrift erschlosst? 33 Noch in
derselben Stunde brachen sie auf und
kehrten nach Jerusalem zurück, und sie
fanden die Elf und die anderen Jünger
versammelt. 34 Diese sagten: Der Herr
ist wirklich auferstanden und ist dem
Simon erschienen. 35 Da erzählten auch
sie, was sie unterwegs erlebt und wie sie
ihn erkannt hatten, als er das Brot
brach.

Die Erscheinung des Auferstandenen in Jerusalem

36 Während sie noch darüber redeten,
trat er selbst in ihre Mitte und sagte zu
ihnen: Friede sei mit euch! 37 Sie erschraken und hatten große Angst,
denn sie meinten, einen Geist zu sehen.
38 Da sagte er zu ihnen: Was seid ihr so
bestürzt? Warum lasst ihr in eurem
Herzen solche Zweifel aufkommen?
39 Seht meine Hände und meine Füße
an: Ich bin es selbst. Fasst mich doch
an, und begreift: Kein Geist hat Fleisch
und Knochen, wie ihr es bei mir seht.
40 Bei diesen Worten zeigte er ihnen
seine Hände und Füße. 41 Sie staunten,
konnten es aber vor Freude immer noch
nicht glauben. Da sagte er zu ihnen: Habt
ihr etwas zu essen hier? 42 Sie gaben ihm
ein Stück gebratenen Fisch; 43 er nahm es
und aß es vor ihren Augen.
44 Dann sprach er zu ihnen: Das sind
die Worte, die ich zu euch gesagt habe,
als ich noch bei euch war: Alles muss in
Erfüllung gehen, was im Gesetz des
Mose, bei den Propheten und in den
Psalmen über mich gesagt ist. 45 Darauf
öffnete er ihnen die Augen für das Verständnis der Schrift. 46 Er sagte zu ihnen: So steht es in der Schrift: Der Messias wird leiden und am dritten Tag von
den Toten auferstehen, 47 und in seinem
Namen wird man allen Völkern, angefangen in Jerusalem, verkünden, sie
sollen umkehren, damit ihre Sünden
vergeben werden.

48 Ihr seid Zeugen dafür. 49 Und ich
werde die Gabe, die mein Vater ver-
heißen hat, zu euch herabsenden. Bleibt
in der Stadt, bis ihr mit der Kraft aus
der Höhe erfüllt werdet.
50 Dann führte er sie hinaus in die Nähe
von Betanien. Dort erhob er seine Hän-
de und segnete sie. 51 Und während er
sie segnete, verließ er sie und wurde
zum Himmel emporgehoben; 52 sie
aber fielen vor ihm nieder.
Dann kehrten sie in großer Freude nach
Jerusalem zurück. 53 Und sie waren
immer im Tempel und priesen Gott.

Das Evangelium nach Johannes

Das letzte der vier Evangelien wird von der altkirchlichen Überlieferung dem Apostel Johannes, dem Sohn des Fischers Zebedäus und Bruder des Jakobus (Mk 1,19f; 3,17), zugeschrieben. Es hat erst am Ausgang des 1. Jahrhunderts seine jetzige Gestalt gefunden. Träger und Gewährsmann der in ihm bezeugten Überlieferung ist »der Jünger, den Jesus liebte« (vgl. 13,23; 19,26; 20,2; 21,7.20.24). Manche Anzeichen weisen darauf hin, dass dieses Evangelium einen längeren Entstehungsprozess durchlaufen hat.

Das Johannesevangelium unterscheidet sich in Anlage, Auswahl und Darbietung des Stoffes erheblich von den drei früheren (»synoptischen«) Evangelien. Es berichtet wiederholt von Reisen Jesu zu Festen in Jerusalem (2,13; 5,1; 7,2.10; 11,55; 12,12) und erzählt hauptsächlich vom Auftreten Jesu in diesem Zentrum des Judentums. Vom Wirken Jesu in Galiläa bringt es nur eine knappe Auswahl, fügt aber andererseits ein langes Kapitel über einen Aufenthalt in Samarien ein (4,1–42). Doch ist das alles nur der äußere Rahmen für die Selbstoffenbarung Jesu in Wort und »Zeichen«, in der er sich als der von Gott gesandte Sohn, als Licht und Leben der Menschen bezeugt. Die ganze Darstellung soll den Glauben begründen, dass Jesus »der Messias, der Sohn Gottes ist«, durch den die Glaubenden ewiges Leben gewinnen (20,31). Die großen Linien des Aufbaus sind deutlich erkennbar. Auf den einleitenden Abschnitt (Prolog: 1,1–18), der von Jesu ewigem Sein beim Vater (Präexistenz) zur Menschwerdung (Inkarnation) hinführt, folgt das Zeugnis Johannes' des Täufers und der Bericht über die Berufung der Jünger (1,19–51). Dann beschreibt der Evangelist die Anfänge des Wirkens Jesu auf der Hochzeit in Kana (2,1–11), in Jerusalem (Tempelreinigung 2,13–22; Nikodemusgespräch 3,1–21), Judäa (3,22–36), Samarien (4,1–42) und wieder in Galiläa (4,43–54).

Das Mittelstück (Kap. 5–12) dient der Selbstoffenbarung Jesu vor der Welt: in Jerusalem Heilung eines Kranken und Offenbarungsrede als der Sohn, der lebendig macht und richtet (Kap. 5); in Galiläa die große Speisung und Offenbarung als das vom Himmel gekommene Lebensbrot (Kap. 6); auf dem Laubhüttenfest in Jerusalem Gespräche über seine Messianität (Kap. 7), Offenbarung als Licht der Welt, Auseinandersetzung mit dem Judentum, Heilung eines Blindgeborenen (Kap. 8–9); weitere Selbstoffenbarung als der wahre Hirt und Führer seiner Herde (Kap. 10); vor dem letzten Pascha Erweckung des Lazarus als Zeichen seiner Macht über Leben und Tod (Kap. 11), Salbung in Betanien, Einzug in Jerusalem, Begegnung mit Griechen und letzte Selbstoffenbarung (Kap. 12).

Vom Wirken in der Welt (vgl. den Rückblick 12,37–50) wird das letzte Zusammen sein mit den Jüngern abgehoben (Kap. 13–17). Im Rahmen des Abschiedsmahls mit der Fußwaschung (Kap. 13) dienen die Abschiedsreden (Kap. 14–16) sowie das große Gebet zum Vater (Kap. 17) der Unterweisung und Zurüstung der Gemeinde für die Zeit nach Jesu Tod, in der der Erhöhte durch den verheißenen Heiligen Geist in der Gemeinde weiterwirkt. Nach diesem Teil (Kap. 13–17), der in den anderen Evangelien keine direkte Entsprechung hat, folgt die Leidensgeschichte mit ausführlicher Darstellung des Prozesses vor Pilatus (Kap. 18–19) und der Bericht über das Ostergeschehen (Kap. 20). Kap. 21 ist eine Zufügung der Herausgeber des Evangeliums.

Das Johannesevangelium mit seiner Entfaltung der Selbstoffenbarung Jesu und seinen Aussagen über die Sendung Jesu als Retter der Welt hat auf den Glauben und die Theologie der Kirche in allen Jahrhunderten größten Einfluss gehabt. Klemens von Alexandria hat es das »pneumatische« (geistige) Evangelium genannt.

DER PROLOG

1 Im Anfang war das Wort, / und
das Wort war bei Gott, / und das
Wort war Gott.
2 Im Anfang war es bei Gott.
3 Alles ist durch das Wort geworden, /
und ohne das Wort wurde nichts, was
geworden ist.
4 In ihm war das Leben, / und das Leben
war das Licht der Menschen.
5 Und das Licht leuchtet in der Finster-
nis, / und die Finsternis hat es nicht
erfasst.
6 Es trat ein Mensch auf, der von
Gott gesandt war; sein Name war Jo-
hannes. 7 Er kam als Zeuge, um Zeug-
nis abzulegen für das Licht, damit alle
durch ihn zum Glauben kommen. 8 Er
war nicht selbst das Licht, er sollte nur
Zeugnis ablegen für das Licht.
9 Das wahre Licht, das jeden Menschen
erleuchtet, / kam in die Welt.

[10] Er war in der Welt, / und die Welt ist
durch ihn geworden, / aber die Welt
erkannte ihn nicht.
[11] Er kam in sein Eigentum, / aber die
Seinen nahmen ihn nicht auf.
[12] Allen aber, die ihn aufnahmen, / gab
er Macht, Kinder Gottes zu werden, /
allen, die an seinen Namen glauben,
[13] die nicht aus dem Blut, / nicht aus
dem Willen des Fleisches, / nicht aus
dem Willen des Mannes, / sondern aus
Gott geboren sind.
[14] Und das Wort ist Fleisch geworden /
und hat unter uns gewohnt, / und wir
haben seine Herrlichkeit gesehen, / die
Herrlichkeit des einzigen Sohnes vom
Vater, / voll Gnade und Wahrheit.
[15] Johannes legte Zeugnis für ihn ab
und rief: Dieser war es, über den ich
gesagt habe: Er, der nach mir kommt,
ist mir voraus, weil er vor mir war.
[16] Aus seiner Fülle haben wir alle emp-
fangen, / Gnade über Gnade.
[17] Denn das Gesetz wurde durch Mose
gegeben, die Gnade und die Wahrheit
kamen durch Jesus Christus. [18] Nie-
mand hat Gott je gesehen. Der Einzige,
der Gott ist und am Herzen des Vaters
ruht, er hat Kunde gebracht.

Das Öffentliche Wirken Jesu

Die Kennzeichnung der Person und des Auftrags Jesu – Die Anfänge seines Wirkens

Die Aussage Johannes' des Täufers

[19] Dies ist das Zeugnis des Johannes: Als
die Juden von Jerusalem aus Priester
und Leviten zu ihm sandten mit der
Frage: Wer bist du?, [20] bekannte er und
leugnete nicht; er bekannte: Ich bin
nicht der Messias. [21] Sie fragten ihn:
Was bist du dann? Bist du Elija? Und er
sagte: Ich bin es nicht. Bist du der Pro-
phet? Er antwortete: Nein. [22] Da fragten
sie ihn: Wer bist du? Wir müssen
denen, die uns gesandt haben, Aus-
kunft geben. Was sagst du über dich
selbst? [23] Er sagte: Ich bin die Stimme,
die in der Wüste ruft: Ebnet den Weg
für den Herrn!, wie der Prophet Jesaja
gesagt hat. [24] Unter den Abgesandten
waren auch Pharisäer. [25] Sie fragten Jo-
hannes: Warum taufst du dann, wenn
du nicht der Messias bist, nicht Elija
und nicht der Prophet? [26] Er antwortete
ihnen: Ich taufe mit Wasser. Mitten
unter euch steht der, den ihr nicht
kennt [27] und der nach mir kommt; ich
bin es nicht wert, ihm die Schuhe auf-
zuschnüren. [28] Dies geschah in Beta-
nien, auf der anderen Seite des Jordan,
wo Johannes taufte.

Das Zeugnis des Täufers für Jesus

29 Am Tag darauf sah er Jesus auf sich
zukommen und sagte: Seht, das Lamm
Gottes, das die Sünde der Welt hin-
wegnimmt. 30 Er ist es, von dem ich
gesagt habe: Nach mir kommt ein
Mann, der mir voraus ist, weil er vor
mir war. 31 Auch ich kannte ihn nicht;
aber ich bin gekommen und taufe mit
Wasser, um Israel mit ihm bekannt zu
machen. 32 Und Johannes bezeugte: Ich
sah, dass der Geist vom Himmel herab-
kam wie eine Taube und auf ihm blieb.
33 Auch ich kannte ihn nicht; aber er,
der mich gesandt hat, mit Wasser zu
taufen, er hat mir gesagt: Auf wen du
den Geist herabkommen siehst und auf
wem er bleibt, der ist es, der mit dem
Heiligen Geist tauft. 34 Das habe ich
gesehen, und ich bezeuge: Er ist der
Sohn Gottes.

Die ersten Jünger

35 Am Tag darauf stand Johannes
wieder dort, und zwei seiner Jünger
standen bei ihm. 36 Als Jesus vorüber-
ging, richtete Johannes seinen Blick auf
ihn und sagte: Seht, das Lamm Gottes!
37 Die beiden Jünger hörten, was er
sagte, und folgten Jesus.
38 Jesus aber wandte sich um, und als er
sah, dass sie ihm folgten, fragte er sie:
Was wollt ihr? Sie sagten zu ihm: Rabbi
– das heißt übersetzt: Meister –, wo
wohnst du? 39 Er antwortete: Kommt
und seht! Da gingen sie mit und sahen,
wo er wohnte, und blieben jenen Tag
bei ihm; es war um die zehnte Stunde.
40 Andreas, der Bruder des Simon
Petrus, war einer der beiden, die das
Wort des Johannes gehört hatten und
Jesus gefolgt waren. 41 Dieser traf zuerst
seinen Bruder Simon und sagte zu ihm:
Wir haben den Messias gefunden. Mes-
sias heißt übersetzt: der Gesalbte
(Christus). 42 Er führte ihn zu Jesus.
Jesus blickte ihn an und sagte: Du bist
Simon, der Sohn des Johannes, du
sollst Kephas heißen. Kephas bedeutet:
Fels (Petrus).
43 Am Tag darauf wollte Jesus nach
Galiläa aufbrechen; da traf er Philip-
pus. Und Jesus sagte zu ihm: Folge mir
nach! 44 Philippus war aus Betsaida,
dem Heimatort des Andreas und
Petrus. 45 Philippus traf Natanaël und
sagte zu ihm: Wir haben den gefunden,
über den Mose im Gesetz und auch die
Propheten geschrieben haben: Jesus
aus Nazaret, den Sohn Josefs. 46 Da
sagte Natanaël zu ihm: Aus Nazaret?
Kann von dort etwas Gutes kommen?
Philippus antwortete: Komm und sieh!
47 Jesus sah Natanaël auf sich zu-
kommen und sagte über ihn: Da
kommt ein echter Israelit, ein Mann
ohne Falschheit. 48 Natanaël fragte ihn:
Woher kennst du mich? Jesus ant-
wortete ihm: Schon bevor dich Phi-
lippus rief, habe ich dich unter dem
Feigenbaum gesehen. 49 Natanaël ant-

wortete ihm: Rabbi, du bist der Sohn
Gottes, du bist der König von Israel!
[50] Jesus antwortete ihm: Du glaubst,
weil ich dir sagte, dass ich dich unter
dem Feigenbaum sah? Du wirst noch
Größeres sehen. [51] Und er sprach zu
ihm: Amen, amen, ich sage euch: Ihr
werdet den Himmel geöffnet und die
Engel Gottes auf- und niedersteigen
sehen über dem Menschensohn.

Die Hochzeit in Kana als Zeichen

2 Am dritten Tag fand in Kana in
Galiläa eine Hochzeit statt, und
die Mutter Jesu war dabei. [2] Auch Jesus
und seine Jünger waren zur Hochzeit
eingeladen. [3] Als der Wein ausging,
sagte die Mutter Jesu zu ihm: Sie haben
keinen Wein mehr. [4] Jesus erwiderte
ihr: Was willst du von mir, Frau? Meine
Stunde ist noch nicht gekommen.
[5] Seine Mutter sagte zu den Dienern:
Was er euch sagt, das tut! [6] Es standen
dort sechs steinerne Wasserkrüge, wie
es der Reinigungsvorschrift der Juden
entsprach; jeder fasste ungefähr hun-
dert Liter. [7] Jesus sagte zu den Dienern:
Füllt die Krüge mit Wasser! Und sie
füllten sie bis zum Rand. [8] Er sagte zu
ihnen: Schöpft jetzt, und bringt es
dem, der für das Festmahl verantwort-
lich ist. Sie brachten es ihm. [9] Er kostete
das Wasser, das zu Wein geworden war.
Er wusste nicht, woher der Wein kam;
die Diener aber, die das Wasser ge-
schöpft hatten, wussten es. Da ließ er
den Bräutigam rufen [10] und sagte zu
ihm: Jeder setzt zuerst den guten Wein
vor und erst, wenn die Gäste zu viel ge-
trunken haben, den weniger guten. Du
jedoch hast den guten Wein bis jetzt
zurückgehalten. [11] So tat Jesus sein
erstes Zeichen, in Kana in Galiläa, und
offenbarte seine Herrlichkeit, und
seine Jünger glaubten an ihn. [12] Da-
nach zog er mit seiner Mutter, seinen
Brüdern und seinen Jüngern nach
Kafarnaum hinab. Dort blieben sie ei-
nige Zeit.

Die Vertreibung der Händler aus dem Tempel

[13] Das Paschafest der Juden war nahe,
und Jesus zog nach Jerusalem hinauf.
[14] Im Tempel fand er die Verkäufer von
Rindern, Schafen und Tauben und die
Geldwechsler, die dort saßen. [15] Er
machte eine Geißel aus Stricken und
trieb sie alle aus dem Tempel hinaus,
dazu die Schafe und Rinder; das Geld
der Wechsler schüttete er aus, und ihre
Tische stieß er um. [16] Zu den Tauben-
händlern sagte er: Schafft das hier weg,
macht das Haus meines Vaters nicht zu
einer Markthalle! [17] Seine Jünger er-
innerten sich an das Wort der Schrift:
Der Eifer für dein Haus verzehrt mich.
[18] Da stellten ihn die Juden zur Rede:
Welches Zeichen lässt du uns sehen als
Beweis, dass du dies tun darfst?

19 Jesus antwortete ihnen: Reißt diesen
Tempel nieder, in drei Tagen werde ich
ihn wieder aufrichten. 20 Da sagten die
Juden: Sechsundvierzig Jahre wurde an
diesem Tempel gebaut, und du willst
ihn in drei Tagen wieder aufrichten?
21 Er aber meinte den Tempel seines
Leibes. 22 Als er von den Toten aufer-
standen war, erinnerten sich seine Jün-
ger, dass er dies gesagt hatte, und sie
glaubten der Schrift und dem Wort,
das Jesus gesprochen hatte.

Jesus beim Paschafest in Jerusalem

23 Während er zum Paschafest in Jeru-
salem war, kamen viele zum Glauben
an seinen Namen, als sie die Zeichen
sahen, die er tat. 24 Jesus aber vertraute
sich ihnen nicht an, denn er kannte sie
alle 25 und brauchte von keinem ein
Zeugnis über den Menschen; denn er
wusste, was im Menschen ist.

Das Gespräch mit Nikodemus

3 Es war ein Pharisäer namens
Nikodemus, ein führender Mann
unter den Juden. 2 Der suchte Jesus bei
Nacht auf und sagte zu ihm: Rabbi, wir
wissen, du bist ein Lehrer, der von Gott
gekommen ist; denn niemand kann die
Zeichen tun, die du tust, wenn nicht
Gott mit ihm ist. 3 Jesus antwortete
ihm: Amen, amen, ich sage dir: Wenn
jemand nicht von neuem geboren wird,
kann er das Reich Gottes nicht sehen.
4 Nikodemus entgegnete ihm: Wie
kann ein Mensch, der schon alt ist, ge-
boren werden? Er kann doch nicht in
den Schoß seiner Mutter zurückkehren
und ein zweites Mal geboren werden.
5 Jesus antwortete: Amen, amen, ich
sage dir: Wenn jemand nicht aus
Wasser und Geist geboren wird, kann
er nicht in das Reich Gottes kommen.
6 Was aus dem Fleisch geboren ist, das
ist Fleisch; was aber aus dem Geist ge-
boren ist, das ist Geist. 7 Wundere dich
nicht, dass ich dir sagte: Ihr müsst von
neuem geboren werden. 8 Der Wind
weht, wo er will; du hörst sein Brausen,
weißt aber nicht, woher er kommt und
wohin er geht. So ist es mit jedem, der
aus dem Geist geboren ist. 9 Nikodemus
erwiderte ihm: Wie kann das ge-
schehen? 10 Jesus antwortete: Du bist
der Lehrer Israels und verstehst das
nicht? 11 Amen, amen, ich sage dir: Was
wir wissen, davon reden wir, und was
wir gesehen haben, das bezeugen wir,
und doch nehmt ihr unser Zeugnis
nicht an. 12 Wenn ich zu euch über ir-
dische Dinge gesprochen habe und ihr
nicht glaubt, wie werdet ihr glauben,
wenn ich zu euch über himmlische
Dinge spreche? 13 Und niemand ist in
den Himmel hinaufgestiegen außer
dem, der vom Himmel herabgestiegen
ist: der Menschensohn.

Das Ziel der Sendung Jesu

14 Und wie Mose die Schlange in der
Wüste erhöht hat, so muss der Men-
schensohn erhöht werden, 15 damit je-
der, der (an ihn) glaubt, in ihm das
ewige Leben hat. 16 Denn Gott hat die
Welt so sehr geliebt, dass er seinen ein-
zigen Sohn hingab, damit jeder, der an
ihn glaubt, nicht zugrunde geht,
sondern das ewige Leben hat. 17 Denn
Gott hat seinen Sohn nicht in die Welt
gesandt, damit er die Welt richtet, son-
dern damit die Welt durch ihn gerettet
wird. 18 Wer an ihn glaubt, wird nicht
gerichtet; wer nicht glaubt, ist schon
gerichtet, weil er an den Namen des
einzigen Sohnes Gottes nicht geglaubt
hat. 19 Denn mit dem Gericht verhält es
sich so: Das Licht kam in die Welt, und
die Menschen liebten die Finsternis
mehr als das Licht; denn ihre Taten
waren böse. 20 Jeder, der Böses tut, hasst
das Licht und kommt nicht zum Licht,
damit seine Taten nicht aufgedeckt
werden. 21 Wer aber die Wahrheit tut,
kommt zum Licht, damit offenbar
wird, dass seine Taten in Gott voll-
bracht sind.

Der Täufer und der Messias

22 Darauf ging Jesus mit seinen Jüngern
nach Judäa. Dort hielt er sich mit ihnen
auf und taufte. 23 Aber auch Johannes
taufte damals, und zwar in Änon bei
Salim, weil dort viel Wasser war; und
die Leute kamen und ließen sich tau-
fen. 24 Johannes war nämlich noch nicht
ins Gefängnis geworfen worden. 25 Da
kam es zwischen den Jüngern des Jo-
hannes und einem Juden zum Streit
über die Frage der Reinigung. 26 Sie
gingen zu Johannes und sagten zu ihm:
Rabbi, der Mann, der auf der anderen
Seite des Jordan bei dir war und für den
du Zeugnis abgelegt hast, der tauft
jetzt, und alle laufen zu ihm. 27 Jo-
hannes antwortete: Kein Mensch kann
sich etwas nehmen, wenn es ihm nicht
vom Himmel gegeben ist. 28 Ihr selbst
könnt mir bezeugen, dass ich gesagt
habe: Ich bin nicht der Messias,
sondern nur ein Gesandter, der ihm
vorausgeht. 29 Wer die Braut hat, ist der
Bräutigam; der Freund des Bräutigams
aber, der dabeisteht und ihn hört, freut
sich über die Stimme des Bräutigams.
Diese Freude ist nun für mich Wirk-
lichkeit geworden. 30 Er muss wachsen,
ich aber muss kleiner werden.

31 Er, der von oben kommt, steht über
allen; wer von der Erde stammt, ist ir-
disch und redet irdisch. Er, der aus dem
Himmel kommt, steht über allen. 32 Was
er gesehen und gehört hat, bezeugt er,
doch niemand nimmt sein Zeugnis an.
33 Wer sein Zeugnis annimmt, beglau-
bigt, dass Gott wahrhaftig ist. 34 Denn
der, den Gott gesandt hat, verkündet
die Worte Gottes; denn er gibt den
Geist unbegrenzt. 35 Der Vater liebt den
Sohn und hat alles in seine Hand ge-

geben. 36 Wer an den Sohn glaubt, hat
das ewige Leben; wer aber dem Sohn
nicht gehorcht, wird das Leben nicht
sehen, sondern Gottes Zorn bleibt auf
ihm.

Das Gespräch am Jakobsbrunnen

4 Jesus erfuhr, dass die Pharisäer
gehört hatten, er gewinne und
taufe mehr Jünger als Johannes –
2 allerdings taufte nicht Jesus selbst,
sondern seine Jünger –; 3 daraufhin ver-
ließ er Judäa und ging wieder nach
Galiläa. 4 Er musste aber den Weg
durch Samarien nehmen. 5 So kam er
zu einem Ort in Samarien, der Sychar
hieß und nahe bei dem Grundstück
lag, das Jakob seinem Sohn Josef ver-
macht hatte. 6 Dort befand sich der
Jakobsbrunnen. Jesus war müde von
der Reise und setzte sich daher an den
Brunnen; es war um die sechste Stunde.
7 Da kam eine samaritische Frau, um
Wasser zu schöpfen. Jesus sagte zu ihr:
Gib mir zu trinken! 8 Seine Jünger
waren nämlich in den Ort gegangen,
um etwas zum Essen zu kaufen. 9 Die
samaritische Frau sagte zu ihm: Wie
kannst du als Jude mich, eine Sama-
riterin, um Wasser bitten? Die Juden
verkehren nämlich nicht mit den
Samaritern. 10 Jesus antwortete ihr:
Wenn du wüsstest, worin die Gabe
Gottes besteht und wer es ist, der zu dir
sagt: Gib mir zu trinken!, dann hättest
du ihn gebeten, und er hätte dir
lebendiges Wasser gegeben. 11 Sie sagte
zu ihm: Herr, du hast kein Schöpf-
gefäß, und der Brunnen ist tief; woher
hast du also das lebendige Wasser?
12 Bist du etwa größer als unser Vater
Jakob, der uns den Brunnen gegeben
und selbst daraus getrunken hat, wie
seine Söhne und seine Herden? 13 Jesus
antwortete ihr: Wer von diesem Wasser
trinkt, wird wieder Durst bekommen;
14 wer aber von dem Wasser trinkt, das
ich ihm geben werde, wird niemals
mehr Durst haben; vielmehr wird das
Wasser, das ich ihm gebe, in ihm zur
sprudelnden Quelle werden, deren
Wasser ewiges Leben schenkt. 15 Da
sagte die Frau zu ihm: Herr, gib mir
dieses Wasser, damit ich keinen Durst
mehr habe und nicht mehr hierher
kommen muss, um Wasser zu schöp-
fen. 16 Er sagte zu ihr: Geh, ruf deinen
Mann, und komm wieder her! 17 Die
Frau antwortete: Ich habe keinen
Mann. Jesus sagte zu ihr: Du hast
richtig gesagt: Ich habe keinen Mann.
18 Denn fünf Männer hast du gehabt,
und der, den du jetzt hast, ist nicht dein
Mann. Damit hast du die Wahrheit
gesagt.

19 Die Frau sagte zu ihm: Herr, ich sehe,
dass du ein Prophet bist. 20 Unsere
Väter haben auf diesem Berg Gott an-
gebetet; ihr aber sagt, in Jerusalem sei
die Stätte, wo man anbeten muss.
21 Jesus sprach zu ihr: Glaube mir, Frau,

die Stunde kommt, zu der ihr weder auf
diesem Berg noch in Jerusalem den
Vater anbeten werdet. [22] Ihr betet an,
was ihr nicht kennt, wir beten an, was
wir kennen; denn das Heil kommt von
den Juden. [23] Aber die Stunde kommt,
und sie ist schon da, zu der die wahren
Beter den Vater anbeten werden im
Geist und in der Wahrheit; denn so will
der Vater angebetet werden. [24] Gott ist
Geist, und alle, die ihn anbeten,
müssen im Geist und in der Wahrheit
anbeten. [25] Die Frau sagte zu ihm: Ich
weiß, dass der Messias kommt, das
ist: der Gesalbte (Christus). Wenn
er kommt, wird er uns alles verkünden.
[26] Da sagte Jesus zu ihr: Ich bin es, ich,
der mit dir spricht.

Die Aufnahme Jesu bei den Samaritern

[27] Inzwischen waren seine Jünger zu-
rückgekommen. Sie wunderten sich,
dass er mit einer Frau sprach, aber
keiner sagte: Was willst du?, oder: Was
redest du mit ihr? [28] Da ließ die Frau
ihren Wasserkrug stehen, eilte in den
Ort und sagte zu den Leuten: [29] Kommt
her, seht, da ist ein Mann, der mir alles
gesagt hat, was ich getan habe: Ist er
vielleicht der Messias? [30] Da liefen sie
hinaus aus dem Ort und gingen zu
Jesus.
[31] Währenddessen drängten ihn seine
Jünger: Rabbi, iss! [32] Er aber sagte zu
ihnen: Ich lebe von einer Speise, die ihr
nicht kennt. [33] Da sagten die Jünger zu-
einander: Hat ihm jemand etwas zu
essen gebracht? [34] Jesus sprach zu
ihnen: Meine Speise ist es, den Willen
dessen zu tun, der mich gesandt hat,
und sein Werk zu Ende zu führen.
[35] Sagt ihr nicht: Noch vier Monate
dauert es bis zur Ernte? Ich aber sage
euch: Blickt umher und seht, dass die
Felder weiß sind, reif zur Ernte. [36] Schon
empfängt der Schnitter seinen Lohn
und sammelt Frucht für das ewige Le-
ben, so dass sich der Sämann und der
Schnitter gemeinsam freuen. [37] Denn
hier hat das Sprichwort recht: Einer sät,
und ein anderer erntet. [38] Ich habe euch
gesandt, zu ernten, wofür ihr nicht ge-
arbeitet habt; andere haben gearbeitet,
und ihr erntet die Frucht ihrer Arbeit.
[39] Viele Samariter aus jenem Ort kamen
zum Glauben an Jesus auf das Wort der
Frau hin, die bezeugt hatte: Er hat mir
alles gesagt, was ich getan habe. [40] Als
die Samariter zu ihm kamen, baten sie
ihn, bei ihnen zu bleiben; und er blieb
dort zwei Tage. [41] Und noch viel mehr
Leute kamen zum Glauben an ihn auf-
grund seiner eigenen Worte. [42] Und zu
der Frau sagten sie: Nicht mehr auf-
grund deiner Aussage glauben wir,
sondern weil wir ihn selbst gehört
haben und nun wissen: Er ist wirklich
der Retter der Welt.

Ein Heilungswunder in Galiläa

43 Nach diesen beiden Tagen ging er
von dort nach Galiläa. 44 Jesus selbst
hatte nämlich bestätigt: Ein Prophet
wird in seiner eigenen Heimat nicht ge-
ehrt. 45 Als er nun nach Galiläa kam,
nahmen ihn die Galiläer auf, weil sie
alles gesehen hatten, was er in Jerusa-
lem während des Festes getan hatte;
denn auch sie waren zum Fest ge-
kommen. 46 Jesus kam wieder nach
Kana in Galiläa, wo er das Wasser in
Wein verwandelt hatte.
In Kafarnaum lebte ein königlicher Be-
amter; dessen Sohn war krank. 47 Als er
hörte, dass Jesus von Judäa nach Galiläa
gekommen war, suchte er ihn auf und
bat ihn, herabzukommen und seinen
Sohn zu heilen; denn er lag im Sterben.
48 Da sagte Jesus zu ihm: Wenn ihr
nicht Zeichen und Wunder seht, glaubt
ihr nicht. 49 Der Beamte bat ihn: Herr,
komm herab, ehe mein Kind stirbt.
50 Jesus erwiderte ihm: Geh, dein Sohn
lebt! Der Mann glaubte dem Wort, das
Jesus zu ihm gesagt hatte, und machte
sich auf den Weg. 51 Noch während er
unterwegs war, kamen ihm seine
Diener entgegen und sagten: Dein Jun-
ge lebt. 52 Da fragte er sie genau nach
der Stunde, in der die Besserung einge-
treten war. Sie antworteten: Gestern in
der siebten Stunde ist das Fieber von
ihm gewichen. 53 Da erkannte der Vater,
dass es genau zu der Stunde war, als
Jesus zu ihm gesagt hatte: Dein Sohn
lebt. Und er wurde gläubig mit seinem
ganzen Haus. 54 So tat Jesus sein zweites
Zeichen, und zwar nachdem er von
Judäa nach Galiläa gekommen war.

Die Selbstoffenbarung Jesu vor der Welt

Die Heilung eines Gelähmten am Sabbat in Jerusalem

5 Einige Zeit später war ein Fest der
Juden, und Jesus ging hinauf nach
Jerusalem. 2 In Jerusalem gibt es beim
Schaftor einen Teich, zu dem fünf Säu-
lenhallen gehören; dieser Teich heißt
auf hebräisch Betesda. 3 In diesen Hal-
len lagen viele Kranke, darunter Blinde,
Lahme und Verkrüppelte. [3b.4] 5 Dort
lag auch ein Mann, der schon achtund-
dreißig Jahre krank war. 6 Als Jesus ihn
dort liegen sah und erkannte, dass er
schon lange krank war, fragte er ihn:
Willst du gesund werden? 7 Der Kranke
antwortete ihm: Herr, ich habe keinen
Menschen, der mich, sobald das Was-
ser aufwallt, in den Teich trägt. Wäh-
rend ich mich hinschleppe, steigt schon
ein anderer vor mir hinein. 8 Da sagte
Jesus zu ihm: Steh auf, nimm deine
Bahre und geh! 9 Sofort wurde der
Mann gesund, nahm seine Bahre und
ging.
Dieser Tag war aber ein Sabbat. 10 Da
sagten die Juden zu dem Geheilten: Es
ist Sabbat, du darfst deine Bahre nicht

tragen. 11 Er erwiderte: Der Mann, der
mich gesund gemacht hat, sagte zu
mir: Nimm deine Bahre und geh! 12 Sie
fragten ihn: Wer ist das denn, der zu dir
gesagt hat: Nimm deine Bahre und
geh? 13 Der Geheilte wusste aber nicht,
wer es war. Jesus war nämlich wegge-
gangen, weil sich dort eine große
Menschenmenge angesammelt hatte.
14 Später traf ihn Jesus im Tempel und
sagte zu ihm: Jetzt bist du gesund;
sündige nicht mehr, damit dir nicht
noch Schlimmeres zustößt. 15 Der
Mann ging fort und teilte den Juden
mit, dass es Jesus war, der ihn gesund
gemacht hatte. 16 Daraufhin verfolgten
die Juden Jesus, weil er das an einem
Sabbat getan hatte. 17 Jesus aber ent-
gegnete ihnen: Mein Vater ist noch
immer am Werk, und auch ich bin am
Werk.

18 Darum waren die Juden noch mehr
darauf aus, ihn zu töten, weil er nicht
nur den Sabbat brach, sondern auch
Gott seinen Vater nannte und sich da-
mit Gott gleichstellte.

Jesu Rede über seine Vollmacht

19 Jesus aber sagte zu ihnen: Amen,
amen, ich sage euch: Der Sohn kann
nichts von sich aus tun, sondern nur,
wenn er den Vater etwas tun sieht. Was
nämlich der Vater tut, das tut in
gleicher Weise der Sohn. 20 Denn der
Vater liebt den Sohn und zeigt ihm
alles, was er tut, und noch größere
Werke wird er ihm zeigen, so dass ihr
staunen werdet. 21 Denn wie der Vater
die Toten auferweckt und lebendig
macht, so macht auch der Sohn
lebendig, wen er will. 22 Auch richtet
der Vater niemand, sondern er hat das
Gericht ganz dem Sohn übertragen,
23 damit alle den Sohn ehren, wie sie
den Vater ehren. Wer den Sohn nicht
ehrt, ehrt auch den Vater nicht, der ihn
gesandt hat. 24 Amen, amen, ich sage
euch: Wer mein Wort hört und dem
glaubt, der mich gesandt hat, hat das
ewige Leben; er kommt nicht ins Ge-
richt, sondern ist aus dem Tod ins Le-
ben hinübergegangen. 25 Amen, amen,
ich sage euch: Die Stunde kommt, und
sie ist schon da, in der die Toten die
Stimme des Sohnes Gottes hören
werden; und alle, die sie hören, werden
leben. 26 Denn wie der Vater das Leben
in sich hat, so hat er auch dem Sohn
gegeben, das Leben in sich zu haben.
27 Und er hat ihm Vollmacht gegeben,
Gericht zu halten, weil er der Men-
schensohn ist. 28 Wundert euch nicht
darüber! Die Stunde kommt, in der
alle, die in den Gräbern sind, seine
Stimme hören 29 und herauskommen
werden: Die das Gute getan haben,
werden zum Leben auferstehen, die das
Böse getan haben, zum Gericht. 30 Von
mir selbst aus kann ich nichts tun; ich
richte, wie ich es (vom Vater) höre, und
mein Gericht ist gerecht, weil es mir

nicht um meinen Willen geht, sondern
um den Willen dessen, der mich ge-
sandt hat.
31 Wenn ich über mich selbst als Zeuge
aussage, ist mein Zeugnis nicht gültig;
32 ein anderer ist es, der über mich als
Zeuge aussagt, und ich weiß: Das Zeug-
nis, das er über mich ablegt, ist gültig.
33 Ihr habt zu Johannes geschickt, und
er hat für die Wahrheit Zeugnis abge-
legt. 34 Ich aber nehme von keinem
Menschen ein Zeugnis an, sondern ich
sage dies nur, damit ihr gerettet werdet.
35 Jener war die Lampe, die brennt und
leuchtet, und ihr wolltet euch eine Zeit
lang an seinem Licht erfreuen. 36 Ich
aber habe ein gewichtigeres Zeugnis als
das des Johannes: Die Werke, die mein
Vater mir übertragen hat, damit ich sie
zu Ende führe, diese Werke, die ich
vollbringe, legen Zeugnis dafür ab, dass
mich der Vater gesandt hat. 37 Auch der
Vater selbst, der mich gesandt hat, hat
über mich Zeugnis abgelegt. Ihr habt
weder seine Stimme gehört noch seine
Gestalt je gesehen, 38 und auch sein
Wort bleibt nicht in euch, weil ihr dem
nicht glaubt, den er gesandt hat. 39 Ihr
erforscht die Schriften, weil ihr meint,
in ihnen das ewige Leben zu haben;
gerade sie legen Zeugnis über mich ab.
40 Und doch wollt ihr nicht zu mir
kommen, um das Leben zu haben.
41 Meine Ehre empfange ich nicht von
Menschen. 42 Ich habe erkannt, dass ihr
die Liebe zu Gott nicht in euch habt.
43 Ich bin im Namen meines Vaters ge-
kommen, und doch lehnt ihr mich ab.
Wenn aber ein anderer in seinem ei-
genen Namen kommt, dann werdet ihr
ihn anerkennen. 44 Wie könnt ihr zum
Glauben kommen, wenn ihr eure Ehre
voneinander empfangt, nicht aber die
Ehre sucht, die von dem einen Gott
kommt? 45 Denkt nicht, dass ich euch
beim Vater anklagen werde; Mose klagt
euch an, auf den ihr eure Hoffnung
gesetzt habt. 46 Wenn ihr Mose glauben
würdet, müsstet ihr auch mir glauben;
denn über mich hat er geschrieben.
47 Wenn ihr aber seinen Schriften nicht
glaubt, wie könnt ihr dann meinen
Worten glauben?

Die wunderbare Speisung einer Volksmenge am See von Tiberias

6 Danach ging Jesus an das andere
Ufer des Sees von Galiläa, der
auch See von Tiberias heißt. 2 Eine gro-
ße Menschenmenge folgte ihm, weil sie
die Zeichen sahen, die er an den Kran-
ken tat. 3 Jesus stieg auf den Berg und
setzte sich dort mit seinen Jüngern
nieder. 4 Das Pascha, das Fest der Juden,
war nahe. 5 Als Jesus aufblickte und sah,
dass so viele Menschen zu ihm kamen,
fragte er Philippus: Wo sollen wir Brot
kaufen, damit diese Leute zu essen
haben? 6 Das sagte er aber nur, um ihn
auf die Probe zu stellen; denn er selbst
wusste, was er tun wollte. 7 Philippus

antwortete ihm: Brot für zweihundert
Denare reicht nicht aus, wenn jeder von
ihnen auch nur ein kleines Stück be-
kommen soll. [8] Einer seiner Jünger, An-
dreas, der Bruder des Simon Petrus,
sagte zu ihm: [9] Hier ist ein kleiner Jun-
ge, der hat fünf Gerstenbrote und zwei
Fische; doch was ist das für so viele!
[10] Jesus sagte: Lasst die Leute sich
setzen! Es gab dort nämlich viel Gras.
Da setzten sie sich; es waren etwa fünf-
tausend Männer. [11] Dann nahm Jesus
die Brote, sprach das Dankgebet und
teilte an die Leute aus, soviel sie woll-
ten; ebenso machte er es mit den Fi-
schen. [12] Als die Menge satt war, sagte
er zu seinen Jüngern: Sammelt die
übriggebliebenen Brotstücke, damit
nichts verdirbt. [13] Sie sammelten und
füllten zwölf Körbe mit den Stücken,
die von den fünf Gerstenbroten nach
dem Essen übrig waren. [14] Als die Men-
schen das Zeichen sahen, das er getan
hatte, sagten sie: Das ist wirklich der
Prophet, der in die Welt kommen soll.
[15] Da erkannte Jesus, dass sie kommen
würden, um ihn in ihre Gewalt zu
bringen und zum König zu machen.
Daher zog er sich wieder auf den Berg
zurück, er allein.

Der Gang Jesu auf dem Wasser

[16] Als es aber spät geworden war,
gingen seine Jünger zum See hinab,
[17] bestiegen ein Boot und fuhren über
den See, auf Kafarnaum zu. Es war
schon dunkel geworden, und Jesus war
noch nicht zu ihnen gekommen. [18] Da
wurde der See durch einen heftigen
Sturm aufgewühlt. [19] Als sie etwa fünf-
undzwanzig oder dreißig Stadien ge-
fahren waren, sahen sie, wie Jesus über
den See ging und sich dem Boot nä-
herte; und sie fürchteten sich. [20] Er aber
rief ihnen zu: Ich bin es; fürchtet euch
nicht! [21] Sie wollten ihn zu sich in das
Boot nehmen, aber schon war das Boot
am Ufer, das sie erreichen wollten.

Die Rede über das Himmelsbrot in der Synagoge von Kafarnaum

[22] Am nächsten Tag sah die Menge, die
am anderen Ufer des Sees geblieben
war, dass nur noch ein Boot dort lag,
und sie erfuhren, dass Jesus nicht mit
seinen Jüngern ins Boot gestiegen war,
sondern dass die Jünger allein abge-
fahren waren. [23] Von Tiberias her
kamen andere Boote in die Nähe des
Ortes, wo sie nach dem Dankgebet des
Herrn das Brot gegessen hatten. [24] Als
die Leute sahen, dass weder Jesus noch
seine Jünger dort waren, stiegen sie in
die Boote, fuhren nach Kafarnaum und
suchten Jesus. [25] Als sie ihn am anderen
Ufer des Sees fanden, fragten sie ihn:
Rabbi, wann bist du hierher ge-
kommen? [26] Jesus antwortete ihnen:
Amen, amen, ich sage euch: Ihr sucht
mich nicht, weil ihr Zeichen gesehen

habt, sondern weil ihr von den Broten
gegessen habt und satt geworden seid.
27 Müht euch nicht ab für die Speise, die
verdirbt, sondern für die Speise, die für
das ewige Leben bleibt und die der
Menschensohn euch geben wird. Denn
ihn hat Gott, der Vater, mit seinem
Siegel beglaubigt. 28 Da fragten sie ihn:
Was müssen wir tun, um die Werke
Gottes zu vollbringen? 29 Jesus ant-
wortete ihnen: Das ist das Werk Gottes,
dass ihr an den glaubt, den er gesandt
hat. 30 Sie entgegneten ihm: Welches
Zeichen tust du, damit wir es sehen
und dir glauben? Was tust du? 31 Unsere
Väter haben das Manna in der Wüste
gegessen, wie es in der Schrift heißt:
Brot vom Himmel gab er ihnen zu
essen.

32 Jesus sagte zu ihnen: Amen, amen,
ich sage euch: Nicht Mose hat euch das
Brot vom Himmel gegeben, sondern
mein Vater gibt euch das wahre Brot
vom Himmel. 33 Denn das Brot, das
Gott gibt, kommt vom Himmel herab
und gibt der Welt das Leben. 34 Da
baten sie ihn: Herr, gib uns immer
dieses Brot! 35 Jesus antwortete ihnen:
Ich bin das Brot des Lebens; wer zu mir
kommt, wird nie mehr hungern, und
wer an mich glaubt, wird nie mehr
Durst haben.

36 Aber ich habe euch gesagt: Ihr habt
(mich) gesehen, und doch glaubt ihr
nicht. 37 Alles, was der Vater mir gibt,
wird zu mir kommen, und wer zu mir
kommt, den werde ich nicht abweisen;
38 denn ich bin nicht vom Himmel
herabgekommen, um meinen Willen
zu tun, sondern den Willen dessen, der
mich gesandt hat. 39 Es ist aber der
Wille dessen, der mich gesandt hat,
dass ich keinen von denen, die er mir
gegeben hat, zugrunde gehen lasse,
sondern dass ich sie auferwecke am
Letzten Tag. 40 Denn es ist der Wille
meines Vaters, dass alle, die den Sohn
sehen und an ihn glauben, das ewige
Leben haben und dass ich sie auf-
erwecke am Letzten Tag. 41 Da murrten
die Juden gegen ihn, weil er gesagt
hatte: Ich bin das Brot, das vom
Himmel herabgekommen ist. 42 Und sie
sagten: Ist das nicht Jesus, der Sohn
Josefs, dessen Vater und Mutter wir
kennen? Wie kann er jetzt sagen: Ich
bin vom Himmel herabgekommen?
43 Jesus sagte zu ihnen: Murrt nicht!
44 Niemand kann zu mir kommen,
wenn nicht der Vater, der mich gesandt
hat, ihn zu mir führt; und ich werde ihn
auferwecken am Letzten Tag. 45 Bei den
Propheten heißt es: Und alle werden
Schüler Gottes sein. Jeder, der auf den
Vater hört und seine Lehre annimmt,
wird zu mir kommen. 46 Niemand hat
den Vater gesehen außer dem, der von
Gott ist; nur er hat den Vater gesehen.
47 Amen, amen, ich sage euch: Wer
glaubt, hat das ewige Leben.

48 Ich bin das Brot des Lebens. 49 Eure
Väter haben in der Wüste das Manna

gegessen und sind gestorben. 50 So aber
ist es mit dem Brot, das vom Himmel
herabkommt: Wenn jemand davon isst,
wird er nicht sterben. 51 Ich bin das
lebendige Brot, das vom Himmel
herabgekommen ist. Wer von diesem
Brot isst, wird in Ewigkeit leben. Das
Brot, das ich geben werde, ist mein
Fleisch, (ich gebe es hin) für das Leben
der Welt.
52 Da stritten sich die Juden und sagten:
Wie kann er uns sein Fleisch zu essen
geben? 53 Jesus sagte zu ihnen: Amen,
amen, das sage ich euch: Wenn ihr das
Fleisch des Menschensohnes nicht esst
und sein Blut nicht trinkt, habt ihr das
Leben nicht in euch. 54 Wer mein
Fleisch isst und mein Blut trinkt, hat
das ewige Leben, und ich werde ihn
auferwecken am Letzten Tag. 55 Denn
mein Fleisch ist wirklich eine Speise,
und mein Blut ist wirklich ein Trank.
56 Wer mein Fleisch isst und mein Blut
trinkt, der bleibt in mir, und ich bleibe
in ihm. 57 Wie mich der lebendige Vater
gesandt hat und wie ich durch den
Vater lebe, so wird jeder, der mich isst,
durch mich leben. 58 Dies ist das Brot,
das vom Himmel herabgekommen ist.
Mit ihm ist es nicht wie mit dem Brot,
das die Väter gegessen haben; sie sind
gestorben. Wer aber dieses Brot isst,
wird leben in Ewigkeit. 59 Diese Worte
sprach Jesus, als er in der Synagoge von
Kafarnaum lehrte.

Die Spaltung unter den Jüngern

60 Viele seiner Jünger, die ihm zu-
hörten, sagten: Was er sagt, ist un-
erträglich. Wer kann das anhören?
61 Jesus erkannte, dass seine Jünger
darüber murrten, und fragte sie: Daran
nehmt ihr Anstoß?
62 Was werdet ihr sagen, wenn ihr den
Menschensohn hinaufsteigen seht,
dorthin, wo er vorher war? 63 Der Geist
ist es, der lebendig macht; das Fleisch
nützt nichts. Die Worte, die ich zu euch
gesprochen habe, sind Geist und sind
Leben. 64 Aber es gibt unter euch einige,
die nicht glauben. Jesus wusste näm-
lich von Anfang an, welche es waren,
die nicht glaubten, und wer ihn ver-
raten würde. 65 Und er sagte: Deshalb
habe ich zu euch gesagt: Niemand
kann zu mir kommen, wenn es ihm
nicht vom Vater gegeben ist.
66 Daraufhin zogen sich viele Jünger zu-
rück und wanderten nicht mehr mit
ihm umher. 67 Da fragte Jesus die Zwölf:
Wollt auch ihr weggehen? 68 Simon
Petrus antwortete ihm: Herr, zu wem
sollen wir gehen? Du hast Worte des
ewigen Lebens. 69 Wir sind zum Glau-
ben gekommen und haben erkannt: Du
bist der Heilige Gottes. 70 Jesus erwi-
derte: Habe ich nicht euch, die Zwölf,
erwählt? Und doch ist einer von euch
ein Teufel. 71 Er sprach von Judas, dem
Sohn des Simon Iskariot; denn dieser
sollte ihn verraten: einer der Zwölf.

Die Selbstoffenbarung Jesu beim Laubhüttenfest in Jerusalem

Jesu Flucht vor der Öffentlichkeit

7 Danach zog Jesus in Galiläa
umher; denn er wollte sich nicht
in Judäa aufhalten, weil die Juden
darauf aus waren, ihn zu töten. 2 Das
Laubhüttenfest der Juden war nahe.
3 Da sagten seine Brüder zu ihm: Geh
von hier fort, und zieh nach Judäa, da-
mit auch deine Jünger die Werke sehen,
die du vollbringst. 4 Denn niemand
wirkt im Verborgenen, wenn er öffent-
lich bekannt sein möchte. Wenn du
dies tust, zeig dich der Welt! 5 Auch
seine Brüder glaubten nämlich nicht an
ihn. 6 Jesus sagte zu ihnen: Meine Zeit
ist noch nicht gekommen, für euch
aber ist immer die rechte Zeit. 7 Euch
kann die Welt nicht hassen, mich aber
hasst sie, weil ich bezeuge, dass ihre
Taten böse sind. 8 Geht ihr nur hinauf
zum Fest; ich gehe nicht zu diesem Fest
hinauf, weil meine Zeit noch nicht
erfüllt ist. 9 Das sagte er zu ihnen, und
er blieb in Galiläa. 10 Als aber seine
Brüder zum Fest hinaufgegangen wa-
ren, zog auch er hinauf, jedoch nicht
öffentlich, sondern heimlich. 11 Die
Juden suchten beim Fest nach ihm und
sagten: Wo ist er? 12 Und in der Volks-
menge wurde viel über ihn hin und her
geredet. Die einen sagten: Er ist ein
guter Mensch. Andere sagten: Nein, er
führt das Volk in die Irre. 13 Aber nie-
mand redete öffentlich über ihn, denn
man fürchtete sich vor den Juden.

Jesu Auftreten im Tempel

14 Schon war die Hälfte der Festwoche
vorüber, da ging Jesus zum Tempel
hinauf und lehrte. 15 Die Juden wun-
derten sich und sagten: Wie kann der
die Schrift verstehen, ohne dafür aus-
gebildet zu sein? 16 Darauf antwortete
ihnen Jesus: Meine Lehre stammt nicht
von mir, sondern von dem, der mich
gesandt hat. 17 Wer bereit ist, den
Willen Gottes zu tun, wird erkennen,
ob diese Lehre von Gott stammt oder
ob ich in meinem eigenen Namen spre-
che. 18 Wer im eigenen Namen spricht,
sucht seine eigene Ehre; wer aber die
Ehre dessen sucht, der ihn gesandt hat,
der ist glaubwürdig, und in ihm ist
keine Falschheit. 19 Hat Mose euch nicht
das Gesetz gegeben? Aber keiner von
euch befolgt das Gesetz. Warum wollt
ihr mich töten? 20 Die Menge ant-
wortete: Du bist wohl von einem
Dämon besessen – wer will dich denn
töten? 21 Jesus entgegnete ihnen: Ich
habe nur ein einziges Werk vollbracht,
und ihr alle wundert euch darüber.
22 Mose hat euch die Beschneidung
gegeben – sie stammt freilich nicht von
Mose, sondern von den Vätern –, und
ihr beschneidet einen Menschen auch
am Sabbat. 23 Wenn ein Mensch am
Sabbat die Beschneidung empfangen

darf, damit das Gesetz des Mose nicht
missachtet wird, warum zürnt ihr mir,
weil ich am Sabbat einen Menschen als
ganzen gesund gemacht habe?
24 Urteilt nicht nach dem Augenschein,
sondern urteilt gerecht!

Mutmaßungen des Volkes über Jesus

25 Da sagten einige Leute aus Jerusalem:
Ist das nicht der, den sie töten wollen?
26 Und doch redet er in aller Öffentlich-
keit, und man lässt ihn gewähren. Sollte
der Hohe Rat wirklich erkannt haben,
dass er der Messias ist? 27 Aber von dem
hier wissen wir, woher er stammt; wenn
jedoch der Messias kommt, weiß nie-
mand, woher er stammt. 28 Während
Jesus im Tempel lehrte, rief er: Ihr kennt
mich und wisst, woher ich bin; aber ich
bin nicht in meinem eigenen Namen ge-
kommen, sondern er, der mich gesandt
hat, bürgt für die Wahrheit. Ihr kennt
ihn nur nicht. 29 Ich kenne ihn, weil ich
von ihm komme und weil er mich
gesandt hat. 30 Da wollten sie ihn fest-
nehmen; aber keiner wagte ihn anzu-
fassen, denn seine Stunde war noch
nicht gekommen.
31 Aus der Menge kamen viele Leute
zum Glauben an ihn; sie sagten: Wird
der Messias, wenn er kommt, mehr
Zeichen tun, als dieser getan hat? 32 Die
Pharisäer hörten, was die Leute heim-
lich über ihn redeten. Da schickten die
Hohenpriester und die Pharisäer Ge-
richtsdiener aus, um ihn festnehmen
zu lassen. 33 Jesus aber sagte: Ich bin nur
noch kurze Zeit bei euch; dann gehe
ich fort, zu dem, der mich gesandt hat.
34 Ihr werdet mich suchen, und ihr
werdet mich nicht finden; denn wo ich
bin, dorthin könnt ihr nicht gelangen.
35 Da sagten die Juden zueinander:
Wohin will er denn gehen, dass wir ihn
nicht mehr finden können? Will er in
die Diaspora zu den Griechen gehen
und die Griechen lehren? 36 Was be-
deutet es, wenn er gesagt hat: Ihr
werdet mich suchen, aber nicht finden;
denn wo ich bin, dorthin könnt ihr
nicht gelangen?

Der Streit im Hohen Rat um Jesus

37 Am letzten Tag des Festes, dem
großen Tag, stellte sich Jesus hin und
rief: Wer Durst hat, komme zu mir, und
es trinke, 38 wer an mich glaubt. Wie die
Schrift sagt: Aus seinem Inneren
werden Ströme von lebendigem Wasser
fließen. 39 Damit meinte er den Geist,
den alle empfangen sollten, die an ihn
glauben; denn der Geist war noch nicht
gegeben, weil Jesus noch nicht verherr-
licht war. 40 Einige aus dem Volk sagten,
als sie diese Worte hörten: Er ist wahr-
haftig der Prophet. 41 Andere sagten: Er
ist der Messias. Wieder andere sagten:
Kommt denn der Messias aus Galiäa?
42 Sagt nicht die Schrift: Der Messias
kommt aus dem Geschlecht Davids

und aus dem Dorf Betlehem, wo David
lebte? 43 So entstand seinetwegen eine
Spaltung in der Menge. 44 Einige von
ihnen wollten ihn festnehmen; aber
keiner wagte ihn anzufassen.
45 Als die Gerichtsdiener zu den Ho-
henpriestern und den Pharisäern zu-
rückkamen, fragten diese: Warum habt
ihr ihn nicht hergebracht? 46 Die Ge-
richtsdiener antworteten: Noch nie hat
ein Mensch so gesprochen. 47 Da ent-
gegneten ihnen die Pharisäer: Habt
auch ihr euch in die Irre führen lassen?
48 Ist etwa einer vom Hohen Rat oder
von den Pharisäern zum Glauben an
ihn gekommen? 49 Dieses Volk jedoch,
das vom Gesetz nichts versteht, ver-
flucht ist es. 50 Nikodemus aber, einer
aus ihren eigenen Reihen, der früher
einmal Jesus aufgesucht hatte, sagte zu
ihnen: 51 Verurteilt etwa unser Gesetz
einen Menschen, bevor man ihn ver-
hört und festgestellt hat, was er tut?
52 Sie erwiderten ihm: Bist du vielleicht
auch aus Galiläa? Lies doch nach: Der
Prophet kommt nicht aus Galiläa.

[*Jesus und die Ehebrecherin*
53 Dann gingen alle nach Hause.
8 Jesus aber ging zum Ölberg. 2 Am
frühen Morgen begab er sich
wieder in den Tempel. Alles Volk kam
zu ihm. Er setzte sich und lehrte es. 3 Da
brachten die Schriftgelehrten und die
Pharisäer eine Frau, die beim Ehebruch
ertappt worden war. Sie stellten sie in
die Mitte 4 und sagten zu ihm: Meister,
diese Frau wurde beim Ehebruch auf
frischer Tat ertappt. 5 Mose hat uns im
Gesetz vorgeschrieben, solche Frauen
zu steinigen. Nun, was sagst du? 6 Mit
dieser Frage wollten sie ihn auf die Pro-
be stellen, um einen Grund zu haben,
ihn zu verklagen. Jesus aber bückte sich
und schrieb mit dem Finger auf die
Erde. 7 Als sie hartnäckig weiterfragten,
richtete er sich auf und sagte zu ihnen:
Wer von euch ohne Sünde ist, werfe als
erster einen Stein auf sie. 8 Und er bück-
te sich wieder und schrieb auf die Erde.
9 Als sie seine Antwort gehört hatten,
ging einer nach dem anderen fort, zu-
erst die Ältesten. Jesus blieb allein zu-
rück mit der Frau, die noch in der Mit-
te stand. 10 Er richtete sich auf und sagte
zu ihr: Frau, wo sind sie geblieben? Hat
dich keiner verurteilt? 11 Sie antwor-
tete: Keiner, Herr. Da sagte Jesus zu ihr:
Auch ich verurteile dich nicht. Geh und
sündige von jetzt an nicht mehr!]

Streitgespräche Jesu mit den Juden

Jesu Selbstzeugnis
12 Als Jesus ein andermal zu ihnen
redete, sagte er: Ich bin das Licht der
Welt. Wer mir nachfolgt, wird nicht in
der Finsternis umhergehen, sondern
wird das Licht des Lebens haben. 13 Da
sagten die Pharisäer zu ihm: Du legst

über dich selbst Zeugnis ab; dein Zeug-
nis ist nicht gültig. 14 Jesus erwiderte
ihnen: Auch wenn ich über mich selbst
Zeugnis ablege, ist mein Zeugnis
gültig. Denn ich weiß, woher ich ge-
kommen bin und wohin ich gehe. Ihr
aber wisst nicht, woher ich komme und
wohin ich gehe. 15 Ihr urteilt, wie Men-
schen urteilen, ich urteile über keinen.
16 Wenn ich aber urteile, ist mein Urteil
gültig; denn ich urteile nicht allein,
sondern ich und der Vater, der mich
gesandt hat. 17 Auch in eurem Gesetz
heißt es: Erst das Zeugnis von zwei
Menschen ist gültig. 18 Ich bin es, der
über mich Zeugnis ablegt, und auch
der Vater, der mich gesandt hat, legt
über mich Zeugnis ab. 19 Da fragten sie
ihn: Wo ist dein Vater? Jesus ant-
wortete: Ihr kennt weder mich noch
meinen Vater; würdet ihr mich kennen,
dann würdet ihr auch meinen Vater
kennen. 20 Diese Worte sagte er, als er im
Tempel bei der Schatzkammer lehrte.
Aber niemand nahm ihn fest; denn seine
Stunde war noch nicht gekommen.

Die Herkunft und Bestimmung Jesu

21 Ein andermal sagte Jesus zu ihnen:
Ich gehe fort, und ihr werdet mich su-
chen, und ihr werdet in eurer Sünde
sterben. Wohin ich gehe, dorthin könnt
ihr nicht gelangen. 22 Da sagten die
Juden: Will er sich etwa umbringen?
Warum sagt er sonst: Wohin ich gehe,
dorthin könnt ihr nicht gelangen? 23 Er
sagte zu ihnen: Ihr stammt von unten,
ich stamme von oben; ihr seid aus
dieser Welt, ich bin nicht aus dieser
Welt. 24 Ich habe euch gesagt: Ihr
werdet in euren Sünden sterben; denn
wenn ihr nicht glaubt, dass ich es bin,
werdet ihr in euren Sünden sterben.
25 Da fragten sie ihn: Wer bist du denn?
Jesus antwortete: Warum rede ich
überhaupt noch mit euch? 26 Ich hätte
noch viel über euch zu sagen und viel
zu richten, aber er, der mich gesandt
hat, bürgt für die Wahrheit, und was
ich von ihm gehört habe, das sage ich
der Welt. 27 Sie verstanden nicht, dass
er damit den Vater meinte. 28 Da sagte
Jesus zu ihnen: Wenn ihr den Men-
schensohn erhöht habt, dann werdet
ihr erkennen, dass Ich es bin. Ihr werdet
erkennen, dass ich nichts im eigenen
Namen tue, sondern nur das sage, was
mich der Vater gelehrt hat. 29 Und er,
der mich gesandt hat, ist bei mir; er hat
mich nicht allein gelassen, weil ich
immer das tue, was ihm gefällt.

Die wahren Kinder Abrahams

30 Als Jesus das sagte, kamen viele zum
Glauben an ihn. 31 Da sagte er zu den
Juden, die an ihn glaubten: Wenn ihr
in meinem Wort bleibt, seid ihr wirk-
lich meine Jünger. 32 Dann werdet ihr
die Wahrheit erkennen, und die Wahr-
heit wird euch befreien. 33 Sie erwi-

derten ihm: Wir sind Nachkommen
Abrahams und sind noch nie Sklaven
gewesen. Wie kannst du sagen: Ihr
werdet frei werden? 34 Jesus antwortete
ihnen: Amen, amen, das sage ich euch:
Wer die Sünde tut, ist Sklave der Sünde.
35 Der Sklave aber bleibt nicht für
immer im Haus; nur der Sohn bleibt für
immer im Haus. 36 Wenn euch also der
Sohn befreit, dann seid ihr wirklich
frei.

37 Ich weiß, dass ihr Nachkommen
Abrahams seid. Aber ihr wollt mich
töten, weil mein Wort in euch keine
Aufnahme findet. 38 Ich sage, was ich
beim Vater gesehen habe, und ihr tut,
was ihr von eurem Vater gehört habt.
39 Sie antworteten ihm: Unser Vater ist
Abraham. Jesus sagte zu ihnen: Wenn
ihr Kinder Abrahams wärt, würdet ihr
so handeln wie Abraham. 40 Jetzt aber
wollt ihr mich töten, einen Menschen,
der euch die Wahrheit verkündet hat,
die Wahrheit, die ich von Gott gehört
habe. So hat Abraham nicht gehandelt.
41 Ihr vollbringt die Werke eures Vaters.
Sie entgegneten ihm: Wir stammen
nicht aus einem Ehebruch, sondern wir
haben nur den einen Vater: Gott. 42 Je-
sus sagte zu ihnen: Wenn Gott euer
Vater wäre, würdet ihr mich lieben;
denn von Gott bin ich ausgegangen
und gekommen. Ich bin nicht in mei-
nem eigenen Namen gekommen, son-
dern er hat mich gesandt. 43 Warum
versteht ihr nicht, was ich sage? Weil
ihr nicht im Stande seid, mein Wort zu
hören. 44 Ihr habt den Teufel zum Vater,
und ihr wollt das tun, wonach es euren
Vater verlangt. Er war ein Mörder von
Anfang an. Und er steht nicht in der
Wahrheit; denn es ist keine Wahrheit
in ihm. Wenn er lügt, sagt er das, was
aus ihm selbst kommt; denn er ist ein
Lügner und ist der Vater der Lüge.
45 Mir aber glaubt ihr nicht, weil ich die
Wahrheit sage. 46 Wer von euch kann
mir eine Sünde nachweisen? Wenn ich
die Wahrheit sage, warum glaubt ihr
mir nicht? 47 Wer aus Gott ist, hört die
Worte Gottes; ihr hört sie deshalb
nicht, weil ihr nicht aus Gott seid.

Jesus und Abraham

48 Da antworteten ihm die Juden: Sagen
wir nicht mit Recht: Du bist ein
Samariter und von einem Dämon be-
sessen? 49 Jesus erwiderte: Ich bin von
keinem Dämon besessen, sondern ich
ehre meinen Vater; ihr aber schmäht
mich. 50 Ich bin nicht auf meine Ehre
bedacht; doch es gibt einen, der darauf
bedacht ist und der richtet. 51 Amen,
amen, ich sage euch: Wenn jemand an
meinem Wort festhält, wird er auf ewig
den Tod nicht schauen. 52 Da sagten die
Juden zu ihm: Jetzt wissen wir, dass du
von einem Dämon besessen bist. Abra-
ham und die Propheten sind ge-
storben, du aber sagst: Wenn jemand
an meinem Wort festhält, wird er auf

ewig den Tod nicht erleiden. 53 Bist du
etwa größer als unser Vater Abraham?
Er ist gestorben, und die Propheten
sind gestorben. Für wen gibst du dich
aus? 54 Jesus antwortete: Wenn ich
mich selbst ehre, so gilt meine Ehre
nichts. Mein Vater ist es, der mich ehrt,
er, von dem ihr sagt: Er ist unser Gott.
55 Doch ihr habt ihn nicht erkannt. Ich
aber kenne ihn, und wenn ich sagen
würde: Ich kenne ihn nicht, so wäre ich
ein Lügner wie ihr. Aber ich kenne ihn
und halte an seinem Wort fest. 56 Euer
Vater Abraham jubelte, weil er meinen
Tag sehen sollte. Er sah ihn und freute
sich. 57 Die Juden entgegneten: Du bist
noch keine fünfzig Jahre alt und willst
Abraham gesehen haben? 58 Jesus er-
widerte ihnen: Amen, amen, ich sage
euch: Noch ehe Abraham wurde, bin
ich. 59 Da hoben sie Steine auf, um sie
auf ihn zu werfen. Jesus aber verbarg
sich und verließ den Tempel.

Die Heilung eines Blinden und der Streit der Juden

Die Heilung eines Blinden

9 Unterwegs sah Jesus einen Mann,
der seit seiner Geburt blind war.
2 Da fragten ihn seine Jünger: Rabbi,
wer hat gesündigt? Er selbst? Ober
haben seine Eltern gesündigt, so dass
er blind geboren wurde? 3 Jesus ant-
wortete: Weder er noch seine Eltern
haben gesündigt, sondern das Wirken
Gottes soll an ihm offenbar werden.
4 Wir müssen, solange es Tag ist, die
Werke dessen vollbringen, der mich
gesandt hat; es kommt die Nacht, in der
niemand mehr etwas tun kann. 5 So-
lange ich in der Welt bin, bin ich das
Licht der Welt. 6 Als er dies gesagt
hatte, spuckte er auf die Erde; dann
machte er mit dem Speichel einen Teig,
strich ihn dem Blinden auf die Augen
7 und sagte zu ihm: Geh und wasch dich
in dem Teich Schiloach! Schiloach
heißt übersetzt: Der Gesandte. Der
Mann ging fort und wusch sich. Und
als er zurückkam, konnte er sehen.
8 Die Nachbarn und andere, die ihn
früher als Bettler gesehen hatten,
sagten: Ist das nicht der Mann, der
dasaß und bettelte? 9 Einige sagten: Er
ist es. Andere meinten: Nein, er sieht
ihm nur ähnlich. Er selbst aber sagte:
Ich bin es. 10 Da fragten sie ihn: Wie
sind deine Augen geöffnet worden?
11 Er antwortete: Der Mann, der Jesus
heißt, machte einen Teig, bestrich da-
mit meine Augen und sagte zu mir:
Geh zum Schiloach, und wasch dich!
Ich ging hin, wusch mich und konnte
wieder sehen. 12 Sie fragten ihn: Wo ist
er? Er sagte: Ich weiß es nicht.

Das Eingreifen der Pharisäer

13 Da brachten sie den Mann, der blind
gewesen war, zu den Pharisäern. 14 Es

war aber Sabbat an dem Tag, als Jesus
den Teig gemacht und ihm die Augen
geöffnet hatte. 15 Auch die Pharisäer
fragten ihn, wie er sehend geworden
sei. Der Mann antwortete ihnen: Er
legte mir einen Teig auf die Augen;
dann wusch ich mich, und jetzt kann
ich sehen.
16 Einige der Pharisäer meinten: Dieser
Mensch kann nicht von Gott sein, weil
er den Sabbat nicht hält. Andere aber
sagten: Wie kann ein Sünder solche
Zeichen tun? So entstand eine Spal-
tung unter ihnen. 17 Da fragten sie den
Blinden noch einmal: Was sagst du
selbst über ihn? Er hat doch deine
Augen geöffnet. Der Mann antwortete:
Er ist ein Prophet.
18 Die Juden aber wollten nicht glauben,
dass er blind gewesen und sehend
geworden war. Daher riefen sie die
Eltern des Geheilten 19 und fragten sie:
Ist das euer Sohn, von dem ihr be-
hauptet, dass er blind geboren wurde?
Wie kommt es, dass er jetzt sehen
kann? 20 Seine Eltern antworteten: Wir
wissen, dass er unser Sohn ist und dass
er blind geboren wurde. 21 Wie es
kommt, dass er jetzt sehen kann, das
wissen wir nicht. Und wer seine Augen
geöffnet hat, das wissen wir auch nicht.
Fragt doch ihn selbst, er ist alt genug
und kann selbst für sich sprechen.
22 Das sagten seine Eltern, weil sie sich
vor den Juden fürchteten; denn die
Juden hatten schon beschlossen, jeden,
der ihn als den Messias bekenne, aus
der Synagoge auszustoßen. 23 Deswe-
gen sagten seine Eltern: Er ist alt genug,
fragt doch ihn selbst.
24 Da riefen die Pharisäer den Mann,
der blind gewesen war, zum zwei-
tenmal und sagten zu ihm: Gib Gott die
Ehre! Wir wissen, dass dieser Mensch
ein Sünder ist. 25 Er antwortete: Ob er
ein Sünder ist, weiß ich nicht. Nur das
eine weiß ich, dass ich blind war und
jetzt sehen kann. 26 Sie fragten ihn: Was
hat er mit dir gemacht? Wie hat er
deine Augen geöffnet? 27 Er antwortete
ihnen: Ich habe es euch bereits gesagt,
aber ihr habt nicht gehört. Warum
wollt ihr es noch einmal hören? Wollt
auch ihr seine Jünger werden? 28 Da be-
schimpften sie ihn: Du bist ein Jünger
dieses Menschen; wir aber sind Jünger
des Mose. 29 Wir wissen, dass zu Mose
Gott gesprochen hat; aber von dem da
wissen wir nicht, woher er kommt.
30 Der Mann antwortete ihnen: Darin
liegt ja das Erstaunliche, dass ihr nicht
wisst, woher er kommt; dabei hat er
doch meine Augen geöffnet. 31 Wir
wissen, dass Gott einen Sünder nicht
erhört; wer aber Gott fürchtet und
seinen Willen tut, den erhört er. 32 Noch
nie hat man gehört, dass jemand die
Augen eines Blindgeborenen geöffnet
hat. 33 Wenn dieser Mensch nicht von
Gott wäre, dann hätte er gewiss nichts
ausrichten können. 34 Sie entgegneten
ihm: Du bist ganz und gar in Sünden

geboren, und du willst uns belehren?
Und sie stießen ihn hinaus.

Jesu Selbstoffenbarung vor dem Geheilten

35 Jesus hörte, dass sie ihn hinaus-
gestoßen hatten, und als er ihn traf,
sagte er zu ihm: Glaubst du an den
Menschensohn? 36 Der Mann ant-
wortete: Wer ist das, Herr? (Sag es mir,)
damit ich an ihn glaube. 37 Jesus sagte
zu ihm: Du siehst ihn vor dir; er, der mit
dir redet, ist es. 38 Er aber sagte: Ich
glaube, Herr! Und er warf sich vor ihm
nieder. 39 Da sprach Jesus: Um zu
richten, bin ich in diese Welt ge-
kommen: damit die Blinden sehend
und die Sehenden blind werden. 40 Ei-
nige Pharisäer, die bei ihm waren,
hörten dies. Und sie fragten ihn: Sind
etwa auch wir blind? 41 Jesus ant-
wortete ihnen: Wenn ihr blind wärt,
hättet ihr keine Sünde. Jetzt aber sagt
ihr: Wir sehen. Darum bleibt eure
Sünde.

Die Bildworte vom Hirten und von den Schafen

Der gute Hirt als Gegenbild zu Dieben und Räubern

10 Amen, amen, das sage ich
euch: Wer in den Schafstall
nicht durch die Tür hineingeht, son-
dern anderswo einsteigt, der ist ein
Dieb und ein Räuber. 2 Wer aber durch
die Tür hineingeht, ist der Hirt der
Schafe. 3 Ihm öffnet der Türhüter, und
die Schafe hören auf seine Stimme; er
ruft die Schafe, die ihm gehören,
einzeln beim Namen und führt sie
hinaus. 4 Wenn er alle seine Schafe
hinausgetrieben hat, geht er ihnen
voraus, und die Schafe folgen ihm;
denn sie kennen seine Stimme. 5 Einem
Fremden aber werden sie nicht folgen,
sondern sie werden vor ihm fliehen,
weil sie die Stimme des Fremden nicht
kennen. 6 Dieses Gleichnis erzählte
ihnen Jesus; aber sie verstanden nicht
den Sinn dessen, was er ihnen gesagt
hatte.
7 Weiter sagte Jesus zu ihnen: Amen,
amen, ich sage euch: Ich bin die Tür zu
den Schafen. 8 Alle, die vor mir kamen,
sind Diebe und Räuber; aber die Schafe
haben nicht auf sie gehört. 9 Ich bin die
Tür; wer durch mich hineingeht, wird
gerettet werden; er wird ein- und aus-
gehen und Weide finden. 10 Der Dieb
kommt nur, um zu stehlen, zu schlach-
ten und zu vernichten; ich bin ge-

kommen, damit sie das Leben haben
und es in Fülle haben.

Der gute Hirt als Gegenbild zum Tagelöhner

11 Ich bin der gute Hirt. Der gute Hirt
gibt sein Leben hin für die Schafe. 12 Der
bezahlte Knecht aber, der nicht Hirt ist
und dem die Schafe nicht gehören,
lässt die Schafe im Stich und flieht,
wenn er den Wolf kommen sieht; und
der Wolf reißt sie und jagt sie aus-
einander. Er flieht, 13 weil er nur ein
bezahlter Knecht ist und ihm an den
Schafen nichts liegt. 14 Ich bin der gute
Hirt; ich kenne die Meinen, und die
Meinen kennen mich, 15 wie mich der
Vater kennt und ich den Vater kenne;
und ich gebe mein Leben hin für die
Schafe. 16 Ich habe noch andere Schafe,
die nicht aus diesem Stall sind; auch sie
muss ich führen, und sie werden auf
meine Stimme hören; dann wird es nur
eine Herde geben und einen Hirten.
17 Deshalb liebt mich der Vater, weil ich
mein Leben hingebe, um es wieder zu
nehmen. 18 Niemand entreißt es mir,
sondern ich gebe es aus freiem Willen
hin. Ich habe Macht, es hinzugeben,
und ich habe Macht, es wieder zu
nehmen. Diesen Auftrag habe ich von
meinem Vater empfangen.
19 Wegen dieser Rede kam es unter den
Juden erneut zu einer Spaltung. 20 Viele
von ihnen sagten: Er ist von einem
Dämon besessen und redet im Wahn.
Warum hört ihr ihm zu? 21 Andere
sagten: So redet kein Besessener. Kann
ein Dämon die Augen von Blinden
öffnen?

Das Streitgespräch beim Tempelweihfest

22 Um diese Zeit fand in Jerusalem das
Tempelweihfest statt. Es war Winter,
23 und Jesus ging im Tempel in der
Halle Salomos auf und ab. 24 Da um-
ringten ihn die Juden und fragten ihn:
Wie lange noch willst du uns hin-
halten? Wenn du der Messias bist, sag
es uns offen! 25 Jesus antwortete ihnen:
Ich habe es euch gesagt, aber ihr glaubt
nicht. Die Werke, die ich im Namen
meines Vaters vollbringe, legen Zeug-
nis für mich ab; 26 ihr aber glaubt nicht,
weil ihr nicht zu meinen Schafen ge-
hört. 27 Meine Schafe hören auf meine
Stimme; ich kenne sie, und sie folgen
mir. 28 Ich gebe ihnen ewiges Leben. Sie
werden niemals zugrunde gehen, und
niemand wird sie meiner Hand ent-
reißen. 29 Mein Vater, der sie mir gab,
ist größer als alle, und niemand kann
sie der Hand meines Vaters entreißen.
30 Ich und der Vater sind eins. 31 Da
hoben die Juden wiederum Steine auf,
um ihn zu steinigen. 32 Jesus hielt ihnen
entgegen: Viele gute Werke habe ich im
Auftrag des Vaters vor euren Augen
getan. Für welches dieser Werke wollt

ihr mich steinigen? 33 Die Juden ant-
worteten ihm: Wir steinigen dich nicht
wegen eines guten Werkes, sondern
wegen Gotteslästerung; denn du bist
nur ein Mensch und machst dich selbst
zu Gott. 34 Jesus erwiderte ihnen: Heißt
es nicht in eurem Gesetz: Ich habe
gesagt: Ihr seid Götter? 35 Wenn er jene
Menschen Götter genannt hat, an die
das Wort Gottes ergangen ist, und
wenn die Schrift nicht aufgehoben
werden kann, 36 dürft ihr dann von
dem, den der Vater geheiligt und in die
Welt gesandt hat, sagen: Du lästerst
Gott – weil ich gesagt habe: Ich bin
Gottes Sohn? 37 Wenn ich nicht die
Werke meines Vaters vollbringe, dann
glaubt mir nicht. 38 Aber wenn ich sie
vollbringe, dann glaubt wenigstens den
Werken, wenn ihr mir nicht glaubt.
Dann werdet ihr erkennen und ein-
sehen, dass in mir der Vater ist und ich
im Vater bin. 39 Wieder wollten sie ihn
festnehmen; er aber entzog sich ihrem
Zugriff.

Die Auferweckung des Lazarus und ihre Folgen

Jesus im Gebiet östlich des Jordan

40 Dann ging Jesus wieder weg auf die
andere Seite des Jordan, an den Ort, wo
Johannes zuerst getauft hatte; und dort
blieb er. 41 Viele kamen zu ihm. Sie
sagten: Johannes hat kein Zeichen
getan; aber alles, was Johannes über
diesen Mann gesagt hat, ist wahr. 42 Und
viele kamen dort zum Glauben an ihn.

Die Nachricht vom Tod des Lazarus

11 Ein Mann war krank, Lazarus
aus Betanien, dem Dorf, in
dem Maria und ihre Schwester Marta
wohnten. 2 Maria ist die, die den Herrn
mit Öl gesalbt und seine Füße mit
ihrem Haar abgetrocknet hat; deren
Bruder Lazarus war krank. 3 Daher
sandten die Schwestern Jesus die Nach-
richt: Herr, dein Freund ist krank. 4 Als
Jesus das hörte, sagte er: Diese
Krankheit wird nicht zum Tod führen,
sondern dient der Verherrlichung
Gottes: Durch sie soll der Sohn Gottes
verherrlicht werden. 5 Denn Jesus liebte
Marta, ihre Schwester und Lazarus.
6 Als er hörte, dass Lazarus krank war,
blieb er noch zwei Tage an dem Ort, wo
er sich aufhielt.

7 Danach sagte er zu den Jüngern: Lasst
uns wieder nach Judäa gehen. 8 Die
Jünger entgegneten ihm: Rabbi, eben
noch wollten dich die Juden steinigen,
und du gehst wieder dorthin? 9 Jesus
antwortete: Hat der Tag nicht zwölf
Stunden? Wenn jemand am Tag um-
hergeht, stößt er nicht an, weil er das
Licht dieser Welt sieht; 10 wenn aber
jemand in der Nacht umhergeht, stößt
er an, weil das Licht nicht in ihm ist. 11 So
sprach er. Dann sagte er zu ihnen:

Lazarus, unser Freund, schläft; aber ich
gehe hin, um ihn aufzuwecken. 12 Da
sagten die Jünger zu ihm: Herr, wenn
er schläft, dann wird er gesund werden.
13 Jesus hatte aber von seinem Tod ge-
sprochen, während sie meinten, er
spreche von dem gewöhnlichen Schlaf.
14 Darauf sagte ihnen Jesus unverhüllt:
Lazarus ist gestorben. 15 Und ich freue
mich für euch, dass ich nicht dort war;
denn ich will, dass ihr glaubt. Doch wir
wollen zu ihm gehen. 16 Da sagte Tho-
mas, genannt Didymus (Zwilling), zu
den anderen Jüngern: Dann lasst uns
mit ihm gehen, um mit ihm zu sterben.

Die Auferweckung des Lazarus als Zeichen

17 Als Jesus ankam, fand er Lazarus
schon vier Tage im Grab liegen. 18 Beta-
nien war nahe bei Jerusalem, etwa fünf-
zehn Stadien entfernt. 19 Viele Juden
waren zu Marta und Maria gekommen,
um sie wegen ihres Bruders zu trösten.
20 Als Marta hörte, dass Jesus komme,
ging sie ihm entgegen, Maria aber blieb
im Haus. 21 Marta sagte zu Jesus: Herr,
wärst du hier gewesen, dann wäre mein
Bruder nicht gestorben. 22 Aber auch
jetzt weiß ich: Alles, worum du Gott
bittest, wird Gott dir geben. 23 Jesus
sagte zu ihr: Dein Bruder wird auf-
erstehen. 24 Marta sagte zu ihm: Ich
weiß, dass er auferstehen wird bei der
Auferstehung am Letzten Tag. 25 Jesus
erwiderte ihr: Ich bin die Auferstehung
und das Leben. Wer an mich glaubt,
wird leben, auch wenn er stirbt, 26 und
jeder, der lebt und an mich glaubt, wird
auf ewig nicht sterben. Glaubst du das?
27 Marta antwortete ihm: Ja, Herr, ich
glaube, dass du der Messias bist, der
Sohn Gottes, der in die Welt kommen
soll.
28 Nach diesen Worten ging sie weg,
rief heimlich ihre Schwester Maria und
sagte zu ihr: Der Meister ist da und lässt
dich rufen. 29 Als Maria das hörte, stand
sie sofort auf und ging zu ihm. 30 Denn
Jesus war noch nicht in das Dorf ge-
kommen; er war noch dort, wo ihn
Marta getroffen hatte. 31 Die Juden, die
bei Maria im Haus waren und sie
trösteten, sahen, dass sie plötzlich auf-
stand und hinausging. Da folgten sie
ihr, weil sie meinten, sie gehe zum
Grab, um dort zu weinen. 32 Als Maria
dorthin kam, wo Jesus war, und ihn
sah, fiel sie ihm zu Füßen und sagte zu
ihm: Herr, wärst du hier gewesen, dann
wäre mein Bruder nicht gestorben. 33 Als
Jesus sah, wie sie weinte und wie auch
die Juden weinten, die mit ihr gekom-
men waren, war er im Innersten erregt
und erschüttert. 34 Er sagte: Wo habt
ihr ihn bestattet? Sie antworteten ihm:
Herr, komm und sieh! 35 Da weinte
Jesus. 36 Die Juden sagten: Seht, wie lieb
er ihn hatte! 37 Einige aber sagten:
Wenn er dem Blinden die Augen ge-
öffnet hat, hätte er dann nicht auch ver-

hindern können, dass dieser hier starb?
38 Da wurde Jesus wiederum innerlich
erregt, und er ging zum Grab. Es war
eine Höhle, die mit einem Stein ver-
schlossen war.
39 Jesus sagte: Nehmt den Stein weg!
Marta, die Schwester des Verstorbenen,
entgegnete ihm: Herr, er riecht aber
schon, denn es ist bereits der vierte Tag.
40 Jesus sagte zu ihr: Habe ich dir nicht
gesagt: Wenn du glaubst, wirst du die
Herrlichkeit Gottes sehen? 41 Da nah-
men sie den Stein weg. Jesus aber erhob
seine Augen und sprach: Vater, ich
danke dir, dass du mich erhört hast.
42 Ich wusste, dass du mich immer
erhörst; aber wegen der Menge, die um
mich herum steht, habe ich es gesagt;
denn sie sollen glauben, dass du mich
gesandt hast. 43 Nachdem er dies gesagt
hatte, rief er mit lauter Stimme: Laza-
rus, komm heraus! 44 Da kam der Ver-
storbene heraus; seine Füße und Hände
waren mit Binden umwickelt, und sein
Gesicht war mit einem Schweißtuch
verhüllt. Jesus sagte zu ihnen: Löst ihm
die Binden, und lasst ihn weggehen!

Der Tötungsbeschluss des Hohen Rates – Das prophetische Wort des Hohenpriesters

45 Viele der Juden, die zu Maria ge-
kommen waren und gesehen hatten,
was Jesus getan hatte, kamen zum
Glauben an ihn. 46 Aber einige von
ihnen gingen zu den Pharisäern und
berichteten ihnen, was er getan hatte.
47 Da beriefen die Hohenpriester und
die Pharisäer eine Versammlung des
Hohen Rates ein. Sie sagten: Was sollen
wir tun? Dieser Mensch tut viele
Zeichen. 48 Wenn wir ihn gewähren
lassen, werden alle an ihn glauben.
Dann werden die Römer kommen und
uns die heilige Stätte und das Volk
nehmen. 49 Einer von ihnen, Kajaphas,
der Hohepriester jenes Jahres, sagte zu
ihnen: Ihr versteht überhaupt nichts.
50 Ihr bedenkt nicht, dass es besser für
euch ist, wenn ein einziger Mensch für
das Volk stirbt, als wenn das ganze Volk
zugrunde geht. 51 Das sagte er nicht aus
sich selbst; sondern weil er der Hohe-
priester jenes Jahres war, sagte er aus
prophetischer Eingebung, dass Jesus
für das Volk sterben werde. 52 Aber er
sollte nicht nur für das Volk sterben,
sondern auch, um die versprengten
Kinder Gottes wieder zu sammeln.
53 Von diesem Tag an waren sie ent-
schlossen, ihn zu töten.

Erneute Flucht Jesu

54 Jesus bewegte sich von nun an nicht
mehr öffentlich unter den Juden,
sondern zog sich von dort in die Ge-
gend nahe der Wüste zurück, an einen
Ort namens Efraim. Dort blieb er mit
seinen Jüngern. 55 Das Paschafest der
Juden war nahe, und viele zogen schon

vor dem Paschafest aus dem ganzen Land nach Jerusalem hinauf, um sich zu heiligen. 56 Sie fragten nach Jesus und sagten zueinander, während sie im Tempel zusammenstanden: Was meint ihr? Er wird wohl kaum zum Fest kommen. 57 Die Hohenpriester und die Pharisäer hatten nämlich, um ihn festnehmen zu können, angeordnet: Wenn jemand weiß, wo er sich aufhält, soll er es melden.

Jesus auf dem Weg zum letzten Osterfest in Jerusalem

Die Salbung in Betanien

12 Sechs Tage vor dem Paschafest kam Jesus nach Betanien, wo Lazarus war, den er von den Toten auferweckt hatte. 2 Dort bereiteten sie ihm ein Mahl; Marta bediente, und Lazarus war unter denen, die mit Jesus bei Tisch waren. 3 Da nahm Maria ein Pfund echtes, kostbares Nardenöl, salbte Jesus die Füße und trocknete sie mit ihrem Haar. Das Haus wurde vom Duft des Öls erfüllt. 4 Doch einer von seinen Jüngern, Judas Iskariot, der ihn später verriet, sagte: 5 Warum hat man dieses Öl nicht für dreihundert Denare verkauft und den Erlös den Armen gegeben? 6 Das sagte er aber nicht, weil er ein Herz für die Armen gehabt hätte, sondern weil er ein Dieb war; er hatte nämlich die Kasse und veruntreute die Einkünfte. 7 Jesus erwiderte: Lass sie, damit sie es für den Tag meines Begräbnisses tue. 8 Die Armen habt ihr immer bei euch, mich aber habt ihr nicht immer bei euch.

9 Viele Juden hatten erfahren, dass Jesus dort war, und sie kamen, jedoch nicht nur um Jesu willen, sondern auch um Lazarus zu sehen, den er von den Toten auferweckt hatte. 10 Die Hohenpriester aber beschlossen, auch Lazarus zu töten, 11 weil viele Juden seinetwegen hingingen und an Jesus glaubten.

Der Einzug in Jerusalem

12 Am Tag darauf hörte die Volksmenge, die sich zum Fest eingefunden hatte, Jesus komme nach Jerusalem. 13 Da nahmen sie Palmzweige, zogen hinaus, um ihn zu empfangen, und riefen: Hosanna! / Gesegnet sei er, der kommt im Namen des Herrn, / der König Israels!

14 Jesus fand einen jungen Esel und setzte sich darauf – wie es in der Schrift heißt: 15 Fürchte dich nicht, Tochter Zion! Siehe, dein König kommt; er sitzt auf dem Fohlen einer Eselin. 16 Das alles verstanden seine Jünger zunächst nicht; als Jesus aber verherrlicht war, da wurde ihnen bewusst, dass es so über ihn in der Schrift stand und dass man so an ihm gehandelt hatte. 17 Die Leute, die bei Jesus gewesen waren, als er Lazarus aus dem Grab rief und von den

Toten auferweckte, legten Zeugnis für
ihn ab. [18] Eben deshalb war die Menge
ihm entgegengezogen: weil sie gehört
hatte, er habe dieses Zeichen getan.
[19] Die Pharisäer aber sagten zueinan-
der: Ihr seht, dass ihr nichts ausrichtet;
alle Welt läuft ihm nach.

Die letzte öffentliche Rede Jesu – Die Stunde der Entscheidung

[20] Auch einige Griechen waren an-
wesend – sie gehörten zu den Pilgern,
die beim Fest Gott anbeten wollten. [21] Sie
traten an Philippus heran, der aus
Betsaida in Galiläa stammte, und
sagten zu ihm: Herr, wir möchten Jesus
sehen. [22] Philippus ging und sagte es
Andreas; Andreas und Philippus
gingen und sagten es Jesus. [23] Jesus aber
antwortete ihnen: Die Stunde ist ge-
kommen, dass der Menschensohn ver-
herrlicht wird. [24] Amen, amen, ich sage
euch: Wenn das Weizenkorn nicht in
die Erde fällt und stirbt, bleibt es allein;
wenn es aber stirbt, bringt es reiche
Frucht. [25] Wer an seinem Leben hängt,
verliert es; wer aber sein Leben in dieser
Welt gering achtet, wird es bewahren
bis ins ewige Leben. [26] Wenn einer mir
dienen will, folge er mir nach; und wo
ich bin, dort wird auch mein Diener
sein. Wenn einer mir dient, wird der
Vater ihn ehren.
[27] Jetzt ist meine Seele erschüttert. Was
soll ich sagen: Vater, rette mich aus
dieser Stunde? Aber deshalb bin ich in
diese Stunde gekommen. [28] Vater, ver-
herrliche deinen Namen! Da kam eine
Stimme vom Himmel: Ich habe ihn
schon verherrlicht und werde ihn
wieder verherrlichen. [29] Die Menge, die
dabeistand und das hörte, sagte: Es hat
gedonnert. Andere sagten: Ein Engel
hat zu ihm geredet. [30] Jesus antwortete
und sagte: Nicht mir galt diese Stimme,
sondern euch. [31] Jetzt wird Gericht ge-
halten über diese Welt; jetzt wird der
Herrscher dieser Welt hinausgeworfen
werden. [32] Und ich, wenn ich über die
Erde erhöht bin, werde alle zu mir
ziehen. [33] Das sagte er, um anzudeuten,
auf welche Weise er sterben werde. [34] Die
Menge jedoch hielt ihm entgegen: Wir
haben aus dem Gesetz gehört, dass der
Messias bis in Ewigkeit bleiben wird.
Wie kannst du sagen, der Menschen-
sohn müsse erhöht werden? Wer ist
dieser Menschensohn? [35] Da sagte Jesus
zu ihnen: Nur noch kurze Zeit ist das
Licht bei euch. Geht euren Weg, so-
lange ihr das Licht habt, damit euch
nicht die Finsternis überrascht. Wer in
der Finsternis geht, weiß nicht, wohin
er gerät. [36] Solange ihr das Licht bei
euch habt, glaubt an das Licht, damit
ihr Söhne des Lichts werdet. Dies sagte
Jesus. Und er ging fort und verbarg sich
vor ihnen.

Jesu Urteil über den Unglauben der Juden

37 Obwohl Jesus so viele Zeichen vor
ihren Augen getan hatte, glaubten sie
nicht an ihn. 38 So sollte sich das Wort
erfüllen, das der Prophet Jesaja ge-
sprochen hat: Herr, wer hat unserer
Botschaft geglaubt? Und der Arm des
Herrn – wem wurde seine Macht offen-
bar? 39 Denn sie konnten nicht glauben,
weil Jesaja an einer anderen Stelle
gesagt hat:
40 Er hat ihre Augen blind gemacht und
ihr Herz hart, damit sie mit ihren
Augen nicht sehen und mit ihrem
Herzen nicht zur Einsicht kommen, da-
mit sie sich nicht bekehren und ich sie
nicht heile. 41 Das sagte Jesaja, weil er
Jesu Herrlichkeit gesehen hatte; über
ihn nämlich hat er gesprochen. 42 Den-
noch kamen sogar von den führenden
Männern viele zum Glauben an ihn;
aber wegen der Pharisäer bekannten
sie es nicht offen, um nicht aus der Sy-
nagoge ausgestoßen zu werden. 43 Denn
sie liebten das Ansehen bei den
Menschen mehr als das Ansehen bei
Gott.

Aufforderung zur Entscheidung zwischen Glauben und Unglauben

44 Jesus aber rief aus: Wer an mich
glaubt, glaubt nicht an mich, sondern
an den, der micht gesandt hat, 45 und
wer mich sieht, sieht den, der mich
gesandt hat. 46 Ich bin das Licht, das in
die Welt gekommen ist, damit jeder,
der an mich glaubt, nicht in der Fins-
ternis bleibt. 47 Wer meine Worte nur
hört und sie nicht befolgt, den richte
nicht ich; denn ich bin nicht ge-
kommen, um die Welt zu richten,
sondern um sie zu retten. 48 Wer mich
verachtet und meine Worte nicht
annimmt, der hat schon seinen Richter:
Das Wort, das ich gesprochen habe,
wird ihn richten am Letzten Tag.
49 Denn was ich gesagt habe, habe ich
nicht aus mir selbst, sondern der Vater,
der mich gesandt hat, hat mir auf-
getragen, was ich sagen und reden soll.
50 Und ich weiß, dass sein Auftrag
ewiges Leben ist. Was ich also sage,
sage ich so, wie es mir der Vater gesagt
hat.

Der Abschied Jesu von seinen Jüngern

Das Abschiedsmahl

Die Fußwaschung

13 Es war vor dem Paschafest.
Jesus wusste, dass seine Stunde
gekommen war, um aus dieser Welt
zum Vater hinüberzugehen. Da er die
Seinen, die in der Welt waren, liebte,
erwies er ihnen seine Liebe bis zur Voll-
endung. 2 Es fand ein Mahl statt, und
der Teufel hatte Judas, dem Sohn des

Simon Iskariot, schon ins Herz ge-
geben, ihn zu verraten und aus-
zuliefern. 3 Jesus, der wusste, dass ihm
der Vater alles in die Hand gegeben
hatte und dass er von Gott gekommen
war und zu Gott zurückkehrte, 4 stand
vom Mahl auf, legte sein Gewand ab
und umgürtete sich mit einem Leinen-
tuch. 5 Dann goss er Wasser in eine
Schüssel und begann, den Jüngern die
Füße zu waschen und mit dem
Leinentuch abzutrocknen, mit dem er
umgürtet war. 6 Als er zu Simon Petrus
kam, sagte dieser zu ihm: Du, Herr,
willst mir die Füße waschen? 7 Jesus
antwortete ihm: Was ich tue, verstehst
du jetzt noch nicht; doch später wirst
du es begreifen. 8 Petrus entgegnete
ihm: Niemals sollst du mir die Füße
waschen! Jesus erwiderte ihm: Wenn
ich dich nicht wasche, hast du keinen
Anteil an mir. 9 Da sagte Simon Petrus
zu ihm: Herr, dann nicht nur meine
Füße, sondern auch die Hände und das
Haupt. 10 Jesus sagte zu ihm: Wer vom
Bad kommt, ist ganz rein und braucht
sich nur noch die Füße zu waschen.
Auch ihr seid rein, aber nicht alle. 11 Er
wusste nämlich, wer ihn verraten
würde; darum sagte er: Ihr seid nicht
alle rein.
12 Als er ihnen die Füße gewaschen, sein
Gewand wieder angelegt und Platz
genommen hatte, sagte er zu ihnen: Be-
greift ihr, was ich an euch getan habe?
13 Ihr sagt zu mir Meister und Herr, und
ihr nennt mich mit Recht so; denn ich
bin es. 14 Wenn nun ich, der Herr und
Meister, euch die Füße gewaschen
habe, dann müsst auch ihr einander die
Füße waschen. 15 Ich habe euch ein Bei-
spiel gegeben, damit auch ihr so han-
delt, wie ich an euch gehandelt habe.
16 Amen, amen, ich sage euch: Der
Sklave ist nicht größer als sein Herr,
und der Abgesandte ist nicht größer als
der, der ihn gesandt hat. 17 Selig seid
ihr, wenn ihr das wisst und danach
handelt. 18 Ich sage das nicht von euch
allen. Ich weiß wohl, welche ich erwählt
habe, aber das Schriftwort muss sich
erfüllen: Einer, der mein Brot aß, hat
mich hintergangen. 19 Ich sage es euch
schon jetzt, ehe es geschieht, damit ihr,
wenn es geschehen ist, glaubt: Ich bin
es. 20 Amen, amen, ich sage euch: Wer
einen aufnimmt, den ich sende, nimmt
mich auf; wer aber mich aufnimmt,
nimmt den auf, der mich gesandt hat.

Jesu Hinweis auf den Verräter

21 Nach diesen Worten war Jesus im In-
nersten erschüttert und bekräftigte:
Amen, amen, das sage ich euch: Einer
von euch wird mich verraten. 22 Die
Jünger blickten sich ratlos an, weil sie
nicht wussten, wen er meinte. 23 Einer
von den Jüngern lag an der Seite Jesu;
es war der, den Jesus liebte. 24 Simon
Petrus nickte ihm zu, er solle fragen,
von wem Jesus spreche. 25 Da lehnte

sich dieser zurück an die Brust Jesu und
fragte ihn: Herr, wer ist es? 26 Jesus ant-
wortete: Der ist es, dem ich den Bissen
Brot, den ich eintauche, geben werde.
Dann tauchte er das Brot ein, nahm es
und gab es Judas, dem Sohn des Simon
Iskariot. 27 Als Judas den Bissen Brot
genommen hatte, fuhr der Satan in ihn.
Jesus sagte zu ihm: Was du tun willst,
das tu bald! 28 Aber keiner der Anwe-
senden verstand, warum er ihm das
sagte. 29 Weil Judas die Kasse hatte,
meinten einige, Jesus wolle ihm sagen:
Kaufe, was wir zum Fest brauchen!,
oder Jesus trage ihm auf, den Armen
etwas zu geben. 30 Als Judas den Bissen
Brot genommen hatte, ging er sofort
hinaus. Es war aber Nacht.

Das neue Gebot

31 Als Judas hinausgegangen war, sagte
Jesus: Jetzt ist der Menschensohn ver-
herrlicht, und Gott ist in ihm verherr-
licht. 32 Wenn Gott in ihm verherrlicht
ist, wird auch Gott ihn in sich verherr-
lichen, und er wird ihn bald verherr-
lichen. 33 Meine Kinder, ich bin nur
noch kurze Zeit bei euch. Ihr werdet
mich suchen, und was ich den Juden
gesagt habe, sage ich jetzt auch euch:
Wohin ich gehe, dorthin könnt ihr
nicht gelangen. 34 Ein neues Gebot gebe
ich euch: Liebt einander! Wie ich euch
geliebt habe, so sollt auch ihr einander
lieben. 35 Daran werden alle erkennen,
dass ihr meine Jünger seid: wenn ihr
einander liebt.

Jesu Wort an Petrus

36 Simon Petrus sagte zu ihm: Herr,
wohin willst du gehen? Jesus ant-
wortete: Wohin ich gehe, dorthin
kannst du mir jetzt nicht folgen. Du
wirst mir aber später folgen. 37 Petrus
sagte zu ihm: Herr, warum kann ich dir
jetzt nicht folgen? Mein Leben will ich
für dich hingeben. 38 Jesus entgegnete:
Du willst für mich dein Leben hin-
geben? Amen, amen, das sage ich dir:
Noch bevor der Hahn kräht, wirst du
mich dreimal verleugnen.

Das Gespräch über den Weg zum Vater

14 Euer Herz lasse sich nicht ver-
wirren. Glaubt an Gott, und
glaubt an mich! 2 Im Haus meines Va-
ters gibt es viele Wohnungen. Wenn es
nicht so wäre, hätte ich euch dann
gesagt: Ich gehe, um einen Platz für
euch vorzubereiten? 3 Wenn ich ge-
gangen bin und einen Platz für euch
vorbereitet habe, komme ich wieder
und werde euch zu mir holen, damit
auch ihr dort seid, wo ich bin. 4 Und
wohin ich gehe – den Weg dorthin
kennt ihr. 5 Thomas sagte zu ihm: Herr,
wir wissen nicht, wohin die gehst. Wie
sollen wir dann den Weg kennen?
6 Jesus sagte zu ihm: Ich bin der Weg

und die Wahrheit und das Leben;
niemand kommt zum Vater außer
durch mich. 7 Wenn ihr mich erkannt
habt, werdet ihr auch meinen Vater er-
kennen. Schon jetzt kennt ihr ihn und
habt ihn gesehen. 8 Philippus sagte zu
ihm: Herr, zeig uns den Vater; das
genügt uns. 9 Jesus antwortete ihm:
Schon so lange bin ich bei euch, und du
hast mich nicht erkannt, Philippus?
Wer mich gesehen hat, hat den Vater
gesehen. Wie kannst du sagen: Zeig
uns den Vater? 10 Glaubst du nicht, dass
ich im Vater bin und dass der Vater in
mir ist? Die Worte, die ich zu euch
sage, habe ich nicht aus mir selbst. Der
Vater, der in mir bleibt, vollbringt seine
Werke. 11 Glaubt mir doch, dass ich im
Vater bin und dass der Vater in mir ist;
wenn nicht, glaubt wenigstens auf-
grund der Werke! 12 Amen, amen, ich
sage euch: Wer an mich glaubt, wird
die Werke, die ich vollbringe, auch voll-
bringen, und er wird noch größere
vollbringen, denn ich gehe zum Vater.
13 Alles, um was ihr in meinem Namen
bittet, werde ich tun, damit der Vater
im Sohn verherrlicht wird. 14 Wenn ihr
mich um etwas in meinem Namen
bittet, werde ich es tun.

Trostworte an die Jünger

14 Wenn ihr mich liebt, werdet ihr meine
Gebote halten. 16 Und ich werde den
Vater bitten, und er wird euch einen
anderen Beistand geben, der für immer
bei euch bleiben soll. 17 Es ist der Geist
der Wahrheit, den die Welt nicht emp-
fangen kann, weil sie ihn nicht sieht
und nicht kennt. Ihr aber kennt ihn,
weil er bei euch bleibt und in euch sein
wird. 18 Ich werde euch nicht als Waisen
zurücklassen, sondern ich komme
wieder zu euch. 19 Nur noch kurze Zeit,
und die Welt sieht mich nicht mehr; ihr
aber seht mich, weil ich lebe und weil
auch ihr leben werdet. 20 An jenem Tag
werdet ihr erkennen: Ich bin in meinem
Vater, ihr seid in mir und ich bin in
euch. 21 Wer meine Gebote hat und sie
hält, der ist es, der mich liebt; wer mich
aber liebt, wird von meinem Vater
geliebt werden und auch ich werde ihn
lieben und mich ihm offenbaren.
22 Judas – nicht der Judas Iskariot –
fragte ihn: Herr, warum willst du dich
nur uns offenbaren und nicht der
Welt? 23 Jesus antwortete ihm: Wenn
jemand mich liebt, wird er an meinem
Wort festhalten; mein Vater wird ihn
lieben, und wir werden zu ihm
kommen und bei ihm wohnen. 24 Wer
mich nicht liebt, hält an meinen
Worten nicht fest. Und das Wort, das
ihr hört, stammt nicht von mir,
sondern vom Vater, der mich gesandt
hat.

25 Das habe ich zu euch gesagt,
während ich noch bei euch bin. 26 Der
Beistand aber, der Heilige Geist, den
der Vater in meinem Namen senden

wird, der wird euch alles lehren und
euch an alles erinnern, was ich euch
gesagt habe. 27 Frieden hinterlasse ich
euch, meinen Frieden gebe ich euch;
nicht einen Frieden, wie die Welt ihn
gibt, gebe ich euch. Euer Herz
beunruhige sich nicht und verzage
nicht. 28 Ihr habt gehört, dass ich zu
euch sagte: Ich gehe fort und komme
wieder zu euch zurück. Wenn ihr mich
lieb hättet, würdet ihr euch freuen, dass
ich zum Vater gehe; denn der Vater ist
größer als ich. 29 Jetzt schon habe ich es
euch gesagt, bevor es geschieht, damit
ihr, wenn es geschieht, zum Glauben
kommt. 30 Ich werde nicht mehr viel zu
euch sagen; denn es kommt der Herr-
scher der Welt. Über mich hat er keine
Macht, 31 aber die Welt soll erkennen,
dass ich den Vater liebe und so handle,
wie es mir der Vater aufgetragen hat.
Steht auf, wir wollen weggehen von
hier.

Weitere Reden Jesu zu seinen Jüngern

Die Bildrede vom Fruchtbringen

15 Ich bin der wahre Weinstock,
und mein Vater ist der Winzer.
2 Jede Rebe an mir, die keine Frucht
bringt, schneidet er ab, und jede Rebe,
die Frucht bringt, reinigt er, damit sie
mehr Frucht bringt. 3 Ihr seid schon
rein durch das Wort, das ich zu euch
gesagt habe. 4 Bleibt in mir, dann bleibe
ich in euch. Wie die Rebe aus sich keine
Frucht bringen kann, sondern nur,
wenn sie am Weinstock bleibt, so
könnt auch ihr keine Frucht bringen,
wenn ihr nicht in mir bleibt. 5 Ich bin
der Weinstock, ihr seid die Reben. Wer
in mir bleibt und in wem ich bleibe, der
bringt reiche Frucht; denn getrennt
von mir könnt ihr nichts vollbringen.
6 Wer nicht in mir bleibt, wird wie die
Rebe weggeworfen, und er verdorrt.
Man sammelt die Reben, wirft sie ins
Feuer, und sie verbrennen. 7 Wenn ihr
in mir bleibt und wenn meine Worte in
euch bleiben, dann bittet um alles, was
ihr wollt: Ihr werdet es erhalten. 8 Mein
Vater wird dadurch verherrlicht, dass
ihr reiche Frucht bringt und meine
Jünger werdet.

9 Wie mich der Vater geliebt hat, so
habe auch ich euch geliebt. Bleibt in
meiner Liebe! 10 Wenn ihr meine Ge-
bote haltet, werdet ihr in meiner Liebe
bleiben, so wie ich die Gebote meines
Vaters gehalten habe und in seiner
Liebe bleibe. 11 Dies habe ich euch
gesagt, damit meine Freude in euch ist
und damit eure Freude vollkommen
wird. 12 Das ist mein Gebot: Liebt
einander, so wie ich euch geliebt habe.
13 Es gibt keine größere Liebe, als wenn
einer sein Leben für seine Freunde
hingibt. 14 Ihr seid meine Freunde,
wenn ihr tut, was ich euch auftrage.
15 Ich nenne euch nicht mehr Knechte;

denn der Knecht weiß nicht, was sein
Herr tut. Vielmehr habe ich euch
Freunde genannt; denn ich habe euch
alles mitgeteilt, was ich von meinem
Vater gehört habe. 16 Nicht ihr habt
mich erwählt, sondern ich habe euch
erwählt und dazu bestimmt, dass ihr
euch aufmacht und Frucht bringt und
dass eure Frucht bleibt. Dann wird
euch der Vater alles geben, um was ihr
ihn in meinem Namen bittet. 17 Dies
trage ich euch auf: Liebt einander!

Der Hass der Welt gegen die Jünger

18 Wenn die Welt euch hasst, dann
wisst, dass sie mich schon vor euch ge-
hasst hat. 19 Wenn ihr von der Welt
stammen würdet, würde die Welt euch
als ihr Eigentum lieben. Aber weil ihr
nicht von der Welt stammt, sondern
weil ich euch aus der Welt erwählt
habe, darum hasst euch die Welt.
20 Denkt an das Wort, das ich euch
gesagt habe: Der Sklave ist nicht größer
als sein Herr. Wenn sie mich verfolgt
haben, werden sie auch euch verfolgen;
wenn sie an meinem Wort festgehalten
haben, werden sie auch an eurem Wort
festhalten. 21 Das alles werden sie euch
um meines Namens willen antun; denn
sie kennen den nicht, der mich gesandt
hat. 22 Wenn ich nicht gekommen wäre
und nicht zu ihnen gesprochen hätte,
wären sie ohne Sünde; jetzt aber haben
sie keine Entschuldigung für ihre
Sünde. 23 Wer mich hasst, hasst auch
meinen Vater. 24 Wenn ich bei ihnen
nicht die Werke vollbracht hätte, die
kein anderer vollbracht hat, wären sie
ohne Sünde. Jetzt aber haben sie (die
Werke) gesehen, und doch hassen sie
mich und meinen Vater. 25 Aber das
Wort sollte sich erfüllen, das in ihrem
Gesetz steht: Ohne Grund haben sie
mich gehasst. 26 Wenn aber der Bei-
stand kommt, den ich euch vom Vater
aus senden werde, der Geist der Wahr-
heit, der vom Vater ausgeht, dann wird
er Zeugnis für mich ablegen. 27 Und
auch ihr sollt Zeugnis ablegen, weil ihr
von Anfang an bei mir seid.

16 Das habe ich euch gesagt, da-
mit ihr keinen Anstoß nehmt.
2 Sie werden euch aus der Synagoge
ausstoßen, ja es kommt die Stunde, in
der jeder, der euch tötet, meint, Gott
einen heiligen Dienst zu leisten. 3 Das
werden sie tun, weil sie weder den
Vater noch mich erkannt haben. 4a Ich
habe es euch gesagt, damit ihr, wenn
deren Stunde kommt, euch an meine
Worte erinnert.

Der Geist als Beistand und Lehrer

4b Das habe ich euch nicht gleich zu An-
fang gesagt; denn ich war ja bei euch.
5 Jetzt aber gehe ich zu dem, der mich
gesandt hat, und keiner von euch fragt
mich: Wohin gehst du? 6 Vielmehr ist
euer Herz von Trauer erfüllt, weil ich

euch das gesagt habe. [7] Doch ich sage
euch die Wahrheit: Es ist gut für euch,
dass ich fortgehe. Denn wenn ich nicht
fortgehe, wird der Beistand nicht zu
euch kommen; gehe ich aber, so werde
ich ihn zu euch senden.
[8] Und wenn er kommt, wird er die Welt
überführen (und aufdecken), was
Sünde, Gerechtigkeit und Gericht ist;
[9] Sünde: dass sie nicht an mich glauben;
[10] Gerechtigkeit: dass ich zum Vater
gehe und ihr mich nicht mehr seht;
[11] Gericht: dass der Herrscher dieser
Welt gerichtet ist. [12] Noch vieles habe
ich euch zu sagen, aber ihr könnt es
jetzt nicht tragen. [13] Wenn aber jener
kommt, der Geist der Wahrheit, wird
er euch in die ganze Wahrheit führen.
Denn er wird nicht aus sich selbst
heraus reden, sondern er wird sagen,
was er hört, und euch verkünden, was
kommen wird. [14] Er wird mich verherr-
lichen; denn er wird von dem, was mein
ist, nehmen und es euch verkünden.
[15] Alles, was der Vater hat, ist mein;
darum habe ich gesagt: Er nimmt von
dem, was mein ist, und wird es euch
verkünden.

Der Schmerz der Trennung – Die Freude des Wiedersehens

[16] Noch kurze Zeit, dann seht ihr mich
nicht mehr, und wieder eine kurze Zeit,
dann werdet ihr mich sehen. [17] Da
sagten einige von seinen Jüngern zu-
einander: Was meint er damit, wenn er
zu uns sagt: Noch kurze Zeit, dann seht
ihr mich nicht mehr, und wieder eine
kurze Zeit, dann werdet ihr mich sehen?
Und was bedeutet: Ich gehe zum Vater?
[18] Sie sagten: Was heißt das: eine kurze
Zeit? Wir wissen nicht, wovon er redet.
[19] Jesus erkannte, dass sie ihn fragen
wollten, und sagte zu ihnen: Ihr macht
euch Gedanken darüber, dass ich euch
gesagt habe: Noch kurze Zeit, dann seht
ihr mich nicht mehr, und wieder eine
kurze Zeit, dann werdet ihr mich sehen.
[20] Amen, amen, ich sage euch: Ihr werdet
weinen und klagen, aber die Welt wird
sich freuen; ihr werdet bekümmert sein,
aber euer Kummer wird sich in Freude
verwandeln. [21] Wenn die Frau gebären
soll, ist sie bekümmert, weil ihre Stunde
da ist; aber wenn sie das Kind geboren
hat, denkt sie nicht mehr an ihre Not
über der Freude, dass ein Mensch zur
Welt gekommen ist. [22] So seid auch ihr
jetzt bekümmert, aber ich werde euch
wieder sehen; dann wird euer Herz sich
freuen, und niemand nimmt euch eure
Freude.
[23] An jenem Tag werdet ihr mich nichts
mehr fragen. Amen, amen, ich sage
euch: Was ihr vom Vater erbitten
werdet, das wird er euch in meinem
Namen geben.
[24] Bis jetzt habt ihr noch nichts in
meinem Namen erbeten. Bittet, und ihr
werdet empfangen, damit eure Freude
vollkommen ist.

Bedrängnis und Friede

25 Dies habe ich in verhüllter Rede zu
euch gesagt; es kommt die Stunde, in
der ich nicht mehr in verhüllter Rede
zu euch spreche, sondern euch offen
den Vater verkünden werde. 26 An je-
nem Tag werdet ihr in meinem Namen
bitten, und ich sage nicht, dass ich den
Vater für euch bitten werde; 27 denn der
Vater selbst liebt euch, weil ihr mich
geliebt und weil ihr geglaubt habt, dass
ich von Gott ausgegangen bin. 28 Vom
Vater bin ich ausgegangen und in die
Welt gekommen; ich verlasse die Welt
wieder und gehe zum Vater.
29 Da sagten seine Jünger: Jetzt redest
du offen und sprichst nicht mehr in
Gleichnissen. 30 Jetzt wissen wir, dass
du alles weißt und von niemand ge-
fragt zu werden brauchst. Darum glau-
ben wir, dass du von Gott gekommen
bist. 31 Jesus erwiderte ihnen: Glaubt ihr
jetzt? 32 Die Stunde kommt, und sie ist
schon da, in der ihr versprengt werdet,
jeder in sein Haus, und mich werdet ihr
allein lassen. Aber ich bin nicht allein,
denn der Vater ist bei mir. 33 Dies habe
ich zu euch gesagt, damit ihr in mir
Frieden habt. In der Welt seid ihr in
Bedrängnis; aber habt Mut: Ich habe
die Welt besiegt.

Das Abschiedsgebet des Herrn

Jesu Rechenschaft vor dem Vater

17 Dies sagte Jesus. Und er erhob
seine Augen zum Himmel und
sprach: Vater, die Stunde ist da. Ver-
herrliche deinen Sohn, damit der Sohn
dich verherrlicht. 2 Denn du hast ihm
Macht über alle Menschen gegeben,
damit er allen, die du ihm gegeben
hast, ewiges Leben schenkt. 3 Das ist das
ewige Leben: dich, den einzigen wah-
ren Gott, zu erkennen und Jesus Chris-
tus, den du gesandt hast. 4 Ich habe
dich auf der Erde verherrlicht und das
Werk zu Ende geführt, das du mir auf-
getragen hast. 5 Vater, verherrliche du
mich jetzt bei dir mit der Herrlichkeit,
die ich bei dir hatte, bevor die Welt war.
6 Ich habe deinen Namen den Men-
schen offenbart, die du mir aus der
Welt gegeben hast. Sie gehörten dir,
und du hast sie mir gegeben, und sie
haben an deinem Wort festgehalten.
7 Sie haben jetzt erkannt, dass alles, was
du mir gegeben hast, von dir ist. 8 Denn
die Worte, die du mir gegeben hast,
gab ich ihnen, und sie haben sie an-
genommen. Sie haben wirklich erkannt,
dass ich von dir ausgegangen bin, und
sie sind zu dem Glauben gekommen,
dass du mich gesandt hast.

Jesu Fürbitte für die Jünger

9 Für sie bitte ich; nicht für die Welt
bitte ich, sondern für alle, die du mir
gegeben hast; denn sie gehören dir.
10 Alles, was mein ist, ist dein, und was
dein ist, ist mein; in ihnen bin ich ver-
herrlicht. 11 Ich bin nicht mehr in der
Welt, aber sie sind in der Welt, und ich
gehe zu dir. Heiliger Vater, bewahre sie
in deinem Namen, den du mir gegeben
hast, damit sie eins sind wie wir. 12 So-
lange ich bei ihnen war, bewahrte ich
sie in deinem Namen, den du mir
gegeben hast. Und ich habe sie behütet,
und keiner von ihnen ging verloren,
außer dem Sohn des Verderbens, damit
sich die Schrift erfüllt. 13 Aber jetzt
gehe ich zu dir. Doch dies rede ich noch
in der Welt, damit sie meine Freude in
Fülle in sich haben. 14 Ich habe ihnen
dein Wort gegeben, und die Welt hat
sie gehasst, weil sie nicht von der Welt
sind, wie auch ich nicht von der Welt
bin. 15 Ich bitte nicht, dass du sie aus der
Welt nimmst, sondern dass du sie vor
dem Bösen bewahrst. 16 Sie sind nicht
von der Welt, wie auch ich nicht von
der Welt bin. 17 Heilige sie in der Wahr-
heit; dein Wort ist Wahrheit. 18 Wie du
mich in die Welt gesandt hast, so habe
auch ich sie in die Welt gesandt. 19 Und
ich heilige mich für sie, damit auch sie
in der Wahrheit geheiligt sind.

Jesu Fürbitte für alle Glaubenden

20 Aber ich bitte nicht nur für diese hier,
sondern auch für alle, die durch ihr
Wort an mich glauben.
21 Alle sollen eins sein: Wie du, Vater,
in mir bist und ich in dir bin, sollen
auch sie in uns sein, damit die Welt
glaubt, dass du mich gesandt hast.
22 Und ich habe ihnen die Herrlichkeit
gegeben, die du mir gegeben hast;
denn sie sollen eins sein, wie wir eins
sind, 23 ich in ihnen und du in mir. So
sollen sie vollendet sein in der Einheit,
damit die Welt erkennt, dass du mich
gesandt hast und die Meinen ebenso
geliebt hast wie mich. 24 Vater, ich will,
dass alle, die du mir gegeben hast, dort
bei mir sind, wo ich bin. Sie sollen
meine Herrlichkeit sehen, die du mir
gegeben hast, weil du mich schon
geliebt hast vor der Erschaffung der
Welt. 25 Gerechter Vater, die Welt hat
dich nicht erkannt, ich aber habe dich
erkannt, und sie haben erkannt, dass
du mich gesandt hast. 26 Ich habe ihnen
deinen Namen bekannt gemacht und
werde ihn bekannt machen, damit die
Liebe, mit der du mich geliebt hast, in
ihnen ist und damit ich in ihnen bin.

Die Erhöhung Jesu

Das Leiden Jesu

Die Verhaftung

18 Nach diesen Worten ging
Jesus mit seinen Jüngern
hinaus, auf die andere Seite des Baches
Kidron. Dort war ein Garten; in den
ging er mit seinen Jüngern hinein.
2 Auch Judas, der Verräter, der ihn aus-
lieferte, kannte den Ort, weil Jesus dort
oft mit seinen Jüngern zusammenge-
kommen war. 3 Judas holte die Soldaten
und die Gerichtsdiener der Hohen-
priester und der Pharisäer, und sie
kamen dorthin mit Fackeln, Laternen
und Waffen. 4 Jesus, der alles wusste,
was mit ihm geschehen sollte, ging
hinaus und fragte sie: Wen sucht ihr?
5 Sie antworteten ihm: Jesus von
Nazaret. Er sagte zu ihnen: Ich bin es.
Auch Judas, der Verräter, stand bei
ihnen. 6 Als er zu ihnen sagte: Ich bin
es!, wichen sie zurück und stürzten zu
Boden. 7 Er fragte sie noch einmal: Wen
sucht ihr? Sie sagten: Jesus von Nazaret.
8 Jesus antwortete: Ich habe euch
gesagt, dass ich es bin. Wenn ihr mich
sucht, dann lasst diese gehen! 9 So soll-
te sich das Wort erfüllen, das er gesagt
hatte: Ich habe keinen von denen ver-
loren, die du mir gegeben hast. 10 Si-
mon Petrus aber, der ein Schwert bei
sich hatte, zog es, schlug nach dem
Diener des Hohenpriesters und hieb
ihm das rechte Ohr ab; der Diener hieß
Malchus. 11 Da sagte Jesus zu Petrus:
Steck das Schwert in die Scheide! Der
Kelch, den mir der Vater gegeben hat –
soll ich ihn nicht trinken?

Das Verhör vor Hannas und die Verleugnung durch Petrus

12 Die Soldaten, ihre Befehlshaber und
die Gerichtsdiener der Juden nahmen
Jesus fest, fesselten ihn 13 und führten
ihn zuerst zu Hannas; er war nämlich
der Schwiegervater des Kajaphas, der
in jenem Jahr Hoherpriester war. 14 Ka-
japhas aber war es, der den Juden den
Rat gegeben hatte: Es ist besser, dass
ein einziger Mensch für das Volk
stirbt.

15 Simon Petrus und ein anderer Jünger
folgten Jesus. Dieser Jünger war mit
dem Hohenpriester bekannt und ging
mit Jesus in den Hof des hohepriester-
lichen Palastes. 16 Petrus aber blieb
draußen am Tor stehen. Da kam der
andere Jünger, der Bekannte des Ho-
henpriesters, heraus; er sprach mit der
Pförtnerin und führte Petrus hinein.
17 Da sagte die Pförtnerin zu Petrus:
Bist du nicht auch einer von den Jün-
gern dieses Menschen? Er antwortete:
Nein. 18 Die Diener und die Knechte
hatten sich ein Kohlenfeuer angezün-
det und standen dabei, um sich zu
wärmen; denn es war kalt. Auch Petrus
stand bei ihnen und wärmte sich.

[19] Der Hohepriester befragte Jesus über
seine Jünger und über seine Lehre.
[20] Jesus antwortete ihm: Ich habe offen
vor aller Welt gesprochen. Ich habe
immer in der Synagoge und im Tempel
gelehrt, wo alle Juden zusammen-
kommen. Nichts habe ich im geheimen
gesprochen. [21] Warum fragst du mich?
Frag doch die, die mich gehört haben,
was ich zu ihnen gesagt habe; sie
wissen, was ich geredet habe. [22] Auf
diese Antwort hin schlug einer von den
Knechten, der dabeistand, Jesus ins
Gesicht und sagte: Redest du so mit
dem Hohenpriester? [23] Jesus entgegnete
ihm: Wenn es nicht recht war, was ich
gesagt habe, dann weise es nach; wenn
es aber recht war, warum schlägst du
mich? [24] Danach schickte ihn Hannas
gefesselt zum Hohenpriester Kajaphas.
[25] Simon Petrus aber stand (am Feuer)
und wärmte sich. Sie sagten zu ihm:
Bist nicht auch du einer von seinen
Jüngern? Er leugnete und sagte: Nein.
[26] Einer von den Dienern des Hohen-
priesters, ein Verwandter dessen, dem
Petrus das Ohr abgehauen hatte, sagte:
Habe ich dich nicht im Garten bei ihm
gesehen? [27] Wieder leugnete Petrus,
und gleich darauf krähte ein Hahn.

Das Verhör und die Verurteilung durch Pilatus

[28] Von Kajaphas brachten sie Jesus zum
Prätorium; es war früh am Morgen. Sie
selbst gingen nicht in das Gebäude
hinein, um nicht unrein zu werden,
sondern das Paschalamm essen zu kön-
nen. [29] Deshalb kam Pilatus zu ihnen
heraus und fragte: Welche Anklage
erhebt ihr gegen diesen Menschen?
[30] Sie antworteten ihm: Wenn er kein
Übeltäter wäre, hätten wir ihn dir nicht
ausgeliefert. [31] Pilatus sagte zu ihnen:
Nehmt ihr ihn doch, und richtet ihn
nach eurem Gesetz! Die Juden ant-
worteten ihm: Uns ist es nicht gestattet,
jemand hinzurichten. [32] So sollte sich
das Wort Jesu erfüllen, mit dem er
angedeutet hatte, auf welche Weise er
sterben werde. [33] Pilatus ging wieder in
das Prätorium hinein, ließ Jesus rufen
und fragte ihn: Bist du der König der
Juden? [34] Jesus antwortete: Sagst du das
von dir aus, oder haben es dir andere
über mich gesagt? [35] Pilatus entgeg-
nete: Bin ich denn ein Jude? Dein ei-
genes Volk und die Hohenpriester
haben dich an mich ausgeliefert. Was
hast du getan? [36] Jesus antwortete:
Mein Königtum ist nicht von dieser
Welt. Wenn es von dieser Welt wäre,
würden meine Leute kämpfen, damit
ich den Juden nicht ausgeliefert würde.
Aber mein Königtum ist nicht von hier.
[37] Pilatus sagte zu ihm: Also bist du doch
ein König? Jesus antwortete: Du sagst es,
ich bin ein König. Ich bin dazu geboren
und dazu in die Welt gekommen, dass
ich für die Wahrheit Zeugnis ablege.
Jeder, der aus der Wahrheit ist, hört auf

meine Stimme. 38 Pilatus sagte zu ihm:
Was ist Wahrheit?
Nachdem er das gesagt hatte, ging er
wieder zu den Juden hinaus und sagte
zu ihnen: Ich finde keinen Grund, ihn
zu verurteilen. 39 Ihr seid gewohnt, dass
ich euch am Paschafest einen Ge-
fangenen freilasse. Wollt ihr also, dass
ich euch den König der Juden freilasse?
40 Da schrien sie wieder: Nicht diesen,
sondern Barabbas! Barabbas aber war
ein Straßenräuber.

19 Darauf ließ Pilatus Jesus
geißeln. 2 Die Soldaten flochten
einen Kranz aus Dornen; den setzten
sie ihm auf und legten ihm einen
purpurroten Mantel um. 3 Sie stellten
sich vor ihn hin und sagten: Heil dir,
König der Juden! Und sie schlugen ihm
ins Gesicht. 4 Pilatus ging wieder hinaus
und sagte zu ihnen: Seht, ich bringe ihn
zu euch heraus; ihr sollt wissen, dass
ich keinen Grund finde, ihn zu ver-
urteilen. 5 Jesus kam heraus; er trug die
Dornenkrone und den purpurroten
Mantel. Pilatus sagte zu ihnen: Seht, da
ist der Mensch! 6 Als die Hohenpriester
und ihre Diener ihn sahen, schrien sie:
Ans Kreuz mit ihm, ans Kreuz mit ihm!
Pilatus sagte zu ihnen: Nehmt ihr ihn,
und kreuzigt ihn! Denn ich finde
keinen Grund, ihn zu verurteilen. 7 Die
Juden entgegneten ihm: Wir haben ein
Gesetz, und nach diesem Gesetz muss
er sterben, weil er sich als Sohn Gottes
ausgegeben hat.
8 Als Pilatus das hörte, wurde er noch
ängstlicher. 9 Er ging wieder in das
Prätorium hinein und fragte Jesus:
Woher stammst du? Jesus aber gab
ihm keine Antwort. 10 Da sagte Pilatus
zu ihm: Du sprichst nicht mit mir?
Weißt du nicht, dass ich Macht habe,
dich freizulassen, und Macht, dich zu
kreuzigen? 11 Jesus antwortete: Du
hättest keine Macht über mich, wenn
es dir nicht von oben gegeben wäre;
darum liegt größere Schuld bei dem,
der mich dir ausgeliefert hat. 12 Darauf-
hin wollte Pilatus ihn freilassen, aber
die Juden schrien: Wenn du ihn
freilässt, bist du kein Freund des
Kaisers; jeder, der sich als König aus-
gibt, lehnt sich gegen den Kaiser auf.
13 Auf diese Worte hin ließ Pilatus Jesus
herausführen, und er setzte sich auf
den Richterstuhl an dem Platz, der
Lithostrotos, auf hebräisch Gabbata,
heißt. 14 Es war am Rüsttag des Pascha-
festes, ungefähr um die sechste Stunde.
Pilatus sagte zu den Juden: Da ist euer
König!
15 Sie aber schrien: Weg mit ihm,
kreuzige ihn! Pilatus aber sagte zu
ihnen: Euren König soll ich kreuzigen?
Die Hohenpriester antworteten: Wir
haben keinen König außer dem Kaiser.
16a Da lieferte er ihnen Jesus aus, damit
er gekreuzigt würde.

Die Hinrichtung Jesu

16b Sie übernahmen Jesus. 17 Er trug sein
Kreuz und ging hinaus zur so ge-
nannten Schädelhöhe, die auf hebrä-
isch Golgota heißt. 18 Dort kreuzigten
sie ihn und mit ihm zwei andere, auf
jeder Seite einen, in der Mitte Jesus.
19 Pilatus ließ auch ein Schild anfer-
tigen und oben am Kreuz befestigen;
die Inschrift lautete: Jesus von Nazaret,
der König der Juden. 20 Dieses Schild
lasen viele Juden, weil der Platz, wo
Jesus gekreuzigt wurde, nahe bei der
Stadt lag. Die Inschrift war hebräisch,
lateinisch und griechisch abgefasst.
21 Die Hohenpriester der Juden sagten
zu Pilatus: Schreib nicht: Der König der
Juden, sondern dass er gesagt hat: Ich
bin der König der Juden. 22 Pilatus ant-
wortete: Was ich geschrieben habe,
habe ich geschrieben.
23 Nachdem die Soldaten Jesus ans
Kreuz geschlagen hatten, nahmen sie
seine Kleider und machten vier Teile
daraus, für jeden Soldaten einen. Sie
nahmen auch sein Untergewand, das
von oben her ganz durchgewebt und
ohne Naht war. 24 Sie sagten zueinan-
der: Wir wollen es nicht zerteilen,
sondern darum losen, wem es gehören
soll. So sollte sich das Schriftwort er-
füllen: Sie verteilten meine Kleider
unter sich und warfen das Los um mein
Gewand. Dies führten die Soldaten aus.
25 Bei dem Kreuz Jesu standen seine
Mutter und die Schwester seiner
Mutter, Maria, die Frau des Klopas, und
Maria von Magdala. 26 Als Jesus seine
Mutter sah und bei ihr den Jünger, den
er liebte, sagte er zu seiner Mutter: Frau,
siehe, dein Sohn! 27 Dann sagte er zu
dem Jünger: Siehe, deine Mutter! Und
von jener Stunde an nahm sie der Jün-
ger zu sich.
28 Danach, als Jesus wusste, dass nun
alles vollbracht war, sagte er, damit sich
die Schrift erfüllte: Mich dürstet. 29 Ein
Gefäß mit Essig stand da. Sie steckten
einen Schwamm mit Essig auf einen
Ysopzweig und hielten ihn an seinen
Mund. 30 Als Jesus von dem Essig ge-
nommen hatte, sprach er: Es ist voll-
bracht! Und er neigte das Haupt und
gab seinen Geist auf.

Die Bestattung des Leichnams

31 Weil Rüsttag war und die Körper
während des Sabbats nicht am Kreuz
bleiben sollten, baten die Juden Pilatus,
man möge den Gekreuzigten die Beine
zerschlagen und ihre Leichen dann ab-
nehmen; denn dieser Sabbat war ein
großer Feiertag.
32 Also kamen die Soldaten und zer-
schlugen dem ersten die Beine, dann
dem andern, der mit ihm gekreuzigt
worden war. 33 Als sie aber zu Jesus
kamen und sahen, dass er schon tot
war, zerschlugen sie ihm die Beine
nicht, 34 sondern einer der Soldaten
stieß mit der Lanze in seine Seite, und

sogleich floß Blut und Wasser heraus.
35 Und der, der es gesehen hat, hat es
bezeugt, und sein Zeugnis ist wahr.
Und er weiß, dass er Wahres berichtet,
damit auch ihr glaubt. 36 Denn das ist
geschehen, damit sich das Schriftwort
erfüllte: Man soll an ihm kein Gebein
zerbrechen. 37 Und ein anderes Schrift-
wort sagt: Sie werden auf den blicken,
den sie durchbohrt haben.
38 Josef aus Arimathäa war ein Jünger
Jesu, aber aus Furcht vor den Juden nur
heimlich. Er bat Pilatus, den Leichnam
Jesu abnehmen zu dürfen, und Pilatus
erlaubte es. Also kam er und nahm den
Leichnam ab. 39 Es kam auch Nikode-
mus, der früher einmal Jesus bei Nacht
aufgesucht hatte. Er brachte eine
Mischung aus Myrrhe und Aloe, etwa
hundert Pfund. 40 Sie nahmen den
Leichnam Jesu und umwickelten ihn
mit Leinenbinden, zusammen mit den
wohlriechenden Salben, wie es beim
jüdischen Begräbnis Sitte ist. 41 An dem
Ort, wo man ihn gekreuzigt hatte, war
ein Garten, und in dem Garten war ein
neues Grab, in dem noch niemand be-
stattet worden war. 42 Wegen des Rüst-
tages der Juden und weil das Grab in
der Nähe lag, setzten sie Jesus dort bei.

Osterberichte

Die Entdeckung des leeren Grabes

20 Am ersten Tag der Woche kam
Maria von Magdala frühmor-
gens, als es noch dunkel war, zum Grab
und sah, dass der Stein vom Grab weg-
genommen war. 2 Da lief sie schnell zu
Simon Petrus und dem Jünger, den
Jesus liebte, und sagte zu ihnen: Man
hat den Herrn aus dem Grab wegge-
nommen, und wir wissen nicht, wohin
man ihn gelegt hat. 3 Da gingen Petrus
und der andere Jünger hinaus und
kamen zum Grab; 4 sie liefen beide zu-
sammen dorthin, aber weil der andere
Jünger schneller war als Petrus, kam er
als erster ans Grab. 5 Er beugte sich vor
und sah die Leinenbinden liegen, ging
aber nicht hinein. 6 Da kam auch Simon
Petrus, der ihm gefolgt war, und ging
in das Grab hinein. Er sah die Leinen-
binden liegen 7 und das Schweißtuch,
das auf dem Kopf Jesu gelegen hatte; es
lag aber nicht bei den Leinenbinden,
sondern zusammengebunden daneben
an einer besonderen Stelle. 8 Da ging
auch der andere Jünger, der zuerst an
das Grab gekommen war, hinein; er sah
und glaubte. 9 Denn sie wussten noch
nicht aus der Schrift, dass er von
den Toten auferstehen musste. 10 Dann
kehrten die Jünger wieder nach Hause
zurück.

Die Erscheinung Jesu vor Maria aus Magdala

11 Maria aber stand draußen vor dem
Grab und weinte. Während sie weinte,
beugte sie sich in die Grabkammer
hinein. 12 Da sah sie zwei Engel in
weißen Gewändern sitzen, den einen
dort, wo der Kopf, den anderen dort,
wo die Füße des Leichnams Jesu
gelegen hatten. 13 Die Engel sagten zu
ihr: Frau, warum weinst du? Sie ant-
wortete ihnen: Man hat meinen Herrn
weggenommen, und ich weiß nicht,
wohin man ihn gelegt hat. 14 Als sie das
gesagt hatte, wandte sie sich um und
sah Jesus dastehen, wusste aber nicht,
dass es Jesus war. 15 Jesus sagte zu ihr:
Frau, warum weinst du? Wen suchst
du? Sie meinte, es sei der Gärtner, und
sagte zu ihm: Herr, wenn du ihn weg-
gebracht hast, sag mir, wohin du ihn
gelegt hast. Dann will ich ihn holen.
16 Jesus sagte zu ihr: Maria! Da wandte
sie sich ihm zu und sagte auf hebräisch
zu ihm: Rabbuni!, das heißt: Meister.
17 Jesus sagte zu ihr: Halte mich nicht
fest; denn ich bin noch nicht zum Vater
hinaufgegangen. Geh aber zu meinen
Brüdern, und sag ihnen: Ich gehe
hinauf zu meinem Vater und zu eurem
Vater, zu meinem Gott und zu eurem
Gott. 18 Maria von Magdala ging zu den
Jüngern und verkündete ihnen: Ich
habe den Herrn gesehen. Und sie rich-
tete aus, was er ihr gesagt hatte.

Die Beauftragung der Jünger

19 Am Abend dieses ersten Tages der
Woche, als die Jünger aus Furcht vor
den Juden die Türen verschlossen
hatten, kam Jesus, trat in ihre Mitte und
sagte zu ihnen: Friede sei mit euch!
20 Nach diesen Worten zeigte er ihnen
seine Hände und seine Seite. Da freuten
sich die Jünger, dass sie den Herrn
sahen. 21 Jesus sagte noch einmal zu
ihnen: Friede sei mit euch! Wie mich
der Vater gesandt hat, so sende ich
euch. 22 Nachdem er das gesagt hatte,
hauchte er sie an und sprach zu ihnen:
Empfangt den Heiligen Geist! 23 Wem
ihr die Sünden vergebt, dem sind sie
vergeben; wem ihr die Vergebung ver-
weigert, dem ist sie verweigert.

Jesus und Thomas

24 Thomas, genannt Didymus (Zwil-
ling), einer der Zwölf, war nicht bei
ihnen, als Jesus kam. 25 Die anderen
Jünger sagten zu ihm: Wir haben den
Herrn gesehen. Er entgegnete ihnen:
Wenn ich nicht die Male der Nägel an
seinen Händen sehe und wenn ich
meinen Finger nicht in die Male der
Nägel und meine Hand nicht in seine
Seite lege, glaube ich nicht. 26 Acht Tage
darauf waren seine Jünger wieder ver-
sammelt, und Thomas war dabei. Die
Türen waren verschlossen. Da kam
Jesus, trat in ihre Mitte und sagte:
Friede sei mit euch! 27 Dann sagte er zu

Thomas: Streck deinen Finger aus –
hier sind meine Hände! Streck deine
Hand aus und leg sie in meine Seite,
und sei nicht ungläubig, sondern
gläubig! 28 Thomas antwortete ihm:
Mein Herr und mein Gott! 29 Jesus
sagte zu ihm: Weil du mich gesehen
hast, glaubst du. Selig sind, die nicht
sehen und doch glauben.

Der Epilog

30 Noch viele andere Zeichen, die in
diesem Buch nicht aufgeschrieben
sind, hat Jesus vor den Augen seiner
Jünger getan. 31 Diese aber sind auf-
geschrieben, damit ihr glaubt, dass
Jesus der Messias ist, der Sohn Gottes,
und damit ihr durch den Glauben das
Leben habt in seinem Namen.

Nachtrag zum Evangelium

Die Erscheinung des Auferstandenen am See

21 Danach offenbarte sich Jesus
den Jüngern noch einmal. Es
war am See von Tiberias, und er offen-
barte sich in folgender Weise. 2 Simon
Petrus, Thomas, genannt Didymus
(Zwilling), Natanaël aus Kana in Ga-
liläa, die Söhne des Zebedäus und zwei
andere von seinen Jüngern waren zu-
sammen. 3 Simon Petrus sagte zu ihnen:
Ich gehe fischen. Sie sagten zu ihm: Wir
kommen auch mit. Sie gingen hinaus
und stiegen in das Boot. Aber in dieser
Nacht fingen sie nichts. 4 Als es schon
Morgen wurde, stand Jesus am Ufer.
Doch die Jünger wussten nicht, dass es
Jesus war. 5 Jesus sagte zu ihnen: Meine
Kinder, habt ihr nicht etwas zu essen?
Sie antworteten ihm: Nein. 6 Er aber
sagte zu ihnen: Werft das Netz auf der
rechten Seite des Bootes aus, und ihr
werdet etwas fangen. Sie warfen das
Netz aus und konnten es nicht wieder
einholen, so voller Fische war es. 7 Da
sagte der Jünger, den Jesus liebte, zu
Petrus: Es ist der Herr! Als Simon Pe-
trus hörte, dass es der Herr sei, gürtete
er sich das Obergewand um, weil er
nackt war, und sprang in den See.
8 Dann kamen die anderen Jünger mit
dem Boot – sie waren nämlich nicht
weit vom Land entfernt, nur etwa zwei-
hundert Ellen – und zogen das Netz
mit den Fischen hinter sich her. 9 Als sie
an Land gingen, sahen sie am Boden
ein Kohlenfeuer und darauf Fisch und
Brot. 10 Jesus sagte zu ihnen: Bringt von
den Fischen, die ihr gerade gefangen
habt. 11 Da ging Simon Petrus und zog
das Netz an Land. Es war mit hundert-
dreiundfünfzig großen Fischen gefüllt,
und obwohl es so viele waren, zerriss
das Netz nicht. 12 Jesus sagte zu ihnen:
Kommt her und esst! Keiner von den
Jüngern wagte ihn zu fragen: Wer bist

du? Denn sie wussten, dass es der Herr
war. 13 Jesus trat heran, nahm das Brot
und gab es ihnen, ebenso den Fisch.
14 Dies war schon das dritte Mal, dass
Jesus sich den Jüngern offenbarte, seit
er von den Toten auferstanden war.

Das Wort des Auferstandenen an Petrus

15 Als sie gegessen hatten, sagte Jesus zu
Simon Petrus: Simon, Sohn des Jo-
hannes, liebst du mich mehr als diese?
Er antwortete ihm: Ja, Herr, du weißt,
dass ich dich liebe. Jesus sagte zu ihm:
Weide meine Lämmer! 16 Zum zwei-
tenmal fragte er ihn: Simon, Sohn des
Johannes, liebst du mich? Er antwor-
tete ihm: Ja, Herr, du weißt, dass ich
dich liebe. Jesus sagte zu ihm: Weide
meine Schafe! 17 Zum drittenmal fragte
er ihn: Simon, Sohn des Johannes,
liebst du mich? Da wurde Petrus trau-
rig, weil Jesus ihn zum drittenmal ge-
fragt hatte: Hast du mich lieb? Er gab
ihm zu Antwort: Herr, du weißt alles;
du weißt, dass ich dich lieb habe. Jesus
sagte zu ihm: Weide meine Schafe!
18 Amen, amen, das sage ich dir: Als du
noch jung warst, hast du dich selbst
gegürtet und konntest gehen, wohin
du wolltest. Wenn du aber alt gewor-
den bist, wirst du deine Hände ausstre-
cken, und ein anderer wird dich gürten
und dich führen, wohin du nicht willst.
19 Das sagte Jesus, um anzudeuten,
durch welchen Tod er Gott verherrli-
chen würde. Nach diesen Worten sagte
er zu ihm: Folge mir nach!
20 Petrus wandte sich um und sah, wie
der Jünger, den Jesus liebte, (diesem)
folgte. Es war der Jünger, der sich bei
jenem Mahl an die Brust Jesu gelehnt
und ihn gefragt hatte: Herr, wer ist es,
der dich verraten wird? 21 Als Petrus
diesen Jünger sah, fragte er Jesus: Herr,
was wird denn mit ihm? 22 Jesus ant-
wortete ihm: Wenn ich will, dass er bis
zu meinem Kommen bleibt, was geht
das dich an? Du aber folge mir nach!
23 Da verbreitete sich unter den Brü-
dern die Meinung: Jener Jünger stirbt
nicht. Doch Jesus hatte zu Petrus nicht
gesagt: Er stirbt nicht, sondern: Wenn
ich will, dass er bis zu meinem Kom-
men bleibt, was geht das dich an?

Schlussbemerkung der Herausgeber des Evangeliums

24 Dieser Jünger ist es, der all das be-
zeugt und der es aufgeschrieben hat;
und wir wissen, dass sein Zeugnis wahr
ist. 25 Es gibt aber noch vieles andere,
was Jesus getan hat. Wenn man alles
aufschreiben wollte, so könnte, wie ich
glaube, die ganze Welt die Bücher
nicht fassen, die man schreiben müsste.

Die Apostelgeschichte

Das Buch trägt in den griechischen Textausgaben seit dem 2. Jahrhundert den Titel »Taten der Apostel«. Es wird in ihm jedoch hauptsächlich von der Tätigkeit der Apostel Petrus und Johannes und von dem missionarischen Wirken des Paulus erzählt, darüber hinaus noch vor allem von Stephanus, Philippus, Barnabas und Jakobus. Als Verfasser gilt der altkirchlichen Tradition Lukas, dem auch das dritte Evangelium zugeschrieben wird (entstanden zwischen 80 und 90 n. Chr.), das er in Apg 1,1 sein »erstes Buch« nennt.

Den unmittelbaren Anlass zur Abfassung des Werkes kennen wir nicht mehr. Lukas berichtet über die Zeit nach Ostern: wie der »Missionsbefehl« Jesu (Lk 24,47; Apg 1,8) von Jerusalem aus »in ganz Judäa und Samarien und bis an die Grenzen der Erde« ausgeführt wurde, wobei »die Grenzen der Erde« mit Rom, der Hauptstadt des römischen Reiches, erreicht sind (28,16–31). Doch wird dabei nicht alles erzählt, sondern nur wichtige Episoden, Einzelereignisse (wie die Ausgießung des Geistes an Pfingsten, die »Bekehrung« des Paulus und das »Apostelkonzil«) werden erwähnt. Breiten Raum in der Schilderung nehmen die »Missionsreisen« ein. Die Apostelgeschichte ist deshalb keine »Geschichte der Urkirche«, sondern eine »Missionschronik«, die den Weg des Evangeliums von den Juden und Samaritern zu den Heiden zeigt.

Diese Missionschronik weist drei Teile auf, die geographisch orientiert sind: die Kirche in Jerusalem (1,4–8,3), die Kirche in Judäa und Samarien (8,4–12,25), die Kirche unter den Völkern (13,1–28,31).

Ihre »Mitte« bildet die Erzählung über das »Apostelkonzil« (Apg 15), auf dem die mit Paulus und Barnabas in Jerusalem versammelten Apostel und Ältesten die Entscheidung fällen, dass die Heidenchristen sich nicht der Beschneidung und den Weisungen des jüdischen Gesetzes zu unterwerfen haben.

Woher Lukas sein Wissen über das von ihm Erzählte hat, entzieht sich unserer

Kenntnis. Es besteht jedoch kein Zweifel, dass er auf Überlieferungen zurückgreifen konnte; deren Umfang und Inhalt sind aber nur schwer zu bestimmen. Sicher ist jedenfalls, dass er die Briefe des Paulus bei der Abfassung der Apostelgeschichte nicht benutzt hat.

Was Lukas seinen Lesern theologisch sagen will, geht vor allem aus den Reden hervor, die in der Apostelgeschichte eine wichtige Rolle spielen: Jetzt ist die Zeit der Kirche, und das ist für Lukas die Zeit des Heiligen Geistes, die die Zeit des Alten Bundes abgelöst hat und die Zeit Jesu in die Gegenwart verlängert. Der Heilige Geist lenkt das Leben der Kirche und die Wege der Missionare. Die »Naherwartung« der Wiederkunft Jesu tritt deshalb zurück; jedoch ist Lukas wie die Verfasser der übrigen Schriften des Neuen Testaments überzeugt, dass die Endzeit bereits angebrochen ist.

Das Heil, das Christus gebracht hat, wird von den Missionaren nochmals den Juden angeboten, aber bald auch den Heiden. Mit der Ankunft des Paulus in Rom wird endgültig sichtbar, dass das Herz des jüdischen Volkes dem Evangelium gegenüber »verstockt« bleibt und das Heil den Heiden gesandt wird, »und sie werden es hören« (28,28; vgl. auch 13,46f; 18,6). So ist ein Hauptziel der »Geschichtsschreibung« des Lukas in der Apostelgeschichte, die allmähliche Loslösung der Kirche von Israel zu beschreiben. Am Ende stehen sich Kirche und Judentum als zwei voneinander getrennte Größen gegenüber.

Das Vorwort

1 Im ersten Buch, lieber Theo-
philus, habe ich über alles be-
richtet, was Jesus getan und gelehrt hat,
2 bis zu dem Tag, an dem er (in den
Himmel) aufgenommen wurde. Vorher
hat er durch den Heiligen Geist den
Aposteln, die er sich erwählt hatte, An-
weisungen gegeben. 3 Ihnen hat er nach
seinem Leiden durch viele Beweise ge-
zeigt, dass er lebt; vierzig Tage hin-
durch ist er ihnen erschienen und hat
vom Reich Gottes gesprochen.

Die Kirche in Jerusalem

Letzte Anweisungen und Belehrungen des Auferstandenen

4 Beim gemeinsamen Mahl gebot er
ihnen: Geht nicht weg von Jerusalem,
sondern wartet auf die Verheißung des
Vaters, die ihr von mir vernommen
habt. 5 Johannes hat mit Wasser ge-
tauft, ihr aber werdet schon in wenigen
Tagen mit dem Heiligen Geist getauft.
6 Als sie nun beisammen waren, fragten
sie ihn: Herr, stellst du in dieser Zeit

das Reich für Israel wieder her? 7 Er
sagte zu ihnen: Euch steht es nicht zu,
Zeiten und Fristen zu erfahren, die der
Vater in seiner Macht festgesetzt hat.
8 Aber ihr werdet die Kraft des Heiligen
Geistes empfangen, der auf euch herab-
kommen wird; und ihr werdet meine
Zeugen sein in Jerusalem und in ganz
Judäa und Samarien und bis an die
Grenzen der Erde.

Die Himmelfahrt Jesu

9 Als er das gesagt hatte, wurde er vor
ihren Augen emporgehoben, und eine
Wolke nahm ihn auf und entzog ihn
ihren Blicken. 10 Während sie unver-
wandt ihm nach zum Himmel empor-
schauten, standen plötzlich zwei Män-
ner in weißen Gewändern bei ihnen
11 und sagten: Ihr Männer von Galiläa,
was steht ihr da und schaut zum
Himmel empor? Dieser Jesus, der von
euch ging und in den Himmel auf-
genommen wurde, wird ebenso wie-
derkommen, wie ihr ihn habt zum
Himmel hingehen sehen.

Betende Gemeinde

12 Dann kehrten sie vom Ölberg, der
nur einen Sabbatweg von Jerusalem
entfernt ist, nach Jerusalem zurück.
13 Als sie in die Stadt kamen, gingen sie
in das Obergemach hinauf, wo sie nun
ständig blieben: Petrus und Johannes,
Jakobus und Andreas, Philippus und
Thomas, Bartholomäus und Matthäus,
Jakobus, der Sohn des Alphäus, und
Simon, der Zelot, sowie Judas, der Sohn
des Jakobus. 14 Sie alle verharrten dort
einmütig im Gebet, zusammen mit den
Frauen und mit Maria, der Mutter Jesu,
und mit seinen Brüdern.

Die Wahl des Matthias zum Apostel

15 In diesen Tagen erhob sich Petrus im
Kreis der Brüder – etwa hundert-
zwanzig waren zusammengekommen
– und sagte: 16 Brüder! Es musste sich
das Schriftwort erfüllen, das der
Heilige Geist durch den Mund Davids
im voraus über Judas gesprochen hat.
Judas wurde zum Anführer derer, die
Jesus gefangen nahmen. 17 Er wurde zu
uns gezählt und hatte Anteil am
gleichen Dienst. 18 Mit dem Lohn für
seine Untat kaufte er sich ein Grund-
stück. Dann aber stürzte er vornüber zu
Boden, sein Leib barst auseinander,
und alle Eingeweide fielen heraus.
19 Das wurde allen Einwohnern von
Jerusalem bekannt; deshalb nannten
sie jenes Grundstück in ihrer Sprache
Hakeldamach, das heißt Blutacker.
20 Denn es steht im Buch der Psalmen:
Sein Gehöft soll veröden, niemand soll
darin wohnen! und: Sein Amt soll ein
anderer erhalten! 21 Einer von den
Männern, die die ganze Zeit mit uns
zusammen waren, als Jesus, der Herr,

bei uns ein und aus ging, 22 angefangen
von der Taufe durch Johannes bis zu
dem Tag, an dem er von uns ging und
(in den Himmel) aufgenommen
wurde, – einer von diesen muss nun zu-
sammen mit uns Zeuge seiner Auf-
erstehung sein. 23 Und sie stellten zwei
Männer auf: Josef, genannt Barsabbas,
mit dem Beinamen Justus, und Mat-
thias. 24 Dann beteten sie: Herr, du
kennst die Herzen aller; zeige, wen von
diesen beiden du erwählt hast, 25
diesen Dienst und dieses Apostelamt
zu übernehmen. Denn Judas hat es ver-
lassen und ist an den Ort gegangen, der
ihm bestimmt war. 26 Dann gaben sie
ihnen Lose; das Los fiel auf Matthias,
und er wurde den elf Aposteln zu-
gerechnet.

Das Pfingstereignis

2 Als der Pfingsttag gekommen
war, befanden sich alle am glei-
chen Ort. 2 Da kam plötzlich vom Him-
mel her ein Brausen, wie wenn ein
heftiger Sturm daherfährt, und erfüllte
das ganze Haus, in dem sie waren.
3 Und es erschienen ihnen Zungen wie
von Feuer, die sich verteilten; auf jeden
von ihnen ließ sich eine nieder. 4 Alle
wurden mit dem Heiligen Geist erfüllt
und begannen, in fremden Sprachen
zu reden, wie es der Geist ihnen eingab.
5 In Jerusalem aber wohnten Juden,
fromme Männer aus allen Völkern
unter dem Himmel. 6 Als sich das Ge-
töse erhob, strömte die Menge zu-
sammen und war ganz bestürzt; denn
jeder hörte sie in seiner Sprache reden.
7 Sie gerieten außer sich vor Staunen
und sagten: Sind das nicht alles Gali-
läer, die hier reden? 8 Wieso kann sie
jeder von uns in seiner Muttersprache
hören: 9 Parther, Meder und Elamiter,
Bewohner von Mesopotamien, Judäa
und Kappadozien, von Pontus und der
Provinz Asien, 10 von Phrygien und
Pamphylien, von Ägypten und dem
Gebiet Libyens nach Zyrene hin, auch
die Römer, die sich hier aufhalten,
11 Juden und Proselyten, Kreter und
Araber, wir hören sie in unseren Spra-
chen Gottes große Taten verkünden.
12 Alle gerieten außer sich und waren
ratlos. Die einen sagten zueinander:
Was hat das zu bedeuten? 13 Andere
aber spotteten: Sie sind vom süßen
Wein betrunken.

Die Pfingstpredigt des Petrus

14 Da trat Petrus auf, zusammen mit
den Elf; er erhob seine Stimme und be-
gann zu reden: Ihr Juden und alle Be-
wohner von Jerusalem! Dies sollt ihr
wissen, achtet auf meine Worte! 15 Diese
Männer sind nicht betrunken, wie ihr
meint; es ist ja erst die dritte Stunde am
Morgen; 16 sondern jetzt geschieht, was
durch den Propheten Joël gesagt wor-
den ist:

17 In den letzten Tagen wird es gesche-
hen, / so spricht Gott: / Ich werde von
meinem Geist ausgießen / über alles
Fleisch. / Eure Söhne und eure Töchter
werden Propheten sein, / eure jungen
Männer werden Visionen haben, / und
eure Alten werden Träume haben.
18 Auch über meine Knechte und
Mägde / werde ich von meinem Geist
ausgießen / in jenen Tagen, und sie
werden Propheten sein.
19 Ich werde Wunder erscheinen lassen
droben am Himmel / und Zeichen
unten auf der Erde: / Blut und Feuer
und qualmenden Rauch.
20 Die Sonne wird sich in Finsternis ver-
wandeln / und der Mond in Blut, / ehe
der Tag des Herrn kommt, / der große
und herrliche Tag.
21 Und es wird geschehen: / Jeder, der
den Namen des Herrn anruft, / wird
gerettet.
22 Israeliten, hört diese Worte: Jesus, den
Nazoräer, den Gott vor euch beglaubigt
hat durch machtvolle Taten, Wunder
und Zeichen, die er durch ihn in eurer
Mitte getan hat, wie ihr selbst wisst –
23 ihn, der nach Gottes beschlossenem
Willen und Vorauswissen hingegeben
wurde, habt ihr durch die Hand von
Gesetzlosen ans Kreuz geschlagen und
umgebracht. 24 Gott aber hat ihn von
den Wehen des Todes befreit und auf-
erweckt; denn es war unmöglich, dass er
vom Tod festgehalten wurde. 25 David
nämlich sagt über ihn:
Ich habe den Herrn beständig vor
Augen. / Er steht mir zur Rechten, ich
wanke nicht.
26 Darum freut sich mein Herz / und
frohlockt meine Zunge, / und auch
mein Leib wird in sicherer Hoffnung
ruhen;
27 denn du gibst mich nicht der Unter-
welt preis, / noch lässt du deinen
Frommen die Verwesung schauen.
28 Du zeigst mir die Wege zum Leben, /
du erfüllst mich mit Freude vor deinem
Angesicht.
29 Brüder, ich darf freimütig zu euch
über den Patriarchen David reden: Er
starb und wurde begraben, und sein
Grabmal ist bei uns erhalten bis auf den
heutigen Tag. 30 Da er ein Prophet war
und wusste, dass Gott ihm den Eid ge-
schworen hatte, einer von seinen Nach-
kommen werde auf seinem Thron
sitzen, 31 sagte er vorausschauend über
die Auferstehung des Christus: Er gibt
ihn nicht der Unterwelt preis, und sein
Leib schaut die Verwesung nicht.
32 Diesen Jesus hat Gott auferweckt,
dafür sind wir alle Zeugen. 33 Nachdem
er durch die rechte Hand Gottes erhöht
worden war und vom Vater den ver-
heißenen Heiligen Geist empfangen
hatte, hat er ihn ausgegossen, wie ihr
seht und hört. 34 David ist nicht zum
Himmel aufgestiegen; vielmehr sagt er
selbst:
Es sprach der Herr zu meinem Herrn: /
Setze dich mir zur Rechten,

35 und ich lege dir deine Feinde / als
Schemel unter die Füße.
36 Mit Gewissheit erkenne also das
ganze Haus Israel: Gott hat ihn zum
Herrn und Messias gemacht, diesen
Jesus, den ihr gekreuzigt habt.

Erste Bekehrungen

37 Als sie das hörten, traf es sie mitten
ins Herz, und sie sagten zu Petrus und
den übrigen Aposteln: Was sollen wir
tun, Brüder? 38 Petrus antwortete
ihnen: Kehrt um, und jeder von euch
lasse sich auf den Namen Jesu Christi
taufen zur Vergebung seiner Sünden;
dann werdet ihr die Gabe des Heiligen
Geistes empfangen. 39 Denn euch und
euren Kindern gilt die Verheißung und
all denen in der Ferne, die der Herr,
unser Gott, herbeirufen wird. 40 Mit
noch vielen anderen Worten beschwor
und ermahnte er sie: Lasst euch retten
aus dieser verdorbenen Generation!
41 Die nun, die sein Wort annahmen,
ließen sich taufen. An diesem Tag
wurden (ihrer Gemeinschaft) etwa
dreitausend Menschen hinzugefügt.
42 Sie hielten an der Lehre der Apostel
fest und an der Gemeinschaft, am
Brechen des Brotes und an den Ge-
beten.

Das Leben der jungen Gemeinde

43 Alle wurden von Furcht ergriffen;
denn durch die Apostel geschahen
viele Wunder und Zeichen. 44 Und alle,
die gläubig geworden waren, bildeten
eine Gemeinschaft und hatten alles ge-
meinsam. 45 Sie verkauften Hab und
Gut und gaben davon allen, jedem so
viel, wie er nötig hatte. 46 Tag für Tag
verharrten sie einmütig im Tempel,
brachen in ihren Häusern das Brot und
hielten miteinander Mahl in Freude
und Einfalt des Herzens. 47 Sie lobten
Gott und waren beim ganzen Volk
beliebt. Und der Herr fügte täglich
ihrer Gemeinschaft die hinzu, die
gerettet werden sollten.

Die Heilung des Gelähmten im Tempel

3 Petrus und Johannes gingen um
die neunte Stunde zum Gebet in
den Tempel hinauf. 2 Da wurde ein
Mann herbeigetragen, der von Geburt
an gelähmt war. Man setzte ihn täglich
an das Tor des Tempels, das man die
Schöne Pforte nennt; dort sollte er bei
denen, die in den Tempel gingen, um
Almosen betteln. 3 Als er nun Petrus
und Johannes in den Tempel gehen sah,
bat er sie um ein Almosen. 4 Petrus und
Johannes blickten ihn an, und Petrus
sagte: Sieh uns an! 5 Da wandte er sich
ihnen zu und erwartete, etwas von
ihnen zu bekommen. 6 Petrus aber sag-
te: Silber und Gold besitze ich nicht.

Doch was ich habe, das gebe ich dir: Im
Namen Jesu Christi, des Nazoräers, geh
umher! 7 Und er fasste ihn an der
rechten Hand und richtete ihn auf.
Sogleich kam Kraft in seine Füße und
Gelenke; 8 er sprang auf, konnte stehen
und ging umher. Dann ging er mit
ihnen in den Tempel, lief und sprang
umher und lobte Gott. 9 Alle Leute
sahen ihn umhergehen und Gott
loben. 10 Sie erkannten ihn als den, der
gewöhnlich an der Schönen Pforte des
Tempels saß und bettelte. Und sie
waren voll Verwunderung und Staunen
über das, was mit ihm geschehen war.

Die Rede des Petrus auf dem Tempelplatz

11 Da er sich Petrus und Johannes an-
schloss, lief das ganze Volk bei ihnen in
der so genannten Halle Salomos zu-
sammen, außer sich vor Staunen. 12 Als
Petrus das sah, wandte er sich an das
Volk: Israeliten, was wundert ihr euch
darüber? Was starrt ihr uns an, als
hätten wir aus eigener Kraft oder
Frömmigkeit bewirkt, dass dieser
gehen kann? 13 Der Gott Abrahams,
Isaaks und Jakobs, der Gott unserer
Väter, hat seinen Knecht Jesus verherr-
licht, den ihr verraten und vor Pilatus
verleugnet habt, obwohl dieser ent-
schieden hatte, ihn freizulassen. 14 Ihr
aber habt den Heiligen und Gerechten
verleugnet und die Freilassung eines
Mörders gefordert. 15 Den Urheber des
Lebens habt ihr getötet, aber Gott hat
ihn von den Toten auferweckt. Dafür
sind wir Zeugen. 16 Und weil er an
seinen Namen geglaubt hat, hat dieser
Name den Mann hier, den ihr seht und
kennt, zu Kräften gebracht; der Glaube,
der durch ihn kommt, hat ihm vor euer
aller Augen die volle Gesundheit ge-
schenkt. 17 Nun, Brüder, ich weiß, ihr
habt aus Unwissenheit gehandelt,
ebenso wie eure Führer. 18 Gott aber hat
auf diese Weise erfüllt, was er durch
den Mund aller Propheten im voraus
verkündigt hat: dass sein Messias
leiden werde. 19 Also kehrt um, und tut
Buße, damit eure Sünden getilgt
werden 20 und der Herr Zeiten des Auf-
atmens kommen lässt und Jesus sendet
als den für euch bestimmten Messias.
21 Ihn muss freilich der Himmel auf-
nehmen bis zu den Zeiten der Wieder-
herstellung von allem, die Gott von
jeher durch den Mund seiner heiligen
Propheten verkündet hat. 22 Mose hat
gesagt: Einen Propheten wie mich wird
euch der Herr, euer Gott, aus euren
Brüdern erwecken. Auf ihn sollt ihr
hören in allem, was er zu euch sagt.
23 Jeder, der auf jenen Propheten nicht
hört, wird aus dem Volk ausgemerzt
werden. 24 Und auch alle Propheten von
Samuel an und alle, die später auf-
traten, haben diese Tage angekündigt.
25 Ihr seid die Söhne der Propheten und
des Bundes, den Gott mit euren Vätern

geschlossen hat, als er zu Abraham
sagte: Durch deinen Nachkommen
sollen alle Geschlechter der Erde Segen
erlangen. 26 Für euch zuerst hat Gott
seinen Knecht erweckt und gesandt,
damit er euch segnet und jeden von
seiner Bosheit abbringt.

Petrus und Johannes vor dem Hohen Rat

4 Während sie zum Volk redeten,
traten die Priester, der Tempel-
hauptmann und die Sadduzäer zu
ihnen. 2 Sie waren aufgebracht, weil die
Apostel das Volk lehrten und in Jesus
die Auferstehung von den Toten ver-
kündeten. 3 Sie nahmen sie fest und
hielten sie bis zum nächsten Morgen in
Haft. Es war nämlich schon Abend.
4 Viele aber, die das Wort gehört
hatten, wurden gläubig; und die Zahl
der Männer stieg auf etwa fünftausend.
5 Am anderen Morgen versammelten
sich ihre Führer sowie die Ältesten und
die Schriftgelehrten in Jerusalem,
6 dazu Hannas, der Hohepriester, Kaja-
phas, Johannes, Alexander und alle, die
aus dem Geschlecht der Hohenpriester
stammten. 7 Sie stellten die beiden in
die Mitte und fragten sie: Mit welcher
Kraft oder in wessen Namen habt ihr
das getan? 8 Da sagte Petrus zu ihnen,
erfüllt vom Heiligen Geist: Ihr Führer
des Volkes und ihr Ältesten! 9 Wenn wir
heute wegen einer guten Tat an einem
kranken Menschen darüber vernom-
men werden, durch wen er geheilt
worden ist, 10 so sollt ihr alle und das
ganze Volk Israel wissen: im Namen
Jesu Christi, des Nazoräers, den ihr ge-
kreuzigt habt und den Gott von den
Toten auferweckt hat. Durch ihn steht
dieser Mann gesund vor euch. 11 Er
(Jesus) ist der Stein, der von euch Bau-
leuten verworfen wurde, der aber zum
Eckstein geworden ist. 12 Und in keinem
anderen ist das Heil zu finden. Denn es
ist uns Menschen kein anderer Name
unter dem Himmel gegeben, durch
den wir gerettet werden sollen.
13 Als sie den Freimut des Petrus und
des Johannes sahen und merkten, dass
es ungelehrte und einfache Leute
waren, wunderten sie sich. Sie erkann-
ten sie als Jünger Jesu, 14 sahen aber
auch, dass der Geheilte bei ihnen stand;
so konnten sie nichts dagegen sagen.
15 Sie befahlen ihnen, den Hohen Rat zu
verlassen; dann berieten sie mit-
einander 16 und sagten: Was sollen wir
mit diesen Leuten anfangen? Dass of-
fensichtlich ein Wunder durch sie ge-
schehen ist, ist allen Einwohnern von
Jerusalem bekannt; wir können es nicht
abstreiten. 17 Damit aber die Sache
nicht weiter im Volk verbreitet wird,
wollen wir ihnen bei Strafe verbieten,
je wieder in diesem Namen zu irgend-
einem Menschen zu sprechen. 18 Und
sie riefen sie herein und verboten
ihnen, jemals wieder im Namen Jesu zu
predigen und zu lehren. 19 Doch Petrus

und Johannes antworteten ihnen: Ob
es vor Gott recht ist, mehr auf euch zu
hören als auf Gott, das entscheidet
selbst. 20 Wir können unmöglich
schweigen über das, was wir gesehen
und gehört haben. 21 Jene aber drohten
ihnen noch mehr und ließen sie dann
gehen; denn sie sahen keine Möglich-
keit, sie zu bestrafen, mit Rücksicht auf
das Volk, da alle Gott wegen des Ge-
schehenen priesen. 22 Denn der Mann,
an dem das Wunder der Heilung ge-
schah, war über vierzig Jahre alt.

Gebet der Urgemeinde um Furchtlosigkeit

23 Nach ihrer Freilassung gingen sie zu
den Ihren und berichteten alles, was die
Hohenpriester und die Ältesten zu
ihnen gesagt hatten. 24 Als sie das
hörten, erhoben sie einmütig ihre
Stimme zu Gott und sprachen: Herr, du
hast den Himmel, die Erde und das
Meer geschaffen und alles, was da-
zugehört; 25 du hast durch den Mund
unseres Vaters David, deines Knechtes,
durch den Heiligen Geist gesagt:
Warum toben die Völker, / warum ma-
chen die Nationen vergebliche Pläne?
26 Die Könige der Erde stehen auf, / und
die Herrscher haben sich verbündet /
gegen den Herrn und seinen Gesalbten.
27 Wahrhaftig, verbündet haben sich in
dieser Stadt gegen deinen heiligen
Knecht Jesus, den du gesalbt hast,
Herodes und Pontius Pilatus mit den
Heiden und den Stämmen Israels, 28 um
alles auszuführen, was deine Hand und
dein Wille im voraus bestimmt haben.
29 Doch jetzt, Herr, sieh auf ihre
Drohungen und gib deinen Knechten
die Kraft, mit allem Freimut dein Wort
zu verkünden. 30 Streck deine Hand aus,
damit Heilungen und Zeichen und
Wunder geschehen durch den Namen
deines heiligen Knechtes Jesus. 31 Als
sie gebetet hatten, bebte der Ort, an
dem sie versammelt waren, und alle
wurden mit dem Heiligen Geist erfüllt,
und sie verkündeten freimütig das
Wort Gottes.

Die Gütergemeinschaft der Urgemeinde

32 Die Gemeinde der Gläubigen war ein
Herz und eine Seele. Keiner nannte
etwas von dem, was er hatte, sein Ei-
gentum, sondern sie hatten alles ge-
meinsam. 33 Mit großer Kraft legten die
Apostel Zeugnis ab von der Auf-
erstehung Jesu, des Herrn, und reiche
Gnade ruhte auf ihnen allen. 34 Es gab
auch keinen unter ihnen, der Not litt.
Denn alle, die Grundstücke oder
Häuser besaßen, verkauften ihren Be-
sitz, brachten den Erlös 35 und legten
ihn den Aposteln zu Füßen. Jedem
wurde davon so viel zugeteilt, wie er
nötig hatte. 36 Auch Josef, ein Levit aus
Zypern, der von den Aposteln Barna-

bas, das heißt übersetzt Sohn des Tros-
tes, genannt wurde, verkaufte einen
Acker, der ihm gehörte, brachte das
Geld und legte es den Aposteln zu
Füßen.

Der Betrug des Hananias und der Saphira

5 Ein Mann namens Hananias aber
und seine Frau Saphira verkauften
zusammen ein Grundstück, 2 und mit
Einverständnis seiner Frau behielt er
etwas von dem Erlös für sich. Er brachte
nur einen Teil und legte ihn den Apos-
teln zu Füßen. 3 Da sagte Petrus: Hana-
nias, warum hat der Satan dein Herz
erfüllt, dass du den Heiligen Geist
belügst und von dem Erlös des Grund-
stücks etwas für dich behältst? 4 Hätte
es nicht dein Eigentum bleiben
können, und konntest du nicht auch
nach dem Verkauf frei über den Erlös
verfügen? Warum hast du in deinem
Herzen beschlossen, so etwas zu tun?
Du hast nicht Menschen belogen, son-
dern Gott. 5 Als Hananias diese Worte
hörte, stürzte er zu Boden und starb.
Und über alle, die es hörten, kam große
Furcht. 6 Die jungen Männer standen
auf, hüllten ihn ein, trugen ihn hinaus
und begruben ihn.
7 Nach etwa drei Stunden kam seine
Frau herein, ohne zu wissen, was ge-
schehen war. 8 Petrus fragte sie: Sag mir,
habt ihr das Grundstück für soviel ver-
kauft? Sie antwortete: Ja, für soviel. 9 Da
sagte Petrus zu ihr: Warum seid ihr
übereingekommen, den Geist des Herrn
auf die Probe zu stellen? Siehe, die
Füße derer, die deinen Mann begraben
haben, stehen vor der Tür; auch dich
wird man hinaustragen. 10 Im selben
Augenblick brach sie vor seinen Füßen
zusammen und starb. Die jungen
Männer kamen herein, fanden sie tot,
trugen sie hinaus und begruben sie
neben ihrem Mann. 11 Da kam große
Furcht über die ganze Gemeinde und
über alle, die davon hörten.

Zeichen und Wunder der Apostel

12 Durch die Hände der Apostel ge-
schahen viele Zeichen und Wunder im
Volk. Alle kamen einmütig in der Halle
Salomos zusammen. 13 Von den übrigen
wagte niemand, sich ihnen anzu-
schließen; aber das Volk schätzte sie
hoch. 14 Immer mehr wurden im Glau-
ben zum Herrn geführt, Scharen von
Männern und Frauen. 15 Selbst die
Kranken trug man auf die Straßen
hinaus und legte sie auf Betten und
Bahren, damit, wenn Petrus vorüber-
kam, wenigstens sein Schatten auf
einen von ihnen fiel. 16 Auch aus den
Nachbarstädten Jerusalems strömten
die Leute zusammen und brachten
Kranke und von unreinen Geistern Ge-
plagte mit. Und alle wurden geheilt.

Verhaftung und Befreiung der Apostel

17 Da erhoben sich voll Eifersucht der
Hohepriester und alle, die auf seiner
Seite standen, nämlich die Gruppe der
Sadduzäer. 18 Sie ließen die Apostel ver-
haften und in das öffentliche Gefäng-
nis werfen. 19 Ein Engel des Herrn aber
öffnete nachts die Gefängnistore, führ-
te sie heraus und sagte: 20 Geht, tretet
im Tempel auf, und verkündet dem
Volk alle Worte dieses Lebens! 21a Sie
gehorchten und gingen bei Tages-
anbruch in den Tempel und lehrten.

Die Apostel vor dem Hohen Rat

21b Währenddessen kam der Hohe-
priester mit seinen Begleitern. Sie
riefen den Hohen Rat und alle Ältesten
der Söhne Israels zusammen; man
schickte Boten zum Gefängnis, um die
Apostel vorführen zu lassen. 22 Die
Diener gingen, fanden sie aber nicht im
Gefängnis. Sie kehrten zurück und
meldeten: 23 Wir fanden das Gefängnis
sorgfältig verschlossen und die Wa-
chen vor den Toren stehen; als wir aber
öffneten, fanden wir niemand darin.
24 Der Tempelhauptmann und die Ho-
henpriester waren ratlos, als sie das
hörten, und wussten nicht, was nun
werden sollte. 25 Da kam jemand und
meldete ihnen: Die Männer, die ihr ins
Gefängnis geworfen habt, stehen im
Tempel und lehren das Volk. 26 Da ging
der Tempelhauptmann mit seinen
Leuten hin und holte sie, allerdings
nicht mit Gewalt; denn sie fürchteten,
vom Volk gesteinigt zu werden. 27 Man
führte sie herbei und stellte sie vor den
Hohen Rat. Der Hohepriester verhörte
sie 28 und sagte: Wir haben euch streng
verboten, in diesem Namen zu lehren;
ihr aber habt Jerusalem mit eurer Lehre
erfüllt; ihr wollt das Blut dieses
Menschen über uns bringen. 29 Petrus
und die Apostel antworteten: Man
muss Gott mehr gehorchen als den
Menschen. 30 Der Gott unserer Väter
hat Jesus auferweckt, den ihr ans Holz
gehängt und ermordet habt. 31 Ihn hat
Gott als Herrscher und Retter an seine
rechte Seite erhoben, um Israel die
Umkehr und Vergebung der Sünden zu
schenken. 32 Zeugen dieser Ereignisse
sind wir und der Heilige Geist, den
Gott allen verliehen hat, die ihm ge-
horchen. 33 Als sie das hörten, gerieten
sie in Zorn und beschlossen, sie zu
töten.
34 Da erhob sich im Hohen Rat ein
Pharisäer namens Gamaliël, ein beim
ganzen Volk angesehener Gesetzes-
lehrer; er ließ die Apostel für kurze Zeit
hinausführen. 35 Dann sagte er: Israe-
liten, überlegt euch gut, was ihr mit
diesen Leuten tun wollt. 36 Vor einiger
Zeit nämlich trat Theudas auf und be-
hauptete, er sei etwas Besonderes. Ihm
schlossen sich etwa vierhundert Män-
ner an. Aber er wurde getötet, und sein
ganzer Anhang wurde zerstreut und

aufgerieben. [37] Nach ihm trat in den
Tagen der Volkszählung Judas, der
Galiläer, auf; er brachte viel Volk hinter
sich und verleitete es zum Aufruhr.
Auch er kam um, und alle seine An-
hänger wurden zerstreut. [38] Darum rate
ich euch jetzt: Lasst von diesen Män-
nern ab, und gebt sie frei; denn wenn
dieses Vorhaben oder dieses Werk von
Menschen stammt, wird es zerstört
werden; [39] stammt es aber von Gott, so
könnt ihr sie nicht vernichten; sonst
werdet ihr noch als Kämpfer gegen
Gott dastehen. Sie stimmten ihm zu,
[40] riefen die Apostel herein und ließen
sie auspeitschen; dann verboten sie
ihnen, im Namen Jesu zu predigen,
und ließen sie frei. [41] Sie aber gingen
weg vom Hohen Rat und freuten sich,
dass sie gewürdigt worden waren, für
seinen Namen Schmach zu erleiden.
[42] Und Tag für Tag lehrten sie uner-
müdlich im Tempel und in den Häu-
sern und verkündeten das Evangelium
von Jesus, dem Christus.

Die Wahl der Sieben

6 In diesen Tagen, als die Zahl der
Jünger zunahm, begehrten die
Hellenisten gegen die Hebräer auf, weil
ihre Witwen bei der täglichen Ver-
sorgung übersehen wurden. [2] Da riefen
die Zwölf die ganze Schar der Jünger
zusammen und erklärten: Es ist nicht
recht, dass wir das Wort Gottes ver-
nachlässigen und uns dem Dienst an
den Tischen widmen. [3] Brüder, wählt
aus eurer Mitte sieben Männer von
gutem Ruf und voll Geist und Weisheit;
ihnen werden wir diese Aufgabe über-
tragen. [4] Wir aber wollen beim Gebet
und beim Dienst am Wort bleiben.
[5] Der Vorschlag fand den Beifall der
ganzen Gemeinde, und sie wählten
Stephanus, einen Mann, erfüllt vom
Glauben und vom Heiligen Geist,
ferner Philippus und Prochorus, Nika-
nor und Timon, Parmenas und Niko-
laus, einen Proselyten aus Antiochia.
[6] Sie ließen sie vor die Apostel hin-
treten, und diese beteten und legten
ihnen die Hände auf. [7] Und das Wort
Gottes breitete sich aus, und die Zahl
der Jünger in Jerusalem wurde immer
größer; auch eine große Anzahl von
den Priestern nahm gehorsam den
Glauben an.

Die Verhaftung des Stephanus

[8] Stephanus aber, voll Gnade und Kraft,
tat Wunder und große Zeichen unter
dem Volk. [9] Doch einige von der so ge-
nannten Synagoge der Libertiner und
Zyrenäer und Alexandriner und Leute
aus Zilizien und der Provinz Asien er-
hoben sich, um mit Stephanus zu
streiten; [10] aber sie konnten der Weis-
heit und dem Geist, mit dem er sprach,
nicht widerstehen. [11] Da stifteten sie
Männer zu der Aussage an: Wir haben

gehört, wie er gegen Mose und Gott
lästerte. 12 Sie hetzten das Volk, die Äl-
testen und die Schriftgelehrten auf,
drangen auf ihn ein, packten ihn und
schleppten ihn vor den Hohen Rat.
13 Und sie brachten falsche Zeugen bei,
die sagten: Dieser Mensch hört nicht
auf, gegen diesen heiligen Ort und das
Gesetz zu reden. 14 Wir haben ihn
nämlich sagen hören: Dieser Jesus, der
Nazoräer, wird diesen Ort zerstören
und die Bräuche ändern, die uns Mose
überliefert hat. 15 Und als alle, die im
Hohen Rat saßen, auf ihn blickten,
erschien ihnen sein Gesicht wie das
Gesicht eines Engels.

Die Rede des Stephanus

7 Der Hohepriester aber fragte: Ist
das wahr? 2 Stephanus antworte-
te: Brüder und Väter, hört mich an! Der
Gott der Herrlichkeit erschien unserem
Vater Abraham, als er in Mesopota-
mien lebte, ehe er sich in Haran nieder-
ließ, 3 und sagte zu ihm: Zieh weg aus
deinem Land und aus deiner Ver-
wandtschaft, und geh in das Land, das
ich dir zeigen werde. 4 Da zog er aus
dem Land der Chaldäer fort und ließ
sich in Haran nieder. Von dort ließ Gott
ihn nach dem Tod seines Vaters in
dieses Land übersiedeln, in dem ihr
jetzt wohnt. 5 Er hat ihm darin kein Erb-
teil gegeben, auch nicht einen Fußbreit,
doch hat er verheißen, das Land ihm
und seinen Nachkommen zum Besitz
zu geben, obwohl er kinderlos war. 6 So
sprach Gott: Seine Nachkommen
werden als Fremde in einem Land
wohnen, das ihnen nicht gehört; und
man wird sie zu Sklaven machen und
sie vierhundert Jahre lang hart be-
handeln. 7 Aber auch über das Volk,
dem sie als Sklaven dienen, werde ich
Gericht halten, sprach Gott, und
nachher werden sie ausziehen und
mich an diesem Ort verehren. 8 Und er
gab ihm den Bund der Beschneidung.
So wurde Abraham der Vater Isaaks
und beschnitt ihn am achten Tag,
ebenso Isaak den Jakob, und Jakob die
zwölf Patriarchen. 9 Die Patriarchen
aber waren eifersüchtig auf Josef und
verkauften ihn nach Ägypten; doch
Gott war mit ihm. 10 Er rettete ihn aus
allen seinen Nöten, schenkte ihm
Weisheit und die Gunst des Pharao, des
Königs von Ägypten, und er bestellte
ihn zum Herrscher über Ägypten und
über sein ganzes Haus. 11 Es kam aber
eine Hungersnot über ganz Ägypten
und Kanaan, und das Elend war groß.
Auch unsere Väter hatten keine Nah-
rung mehr. 12 Als Jakob hörte, dass es
in Ägypten Getreide gab, schickte er
unsere Väter ein erstes Mal dorthin.
13 Beim zweiten Mal gab Josef sich
seinen Brüdern zu erkennen, und dem
Pharao wurde Josefs Herkunft bekannt.
14 Josef aber ließ seinen Vater Jakob und
seine ganze Familie holen: fünfund-

siebzig Menschen. 15 So zog Jakob nach
Ägypten hinab; und er starb, und auch
unsere Väter starben. 16 Man brachte sie
nach Sichem und bestattete sie in dem
Grab, das Abraham von den Söhnen
Hamors in Sichem für Silbergeld
gekauft hatte.
17 Als aber die Zeit der Verheißung
herankam, die Gott dem Abraham zu-
gesagt hatte, vermehrte sich das Volk
und breitete sich in Ägypten aus, 18 bis
ein anderer über Ägypten König
wurde, der von Josef nichts wusste. 19 Er
ging gegen unser Volk heimtückisch
vor und zwang unsere Väter, ihre
Kinder auszusetzen; sie sollten nicht
am Leben bleiben. 20 In dieser Zeit
wurde Mose geboren, und Gott hatte
Gefallen an ihm. Drei Monate lang
wurde er im Haus seines Vaters auf-
gezogen; 21 als er aber ausgesetzt wurde,
nahm ihn die Tochter des Pharao auf
und erzog ihn als ihren Sohn. 22 Und
Mose wurde in aller Weisheit der
Ägypter ausgebildet, und er war mäch-
tig in Wort und Tat. 23 Als er vierzig
Jahre alt war, reifte in ihm der Gedanke,
nach seinen Brüdern, den Söhnen
Israels, zu sehen. 24 Und als er sah, wie
einem von ihnen Unrecht geschah,
kam er dem Unterdrückten zu Hilfe
und rächte ihn, indem er den Ägypter
erschlug. 25 Er dachte, seine Brüder
würden begreifen, dass Gott ihnen
durch seine Hand Rettung bringen
wolle; doch sie begriffen es nicht. 26 Am
folgenden Tag kam er dazu, wie sie sich
stritten; er versuchte, sie auszusöhnen
und Frieden zu stiften, und sagte:
Männer, ihr seid doch Brüder. Warum
tut ihr einander Unrecht? 27 Der Mann
aber, der seinem Nächsten Unrecht
getan hatte, stieß ihn weg und sagte:
Wer hat dich zum Anführer und
Schiedsrichter über uns bestellt?
28 Willst du mich etwa umbringen, wie
du gestern den Ägypter umgebracht
hast? 29 Daraufhin floh Mose und hielt
sich als Fremder in Midian auf; dort
wurden ihm zwei Söhne geboren. 30 Als
vierzig Jahre vergangen waren, er-
schien ihm in der Wüste beim Berg
Sinai ein Engel im Feuer eines brennen-
den Dornbusches. 31 Als Mose die Er-
scheinung sah, wunderte er sich
darüber. Er ging näher hin, um sie
genauer zu betrachten. Da ertönte die
Stimme des Herrn: 32 Ich bin der Gott
deiner Väter, der Gott Abrahams,
Isaaks und Jakobs. Mose begann zu
zittern und wagte nicht hinzusehen.
33 Da sagte der Herr zu ihm: Zieh deine
Schuhe aus! Denn der Ort, wo du
stehst, ist heiliger Boden. 34 Ich habe
das Elend meines Volkes in Ägypten
gesehen und seine Klage gehört. Ich
bin herabgestiegen, um sie zu retten.
Und jetzt geh, ich sende dich nach
Ägypten. 35 Diesen Mose, den sie ver-
leugnet hatten mit den Worten: Wer
hat dich zum Anführer und Schieds-
richter bestellt?, ihn hat Gott als An-

führer und Befreier gesandt durch die
Hand des Engels, der ihm im
Dornbusch erschien. 36 Dieser Mose hat
sie herausgeführt, indem er Zeichen
und Wunder tat in Ägypten und im
Roten Meer und in der Wüste, vierzig
Jahre lang. 37 Dies ist der Mose, der zu
den Söhnen Israels gesagt hat: Einen
Propheten wie mich wird Gott euch aus
euren Brüdern erwecken. 38 Dieser
stand bei der Versammlung des Volkes
in der Wüste zwischen dem Engel, der
mit ihm auf dem Berg Sinai redete, und
unseren Vätern. Er hat Worte des
Lebens empfangen, um sie uns zu ge-
ben. 39 Aber unsere Väter wollten sich
ihm nicht unterordnen; sie wiesen ihn
ab und wandten ihr Herz nach Ägyp-
ten zurück. 40 Sie sagten zu Aaron:
Mach uns Götter, die vor uns her-
ziehen! Denn dieser Mose, der uns aus
Ägypten herausgeführt hat – wir wis-
sen nicht, was mit ihm geschehen ist.
41 Und sie fertigten in jenen Tagen das
Standbild eines Kalbes an, brachten
dem Götzen Opfer dar und freuten sich
über das Werk ihrer Hände. 42 Da
wandte sich Gott ab und überließ sie
dem Sternenkult, wie es im Buch der
Propheten heißt: Habt ihr mir etwa
Schlachtopfer und Gaben dargebracht
während der vierzig Jahre in der
Wüste, ihr vom Haus Israel? 43 Das Zelt
des Moloch und den Stern des Gottes
Romfa habt ihr herumgetragen, die
Bilder, die ihr gemacht habt, um sie an-
zubeten. Darum will ich euch in die Ge-
biete jenseits von Babylon verbannen.
44 Unsere Väter hatten in der Wüste das
Bundeszelt. So hat Gott es angeordnet;
er hat dem Mose befohlen, es nach dem
Vorbild zu errichten, das er geschaut
hatte. 45 Und unsere Väter haben es
übernommen und mitgebracht, als sie
unter Josua das Land der Heidenvölker
besetzten, die Gott vor den Augen
unserer Väter vertrieb, bis zu den Tagen
Davids. 46 Dieser fand Gnade vor Gott
und bat für das Haus Jakob um ein Zelt-
heiligtum. 47 Salomo aber baute ihm
ein Haus. 48 Doch der Höchste wohnt
nicht in dem, was von Menschenhand
gemacht ist, wie der Prophet sagt:
49 Der Himmel ist mein Thron und die
Erde der Schemel für meine Füße. Was
für ein Haus könnt ihr mir bauen?,
spricht der Herr. Oder welcher Ort
kann mir als Ruhestätte dienen? 50 Hat
nicht meine Hand dies alles gemacht?
51 Ihr Halsstarrigen, ihr, die ihr euch mit
Herz und Ohr immerzu dem Heiligen
Geist widersetzt, eure Väter schon und
nun auch ihr. 52 Welchen der Propheten
haben eure Väter nicht verfolgt? Sie
haben die getötet, die die Ankunft des
Gerechten geweissagt haben, dessen
Verräter und Mörder ihr jetzt gewor-
den seid, 53 ihr, die ihr durch die An-
ordnung von Engeln das Gesetz emp-
fangen, es aber nicht gehalten habt.

Die Steinigung des Stephanus

54 Als sie das hörten, waren sie aufs
äußerste über ihn empört und knirsch-
ten mit den Zähnen. 55 Er aber, erfüllt
vom Heiligen Geist, blickte zum Him-
mel empor, sah die Herrlichkeit Gottes
und Jesus zur Rechten Gottes stehen
56 und rief: Ich sehe den Himmel offen
und den Menschensohn zur Rechten
Gottes stehen. 57 Da erhoben sie ein
lautes Geschrei, hielten sich die Ohren
zu, stürmten gemeinsam auf ihn los,
58 trieben ihn zur Stadt hinaus und
steinigten ihn. Die Zeugen legten ihre
Kleider zu Füßen eines jungen Mannes
nieder, der Saulus hieß. 59 So steinigten
sie Stephanus; er aber betete und rief:
Herr Jesus, nimm meinen Geist auf!
60 Dann sank er in die Knie und schrie
laut: Herr, rechne ihnen diese Sünde
nicht an! Nach diesen Worten starb er.
1a Saulus aber war mit dem Mord ein-
verstanden.

Verfolgung und Zerstreuung der Urgemeinde

8 1b An jenem Tag brach eine
schwere Verfolgung über die Kir-
che in Jerusalem herein. Alle wurden in
die Gegenden von Judäa und Samarien
zerstreut, mit Ausnahme der Apostel.
2 Fromme Männer bestatteten Stepha-
nus und hielten eine große Totenklage
für ihn. 3 Saulus aber versuchte die
Kirche zu vernichten; er drang in die
Häuser ein, schleppte Männer und
Frauen fort und lieferte sie ins Gefäng-
nis ein.

Die Kirche in Judäa und Samarien

Philippus als Missionar in Samaria

4 Die Gläubigen, die zerstreut worden
waren, zogen umher und verkündeten
das Wort. 5 Philippus aber kam in die
Hauptstadt Samariens hinab und ver-
kündigte dort Christus. 6 Und die
Menge achtete einmütig auf die Worte
des Philippus; sie hörten zu und sahen
die Wunder, die er tat. 7 Denn aus vie-
len Besessenen fuhren unter lautem
Geschrei die unreinen Geister aus; auch
viele Lahme und Krüppel wurden ge-
heilt. 8 So herrschte große Freude in
jener Stadt.
9 Ein Mann namens Simon wohnte
schon länger in der Stadt; er trieb
Zauberei und verwirrte das Volk von
Samarien, da er sich als etwas Großes
ausgab. 10 Alle hörten auf ihn, jung und
alt, und sie sagten: Das ist die Kraft
Gottes, die man die Große nennt. 11 Und
sie schlossen sich ihm an, weil er sie
lange Zeit mit seinen Zauberkünsten
betörte. 12 Als sie jedoch dem Philippus
Glauben schenkten, der das Evan-
gelium vom Reich Gottes und vom
Namen Jesu Christi verkündete, ließen
sie sich taufen, Männer und Frauen.

13 Auch Simon wurde gläubig, ließ sich
taufen und Schloss sich dem Philippus
an; und als er die großen Zeichen und
Wunder sah, geriet er außer sich vor
Staunen.

Petrus und Johannes in Samarien

14 Als die Apostel in Jerusalem hörten,
dass Samarien das Wort Gottes an-
genommen hatte, schickten sie Petrus
und Johannes dorthin. 15 Diese zogen
hinab und beteten für sie, sie möchten
den Heiligen Geist empfangen. 16 Denn
er war noch auf keinen von ihnen
herabgekommen; sie waren nur auf den
Namen Jesu, des Herrn, getauft. 17 Dann
legten sie ihnen die Hände auf, und sie
empfingen den Heiligen Geist.
18 Als Simon sah, dass durch die Hand-
auflegung der Apostel der Geist ver-
liehen wurde, brachte er ihnen Geld
19 und sagte: Gebt auch mir diese
Macht, damit jeder, dem ich die Hände
auflege, den Heiligen Geist empfängt.
20 Petrus aber sagte zu ihm: Dein Silber
fahre mit dir ins Verderben, wenn du
meinst, die Gabe Gottes lasse sich für
Geld kaufen. 21 Du hast weder einen
Anteil daran noch ein Recht darauf,
denn dein Herz ist nicht aufrichtig vor
Gott. 22 Wende dich von deiner Bosheit
ab, und bitte den Herrn; vielleicht wird
dir dein Ansinnen vergeben. 23 Denn ich
sehe dich voll bitterer Galle und Bosheit.
24 Da antwortete Simon: Betet ihr für
mich zum Herrn, damit mich nichts von
dem trifft, was ihr gesagt habt. 25 Nach-
dem sie so das Wort des Herrn bezeugt
und verkündet hatten, machten sie sich
auf den Weg zurück nach Jerusalem
und verkündeten in vielen Dörfern der
Samariter das Evangelium.

Die Taufe des Äthiopiers

26 Ein Engel des Herrn sagte zu
Philippus: Steh auf und zieh nach
Süden auf der Straße, die von Jerusalem
nach Gaza hinabführt. Sie führt durch
eine einsame Gegend. 27 Und er brach
auf. Nun war da ein Äthiopier, ein
Kämmerer, Hofbeamter der Kandake,
der Königin der Äthiopier, der ihren
ganzen Schatz verwaltete. Dieser war
nach Jerusalem gekommen, um Gott
anzubeten, 28 und fuhr jetzt heimwärts.
Er saß auf seinem Wagen und las den
Propheten Jesaja. 29 Und der Geist sagte
zu Philippus: Geh und folge diesem
Wagen. 30 Philippus lief hin und hörte
ihn den Propheten Jesaja lesen. Da sag-
te er: Verstehst du auch, was du liest?
31 Jener antwortete: Wie könnte ich es,
wenn mich niemand anleitet? Und er
bat den Philippus, einzusteigen und
neben ihm Platz zu nehmen. 32 Der Ab-
schnitt der Schrift, den er las, lautete:
Wie ein Schaf wurde er zum Schlach-
ten geführt; / und wie ein Lamm, das
verstummt, / wenn man es schert, / so
tat er seinen Mund nicht auf.

33 In der Erniedrigung wurde seine Ver-
urteilung aufgehoben. / Seine Nach-
kommen, wer kann sie zählen? / Denn
sein Leben wurde von der Erde fort-
genommen.
34 Der Kämmerer wandte sich an
Philippus und sagte: Ich bitte dich, von
wem sagt der Prophet das? Von sich
selbst oder von einem anderen? 35 Da
begann Philippus zu reden, und aus-
gehend von diesem Schriftwort ver-
kündete er ihm das Evangelium von
Jesus. 36 Als sie nun weiterzogen, ka-
men sie zu einer Wasserstelle. Da sagte
der Kämmerer: Hier ist Wasser. Was
steht meiner Taufe noch im Weg? [37]
38 Er ließ den Wagen halten, und beide,
Philippus und der Kämmerer, stiegen
in das Wasser hinab, und er taufte ihn.
39 Als sie aber aus dem Wasser stiegen,
entführte der Geist des Herrn den
Philippus. Der Kämmerer sah ihn nicht
mehr, und er zog voll Freude weiter.
40 Den Philippus aber sah man in
Aschdod wieder. Und er wanderte
durch alle Städte und verkündete das
Evangelium, bis er nach Cäsarea kam.

Die Bekehrung des Saulus

9 Saulus wütete immer noch mit
Drohung und Mord gegen die
Jünger des Herrn. Er ging zum Hohen-
priester 2 und erbat sich von ihm Briefe
an die Synagogen in Damaskus, um die
Anhänger des (neuen) Weges, Männer
und Frauen, die er dort finde, zu fesseln
und nach Jerusalem zu bringen.
3 Unterwegs aber, als er sich bereits
Damaskus näherte, geschah es, dass
ihn plötzlich ein Licht vom Himmel
umstrahlte. 4 Er stürzte zu Boden und
hörte, wie eine Stimme zu ihm sagte:
Saul, Saul, warum verfolgst du mich?
5 Er antwortete: Wer bist du, Herr?
Dieser sagte: Ich bin Jesus, den du ver-
folgst. 6 Steh auf und geh in die Stadt;
dort wird dir gesagt werden, was du
tun sollst. 7 Seine Begleiter standen
sprachlos da; sie hörten zwar die
Stimme, sahen aber niemand. 8 Saulus
erhob sich vom Boden. Als er aber die
Augen öffnete, sah er nichts. Sie nah-
men ihn bei der Hand und führten ihn
nach Damaskus hinein. 9 Und er war
drei Tage blind, und er aß nicht und
trank nicht.
10 In Damaskus lebte ein Jünger namens
Hananias. Zu ihm sagte der Herr in
einer Vision: Hananias! Er antwortete:
Hier bin ich, Herr. 11 Der Herr sagte zu
ihm: Steh auf und geh zur so genannten
Geraden Straße, und frag im Haus des
Judas nach einem Mann namens Saulus
aus Tarsus. Er betet gerade 12 und hat in
einer Vision gesehen, wie ein Mann na-
mens Hananias hereinkommt und ihm
die Hände auflegt, damit er wieder
sieht. 13 Hananias antwortete: Herr, ich
habe von vielen gehört, wie viel Böses
dieser Mann deinen Heiligen in
Jerusalem angetan hat. 14 Auch hier hat

er Vollmacht von den Hohenpriestern,
alle zu verhaften, die deinen Namen an-
rufen. 15 Der Herr aber sprach zu ihm:
Geh nur! Denn dieser Mann ist mein
auserwähltes Werkzeug: Er soll meinen
Namen vor Völker und Könige und die
Söhne Israels tragen. 16 Ich werde ihm
auch zeigen, wie viel er für meinen
Namen leiden muss. 17 Da ging Hana-
nias hin und trat in das Haus ein; er legte
Saulus die Hände auf und sagte: Bruder
Saul, der Herr hat mich gesandt, Jesus,
der dir auf dem Weg hierher erschienen
ist; du sollst wieder sehen und mit dem
Heiligen Geist erfüllt werden. 18 Sofort
fiel es wie Schuppen von seinen Augen,
und er sah wieder; er stand auf und ließ
sich taufen. 19 Und nachdem er etwas ge-
gessen hatte, kam er wieder zu Kräften.
Einige Tage blieb er bei den Jüngern in
Damaskus; 20 und sogleich verkündete
er Jesus in den Synagogen und sagte: Er
ist der Sohn Gottes. 21 Alle, die es hörten,
gerieten in Aufregung und sagten: Ist
das nicht der Mann, der in Jerusalem
alle vernichten wollte, die diesen Namen
anrufen? Und ist er nicht auch hierher
gekommen, um sie zu fesseln und vor
die Hohenpriester zu führen? 22 Saulus
aber trat um so kraftvoller auf und
brachte die Juden in Damaskus in Ver-
wirrung, weil er ihnen bewies, dass Jesus
der Messias ist.

Die Flucht des Saulus aus Damaskus

23 So verging einige Zeit; da be-
schlossen die Juden, ihn zu töten.
24 Doch ihr Plan wurde dem Saulus
bekannt. Sie bewachten sogar Tag und
Nacht die Stadttore, um ihn zu be-
seitigen. 25 Aber seine Jünger nahmen
ihn und ließen ihn bei Nacht in einem
Korb die Stadtmauer hinab.

26 Als er nach Jerusalem kam, versuchte
er, sich den Jüngern anzuschließen.
Aber alle fürchteten sich vor ihm und
konnten nicht glauben, dass er ein
Jünger war. 27 Barnabas jedoch nahm
sich seiner an und brachte ihn zu den
Aposteln. Er erzählte ihnen, wie Saulus
auf dem Weg den Herrn gesehen habe
und dass dieser mit ihm gesprochen
habe und wie er in Damaskus mutig
und offen im Namen Jesu aufgetreten
sei. 28 So ging er bei ihnen in Jerusalem
ein und aus, trat unerschrocken im
Namen des Herrn auf 29 und führte
auch Streitgespräche mit den Helle-
nisten. Diese aber planten, ihn zu töten.
30 Als die Brüder das merkten, brachten
sie ihn nach Cäsarea hinab und schick-
ten ihn von dort nach Tarsus.

31 Die Kirche in ganz Judäa, Galiläa und
Samarien hatte nun Frieden; sie wurde
gefestigt und lebte in der Furcht vor
dem Herrn. Und sie wuchs durch die
Hilfe des Heiligen Geistes.

Die Aufnahme von Heiden in die Kirche

Petrus in Lydda und Joppe

32 Auf einer Reise zu den einzelnen Ge-
meinden kam Petrus auch zu den
Heiligen in Lydda. 33 Dort fand er einen
Mann namens Äneas, der seit acht
Jahren lahm und bettlägerig war. 34 Pe-
trus sagte zu ihm: Äneas, Jesus Christus
heilt dich. Steh auf, und richte dir dein
Bett! Sogleich stand er auf. 35 Und alle
Bewohner von Lydda und der Scharon-
Ebene sahen ihn und bekehrten sich
zum Herrn.
36 In Joppe lebte eine Jüngerin namens
Tabita, das heißt übersetzt: Gazelle. Sie
tat viele gute Werke und gab reichlich
Almosen. 37 In jenen Tagen aber wurde
sie krank und starb. Man wusch sie und
bahrte sie im Obergemach auf. 38 Weil
aber Lydda nahe bei Joppe liegt und die
Jünger hörten, dass Petrus dort war,
schickten sie zwei Männer zu ihm und
ließen ihn bitten: Komm zu uns, zögere
nicht! 39 Da stand Petrus auf und ging
mit ihnen. Als er ankam, führten sie
ihn in das Obergemach hinauf; alle
Witwen traten zu ihm, sie weinten und
zeigten ihm die Röcke und Mäntel, die
Gazelle gemacht hatte, als sie noch bei
ihnen war. 40 Petrus aber schickte alle
hinaus, kniete nieder und betete. Dann
wandte er sich zu dem Leichnam und
sagte: Tabita, steh auf! Da öffnete sie
ihre Augen, sah Petrus an und setzte
sich auf. 41 Er gab ihr die Hand und ließ
sie aufstehen; dann rief er die Heiligen
und die Witwen und zeigte ihnen, dass
sie wieder lebte. 42 Das wurde in ganz
Joppe bekannt, und viele kamen zum
Glauben an den Herrn. 43 Petrus aber
blieb längere Zeit in Joppe bei einem
gewissen Simon, einem Gerber.

Die Vision des Hauptmanns Kornelius in Cäsarea

10 In Cäsarea lebte ein Mann na-
mens Kornelius, Hauptmann in
der so genannten Italischen Kohorte; 2 er
lebte mit seinem ganzen Haus fromm
und gottesfürchtig, gab dem Volk
reichlich Almosen und betete beständig
zu Gott. 3 Er sah um die neunte Tages-
stunde in einer Vision deutlich, wie ein
Engel Gottes bei ihm eintrat und zu ihm
sagte: Kornelius! 4 Kornelius blickte ihn
an und fragte erschrocken: Was ist,
Herr? Er sagte zu ihm: Deine Gebete und
Almosen sind zu Gott gelangt, und er
hat sich an sie erinnert. 5 Schick jetzt ei-
nige Männer nach Joppe, und lass einen
gewissen Simon herbeiholen, der den
Beinamen Petrus hat. 6 Er ist zu Gast bei
einem Gerber namens Simon, der ein
Haus am Meer hat. 7 Als der Engel, der
mit ihm sprach, weggegangen war, rief
Kornelius zwei seiner Haussklaven und
einen frommen Soldaten aus seinem Ge-
folge. 8 Er erzählte ihnen alles und
schickte sie nach Joppe.

Die Vision des Petrus in Joppe

9 Am folgenden Tag, als jene unterwegs
waren und sich der Stadt näherten,
stieg Petrus auf das Dach, um zu beten;
es war um die sechste Stunde. 10 Da
wurde er hungrig und wollte essen.
Während man etwas zubereitete, kam
eine Verzückung über ihn. 11 Er sah den
Himmel offen und eine Schale auf die
Erde herabkommen, die aussah wie ein
großes Leinentuch, das an den vier
Ecken gehalten wurde. 12 Darin lagen
alle möglichen Vierfüßler, Kriechtiere
der Erde und Vögel des Himmels.
13 Und eine Stimme rief ihm zu: Steh
auf, Petrus, schlachte, und iss! 14 Petrus
aber antwortete: Niemals, Herr! Noch
nie habe ich etwas Unheiliges und Un-
reines gegessen. 15 Da richtete sich die
Stimme ein zweites Mal an ihn: Was
Gott für rein erklärt, nenne du nicht
unrein! 16 Das geschah dreimal, dann
wurde die Schale plötzlich in den
Himmel hinaufgezogen.
17 Petrus war noch ratlos und überlegte,
was die Vision, die er gehabt hatte,
wohl bedeutete; inzwischen hatten sich
die von Kornelius gesandten Männer
zum Haus des Simon durchgefragt und
standen am Tor. 18 Sie riefen und frag-
ten, ob Simon mit dem Beinamen Pe-
trus hier zu Gast sei. 19 Während Petrus
noch über die Vision nachdachte, sagte
der Geist zu ihm: Da sind zwei Männer
und suchen dich. 20 Steh auf, geh
hinunter, und zieh ohne Bedenken mit
ihnen; denn ich habe sie geschickt.
21 Petrus stieg zu den Männern hinab
und sagte: Ich bin der, den ihr sucht.
Aus welchem Grund seid ihr hier? 22 Sie
antworteten: Der Hauptmann Korne-
lius, ein gerechter und gottesfürchtiger
Mann, der beim ganzen Volk der Juden
in gutem Ruf steht, hat von einem
heiligen Engel die Weisung erhalten,
dich in sein Haus holen zu lassen und
zu hören, was du ihm zu sagen hast.
23a Da ließ er sie eintreten und bewir-
tete sie.

Die Taufe des Kornelius

23b Tags darauf machte sich Petrus mit
ihnen auf den Weg, und einige Brüder
aus Joppe begleiteten ihn. 24 Am
folgenden Tag kamen sie nach Cäsarea.
Kornelius erwartete sie schon und
hatte seine Verwandten und seine
nächsten Freunde zusammengerufen.
25 Als nun Petrus ankam, ging ihm
Kornelius entgegen und warf sich ehr-
fürchtig vor ihm nieder. 26 Petrus aber
richtete ihn auf und sagte: Steh auf!
Auch ich bin nur ein Mensch. 27 Wäh-
rend er sich mit ihm unterhielt, ging er
hinein und fand dort viele Menschen
versammelt. 28 Da sagte er zu ihnen: Ihr
wisst, dass es einem Juden nicht erlaubt
ist, mit einem Nichtjuden zu verkehren
oder sein Haus zu betreten; mir aber
hat Gott gezeigt, dass man keinen
Menschen unheilig oder unrein nen-

nen darf. 29 Darum bin ich auch ohne
Widerspruch gekommen, als nach mir
geschickt wurde. Nun frage ich: Wa-
rum habt ihr mich holen lassen?
30 Da sagte Kornelius: Vor vier Tagen
um diese Zeit war ich zum Gebet der
neunten Stunde in meinem Haus; da
stand plötzlich ein Mann in einem
leuchtenden Gewand vor mir 31 und
sagte: Kornelius, dein Gebet wurde
erhört, und deine Almosen wurden vor
Gott in Erinnerung gebracht. 32 Schick
jemand nach Joppe, und lass Simon,
der den Beinamen Petrus hat, holen; er
ist Gast im Haus des Gerbers Simon am
Meer. 33 Sofort habe ich nach dir ge-
schickt, und es ist gut, dass du ge-
kommen bist. Jetzt sind wir alle hier vor
Gott zugegen, um all das anzuhören,
was dir vom Herrn aufgetragen worden
ist.
34 Da begann Petrus zu reden und
sagte: Wahrhaftig, jetzt begreife ich,
dass Gott nicht auf die Person sieht,
35 sondern dass ihm in jedem Volk will-
kommen ist, wer ihn fürchtet und tut,
was recht ist. 36 Er hat das Wort den
Israeliten gesandt, indem er den Frie-
den verkündete durch Jesus Christus;
dieser ist der Herr aller.
37 Ihr wisst, was im ganzen Land der
Juden geschehen ist, angefangen in
Galiläa, nach der Taufe, die Johannes
verkündet hat: 38 wie Gott Jesus von
Nazaret gesalbt hat mit dem Heiligen
Geist und mit Kraft, wie dieser umher-
zog, Gutes tat und alle heilte, die in der
Gewalt des Teufels waren; denn Gott
war mit ihm. 39 Und wir sind Zeugen
für alles, was er im Land der Juden und
in Jerusalem getan hat. Ihn haben sie
an den Pfahl gehängt und getötet.
40 Gott aber hat ihn am dritten Tag auf-
erweckt und hat ihn erscheinen lassen,
41 zwar nicht dem ganzen Volk, wohl
aber den von Gott vorherbestimmten
Zeugen: uns, die wir mit ihm nach
seiner Auferstehung von den Toten ge-
gessen und getrunken haben. 42 Und er
hat uns geboten, dem Volk zu ver-
kündigen und zu bezeugen: Das ist der
von Gott eingesetzte Richter der
Lebenden und der Toten. 43 Von ihm
bezeugen alle Propheten, dass jeder,
der an ihn glaubt, durch seinen Namen
die Vergebung der Sünden empfängt.
44 Noch während Petrus dies sagte, kam
der Heilige Geist auf alle herab, die das
Wort hörten. 45 Die gläubig geworde-
nen Juden, die mit Petrus gekommen
waren, konnten es nicht fassen, dass
auch auf die Heiden die Gabe des
Heiligen Geistes ausgegossen wurde.
46 Denn sie hörten sie in Zungen reden
und Gott preisen. Petrus aber sagte:
47 Kann jemand denen das Wasser zur
Taufe verweigern, die ebenso wie wir
den Heiligen Geist empfangen haben?
48 Und er ordnete an, sie im Namen Jesu
Christi zu taufen. Danach baten sie ihn,
einige Tage zu bleiben.

Die Rechenschaft des Petrus vor der Gemeinde in Jerusalem

11 Die Apostel und die Brüder in
Judäa erfuhren, dass auch die
Heiden das Wort Gottes angenommen
hatten. 2 Als nun Petrus nach Jerusalem
hinaufkam, hielten ihm die gläubig
gewordenen Juden vor: 3 Du hast das
Haus von Unbeschnittenen betreten
und hast mit ihnen gegessen.
4 Da begann Petrus, ihnen der Reihe
nach zu berichten: 5 Ich war in der Stadt
Joppe und betete; da hatte ich in einer
Verzückung eine Vision: Eine Schale,
die aussah wie ein großes Leinentuch,
das an den vier Ecken gehalten wurde,
senkte sich aus dem Himmel bis zu mir
herab. 6 Als ich genauer hinschaute, sah
ich darin die Vierfüßler der Erde, die
wilden Tiere, die Kriechtiere und die
Vögel des Himmels. 7 Ich hörte auch
eine Stimme, die zu mir sagte: Steh auf,
Petrus, schlachte, und iss! 8 Ich ant-
wortete: Niemals, Herr! Noch nie ist
etwas Unheiliges oder Unreines in
meinen Mund gekommen. 9 Doch zum
zweitenmal kam eine Stimme vom
Himmel; sie sagte: Was Gott für rein er-
klärt hat, nenne du nicht unrein! 10 Das
geschah dreimal, dann wurde alles
wieder in den Himmel hinaufgezogen.
11 Da standen auf einmal drei Männer
vor dem Haus, in dem ich wohnte; sie
waren aus Cäsarea zu mir geschickt
worden. 12 Der Geist aber sagte mir, ich
solle ohne Bedenken mit ihnen gehen.
Auch diese sechs Brüder zogen mit mir,
und wir kamen in das Haus jenes
Mannes. 13 Er erzählte uns, wie er in
seinem Haus den Engel stehen sah, der
zu ihm sagte: Schick jemand nach
Joppe, und lass Simon, der Petrus ge-
nannt wird, holen. 14 Er wird dir Worte
sagen, durch die du mit deinem ganzen
Haus gerettet werden wirst. 15 Während
ich redete, kam der Heilige Geist auf sie
herab, wie am Anfang auf uns. 16 Da er-
innerte ich mich an das Wort des
Herrn: Johannes hat mit Wasser ge-
tauft, ihr aber werdet mit dem Heiligen
Geist getauft werden. 17 Wenn nun Gott
ihnen, nachdem sie zum Glauben an
Jesus Christus, den Herrn, gekommen
sind, die gleiche Gabe verliehen hat wie
uns: wer bin ich, dass ich Gott hindern
könnte?
18 Als sie das hörten, beruhigten sie
sich, priesen Gott und sagten: Gott hat
also auch den Heiden die Umkehr zum
Leben geschenkt.

Die Entstehung einer christlichen Gemeinde in Antiochia

19 Bei der Verfolgung, die wegen
Stephanus entstanden war, kamen die
Versprengten bis nach Phönizien,
Zypern und Antiochia; doch verkün-
deten sie das Wort nur den Juden. 20 Ei-
nige aber von ihnen, die aus Zypern
und Zyrene stammten, verkündeten,
als sie nach Antiochia kamen, auch den

Griechen das Evangelium von Jesus,
dem Herrn. 21 Die Hand des Herrn war
mit ihnen, und viele wurden gläubig
und bekehrten sich zum Herrn. 22 Die
Nachricht davon kam der Gemeinde
von Jerusalem zu Ohren, und sie schick-
ten Barnabas nach Antiochia. 23 Als er
ankam und die Gnade Gottes sah,
freute er sich und ermahnte alle, dem
Herrn treu zu bleiben, wie sie es sich
vorgenommen hatten. 24 Denn er war
ein trefflicher Mann, erfüllt vom Hei-
ligen Geist und von Glauben. So wurde
für den Herrn eine beträchtliche Zahl
hinzugewonnen. 25 Barnabas aber zog
nach Tarsus, um Saulus aufzusuchen.
26 Er fand ihn und nahm ihn nach
Antiochia mit. Dort wirkten sie mitei-
nander ein volles Jahr in der Gemeinde
und unterrichteten eine große Zahl von
Menschen. In Antiochia nannte man
die Jünger zum erstenmal Christen.

Die Spende der Gemeinde von Antiochia für die Christen in Judäa

27 In jenen Tagen kamen von Jerusalem
Propheten nach Antiochia hinab.
28 Einer von ihnen namens Agabus trat
auf und weissagte durch den Geist, eine
große Hungersnot werde über die
ganze Erde kommen. Sie brach dann
unter Klaudius aus. 29 Man beschloss,
jeder von den Jüngern solle nach
seinem Vermögen den Brüdern in Ju-
däa etwas zur Unterstützung senden.
30 Das taten sie auch und schickten ihre
Gaben durch Barnabas und Saulus an
die Ältesten.

Die Hinrichtung des Jakobus und die Verhaftung des Petrus

12 Um jene Zeit ließ der König
Herodes einige aus der Ge-
meinde verhaften und misshandeln.
2 Jakobus, den Bruder des Johannes,
ließ er mit dem Schwert hinrichten.
3 Als er sah, dass es den Juden gefiel,
ließ er auch Petrus festnehmen. Das ge-
schah in den Tagen der Ungesäuerten
Brote. 4 Er nahm ihn also fest und warf
ihn ins Gefängnis. Die Bewachung
übertrug er vier Abteilungen von je vier
Soldaten. Er beabsichtigte, ihn nach
dem Paschafest dem Volk vorführen zu
lassen. 5 Petrus wurde also im Gefäng-
nis bewacht. Die Gemeinde aber betete
inständig für ihn zu Gott.

Die wunderbare Befreiung des Petrus

6 In der Nacht, ehe Herodes ihn vor-
führen lassen wollte, schlief Petrus, mit
zwei Ketten gefesselt, zwischen zwei
Soldaten; vor der Tür aber bewachten
Posten den Kerker. 7 Plötzlich trat ein
Engel des Herrn ein, und ein helles
Licht strahlte in den Raum. Er stieß
Petrus in die Seite, weckte ihn und
sagte: Schnell, steh auf! Da fielen die
Ketten von seinen Händen. 8 Der Engel

aber sagte zu ihm: Gürte dich, und zieh
deine Sandalen an! Er tat es. Und der
Engel sagte zu ihm: Wirf deinen
Mantel um, und folge mir! [9] Dann ging
er hinaus, und Petrus folgte ihm, ohne
zu wissen, dass es Wirklichkeit war, was
durch den Engel geschah; es kam ihm
vor, als habe er eine Vision. [10] Sie gin-
gen an der ersten und an der zweiten
Wache vorbei und kamen an das
eiserne Tor, das in die Stadt führt; es
öffnete sich ihnen von selbst. Sie traten
hinaus und gingen eine Gasse weit;
und auf einmal verließ ihn der Engel.
[11] Da kam Petrus zu sich und sagte: Nun
weiß ich wahrhaftig, dass der Herr
seinen Engel gesandt und mich der
Hand des Herodes entrissen hat und all
dem, was das Volk der Juden erhofft
hat. [12] Als er sich darüber klar gewor-
den war, ging er zum Haus der Maria,
der Mutter des Johannes mit dem
Beinamen Markus, wo nicht wenige
versammelt waren und beteten. [13] Als
er am Außentor klopfte, kam eine Magd
namens Rhode, um zu öffnen. [14] Sie
erkannte die Stimme des Petrus, doch
vor Freude machte sie das Tor nicht auf,
sondern lief hinein und berichtete:
Petrus steht vor dem Tor. [15] Da sagten
sie zu ihr: Du bist nicht bei Sinnen.
Doch sie bestand darauf, es sei so. Da
sagten sie: Es ist sein Engel. [16] Petrus
aber klopfte noch immer. Als sie öff-
neten und ihn sahen, staunten sie. [17] Er
gab ihnen mit der Hand ein Zeichen zu
schweigen und erzählte ihnen, wie der
Herr ihn aus dem Gefängnis heraus-
geführt hatte. Er sagte: Berichtet das
dem Jakobus und den Brüdern! Dann
verließ er sie und ging an einen
anderen Ort.
[18] Als es Tag wurde, herrschte bei den
Soldaten große Aufregung darüber,
was wohl mit Petrus geschehen sei.
[19a] Herodes aber ließ ihn suchen, und
da man ihn nicht fand, verhörte er die
Wachen und befahl, sie abzuführen.

Der Tod des Herodes Agrippa

[19b] Dann zog Herodes von Judäa nach
Cäsarea hinab und blieb dort. [20] Er war
über die Bewohner von Tyrus und
Sidon sehr aufgebracht. Sie kamen ge-
meinsam zu ihm, gewannen Blastus,
den Kämmerer des Königs, für sich und
baten um Frieden, weil sie ihre Nah-
rung aus dem Land des Königs bezo-
gen.
[21] Am festgesetzten Tag nahm Herodes
im Königsgewand auf der Tribüne
Platz und hielt vor ihnen eine feierliche
Ansprache. [22] Das Volk aber schrie: Die
Stimme eines Gottes, nicht eines Men-
schen! [23] Im selben Augenblick schlug
ihn ein Engel des Herrn, weil er nicht
Gott die Ehre gegeben hatte. Und von
Würmern zerfressen, starb er.

Die Rückkehr des Barnabas und des Saulus nach Antiochia

[24] Das Wort des Herrn aber wuchs und breitete sich aus. [25] Nachdem Barnabas und Saulus in Jerusalem ihre Aufgabe erfüllt hatten, kehrten sie zurück; Johannes mit dem Beinamen Markus nahmen sie mit.

Die Kirche unter den Völkern

Die Aussendung des Barnabas und des Saulus

13 In der Gemeinde von Antiochia gab es Propheten und Lehrer: Barnabas und Simeon, genannt Niger, Luzius von Zyrene, Manaën, ein Jugendgefährte des Tetrarchen Herodes, und Saulus. [2] Als sie zu Ehren des Herrn Gottesdienst feierten und fasteten, sprach der Heilige Geist: Wählt mir Barnabas und Saulus zu dem Werk aus, zu dem ich sie mir berufen habe. [3] Da fasteten und beteten sie, legten ihnen die Hände auf und ließen sie ziehen.

Die erste Missionsreise des Paulus

Von Antiochia über Zypern bis Perge

[4] Vom Heiligen Geist ausgesandt, zogen sie nach Seleuzia hinab und segelten von da nach Zypern. [5] Als sie in Salamis angekommen waren, verkündeten sie das Wort Gottes in den Synagogen der Juden. Johannes hatten sie als Helfer bei sich. [6] Sie durchzogen die ganze Insel bis Paphos. Dort trafen sie einen Mann namens Barjesus, einen Zauberer und falschen Propheten, der Jude war [7] und zum Gefolge des Prokonsuls Sergius Paulus, eines verständigen Mannes, gehörte. Dieser ließ Barnabas und Saulus rufen und wünschte, von ihnen das Wort Gottes zu hören. [8] Aber Elymas, der Zauberer – so wird nämlich der Name Elymas übersetzt –, trat gegen sie auf und wollte den Prokonsul vom Glauben abhalten. [9] Saulus, der auch Paulus heißt, blickte ihn, vom Heiligen Geist erfüllt, an [10] und sagte: Du elender und gerissener Betrüger, du Sohn des Teufels, du Feind aller Gerechtigkeit, willst du nicht endlich aufhören, die geraden Wege des Herrn zu durchkreuzen? [11] Jetzt kommt die Hand des Herrn über dich. Du wirst blind sein und eine Zeit lang die Sonne nicht mehr sehen. Im selben Augenblick fiel Finsternis und Dunkel auf ihn, er tappte umher und suchte jemand, der ihn an der Hand führte. [12] Als der Prokonsul das alles sah, wurde er gläubig, denn er war betroffen von der Lehre des Herrn. [13] Von Paphos fuhr Paulus mit seinen Begleitern ab und kam nach Perge in Pamphylien. Johannes aber trennte sich von ihnen und kehrte nach Jerusalem zurück.

Das Wirken des Barnabas und des Paulus in Antiochia in Pisidien

14 Sie selbst wanderten von Perge weiter
und kamen nach Antiochia in Pisidien.
Dort gingen sie am Sabbat in die Sy-
nagoge und setzten sich. 15 Nach der
Lesung aus dem Gesetz und den Pro-
pheten schickten die Synagogenvor-
steher zu ihnen und ließen ihnen
sagen: Brüder, wenn ihr ein Wort des
Trostes für das Volk habt, so redet.
16 Da stand Paulus auf, gab mit der
Hand ein Zeichen und sagte: Ihr
Israeliten und ihr Gottesfürchtigen,
hört! 17 Der Gott dieses Volkes Israel
hat unsere Väter erwählt und das Volk
in der Fremde erhöht, in Ägypten; er
hat sie mit hoch erhobenem Arm von
dort herausgeführt 18 und fast vierzig
Jahre durch die Wüste getragen.
19 Sieben Völker hat er im Land Kanaan
vernichtet und ihr Land ihnen zum Be-
sitz gegeben, 20 für etwa vierhundert-
fünfzig Jahre. Danach hat er ihnen
Richter gegeben bis zum Propheten
Samuel. 21 Dann verlangten sie einen
König, und Gott gab ihnen Saul, den
Sohn des Kisch, einen Mann aus dem
Stamm Benjamin, für vierzig Jahre.
22 Nachdem er ihn verworfen hatte,
erhob er David zu ihrem König, von
dem er bezeugte: Ich habe David, den
Sohn des Isai, als einen Mann nach
meinem Herzen gefunden, der alles,
was ich will, vollbringen wird. 23 Aus
seinem Geschlecht hat Gott dem Volk
Israel, der Verheißung gemäß, Jesus als
Retter geschickt. 24 Vor dessen Auf-
treten hat Johannes dem ganzen Volk
Israel Umkehr und Taufe verkündigt.
25 Als Johannes aber seinen Lauf voll-
endet hatte, sagte er: Ich bin nicht der,
für den ihr mich haltet; aber seht, nach
mir kommt einer, dem die Sandalen
von den Füßen zu lösen ich nicht wert
bin.
26 Brüder, ihr Söhne aus Abrahams Ge-
schlecht und ihr Gottesfürchtigen! Uns
wurde das Wort dieses Heils gesandt.
27 Denn die Einwohner von Jerusalem
und ihre Führer haben Jesus nicht
erkannt, aber sie haben die Worte der
Propheten, die an jedem Sabbat vor-
gelesen werden, erfüllt und haben ihn
verurteilt. 28 Obwohl sie nichts fanden,
wofür er den Tod verdient hätte, forder-
ten sie von Pilatus seine Hinrichtung.
29 Als sie alles vollbracht hatten, was in
der Schrift über ihn gesagt ist, nahmen
sie ihn vom Kreuzesholz und legten ihn
ins Grab. 30 Gott aber hat ihn von den
Toten auferweckt, 31 und er ist viele
Tage hindurch denen erschienen, die
mit ihm zusammen von Galiläa nach
Jerusalem hinaufgezogen waren und
die jetzt vor dem Volk seine Zeugen
sind. 32 So verkünden wir euch das
Evangelium: Gott hat die Verheißung,
die an die Väter ergangen ist, 33 an uns,
ihren Kindern, erfüllt, indem er Jesus
auferweckt hat, wie es schon im zwei-
ten Psalm heißt: Mein Sohn bist du,

heute habe ich dich gezeugt. 34 Dass er
ihn aber von den Toten auferweckt hat,
um ihn nicht mehr zur Verwesung zu-
rückkehren zu lassen, hat er so aus-
gedrückt: Ich will euch die Heilsgaben
gewähren, die ich David fest zugesagt
habe. 35 Darum sagt er auch an einer
anderen Stelle: Du lässt deinen
Frommen nicht die Verwesung
schauen. 36 David aber ist, nachdem er
seinen Zeitgenossen gedient hatte,
nach Gottes Willen entschlafen und
mit seinen Vätern vereint worden. Er
hat die Verwesung gesehen; 37 der aber,
den Gott auferweckte, hat die Ver-
wesung nicht gesehen. 38 Ihr sollt also
wissen, meine Brüder: Durch diesen
wird euch die Vergebung der Sünden
verkündet, und in allem, worin euch das
Gesetz des Mose nicht gerecht machen
konnte, 39 wird jeder, der glaubt, durch
ihn gerecht gemacht. 40 Gebt also acht,
dass nicht eintrifft, was bei den Pro-
pheten gesagt ist: 41 Schaut hin, ihr Ver-
ächter, staunt und erstarrt! Denn ich
vollbringe in euren Tagen eine Tat –
würde man euch von dieser Tat erzäh-
len, ihr glaubtet es nicht.

42 Als sie hinausgingen, bat man sie, am
nächsten Sabbat über diese Worte zu
ihnen zu sprechen. 43 Und als die Ver-
sammlung sich aufgelöst hatte, schlos-
sen sich viele Juden und fromme Pro-
selyten Paulus und Barnabas an. Diese
redeten mit ihnen und ermahnten sie,
der Gnade Gottes treu zu bleiben.

44 Am folgenden Sabbat versammelte
sich fast die ganze Stadt, um das Wort
des Herrn zu hören. 45 Als die Juden die
Scharen sahen, wurden sie eifersüchtig,
widersprachen den Worten des Paulus
und stießen Lästerungen aus.

46 Paulus und Barnabas aber erklärten
freimütig: Euch musste das Wort
Gottes zuerst verkündet werden. Da ihr
es aber zurückstoßt und euch des
ewigen Lebens unwürdig zeigt, wenden
wir uns jetzt an die Heiden. 47 Denn so
hat uns der Herr aufgetragen:
Ich habe dich zum Licht für die Völker
gemacht, bis an das Ende der Erde
sollst du das Heil sein.

48 Als die Heiden das hörten, freuten sie
sich und priesen das Wort des Herrn;
und alle wurden gläubig, die für das
ewige Leben bestimmt waren. 49 Das
Wort des Herrn aber verbreitete sich in
der ganzen Gegend. 50 Die Juden je-
doch hetzten die vornehmen gottes-
fürchtigen Frauen und die Ersten der
Stadt auf, veranlassten eine Verfolgung
gegen Paulus und Barnabas und ver-
trieben sie aus ihrem Gebiet. 51 Diese
aber schüttelten gegen sie den Staub
von ihren Füßen und zogen nach
Ikonion. 52 Und die Jünger waren voll
Freude und erfüllt vom Heiligen Geist.

In Ikonion, Lystra und Derbe

14 In Ikonion gingen sie ebenfalls
in die Synagoge der Juden und
redeten in dieser Weise, und eine große
Zahl von Juden und Griechen wurde
gläubig. 2 Die Juden aber, die sich
widersetzten, erregten und erbitterten
die Heiden gegen die Brüder. 3 Längere
Zeit nun blieben sie dort und predigten
freimütig im Vertrauen auf den Herrn;
er legte Zeugnis ab für das Wort seiner
Gnade, indem er durch die Hände der
Apostel Zeichen und Wunder ge-
schehen ließ. 4 Doch das Volk in der
Stadt spaltete sich; die einen hielten zu
den Juden, die andern zu den Aposteln.
5 Als die Apostel merkten, dass die
Heiden und die Juden zusammen mit
ihren Führern entschlossen waren, sie zu
misshandeln und zu steinigen, 6 flohen
sie in die Städte von Lykaonien, Lystra
und Derbe, und in deren Umgebung.
7 Dort verkündeten sie das Evangelium.
8 In Lystra war ein Mann, der von Ge-
burt an gelähmt war; er saß ohne Kraft
in den Füßen da und hatte nie gehen
können. 9 Er hörte der Predigt des Pau-
lus zu. Dieser blickte ihm fest ins Auge;
und da er sah, dass der Mann darauf
vertraute, gerettet zu werden, 10 rief er
laut: Steh auf! Stell dich aufrecht auf
deine Füße! Da sprang der Mann auf
und ging umher. 11 Als die Menge sah,
was Paulus getan hatte, fing sie an zu
schreien und rief auf lykaonisch: Die
Götter sind in Menschengestalt zu uns
herabgestiegen. 12 Und sie nannten den
Barnabas Zeus, den Paulus aber Her-
mes, weil er der Wortführer war. 13 Der
Priester des »Zeus vor der Stadt«
brachte Stiere und Kränze an die Tore
und wollte zusammen mit der Volks-
menge ein Opfer darbringen. 14 Als die
Apostel Barnabas und Paulus davon
hörten, zerrissen sie ihre Kleider,
sprangen unter das Volk und riefen:
15 Männer, was tut ihr? Auch wir sind
nur Menschen, von gleicher Art wie ihr;
wir bringen euch das Evangelium, da-
mit ihr euch von diesen nichtigen
Götzen zu dem lebendigen Gott be-
kehrt, der den Himmel, die Erde und
das Meer geschaffen hat und alles, was
dazugehört. 16 Er ließ in den vergan-
genen Zeiten alle Völker ihre Wege
gehen. 17 Und doch hat er sich nicht un-
bezeugt gelassen: Er tat Gutes, gab euch
vom Himmel her Regen und frucht-
bare Zeiten; mit Nahrung und mit
Freude erfüllte er euer Herz. 18 Doch
selbst mit diesen Worten konnten
sie die Volksmenge kaum davon ab-
bringen, ihnen zu opfern.
19 Von Antiochia und Ikonion aber
kamen Juden und überredeten die
Volksmenge. Und sie steinigten den
Paulus und schleiften ihn zur Stadt
hinaus, in der Meinung, er sei tot. 20 Als
aber die Jünger ihn umringten, stand
er auf und ging in die Stadt. Am an-
deren Tag zog er mit Barnabas nach
Derbe weiter.

Rückkehr nach Syrien

21 Als sie dieser Stadt das Evangelium
verkündet und viele Jünger gewonnen
hatten, kehrten sie nach Lystra, Ikonion
und Antiochia zurück. 22 Sie sprachen
den Jüngern Mut zu und ermahnten
sie, treu am Glauben festzuhalten; sie
sagten: Durch viele Drangsale müssen
wir in das Reich Gottes gelangen. 23 In
jeder Gemeinde bestellten sie durch
Handauflegung Älteste und empfahlen
sie mit Gebet und Fasten dem Herrn,
an den sie nun glaubten. 24 Nachdem
sie durch Pisidien gezogen waren,
kamen sie nach Pamphylien, 25 verkün-
deten in Perge das Wort und gingen
dann nach Attalia hinab. 26 Von dort
fuhren sie mit dem Schiff nach
Antiochia, wo man sie für das Werk,
das sie nun vollbracht hatten, der
Gnade Gottes empfohlen hatte. 27 Als
sie dort angekommen waren, riefen sie
die Gemeinde zusammen und be-
richteten alles, was Gott mit ihnen zu-
sammen getan und dass er den Heiden
die Tür zum Glauben geöffnet hatte.
28 Und sie blieben noch längere Zeit bei
den Jüngern.

Das Apostelkonzil in Jerusalem

Die Streitfrage

15 Es kamen einige Leute von
Judäa herab und lehrten die
Brüder: Wenn ihr euch nicht nach dem
Brauch des Mose beschneiden lasst,
könnt ihr nicht gerettet werden. 2 Nach
großer Aufregung und heftigen Aus-
einandersetzungen zwischen ihnen und
Paulus und Barnabas beschloss man,
Paulus und Barnabas und einige andere
von ihnen sollten wegen dieser Streit-
frage zu den Aposteln und den Ältesten
nach Jerusalem hinaufgehen. 3 Sie wur-
den von der Gemeinde feierlich ver-
abschiedet und zogen durch Phönizien
und Samarien; dabei berichteten sie den
Brüdern von der Bekehrung der Heiden
und bereiteten damit allen große Freu-
de. 4 Bei ihrer Ankunft in Jerusalem
wurden sie von der Gemeinde und von
den Aposteln und den Ältesten emp-
fangen. Sie erzählten alles, was Gott mit
ihnen zusammen getan hatte. 5 Da er-
hoben sich einige aus dem Kreis der
Pharisäer, die gläubig geworden waren,
und sagten: Man muss sie beschneiden
und von ihnen fordern, am Gesetz des
Mose festzuhalten.

Die Versammlung der Apostel und der Ältesten mit der Gemeinde

6 Die Apostel und die Ältesten traten
zusammen, um die Frage zu prüfen.
7 Als ein heftiger Streit entstand, erhob
sich Petrus und sagte zu ihnen: Brüder,
wie ihr wisst, hat Gott schon längst hier
bei euch die Entscheidung getroffen,
dass die Heiden durch meinen Mund
das Wort des Evangeliums hören und

zum Glauben gelangen sollen. [8] Und
Gott, der die Herzen kennt, bestätigte
dies, indem er ihnen ebenso wie uns den
Heiligen Geist gab. [9] Er machte keinerlei
Unterschied zwischen uns und ihnen;
denn er hat ihre Herzen durch den
Glauben gereinigt. [10] Warum stellt ihr
also jetzt Gott auf die Probe und legt den
Jüngern ein Joch auf den Nacken, das
weder unsere Väter noch wir tragen
konnten? [11] Wir glauben im Gegenteil,
durch die Gnade Jesu, des Herrn, gerettet zu werden, auf die gleiche Weise wie
jene. [12] Da schwieg die ganze Versammlung. Und sie hörten Barnabas und Paulus zu, wie sie erzählten, welch große Zeichen und Wunder Gott durch sie unter den Heiden getan hatte.
[13] Als sie geendet hatten, nahm Jakobus
das Wort und sagte: Brüder, hört mich
an! [14] Simon hat berichtet, dass Gott
selbst zuerst eingegriffen hat, um aus
den Heiden ein Volk für seinen Namen
zu gewinnen. [15] Damit stimmen die
Worte der Propheten überein, die geschrieben haben:
[16] Danach werde ich mich umwenden /
und die zerfallene Hütte Davids wieder aufrichten; / ich werde sie aus ihren Trümmern wieder aufrichten / und werde sie wiederherstellen,
[17] damit die übrigen Menschen den Herrn suchen, / auch alle Völker, / über denen mein Name ausgerufen ist – / spricht der Herr, der das ausführt,
[18] was ihm seit Ewigkeit bekannt ist.
[19] Darum halte ich es für richtig, den
Heiden, die sich zu Gott bekehren,
keine Lasten aufzubürden; [20] man weise
sie nur an, Verunreinigung durch Götzen(opferfleisch) und Unzucht zu meiden und weder Ersticktes noch Blut
zu essen. [21] Denn Mose hat seit ältesten
Zeiten in jeder Stadt seine Verkündiger, da er in den Synagogen an jedem Sabbat verlesen wird.

Die Beschlüsse der Versammlung

[22] Da beschlossen die Apostel und die
Ältesten zusammen mit der ganzen Gemeinde, Männer aus ihrer Mitte auszuwählen und sie zusammen mit Paulus und Barnabas nach Antiochia zu senden, nämlich Judas, genannt Barsabbas, und Silas, führende Männer
unter den Brüdern. [23] Sie gaben ihnen
folgendes Schreiben mit: Die Apostel und die Ältesten, eure Brüder, grüßen die Brüder aus dem Heidentum in
Antiochia, in Syrien und Zilizien. [24] Wir
haben gehört, dass einige von uns, denen wir keinen Auftrag erteilt haben, euch mit ihren Reden beunruhigt und
eure Gemüter erregt haben. [25] Deshalb
haben wir uns geeinigt und beschlossen, Männer auszuwählen und zusammen mit unseren lieben Brüdern Barnabas und Paulus zu euch zu schicken,
[26] die beide für den Namen Jesu Christi,
unseres Herrn, ihr Leben eingesetzt
haben. [27] Wir haben Judas und Silas

abgesandt, die euch das Gleiche auch
mündlich mitteilen sollen. 28 Denn der
Heilige Geist und wir haben beschlos-
sen, euch keine weitere Last auf-
zuerlegen als diese notwendigen Din-
ge: 29 Götzenopferfleisch, Blut, Erstick-
tes und Unzucht zu meiden. Wenn ihr
euch davor hütet, handelt ihr richtig.
Lebt wohl!

Die Mitteilung der Beschlüsse an die Gemeinde von Antiochia

30 Man verabschiedete die Abgesand-
ten, und sie zogen hinab nach Antio-
chia, riefen die Gemeinde zusammen
und übergaben ihr den Brief. 31 Die
Brüder lasen ihn und freuten sich über
die Ermunterung. 32 Judas und Silas,
selbst Propheten, sprachen ihnen mit
vielen Worten Mut zu und stärkten sie.
33 Nach einiger Zeit wurden sie von den
Brüdern in Frieden wieder zu denen
entlassen, die sie abgesandt hatten.
[34] 35 Paulus aber und Barnabas blieben
in Antiochia und lehrten und ver-
kündeten mit vielen anderen das Wort
des Herrn.

Die zweite Missionsreise des Paulus

Die Trennung des Paulus von Barnabas

36 Nach einiger Zeit sagte Paulus zu
Barnabas: Wir wollen wieder auf-
brechen und sehen, wie es den Brüdern
in all den Städten geht, in denen wir
das Wort des Herrn verkündet haben.
37 Barnabas wollte auch den Johannes,
genannt Markus, mitnehmen; 38 doch
Paulus bestand darauf, ihn nicht mit-
zunehmen, weil er sie in Pamphylien
im Stich gelassen hatte, nicht mit ihnen
gezogen war und an ihrer Arbeit nicht
mehr teilgenommen hatte. 39 Es kam zu
einer heftigen Auseinandersetzung, so
dass sie sich voneinander trennten;
Barnabas nahm Markus mit und se-
gelte nach Zypern. 40 Paulus aber wähl-
te sich Silas und reiste ab, nachdem die
Brüder ihn der Gnade des Herrn emp-
fohlen hatten. 41 Er zog durch Syrien
und Zilizien und stärkte die Gemein-
den.

Paulus in Lykaonien

16 Er kam auch nach Derbe und
nach Lystra. Dort war ein
Jünger namens Timotheus, der Sohn
einer gläubig gewordenen Jüdin und
eines Griechen. 2 Er war Paulus von den
Brüdern in Lystra und Ikonion emp-
fohlen worden. 3 Paulus wollte ihn als
Begleiter mitnehmen und ließ ihn mit
Rücksicht auf die Juden, die in jenen
Gegenden wohnten, beschneiden;
denn alle wussten, dass sein Vater ein
Grieche war. 4 Als sie nun durch die
Städte zogen, überbrachten sie ihnen
die von den Aposteln und den Ältesten
in Jerusalem gefassten Beschlüsse und

trugen ihnen auf, sich daran zu halten.
5 So wurden die Gemeinden im Glau-
ben gestärkt und wuchsen von Tag zu
Tag.

Durch Kleinasien bis Troas

6 Weil ihnen aber vom Heiligen Geist
verwehrt wurde, das Wort in der Pro-
vinz Asien zu verkünden, reisten sie
durch Phrygien und das galatische
Land. 7 Sie zogen an Mysien entlang
und versuchten, Bithynien zu erreichen;
doch auch das erlaubte ihnen der Geist
Jesu nicht. 8 So durchwanderten sie
Mysien und kamen nach Troas hinab.
9 Dort hatte Paulus in der Nacht eine
Vision. Ein Mazedonier stand da und
bat ihn: Komm herüber nach Maze-
donien, und hilf uns! 10 Auf diese Vi-
sion hin wollten wir sofort nach Maze-
donien abfahren; denn wir waren über-
zeugt, dass uns Gott dazu berufen
hatte, dort das Evangelium zu verkün-
den.

Das Wirken des Paulus in Philippi

11 So brachen wir von Troas auf und
fuhren auf dem kürzesten Weg nach
Samothrake und am folgenden Tag
nach Neapolis. 12 Von dort gingen wir
nach Philippi, in eine Stadt im ersten
Bezirk von Mazedonien, eine Kolonie.
In dieser Stadt hielten wir uns einige
Tage auf. 13 Am Sabbat gingen wir
durch das Stadttor hinaus an den Fluss,
wo wir eine Gebetsstätte vermuteten.
Wir setzten uns und sprachen zu den
Frauen, die sich eingefunden hatten.
14 Eine Frau namens Lydia, eine Purpur-
händlerin aus der Stadt Thyatira, hörte
zu; sie war eine Gottesfürchtige, und
der Herr öffnete ihr das Herz, so dass
sie den Worten des Paulus aufmerksam
lauschte. 15 Als sie und alle, die zu
ihrem Haus gehörten, getauft waren,
bat sie: Wenn ihr überzeugt seid, dass
ich fest an den Herrn glaube, kommt in
mein Haus, und bleibt da. Und sie
drängte uns.

16 Als wir einmal auf dem Weg zur Ge-
betsstätte waren, begegnete uns eine
Magd, die einen Wahrsagegeist hatte
und mit der Wahrsagerei ihren Herren
großen Gewinn einbrachte. 17 Sie lief
Paulus und uns nach und schrie: Diese
Menschen sind Diener des höchsten
Gottes; sie verkünden euch den Weg
des Heils. 18 Das tat sie viele Tage lang.
Da wurde Paulus ärgerlich, wandte sich
um und sagte zu dem Geist: Ich befehle
dir im Namen Jesu Christi: Verlass
diese Frau! Und im gleichen Augen-
blick verließ er sie.

19 Als aber ihre Herren sahen, dass sie
keinen Gewinn mehr erwarten konn-
ten, ergriffen sie Paulus und Silas,
schleppten sie auf den Markt vor die
Stadtbehörden, 20 führten sie den ober-
sten Beamten vor und sagten: Diese
Männer bringen Unruhe in unsere

Stadt. Es sind Juden; 21 sie verkünden
Sitten und Bräuche, die wir als Römer
weder annehmen können noch aus-
üben dürfen. 22 Da erhob sich das Volk
gegen sie, und die obersten Beamten
ließen ihnen die Kleider vom Leib
reißen und befahlen, sie mit Ruten zu
schlagen. 23 Sie ließen ihnen viele
Schläge geben und sie ins Gefängnis
bringen; dem Gefängniswärter befah-
len sie, sie in sicherem Gewahrsam zu
halten. 24 Auf diesen Befehl hin warf er
sie in das innere Gefängnis und Schloss
zur Sicherheit ihre Füße in den Block.
25 Um Mitternacht beteten Paulus und
Silas und sangen Loblieder; und die
Gefangenen hörten ihnen zu. 26 Plötz-
lich begann ein gewaltiges Erdbeben,
so dass die Grundmauern des Gefäng-
nisses wankten. Mit einem Schlag
sprangen die Türen auf, und allen
fielen die Fesseln ab. 27 Als der Gefäng-
niswärter aufwachte und alle Türen des
Gefängnisses offen sah, zog er sein
Schwert, um sich zu töten; denn er
meinte, die Gefangenen seien ent-
flohen. 28 Da rief Paulus laut: Tu dir
nichts an! Wir sind alle noch da. 29 Je-
ner rief nach Licht, stürzte hinein und
fiel Paulus und Silas zitternd zu Füßen.
30 Er führte sie hinaus und sagte: Ihr
Herren, was muss ich tun, um gerettet
zu werden? 31 Sie antworteten: Glaube
an Jesus, den Herrn, und du wirst
gerettet werden, du und dein Haus.
32 Und sie verkündeten ihm und allen
in seinem Haus das Wort Gottes. 33 Er
nahm sie in jener Nachtstunde bei sich
auf, wusch ihre Striemen und ließ sich
sogleich mit allen seinen Angehörigen
taufen. 34 Dann führte er sie in seine
Wohnung hinauf, ließ ihnen den Tisch
decken und war mit seinem ganzen
Haus voll Freude, weil er zum Glauben
an Gott gekommen war.

35 Als es Tag wurde, schickten die
obersten Beamten die Amtsdiener und
ließen sagen: Lass jene Männer frei!
36 Der Gefängniswärter überbrachte
Paulus die Nachricht: Die obersten Be-
amten haben (die Amtsdiener) her-
geschickt und befohlen, euch frei-
zulassen. Geht also, zieht in Frieden!
37 Paulus aber sagte zu ihnen: Sie haben
uns ohne Urteil öffentlich auspeitschen
lassen, obgleich wir römische Bürger
sind, und haben uns ins Gefängnis
geworfen. Und jetzt möchten sie uns
heimlich fortschicken? Nein! Sie sollen
selbst kommen und uns hinausführen.
38 Die Amtsdiener meldeten es den
obersten Beamten. Diese erschraken,
als sie hörten, es seien römische Bürger.
39 Und sie kamen, um sie zu be-
schwichtigen, führten sie hinaus und
baten sie, die Stadt zu verlassen. 40 Vom
Gefängnis aus gingen die beiden zu
Lydia. Dort fanden sie die Brüder,
sprachen ihnen Mut zu und zogen
dann weiter.

Paulus in Thessalonich und Beröa

17 Auf dem Weg über Amphi-
polis und Apollonia kamen sie
nach Thessalonich. Dort hatten die
Juden eine Synagoge. 2 Nach seiner Ge-
wohnheit ging Paulus zu ihnen und
redete an drei Sabbaten zu ihnen, wo-
bei er von den Schriften ausging. 3 Er
legte sie ihnen aus und erklärte, dass
der Messias leiden und von den Toten
auferstehen musste. Und er sagte: Jesus,
den ich euch verkünde, ist dieser Mes-
sias. 4 Einige von ihnen ließen sich über-
zeugen und schlossen sich Paulus und
Silas an, außerdem eine große Schar
gottesfürchtiger Griechen, darunter
nicht wenige Frauen aus vornehmen
Kreisen.
5 Die Juden wurden eifersüchtig, holten
sich einige nichtsnutzige Männer, die
sich auf dem Markt herumtrieben,
wiegelten mit ihrer Hilfe das Volk auf
und brachten die Stadt in Aufruhr. Sie
zogen zum Haus des Jason und wollten
die beiden vor das Volk führen. 6 Sie
fanden sie aber nicht. Daher schleppten
sie den Jason und einige Brüder vor die
Stadtpräfekten und schrien: Diese
Leute, die die ganze Welt in Aufruhr
gebracht haben, sind jetzt auch hier,
7 und Jason hat sie aufgenommen. Sie
alle verstoßen gegen die Gesetze des
Kaisers; denn sie behaupten, ein
anderer sei König, nämlich Jesus. 8 So
brachten sie die Menge und die Stadt-
präfekten, die das hörten, in Erregung.
9 Diese nahmen von Jason und den
anderen eine Bürgschaft und ließen sie
frei.
10 Die Brüder schickten noch in der
Nacht Paulus und Silas weiter nach
Beröa. Nach ihrer Ankunft gingen sie
in die Synagoge der Juden. 11 Diese
waren freundlicher als die in Thessa-
lonich; mit großer Bereitschaft nah-
men sie das Wort auf und forschten Tag
für Tag in den Schriften nach, ob sich
dies wirklich so verhielte. 12 Viele von
ihnen wurden gläubig, und ebenso
nicht wenige der vornehmen grie-
chischen Frauen und Männer. 13 Als
aber die Juden von Thessalonich er-
fuhren, dass Paulus auch in Beröa das
Wort Gottes verkündete, kamen sie
dorthin, um das Volk aufzuwiegeln
und aufzuhetzen. 14 Da schickten die
Brüder Paulus sogleich weg zum Meer
hinunter. Silas und Timotheus aber
blieben zurück. 15 Die Begleiter des
Paulus brachten ihn nach Athen. Mit
dem Auftrag an Silas und Timotheus,
Paulus möglichst rasch nachzukom-
men, kehrten sie zurück.

Paulus in Athen

16 Während Paulus in Athen auf sie
wartete, erfasste ihn heftiger Zorn;
denn er sah die Stadt voll von Götzen-
bildern. 17 Er redete in der Synagoge
mit den Juden und Gottesfürchtigen,
und auf dem Markt sprach er täglich

mit denen, die er gerade antraf. [18] Einige von den epikureischen und stoischen Philosophen diskutierten mit ihm, und manche sagten: Was will denn dieser Schwätzer? Andere aber: Es scheint ein Verkünder fremder Gottheiten zu sein. Er verkündete nämlich das Evangelium von Jesus und von der Auferstehung. [19] Sie nahmen ihn mit, führten ihn zum Areopag und fragten: Können wir erfahren, was das für eine neue Lehre ist, die du vorträgst? [20] Du bringst uns recht befremdliche Dinge zu Gehör. Wir wüssten gern, worum es sich handelt. [21] Alle Athener und die Fremden dort taten nichts lieber, als die letzten Neuigkeiten zu erzählen oder zu hören.

[22] Da stellte sich Paulus in die Mitte des Areopags und sagte: Athener, nach allem, was ich sehe, seid ihr besonders fromme Menschen. [23] Denn als ich umherging und mir eure Heiligtümer ansah, fand ich auch einen Altar mit der Aufschrift: Einem unbekannten Gott. Was ihr verehrt, ohne es zu kennen, das verkünde ich euch. [24] Gott, der die Welt erschaffen hat und alles in ihr, er, der Herr über Himmel und Erde, wohnt nicht in Tempeln, die von Menschenhand gemacht sind. [25] Er lässt sich auch nicht von Menschen bedienen, als brauche er etwas: er, der allen das Leben, den Atem und alles gibt. [26] Er hat aus einem einzigen Menschen das ganze Menschengeschlecht erschaffen, damit es die ganze Erde bewohne. Er hat für sie bestimmte Zeiten und die Grenzen ihrer Wohnsitze festgesetzt. [27] Sie sollten Gott suchen, ob sie ihn ertasten und finden könnten; denn keinem von uns ist er fern. [28] Denn in ihm leben wir, bewegen wir uns und sind wir, wie auch einige von euren Dichtern gesagt haben: Wir sind von seiner Art. [29] Da wir also von Gottes Art sind, dürfen wir nicht meinen, das Göttliche sei wie ein goldenes oder silbernes oder steinernes Gebilde menschlicher Kunst und Erfindung. [30] Gott, der über die Zeiten der Unwissenheit hinweggesehen hat, lässt jetzt den Menschen verkünden, dass überall alle umkehren sollen. [31] Denn er hat einen Tag festgesetzt, an dem er den Erdkreis in Gerechtigkeit richten wird, durch einen Mann, den er dazu bestimmt und vor allen Menschen dadurch ausgewiesen hat, dass er ihn von den Toten auferweckte.

[32] Als sie von der Auferstehung der Toten hörten, spotteten die einen, andere aber sagten: Darüber wollen wir dich ein andermal hören. [33] So ging Paulus aus ihrer Mitte weg. [34] Einige Männer aber schlossen sich ihm an und wurden gläubig, unter ihnen auch Dionysius, der Areopagit, außerdem eine Frau namens Damaris und noch andere mit ihnen.

Paulus in Korinth

18 Hierauf verließ Paulus Athen
und ging nach Korinth. 2 Dort
traf er einen aus Pontus stammenden
Juden namens Aquila, der vor kurzem
aus Italien gekommen war, und dessen
Frau Priszilla. Klaudius hatte nämlich
angeordnet, dass alle Juden Rom ver-
lassen müssten. Diesen beiden Schloss
er sich an, 3 und da sie das gleiche
Handwerk betrieben, blieb er bei ihnen
und arbeitete dort. Sie waren Zelt-
macher von Beruf. 4 An jedem Sabbat
lehrte er in der Synagoge und suchte
Juden und Griechen zu überzeugen.
5 Als aber Silas und Timotheus aus
Mazedonien eingetroffen waren, wid-
mete sich Paulus ganz der Verkün-
digung und bezeugte den Juden, dass
Jesus der Messias sei. 6 Als sie sich da-
gegen auflehnten und Lästerungen
ausstießen, schüttelte er seine Kleider
aus und sagte zu ihnen: Euer Blut kom-
me über euer Haupt! Ich bin daran
unschuldig. Von jetzt an werde ich zu
den Heiden gehen.
7 Und er ging von da in das Haus eines
gewissen Titius Justus hinüber, eines
Gottesfürchtigen, dessen Haus an die
Synagoge grenzte. 8 Krispus aber, der
Synagogenvorsteher, kam mit seinem
ganzen Haus zum Glauben an den
Herrn; und viele Korinther, die (Pau-
lus) hörten, wurden gläubig und
ließen sich taufen. 9 Der Herr aber
sagte nachts in einer Vision zu Paulus:
Fürchte dich nicht! Rede nur, schweige
nicht! 10 Denn ich bin mit dir, niemand
wird dir etwas antun. Viel Volk
nämlich gehört mir in dieser Stadt.
11 So blieb Paulus ein Jahr und sechs
Monate und lehrte bei ihnen das Wort
Gottes.
12 Als aber Gallio Prokonsul von Achaia
war, traten die Juden einmütig gegen
Paulus auf, brachten ihn vor den
Richterstuhl 13 und sagten: Dieser ver-
führt die Menschen zu einer Gottesver-
ehrung, die gegen das Gesetz verstößt.
14 Als Paulus etwas erwidern wollte,
sagte Gallio zu den Juden: Läge hier ein
Vergehen oder Verbrechen vor, ihr
Juden, so würde ich eure Klage ord-
nungsgemäß behandeln. 15 Streitet ihr
jedoch über Lehre und Namen und
euer Gesetz, dann seht selber zu!
Darüber will ich nicht Richter sein.
16 Und er wies sie vom Richterstuhl
weg. 17 Da ergriffen alle den Synago-
genvorsteher Sosthenes und verprü-
gelten ihn vor dem Richterstuhl. Gallio
aber kümmerte sich nicht darum.

Die Rückkehr des Paulus über Ephesus nach Antiochia

18 Paulus blieb noch längere Zeit. Dann
verabschiedete er sich von den Brüdern
und segelte zusammen mit Priszilla
und Aquila nach Syrien ab. In Kenchreä
hatte er sich aufgrund eines Gelübdes
den Kopf kahlscheren lassen. 19 Sie ge-

langten nach Ephesus. Dort trennte er sich von den beiden; er selbst ging in die Synagoge und redete zu den Juden. [20] Sie baten ihn, noch länger zu bleiben; aber er wollte nicht, [21] sondern verabschiedete sich und sagte: Ich werde wieder zu euch kommen, wenn Gott es will. So fuhr er von Ephesus ab, [22] landete in Cäsarea, zog (nach Jerusalem) hinauf, begrüßte dort die Gemeinde und ging dann nach Antiochia hinab.

Die dritte Missionsreise des Paulus

[23] Nachdem er dort einige Zeit geblieben war, zog er weiter, durchwanderte zuerst das galatische Land, dann Phrygien, und stärkte alle Jünger.

Die Missionsarbeit des Apollos in Ephesus

[24] Ein Jude namens Apollos kam nach Ephesus. Er stammte aus Alexandria, war redekundig und in der Schrift bewandert. [25] Er war unterwiesen im Weg des Herrn. Er sprach mit glühendem Geist und trug die Lehre von Jesus genau vor; doch kannte er nur die Taufe des Johannes. [26] Er begann, offen in der Synagoge zu sprechen. Priszilla und Aquila hörten ihn, nahmen ihn zu sich und legten ihm den Weg Gottes noch genauer dar. [27] Als er nach Achaia gehen wollte, ermunterten ihn die Brüder dazu und schrieben den Jüngern, sie möchten ihn freundlich aufnehmen. Nach seiner Ankunft wurde er den Gläubigen durch die Gnade eine große Hilfe. [28] Denn mit Nachdruck widerlegte er die Juden, indem er öffentlich aus der Schrift nachwies, dass Jesus der Messias sei.

Die Begegnung des Paulus mit Johannesjüngern

19 Während Apollos sich in Korinth aufhielt, durchwanderte Paulus das Hochland und kam nach Ephesus hinab. [2] Er traf einige Jünger und fragte sie: Habt ihr den Heiligen Geist empfangen, als ihr gläubig wurdet? Sie antworteten ihm: Wir haben noch nicht einmal gehört, dass es einen Heiligen Geist gibt. [3] Da fragte er: Mit welcher Taufe seid ihr denn getauft worden? Sie antworteten: Mit der Taufe des Johannes. [4] Paulus sagte: Johannes hat mit der Taufe der Umkehr getauft und das Volk gelehrt, sie sollten an den glauben, der nach ihm komme: an Jesus. [5] Als sie das hörten, ließen sie sich auf den Namen Jesu, des Herrn, taufen. [6] Paulus legte ihnen die Hände auf, und der Heilige Geist kam auf sie herab; sie redeten in Zungen und weissagten. [7] Es waren im ganzen ungefähr zwölf Männer.

Das Wirken des Paulus in Ephesus

8 Er ging in die Synagoge und lehrte
drei Monate lang freimütig und suchte
sie vom Reich Gottes zu überzeugen.
9 Da aber einige verstockt waren, sich
widersetzten und vor allen Leuten den
(neuen) Weg verspotteten, trennte er
sich mit den Jüngern von ihnen und
unterwies sie täglich im Lehrsaal des
Tyrannus.
10 Das geschah zwei Jahre lang; auf
diese Weise hörten alle Bewohner der
Provinz Asien, Juden wie Griechen, das
Wort des Herrn.

Die Wundertaten des Paulus in Ephesus

11 Auch ungewöhnliche Wunder tat
Gott durch die Hand des Paulus. 12 So-
gar seine Schweiß- und Taschentücher
nahm man ihm vom Körper weg und
legte sie den Kranken auf; da wichen
die Krankheiten, und die bösen Geister
fuhren aus. 13 Auch einige der um-
herziehenden jüdischen Beschwörer
versuchten, den Namen Jesu, des
Herrn, über den von bösen Geistern
Besessenen anzurufen, indem sie
sagten: Ich beschwöre euch bei dem
Jesus, den Paulus verkündet. 14 Das
taten sieben Söhne eines gewissen
Skeuas, eines jüdischen Oberpriesters.
15 Aber der böse Geist antwortete
ihnen: Jesus kenne ich, und auch Pau-
lus ist mir bekannt. Doch wer seid ihr?
16 Und der Mensch, in dem der böse
Geist hauste, sprang auf sie los, über-
wältigte sie und setzte ihnen so zu, dass
sie nackt und zerschunden aus dem
Haus fliehen mussten.
17 Das wurde allen Juden und Griechen,
die in Ephesus wohnten, bekannt; alle
wurden von Furcht gepackt, und der
Name Jesu, des Herrn, wurde hoch ge-
priesen. 18 Viele, die gläubig geworden
waren, kamen und bekannten offen,
was sie (früher) getan hatten. 19 Und
nicht wenige, die Zauberei getrieben
hatten, brachten ihre Zauberbücher
herbei und verbrannten sie vor aller
Augen. Man berechnete den Wert der
Bücher auf fünfzigtausend Silberdrach-
men. 20 So wuchs das Wort des Herrn
mit Macht und wurde stark.

Der Aufruhr der Silberschmiede

21 Nach diesen Ereignissen nahm sich
Paulus vor, über Mazedonien und
Achaia nach Jerusalem zu reisen. Er
sagte: Wenn ich dort gewesen bin,
muss ich auch Rom sehen. 22 Er sandte
zwei seiner Helfer, Timotheus und
Erastus, nach Mazedonien voraus und
blieb selbst noch eine Zeit lang in der
Provinz Asien.
23 Um jene Zeit aber wurde der (neue)
Weg Anlass zu einem schweren Auf-
ruhr. 24 Denn ein Silberschmied na-
mens Demetrius, der silberne Artemis-
tempel herstellte und den Künstlern
viel zu verdienen gab, 25 rief diese und

die anderen damit beschäftigten Ar-
beiter zusammen und sagte: Männer,
ihr wisst, dass wir unseren Wohlstand
diesem Gewerbe verdanken. 26 Nun
seht und hört ihr, dass dieser Paulus
nicht nur in Ephesus, sondern fast in
der ganzen Provinz Asien viele Leute
verführt und aufgehetzt hat mit seiner
Behauptung, die mit Händen gemach-
ten Götter seien keine Götter. 27 So
kommt nicht nur unser Geschäft in
Verruf, sondern auch dem Heiligtum
der großen Göttin Artemis droht
Gefahr, nichts mehr zu gelten, ja sie
selbst, die von der ganzen Provinz
Asien und von der ganzen Welt verehrt
wird, wird ihre Hoheit verlieren. 28 Als
sie das hörten, wurden sie wütend und
schrien: Groß ist die Artemis von
Ephesus! 29 Die ganze Stadt geriet in
Aufruhr; alles stürmte ins Theater, und
sie schleppten die Mazedonier Gaius
und Aristarch, Reisegefährten des Pau-
lus, mit sich.

30 Als aber Paulus in die Volksver-
sammlung gehen wollte, hielten ihn
die Jünger zurück. 31 Auch einige hohe
Beamte der Provinz Asien, die mit ihm
befreundet waren, schickten zu ihm
und rieten ihm, nicht ins Theater zu
gehen.

32 Dort schrien die einen dies, die
andern das; denn in der Versammlung
herrschte ein großes Durcheinander,
und die meisten wussten gar nicht,
weshalb man überhaupt zusammenge-
kommen war. 33 Die Juden schickten
Alexander nach vorn, und aus der
Menge gab man ihm noch Hinweise.
Alexander gab mit der Hand ein
Zeichen und wollte vor der Volksver-
sammlung eine Verteidigungsrede
halten. 34 Doch als sie merkten, dass er
ein Jude war, schrien sie alle fast zwei
Stunden lang wie aus einem Mund:
Groß ist die Artemis von Ephesus!
35 Der Stadtschreiber aber brachte die
Menge zur Ruhe und sagte: Männer
von Ephesus! Wer wüßte nicht, dass
die Stadt der Epheser die Tempel-
hüterin der Großen Artemis und ihres
vom Himmel gefallenen Bildes ist?
36 Dies ist unbestreitbar; ihr müsst also
Ruhe bewahren und dürft nichts Un-
überlegtes tun. 37 Ihr habt diese Män-
ner hergeschleppt, die weder Tempel-
räuber noch Lästerer unserer Göttin
sind. 38 Wenn also Demetrius und seine
Zunftgenossen eine Klage gegen
irgend jemand haben, so gibt es dafür
Gerichtstage und Prokonsuln; dort
mögen sie einander verklagen. 39 Wenn
ihr aber noch etwas anderes vorzu-
bringen habt, so kann das in der gesetz-
mäßigen Volksversammlung geklärt
werden. 40 Sonst sind wir in Gefahr,
dass man uns nach dem heutigen Vor-
fall des Aufruhrs anklagt, weil kein
Grund vorliegt, mit dem wir diesen
Volksauflauf rechtfertigen könnten.
Nach diesen Worten löste er die Ver-
sammlung auf.

Paulus in Mazedonien und Griechenland

20 Nachdem der Tumult sich
gelegt hatte, rief Paulus die
Jünger zusammen und sprach ihnen
Mut zu. Dann verabschiedete er sich
und ging weg, um nach Mazedonien zu
reisen. 2 Er zog durch die dortigen
Gegenden und sprach oft und ein-
dringlich zu den Jüngern. Dann begab
er sich nach Griechenland; 3 dort blieb
er drei Monate. Als er mit dem Schiff
nach Syrien fahren wollte, planten die
Juden einen Anschlag auf ihn. So ent-
schloss er sich, den Rückweg über
Mazedonien zu nehmen. 4 Dabei be-
gleiteten ihn Sopater, der Sohn des
Pyrrhus, aus Beröa, Aristarch und Se-
kundus aus Thessalonich, Gaius aus
Derbe und Timotheus sowie Tychikus
und Trophimus aus der Provinz Asien.
5 Diese reisten voraus und warteten auf
uns in Troas. 6 Nach den Tagen der Un-
gesäuerten Brote segelten wir von
Philippi ab und kamen in fünf Tagen zu
ihnen nach Troas, wo wir uns sieben
Tage aufhielten.

Der Abschiedsbesuch des Paulus in Troas

7 Als wir am ersten Wochentag ver-
sammelt waren, um das Brot zu bre-
chen, redete Paulus zu ihnen, denn er
wollte am folgenden Tag abreisen; und
er dehnte seine Rede bis Mitternacht
aus. 8 In dem Obergemach, in dem wir
versammelt waren, brannten viele Lam-
pen. 9 Ein junger Mann namens Eu-
tychus saß im offenen Fenster und
sank, als die Predigt des Paulus sich
länger hinzog, in tiefen Schlaf. Und er
fiel im Schlaf aus dem dritten Stock
hinunter; als man ihn aufhob, war er
tot. 10 Paulus lief hinab, warf sich über
ihn, umfasste ihn und sagte: Beun-
ruhigt euch nicht: Er lebt! 11 Dann stieg
er wieder hinauf, brach das Brot und aß
und redete mit ihnen bis zum Morgen-
grauen. So verließ er sie. 12 Den jungen
Mann aber führten sie lebend von dort
weg. Und sie wurden voll Zuversicht.

Von Troas nach Milet

13 Wir gingen voraus zum Schiff und
fuhren nach Assos, wo wir Paulus an
Bord nehmen sollten; so hatte er es an-
geordnet, weil er selbst zu Fuß gehen
wollte. 14 Als er in Assos zu uns stieß,
nahmen wir ihn an Bord und erreich-
ten Mitylene. 15 Von dort segelten wir
am nächsten Tag ab und kamen bis auf
die Höhe von Chios. Am anderen Tag
liefen wir Samos an und landeten am
folgenden Tag in Milet. 16 Paulus hatte
sich entschlossen, an Ephesus vorbei-
zufahren, um in der Provinz Asien
keine Zeit zu verlieren. Denn er hatte es
eilig, weil er, wenn möglich, am Pfingst-
fest in Jerusalem sein wollte.

Die Abschiedsrede des Paulus in Milet

17 Von Milet aus schickte er jemand
nach Ephesus und ließ die Ältesten der
Gemeinde zu sich rufen. 18 Als sie bei
ihm eingetroffen waren, sagte er: Ihr
wisst, wie ich vom ersten Tag an, seit ich
die Provinz Asien betreten habe, die
ganze Zeit in eurer Mitte war 19 und wie
ich dem Herrn in aller Demut diente
unter Tränen und vielen Prüfungen, die
ich durch die Nachstellungen der
Juden erlitten habe, 20 wie ich nichts
verschwiegen habe von dem, was heil-
sam ist. Ich habe es euch verkündigt
und habe euch gelehrt, öffentlich und
in den Häusern. 21 Ich habe Juden und
Griechen beschworen, sich zu Gott zu
bekehren und an Jesus Christus,
unseren Herrn, zu glauben. 22 Nun
ziehe ich, gebunden durch den Geist,
nach Jerusalem, und ich weiß nicht,
was dort mit mir geschehen wird.
23 Nur das bezeugt mir der Heilige
Geist von Stadt zu Stadt, dass Fesseln
und Drangsale auf mich warten. 24 Aber
ich will mit keinem Wort mein Leben
wichtig nehmen, wenn ich nur meinen
Lauf vollende und den Dienst erfülle,
der mir von Jesus, dem Herrn, über-
tragen wurde: das Evangelium von der
Gnade Gottes zu bezeugen. 25 Nun aber
weiß ich, dass ihr mich nicht mehr von
Angesicht sehen werdet, ihr alle, zu
denen ich gekommen bin und denen
ich das Reich verkündet habe. 26 Darum
bezeuge ich euch am heutigen Tag: Ich
bin unschuldig, wenn einer von euch
allen verloren geht. 27 Denn ich habe
mich der Pflicht nicht entzogen, euch
den ganzen Willen Gottes zu ver-
künden. 28 Gebt acht auf euch und auf
die ganze Herde, in der euch der
Heilige Geist zu Bischöfen bestellt hat,
damit ihr als Hirten für die Kirche
Gottes sorgt, die er sich durch das Blut
seines eigenen Sohnes erworben hat.
29 Ich weiß: Nach meinem Weggang
werden reißende Wölfe bei euch ein-
dringen und die Herde nicht schonen.
30 Und selbst aus eurer Mitte werden
Männer auftreten, die mit ihren
falschen Reden die Jünger auf ihre
Seite ziehen. 31 Seid also wachsam, und
denkt daran, dass ich drei Jahre lang
Tag und Nacht nicht aufgehört habe,
unter Tränen jeden einzelnen zu
ermahnen. 32 Und jetzt vertraue ich
euch Gott und dem Wort seiner Gnade
an, das die Kraft hat, aufzubauen und
das Erbe in der Gemeinschaft der Ge-
heiligten zu verleihen. 33 Silber oder
Gold oder Kleider habe ich von keinem
verlangt; 34 ihr wisst selbst, dass für
meinen Unterhalt und den meiner Be-
gleiter diese Hände hier gearbeitet
haben. 35 In allem habe ich euch ge-
zeigt, dass man sich auf diese Weise
abmühen und sich der Schwachen
annehmen soll, in Erinnerung an
die Worte Jesu, des Herrn, der selbst
gesagt hat: Geben ist seliger als neh-
men.

36 Nach diesen Worten kniete er nieder
und betete mit ihnen allen. 37 Und alle
brachen in lautes Weinen aus, fielen
Paulus um den Hals und küssten ihn;
38 am meisten schmerzte sie sein Wort,
sie würden ihn nicht mehr von Ange-
sicht sehen. Dann begleiteten sie ihn
zum Schiff.

Von Milet über Cäsarea nach Jerusalem

21 Als die Zeit zur Abfahrt ge-
kommen war, trennten wir uns
von ihnen, fuhren auf dem kürzesten
Weg nach Kos, am anderen Tag nach
Rhodos und von dort nach Patara. 2 Hier
fanden wir ein Schiff, das nach Phö-
nizien fuhr; wir gingen an Bord und
fuhren ab. 3 Als wir Zypern sichteten,
ließen wir es zur Linken liegen, segelten
nach Syrien und landeten in Tyrus; hier
sollte das Schiff seine Ladung löschen.
4 Nachdem wir die Jünger ausfindig
gemacht hatten, blieben wir sieben Tage
bei ihnen. Auf eine Eingebung des
Geistes hin warnten sie Paulus davor,
nach Jerusalem zu gehen.
5 Als die Tage um waren, brachen wir
zur Weiterreise auf, und alle, auch
Frauen und Kinder, begleiteten uns bis
vor die Stadt. Am Strand knieten wir
nieder, beteten 6 und nahmen Abschied
voneinander. Dann gingen wir an Bord;
jene aber kehrten nach Hause zurück.
7 So fuhren wir von Tyrus ab und be-
endeten unsere Seereise in Ptolemaïs.
Wir begrüßten die Brüder und blieben
einen Tag bei ihnen. 8 Am folgenden Tag
kamen wir nach Cäsarea. Wir gingen in
das Haus des Evangelisten Philippus, der
einer von den Sieben war, und blieben
bei ihm. 9 Er hatte vier Töchter, pro-
phetisch begabte Jungfrauen.
10 Wir blieben mehrere Tage. Da kam
von Judäa ein Prophet namens Agabus
herab 11 und besuchte uns. Er nahm
den Gürtel des Paulus, band sich Füße
und Hände und sagte: So spricht der
Heilige Geist: Den Mann, dem dieser
Gürtel gehört, werden die Juden in
Jerusalem ebenso fesseln und den
Heiden ausliefern. 12 Als wir das hörten,
redeten wir ihm zusammen mit den Ein-
heimischen zu, nicht nach Jerusalem
hinaufzuziehen. 13 Doch Paulus ant-
wortete: Warum weint ihr und macht
mir das Herz schwer? Ich bin bereit,
mich in Jerusalem für den Namen Jesu,
des Herrn, fesseln zu lassen und sogar
zu sterben. 14 Da er sich nicht überreden
ließ, gaben wir nach und sagten: Der
Wille des Herrn geschehe.
15 Nach diesen Tagen bereiteten wir uns
zur Reise vor und zogen hinauf nach
Jerusalem. 16 Auch einige Jünger aus
Cäsarea begleiteten uns und brachten
uns zu einem gewissen Mnason aus
Zypern, bei dem wir wohnen sollten; er
war ein Jünger aus der Anfangszeit.
17 Als wir nach Jerusalem kamen,
wurden wir von den Brüdern freudig
empfangen.

Verhaftung und Gefangenschaft des Paulus

Paulus bei Jakobus und das Nasiräatsgelübde

18 Am folgenden Tag ging Paulus mit
uns zu Jakobus; auch alle Ältesten
fanden sich ein. 19 Er begrüßte sie und
berichtete im einzelnen alles, was Gott
durch seinen Dienst unter den Heiden
getan hatte. 20 Als sie das hörten, prie-
sen sie Gott und sagten zu ihm: Du
siehst, Bruder, wie viele Tausende unter
den Juden gläubig geworden sind, und
sie alle sind Eiferer für das Gesetz. 21 Nun
hat man ihnen von dir erzählt: Du lehrst
alle unter den Heiden lebenden Juden,
von Mose abzufallen, und forderst sie
auf, ihre Kinder nicht zu beschneiden
und sich nicht an die Bräuche zu halten.
22 Was nun? Sicher werden sie hören,
dass du gekommen bist. 23 Tu also, was
wir dir sagen: Bei uns sind vier Männer,
die ein Gelübde auf sich genommen
haben. 24 Nimm sie mit, und weihe dich
zusammen mit ihnen; trag die Kosten
für sie, damit sie sich das Haar ab-
scheren lassen können. So wird jeder
einsehen, dass an dem, was man von dir
erzählt hat, nichts ist, sondern dass auch
du das Gesetz genau beachtest. 25 Über
die gläubig gewordenen Heiden aber
haben wir ja einen Beschluss gefasst und
ihnen geschrieben, sie sollten sich vor
Götzenopferfleisch, Blut, Ersticktem
und Unzucht hüten.
26 Da nahm Paulus die Männer mit und
weihte sich am nächsten Tag zu-
sammen mit ihnen, ging dann in den
Tempel und meldete das Ende der
Weihetage an, damit für jeden von
ihnen das Opfer dargebracht werde.

Die Verhaftung des Paulus

27 Als die sieben Tage zu Ende gingen,
sahen ihn die Juden aus der Provinz
Asien im Tempel. Sie brachten das
ganze Volk in Aufruhr, ergriffen ihn
28 und schrien: Israeliten! Kommt zu
Hilfe! Das ist der Mensch, der in aller
Welt Lehren verbreitet, die sich gegen
das Volk und das Gesetz und gegen
diesen Ort richten; er hat sogar
Griechen in den Tempel mitgenommen
und diesen heiligen Ort entweiht. 29 Sie
hatten nämlich kurz zuvor den Epheser
Trophimus mit ihm zusammen in der
Stadt gesehen und meinten, Paulus
habe ihn in den Tempel mitgenom-
men. 30 Da geriet die ganze Stadt in
Aufregung, und das Volk lief zu-
sammen. Sie ergriffen Paulus und
zerrten ihn aus dem Tempel, und sofort
wurden die Tore geschlossen.
31 Schon wollten sie ihn umbringen, da
brachte man dem Obersten der
Kohorte die Meldung hinauf: Ganz
Jerusalem ist in Aufruhr! 32 Er eilte
sofort mit Soldaten und Hauptleuten
zu ihnen hinunter. Als sie den Obersten
und die Soldaten sahen, hörten sie auf,

Paulus zu schlagen. 33 Der Oberst trat
hinzu, verhaftete ihn, ließ ihn mit zwei
Ketten fesseln und fragte, wer er sei
und was er getan habe. 34 In der Menge
schrien die einen dies, die andern das.
Da er bei dem Lärm nichts Sicheres er-
mitteln konnte, befahl er, ihn in die
Kaserne zu führen. 35 Als Paulus an die
Freitreppe kam, mussten ihn die Sol-
daten wegen des Andrangs der Menge
tragen. 36 Denn das Volk lief hinterher
und schrie: Weg mit ihm!
37 Als man Paulus in die Kaserne
bringen wollte, sagte er zum Obersten:
Darf ich ein Wort mit dir reden? Der
antwortete: Du verstehst Griechisch?
38 Dann bist du also nicht der Ägypter,
der vor einiger Zeit die viertausend
Sikarier aufgewiegelt und in die Wüste
hinausgeführt hat? 39 Paulus antwor-
tete: Ich bin ein Jude aus Tarsus in
Zilizien, Bürger einer nicht unbedeu-
tenden Stadt. Ich bitte dich, gestatte
mir, zum Volk zu sprechen. 40 Als der
Oberst es erlaubte, stellte sich Paulus
auf die Freitreppe und gab dem Volk
mit der Hand ein Zeichen. Alles wurde
still, und er redete sie in hebräischer
Sprache an:

Die Rede des Paulus im Tempelvorhof

22 Brüder und Väter! Hört, was
ich euch zu meiner Ver-
teidigung zu sagen habe. 2 Als sie
hörten, dass er in hebräischer Sprache
zu ihnen redete, waren sie noch
ruhiger. Und er sagte: 3 Ich bin ein
Jude, geboren in Tarsus in Zilizien, hier
in dieser Stadt erzogen, zu Füßen
Gamaliëls genau nach dem Gesetz der
Väter ausgebildet, ein Eiferer für Gott,
wie ihr alle es heute seid. 4 Ich habe den
(neuen) Weg bis auf den Tod verfolgt,
habe Männer und Frauen gefesselt und
in die Gefängnisse eingeliefert. 5 Das
bezeugen mir der Hohepriester und
der ganze Rat der Ältesten. Von ihnen
erhielt ich auch Briefe an die Brüder
und zog nach Damaskus, um dort
ebenfalls die Anhänger (der neuen
Lehre) zu fesseln und zur Bestrafung
nach Jerusalem zu bringen. 6 Als ich
nun unterwegs war und mich
Damaskus näherte, da geschah es, dass
mich um die Mittagszeit plötzlich vom
Himmel her ein helles Licht um-
strahlte. 7 Ich stürzte zu Boden und
hörte eine Stimme zu mir sagen: Saul,
Saul, warum verfolgst du mich? 8 Ich
antwortete: Wer bist du, Herr? Er sagte
zu mir: Ich bin Jesus, der Nazoräer, den
du verfolgst. 9 Meine Begleiter sahen
zwar das Licht, die Stimme dessen aber,
der zu mir sprach, hörten sie nicht.
10 Ich sagte: Herr, was soll ich tun? Der
Herr antwortete: Steh auf, und geh
nach Damaskus, dort wird dir alles
gesagt werden, was du nach Gottes
Willen tun sollst. 11 Da ich aber vom
Glanz jenes Lichtes geblendet war, so
dass ich nicht mehr sehen konnte,

wurde ich von meinen Begleitern an
der Hand geführt und gelangte so nach
Damaskus.
12 Ein gewisser Hananias, ein frommer
und gesetzestreuer Mann, der bei allen
Juden dort in gutem Ruf stand, 13 kam
zu mir, trat vor mich und sagte: Bruder
Saul, du sollst wieder sehen! Und im
gleichen Augenblick konnte ich ihn
sehen. 14 Er sagte: Der Gott unserer
Väter hat dich dazu erwählt, seinen
Willen zu erkennen, den Gerechten zu
sehen und die Stimme seines Mundes
zu hören; 15 denn du sollst vor allen
Menschen sein Zeuge werden für das,
was du gesehen und gehört hast. 16 Was
zögerst du noch? Steh auf, lass dich
taufen und deine Sünden abwaschen,
und rufe seinen Namen an! 17 Als ich
später nach Jerusalem zurückgekehrt
war und im Tempel betete, da geriet ich
in eine Verzückung. 18 Und ich sah ihn,
wie er zu mir sagte: Beeil dich, verlasse
sofort Jerusalem; denn sie werden dein
Zeugnis über mich nicht annehmen.
19 Da sagte ich: Herr, sie wissen doch,
dass ich es war, der deine Gläubigen ins
Gefängnis werfen und in den Synagogen auspeitschen ließ. 20 Auch als das
Blut deines Zeugen Stephanus vergossen wurde, stand ich dabei; ich
stimmte zu und passte auf die Kleider
derer auf, die ihn umbrachten. 21 Aber
er sagte zu mir: Brich auf, denn ich will
dich in die Ferne zu den Heiden
senden.

Paulus und der römische Oberst

22 Bis zu diesem Wort hörten sie ihm
zu, dann fingen sie an zu schreien: Weg
mit so einem Menschen! Er darf nicht
am Leben bleiben. 23 Sie lärmten, zerrissen ihre Kleider und warfen Staub in
die Luft. 24 Da befahl der Oberst, ihn in
die Kaserne zu führen, und ordnete an,
ihn unter Geißelschlägen zu verhören.
Auf diese Weise wollte er herausfinden,
warum sie derart gegen ihn tobten.
25 Als sie ihn aber für die Geißelung
festbanden, sagte Paulus zu dem
Hauptmann, der dabeistand: Dürft ihr
jemand, der das römische Bürgerrecht
besitzt, geißeln, noch dazu ohne Verurteilung?
26 Als der Hauptmann das hörte, ging
er zum Obersten, meldete es und sagte:
Was hast du vor? Der Mann ist ein
Römer. 27 Der Oberst kam zu Paulus
und fragte ihn: Sag mir, bist du ein
Römer? Er antwortete: Ja. 28 Da antwortete der Oberst: Ich habe für dieses
Bürgerrecht ein Vermögen gezahlt.
Paulus sagte: Ich bin sogar als Römer
geboren. 29 Sofort ließen die, die ihn
verhören sollten, von ihm ab. Und der
Oberst erschrak, als er erfuhr, dass es
ein Römer war, den er hatte fesseln
lassen.

Paulus vor dem Hohen Rat

30 Weil er genau wissen wollte, was die
Juden ihm vorwarfen, ließ er ihn am
nächsten Tag aus dem Gefängnis holen
und befahl, die Hohenpriester und der
ganze Hohe Rat sollten sich ver-
sammeln. Und er ließ Paulus hinunter-
führen und ihnen gegenüberstellen.

23 Paulus schaute mit festem
Blick auf den Hohen Rat und
sagte: Brüder! Bis zum heutigen Tag lebe
ich vor Gott mit völlig reinem Gewissen.
2 Der Hohepriester Hananias aber befahl
denen, die bei ihm standen, ihn auf den
Mund zu schlagen. 3 Da sagte Paulus zu
ihm: Dich wird Gott schlagen, du über-
tünchte Wand! Du sitzt hier, um mich
nach dem Gesetz zu richten, und ent-
gegen dem Gesetz befiehlst du, mich zu
schlagen? 4 Die Umstehenden sagten:
Du wagst es, den Hohenpriester Gottes
zu schmähen? 5 Paulus antwortete: Ich
wusste nicht, Brüder, dass er der
Hohepriester ist. Denn es heißt in der
Schrift: Einen Fürsten deines Volkes
sollst du nicht verfluchen. 6 Da Paulus
aber wusste, dass der eine Teil zu den
Sadduzäern, der andere zu den Phari-
säern gehörte, rief er vor dem Hohen Rat
aus: Brüder, ich bin Pharisäer und ein
Sohn von Pharisäern; wegen der Hoff-
nung und wegen der Auferstehung der
Toten stehe ich vor Gericht.
7 Als er das sagte, brach ein Streit
zwischen den Pharisäern und den
Sadduzäern aus, und die Versammlung
spaltete sich. 8 Die Sadduzäer be-
haupten nämlich, es gebe weder eine
Auferstehung noch Engel noch Geister,
die Pharisäer dagegen bekennen sich
zu all dem. 9 Es erhob sich ein lautes
Geschrei, und einige Schriftgelehrte
aus dem Kreis der Pharisäer standen
auf und verfochten ihre Ansicht. Sie
sagten: Wir finden nichts Schlimmes
an diesem Menschen. Vielleicht hat
doch ein Geist oder ein Engel zu ihm
gesprochen. 10 Als der Streit heftiger
wurde, befürchtete der Oberst, sie
könnten Paulus zerreißen. Daher ließ
er die Wachtruppe herabkommen, ihn
mit Gewalt aus ihrer Mitte herausholen
und in die Kaserne bringen.
11 In der folgenden Nacht aber trat der
Herr zu Paulus und sagte: Hab Mut!
Denn so wie du in Jerusalem meine
Sache bezeugt hast, sollst du auch in
Rom Zeugnis ablegen.

Die Verschwörung der Juden gegen Paulus

12 Nach Tagesanbruch rotteten sich die
Juden zusammen und schworen einen
heiligen Eid, weder zu essen noch zu
trinken, bis sie Paulus getötet hätten.
13 An dieser Verschwörung waren mehr
als vierzig Männer beteiligt. 14 Sie gin-
gen zu den Hohenpriestern und den
Ältesten und sagten: Wir haben mit
einem heiligen Eid geschworen, nichts
zu essen, bis wir Paulus getötet haben.

15 Geht also jetzt zusammen mit dem
Hohen Rat zum Obersten, und bittet
ihn, Paulus zu euch herunterzuführen,
da ihr den Fall noch genauer unter-
suchen wollt; wir aber halten uns be-
reit, um ihn, noch bevor er hierher
kommt, umzubringen.
16 Der Neffe des Paulus, der Sohn seiner
Schwester, erfuhr jedoch von dem An-
schlag. Er ging in die Kaserne und ver-
ständigte Paulus. 17 Paulus ließ einen
der Hauptleute rufen und sagte: Bring
diesen jungen Mann zum Obersten,
denn er hat ihm etwas zu melden. 18 Der
nahm ihn mit sich, brachte ihn zum
Obersten und sagte: Der Gefangene
Paulus hat mich gerufen und gebeten,
diesen jungen Mann zu dir zu führen,
da er dir etwas mitzuteilen habe. 19 Der
Oberst fasste ihn bei der Hand, nahm
ihn beiseite und fragte: Was hast du
mir zu melden? 20 Er antwortete: Die
Juden haben verabredet, dich zu bitten,
du mögest morgen den Paulus vor den
Hohen Rat hinunterführen lassen. An-
geblich wollen sie Genaueres über ihn
erfahren. 21 Trau ihnen nicht! Denn
mehr als vierzig Männer von ihnen
lauern ihm auf. Sie haben sich ge-
schworen, weder zu essen noch zu
trinken, bis sie ihn umgebracht haben;
schon stehen sie bereit und warten auf
deine Anordnung. 22 Der Oberst befahl
dem jungen Mann: Sag niemand etwas
darüber, dass du mir das angezeigt
hast. Dann ließ er ihn gehen.

Die Überführung des Paulus nach Cäsarea

23 Er rief zwei von den Hauptleuten und
gab ihnen den Befehl: Haltet von der
dritten Stunde der Nacht an zwei-
hundert Soldaten zum Marsch nach
Cäsarea bereit, außerdem siebzig Reiter
und zweihundert Leichtbewaffnete;
24 auch Tragtiere soll man bereitstellen,
Paulus aufsitzen lassen und sicher zum
Statthalter Felix bringen. 25 Und er
schrieb einen Brief mit folgendem
Inhalt: 26 Klaudius Lysias entbietet dem
erlauchten Statthalter Felix seinen
Gruß! 27 Dieser Mann wurde von den
Juden ergriffen und wäre beinahe von
ihnen umgebracht worden; da habe ich
mit der Wachtruppe eingegriffen und
ihn befreit. Ich hatte nämlich erfahren,
dass er Römer ist. 28 Und weil ich er-
mitteln wollte, wessen sie ihn be-
schuldigen, brachte ich ihn vor ihren
Hohen Rat. 29 Ich fand heraus, dass er
wegen Streitfragen über ihr Gesetz an-
geschuldigt wird, dass aber keine An-
klage gegen ihn vorliegt, auf die Tod
oder Haft steht. 30 Da mir aber ange-
zeigt wurde, gegen den Mann sei ein
Anschlag geplant, schicke ich ihn
sogleich zu dir; auch habe ich die
Kläger angewiesen, ihre Sache gegen
ihn bei dir vorzubringen.
31 Die Soldaten übernahmen Paulus,
wie ihnen befohlen war, und brachten
ihn bei Nacht bis Antipatris. 32 Am
anderen Tag ließen sie die Reiter mit

ihm weiterziehen und kehrten in die
Kaserne zurück. 33 Diese gaben nach
ihrer Ankunft in Cäsarea den Brief
beim Statthalter ab und führten ihm
Paulus vor. 34 Er las (den Brief) und
fragte Paulus, aus welcher Provinz er
stamme. Als er hörte, er sei aus Zilizien,
35 sagte er: Ich werde dich vernehmen,
sobald deine Ankläger eingetroffen
sind. Dann befahl er, ihn im Prätorium
des Herodes in Gewahrsam zu halten.

Paulus vor dem römischen Statthalter Felix

24 Nach fünf Tagen kam der
Hohepriester Hananias mit ei-
nigen Ältesten und dem Anwalt
Tertullus herab, und sie brachten beim
Statthalter ihre Klage gegen Paulus vor.
2 Er wurde herbeigeholt, und Tertullus
erhob Anklage mit folgenden Worten:
Tiefen Frieden genießen wir durch
dich, und durch deine Umsicht hat sich
für dieses Volk vieles gebessert. 3 Das
erkennen wir immer und überall mit
großer Dankbarkeit an, erlauchter Fe-
lix. 4 Um dich aber nicht länger bemü-
hen zu müssen, bitte ich dich, uns in
deiner Milde kurz anzuhören. 5 Wir
finden nämlich, dieser Mann ist eine
Pest, ein Unruhestifter bei allen Juden
in der Welt und ein Rädelsführer der
Nazoräersekte. 6 Er hat sogar versucht,
den Tempel zu entweihen. Wir haben
ihn festgenommen [6b-8a]. 8b Wenn du
ihn verhörst, wirst du selbst alles er-
mitteln können, wessen wir ihn an-
klagen. 9 Und die Juden unterstützten
ihn, indem sie behaupteten, so sei es.
10 Auf einen Wink des Statthalters er-
widerte Paulus: Da ich dich seit vielen
Jahren als Richter für dieses Volk
kenne, verteidige ich meine Sache voll
Zuversicht. 11 Wie du feststellen kannst,
sind erst zwölf Tage vergangen, seit ich
nach Jerusalem hinaufgezogen bin, um
Gott anzubeten. 12 Sie haben mich
weder im Tempel noch in den Syna-
gogen noch anderswo in der Stadt
dabei angetroffen, dass ich ein Streit-
gespräch mit jemand geführt oder
einen Aufruhr im Volk erregt hätte.
13 Sie können dir auch nichts von dem
beweisen, was sie mir jetzt vorwerfen.
14 Das allerdings bekenne ich dir: Dem
(neuen) Weg entsprechend, den sie
eine Sekte nennen, diene ich dem Gott
meiner Väter. Ich glaube an alles, was
im Gesetz und in den Propheten steht,
15 und ich habe dieselbe Hoffnung auf
Gott, die auch diese hier haben: dass es
eine Auferstehung der Gerechten und
Ungerechten geben wird. 16 Deshalb
bemühe auch ich mich, vor Gott und
den Menschen immer ein reines Ge-
wissen zu haben. 17 Nach mehreren
Jahren bin ich nun zu meinem Volk ge-
kommen, um Spenden zu überbringen
und zu opfern. 18 Als ich mich zu
diesem Zweck im Tempel hatte weihen
lassen, trafen mich – nicht mit einer

Volksmenge und nicht bei einem
Tumult – 19 einige Juden aus der Pro-
vinz Asien; sie müssten vor dir er-
scheinen und Anklage erheben, wenn
sie etwas gegen mich vorzubringen
haben. 20 Oder diese hier sollen doch
selbst sagen, was für ein Vergehen sie
herausgefunden haben, als ich vor dem
Hohen Rat stand, 21 es sei denn der eine
Satz, den ich in ihrer Mitte ausgerufen
habe: Wegen der Auferstehung der
Toten stehe ich heute vor eurem Ge-
richt.
22 Felix, der den (neuen) Weg genau
kannte, vertagte den Fall mit den
Worten: Sobald der Oberst Lysias
herabkommt, werde ich eure Sache ent-
scheiden. 23 Den Hauptmann wies er
an, Paulus weiter in Gewahrsam zu
halten, jedoch in leichter Haft, und
niemand von den Seinen daran zu
hindern, für ihn zu sorgen.
24 Einige Tage darauf erschien Felix mit
seiner Gemahlin Drusilla, einer Jüdin,
ließ Paulus rufen und hörte an, was er
ihm über den Glauben an Christus
Jesus berichtete. 25 Als aber die Rede auf
Gerechtigkeit, Enthaltsamkeit und das
bevorstehende Gericht kam, erschrak
Felix und unterbrach ihn: Für jetzt
kannst du gehen; wenn ich Zeit finde,
werde ich dich wieder rufen. 26 Dabei
hoffte er, von Paulus Geld zu erhalten.
Deshalb ließ er ihn auch häufig
kommen und unterhielt sich mit ihm.
27 Nach zwei Jahren aber wurde Porzius
Festus Nachfolger des Felix; und weil
Felix den Juden einen Gefallen er-
weisen wollte, ließ er Paulus in der Haft
zurück.

Paulus vor dem Statthalter Festus – seine Berufung an den Kaiser

25 Als Festus in der Provinz
eingetroffen war, zog er drei
Tage später von Cäsarea nach Jeru-
salem hinauf. 2 Da erstatteten die
Hohenpriester und die Vornehmsten
der Juden bei ihm Anzeige gegen Pau-
lus. Sie ersuchten ihn, gegen Paulus
vorzugehen, 3 und baten ihn um den
Gefallen, Paulus nach Jerusalem brin-
gen zu lassen. Sie wollten ihn nämlich
unterwegs aus einem Hinterhalt heraus
ermorden. 4 Festus jedoch antwortete,
Paulus bleibe in Cäsarea in Haft und er
selbst wolle in Kürze abreisen. 5 Die
unter euch, die dafür zuständig sind,
sagte er, können mit hinabkommen,
und wenn gegen den Mann etwas vor-
liegt, sollen sie gegen ihn Anklage
erheben.
6 Er hielt sich nicht länger als acht oder
zehn Tage bei ihnen auf, dann reiste er
nach Cäsarea hinab. Am folgenden Tag
setzte er sich auf den Richterstuhl und
ließ Paulus vorführen. 7 Als dieser
erschien, umringten ihn die Juden, die
von Jerusalem herabgekommen waren,
und brachten viele schwere Beschul-
digungen vor, konnten sie aber nicht

beweisen. [8] Paulus verteidigte sich: Ich habe mich weder gegen das Gesetz der Juden noch gegen den Tempel noch gegen den Kaiser vergangen. [9] Festus jedoch wollte den Juden einen Gefallen erweisen und antwortete dem Paulus: Willst du nach Jerusalem hinaufgehen und dich dort unter meinem Vorsitz dieser Sache wegen richten lassen? [10] Paulus sagte: Ich stehe vor dem Richterstuhl des Kaisers, und da muss ich gerichtet werden. Den Juden habe ich kein Unrecht getan, wie auch du sehr wohl weißt. [11] Wenn ich wirklich ein Unrecht begangen und etwas getan habe, worauf die Todesstrafe steht, weigere ich mich nicht zu sterben. Wenn aber ihre Anklage gegen mich unbegründet ist, kann mich niemand ihnen ausliefern. Ich lege Berufung beim Kaiser ein! [12] Da besprach sich Festus mit seinen Ratgebern und antwortete: An den Kaiser hast du appelliert; zum Kaiser sollst du gehen.

Paulus vor dem Statthalter Festus und König Agrippa

[13] Einige Tage später trafen König Agrippa und Berenike in Cäsarea ein, um Festus ihre Aufwartung zu machen. [14] Sie blieben mehrere Tage dort. Da trug Festus dem König den Fall des Paulus vor und sagte: Von Felix ist ein Mann als Gefangener zurückgelassen worden, [15] gegen den die Hohenpriester und die Ältesten der Juden, als ich in Jerusalem war, vorstellig wurden. Sie forderten seine Verurteilung, [16] ich aber erwiderte ihnen, es sei bei den Römern nicht üblich, einen Menschen auszuliefern, bevor nicht der Angeklagte den Anklägern gegenübergestellt sei und Gelegenheit erhalten habe, sich gegen die Anschuldigungen zu verteidigen. [17] Als sie dann zusammen hierher kamen, setzte ich mich gleich am nächsten Tag auf den Richterstuhl und ließ den Mann vorführen. [18] Bei der Gegenüberstellung brachten die Kläger keine Anklage wegen solcher Verbrechen vor, die ich vermutet hatte; [19] sie führten nur einige Streitfragen gegen ihn ins Feld, die ihre Religion und einen gewissen Jesus betreffen, der gestorben ist, von dem Paulus aber behauptet, er lebe. [20] Da ich mich auf die Untersuchung dieser Dinge nicht verstand, fragte ich, ob er nach Jerusalem gehen wolle, um sich dort deswegen richten zu lassen. [21] Paulus jedoch legte Berufung ein; er wollte bis zur Entscheidung der kaiserlichen Majestät in Haft bleiben. Daher gab ich Befehl, ihn in Haft zu halten, bis ich ihn zum Kaiser schicken kann.
[22] Da sagte Agrippa zu Festus: Ich würde den Mann gern selbst hören. Morgen, antwortete er, sollst du ihn hören.
[23] So kamen am folgenden Tag Agrippa und Berenike mit großem Gepränge und betraten die Empfangshalle, zu-

sammen mit den Obersten und den
vornehmsten Männern der Stadt. Auf
Befehl des Festus wurde Paulus vor-
geführt, 24 und Festus sagte: König
Agrippa und all ihr Männer, die ihr
hier bei uns seid! Da seht ihr den
Mann, dessentwegen mich alle Juden
in Jerusalem und auch hier bestürmt
haben mit ihrem Geschrei, er dürfe
nicht länger am Leben bleiben. 25 Ich
aber konnte bei ihm nichts feststellen,
worauf die Todesstrafe steht. Da er
jedoch selbst an die kaiserliche Ma-
jestät appelliert hat, habe ich be-
schlossen, ihn hinzuschicken. 26 Etwas
Genaues über ihn weiß ich meinem
Herrn allerdings nicht zu schreiben.
Darum habe ich ihn euch und vor
allem dir, König Agrippa, vorführen
lassen, um nach dem Verhör zu wissen,
was ich schreiben kann. 27 Denn es
scheint mir unsinnig, einen Gefange-
nen zu schicken, ohne anzugeben, was
man ihm vorwirft.

26 Da sagte Agrippa zu Paulus:
Du hast die Erlaubnis, in ei-
gener Sache zu reden. Paulus erhob die
Hand und sagte zu seiner Ver-
teidigung: 2 Ich schätze mich glücklich,
König Agrippa, dass ich mich heute vor
dir verteidigen darf wegen all der
Dinge, die mir die Juden vorwerfen,
3 besonders, da du ein Kenner aller jü-
dischen Satzungen und Streitfragen
bist. Deshalb bitte ich, mich geduldig
anzuhören.
4 Das Leben, das ich seit meiner Jugend
bei meinem Volk und in Jerusalem
geführt habe, ist allen Juden von An-
fang an bekannt. 5 Ich bin ihnen von
früher her bekannt, und wenn sie
wollen, können sie bezeugen, dass ich
nach der strengsten Richtung unserer
Religion gelebt habe, nämlich als
Pharisäer. 6 Und jetzt stehe ich vor Ge-
richt wegen der Hoffnung auf die Ver-
heißung, die von Gott an unsere Väter
ergangen ist. 7 Unser Zwölfstämmevolk
hofft, sie zu erlangen, und deshalb
dient es Gott unablässig, bei Tag und
Nacht. Dieser Hoffnung wegen, König,
werde ich von den Juden angeklagt.
8 Warum haltet ihr es für unglaubhaft,
dass Gott Tote auferweckt? 9 Ich selbst
meinte, ich müsste den Namen Jesu,
des Nazoräers, heftig bekämpfen.
10 Das habe ich in Jerusalem auch getan:
Ich ließ mir von den Hohenpriestern
Vollmacht geben und sperrte viele der
Heiligen ins Gefängnis; und wenn sie
hingerichtet werden sollten, stimmte
ich dafür. 11 Und in allen Synagogen
habe ich oft versucht, sie durch Strafen
zur Lästerung zu zwingen; in maßloser
Wut habe ich sie sogar bis in Städte
außerhalb des Landes verfolgt.
12 So zog ich auch mit der Vollmacht
und Erlaubnis der Hohenpriester nach
Damaskus. 13 Da sah ich unterwegs,
König, mitten am Tag ein Licht, das
mich und meine Begleiter vom
Himmel her umstrahlte, heller als die

Sonne. [14] Wir alle stürzten zu Boden,
und ich hörte eine Stimme auf
hebräisch zu mir sagen: Saul, Saul, wa-
rum verfolgst du mich? Es wird dir
schwer fallen, gegen den Stachel aus-
zuschlagen. [15] Ich antwortete: Wer bist
du, Herr? Der Herr sagte: Ich bin Jesus,
den du verfolgst. [16] Steh auf, stell dich
auf deine Füße! Denn ich bin dir
erschienen, um dich zum Diener und
Zeugen dessen zu erwählen, was du
gesehen hast und was ich dir noch
zeigen werde. [17] Ich will dich vor dem
Volk und den Heiden retten, zu denen
ich dich sende, [18] um ihnen die Augen zu
öffnen. Denn sie sollen sich von der Fins-
ternis zum Licht und von der Macht des
Satans zu Gott bekehren und sollen
durch den Glauben an mich die Ver-
gebung der Sünden empfangen und mit
den Geheiligten am Erbe teilhaben.

[19] Daher, König Agrippa, habe ich mich
der himmlischen Erscheinung nicht
widersetzt, [20] sondern zuerst denen in
Damaskus und in Jerusalem, dann im
ganzen Land Judäa und bei den Heiden
verkündet, sie sollten umkehren, sich
Gott zuwenden und der Umkehr ent-
sprechend handeln. [21] Aus diesem
Grund haben mich einige Juden im
Tempel ergriffen und versucht, mich
umzubringen. [22] Doch ich habe Gottes
Hilfe erfahren bis zum heutigen Tag; so
stehe ich da als Zeuge für groß und
klein und sage nichts anderes als das,
was nach dem Wort der Propheten und
des Mose geschehen soll: [23] dass der
Christus leiden müsse und dass er, als
erster von den Toten auferstanden, dem
Volk und den Heiden ein Licht ver-
künden werde.

[24] Als er sich mit diesen Worten ver-
teidigte, rief Festus laut: Du bist ver-
rückt, Paulus! Das viele Studieren in
den (heiligen) Schriften treibt dich
zum Wahnsinn. [25] Paulus erwiderte:
Ich bin nicht verrückt, erlauchter
Festus; was ich sage, ist wahr und ver-
nünftig. [26] Der König versteht sich auf
diese Dinge; deshalb spreche ich auch
freimütig zu ihm. Ich bin überzeugt,
dass ihm nichts davon entgangen ist;
das alles hat sich ja nicht in irgend-
einem Winkel zugetragen. [27] König
Agrippa, glaubst du den Propheten?
Ich weiß, du glaubst. [28] Darauf sagte
Agrippa zu Paulus: Fast überredest du
mich dazu, mich als Christ auszu-
geben. [29] Paulus antwortete: Ich wün-
schte mir von Gott, dass früher oder
später nicht nur du, sondern alle, die
mich heute hören, das werden, was ich
bin, freilich ohne diese Fesseln.

[30] Da erhoben sich der König und der
Statthalter, auch Berenike und alle, die
bei ihnen saßen. [31] Sie zogen sich zu-
rück, besprachen sich miteinander und
sagten: Dieser Mann tut nichts, worauf
Tod oder Haft steht. [32] Und Agrippa
sagte zu Festus: Der Mann könnte frei-
gelassen werden, wenn er nicht an den
Kaiser appelliert hätte.

Die Abfahrt des gefangenen Apostels nach Rom

27 Als unsere Abfahrt nach Ita-
lien feststand, wurden Paulus
und einige andere Gefangene einem
Hauptmann der kaiserlichen Kohorte
namens Julius übergeben. 2 Wir be-
stiegen ein Schiff aus Adramyttium,
das die Orte entlang der Küste Klein-
asiens anlaufen sollte, und fuhren ab;
bei uns war Aristarch, der Mazedonier
aus Thessalonich. 3 Am anderen Tag
liefen wir in Sidon ein, und Julius,
der Paulus wohlwollend behandelte,
erlaubte ihm, zu seinen Freunden zu
gehen und sich versorgen zu lassen.
4 Von dort fuhren wir weiter und um-
segelten, weil wir Gegenwind hatten,
Zypern. 5 Wir fuhren durch das Meer
von Zilizien und Pamphylien und
erreichten Myra in Lyzien. 6 Dort fand
der Hauptmann ein alexandrinisches
Schiff, das nach Italien fuhr, und er
brachte uns an Bord. 7 Viele Tage lang
kamen wir nur langsam vorwärts, und
mit Mühe erreichten wir die Höhe von
Knidos. Da uns der Wind nicht heran-
kommen ließ, umsegelten wir Kreta bei
Salmone, 8 fuhren unter großer Mühe
an Kreta entlang und erreichten einen
Ort namens Kalói Liménes, in dessen
Nähe die Stadt Lasäa liegt.
9 Da inzwischen längere Zeit vergangen
und die Schifffahrt bereits unsicher
geworden war – sogar das Fasten war
schon vorüber –, warnte Paulus und
sagte: 10 Männer, ich sehe, die Fahrt
wird mit Gefahr und großem Schaden
verbunden sein, nicht nur für die
Ladung und das Schiff, sondern auch
für unser Leben. 11 Der Hauptmann
aber vertraute dem Steuermann und
dem Kapitän mehr als den Worten des
Paulus. 12 Da der Hafen zum Über-
wintern ungeeignet war, beschloss die
Mehrheit weiterzufahren, um nach
Möglichkeit Phönix zu erreichen, einen
nach Südwesten und Nordwesten of-
fenen Hafen von Kreta; dort wollten sie
überwintern. 13 Als leichter Südwind
aufkam, meinten sie, ihr Vorhaben sei
schon geglückt; sie lichteten den Anker
und fuhren dicht an Kreta entlang.

Der Seesturm

14 Doch kurz darauf brach von der Insel
her ein Orkan los, Eurakylon genannt.
15 Das Schiff wurde mitgerissen, und
weil es nicht mehr gegen den Wind ge-
dreht werden konnte, gaben wir auf
und ließen uns treiben. 16 Während wir
unter einer kleinen Insel namens
Kauda hinfuhren, konnten wir das
Beiboot nur mit Mühe in die Gewalt
bekommen. 17 Die Matrosen hoben es
hoch, dann sicherten sie das Schiff,
indem sie Taue darum herumspann-
ten. Weil sie fürchteten, in die Syrte zu
geraten, ließen sie den Treibanker
hinab und trieben dahin. 18 Da wir vom
Sturm hart bedrängt wurden, er-

leichterten sie am nächsten Tag das
Schiff, 19 und am dritten Tag warfen sie
eigenhändig die Schiffsausrüstung
über Bord. 20 Mehrere Tage hindurch
zeigten sich weder Sonne noch Sterne,
und der heftige Sturm hielt an. Schließ-
lich schwand uns alle Hoffnung auf
Rettung.
21 Niemand wollte mehr essen; da trat
Paulus in ihre Mitte und sagte: Männer,
man hätte auf mich hören und von
Kreta nicht abfahren sollen, dann
wären uns dieses Unglück und der
Schaden erspart geblieben. 22 Doch
jetzt ermahne ich euch: Verliert nicht
den Mut! Niemand von euch wird sein
Leben verlieren, nur das Schiff wird
untergehen. 23 Denn in dieser Nacht ist
ein Engel des Gottes, dem ich gehöre
und dem ich diene, zu mir gekommen
24 und hat gesagt: Fürchte dich nicht,
Paulus! Du musst vor den Kaiser treten.
Und Gott hat dir alle geschenkt, die mit
dir fahren. 25 Habt also Mut, Männer!
Denn ich vertraue auf Gott, dass es so
kommen wird, wie mir gesagt worden
ist. 26 Wir müssen allerdings an einer
Insel stranden.

Der Schiffbruch vor Malta

27 Als wir schon die vierzehnte Nacht
auf der Adria trieben, merkten die
Matrosen um Mitternacht, dass sich
ihnen Land näherte. 28 Sie warfen das
Lot hinab und maßen zwanzig Faden;
kurz danach loteten sie nochmals und
maßen fünfzehn Faden. 29 Aus Furcht,
wir könnten auf Klippen laufen, warfen
sie vom Heck aus vier Anker und
wünschten den Tag herbei. 30 Als aber
die Matrosen unter dem Vorwand, sie
wollten vom Bug aus Anker auswerfen,
vom Schiff zu fliehen versuchten und
das Beiboot ins Meer hinunterließen,
31 sagte Paulus zum Hauptmann und zu
den Soldaten: Wenn sie nicht auf dem
Schiff bleiben, könnt ihr nicht gerettet
werden. 32 Da kappten die Soldaten die
Taue des Beibootes und ließen es fort-
treiben. 33 Bis in die Morgendämme-
rung hinein ermunterte Paulus alle,
etwas zu essen, und sagte: Heute ist
schon der vierzehnte Tag, dass ihr aus-
harrt, ohne auch nur die geringste
Nahrung zu euch zu nehmen. 34 Des-
halb rate ich euch: Esst etwas; das ist
gut für eure Rettung. Denn keinem von
euch wird auch nur ein Haar von
seinem Kopf verloren gehen.
35 Nach diesen Worten nahm er Brot,
dankte Gott vor den Augen aller, brach
es und begann zu essen. 36 Da fassten
alle Mut und aßen ebenfalls. 37 Wir
waren im ganzen zweihundertsechs-
undsiebzig Menschen an Bord. 38 Nach-
dem sie sich satt gegessen hatten,
warfen sie das Getreide ins Meer, um
das Schiff zu erleichtern.
39 Als es nun Tag wurde, entdeckten die
Matrosen eine Bucht mit flachem
Strand; auf ihn wollten sie, wenn

möglich, das Schiff auflaufen lassen;
das Land selbst war ihnen unbekannt.
40 Sie machten die Anker los und ließen
sie im Meer zurück. Zugleich lösten sie
die Haltetaue der Steuerruder, hißten
das Vorsegel und hielten mit dem
Wind auf den Strand zu. 41 Als sie aber
auf eine Sandbank gerieten, strandeten
sie mit dem Schiff; der Bug bohrte sich
ein und saß unbeweglich fest; das Heck
aber begann in der Brandung zu zer-
brechen. 42 Da beschlossen die Sol-
daten, die Gefangenen zu töten, damit
keiner schwimmend entkommen
könne. 43 Der Hauptmann aber wollte
Paulus retten und hinderte sie an
ihrem Vorhaben. Er befahl, dass zuerst
alle, die schwimmen konnten, über
Bord springen und an Land gehen
sollten, 44 dann die übrigen, teils auf
Planken, teils auf anderen Schiffstrüm-
mern. So kam es, dass alle ans Land
gerettet wurden.

Die Überwinterung auf Malta

28 Als wir gerettet waren, er-
fuhren wir, dass die Insel
Malta heißt. 2 Die Einheimischen waren
uns gegenüber ungewöhnlich freund-
lich; sie zündeten ein Feuer an und
holten uns alle zu sich, weil es zu
regnen begann und kalt war. 3 Als Pau-
lus einen Haufen Reisig zusammen-
raffte und auf das Feuer legte, fuhr in-
folge der Hitze eine Viper heraus und
biss sich an seiner Hand fest. 4 Als die
Einheimischen das Tier an seiner Hand
hängen sahen, sagten sie zueinander:
Dieser Mensch ist gewiss ein Mörder;
die Rachegöttin lässt ihn nicht leben,
obwohl er dem Meer entkommen ist.
5 Er aber schleuderte das Tier ins Feuer
und erlitt keinen Schaden. 6 Da erwar-
teten sie, er werde anschwellen oder
plötzlich tot umfallen. Als sie aber eine
Zeit lang gewartet hatten und sahen,
dass ihm nichts Schlimmes geschah,
änderten sie ihre Meinung und sagten,
er sei ein Gott.

7 In jener Gegend lagen Landgüter,
die dem Publius, dem Ersten der Insel,
gehörten; er nahm uns auf und be-
wirtete uns drei Tage lang freundlich
als seine Gäste. 8 Der Vater des Publius
lag gerade mit Fieber und Ruhr im
Bett. Paulus ging zu ihm hinein und
betete; dann legte er ihm die Hände
auf und heilte ihn. 9 Daraufhin kamen
auch die anderen Kranken der Insel
herbei und wurden geheilt. 10 Sie er-
wiesen uns viele Ehren, und bei der
Abfahrt gaben sie uns alles mit, was
wir brauchten.

Von Malta nach Rom

11 Drei Monate später fuhren wir mit
einem alexandrinischen Schiff ab, das
auf der Insel überwintert hatte und die
Dioskuren als Schiffszeichen trug.
12 Wir liefen in Syrakus ein und blieben

drei Tage; 13 von dort fuhren wir die
Küste entlang weiter und erreichten
Rhegion. Nach einem Tag setzte Süd-
wind ein, und so kamen wir in zwei
Tagen nach Puteoli. 14 Hier trafen wir
Brüder; sie baten uns, sieben Tage bei
ihnen zu bleiben. Und so kamen wir
nach Rom. 15 Von dort waren uns die
Brüder, die von uns gehört hatten, bis
Forum Appii und Tres Tabernae ent-
gegengereist. Als Paulus sie sah, dank-
te er Gott und fasste Mut.

Ankunft und Wirken des Völkerapostels in Rom

16 Nach unserer Ankunft in Rom erhielt
Paulus die Erlaubnis, für sich allein zu
wohnen, zusammen mit dem Soldaten,
der ihn bewachte. 17 Drei Tage später
rief er die führenden Männer der Juden
zusammen. Als sie versammelt waren,
sagte er zu ihnen: Brüder, obwohl ich
mich nicht gegen das Volk oder die
Sitten der Väter vergangen habe, bin
ich von Jerusalem aus als Gefangener
den Römern ausgeliefert worden.
18 Diese haben mich verhört und
wollten mich freilassen, da nichts
gegen mich vorlag, worauf der Tod
steht. 19 Weil aber die Juden Einspruch
erhoben, war ich gezwungen, Berufung
beim Kaiser einzulegen, jedoch nicht,
um mein Volk anzuklagen. 20 Aus
diesem Grund habe ich darum ge-
beten, euch sehen und sprechen zu
dürfen. Denn um der Hoffnung Israels
willen trage ich diese Fesseln. 21 Sie ant-
worteten ihm: Wir haben über dich
weder Briefe aus Judäa erhalten, noch
ist einer von den Brüdern gekommen,
der uns etwas Belastendes über dich
berichtet oder erzählt hätte. 22 Wir
wünschen aber von dir zu hören, was
du denkst; denn von dieser Sekte ist
uns bekannt, dass sie überall auf
Widerspruch stößt.

23 Sie vereinbarten mit ihm einen be-
stimmten Tag, an dem sie in noch
größerer Zahl zu ihm in die Wohnung
kamen. Vom Morgen bis in den Abend
hinein erklärte und bezeugte er ihnen
das Reich Gottes und versuchte, sie
vom Gesetz des Mose und von den Pro-
pheten aus für Jesus zu gewinnen.
24 Die einen ließen sich durch seine
Worte überzeugen, die andern blieben
ungläubig. 25 Ohne sich einig geworden
zu sein, brachen sie auf, nachdem Pau-
lus noch das eine Wort gesagt hatte:
Treffend hat der Heilige Geist durch
den Propheten Jesaja zu euren Vätern
gesagt:

26 Geh zu diesem Volk und sag: / Hören
sollt ihr, hören, aber nicht verstehen; /
sehen sollt ihr, sehen, aber nicht er-
kennen.

27 Denn das Herz dieses Volkes ist hart
geworden, / und mit ihren Ohren hören
sie nur schwer, / und ihre Augen halten
sie geschlossen, / damit sie mit ihren
Augen nicht sehen / und mit ihren

Ohren nicht hören, / damit sie mit ihrem
Herzen nicht zur Einsicht kommen, / damit sie sich nicht bekehren und ich sie nicht heile.
28 Darum sollt ihr nun wissen:
Den Heiden ist dieses Heil Gottes gesandt worden. Und sie werden hören!

[29]

30 Er blieb zwei volle Jahre in seiner
Mietwohnung und empfing alle, die zu
ihm kamen. 31 Er verkündete das Reich
Gottes und trug ungehindert und mit allem Freimut die Lehre über Jesus Christus, den Herrn, vor.

Die Paulinischen Briefe

An der Spitze der Briefsammlung des Neuen Testaments stehen 14 Briefe, die den Namen des Apostels Paulus in der Anschrift tragen oder doch – wie der Brief an die Hebräer – einen Bezug zu Paulus aufweisen. Der Apostel bediente sich auch des Briefes, um auf Glaubensfragen zu antworten, Schwierigkeiten im Gemeindeleben zu lösen, seelsorgliche Anweisungen zu geben und die neubekehrten Christen zu ermahnen, zu trösten und zu stärken. Diese Briefe waren (abgesehen von den Schreiben an Philemon, Timotheus und Titus) dazu bestimmt, in der Gemeindeversammlung vorgelesen zu werden. Sie schenken uns wichtige Einblicke in das Denken des großen Apostels, auch seiner Mitarbeiter, und in das Leben wichtiger urchristlicher Gemeinden seines Missionsgebietes.

Manche Forscher nehmen heute an, dass einige Schreiben dieser Sammlung von Mitarbeitern und Schülern des Apostels verfasst wurden (s. die Einleitungen zu den Briefen an die Epheser und Kolosser, an Timotheus und Titus).

Wichtige Briefe des Apostels wurden schon früh gesammelt. Ein Hinweis auf eine solche Sammlung paulinischer Briefe findet sich bereits im Neuen Testament (2 Petr 3,15: »Das hat euch auch unser geliebter Bruder Paulus mit der ihm verliehenen Weisheit geschrieben; es steht in allen seinen Briefen, in denen er davon spricht. In ihnen ist manches schwer zu verstehen«).

Die heutige Sammlung von Paulusbriefen ist aber unvollständig, da eine Anzahl paulinischer Briefe verloren gegangen ist (vgl. 1 Kor 5,9; 2 Kor 2,3f und Kol 3,16f).

Die einzelnen Briefe dieser Schriftgruppe sind dem Umfang nach angeordnet, die umfangreichsten stehen an der Spitze. Der Hebräerbrief wurde an das Ende gestellt, da er nicht von Paulus selbst stammt, sein Verfasser aber deutlich von paulinischen Gedanken beeinflusst ist.

In der Briefsammlung unterscheidet man noch die Gruppe der Gefangenschaftsbriefe, die Hinweise darauf enthalten, dass Paulus bei deren Abfassung sich in Haft befand (so die Briefe an die Gemeinden in Ephesus, Philippi und Kolossä und an Philemon) – der Apostel befand sich mehrmals in Haft –, und die Briefe an Timotheus und Titus, die Pastoral-(Hirten-)Briefe genannt werden, da sie nicht an Gemeinden, sondern an Gemeindehirten (pastores) gerichtet sind und diesen seelsorgliche Anweisungen geben.

Der Brief an die Römer

Wann die christliche Gemeinde in Rom entstanden ist und wer sie gegründet hat, ist nicht bekannt. Der Brief an die Römer ist das früheste Zeugnis ihrer Existenz und Bedeutung. Paulus schreibt an die römische Gemeinde, kurz bevor er seine Reise nach Jerusalem antritt, bei der er die Kollekte der heidenchristlichen Gemeinden von Mazedonien und Griechenland überbringen will. (Röm 15,25–32; vgl. Apg 20,3ff). Er trat diese Reise zwischen 56 und 58 n. Chr. an. Vermutlich ist der Brief während des vorangehenden dreimonatigen Aufenthalts in Griechenland geschrieben worden (Apg 20,2f), und zwar in Korinth, dem Zentrum seiner Griechenlandmission.

Paulus hatte schon lange die Absicht, in die Hauptstadt Rom zu kommen, um die dortige Gemeinde zu besuchen (Röm 8,1–15). Nach der Tätigkeit im östlichen Teil des römischen Reichs will er in Spanien eine neue Missionsarbeit beginnen; hierfür erwartet er von der römischen Gemeinde Unterstützung (15,14–24).

Mit seinem Brief will er sich, auch weil über ihn mancherlei Nachrichten verbreitet waren, persönlich vorstellen. Er legt deshalb eingehend dar, wie er die Botschaft von Jesus Christus versteht und verkündigt. Der Römerbrief ist eine ausführliche Erklärung dessen, was das »Evangelium Jesu Christi« ist. Deswegen beginnt er mit einem auch römischen Christen vertrauten Bekenntnissatz (Röm 1,3b–4a) und entfaltet diesen mit Hilfe der Lehre von der Rechtfertigung des Sünders (1,16f; 1,18–8,39). Er spricht zunächst vom Zorn Gottes über die Sünde der Menschen (1,18–3,20). Darauf

folgen die zentralen Ausführungen über das rechtfertigende Handeln Gottes und den Glauben des Menschen (3,21–5,11). Diese Gedanken werden weiterentfaltet in einem Abschnitt über das neue Leben und die Hoffnung des Christen (5,12–8,39). Im besonderen geht er dann auf die Frage nach der Rettung Israels ein (Kap 9–11), was darauf schließen lässt, dass zur Gemeinde in Rom viele Judenchristen gehörten. Allerdings geht es dem Apostel auch immer wieder um das Heil für die

Heiden. Wir müssen also mit einer gemischten Gemeinde rechnen. Im einzelnen kennt Paulus die Situation der römischen Gemeinde nicht genau; nur in dem ermahnenden Schlussteil (12,1–15,13) behandelt er eine aktuelle Streitfrage (14,1–15,13). Kap. 16 ist ein Nachtrag mit einer Empfehlung, zahlreichen Grüßen und Ermahnungen sowie einem abschließenden Lobpreis (16,25–27).

Der Römerbrief stellt eine Zusammenfassung der Verkündigung und Theologie des Apostels dar. Man hat ihn daher das »Testament des Paulus« genannt. Wegen seines Umfangs wurde er später an den Anfang der Sammlung paulinischer Briefe gestellt.

Anschrift und Gruss

1 Paulus, Knecht Christi Jesu,
berufen zum Apostel, auserwählt,
das Evangelium Gottes zu verkün-
digen, 2 das er durch seine Propheten
im voraus verheißen hat in den heiligen
Schriften: 3 das Evangelium von seinem
Sohn, der dem Fleisch nach geboren ist
als Nachkomme Davids, 4 der dem Geist
der Heiligkeit nach eingesetzt ist als
Sohn Gottes in Macht seit der Aufer-
stehung von den Toten, das Evan-
gelium von Jesus Christus, unserem
Herrn.
5 Durch ihn haben wir Gnade und
Apostelamt empfangen, um in seinem
Namen alle Heiden zum Gehorsam des
Glaubens zu führen; 6 zu ihnen gehört
auch ihr, die ihr von Jesus Christus
berufen seid.
7 An alle in Rom, die von Gott geliebt
sind, die berufenen Heiligen: Gnade sei
mit euch und Friede von Gott, unserem
Vater, und dem Herrn Jesus Christus.

Dankgebet – Thema des Briefes

8 Zunächst danke ich meinem Gott
durch Jesus Christus für euch alle, weil
euer Glaube in der ganzen Welt ver-
kündet wird. 9 Denn Gott, den ich im
Dienst des Evangeliums von seinem
Sohn mit ganzem Herzen ehre, ist mein
Zeuge: Unablässig denke ich an euch
10 in allen meinen Gebeten und bitte
darum, es möge mir durch Gottes
Willen endlich gelingen, zu euch zu
kommen. 11 Denn ich sehne mich da-
nach, euch zu sehen; ich möchte euch
geistliche Gaben vermitteln, damit ihr
dadurch gestärkt werdet, 12 oder besser:
damit wir, wenn ich bei euch bin, mit-
einander Zuspruch empfangen durch
euren und meinen Glauben. 13 Ihr sollt
wissen, Brüder, dass ich mir schon oft
vorgenommen habe, zu euch zu kom-
men, aber bis heute daran gehindert
wurde; denn wie bei den anderen
Heiden soll meine Arbeit auch bei euch
Frucht bringen. 14 Griechen und Nicht-

griechen, Gebildeten und Ungebilde-
ten bin ich verpflichtet; 15 so liegt mir
alles daran, auch euch in Rom das
Evangelium zu verkündigen. 16 Denn
ich schäme mich des Evangeliums
nicht: Es ist eine Kraft Gottes, die jeden
rettet, der glaubt, zuerst den Juden,
aber ebenso den Griechen. 17 Denn im
Evangelium wird die Gerechtigkeit
Gottes offenbart aus Glauben zum
Glauben, wie es in der Schrift heißt:
Der aus Glauben Gerechte wird leben.

Die Rettung der Menschen

Sünde und Verlorenheit

Gottes Zorn über die Ungerechtigkeit der Menschen

18 Der Zorn Gottes wird vom Himmel
herab offenbart wider alle Gottlosig-
keit und Ungerechtigkeit der Men-
schen, die die Wahrheit durch Un-
gerechtigkeit niederhalten. 19 Denn was
man von Gott erkennen kann, ist ihnen
offenbar; Gott hat es ihnen offenbart.
20 Seit Erschaffung der Welt wird seine
unsichtbare Wirklichkeit an den Wer-
ken der Schöpfung mit der Vernunft
wahrgenommen, seine ewige Macht
und Gottheit. Daher sind sie unent-
schuldbar. 21 Denn sie haben Gott
erkannt, ihn aber nicht als Gott geehrt
und ihm nicht gedankt. Sie verfielen in
ihrem Denken der Nichtigkeit, und ihr
unverständiges Herz wurde verfinstert.
22 Sie behaupteten, weise zu sein, und
wurden zu Toren. 23 Sie vertauschten
die Herrlichkeit des unvergänglichen
Gottes mit Bildern, die einen vergäng-
lichen Menschen und fliegende,
vierfüßige und kriechende Tiere dar-
stellen. 24 Darum lieferte Gott sie durch
die Begierden ihres Herzens der Un-
reinheit aus, so dass sie ihren Leib
durch ihr eigenes Tun entehrten. 25 Sie
vertauschten die Wahrheit Gottes mit
der Lüge, sie beteten das Geschöpf an
und verehrten es anstelle des Schöpfers
– gepriesen ist er in Ewigkeit. Amen.
26 Darum lieferte Gott sie entehrenden
Leidenschaften aus: Ihre Frauen ver-
tauschten den natürlichen Verkehr mit
dem widernatürlichen; 27 ebenso gaben
die Männer den natürlichen Verkehr
mit der Frau auf und entbrannten in
Begierde zueinander; Männer trieben
mit Männern Unzucht und erhielten
den ihnen gebührenden Lohn für ihre
Verirrung. 28 Und da sie sich weigerten,
Gott anzuerkennen, lieferte Gott sie
einem verworfenen Denken aus, so
dass sie tun, was sich nicht gehört:
29 Sie sind voll Ungerechtigkeit,
Schlechtigkeit, Habgier und Bosheit,
voll Neid, Mord, Streit, List und Tücke,
sie verleumden 30 und treiben üble
Nachrede, sie hassen Gott, sind über-
heblich, hochmütig und prahlerisch,
erfinderisch im Bösen und ungehor-

sam gegen die Eltern, 31 sie sind unver-
ständig und haltlos, ohne Liebe und Er-
barmen. 32 Sie erkennen, dass Gottes
Rechtsordnung bestimmt: Wer so
handelt, verdient den Tod. Trotzdem
tun sie es nicht nur selber, sondern
stimmen bereitwillig auch denen zu,
die so handeln.

Der Mensch vor Gottes Gericht

2 Darum bist du unentschuldbar –
wer du auch bist, Mensch –, wenn
du richtest. Denn worin du den andern
richtest, darin verurteilst du dich
selber, da du, der Richtende, dasselbe
tust. 2 Wir wissen aber, dass Gottes Ge-
richt über alle, die solche Dinge tun,
der Wahrheit entspricht. 3 Meinst du
etwa, du könntest dem Gericht Gottes
entrinnen, wenn du die richtest, die
solche Dinge tun, und dasselbe tust wie
sie? 4 Verachtest du etwa den Reichtum
seiner Güte, Geduld und Langmut?
Weißt du nicht, dass Gottes Güte dich
zur Umkehr treibt? 5 Weil du aber
starrsinnig bist und dein Herz nicht
umkehrt, sammelst du Zorn gegen
dich für den »Tag des Zornes«, den Tag
der Offenbarung von Gottes gerechtem
Gericht. 6 Er wird jedem vergelten, wie
es seine Taten verdienen: 7 denen, die
beharrlich Gutes tun und Herrlichkeit,
Ehre und Unvergänglichkeit erstreben,
gibt er ewiges Leben, 8 denen aber, die
selbstsüchtig nicht der Wahrheit,
sondern der Ungerechtigkeit gehor-
chen, widerfährt Zorn und Grimm.
9 Not und Bedrängnis wird jeden Men-
schen treffen, der das Böse tut, zuerst
den Juden, aber ebenso den Griechen;
10 Herrlichkeit, Ehre und Friede werden
jedem zuteil, der das Gute tut, zuerst
dem Juden, aber ebenso dem Griechen;
11 denn Gott richtet ohne Ansehen der
Person.

Die Heiden und das Gesetz

12 Alle, die sündigten, ohne das Gesetz
zu haben, werden auch ohne das Ge-
setz zugrunde gehen, und alle, die
unter dem Gesetz sündigten, werden
durch das Gesetz gerichtet werden.
13 Nicht die sind vor Gott gerecht, die
das Gesetz hören, sondern er wird die
für gerecht erklären, die das Gesetz
tun. 14 Wenn Heiden, die das Gesetz
nicht haben, von Natur aus das tun, was
im Gesetz gefordert ist, so sind sie, die
das Gesetz nicht haben, sich selbst
Gesetz. 15 Sie zeigen damit, dass ihnen
die Forderung des Gesetzes ins Herz
geschrieben ist; ihr Gewissen legt
Zeugnis davon ab, ihre Gedanken kla-
gen sich gegenseitig an und verteidigen
sich – 16 an jenem Tag, an dem Gott, wie
ich es in meinem Evangelium ver-
kündige, das, was im Menschen ver-
borgen ist, durch Jesus Christus richten
wird.

Die Juden und das Gesetz

17 Du nennst dich zwar Jude und verlässt dich auf das Gesetz, du rühmst dich deines Gottes, 18 du kennst seinen Willen, und du willst, aus dem Gesetz belehrt, beurteilen, worauf es ankommt; 19 du traust dir zu, Führer zu sein für Blinde, Licht für die in der Finsternis, 20 Erzieher der Unverständigen, Lehrer der Unmündigen, einer, für den im Gesetz Erkenntnis und Wahrheit feste Gestalt besitzen. 21 Du belehrst andere Menschen, dich selbst aber belehrst du nicht. Du predigst: Du sollst nicht stehlen!, und stiehlst. 22 Du sagst: Du sollst die Ehe nicht brechen!, und brichst die Ehe. Du verabscheust die Götzenbilder, begehst aber Tempelraub. 23 Du rühmst dich des Gesetzes, entehrst aber Gott durch Übertreten des Gesetzes. 24 Denn in der Schrift steht: Euretwegen wird unter den Heiden der Name Gottes gelästert.

25 Die Beschneidung ist nützlich, wenn du das Gesetz befolgst; übertrittst du jedoch das Gesetz, so bist du trotz deiner Beschneidung zum Unbeschnittenen geworden. 26 Wenn aber der Unbeschnittene die Forderungen des Gesetzes beachtet, wird dann nicht sein Unbeschnittensein als Beschneidung angerechnet werden? 27 Der leiblich Unbeschnittene, der das Gesetz erfüllt, wird dich richten, weil du trotz Buchstabe und Beschneidung ein Übertreter des Gesetzes bist. 28 Jude ist nicht, wer es nach außen hin ist, und Beschneidung ist nicht, was sichtbar am Fleisch geschieht, 29 sondern Jude ist, wer es im Verborgenen ist, und Beschneidung ist, was am Herzen durch den Geist, nicht durch den Buchstaben geschieht. Der Ruhm eines solchen Juden kommt nicht von Menschen, sondern von Gott.

Gottes Treue angesichts der Sünde der Menschen

3 Was ist nun der Vorzug der Juden, der Nutzen der Beschneidung? 2 Er ist groß in jeder Hinsicht. Vor allem: Ihnen sind die Worte Gottes anvertraut. 3 Wenn jedoch einige Gott die Treue gebrochen haben, wird dann etwa ihre Untreue die Treue Gottes aufheben? 4 Keineswegs! Gott soll sich als der Wahrhaftige erweisen, jeder Mensch aber als Lügner, wie es in der Schrift heißt: So behältst du recht mit deinen Worten und trägst den Sieg davon, wenn man mit dir rechtet. 5 Wenn aber unsere Ungerechtigkeit die Gerechtigkeit Gottes bestätigt, was sagen wir dann? Ist Gott – ich frage sehr menschlich – nicht ungerecht, wenn er seinen Zorn walten lässt? 6 Keineswegs! Denn wie könnte Gott die Welt sonst richten? 7 Wenn aber die Wahrheit Gottes sich durch meine Unwahrheit als noch größer erweist und so Gott verherrlicht wird, warum werde ich dann als Sünder gerichtet? 8 Gilt am

Ende das, womit man uns verleumdet
und was einige uns in den Mund legen:
Lasst uns Böses tun, damit Gutes ent-
steht? Diese Leute werden mit Recht
verurteilt.
9 Was heißt das nun? Sind wir als Juden
im Vorteil? Ganz und gar nicht. Denn
wir haben vorher die Anklage erhoben,
dass alle, Juden wie Griechen, unter der
Herrschaft der Sünde stehen, 10 wie es
in der Schrift heißt:
Es gibt keinen, der gerecht ist, / auch
nicht einen;
11 es gibt keinen Verständigen, / keinen,
der Gott sucht.
12 Alle sind abtrünnig geworden, / alle
miteinander taugen nichts. / Keiner tut
Gutes, / auch nicht ein einziger.
13 Ihre Kehle ist ein offenes Grab, / mit
ihrer Zunge betrügen sie; / Schlan-
gengift ist auf ihren Lippen.
14 Ihr Mund ist voll Fluch und Ge-
hässigkeit.
15 Schnell sind sie dabei, Blut zu ver-
gießen; / 16 Verderben und Unheil sind
auf ihren Wegen, / 17 und den Weg des
Friedens kennen sie nicht.
18 Die Gottesfurcht steht ihnen nicht
vor Augen.
19 Wir wissen aber: Was das Gesetz
sagt, sagt es denen, die unter dem
Gesetz leben, damit jeder Mund ver-
stummt und die ganze Welt vor Gott
schuldig wird. 20 Denn durch Werke
des Gesetzes wird niemand vor ihm
gerecht werden; durch das Gesetz
kommt es vielmehr zur Erkenntnis der
Sünde.

Gerechtigkeit und neues Leben

Das Kreuz Christi als Grund der neuen Gerechtigkeit

21 Jetzt aber ist unabhängig vom Gesetz
die Gerechtigkeit Gottes offenbart
worden, bezeugt vom Gesetz und von
den Propheten: 22 die Gerechtigkeit
Gottes aus dem Glauben an Jesus
Christus, offenbart für alle, die glau-
ben. Denn es gibt keinen Unterschied:
23 Alle haben gesündigt und die Herr-
lichkeit Gottes verloren. 24 Ohne es ver-
dient zu haben, werden sie gerecht,
dank seiner Gnade, durch die Erlösung
in Christus Jesus. 25 Ihn hat Gott dazu
bestimmt, Sühne zu leisten mit seinem
Blut, Sühne, wirksam durch Glauben.
So erweist Gott seine Gerechtigkeit
durch die Vergebung der Sünden, die
früher, in der Zeit seiner Geduld, be-
gangen wurden; 26 er erweist seine
Gerechtigkeit in der gegenwärtigen
Zeit, um zu zeigen, dass er gerecht ist
und den gerecht macht, der an Jesus
glaubt.
27 Kann man sich da noch rühmen? Das
ist ausgeschlossen. Durch welches
Gesetz? Durch das der Werke? Nein,
durch das Gesetz des Glaubens. 28 Denn
wir sind der Überzeugung, dass der
Mensch gerecht wird durch Glauben,

unabhängig von Werken des Gesetzes.
29 Ist denn Gott nur der Gott der Juden,
nicht auch der Heiden? Ja, auch der
Heiden, 30 da doch gilt: Gott ist der
»Eine«. Er wird aufgrund des Glaubens
sowohl die Beschnittenen wie die
Unbeschnittenen gerecht machen.
31 Setzen wir nun durch den Glauben
das Gesetz außer Kraft? Im Gegenteil,
wir richten das Gesetz auf.

Die Anrechnung des Glaubens als Gerechtigkeit: das Beispiel Abrahams

4 Müssen wir nun nicht fragen:
Was hat dann unser leiblicher
Stammvater Abraham erlangt? 2 Wenn
Abraham aufgrund von Werken
Gerechtigkeit erlangt hat, dann hat er
zwar Ruhm, aber nicht vor Gott. 3 Denn
die Schrift sagt: Abraham glaubte Gott,
und das wurde ihm als Gerechtigkeit
angerechnet. 4 Dem, der Werke tut,
werden diese nicht aus Gnade ange-
rechnet, sondern er bekommt den Lohn,
der ihm zusteht. 5 Dem aber, der keine
Werke tut, sondern an den glaubt, der
den Gottlosen gerecht macht, dem wird
sein Glaube als Gerechtigkeit ange-
rechnet. 6 Auch David preist den Men-
schen selig, dem Gott Gerechtigkeit un-
abhängig von Werken anrechnet:
7 Selig sind die, deren Frevel vergeben /
und deren Sünden bedeckt sind.
8 Selig ist der Mensch, / dem der Herr
die Sünde nicht anrechnet.
9 Gilt nun diese Seligpreisung nur den
Beschnittenen oder auch den Unbe-
schnittenen? Wir haben gesagt: Abra-
ham wurde der Glaube als Gerechtig-
keit angerechnet. 10 Wann wurde er
ihm angerechnet: als er beschnitten
oder als er unbeschnitten war? Nicht
als er beschnitten, sondern als er noch
unbeschnitten war. 11 Das Zeichen der
Beschneidung empfing er zur Besie-
gelung der Glaubensgerechtigkeit, die
ihm als Unbeschnittenem zuteil wurde;
also ist er der Vater aller, die als Unbe-
schnittene glauben und denen daher
Gerechtigkeit angerechnet wird, 12 und
er ist der Vater jener Beschnittenen, die
nicht nur beschnitten sind, sondern
auch den Weg des Glaubens gehen, des
Glaubens, den unser Vater Abraham
schon vor seiner Beschneidung hatte.
13 Denn Abraham und seine Nach-
kommen erhielten nicht aufgrund des
Gesetzes die Verheißung, Erben der
Welt zu sein, sondern aufgrund der
Glaubensgerechtigkeit. 14 Wenn näm-
lich jene Erben sind, die das Gesetz
haben, dann ist der Glaube entleert
und die Verheißung außer Kraft
gesetzt. 15 Das Gesetz bewirkt Zorn; wo
es aber das Gesetz nicht gibt, da gibt es
auch keine Übertretung. 16 Deshalb gilt:
»aus Glauben«, damit auch gilt: »aus
Gnade«. Nur so bleibt die Verheißung
für alle Nachkommen gültig, nicht nur
für die, welche das Gesetz haben,
sondern auch für die, welche wie Abra-

ham den Glauben haben. 17 Nach dem
Schriftwort: Ich habe dich zum Vater
vieler Völker bestimmt, ist er unser aller
Vater vor Gott, dem er geglaubt hat, dem
Gott, der die Toten lebendig macht und
das, was nicht ist, ins Dasein ruft.
18 Gegen alle Hoffnung hat er voll Hoff-
nung geglaubt, dass er der Vater vieler
Völker werde, nach dem Wort: So
zahlreich werden deine Nachkommen
sein. 19 Ohne im Glauben schwach zu
werden, war er, der fast Hundertjährige,
sich bewusst, dass sein Leib und auch
Saras Mutterschoß erstorben waren.
20 Er zweifelte nicht im Unglauben an
der Verheißung Gottes, sondern wurde
stark im Glauben, und er erwies Gott
Ehre, 21 fest davon überzeugt, dass Gott
die Macht besitzt zu tun, was er ver-
heißen hat. 22 Darum wurde der Glaube
ihm als Gerechtigkeit angerechnet.
23 Doch nicht allein um seinetwillen
steht in der Schrift, dass der Glaube
ihm angerechnet wurde, 24 sondern
auch um unseretwillen; er soll auch uns
angerechnet werden, die wir an den
glauben, der Jesus, unseren Herrn, von
den Toten auferweckt hat.
25 Wegen unserer Verfehlungen wurde
er hingegeben, / wegen unserer Ge-
rechtmachung wurde er auferweckt.

Die Hoffnung der Glaubenden

5 Gerecht gemacht aus Glauben,
haben wir Frieden mit Gott durch
Jesus Christus, unseren Herrn. 2 Durch
ihn haben wir auch den Zugang zu der
Gnade erhalten, in der wir stehen, und
rühmen uns unserer Hoffnung auf die
Herrlichkeit Gottes. 3 Mehr noch, wir
rühmen uns ebenso unserer Bedräng-
nis; denn wir wissen: Bedrängnis be-
wirkt Geduld, 4 Geduld aber Bewäh-
rung, Bewährung Hoffnung. 5 Die Hoff-
nung aber lässt nicht zugrunde gehen;
denn die Liebe Gottes ist ausgegossen
in unsere Herzen durch den Heiligen
Geist, der uns gegeben ist. 6 Christus ist
schon zu der Zeit, da wir noch schwach
und gottlos waren, für uns gestorben.
7 Dabei wird nur schwerlich jemand für
einen Gerechten sterben; vielleicht
wird er jedoch für einen guten Menschen
sein Leben wagen. 8 Gott aber hat seine
Liebe zu uns darin erwiesen, dass
Christus für uns gestorben ist, als wir
noch Sünder waren. 9 Nachdem wir jetzt
durch sein Blut gerecht gemacht sind,
werden wir durch ihn erst recht vor dem
Gericht Gottes gerettet werden. 10 Da wir
mit Gott versöhnt wurden durch den
Tod seines Sohnes, als wir noch (Gottes)
Feinde waren, werden wir erst recht,
nachdem wir versöhnt sind, gerettet wer-
den durch sein Leben. 11 Mehr noch, wir
rühmen uns Gottes durch Jesus Christus,
unseren Herrn, durch den wir jetzt schon
die Versöhnung empfangen haben.

Der alte und der neue Mensch
12 Durch einen einzigen Menschen kam
die Sünde in die Welt und durch die
Sünde der Tod, und auf diese Weise ge-
langte der Tod zu allen Menschen, weil
alle sündigten. 13 Sünde war schon vor
dem Gesetz in der Welt, aber Sünde
wird nicht angerechnet, wo es kein
Gesetz gibt; 14 dennoch herrschte der
Tod von Adam bis Mose auch über die,
welche nicht wie Adam durch Über-
treten eines Gebots gesündigt hatten;
Adam aber ist die Gestalt, die auf den
Kommenden hinweist. 15 Doch anders
als mit der Übertretung verhält es sich
mit der Gnade; sind durch die Über-
tretung des einen die vielen dem Tod
anheim gefallen, so ist erst recht die
Gnade Gottes und die Gabe, die durch
die Gnadentat des einen Menschen
Jesus Christus bewirkt worden ist, den
vielen reichlich zuteil geworden.
16 Anders als mit dem, was durch den
einen Sünder verursacht wurde, verhält
es sich mit dieser Gabe: Das Gericht
führt wegen der Übertretung des einen
zur Verurteilung, die Gnade führt aus
vielen Übertretungen zur Gerecht-
sprechung. 17 Ist durch die Übertretung
des einen der Tod zur Herrschaft ge-
kommen, durch diesen einen, so
werden erst recht alle, denen die Gnade
und die Gabe der Gerechtigkeit
reichlich zuteil wurde, leben und herr-
schen durch den einen, Jesus Christus.
18 Wie es also durch die Übertretung
eines einzigen für alle Menschen zur
Verurteilung kam, so wird es auch
durch die gerechte Tat eines einzigen
für alle Menschen zur Gerechtspre-
chung kommen, die Leben gibt. 19 Wie
durch den Ungehorsam des einen
Menschen die vielen zu Sündern
wurden, so werden auch durch den Ge-
horsam des einen die vielen zu Gerech-
ten gemacht werden. 20 Das Gesetz aber
ist hinzugekommen, damit die Über-
tretung mächtiger werde; wo jedoch
die Sünde mächtig wurde, da ist die
Gnade übergroß geworden. 21 Denn
wie die Sünde herrschte und zum Tod
führte, so soll auch die Gnade herr-
schen und durch Gerechtigkeit zu
ewigem Leben führen, durch Jesus
Christus, unseren Herrn.

Die Gemeinschaft der Getauften
mit Christus
6 Heißt das nun, dass wir an der
Sünde festhalten sollen, damit die
Gnade mächtiger werde? 2 Keineswegs!
Wie können wir, die wir für die Sünde
tot sind, noch in ihr leben? 3 Wisst ihr
denn nicht, dass wir alle, die wir auf
Christus Jesus getauft wurden, auf
seinen Tod getauft worden sind? 4 Wir
wurden mit ihm begraben durch die
Taufe auf den Tod; und wie Christus
durch die Herrlichkeit des Vaters von
den Toten auferweckt wurde, so sollen
auch wir als neue Menschen leben.

5 Wenn wir nämlich ihm gleich gewor-
den sind in seinem Tod, dann werden
wir mit ihm auch in seiner Aufer-
stehung vereinigt sein. 6 Wir wissen
doch: Unser alter Mensch wurde mit-
gekreuzigt, damit der von der Sünde
beherrschte Leib vernichtet werde und
wir nicht Sklaven der Sünde bleiben.
7 Denn wer gestorben ist, der ist frei
geworden von der Sünde. 8 Sind wir
nun mit Christus gestorben, so glauben
wir, dass wir auch mit ihm leben
werden. 9 Wir wissen, dass Christus,
von den Toten auferweckt, nicht mehr
stirbt; der Tod hat keine Macht mehr
über ihn. 10 Denn durch sein Sterben ist
er ein für allemal gestorben für die
Sünde, sein Leben aber lebt er für Gott.
11 So sollt auch ihr euch als Menschen
begreifen, die für die Sünde tot sind,
aber für Gott leben in Christus Jesus.
12 Daher soll die Sünde euren sterb-
lichen Leib nicht mehr beherrschen,
und seinen Begierden sollt ihr nicht ge-
horchen. 13 Stellt eure Glieder nicht der
Sünde zur Verfügung als Waffen der
Ungerechtigkeit, sondern stellt euch
Gott zur Verfügung als Menschen, die
vom Tod zum Leben gekommen sind,
und stellt eure Glieder als Waffen der
Gerechtigkeit in den Dienst Gottes.
14 Die Sünde soll nicht über euch herr-
schen; denn ihr steht nicht unter dem
Gesetz, sondern unter der Gnade.

Die Freiheit der Christen von der Sünde

15 Heißt das nun, dass wir sündigen
dürfen, weil wir nicht unter dem Gesetz
stehen, sondern unter der Gnade?
Keineswegs! 16 Ihr wisst doch: Wenn ihr
euch als Sklaven zum Gehorsam ver-
pflichtet, dann seid ihr Sklaven dessen,
dem ihr gehorchen müsst; ihr seid
entweder Sklaven der Sünde, die zum
Tod führt, oder des Gehorsams, der zur
Gerechtigkeit führt. 17 Gott aber sei
Dank; denn ihr wart Sklaven der Sünde,
seid jedoch von Herzen der Lehre gehor-
sam geworden, an die ihr übergeben
wurdet. 18 Ihr wurdet aus der Macht der
Sünde befreit und seid zu Sklaven der
Gerechtigkeit geworden. 19 Wegen eurer
Schwachheit rede ich nach Menschen-
weise: Wie ihr eure Glieder in den Dienst
der Unreinheit und der Gesetzlosigkeit
gestellt habt, so dass ihr gesetzlos
wurdet, so stellt jetzt eure Glieder in den
Dienst der Gerechtigkeit, so dass ihr
heilig werdet. 20 Denn als ihr Sklaven der
Sünde wart, da wart ihr der Gerechtig-
keit gegenüber frei. 21 Welchen Gewinn
hattet ihr damals? Es waren Dinge, deren
ihr euch jetzt schämt; denn sie bringen
den Tod. 22 Jetzt, da ihr aus der Macht der
Sünde befreit und zu Sklaven Gottes
geworden seid, habt ihr einen Gewinn,
der zu eurer Heiligung führt und das
ewige Leben bringt. 23 Denn der Lohn
der Sünde ist der Tod, die Gabe Gottes
aber ist das ewige Leben in Christus
Jesus, unserem Herrn.

Die Freiheit der Christen vom Gesetz

7 Wisst ihr denn nicht, Brüder – ich
rede doch zu Leuten, die das
Gesetz kennen –, dass das Gesetz für
einen Menschen nur Geltung hat, so-
lange er lebt? 2 So ist die Ehefrau durch
das Gesetz an ihren Mann gebunden,
solange er am Leben ist; wenn ihr
Mann aber stirbt, ist sie frei von dem
Gesetz, das die Frau an den Mann
bindet. 3 Wenn sie darum zu Lebzeiten
des Mannes einem anderen gehört,
wird sie Ehebrecherin genannt; ist aber
der Mann gestorben, dann ist sie frei
vom Gesetz und wird nicht zur Ehe-
brecherin, wenn sie einem anderen ge-
hört. 4 Ebenso seid auch ihr, meine
Brüder, durch das Sterben Christi tot
für das Gesetz, so dass ihr einem
anderen gehört, dem, der von den
Toten auferweckt wurde; ihm gehören
wir, damit wir Gott Frucht bringen.
5 Denn als wir noch dem Fleisch ver-
fallen waren, wirkten sich die Leiden-
schaften der Sünden, die das Gesetz
hervorrief, so in unseren Gliedern aus,
dass wir dem Tod Frucht brachten.
6 Jetzt aber sind wir frei geworden von
dem Gesetz, an das wir gebunden
waren, wir sind tot für das Gesetz und
dienen in der neuen Wirklichkeit des
Geistes, nicht mehr in der alten des
Buchstabens.

Die Mächte des Unheils: Gesetz, Sünde und Tod

7 Heißt das nun, dass das Gesetz Sünde
ist? Keineswegs! Jedoch habe ich die
Sünde nur durch das Gesetz erkannt.
Ich hätte ja von der Begierde nichts
gewusst, wenn nicht das Gesetz gesagt
hätte: Du sollst nicht begehren. 8 Die
Sünde erhielt durch das Gebot den An-
stoß und bewirkte in mir alle Begierde,
denn ohne das Gesetz war die Sünde
tot. 9 Ich lebte einst ohne das Gesetz;
aber als das Gebot kam, wurde die
Sünde lebendig, 10 ich dagegen starb
und musste erfahren, dass dieses Ge-
bot, das zum Leben führen sollte, den
Tod bringt. 11 Denn nachdem die Sünde
durch das Gebot den Anstoß erhalten
hatte, täuschte und tötete sie mich
durch das Gebot. 12 Das Gesetz ist
heilig, und das Gebot ist heilig, gerecht
und gut. 13 Ist dann etwa das Gute mein
Tod geworden? Keineswegs! Sondern
die Sünde verursachte, damit sie als
Sünde offenbar werde, durch das Gute
meinen Tod; denn durch das Gebot
sollte die Sünde sich in ihrem ganzen
Ausmaß als Sünde erweisen.

14 Wir wissen, dass das Gesetz selbst
vom Geist bestimmt ist; ich aber bin
Fleisch, das heißt: verkauft an die
Sünde. 15 Denn ich begreife mein
Handeln nicht: Ich tue nicht das, was
ich will, sondern das, was ich hasse.
16 Wenn ich aber das tue, was ich nicht
will, erkenne ich an, dass das Gesetz

gut ist. 17 Dann aber bin nicht mehr ich
es, der so handelt, sondern die in mir
wohnende Sünde. 18 Ich weiß, dass in
mir, das heißt in meinem Fleisch,
nichts Gutes wohnt; das Wollen ist bei
mir vorhanden, aber ich vermag das
Gute nicht zu verwirklichen. 19 Denn
ich tue nicht das Gute, das ich will,
sondern das Böse, das ich nicht will.
20 Wenn ich aber das tue, was ich nicht
will, dann bin nicht mehr ich es, der so
handelt, sondern die in mir wohnende
Sünde. 21 Ich stoße also auf das Gesetz,
dass in mir das Böse vorhanden ist, ob-
wohl ich das Gute tun will. 22 Denn in
meinem Innern freue ich mich am
Gesetz Gottes, 23 ich sehe aber ein
anderes Gesetz in meinen Gliedern, das
mit dem Gesetz meiner Vernunft im
Streit liegt und mich gefangenhält im
Gesetz der Sünde, von dem meine
Glieder beherrscht werden. 24 Ich un-
glücklicher Mensch! Wer wird mich
aus diesem dem Tod verfallenen Leib
erretten? 25 Dank sei Gott durch Jesus
Christus, unseren Herrn! Es ergibt sich
also, dass ich mit meiner Vernunft dem
Gesetz Gottes diene, mit dem Fleisch
aber dem Gesetz der Sünde.

Das Leben der Christen im Geist

8 Jetzt gibt es keine Verurteilung
mehr für die, welche in Christus
Jesus sind. 2 Denn das Gesetz des
Geistes und des Lebens in Christus
Jesus hat dich frei gemacht vom Gesetz
der Sünde und des Todes. 3 Weil das
Gesetz, ohnmächtig durch das Fleisch,
nichts vermochte, sandte Gott seinen
Sohn in der Gestalt des Fleisches, das
unter der Macht der Sünde steht, zur
Sühne für die Sünde, um an seinem
Fleisch die Sünde zu verurteilen; 4 dies
tat er, damit die Forderung des Ge-
setzes durch uns erfüllt werde, die wir
nicht nach dem Fleisch, sondern nach
dem Geist leben. 5 Denn alle, die vom
Fleisch bestimmt sind, trachten nach
dem, was dem Fleisch entspricht, alle,
die vom Geist bestimmt sind, nach
dem, was dem Geist entspricht. 6 Das
Trachten des Fleisches führt zum Tod,
das Trachten des Geistes aber zu Leben
und Frieden. 7 Denn das Trachten des
Fleisches ist Feindschaft gegen Gott; es
unterwirft sich nicht dem Gesetz
Gottes und kann es auch nicht. 8 Wer
vom Fleisch bestimmt ist, kann Gott
nicht gefallen. 9 Ihr aber seid nicht vom
Fleisch, sondern vom Geist bestimmt,
da ja der Geist Gottes in euch wohnt.
Wer den Geist Christi nicht hat, der ge-
hört nicht zu ihm. 10 Wenn Christus in
euch ist, dann ist zwar der Leib tot auf-
grund der Sünde, der Geist aber ist
Leben aufgrund der Gerechtigkeit.
11 Wenn der Geist dessen in euch
wohnt, der Jesus von den Toten auf-
erweckt hat, dann wird er, der Christus
Jesus von den Toten auferweckt hat,
auch euren sterblichen Leib lebendig

machen, durch seinen Geist, der in
euch wohnt.
12 Wir sind also nicht dem Fleisch ver-
pflichtet, Brüder, so dass wir nach dem
Fleisch leben müssten. 13 Wenn ihr
nach dem Fleisch lebt, müsst ihr
sterben; wenn ihr aber durch den Geist
die (sündigen) Taten des Leibes tötet,
werdet ihr leben. 14 Denn alle, die sich
vom Geist Gottes leiten lassen, sind
Söhne Gottes. 15 Denn ihr habt nicht
einen Geist empfangen, der euch zu
Sklaven macht, so dass ihr euch immer
noch fürchten müsstet, sondern ihr
habt den Geist empfangen, der euch zu
Söhnen macht, den Geist, in dem wir
rufen: Abba, Vater! 16 So bezeugt der
Geist selber unserem Geist, dass wir
Kinder Gottes sind. 17 Sind wir aber
Kinder, dann auch Erben; wir sind
Erben Gottes und sind Miterben
Christi, wenn wir mit ihm leiden, um
mit ihm auch verherrlicht zu werden.

Die Hoffnung auf die Erlösung der Welt

18 Ich bin überzeugt, dass die Leiden der
gegenwärtigen Zeit nichts bedeuten im
Vergleich zu der Herrlichkeit, die an
uns offenbar werden soll. 19 Denn die
ganze Schöpfung wartet sehnsüchtig
auf das Offenbarwerden der Söhne
Gottes. 20 Die Schöpfung ist der Ver-
gänglichkeit unterworfen, nicht aus ei-
genem Willen, sondern durch den, der
sie unterworfen hat; aber zugleich gab
er ihr Hoffnung: 21 Auch die Schöpfung
soll von der Sklaverei und Verlorenheit
befreit werden zur Freiheit und Herr-
lichkeit der Kinder Gottes. 22 Denn wir
wissen, dass die gesamte Schöpfung bis
zum heutigen Tag seufzt und in Ge-
burtswehen liegt. 23 Aber auch wir, ob-
wohl wir als Erstlingsgabe den Geist
haben, seufzen in unserem Herzen und
warten darauf, dass wir mit der Er-
lösung unseres Leibes als Söhne offen-
bar werden. 24 Denn wir sind gerettet,
doch in der Hoffnung. Hoffnung aber,
die man schon erfüllt sieht, ist keine
Hoffnung. Wie kann man auf etwas
hoffen, das man sieht? 25 Hoffen wir
aber auf das, was wir nicht sehen, dann
harren wir aus in Geduld. 26 So nimmt
sich auch der Geist unserer Schwach-
heit an. Denn wir wissen nicht, worum
wir in rechter Weise beten sollen; der
Geist selber tritt jedoch für uns ein mit
Seufzen, das wir nicht in Worte fassen
können. 27 Und Gott, der die Herzen er-
forscht, weiß, was die Absicht des
Geistes ist: Er tritt so, wie Gott es will,
für die Heiligen ein. 28 Wir wissen, dass
Gott bei denen, die ihn lieben, alles
zum Guten führt, bei denen, die nach
seinem ewigen Plan berufen sind;
29 denn alle, die er im voraus erkannt
hat, hat er auch im voraus dazu be-
stimmt, an Wesen und Gestalt seines
Sohnes teilzuhaben, damit dieser der
Erstgeborene von vielen Brüdern sei.
30 Die aber, die er vorausbestimmt hat,

hat er auch berufen, und die er berufen
hat, hat er auch gerecht gemacht; die er
aber gerecht gemacht hat, die hat er
auch verherrlicht.

Die Gewissheit der Glaubenden

31 Was ergibt sich nun, wenn wir das
alles bedenken? Ist Gott für uns, wer ist
dann gegen uns? 32 Er hat seinen ei-
genen Sohn nicht verschont, sondern
ihn für uns alle hingegeben – wie soll-
te er uns mit ihm nicht alles schenken?
33 Wer kann die Auserwählten Gottes
anklagen? Gott ist es, der gerecht
macht. 34 Wer kann sie verurteilen?
Christus Jesus, der gestorben ist, mehr
noch: der auferweckt worden ist, sitzt
zur Rechten Gottes und tritt für uns
ein. 35 Was kann uns scheiden von der
Liebe Christi? Bedrängnis oder Not
oder Verfolgung, Hunger oder Kälte,
Gefahr oder Schwert? 36 In der Schrift
steht: Um deinetwillen sind wir den
ganzen Tag dem Tod ausgesetzt; wir
werden behandelt wie Schafe, die man
zum Schlachten bestimmt hat. 37 Doch
all das überwinden wir durch den, der
uns geliebt hat. 38 Denn ich bin gewiss:
Weder Tod noch Leben, weder Engel
noch Mächte, weder Gegenwärtiges
noch Zukünftiges, weder Gewalten
39 der Höhe oder Tiefe noch irgendeine
andere Kreatur können uns scheiden
von der Liebe Gottes, die in Christus
Jesus ist, unserem Herrn.

Die endgültige Rettung Israels

Paulus und Israel

9 Ich sage in Christus die Wahrheit
und lüge nicht, und mein
Gewissen bezeugt es mir im Heiligen
Geist: 2 Ich bin voll Trauer, unablässig
leidet mein Herz. 3 Ja, ich möchte selber
verflucht und von Christus getrennt
sein um meiner Brüder willen, die der
Abstammung nach mit mir verbunden
sind. 4 Sie sind Israeliten; damit haben
sie die Sohnschaft, die Herrlichkeit, die
Bundesordnungen, ihnen ist das
Gesetz gegeben, der Gottesdienst und
die Verheißungen, 5 sie haben die Väter,
und dem Fleisch nach entstammt
ihnen der Christus, der über allem als
Gott steht, er ist gepriesen in Ewigkeit.
Amen.

Die bleibende Erwählung durch Gott

6 Es ist aber keineswegs so, dass Gottes
Wort hinfällig geworden ist. Denn
nicht alle, die aus Israel stammen, sind
Israel; 7 auch sind nicht alle, weil sie
Nachkommen Abrahams sind, deshalb
schon seine Kinder, sondern es heißt:
Nur die Nachkommen Isaaks werden
deine Nachkommen heißen. 8 Das be-
deutet: Nicht die Kinder des Fleisches
sind Kinder Gottes, sondern die Kinder
der Verheißung werden als Nach-
kommen anerkannt; 9 denn es ist eine

Verheißung, wenn gesagt wird: In
einem Jahr werde ich wiederkommen,
dann wird Sara einen Sohn haben. 10 So
war es aber nicht nur bei ihr, sondern
auch bei Rebekka: Sie hatte von einem
einzigen Mann empfangen, von unse-
rem Vater Isaak, 11 und ihre Kinder
waren noch nicht geboren und hatten
weder Gutes noch Böses getan; damit
aber Gottes freie Wahl und Vorher-
bestimmung gültig bleibe, 12 nicht ab-
hängig von Werken, sondern von ihm,
der beruft, wurde ihr gesagt: Der Ältere
muss dem Jüngeren dienen; 13 denn es
steht in der Schrift: Jakob habe ich
geliebt, Esau aber gehasst.

Die Freiheit und das Erbarmen Gottes

14 Heißt das nun, dass Gott ungerecht
handelt? Keineswegs! 15 Denn zu Mose
sagt er: Ich schenke Erbarmen, wem ich
will, und erweise Gnade, wem ich will.
16 Also kommt es nicht auf das Wollen
und Streben des Menschen an, sondern
auf das Erbarmen Gottes. 17 In der
Schrift wird zum Pharao gesagt: Eben
dazu habe ich dich bestimmt, dass ich
an dir meine Macht zeige und dass auf
der ganzen Erde mein Name verkündet
wird. 18 Er erbarmt sich also, wessen er
will, und macht verstockt, wen er will.
19 Nun wirst du einwenden: Wie kann
er dann noch anklagen, wenn niemand
seinem Willen zu widerstehen vermag?
20 Wer bist du denn, dass du als Mensch
mit Gott rechten willst? Sagt etwa das
Werk zu dem, der es geschaffen hat:
Warum hast du mich so gemacht? 21 Ist
nicht vielmehr der Töpfer Herr über
den Ton? Kann er nicht aus derselben
Masse ein Gefäß herstellen für Reines,
ein anderes für Unreines? 22 Gott, der
seinen Zorn zeigen und seine Macht er-
weisen wollte, hat die Gefäße des
Zorns, die zur Vernichtung bestimmt
sind, mit großer Langmut ertragen;
23 und um an den Gefäßen des Er-
barmens, die er zur Herrlichkeit vor-
herbestimmt hat, den Reichtum seiner
Herrlichkeit zu erweisen, 24 hat er uns
berufen, nicht allein aus den Juden,
sondern auch aus den Heiden.
25 So spricht er auch bei Hosea: Ich
werde als mein Volk berufen, was nicht
mein Volk war, und als Geliebte jene,
die nicht geliebt war. 26 Und dort, wo
ihnen gesagt wurde: Ihr seid nicht mein
Volk, dort werden sie Söhne des leben-
digen Gottes genannt werden.
27 Und Jesaja ruft über Israel aus: Wenn
auch die Israeliten so zahlreich wären
wie der Sand am Meer – nur der Rest
wird gerettet werden. 28 Denn der Herr
wird handeln, indem er sein Wort auf
der Erde erfüllt und durchsetzt.
29 Ebenso hat Jesaja vorhergesagt: Hätte
nicht der Herr der himmlischen Heere
uns Nachkommenschaft übrig gelassen,
wir wären wie Sodom geworden, wir
wären Gomorra gleich.

Israels falscher Eifer für Gott

30 Was heißt das nun? Heiden, die die
Gerechtigkeit nicht erstrebten, haben
Gerechtigkeit empfangen, die Gerech-
tigkeit aus Glauben. 31 Israel aber, das
nach dem Gesetz der Gerechtigkeit
strebte, hat das Gesetz verfehlt. 32 Wa-
rum? Weil es ihm nicht um die Ge-
rechtigkeit aus Glauben, sondern um
die Gerechtigkeit aus Werken ging. Sie
stießen sich am »Stein des Anstoßes«,
33 wie es in der Schrift heißt: Siehe, ich
richte in Zion einen Stein auf, an dem
man anstößt, einen Fels, an dem man
zu Fall kommt. Wer an ihn glaubt, wird
nicht zugrunde gehen.

10 Brüder, ich wünsche von gan-
zem Herzen und bete zu Gott,
dass sie gerettet werden. 2 Denn ich
bezeuge ihnen, dass sie Eifer haben für
Gott; aber es ist ein Eifer ohne Erkennt-
nis. 3 Da sie die Gerechtigkeit Gottes
verkannten und ihre eigene aufrichten
wollten, haben sie sich der Gerechtig-
keit Gottes nicht unterworfen. 4 Denn
Christus ist das Ende des Gesetzes, und
jeder, der an ihn glaubt, wird gerecht.

Die rettende Botschaft für alle

5 Mose schreibt: Wer sich an die Ge-
setzesgerechtigkeit hält in seinem Tun,
wird durch sie leben. 6 Die Glaubens-
gerechtigkeit aber spricht: Sag nicht in
deinem Herzen: Wer wird in den
Himmel hinaufsteigen? Das hieße:
Christus herabholen. 7 Oder: Wer wird
in den Abgrund hinabsteigen? Das
hieße: Christus von den Toten herauf-
führen. 8 Was also sagt sie? Das Wort
ist dir nahe, es ist in deinem Mund und
in deinem Herzen. Gemeint ist das
Wort des Glaubens, das wir ver-
kündigen; 9 denn wenn du mit deinem
Mund bekennst: »Jesus ist der Herr«
und in deinem Herzen glaubst: »Gott
hat ihn von den Toten auferweckt«, so
wirst du gerettet werden. 10 Wer mit
dem Herzen glaubt und mit dem Mund
bekennt, wird Gerechtigkeit und Heil
erlangen. 11 Denn die Schrift sagt: Wer
an ihn glaubt, wird nicht zugrunde
gehen. 12 Darin gibt es keinen Unter-
schied zwischen Juden und Griechen.
Alle haben denselben Herrn; aus
seinem Reichtum beschenkt er alle, die
ihn anrufen. 13 Denn jeder, der den
Namen des Herrn anruft, wird gerettet
werden. 14 Wie sollen sie nun den an-
rufen, an den sie nicht glauben? Wie
sollen sie an den glauben, von dem sie
nichts gehört haben? Wie sollen sie
hören, wenn niemand verkündigt?
15 Wie soll aber jemand verkündigen,
wenn er nicht gesandt ist? Darum heißt
es in der Schrift: Wie sind die Freuden-
boten willkommen, die Gutes ver-
kündigen!

Israels Ungehorsam

16 Doch nicht alle sind dem Evangelium gehorsam geworden. Denn Jesaja sagt: Herr, wer hat unserer Botschaft geglaubt? 17 So gründet der Glaube in der Botschaft, die Botschaft im Wort Christi. 18 Aber, so frage ich, haben sie die Boten etwa nicht gehört? Doch, sie haben sie gehört; denn ihre Stimme war in der ganzen Welt zu hören und ihr Wort bis an die Enden der Erde. 19 Hat dann Israel, so frage ich, die Botschaft nicht verstanden?

Zunächst antwortet Mose: Ich will euch eifersüchtig machen auf ein Volk, das kein Volk ist; auf ein unverständiges Volk will ich euch zornig machen.

20 Und Jesaja wagt sogar zu sagen: Ich ließ mich finden von denen, die nicht nach mir suchten; ich offenbarte mich denen, die nicht nach mir fragten. 21 Über Israel aber sagt er: Den ganzen Tag habe ich meine Hände ausgestreckt nach einem ungehorsamen und widerspenstigen Volk.

Der erwählte »Rest« und das verblendete Volk

11 Ich frage also: Hat Gott sein Volk verstoßen? Keineswegs! Denn auch ich bin ein Israelit, ein Nachkomme Abrahams, aus dem Stamm Benjamin. 2 Gott hat sein Volk nicht verstoßen, das er einst erwählt hat. Oder wisst ihr nicht, was die Schrift von Elija berichtet? Elija führte Klage gegen Israel und sagte: 3 Herr, sie haben deine Propheten getötet und deine Altäre zerstört. Ich allein bin übrig geblieben, und nun trachten sie auch mir nach dem Leben. 4 Gott aber antwortete ihm: Ich habe siebentausend Männer für mich übrig gelassen, die ihr Knie nicht vor Baal gebeugt haben. 5 Ebenso gibt es auch in der gegenwärtigen Zeit einen Rest, der aus Gnade erwählt ist – 6 aus Gnade, nicht mehr aufgrund von Werken; sonst wäre die Gnade nicht mehr Gnade. 7 Das bedeutet: Was Israel erstrebt, hat nicht das ganze Volk, sondern nur der erwählte Rest erlangt; die übrigen wurden verstockt, 8 wie es in der Schrift heißt: Gott gab ihnen einen Geist der Betäubung, Augen, die nicht sehen, und Ohren, die nicht hören, bis zum heutigen Tag. 9 Und David sagt: Ihr Opfertisch werde für sie zur Schlinge und zur Falle, zur Ursache des Sturzes und der Bestrafung. 10 Ihre Augen sollen erblinden, so dass sie nichts mehr sehen; ihren Rücken beuge für immer!

11 Nun frage ich: Sind sie etwa gestrauchelt, damit sie zu Fall kommen? Keineswegs! Vielmehr kam durch ihr Versagen das Heil zu den Heiden, um sie selbst eifersüchtig zu machen. 12 Wenn aber schon durch ihr Versagen die Welt und durch ihr Verschulden die Heiden reich werden, dann wird das erst recht geschehen, wenn ganz Israel zum Glauben kommt.

Das Bild vom Ölbaum

13 Euch, den Heiden, sage ich: Gerade
als Apostel der Heiden preise ich
meinen Dienst, 14 weil ich hoffe, die An-
gehörigen meines Volkes eifersüchtig
zu machen und wenigstens einige von
ihnen zu retten. 15 Denn wenn schon
ihre Verwerfung für die Welt Ver-
söhnung gebracht hat, dann wird ihre
Annahme nichts anderes sein als Leben
aus dem Tod. 16 Ist die Erstlingsgabe
vom Teig heilig, so ist es auch der ganze
Teig; ist die Wurzel heilig, so sind es
auch die Zweige. 17 Wenn aber einige
Zweige herausgebrochen wurden und
wenn du als Zweig vom wilden Ölbaum
in den edlen Ölbaum eingepfropft
wurdest und damit Anteil erhieltest an
der Kraft seiner Wurzel, 18 so erhebe
dich nicht über die anderen Zweige.
Wenn du es aber tust, sollst du wissen:
Nicht du trägst die Wurzel, sondern
die Wurzel trägt dich. 19 Nun wirst du
sagen: Die Zweige wurden doch
herausgebrochen, damit ich einge-
pfropft werde. 20 Gewiss, sie wurden
herausgebrochen, weil sie nicht glaub-
ten. Du aber stehst an ihrer Stelle, weil
du glaubst. Sei daher nicht überheb-
lich, sondern fürchte dich! 21 Hat Gott
die Zweige, die von Natur zum edlen
Baum gehören, nicht verschont, so
wird er auch dich nicht verschonen.
22 Erkenne die Güte Gottes und seine
Strenge! Die Strenge gegen jene, die
gefallen sind, Gottes Güte aber gegen
dich, sofern du in seiner Güte bleibst;
sonst wirst auch du herausgehauen
werden. 23 Ebenso werden auch jene,
wenn sie nicht am Unglauben fest-
halten, wieder eingepfropft werden;
denn Gott hat die Macht, sie wieder ein-
zupfropfen. 24 Wenn du aus dem von
Natur wilden Ölbaum herausgehauen
und gegen die Natur in den edlen
Ölbaum eingepfropft wurdest, dann
werden erst recht sie als die von Natur
zugehörigen Zweige ihrem eigenen
Ölbaum wieder eingepfropft werden.

Die Errettung ganz Israels

25 Damit ihr euch nicht auf eigene Ein-
sicht verlasst, Brüder, sollt ihr dieses
Geheimnis wissen: Verstockung liegt
auf einem Teil Israels, bis die Heiden in
voller Zahl das Heil erlangt haben;
26 dann wird ganz Israel gerettet
werden, wie es in der Schrift heißt:
Der Retter wird aus Zion kommen, / er
wird alle Gottlosigkeit von Jakob ent-
fernen.
27 Das ist der Bund, den ich ihnen
gewähre, / wenn ich ihre Sünden weg-
nehme.
28 Vom Evangelium her gesehen sind sie
Feinde Gottes, und das um euretwillen;
von ihrer Erwählung her gesehen sind
sie von Gott geliebt, und das um der
Väter willen. 29 Denn unwiderruflich
sind Gnade und Berufung, die Gott
gewährt. 30 Und wie ihr einst Gott un-

gehorsam wart, jetzt aber infolge ihres
Ungehorsams Erbarmen gefunden
habt, 31 so sind sie infolge des Erbar-
mens, das ihr gefunden habt, ungehor-
sam geworden, damit jetzt auch sie Er-
barmen finden. 32 Gott hat alle in den
Ungehorsam eingeschlossen, um sich
aller zu erbarmen.
33 O Tiefe des Reichtums, der Weisheit
und der Erkenntnis Gottes! Wie un-
ergründlich sind seine Entschei-
dungen, wie unerforschlich seine We-
ge! 34 Denn wer hat die Gedanken des
Herrn erkannt? Oder wer ist sein Rat-
geber gewesen? 35 Wer hat ihm etwas
gegeben, so dass Gott ihm etwas zu-
rückgeben müsste? 36 Denn aus ihm
und durch ihn und auf ihn hin ist die
ganze Schöpfung. Ihm sei Ehre in Ewig-
keit! Amen.

Das Leben der Glaubenden

Die Gemeinde und ihre Dienste

12 Angesichts des Erbarmens
Gottes ermahne ich euch,
meine Brüder, euch selbst als leben-
diges und heiliges Opfer darzubringen,
das Gott gefällt; das ist für euch der
wahre und angemessene Gottesdienst.
2 Gleicht euch nicht dieser Welt an,
sondern wandelt euch und erneuert
euer Denken, damit ihr prüfen und er-
kennen könnt, was der Wille Gottes ist:
was ihm gefällt, was gut und vollkom-
men ist.
3 Aufgrund der Gnade, die mir gegeben
ist, sage ich einem jeden von euch:
Strebt nicht über das hinaus, was euch
zukommt, sondern strebt danach, be-
sonnen zu sein, jeder nach dem Maß
des Glaubens, das Gott ihm zugeteilt
hat. 4 Denn wie wir an dem einen Leib
viele Glieder haben, aber nicht alle
Glieder denselben Dienst leisten, 5 so
sind wir, die vielen, ein Leib in Chris-
tus, als einzelne aber sind wir Glieder,
die zueinander gehören. 6 Wir haben
unterschiedliche Gaben, je nach der
uns verliehenen Gnade. Hat einer die
Gabe prophetischer Rede, dann rede er
in Übereinstimmung mit dem Glau-
ben; 7 hat einer die Gabe des Dienens,
dann diene er. Wer zum Lehren beru-
fen ist, der lehre; 8 wer zum Trösten und
Ermahnen berufen ist, der tröste und
ermahne. Wer gibt, gebe ohne Hinter-
gedanken; wer Vorsteher ist, setze sich
eifrig ein; wer Barmherzigkeit übt, der
tue es freudig.

Aufforderungen zu einem Leben aus dem Geist

9 Eure Liebe sei ohne Heuchelei. Ver-
abscheut das Böse, haltet fest am Gu-
ten! 10 Seid einander in brüderlicher
Liebe zugetan, übertrefft euch in ge-
genseitiger Achtung! 11 Lasst nicht
nach in eurem Eifer, lasst euch vom

Geist entflammen und dient dem
Herrn! 12 Seid fröhlich in der Hoff-
nung, geduldig in der Bedrängnis,
beharrlich im Gebet! 13 Helft den
Heiligen, wenn sie in Not sind; gewährt
jederzeit Gastfreundschaft! 14 Segnet
eure Verfolger; segnet sie, verflucht sie
nicht! 15 Freut euch mit den Fröhlichen
und weint mit den Weinenden! 16 Seid
untereinander eines Sinnes; strebt
nicht hoch hinaus, sondern bleibt
demütig! Haltet euch nicht selbst für
weise!
17 Vergeltet niemand Böses mit Bösem!
Seid allen Menschen gegenüber auf
Gutes bedacht! 18 So weit es euch mög-
lich ist, haltet mit allen Menschen
Frieden! 19 Rächt euch nicht selber,
liebe Brüder, sondern lasst Raum für
den Zorn (Gottes); denn in der Schrift
steht: Mein ist die Rache, ich werde ver-
gelten, spricht der Herr. 20 Vielmehr:
Wenn dein Feind Hunger hat, gib ihm
zu essen, wenn er Durst hat, gib ihm zu
trinken; tust du das, dann sammelst du
glühende Kohlen auf sein Haupt. 21 Lass
dich nicht vom Bösen besiegen, son-
dern besiege das Böse durch das Gute!

Der Christ und die staatliche Ordnung

13 Jeder leiste den Trägern der
staatlichen Gewalt den schul-
digen Gehorsam. Denn es gibt keine
staatliche Gewalt, die nicht von Gott
stammt; jede ist von Gott eingesetzt.
2 Wer sich daher der staatlichen Gewalt
widersetzt, stellt sich gegen die Ord-
nung Gottes, und wer sich ihm ent-
gegenstellt, wird dem Gericht verfallen.
3 Vor den Trägern der Macht hat sich
nicht die gute, sondern die böse Tat zu
fürchten; willst du also ohne Furcht vor
der staatlichen Gewalt leben, dann tue
das Gute, so dass du ihre Anerkennung
findest. 4 Sie steht im Dienst Gottes und
verlangt, dass du das Gute tust. Wenn
du aber Böses tust, fürchte dich!
Denn nicht ohne Grund trägt sie das
Schwert. Sie steht im Dienst Gottes und
vollstreckt das Urteil an dem, der Böses
tut. 5 Deshalb ist es notwendig, Gehor-
sam zu leisten, nicht allein aus Furcht
vor der Strafe, sondern vor allem um
des Gewissens willen. 6 Das ist auch der
Grund, weshalb ihr Steuern zahlt; denn
in Gottes Auftrag handeln jene, die
Steuern einzuziehen haben. 7 Gebt
allen, was ihr ihnen schuldig seid, sei es
Steuer oder Zoll, sei es Furcht oder
Ehre.

Das grundlegende Gebot

8 Bleibt niemand etwas schuldig; nur
die Liebe schuldet ihr einander immer.
Wer den andern liebt, hat das Gesetz
erfüllt. 9 Denn die Gebote: Du sollst
nicht die Ehe brechen, du sollst nicht
töten, du sollst nicht stehlen, du sollst
nicht begehren!, und alle anderen Ge-
bote sind in dem einen Satz zusam-

mengefasst: Du sollst deinen Nächsten
lieben wie dich selbst. 10 Die Liebe tut
dem Nächsten nichts Böses. Also ist die
Liebe die Erfüllung des Gesetzes.
11 Bedenkt die gegenwärtige Zeit: Die
Stunde ist gekommen, aufzustehen
vom Schlaf. Denn jetzt ist das Heil uns
näher als zu der Zeit, da wir gläubig
wurden. 12 Die Nacht ist vorgerückt, der
Tag ist nahe. Darum lasst uns ablegen
die Werke der Finsternis und anlegen
die Waffen des Lichts. 13 Lasst uns
ehrenhaft leben wie am Tag, ohne maß-
loses Essen und Trinken, ohne Unzucht
und Ausschweifung, ohne Streit und
Eifersucht. 14 Legt (als neues Gewand)
den Herrn Jesus Christus an, und sorgt
nicht so für euren Leib, dass die Be-
gierden erwachen.

»Starke« und »Schwache« in der Gemeinde

14 Nehmt den an, der im Glauben
schwach ist, ohne mit ihm
über verschiedene Auffassungen zu
streiten. 2 Der eine glaubt, alles essen zu
dürfen, der Schwache aber isst kein
Fleisch. 3 Wer Fleisch isst, verachte den
nicht, der es nicht isst; wer kein Fleisch
isst, richte den nicht, der es isst. Denn
Gott hat ihn angenommen. 4 Wie
kannst du den Diener eines anderen
richten? Sein Herr entscheidet, ob er
steht oder fällt. Er wird aber stehen;
denn der Herr bewirkt, dass er steht.
5 Der eine bevorzugt bestimmte Tage,
der andere macht keinen Unterschied
zwischen den Tagen. Jeder soll aber von
seiner Auffassung überzeugt sein.
6 Wer einen bestimmten Tag bevorzugt,
tut es zur Ehre des Herrn. Wer Fleisch
isst, tut es zur Ehre des Herrn; denn er
dankt Gott dabei. Wer kein Fleisch isst,
unterlässt es zur Ehre des Herrn, und
auch er dankt Gott. 7 Keiner von uns
lebt sich selber, und keiner stirbt sich
selber: 8 Leben wir, so leben wir dem
Herrn, sterben wir, so sterben wir
dem Herrn. Ob wir leben oder ob wir
sterben, wir gehören dem Herrn.
9 Denn Christus ist gestorben und
lebendig geworden, um Herr zu sein
über Tote und Lebende. 10 Wie kannst
also du deinen Bruder richten? Und
du, wie kannst du deinen Bruder ver-
achten? Wir werden doch alle vor dem
Richterstuhl Gottes stehen. 11 Denn es
heißt in der Schrift: So wahr ich lebe,
spricht der Herr, vor mir wird jedes
Knie sich beugen, und jede Zunge wird
Gott preisen. 12 Also wird jeder von uns
vor Gott Rechenschaft über sich selbst
ablegen.
13 Daher wollen wir uns nicht mehr
gegenseitig richten. Achtet vielmehr
darauf, dem Bruder keinen Anstoß zu
geben und ihn nicht zu Fall zu bringen.
14 Auf Jesus, unseren Herrn, gründet
sich meine feste Überzeugung, dass an
sich nichts unrein ist; unrein ist es nur
für den, der es als unrein betrachtet.

15 Wenn wegen einer Speise, die du isst,
dein Bruder verwirrt und betrübt wird,
dann handelst du nicht mehr nach dem
Gebot der Liebe. Richte durch deine
Speise nicht den zugrunde, für den
Christus gestorben ist. [16] Es darf doch
euer wahres Gut nicht der Lästerung
preisgegeben werden; [17] denn das Reich
Gottes ist nicht Essen und Trinken, es
ist Gerechtigkeit, Friede und Freude im
Heiligen Geist. [18] Und wer Christus so
dient, wird von Gott anerkannt und ist
bei den Menschen geachtet. [19] Lasst uns
also nach dem streben, was zum
Frieden und zum Aufbau (der Ge-
meinde) beiträgt. [20] Reiß nicht wegen
einer Speise das Werk Gottes nieder!
Alle Dinge sind rein; schlecht ist es
jedoch, wenn ein Mensch durch sein
Essen dem Bruder Anstoß gibt. [21] Es ist
nicht gut, Fleisch zu essen oder Wein
zu trinken oder sonst etwas zu tun,
wenn dein Bruder daran Anstoß
nimmt. [22] Die Überzeugung, die du
selbst hast, sollst du vor Gott haben.
Wohl dem, der sich nicht zu ver-
urteilen braucht bei dem, was er für
recht hält. [23] Wer aber Zweifel hat,
wenn er etwas isst, der ist gerichtet,
weil er nicht aus der Überzeugung des
Glaubens handelt. Alles, was nicht aus
Glauben geschieht, ist Sünde.

Aufruf zur Einmütigkeit in der Gemeinde

15 Wir müssen als die Starken die
Schwäche derer tragen, die
schwach sind, und dürfen nicht für uns
selbst leben. [2] Jeder von uns soll Rück-
sicht auf den Nächsten nehmen, um
Gutes zu tun und (die Gemeinde) auf-
zubauen. [3] Denn auch Christus hat
nicht für sich selbst gelebt; in der
Schrift heißt es vielmehr: Die Schmä-
hungen derer, die dich schmähen,
haben mich getroffen. [4] Und alles, was
einst geschrieben worden ist, ist zu
unserer Belehrung geschrieben, damit
wir durch Geduld und durch den Trost
der Schrift Hoffnung haben. [5] Der Gott
der Geduld und des Trostes schenke
euch die Einmütigkeit, die Christus
Jesus entspricht, [6] damit ihr Gott, den
Vater unseres Herrn Jesus Christus, ein-
trächtig und mit einem Munde preist.
[7] Darum nehmt einander an, wie auch
Christus uns angenommen hat, zur
Ehre Gottes. [8] Denn, das sage ich, Chris-
tus ist um der Wahrhaftigkeit Gottes
willen Diener der Beschnittenen ge-
worden, damit die Verheißungen an
die Väter bestätigt werden. [9] Die Hei-
den aber rühmen Gott um seines Er-
barmens willen; es steht ja in der
Schrift:

Darum will ich dich bekennen unter
den Heiden / und deinem Namen
lobsingen.

[10] An anderer Stelle heißt es:
Ihr Heiden, freut euch mit seinem
Volk!
[11] Und es heißt auch:
Lobt den Herrn, alle Heiden, / preisen
sollen ihn alle Völker.
[12] Und Jesaja sagt:
Kommen wird der Spross aus der
Wurzel Isais; / er wird sich erheben, /
um über die Heiden zu herrschen. /
Auf ihn werden die Heiden hoffen.
[13] Der Gott der Hoffnung aber erfülle
euch mit aller Freude und mit allem
Frieden im Glauben, damit ihr reich
werdet an Hoffnung in der Kraft des
Heiligen Geistes.

Der Schluss des Briefes

Die Reisepläne des Paulus

[14] Meine Brüder, ich bin fest davon
überzeugt, dass ihr viel Gutes tut, dass
ihr reiche Erkenntnis besitzt und selbst
im Stande seid, einander zurecht-
zuweisen.
[15] Um euch aber einiges in Erinnerung
zu rufen, habe ich euch einen teilweise
sehr deutlichen Brief geschrieben. Ich
tat es kraft der Gnade, die mir von Gott
gegeben ist, [16] damit ich als Diener
Christi Jesu für die Heiden wirke und
das Evangelium Gottes wie ein Priester
verwalte; denn die Heiden sollen eine
Opfergabe werden, die Gott gefällt, ge-
heiligt im Heiligen Geist.
[17] In Christus Jesus kann ich mich also
vor Gott rühmen. [18] Denn ich wage nur
von dem zu reden, was Christus, um
die Heiden zum Gehorsam zu führen,
durch mich in Wort und Tat bewirkt
hat, [19] in der Kraft von Zeichen und
Wundern, in der Kraft des Geistes
Gottes. So habe ich von Jerusalem aus
in weitem Umkreis bis nach Illyrien
überallhin das Evangelium Christi ge-
bracht. [20] Dabei habe ich darauf ge-
achtet, das Evangelium nicht dort zu
verkündigen, wo der Name Christi
schon bekannt gemacht war, um nicht
auf einem fremden Fundament zu
bauen; [21] denn es heißt in der Schrift:
Sehen werden die, denen nichts über
ihn verkündet wurde, / und die werden
verstehen, die nichts gehört haben.
[22] Das ist es auch, was mich immer
wieder gehindert hat, zu euch zu
kommen. [23] Jetzt aber habe ich in
diesen Gegenden kein neues Arbeits-
feld mehr. Außerdem habe ich mich
seit vielen Jahren danach gesehnt, zu
euch zu kommen, [24] wenn ich einmal
nach Spanien reise; auf dem Weg
dorthin hoffe ich euch zu sehen und
dann von euch für die Weiterreise aus-
gerüstet zu werden, nachdem ich mich
einige Zeit an euch erfreut habe.
[25] Doch jetzt gehe ich zuerst nach
Jerusalem, um den Heiligen einen
Dienst zu erweisen. [26] Denn Maze-
donien und Achaia haben eine Samm-
lung beschlossen für die Armen unter

den Heiligen in Jerusalem. 27 Sie haben
das beschlossen, weil sie ihre Schuld-
ner sind. Denn wenn die Heiden an
ihren geistlichen Gütern Anteil erhal-
ten haben, so sind sie auch verpflichtet,
ihnen mit irdischen Gütern zu dienen.
28 Wenn ich diese Aufgabe erfüllt und
ihnen den Ertrag der Sammlung ord-
nungsgemäß übergeben habe, will ich
euch besuchen und dann nach Spanien
weiterreisen. 29 Ich weiß aber, wenn ich
zu euch komme, werde ich mit der
Fülle des Segens Christi kommen.

Aufforderung zur Fürbitte

30 Ich bitte euch, meine Brüder, im
Namen Jesu Christi, unseres Herrn,
und bei der Liebe des Geistes: Steht mir
bei, und betet für mich zu Gott, 31 dass
ich vor den Ungläubigen in Judäa
gerettet werde, dass mein Dienst in
Jerusalem von den Heiligen dankbar
aufgenommen wird 32 und dass ich,
wenn es Gottes Wille ist, voll Freude zu
euch kommen kann, um mit euch eine
Zeit der Ruhe zu verbringen.
33 Der Gott des Friedens sei mit euch
allen! Amen.

Grüße und Ermahnungen

16 Ich empfehle euch unsere
Schwester Phöbe, die Dienerin
der Gemeinde von Kenchreä: 2 Nehmt
sie im Namen des Herrn auf, wie es
Heilige tun sollen, und steht ihr in
jeder Sache bei, in der sie euch braucht;
sie selbst hat vielen, darunter auch mir,
geholfen. 3 Grüßt Priska und Aquila,
meine Mitarbeiter in Christus Jesus,
4 die für mich ihr eigenes Leben aufs
Spiel gesetzt haben; nicht allein ich,
sondern alle Gemeinden der Heiden
sind ihnen dankbar. 5 Grüßt auch die
Gemeinde, die sich in ihrem Haus ver-
sammelt. Grüßt meinen lieben Epäne-
tus, der die Erstlingsgabe der Provinz
Asien für Christus ist. 6 Grüßt Maria,
die für euch viel Mühe auf sich
genommen hat. 7 Grüßt Andronikus
und Junias, die zu meinem Volk ge-
hören und mit mir zusammen im
Gefängnis waren; sie sind angesehene
Apostel und haben sich schon vor mir
zu Christus bekannt. 8 Grüßt Am-
pliatus, mit dem ich im Herrn ver-
bunden bin. 9 Grüßt Urbanus, unseren
Mitarbeiter in Christus, und meinen
lieben Stachys. 10 Grüßt Apelles, der
sich in Christus bewährt hat. Grüßt das
ganze Haus des Aristobul. 11 Grüßt
Herodion, der zu meinem Volk gehört.
Grüßt alle aus dem Haus des Narzissus,
die sich zum Herrn bekennen. 12 Grüßt
Tryphäna und Tryphosa, die für den
Herrn viel Mühe auf sich nehmen.
Grüßt die liebe Persis; sie hat für den
Herrn große Mühe auf sich genom-
men. 13 Grüßt Rufus, der vom Herrn
auserwählt ist; grüßt seine Mutter, die
auch mir zur Mutter geworden ist.

14 Grüßt Asynkritus, Phlegon, Hermes,
Patrobas, Hermas und die Brüder, die
bei ihnen sind. 15 Grüßt Philologus und
Julia, Nereus und seine Schwester,
Olympas und alle Heiligen, die bei
ihnen sind. 16 Grüßt einander mit dem
heiligen Kuss. Es grüßen euch alle Gemeinden Christi.
17 Ich ermahne euch, meine Brüder, auf
die acht zu geben, die im Widerspruch
zu der Lehre, die ihr gelernt habt,
Spaltung und Verwirrung verursachen:
Haltet euch von ihnen fern! 18 Denn
diese Leute dienen nicht Christus,
unserem Herrn, sondern ihrem Bauch,
und sie verführen durch ihre schönen
und gewandten Reden das Herz der
Arglosen. 19 Doch euer Gehorsam ist
allen bekannt; daher freue ich mich
über euch und wünsche nur, dass ihr
verständig bleibt, offen für das Gute,
unzugänglich für das Böse. 20 Der Gott
des Friedens wird den Satan bald zertreten und unter eure Füße legen. Die
Gnade Jesu, unseres Herrn, sei mit
euch!
21 Es grüßen euch Timotheus, mein
Mitarbeiter, und Luzius, Jason und
Sosipater, die zu meinem Volk gehören.
22 Ich, Tertius, der Schreiber dieses
Briefes, grüße euch im Namen des
Herrn. 23 Es grüßt euch Gaius, der mich
und die ganze Gemeinde gastlich aufgenommen hat. Es grüßt euch der
Stadtkämmerer Erastus und der Bruder
Quartus.
[24 Die Gnade Jesu Christi, unseres
Herrn, sei mit euch allen! Amen.]

Abschließender Lobpreis Gottes

25 Ehre sei dem, der die Macht hat, euch
Kraft zu geben – / gemäß meinem
Evangelium und der Botschaft von
Jesus Christus, / gemäß der Offenbarung jenes Geheimnisses, / das seit
ewigen Zeiten unausgesprochen war,
26 jetzt aber nach dem Willen des
ewigen Gottes offenbart / und durch
prophetische Schriften kundgemacht
wurde, / um alle Heiden zum Gehorsam des Glaubens zu führen.
27 Ihm, dem einen, weisen Gott, / sei
Ehre durch Jesus Christus in alle Ewigkeit! Amen.

Der erste Brief an die Korinther

Nach Ausweis der Apostelgeschichte (18,1–18) kam Paulus auf der zweiten Missionsreise im Jahr 50 oder 51 n. Chr. nach Korinth. Die dortige Christengemeinde ist von ihm gegründet. Nach seinem Wegzug blieb er mit der Gemeinde in persönlicher Verbindung. In den beiden erhaltenen Korintherbriefen werden noch andere Schreiben an die Gemeinde erwähnt (vgl. 1 Kor 5,9; 2 Kor 2,4f).

Paulus hat den 1. Korintherbrief zwischen 53 und 55 n. Chr. in Ephesus geschrieben. Den Anlass bildeten Fragen, die in der jungen Christengemeinde aufgetreten waren. Der Apostel erhielt davon Kenntnis durch «die Leute der Chloe» (1,11) und durch eine schriftliche Anfrage, die ihm wahrscheinlich von einer Abordnung der Gemeinde überbracht wurde (7,1; 16,17). Die «Leute der Chloe» berichteten von Spaltungen, die das Weiterbestehen der Gemeinde gefährdeten (1,12–17). Sie erzählten von einem schweren Fall von Blutschande (5,1–13), von Streitigkeiten der Christen vor heidnischen Richtern (6,1–11) und von sexuellen Verfehlungen (6,12–20). Ausführlich erörtert werden Fragen über Ehe und Ehelosigkeit (7,1–40), den Genuss von Götzenopferfleisch (8,1–11,1) und die Ordnung in der gottesdienstlichen Versammlung (11,2–14,40); nachdrücklich wendet sich Paulus gegen Mißstände beim Herrenmahl (11,17–34). Das 15. Kapitel hat die Auferweckung Christi und der Christen zum Thema. Das abschließende Kapitel 16 enthält persönliche Mitteilungen und eine ausführliche Grußliste.

Der 1. Korintherbrief gibt Einblick in das Leben und in die Probleme einer jungen heidenchristlichen Gemeinde. Aus der Stellungnahme des Paulus wird vor allem sichtbar, was für Glauben und Leben der Christen maßgebend ist: das Kreuz (1,18–2,5) und die Auferweckung Christi (15,1–28), das Wirken des Geistes Gottes (2,10–16; 12,1–31), die Ordnung der Gemeinde (3,5–4,21; 12,27–30; 16,15- 18) und der rechte Gebrauch der Geistesgaben (12,1–11.27–31; 14,1–40). Wie kein anderer Brief zeigt dieses Schreiben, in welcher Weise Paulus sich als Gemeindegründer den Fragen einer jungen Gemeinde stellt und wie stark seine Entscheidungen von Christus, dem Gekreuzigten und Auferstandenen, her bestimmt sind.

Anschrift und Gruss

1 Paulus, durch Gottes Willen
berufener Apostel Christi Jesu,
und der Bruder Sosthenes 2 an die
Kirche Gottes, die in Korinth ist, – an
die Geheiligten in Christus Jesus,
berufen als Heilige mit allen, die den
Namen Jesu Christi, unseres Herrn,
überall anrufen, bei ihnen und bei uns.
3 Gnade sei mit euch und Friede von
Gott, unserem Vater, und dem Herrn
Jesus Christus.

Dank an Gott

4 Ich danke Gott jederzeit euretwegen
für die Gnade Gottes, die euch in
Christus Jesus geschenkt wurde, 5 dass
ihr an allem reich geworden seid in
ihm, an aller Rede und aller Erkennt-
nis. 6 Denn das Zeugnis über Christus
wurde bei euch gefestigt, 7 so dass euch
keine Gnadengabe fehlt, während ihr
auf die Offenbarung Jesu Christi,
unseres Herrn, wartet. 8 Er wird euch
auch festigen bis ans Ende, so dass ihr
schuldlos dasteht am Tag Jesu, unseres
Herrn. 9 Treu ist Gott, durch den ihr
berufen worden seid zur Gemeinschaft
mit seinem Sohn Jesus Christus,
unserem Herrn.

Die Spaltungen der Gemeinde

Mahnung zur Einheit

10 Ich ermahne euch aber, Brüder, im
Namen Jesu Christi, unseres Herrn:
Seid alle einmütig, und duldet keine
Spaltungen unter euch; seid ganz eines
Sinnes und einer Meinung. 11 Es wurde
mir nämlich, meine Brüder, von den
Leuten der Chloë berichtet, dass es
Zank und Streit unter euch gibt. 12 Ich
meine damit, dass jeder von euch etwas
anderes sagt: Ich halte zu Paulus – ich
zu Apollos – ich zu Kephas – ich zu
Christus. 13 Ist denn Christus zerteilt?
Wurde etwa Paulus für euch ge-
kreuzigt? Oder seid ihr auf den Namen
des Paulus getauft worden? 14 Ich danke
Gott, dass ich niemand von euch ge-
tauft habe, außer Krispus und Gaius,
15 so dass keiner sagen kann, ihr seiet auf
meinen Namen getauft worden. 16 Ich
habe allerdings auch die Familie des
Stephanas getauft. Ob ich sonst noch
jemand getauft habe, weiß ich nicht
mehr. 17 Denn Christus hat mich nicht
gesandt zu taufen, sondern das Evan-

gelium zu verkünden, aber nicht mit
gewandten und klugen Worten, damit
das Kreuz Christi nicht um seine Kraft
gebracht wird.

Die Botschaft vom Kreuz

18 Denn das Wort vom Kreuz ist denen,
die verloren gehen, Torheit; uns aber,
die gerettet werden, ist es Gottes Kraft.
19 Es heißt nämlich in der Schrift:
Ich lasse die Weisheit der Weisen vergehen / und die Klugheit der Klugen
verschwinden.
20 Wo ist ein Weiser? Wo ein Schriftgelehrter? Wo ein Wortführer in dieser
Welt? Hat Gott nicht die Weisheit der
Welt als Torheit entlarvt? 21 Denn da
die Welt angesichts der Weisheit
Gottes auf dem Weg ihrer Weisheit
Gott nicht erkannte, beschloss Gott,
alle, die glauben, durch die Torheit der
Verkündigung zu retten. 22 Die Juden
fordern Zeichen, die Griechen suchen
Weisheit. 23 Wir dagegen verkündigen
Christus als den Gekreuzigten: für
Juden ein empörendes Ärgernis, für
Heiden eine Torheit, 24 für die Berufenen aber, Juden wie Griechen,
Christus, Gottes Kraft und Gottes
Weisheit.
25 Denn das Törichte an Gott ist weiser
als die Menschen, und das Schwache an
Gott ist stärker als die Menschen.
26 Seht doch auf eure Berufung, Brüder!
Da sind nicht viele Weise im irdischen
Sinn, nicht viele Mächtige, nicht viele
Vornehme, 27 sondern das Törichte in
der Welt hat Gott erwählt, um die
Weisen zuschanden zu machen, und
das Schwache in der Welt hat Gott
erwählt, um das Starke zuschanden zu
machen. 28 Und das Niedrige in der
Welt und das Verachtete hat Gott
erwählt: das, was nichts ist, um das, was
etwas ist, zu vernichten, 29 damit kein
Mensch sich rühmen kann vor Gott.
30 Von ihm her seid ihr in Christus
Jesus, den Gott für uns zur Weisheit
gemacht hat, zur Gerechtigkeit, Heiligung und Erlösung. 31 Wer sich also
rühmen will, der rühme sich des Herrn;
so heißt es schon in der Schrift.

Paulus, Verkünder der Weisheit Gottes

2 Als ich zu euch kam, Brüder, kam
ich nicht, um glänzende Reden
oder gelehrte Weisheit vorzutragen,
sondern um euch das Zeugnis Gottes
zu verkündigen. 2 Denn ich hatte mich
entschlossen, bei euch nichts zu wissen
außer Jesus Christus, und zwar als den
Gekreuzigten. 3 Zudem kam ich in
Schwäche und in Furcht, zitternd und
bebend zu euch. 4 Meine Botschaft und
Verkündigung war nicht Überredung
durch gewandte und kluge Worte,
sondern war mit dem Erweis von Geist
und Kraft verbunden, 5 damit sich euer
Glaube nicht auf Menschenweisheit
stützte, sondern auf die Kraft Gottes.

6 Und doch verkündigen wir Weisheit
unter den Vollkommenen, aber nicht
Weisheit dieser Welt oder der Macht-
haber dieser Welt, die einst entmachtet
werden. 7 Vielmehr verkündigen wir
das Geheimnis der verborgenen
Weisheit Gottes, die Gott vor allen
Zeiten vorausbestimmt hat zu unserer
Verherrlichung. 8 Keiner der Macht-
haber dieser Welt hat sie erkannt; denn
hätten sie die Weisheit Gottes erkannt,
so hätten sie den Herrn der Herrlich-
keit nicht gekreuzigt. 9 Nein, wir ver-
kündigen, wie es in der Schrift heißt,
was kein Auge gesehen und kein Ohr
gehört hat, was keinem Menschen in
den Sinn gekommen ist: das Große, das
Gott denen bereitet hat, die ihn lieben.
10 Denn uns hat es Gott enthüllt durch
den Geist. Der Geist ergründet nämlich
alles, auch die Tiefen Gottes. 11 Wer von
den Menschen kennt den Menschen,
wenn nicht der Geist des Menschen,
der in ihm ist? So erkennt auch keiner
Gott – nur der Geist Gottes. 12 Wir aber
haben nicht den Geist der Welt emp-
fangen, sondern den Geist, der aus Gott
stammt, damit wir das erkennen, was
uns von Gott geschenkt worden ist.
13 Davon reden wir auch, nicht mit
Worten, wie menschliche Weisheit sie
lehrt, sondern wie der Geist sie lehrt,
indem wir den Geisterfüllten das
Wirken des Geistes deuten. 14 Der ir-
disch gesinnte Mensch aber lässt sich
nicht auf das ein, was vom Geist Gottes
kommt. Torheit ist es für ihn, und er
kann es nicht verstehen, weil es nur mit
Hilfe des Geistes beurteilt werden
kann. 15 Der geisterfüllte Mensch urteilt
über alles, ihn aber vermag niemand zu
beurteilen. 16 Denn wer begreift den
Geist des Herrn? Wer kann ihn be-
lehren? Wir aber haben den Geist
Christi.

3 Vor euch, Brüder, konnte ich aber
nicht wie vor Geisterfüllten reden;
ihr wart noch irdisch eingestellt,
unmündige Kinder in Christus. 2 Milch
gab ich euch zu trinken statt fester
Speise; denn diese konntet ihr noch
nicht vertragen. Ihr könnt es aber auch
jetzt noch nicht; 3 denn ihr seid immer
noch irdisch eingestellt. Oder seid ihr
nicht irdisch eingestellt, handelt ihr
nicht sehr menschlich, wenn Eifersucht
und Streit unter euch herrschen?
4 Denn wenn einer sagt: Ich halte zu
Paulus!, ein anderer: Ich zu Apollos!,
seid ihr da nicht Menschen?

Die Verantwortung des Apostels und seiner Mitarbeiter

5 Was ist denn Apollos? Und was ist
Paulus? Ihr seid durch sie zum Glauben
gekommen. Sie sind also Diener, jeder,
wie der Herr es ihm gegeben hat: 6 Ich
habe gepflanzt, Apollos hat begossen,
Gott aber ließ wachsen. 7 So ist weder
der etwas, der pflanzt, noch der, der be-
gießt, sondern nur Gott, der wachsen

lässt. 8 Wer pflanzt und wer begießt:
beide arbeiten am gleichen Werk, jeder
aber erhält seinen besonderen Lohn, je
nach der Mühe, die er aufgewendet hat.
9 Denn wir sind Gottes Mitarbeiter; ihr
seid Gottes Ackerfeld, Gottes Bau.

10 Der Gnade Gottes entsprechend, die
mir geschenkt wurde, habe ich wie ein
guter Baumeister den Grund gelegt; ein
anderer baut darauf weiter. Aber jeder
soll darauf achten, wie er weiterbaut.
11 Denn einen anderen Grund kann
niemand legen als den, der gelegt ist:
Jesus Christus. 12 Ob aber jemand auf
dem Grund mit Gold, Silber, kostbaren
Steinen, mit Holz, Heu oder Stroh wei-
terbaut: 13 das Werk eines jeden wird
offenbar werden; jener Tag wird es
sichtbar machen, weil es im Feuer of-
fenbart wird. Das Feuer wird prüfen,
was das Werk eines jeden taugt. 14 Hält
das stand, was er aufgebaut hat, so
empfängt er Lohn. 15 Brennt es nieder,
dann muss er den Verlust tragen. Er
selbst aber wird gerettet werden, doch
so wie durch Feuer hindurch.

16 Wisst ihr nicht, dass ihr Gottes
Tempel seid und der Geist Gottes in
euch wohnt? 17 Wer den Tempel Gottes
verdirbt, den wird Gott verderben.
Denn Gottes Tempel ist heilig, und der
seid ihr.

18 Keiner täusche sich selbst. Wenn
einer unter euch meint, er sei weise in
dieser Welt, dann werde er töricht, um
weise zu werden. 19 Denn die Weisheit
dieser Welt ist Torheit vor Gott. In der
Schrift steht nämlich: Er fängt die
Weisen in ihrer eigenen List. 20 Und an
einer anderen Stelle: Der Herr kennt
die Gedanken der Weisen; er weiß, sie
sind nichtig.

21 Daher soll sich niemand eines
Menschen rühmen. Denn alles gehört
euch; 22 Paulus, Apollos, Kephas, Welt,
Leben, Tod, Gegenwart und Zukunft:
alles gehört euch; 23 ihr aber gehört
Christus, und Christus gehört Gott.

4 Als Diener Christi soll man uns
betrachten und als Verwalter von
Geheimnissen Gottes. 2 Von Verwaltern
aber verlangt man, dass sie sich treu er-
weisen. 3 Mir macht es allerdings nichts
aus, wenn ihr oder ein menschliches
Gericht mich zur Verantwortung zieht;
ich urteile auch nicht über mich selbst.
4 Ich bin mir zwar keiner Schuld be-
wusst, doch bin ich dadurch noch nicht
gerecht gesprochen; der Herr ist es, der
mich zur Rechenschaft zieht. 5 Richtet
also nicht vor der Zeit; wartet, bis der
Herr kommt, der das im Dunkeln Ver-
borgene ans Licht bringen und die Ab-
sichten der Herzen aufdecken wird.
Dann wird jeder sein Lob von Gott
erhalten.

6 Brüder, ich habe das auf mich und
Apollos bezogen, und zwar euret-
wegen, damit ihr an uns lernt, dass der
Grundsatz gilt: »Nicht über das hinaus,
was in der Schrift steht«, dass also
keiner zugunsten des einen und zum

Nachteil des andern sich wichtig
machen darf. 7 Denn wer räumt dir
einen Vorrang ein? Und was hast du,
das du nicht empfangen hättest? Wenn
du es aber empfangen hast, warum
rühmst du dich, als hättest du es nicht
empfangen? 8 Ihr seid schon satt, ihr
seid schon reich geworden, ohne uns
seid ihr zur Herrschaft gelangt. Wäret
ihr doch nur zur Herrschaft gelangt!
Dann könnten auch wir mit euch zu-
sammen herrschen.
9 Ich glaube nämlich, Gott hat uns
Apostel auf den letzten Platz gestellt,
wie Todgeweihte; denn wir sind zum
Schauspiel geworden für die Welt, für
Engel und Menschen. 10 Wir stehen als
Toren da um Christi willen, ihr da-
gegen seid kluge Leute in Christus. Wir
sind schwach, ihr seid stark; ihr seid
angesehen, wir sind verachtet. 11 Bis zur
Stunde hungern und dürsten wir,
gehen in Lumpen, werden mit Fäusten
geschlagen und sind heimatlos. 12 Wir
plagen uns ab und arbeiten mit ei-
genen Händen; wir werden beschimpft
und segnen; wir werden verfolgt und
halten stand; 13 wir werden geschmäht
und trösten. Wir sind sozusagen der
Abschaum der Welt geworden, ver-
stoßen von allen bis heute.
14 Nicht um euch bloßzustellen,
schreibe ich das, sondern um euch als
meine geliebten Kinder zu ermahnen.
15 Hättet ihr nämlich auch ungezählte
Erzieher in Christus, so doch nicht viele
Väter. Denn in Christus Jesus bin ich
durch das Evangelium euer Vater
geworden. 16 Darum ermahne ich euch:
Haltet euch an mein Vorbild!

Ankündigung eines baldigen Besuches

17 Eben deswegen schicke ich Timo-
theus zu euch, mein geliebtes und
treues Kind im Herrn. Er wird euch er-
innern an meine Weisungen, wie ich
sie als Diener Christi Jesu überall in
allen Gemeinden gebe.
18 In der Annahme, dass ich nicht selber
zu euch komme, haben sich zwar einige
wichtig gemacht. 19 Ich werde aber bald
zu euch kommen, wenn der Herr will.
Dann werde ich diese Wichtigtuer
nicht auf ihre Worte prüfen, sondern
auf ihre Kraft. 20 Denn nicht in Worten
erweist sich die Herrschaft Gottes,
sondern in der Kraft. 21 Was zieht ihr
vor: Soll ich mit dem Stock zu euch
kommen oder mit Liebe und im Geist
der Sanftmut?

Missstände in der Gemeinde

Ein Fall von Blutschande

5 Übrigens hört man von Unzucht
unter euch, und zwar von Un-
zucht, wie sie nicht einmal unter den
Heiden vorkommt, dass nämlich einer
mit der Frau seines Vaters lebt. 2 Und da

macht ihr euch noch wichtig, statt
traurig zu werden und den aus eurer
Mitte zu stoßen, der so etwas getan hat.
[3] Was mich angeht, so habe ich – leib-
lich zwar abwesend, geistig aber an-
wesend – mein Urteil über den, der sich
so vergangen hat, schon jetzt gefällt, als
ob ich persönlich anwesend wäre: [4] Im
Namen Jesu, unseres Herrn, wollen wir
uns versammeln, ihr und mein Geist,
und zusammen mit der Kraft Jesu,
unseres Herrn, [5] diesen Menschen dem
Satan übergeben zum Verderben seines
Fleisches, damit sein Geist am Tag des
Herrn gerettet wird.
[6] Zu Unrecht rühmt ihr euch. Wisst ihr
nicht, dass ein wenig Sauerteig den
ganzen Teig durchsäuert? [7] Schafft den
alten Sauerteig weg, damit ihr neuer
Teig seid. Ihr seid ja schon ungesäuer-
tes Brot; denn als unser Paschalamm ist
Christus geopfert worden. [8] Lasst uns
also das Fest nicht mit dem alten
Sauerteig feiern, nicht mit dem Sauer-
teig der Bosheit und Schlechtigkeit,
sondern mit den ungesäuerten Broten
der Aufrichtigkeit und Wahrheit.
[9] Ich habe euch in meinem Brief
ermahnt, dass ihr nichts mit Unzüch-
tigen zu schaffen haben sollt. [10] Ge-
meint waren damit nicht alle Unzüch-
tigen dieser Welt oder alle Habgierigen
und Räuber und Götzendiener; sonst
müsstet ihr ja aus der Welt auswan-
dern. [11] In Wirklichkeit meinte ich da-
mit: Habt nichts zu schaffen mit einem,
der sich Bruder nennt und dennoch
Unzucht treibt, habgierig ist, Götzen
verehrt, lästert, trinkt oder raubt; mit
einem solchen Menschen sollt ihr nicht
einmal zusammen essen. [12] Ich will also
nicht Außenstehende richten – ihr
richtet ja auch nur solche, die zu euch
gehören –, [13] die Außenstehenden wird
Gott richten. Schafft den Übeltäter weg
aus eurer Mitte!

Rechtshändel unter Christen

6 Wagt es einer von euch, der mit
einem anderen einen Rechtsstreit
hat, vor das Gericht der Ungerechten
zu gehen statt zu den Heiligen? [2] Wisst
ihr denn nicht, dass die Heiligen die
Welt richten werden? Und wenn durch
euch die Welt gerichtet wird, seid ihr
dann nicht zuständig, einen Rechts-
streit über Kleinigkeiten zu schlichten?
[3] Wisst ihr nicht, dass wir über Engel
richten werden? Also erst recht über
Alltägliches. [4] Wie könnt ihr dann jene,
die im Urteil der Gemeinde nichts
gelten, als Richter einsetzen, wenn ihr
einen Rechtsstreit über Alltägliches
auszutragen habt? [5] Ich sage das, damit
ihr euch schämt. Gibt es denn unter
euch wirklich keinen, der die Gabe hat,
zwischen Brüdern zu schlichten? [6] Statt
dessen zieht ein Bruder den andern vor
Gericht, und zwar vor Ungläubige. [7] Ist
es nicht überhaupt schon ein Versagen,
dass ihr miteinander Prozesse führt?

Warum leidet ihr nicht lieber Unrecht?
Warum lasst ihr euch nicht lieber aus-
rauben? 8 Nein, ihr selber begeht
Unrecht und Raub, und zwar an Brü-
dern. 9 Wisst ihr denn nicht, dass Un-
gerechte das Reich Gottes nicht erben
werden?
Täuscht euch nicht! Weder Unzüchtige
noch Götzendiener, weder Ehebrecher
noch Lustknaben, noch Knabenschän-
der, 10 noch Diebe, noch Habgierige,
keine Trinker, keine Lästerer, keine
Räuber werden das Reich Gottes erben.
11 Und solche gab es unter euch. Aber
ihr seid reingewaschen, seid geheiligt,
seid gerecht geworden im Namen Jesu
Christi, des Herrn, und im Geist un-
seres Gottes.

Unzucht und christliche Freiheit

12 »Alles ist mir erlaubt« – aber nicht
alles nützt mir. Alles ist mir erlaubt,
aber nichts soll Macht haben über
mich. 13 Die Speisen sind für den Bauch
da und der Bauch für die Speisen; Gott
wird beide vernichten. Der Leib ist aber
nicht für die Unzucht da, sondern für
den Herrn, und der Herr für den Leib.
14 Gott hat den Herrn auferweckt; er
wird durch seine Macht auch uns auf-
erwecken. 15 Wisst ihr nicht, dass eure
Leiber Glieder Christi sind? Darf ich
nun die Glieder Christi nehmen und zu
Gliedern einer Dirne machen? Auf
keinen Fall! 16 Oder wisst ihr nicht: Wer
sich an eine Dirne bindet, ist ein Leib
mit ihr? Denn es heißt: Die zwei
werden ein Fleisch sein. 17 Wer sich da-
gegen an den Herrn bindet, ist ein
Geist mit ihm. 18 Hütet euch vor der Un-
zucht! Jede andere Sünde, die der
Mensch tut, bleibt außerhalb des Lei-
bes. Wer aber Unzucht treibt, ver-
sündigt sich gegen den eigenen Leib.
19 Oder wisst ihr nicht, dass euer Leib
ein Tempel des Heiligen Geistes ist, der
in euch wohnt und den ihr von Gott
habt? Ihr gehört nicht euch selbst;
20 denn um einen teuren Preis seid ihr
erkauft worden. Verherrlicht also Gott
in eurem Leib!

Die Standesordnung in der Gemeinde

Die christliche Ehe

7 Nun zu den Anfragen eures
Briefes! »Es ist gut für den Mann,
keine Frau zu berühren«. 2 Wegen der
Gefahr der Unzucht soll aber jeder
seine Frau haben, und jede soll ihren
Mann haben. 3 Der Mann soll seine
Pflicht gegenüber der Frau erfüllen
und ebenso die Frau gegenüber dem
Mann. 4 Nicht die Frau verfügt über
ihren Leib, sondern der Mann. Ebenso
verfügt nicht der Mann über seinen
Leib, sondern die Frau. 5 Entzieht euch
einander nicht, außer im gegenseitigen
Einverständnis und nur eine Zeit lang,

um für das Gebet frei zu sein. Dann
kommt wieder zusammen, damit euch
der Satan nicht in Versuchung führt,
wenn ihr euch nicht enthalten könnt.
6 Das sage ich als Zugeständnis, nicht
als Gebot. 7 Ich wünschte, alle Men-
schen wären (unverheiratet) wie ich.
Doch jeder hat seine Gnadengabe von
Gott, der eine so, der andere so.

Ehe mit Heiden – Ehescheidung

8 Den Unverheirateten und den Witwen
sage ich: Es ist gut, wenn sie so bleiben
wie ich. 9 Wenn sie aber nicht enthalt-
sam leben können, sollen sie heiraten. Es
ist besser zu heiraten, als sich in Begierde
zu verzehren. 10 Den Verheirateten ge-
biete nicht ich, sondern der Herr: Die
Frau soll sich vom Mann nicht trennen
11 – wenn sie sich aber trennt, so bleibe
sie unverheiratet oder versöhne sich
wieder mit dem Mann –, und der Mann
darf die Frau nicht verstoßen.
12 Den übrigen sage ich, nicht der Herr:
Wenn ein Bruder eine ungläubige Frau
hat und sie willigt ein, weiter mit ihm
zusammenzuleben, soll er sie nicht ver-
stoßen. 13 Auch eine Frau soll ihren un-
gläubigen Mann nicht verstoßen, wenn
er einwilligt, weiter mit ihr zusammen-
zuleben. 14 Denn der ungläubige Mann
ist durch die Frau geheiligt, und die un-
gläubige Frau ist durch ihren gläubigen
Mann geheiligt. Sonst wären eure
Kinder unrein; sie sind aber heilig.
15 Wenn aber der Ungläubige sich
trennen will, soll er es tun. Der Bruder
oder die Schwester ist in solchen Fällen
nicht wie ein Sklave gebunden; zu
einem Leben in Frieden hat Gott euch
berufen. Gott hat euch aber zu einem
gemeinsamen Leben gerufen. Viel-
leicht vermagst du, Frau, deinen Mann
zu retten; vielleicht vermagst du, Mann,
deine Frau zu retten. 16 Woher weißt du
denn, Frau, ob du den Mann retten
kannst? Oder woher weißt du, Mann,
ob du die Frau retten kannst?

Gottes Ruf und der Stand der Berufenen

17 Im übrigen soll jeder so leben, wie
der Herr es ihm zugemessen, wie
Gottes Ruf ihn getroffen hat. Das ist
meine Weisung für alle Gemeinden.
18 Wenn einer als Beschnittener beru-
fen wurde, soll er beschnitten bleiben.
Wenn einer als Unbeschnittener beru-
fen wurde, soll er sich nicht beschnei-
den lassen. 19 Es kommt nicht darauf
an, beschnitten oder unbeschnitten zu
sein, sondern darauf, die Gebote Gottes
zu halten. 20 Jeder soll in dem Stand
bleiben, in dem ihn der Ruf Gottes ge-
troffen hat. 21 Wenn du als Sklave
berufen wurdest, soll dich das nicht
bedrücken; auch wenn du frei werden
kannst, lebe lieber als Sklave weiter.
22 Denn wer im Herrn als Sklave
berufen wurde, ist Freigelassener des
Herrn. Ebenso ist einer, der als Freier

berufen wurde, Sklave Christi. [23] Um
einen teuren Preis seid ihr erkauft
worden. Macht euch nicht zu Sklaven
von Menschen! [24] Brüder, jeder soll vor
Gott in dem Stand bleiben, in dem ihn
der Ruf Gottes getroffen hat.

Ehe und Jungfräulichkeit

[25] Was die Frage der Ehelosigkeit an-
geht, so habe ich kein Gebot vom
Herrn. Ich gebe euch nur einen Rat als
einer, den der Herr durch sein Er-
barmen vertrauenswürdig gemacht hat.
[26] Ich meine, es ist gut wegen der bevor-
stehenden Not, ja, es ist gut für den
Menschen, so zu sein. [27] Bist du an eine
Frau gebunden, suche dich nicht zu
lösen; bist du ohne Frau, dann suche
keine. [28] Heiratest du aber, so sündigst
du nicht; und heiratet eine Jungfrau,
sündigt auch sie nicht. Freilich werden
solche Leute irdischen Nöten nicht ent-
gehen; ich aber möchte sie euch er-
sparen. [29] Denn ich sage euch, Brüder:
Die Zeit ist kurz. Daher soll, wer eine
Frau hat, sich in Zukunft so verhalten,
als habe er keine, [30] wer weint, als weine
er nicht, wer sich freut, als freue er sich
nicht, wer kauft, als würde er nicht Ei-
gentümer, [31] wer sich die Welt zunutze
macht, als nutze er sie nicht; denn die
Gestalt dieser Welt vergeht.
[32] Ich wünschte aber, ihr wäret ohne
Sorgen. Der Unverheiratete sorgt sich
um die Sache des Herrn; er will dem
Herrn gefallen. [33] Der Verheiratete
sorgt sich um die Dinge der Welt; er
will seiner Frau gefallen. [34] So ist er
geteilt. Die unverheiratete Frau aber
und die Jungfrau sorgen sich um die
Sache des Herrn, um heilig zu sein an
Leib und Geist. Die Verheiratete sorgt
sich um die Dinge der Welt; sie will
ihrem Mann gefallen.
[35] Das sage ich zu eurem Nutzen: nicht
um euch eine Fessel anzulegen, viel-
mehr, damit ihr in rechter Weise und
ungestört immer dem Herrn dienen
könnt.
[36] Wer sich gegenüber seiner Jungfrau
ungehörig zu verhalten glaubt, wenn
sein Verlangen nach ihr zu stark ist, der
soll tun, wozu es ihn drängt, wenn es
so sein muss; er sündigt nicht; sie sollen
heiraten. [37] Wer aber in seinem Herzen
fest bleibt, weil er sich in der Gewalt hat
und seinem Trieb nicht ausgeliefert ist,
wer also in seinem Herzen entschlossen
ist, seine Jungfrau unberührt zu lassen,
der handelt richtig. [38] Wer seine Jung-
frau heiratet, handelt also richtig; doch
wer sie nicht heiratet, handelt besser.

Wiederverheiratung nach dem Tod des Mannes

[39] Eine Frau ist gebunden, solange ihr
Mann lebt; wenn aber der Mann ge-
storben ist, ist sie frei zu heiraten, wen
sie will; nur geschehe es im Herrn.
[40] Glücklicher aber ist sie zu preisen,

wenn sie nach meinem Rat unverhei-
ratet bleibt – und ich denke, dass auch
ich den Geist Gottes habe.

Heidnische Opfer, christliche Sakramente, christlicher Gottesdienst

Die Freiheit des Christen

8 Nun zur Frage des Götzenopfer-
fleisches. Gewiss, wir alle haben
Erkenntnis. Doch die Erkenntnis macht
aufgeblasen, die Liebe dagegen baut
auf. 2 Wenn einer meint, er sei zur
Erkenntnis gelangt, hat er noch nicht
so erkannt, wie man erkennen muss.
3 Wer aber Gott liebt, der ist von ihm
erkannt. 4 Was nun das Essen von
Götzenopferfleisch angeht, so wissen
wir, dass es keine Götzen gibt in der
Welt und keinen Gott außer dem
einen. 5 Und selbst wenn es im Himmel
oder auf der Erde so genannte Götter
gibt – und solche Götter und Herren
gibt es viele –, 6 so haben doch wir nur
einen Gott, den Vater. Von ihm stammt
alles, und wir leben auf ihn hin. Und
einer ist der Herr: Jesus Christus. Durch
ihn ist alles, und wir sind durch ihn.
7 Aber nicht alle haben die Erkenntnis.
Einige, die von ihren Götzen nicht los-
kommen, essen das Fleisch noch als
Götzenopferfleisch, und so wird ihr
schwaches Gewissen befleckt. 8 Zwar
kann uns keine Speise vor Gottes Ge-
richt bringen. Wenn wir nicht essen,
verlieren wir nichts, und wenn wir
essen, gewinnen wir nichts. 9 Doch gebt
acht, dass diese eure Freiheit nicht den
Schwachen zum Anstoß wird. 10 Wenn
nämlich einer dich, der du Erkenntnis
hast, im Götzentempel beim Mahl
sieht, wird dann nicht sein Gewissen,
da er schwach ist, verleitet, auch Göt-
zenopferfleisch zu essen? 11 Der Schwa-
che geht an deiner »Erkenntnis« zu-
grunde, er, dein Bruder, für den Chris-
tus gestorben ist. 12 Wenn ihr euch auf
diese Weise gegen eure Brüder ver-
sündigt und ihr schwaches Gewissen
verletzt, versündigt ihr euch gegen
Christus. 13 Wenn darum eine Speise
meinem Bruder zum Anstoß wird, will
ich überhaupt kein Fleisch mehr essen,
um meinem Bruder keinen Anstoß zu
geben.

Das Beispiel des Apostels

9 Bin ich nicht frei? Bin ich nicht
ein Apostel? Habe ich nicht Jesus,
unseren Herrn, gesehen? Seid ihr nicht
mein Werk im Herrn? 2 Wenn ich für
andere kein Apostel bin, bin ich es
doch für euch. Ihr seid ja im Herrn das
Siegel meines Apostelamtes. 3 Das aber
ist meine Rechtfertigung vor denen, die
abfällig über mich urteilen: 4 Haben wir
nicht das Recht, zu essen und zu
trinken? 5 Haben wir nicht das Recht,

eine gläubige Frau mitzunehmen, wie
die übrigen Apostel und die Brüder des
Herrn und wie Kephas? 6 Sollen nur ich
und Barnabas auf das Recht verzichten,
nicht zu arbeiten? 7 Wer leistet denn
Kriegsdienst und bezahlt sich selber
den Sold? Wer pflanzt einen Weinberg
und isst nicht von seinem Ertrag? Oder
wer weidet eine Herde und trinkt nicht
von der Milch der Herde? 8 Sage ich das
nur aus menschlicher Einsicht? Sagt
das nicht auch das Gesetz? 9 Im Gesetz
des Mose steht doch: Du sollst dem
Ochsen zum Dreschen keinen Maul-
korb anlegen. Liegt denn Gott etwas an
den Ochsen? 10 Sagt er das nicht of-
fensichtlich unseretwegen? Ja, unseret-
wegen wurde es geschrieben. Denn der
Pflüger wie der Drescher sollen ihre Ar-
beit in der Erwartung tun, ihren Teil zu
erhalten. 11 Wenn wir für euch die
Geistesgaben gesät haben, ist es dann
zu viel, wenn wir von euch irdische
Gaben ernten? 12 Wenn andere an dem,
was euch gehört, teilhaben dürfen,
dann erst recht wir. Aber wir haben
von diesem Recht keinen Gebrauch
gemacht. Vielmehr ertragen wir alles,
um dem Evangelium Christi kein
Hindernis in den Weg zu legen. 13 Wisst
ihr nicht, dass alle, die im Heiligtum
Dienst tun, vom Heiligtum leben, und
dass alle, die am Altar Dienst tun, vom
Altar ihren Anteil erhalten? 14 So hat
auch der Herr denen, die das Evan-
gelium verkündigen, geboten, vom
Evangelium zu leben. 15 Ich aber habe
all das nicht in Anspruch genommen.
Ich schreibe dies auch nicht, damit es
in meinem Fall so geschieht. Lieber
wollte ich sterben, als dass mir jemand
diesen Ruhm entreißt. 16 Wenn ich
nämlich das Evangelium verkünde,
kann ich mich deswegen nicht rühmen;
denn ein Zwang liegt auf mir. Weh mir,
wenn ich das Evangelium nicht ver-
künde! 17 Wäre es mein freier Ent-
schluss, so erhielte ich Lohn. Wenn es
mir aber nicht freisteht, so ist es ein
Auftrag, der mir anvertraut wurde.
18 Was ist nun mein Lohn? Dass ich das
Evangelium unentgeltlich verkünde
und so auf mein Recht verzichte.

19 Da ich also von niemand abhängig
war, habe ich mich für alle zum Sklaven
gemacht, um möglichst viele zu
gewinnen. 20 Den Juden bin ich ein Jude
geworden, um Juden zu gewinnen;
denen, die unter dem Gesetz stehen,
bin ich, obgleich ich nicht unter dem
Gesetz stehe, einer unter dem Gesetz
geworden, um die zu gewinnen, die
unter dem Gesetz stehen. 21 Den Ge-
setzlosen war ich sozusagen ein Ge-
setzloser – nicht als ein Gesetzloser vor
Gott, sondern gebunden an das Gesetz
Christi –, um die Gesetzlosen zu
gewinnen. 22 Den Schwachen wurde ich
ein Schwacher, um die Schwachen zu
gewinnen. Allen bin ich alles gewor-
den, um auf jeden Fall einige zu retten.
23 Alles aber tue ich um des Evan-

geliums willen, um an seiner Ver-
heißung teilzuhaben.
24 Wisst ihr nicht, dass die Läufer im
Stadion zwar alle laufen, aber dass nur
einer den Siegespreis gewinnt? Lauft
so, dass ihr ihn gewinnt. 25 Jeder Wett-
kämpfer lebt aber völlig enthaltsam;
jene tun dies, um einen vergänglichen,
wir aber, um einen unvergänglichen
Siegeskranz zu gewinnen. 26 Darum
laufe ich nicht wie einer, der ziellos
läuft, und kämpfe mit der Faust nicht
wie einer, der in die Luft schlägt;
27 vielmehr züchtige und unterwerfe
ich meinen Leib, damit ich nicht
anderen predige und selbst verworfen
werde.

Israels Geschichte als Warnung

10 Ihr sollt wissen, Brüder, dass
unsere Väter alle unter der
Wolke waren, alle durch das Meer zo-
gen 2 und alle auf Mose getauft wurden
in der Wolke und im Meer. 3 Alle aßen
auch die gleiche gottgeschenkte Speise,
4 und alle tranken den gleichen gott-
geschenkten Trank; denn sie tranken
aus dem lebensspendenden Felsen, der
mit ihnen zog. Und dieser Fels war
Christus. 5 Gott aber hatte an den
meisten von ihnen kein Gefallen; denn
er ließ sie in der Wüste umkommen.
6 Das aber geschah als warnendes Bei-
spiel für uns: damit wir uns nicht von
der Gier nach dem Bösen beherrschen
lassen, wie jene sich von der Gier
beherrschen ließen. 7 Werdet nicht
Götzendiener wie einige von ihnen;
denn es steht in der Schrift: Das Volk
setzte sich zum Essen und Trinken;
dann standen sie auf, um sich zu ver-
gnügen. 8 Lasst uns nicht Unzucht
treiben, wie einige von ihnen Unzucht
trieben. Damals kamen an einem ein-
zigen Tag dreiundzwanzigtausend
Menschen um. 9 Wir wollen auch nicht
den Herrn auf die Probe stellen, wie es
einige von ihnen taten, die dann von
Schlangen getötet wurden. 10 Murrt
auch nicht, wie einige von ihnen murr-
ten; sie wurden vom Verderber umge-
bracht. 11 Das aber geschah an ihnen,
damit es uns als Beispiel dient; uns zur
Warnung wurde es aufgeschrieben,
uns, die das Ende der Zeiten erreicht
hat. 12 Wer also zu stehen meint, der
gebe acht, dass er nicht fällt. 13 Noch ist
keine Versuchung über euch ge-
kommen, die den Menschen über-
fordert. Gott ist treu; er wird nicht zu-
lassen, dass ihr über eure Kraft hinaus
versucht werdet. Er wird euch in der
Versuchung einen Ausweg schaffen, so
dass ihr sie bestehen könnt.

Über Götzendienst und Götzenopfermahl

14 Darum, liebe Brüder, meidet den
Götzendienst! 15 Ich rede doch zu ver-
ständigen Menschen; urteilt selbst über

das, was ich sage. 16 Ist der Kelch des
Segens, über den wir den Segen spre-
chen, nicht Teilhabe am Blut Christi?
Ist das Brot, das wir brechen, nicht
Teilhabe am Leib Christi? 17 Ein Brot ist
es. Darum sind wir viele ein Leib; denn
wir alle haben teil an dem einen Brot.
18 Schaut auf das irdische Israel: Haben
die, welche von den Opfern essen, nicht
teil am Altar? 19 Was meine ich damit?
Ist denn Götzenopferfleisch wirklich
etwas? Oder ist ein Götze wirklich
etwas? 20 Nein, aber was man dort
opfert, opfert man nicht Gott, sondern
den Dämonen. Ich will jedoch nicht,
dass ihr euch mit Dämonen einlaßt.
21 Ihr könnt nicht den Kelch des Herrn
trinken und den Kelch der Dämonen.
Ihr könnt nicht Gäste sein am Tisch des
Herrn und am Tisch der Dämonen.
22 Oder wollen wir die Eifersucht des
Herrn wecken? Sind wir stärker als er?
23 »Alles ist erlaubt« – aber nicht alles
nützt. »Alles ist erlaubt« – aber nicht
alles baut auf. 24 Denkt dabei nicht an
euch selbst, sondern an die anderen.
25 Alles, was auf dem Fleischmarkt ver-
kauft wird, das esst, ohne aus Gewis-
senhaftigkeit nachzuforschen. 26 Denn
dem Herrn gehört die Erde und was sie
erfüllt. 27 Wenn ein Ungläubiger euch
einlädt und ihr hingehen möchtet,
dann esst, was euch vorgesetzt wird,
ohne aus Gewissensgründen nach-
zuforschen. 28 Wenn euch aber jemand
darauf hinweist: Das ist Opferfleisch!,
dann esst nicht davon, mit Rücksicht
auf den, der euch aufmerksam macht,
und auf das Gewissen; 29 ich meine das
Gewissen des anderen, nicht das ei-
gene; denn (an sich gilt): Warum soll
meine Freiheit vom Gewissensurteil
eines anderen abhängig sein? 30 Wenn
ich in Dankbarkeit mitesse, soll ich
dann getadelt werden, dass ich etwas
esse, wofür ich Dank sage? 31 Ob ihr
also esst oder trinkt oder etwas anderes
tut: tut alles zur Verherrlichung Got-
tes! 32 Gebt weder Juden noch Grie-
chen, noch der Kirche Gottes Anlass zu
einem Vorwurf! 33 Auch ich suche allen
in allem entgegenzukommen; ich
suche nicht meinen Nutzen, sondern
den Nutzen aller, damit sie gerettet
werden. 1 Nehmt mich zum Vorbild,
wie ich Christus zum Vorbild nehme.

Über das Verhalten der Frau im Gottesdienst

11 2 Ich lobe euch, dass ihr in
allem an mich denkt und an
den Überlieferungen fest haltet, wie ich
sie euch übergeben habe. 3 Ihr sollt aber
wissen, dass Christus das Haupt des
Mannes ist, der Mann das Haupt der
Frau und Gott das Haupt Christi.
4 Wenn ein Mann betet oder prophe-
tisch redet und dabei sein Haupt be-
deckt hat, entehrt er sein Haupt. 5 Eine
Frau aber entehrt ihr Haupt, wenn sie
betet oder prophetisch redet und dabei

ihr Haupt nicht verhüllt. Sie unter-
scheidet sich dann in keiner Weise von
einer Geschorenen. 6 Wenn eine Frau
kein Kopftuch trägt, soll sie sich doch
gleich die Haare abschneiden lassen. Ist
es aber für eine Frau eine Schande, sich
die Haare abschneiden oder sich kahl-
scheren zu lassen, dann soll sie sich
auch verhüllen. 7 Der Mann darf sein
Haupt nicht verhüllen, weil er Abbild
und Abglanz Gottes ist; die Frau aber
ist der Abglanz des Mannes. 8 Denn der
Mann stammt nicht von der Frau, son-
dern die Frau vom Mann. 9 Der Mann
wurde auch nicht für die Frau geschaf-
fen, sondern die Frau für den Mann.
10 Deswegen soll die Frau mit Rücksicht
auf die Engel das Zeichen ihrer Voll-
macht auf dem Kopf tragen. 11 Doch im
Herrn gibt es weder die Frau ohne den
Mann noch den Mann ohne die Frau.
12 Denn wie die Frau vom Mann stammt,
so kommt der Mann durch die Frau zur
Welt; alles aber stammt von Gott.

13 Urteilt selber! Gehört es sich, dass
eine Frau unverhüllt zu Gott betet?
14 Lehrt euch nicht schon die Natur,
dass es für den Mann eine Schande,
15 für die Frau aber eine Ehre ist, lange
Haare zu tragen? Denn der Frau ist das
Haar als Hülle gegeben. 16 Wenn aber
einer meint, er müsse darüber streiten:
Wir und auch die Gemeinden Gottes
kennen einen solchen Brauch nicht.

Die rechte Feier des Herrenmahls

17 Wenn ich schon Anweisungen gebe:
Das kann ich nicht loben, dass ihr nicht
mehr zu eurem Nutzen, sondern zu
eurem Schaden zusammenkommt.
18 Zunächst höre ich, dass es Spal-
tungen unter euch gibt, wenn ihr als
Gemeinde zusammenkommt; zum Teil
glaube ich das auch. 19 Denn es muss
Parteiungen geben unter euch; nur so
wird sichtbar, wer unter euch treu und
zuverlässig ist. 20 Was ihr bei euren Zu-
sammenkünften tut, ist keine Feier des
Herrenmahls mehr; 21 denn jeder ver-
zehrt sogleich seine eigenen Speisen,
und dann hungert der eine, während
der andere schon betrunken ist.
22 Könnt ihr denn nicht zu Hause essen
und trinken? Oder verachtet ihr die
Kirche Gottes? Wollt ihr jene de-
mütigen, die nichts haben? Was soll
ich dazu sagen? Soll ich euch etwa
loben? In diesem Fall kann ich euch
nicht loben.

23 Denn ich habe vom Herrn emp-
fangen, was ich euch dann überliefert
habe: Jesus, der Herr, nahm in der
Nacht, in der er ausgeliefert wurde,
Brot, 24 sprach das Dankgebet, brach
das Brot und sagte: Das ist mein Leib
für euch. Tut dies zu meinem Gedächt-
nis! 25 Ebenso nahm er nach dem Mahl
den Kelch und sprach: Dieser Kelch ist
der Neue Bund in meinem Blut. Tut
dies, sooft ihr daraus trinkt, zu meinem
Gedächtnis!

26 Denn sooft ihr von diesem Brot esst
und aus dem Kelch trinkt, verkündet
ihr den Tod des Herrn, bis er kommt.
27 Wer also unwürdig von dem Brot isst
und aus dem Kelch des Herrn trinkt,
macht sich schuldig am Leib und am
Blut des Herrn. 28 Jeder soll sich selbst
prüfen; erst dann soll er von dem Brot
essen und aus dem Kelch trinken.
29 Denn wer davon isst und trinkt, ohne
zu bedenken, dass es der Leib des
Herrn ist, der zieht sich das Gericht zu,
indem er isst und trinkt. 30 Deswegen
sind unter euch viele schwach und
krank, und nicht wenige sind schon
entschlafen. 31 Gingen wir mit uns
selbst ins Gericht, dann würden wir
nicht gerichtet. 32 Doch wenn wir jetzt
vom Herrn gerichtet werden, dann ist
es eine Zurechtweisung, damit wir
nicht zusammen mit der Welt ver-
dammt werden.
33 Wenn ihr also zum Mahl zusammen-
kommt, meine Brüder, wartet auf-
einander! 34 Wer Hunger hat, soll zu
Hause essen; sonst wird euch die Zu-
sammenkunft zum Gericht. Weitere
Anordnungen werde ich treffen, wenn
ich komme.

Die Geistesgaben und das Leben der Christen

Der eine Geist und die vielen Gaben

12 Auch über die Gaben des
Geistes möchte ich euch nicht
in Unkenntnis lassen, meine Brüder.
2 Als ihr noch Heiden wart, zog es euch,
wie ihr wisst, mit unwiderstehlicher
Gewalt zu den stummen Götzen.
3 Darum erkläre ich euch: Keiner, der
aus dem Geist Gottes redet, sagt: Jesus
sei verflucht! Und keiner kann sagen:
Jesus ist der Herr!, wenn er nicht aus
dem Heiligen Geist redet.
4 Es gibt verschiedene Gnadengaben,
aber nur den einen Geist. 5 Es gibt ver-
schiedene Dienste, aber nur den einen
Herrn. 6 Es gibt verschiedene Kräfte, die
wirken, aber nur den einen Gott: Er be-
wirkt alles in allen. 7 Jedem aber wird
die Offenbarung des Geistes geschenkt,
damit sie anderen nützt. 8 Dem einen
wird vom Geist die Gabe geschenkt,
Weisheit mitzuteilen, dem andern
durch den gleichen Geist die Gabe,
Erkenntnis zu vermitteln, 9 dem dritten
im gleichen Geist Glaubenskraft, einem
andern – immer in dem einen Geist –
die Gabe, Krankheiten zu heilen,
10 einem andern Wunderkräfte, einem
andern prophetisches Reden, einem
andern die Fähigkeit, die Geister zu
unterscheiden, wieder einem andern
verschiedene Arten von Zungenrede,
einem andern schließlich die Gabe, sie

zu deuten. 11 Das alles bewirkt ein und
derselbe Geist; einem jeden teilt er
seine besondere Gabe zu, wie er will.

Der eine Leib und die vielen Glieder

12 Denn wie der Leib eine Einheit ist,
doch viele Glieder hat, alle Glieder des
Leibes aber, obgleich es viele sind,
einen einzigen Leib bilden: so ist es
auch mit Christus. 13 Durch den einen
Geist wurden wir in der Taufe alle in
einen einzigen Leib aufgenommen,
Juden und Griechen, Sklaven und Freie;
und alle wurden wir mit dem einen
Geist getränkt. 14 Auch der Leib besteht
nicht nur aus einem Glied, sondern aus
vielen Gliedern. 15 Wenn der Fuß sagt:
Ich bin keine Hand, ich gehöre nicht
zum Leib!, so gehört er doch zum Leib.
16 Und wenn das Ohr sagt: Ich bin kein
Auge, ich gehöre nicht zum Leib!, so
gehört es doch zum Leib. 17 Wenn der
ganze Leib nur Auge wäre, wo bliebe
dann das Gehör? Wenn er nur Gehör
wäre, wo bliebe dann der Geruchssinn?
18 Nun aber hat Gott jedes einzelne
Glied so in den Leib eingefügt, wie es
seiner Absicht entsprach. 19 Wären alle
zusammen nur ein Glied, wo bliebe
dann der Leib? 20 So aber gibt es viele
Glieder und doch nur einen Leib. 21 Das
Auge kann nicht zur Hand sagen: Ich
bin nicht auf dich angewiesen. Der
Kopf kann nicht zu den Füßen sagen:
Ich brauche euch nicht. 22 Im Gegenteil,
gerade die schwächer scheinenden
Glieder des Leibes sind unentbehrlich.
23 Denen, die wir für weniger edel
ansehen, erweisen wir um so mehr
Ehre, und unseren weniger anstän-
digen Gliedern begegnen wir mit mehr
Anstand, 24 während die anständigen
das nicht nötig haben. Gott aber hat
den Leib so zusammengefügt, dass er
dem geringsten Glied mehr Ehre zu-
kommen ließ, 25 damit im Leib kein
Zwiespalt entstehe, sondern alle Glie-
der einträchtig füreinander sorgen.
26 Wenn darum ein Glied leidet, leiden
alle Glieder mit; wenn ein Glied geehrt
wird, freuen sich alle anderen mit ihm.
27 Ihr aber seid der Leib Christi, und
jeder einzelne ist ein Glied an ihm.
28 So hat Gott in der Kirche die einen
als Apostel eingesetzt, die andern als
Propheten, die dritten als Lehrer;
ferner verlieh er die Kraft, Wunder zu
tun, sodann die Gaben, Krankheiten zu
heilen, zu helfen, zu leiten, endlich die
verschiedenen Arten von Zungenrede.
29 Sind etwa alle Apostel, alle Pro-
pheten, alle Lehrer? Haben alle die
Kraft, Wunder zu tun? 30 Besitzen alle
die Gabe, Krankheiten zu heilen?
Reden alle in Zungen? Können alle
solches Reden auslegen? 31a Strebt aber
nach den höheren Gnadengaben!

Die höheren Gnadengaben – das Hohelied der Liebe

31b Ich zeige euch jetzt noch einen
anderen Weg, einen, der alles über-
steigt:

13 Wenn ich in den Sprachen der
Menschen und Engel redete, /
hätte aber die Liebe nicht, / wäre ich
dröhnendes Erz oder eine lärmende
Pauke.
2 Und wenn ich prophetisch reden
könnte / und alle Geheimnisse wüßte /
und alle Erkenntnis hätte; / wenn ich
alle Glaubenskraft besäße / und Berge
damit versetzen könnte, / hätte aber die
Liebe nicht, / wäre ich nichts.
3 Und wenn ich meine ganze Habe ver-
schenkte, / und wenn ich meinen Leib
dem Feuer übergäbe, / hätte aber die
Liebe nicht, / nützte es mir nichts.
4 Die Liebe ist langmütig, / die Liebe ist
gütig. / Sie ereifert sich nicht, / sie
prahlt nicht, / sie bläht sich nicht auf.
5 Sie handelt nicht ungehörig, / sucht
nicht ihren Vorteil, / lässt sich nicht
zum Zorn reizen, / trägt das Böse nicht
nach.
6 Sie freut sich nicht über das Unrecht, /
sondern freut sich an der Wahrheit.
7 Sie erträgt alles, / glaubt alles, / hofft
alles, / hält allem stand.
8 Die Liebe hört niemals auf. / Pro-
phetisches Reden hat ein Ende, /
Zungenrede verstummt, / Erkenntnis
vergeht.
9 Denn Stückwerk ist unser Erkennen, /
Stückwerk unser prophetisches Reden;
10 wenn aber das Vollendete kommt, /
vergeht alles Stückwerk.
11 Als ich ein Kind war, / redete ich wie
ein Kind, / dachte wie ein Kind / und
urteilte wie ein Kind.
Als ich ein Mann wurde, / legte ich ab,
was Kind an mir war.
12 Jetzt schauen wir in einen Spiegel /
und sehen nur rätselhafte Umrisse, /
dann aber schauen wir von Angesicht
zu Angesicht.
Jetzt erkenne ich unvollkommen, /
dann aber werde ich durch und durch
erkennen, / so wie ich auch durch und
durch erkannt worden bin.
13 Für jetzt bleiben Glaube, Hoffnung,
Liebe, diese drei; / doch am größten
unter ihnen ist die Liebe.

Über die Charismen der Prophetie und der Zungenrede

14 Jagt der Liebe nach! Strebt aber
auch nach den Geistesgaben,
vor allem nach der prophetischen Rede!
2 Denn wer in Zungen redet, redet nicht
zu Menschen, sondern zu Gott; keiner
versteht ihn: Im Geist redet er geheim-
nisvolle Dinge. 3 Wer aber prophetisch
redet, redet zu Menschen: Er baut auf,
ermutigt, spendet Trost. 4 Wer in Zun-
gen redet, erbaut sich selbst; wer aber
prophe-tisch redet, baut die Gemeinde
auf. 5 Ich wünschte, ihr alle würdet in

Zungen reden, weit mehr aber, ihr
würdet prophetisch reden. Der Prophet
steht höher als der, der in Zungen redet,
es sei denn, dieser legt sein Reden aus;
dann baut auch er die Gemeinde auf.
6 Was nützt es euch, Brüder, wenn ich
komme und in Zungen vor euch rede,
euch aber keine Offenbarung, keine
Erkenntnis, keine Weissagung, keine
Lehre bringe? 7 Wenn leblose Musik-
instrumente, eine Flöte oder eine
Harfe, nicht deutlich unterschiedene
Töne hervorbringen, wie soll man dann
erkennen, was auf der Flöte oder auf
der Harfe gespielt wird? 8 Und wenn
die Trompete unklare Töne hervor-
bringt, wer wird dann zu den Waffen
greifen? 9 So ist es auch mit euch, wenn
ihr in Zungen redet, aber kein ver-
ständliches Wort hervorbringt. Wer
soll dann das Gesprochene verstehen?
Ihr redet nur in den Wind.
10 Es gibt wer weiß wie viele Sprachen
in der Welt, und nichts ist ohne
Sprache. 11 Wenn ich nun den Sinn der
Laute nicht kenne, bin ich für den
Sprecher ein Fremder, wie der Sprecher
für mich. 12 So ist es auch mit euch. Da
ihr nach Geistesgaben strebt, gebt euch
Mühe, dass ihr damit vor allem zum
Aufbau der Gemeinde beitragt. 13 Des-
wegen soll einer, der in Zungen redet,
darum beten, dass er es auch auslegen
kann. 14 Denn wenn ich nur in Zungen
bete, betet zwar mein Geist, aber mein
Verstand bleibt unfruchtbar. 15 Was
folgt daraus? Ich will nicht nur im Geist
beten, sondern auch mit dem Verstand.
Ich will nicht nur im Geist Gott preisen,
sondern auch mit dem Verstand.
16 Wenn du nur im Geist den Lobpreis
sprichst und ein Unkundiger anwesend
ist, so kann er zu deinem Dankgebet
das Amen nicht sagen; denn er versteht
nicht, was du sagst. 17 Dein Dankgebet
mag noch so gut sein, der andere hat
keinen Nutzen davon. 18 Ich danke
Gott, dass ich mehr als ihr alle in
Zungen rede. 19 Doch vor der Gemeinde
will ich lieber fünf Worte mit Verstand
reden, um auch andere zu unterweisen,
als zehntausend Worte in Zungen
stammeln.
20 Seid doch nicht Kinder an Einsicht,
Brüder! Seid Unmündige an Bosheit,
an Einsicht aber seid reife Menschen!
21 Im Gesetz steht: Durch Leute, die
anders und in anderen Sprachen reden,
werde ich zu diesem Volk sprechen;
aber auch so werden sie nicht auf mich
hören, spricht der Herr. 22 So ist Zun-
genreden ein Zeichen nicht für die
Gläubigen, sondern für die Ungläu-
bigen, prophetisches Reden aber ein
Zeichen nicht für die Ungläubigen,
sondern für die Glaubenden.
23 Wenn also die ganze Gemeinde sich
versammelt und alle in Zungen reden,
und es kommen Unkundige oder Un-
gläubige hinzu, werden sie dann nicht
sagen: Ihr seid verrückt! 24 Wenn aber
alle prophetisch reden und ein Un-

gläubiger oder Unkundiger kommt herein, dann wird ihm von allen ins Gewissen geredet, und er fühlt sich von allen ins Verhör genommen;
25 was in seinem Herzen verborgen ist, wird aufgedeckt. Und so wird er sich niederwerfen, Gott anbeten und ausrufen: Wahrhaftig, Gott ist bei euch!

Die rechte Einheit und Ordnung im Gottesdienst

26 Was soll also geschehen, Brüder?
Wenn ihr zusammenkommt, trägt
jeder etwas bei: einer einen Psalm, ein
anderer eine Lehre, der dritte eine Of-
fenbarung; einer redet in Zungen, und
ein anderer deutet es. Alles geschehe
so, dass es aufbaut. 27 Wenn man in
Zungen reden will, so sollen es nur zwei
tun, höchstens drei, und zwar einer
nach dem andern; dann soll einer es
auslegen. 28 Wenn aber niemand es aus-
legen kann, soll auch keiner vor der Ge-
meinde so reden. Er soll es für sich
selber tun und vor Gott. 29 Auch zwei
oder drei Propheten sollen zu Wort
kommen; die anderen sollen urteilen.
30 Wenn aber noch einem andern
Anwesenden eine Offenbarung zuteil
wird, soll der erste schweigen; 31 einer
nach dem andern könnt ihr alle pro-
phetisch reden. So lernen alle etwas
und alle werden ermutigt. 32 Die Äuße-
rung prophetischer Eingebungen ist
nämlich dem Willen der Propheten
unterworfen. 33 Denn Gott ist nicht ein
Gott der Unordnung, sondern ein Gott
des Friedens.
Wie es in allen Gemeinden der Heili-
gen üblich ist, 34 sollen die Frauen in
der Versammlung schweigen; es ist
ihnen nicht gestattet zu reden. Sie
sollen sich unterordnen, wie auch das
Gesetz es fordert. 35 Wenn sie etwas
wissen wollen, dann sollen sie zu Hause
ihre Männer fragen; denn es gehört
sich nicht für eine Frau, vor der Ge-
meinde zu reden. 36 Ist etwa das Gottes-
wort von euch ausgegangen? Ist es
etwa nur zu euch gekommen?
37 Wenn einer meint, Prophet zu sein
oder geisterfüllt, soll er in dem, was ich
euch schreibe, ein Gebot des Herrn er-
kennen. 38 Wer das nicht anerkennt,
wird nicht anerkannt.
39 Strebt also nach der Prophetengabe,
meine Brüder, und hindert niemand
daran, in Zungen zu reden. 40 Doch
alles soll in Anstand und Ordnung ge-
schehen.

Die Auferweckung Christi und der Christen

Die Auferweckung Christi und das Heil

15 Ich erinnere euch, Brüder, an das Evangelium, das ich euch verkündet habe. Ihr habt es angenommen; es ist der Grund, auf dem ihr

steht. 2 Durch dieses Evangelium werdet
ihr gerettet, wenn ihr an dem Wortlaut
fest haltet, den ich euch verkündet
habe. Oder habt ihr den Glauben
vielleicht unüberlegt angenommen?
3 Denn vor allem habe ich euch über-
liefert, was auch ich empfangen habe:
Christus ist für unsere Sünden ge-
storben, / gemäß der Schrift,
4 und ist begraben worden. / Er ist am
dritten Tag auferweckt worden, / ge-
mäß der Schrift,
5 und erschien dem Kephas, dann den
Zwölf.
6 Danach erschien er mehr als fünf-
hundert Brüdern zugleich; die meisten
von ihnen sind noch am Leben, einige
sind entschlafen. 7 Danach erschien er
dem Jakobus, dann allen Aposteln. 8 Als
letztem von allen erschien er auch mir,
dem Unerwarteten, der »Missgeburt«.
9 Denn ich bin der geringste von den
Aposteln; ich bin nicht wert, Apostel
genannt zu werden, weil ich die Kirche
Gottes verfolgt habe. 10 Doch durch
Gottes Gnade bin ich, was ich bin, und
sein gnädiges Handeln an mir ist nicht
ohne Wirkung geblieben. Mehr als sie
alle habe ich mich abgemüht – nicht
ich, sondern die Gnade Gottes zu-
sammen mit mir. 11 Ob nun ich ver-
kündige oder die anderen: das ist un-
sere Botschaft, und das ist der Glaube,
den ihr angenommen habt.
12 Wenn aber verkündigt wird, dass
Christus von den Toten auferweckt
worden ist, wie können dann einige
von euch sagen: Eine Auferstehung der
Toten gibt es nicht? 13 Wenn es keine
Auferstehung der Toten gibt, ist auch
Christus nicht auferweckt worden. 14 Ist
aber Christus nicht auferweckt worden,
dann ist unsere Verkündigung leer und
euer Glaube sinnlos. 15 Wir werden
dann auch als falsche Zeugen Gottes
entlarvt, weil wir im Widerspruch zu
Gott das Zeugnis abgelegt haben: Er
hat Christus auferweckt. Er hat ihn
eben nicht auferweckt, wenn Tote nicht
auferweckt werden. 16 Denn wenn Tote
nicht auferweckt werden, ist auch
Christus nicht auferweckt worden.
17 Wenn aber Christus nicht auferweckt
worden ist, dann ist euer Glaube
nutzlos, und ihr seid immer noch in
euren Sünden; 18 und auch die in
Christus Entschlafenen sind dann ver-
loren. 19 Wenn wir unsere Hoffnung
nur in diesem Leben auf Christus
gesetzt haben, sind wir erbärmlicher
daran als alle anderen Menschen.
20 Nun aber ist Christus von den Toten
auferweckt worden als der Erste der
Entschlafenen. 21 Da nämlich durch
einen Menschen der Tod gekommen
ist, kommt durch einen Menschen auch
die Auferstehung der Toten. 22 Denn
wie in Adam alle sterben, so werden in
Christus alle lebendig gemacht wer-
den.
23 Es gibt aber eine bestimmte Reihen-
folge: Erster ist Christus; dann folgen,

wenn Christus kommt, alle, die zu ihm
gehören. 24 Danach kommt das Ende,
wenn er jede Macht, Gewalt und Kraft
vernichtet hat und seine Herrschaft
Gott, dem Vater, übergibt. 25 Denn er
muss herrschen, bis Gott ihm alle
Feinde unter die Füße gelegt hat. 26 Der
letzte Feind, der entmachtet wird, ist
der Tod. 27 Sonst hätte er ihm nicht alles
zu Füßen gelegt. Wenn es aber heißt,
alles sei unterworfen, ist offenbar der
ausgenommen, der ihm alles unter-
wirft. 28 Wenn ihm dann alles unter-
worfen ist, wird auch er, der Sohn, sich
dem unterwerfen, der ihm alles unter-
worfen hat, damit Gott herrscht über
alles und in allem.
29 Wie kämen sonst einige dazu, sich
für die Toten taufen zu lassen? Wenn
Tote gar nicht auferweckt werden, wa-
rum lässt man sich dann taufen für sie?
30 Warum setzen dann auch wir uns
stündlich der Gefahr aus? 31 Täglich
sehe ich dem Tod ins Auge, so wahr ihr,
Brüder, mein Ruhm seid, den ich in
Christus Jesus, unserem Herrn, emp-
fangen habe. 32 Was habe ich dann da-
von, dass ich in Ephesus, wie man so
sagt, mit wilden Tieren gekämpft
habe? Wenn Tote nicht auferweckt
werden, dann lasst uns essen und
trinken; denn morgen sind wir tot.
33 Lasst euch nicht irreführen! Schlech-
ter Umgang verdirbt gute Sitten.
34 Werdet nüchtern, wie es sich gehört,
und sündigt nicht! Einige Leute wissen
nichts von Gott; ich sage das, damit ihr
euch schämt.

Die Vollendung des Heils bei der Auferstehung

35 Nun könnte einer fragen: Wie
werden die Toten auferweckt, was für
einen Leib werden sie haben? 36 Was
für eine törichte Frage! Auch das, was
du säst, wird nicht lebendig, wenn es
nicht stirbt. 37 Und was du säst, hat
noch nicht die Gestalt, die entstehen
wird; es ist nur ein nacktes Samenkorn,
zum Beispiel ein Weizenkorn oder ein
anderes. 38 Gott gibt ihm die Gestalt,
die er vorgesehen hat, jedem Samen
eine andere. 39 Auch die Lebewesen
haben nicht alle die gleiche Gestalt. Die
Gestalt der Menschen ist anders als die
der Haustiere, die Gestalt der Vögel
anders als die der Fische. 40 Auch gibt
es Himmelskörper und irdische
Körper. Die Schönheit der Himmels-
körper ist anders als die der irdischen
Körper. 41 Der Glanz der Sonne ist
anders als der Glanz des Mondes,
anders als der Glanz der Sterne; denn
auch die Gestirne unterscheiden sich
durch ihren Glanz.
42 So ist es auch mit der Auferstehung
der Toten. Was gesät wird, ist ver-
weslich, was auferweckt wird, unver-
weslich. 43 Was gesät wird, ist armselig,
was auferweckt wird, herrlich. Was
gesät wird, ist schwach, was auferweckt

wird, ist stark. 44 Gesät wird ein ir-
discher Leib, auferweckt ein über-
irdischer Leib. Wenn es einen irdischen
Leib gibt, gibt es auch einen über-
irdischen. 45 So steht es auch in der
Schrift: Adam, der Erste Mensch,
wurde ein irdisches Lebewesen. Der
Letzte Adam wurde lebendigma-
chender Geist. 46 Aber zuerst kommt
nicht das Überirdische; zuerst kommt
das Irdische, dann das Überirdische.
47 Der Erste Mensch stammt von der
Erde und ist Erde; der Zweite Mensch
stammt vom Himmel. 48 Wie der von
der Erde irdisch war, so sind es auch
seine Nachfahren. Und wie der vom
Himmel himmlisch ist, so sind es auch
seine Nachfahren. 49 Wie wir nach dem
Bild des Irdischen gestaltet wurden, so
werden wir auch nach dem Bild des
Himmlischen gestaltet werden. 50 Da-
mit will ich sagen, Brüder: Fleisch und
Blut können das Reich Gottes nicht
erben; das Vergängliche erbt nicht das
Unvergängliche.
51 Seht, ich enthülle euch ein Ge-
heimnis: Wir werden nicht alle ent-
schlafen, aber wir werden alle ver-
wandelt werden – 52 plötzlich, in einem
Augenblick, beim letzten Posaunen-
schall. Die Posaune wird erschallen, die
Toten werden zur Unvergänglichkeit
auferweckt, wir aber werden ver-
wandelt werden.
53 Denn dieses Vergängliche muss sich
mit Unvergänglichkeit bekleiden und
dieses Sterbliche mit Unsterblichkeit.
54 Wenn sich aber dieses Vergängliche
mit Unvergänglichkeit bekleidet und
dieses Sterbliche mit Unsterblichkeit,
dann erfüllt sich das Wort der Schrift:
Verschlungen ist der Tod vom Sieg.
55 Tod, wo ist dein Sieg? / Tod, wo ist
dein Stachel?
56 Der Stachel des Todes aber ist die
Sünde, die Kraft der Sünde ist das
Gesetz. 57 Gott aber sei Dank, der uns
den Sieg geschenkt hat durch Jesus
Christus, unseren Herrn. 58 Daher, ge-
liebte Brüder, seid standhaft und un-
erschütterlich, nehmt immer eifriger
am Werk des Herrn teil, und denkt
daran, dass im Herrn eure Mühe nicht
vergeblich ist.

Der Schluss des Briefes

Die Sammlung für Jerusalem

16 Was die Geldsammlung für
die Heiligen angeht, sollt auch
ihr euch an das halten, was ich für die
Gemeinden Galatiens angeordnet
habe. 2 Jeder soll immer am ersten Tag
der Woche etwas zurücklegen und so
zusammensparen, was er kann. Dann
sind keine Sammlungen mehr nötig,
wenn ich komme. 3 Nach meiner
Ankunft werde ich eure Vertrauens-
leute mit Briefen nach Jerusalem schi-
cken, damit sie eure Liebesgabe über-
bringen. 4 Ist es der Mühe wert, dass ich

selbst hinreise, dann sollen sie mit mir
reisen.

Die Pläne des Apostels

5 Ich werde zu euch kommen, wenn ich
durch Mazedonien gereist bin. In
Mazedonien will ich nämlich nicht
bleiben, 6 aber, wenn es möglich ist, bei
euch, vielleicht sogar den ganzen
Winter. Wenn ich dann weiterreise,
könnt ihr mir das Geleit geben. 7 Ich
möchte euch diesmal nicht nur auf der
Durchreise sehen; ich hoffe, einige Zeit
bei euch bleiben zu können, wenn der
Herr es zulässt.
8 In Ephesus will ich bis Pfingsten
bleiben. 9 Denn weit und wirksam ist
mir hier eine Tür geöffnet worden;
doch auch an Gegnern fehlt es nicht.
10 Wenn Timotheus kommt, achtet
darauf, dass ihr ihn nicht entmutigt;
denn er arbeitet im Dienst des Herrn
wie ich. 11 Keiner soll ihn gering
schätzen. Verabschiedet ihn dann in
Frieden, damit er zu mir zurückkehrt;
ich warte auf ihn mit den Brüdern.
12 Was den Bruder Apollos angeht, so
habe ich ihn dringend gebeten, er
möge mit den Brüdern zu euch reisen,
aber er wollte auf keinen Fall jetzt
gehen. Er wird kommen, wenn er eine
günstige Gelegenheit findet.

Letzte Mahnungen und Grüße

13 Seid wachsam, steht fest im Glauben,
seid mutig, seid stark! 14 Alles, was ihr
tut, geschehe in Liebe.
15 Ich habe noch eine Bitte, Brüder. Ihr
kennt das Haus des Stephanas: Sie sind
die erste Frucht Achaias und haben
sich in den Dienst der Heiligen gestellt.
16 Ordnet euch ihnen unter, ebenso
ihren Helfern und Mitarbeitern! 17 Es
freut mich, dass Stephanas, Fortunatus
und Achaikus zu mir gekommen sind;
sie sind mir ein Ersatz für euch, da ihr
nicht hier sein könnt. 18 Sie haben mich
und euch erfreut und aufgerichtet. Ver-
weigert solchen Männern eure An-
erkennung nicht!
19 Es grüßen euch die Gemeinden in der
Provinz Asien. Aquila und Priska und
ihre Hausgemeinde senden euch viele
Grüße im Herrn. 20 Es grüßen euch alle
Brüder. Grüßt einander mit dem
heiligen Kuss!
21 Den Gruß schreibe ich, Paulus, ei-
genhändig.
22 Wer den Herrn nicht liebt, sei ver-
flucht! Marána tha – Unser Herr, komm!
23 Die Gnade Jesu, des Herrn, sei mit
euch!
24 Meine Liebe ist mit euch allen in
Christus Jesus.

Der zweite Brief an die Korinther

Seit der Abfassung des 1. Korintherbriefs nahm das Verhältnis des Apostels Paulus zur korinthischen Gemeinde einen wechselvollen Verlauf. Gegner drangen in die Gemeinde ein, die die Autorität des Apostels untergruben. Dieser sah sich veranlasst, von Ephesus aus einen Besuch in Korinth zu machen (2,5; 7,12). Bei dieser Gelegenheit kam es zu einem schweren Zwischenfall, der für Paulus eine Demütigung bedeutete. Bei seiner Abreise stellte er einen baldigen Besuch in Aussicht (1,15f), schrieb aber dann statt dessen von Ephesus aus in »großer Bedrängnis und Herzensnot« einen Brief (2,4). Titus überbrachte diesen der Gemeinde; währenddessen wartete Paulus mit Spannung das Ergebnis der Mission seines Schülers ab und reiste ihm schließlich über Troas nach Mazedonien entgegen (2,13). Dort erhielt er von Titus gute Nachricht aus Korinth (7,6–16), die die Wiederversöhnung mit der Gemeinde einleitete.

Der 2. Korintherbrief ist von dieser wechselvollen Geschichte bestimmt. Im wesentlichen geht es um drei Themen: Zuerst spricht Paulus von seinem Apostelamt, indem er die Gemeinde als sein apostolisches Werk darstellt (Kap. 1–7); zweitens ruft er die Gemeinde auf, sich an der Kollekte für die Armen in Jerusalem zu beteiligen (Kap. 8–9), und drittens setzt er sich in leidenschaftlicher Form mit seinen Gegnern auseinander, wobei er uns wichtige Einblicke in sein von Mühe und Kampf erfülltes Apostelleben gewährt (Kap. 10–13).

Von den Briefen des Paulus gibt der 2. Korintherbrief die bedeutsamsten Aufschlüsse über sein apostolisches Selbstverständnis. Außerdem enthält er wichtige Aussagen über die Beziehung von Amt und Gemeinde.

Anschrift und Gruss

1 Paulus, durch Gottes Willen Apostel Christi Jesu, und der Bruder Timotheus an die Kirche Gottes, die in Korinth ist, und an alle Heiligen in ganz Achaia.

2 Gnade sei mit euch und Friede von
Gott, unserem Vater, und dem Herrn
Jesus Christus.

Von Leiden und Trost des Apostels

3 Gepriesen sei der Gott und Vater Jesu
Christi, unseres Herrn, der Vater des
Erbarmens und der Gott allen Trostes.
4 Er tröstet uns in all unserer Not, da-
mit auch wir die Kraft haben, alle zu
trösten, die in Not sind, durch den
Trost, mit dem auch wir von Gott ge-
tröstet werden. 5 Wie uns nämlich
die Leiden Christi überreich zuteil ge-
worden sind, so wird uns durch
Christus auch überreicher Trost zuteil.
6 Sind wir aber in Not, so ist es zu eurem
Trost und Heil, und werden wir ge-
tröstet, so geschieht auch das zu eurem
Trost; er wird wirksam, wenn ihr
geduldig die gleichen Leiden ertragt,
die auch wir ertragen. 7 Unsere Hoff-
nung für euch ist unerschütterlich; wir
sind sicher, dass ihr mit uns nicht nur
an den Leiden teilhabt, sondern auch
am Trost.
8 Wir wollen euch die Not nicht ver-
schweigen, Brüder, die in der Provinz
Asien über uns kam und uns über alles
Maß bedrückte; unsere Kraft war er-
schöpft, so sehr, dass wir am Leben ver-
zweifelten. 9 Aber wir haben unser
Todesurteil hingenommen, weil wir
unser Vertrauen nicht auf uns selbst
setzen wollten, sondern auf Gott, der
die Toten auferweckt. 10 Er hat uns aus
dieser großen Todesnot errettet und
rettet uns noch; auf ihm ruht unsere
Hoffnung, dass er uns auch in Zukunft
retten wird. 11 Helft aber auch ihr,
indem ihr für uns betet, damit viele
Menschen in unserem Namen Dank
sagen für die Gnade, die uns geschenkt
wurde.

Klärung von Missverständnissen

Die Zuverlässigkeit des Apostels

12 Denn das ist unser Ruhm – und dafür
zeugt auch unser Gewissen –, dass wir
in dieser Welt, vor allem euch gegen-
über, in der Aufrichtigkeit und Lauter-
keit, wie Gott sie schenkt, gehandelt
haben, nicht aufgrund menschlicher
Weisheit, sondern aufgrund göttlicher
Gnade. 13 Und wenn wir euch schrei-
ben, meinen wir nichts anderes, als was
ihr lest und versteht; ich hoffe, ihr
werdet noch ganz verstehen, 14 was wir
meinen und was ihr zum Teil schon ver-
standen habt, nämlich dass ihr am Tag
Jesu, unseres Herrn, auf uns stolz sein
dürft, so wie wir auf euch.

Die Änderung des Reiseplans

15 In dieser Zuversicht wollte ich zu
nächst zu euch kommen, damit ihr ein
zweites Mal Gnade erfahren hättet.
16 Von euch wollte ich dann nach
Mazedonien reisen und von Mazedo-
nien zu euch zurückkommen, um von
euch nach Judäa geleitet zu werden.
17 War dieser Entschluss etwa leicht-
sinnig? Plane ich, wie manche Men-
schen planen, so dass mein Ja auch ein
Nein sein kann? 18 Gott ist treu, er
bürgt dafür, dass unser Wort euch
gegenüber nicht Ja und Nein zugleich
ist. 19 Denn Got-tes Sohn Jesus Christus,
der euch durch uns verkündigt wurde –
durch mich, Silvanus und Timotheus –,
ist nicht als Ja und Nein zugleich ge-
kommen; in ihm ist das Ja verwirklicht.
20 Er ist das Ja zu allem, was Gott ver-
heißen hat. Darum rufen wir durch ihn
zu Gottes Lobpreis auch das Amen.
21 Gott aber, der uns und euch in der
Treue zu Christus festigt und der uns
alle gesalbt hat, 22 er ist es auch, der uns
sein Siegel aufgedrückt und als ersten
Anteil (am verheißenen Heil) den Geist
in unser Herz gegeben hat.

23 Ich rufe aber Gott zum Zeugen an
und schwöre bei meinem Leben, dass
ich nur, um euch zu schonen, nicht
mehr nach Korinth gekommen bin.
24 Wir wollen ja nicht Herren über
euren Glauben sein, sondern wir sind
Helfer zu eurer Freude; denn im Glau-
ben seid ihr fest verwurzelt.

2 Ich entschloss mich also, nicht
noch einmal zu euch zu kommen
und euch zu betrüben. 2 Wenn ich euch
nämlich betrübe, wer wird mich dann
erfreuen? Etwa der, den ich selbst be-
trübt habe? 3 Und so schrieb ich, statt
selber zu kommen, einen Brief, um
nicht von denen betrübt zu werden, die
mich erfreuen sollten; und ich bin
sicher, dass meine Freude auch die
Freude von euch allen ist. 4 Ich schrieb
euch aus großer Bedrängnis und
Herzensnot, unter vielen Tränen, nicht
um euch zu betrüben, nein, um euch
meine übergroße Liebe spüren zu
lassen.

Mahnung zur Milde

5 Wenn aber einer Betrübnis verursacht
hat, hat er nicht mich betrübt, sondern
mehr oder weniger – um nicht zu über-
treiben – euch alle. 6 Die Strafe, die dem
Schuldigen von der Mehrheit auferlegt
wurde, soll genügen. 7 Jetzt sollt ihr
lieber verzeihen und trösten, damit der
Mann nicht von allzu großer Traurig-
keit überwältigt wird. 8 Darum bitte ich
euch, ihm gegenüber Liebe walten zu
lassen. 9 Gerade deswegen habe ich
euch ja auch geschrieben, weil ich
wissen wollte, ob ihr wirklich in allen
Stücken gehorsam seid. 10 Wem ihr
aber verzeiht, dem verzeihe auch ich.
Denn auch ich habe, wenn hier etwas
zu verzeihen war, im Angesicht Christi

um euretwillen verziehen, 11 damit wir
nicht vom Satan überlistet werden; wir
kennen seine Absichten nur zu gut.

Herrlichkeit und Not des Apostelдienstes

Das Wirken des Apostels als Siegeszug Christi

12 Als ich dann nach Troas kam, um das
Evangelium Christi zu verkünden, und
mir der Herr eine Tür öffnete, 13 hatte
mein Geist dennoch keine Ruhe, weil
ich meinen Bruder Titus nicht fand. So
nahm ich Abschied und reiste nach
Mazedonien.
14 Dank sei Gott, der uns stets im Sieges-
zug Christi mitführt und durch uns
den Duft der Erkenntnis Christi an
allen Orten verbreitet. 15 Denn wir sind
Christi Wohlgeruch für Gott unter
denen, die gerettet werden, wie unter
denen, die verloren gehen. 16 Den einen
sind wir Todesgeruch, der Tod bringt;
den anderen Lebensduft, der Leben
verheißt. Wer aber ist dazu fähig?
17 Wir sind jedenfalls nicht wie die
vielen anderen, die mit dem Wort
Gottes ein Geschäft machen. Wir ver-
künden es aufrichtig und in Christus,
von Gott her und vor Gott.

Der Apostel und sein Dienst an der Gemeinde

3
Fangen wir schon wieder an, uns
selbst zu empfehlen? Oder brau-
chen wir – wie gewisse Leute – Emp-
fehlungsschreiben an euch oder von
euch? 2 Unser Empfehlungsschreiben
seid ihr; es ist eingeschrieben in unser
Herz, und alle Menschen können es
lesen und verstehen. 3 Unverkennbar
seid ihr ein Brief Christi, ausgefertigt
durch unseren Dienst, geschrieben
nicht mit Tinte, sondern mit dem Geist
des lebendigen Gottes, nicht auf Tafeln
aus Stein, sondern – wie auf Tafeln – in
Herzen von Fleisch.

Dienst am Buchstaben und Dienst im Geist

4 Wir haben durch Christus so großes
Vertrauen zu Gott. 5 Doch sind wir
dazu nicht von uns aus fähig, als ob wir
uns selbst etwas zuschreiben könnten;
unsere Befähigung stammt vielmehr
von Gott. 6 Er hat uns fähig gemacht,
Diener des Neuen Bundes zu sein, nicht
des Buchstabens, sondern des Geistes.
Denn der Buchstabe tötet, der Geist
aber macht lebendig. 7 Wenn aber
schon der Dienst, der zum Tod führt
und dessen Buchstaben in Stein ge-
meißelt waren, so herrlich war, dass die
Israeliten das Gesicht des Mose nicht
anschauen konnten, weil es eine Herr-
lichkeit ausstrahlte, die doch vergäng-

lich war, 8 wie sollte da der Dienst des
Geistes nicht viel herrlicher sein?
9 Wenn schon der Dienst, der zur Ver-
urteilung führt, herrlich war, so wird
der Dienst, der zur Gerechtigkeit führt,
noch viel herrlicher sein. 10 Eigentlich
kann von Herrlichkeit in jenem Fall gar
nicht die Rede sein, wo das Verherr-
lichte vor der größeren Herrlichkeit
verblasst. 11 Wenn nämlich schon das
Vergängliche in Herrlichkeit erschien:
die Herrlichkeit des Bleibenden wird es
überstrahlen.

12 Weil wir eine solche Hoffnung
haben, treten wir mit großem Freimut
auf, 13 nicht wie Mose, der über sein
Gesicht eine Hülle legte, damit die
Israeliten das Verblassen des Glanzes
nicht sahen. 14 Doch ihr Denken wurde
verhärtet. Bis zum heutigen Tag liegt
die gleiche Hülle auf dem Alten Bund,
wenn daraus vorgelesen wird, und es
bleibt verhüllt, dass er in Christus ein
Ende nimmt. 15 Bis heute liegt die Hülle
auf ihrem Herzen, wenn Mose vor-
gelesen wird. 16 Sobald sich aber einer
dem Herrn zuwendet, wird die Hülle
entfernt. 17 Der Herr aber ist der Geist,
und wo der Geist des Herrn wirkt, da
ist Freiheit. 18 Wir alle spiegeln mit ent-
hülltem Angesicht die Herrlichkeit des
Herrn wider und werden so in sein ei-
genes Bild verwandelt, von Herrlichkeit
zu Herrlichkeit, durch den Geist des
Herrn.

4 Daher erlahmt unser Eifer nicht
in dem Dienst, der uns durch
Gottes Erbarmen übertragen wurde.
2 Wir haben uns von aller schimpf-
lichen Arglist losgesagt; wir handeln
nicht hinterhältig und verfälschen das
Wort Gottes nicht, sondern lehren
offen die Wahrheit. So empfehlen wir
uns vor dem Angesicht Gottes jedem
menschlichen Gewissen. 3 Wenn unser
Evangelium dennoch verhüllt ist, ist es
nur denen verhüllt, die verloren gehen;
4 denn der Gott dieser Weltzeit hat das
Denken der Ungläubigen verblendet.
So strahlt ihnen der Glanz der Heils-
botschaft nicht auf, der Botschaft von
der Herrlichkeit Christi, der Gottes
Ebenbild ist. 5 Wir verkündigen näm-
lich nicht uns selbst, sondern Jesus
Christus als den Herrn, uns aber als
eure Knechte um Jesu willen. 6 Denn
Gott, der sprach: Aus Finsternis soll
Licht aufleuchten!, er ist in unseren
Herzen aufgeleuchtet, damit wir er-
leuchtet werden zur Erkenntnis des
göttlichen Glanzes auf dem Antlitz
Christi.

Die Leidensgemeinschaft des Apostels mit Christus

7 Diesen Schatz tragen wir in zerbrech-
lichen Gefäßen; so wird deutlich, dass
das Übermaß der Kraft von Gott und
nicht von uns kommt. 8 Von allen
Seiten werden wir in die Enge ge-

trieben und finden doch noch Raum;
wir wissen weder aus noch ein und ver-
zweifeln dennoch nicht; 9 wir werden
gehetzt und sind doch nicht verlassen;
wir werden niedergestreckt und doch
nicht vernichtet. 10 Wohin wir auch
kommen, immer tragen wir das
Todesleiden Jesu an unserem Leib, da-
mit auch das Leben Jesu an unserem
Leib sichtbar wird. 11 Denn immer
werden wir, obgleich wir leben, um
Jesu willen dem Tod ausgeliefert, damit
auch das Leben Jesu an unserem sterb-
lichen Fleisch offenbar wird. 12 So er-
weist an uns der Tod, an euch aber das
Leben seine Macht. 13 Doch haben wir
den gleichen Geist des Glaubens, von
dem es in der Schrift heißt: Ich habe ge-
glaubt, darum habe ich geredet. Auch
wir glauben, und darum reden wir.
14 Denn wir wissen, dass der, welcher
Jesus, den Herrn, auferweckt hat, auch
uns mit Jesus auferwecken und uns zu-
sammen mit euch (vor sein Angesicht)
stellen wird. 15 Alles tun wir euret-
wegen, damit immer mehr Menschen
aufgrund der überreich gewordenen
Gnade den Dank vervielfachen, Gott
zur Ehre.
16 Darum werden wir nicht müde; wenn
auch unser äußerer Mensch aufgerie-
ben wird, der innere wird Tag für Tag
erneuert. 17 Denn die kleine Last unse-
rer gegenwärtigen Not schafft uns in
maßlosem Übermaß ein ewiges Ge-
wicht an Herrlichkeit, 18 uns, die wir
nicht auf das Sichtbare starren,
sondern nach dem Unsichtbaren aus-
blicken; denn das Sichtbare ist ver-
gänglich, das Unsichtbare ist ewig.

Die Hoffnung des Apostels

5 Wir wissen: Wenn unser irdisches
Zelt abgebrochen wird, dann
haben wir eine Wohnung von Gott, ein
nicht von Menschenhand errichtetes
ewiges Haus im Himmel. 2 Im gegen-
wärtigen Zustand seufzen wir und
sehnen uns danach, mit dem himm-
lischen Haus überkleidet zu werden.
3 So bekleidet, werden wir nicht nackt
erscheinen. 4 Solange wir nämlich in
diesem Zelt leben, seufzen wir unter
schwerem Druck, weil wir nicht ent-
kleidet, sondern überkleidet werden
möchten, damit so das Sterbliche vom
Leben verschlungen werde. 5 Gott aber,
der uns gerade dazu fähig gemacht hat,
er hat uns auch als ersten Anteil den
Geist gegeben.
6 Wir sind also immer zuversichtlich,
auch wenn wir wissen, dass wir fern
vom Herrn in der Fremde leben, so-
lange wir in diesem Leib zu Hause sind;
7 denn als Glaubende gehen wir
unseren Weg, nicht als Schauende.
8 Weil wir aber zuversichtlich sind,
ziehen wir es vor, aus dem Leib aus-
zuwandern und daheim beim Herrn zu
sein. 9 Deswegen suchen wir unsere
Ehre darin, ihm zu gefallen, ob wir

daheim oder in der Fremde sind.
10 Denn wir alle müssen vor dem
Richterstuhl Christi offenbar werden,
damit jeder seinen Lohn empfängt für
das Gute oder Böse, das er im irdischen
Leben getan hat.

Die Bewährung des Apostels in seinem Dienst

Der Dienst der Versöhnung

11 So versuchen wir, erfüllt von Ehr-
furcht vor dem Herrn, Menschen zu
gewinnen; Gott aber kennt uns durch
und durch. Ich hoffe, dass auch euer
Urteil über mich sich zur vollen Wahr-
heit durchgerungen hat. 12 Damit
wollen wir uns nicht wieder vor euch
rühmen, sondern wir geben euch
Gelegenheit, rühmend auf uns hin-
zuweisen, damit ihr denen entgegen-
treten könnt, die sich nur rühmen, um
ihr Gesicht zu wahren, ihr Herz aber
nicht zeigen dürfen. 13 Wenn wir näm-
lich von Sinnen waren, so geschah es
für Gott; wenn wir besonnen sind, ge-
schieht es für euch. 14 Denn die Liebe
Christi drängt uns, da wir erkannt
haben: Einer ist für alle gestorben, also
sind alle gestorben. 15 Er ist aber für alle
gestorben, damit die Lebenden nicht
mehr für sich leben, sondern für den,
der für sie starb und auferweckt wurde.
16 Also schätzen wir von jetzt an
niemand mehr nur nach menschlichen
Maßstäben ein; auch wenn wir früher
Christus nach menschlichen Maßstä-
ben eingeschätzt haben, jetzt schätzen
wir ihn nicht mehr so ein. 17 Wenn also
jemand in Christus ist, dann ist er eine
neue Schöpfung: Das Alte ist ver-
gangen, Neues ist geworden. 18 Aber
das alles kommt von Gott, der uns
durch Christus mit sich versöhnt und
uns den Dienst der Versöhnung auf-
getragen hat. 19 Ja, Gott war es, der in
Christus die Welt mit sich versöhnt
hat, indem er den Menschen ihre Ver-
fehlungen nicht anrechnete und uns
das Wort von der Versöhnung (zur Ver-
kündigung) anvertraute. 20 Wir sind
also Gesandte an Christi Statt, und
Gott ist es, der durch uns mahnt. Wir
bitten an Christi Statt: Lasst euch mit
Gott versöhnen! 21 Er hat den, der keine
Sünde kannte, für uns zur Sünde
gemacht, damit wir in ihm Gerechtig-
keit Gottes würden.

Die Herrlichkeit der apostolischen Leiden

6 Als Mitarbeiter Gottes ermahnen
wir euch, dass ihr seine Gnade
nicht vergebens empfangt. 2 Denn es
heißt:
Zur Zeit der Gnade erhöre ich dich, /
am Tag der Rettung helfe ich dir.
Jetzt ist sie da, die Zeit der Gnade;
jetzt ist er da, der Tag der Rettung. 3 Nie-

mand geben wir auch nur den ge-
ringsten Anstoß, damit unser Dienst
nicht getadelt werden kann. 4 In allem
erweisen wir uns als Gottes Diener:
durch große Standhaftigkeit, in Be-
drängnis, in Not, in Angst, 5 unter
Schlägen, in Gefängnissen, in Zeiten
der Unruhe, unter der Last der Arbeit,
in durchwachten Nächten, durch
Fasten, 6 durch lautere Gesinnung,
durch Erkenntnis, durch Langmut,
durch Güte, durch den Heiligen Geist,
durch ungeheuchelte Liebe, 7 durch das
Wort der Wahrheit, in der Kraft Gottes,
mit den Waffen der Gerechtigkeit in
der Rechten und in der Linken, 8 bei
Ehrung und Schmähung, bei übler
Nachrede und bei Lob. Wir gelten als
Betrüger und sind doch wahrhaftig;
9 wir werden verkannt und doch an-
erkannt; wir sind wie Sterbende, und
seht: wir leben; wir werden gezüchtigt
und doch nicht getötet; 10 uns wird Leid
zugefügt, und doch sind wir jederzeit
fröhlich; wir sind arm und machen
doch viele reich; wir haben nichts und
haben doch alles.

Die Aussöhnung mit den Korinthern

Werbung und Mahnung

11 Unser Mund hat sich für euch auf-
getan, Korinther, unser Herz ist weit
geworden. 12 In uns ist es nicht zu eng
für euch; eng ist es in eurem Herzen.
13 Lasst doch als Antwort darauf – ich
rede wie zu meinen Kindern – auch
euer Herz weit aufgehen!
14 Beugt euch nicht mit Ungläubigen
unter das gleiche Joch! Was haben
denn Gerechtigkeit und Gesetzwidrig-
keit miteinander zu tun? Was haben
Licht und Finsternis gemeinsam?
15 Was für ein Einklang herrscht zwi-
schen Christus und Beliar? Was hat ein
Gläubiger mit einem Ungläubigen ge-
meinsam? 16 Wie verträgt sich der
Tempel Gottes mit Götzenbildern? Wir
sind doch der Tempel des lebendigen
Gottes; denn Gott hat gesprochen:
Ich will unter ihnen wohnen und mit
ihnen gehen. / Ich werde ihr Gott sein, /
und sie werden mein Volk sein.
17 Zieht darum weg aus ihrer Mitte, /
und sondert euch ab, spricht der Herr,
und fasst nichts Unreines an. / Dann
will ich euch aufnehmen
18 und euer Vater sein, / und ihr sollt
meine Söhne und Töchter sein, /
spricht der Herr, der Herrscher über
die ganze Schöpfung.

7 Das sind die Verheißungen, die
wir haben, liebe Brüder. Reinigen
wir uns also von aller Unreinheit des
Leibes und des Geistes, und streben wir
in Gottesfurcht nach vollkommener
Heiligung.
2 Gebt uns doch Raum in eurem
Herzen! Niemand haben wir ge-
schädigt, niemand zugrunde gerichtet,

niemand übervorteilt. 3 Ich sage das
nicht, um euch zu verurteilen; denn
eben habe ich gesagt, dass ihr in
unserem Herzen wohnt, verbunden mit
uns zum Leben und zum Sterben. 4 Ich
habe großes Vertrauen zu euch; ich bin
sehr stolz auf euch. Trotz all unserer
Not bin ich von Trost erfüllt und
ströme über von Freude.

Die Sendung des Titus

5 Als wir nach Mazedonien gekommen
waren, fanden wir in unserer
Schwachheit keine Ruhe. Überall
bedrängten uns Schwierigkeiten: von
außen Widerspruch und Anfeindung,
im Innern Angst und Furcht. 6 Aber
Gott, der die Niedergeschlagenen auf-
richtet, hat auch uns aufgerichtet, und
zwar durch die Ankunft des Titus –
7 nicht nur durch seine Ankunft,
sondern auch durch den Trost, den er
bei euch erfahren hatte. Er erzählte uns
von eurer Sehnsucht, eurer Klage,
eurem Eifer für mich, so dass ich mich
noch mehr freute. 8 Dass ich euch aber
mit meinem Brief traurig gemacht
habe, tut mir nicht leid. Wenn es mir
auch eine Weile leid tat – ich sehe ja,
dass dieser Brief euch, wenn auch nur
für kurze Zeit, traurig gemacht hat –:
9 jetzt freue ich mich, nicht weil ihr
traurig geworden seid, sondern weil
die Traurigkeit euch zur Sinnes-
änderung geführt hat. Denn es war
eine gottgewollte Traurigkeit; so ist
euch durch uns kein Nachteil er-
wachsen. 10 Die gottgewollte Traurig-
keit verursacht nämlich Sinnes-
änderung zum Heil, die nicht bereut zu
werden braucht; die weltliche Traurig-
keit aber führt zum Tod. 11 Wie groß
war doch der Eifer, zu dem euch diese
gottgewollte Traurigkeit geführt hat,
wie aufrichtig eure Entschuldigung,
euer Unwille, eure Furcht, eure
Sehnsucht, wie wirksam eure An-
strengung und am Ende die Be-
strafung! In jeder Hinsicht hat es sich
gezeigt, dass ihr in dieser Sache un-
schuldig seid.

12 Wenn ich euch also geschrieben
habe, so tat ich es nicht, um den zu
treffen, der Unrecht getan hatte, auch
nicht, um dem Recht zu verschaffen,
der Unrecht erlitten hatte, sondern ich
tat es, damit euer Eifer für uns sichtbar
werde vor euch und vor Gott. 13 Des-
wegen sind wir jetzt getröstet.

Wir wurden aber nicht nur getröstet,
sondern darüber hinaus erfreut durch
die Freude des Titus, dessen Geist neue
Kraft gefunden hat durch euch alle.
14 Wenn ich euch vor ihm gerühmt
hatte, so brauchte ich mich jetzt nicht
zu schämen. Im Gegenteil, unser Lob
vor Titus erwies sich als volle Wahrheit,
wie auch alles Wahrheit ist, was wir
euch verkündigt haben. 15 Er ist euch
von Herzen zugetan, wenn er daran
denkt, wie ihr euch alle gehorsam ge-

zeigt und ihn mit Furcht und Zittern
aufgenommen habt. 16 Ich freue mich,
dass ich in jeder Hinsicht auf euch ver-
trauen kann.

Aufruf zur Sammlung für Jerusalem

Das Vorbild der Christen Mazedoniens

8 Brüder, wir wollen euch jetzt von
der Gnade erzählen, die Gott den
Gemeinden Mazedoniens erwiesen hat.
2 Während sie durch große Not geprüft
wurden, verwandelten sich ihre über-
große Freude und ihre tiefe Armut in
den Reichtum ihres selbstlosen Ge-
bens. 3 Ich bezeuge, dass sie nach
Kräften und sogar über ihre Kräfte
spendeten, ganz von sich aus, 4 indem
sie sich geradezu aufdrängten und uns
um die Gunst baten, zur Hilfeleistung
für die Heiligen beitragen zu dürfen.
5 Und über unsere Erwartung hinaus
haben sie sich eingesetzt, zunächst für
den Herrn, aber auch für uns, wie es
Gottes Wille war.

Der Abschluss der Sammlung in Korinth

6 Daraufhin ermutigten wir Titus, dieses
Liebeswerk, das er früher bei euch be-
gonnen hatte, nun auch zu vollenden.
7 Wie ihr aber an allem reich seid, an
Glauben, Rede und Erkenntnis, an
jedem Eifer und an der Liebe, die wir in
euch begründet haben, so sollt ihr euch
auch an diesem Liebeswerk mit reich-
lichen Spenden beteiligen. 8 Ich meine
das nicht als strenge Weisung, aber ich
gebe euch Gelegenheit, angesichts des
Eifers anderer auch eure Liebe als echt
zu erweisen. 9 Denn ihr wisst, was Jesus
Christus, unser Herr, in seiner Liebe
getan hat: Er, der reich war, wurde
euretwegen arm, um euch durch seine
Armut reich zu machen. 10 Ich gebe
euch nur einen Rat, der euch helfen
soll; ihr habt ja schon voriges Jahr an-
gefangen, etwas zu unternehmen, und
zwar aus eigenem Entschluss. 11 Jetzt
sollt ihr das Begonnene zu Ende
führen, damit das Ergebnis dem guten
Willen entspricht – je nach eurem Be-
sitz. 12 Wenn nämlich der gute Wille da
ist, dann ist jeder willkommen mit
dem, was er hat, und man fragt nicht
nach dem, was er nicht hat. 13 Denn es
geht nicht darum, dass ihr in Not
geratet, indem ihr anderen helft; es
geht um einen Ausgleich. 14 Im Augen-
blick soll euer Überfluss ihrem Mangel
abhelfen, damit auch ihr Überfluss
einmal eurem Mangel abhilft. So soll
ein Ausgleich entstehen, 15 wie es in
der Schrift heißt: Wer viel gesammelt
hatte, hatte nicht zu viel, und wer
wenig, hatte nicht zu wenig.

Der Eifer und die Selbstlosigkeit der Mitarbeiter

16 Dank sei Gott, der den gleichen Eifer
für euch auch Titus ins Herz gelegt hat.
17 Denn Titus war mit meinem Vor-
schlag einverstanden, und sein Eifer
war so groß, dass er aus eigenem Ent-
schluss gleich zu euch abreiste. 18 Zu-
sammen mit ihm haben wir den Bruder
geschickt, der wegen seiner Ver-
kündigung des Evangeliums in allen
Gemeinden Anerkennung findet 19 und
außerdem von den Gemeinden dazu
bestimmt wurde, unser Reisegefährte
zu sein, wenn wir diese Liebesgabe zur
Ehre des Herrn und als Zeichen unseres
guten Willens überbringen. 20 Denn
angesichts der großen Spende, die von
uns überbracht werden soll, möchten
wir vermeiden, dass man uns ver-
dächtigt. 21 Es liegt uns nämlich daran,
dass alles einwandfrei zugeht, nicht nur
vor dem Herrn, sondern auch vor den
Menschen. 22 Wir haben aber mit den
beiden noch einen weiteren Bruder ge-
schickt, dessen Eifer wir vielfach und
bei vielen Gelegenheiten feststellen
konnten und der sich in diesem Fall
noch eifriger zeigt, weil er viel von euch
erwartet.

23 Was nun Titus angeht: Er ist mein
Gefährte und mein Mitarbeiter, der für
euch tätig ist; unsere anderen Brüder
aber sind Abgesandte der Gemeinden
und ein Abglanz Christi. 24 Legt also
ihnen gegenüber und damit vor den
Gemeinden das Zeugnis eurer Liebe ab,
und zeigt, dass wir euch zu Recht
gerühmt haben.

Erneuter Aufruf zur Sammlung für Jerusalem

Empfehlung der Beauftragten

9 Eigentlich ist es unnötig, euch
über das Hilfswerk für die
Heiligen zu schreiben. 2 Denn ich
kenne euren guten Willen und rühme
euch vor den Mazedoniern, indem ich
ihnen sage: Achaia ist seit einem Jahr
gerüstet. Und euer Eifer hat viele
andere angespornt. 3 Trotzdem habe
ich die Brüder zu euch geschickt; denn
unser Lob für euch könnte in dieser
Hinsicht verfrüht gewesen sein. Ihr
solltet also jetzt wirklich, wie ich sagte,
gerüstet sein. 4 Wenn nämlich Mazedo-
nier mit mir kämen und euch noch
nicht gerüstet fänden, dann könnte es
geschehen, dass wir uns wegen dieser
unserer Erwartung zu schämen hätten
– um nicht zu sagen, ihr hättet euch zu
schämen. 5 Ich hielt es also für notwen-
dig, die Brüder zu bitten, sie möchten
vorausreisen und eure in Aussicht ge-
stellte Spende schon jetzt einsammeln,
damit sie dann verfügbar ist, und zwar
als großzügige Spende, nicht als Gabe
des Geizes.

Der Segen des Hilfswerks

6 Denkt daran: Wer kärglich sät, wird
auch kärglich ernten; wer reichlich sät,
wird reichlich ernten. 7 Jeder gebe, wie
er es sich in seinem Herzen vorgenom-
men hat, nicht verdrossen und nicht
unter Zwang; denn Gott liebt einen
fröhlichen Geber. 8 In seiner Macht
kann Gott alle Gaben über euch aus-
schütten, so dass euch allezeit in allem
alles Nötige ausreichend zur Ver-
fügung steht und ihr noch genug habt,
um allen Gutes zu tun, 9 wie es in der
Schrift heißt:
Reichlich gibt er den Armen; / seine
Gerechtigkeit hat Bestand für immer.
10 Gott, der Samen gibt für die Aussaat
und Brot zur Nahrung, wird auch euch
das Saatgut geben und die Saat auf-
gehen lassen; er wird die Früchte eurer
Gerechtigkeit wachsen lassen. 11 In
allem werdet ihr reich genug sein, um
selbstlos schenken zu können; und
wenn wir diese Gabe überbringen, wird
sie Dank an Gott hervorrufen. 12 Denn
euer Dienst und eure Opfergabe füllen
nicht nur die leeren Hände der Heili-
gen, sondern werden weiterwirken als
vielfältiger Dank an Gott. 13 Vom Zeug-
nis eines solchen Dienstes bewegt,
werden sie Gott dafür preisen, dass ihr
euch gehorsam zum Evangelium
Christi bekannt und dass ihr ihnen und
allen selbstlos geholfen habt. 14 In
ihrem Gebet für euch werden sie sich
angesichts der übergroßen Gnade, die
Gott euch geschenkt hat, eng mit euch
verbunden fühlen. 15 Dank sei Gott für
sein unfassbares Geschenk.

Zurückweisung von Angriffen gegen die Apostel

Die Vorwürfe der Gegner

10 Ich, Paulus, der ja im per-
sönlichen Umgang mit euch
so unterwürfig, aus der Ferne aber so
unerschrocken sein soll, ich ermahne
euch angesichts der Freundlichkeit und
Güte Christi 2 und bitte euch: Zwingt
mich nicht, bei meinem Kommen so
unerschrocken und fest aufzutreten,
wie ich es gegen gewisse Leute zu tun
gedenke, die meinen, wir verhalten uns
wie Menschen dieser Welt. 3 Wir leben
zwar in dieser Welt, kämpfen aber
nicht mit den Waffen dieser Welt. 4 Die
Waffen, die wir bei unserem Feldzug
einsetzen, sind nicht irdisch, aber sie
haben durch Gott die Macht, Fes-
tungen zu schleifen; mit ihnen reißen
wir 5 alle hohen Gedankengebäude
nieder, die sich gegen die Erkenntnis
Gottes auftürmen. Wir nehmen alles
Denken gefangen, so dass es Christus
gehorcht; 6 wir sind entschlossen, alle
Ungehorsamen zu strafen, sobald ihr
wirklich gehorsam geworden seid.
7 Schaut auf das, was vor Augen liegt.
Wenn jemand überzeugt ist, Christus

zu gehören, dann soll er doch auch
bedenken, dass nicht nur er, sondern
auch wir Christus gehören. 8 Und wenn
ich etwas mehr auf unsere Vollmacht
poche, werde ich mich nicht zu
scheuen brauchen. Der Herr hat sie mir
allerdings verliehen, damit ich bei euch
aufbaue, nicht damit ich niederreiße;
9 ich möchte nicht den Anschein er-
wecken, als wollte ich euch durch
meine Briefe einschüchtern.

10 Ja, die Briefe, wird gesagt, die sind
wuchtig und voll Kraft, aber sein per-
sönliches Auftreten ist matt, und seine
Worte sind armselig. 11 Wer so redet,
der soll sich merken: Wie wir durch das
geschriebene Wort aus der Ferne
wirken, so können wir auch in eurer
Gegenwart tatkräftig auftreten.

Die Überzeugung des Apostels

12 Wir sind allerdings nicht so ver-
messen, uns gleichzustellen oder zu
vergleichen mit gewissen Leuten, die
sich selbst anpreisen. In ihrem Unver-
stand messen sie sich an sich selbst und
vergleichen sich mit sich selbst.

13 Wir dagegen wollen uns nicht maß-
los rühmen, sondern jenen Maßstab
anlegen, den uns Gott zugeteilt hat,
dass wir nämlich bis zu euch gelangt
sind. 14 Wir überschreiten also nicht
unser Maß, wie wir es tun würden,
wenn wir nicht bis zu euch gelangt
wären; denn wir sind wirklich als erste
mit dem Evangelium Christi bis zu
euch gekommen. 15 Wir rühmen uns
also nicht maßlos und mit fremden
Leistungen; aber wir haben die Hoff-
nung, wenn euer Glaube stärker wird,
vor euren Augen über das uns (bisher)
gesetzte Maß weit hinauszuwachsen
16 und die Heilsbotschaft über eure
Grenzen hinauszutragen. Nach einem
fremden Maßstab und auf einem Feld,
das schon bestellt ist, wollen wir keinen
Ruhm ernten.

17 Wer sich also rühmen will, der rühme
sich des Herrn. 18 Denn nicht, wer sich
selbst empfiehlt, ist anerkannt, sondern
der, den der Herr empfiehlt.

Die Leistung des Apostels

Die Selbstlosigkeit des Apostels

11 Lasst euch doch ein wenig Un-
verstand von mir gefallen!
Aber das tut ihr ja. 2 Denn ich liebe euch
mit der Eifersucht Gottes; ich habe
euch einem einzigen Mann verlobt, um
euch als reine Jungfrau zu Christus zu
führen. 3 Ich fürchte aber, wie die
Schlange einst durch ihre Falschheit
Eva täuschte, könntet auch ihr in euren
Gedanken von der aufrichtigen und
reinen Hingabe an Christus ab-
kommen. 4 Ihr nehmt es ja offenbar hin,
wenn irgendeiner daherkommt und
einen anderen Jesus verkündigt, als wir

verkündigt haben, wenn ihr einen
anderen Geist empfangt, als ihr emp-
fangen habt, oder ein anderes Evan-
gelium, als ihr angenommen habt. 5 Ich
denke doch, ich stehe den Überapos-
teln keineswegs nach. 6 Im Reden mag
ich ein Stümper sein, aber nicht in der
Erkenntnis; wir haben sie euch in
keiner Weise und in keinem Fall vor-
enthalten. 7 Oder habe ich einen Fehler
gemacht, als ich, um euch zu erhöhen,
mich selbst erniedrigte und euch das
Evangelium Gottes verkündete, ohne
etwas dafür zu nehmen? 8 Andere Ge-
meinden habe ich ausgeplündert und
Geld von ihnen genommen, um euch
dienen zu können. 9 Aber als ich zu
euch kam und in Schwierigkeiten ge-
riet, bin ich niemand zur Last gefallen;
was ich zu wenig hatte, ergänzten die
Brüder, die aus Mazedonien kamen. Ich
habe also darauf Wert gelegt, euch in
keiner Weise zur Last zu fallen, und
werde auch weiterhin darauf Wert
legen. 10 So gewiss die Wahrheit Christi
in mir ist: diesen Ruhm wird mir im
Gebiet von Achaia niemand nehmen. 11
Warum? Liebe ich euch etwa nicht?
Gott weiß es. 12 Was ich aber tue, werde
ich auch in Zukunft tun: Ich werde
denen die Gelegenheit nehmen, die
nur die Gelegenheit suchen, sich
Achtung zu verschaffen, um so da-
zustehen wie wir. 13 Denn diese Leute
sind Lügenapostel, unehrliche Ar-
beiter; sie tarnen sich freilich als
Apostel Christi. 14 Kein Wunder, denn
auch der Satan tarnt sich als Engel des
Lichts. 15 Es ist also nicht erstaunlich,
wenn sich auch seine Handlanger als
Diener der Gerechtigkeit tarnen. Ihr
Ende wird ihren Taten entsprechen.

Die »Narrenrede«

Die Leiden und Mühen des Apostels

16 Noch einmal sage ich: Keiner soll
mich für einen Narren halten. Tut ihr
es aber doch, dann lasst mich auch als
Narren gewähren, damit auch ich ein
wenig prahlen kann. 17 Was ich hier
sage, sage ich nicht im Sinn des Herrn,
sondern sozusagen als Narr im
falschen Stolz des Prahlers. 18 Da viele
Menschen im Sinn dieser Welt prahlen,
will auch ich einmal prahlen. 19 Ihr lasst
euch die Narren ja gern gefallen, ihr
klugen Leute. 20 Denn ihr nehmt es hin,
wenn euch jemand versklavt, ausbeutet
und in seine Gewalt bringt, wenn
jemand anmaßend auftritt und euch
ins Gesicht schlägt. 21 Zu meiner
Schande muss ich gestehen: Dazu bin
ich allerdings zu schwach gewesen.
Womit aber jemand prahlt – ich rede
jetzt als Narr –, damit kann auch ich
prahlen. 22 Sie sind Hebräer – ich auch.
Sie sind Israeliten – ich auch. Sie sind
Nachkommen Abrahams – ich auch.
23 Sie sind Diener Christi – jetzt rede ich
ganz unvernünftig –, ich noch mehr:

Ich ertrug mehr Mühsal, war häufiger
im Gefängnis, wurde mehr geschlagen,
war oft in Todesgefahr. 24 Fünfmal
erhielt ich von Juden die neunund-
dreißig Hiebe; 25 dreimal wurde ich
ausgepeitscht, einmal gesteinigt,
dreimal erlitt ich Schiffbruch, eine
Nacht und einen Tag trieb ich auf hoher
See. 26 Ich war oft auf Reisen, gefährdet
durch Flüsse, gefährdet durch Räuber,
gefährdet durch das eigene Volk,
gefährdet durch Heiden, gefährdet in
der Stadt, gefährdet in der Wüste,
gefährdet auf dem Meer, gefährdet
durch falsche Brüder. 27 Ich erduldete
Mühsal und Plage, durchwachte viele
Nächte, ertrug Hunger und Durst,
häufiges Fasten, Kälte und Blöße. 28 Um
von allem andern zu schweigen, weise
ich noch auf den täglichen Andrang zu
mir und die Sorge für alle Gemeinden
hin. 29 Wer leidet unter seiner
Schwachheit, ohne dass ich mit ihm
leide? Wer kommt zu Fall, ohne dass ich
von Sorge verzehrt werde? 30 Wenn
schon geprahlt sein muss, will ich mit
meiner Schwachheit prahlen. 31 Gott, der
Vater Jesu, des Herrn, er, der gepriesen
ist in Ewigkeit, weiß, dass ich nicht lüge.
32 In Damaskus ließ der Statthalter des
Königs Aretas die Stadt der Damaszener
bewachen, um mich festzunehmen.
33 Aber durch ein Fenster wurde ich in
einem Korb die Stadtmauer hinunter-
gelassen, und so entkam ich ihm.

Begnadung und Schwachheit des Apostels

12 Ich muss mich ja rühmen;
zwar nützt es nichts, trotzdem
will ich jetzt von Erscheinungen und
Offenbarungen sprechen, die mir der
Herr geschenkt hat. 2 Ich kenne
jemand, einen Diener Christi, der vor
vierzehn Jahren bis in den dritten
Himmel entrückt wurde; ich weiß al-
lerdings nicht, ob es mit dem Leib oder
ohne den Leib geschah, nur Gott weiß
es. 3/4 Und ich weiß, dass dieser Mensch
in das Paradies entrückt wurde; ob es
mit dem Leib oder ohne den Leib ge-
schah, weiß ich nicht, nur Gott weiß es.
Er hörte unsagbare Worte, die ein
Mensch nicht aussprechen kann. 5 Die-
sen Mann will ich rühmen; was mich
selbst angeht, will ich mich nicht
rühmen, höchstens meiner Schwach-
heit. 6 Wenn ich mich dennoch rühmen
wollte, wäre ich zwar kein Narr, son-
dern würde die Wahrheit sagen. Aber
ich verzichte darauf; denn jeder soll
mich nur nach dem beurteilen, was er
an mir sieht oder aus meinem Mund
hört. 7 Damit ich mich wegen der ein-
zigartigen Offenbarungen nicht über-
hebe, wurde mir ein Stachel ins Fleisch
gestoßen: ein Bote Satans, der mich mit
Fäusten schlagen soll, damit ich mich
nicht überhebe. 8 Dreimal habe ich den
Herrn angefleht, dass dieser Bote
Satans von mir ablasse. 9 Er aber ant-
wortete mir: Meine Gnade genügt dir;

denn sie erweist ihre Kraft in der
Schwachheit. Viel lieber also will ich
mich meiner Schwachheit rühmen, da-
mit die Kraft Christi auf mich herab-
kommt. 10 Deswegen bejahe ich meine
Ohnmacht, alle Misshandlungen und
Nöte, Verfolgungen und Ängste, die ich
für Christus ertrage; denn wenn ich
schwach bin, dann bin ich stark.
11 Jetzt bin ich wirklich ein Narr
geworden; ihr habt mich dazu ge-
zwungen. Eigentlich sollte ich von euch
gerühmt werden; denn in nichts bin ich
hinter den Überaposteln zurück-
geblieben, obgleich ich nichts bin.
12 Das, woran man den Apostel erkennt,
wurde mit großer Ausdauer unter euch
vollbracht: Zeichen, Wunder und
machtvolle Taten. 13 Worin seid ihr
denn im Vergleich mit den übrigen Ge-
meinden zu kurz gekommen? Höchs-
tens darin, dass gerade ich euch nicht
zur Last gefallen bin. Dann verzeiht mir
bitte dieses Unrecht!

Ankündigung eines neuen Besuches

Die Sorgen und Ziele des Apostels

14 Schon zum drittenmal will ich jetzt
zu euch kommen, und ich werde euch
nicht zur Last fallen; ich suche ja nicht
euer Geld, sondern euch. Denn nicht
die Kinder sollen für die Eltern sparen,
sondern die Eltern für die Kinder. 15 Ich
aber will sehr gern alles aufwenden
und mich für euch aufreiben. Wenn ich
euch so sehr liebe, soll ich deswegen
weniger Liebe empfangen? 16 Nun gut!
Eine schwere Last habe ich euch zwar
nicht zugemutet; aber habe ich euch
vielleicht mit Verschlagenheit und List
in mein Netz gelockt? 17 Habe ich euch
vielleicht durch einen, den ich zu euch
sandte, übervorteilt? 18 Ja, ich habe
Titus gebeten, euch zu besuchen, und
den Bruder mit ihm gesandt. Hat Titus
euch etwa übervorteilt? Haben wir
nicht beide im gleichen Geist ge-
handelt? Sind wir nicht in den gleichen
Spuren gegangen?

Befürchtungen und Besorgnisse

19 Gewiss denkt ihr schon lange, dass
wir uns vor euch nur herausreden
wollen. Aber wir reden in Christus, vor
dem Angesicht Gottes. Und alles, liebe
Brüder, geschieht, um eure Gemeinde
aufzubauen. 20 Denn ich fürchte, dass
ich euch bei meinem Kommen nicht so
finde, wie ich euch zu finden wünsche,
und dass ihr mich so findet, wie ihr
mich nicht zu finden wünscht. Ich
fürchte, dass es zu Streit, Eifersucht,
Zornesausbrüchen, Ehrgeiz, Verleum-
dungen, übler Nachrede, Überheblich-
keit, allgemeiner Verwirrung kommt;
21 dass mein Gott, wenn ich wieder-
komme, mich noch einmal vor euch
demütigt; dass ich Grund haben werde,

traurig zu sein über viele, die schon
früher Sünder waren und sich trotz
ihrer Unreinheit, Unzucht und Aus-
schweifung noch nicht zur Umkehr
entschlossen haben.

Seelsorge aus apostolischer Vollmacht

13 Das ist das dritte Mal, dass ich
zu euch komme. Durch die
Aussage von zwei oder drei Zeugen
wird jede Sache entschieden. 2 Denen,
die sich früher verfehlt haben, und
allen übrigen sage ich jetzt aus der
Ferne dasselbe, was ich schon bei
meinem zweiten Aufenthalt angekün-
digt habe: Wenn ich komme, werde ich
keine Nachsicht mehr üben. 3 Denn ihr
verlangt einen Beweis dafür, dass durch
mich Christus spricht, der nicht in
seiner Schwachheit, sondern in seiner
Kraft unter euch wirkt. 4 Zwar wurde er
in seiner Schwachheit gekreuzigt, aber
er lebt aus Gottes Kraft. Auch wir sind
schwach in ihm, aber wir werden zu-
sammen mit ihm vor euren Augen aus
Gottes Kraft leben.
5 Fragt euch selbst, ob ihr im Glauben
seid, prüft euch selbst! Erfahrt ihr nicht
an euch selbst, dass Christus Jesus in
euch ist? Sonst hättet ihr ja (als
Gläubige) schon versagt. 6 Ich hoffe
aber, ihr werdet erkennen, dass wir
nicht versagt haben. 7 Doch flehen wir
zu Gott, dass ihr nichts Böses tut, nicht,
damit wir gerechtfertigt erscheinen,
sondern nur, damit ihr das Gute tut,
wir aber wie Versager dastehen. 8 Denn
wir können unsere Kraft nicht gegen
die Wahrheit einsetzen, nur für die
Wahrheit. 9 So ist es uns eine Freude,
wenn wir schwach dastehen, ihr aber
euch als stark erweist. Das ist es, was
wir erflehen: eure vollständige Er-
neuerung. 10 Deswegen schreibe ich das
alles aus der Ferne, um nicht, wenn ich
zu euch komme, Strenge gebrauchen
zu müssen kraft der Vollmacht, die der
Herr mir zum Aufbauen, nicht zum
Niederreißen gegeben hat.

SCHLUSSWORT UND SEGENSWUNSCH

11 Im übrigen, liebe Brüder, freut euch,
kehrt zur Ordnung zurück, lasst euch
ermahnen, seid eines Sinnes, und lebt
in Frieden! Dann wird der Gott der
Liebe und des Friedens mit euch sein.
12 Grüßt einander mit dem heiligen
Kuss! Es grüßen euch alle Heiligen.
13 Die Gnade Jesu Christi, des Herrn,
die Liebe Gottes und die Gemeinschaft
des Heiligen Geistes sei mit euch allen!

Brief an die Galater

Paulus ist nach Apg 16,6; 18,23 auf seinen Missionsreisen zweimal in das »galatische Land« gekommen, was durch Gal 4,13 bestätigt wird, wo er ausdrücklich auf den ersten Aufenthalt verweist. Die Gründung der Gemeinden in Galatien (zur Bevölkerung und geographischen Lage vgl. Anmerkung zu 1,2) fällt in die Zeit der beginnenden selbständigen Missionsarbeit nach der Trennung von Barnabas, vermutlich in das Jahr 50 n. Chr. (Apg 15,39–18,23).

Einige Jahre später sind die galatischen Gemeinden von Irrlehrern aufgesucht und beeinflusst worden. Paulus befindet sich inzwischen in Ephesus (vgl. Apg 19,1–20,1) und schreibt von dort aus zwischen 53 und 55 n. Chr. seinen Brief. Die Irrlehrer vertreten nach den wenigen Hinweisen, die dem Galaterbrief zu entnehmen sind, eine Lehre, die aus jüdischer, christlicher und heidnischer Tradition zusammengesetzt ist, verstehen sich selbst aber als Judenchristen und verlangen von den ehemaligen Heiden, dass sie sich ebenfalls beschneiden lassen und das alttestamentliche Gesetz als zum Heil notwendig anerkennen (vgl. 4,8–10.16–20; 5,1–12; 6,11–16).

Paulus sieht darin eine Verfälschung der christlichen Botschaft, er kann diese Lehre nicht als »Evangelium« anerkennen (1,6–9). Er erinnert an seine eigene Bekehrung und Einsetzung zum Apostel der Heiden, an seine Unabhängigkeit von den Vertretern der judenchristlichen Mission (1,10–24), an die Anerkennung seiner gesetzesfreien Mission unter den Heiden beim Apostelkonzil und an die Auseinandersetzung mit Petrus und Barnabas in Antiochia (2,1–21). Danach legt er dar, wie Verheißung und Gesetz, Glaube und »Werke des Gesetzes« sich zueinander verhalten, und warnt vor einem Abfall vom wahren Glauben (3,1–5,12). Im Schlussteil bringt der Apostel allgemeine Ermahnungen (sog. Paränese), wie wir sie auch aus anderen Paulusbriefen kennen (z. B. Röm Kap. 12 und 13). Doch kommt er in dem eigenhändig geschriebenen Schlusswort wieder auf die besondere Situation in Galatien zurück.

Paulus hat mit seinem Brief offensichtlich Erfolg gehabt, sonst wäre das Schreiben kaum erhalten geblieben. Auch zeigt 1 Kor 16,1, dass er weiterhin mit den galatischen Christen in Verbindung stand. Der Brief gibt Einblick in Gefährdungen der jungen Gemeinden und zeigt, ähnlich dem Römerbrief, was Paulus unter dem Evangelium von Jesus Christus versteht; insbesondere geht er dabei auf das Verhältnis von Rechtfertigung und Glaube ein.

Anschrift und Gruss

1 Paulus, zum Apostel berufen,
nicht von Menschen oder durch
einen Menschen, sondern durch Jesus
Christus und durch Gott, den Vater, der
ihn von den Toten auferweckt hat, 2 und
alle Brüder, die bei mir sind, an die Gemeinden in Galatien: 3 Gnade sei mit
euch und Friede von Gott, unserem
Vater, und dem Herrn Jesus Christus,
4 der sich für unsere Sünden hingegeben hat, um uns aus der gegenwärtigen bösen Welt zu befreien, nach
dem Willen unseres Gottes und Vaters.
5 Ihm sei Ehre in alle Ewigkeit. Amen.

Der Anlass des Briefes

6 Ich bin erstaunt, dass ihr euch so
schnell von dem abwendet, der euch
durch die Gnade Christi berufen hat,
und dass ihr euch einem anderen Evangelium zuwendet. 7 Doch es gibt kein
anderes Evangelium, es gibt nur einige
Leute, die euch verwirren und die das
Evangelium Christi verfälschen wollen.
8 Wer euch aber ein anderes Evangelium verkündigt, als wir euch verkündigt haben, der sei verflucht, auch
wenn wir selbst es wären oder ein Engel
vom Himmel. 9 Was ich gesagt habe,
das sage ich noch einmal: Wer euch ein
anderes Evangelium verkündigt, als ihr
angenommen habt, der sei verflucht.

Das Apostelamt des Paulus

Die Berufung zum Apostel

10 Geht es mir denn um die Zustimmung der Menschen, oder geht es
mir um Gott? Suche ich etwa
Menschen zu gefallen? Wollte ich noch
den Menschen gefallen, dann wäre ich
kein Knecht Christi. 11 Ich erkläre euch,
Brüder: Das Evangelium, das ich verkündigt habe, stammt nicht von
Menschen; 12 ich habe es ja nicht von
einem Menschen übernommen oder
gelernt, sondern durch die Offenbarung Jesu Christi empfangen. 13 Ihr

habt doch gehört, wie ich früher als ge-
setzestreuer Jude gelebt habe, und
wisst, wie maßlos ich die Kirche Gottes
verfolgte und zu vernichten suchte.
14 In der Treue zum jüdischen Gesetz
übertraf ich die meisten Alters-
genossen in meinem Volk, und mit
dem größten Eifer setzte ich mich für
die Überlieferungen meiner Väter ein.
15 Als aber Gott, der mich schon im
Mutterleib auserwählt und durch seine
Gnade berufen hat, mir in seiner Güte
16 seinen Sohn offenbarte, damit ich ihn
unter den Heiden verkündige, da zog
ich keinen Menschen zu Rate; 17 ich
ging auch nicht sogleich nach
Jerusalem hinauf zu denen, die vor mir
Apostel waren, sondern zog nach
Arabien und kehrte dann wieder nach
Damaskus zurück. 18 Drei Jahre später
ging ich nach Jerusalem hinauf, um
Kephas kennen zu lernen, und blieb
fünfzehn Tage bei ihm. 19 Von den
anderen Aposteln habe ich keinen
gesehen, nur Jakobus, den Bruder des
Herrn. 20 Was ich euch hier schreibe –
Gott weiß, dass ich nicht lüge. 21 Da-
nach ging ich in das Gebiet von Syrien
und Zilizien. 22 Den Gemeinden Christi
in Judäa aber blieb ich persönlich
unbekannt, 23 sie hörten nur: Er, der
uns einst verfolgte, verkündigt jetzt
den Glauben, den er früher vernichten
wollte. 24 Und sie lobten Gott um
meinetwillen.

Das Apostelkonzil in Jerusalem

2 Vierzehn Jahre später ging ich
wieder nach Jerusalem hinauf, zu-
sammen mit Barnabas; ich nahm auch
Titus mit. 2 Ich ging hinauf aufgrund
einer Offenbarung, legte der Gemeinde
und im besonderen den »Angesehe-
nen« das Evangelium vor, das ich unter
den Heiden verkündige; ich wollte
sicher sein, dass ich nicht vergeblich
laufe oder gelaufen bin. 3 Doch nicht
einmal mein Begleiter Titus, der
Grieche ist, wurde gezwungen, sich be-
schneiden zu lassen. 4 Denn was die
falschen Brüder betrifft, jene Ein-
dringlinge, die sich eingeschlichen
hatten, um die Freiheit, die wir in
Christus Jesus haben, argwöhnisch zu
beobachten und uns zu Sklaven zu
machen, 5 so haben wir uns keinen
Augenblick unterworfen; wir haben
ihnen nicht nachgegeben, damit euch
die Wahrheit des Evangeliums erhalten
bleibe. 6 Aber auch von denen, die
Ansehen genießen – was sie früher
waren, kümmert mich nicht, Gott
schaut nicht auf die Person –, auch von
den »Angesehenen« wurde mir nichts
auferlegt. 7 Im Gegenteil, sie sahen, dass
mir das Evangelium für die Unbe-
schnittenen anvertraut ist wie dem
Petrus für die Beschnittenen – 8 denn
Gott, der Petrus die Kraft zum Apostel-
dienst unter den Beschnittenen
gegeben hat, gab sie mir zum Dienst
unter den Heiden –, 9 und sie erkannten

die Gnade, die mir verliehen ist. Des-
halb gaben Jakobus, Kephas und Jo-
hannes, die als die »Säulen« Ansehen
genießen, mir und Barnabas die Hand
zum Zeichen der Gemeinschaft: Wir
sollten zu den Heiden gehen, sie zu den
Beschnittenen. 10 Nur sollten wir an
ihre Armen denken; und das zu tun,
habe ich mich eifrig bemüht.

Die Gerechtigkeit aus dem Glauben

Gesetzesgehorsam oder Glaube

11 Als Kephas aber nach Antiochia ge-
kommen war, bin ich ihm offen ent-
gegengetreten, weil er sich ins Unrecht
gesetzt hatte. 12 Bevor nämlich Leute
aus dem Kreis um Jakobus eintrafen,
pflegte er zusammen mit den Heiden
zu essen. Nach ihrer Ankunft aber zog
er sich von den Heiden zurück und
trennte sich von ihnen, weil er die Be-
schnittenen fürchtete. 13 Ebenso unauf-
richtig wie er verhielten sich die
anderen Juden, so dass auch Barnabas
durch ihre Heuchelei verführt wurde.
14 Als ich aber sah, dass sie von der
Wahrheit des Evangeliums abwichen,
sagte ich zu Kephas in Gegenwart aller:
Wenn du als Jude nach Art der Heiden
und nicht nach Art der Juden lebst, wie
kannst du dann die Heiden zwingen,
wie Juden zu leben? 15 Wir sind zwar
von Geburt Juden und nicht Sünder
wie die Heiden. 16 Weil wir aber
erkannt haben, dass der Mensch nicht
durch Werke des Gesetzes gerecht
wird, sondern durch den Glauben an
Jesus Christus, sind auch wir dazu ge-
kommen, an Christus Jesus zu glauben,
damit wir gerecht werden durch den
Glauben an Christus, und nicht durch
Werke des Gesetzes; denn durch Werke
des Gesetzes wird niemand gerecht.
17 Wenn nun auch wir, die wir in
Christus gerecht zu werden suchen, als
Sünder gelten, ist dann Christus etwa
Diener der Sünde? Das ist unmöglich!
18 Wenn ich allerdings das, was ich
niedergerissen habe, wieder aufbaue,
dann stelle ich mich selbst als Über-
treter hin. 19 Ich aber bin durch das
Gesetz dem Gesetz gestorben, damit
ich für Gott lebe. Ich bin mit Christus
gekreuzigt worden; 20 nicht mehr ich
lebe, sondern Christus lebt in mir. So
weit ich aber jetzt noch in dieser Welt
lebe, lebe ich im Glauben an den Sohn
Gottes, der mich geliebt und sich für
mich hingegeben hat. 21 Ich missachte
die Gnade Gottes in keiner Weise; denn
käme die Gerechtigkeit durch das
Gesetz, so wäre Christus vergeblich ge-
storben.

Aufruf an die Galater

3 Ihr unvernünftigen Galater, wer
hat euch verblendet? Ist euch
Jesus Christus nicht deutlich als der Ge-

kreuzigte vor Augen gestellt worden?
2 Dies eine möchte ich von euch
erfahren: Habt ihr den Geist durch die
Werke des Gesetzes oder durch die Bot-
schaft des Glaubens empfangen? 3 Seid
ihr so unvernünftig? Am Anfang habt
ihr auf den Geist vertraut, und jetzt
erwartet ihr vom Fleisch die Voll-
endung. 4 Habt ihr denn so Großes ver-
geblich erfahren? Sollte es wirklich ver-
geblich gewesen sein? 5 Warum gibt
euch denn Gott den Geist und bewirkt
Wundertaten unter euch? Weil ihr das
Gesetz befolgt oder weil ihr die Bot-
schaft des Glaubens angenommen
habt?

Abrahams Glaube und die Verheißung des Segens

6 Von Abraham wird gesagt: Er glaubte
Gott, und das wurde ihm als Gerechtig-
keit angerechnet. 7 Daran erkennt ihr,
dass nur die, die glauben, Abrahams
Söhne sind. 8 Und da die Schrift vor-
hersah, dass Gott die Heiden aufgrund
des Glaubens gerecht macht, hat sie
dem Abraham im voraus verkündet:
Durch dich sollen alle Völker Segen er-
langen. 9 Also gehören alle, die glau-
ben, zu dem glaubenden Abraham und
werden wie er gesegnet. 10 Alle aber, die
nach dem Gesetz leben, stehen unter
dem Fluch. Denn in der Schrift heißt es:
Verflucht ist jeder, der sich nicht an
alles hält, was zu tun das Buch des Ge-
setzes vorschreibt. 11 Dass durch das
Gesetz niemand vor Gott gerecht wird,
ist offenkundig; denn: Der aus Glauben
Gerechte wird leben. 12 Das Gesetz aber
hat nichts mit dem Glauben zu tun,
sondern es gilt: Wer die Gebote erfüllt,
wird durch sie leben. 13 Christus hat
uns vom Fluch des Gesetzes freige-
kauft, indem er für uns zum Fluch ge-
worden ist; denn es steht in der Schrift:
Verflucht ist jeder, der am Pfahl hängt.
14 Jesus Christus hat uns freigekauft, da-
mit den Heiden durch ihn der Segen
Abrahams zuteil wird und wir so auf-
grund des Glaubens den verheißenen
Geist empfangen.

15 Brüder, ich nehme einen Vergleich
aus dem menschlichen Leben: Nie-
mand setzt das rechtsgültig festgelegte
Testament eines Menschen außer Kraft
oder versieht es mit einem Zusatz.
16 Abraham und seinem Nachkommen
wurden die Verheißungen zugespro-
chen. Es heißt nicht: »und den Nach-
kommen«, als wären viele gemeint,
sondern es wird nur von einem ge-
sprochen: und deinem Nachkommen;
das aber ist Christus. 17 Damit meine
ich: Das Testament, dem Gott einst
Gültigkeit verliehen hat, wird durch
das vierhundertdreißig Jahre später er-
lassene Gesetz nicht ungültig, so dass
die Verheißung aufgehoben wäre.
18 Würde sich das Erbe nämlich aus
dem Gesetz herleiten, dann eben nicht
mehr aus der Verheißung. Gott hat

aber durch die Verheißung Abraham
Gnade erwiesen.

Die heilsgeschichtliche Stellung des Gesetzes

19 Warum gibt es dann das Gesetz?
Wegen der Übertretungen wurde es
hinzugefügt, bis der Nachkomme
käme, dem die Verheißung gilt. Es
wurde durch Engel erlassen und durch
einen Mittler bekanntgegeben. 20 Einen
Mittler gibt es jedoch nicht, wo nur
einer handelt; Gott aber ist »der Eine«.
21 Hebt also das Gesetz die Verhei-
ßungen auf? Keineswegs! Wäre ein
Gesetz gegeben worden, das die Kraft
hat, lebendig zu machen, dann käme in
der Tat die Gerechtigkeit aus dem
Gesetz; 22 statt dessen hat die Schrift
alles der Sünde unterworfen, damit
durch den Glauben an Jesus Christus
die Verheißung sich an denen erfüllt,
die glauben. 23 Ehe der Glaube kam,
waren wir im Gefängnis des Gesetzes,
festgehalten bis zu der Zeit, da der
Glaube offenbart werden sollte. 24 So
hat das Gesetz uns in Zucht gehalten
bis zum Kommen Christi, damit wir
durch den Glauben gerecht gemacht
werden. 25 Nachdem aber der Glaube
gekommen ist, stehen wir nicht mehr
unter dieser Zucht.

Glaube und Gottessohnschaft

26 Ihr seid alle durch den Glauben
Söhne Gottes in Christus Jesus. 27 Denn
ihr alle, die ihr auf Christus getauft
seid, habt Christus (als Gewand) an-
gelegt. 28 Es gibt nicht mehr Juden und
Griechen, nicht Sklaven und Freie,
nicht Mann und Frau; denn ihr alle seid
»einer« in Christus Jesus. 29 Wenn ihr
aber zu Christus gehört, dann seid ihr
Abrahams Nachkommen, Erben kraft
der Verheißung.

4 Ich will damit sagen: Solange der
Erbe unmündig ist, unterscheidet
er sich in keiner Hinsicht von einem
Sklaven, obwohl er Herr ist über alles;
2 er steht unter Vormundschaft, und
sein Erbe wird verwaltet bis zu der Zeit,
die sein Vater festgesetzt hat. 3 So waren
auch wir, solange wir unmündig waren,
Sklaven der Elementarmächte dieser
Welt. 4 Als aber die Zeit erfüllt war,
sandte Gott seinen Sohn, geboren von
einer Frau und dem Gesetz unterstellt,
5 damit er die freikaufe, die unter dem
Gesetz stehen, und damit wir die Sohn-
schaft erlangen. 6 Weil ihr aber Söhne
seid, sandte Gott den Geist seines
Sohnes in unser Herz, den Geist, der
ruft: Abba, Vater. 7 Daher bist du nicht
mehr Sklave, sondern Sohn; bist du
aber Sohn, dann auch Erbe, Erbe durch
Gott.

Die Freiheit der Christen

Warnung vor Rückfall in die alte Knechtschaft

8 Einst, als ihr Gott noch nicht kanntet,
wart ihr Sklaven der Götter, die in
Wirklichkeit keine sind. 9 Wie aber
könnt ihr jetzt, da ihr Gott erkannt
habt, vielmehr von Gott erkannt wor-
den seid, wieder zu den schwachen und
armseligen Elementarmächten zurück-
kehren? Warum wollt ihr von neuem
ihre Sklaven werden? 10 Warum achtet
ihr so ängstlich auf Tage, Monate, be-
stimmte Zeiten und Jahre? 11 Ich fürch-
te, ich habe mich vergeblich um euch
bemüht.
12 Ich bitte euch, Brüder: Werdet wie
ich, denn auch ich bin geworden wie
ihr. Ihr habt mir nichts zuleide getan.
13 Ihr wisst, dass ich krank und schwach
war, als ich euch zum erstenmal das
Evangelium verkündigte; 14 ihr aber
habt auf meine Schwäche, die für euch
eine Versuchung war, nicht mit Ver-
achtung und Abscheu geantwortet,
sondern mich wie einen Engel Gottes
aufgenommen, wie Christus Jesus.
15 Wo ist eure Begeisterung geblieben?
Ich kann euch bezeugen: Wäre es
möglich gewesen, ihr hättet euch die
Augen ausgerissen, um sie mir zu ge-
ben. 16 Bin ich also euer Feind gewor-
den, weil ich euch die Wahrheit sage?
17 Jene Leute bemühen sich um euch
nicht in guter Absicht; sie wollen euch
abtrünnig machen, damit ihr euch
dann um sie bemüht. 18 Gut wäre es,
wenn ihr euch zu jeder Zeit in guter
Absicht um mich bemühen würdet
und nicht nur dann, wenn ich bei euch
bin, 19 bei euch, meinen Kindern, für
die ich von neuem Geburtswehen
erleide, bis Christus in euch Gestalt
annimmt. 20 Ich wollte, ich könnte jetzt
bei euch sein und in anderer Weise mit
euch reden; denn euer Verhalten macht
mich ratlos.

Das Zeugnis der Schrift

21 Ihr, die ihr euch dem Gesetz unter-
stellen wollt, habt ihr denn nicht ge-
hört, was im Gesetz steht? 22 In der
Schrift wird gesagt, dass Abraham zwei
Söhne hatte, einen von der Sklavin, den
andern von der Freien. 23 Der Sohn der
Sklavin wurde auf natürliche Weise ge-
zeugt, der Sohn der Freien aufgrund
der Verheißung. 24 Darin liegt ein
tieferer Sinn: Diese Frauen bedeuten
die beiden Testamente. Das eine
Testament stammt vom Berg Sinai und
bringt Sklaven zur Welt; das ist Hagar –
25 denn Hagar ist Bezeichnung für den
Berg Sinai in Arabien –, und ihr ent-
spricht das gegenwärtige Jerusalem,
das mit seinen Kindern in der Knecht-
schaft lebt.
26 Das himmlische Jerusalem aber ist
frei, und dieses Jerusalem ist unsere

Mutter. 27 Denn es steht in der Schrift:
Freu dich, du Unfruchtbare, die nie ge-
boren hat, / brich in Jubel aus und
jauchze, die du nie in Wehen lagst! /
Denn viele Kinder hat die Einsame, /
mehr als die Vermählte.
28 Ihr aber, Brüder, seid Kinder der Ver-
heißung wie Isaak. 29 Doch wie damals
der Sohn, der auf natürliche Weise ge-
zeugt war, den verfolgte, der kraft des
Geistes gezeugt war, so geschieht es
auch jetzt. 30 In der Schrift aber heißt
es: Verstoß die Sklavin und ihren Sohn!
Denn nicht der Sohn der Sklavin soll
Erbe sein, sondern der Sohn der Freien.
31 Daraus folgt also, meine Brüder, dass
wir nicht Kinder der Sklavin sind,
sondern Kinder der Freien.

Freiheit oder Knechtschaft

5 Zur Freiheit hat uns Christus
befreit. Bleibt daher fest und lasst
euch nicht von neuem das Joch der
Knechtschaft auflegen! 2 Hört, was ich,
Paulus, euch sage: Wenn ihr euch be-
schneiden lasst, wird Christus euch
nichts nützen. 3 Ich versichere noch ein-
mal jedem, der sich beschneiden lässt:
Er ist verpflichtet, das ganze Gesetz zu
halten. 4 Wenn ihr also durch das
Gesetz gerecht werden wollt, dann
habt ihr mit Christus nichts mehr zu
tun; ihr seid aus der Gnade heraus-
gefallen. 5 Wir aber erwarten die
erhoffte Gerechtigkeit kraft des Geistes
und aufgrund des Glaubens. 6 Denn in
Christus Jesus kommt es nicht darauf
an, beschnitten oder unbeschnitten zu
sein, sondern darauf, den Glauben zu
haben, der in der Liebe wirksam ist. 7 Ihr
wart auf dem richtigen Weg. Wer hat
euch gehindert, weiter der Wahrheit zu
folgen? 8 Was man auch gesagt hat, um
euch zu überreden: es kommt nicht von
dem, der euch berufen hat. 9 Ein wenig
Sauerteig durchsäuert den ganzen Teig.
10 Doch im Glauben an den Herrn bin
ich fest davon überzeugt, dass ihr keine
andere Lehre annehmen werdet. Wer
euch verwirrt, der wird das Urteil
Gottes zu tragen haben, wer es auch sei.
11 Man behauptet sogar, dass ich selbst
noch die Beschneidung verkündige.
Warum, meine Brüder, werde ich dann
verfolgt? Damit wäre ja das Ärgernis
des Kreuzes beseitigt. 12 Diese Leute, die
Unruhe bei euch stiften, sollen sich
doch gleich entmannen lassen.

Die Liebe als Frucht des Geistes

13 Ihr seid zur Freiheit berufen, Brüder.
Nur nehmt die Freiheit nicht zum Vor-
wand für das Fleisch, sondern dient
einander in Liebe! 14 Denn das ganze
Gesetz ist in dem einen Wort zu-
sammengefasst: Du sollst deinen Nächs-
ten lieben wie dich selbst! 15 Wenn ihr
einander beißt und verschlingt, dann
gebt acht, dass ihr euch nicht gegen-
seitig umbringt. 16 Darum sage ich:

Lasst euch vom Geist leiten, dann
werdet ihr das Begehren des Fleisches
nicht erfüllen. 17 Denn das Begehren
des Fleisches richtet sich gegen den
Geist, das Begehren des Geistes aber
gegen das Fleisch; beide stehen sich als
Feinde gegenüber, so dass ihr nicht im
Stande seid, das zu tun, was ihr wollt.
18 Wenn ihr euch aber vom Geist führen
lasst, dann steht ihr nicht unter dem
Gesetz.
19 Die Werke des Fleisches sind deutlich
erkennbar: Unzucht, Unsittlichkeit,
ausschweifendes Leben, 20 Götzen-
dienst, Zauberei, Feindschaften, Streit,
Eifersucht, Jähzorn, Eigennutz, Spal-
tungen, Parteiungen, 21 Neid und Miss-
gunst, Trink- und Eßgelage und ähn-
liches mehr. Ich wiederhole, was ich
euch schon früher gesagt habe: Wer so
etwas tut, wird das Reich Gottes nicht
erben. 22 Die Frucht des Geistes aber ist
Liebe, Freude, Friede, Langmut,
Freundlichkeit, Güte, Treue, 23 Sanft-
mut und Selbstbeherrschung; dem
allem widerspricht das Gesetz nicht.
24 Alle, die zu Christus Jesus gehören,
haben das Fleisch und damit ihre
Leidenschaften und Begierden ge-
kreuzigt. 25 Wenn wir aus dem Geist
leben, dann wollen wir dem Geist auch
folgen. 26 Wir wollen nicht prahlen,
nicht miteinander streiten und einan-
der nichts nachtragen.

Das Gesetz Christi

6 Wenn einer sich zu einer Ver-
fehlung hinreißen lässt, meine
Brüder, so sollt ihr, die ihr vom Geist
erfüllt seid, ihn im Geist der Sanftmut
wieder auf den rechten Weg bringen.
Doch gib acht, dass du nicht selbst in
Versuchung gerätst. 2 Einer trage des
anderen Last; so werdet ihr das Gesetz
Christi erfüllen. 3 Wer sich einbildet,
etwas zu sein, obwohl er nichts ist, der
betrügt sich. 4 Jeder prüfe sein eigenes
Tun. Dann wird er sich nur im Blick auf
sich selbst rühmen können, nicht aber
im Vergleich mit anderen. 5 Denn jeder
wird seine eigene Bürde zu tragen
haben.
6 Wer im Evangelium unterrichtet wird,
lasse seinen Lehrer an allem teilhaben,
was er besitzt. 7 Täuscht euch nicht:
Gott lässt keinen Spott mit sich treiben;
was der Mensch sät, wird er ernten.
8 Wer im Vertrauen auf das Fleisch sät,
wird vom Fleisch Verderben ernten;
wer aber im Vertrauen auf den Geist
sät, wird vom Geist ewiges Leben ern-
ten. 9 Lasst uns nicht müde werden, das
Gute zu tun; denn wenn wir darin nicht
nachlassen, werden wir ernten, sobald
die Zeit dafür gekommen ist. 10 Deshalb
wollen wir, solange wir noch Zeit
haben, allen Menschen Gutes tun, be-
sonders aber denen, die mit uns im
Glauben verbunden sind.

Schlusswort und Segenswunsch

11 Seht, ich schreibe euch jetzt mit ei-
gener Hand; das ist meine Schrift.
12 Jene Leute, die in der Welt nach An-
erkennung streben, nötigen euch nur
deshalb zur Beschneidung, damit sie
wegen des Kreuzes Christi nicht ver-
folgt werden. 13 Denn obwohl sie be-
schnitten sind, halten sie nicht einmal
selber das Gesetz; dennoch dringen sie
auf eure Beschneidung, um sich dessen
zu rühmen, was an eurem Fleisch ge-
schehen soll. 14 Ich aber will mich allein
des Kreuzes Jesu Christi, unseres
Herrn, rühmen, durch das mir die Welt
gekreuzigt ist und ich der Welt. 15 Denn
es kommt nicht darauf an, ob einer be-
schnitten oder unbeschnitten ist, son-
dern darauf, dass er neue Schöpfung
ist. 16 Friede und Erbarmen komme
über alle, die sich von diesem Grund-
satz leiten lassen, und über das Israel
Gottes.

17 In Zukunft soll mir niemand mehr
solche Schwierigkeiten bereiten. Denn
ich trage die Zeichen Jesu an meinem
Leib.

18 Die Gnade Jesu Christi, unseres
Herrn, sei mit eurem Geist, meine
Brüder. Amen.

Der Brief an die Epheser

Beim Epheserbrief handelt es sich wohl um einen Rundbrief, da die Erwähnung von »Ephesus« (1,1) in zahlreichen Handschriften fehlt. Die Empfänger sind sehr wahrscheinlich die Christen Kleinasiens oder eines noch größeren Gebiets. Als Abfassungsort kommt Ephesus in Frage.

Das Schreiben ist zwar wie ein Brief gestaltet, stellt aber nach Stil und Inhalt eher eine feierliche Predigt dar. Lob Gottes (1,3) und Fürbitte (1,16; 3,1.14) kennzeichnen den ersten Teil, der mit einem liturgischen Lobpreis abschließt (3,21). Manche Forscher nehmen daher an, dass dieses Schreiben von einem Paulusschüler verfasst wurde, der im Namen des Apostels schrieb.

Ein bestimmter Anlass für die Entstehung des Schreibens ist nicht erkennbar. Das zentrale Thema des Briefs ist die Kirche, und zwar die weltweite Kirche, deren Haupt Christus ist. Inhaltlich wird dieses Thema in den Kapiteln 1–3 entfaltet. Gott hat die Kirche durch Christus schon vor der Erschaffung der Welt erwählt und als sein Volk zusammengerufen (Kap. 1). Durch die Taufe sind die Gläubigen der Macht der Finsternis entrissen und mit Christus verbunden worden (2,1–10). In der Kirche ist ein neues Menschengeschlecht entstanden, in dem die alte Feindschaft zwischen Juden und Heiden überwunden wurde, weil Christus Frieden gestiftet hat (2,11–22). Werkzeug Gottes für den Bau der Völkerkirche war der Apostel Paulus (Kap. 3).

Im zweiten Teil werden sittliche Folgerungen gezogen. Vor allem gilt es, die Einheit zu wahren und alle Dienste in der Kirche zu aktivieren (4,1–16). Als Getaufte haben die Christen den alten, der Sünde verfallenen Menschen zu überwinden und ein neues Leben zu verwirklichen, das durch Christus erleuchtet ist (4,17–5,20). Das neue Leben hat sich vor allem in Ehe und Familie auszuwirken (5,21–6,9). Das Bild vom Streiter Christi schließt die Mahnung ab (6,10–20).

Der Epheserbrief enthält die bedeutendsten theologischen Aussagen im Neuen Testament über die Kirche.

Anschrift und Gruss

1 Paulus, durch den Willen Gottes
Apostel Christi Jesu, an die Hei-
ligen in Ephesus, die an Christus Jesus
glauben. 2 Gnade sei mit euch und
Friede von Gott, unserem Vater, und
dem Herrn Jesus Christus.

Gottes Heilsplan

Loblied auf den Heilsplan Gottes

3 Gepriesen sei der Gott und Vater
unseres Herrn Jesus Christus: / Er hat
uns mit allem Segen seines Geistes ge-
segnet / durch unsere Gemeinschaft
mit Christus im Himmel.
4 Denn in ihm hat er uns erwählt vor
der Erschaffung der Welt, / damit wir
heilig und untadelig leben vor Gott;
5 er hat uns aus Liebe im voraus dazu
bestimmt, / seine Söhne zu werden
durch Jesus Christus / und nach seinem
gnädigen Willen zu ihm zu gelangen,
6 zum Lob seiner herrlichen Gnade. / Er
hat sie uns geschenkt in seinem
geliebten Sohn;
7 durch sein Blut haben wir die Er-
lösung, / die Vergebung der Sünden
nach dem Reichtum seiner Gnade.
8 Durch sie hat er uns mit aller Weisheit
und Einsicht reich beschenkt
9 und hat uns das Geheimnis seines
Willens kundgetan, / wie er es gnädig
im voraus bestimmt hat:
10 Er hat beschlossen, die Fülle der
Zeiten heraufzuführen, / in Christus
alles zu vereinen, alles, was im Himmel
und auf Erden ist.
11 Durch ihn sind wir auch als Erben
vorherbestimmt und eingesetzt / nach
dem Plan dessen, der alles so verwirk-
licht, / wie er es in seinem Willen be-
schließt;
12 wir sind zum Lob seiner Herrlichkeit
bestimmt, / die wir schon früher auf
Christus gehofft haben.
13 Durch ihn habt auch ihr das Wort der
Wahrheit gehört, das Evangelium von
eurer Rettung; / durch ihn habt ihr das
Siegel des verheißenen Heiligen Geistes
empfangen, als ihr den Glauben an-
nahmt.
14 Der Geist ist der erste Anteil des
Erbes, / das wir erhalten sollen, / der Er-
lösung, durch die wir Gottes Eigentum
werden, / zum Lob seiner Herrlichkeit.

Gebet um Erkenntnis der Hoheit Christi

15/16 Darum höre ich nicht auf, für euch
zu danken, wenn ich in meinen Ge-
beten an euch denke; denn ich habe
von eurem Glauben an Jesus, den Herrn,
und von eurer Liebe zu allen Heiligen
gehört. 17 Der Gott Jesu Christi, unseres
Herrn, der Vater der Herrlichkeit, gebe
euch den Geist der Weisheit und Of-
fenbarung, damit ihr ihn erkennt.
18 Er erleuchte die Augen eures Her-
zens, damit ihr versteht, zu welcher

Hoffnung ihr durch ihn berufen seid,
welchen Reichtum die Herrlichkeit
seines Erbes den Heiligen schenkt
19 und wie überragend groß seine
Macht sich an uns, den Gläubigen, er-
weist durch das Wirken seiner Kraft
und Stärke.
20 Er hat sie an Christus erwiesen, den
er von den Toten auferweckt und im
Himmel auf den Platz zu seiner
Rechten erhoben hat, 21 hoch über alle
Fürsten und Gewalten, Mächte und
Herrschaften und über jeden Namen,
der nicht nur in dieser Welt, sondern
auch in der zukünftigen genannt wird.
22 Alles hat er ihm zu Füßen gelegt und
ihn, der als Haupt alles überragt, über
die Kirche gesetzt. 23 Sie ist sein Leib
und wird von ihm erfüllt, der das All
ganz und gar beherrscht.

Vom Tod zum Leben

2 Ihr wart tot infolge eurer Verfeh-
lungen und Sünden. 2 Ihr wart
einst darin gefangen, wie es der Art
dieser Welt entspricht, unter der Herr-
schaft jenes Geistes, der im Bereich der
Lüfte regiert und jetzt noch in den Un-
gehorsamen wirksam ist. 3 Zu ihnen ge-
hörten auch wir alle einmal, als wir
noch von den Begierden unseres Flei-
sches beherrscht wurden. Wir folgten
dem, was das Fleisch und der böse Sinn
uns eingaben, und waren von Natur aus
Kinder des Zorns wie die anderen.
4/5 Gott aber, der voll Erbarmen ist, hat
uns, die wir infolge unserer Sünden tot
waren, in seiner großen Liebe, mit der
er uns geliebt hat, zusammen mit
Christus wieder lebendig gemacht. Aus
Gnade seid ihr gerettet. 6 Er hat uns mit
Christus Jesus auferweckt und uns zu-
sammen mit ihm einen Platz im Him-
mel gegeben.
7 Dadurch, dass er in Christus Jesus
gütig an uns handelte, wollte er den
kommenden Zeiten den überfließen-
den Reichtum seiner Gnade zeigen.
8 Denn aus Gnade seid ihr durch den
Glauben gerettet, nicht aus eigener
Kraft – Gott hat es geschenkt –, 9 nicht
aufgrund eurer Werke, damit keiner
sich rühmen kann. 10 Seine Geschöpfe
sind wir, in Christus Jesus dazu ge-
schaffen, in unserem Leben die guten
Werke zu tun, die Gott für uns im
voraus bereitet hat.

Die Einheit von Juden und Heiden in Christus

11 Erinnert euch also, dass ihr einst
Heiden wart und von denen, die äußer-
lich beschnitten sind, Unbeschnittene
genannt wurdet. 12 Damals wart ihr von
Christus getrennt, der Gemeinde
Israels fremd und von dem Bund der
Verheißung ausgeschlossen; ihr hattet
keine Hoffnung und lebtet ohne Gott
in der Welt. 13 Jetzt aber seid ihr, die ihr
einst in der Ferne wart, durch Christus

Jesus, nämlich durch sein Blut, in die
Nähe gekommen. 14 Denn er ist unser
Friede. Er vereinigte die beiden Teile
(Juden und Heiden) und Riss durch
sein Sterben die trennende Wand der
Feindschaft nieder. 15 Er hob das Gesetz
samt seinen Geboten und Forderungen
auf, um die zwei in seiner Person zu
dem einen neuen Menschen zu ma-
chen. Er stiftete Frieden 16 und ver-
söhnte die beiden durch das Kreuz mit
Gott in einem einzigen Leib. Er hat in
seiner Person die Feindschaft getötet.
17 Er kam und verkündete den Frieden:
euch, den Fernen, und uns, den Nahen.
18 Durch ihn haben wir beide in dem
einen Geist Zugang zum Vater. 19 Ihr
seid also jetzt nicht mehr Fremde ohne
Bürgerrecht, sondern Mitbürger der
Heiligen und Hausgenossen Gottes.
20 Ihr seid auf das Fundament der
Apostel und Propheten gebaut; der
Schlussstein ist Christus Jesus selbst.
21 Durch ihn wird der ganze Bau zu-
sammengehalten und wächst zu einem
heiligen Tempel im Herrn. 22 Durch ihn
werdet auch ihr im Geist zu einer
Wohnung Gottes erbaut.

Der Apostel und die Gemeinde

Paulus, Apostel für die Heiden

3 Deshalb (bete) ich, Paulus, für
euch, die Heiden. Euch kommt es
zugute, dass ich der Gefangene Christi
Jesu bin. 2 Ihr habt doch gehört, welches
Amt die Gnade Gottes mir für euch ver-
liehen hat. 3 Durch eine Offenbarung
wurde mir das Geheimnis mitgeteilt,
das ich soeben kurz beschrieben habe.
4 Wenn ihr das lest, könnt ihr sehen,
welche Einsicht in das Geheimnis
Christi mir gegeben ist.

5 Den Menschen früherer Generationen
war es nicht bekannt; jetzt aber ist es
seinen heiligen Aposteln und Pro-
pheten durch den Geist offenbart
worden: 6 dass nämlich die Heiden Mit-
erben sind, zu demselben Leib gehören
und an derselben Verheißung in
Christus Jesus teilhaben durch das
Evangelium. 7 Ihm diene ich dank der
Gnade, die mir durch Gottes mächtiges
Wirken geschenkt wurde. 8 Mir, dem
Geringsten unter allen Heiligen, wurde
diese Gnade geschenkt: Ich soll den
Heiden als Evangelium den un-
ergründlichen Reichtum Christi ver-
kündigen 9 und enthüllen, wie jenes
Geheimnis Wirklichkeit geworden ist,
das von Ewigkeit her in Gott, dem
Schöpfer des Alls, verborgen war. 10 So
sollen jetzt die Fürsten und Gewalten
des himmlischen Bereichs durch die
Kirche Kenntnis erhalten von der viel-
fältigen Weisheit Gottes, 11 nach sei-
nem ewigen Plan, den er durch Chris-
tus Jesus, unseren Herrn, ausgeführt
hat. 12 In ihm haben wir den freien Zu-
gang durch das Vertrauen, das der

Glaube an ihn schenkt. [13] Deshalb bitte
ich euch, nicht wegen der Leiden zu
verzagen, die ich für euch ertrage, denn
sie sind euer Ruhm.

Fürbitte für die Kirche

[14] Daher beuge ich meine Knie vor dem
Vater, [15] nach dessen Namen jedes Ge-
schlecht im Himmel und auf der Erde
benannt wird, [16] und bitte, er möge
euch aufgrund des Reichtums seiner
Herrlichkeit schenken, dass ihr in
eurem Innern durch seinen Geist an
Kraft und Stärke zunehmt. [17] Durch
den Glauben wohne Christus in eurem
Herzen. In der Liebe verwurzelt und
auf sie gegründet, [18] sollt ihr zusammen
mit allen Heiligen dazu fähig sein, die
Länge und Breite, die Höhe und Tiefe
zu ermessen [19] und die Liebe Christi zu
verstehen, die alle Erkenntnis über-
steigt. So werdet ihr mehr und mehr
von der ganzen Fülle Gottes erfüllt.
[20] Er aber, der durch die Macht, die in
uns wirkt, unendlich viel mehr tun
kann, als wir erbitten oder uns aus-
denken können, [21] er werde verherrlicht
durch die Kirche und durch Christus
Jesus in allen Generationen, für ewige
Zeiten. Amen.

VERSCHIEDENE MAHNUNGEN

Aufruf zur Einheit

4 Ich, der ich um des Herrn willen
im Gefängnis bin, ermahne euch,
ein Leben zu führen, das des Rufes
würdig ist, der an euch erging. [2] Seid
demütig, friedfertig und geduldig, er-
tragt einander in Liebe, [3] und bemüht
euch, die Einheit des Geistes zu wahren
durch den Frieden, der euch zu-
sammenhält. [4] Ein Leib und ein Geist,
wie euch durch eure Berufung auch
eine gemeinsame Hoffnung gegeben
ist; [5] ein Herr, ein Glaube, eine Taufe,
[6] ein Gott und Vater aller, der über
allem und durch alles und in allem ist.

Die Gnadengaben zum Aufbau der Kirche

[7] Aber jeder von uns empfing die
Gnade in dem Maß, wie Christus sie
ihm geschenkt hat. [8] Deshalb heißt es:
Er stieg hinauf zur Höhe und erbeutete
Gefangene, er gab den Menschen Ge-
schenke. [9] Wenn er aber hinaufstieg,
was bedeutet dies anderes, als dass er
auch zur Erde herabstieg? [10] Derselbe,
der herabstieg, ist auch hinauf-
gestiegen bis zum höchsten Himmel,
um das All zu beherrschen. [11] Und er
gab den einen das Apostelamt, andere
setzte er als Propheten ein, andere als
Evangelisten, andere als Hirten und

Lehrer, [12] um die Heiligen für die Er-
füllung ihres Dienstes zu rüsten, für
den Aufbau des Leibes Christi. [13] So
sollen wir alle zur Einheit im Glauben
und in der Erkenntnis des Sohnes
Gottes gelangen, damit wir zum voll-
kommenen Menschen werden und
Christus in seiner vollendeten Gestalt
darstellen. [14] Wir sollen nicht mehr
unmündige Kinder sein, ein Spiel der
Wellen, hin und her getrieben von
jedem Widerstreit der Meinungen,
dem Betrug der Menschen ausgeliefert,
der Verschlagenheit, die in die Irre
führt. [15] Wir wollen uns, von der Liebe
geleitet, an die Wahrheit halten und in
allem wachsen, bis wir ihn erreicht
haben. Er, Christus, ist das Haupt.
[16] Durch ihn wird der ganze Leib zu-
sammengefügt und gefestigt in jedem
einzelnen Gelenk. Jedes trägt mit der
Kraft, die ihm zugemessen ist. So
wächst der Leib und wird in Liebe auf-
gebaut.

Der alte und der neue Mensch

[17] Ich sage es euch und beschwöre euch
im Herrn: Lebt nicht mehr wie die
Heiden in ihrem nichtigen Denken!
[18] Ihr Sinn ist verfinstert. Sie sind dem
Leben, das Gott schenkt, entfremdet
durch die Unwissenheit, in der sie be-
fangen sind, und durch die Verhärtung
ihres Herzens. [19] Haltlos wie sie sind,
geben sie sich der Ausschweifung hin,
um voll Gier jede Art von Gemeinheit
zu begehen. [20] Das aber entspricht
nicht dem, was ihr von Christus gelernt
habt. [21] Ihr habt doch von ihm gehört
und seid unterrichtet worden in der
Wahrheit, die Jesus ist. [22] Legt den alten
Menschen ab, der in Verblendung und
Begierde zugrunde geht, ändert euer
früheres Leben, [23] und erneuert euren
Geist und Sinn! [24] Zieht den neuen
Menschen an, der nach dem Bild Got-
tes geschaffen ist in wahrer Gerechtig-
keit und Heiligkeit.

Die Pflichten gegen den Nächsten

[25] Legt deshalb die Lüge ab, und redet
untereinander die Wahrheit; denn wir
sind als Glieder miteinander ver-
bunden. [26] Lasst euch durch den Zorn
nicht zur Sünde hinreißen! Die Sonne
soll über eurem Zorn nicht untergehen.
[27] Gebt dem Teufel keinen Raum! [28] Der
Dieb soll nicht mehr stehlen, sondern
arbeiten und sich mit seinen Händen
etwas verdienen, damit er den Notlei-
denden davon geben kann. [29] Über eure
Lippen komme kein böses Wort,
sondern nur ein gutes, das den, der es
braucht, stärkt, und dem, der es hört,
Nutzen bringt. [30] Beleidigt nicht den
Heiligen Geist Gottes, dessen Siegel ihr
tragt für den Tag der Erlösung. [31] Jede
Art von Bitterkeit, Wut, Zorn, Geschrei
und Lästerung und alles Böse verbannt
aus eurer Mitte! [32] Seid gütig zu-

einander, seid barmherzig, vergebt einander, weil auch Gott euch durch Christus vergeben hat.

5 Ahmt Gott nach als seine geliebten Kinder, 2 und liebt einander, weil auch Christus uns geliebt und sich für uns hingegeben hat als Gabe und als Opfer, das Gott gefällt.

Aus der Finsternis zum Licht

3 Von Unzucht aber und Schamlosigkeit jeder Art oder von Habgier soll bei euch, wie es sich für Heilige gehört, nicht einmal die Rede sein. 4 Auch Sittenlosigkeit und albernes oder zweideutiges Geschwätz schickt sich nicht für euch, sondern Dankbarkeit. 5 Denn das sollt ihr wissen: Kein unzüchtiger, schamloser oder habgieriger Mensch – das heißt kein Götzendiener – erhält ein Erbteil im Reich Christi und Gottes. 6 Niemand täusche euch mit leeren Worten: All das zieht auf die Ungehorsamen den Zorn Gottes herab. 7 Habt darum nichts mit ihnen gemein! 8 Denn einst wart ihr Finsternis, jetzt aber seid ihr durch den Herrn Licht geworden. Lebt als Kinder des Lichts! 9 Das Licht bringt lauter Güte, Gerechtigkeit und Wahrheit hervor. 10 Prüft, was dem Herrn gefällt, 11 und habt nichts gemein mit den Werken der Finsternis, die keine Frucht bringen, sondern deckt sie auf! 12 Denn man muss sich schämen, von dem, was sie heimlich tun, auch nur zu reden. 13 Alles, was aufgedeckt ist, wird vom Licht erleuchtet. 14 Alles Erleuchtete aber ist Licht. Deshalb heißt es:
Wach auf, du Schläfer, / und steh auf von den Toten, / und Christus wird dein Licht sein.

15 Achtet also sorgfältig darauf, wie ihr euer Leben führt, nicht töricht, sondern klug. 16 Nutzt die Zeit; denn diese Tage sind böse. 17 Darum seid nicht unverständig, sondern begreift, was der Wille des Herrn ist. 18 Berauscht euch nicht mit Wein – das macht zügellos –, sondern lasst euch vom Geist erfüllen! 19 Lasst in eurer Mitte Psalmen, Hymnen und Lieder erklingen, wie der Geist sie eingibt. Singt und jubelt aus vollem Herzen zum Lob des Herrn! 20 Sagt Gott, dem Vater, jederzeit Dank für alles im Namen Jesu Christi, unseres Herrn!

Über die christliche Familienordnung

21 Einer ordne sich dem andern unter in der gemeinsamen Ehrfurcht vor Christus. 22 Ihr Frauen, ordnet euch euren Männern unter wie dem Herrn (Christus); 23 denn der Mann ist das Haupt der Frau, wie auch Christus das Haupt der Kirche ist; er hat sie gerettet, denn sie ist sein Leib. 24 Wie aber die Kirche sich Christus unterordnet, sollen sich die Frauen in allem den Männern unterordnen. 25 Ihr Männer, liebt

eure Frauen, wie Christus die Kirche
geliebt und sich für sie hingegeben hat,
26 um sie im Wasser und durch das
Wort rein und heilig zu machen. 27 So
will er die Kirche herrlich vor sich er-
scheinen lassen, ohne Flecken, Falten
oder andere Fehler; heilig soll sie sein
und makellos. 28 Darum sind die
Männer verpflichtet, ihre Frauen so zu
lieben wie ihren eigenen Leib. Wer
seine Frau liebt, liebt sich selbst.
29 Keiner hat je seinen eigenen Leib ge-
hasst, sondern er nährt und pflegt ihn,
wie auch Christus die Kirche. 30 Denn
wir sind Glieder seines Leibes. 31 Darum
wird der Mann Vater und Mutter ver-
lassen und sich an seine Frau binden,
und die zwei werden ein Fleisch sein.
32 Dies ist ein tiefes Geheimnis; ich
beziehe es auf Christus und die Kirche.
33 Was euch angeht, so liebe jeder von
euch seine Frau wie sich selbst, die Frau
aber ehre den Mann.

6 Ihr Kinder, gehorcht euren Eltern,
wie es vor dem Herrn recht ist.
2 Ehre deinen Vater und deine Mutter:
Das ist ein Hauptgebot, und ihm folgt
die Verheißung: 3 damit es dir gut geht
und du lange lebst auf der Erde. 4 Ihr
Väter, reizt eure Kinder nicht zum
Zorn, sondern erzieht sie in der Zucht
und Weisung des Herrn! 5 Ihr Sklaven,
gehorcht euren irdischen Herren mit
Furcht und Zittern und mit aufrich-
tigem Herzen, als wäre es Christus.
6 Arbeitet nicht nur, um euch bei den
Menschen einzuschmeicheln und
ihnen zu gefallen, sondern erfüllt als
Sklaven Christi von Herzen den Willen
Gottes! 7 Dient freudig, als dientet ihr
dem Herrn und nicht den Menschen.
8 Denn ihr wisst, dass jeder, der etwas
Gutes tut, es vom Herrn zurückerhalten
wird, ob er ein Sklave ist oder ein freier
Mann. 9 Ihr Herren, handelt in gleicher
Weise gegen eure Sklaven! Droht
ihnen nicht! Denn ihr wisst, dass ihr im
Himmel einen gemeinsamen Herrn
habt. Bei ihm gibt es kein Ansehen der
Person.

Aufruf zum Kampf

10 Und schließlich: Werdet stark durch
die Kraft und Macht des Herrn! 11 Zieht
die Rüstung Gottes an, damit ihr den
listigen Anschlägen des Teufels wider-
stehen könnt. 12 Denn wir haben nicht
gegen Menschen aus Fleisch und Blut zu
kämpfen, sondern gegen die Fürsten und
Gewalten, gegen die Beherrscher dieser
finsteren Welt, gegen die bösen Geister
des himmlischen Bereichs. 13 Darum legt
die Rüstung Gottes an, damit ihr am Tag
des Unheils standhalten, alles voll-
bringen und den Kampf bestehen könnt.
14 Seid also standhaft: Gürtet euch mit
Wahrheit, zieht als Panzer die Gerechtig-
keit an 15 und als Schuhe die Bereitschaft,
für das Evangelium vom Frieden zu
kämpfen. 16 Vor allem greift zum Schild
des Glaubens! Mit ihm könnt ihr alle

feurigen Geschosse des Bösen aus-
löschen. [17] Nehmt den Helm des Heils
und das Schwert des Geistes, das ist das
Wort Gottes. [18] Hört nicht auf, zu beten
und zu flehen! Betet jederzeit im Geist;
seid wachsam, harrt aus und bittet für
alle Heiligen, [19] auch für mich: dass Gott
mir das rechte Wort schenkt, wenn es
darauf ankommt, mit Freimut das Ge-
heimnis des Evangeliums zu verkünden,
[20] als dessen Gesandter ich im Gefängnis
bin. Bittet, dass ich in seiner Kraft
freimütig zu reden vermag, wie es meine
Pflicht ist.

SCHLUSSWORT UND SEGENWUNSCH

[21] Damit auch ihr erfahrt, wie es mir
geht und was ich tue, wird euch
Tychikus, der geliebte Bruder und treue
Helfer im Dienst des Herrn, alles
berichten. [22] Ich schicke ihn eigens
zu euch, damit ihr alles über uns
erfahrt und damit er euch Mut zu-
spricht.
[23] Friede sei mit den Brüdern, Liebe
und Glaube von Gott, dem Vater, und
Jesus Christus, dem Herrn. [24] Gnade
und unvergängliches Leben sei mit
allen, die Jesus Christus, unseren
Herrn, lieben!

Der Brief an die Philipper

Paulus gründete die Gemeinde von Philippi (Ostmazedonien) als erste christliche Gemeinde auf europäischem Boden bei seiner zweiten Missionsreise um das Jahr 50. Die Gemeinde wuchs ihm besonders ans Herz. Nur von ihr ließ er sich unterstützen, auch finanziell. Den Brief an die Philipper schrieb er im Gefängnis, wahrscheinlich in Ephesus, um 55 n. Chr. Die Auffassung, der Brief sei erst in der römischen Gefangenschaft des Apostels abgefasst worden, ist heute weithin aufgegeben. Zwar erfahren wir aus der Apostelgeschichte nichts über eine Gefangenschaft in Ephesus, aber Andeutungen in den Briefen des Apostels Paulus lassen darauf schließen (1 Kor 15,32; vor allem 2 Kor 1,8–10; vgl. auch 2 Kor 11,22–33). Den Anlass des Briefs bildete der Wunsch der Christen in Philippi, von ihrem Apostel, der im Gefängnis saß, Näheres über sein Schicksal zu erfahren, sowie eine Geldspende, die sie durch Epaphroditus überbringen ließen. Auch das Eindringen von Irrlehren bewog Paulus zur Abfassung dieses Schreibens.

Nach Dank und Fürbitte (1,3–11) spricht Paulus von seinem Schicksal. Er tut dies so, dass er sein Los mit dem des Evangeliums verknüpft (1,12–26). Er mahnt zur Einheit und stellt in einem hymnischen Text der Gemeinde den Weg Christi, des Gottessohnes und erhöhten Herrn, vor Augen. An ihm hat sie durch den Glauben Anteil gewonnen (1,27–2,18). Sodann spricht er über seine persönlichen Pläne (2,19–30). Im 3. Kapitel nimmt er mit außerordentlich scharfen Worten Stellung gegen christliche Wanderprediger, die Irrlehren verbreiten, und weist auf die Gefahr hin, die dadurch der Kirche droht. Abschließend wendet er sich an einzelne Gemeindeglieder, die ihm Sorge bereiten, und bedankt sich für die empfangene Gabe (Kap. 4).

Der besondere Wert des Briefs liegt darin, dass er uns Einblick verschafft in das persönliche Wollen und Denken des Menschen und Christen Paulus. Der bekannteste und wichtigste Text ist das Christuslied in 2,6–11. Theologisch bedeutsam ist daneben die Erwartung des Paulus im Hinblick auf sein Ergehen nach dem Tod (1,19–26) und auf seine Gemeinschaft mit Christus (3,7–21).

ANSCHRIFT UND GRUSS

1 Paulus und Timotheus, Knechte Christi Jesu, an alle Heiligen in Christus Jesus, die in Philippi sind, mit ihren Bischöfen und Diakonen. 2 Gnade sei mit euch und Friede von Gott, unserem Vater, und dem Herrn Jesus Christus.

DER APOSTEL UND DAS EVANGELIUM

Dank und Fürbitte

3 Ich danke meinem Gott jedes Mal, wenn ich an euch denke; 4 immer, wenn ich für euch alle bete, tue ich es mit Freude 5 und danke Gott dafür, dass ihr euch gemeinsam für das Evangelium eingesetzt habt vom ersten Tag an bis jetzt. 6 Ich vertraue darauf, dass er, der bei euch das gute Werk begonnen hat, es auch vollenden wird bis zum Tag Christi Jesu. 7 Es ist nur recht, dass ich so über euch alle denke, weil ich euch ins Herz geschlossen habe. Denn ihr alle habt Anteil an der Gnade, die mir durch meine Gefangenschaft und die Verteidigung und Bekräftigung des Evangeliums gewährt ist. 8 Gott ist mein Zeuge, wie ich mich nach euch allen sehne mit der herzlichen Liebe, die Christus Jesus zu euch hat. 9 Und ich bete darum, dass eure Liebe immer noch reicher an Einsicht und Verständnis wird, 10 damit ihr beurteilen könnt, worauf es ankommt. Dann werdet ihr rein und ohne Tadel sein für den Tag Christi, 11 reich an der Frucht der Gerechtigkeit, die Jesus Christus gibt, zur Ehre und zum Lob Gottes.

Paulus, Verkünder der Frohen Botschaft

12 Ihr sollt wissen, Brüder, dass alles, was mir zugestoßen ist, die Verbreitung des Evangeliums gefördert hat. 13 Denn im ganzen Prätorium und bei allen übrigen ist offenbar geworden, dass ich um Christi willen im Gefängnis bin. 14 Und die meisten der Brüder sind durch meine Gefangenschaft zuversichtlich geworden im Glauben an den Herrn und wagen um so kühner, das Wort Gottes furchtlos zu sagen. 15 Einige verkündigen Christus zwar aus Neid und Streitsucht, andere aber in guter Absicht. 16 Die einen predigen Christus aus Liebe, weil sie wissen, dass ich zur Verteidigung des Evangeliums bestimmt bin, 17 die andern aus Ehrgeiz, nicht in redlicher Gesinnung; sie möchten die Last meiner Ketten noch schwerer machen. 18 Aber was liegt daran? Auf jede

Weise, ob in unlauterer oder lauterer
Absicht, wird Christus verkündigt, und
darüber freue ich mich.
Aber ich werde mich auch in Zukunft
freuen. 19 Denn ich weiß: Das wird zu
meiner Rettung führen durch euer
Gebet und durch die Hilfe des Geistes
Jesu Christi. 20 Darauf warte und hoffe
ich, dass ich in keiner Hinsicht be-
schämt werde, dass vielmehr Christus
in aller Öffentlichkeit – wie immer, so
auch jetzt – durch meinen Leib ver-
herrlicht wird, ob ich lebe oder sterbe.
21 Denn für mich ist Christus das Leben,
und Sterben Gewinn. 22 Wenn ich aber
weiterleben soll, bedeutet das für mich
fruchtbare Arbeit. Was soll ich
wählen? Ich weiß es nicht. 23 Es zieht
mich nach beiden Seiten: Ich sehne
mich danach, aufzubrechen und bei
Christus zu sein – um wie viel besser
wäre das! 24 Aber euretwegen ist es
notwendiger, dass ich am Leben bleibe.
25 Im Vertrauen darauf weiß ich, dass
ich bleiben und bei euch allen aus-
harren werde, um euch im Glauben zu
fördern und zu erfreuen, 26 damit ihr
euch in Christus Jesus um so mehr
meiner rühmen könnt, wenn ich
wieder zu euch komme.

Verschiedene Mahnungen

Aufruf zur Eintracht

27 Vor allem: lebt als Gemeinde so, wie
es dem Evangelium Christi entspricht.
Ob ich komme und euch sehe oder ob
ich fern bin, ich möchte hören, dass ihr
in dem einen Geist feststeht, einmütig
für den Glauben an das Evangelium
kämpft 28 und euch in keinem Fall von
euren Gegnern einschüchtern lasst.
Das wird für sie ein Zeichen dafür sein,
dass sie verloren sind und ihr gerettet
werdet, ein Zeichen, das von Gott
kommt. 29 Denn euch wurde die Gnade
zuteil, für Christus dazusein, also nicht
nur an ihn zu glauben, sondern auch
seinetwegen zu leiden. 30 Denn ihr habt
den gleichen Kampf zu bestehen, den
ihr früher an mir gesehen habt und von
dem ihr auch jetzt hört.

2 Wenn es also Ermahnung in
Christus gibt, Zuspruch aus Liebe,
eine Gemeinschaft des Geistes, herz-
liche Zuneigung und Erbarmen, 2 dann
macht meine Freude dadurch voll-
kommen, dass ihr eines Sinnes seid,
einander in Liebe verbunden, einmütig
und einträchtig, 3 dass ihr nichts aus
Ehrgeiz und nichts aus Prahlerei tut.
Sondern in Demut schätze einer den
andern höher ein als sich selbst. 4 Jeder
achte nicht nur auf das eigene Wohl,
sondern auch auf das der anderen.

Das Beispiel Christi

5 Seid untereinander so gesinnt, wie es
dem Leben in Christus Jesus entspricht:
6 Er war Gott gleich, / hielt aber nicht
daran fest, wie Gott zu sein,
7 sondern er entäußerte sich / und
wurde wie ein Sklave / und den
Menschen gleich. / Sein Leben war das
eines Menschen;
8 er erniedrigte sich / und war gehorsam
bis zum Tod, / bis zum Tod am Kreuz.
9 Darum hat ihn Gott über alle erhöht /
und ihm den Namen verliehen, / der
größer ist als alle Namen,
10 damit alle im Himmel, auf der Erde
und unter der Erde / ihre Knie beugen
vor dem Namen Jesu
11 und jeder Mund bekennt: / »Jesus
Christus ist der Herr« – / zur Ehre
Gottes, des Vaters.

Die Sorge des Apostels um das Heil der Gemeinde

12 Darum, liebe Brüder – ihr wart ja
immer gehorsam, nicht nur in meiner
Gegenwart, sondern noch viel mehr
jetzt in meiner Abwesenheit –: müht
euch mit Furcht und Zittern um euer
Heil! 13 Denn Gott ist es, der in euch das
Wollen und das Vollbringen bewirkt,
noch über euren guten Willen hinaus.
14 Tut alles ohne Murren und Bedenken,
15 damit ihr rein und ohne Tadel seid,
Kinder Gottes ohne Makel mitten in
einer verdorbenen und verwirrten
Generation, unter der ihr als Lichter in
der Welt leuchtet. 16 Haltet fest am
Wort des Lebens, mir zum Ruhm für
den Tag Christi, damit ich nicht vergeblich gelaufen bin oder mich
umsonst abgemüht habe. 17 Wenn auch
mein Leben dargebracht wird zusammen mit dem Opfer und Gottesdienst eures Glaubens, freue ich mich
dennoch, und ich freue mich mit euch
allen. 18 Ebenso sollt auch ihr euch
freuen; freut euch mit mir!

DIE PLÄNE DES APOSTELS

19 Ich hoffe aber im Vertrauen auf Jesus,
den Herrn, dass ich Timotheus bald zu
euch schicken kann, damit auch ich
ermutigt werde, wenn ich erfahre, wie
es um euch steht. 20 Ich habe keinen
Gleich gesinnten, der so aufrichtig um
eure Sache besorgt ist; 21 denn alle suchen ihren Vorteil, nicht die Sache Jesu
Christi. 22 Ihr wisst ja, wie er sich
bewährt hat: Wie ein Kind dem Vater
– so hat er mit mir zusammen dem
Evangelium gedient. 23 Ihn also hoffe
ich schicken zu können, sobald ich
meine Lage übersehe. 24 Doch ich habe
die Zuversicht im Herrn, dass auch ich
bald kommen kann.
25 Ich hielt es aber für notwendig, Epaphroditus, meinen Bruder, Mitarbeiter und Mitstreiter, euren Abgesandten und Helfer in meiner Not, zu

euch zu schicken. 26 Er sehnte sich da-
nach, euch alle wieder zu sehen, und
war beunruhigt, weil ihr gehört hattet,
dass er krank geworden war. 27 Er war
tatsächlich so krank, dass er dem Tod
nahe war. Aber Gott hatte Erbarmen
mit ihm, und nicht nur mit ihm,
sondern auch mit mir, damit ich nicht
vom Kummer überwältigt würde.
28 Um so mehr beeile ich mich, ihn zu
schicken, damit ihr euch wieder freut,
wenn ihr ihn seht, und auch ich
weniger Kummer habe. 29 Nehmt ihn
also im Herrn mit aller Freude auf, und
haltet Menschen wie ihn in Ehren,
30 denn wegen seiner Arbeit für
Christus kam er dem Tod nahe. Er hat
sein Leben aufs Spiel gesetzt, um zu
vollenden, was an eurem Dienst für
mich noch gefehlt hat.

Das Leben des Christen – Das Vorbild des Apostels

Standhaftigkeit im Glauben

3 Vor allem, meine Brüder, freut
euch im Herrn! Euch immer das
gleiche zu schreiben wird mir nicht
lästig, euch aber macht es sicher. 2 Gebt
acht auf diese Hunde, gebt acht auf die
falschen Lehrer, gebt acht auf die Ver-
schnittenen! 3 Denn die Beschnittenen
sind wir, die wir im Geist Gottes dienen
und uns in Christus Jesus rühmen und
nicht auf irdische Vorzüge vertrauen,
4 obwohl ich mein Vertrauen auch auf
irdische Vorzüge setzen könnte. Wenn
ein anderer meint, er könne auf ir-
dische Vorzüge vertrauen, so könnte
ich es noch mehr. 5 Ich wurde am
achten Tag beschnitten, bin aus dem
Volk Israel, vom Stamm Benjamin, ein
Hebräer von Hebräern, lebte als Phari-
säer nach dem Gesetz, 6 verfolgte voll
Eifer die Kirche und war untadelig in
der Gerechtigkeit, wie sie das Gesetz
vorschreibt.

Sehnsucht nach voller Gemeinschaft mit Christus

7 Doch was mir damals ein Gewinn war,
das habe ich um Christi Willen als Ver-
lust erkannt. 8 Ja noch mehr: ich sehe
alles als Verlust an, weil die Erkenntnis
Christi Jesu, meines Herrn, alles über-
trifft. Seinetwegen habe ich alles auf-
gegeben und halte es für Unrat, um
Christus zu gewinnen 9 und in ihm zu
sein. Nicht meine eigene Gerechtigkeit
suche ich, die aus dem Gesetz hervor-
geht, sondern jene, die durch den
Glauben an Christus kommt, die
Gerechtigkeit, die Gott aufgrund des
Glaubens schenkt. 10 Christus will ich
erkennen und die Macht seiner Auf-
erstehung und die Gemeinschaft mit
seinen Leiden; sein Tod soll mich
prägen. 11 So hoffe ich, auch zur Auf-
erstehung von den Toten zu gelangen.

[12] Nicht dass ich es schon erreicht hätte
oder dass ich schon vollendet wäre.
Aber ich strebe danach, es zu ergreifen,
weil auch ich von Christus Jesus er-
griffen worden bin. [13] Brüder, ich bilde
mir nicht ein, dass ich es schon er-
griffen hätte. Eines aber tue ich: Ich ver-
gesse, was hinter mir liegt, und strecke
mich nach dem aus, was vor mir ist.
[14] Das Ziel vor Augen, jage ich nach
dem Siegespreis: der himmlischen
Berufung, die Gott uns in Christus
Jesus schenkt.
[15] Das wollen wir bedenken, wir Voll-
kommenen. Und wenn ihr anders über
etwas denkt, wird Gott euch auch das
offenbaren. [16] Nur müssen wir fest-
halten, was wir erreicht haben.
[17] Ahmt auch ihr mich nach, Brüder,
und achtet auf jene, die nach dem Vor-
bild leben, das ihr an uns habt. [18] Denn
viele – von denen ich oft zu euch ge-
sprochen habe, doch jetzt unter Tränen
spreche – leben als Feinde des Kreuzes
Christi. [19] Ihr Ende ist das Verderben,
ihr Gott der Bauch; ihr Ruhm besteht
in ihrer Schande; Irdisches haben sie
im Sinn. [20] Unsere Heimat aber ist im
Himmel. Von dorther erwarten wir
auch Jesus Christus, den Herrn, als
Retter, [21] der unseren armseligen Leib
verwandeln wird in die Gestalt seines
verherrlichten Leibes, in der Kraft, mit
der er sich alles unterwerfen kann.

Christliche Grundhaltungen

4 Darum, meine geliebten Brüder,
nach denen ich mich sehne,
meine Freude und mein Ehrenkranz,
steht fest in der Gemeinschaft mit dem
Herrn, liebe Brüder. [2] Ich ermahne
Evodia, und ich ermahne Syntyche, ein-
mütig zu sein im Herrn. [3] Ja, ich bitte
auch dich, treuer Gefährte, nimm dich
ihrer an! Sie haben mit mir für das
Evangelium gekämpft, zusammen mit
Klemens und meinen anderen Mit-
arbeitern. Ihre Namen stehen im Buch
des Lebens.
[4] Freut euch im Herrn zu jeder Zeit!
Noch einmal sage ich: Freut euch!
[5] Eure Güte werde allen Menschen
bekannt. Der Herr ist nahe. [6] Sorgt euch
um nichts, sondern bringt in jeder Lage
betend und flehend eure Bitten mit
Dank vor Gott! [7] Und der Friede Gottes,
der alles Verstehen übersteigt, wird
eure Herzen und eure Gedanken in der
Gemeinschaft mit Christus Jesus
bewahren. [8] Schließlich, Brüder: Was
immer wahrhaft, edel, recht, was lauter,
liebenswert, ansprechend ist, was
Tugend heißt und lobenswert ist,
darauf seid bedacht! [9] Was ihr gelernt
und angenommen, gehört und an mir
gesehen habt, das tut! Und der Gott
des Friedens wird mit euch sein.

Dank des Apostels

10 Ich habe mich im Herrn besonders
gefreut, dass ihr eure Sorge für mich
wieder einmal entfalten konntet. Ihr
hattet schon daran gedacht, aber es
fehlte euch die Gelegenheit dazu. 11 Ich
sage das nicht, weil ich etwa Mangel
leide. Denn ich habe gelernt, mich in
jeder Lage zurechtzufinden: 12 Ich weiß
Entbehrungen zu ertragen, ich kann
im Überfluss leben. In jedes und alles
bin ich eingeweiht: in Sattsein und
Hungern, Überfluss und Entbehrung.
13 Alles vermag ich durch ihn, der mir
Kraft gibt. 14 Trotzdem habt ihr recht
daran getan, an meiner Bedrängnis
teilzunehmen. 15 Ihr wisst selbst, ihr
Philipper, dass ich beim Beginn der
Verkündigung des Evangeliums, als ich
aus Mazedonien aufbrach, mit keiner
Gemeinde durch Geben und Nehmen
verbunden war außer mit euch 16 und
dass ihr mir in Thessalonich und auch
sonst das eine und andere Mal etwas
geschickt habt, um mir zu helfen. 17 Es
geht mir nicht um die Gabe, es geht mir
um den Gewinn, der euch mit Zinsen
gutgeschrieben wird. 18 Ich habe alles
empfangen und habe jetzt mehr als
genug. Mir fehlt nichts mehr, seit ich
von Epaphroditus eure Gaben erhielt,
ein schönes Opfer, eine angenehme
Opfergabe, die Gott gefällt. 19 Mein
Gott aber wird euch durch Christus
Jesus alles, was ihr nötig habt, aus dem
Reichtum seiner Herrlichkeit schenken.
20 Unserem Gott und Vater sei die Ehre
in alle Ewigkeit! Amen.

Der Schluss des Briefes: Grüsse und Segenswunsch

21 Grüßt jeden Heiligen in Christus
Jesus! Es grüßen euch die Brüder, die
bei mir sind. 22 Es grüßen euch alle
Heiligen, besonders die aus dem Haus
des Kaisers. 23 Die Gnade Jesu Christi,
des Herrn, sei mit eurem Geist!

Der Brief an die Kolosser

Kolossä war eine Stadt im westlichen Teil Kleinasiens (Phrygien), am Oberlauf des Flusses Lykos. In diesem Gebiet missionierte nicht Paulus, sondern in seinem Auftrag Epaphras, der im Brief lobend erwähnt wird (1,7f; 4,12f). Paulus ist der Gemeinde persönlich nicht bekannt (2,1). Der gedankliche Abstand zu den älteren Paulusbriefen macht es wahrscheinlich, dass der Brief spät, entweder in der Gefangenschaft des Apostels in Cäsarea (Apg 23,33–26,32) um 57–59 oder in Rom nach 59–60 n. Chr. (Apg 28,16–31), abgefasst wurde. Manche Forscher halten den Brief für das Schreiben eines Paulusschülers. Den Anlass des Schreibens bildete eine in die Gemeinde eingedrungene Irrlehre, die eine merkwürdige Frömmigkeit in Verbindung mit Schicksalsglauben und Verehrung von Gestirnen vertrat, den Christusglauben jedoch bestehen ließ. Durch den Brief soll die Gemeinde zu der durch Epaphras vermittelten apostolischen Lehre zurückgeführt werden. Nach Dank und Fürbitte (1,3–11) erinnert der Apostel die Gemeinde mit einem Christuslied (1,12–20) an das verpflichtende Bekenntnis. Die Gedanken des Liedes werden auf die Gemeinde bezogen (1,21–23) und im Hinblick auf den Apostel und auf Christus vertieft (1,24–2,7). Es schließt sich die Warnung vor den Irrlehrern an, in der die Kolosser an die Gaben erinnert werden, die sie in der Taufe empfangen haben (2,8–23). Ein weiterer Teil enthält Ermahnungen für Getaufte (3,1–17), Belehrungen in Form einer »Haustafel«, die sich an die verschiedenen Stände richten (3,18–4,1), und Weisungen für die gesamte Gemeinde (4,2–6). Eine lange Liste von Grüßen und einzelnen persönlichen Anweisungen beendet das Schreiben (4,7–18).

Für den Glauben der Kirche gewann der Brief Bedeutung wegen seiner Aussagen über Christus, die im Christuslied zusammengefasst sind.

Anschrift und Gruss

1 Paulus, durch den Willen Gottes
Apostel Christi Jesu, und der
Bruder Timotheus 2 an die heiligen
Brüder in Kolossä, die an Christus
glauben. Gnade sei mit euch und
Friede von Gott, unserem Vater.

Gottes Heilsplan

Dank für die Gemeinde

3 Wir danken Gott, dem Vater Jesu
Christi, unseres Herrn, jedes Mal, wenn
wir für euch beten. 4 Denn wir haben
von eurem Glauben an Christus Jesus
gehört und von der Liebe, die ihr zu
allen Heiligen habt, 5 weil im Himmel
die Erfüllung eurer Hoffnung für euch
bereitliegt. Schon früher habt ihr da-
von gehört durch das wahre Wort des
Evangeliums, 6 das zu euch gelangt ist.
Wie in der ganzen Welt, so trägt es
auch bei euch Frucht und wächst seit
dem Tag, an dem ihr den Ruf der gött-
lichen Gnade vernommen und in
Wahrheit erkannt habt. 7 So habt ihr es
von Epaphras, unserem geliebten Mit-
arbeiter, gelernt. Er ist an unserer Stelle
ein treuer Diener Christi, 8 und er hat
uns auch von der Liebe berichtet, die
der Geist in euch bewirkt hat.

Fürbitte für die Gemeinde

9 Seit dem Tag, an dem wir davon
erfahren haben, hören wir nicht auf, in-
ständig für euch zu beten, dass ihr in
aller Weisheit und Einsicht, die der
Geist schenkt, den Willen des Herrn
ganz erkennt. 10 Denn ihr sollt ein
Leben führen, das des Herrn würdig ist
und in allem sein Gefallen findet. Ihr
sollt Frucht bringen in jeder Art von
guten Werken und wachsen in der
Erkenntnis Gottes. 11 Er gebe euch in
der Macht seiner Herrlichkeit viel
Kraft, damit ihr in allem Geduld und
Ausdauer habt.

Loblied auf Christus, das Ebenbild Gottes

12 Dankt dem Vater mit Freude! Er hat
euch fähig gemacht, Anteil zu haben
am Los der Heiligen, die im Licht sind.
13 Er hat uns der Macht der Finsternis
entrissen und aufgenommen in das
Reich seines geliebten Sohnes. 14 Durch
ihn haben wir die Erlösung, die Ver-
gebung der Sünden.

15 Er ist das Ebenbild des unsichtbaren
Gottes, / der Erstgeborene der ganzen
Schöpfung.

16 Denn in ihm wurde alles erschaffen /
im Himmel und auf Erden, / das Sicht-
bare und das Unsichtbare, / Throne
und Herrschaften, Mächte und Ge-
walten; / alles ist durch ihn und auf ihn
hin geschaffen.

[17] Er ist vor aller Schöpfung, / in ihm hat
alles Bestand.
[18] Er ist das Haupt des Leibes, / der Leib
aber ist die Kirche. / Er ist der Ur-
sprung, / der Erstgeborene der Toten; /
so hat er in allem den Vorrang.
[19] Denn Gott wollte mit seiner ganzen
Fülle in ihm wohnen, / [20] um durch ihn
alles zu versöhnen.
Alles im Himmel und auf Erden wollte
er zu Christus führen, / der Friede ge-
stiftet hat am Kreuz durch sein Blut.

Aufruf an die Gemeinde

[21] Auch ihr standet ihm einst fremd
und feindlich gegenüber; denn euer
Sinn trieb euch zu bösen Taten. [22] Jetzt
aber hat er euch durch den Tod seines
sterblichen Leibes versöhnt, um euch
heilig, untadelig und schuldlos vor sich
treten zu lassen. [23] Doch müsst ihr un-
erschütterlich und unbeugsam am
Glauben festhalten und dürft euch
nicht von der Hoffnung abbringen las-
sen, die euch das Evangelium schenkt.
In der ganzen Schöpfung unter dem
Himmel wurde das Evangelium ver-
kündet; ihr habt es gehört, und ich,
Paulus, diene ihm.

Der Apostel und die Gemeinde

Diener der Kirche für alle Menschen

[24] Jetzt freue ich mich in den Leiden, die
ich für euch ertrage. Für den Leib
Christi, die Kirche, ergänze ich in
meinem irdischen Leben das, was an
den Leiden Christi noch fehlt. [25] Ich
diene der Kirche durch das Amt, das
Gott mir übertragen hat, damit ich
euch das Wort Gottes in seiner Fülle
verkündige, [26] jenes Geheimnis, das seit
ewigen Zeiten und Generationen ver-
borgen war. Jetzt wurde es seinen
Heiligen offenbart; [27] Gott wollte ihnen
zeigen, wie reich und herrlich dieses
Geheimnis unter den Völkern ist:
Christus ist unter euch, er ist die Hoff-
nung auf Herrlichkeit.
[28] Ihn verkündigen wir; wir ermahnen
jeden Menschen und belehren jeden
mit aller Weisheit, um dadurch alle in
der Gemeinschaft mit Christus voll-
kommen zu machen. [29] Dafür kämpfe
ich unter vielen Mühen; denn seine
Kraft wirkt mit großer Macht in mir.

Der Glaube der Gemeinde

2 Ihr sollt wissen, was für einen
schweren Kampf ich für euch und
für die Gläubigen in Laodizea zu be-
stehen habe, auch für alle anderen, die
mich persönlich nie gesehen haben.
[2] Dadurch sollen sie getröstet werden;

sie sollen in Liebe zusammenhalten,
um die tiefe und reiche Einsicht zu er-
langen und das göttliche Geheimnis zu
erkennen, das Christus ist. 3 In ihm sind
alle Schätze der Weisheit und Erkennt-
nis verborgen. 4 Das sage ich, damit
euch niemand durch Überredungs-
künste täuscht. 5 Auch wenn ich fern
von euch weile, bin ich im Geist bei
euch. Mit Freude sehe ich, wie fest und
geordnet euer Glaube an Christus ist.
6 Ihr habt Christus Jesus als Herrn an-
genommen. Darum lebt auch in ihm!
7 Bleibt in ihm verwurzelt und auf ihn
gegründet, und haltet an dem Glauben
fest, in dem ihr unterrichtet wurdet.
Hört nicht auf zu danken!

Warnung vor Irrlehrern

8 Gebt acht, dass euch niemand mit
seiner Philosophie und falschen Lehre
verführt, die sich nur auf menschliche
Überlieferung stützen und sich auf die
Elementarmächte der Welt, nicht auf
Christus berufen. 9 Denn in ihm allein
wohnt wirklich die ganze Fülle Gottes.
10 Durch ihn seid auch ihr davon erfüllt;
denn er ist das Haupt aller Mächte und
Gewalten. 11 In ihm habt ihr eine Be-
schneidung empfangen, die man nicht
mit Händen vornimmt, nämlich die
Beschneidung, die Christus gegeben
hat. Wer sie empfängt, sagt sich los von
seinem vergänglichen Körper. 12 Mit
Christus wurdet ihr in der Taufe be-
graben, mit ihm auch auferweckt,
durch den Glauben an die Kraft Gottes,
der ihn von den Toten auferweckt hat.
13 Ihr wart tot infolge eurer Sünden,
und euer Leib war unbeschnitten; Gott
aber hat euch mit Christus zusammen
lebendig gemacht und uns alle Sünden
vergeben. 14 Er hat den Schuldschein,
der gegen uns sprach, durchgestrichen
und seine Forderungen, die uns an-
klagten, aufgehoben. Er hat ihn da-
durch getilgt, dass er ihn an das Kreuz
geheftet hat.
15 Die Fürsten und Gewalten hat er ent-
waffnet und öffentlich zur Schau ge-
stellt; durch Christus hat er über sie
triumphiert.
16 Darum soll euch niemand verurteilen
wegen Speise und Trank oder wegen
eines Festes, ob Neumond oder Sabbat.
17 Das alles ist nur ein Schatten von
dem, was kommen wird, die Wirklich-
keit aber ist Christus. 18 Niemand soll
euch verachten, der sich in scheinbarer
Demut auf die Verehrung beruft, die er
den Engeln erweist, der mit Visionen
prahlt und sich ohne Grund nach welt-
licher Art wichtig macht. 19 Er hält sich
nicht an das Haupt, von dem aus der
ganze Leib durch Gelenke und Bänder
versorgt und zusammengehalten wird
und durch Gottes Wirken wächst.
20 Wenn ihr mit Christus gestorben seid
und euch von den Elementen der Welt
losgesagt habt, warum lasst ihr euch
dann, als würdet ihr noch in der Welt

leben, vorschreiben: 21 Berühre das
nicht, iss nicht davon, Fass das nicht
an! 22 Das alles wird verbraucht und
dadurch vernichtet. Menschliche Sat-
zungen und Lehren sind es. 23 Man sagt
zwar, in ihnen liege Weisheit, es sei ein
besonderer Kult, ein Zeichen von De-
mut, seinen Körper zu kasteien. Doch
es bringt keine Ehre ein, sondern be-
friedigt nur die irdische Eitelkeit.

WORTE DER MAHNUNG AN DIE GETAUFTEN

Der alte und der neue Mensch

3 Ihr seid mit Christus auferweckt;
darum strebt nach dem, was im
Himmel ist, wo Christus zur Rechten
Gottes sitzt. 2 Richtet euren Sinn auf das
Himmlische und nicht auf das Irdische!
3 Denn ihr seid gestorben, und euer
Leben ist mit Christus verborgen in
Gott. 4 Wenn Christus, unser Leben, of-
fenbar wird, dann werdet auch ihr mit
ihm offenbar werden in Herrlichkeit.
5 Darum tötet, was irdisch an euch ist:
die Unzucht, die Schamlosigkeit, die
Leidenschaft, die bösen Begierden und
die Habsucht, die ein Götzendienst ist.
6 All das zieht den Zorn Gottes nach
sich. 7 Früher seid auch ihr darin ge-
fangen gewesen und habt euer Leben
davon beherrschen lassen. 8 Jetzt aber
sollt ihr das alles ablegen: Zorn, Wut
und Bosheit; auch Lästerungen und
Zoten sollen nicht mehr über eure
Lippen kommen. 9 Belügt einander
nicht; denn ihr habt den alten
Menschen mit seinen Taten abgelegt
10 und seid zu einem neuen Menschen
geworden, der nach dem Bild seines
Schöpfers erneuert wird, um ihn zu er-
kennen. 11 Wo das geschieht, gibt es
nicht mehr Griechen oder Juden, Be-
schnittene oder Unbeschnittene,
Fremde, Skythen, Sklaven oder Freie,
sondern Christus ist alles und in allen.
12 Ihr seid von Gott geliebt, seid seine
auserwählten Heiligen. Darum be-
kleidet euch mit aufrichtigem Er-
barmen, mit Güte, Demut, Milde,
Geduld! 13 Ertragt euch gegenseitig,
und vergebt einander, wenn einer dem
andern etwas vorzuwerfen hat. Wie der
Herr euch vergeben hat, so vergebt auch
ihr! 14 Vor allem aber liebt einander,
denn die Liebe ist das Band, das alles zu-
sammenhält und vollkommen macht.
15 In eurem Herzen herrsche der Friede
Christi; dazu seid ihr berufen als Glieder
des einen Leibes. Seid dankbar! 16 Das
Wort Christi wohne mit seinem ganzen
Reichtum bei euch. Belehrt und er-
mahnt einander in aller Weisheit! Singt
Gott in eurem Herzen Psalmen, Hym-
nen und Lieder, wie sie der Geist eingibt,
denn ihr seid in Gottes Gnade. 17 Alles,
was ihr in Worten und Werken tut, ge-
schehe im Namen Jesu, des Herrn.
Durch ihn dankt Gott, dem Vater!

Christliche Hausordnung

18 Ihr Frauen, ordnet euch euren
Männern unter, wie es sich im Herrn
geziemt. 19 Ihr Männer, liebt eure
Frauen, und seid nicht aufgebracht
gegen sie! 20 Ihr Kinder, gehorcht euren
Eltern in allem; denn so ist es gut und
recht im Herrn. 21 Ihr Väter, schüchtert
eure Kinder nicht ein, damit sie nicht
mutlos werden. 22 Ihr Sklaven, gehorcht
euren irdischen Herren in allem! Ar-
beitet nicht nur, um euch bei den
Menschen einzuschmeicheln und
ihnen zu gefallen, sondern fürchtet den
Herrn mit aufrichtigem Herzen! 23 Tut
eure Arbeit gern, als wäre sie für den
Herrn und nicht für Menschen; 24 ihr
wisst, dass ihr vom Herrn euer Erbe als
Lohn empfangen werdet. Dient Chris-
tus, dem Herrn! 25 Wer Unrecht tut,
wird dafür seine Strafe erhalten, ohne
Ansehen der Person.

4 Ihr Herren, gebt den Sklaven, was
recht und billig ist; ihr wisst, dass
auch ihr im Himmel einen Herrn habt.

Mahnungen an alle

2 Lasst nicht nach im Beten; seid dabei
wachsam und dankbar! 3 Betet auch für
uns, damit Gott uns eine Tür öffnet für
das Wort und wir das Geheimnis
Christi predigen können, für das ich im
Gefängnis bin; 4 betet, dass ich es
wieder offenbaren und verkündigen
kann, wie es meine Pflicht ist. 5 Seid
weise im Umgang mit den Außen-
stehenden, nutzt die Zeit! 6 Eure Worte
seien immer freundlich, doch mit Salz
gewürzt; denn ihr müsst jedem in der
rechten Weise antworten können.

Der Schluss des Briefes: Persönliche Mitteilungen und Grüsse

7 Wie es mir geht, wird euch der ge-
liebte Bruder Tychikus ausführlich be-
richten. Er ist mein treuer Helfer und
dient mit mir dem Herrn. 8 Ich schicke
ihn eigens zu euch, damit ihr alles über
uns erfahrt und damit er euch Mut zu-
spricht. 9 Er kommt mit Onesimus, dem
treuen und geliebten Bruder, der ja
einer von euch ist. Sie werden euch
über alles berichten, was hier vor sich
geht.
10 Es grüßt euch Aristarch, der mit mir
im Gefängnis ist, und Markus, der
Vetter des Barnabas. Seinetwegen habt
ihr schon Anweisungen erhalten.
Wenn er zu euch kommt, nehmt ihn
auf! 11 Auch Jesus, genannt Justus,
grüßt euch. Von den Juden sind sie die
einzigen, die mit mir für das Reich
Gottes arbeiten; durch sie bin ich ge-
tröstet worden. 12 Es grüßt euch euer
Epaphras, der Knecht Christi Jesu.
Immer kämpft er für euch im Gebet,
dass ihr vollkommen werdet und ganz

durchdrungen seid vom Willen Gottes.
13 Ich bezeuge, dass er sich große Mühe
gibt um euch und um die Gläubigen in
Laodizea und Hiërapolis. 14 Auch der
Arzt Lukas, unser lieber Freund, und
Demas grüßen euch. 15 Grüßt die
Brüder in Laodizea, auch Nympha und
die Gemeinde in ihrem Haus. 16 Wenn
der Brief bei euch vorgelesen worden
ist, sorgt dafür, dass er auch in der Gemeinde von Laodizea bekannt wird,
und den Brief an die Laodizener lest
auch bei euch vor! 17 Sagt dem Archip-
pus: Achte darauf, dass du den Dienst
erfüllst, den du im Auftrag des Herrn
übernommen hast.

18 Den Gruß schreibe ich, Paulus, ei-
genhändig. Denkt an meine Fesseln!
Die Gnade sei mit euch!

Der erste Brief an die Thessalonicher

Der erste Brief an die Gemeinde von Thessalonich ist der älteste der uns erhaltenen Paulusbriefe. Paulus hatte auf seiner zweiten Missionsreise zusammen mit Timotheus die Gemeinde von Thessalonich um das Jahr 50 n.Chr gegründet, musste aber nach kurzem Wirken die Stadt verlassen (vgl. Apg 17,1–9). Von Athen aus schickte er Timotheus nach Thessalonich zurück, um sich über den Stand der jungen Gemeinde zu unterrichten. In Korinth (Apg 18,1–6) traf er mit Timotheus wieder zusammen und schrieb den uns vorliegenden Brief.

Der 1. Thessalonicherbrief ist ein echt seelsorgliches Schreiben, das seine Existenz einer bestimmten Situation des Apostels und der Gemeinde verdankt. Der erste Teil (1,2–3,13) blickt voll Dank zurück auf die Gründung der Gemeinde und die inzwischen vergangene Zeit. Der zweite Teil (4,1–5,22) enthält apostolische Mahnungen und Belehrungen: Aufforderung zur Heiligung des Lebens (4,1–12), Auskunft über die Hoffnung der Christen (4,13–18), Mahnung zur Wachsamkeit angesichts der zeitlich nicht bestimmbaren Ankunft des Herrn (5,1–11), Anweisungen für das Gemeindeleben (5,12–22).

Die Bedeutung des Briefs liegt in den Aussagen über die Missionspredigt vor Heiden (1,2–10), über das Wort Gottes (2,13), die Heiligung des Lebens (4,1–12) und die Erwartung der Wiederkunft Christi (4,13–5,10).

Anschrift und Gruss

1 Paulus, Silvanus und Timotheus
an die Gemeinde von Thessalo-
nich, die in Gott, dem Vater, und in
Jesus Christus, dem Herrn, ist: Gnade
sei mit euch und Friede.

DER APOSTEL UND DIE GEMEINDE

Die Thessalonicher – ein Vorbild für die Heidenchristen

2 Wir danken Gott für euch alle, sooft
wir in unseren Gebeten an euch
denken; 3 unablässig erinnern wir uns
vor Gott, unserem Vater, an das Werk
eures Glaubens, an die Opfer-
bereitschaft eurer Liebe und an die
Standhaftigkeit eurer Hoffnung auf
Jesus Christus, unseren Herrn. 4 Wir
wissen, von Gott geliebte Brüder, dass
ihr erwählt seid. 5 Denn wir haben euch
das Evangelium nicht nur mit Worten
verkündet, sondern auch mit Macht
und mit dem Heiligen Geist und mit
voller Gewissheit; ihr wisst selbst, wie
wir bei euch aufgetreten sind, um euch
zu gewinnen. 6 Und ihr seid unserem
Beispiel gefolgt und dem des Herrn; ihr
habt das Wort trotz großer Bedrängnis
mit der Freude aufgenommen, die der
Heilige Geist gibt. 7 So wurdet ihr ein
Vorbild für alle Gläubigen in Maze-
donien und in Achaia. 8 Von euch aus
ist das Wort des Herrn aber nicht nur
nach Mazedonien und Achaia gedrun-
gen, sondern überall ist euer Glaube an
Gott bekannt geworden, so dass wir
darüber nichts mehr zu sagen brau-
chen. 9 Denn man erzählt sich überall,
welche Aufnahme wir bei euch
gefunden haben und wie ihr euch von
den Götzen zu Gott bekehrt habt, um
dem lebendigen und wahren Gott zu
dienen 10 und seinen Sohn vom Him-
mel her zu erwarten, Jesus, den er von
den Toten auferweckt hat und der uns
dem kommenden Gericht Gottes ent-
reißt.

Rückblick auf das erste Wirken des Apostels

2 Ihr wisst selbst, Brüder, dass wir
nicht vergebens zu euch ge-
kommen sind. 2 Wir hatten vorher in
Philippi viel zu leiden und wurden
misshandelt, wie ihr wisst; dennoch
haben wir im Vertrauen auf unseren
Gott das Evangelium Gottes trotz
harter Kämpfe freimütig und furchtlos
bei euch verkündet. 3 Denn wir
predigen nicht, um euch irrezuführen,
in schmutziger Weise auszunutzen
oder zu betrügen, 4 sondern wir tun es,
weil Gott uns geprüft und uns das
Evangelium anvertraut hat, nicht also
um den Menschen, sondern um Gott
zu gefallen, der unsere Herzen prüft.
5 Nie haben wir mit unseren Worten zu
schmeicheln versucht, das wisst ihr,
und nie haben wir aus versteckter
Habgier gehandelt, dafür ist Gott
Zeuge. 6 Wir haben auch keine Ehre bei
den Menschen gesucht, weder bei euch
noch bei anderen, 7 obwohl wir als
Apostel Christi unser Ansehen hätten
geltend machen können. Im Gegenteil,
wir sind euch freundlich begegnet: Wie

eine Mutter für ihre Kinder sorgt, 8 so
waren wir euch zugetan und wollten
euch nicht nur am Evangelium Gottes
teilhaben lassen, sondern auch an
unserem eigenen Leben; denn ihr wart
uns sehr lieb geworden. 9 Ihr erinnert
euch, Brüder, wie wir uns gemüht und
geplagt haben. Bei Tag und Nacht
haben wir gearbeitet, um keinem von
euch zur Last zu fallen, und haben euch
so das Evangelium Gottes verkündet.
10 Ihr seid Zeugen, und auch Gott ist
Zeuge, wie gottgefällig, gerecht und
untadelig wir uns euch, den Gläubigen,
gegenüber verhalten haben. 11 Ihr wisst
auch, dass wir, wie ein Vater seine
Kinder, jeden einzelnen von euch
12 ermahnt, ermutigt und beschworen
haben zu leben, wie es Gottes würdig
ist, der euch zu seinem Reich und zu
seiner Herrlichkeit beruft.

Die Aufnahme des Evangeliums durch die Gemeinde

13 Darum danken wir Gott unablässig
dafür, dass ihr das Wort Gottes, das ihr
durch unsere Verkündigung emp-
fangen habt, nicht als Menschenwort,
sondern – was es in Wahrheit ist – als
Gottes Wort angenommen habt; und
jetzt ist es in euch, den Gläubigen, wirk-
sam. 14 Denn, Brüder, ihr seid den Ge-
meinden Gottes in Judäa gleich
geworden, die sich zu Christus Jesus
bekennen. Ihr habt von euren Mit-
bürgern das gleiche erlitten wie jene
von den Juden. 15 Diese haben sogar
Jesus, den Herrn, und die Propheten
getötet; auch uns haben sie verfolgt. Sie
Missfallen Gott und sind Feinde aller
Menschen; 16 sie hindern uns daran,
den Heiden das Evangelium zu ver-
künden und ihnen so das Heil zu
bringen. Dadurch machen sie un-
ablässig das Maß ihrer Sünden voll.
Aber der ganze Zorn ist schon über sie
gekommen.

Der verhinderte Besuch

17 Für kurze Zeit, Brüder, sind wir ver-
waist, weil ihr uns fern seid, den Augen
fern, nicht dem Herzen; deshalb haben
wir uns in größter Sehnsucht um so eif-
riger bemüht, euch wieder zu sehen.
18 Ja, wir hatten uns fest vorgenommen,
zu euch zu kommen, und das wollte
ich, Paulus, schon einige Male; aber der
Satan hat uns daran gehindert. 19 Denn
wer ist unsere Hoffnung, unsere Freu-
de, der Kranz unseres Ruhmes vor Je-
sus, unserem Herrn, wenn er kommen
wird? Nicht etwa auch ihr? 20 Ja, ihr
seid unsere Ehre und Freude.

Die Entsendung des Timotheus

3 Darum hielten wir es nicht länger
aus; wir beschlossen, allein in
Athen zurückzubleiben, 2 und schick-
ten Timotheus, unseren Bruder und

Gottes Mitarbeiter am Evangelium
Christi, um euch zu stärken und in
eurem Glauben aufzurichten, 3 damit
keiner wankt in diesen Bedrängnissen.
Ihr wisst selbst: Für sie sind wir be-
stimmt. 4 Denn als wir noch bei euch
waren, haben wir euch vorausgesagt,
dass wir in Bedrängnis geraten werden;
und so ist es, wie ihr wisst, auch einge-
troffen. 5 Darum ertrug ich es auch
nicht länger; ich schickte Timotheus,
um über euren Glauben Gewissheit zu
erhalten und zu erfahren, ob nicht der
Versucher euch in Versuchung geführt
hat und unsere Mühe vergeblich war.

Die Freude des Apostels über den Stand der Gemeinde

6 Inzwischen ist aber Timotheus von
euch zu uns zurückgekommen und hat
uns gute Nachricht von eurem Glauben
und eurer Liebe gebracht; er hat uns
auch berichtet, dass ihr uns stets in
guter Erinnerung bewahrt und euch
danach sehnt, uns zu sehen, wie auch
wir euch sehen möchten. 7 Darum,
Brüder, wurden wir beim Gedanken an
euch in all unserer Not und Bedräng-
nis durch euren Glauben getröstet;
8 jetzt leben wir auf, weil ihr fest in der
Gemeinschaft mit dem Herrn steht.
9 Wie können wir Gott euretwegen
genug danken für all die Freude, die
uns um euretwillen vor unserem Gott
erfüllt? 10 Bei Tag und Nacht bitten wir
inständig darum, euch wieder zu sehen
und an eurem Glauben zu ergänzen,
was ihm noch fehlt.

Segenswunsch des Apostels

11 Gott, unser Vater, und Jesus, unser
Herr, mögen unsere Schritte zu euch
lenken. 12 Euch aber lasse der Herr
wachsen und reich werden in der Liebe
zueinander und zu allen, wie auch wir
euch lieben, 13 damit euer Herz ge-
festigt wird und ihr ohne Tadel seid, ge-
heiligt vor Gott, unserem Vater, wenn
Jesus, unser Herr, mit allen seinen
Heiligen kommt.

Weisungen für das christliche Leben

Aufforderung zur Heiligung des Lebens

4 Im übrigen, Brüder, bitten und
ermahnen wir euch im Namen
Jesu, des Herrn: Ihr habt von uns
gelernt, wie ihr leben müsst, um Gott
zu gefallen, und ihr lebt auch so; werdet
darin noch vollkommener! 2 Ihr wisst
ja, welche Ermahnungen wir euch im
Auftrag Jesu, des Herrn, gegeben
haben. 3 Das ist es, was Gott will: eure
Heiligung. Das bedeutet, dass ihr die
Unzucht meidet, 4 dass jeder von euch
lernt, mit seiner Frau in heiliger und
achtungsvoller Weise zu verkehren,
5 nicht in leidenschaftlicher Begierde
wie die Heiden, die Gott nicht kennen,

6 und dass keiner seine Rechte über-
schreitet und seinen Bruder bei Ge-
schäften betrügt, denn all das rächt der
Herr, wie wir euch schon früher gesagt
und bezeugt haben. 7 Denn Gott hat
uns nicht dazu berufen, unrein zu
leben, sondern heilig zu sein. 8 Wer das
verwirft, der verwirft also nicht
Menschen, sondern Gott, der euch
seinen Heiligen Geist schenkt.
9 Über die Bruderliebe brauche ich
euch nicht zu schreiben; Gott selbst hat
euch schon gelehrt, einander zu lieben;
10 und danach handelt ihr auch an allen
Brüdern in ganz Mazedonien. Wir er-
muntern euch aber, Brüder, darin noch
vollkommener zu werden. 11 Setzt eure
Ehre darein, ruhig zu leben, euch um
die eigenen Aufgaben zu kümmern
und mit euren Händen zu arbeiten, wie
wir euch aufgetragen haben.
12 So sollt ihr vor denen, die nicht zu
euch gehören, ein rechtschaffenes Le-
ben führen und auf niemand ange-
wiesen sein.

Die Hoffnung der Christen

13 Brüder, wir wollen euch über die Ver-
storbenen nicht in Unkenntnis lassen,
damit ihr nicht trauert wie die anderen,
die keine Hoffnung haben. 14 Wenn
Jesus – und das ist unser Glaube – ge-
storben und auferstanden ist, dann
wird Gott durch Jesus auch die Ver-
storbenen zusammen mit ihm zur
Herrlichkeit führen. 15 Denn dies sagen
wir euch nach einem Wort des Herrn:
Wir, die Lebenden, die noch übrig
sind, wenn der Herr kommt, werden
den Verstorbenen nichts voraushaben.
16 Denn der Herr selbst wird vom
Himmel herabkommen, wenn der
Befehl ergeht, der Erzengel ruft und die
Posaune Gottes erschallt. Zuerst
werden die in Christus Verstorbenen
auferstehen; 17 dann werden wir, die
Lebenden, die noch übrig sind, zu-
gleich mit ihnen auf den Wolken in die
Luft entrückt, dem Herrn entgegen.
Dann werden wir immer beim Herrn
sein. 18 Tröstet also einander mit diesen
Worten!

Aufforderung zur Bereitschaft für den Tag des Herrn

5 Über Zeit und Stunde, Brüder,
brauche ich euch nicht zu
schreiben. 2 Ihr selbst wisst genau, dass
der Tag des Herrn kommt wie ein Dieb
in der Nacht. 3 Während die Menschen
sagen: Friede und Sicherheit!, kommt
plötzlich Verderben über sie wie die
Wehen über eine schwangere Frau, und
es gibt kein Entrinnen.
4 Ihr aber, Brüder, lebt nicht im Fins-
tern, so dass euch der Tag nicht wie ein
Dieb überraschen kann. 5 Ihr alle seid
Söhne des Lichts und Söhne des Tages.
Wir gehören nicht der Nacht und nicht
der Finsternis. 6 Darum wollen wir nicht

schlafen wie die anderen, sondern
wach und nüchtern sein. 7 Denn wer
schläft, schläft bei Nacht, und wer sich
betrinkt, betrinkt sich bei Nacht. 8 Wir
aber, die dem Tag gehören, wollen
nüchtern sein und uns rüsten mit dem
Panzer des Glaubens und der Liebe und
mit dem Helm der Hoffnung auf das
Heil.
9 Denn Gott hat uns nicht für das Ge-
richt seines Zorns bestimmt, sondern
dafür, dass wir durch Jesus Christus,
unseren Herrn, das Heil erlangen. 10 Er
ist für uns gestorben, damit wir vereint
mit ihm leben, ob wir nun wachen oder
schlafen. 11 Darum tröstet und ermahnt
einander, und einer richte den andern
auf, wie ihr es schon tut.

Anweisungen für das Gemeindeleben

12 Wir bitten euch, Brüder: Erkennt die
unter euch an, die sich solche Mühe
geben, euch im Namen des Herrn zu
leiten und zum Rechten anzuhalten.
13 Achtet sie hoch, und liebt sie wegen
ihres Wirkens! Haltet Frieden unter-
einander!
14 Wir ermahnen euch, Brüder: Weist
die zurecht, die ein unordentliches
Leben führen, ermutigt die Ängst-
lichen, nehmt euch der Schwachen an,
seid geduldig mit allen! 15 Seht zu, dass
keiner dem andern Böses mit Bösem
vergilt, sondern bemüht euch immer,
einander und allen Gutes zu tun.
16 Freut euch zu jeder Zeit!
17 Betet ohne Unterlass!
18 Dankt für alles; denn das will Gott
von euch, / die ihr Christus Jesus ge-
hört.
19 Löscht den Geist nicht aus!
20 Verachtet prophetisches Reden
nicht!
21 Prüft alles, und behaltet das Gute!
22 Meidet das Böse in jeder Gestalt!

Der Schluss des Briefes: Segen und Gruss

23 Der Gott des Friedens heilige euch
ganz und gar und bewahre euren Geist,
eure Seele und euren Leib unversehrt,
damit ihr ohne Tadel seid, wenn Jesus
Christus, unser Herr, kommt. 24 Gott,
der euch beruft, ist treu; er wird es tun.
25 Brüder, betet auch für uns!
26 Grüßt alle Brüder mit dem heiligen
Kuss!
27 Ich beschwöre euch beim Herrn,
diesen Brief allen Brüdern vorzulesen.
28 Die Gnade Jesu Christi, unseres
Herrn, sei mit euch!

Der zweite Brief an die Thessalonicher

Anlass für den Brief ist das Auftreten von Irrlehrern in der Gemeinde. Diese haben die Gemeinde in große Verwirrung gebracht mit der Behauptung, dass der Tag der Wiederkunft Christi schon da sei (2,2). Der Brief warnt die Thessalonicher vor diesen Schwärmern und belehrt sie über die Geschehnisse, die nach dem Plan Gottes dem Ende vorausgehen müssen. Dabei werden in starkem Maß Vorstellungen aufgegriffen, die im zeitgenössischen Judentum verbreitet waren.

Der Brief hat folgenden Aufbau: Paulus dankt für den guten Zustand der Gemeinde, weist auf das gerechte Gericht Gottes hin und bittet um die Vollendung der Thessalonicher in allem Guten (1,1–12). Vor dem Ende der Welt wird es zum großen Abfall von Gott kommen und der »Sohn des Verderbens, der Widersacher« (Antichrist) wird auftreten, der jetzt noch »zurückgehalten«, bei der Wiederkunft Christi aber vernichtet wird (2,1–12). Paulus ermahnt zum treuen Festhalten an den Überlieferungen und weist einzelne Gemeindemitglieder zurecht, die sich, offenkundig durch die Irrlehrer verführt, weigern, der täglichen Arbeit nachzugehen (2,13–3,15). Der Brief schließt mit dem üblichen Segensgruß (3,16–18).

Die Bedeutung des Briefs ist vor allem darin zu sehen, dass er angesichts der sich verzögernden Wiederkunft Christi dazu auffordert, im Glauben nicht nachzulassen (vgl. 2 Petr), und vor schwärmerischer Endzeiterwartung warnt.

Anschrift und Gruss

1 Paulus, Silvanus und Timotheus
an die Gemeinde von Thessalo-
nich, die in Gott, unserem Vater, und in
Jesus Christus, dem Herrn, ist: 2 Gnade
sei mit euch und Friede von Gott, dem
Vater, und dem Herrn Jesus Christus.

Die Sorge des Apostels um die Gemeinde

Die Bedrängnis der Thessalonicher und das gerechte Gericht Gottes

3 Wir müssen Gott euretwegen immer
danken, Brüder, wie es recht ist, denn
euer Glaube wächst, und die gegen-
seitige Liebe nimmt bei euch allen zu.
4 Wir können in den Gemeinden Gottes
mit Stolz auf euch hinweisen, weil ihr im
Glauben standhaft bleibt bei aller Ver-
folgung und Bedrängnis, die ihr zu er-
tragen habt. 5 Dies ist ein Anzeichen des
gerechten Gerichtes Gottes; ihr sollt ja
des Reiches Gottes teilhaftig werden, für
das ihr leidet. 6 Denn es entspricht der
Gerechtigkeit Gottes, denen mit Be-
drängnis zu vergelten, die euch bedrän-
gen, 7 euch aber, den Bedrängten, zu-
sammen mit uns Ruhe zu schenken,
wenn Jesus, der Herr, sich vom Himmel
her offenbart mit seinen mächtigen
Engeln 8 in loderndem Feuer. Dann übt
er Vergeltung an denen, die Gott nicht
kennen und dem Evangelium Jesu,
unseres Herrn, nicht gehorchen. 9 Fern
vom Angesicht des Herrn und von
seiner Macht und Herrlichkeit müssen
sie sein, mit ewigem Verderben werden
sie bestraft, 10 wenn er an jenem Tag
kommt, um inmitten seiner Heiligen
gefeiert und im Kreis aller derer
bewundert zu werden, die den Glauben
angenommen haben; auch bei euch hat
ja unser Zeugnis Glauben gefunden.

Fürbitte des Apostels

11 Darum beten wir auch immer für
euch, dass unser Gott euch eurer
Berufung würdig mache und in seiner
Macht allen Willen zum Guten und
jedes Werk des Glaubens vollende. 12 So
soll der Name Jesu, unseres Herrn, in
euch verherrlicht werden und ihr in
ihm, durch die Gnade unseres Gottes
und Herrn Jesus Christus.

Die christliche Hoffnung und der Tag des Herrn

Die Zeichen der Endzeit

2 Brüder, wir schreiben euch über
die Ankunft Jesu Christi, unseres
Herrn, und unsere Vereinigung mit
ihm und bitten euch: 2 Lasst euch nicht
so schnell aus der Fassung bringen und
in Schrecken jagen, wenn in einem pro-
phetischen Wort oder einer Rede oder
in einem Brief, der angeblich von uns
stammt, behauptet wird, der Tag des
Herrn sei schon da. 3 Lasst euch durch
niemand und auf keine Weise täu-
schen! Denn zuerst muss der Abfall
von Gott kommen und der Mensch der
Gesetzwidrigkeit erscheinen, der Sohn
des Verderbens, 4 der Widersacher, der
sich über alles, was Gott oder Heilig-
tum heißt, so sehr erhebt, dass er sich
sogar in den Tempel Gottes setzt und
sich als Gott ausgibt. 5 Erinnert ihr euch

nicht, dass ich euch dies schon gesagt
habe, als ich bei euch war?
6 Ihr wisst auch, was ihn jetzt noch zu-
rückhält, damit er erst zur festgesetzten
Zeit offenbar wird. 7 Denn die geheime
Macht der Gesetzwidrigkeit ist schon
am Werk; nur muss erst der beseitigt
werden, der sie bis jetzt noch zurück-
hält. 8 Dann wird der gesetzwidrige
Mensch allen sichtbar werden. Jesus,
der Herr, wird ihn durch den Hauch
seines Mundes töten und durch seine
Ankunft und Erscheinung vernichten.
9 Der Gesetzwidrige aber wird, wenn er
kommt, die Kraft des Satans haben. Er
wird mit großer Macht auftreten und
trügerische Zeichen und Wunder tun.
10 Er wird alle, die verloren gehen, be-
trügen und zur Ungerechtigkeit ver-
führen; sie gehen verloren, weil sie sich
der Liebe zur Wahrheit verschlossen
haben, durch die sie gerettet werden
sollten. 11 Darum lässt Gott sie der
Macht des Irrtums verfallen, so dass sie
der Lüge glauben; 12 denn alle müssen
gerichtet werden, die nicht der Wahr-
heit geglaubt, sondern die Ungerech-
tigkeit geliebt haben.

Ermutigung der Gläubigen

13 Wir müssen Gott zu jeder Zeit
euretwegen danken, vom Herrn ge-
liebte Brüder, weil Gott euch als Erst-
lingsgabe dazu auserwählt hat, auf-
grund der Heiligung durch den Geist
und aufgrund eures Glaubens an die
Wahrheit gerettet zu werden. 14 Dazu
hat er euch durch unser Evangelium
berufen; ihr sollt nämlich die Herrlich-
keit Jesu Christi, unseres Herrn, er-
langen. 15 Seid also standhaft, Brüder,
und haltet an den Überlieferungen fest,
in denen wir euch unterwiesen haben,
sei es mündlich, sei es durch einen
Brief.

Segenswunsch des Apostels

16 Jesus Christus aber, unser Herr, und
Gott, unser Vater, der uns seine Liebe
zugewandt und uns in seiner Gnade
ewigen Trost und sichere Hoffnung ge-
schenkt hat, 17 tröste euch und gebe
euch Kraft zu jedem guten Werk und
Wort.

Anweisungen an die Gemeinde

Bitte um das Gebet der Gemeinde

3 Im übrigen, Brüder, betet für uns,
damit das Wort des Herrn sich
ausbreitet und verherrlicht wird,
ebenso wie bei euch. 2 Betet auch
darum, dass wir vor den bösen und
schlechten Menschen gerettet werden;
denn nicht alle nehmen den Glauben
an. 3 Aber der Herr ist treu; er wird euch
Kraft geben und euch vor dem Bösen
bewahren. 4 Wir vertrauen im Herrn

auf euch, dass ihr jetzt und auch in Zu-
kunft tut, was wir anordnen. 5 Der Herr
richte euer Herz darauf, dass ihr Gott
liebt und unbeirrt auf Christus wartet.

Zurechtweisung der Müßiggänger

6 Im Namen Jesu Christi, des Herrn, ge-
bieten wir euch, Brüder: Haltet euch
von jedem Bruder fern, der ein un-
ordentliches Leben führt und sich nicht
an die Überlieferung hält, die ihr von
uns empfangen habt. 7 Ihr selbst wisst,
wie man uns nachahmen soll. Wir
haben bei euch kein unordentliches
Leben geführt 8 und bei niemand unser
Brot umsonst gegessen; wir haben uns
gemüht und geplagt, Tag und Nacht
haben wir gearbeitet, um keinem von
euch zur Last zu fallen. 9 Nicht als
hätten wir keinen Anspruch auf Unter-
halt; wir wollten euch aber ein Beispiel
geben, damit ihr uns nachahmen
könnt. 10 Denn als wir bei euch waren,
haben wir euch die Regel eingeprägt:
Wer nicht arbeiten will, soll auch nicht
essen. 11 Wir hören aber, dass einige
von euch ein unordentliches Leben
führen und alles mögliche treiben, nur
nicht arbeiten. 12 Wir ermahnen sie
und gebieten ihnen im Namen Jesu
Christi, des Herrn, in Ruhe ihrer Arbeit
nachzugehen und ihr selbst verdientes
Brot zu essen.

Mahnung an alle

13 Ihr aber, Brüder, werdet nicht müde,
Gutes zu tun. 14 Wenn jemand auf
unsere Mahnung in diesem Brief nicht
hört, dann merkt ihn euch, und meidet
den Umgang mit ihm, damit er sich
schämt; 15 doch seht ihn nicht als Feind
an, sondern weist ihn als euren Bruder
zurecht!

Der Schluss des Briefes

16 Der Herr des Friedens aber schenke
euch den Frieden zu jeder Zeit und auf
jede Weise. Der Herr sei mit euch allen.
17 Den Gruß schreibe ich, Paulus, ei-
genhändig. Das ist mein Zeichen in
jedem Brief; so schreibe ich. 18 Die
Gnade Jesu Christi, unseres Herrn, sei
mit euch allen!

Die Pastoralbriefe

Der 1. und 2. Timotheusbrief und der Titusbrief werden als »Pastoralbriefe« bezeichnet. Sie sind nicht an Gemeinden gerichtet, sondern an die Hirten (lateinisch: pastores), die Vorsteher der Gemeinden. Sie enthalten Anweisungen des kurz vor dem Tod stehenden Apostels zur Ordnung und Leitung der Gemeinden.

Diese Briefe heben sich nach Form und Inhalt von den übrigen Paulusbriefen ab und bilden eine eigene Gruppe. Die bekämpften Gegner sind nicht mehr Judenchristen, die das gesetzesfreie Evangelium des Paulus ablehnen (vgl. den Galaterbrief), sondern Vertreter einer jüdisch gefärbten »Gnosis«, einer so genannten »Erkenntnis« (vgl. 1 Tim 6,20) über Gott und die Welt und die Erlösung, die für die frühe Kirche eine ernste Bedrohung darstellte. Der Gedanke an eine baldige Wiederkunft Christi ist in den Hintergrund getreten. Die Kirche und der einzelne Christ haben sich für eine längere Zeit auf das Leben in der Welt einzustellen. Die kirchlichen Ämter, die in der Zeit des Paulus erst ansatzweise vorhanden waren, beginnen feste Formen anzunehmen: Es gibt Vorsteher (Bischöfe), Älteste (Presbyter) und Diakone. In dieser neuen Situation geben die Pastoralbriefe Richtlinien und Anweisungen für die Amtsträger.

Aus diesen Gründen nimmt die neuere Forschung an, dass die Pastoralbriefe nicht unmittelbar von Paulus stammen. Der Verfasser der drei Briefe, wer immer er sein mag, ist jedoch überzeugt, im Sinn und in der Autorität des Apostels Paulus zu schreiben und dessen Lehre für seine Zeit verbindlich darzulegen.

Der erste Brief an Timotheus

Timotheus, in der Apostelgeschichte und in den Paulusbriefen oft genannt, war der Sohn eines heidnischen Vaters und einer christlichen Mutter (Apg 16,1–3). Etwa seit dem Jahr 50 n. Chr. ist er Mitarbeiter des Paulus; auch während der in Phil 2,19–22 erwähnten Gefangenschaft war er bei ihm. Nach 1 Tim 1,3 ist er der Beauftragte des Apostels für die Kirche von Ephesus. Im 1. und 2. Timotheusbrief erhält er Richtlinien für die Ausübung des kirchlichen Amtes und die persönliche Lebensführung.

Nach dem Briefeingang (1,1–2) werden im ersten Teil des Schreibens (Kap. 1) grundlegende Fragen behandelt: Bekämpfung der Irrlehre, Verantwortung des Lehrers in der Gemeinde (1,3–7); Bedeutung des Gesetzes im Licht des Evangeliums (1,8–11); Berufung des Paulus zum Dienst für das Evangelium (1,12–17); abschließend eine Mahnung an Timotheus zu verantwortungsbewusster Ausführung (1,18–20). Im zweiten Teil (2,1–6,19) stehen zuerst Anweisungen für den Gottesdienst (2,1–15). Dann werden die Bedingungen für die Übernahme kirchlicher Ämter aufgezählt (Kap. 3). Es folgen: Mahnungen zum Kampf gegen Irrlehrer (4,1–11), Anweisungen für die Lebensführung des Timotheus (4,12–5,2). Der Abschnitt 5,3–6,2a handelt von verschiedenen Ständen in der Gemeinde (Witwen, Älteste, Sklaven). Kap. 6 wendet sich nochmals gegen die Irrlehrer, warnt vor Habgier und mahnt Timotheus zum unermüdlichen Kampf für den überlieferten Glauben (6,2b–21).

Anschrift und Gruss

1 Paulus, Apostel Christi Jesu durch den Auftrag Gottes, unseres Retters, und Christi Jesu, unserer Hoffnung,
2 an Timotheus, seinen echten Sohn durch den Glauben. Gnade, Erbarmen und Friede von Gott, dem Vater, und Christus Jesus, unserem Herrn.

Grundlegende Aussagen

Die Aufgabe der Glaubensunterweisung

3 Bei meiner Abreise nach Mazedonien
habe ich dich gebeten, in Ephesus zu
bleiben, damit du bestimmten Leuten
verbietest, falsche Lehren zu verbreiten
4 und sich mit Fabeleien und endlosen
Geschlechterreihen abzugeben, die nur
Streitfragen mit sich bringen, statt dem
Heilsplan Gottes zu dienen, der sich im
Glauben verwirklicht. 5 Das Ziel der
Unterweisung ist Liebe aus reinem
Herzen, gutem Gewissen und unge-
heucheltem Glauben. 6 Davon sind aber
manche abgekommen und haben sich
leerem Geschwätz zugewandt. 7 Sie
wollen Gesetzeslehrer sein, verstehen
aber nichts von dem, was sie sagen und
worüber sie so sicher urteilen.

Die Bedeutung des Gesetzes

8 Wir wissen: Das Gesetz ist gut, wenn
man es im Sinn des Gesetzes anwendet
9 und bedenkt, dass das Gesetz nicht für
den Gerechten bestimmt ist, sondern
für Gesetzlose und Ungehorsame, für
Gottlose und Sünder, für Menschen
ohne Glauben und Ehrfurcht, für
solche, die Vater oder Mutter töten, für
Mörder, 10 Unzüchtige, Knabenschän-
der, Menschenhändler, für Leute, die
lügen und Meineide schwören und all
das tun, was gegen die gesunde Lehre
verstößt. 11 So lehrt das Evangelium von
der Herrlichkeit des seligen Gottes, das
mir anvertraut ist.

Dank für die Berufung zum Apostel

12 Ich danke dem, der mir Kraft
gegeben hat: Christus Jesus, unserem
Herrn. Er hat mich für treu gehalten
und in seinen Dienst genommen, 13 ob-
wohl ich ihn früher lästerte, verfolgte
und verhöhnte. Aber ich habe Er-
barmen gefunden, denn ich wusste in
meinem Unglauben nicht, was ich tat.
14 So übergroß war die Gnade unseres
Herrn, die mir in Christus Jesus den
Glauben und die Liebe schenkte. 15 Das
Wort ist glaubwürdig und wert, dass
man es beherzigt: Christus Jesus ist in
die Welt gekommen, um die Sünder zu
retten. Von ihnen bin ich der erste.
16 Aber ich habe Erbarmen gefunden,
damit Christus Jesus an mir als erstem
seine ganze Langmut beweisen konnte,
zum Vorbild für alle, die in Zukunft an
ihn glauben, um das ewige Leben zu er-
langen. 17 Dem König der Ewigkeit,
dem unvergänglichen, unsichtbaren,
einzigen Gott, sei Ehre und Herrlich-
keit in alle Ewigkeit. Amen.

Die Verantwortung des Timotheus

18 Diese Ermahnung lege ich dir ans
Herz, mein Sohn Timotheus, im
Gedanken an die prophetischen Worte,
die einst über dich gesprochen wurden;

durch diese Worte gestärkt, kämpfe den
guten Kampf, 19 gläubig und mit reinem
Gewissen. Schon manche haben die
Stimme ihres Gewissens missachtet und
haben im Glauben Schiffbruch erlitten,
20 darunter Hymenäus und Alexander,
die ich dem Satan übergeben habe, damit sie durch diese Strafe lernen, Gott
nicht mehr zu lästern.

Die rechte Ordnung in den Gemeinden

Gebet für alle Menschen

2 Vor allem fordere ich zu Bitten und
Gebeten, zu Fürbitte und Danksagung auf, und zwar für alle Menschen,
2 für die Herrscher und für alle, die Macht
ausüben, damit wir in aller Frömmigkeit
und Rechtschaffenheit ungestört und
ruhig leben können. 3 Das ist recht und
gefällt Gott, unserem Retter; 4 er will,
dass alle Menschen gerettet werden und
zur Erkenntnis der Wahrheit gelangen.
5 Denn:
Einer ist Gott, / Einer auch Mittler
zwischen Gott und den Menschen: / der
Mensch Christus Jesus,
6 der sich als Lösegeld hingegeben
hat für alle, / ein Zeugnis zur vorherbestimmten Zeit,
7 als dessen Verkünder und Apostel ich
eingesetzt wurde – ich sage die Wahrheit
und lüge nicht –, als Lehrer der Heiden
im Glauben und in der Wahrheit.

Männer und Frauen

8 Ich will, dass die Männer überall beim
Gebet ihre Hände in Reinheit erheben,
frei von Zorn und Streit. 9 Auch sollen
die Frauen sich anständig, bescheiden
und zurückhaltend kleiden; nicht
Haartracht, Gold, Perlen oder kostbare
Kleider seien ihr Schmuck, 10 sondern
gute Werke; so gehört es sich für
Frauen, die gottesfürchtig sein wollen.
11 Eine Frau soll sich still und in aller
Unterordnung belehren lassen. 12 Dass
eine Frau lehrt, erlaube ich nicht, auch
nicht, dass sie über ihren Mann
herrscht; sie soll sich still verhalten.
13 Denn zuerst wurde Adam erschaffen,
danach Eva. 14 Und nicht Adam wurde
verführt, sondern die Frau ließ sich verführen und übertrat das Gebot. 15 Sie
wird aber dadurch gerettet werden,
dass sie Kinder zur Welt bringt, wenn
sie in Glaube, Liebe und Heiligkeit ein
besonnenes Leben führt.

Der Bischof

3 Das Wort ist glaubwürdig: Wer
das Amt eines Bischofs anstrebt,
der strebt nach einer großen Aufgabe.
2 Deshalb soll der Bischof ein Mann
ohne Tadel sein, nur einmal verheiratet,
nüchtern, besonnen, von würdiger Haltung, gastfreundlich, fähig zu lehren;
3 er sei kein Trinker und kein gewalttätiger Mensch, sondern rücksichtsvoll;
er sei nicht streitsüchtig und nicht

geldgierig. 4 Er soll ein guter Familienvater sein und seine Kinder zu Gehorsam und allem Anstand erziehen. 5 Wer seinem eigenen Hauswesen nicht vorstehen kann, wie soll der für die Kirche Gottes sorgen? 6 Er darf kein Neubekehrter sein, sonst könnte er hochmütig werden und dem Gericht des Teufels verfallen. 7 Er muss auch bei den Außenstehenden einen guten Ruf haben, damit er nicht in üble Nachrede kommt und in die Falle des Teufels gerät.

Die Diakone

8 Ebenso sollen die Diakone sein: achtbar, nicht doppelzüngig, nicht dem Wein ergeben und nicht gewinnsüchtig; 9 sie sollen mit reinem Gewissen am Geheimnis des Glaubens festhalten. 10 Auch sie soll man vorher prüfen, und nur wenn sie unbescholten sind, sollen sie ihren Dienst ausüben. 11 Ebenso sollen die Frauen ehrbar sein, nicht verleumderisch, sondern nüchtern und in allem zuverlässig. 12 Die Diakone sollen nur einmal verheiratet sein und ihren Kindern und ihrer Familie gut vorstehen. 13 Denn wer seinen Dienst gut versieht, erlangt einen hohen Rang und große Zuversicht im Glauben an Christus Jesus.

Die Kirche, Fundament der Wahrheit Gottes

14 Ich schreibe dir das alles, obwohl ich hoffe, schon bald zu dir zu kommen. 15 Falls ich aber länger ausbleibe, sollst du wissen, wie man sich im Hauswesen Gottes verhalten muss, das heißt in der Kirche des lebendigen Gottes, die die Säule und das Fundament der Wahrheit ist. 16 Wahrhaftig, das Geheimnis unseres Glaubens ist groß:

Er wurde offenbart im Fleisch, / gerechtfertigt durch den Geist,
geschaut von den Engeln, / verkündet unter den Heiden,
geglaubt in der Welt, / aufgenommen in die Herrlichkeit.

Falsche Haltungen

4 Der Geist sagt ausdrücklich: In späteren Zeiten werden manche vom Glauben abfallen; sie werden sich betrügerischen Geistern und den Lehren von Dämonen zuwenden, 2 getäuscht von heuchlerischen Lügnern, deren Gewissen gebrandmarkt ist. 3 Sie verbieten die Heirat und fordern den Verzicht auf bestimmte Speisen, die Gott doch dazu geschaffen hat, dass die, die zum Glauben und zur Erkenntnis der Wahrheit gelangt sind, sie mit Danksagung zu sich nehmen. 4 Denn alles, was Gott geschaffen hat, ist gut, und nichts ist verwerflich, wenn es mit Dank genossen wird; 5 es wird geheiligt

durch Gottes Wort und durch das
Gebet.

Die rechte Wertordnung

6 Dies trage den Brüdern vor, dann wirst
du ein guter Diener Christi Jesu sein,
erzogen in den Worten des Glaubens
und der guten Lehre, der du gefolgt
bist. 7 Gottlose Altweiberfabeln weise
zurück! Übe dich in der Frömmigkeit!
8 Denn körperliche Übung nützt nur
wenig, die Frömmigkeit aber ist nütz-
lich zu allem: Ihr ist das gegenwärtige
und das zukünftige Leben verheißen.
9 Dieses Wort ist glaubwürdig und
wert, dass man es beherzigt. 10 Dafür
arbeiten und kämpfen wir, denn wir
haben unsere Hoffnung auf den leben-
digen Gott gesetzt, den Retter aller
Menschen, besonders der Gläubigen.
11 Das sollst du anordnen und lehren.

Anweisungen für Timotheus

12 Niemand soll dich wegen deiner
Jugend gering schätzen. Sei den Gläu-
bigen ein Vorbild in deinen Worten, in
deinem Lebenswandel, in der Liebe, im
Glauben, in der Lauterkeit. 13 Lies ihnen
eifrig (aus der Schrift) vor, ermahne
und belehre sie, bis ich komme. 14 Ver-
nachlässige die Gnade nicht, die in dir
ist und die dir verliehen wurde, als dir
die Ältesten aufgrund prophetischer
Worte gemeinsam die Hände auf-
legten. 15 Dafür sollst du sorgen, darin
sollst du leben, damit allen deine Fort-
schritte offenbar werden. 16 Achte auf
dich selbst und auf die Lehre; halte
daran fest! Wenn du das tust, rettest du
dich und alle, die auf dich hören.

5 Einen älteren Mann sollst du
nicht grob behandeln, sondern
ihm zureden wie einem Vater. Mit jün-
geren Männern rede wie mit Brüdern,
2 mit älteren Frauen wie mit Müttern,
mit jüngeren wie mit Schwestern, in
aller Zurückhaltung.

Stand und Aufgabe der Witwen

3 Ehre die Witwen, wenn sie wirklich
Witwen sind. 4 Hat eine Witwe aber
Kinder oder Enkel, dann sollen diese
lernen, zuerst selbst ihren An-
gehörigen Ehrfurcht zu erweisen und
dankbar für ihre Mutter oder Groß-
mutter zu sorgen; denn das gefällt
Gott. 5 Eine Frau aber, die wirklich eine
Witwe ist und allein steht, setzt ihre
Hoffnung auf Gott und betet beharr-
lich und inständig bei Tag und Nacht.
6 Wenn eine jedoch ein ausschwei-
fendes Leben führt, ist sie schon bei
Lebzeiten tot. 7 Das sollst du ihnen ein-
prägen; dann wird man ihnen nichts
vorwerfen können. 8 Wer aber für seine
Verwandten, besonders für die eigenen
Hausgenossen, nicht sorgt, der ver-
leugnet damit den Glauben und ist
schlimmer als ein Ungläubiger.

9 Eine Frau soll nur dann in die Liste der
Witwen aufgenommen werden, wenn
sie mindestens sechzig Jahre alt ist, nur
einmal verheiratet war, 10 wenn be-
kannt ist, dass sie Gutes getan hat,
wenn sie Kinder aufgezogen hat, gast-
freundlich gewesen ist und den
Heiligen die Füße gewaschen hat, wenn
sie denen, die in Not waren, geholfen
hat und überhaupt bemüht war, Gutes
zu tun. 11 Jüngere Witwen weise ab;
denn wenn die Leidenschaft sie Chris-
tus entfremdet, wollen sie heiraten
12 und ziehen sich den Vorwurf zu,
ihrem Versprechen (das sie Christus
gegeben haben) untreu geworden zu
sein. 13 Außerdem werden sie faul und
gewöhnen sich daran, von Haus zu
Haus zu laufen. Aber nicht nur faul
werden sie, sondern auch geschwätzig;
sie mischen sich in alles und reden über
Dinge, die sie nichts angehen. 14 Des-
halb will ich, dass jüngere Witwen hei-
raten, Kinder zur Welt bringen, den
Haushalt versorgen und dem Gegner
keinen Anlass zu übler Nachrede
geben. 15 Einige haben sich schon abge-
wandt und sind dem Satan gefolgt.
16 Wenn eine gläubige Frau Witwen in
ihrem Haus hat, soll sie für sie sorgen.
Die Gemeinde soll nicht belastet wer-
den, damit sie sich um die kümmern
kann, die wirklich Witwen sind.

Über die Ältesten

17 Älteste, die das Amt des Vorstehers
gut versehen, verdienen doppelte An-
erkennung, besonders solche, die sich
mit ganzer Kraft dem Wort und der
Lehre widmen. 18 Denn die Schrift sagt:
Du sollst dem Ochsen zum Dreschen
keinen Maulkorb anlegen, und: Wer ar-
beitet, hat ein Recht auf seinen Lohn.
19 Nimm gegen einen Ältesten keine
Klage an, außer wenn zwei oder drei
Zeugen sie bekräftigen. 20 Wenn sich
einer verfehlt, so weise ihn in Gegen-
wart aller zurecht, damit auch die
anderen sich fürchten. 21 Ich beschwöre
dich bei Gott, bei Christus Jesus und
bei den auserwählten Engeln: Befolge
dies alles ohne Vorurteil, und vermeide
jede Bevorzugung! 22 Lege keinem vor-
schnell die Hände auf, und mach dich
nicht mitschuldig an fremden Sünden;
bewahre dich rein!

Verschiedene Mahnungen

23 Trink nicht nur Wasser, sondern
nimm auch etwas Wein, mit Rücksicht
auf deinen Magen und deine häufigen
Krankheiten.
24 Die Sünden mancher Leute liegen offen
zutage, sie laufen ihnen gleichsam voraus
zum Gericht; bei anderen kommen sie
erst hinterher. 25 Ebenso liegen die guten
Werke offen zutage, und wenn sie noch
nicht offenkundig sind, können sie doch
nicht verborgen bleiben.

Wort an die Sklaven

6 Alle, die das Joch der Sklaverei zu
tragen haben, sollen ihren Herren
alle Ehre erweisen, damit der Name
Gottes und die Lehre nicht in Verruf
kommen. 2a Wer aber einen gläubigen
Herrn hat, achte ihn nicht deshalb für
geringer, weil er sein Bruder ist,
sondern diene ihm noch eifriger; denn
sein Herr ist gläubig und von Gott
geliebt und bemüht sich, Gutes zu tun.

Warnung vor Irrlehre und Habsucht

2b So sollst du lehren, dazu sollst du
ermahnen. 3 Wer aber etwas anderes
lehrt und sich nicht an die gesunden
Worte Jesu Christi, unseres Herrn, und
an die Lehre unseres Glaubens hält,
4 der ist verblendet; er versteht nichts,
sondern ist krank vor lauter Aus-
einandersetzungen und Wortgefech-
ten. Diese führen zu Neid, Streit, Ver-
leumdungen, üblen Verdächtigungen
5 und Gezänk unter den Menschen,
deren Denken verdorben ist; diese
Leute sind von der Wahrheit abge-
kommen und meinen, die Frömmig-
keit sei ein Mittel, um irdischen
Gewinn zu erzielen. 6 Die Frömmigkeit
bringt in der Tat reichen Gewinn, wenn
man nur genügsam ist. 7 Denn wir
haben nichts in die Welt mitgebracht,
und wir können auch nichts aus ihr
mitnehmen. 8 Wenn wir Nahrung und
Kleidung haben, soll uns das genügen.
9 Wer aber reich werden will, gerät in
Versuchungen und Schlingen, er ver-
fällt vielen sinnlosen und schädlichen
Begierden, die den Menschen ins Ver-
derben und in den Untergang stürzen.
10 Denn die Wurzel aller Übel ist die
Habsucht. Nicht wenige, die ihr ver-
fielen, sind vom Glauben abgeirrt und
haben sich viele Qualen bereitet.

Aufforderung an Timotheus

11 Du aber, ein Mann Gottes, flieh vor
all dem. Strebe unermüdlich nach
Gerechtigkeit, Frömmigkeit, Glauben,
Liebe, Standhaftigkeit und Sanftmut.
12 Kämpfe den guten Kampf des Glau-
bens, ergreife das ewige Leben, zu dem
du berufen worden bist und für das du
vor vielen Zeugen das gute Bekenntnis
abgelegt hast. 13 Ich gebiete dir bei Gott,
von dem alles Leben kommt, und bei
Christus Jesus, der vor Pontius Pilatus
das gute Bekenntnis abgelegt hat und als
Zeuge dafür eingetreten ist: 14 Erfülle
deinen Auftrag rein und ohne Tadel, bis
zum Erscheinen Jesu Christi, unseres
Herrn, 15 das zur vorherbestimmten Zeit
herbeiführen wird der selige und einzige
Herrscher, / der König der Könige und
Herr der Herren, 16 der allein die Un-
sterblichkeit besitzt, / der in unzu-
gänglichem Licht wohnt, / den kein
Mensch gesehen hat noch je zu sehen
vermag: / Ihm gebührt Ehre und ewige
Macht. Amen.

Seelsorge an den Reichen

17 Ermahne die, die in dieser Welt reich sind, nicht überheblich zu werden und ihre Hoffnung nicht auf den unsicheren Reichtum zu setzen, sondern auf Gott, der uns alles reichlich gibt, was
wir brauchen. 18 Sie sollen wohltätig sein, reich werden an guten Werken, freigebig sein und, was sie haben, mit
anderen teilen. 19 So sammeln sie sich einen Schatz als sichere Grundlage für die Zukunft, um das wahre Leben zu erlangen.

Der Schluss des Briefes: Mahnung und Gruss

20 Timotheus, bewahre, was dir anvertraut ist. Halte dich fern von dem gottlosen Geschwätz und den falschen Lehren der so genannten »Erkenntnis«!
21 Nicht wenige, die sich darauf eingelassen haben, sind vom Weg des Glaubens abgekommen.
Die Gnade sei mit euch!

Der zweite Brief an Timotheus

Der 2. Timotheusbrief ist persönlicher gehalten als der 1. Timotheus- und der Titusbrief und bezieht sich auf die Amts- und Lebensführung des Timotheus. Paulus weist auf sein eigenes Vorbild als das eines christlichen Zeugen hin, der für die Botschaft sein Leben einsetzt. Die Hinweise des Paulus auf seine Lage werden oft als Beweise für die Echtheit des Briefs angeführt. Die neuere Forschung neigt zu der Annahme, dass in diesen persönlichen Notizen zuverlässige mündliche Nachrichten über die Spätzeit des Apostels Paulus verwendet worden sind. Der Brief hat den Charakter eines Testaments.

Das Schreiben beginnt mit einem einleitenden Gruß (1,1–2). Nach einem Dankgebet (1,3–5) wird Timotheus ermutigt, unerschrocken für das Evangelium einzutreten (1,6–18). Der nächste Abschnitt setzt ein mit dem Hinweis auf den Sinn der Leiden und Verfolgungen (2,1–13). Es folgen Anweisungen für das Verhalten gegenüber den Irrlehrern (2,14–26), eine Schilderung der Sittenlosigkeit der Menschen in der Endzeit (3,1–9) und demgegenüber eine Beschreibung der guten Lebensführung eines kirchlichen Amtsträgers (3,10–17). Im abschließenden 4. Kapitel ermahnt Paulus den Timotheus zu unerschrockener Erfüllung seines Dienstes als Verkünder des Evangeliums (4,1–8). Angeschlossen sind Mitteilungen und Aufträge (4,9–18) sowie persönliche Grüße und Segenswünsche (4,19–22).

Anschrift und Gruss

1 Paulus, durch den Willen Gottes
zum Apostel Christi Jesu berufen,
um das Leben in Christus Jesus, das uns
verheißen ist, zu verkündigen, 2 an Ti-
motheus, seinen geliebten Sohn: Gna-
de, Erbarmen und Friede von Gott,
dem Vater, und Christus Jesus, unserem
Herrn.

Wort der Ermutigung an Timotheus

Dankgebet des Apostels

3 Ich danke Gott, dem ich wie schon
meine Vorfahren mit reinem Gewissen
diene – ich danke ihm bei Tag und
Nacht in meinen Gebeten, in denen ich
unablässig an dich denke. 4 Wenn ich
mich an deine Tränen erinnere, habe
ich Sehnsucht, dich zu sehen, um mich
wieder von Herzen freuen zu können;
5 denn ich denke an deinen aufrichtigen Glauben, der schon in deiner
Großmutter Loïs und in deiner Mutter
Eunike lebendig war und der nun, wie
ich weiß, auch in dir lebt.

Aufforderung an Timotheus

6 Darum rufe ich dir ins Gedächtnis:
Entfache die Gnade Gottes wieder, die
dir durch die Auflegung meiner Hände
zuteil geworden ist. 7 Denn Gott hat
uns nicht einen Geist der Verzagtheit
gegeben, sondern den Geist der Kraft,
der Liebe und der Besonnenheit.
8 Schäme dich also nicht, dich zu unserem Herrn zu bekennen; schäme dich
auch meiner nicht, der ich seinetwegen
im Gefängnis bin, sondern leide mit
mir für das Evangelium. Gott gibt dazu
die Kraft: 9 Er hat uns gerettet; mit
einem heiligen Ruf hat er uns gerufen,
nicht aufgrund unserer Werke, sondern aus eigenem Entschluss und aus
Gnade, die uns schon vor ewigen Zeiten
in Christus Jesus geschenkt wurde;
10 jetzt aber wurde sie durch das Erscheinen unseres Retters Christus Jesus
offenbart. Er hat dem Tod die Macht
genommen und uns das Licht des unvergänglichen Lebens gebracht durch
das Evangelium, 11 als dessen Verkünder, Apostel und Lehrer ich eingesetzt bin. 12 Darum muss ich auch dies
alles erdulden; aber ich schäme mich
nicht, denn ich weiß, wem ich Glauben
geschenkt habe, und ich bin überzeugt,
dass er die Macht hat, das mir anvertraute Gut bis zu jenem Tag zu bewahren. 13 Halte dich an die gesunde Lehre,
die du von mir gehört hast; nimm sie
dir zum Vorbild, und bleibe beim
Glauben und bei der Liebe, die uns in
Christus Jesus geschenkt ist. 14 Bewahre
das dir anvertraute kostbare Gut durch
die Kraft des Heiligen Geistes, der in
uns wohnt.

Das Verhalten der Gegner und der Freunde des Paulus

15 Du weißt, dass sich alle in der Provinz
Asien von mir abgewandt haben, auch
Phygelus und Hermogenes. 16 Der Familie des Onesiphorus schenke der
Herr sein Erbarmen, denn Onesiphorus hat mich oft getröstet und hat sich
meiner Ketten nicht geschämt; 17 als er
nach Rom kam, suchte er unermüdlich
nach mir, bis er mich fand. 18 Der Herr

gebe ihm, dass er beim Herrn Er-
barmen findet an jenem Tag. Seine
treuen Dienste in Ephesus kennst du
selbst am besten.

Seelsorgliche Anweisungen an Timotheus

Selbstloser Dienst für Christus

2 Du, mein Sohn, sei stark in der
Gnade, die dir in Christus Jesus
geschenkt ist. 2 Was du vor vielen
Zeugen von mir gehört hast, das ver-
trau zuverlässigen Menschen an, die fä-
hig sind, auch andere zu lehren. 3 Leide
mit mir als guter Soldat Christi Jesu.
4 Keiner, der in den Krieg zieht, lässt
sich in Alltagsgeschäfte verwickeln,
denn er will, dass sein Heerführer mit
ihm zufrieden ist. 5 Und wer an einem
Wettkampf teilnimmt, erhält den
Siegeskranz nur, wenn er nach den Re-
geln kämpft. 6 Der Bauer, der die ganze
Arbeit tut, soll als erster seinen Teil von
der Ernte erhalten. 7 Überleg dir, was
ich sage. Dann wird der Herr dir in
allem das rechte Verständnis geben.
8 Denk daran, dass Jesus Christus, der
Nachkomme Davids, von den Toten
auferstanden ist; so lautet mein Evan-
gelium, 9 für das ich zu leiden habe und
sogar wie ein Verbrecher gefesselt bin;
aber das Wort Gottes ist nicht gefesselt.
10 Das alles erdulde ich um der Aus-
erwählten willen, damit auch sie das
Heil in Christus Jesus und die ewige
Herrlichkeit erlangen. 11 Das Wort ist
glaubwürdig:
Wenn wir mit Christus gestorben sind, /
werden wir auch mit ihm leben;
12 wenn wir standhaft bleiben, / werden
wir auch mit ihm herrschen;
wenn wir ihn verleugnen, / wird auch
er uns verleugnen.
13 Wenn wir untreu sind, / bleibt er
doch treu, / denn er kann sich selbst
nicht verleugnen.

Das rechte Verhalten gegenüber den Irrlehrern

14 Ruf ihnen das ins Gedächtnis und be-
schwöre sie bei Gott, sich nicht um
Worte zu streiten; das ist unnütz und
führt die Zuhörer nur ins Verderben.
15 Bemüh dich darum, dich vor Gott zu
bewähren als ein Arbeiter, der sich
nicht zu schämen braucht, als ein
Mann, der offen und klar die wahre
Lehre vertritt. 16 Gottlosem Geschwätz
geh aus dem Weg; solche Menschen
geraten immer tiefer in die Gottlo-
sigkeit, 17 und ihre Lehre wird um
sich fressen wie ein Krebsgeschwür.
Zu ihnen gehören Hymenäus und
Philetus, 18 die von der Wahrheit abge-
irrt sind und behaupten, die Auf-
erstehung sei schon geschehen. So zer-
stören sie bei manchen den Glauben.
19 Aber das feste Fundament, das Gott

gelegt hat, kann nicht erschüttert
werden. Es trägt als Siegel die Inschrift:
Der Herr kennt die Seinen, und: Wer
den Namen des Herrn nennt, meide
das Unrecht. 20 In einem großen Haus
gibt es nicht nur Gefäße aus Gold und
Silber, sondern auch aus Holz und Ton
– die einen für Reines, die anderen für
Unreines. 21 Wer sich nun von all dem
rein hält, gleicht einem Gefäß für
Reines; er ist geheiligt, für den Herrn
brauchbar, zu jedem guten Werk taug-
lich.
22 Flieh vor den Begierden der Jugend;
strebe unermüdlich nach Gerechtig-
keit, Glauben, Liebe und Frieden, zu-
sammen mit all denen, die den Herrn
aus reinem Herzen anrufen. 23 Lass dich
nicht auf törichte und unsinnige Aus-
einandersetzungen ein; du weißt, dass
sie nur zu Streit führen. 24 Ein Knecht
des Herrn soll nicht streiten, sondern
zu allen freundlich sein, ein geschickter
und geduldiger Lehrer, 25 der auch die
mit Güte zurechtweist, die sich hartnä-
ckig widersetzen. Vielleicht schenkt
Gott ihnen dann die Umkehr, damit sie
die Wahrheit erkennen, 26 wieder zur
Besinnung kommen und aus dem Netz
des Teufels befreit werden, der sie
eingefangen und sich gefügig gemacht
hat.

Die Situation der Menschen in der Endzeit

3 Das sollst du wissen: In den
letzten Tagen werden schwere
Zeiten anbrechen. 2 Die Menschen
werden selbstsüchtig sein, habgierig,
prahlerisch, überheblich, bösartig, un-
gehorsam gegen die Eltern, undank-
bar, ohne Ehrfurcht, 3 lieblos, unver-
söhnlich, verleumderisch, unbeherrscht,
rücksichtslos, roh, 4 heimtückisch, ver-
wegen, hochmütig, mehr dem Ver-
gnügen als Gott zugewandt. 5 Den
Schein der Frömmigkeit werden sie
wahren, doch die Kraft der Frömmig-
keit werden sie verleugnen. Wende
dich von diesen Menschen ab. 6 Zu
ihnen gehören die Leute, die sich in die
Häuser einschleichen und dort gewisse
Frauen auf ihre Seite ziehen, die von
Sünden beherrscht und von Begierden
aller Art umgetrieben werden, 7 Frauen,
die immer lernen und die doch nie zur
Erkenntnis der Wahrheit gelangen
können. 8 Wie sich Jannes und Jambres
dem Mose widersetzt haben, so wi-
dersetzen sich auch diese Leute der
Wahrheit; ihr Denken ist verdorben,
ihr Glaube bewährt sich nicht. 9 Doch
sie werden wenig Erfolg haben, denn
ihr Unverstand wird allen offenkundig
werden, wie es auch bei jenen ge-
schehen ist.

Die Aufgabe des Timotheus

10 Du aber bist mir gefolgt in der Lehre,
im Leben und Streben, im Glauben, in
der Langmut, der Liebe und der Aus-
dauer, 11 in den Verfolgungen und
Leiden, denen ich in Antiochia, Ikonion
und Lystra ausgesetzt war. Welche Ver-
folgungen habe ich erduldet! Und aus
allen hat der Herr mich errettet. 12 So
werden alle, die in der Gemeinschaft
mit Christus Jesus ein frommes Leben
führen wollen, verfolgt werden. 13 Böse
Menschen und Schwindler dagegen
werden immer mehr in das Böse
hineingeraten; sie sind betrogene Be-
trüger. 14 Du aber bleibe bei dem, was
du gelernt und wovon du dich über-
zeugt hast. Du weißt, von wem du es
gelernt hast; 15 denn du kennst von
Kindheit an die heiligen Schriften, die
dir Weisheit verleihen können, damit
du durch den Glauben an Christus
Jesus gerettet wirst. 16 Jede von Gott
eingegebene Schrift ist auch nützlich
zur Belehrung, zur Widerlegung,
zur Besserung, zur Erziehung in der
Gerechtigkeit; 17 so wird der Mensch
Gottes zu jedem guten Werk bereit und
gerüstet sein.

Aufruf zu unerschrockenem Einsatz

4 Ich beschwöre dich bei Gott und
bei Christus Jesus, dem kom-
menden Richter der Lebenden und der
Toten, bei seinem Erscheinen und bei
seinem Reich: 2 Verkünde das Wort,
tritt dafür ein, ob man es hören will
oder nicht; weise zurecht, tadle, er-
mahne, in unermüdlicher und gedul-
diger Belehrung. 3 Denn es wird eine
Zeit kommen, in der man die gesunde
Lehre nicht erträgt, sondern sich nach
eigenen Wünschen immer neue Lehrer
sucht, die den Ohren schmeicheln;
4 und man wird der Wahrheit nicht
mehr Gehör schenken, sondern sich
Fabeleien zuwenden. 5 Du aber sei in
allem nüchtern, ertrage das Leiden,
verkünde das Evangelium, erfülle treu
deinen Dienst! 6 Denn ich werde nun-
mehr geopfert, und die Zeit meines
Aufbruchs ist nahe. 7 Ich habe den
guten Kampf gekämpft, den Lauf voll-
endet, die Treue gehalten. 8 Schon jetzt
liegt für mich der Kranz der Gerechtig-
keit bereit, den mir der Herr, der
gerechte Richter, an jenem Tag geben
wird, aber nicht nur mir, sondern allen,
die sehnsüchtig auf sein Erscheinen
warten.

Persönliche Mitteilungen und Aufträge

9 Beeil dich, komm bald zu mir! 10 De-
mas hat mich aus Liebe zu dieser Welt
verlassen und ist nach Thessalonich ge-
gangen; Kreszenz ging nach Galatien,
Titus nach Dalmatien. 11 Nur Lukas ist

noch bei mir. Bring Markus mit, denn
er wird mir ein guter Helfer sein.
12 Tychikus habe ich nach Ephesus ge-
schickt. 13 Wenn du kommst, bring den
Mantel mit, den ich in Troas bei Karpus
gelassen habe, auch die Bücher, vor
allem die Pergamente. 14 Alexander, der
Schmied, hat mir viel Böses getan; der
Herr wird ihm vergelten, wie es seine
Taten verdienen. 15 Nimm auch du dich
vor ihm in acht, denn er hat unsere
Lehre heftig bekämpft.
16 Bei meiner ersten Verteidigung ist
niemand für mich eingetreten; alle
haben mich im Stich gelassen. Möge es
ihnen nicht angerechnet werden.
17 Aber der Herr stand mir zur Seite
und gab mir Kraft, damit durch mich
die Verkündigung vollendet wird und
alle Heiden sie hören; und so wurde ich
dem Rachen des Löwen entrissen.
18 Der Herr wird mich allem Bösen ent-
reißen, er wird mich retten und in sein
himmlisches Reich führen. Ihm sei die
Ehre in alle Ewigkeit. Amen.

Der Schluss des Briefes: Gruss und Segenswünsche

19 Grüße Priska und Aquila und die
Familie des Onesiphorus! 20 Erastus
blieb in Korinth, Trophimus musste ich
krank in Milet zurücklassen. 21 Beeil
dich, komm noch vor dem Winter! Es
grüßen dich Eubulus, Pudens, Linus,
Klaudia und alle Brüder.
22 Der Herr sei mit deinem Geist! Die
Gnade sei mit euch!

Der Brief an Titus

Titus gehörte neben Timotheus zu den engsten Mitarbeitern des Apostels Paulus, wie vor allem der Galater- und der 2. Korintherbrief zeigen (Gal 2,3; 2 Kor 2,13; 7,6.13; 8,6.16.23; 12,18). Nach Tit 1,5 übertrug ihm Paulus die Verantwortung für die Kirche von Kreta. Nach alter Überlieferung soll er bis zu seinem Lebensende als Bischof dieser Insel gewirkt haben.

Der Brief an Titus hat amtlichen Charakter; das Persönliche tritt zurück. Nach dem Eingangsgruß (1,1–4) werden zunächst die Aufgaben des Titus in Kreta genannt: Er soll geeignete Vorsteher für die Christengemeinden einsetzen (1,5–9) und die Irrlehre bekämpfen (1,10–16). Dann wird er ermahnt, in Übereinstimmung mit der »gesunden Lehre« die einzelnen Stände an ihre Pflichten zu erinnern (2,1–10). Es gilt, der in Jesus Christus sichtbar gewordenen Gnade Gottes zu entsprechen (2,11–15). Anschließend werden unter Hinweis auf die Taufe grundlegende Pflichten im politischen und mitmenschlichen Bereich genannt (3,1–8). Es folgt eine erneute Warnung vor Irrlehrern (3,9–11). Persönliche Aufträge, Segenswünsche und Grüße beschließen den Brief (3,12–15).

Bekenntnis, Anschrift und Gruss

1 Paulus, Knecht Gottes und Apostel Jesu Christi, berufen, um die Auserwählten Gottes zum Glauben und zur Erkenntnis der wahren Gottesverehrung zu führen,
2 in der Hoffnung auf das ewige Leben, das der wahrhaftige Gott schon vor ewigen Zeiten verheißen hat;
3 jetzt aber hat er zur vorherbestimmten Zeit sein Wort offenbart in der Verkündigung, die mir durch den Auftrag Gottes, unseres Retters, anvertraut ist.
4 An Titus, seinen echten Sohn aufgrund des gemeinsamen Glaubens: Gnade und Friede von Gott, dem Vater, und Christus Jesus, unserem Retter.

Die Aufgaben des Titus

Einsetzung geeigneter Vorsteher

5 Ich habe dich in Kreta deswegen zu-
rückgelassen, damit du das, was noch
zu tun ist, zu Ende führst und in den
einzelnen Städten Älteste einsetzt, wie
ich dir aufgetragen habe.
6 Ein Ältester soll unbescholten und nur
einmal verheiratet sein. Seine Kinder
sollen gläubig sein; man soll ihnen
nicht nachsagen können, sie seien
liederlich und ungehorsam. 7 Denn ein
Bischof muss unbescholten sein, weil er
das Haus Gottes verwaltet; er darf nicht
überheblich und jähzornig sein, kein
Trinker, nicht gewalttätig oder hab-
gierig. 8 Er soll vielmehr das Gute lie-
ben, er soll gastfreundlich sein, beson-
nen, gerecht, fromm und beherrscht.
9 Er muss ein Mann sein, der sich an das
wahre Wort der Lehre hält; dann kann
er mit der gesunden Lehre die Ge-
meinde ermahnen und die Gegner
widerlegen.

Bekämpfung der Irrlehrer

10 Denn es gibt viele Ungehorsame,
Schwätzer und Schwindler, besonders
unter denen, die aus dem Judentum
kommen. 11 Diese Menschen muss man
zum Schweigen bringen, denn aus
übler Gewinnsucht zerstören sie ganze
Familien mit ihren falschen Lehren.
12 Einer von ihnen hat als ihr eigener
Prophet gesagt: Alle Kreter sind Lügner
und faule Bäuche, gefährliche Tiere.
13 Das ist ein wahres Wort. Darum
weise sie streng zurecht, damit ihr
Glaube wieder gesund wird 14 und sie
sich nicht mehr an jüdische Fabeleien
halten und an Gebote von Menschen,
die sich von der Wahrheit abwenden.
15 Für die Reinen ist alles rein; für die
Unreinen und Ungläubigen aber ist
nichts rein, sogar ihr Denken und ihr
Gewissen sind unrein. 16 Sie beteuern,
Gott zu kennen, durch ihr Tun aber ver-
leugnen sie ihn; es sind abscheuliche
und unbelehrbare Menschen, die zu
nichts Gutem taugen.

Anweisungen für einzelne Stände

2 Du aber verkünde, was der
gesunden Lehre entspricht. 2 Die
älteren Männer sollen nüchtern sein,
achtbar, besonnen, stark im Glauben,
in der Liebe, in der Ausdauer. 3 Ebenso
seien die älteren Frauen würdevoll in
ihrem Verhalten, nicht verleumderisch
und nicht trunksüchtig; sie müssen fä-
hig sein, das Gute zu lehren, 4 damit sie
die jungen Frauen dazu anhalten
können, ihre Männer und Kinder zu
lieben, 5 besonnen zu sein, ehrbar,
häuslich, gütig und ihren Männern ge-
horsam, damit das Wort Gottes nicht
in Verruf kommt.
6 Ebenso ermahne die jüngeren Män-
ner, in allen Dingen besonnen zu sein.

7 Gib selbst ein Beispiel durch gute
Werke. Lehre die Wahrheit unver-
fälscht und mit Würde, 8 mit gesunden,
unanfechtbaren Worten; so wird der
Gegner beschämt und kann nichts
Schlechtes über uns sagen.
9 Die Sklaven sollen ihren Herren ge-
horchen, ihnen in allem gefällig sein,
nicht widersprechen, 10 nichts ver-
untreuen; sie sollen zuverlässig und
treu sein, damit sie in allem der Lehre
Gottes, unseres Retters, Ehre machen.

Gnade und christliches Leben

11 Denn die Gnade Gottes ist erschie-
nen, um alle Menschen zu retten. 12 Sie
erzieht uns dazu, uns von der Gott-
losigkeit und den irdischen Begierden
loszusagen und besonnen, gerecht und
fromm in dieser Welt zu leben, 13 wäh-
rend wir auf die selige Erfüllung un-
serer Hoffnung warten: auf das Er-
scheinen der Herrlichkeit unseres
großen Gottes und Retters Christus
Jesus. 14 Er hat sich für uns hingegeben,
um uns von aller Schuld zu erlösen und
sich ein reines Volk zu schaffen, das
ihm als sein besonderes Eigentum ge-
hört und voll Eifer danach strebt, das
Gute zu tun. 15 So sollst du mit allem
Nachdruck lehren, ermahnen und
zurechtweisen. Niemand soll dich
gering achten.

Die Pflichten der Getauften im sozialen Bereich

3 Erinnere sie daran, sich den Herr-
schern und Machthabern unter-
zuordnen und ihnen zu gehorchen. Sie
sollen immer bereit sein, Gutes zu tun,
2 sollen niemand schmähen, nicht
streitsüchtig sein, sondern freundlich
und gütig zu allen Menschen. 3 Denn
auch wir waren früher unverständig
und ungehorsam; wir gingen in die
Irre, waren Sklaven aller möglichen Be-
gierden und Leidenschaften, lebten in
Bosheit und Neid, waren verhasst und
hassten einander. 4 Als aber die Güte
und Menschenliebe Gottes, unseres
Retters, erschien, 5 hat er uns gerettet –
nicht weil wir Werke vollbracht hätten,
die uns gerecht machen können, son-
dern aufgrund seines Erbarmens –
durch das Bad der Wiedergeburt und
der Erneuerung im Heiligen Geist. 6 Ihn
hat er in reichem Maß über uns aus-
gegossen durch Jesus Christus, unseren
Retter, 7 damit wir durch seine Gnade
gerecht gemacht werden und das ewige
Leben erben, das wir erhoffen.
8 Dieses Wort ist glaubwürdig, und ich
will, dass du dafür eintrittst, damit alle,
die zum Glauben an Gott gekommen
sind, sich nach Kräften bemühen, das
Gute zu tun. So ist es gut und für alle
Menschen nützlich.

Erneute Warnung vor Irrlehrern

9 Lass dich nicht ein auf törichte Aus-
einandersetzungen und Erörterungen
über Geschlechterreihen, auf Streit und
Gezänk über das Gesetz; sie sind
nutzlos und vergeblich. 10 Wenn du
einen Sektierer einmal und ein zweites
Mal ermahnt hast, so meide ihn. 11 Du
weißt, ein solcher Mensch ist auf dem
verkehrten Weg; er sündigt und spricht
sich selbst das Urteil.

Der Schluss des Briefes: Persönliche Mitteilungen und Grüsse

12 Sobald ich Artemas oder Tychikus zu
dir schicke, komm rasch zu mir nach
Nikopolis; denn ich habe mich ent-
schlossen, dort den Winter zu ver-
bringen. 13 Den gesetzeskundigen Ze-
nas und den Apollos statte für die Wei-
terreise gut aus, damit ihnen nichts
fehlt. 14 Auch unsere Leute sollen ler-
nen, nach Kräften Gutes zu tun, wo es
nötig ist, damit ihr Leben nicht ohne
Frucht bleibt.
15 Es grüßen dich alle, die bei mir sind.
Grüße alle, die uns durch den Glauben
in Liebe verbunden sind. Die Gnade sei
mit euch allen!

DER BRIEF AN PHILEMON

Der kleine Brief hat einen ganz persönlichen Anlass. Der Sklave Onesimus war seinem Herrn Philemon entlaufen, der in Kolossä wohnte. Er kam auf seiner Flucht zu Paulus, der im Gefängnis saß, vermutlich in Ephesus. Paulus gewann Onesimus für den christlichen Glauben, und Onesimus war ihm in mancherlei Hinsicht nützlich (vgl. V. 11). Der Apostel schickte den Sklaven zu Philemon zurück, dessen Haus einer christlichen Gemeinde als Versammlungsort diente. Der Brief, geschrieben um 55 n. Chr., sollte Philemon bewegen, dem Sklaven Onesimus zu verzeihen und ihn als christlichen Bruder aufzunehmen. Die Bedeutung des Briefs liegt darin, dass er einen Beitrag zur Lösung des bedrückenden Sklavenproblems in der christlichen Gemeinde darstellt. Gleichzeitig ist er als persönliches Dokument des Menschen Paulus von hohem Wert.

ANSCHRIFT UND GRUSS

1 Paulus, Gefangener Christi Jesu, und
der Bruder Timotheus an unseren
geliebten Mitarbeiter Philemon, 2 an
die Schwester Aphia, an Archippus,
unseren Mitstreiter, und an die Ge-
meinde in deinem Haus: 3 Gnade sei
mit euch und Friede von Gott, unserem
Vater, und dem Herrn Jesus Christus.

DANKGEBET DES APOSTELS

4 Ich danke meinem Gott jedes Mal,
wenn ich in meinen Gebeten an dich
denke. 5 Denn ich höre von deinem
Glauben an Jesus, den Herrn, und von
deiner Liebe zu allen Heiligen. 6 Ich
wünsche, dass unser gemeinsamer
Glaube in dir wirkt und du all das Gute
in uns erkennst, das auf Christus ge-
richtet ist. 7 Es hat mir viel Freude und
Trost bereitet, dass durch dich, Bruder,
und durch deine Liebe die Heiligen
ermutigt worden sind.

Fürsprache für Onesimus

8 Obwohl ich durch Christus volle
Freiheit habe, dir zu befehlen, was du
tun sollst, 9 ziehe ich es um der Liebe
willen vor, dich zu bitten. Ich, Paulus,
ein alter Mann, der jetzt für Christus
Jesus im Kerker liegt, 10 ich bitte dich
für mein Kind Onesimus, dem ich im
Gefängnis zum Vater geworden bin.
11 Früher konntest du ihn zu nichts ge-
brauchen, doch jetzt ist er dir und mir
recht nützlich. 12 Ich schicke ihn zu dir
zurück, ihn, das bedeutet mein eigenes
Herz. 13 Ich würde ihn gern bei mir
behalten, damit er mir an deiner Stelle
dient, solange ich um des Evangeliums
willen im Gefängnis bin. 14 Aber ohne
deine Zustimmung wollte ich nichts
tun. Deine gute Tat soll nicht erzwun-
gen, sondern freiwillig sein. 15 Denn
vielleicht wurde er nur deshalb eine
Weile von dir getrennt, damit du ihn
für ewig zurückerhälst, 16 nicht mehr
als Sklaven, sondern als weit mehr: als
geliebten Bruder. Das ist er jedenfalls
für mich, um wie viel mehr dann für
dich, als Mensch und auch vor dem
Herrn. 17 Wenn du dich mir verbunden
fühlst, dann nimm ihn also auf wie
mich selbst! 18 Wenn er dich aber ge-
schädigt hat oder dir etwas schuldet,
setz das auf meine Rechnung! 19 Ich,
Paulus, schreibe mit eigener Hand: Ich
werde es bezahlen – um nicht davon zu
reden, dass du dich selbst mir
schuldest. 20 Ja, Bruder, um des Herrn
willen möchte ich von dir einen Nutzen
haben. Erfreue mein Herz; wir gehören
beide zu Christus.

Grüsse und Segen

21 Ich schreibe dir im Vertrauen auf
deinen Gehorsam und weiß, dass du
noch mehr tun wirst, als ich gesagt
habe. 22 Bereite zugleich eine Unter-
kunft für mich vor! Denn ich hoffe,
dass ich euch durch eure Gebete wie-
dergeschenkt werde.
23 Es grüßen dich Epaphras, der mit mir
um Christi Jesu willen im Gefängnis ist,
24 sowie Markus, Aristarch, Demas und
Lukas, meine Mitarbeiter. 25 Die Gnade
Jesu Christi, des Herrn, sei mit eurem
Geist!

Der Brief an die Hebräer

In den ältesten Handschriften trägt der Brief die Überschrift »An die Hebräer«, das heißt an Judenchristen. Eine Verfasserangabe fehlt, ebenso die Angabe der Adressaten. Da das Schreiben paulinischen Einfluss aufweist (siehe auch den Hinweis auf Timotheus 13,23), wurde früher vermutet, es stamme, wenn nicht von Paulus selbst, von einem Mitarbeiter des Paulus, etwa von Barnabas oder von Apollos (Apg 13,1–15,35; 18,24–19,1; 1 Kor 1,12; 3,4). Dies lässt sich jedoch nicht nachweisen. Wegen des ausgezeichneten griechischen Stils, der eingehenden Kenntnis des Alten Testaments und der jüdisch beeinflussten Denk- und Darstellungsweise ist als Verfasser ein griechisch gebildeter Judenchrist anzunehmen, der von paulinischen Gedanken beeinflusst ist.

Der Brief ist am frühesten in Rom durch den 1. Klemensbrief (abgefasst um 97 n. Chr.) bezeugt; die Notiz 13,24 (»Es grüßen euch die Brüder aus Italien«) verweist ebenfalls eher auf Rom als auf Kleinasien als Entstehungsort. Da der Verfasser auf die apostolische Zeit zurückblickt (13,7: »Schaut auf das Ende des Lebens eurer Vorsteher«), zugleich auf eine bevorstehende Verfolgung hinweist – Kaiser Domitian (81–96 n. Chr.) ließ die Christen im ganzen römischen Reich verfolgen –, sind als Zeit der Abfassung etwa die Jahre 85–95 n. Chr. anzunehmen.

Das Schreiben weist folgende Gliederung auf: Gottes abschließende Offenbarung durch den Sohn (1,1–4,13); Jesus Christus, der vollkommene und endgültige Hohepriester des Volkes Gottes, der durch seinen Tod volle Sühne bewirkt, den Neuen Bund heraufgeführt und den Zugang zu Gott geöffnet hat (4,14–10,18); das wandernde Gottesvolk auf dem Weg zu der von Gott geschenkten Ruhe (11,1–12,3); abschließende Ermahnungen an müde gewordene Christen (12,4–13,19); Grüße und Segenswünsche (13,20–25).

Für seine Darlegungen schöpfte der Verfasser aus dem griechischen Alten Testament (Septuaginta) sowie aus jüdischen und christlichen Überlieferungen. So schuf er ein seelsorgliches »Mahnschreiben« (13,22) an Christen, die in Gefahr sind, vom Glauben abzufallen. Ihnen zeigt er, dass Jesus ebenso wie alle Großen des Volkes Gottes für seine Überzeugung auch zu leiden hatte und dass sich erst im Leiden die Kraft des Glaubens und der Hoffnung bewährt. Wie Jesus Christus kann auch der Christ nur durch Leiden in das Reich Gottes gelangen. Im Mittelpunkt steht die Aussage über Jesus als den allein würdigen Hohenpriester nach der Art des Priesterkönigs Melchisedek (vgl. die Anmerkung zu 7,1–28). Jesus hat durch das Opfer seines Lebens eine umfassende Erlösung bewirkt und tritt vor Gott als Fürsprecher für die Kirche ein. In ihm ist das alttestamentliche Priestertum an sein Ziel und Ende gelangt.

Das Schreiben bietet Einblick in den Reichtum christlichen Denkens und Lebens am Ende des ersten christlichen Jahrhunderts. Von besonderem Gewicht ist die Mahnung, Jesus Christus auch in Widrigkeiten unbedingt treu zu bleiben.

DER SOHN ALS ERFÜLLUNG DER VERHEISSUNG GOTTES

Der Sohn und die Engel

1 Viele Male und auf vielerlei Weise
hat Gott einst zu den Vätern gesprochen durch die Propheten; [2] in
dieser Endzeit aber hat er zu uns gesprochen durch den Sohn, den er zum
Erben des Alls eingesetzt und durch den
er auch die Welt erschaffen hat; [3] er ist
der Abglanz seiner Herrlichkeit und das
Abbild seines Wesens; er trägt das All
durch sein machtvolles Wort, hat die
Reinigung von den Sünden bewirkt und
sich dann zur Rechten der Majestät in
der Höhe gesetzt; [4] er ist um so viel
erhabener geworden als die Engel, wie
der Name, den er geerbt hat, ihren
Namen überragt. [5] Denn zu welchem
Engel hat er jemals gesagt:
Mein Sohn bist du, / heute habe ich dich gezeugt,
und weiter:
Ich will für ihn Vater sein, / und er wird für mich Sohn sein?
[6] Wenn er aber den Erstgeborenen
wieder in die Welt einführt, sagt er:
Alle Engel Gottes sollen sich vor ihm niederwerfen.
[7] Und von den Engeln sagt er:
Er macht seine Engel zu Winden / und seine Diener zu Feuerflammen;
[8] von dem Sohn aber:
Dein Thron, o Gott, steht für immer und ewig,

und:
Das Zepter seiner Herrschaft ist ein
gerechtes Zepter.
9 Du liebst das Recht und hasst das
Unrecht, / darum, o Gott, hat dein Gott
dich gesalbt / mit dem Öl der Freude
wie keinen deiner Gefährten.
10 Und:
Du, Herr, hast vorzeiten der Erde
Grund gelegt, / die Himmel sind das
Werk deiner Hände.
11 Sie werden vergehen, du aber bleibst;
/ sie alle veralten wie ein Gewand;
12 du rollst sie zusammen wie einen
Mantel, / und wie ein Gewand werden
sie gewechselt.
Du aber bleibst, der du bist, / und deine
Jahre enden nie.
13 Zu welchem Engel hat er jemals
gesagt:
Setze dich mir zur Rechten, / und ich
lege dir deine Feinde als Schemel unter
die Füße?
14 Sind sie nicht alle nur dienende
Geister, ausgesandt, um denen zu
helfen, die das Heil erben sollen?

Gottes Zeugnis für den Sohn

2 Darum müssen wir um so auf-
merksamer auf das achten, was
wir gehört haben, damit wir nicht vom
Weg abkommen. 2 Denn wenn schon
das durch Engel verkündete Wort
rechtskräftig war und jede Übertre-
tung und jeder Ungehorsam die ge-
rechte Vergeltung fand, 3 wie sollen
dann wir entrinnen, wenn wir uns um
ein so erhabenes Heil nicht kümmern,
das zuerst durch den Herrn verkündet
und uns von den Ohrenzeugen be-
stätigt wurde? 4 Auch Gott selbst hat
dies bezeugt durch Zeichen und Wun-
der, durch machtvolle Taten aller Art
und Gaben des Heiligen Geistes, nach
seinem Willen.

Die Erniedrigung und Erhöhung des Sohnes

5 Denn nicht Engeln hat er die zu-
künftige Welt unterworfen, von der wir
reden, 6 vielmehr (dem Sohn, darum)
heißt es an einer Stelle ausdrücklich:
Was ist der Mensch, dass du an ihn
denkst, / oder der Menschensohn, dass
du dich seiner annimmst?
7 Du hast ihn nur für kurze Zeit unter
die Engel erniedrigt. / Du hast ihn mit
Herrlichkeit und Ehre gekrönt, 8 alles
hast du ihm zu Füßen gelegt.
Denn als er ihm alles zu Füßen legte,
hat er nichts von der Unterwerfung
ausgenommen. Jetzt sehen wir noch
nicht alles ihm zu Füßen gelegt; 9 aber
den, der nur für kurze Zeit unter die
Engel erniedrigt war, Jesus, ihn sehen
wir um seines Todesleidens willen mit
Herrlichkeit und Ehre gekrönt; es war
nämlich Gottes gnädiger Wille, dass er
für alle den Tod erlitt. 10 Denn es war
angemessen, dass Gott, für den und

durch den das All ist und der viele
Söhne zur Herrlichkeit führen wollte,
den Urheber ihres Heils durch Leiden
vollendete.
11 Denn er, der heiligt, und sie, die ge-
heiligt werden, stammen alle von
Einem ab; darum scheut er sich nicht,
sie Brüder zu nennen 12 und zu sagen:
Ich will deinen Namen meinen
Brüdern verkünden, / inmitten der Ge-
meinde dich preisen;
13 und ferner:
Ich will auf ihn mein Vertrauen setzen;
und:
Seht, ich und die Kinder, die Gott mir
geschenkt hat.
14 Da nun die Kinder Menschen von
Fleisch und Blut sind, hat auch er in
gleicher Weise Fleisch und Blut an-
genommen, um durch seinen Tod den
zu entmachten, der die Gewalt über den
Tod hat, nämlich den Teufel, 15 und um
die zu befreien, die durch die Furcht vor
dem Tod ihr Leben lang der Knecht-
schaft verfallen waren. 16 Denn er nimmt
sich keineswegs der Engel an, sondern
der Nachkommen Abrahams nimmt er
sich an. 17 Darum musste er in allem
seinen Brüdern gleich sein, um ein
barmherziger und treuer Hoherpriester
vor Gott zu sein und die Sünden des
Volkes zu sühnen. 18 Denn da er selbst in
Versuchung geführt wurde und gelitten
hat, kann er denen helfen, die in Ver-
suchung geführt werden.

Der Sohn und Mose

3 Darum, heilige Brüder, die ihr an
der himmlischen Berufung teil-
habt, schaut auf den Apostel und
Hohenpriester, dem unser Bekenntnis
gilt: auf Jesus, 2 der – wie auch Mose in
Gottes Haus – dem treu ist, der ihn
eingesetzt hat. 3 Denn er hat größere
Herrlichkeit empfangen als Mose, so
wie der, der ein Haus baut, größeren
Ruhm genießt als das Haus. 4 Denn
jedes Haus wird von jemand erbaut;
der aber, der alles erbaut hat, ist Gott.
5 Mose war in Gottes ganzem Haus treu
als Diener, zum Zeugnis der künftigen
Offenbarungen; 6 Christus aber ist treu
als Sohn, der über das Haus Gottes
gesetzt ist; sein Haus aber sind wir,
wenn wir an der Zuversicht und an dem
stolzen Bewusstsein festhalten, das
unsere Hoffnung uns verleiht.

Gottes Wort als Gericht

7 Darum beherzigt, was der Heilige Geist
sagt:
Heute, wenn ihr seine Stimme hört, /
8 verhärtet euer Herz nicht wie beim
Aufruhr, / wie in der Wüste am Tag der
Versuchung.
9 Dort haben eure Väter mich versucht, /
sie haben mich auf die Probe gestellt /
und hatten doch meine Taten gesehen,
10 vierzig Jahre lang.
Darum war mir diese Generation zu-
wider, / und ich sagte: Immer geht ihr

Herz in die Irre. / Sie erkannten meine
Wege nicht.
11 Darum habe ich in meinem Zorn ge-
schworen: / Sie sollen nicht in das Land
meiner Ruhe kommen.
12 Gebt acht, Brüder, dass keiner von
euch ein böses, ungläubiges Herz hat,
dass keiner vom lebendigen Gott ab-
fällt, 13 sondern ermahnt einander je-
den Tag, solange es noch heißt: Heute,
damit niemand von euch durch den Be-
trug der Sünde verhärtet wird; 14 denn
an Christus haben wir nur Anteil, wenn
wir bis zum Ende an der Zuversicht
festhalten, die wir am Anfang hatten.
15 Wenn es heißt:
Heute, wenn ihr seine Stimme hört, /
verhärtet euer Herz nicht wie beim Auf-
ruhr – 16 wer waren denn jene, die
hörten und sich auflehnten? Waren es
nicht alle, die unter Mose aus Ägypten
ausgezogen waren? 17 Wer war ihm
vierzig Jahre lang zuwider? Nicht etwa
die Sünder, deren Leichen in der Wüste
liegen blieben? 18 Wem hat er ge-
schworen, sie sollen nicht in das Land
seiner Ruhe kommen, wenn nicht den
Ungehorsamen? 19 Und wir sehen, dass
sie wegen ihres Unglaubens nicht
hineinkommen konnten.

Gottes Wort als Verheißung

4 Darum lasst uns ernsthaft be-
sorgt sein, dass keiner von euch
zurückbleibt, solange die Verheißung,
in das Land seiner Ruhe zu kommen,
noch gilt. 2 Denn uns ist die gleiche
Freudenbotschaft verkündet worden
wie jenen; doch hat ihnen das Wort,
das sie hörten, nichts genützt, weil
es sich nicht durch den Glauben mit
den Hörern verband. 3 Denn wir, die
wir gläubig geworden sind, kommen
in das Land der Ruhe, wie er gesagt
hat:
Darum habe ich in meinem Zorn ge-
schworen: / Sie sollen nicht in das Land
meiner Ruhe kommen.
Zwar waren die Werke seit der Er-
schaffung der Welt vollendet; 4 denn
vom siebten Tag heißt es an einer Stelle:
Und Gott ruhte am siebten Tag aus von
all seinen Werken; 5 hier aber heißt es:
Sie sollen nicht in das Land meiner
Ruhe kommen.
6 Da es nun dabei bleibt, dass einige
hineinkommen, die aber, die früher die
Freudenbotschaft empfangen haben,
wegen ihres Ungehorsams nicht
hineingekommen sind, 7 setzt er aufs
neue einen Tag fest, nämlich: Heute,
indem er durch David, wie schon ge-
sagt, nach so langer Zeit spricht:
Heute, wenn ihr seine Stimme hört, /
verhärtet euer Herz nicht!
8 Denn hätte schon Josua sie in das
Land der Ruhe geführt, so wäre nicht
von einem anderen, späteren Tag die
Rede. 9 Also ist dem Volk Gottes eine
Sabbatruhe vorbehalten. 10 Denn wer in
das Land seiner Ruhe gekommen ist,

der ruht auch selbst von seinen Werken
aus, wie Gott von den seinigen.
[11] Bemühen wir uns also, in jenes Land
der Ruhe zu kommen, damit niemand
aufgrund des gleichen Ungehorsams zu
Fall kommt. [12] Denn lebendig ist das
Wort Gottes, kraftvoll und schärfer als
jedes weischneidige Schwert; es dringt
durch bis zur Scheidung von Seele
und Geist, von Gelenk und Mark; es
richtet über die Regungen und Ge-
danken des Herzens; [13] vor ihm bleibt
kein Geschöpf verborgen, sondern alles
liegt nackt und bloß vor den Augen
dessen, dem wir Rechenschaft schulden.

Christus, der wahre und endgültige Hohepriester des neuen Bundes

Das Amt des Hohenpriesters

[14] Da wir nun einen erhabenen Hohen-
priester haben, der die Himmel durch-
schritten hat, Jesus, den Sohn Gottes,
lasst uns an dem Bekenntnis festhalten.
[15] Wir haben ja nicht einen Hohen-
priester, der nicht mitfühlen könnte
mit unserer Schwäche, sondern einen,
der in allem wie wir in Versuchung
geführt worden ist, aber nicht gesün-
digt hat. [16] Lasst uns also voll Zuversicht
hingehen zum Thron der Gnade, damit
wir Erbarmen und Gnade finden und
so Hilfe erlangen zur rechten Zeit.

5 Denn jeder Hohepriester wird aus
den Menschen ausgewählt und
für die Menschen eingesetzt zum Dienst
vor Gott, um Gaben und Opfer für die
Sünden darzubringen. [2] Er ist fähig, für
die Unwissenden und Irrenden Ver-
ständnis aufzubringen, da auch er der
Schwachheit unterworfen ist; [3] deshalb
muss er für sich selbst ebenso wie für
das Volk Sündopfer darbringen. [4] Und
keiner nimmt sich eigenmächtig diese
Würde, sondern er wird von Gott be-
rufen, so wie Aaron.
[5] So hat auch Christus sich nicht selbst
die Würde eines Hohenpriesters ver-
liehen, sondern der, der zu ihm ge-
sprochen hat:
Mein Sohn bist du. / Heute habe ich
dich gezeugt,
[6] wie er auch an anderer Stelle sagt:
Du bist Priester auf ewig / nach der
Ordnung Melchisedeks.
[7] Als er auf Erden lebte, hat er mit
lautem Schreien und unter Tränen Ge-
bete und Bitten vor den gebracht, der
ihn aus dem Tod retten konnte, und er
ist erhört und aus seiner Angst befreit
worden. [8] Obwohl er der Sohn war, hat
er durch Leiden den Gehorsam gelernt;
[9] zur Vollendung gelangt, ist er für alle,
die ihm gehorchen, der Urheber des
ewigen Heils geworden [10] und wurde
von Gott angeredet als »Hoherpriester
nach der Ordnung Melchisedeks«.

Die schwache Gemeinde

11 Darüber hätten wir noch viel zu
sagen; es ist aber schwer verständlich
zu machen, da ihr schwerhörig gewor-
den seid. 12 Denn obwohl ihr der Zeit
nach schon Lehrer sein müsstet, braucht
ihr von neuem einen, der euch die An-
fangsgründe der Lehre von der Offen-
barung Gottes beibringt; Milch habt
ihr nötig, nicht feste Speise. 13 Denn
jeder, der noch mit Milch genährt wird,
ist unfähig, richtiges Reden zu ver-
stehen; er ist ja ein unmündiges Kind;
14 feste Speise aber ist für Erwachsene,
deren Sinne durch Gewöhnung geübt
sind, Gut und Böse zu unterscheiden.

6 Darum wollen wir beiseite lassen,
was man zuerst von Christus ver-
künden muss, und uns dem Vollkom-
meneren zuwenden; wir wollen nicht
noch einmal den Grund legen mit der
Belehrung über die Abkehr von toten
Werken, über den Glauben an Gott,
2 über die Taufen, die Handauflegung,
die Auferstehung der Toten und das
ewige Gericht; 3 das wollen wir dann
tun, wenn Gott es will. 4 Denn es ist un-
möglich, Menschen, die einmal er-
leuchtet worden sind, die von der himm-
lischen Gabe genossen und Anteil am
Heiligen Geist empfangen haben, 5 die
das gute Wort Gottes und die Kräfte
der zukünftigen Welt kennen gelernt
haben, 6 dann aber abgefallen sind,
erneut zur Umkehr zu bringen; denn
sie schlagen jetzt den Sohn Gottes noch
einmal ans Kreuz und machen ihn zum
Gespött. 7 Wenn ein Boden den häufig
herabströmenden Regen trinkt und
denen, für die er bebaut wird, nützliche
Gewächse hervorbringt, empfängt er
Segen von Gott; 8 trägt er aber Dornen
und Disteln, so ist er nutzlos und vom
Fluch bedroht; sein Ende ist die Ver-
nichtung durch Feuer.
9 Bei euch aber, liebe Brüder, sind wir
trotz des Gesagten vom Besseren über-
zeugt und davon, dass ihr am Heil teil-
habt. 10 Denn Gott ist nicht so unge-
recht, euer Tun zu vergessen und die
Liebe, die ihr seinem Namen bewiesen
habt, indem ihr den Heiligen gedient
habt und noch dient. 11 Wir wünschen
aber, dass jeder von euch im Blick auf
den Reichtum unserer Hoffnung bis
zum Ende den gleichen Eifer zeigt,
12 damit ihr nicht müde werdet, son-
dern Nachahmer derer seid, die auf-
grund ihres Glaubens und ihrer Aus-
dauer Erben der Verheißungen sind.

Die zuverlässige Verheißung

13 Als Gott dem Abraham die Verhei-
ßung gab, schwor er bei sich selbst, da
er bei keinem Höheren schwören konn-
te, 14 und sprach: Fürwahr, ich will dir
Segen schenken in Fülle und deine
Nachkommen überaus zahlreich ma-
chen. 15 So erlangte Abraham durch
seine Ausdauer das Verheißene. 16 Men-
schen nämlich schwören bei dem Hö-

heren; der Eid dient ihnen zur Bekräf-
tigung und schließt jeden weiteren
Einwand aus; 17 deshalb hat Gott, weil
er den Erben der Verheißung aus-
drücklich zeigen wollte, wie unab-
änderlich sein Entschluss ist, sich mit
einem Eid verbürgt. 18 So sollten wir
durch zwei unwiderrufliche Taten,
bei denen Gott unmöglich täuschen
konnte, einen kräftigen Ansporn ha-
ben, wir, die wir unsere Zuflucht dazu
genommen haben, die dargebotene
Hoffnung zu ergreifen. 19 In ihr haben
wir einen sicheren und festen Anker
der Seele, der hineinreicht in das In-
nere hinter dem Vorhang; 20 dorthin
ist Jesus für uns als unser Vorläufer
hineingegangen, er, der nach der Ord-
nung Melchisedeks Hoherpriester ist
auf ewig.

Christus und die Priester des Alten Bundes

Melchisedek und die Leviten

7 Dieser Melchisedek, König von
Salem und Priester des höchsten
Gottes; er, der dem Abraham, als dieser
nach dem Sieg über die Könige zurück-
kam, entgegenging und ihn segnete
2 und welchem Abraham den Zehnten
von allem gab; er, dessen Name »König
der Gerechtigkeit« bedeutet und der
auch König von Salem ist, das heißt
»König des Friedens«; 3 er, der ohne Va-
ter, ohne Mutter und ohne Stammbaum
ist, ohne Anfang seiner Tage und ohne
Ende seines Lebens, ein Abbild des
Sohnes Gottes: dieser Melchisedek bleibt
Priester für immer.
4 Seht doch, wie groß der ist, dem selbst
Abraham, der Patriarch, den Zehnten
vom Besten der Beute gab! 5 Zwar ha-
ben auch die von den Söhnen Levis, die
das Priesteramt übernehmen, den Auf-
trag, den gesetzmäßigen Zehnten vom
Volk zu erheben, das heißt von ihren
Brüdern, obwohl auch diese aus Abra-
ham hervorgegangen sind; 6 jener aber,
der seinen Stammbaum nicht von
ihnen herleitet, hat von Abraham den
Zehnten genommen und den Träger
der Verheißungen gesegnet. 7 Zweifel-
los wird aber immer der Geringere von
einem Höheren gesegnet. 8 Und in dem
einen Fall nehmen den Zehnten sterb-
liche Menschen, im andern aber einer,
von dem bezeugt wird, dass er lebt.
9 Und in Abraham hat sozusagen auch
Levi, der den Zehnten nimmt, den Zehn-
ten entrichtet; 10 denn er war noch im
Leib seines Stammvaters, als Melchise-
dek ihm entgegenging.

Christus und die Leviten

11 Wäre nun die Vollendung durch das
levitische Priestertum gekommen – das
Volk hat ja darüber gesetzliche Be-
stimmungen erhalten –, warum muss-
te dann noch ein anderer Priester nach

der Ordnung Melchisedeks eingesetzt
werden, und warum wurde er nicht
nach der Ordnung Aarons benannt?
12 Denn sobald das Priestertum ge-
ändert wird, ändert sich notwendig
auch das Gesetz. 13 Der nämlich, von
dem das gesagt wird, gehört einem
anderen Stamm an, von dem keiner Zu-
tritt zum Altar hat; 14 es ist ja bekannt,
dass unser Herr dem Stamm Juda ent-
sprossen ist, und diesem hat Mose keine
Priestersatzungen gegeben.
15 Das ist noch viel offenkundiger, wenn
nach dem Vorbild Melchisedeks ein
anderer Priester eingesetzt wird, 16 der
nicht, wie das Gesetz es fordert, auf-
grund leiblicher Abstammung Priester
geworden ist, sondern durch die Kraft
unzerstörbaren Lebens. 17 Denn es wird
bezeugt:
Du bist Priester auf ewig / nach der
Ordnung Melchisedeks.
18 Das frühere Gebot wird nämlich auf-
gehoben, weil es schwach und nutzlos
war – 19 denn das Gesetz hat nicht zur
Vollendung geführt –, und eine bessere
Hoffnung wird eingeführt, durch die
wir Gott nahe kommen. 20 Das ge-
schieht nicht ohne Eid; jene anderen
sind ohne Eid Priester geworden, 21 die-
ser aber durch einen Eid dessen, der zu
ihm sprach:
Der Herr hat geschworen, und nie wird
es ihn reuen: / Du bist Priester auf ewig.
22 So ist Jesus auch zum Bürgen eines
besseren Bundes geworden.
23 Auch folgten dort viele Priester auf-
einander, weil der Tod sie hinderte zu
bleiben; 24 er aber hat, weil er auf ewig
bleibt, ein unvergängliches Priester-
tum.

Christus, der vollkommene Priester

25 Darum kann er auch die, die durch
ihn vor Gott hintreten, für immer ret-
ten; denn er lebt allezeit, um für sie ein-
zutreten. 26 Ein solcher Hoherpriester
war für uns in der Tat notwendig: einer,
der heilig ist, unschuldig, makellos,
abgesondert von den Sündern und
erhöht über die Himmel; 27 einer, der es
nicht Tag für Tag nötig hat, wie die
Hohenpriester zuerst für die eigenen
Sünden Opfer darzubringen und dann
für die des Volkes; denn das hat er ein
für allemal getan, als er sich selbst dar-
gebracht hat. 28 Das Gesetz nämlich
macht Menschen zu Hohenpriestern,
die der Schwachheit unterworfen sind;
das Wort des Eides aber, der später als
das Gesetz kam, setzt den Sohn ein, der
auf ewig vollendet ist.

Christus, der Mittler des Neuen Bundes

8 Die Hauptsache dessen aber, was
wir sagen wollen, ist: Wir haben
einen Hohenpriester, der sich zur Rech-
ten des Thrones der Majestät im Him-
mel gesetzt hat, 2 als Diener des Heilig-
tums und des wahren Zeltes, das der

Herr selbst aufgeschlagen hat, nicht etwa ein Mensch. 3 Denn jeder Hohepriester wird eingesetzt, um Gaben und Opfer darzubringen; deshalb muss auch unser Hoherpriester etwas haben, was er darbringen kann. 4 Wäre er nun auf Erden, so wäre er nicht einmal Priester, da es hier schon Priester gibt, die nach dem Gesetz die Gaben darbringen. 5 Sie dienen einem Abbild und Schatten der himmlischen Dinge, nach der Anweisung, die Mose erhielt, als er daranging, das Zelt zu errichten: Sieh zu, heißt es, dass du alles nach dem Urbild ausführst, das dir auf dem Berg gezeigt wurde. 6 Jetzt aber ist ihm ein um so erhabenerer Priesterdienst übertragen worden, weil er auch Mittler eines besseren Bundes ist, der auf bessere Verheißungen gegründet ist.

7 Wäre nämlich jener erste Bund ohne Tadel, so würde man nicht einen zweiten an seine Stelle zu setzen suchen. 8 Denn er tadelt sie, wenn er sagt: Seht, es werden Tage kommen – spricht der Herr –, in denen ich mit dem Haus Israel und dem Haus Juda einen neuen Bund schließen werde, 9 nicht wie der Bund war, den ich mit ihren Vätern geschlossen habe, als ich sie bei der Hand nahm, um sie aus Ägypten herauszuführen. Sie sind nicht bei meinem Bund geblieben, und darum habe ich mich auch nicht mehr um sie gekümmert – spricht der Herr. 10 Das wird der Bund sein, den ich nach diesen Tagen mit dem Haus Israel schließe – spricht der Herr: Ich lege meine Gesetze in ihr Inneres hinein und schreibe sie ihnen in ihr Herz. Ich werde ihr Gott sein, und sie werden mein Volk sein. 11 Keiner wird mehr seinen Mitbürger und keiner seinen Bruder belehren und sagen: Erkenne den Herrn! Denn sie alle, klein und groß, werden mich erkennen. 12 Denn ich verzeihe ihnen ihre Schuld, und an ihre Sünden denke ich nicht mehr.

13 Indem er von einem neuen Bund spricht, hat er den ersten für veraltet erklärt. Was aber veraltet und überlebt ist, das ist dem Untergang nahe.

Christus und die Opfer des Alten Bundes

Der Opferdienst des Alten Bundes

9 Der erste Bund hatte gottesdienstliche Vorschriften und ein irdisches Heiligtum. 2 Es wurde nämlich ein erstes Zelt errichtet, in dem sich der Leuchter, der Tisch und die heiligen Brote befanden; dieses Zelt wurde das Heilige genannt. 3 Hinter dem zweiten Vorhang aber war ein Zelt, das so genannte Allerheiligste, 4 mit dem goldenen Rauchopferaltar und der ganz mit Gold überzogenen Bundeslade; darin waren ein goldener Krug mit dem Manna, der Stab Aarons, der Triebe angesetzt hatte, und die Bundestafeln;

5 über ihr waren die Kerubim der Herr-
lichkeit, die die Sühneplatte überschat-
teten. Doch es ist nicht möglich, darü-
ber jetzt im einzelnen zu reden.
6 So also ist das alles aufgebaut. In das
erste Zelt gehen die Priester das ganze
Jahr hinein, um die heiligen Dienste zu
verrichten. 7 In das zweite Zelt aber
geht nur einmal im Jahr der Hohepries-
ter allein hinein, und zwar mit dem
Blut, das er für sich und für die Ver-
gehen des Volkes darbringt. 8 Dadurch
deutet der Heilige Geist an, dass der
Weg in das Heiligtum noch nicht sicht-
bar geworden ist, solange das erste Zelt
Bestand hat. 9 Das ist ein Sinnbild, das
auf die gegenwärtige Zeit hinweist;
denn es werden Gaben und Opfer dar-
gebracht, die das Gewissen des Opfern-
den nicht zur Vollkommenheit führen
können; 10 es handelt sich nur um Spei-
sen und Getränke und allerlei Waschun-
gen, äußerliche Vorschriften, die bis zu
der Zeit einer besseren Ordnung auf-
erlegt worden sind.

Das einmalige Opfer Christi

11 Christus aber ist gekommen als
Hoherpriester der künftigen Güter;
und durch das erhabenere und vollkom-
menere Zelt, das nicht von Menschen-
hand gemacht, das heißt nicht von
dieser Welt ist, 12 ist er ein für allemal in
das Heiligtum hineingegangen, nicht
mit dem Blut von Böcken und jungen
Stieren, sondern mit seinem eigenen
Blut, und so hat er eine ewige Erlösung
bewirkt. 13 Denn wenn schon das Blut
von Böcken und Stieren und die Asche
einer Kuh die Unreinen, die damit be-
sprengt werden, so heiligt, dass sie leib-
lich rein werden, 14 wie viel mehr wird
das Blut Christi, der sich selbst kraft
ewigen Geistes Gott als makelloses
Opfer dargebracht hat, unser Gewissen
von toten Werken reinigen, damit wir
dem lebendigen Gott dienen.
15 Und darum ist er der Mittler eines
neuen Bundes; sein Tod hat die Er-
lösung von den im ersten Bund be-
gangenen Übertretungen bewirkt, da-
mit die Berufenen das verheißene
ewige Erbe erhalten. 16 Wo nämlich ein
Testament vorliegt, muss der Tod
des Erblassers nachgewiesen werden;
17 denn ein Testament wird erst im
Todesfall rechtskräftig und gilt nicht,
solange der Erblasser noch lebt. 18 Da-
her ist auch der erste Bund mit Blut in
Kraft gesetzt worden. 19 Nachdem Mose
jedes Gebot dem Gesetz gemäß dem
ganzen Volk vorgelesen hatte, nahm er
das Blut der jungen Stiere und der
Böcke, dazu Wasser, rote Wolle und
Ysop, besprengte das Buch selbst und
das ganze Volk 20 und sagte: Das ist das
Blut des Bundes, den Gott für euch
eingesetzt hat. 21 Dann besprengte er
auch das Zelt und alle gottesdienst-
lichen Geräte auf gleiche Weise mit
dem Blut. 22 Fast alles wird nach dem

Gesetz mit Blut gereinigt, und ohne
dass Blut vergossen wird, gibt es keine
Vergebung.
23 Durch solche Mittel müssen also die
Abbilder der himmlischen Dinge ge-
reinigt werden; die himmlischen Dinge
selbst aber erfordern wirksamere
Opfer. 24 Denn Christus ist nicht in ein
von Menschenhand errichtetes Heilig-
tum hineingegangen, in ein Abbild des
wirklichen, sondern in den Himmel
selbst, um jetzt für uns vor Gottes
Angesicht zu erscheinen; 25 auch nicht,
um sich selbst viele Male zu opfern,
(denn er ist nicht) wie der Hoheprie-
ster, der jedes Jahr mit fremdem Blut in
das Heiligtum hineingeht; 26 sonst
hätte er viele Male seit der Erschaffung
der Welt leiden müssen. Jetzt aber ist
er am Ende der Zeiten ein einziges Mal
erschienen, um durch sein Opfer die
Sünde zu tilgen. 27 Und wie es dem
Menschen bestimmt ist, ein einziges
Mal zu sterben, worauf dann das Ge-
richt folgt, 28 so wurde auch Christus
ein einziges Mal geopfert, um die Sün-
den vieler hinwegzunehmen; beim
zweitenmal wird er nicht wegen der
Sünde erscheinen, sondern um die zu
retten, die ihn erwarten.

Die endgültige Versöhnung mit Gott

10 Denn das Gesetz enthält nur
einen Schatten der künftigen
Güter, nicht die Gestalt der Dinge
selbst; darum kann es durch die immer
gleichen, alljährlich dargebrachten
Opfer die, die vor Gott treten, niemals
für immer zur Vollendung führen.
2 Hätte man nicht aufgehört zu opfern,
wenn die Opfernden ein für allemal ge-
reinigt und sich keiner Sünde mehr
bewusst gewesen wären? 3 Aber durch
diese Opfer wird alljährlich nur an die
Sünden erinnert, 4 denn das Blut von
Stieren und Böcken kann unmöglich
Sünden wegnehmen. 5 Darum spricht
Christus bei seinem Eintritt in die Welt:
Schlacht- und Speiseopfer hast du
nicht gefordert, / doch einen Leib hast
du mir geschaffen; 6 an Brand- und
Sündopfern hast du kein Gefallen.
7 Da sagte ich: Ja, ich komme – / so steht
es über mich in der Schriftrolle –, / um
deinen Willen, Gott, zu tun.
8 Zunächst sagt er: Schlacht- und Spei-
seopfer, Brand- und Sündopfer forderst
du nicht, du hast daran kein Gefallen,
obgleich sie doch nach dem Gesetz dar-
gebracht werden; 9 dann aber hat er ge-
sagt: Ja, ich komme, um deinen Willen
zu tun. So hebt Christus das erste auf,
um das zweite in Kraft zu setzen. 10 Auf-
grund dieses Willens sind wir durch
die Opfergabe des Leibes Jesu Christi
ein für allemal geheiligt.
11 Jeder Priester steht Tag für Tag da,
versieht seinen Dienst und bringt viele
Male die gleichen Opfer dar, die doch
niemals Sünden wegnehmen können.
12 Dieser aber hat nur ein einziges Op-

fer für die Sünden dargebracht und
sich dann für immer zur Rechten Got-
tes gesetzt; 13 seitdem wartet er, bis sei-
ne Feinde ihm als Schemel unter die
Füße gelegt werden. 14 Denn durch ein
einziges Opfer hat er die, die geheiligt
werden, für immer zur Vollendung
geführt. 15 Das bezeugt uns auch der
Heilige Geist; denn zuerst sagt er:
16 Das wird der Bund sein, den ich nach
diesen Tagen mit ihnen schließe – /
spricht der Herr:
Ich lege meine Gesetze in ihr Herz /
und schreibe sie in ihr Inneres;
17 dann aber:
An ihre Sünden und Übertretungen
denke ich nicht mehr.
18 Wo aber die Sünden vergeben sind,
da gibt es kein Sündopfer mehr.

Der Weg des Glaubens

Das unwandelbare Bekenntnis

19 Wir haben also die Zuversicht,
Brüder, durch das Blut Jesu in das
Heiligtum einzutreten. 20 Er hat uns
den neuen und lebendigen Weg er-
schlossen durch den Vorhang hin-
durch, das heißt durch sein Fleisch.
21 Da wir einen Hohenpriester haben,
der über das Haus Gottes gestellt ist,
22 lasst uns mit aufrichtigem Herzen
und in voller Gewissheit des Glaubens
hintreten, das Herz durch Bespren-
gung gereinigt vom schlechten Gewis-
sen und den Leib gewaschen mit reinem
Wasser. 23 Lasst uns an dem unwandel-
baren Bekenntnis der Hoffnung fest-
halten, denn er, der die Verheißung
gegeben hat, ist treu. 24 Lasst uns auf-
einander achten und uns zur Liebe und
zu guten Taten anspornen. 25 Lasst uns
nicht unseren Zusammenkünften fern-
bleiben, wie es einigen zur Gewohnheit
geworden ist, sondern ermuntert einan-
der, und das um so mehr, als ihr seht,
dass der Tag naht.

Warnung vor dem Abfall

26 Denn wenn wir vorsätzlich sündigen,
nachdem wir die Erkenntnis der Wahr-
heit empfangen haben, gibt es für diese
Sünden kein Opfer mehr, 27 sondern
nur die Erwartung des furchtbaren
Gerichts und ein wütendes Feuer, das
die Gegner verzehren wird. 28 Wer das
Gesetz des Mose verwirft, muss ohne
Erbarmen auf die Aussage von zwei
oder drei Zeugen hin sterben. 29 Meint
ihr nicht, dass eine noch viel härtere
Strafe der verdient, der den Sohn Got-
tes mit Füßen getreten, das Blut des
Bundes, durch das er geheiligt wurde,
verachtet und den Geist der Gnade ge-
schmäht hat? 30 Wir kennen doch den,
der gesagt hat: Mein ist die Rache, ich
werde vergelten, und ferner: Der Herr
wird sein Volk richten. 31 Es ist furcht-
bar, in die Hände des lebendigen Got-
tes zu fallen.

Mahnung zur Ausdauer

32 Erinnert euch an die früheren Tage, als
ihr nach eurer Erleuchtung manchen
harten Leidenskampf bestanden habt:
33 Ihr seid vor aller Welt beschimpft und
gequält worden, oder ihr seid mit-
betroffen gewesen vom Geschick derer,
denen es so erging; 34 denn ihr habt mit
den Gefangenen gelitten und auch den
Raub eures Vermögens freudig hinge-
nommen, da ihr wusstet, dass ihr einen
besseren Besitz habt, der euch bleibt.
35 Werft also eure Zuversicht nicht weg,
die großen Lohn mit sich bringt. 36 Was
ihr braucht, ist Ausdauer, damit ihr den
Willen Gottes erfüllen könnt und so das
verheißene Gut erlangt.

37 Denn nur noch eine kurze Zeit, /
dann wird der kommen, der kommen
soll, / und er bleibt nicht aus.
38 Mein Gerechter aber wird durch den
Glauben leben; / doch wenn er zurück-
weicht, / habe ich kein Gefallen an ihm.
39 Wir aber gehören nicht zu denen, die
zurückweichen und verloren gehen,
sondern zu denen, die glauben und das
Leben gewinnen.

Der Glaube der Väter

Die Urväter

11 Glaube aber ist: Feststehen in
dem, was man erhofft, Über-
zeugtsein von Dingen, die man nicht
sieht.
2 Aufgrund dieses Glaubens haben die
Alten ein ruhmvolles Zeugnis erhalten.
3 Aufgrund des Glaubens erkennen wir,
dass die Welt durch Gottes Wort er-
schaffen worden und dass so aus Un-
sichtbarem das Sichtbare entstanden
ist.

4 Aufgrund des Glaubens brachte Abel
Gott ein besseres Opfer dar als Kain;
durch diesen Glauben erhielt er das
Zeugnis, dass er gerecht war, da Gott es
bei seinen Opfergaben bezeugte, und
durch den Glauben redet Abel noch,
obwohl er tot ist.

5 Aufgrund des Glaubens wurde He-
noch entrückt und musste nicht ster-
ben; er wurde nicht mehr gefunden,
weil Gott ihn entrückt hatte; vor der
Entrückung erhielt er das Zeugnis, dass
er Gott gefiel. 6 Ohne Glauben aber ist
es unmöglich, (Gott) zu gefallen; denn
wer zu Gott kommen will, muss glau-
ben, dass er ist und dass er denen, die
ihn suchen, ihren Lohn geben wird.

7 Aufgrund des Glaubens wurde Noach
das offenbart, was noch nicht sichtbar
war, und er baute in frommem Gehor-
sam eine Arche zur Rettung seiner Fa-
milie; durch seinen Glauben sprach er
der Welt das Urteil und wurde Erbe der
Gerechtigkeit, die aus dem Glauben
kommt.

Die Patriarchen

8 Aufgrund des Glaubens gehorchte
Abraham dem Ruf, wegzuziehen in ein
Land, das er zum Erbe erhalten sollte;
und er zog weg, ohne zu wissen, wohin
er kommen würde.
9 Aufgrund des Glaubens hielt er sich
als Fremder im verheißenen Land wie
in einem fremden Land auf und wohnte
mit Isaak und Jakob, den Miterben
derselben Verheißung, in Zelten; 10 denn
er erwartete die Stadt mit den festen
Grundmauern, die Gott selbst geplant
und gebaut hat.
11 Aufgrund des Glaubens empfing
selbst Sara die Kraft, trotz ihres Alters
noch Mutter zu werden; denn sie hielt
den für treu, der die Verheißung gege-
ben hatte. 12 So stammen denn auch
von einem einzigen Menschen, dessen
Kraft bereits erstorben war, viele ab:
zahlreich wie die Sterne am Himmel
und der Sand am Meeresstrand, den
man nicht zählen kann.
13 Voll Glauben sind diese alle ge-
storben, ohne das Verheißene erlangt
zu haben; nur von fern haben sie es ge-
schaut und gegrüßt und haben be-
kannt, dass sie Fremde und Gäste auf
Erden sind. 14 Mit diesen Worten geben
sie zu erkennen, dass sie eine Heimat
suchen. 15 Hätten sie dabei an die Hei-
mat gedacht, aus der sie weggezogen
waren, so wäre ihnen Zeit geblieben zu-
rückzukehren; 16 nun aber streben sie
nach einer besseren Heimat, nämlich
der himmlischen. Darum schämt sich
Gott ihrer nicht, er schämt sich nicht,
ihr Gott genannt zu werden; denn er
hat für sie eine Stadt vorbereitet.
17 Aufgrund des Glaubens brachte Abra-
ham den Isaak dar, als er auf die Probe
gestellt wurde, und gab den einzigen
Sohn dahin, er, der die Verheißungen
empfangen hatte 18 und zu dem gesagt
worden war: Durch Isaak wirst du Nach-
kommen haben. 19 Er verließ sich darauf,
dass Gott sogar die Macht hat, Tote zum
Leben zu erwecken; darum erhielt er
Isaak auch zurück. Das ist ein Sinnbild.
20 Aufgrund des Glaubens segnete Isaak
Jakob und Esau im Hinblick auf das
Kommende.
21 Aufgrund des Glaubens segnete
Jakob sterbend jeden der Söhne Josefs
und neigte sich über das obere Ende
seines Stabes.
22 Aufgrund des Glaubens dachte Josef
vor seinem Tod an den Auszug der Israe-
liten und traf Anordnungen wegen
seiner Gebeine.

Weitere Zeugen des Glaubens

23 Aufgrund des Glaubens wurde Mose
nach seiner Geburt drei Monate lang
von seinen Eltern verborgen, weil sie
sahen, dass es ein schönes Kind war,
und weil sie sich vor dem Befehl des
Königs nicht fürchteten.
24 Aufgrund des Glaubens weigerte sich
Mose, als er herangewachsen war, Sohn

einer Tochter des Pharao genannt zu
werden; 25 lieber wollte er sich zusam-
men mit dem Volk Gottes misshandeln
lassen, als flüchtigen Genuss von der
Sünde zu haben; 26 er hielt die Schmach
des Messias für einen größeren Reich-
tum als die Schätze Ägyptens; denn er
dachte an den künftigen Lohn.
27 Aufgrund des Glaubens verließ er
Ägypten, ohne Furcht vor dem Zorn
des Königs; er hielt standhaft aus, als
sähe er den Unsichtbaren.
28 Aufgrund des Glaubens vollzog er
das Pascha und bestrich die Türpfosten
mit Blut, damit der Vernichter ihre
Erstgeborenen nicht anrührte.
29 Aufgrund des Glaubens zogen sie
durch das Rote Meer wie über tro-
ckenes Land; als die Ägypter das glei-
che versuchten, wurden sie vom Meer
verschlungen.
30 Aufgrund des Glaubens geschah es,
dass die Mauern von Jericho einstürz-
ten, nachdem man sieben Tage um sie
herumgezogen war.
31 Aufgrund des Glaubens kam die
Dirne Rahab nicht zusammen mit den
Ungehorsamen um; denn sie hatte die
Kundschafter in Frieden aufgenom-
men.
32 Und was soll ich noch aufzählen? Die
Zeit würde mir nicht reichen, wollte ich
von Gideon reden, von Barak, Simson,
Jiftach, David und von Samuel und den
Propheten; 33 sie haben aufgrund des
Glaubens Königreiche besiegt, Gerech-
tigkeit geübt, Verheißungen erlangt,
Löwen den Rachen gestopft, 34 Feuers-
glut gelöscht; sie sind scharfen Schwer-
tern entgangen; sie sind stark geworden,
als sie schwach waren; sie sind im Krieg
zu Helden geworden und haben feind-
liche Heere in die Flucht geschlagen.
35 Frauen haben ihre Toten durch Auf-
erstehung zurückerhalten. Einige nah-
men die Freilassung nicht an und ließen
sich foltern, um eine bessere Auferste-
hung zu erlangen. 36 Andere haben Spott
und Schläge erduldet, ja sogar Ketten
und Kerker. 37 Gesteinigt wurden sie, ver-
brannt, zersägt, mit dem Schwert umge-
bracht; sie zogen in Schafspelzen und
Ziegenfellen umher, notleidend, be-
drängt, misshandelt. 38 Sie, deren die
Welt nicht wert war, irrten umher in
Wüsten und Gebirgen, in den Höhlen
und Schluchten des Landes. 39 Doch sie
alle, die aufgrund des Glaubens (von
Gott) besonders anerkannt wurden, ha-
ben das Verheißene nicht erlangt, 40 weil
Gott erst für uns etwas Besseres vorgese-
hen hatte; denn sie sollten nicht ohne
uns vollendet werden.

12 Da uns eine solche Wolke von
Zeugen umgibt, wollen auch
wir alle Last und die Fesseln der Sünde
abwerfen. Lasst uns mit Ausdauer in
dem Wettkampf laufen, der uns auf-
getragen ist, 2 und dabei auf Jesus
blicken, den Urheber und Vollender
des Glaubens; er hat angesichts der vor
ihm liegenden Freude das Kreuz auf

sich genommen, ohne auf die Schande
zu achten, und sich zur Rechten von
Gottes Thron gesetzt. 3 Denkt an den,
der von den Sündern solchen Wider-
stand gegen sich erduldet hat; dann
werdet ihr nicht ermatten und den Mut
nicht verlieren.

Abschließende Mahnungen

Die Züchtigung als Zeichen väterlicher Liebe

4 Ihr habt im Kampf gegen die Sünde
noch nicht bis aufs Blut Widerstand
geleistet, 5 und ihr habt die Mahnung
vergessen, die euch als Söhne anredet:
Mein Sohn, verachte nicht die Zucht
des Herrn, / verzage nicht, wenn er dich
zurechtweist.
6 Denn wen der Herr liebt, den züchtigt
er; / er schlägt mit der Rute jeden Sohn,
den er gern hat.
7 Haltet aus, wenn ihr gezüchtigt wer-
det. Gott behandelt euch wie Söhne.
Denn wo ist ein Sohn, den sein Vater
nicht züchtigt? 8 Würdet ihr nicht
gezüchtigt, wie es doch bisher allen
ergangen ist, dann wäret ihr nicht wirk-
lich seine Kinder, ihr wäret nicht seine
Söhne. 9 Ferner: An unseren leiblichen
Vätern hatten wir harte Erzieher, und
wir achteten sie. Sollen wir uns dann
nicht erst recht dem Vater der Geister
unterwerfen und so das Leben haben?
10 Jene haben uns für kurze Zeit nach
ihrem Gutdünken in Zucht genom-
men; er aber tut es zu unserem Besten,
damit wir Anteil an seiner Heiligkeit
gewinnen. 11 Jede Züchtigung scheint
zwar für den Augenblick nicht Freude
zu bringen, sondern Schmerz; später
aber schenkt sie denen, die durch diese
Schule gegangen sind, als Frucht den
Frieden und die Gerechtigkeit.
12 Darum macht die erschlafften Hände
wieder stark und die wankenden Knie
wieder fest, 13 und ebnet die Wege für
eure Füße, damit die lahmen Glieder
nicht ausgerenkt, sondern geheilt
werden.

Warnung vor Leichtfertigkeit

14 Strebt voll Eifer nach Frieden mit
allen und nach der Heiligung, ohne die
keiner den Herrn sehen wird. 15 Seht zu,
dass niemand die Gnade Gottes ver-
scherzt, dass keine bittere Wurzel
wächst und Schaden stiftet und durch
sie alle vergiftet werden, 16 dass keiner
unzüchtig ist oder gottlos wie Esau, der
für eine einzige Mahlzeit sein Erst-
geburtsrecht verkaufte. 17 Ihr wisst
auch, dass er verworfen wurde, als er
später den Segen erben wollte; denn er
fand keinen Weg zur Umkehr, obgleich
er unter Tränen danach suchte.

Die rechte Furcht vor Gott

[18] Denn ihr seid nicht zu einem sicht-
baren, lodernden Feuer hingetreten, zu
dunklen Wolken, zu Finsternis und
Sturmwind, [19] zum Klang der Posaunen
und zum Schall der Worte, bei denen
die Hörer flehten, diese Stimme solle
nicht weiter zu ihnen reden; [20] denn sie
ertrugen nicht den Befehl: Sogar ein
Tier, das den Berg berührt, soll ge-
steinigt werden.; [21] Ja, so furchtbar war
die Erscheinung, dass Mose rief: Ich bin
voll Angst und Schrecken. [22] Ihr seid
vielmehr zum Berg Zion hingetreten,
zur Stadt des lebendigen Gottes, dem
himmlischen Jerusalem, zu Tausenden
von Engeln, zu einer festlichen Ver-
sammlung [23] und zur Gemeinschaft der
Erstgeborenen, die im Himmel ver-
zeichnet sind; zu Gott, dem Richter
aller, zu den Geistern der schon voll-
endeten Gerechten, [24] zum Mittler ei-
nes neuen Bundes, Jesus, und zum Blut
der Besprengung, das mächtiger ruft
als das Blut Abels.

[25] Gebt acht, dass ihr den nicht ablehnt,
der redet. Jene haben ihn abgelehnt, als
er auf Erden seine Gebote verkündete,
und sind (dem Gericht) nicht ent-
ronnen; wie viel weniger dann wir,
wenn wir uns von dem abwenden, der
jetzt vom Himmel her spricht. [26] Seine
Stimme hat damals die Erde erschüt-
tert, jetzt aber hat er verheißen: Noch
einmal lasse ich es beben, aber nicht
nur die Erde erschüttere ich, sondern
auch den Himmel. [27] Dieses Noch ein-
mal weist auf die Umwandlung dessen
hin, das, weil es erschaffen ist, erschüt-
tert wird, damit das Unerschütterliche
bleibt. [28] Darum wollen wir dankbar
sein, weil wir ein unerschütterliches
Reich empfangen, und wollen Gott so
dienen, wie es ihm gefällt, in ehr-
fürchtiger Scheu; [29] denn unser Gott ist
verzehrendes Feuer.

Aufruf zu echtem christlichem Leben

13 Die Bruderliebe soll bleiben.
[2] Vergesst die Gastfreundschaft
nicht; denn durch sie haben einige, ohne
es zu ahnen, Engel beherbergt. [3] Denkt
an die Gefangenen, als wäret ihr mit-
gefangen; denkt an die Misshandelten,
denn auch ihr lebt noch in eurem ir-
dischen Leib. [4] Die Ehe soll von allen in
Ehren gehalten werden, und das Ehebett
bleibe unbefleckt; denn Unzüchtige und
Ehebrecher wird Gott richten. [5] Euer
Leben sei frei von Habgier; seid zu-
frieden mit dem, was ihr habt; denn Gott
hat versprochen: Ich lasse dich nicht
fallen und verlasse dich nicht. [6] Darum
dürfen wir zuversichtlich sagen:
Der Herr ist mein Helfer, ich fürchte
mich nicht. / Was können Menschen
mir antun?

[7] Denkt an eure Vorsteher, die euch das
Wort Gottes verkündet haben; schaut
auf das Ende ihres Lebens, und ahmt
ihren Glauben nach! [8] Jesus Christus ist

derselbe gestern, heute und in Ewig-
keit. [9] Lasst euch nicht durch mancher-
lei fremde Lehren irreführen; denn es
ist gut, das Herz durch Gnade zu
stärken und nicht dadurch, dass man
nach Speisevorschriften lebt, die noch
keinem genützt haben.
[10] Wir haben einen Altar, von dem die
nicht essen dürfen, die dem Zelt die-
nen. [11] Denn die Körper der Tiere, de-
ren Blut vom Hohenpriester zur Süh-
nung der Sünde in das Heiligtum ge-
bracht wird, werden außerhalb des
Lagers verbrannt. [12] Deshalb hat auch
Jesus, um durch sein eigenes Blut das
Volk zu heiligen, außerhalb des Tores
gelitten. [13] Lasst uns also zu ihm vor das
Lager hinausziehen und seine Schmach
auf uns nehmen. [14] Denn wir haben
hier keine Stadt, die bestehen bleibt,
sondern wir suchen die künftige.
[15] Durch ihn also lasst uns Gott allezeit
das Opfer des Lobes darbringen, näm-
lich die Frucht der Lippen, die seinen
Namen preisen. [16] Vergesst nicht, Gutes
zu tun und mit anderen zu teilen; denn
an solchen Opfern hat Gott Gefallen.
[17] Gehorcht euren Vorstehern, und ord-
net euch ihnen unter, denn sie wachen
über euch und müssen Rechenschaft
darüber ablegen; sie sollen das mit
Freude tun können, nicht mit Seufzen,
denn das wäre zu eurem Schaden.
[18] Betet für uns! Zwar sind wir über-
zeugt, ein gutes Gewissen zu haben,
weil wir in allem recht zu leben suchen;
[19] um so dringender aber bitte ich um
euer Gebet, damit ich euch recht bald
zurückgegeben werde.

Der Schluss des Briefes: Segenswünsche und Grüsse

[20] Der Gott des Friedens aber, der Jesus,
unseren Herrn, den erhabenen Hirten
seiner Schafe, von den Toten herauf-
geführt hat durch das Blut eines ewi-
gen Bundes, [21] er mache euch tüchtig in
allem Guten, damit ihr seinen Willen
tut. Er bewirke in uns, was ihm gefällt,
durch Jesus Christus, dem die Ehre sei
in alle Ewigkeit. Amen.
[22] Schließlich bitte ich euch, Brüder,
nehmt diese Mahnrede bereitwillig an;
ich habe euch ja nur kurz geschrieben.
[23] Wisst, dass unser Bruder Timotheus
freigelassen worden ist; sobald er
kommt, werde ich mit ihm zusammen
euch besuchen. [24] Grüßt alle eure Vor-
steher und alle Heiligen! Es grüßen
euch die Brüder aus Italien.
[25] Die Gnade sei mit euch allen!

Die Katholischen Briefe

Die sieben Briefe, die dem Hebräerbrief folgen, werden seit alter Zeit »Katholische Briefe« genannt, weil sie nicht an bestimmte einzelne Gemeinden adressiert sind, sondern sich an einen größeren Leserkreis richten. »Katholisch« ist in diesem Zusammenhang im Sinn von »universal, allgemein« gebraucht.

Der Brief des Jakobus

Der Verfasser dieses Briefs ist nach der Anschrift Jakobus, der »Knecht Gottes und Jesu Christi, des Herrn« (1,1). Damit kann nicht der Apostel Jakobus, der Sohn des Zebedäus, oder der andere Apostel Jakobus, der Sohn des Alphäus (Mk 3,17; Apg 1,13), gemeint sein, da in der Anschrift der Aposteltitel fehlt. Mit dem Verfasser, den die Anschrift nennt, ist offensichtlich Jakobus, der »Bruder des Herrn«, gemeint, der in Mk 6,3 erwähnt wird (Jakobus, »der Kleine«, Mk 15,40). Er gehörte nach der Auferstehung Jesu zum Kern der Urgemeinde in Jerusalem (vgl. Apg 1,14; 1 Kor 15,7; Gal 1,19; 2,9). Nach dem Weggang des Petrus (Apg 12,17) wurde Jakobus, der gesetzestreue und angesehene Judenchrist, Leiter dieser Gemeinde (Apg 21,17f). Er erlitt im Jahr 62 n. Chr. den Märtyrertod.

Als Empfänger sind »die zwölf Stämme, die in der Zerstreuung leben«, genannt. Damit können die judenchristlichen Gemeinden in Palästina und anderen Ländern gemeint sein. Doch könnte der Ausdruck »die zwölf Stämme« auch eine symbolische Bezeichnung der ganzen Christenheit sein, die in dieser Welt wie in der Diaspora (»Zerstreuung« 1,1) lebt. Der Einfluss jüdischer Denk- und Redeweise ist in dem Brief jedenfalls deutlich erkennbar.

Wenn Jakobus, der »Bruder des Herrn«, diesen Brief verfasst hat, muss er spätestens im Jahr 62 geschrieben sein. Nach anderer Auffassung ist dieses in gutem Griechisch abgefasste Schreiben erst gegen Ende des 1. Jahrhunderts entstanden, und zwar in Kreisen, die sich auf Jakobus berufen konnten.

Der Jakobusbrief ist trotz des briefartigen Anfangs (1,1) kein eigentlicher Brief. Er hat auch keinen systematischen Aufbau. Es geht nicht um die Entfaltung oder Verteidigung von Lehren, sondern um die Mahnung zu einer tatkräftigen Verwirklichung des Evangeliums (mit Anklängen an die Bergpredigt).

Die einzelnen Abschnitte sind nur lose miteinander verbunden. Grundlage ist der Glaube an Jesus Christus, den Herrn der Herrlichkeit, den kommen-

den Richter (2,1; 5,7–11). Der Glaube ist Gabe Gottes, er lebt vom Hören auf das Wort und macht den Menschen zum wahren Gottesdienst fähig:
zur tätigen Liebe gegenüber den Armen (1,19–27; 2,1–13).
Über das Verhältnis von Glauben und Werken handelt ausführlich der Abschnitt 2,14–26. Während Paulus in Röm 3,28 sagt, der Mensch werde durch Glauben gerecht, unabhängig von den »Werken des Gesetzes«, betont Jakobus, »dass der Mensch aufgrund seiner Werke gerecht wird, nicht durch den Glauben allein« (2,24). Doch stehen die Aussagen des Jakobusbriefs nicht in wirklichem Gegensatz zur Lehre des Paulus. Paulus spricht von »Werken des Gesetzes«, Jakobus aber meint die Taten der Nächstenliebe, ohne die auch für Paulus der Glaube nichtig wäre (vgl. Gal 5,6).
Vom Inhalt des Briefs sind ferner zu nennen die Mahnungen zum Ausharren in Prüfungen, zum Gebet, die Warnung vor Lehrstreitigkeiten, vor einer Weisheit, die nicht von Gott kommt, und allgemein »vor jeder Befleckung durch die Welt«. Wichtig ist die Erwähnung der Krankensalbung in 5,14f (vgl. Mk 6,13).

Anschrift und Gruss

1 Jakobus, Knecht Gottes und Jesu
Christi, des Herrn, grüßt die zwölf
Stämme, die in der Zerstreuung leben.

Sinn und Wesen der Versuchung

2 Seid voll Freude, meine Brüder, wenn
ihr in mancherlei Versuchungen geratet.
3 Ihr wisst, dass die Prüfung eures Glau-
bens Ausdauer bewirkt. 4 Die Ausdauer
aber soll zu einem vollendeten Werk
führen; denn so werdet ihr vollendet
und untadelig sein, es wird euch nichts
mehr fehlen. 5 Fehlt es aber einem von
euch an Weisheit, dann soll er sie von
Gott erbitten; Gott wird sie ihm geben,
denn er gibt allen gern und macht
niemand einen Vorwurf. 6 Wer bittet,
soll aber voll Glauben bitten und nicht
zweifeln; denn wer zweifelt, ist wie eine
Welle, die vom Wind im Meer hin und
her getrieben wird. 7 Ein solcher Mensch
bilde sich nicht ein, dass er vom Herrn
etwas erhalten wird: 8 Er ist ein Mann
mit zwei Seelen, unbeständig auf all
seinen Wegen.
9 Der Bruder, der in niederem Stand
lebt, rühme sich seiner hohen Würde,
10 der Reiche aber seiner Niedrigkeit;
denn er wird dahinschwinden wie die
Blume im Gras. 11 Die Sonne geht auf,
und ihre Hitze versengt das Gras; die

Blume verwelkt, und ihre Pracht ver-
geht. So wird auch der Reiche vergehen
mit allem, was er unternimmt.
12 Glücklich der Mann, der in der Ver-
suchung standhält. Denn wenn er sich
bewährt, wird er den Kranz des Lebens
erhalten, der denen verheißen ist, die
Gott lieben. 13 Keiner, der in Versu-
chung gerät, soll sagen: Ich werde von
Gott in Versuchung geführt. Denn Gott
kann nicht in die Versuchung kommen,
Böses zu tun, und er führt auch selbst
niemand in Versuchung. 14 Jeder wird
von seiner eigenen Begierde, die ihn
lockt und fängt, in Versuchung geführt.
15 Wenn die Begierde dann schwanger
geworden ist, bringt sie die Sünde zur
Welt; ist die Sünde reif geworden,
bringt sie den Tod hervor.
16 Lasst euch nicht irreführen, meine
geliebten Brüder; 17 jede gute Gabe und
jedes vollkommene Geschenk kommt
von oben, vom Vater der Gestirne, bei
dem es keine Veränderung und keine
Verfinsterung gibt. 18 Aus freiem Willen
hat er uns durch das Wort der Wahrheit
geboren, damit wir gleichsam die Erst-
lingsfrucht seiner Schöpfung seien.

Ermahnungen und Warnungen

Der rechte Hörer des Wortes

19 Denkt daran, meine geliebten Brüder:
Jeder Mensch soll schnell bereit sein zu
hören, aber zurückhaltend im Reden
und nicht schnell zum Zorn bereit;
20 denn im Zorn tut der Mensch nicht
das, was vor Gott recht ist. 21 Darum legt
alles Schmutzige und Böse ab, seid sanft-
mütig und nehmt euch das Wort zu
Herzen, das in euch eingepflanzt worden
ist und das die Macht hat, euch zu retten.
22 Hört das Wort nicht nur an, sondern
handelt danach; sonst betrügt ihr euch
selbst. 23 Wer das Wort nur hört, aber
nicht danach handelt, ist wie ein
Mensch, der sein eigenes Gesicht im
Spiegel betrachtet: 24 Er betrachtet sich,
geht weg, und schon hat er vergessen,
wie er aussah. 25 Wer sich aber in das voll-
kommene Gesetz der Freiheit vertieft
und an ihm festhält, wer es nicht nur
hört, um es wieder zu vergessen, sondern
danach handelt, der wird durch sein Tun
selig sein.
26 Wer meint, er diene Gott, aber seine
Zunge nicht im Zaum hält, der betrügt
sich selbst, und sein Gottesdienst ist
wertlos. 27 Ein reiner und makelloser
Dienst vor Gott, dem Vater, besteht da-
rin: für Waisen und Witwen zu sorgen,
wenn sie in Not sind, und sich vor jeder
Befleckung durch die Welt zu bewahren.

Verhalten gegenüber Reichen und Armen

2 Meine Brüder, haltet den Glauben
an unseren Herrn Jesus Christus,
den Herrn der Herrlichkeit, frei von

jedem Ansehen der Person. 2 Wenn in
eure Versammlung ein Mann mit gol-
denen Ringen und prächtiger Kleidung
kommt, und zugleich kommt ein Ar-
mer in schmutziger Kleidung, 3 und ihr
blickt auf den Mann in der prächtigen
Kleidung und sagt: Setz dich hier auf
den guten Platz!, und zu dem Armen
sagt ihr: Du kannst dort stehen!, oder:
Setz dich zu meinen Füßen! – 4 macht
ihr dann nicht untereinander Unter-
schiede und fällt Urteile aufgrund ver-
werflicher Überlegungen? 5 Hört, mei-
ne geliebten Brüder: Hat Gott nicht die
Armen in der Welt auserwählt, um sie
durch den Glauben reich und zu Erben
des Königreichs zu machen, das er
denen verheißen hat, die ihn lieben?
6 Ihr aber verachtet den Armen. Sind es
nicht die Reichen, die euch unterdrü-
cken und euch vor die Gerichte schlep-
pen? 7 Sind nicht sie es, die den hohen
Namen lästern, der über euch ausge-
rufen worden ist? 8 Wenn ihr dagegen
nach dem Wort der Schrift: Du sollst
deinen Nächsten lieben wie dich
selbst! das königliche Gesetz erfüllt,
dann handelt ihr recht. 9 Wenn ihr aber
nach dem Ansehen der Person urteilt,
begeht ihr eine Sünde, und aus dem
Gesetz selbst wird offenbar, dass ihr es
übertreten habt. 10 Wer das ganze Ge-
setz hält und nur gegen ein einziges
Gebot verstößt, der hat sich gegen alle
verfehlt. 11 Denn er, der gesagt hat: Du
sollst nicht die Ehe brechen!, hat auch
gesagt: Du sollst nicht töten! Wenn du
nicht die Ehe brichst, aber tötest, hast
du das Gesetz übertreten.
12 Darum redet und handelt wie
Menschen, die nach dem Gesetz der
Freiheit gerichtet werden. 13 Denn das
Gericht ist erbarmungslos gegen den,
der kein Erbarmen gezeigt hat. Barm-
herzigkeit aber triumphiert über das
Gericht.

Glaube und Tat

14 Meine Brüder, was nützt es, wenn
einer sagt, er habe Glauben, aber es
fehlen die Werke? Kann etwa der
Glaube ihn retten? 15 Wenn ein Bruder
oder eine Schwester ohne Kleidung ist
und ohne das tägliche Brot 16 und einer
von euch zu ihnen sagt: Geht in Frie-
den, wärmt und sättigt euch!, ihr gebt
ihnen aber nicht, was sie zum Leben
brauchen – was nützt das? 17 So ist auch
der Glaube für sich allein tot, wenn er
nicht Werke vorzuweisen hat. 18 Nun
könnte einer sagen: Du hast Glauben,
und ich kann Werke vorweisen; zeig
mir deinen Glauben ohne die Werke,
und ich zeige dir meinen Glauben auf-
grund der Werke. 19 Du glaubst: Es gibt
nur den einen Gott. Damit hast du
recht; das glauben auch die Dämonen,
und sie zittern. 20 Willst du also ein-
sehen, du unvernünftiger Mensch, dass
der Glaube ohne Werke nutzlos ist?
21 Wurde unser Vater Abraham nicht

aufgrund seiner Werke als gerecht an-
erkannt? Denn er hat seinen Sohn Isaak
als Opfer auf den Altar gelegt. 22 Du
siehst, dass bei ihm der Glaube und die
Werke zusammenwirkten und dass erst
durch die Werke der Glaube vollendet
wurde. 23 So hat sich das Wort der
Schrift erfüllt: Abraham glaubte Gott,
und das wurde ihm als Gerechtigkeit
angerechnet, und er wurde Freund
Gottes genannt. 24 Ihr seht, dass der
Mensch aufgrund seiner Werke gerecht
wird, nicht durch den Glauben allein.
25 Wurde nicht ebenso auch die Dirne
Rahab durch ihre Werke als gerecht an-
erkannt, weil sie die Boten bei sich auf-
nahm und dann auf einem anderen
Weg entkommen ließ? 26 Denn wie der
Körper ohne den Geist tot ist, so ist
auch der Glaube tot ohne Werke.

Die Macht der Zunge

3 Nicht so viele von euch sollen
Lehrer werden, meine Brüder. Ihr
wisst, dass wir im Gericht strenger
beurteilt werden. 2 Denn wir alle ver-
fehlen uns in vielen Dingen. Wer sich
in seinen Worten nicht verfehlt, ist ein
vollkommener Mann und kann auch
seinen Körper völlig im Zaum halten.
3 Wenn wir den Pferden den Zaum an-
legen, damit sie uns gehorchen, lenken
wir damit das ganze Tier. 4 Oder denkt
an die Schiffe: Sie sind groß und
werden von starken Winden getrieben,
und doch lenkt sie der Steuermann mit
einem ganz kleinen Steuer, wohin er
will. 5 So ist auch die Zunge nur ein
kleines Körperglied und rühmt sich
doch großer Dinge. Und wie klein kann
ein Feuer sein, das einen großen Wald
in Brand steckt. 6 Auch die Zunge ist ein
Feuer, eine Welt voll Ungerechtigkeit.
Die Zunge ist der Teil, der den ganzen
Menschen verdirbt und das Rad des
Lebens in Brand setzt; sie selbst aber ist
von der Hölle in Brand gesetzt. 7 Denn
jede Art von Tieren, auf dem Land und
in der Luft, was am Boden kriecht und
was im Meer schwimmt, lässt sich zäh-
men und ist vom Menschen auch ge-
zähmt worden; 8 doch die Zunge kann
kein Mensch zähmen, dieses ruhelose
Übel, voll von tödlichem Gift. 9 Mit ihr
preisen wir den Herrn und Vater, und
mit ihr verfluchen wir die Menschen,
die als Abbild Gottes erschaffen sind.
10 Aus ein und demselben Mund kom-
men Segen und Fluch. Meine Brüder,
so darf es nicht sein. 11 Lässt etwa eine
Quelle aus derselben Öffnung süßes
und bitteres Wasser hervorsprudeln?
12 Kann denn, meine Brüder, ein Fei-
genbaum Oliven tragen oder ein Wein-
stock Feigen? So kann auch eine
salzige Quelle kein Süßwasser hervor-
bringen.

Die Weisheit von oben

13 Wer von euch ist weise und ver-
ständig? Er soll in weiser Bescheiden-
heit die Taten eines rechtschaffenen
Lebens vorweisen. 14 Wenn aber euer
Herz voll ist von bitterer Eifersucht und
von Ehrgeiz, dann prahlt nicht, und
verfälscht nicht die Wahrheit! 15 Das ist
nicht die Weisheit, die von oben kommt,
sondern eine irdische, eigennützige,
teuflische Weisheit. 16 Wo nämlich Ei-
fersucht und Ehrgeiz herrschen, da
gibt es Unordnung und böse Taten je-
der Art. 17 Doch die Weisheit von oben
ist erstens heilig, sodann friedlich,
freundlich, gehorsam, voll Erbarmen
und reich an guten Früchten, sie ist un-
parteiisch, sie heuchelt nicht. 18 Wo
Frieden herrscht, wird (von Gott) für
die Menschen, die Frieden stiften, die
Saat der Gerechtigkeit ausgestreut.

Warnung vor Zwietracht und Weltsinn

4 Woher kommen die Kriege bei
euch, woher die Streitigkeiten?
Doch nur vom Kampf der Leiden-
schaften in eurem Innern. 2 Ihr begehrt
und erhaltet doch nichts. Ihr mordet
und seid eifersüchtig und könnt
dennoch nichts erreichen. Ihr streitet
und führt Krieg. Ihr erhaltet nichts,
weil ihr nicht bittet. 3 Ihr bittet und
empfangt doch nichts, weil ihr in böser
Absicht bittet, um es in eurer Leiden-
schaft zu verschwenden. 4 Ihr Ehe-
brecher, wisst ihr nicht, dass Freund-
schaft mit der Welt Feindschaft mit
Gott ist? Wer also ein Freund der Welt
sein will, der wird zum Feind Gottes.
5 Oder meint ihr, die Schrift sage ohne
Grund: Eifersüchtig sehnt er sich nach
dem Geist, den er in uns wohnen ließ.
6 Doch er gibt noch größere Gnade;
darum heißt es auch: Gott tritt den
Stolzen entgegen, den Demütigen aber
schenkt er seine Gnade. 7 Ordnet euch
also Gott unter, leistet dem Teufel Wi-
derstand; dann wird er vor euch flie-
hen. 8 Sucht die Nähe Gottes; dann
wird er sich euch nähern. Reinigt die
Hände, ihr Sünder, läutert euer Herz,
ihr Menschen mit zwei Seelen! 9 Klagt
und trauert und weint! Euer Lachen
verwandle sich in Trauer, eure Freude
in Betrübnis. 10 Demütigt euch vor dem
Herrn; dann wird er euch erhöhen.

11 Verleumdet einander nicht, Brüder!
Wer seinen Bruder verleumdet oder
seinen Bruder verurteilt, verleumdet
das Gesetz und verurteilt das Gesetz;
wenn du aber das Gesetz verurteilst,
handelst du nicht nach dem Gesetz,
sondern bist sein Richter.

12 Nur einer ist der Gesetzgeber und
Richter: er, der die Macht hat, zu retten
und zu verderben. Wer aber bist du,
dass du über deinen Nächsten richtest?

Warnung vor Selbstsicherheit

13 Ihr aber, die ihr sagt: Heute oder
morgen werden wir in diese oder jene
Stadt reisen, dort werden wir ein Jahr
bleiben, Handel treiben und Gewinne
machen –, 14 ihr wisst doch nicht, was
morgen mit eurem Leben sein wird.
Rauch seid ihr, den man eine Weile
sieht; dann verschwindet er. 15 Ihr solltet
lieber sagen: Wenn der Herr will, wer-
den wir noch leben und dies oder jenes
tun. 16 Nun aber prahlt ihr voll Über-
mut; doch all dieses Prahlen ist schlecht.
17 Wer also das Gute tun kann und es
nicht tut, der sündigt.

Warnung an die hartherzigen Reichen

5 Ihr aber, ihr Reichen, weint nur
und klagt über das Elend, das
euch treffen wird. 2 Euer Reichtum ver-
fault, und eure Kleider werden von
Motten zerfressen. 3 Euer Gold und
Silber verrostet; ihr Rost wird als Zeuge
gegen euch auftreten und euer Fleisch
verzehren wie Feuer. Noch in den letz-
ten Tagen sammelt ihr Schätze. 4 Aber
der Lohn der Arbeiter, die eure Felder
abgemäht haben, der Lohn, den ihr
ihnen vorenthalten habt, schreit zum
Himmel; die Klagerufe derer, die eure
Ernte eingebracht haben, dringen zu
den Ohren des Herrn der himmlischen
Heere. 5 Ihr habt auf Erden ein üppiges
und ausschweifendes Leben geführt,
und noch am Schlachttag habt ihr euer
Herz gemästet. 6 Ihr habt den Gerech-
ten verurteilt und umgebracht, er aber
leistete euch keinen Widerstand.

Mahnung zur Ausdauer

7 Darum, Brüder, haltet geduldig aus
bis zur Ankunft des Herrn! Auch der
Bauer wartet auf die kostbare Frucht
der Erde, er wartet geduldig, bis im
Herbst und im Frühjahr der Regen
fällt. 8 Ebenso geduldig sollt auch hr
sein. Macht euer Herz stark, denn die
Ankunft des Herrn steht nahe bevor.
9 Klagt nicht übereinander, Brüder, da-
mit ihr nicht gerichtet werdet. Seht, der
Richter steht schon vor der Tür. 10 Brü-
der, im Leiden und in der Geduld
nehmt euch die Propheten zum Vor-
bild, die im Namen des Herrn ge-
sprochen haben. 11 Wer geduldig alles
ertragen hat, den preisen wir glücklich.
Ihr habt von der Ausdauer des Ijob ge-
hört und das Ende gesehen, das der
Herr herbeigeführt hat. Denn der Herr
ist voll Erbarmen und Mitleid.

Warnung vor dem Schwören

12 Vor allem, meine Brüder, schwört
nicht, weder beim Himmel noch bei
der Erde noch irgendeinen anderen
Eid. Euer Ja soll ein Ja sein und euer
Nein ein Nein, damit ihr nicht dem Ge-
richt verfallt.

Die Macht des vertrauensvollen Gebets

13 Ist einer von euch bedrückt? Dann
soll er beten. Ist einer fröhlich? Dann
soll er ein Loblied singen. 14 Ist einer
von euch krank? Dann rufe er die Ältesten der Gemeinde zu sich; sie sollen
Gebete über ihn sprechen und ihn im
Namen des Herrn mit Öl salben.
15 Das gläubige Gebet wird den Kranken retten, und der Herr wird ihn aufrichten; wenn er Sünden begangen hat,
werden sie ihm vergeben. 16 Darum
bekennt einander eure Sünden, und
betet füreinander, damit ihr geheiligt
werdet. Viel vermag das inständige Gebet eines Gerechten. 17 Elija war ein
Mensch wie wir; er betete inständig, es
solle nicht regnen, und es regnete drei
Jahre und sechs Monate nicht auf der
Erde. 18 Und er betete wieder; da gab
der Himmel Regen, und die Erde
brachte ihre Früchte hervor.

Die Verantwortung für den gefährdeten Bruder

19 Meine Brüder, wenn einer bei euch
von der Wahrheit abirrt und jemand
ihn zur Umkehr bewegt, 20 dann sollt
ihr wissen: Wer einen Sünder, der auf
Irrwegen ist, zur Umkehr bewegt, der
rettet ihn vor dem Tod und deckt viele
Sünden zu.

Der erste Brief des Petrus

Der Verfasser dieses Briefs ist nach 1,1 der Apostel Petrus. Er spricht zu den Ältesten der Gemeinde als »Mit-Ältester« und »Zeuge der Leiden Christi« (5,1). Er schreibt seinen Brief aus Babylon (5,13), womit nur Rom gemeint sein kann, »durch den Bruder Silvanus«. Bei ihm befindet sich auch Markus (5,12–13); damit ist wohl Johannes Markus gemeint, den Petrus von Jerusalem her kannte (Apg 12,12). Silvanus, auch Silas genannt, war ein angesehener Mann in der Gemeinde von Jerusalem und gehörte zu der Abordnung, die von dort nach Antiochia geschickt wurde (Apg 15,22). Er war ein urchristlicher Prophet (Apg 15,32). Paulus nahm ihn als Begleiter bei der zweiten Missionsreise mit (Apg 15,40; vgl. 18,5).

Nach altkirchlicher Überlieferung wurde der 1. Petrusbrief kurz vor dem Tod des Apostels (64 oder 67 n. Chr.) unter Kaiser Nero geschrieben. Gegen eine Verfasserschaft des Petrus erheben sich zwar einige Bedenken aufgrund des guten griechischen Stils und der vielen Gemeinsamkeiten zwischen dem 1. Petrusbrief und den Paulusbriefen; auch kann zur Zeit Neros noch nicht gesagt werden, dass die Christen in der ganzen Welt verfolgt werden (5,9). Die Einwände gegen die Verfasserschaft des Petrus verlieren zum Teil aber an Gewicht, wenn Silvanus nicht nur der Schreiber war, dem Petrus diktierte, sondern dessen »Sekretär«, der mit einer gewissen Selbständigkeit im Auftrag des Petrus schrieb. Eine sichere Entscheidung ist nicht möglich.

Der Brief richtet sich »an die Auserwählten, die als Fremde in Pontus, Galatien, Kappadozien, in der Provinz Asien und Bithynien in der Zerstreuung leben« (1,1), also an Gemeinden im nördlichen und westlichen Kleinasien. Die Empfänger des Briefs sind vorwiegend Heidenchristen; sie leben »in der Zerstreuung«, weil sie als Christen in der Welt fremd und heimatlos sind (vgl. 1,17). Das Fremdsein der »Auserwählten« in der Welt tritt in einer Zeit der Verfolgung stärker ins Bewusstsein. Um so notwendiger ist es für die

Christen, ihre besondere Stellung und ihre Sendung in Staat und Gesellschaft zu begreifen (vgl. 2,11–4,11). Diese Weisungen schöpfen aus einer bereits gefestigten christlichen Überlieferung. Der Brief will (vgl. 5,12) die Empfänger ermahnen, dem Glauben treu zu bleiben, und ihnen bezeugen, dass sie als Getaufte dazu berufen sind, am Leidensweg Jesu und dann auch an seiner Herrlichkeit teilzuhaben. Auf Taufe und Kreuz wird immer wieder hingewiesen, so dass manche Ausleger vermuten, dem Brief liege, vor allem in dem Abschnitt 1,3–4,11, eine urchristliche Taufansprache zugrunde.

Anschrift und Gruss

1 Petrus, Apostel Jesu Christi, an
die Auserwählten, die als Fremde
in Pontus, Galatien, Kappadozien, der
Provinz Asien und Bithynien in der
Zerstreuung leben, 2 von Gott, dem
Vater, von jeher ausersehen und durch
den Geist geheiligt, um Jesus Christus
gehorsam zu sein und mit seinem Blut
besprengt zu werden. Gnade sei mit
euch und Friede in Fülle.

Ziel und Weg des Glaubens

Das Ziel des Glaubens

3 Gepriesen sei der Gott und Vater
unseres Herrn Jesus Christus: Er hat
uns in seinem großen Erbarmen neu
geboren, damit wir durch die Auf-
erstehung Jesu Christi von den Toten
eine lebendige Hoffnung haben 4 und
das unzerstörbare, makellose und un-
vergängliche Erbe empfangen, das im
Himmel für euch aufbewahrt ist.
5 Gottes Macht behütet euch durch den
Glauben, damit ihr das Heil erlangt,
das am Ende der Zeit offenbart werden
soll. 6 Deshalb seid ihr voll Freude, ob-
wohl ihr jetzt vielleicht kurze Zeit unter
mancherlei Prüfungen leiden müsst.
7 Dadurch soll sich euer Glaube bewäh-
ren, und es wird sich zeigen, dass er
wertvoller ist als Gold, das im Feuer ge-
prüft wurde und doch vergänglich ist.
So wird (eurem Glauben) Lob, Herr-
lichkeit und Ehre zuteil bei der Offen-
barung Jesu Christi. 8 Ihn habt ihr nicht
gesehen, und dennoch liebt ihr ihn; ihr
seht ihn auch jetzt nicht; aber ihr
glaubt an ihn und jubelt in unsagbarer,
von himmlischer Herrlichkeit ver-
klärter Freude, 9 da ihr das Ziel des
Glaubens erreichen werdet: euer Heil.
10 Nach diesem Heil haben die Pro-
pheten gesucht und geforscht, und sie
haben über die Gnade geweissagt, die
für euch bestimmt ist. 11 Sie haben

nachgeforscht, auf welche Zeit und
welche Umstände der in ihnen wirken-
de Geist Christi hindeute, der die
Leiden Christi und die darauf folgende
Herrlichkeit im voraus bezeugte. [12] Den
Propheten wurde offenbart, dass sie
damit nicht sich selbst, sondern euch
dienten; und jetzt ist euch dies alles von
denen verkündet worden, die euch in
der Kraft des vom Himmel gesandten
Heiligen Geistes das Evangelium ge-
bracht haben. Das alles zu sehen ist
sogar das Verlangen der Engel.

Der Weg zum Glauben

[13] Deshalb umgürtet euch, und macht
euch bereit! Seid nüchtern, und setzt
eure Hoffnung ganz auf die Gnade, die
euch bei der Offenbarung Jesu Christi
geschenkt wird. [14] Seid gehorsame Kin-
der, und lasst euch nicht mehr von
euren Begierden treiben wie früher, in
der Zeit eurer Unwissenheit.
[15] Wie er, der euch berufen hat, heilig
ist, so soll auch euer ganzes Leben hei-
lig werden. [16] Denn es heißt in der
Schrift: Seid heilig, denn ich bin heilig.
[17] Und wenn ihr den als Vater anruft,
der jeden ohne Ansehen der Person
nach seinem Tun beurteilt, dann führt
auch, solange ihr in der Fremde seid,
ein Leben in Gottesfurcht. [18] Ihr wisst,
dass ihr aus eurer sinnlosen, von den
Vätern ererbten Lebensweise nicht um
einen vergänglichen Preis losgekauft
wurdet, nicht um Silber oder Gold,
[19] sondern mit dem kostbaren Blut
Christi, des Lammes ohne Fehl und
Makel. [20] Er war schon vor der Er-
schaffung der Welt dazu ausersehen,
und euretwegen ist er am Ende der
Zeiten erschienen. [21] Durch ihn seid ihr
zum Glauben an Gott gekommen, der
ihn von den Toten auferweckt und ihm
die Herrlichkeit gegeben hat, so dass
ihr an Gott glauben und auf ihn hoffen
könnt. [22] Der Wahrheit gehorsam, habt
ihr euer Herz rein gemacht für eine auf-
richtige Bruderliebe; darum hört nicht
auf, einander von Herzen zu lieben.
[23] Ihr seid neu geboren worden, nicht
aus vergänglichem, sondern aus unver-
gänglichem Samen: aus Gottes Wort,
das lebt und das bleibt. [24] Denn
alles Sterbliche ist wie Gras, / und all
seine Schönheit ist wie die Blume im
Gras.
Das Gras verdorrt, und die Blume ver-
welkt; / [25] doch das Wort des Herrn
bleibt in Ewigkeit.
Dieses Wort ist das Evangelium, das
euch verkündet worden ist.

Jesus Christus, der lebendige Stein

2 Legt also alle Bosheit ab, alle
Falschheit und Heuchelei, allen
Neid und alle Verleumdung. [2] Verlangt,
gleichsam als neu geborene Kinder,
nach der unverfälschten, geistigen
Milch, damit ihr durch sie heranwachst

und das Heil erlangt. 3 Denn ihr habt
erfahren, wie gütig der Herr ist. 4 Kommt
zu ihm, dem lebendigen Stein, der von
den Menschen verworfen, aber von
Gott auserwählt und geehrt worden ist.
5 Lasst euch als lebendige Steine zu
einem geistigen Haus aufbauen, zu
einer heiligen Priesterschaft, um durch
Jesus Christus geistige Opfer dar-
zubringen, die Gott gefallen. 6 Denn es
heißt in der Schrift:
Seht her, ich lege in Zion einen aus-
erwählten Stein, / einen Eckstein, den
ich in Ehren halte; / wer an ihn glaubt,
der geht nicht zugrunde.
7 Euch, die ihr glaubt, gilt diese Ehre.
Für jene aber, die nicht glauben, ist
dieser Stein, den die Bauleute ver-
worfen haben, zum Eckstein geworden,
8 zum Stein, an den man anstößt, und
zum Felsen, an dem man zu Fall kommt.
Sie stoßen sich an ihm, weil sie dem
Wort nicht gehorchen; doch dazu sind
sie bestimmt. 9 Ihr aber seid ein aus-
erwähltes Geschlecht, eine königliche
Priesterschaft, ein heiliger Stamm, ein
Volk, das sein besonderes Eigentum
wurde, damit ihr die großen Taten
dessen verkündet, der euch aus der
Finsternis in sein wunderbares Licht
gerufen hat. 10 Einst wart ihr nicht sein
Volk, jetzt aber seid ihr Gottes Volk;
einst gab es für euch kein Erbarmen,
jetzt aber habt ihr Erbarmen gefunden.

Christliches Leben in Familie und Gesellschaft

Der Christ im Staat

11 Liebe Brüder, da ihr Fremde und Gäs-
te seid in dieser Welt, ermahne ich
euch: Gebt den irdischen Begierden
nicht nach, die gegen die Seele
kämpfen. 12 Führt unter den Heiden ein
rechtschaffenes Leben, damit sie, die
euch jetzt als Übeltäter verleumden,
durch eure guten Taten zur Einsicht
kommen und Gott preisen am Tag der
Heimsuchung.
13 Unterwerft euch um des Herrn willen
jeder menschlichen Ordnung: dem
Kaiser, weil er über allen steht, 14 den
Statthaltern, weil sie von ihm entsandt
sind, um die zu bestrafen, die Böses
tun, und die auszuzeichnen, die Gutes
tun. 15 Denn es ist der Wille Gottes, dass
ihr durch eure guten Taten die
Unwissenheit unverständiger Menschen
zum Schweigen bringt. 16 Handelt als
Freie, aber nicht als solche, die die
Freiheit als Deckmantel für das Böse
nehmen, sondern wie Knechte Gottes.
17 Erweist allen Menschen Ehre, liebt
die Brüder, fürchtet Gott, und ehrt den
Kaiser!

Die Sklaven in der Nachfolge Christi

18 Ihr Sklaven, ordnet euch in aller Ehr-
furcht euren Herren unter, nicht nur

den guten und freundlichen, sondern
auch den launenhaften. 19 Denn es ist eine
Gnade, wenn jemand deswegen Krän-
kungen erträgt und zu Unrecht leidet,
weil er sich in seinem Gewissen nach Gott
richtet. 20 Ist es vielleicht etwas Beson-
deres, wenn ihr wegen einer Verfehlung
Schläge erduldet? Wenn ihr aber recht
handelt und trotzdem Leiden erduldet,
das ist eine Gnade in den Augen Gottes.
21 Dazu seid ihr berufen worden; denn
auch Christus hat für euch gelitten und
euch ein Beispiel gegeben, damit ihr
seinen Spuren folgt.
22 Er hat keine Sünde begangen, / und
in seinem Mund war kein trügerisches
Wort.
23 Er wurde geschmäht, schmähte aber
nicht; / er litt, drohte aber nicht, / son-
dern überließ seine Sache dem gerech-
ten Richter.
24 Er hat unsere Sünden mit seinem
Leib auf das Holz des Kreuzes getragen,
damit wir tot seien für die Sünden und
für die Gerechtigkeit leben. Durch
seine Wunden seid ihr geheilt. 25 Denn
ihr hattet euch verirrt wie Schafe, jetzt
aber seid ihr heimgekehrt zum Hirten
und Bischof eurer Seelen.

Frauen und Männer in der Ehe

3 Ebenso sollt ihr Frauen euch eu-
ren Männern unterordnen, damit
auch sie, falls sie dem Wort (des Evan-
geliums) nicht gehorchen, durch das
Leben ihrer Frauen ohne Worte gewon-
nen werden, 2 wenn sie sehen, wie ehr-
fürchtig und rein ihr lebt.
3 Nicht auf äußeren Schmuck sollt ihr
Wert legen, auf Haartracht, Gold und
prächtige Kleider, 4 sondern was im
Herzen verborgen ist, das sei euer un-
vergänglicher Schmuck: ein sanftes
und ruhiges Wesen.
Das ist wertvoll in Gottes Augen. 5 So
haben sich einst auch die heiligen
Frauen geschmückt, die ihre Hoffnung
auf Gott setzten: Sie ordneten sich
ihren Männern unter. 6 Sara gehorchte
Abraham und nannte ihn ihren Herrn.
Ihre Kinder seid ihr geworden, wenn
ihr recht handelt und euch vor keiner
Einschüchterung fürchtet.
7 Ebenso sollt ihr Männer im Umgang
mit euren Frauen rücksichtsvoll sein,
denn sie sind der schwächere Teil; ehrt
sie, denn auch sie sind Erben der Gna-
de des Lebens. So wird euren Gebeten
nichts mehr im Weg stehen.

Aufruf zur Eintracht

8 Endlich aber: seid alle eines Sinnes,
voll Mitgefühl und brüderlicher Liebe,
seid barmherzig und demütig! 9 Ver-
geltet nicht Böses mit Bösem noch
Kränkung mit Kränkung! Statt dessen
segnet; denn ihr seid dazu berufen,
Segen zu erlangen. 10 Es heißt nämlich:
Wer das Leben liebt / und gute Tage zu
sehen wünscht,

der bewahre seine Zunge vor Bösem /
und seine Lippen vor falscher Rede.
11 Er meide das Böse und tue das Gute; /
er suche Frieden und jage ihm nach.
12 Denn die Augen des Herrn blicken
auf die Gerechten, / und seine Ohren
hören ihr Flehen; / aber das Antlitz des
Herrn richtet sich gegen die Bösen.

Rechtes Verhalten in der Welt

13 Und wer wird euch Böses zufügen,
wenn ihr euch voll Eifer um das Gute
bemüht? 14 Aber auch wenn ihr um der
Gerechtigkeit willen leiden müsst, seid
ihr seligzupreisen. Fürchtet euch nicht
vor ihnen, und lasst euch nicht erschre-
cken, 15 sondern haltet in eurem Herzen
Christus, den Herrn, heilig! Seid stets
bereit, jedem Rede und Antwort zu
stehen, der nach der Hoffnung fragt, die
euch erfüllt; 16 aber antwortet be-
scheiden und ehrfürchtig, denn ihr habt
ein reines Gewissen. Dann werden die,
die euch beschimpfen, weil ihr in (der
Gemeinschaft mit) Christus ein recht-
schaffenes Leben führt, sich wegen ihrer
Verleumdungen schämen müssen. 17 Es
ist besser, für gute Taten zu leiden, wenn
es Gottes Wille ist, als für böse.
18 Denn auch Christus ist der Sünden
wegen ein einziges Mal gestorben, er,
der Gerechte, für die Ungerechten, um
euch zu Gott hinzuführen; dem Fleisch
nach wurde er getötet, dem Geist nach
lebendig gemacht. 19 So ist er auch zu
den Geistern gegangen, die im Gefäng-
nis waren, und hat ihnen gepredigt.
20 Diese waren einst ungehorsam, als
Gott in den Tagen Noachs geduldig
wartete, während die Arche gebaut
wurde; in ihr wurden nur wenige, näm-
lich acht Menschen, durch das Wasser
gerettet. 21 Dem entspricht die Taufe,
die jetzt euch rettet. Sie dient nicht
dazu, den Körper von Schmutz zu rei-
nigen, sondern sie ist eine Bitte an Gott
um ein reines Gewissen aufgrund der
Auferstehung Jesu Christi, 22 der in den
Himmel gegangen ist; dort ist er zur
Rechten Gottes, und Engel, Gewalten
und Mächte sind ihm unterworfen.
4 Da Christus im Fleisch gelitten
hat, wappnet auch ihr euch mit
diesem Gedanken: Wer im Fleisch
gelitten hat, für den hat die Sünde ein
Ende. 2 Darum richtet euch, solange ihr
noch auf Erden lebt, nicht mehr nach
den menschlichen Begierden, sondern
nach dem Willen Gottes! 3 Denn lange
genug habt ihr in der vergangenen Zeit
das heidnische Treiben mitgemacht
und habt ein ausschweifendes Leben
voller Begierden geführt, habt ge-
trunken, geprasst, gezecht und un-
erlaubten Götzenkult getrieben. 4 Jetzt
erregt es ihren Unwillen, und sie läs-
tern, weil ihr euch nicht mehr in diesen
Strudel der Leidenschaften hinein-
reißen lasst. 5 Aber sie werden vor dem
Rechenschaft ablegen müssen, der
schon bereitsteht, um die Lebenden

und die Toten zu richten. 6 Denn auch
Toten ist das Evangelium dazu ver-
kündet worden, dass sie wie Menschen
gerichtet werden im Fleisch, aber wie
Gott das Leben haben im Geist.
7 Das Ende aller Dinge ist nahe. Seid
also besonnen und nüchtern, und
betet! 8 Vor allem haltet fest an der
Liebe zueinander; denn die Liebe deckt
viele Sünden zu. 9 Seid untereinander
gastfreundlich, ohne zu murren. 10 Dient
einander als gute Verwalter der vielfäl-
tigen Gnade Gottes, jeder mit der Gabe,
die er empfangen hat. 11 Wer redet, der
rede mit den Worten, die Gott ihm
gibt; wer dient, der diene aus der Kraft,
die Gott verleiht. So wird in allem Gott
verherrlicht durch Jesus Christus. Sein
ist die Herrlichkeit und die Macht in
alle Ewigkeit. Amen.

Abschliessende Mahnungen

Ausdauer in der Prüfung

12 Liebe Brüder, lasst euch durch die
Feuersglut, die zu eurer Prüfung über
euch gekommen ist, nicht verwirren,
als ob euch etwas Ungewöhnliches zu-
stoße. 13 Statt dessen freut euch, dass
ihr Anteil an den Leiden Christi habt;
denn so könnt ihr auch bei der Offen-
barung seiner Herrlichkeit voll Freude
jubeln. 14 Wenn ihr wegen des Namens
Christi beschimpft werdet, seid ihr
seligzupreisen; denn der Geist der
Herrlichkeit, der Geist Gottes, ruht auf
euch. 15 Wenn einer von euch leiden
muss, soll es nicht deswegen sein, weil
er ein Mörder oder ein Dieb ist, weil er
Böses tut oder sich in fremde Angele-
genheiten einmischt. 16 Wenn er aber
leidet, weil er Christ ist, dann soll er
sich nicht schämen, sondern Gott ver-
herrlichen, indem er sich zu diesem
Namen bekennt. 17 Denn jetzt ist die
Zeit, in der das Gericht beim Haus
Gottes beginnt; wenn es aber bei uns
anfängt, wie wird dann das Ende derer
sein, die dem Evangelium Gottes nicht
gehorchen? 18 Und wenn der Gerechte
kaum gerettet wird, wo wird man dann
die Frevler und Sünder finden? 19 Da-
rum sollen alle, die nach dem Willen
Gottes leiden müssen, Gutes tun und
dadurch ihr Leben dem treuen Schöp-
fer anbefehlen.

Hirt und Herde

5 Eure Ältesten ermahne ich, da ich
ein Ältester bin wie sie und ein
Zeuge der Leiden Christi und auch an
der Herrlichkeit teilhaben soll, die sich
offenbaren wird: 2 Sorgt als Hirten für
die euch anvertraute Herde Gottes,
nicht aus Zwang, sondern freiwillig,
wie Gott es will; auch nicht aus Ge-
winnsucht, sondern aus Neigung; 3 seid
nicht Beherrscher eurer Gemeinden,
sondern Vorbilder für die Herde!

4 Wenn dann der oberste Hirt er-
scheint, werdet ihr den nie verwelken-
den Kranz der Herrlichkeit empfangen.
5 Sodann, ihr Jüngeren: ordnet euch
den Ältesten unter! Alle aber begegnet
einander in Demut! Denn Gott tritt
den Stolzen entgegen, den Demütigen
aber schenkt er seine Gnade. 6 Beugt
euch also in Demut unter die mächtige
Hand Gottes, damit er euch erhöht,
wenn die Zeit gekommen ist. 7 Werft
alle eure Sorge auf ihn, denn er küm-
mert sich um euch. 8 Seid nüchtern und
wachsam! Euer Widersacher, der Teu-
fel, geht wie ein brüllender Löwe um-
her und sucht, wen er verschlingen
kann. 9 Leistet ihm Widerstand in der
Kraft des Glaubens! Wisst, dass eure
Brüder in der ganzen Welt die gleichen
Leiden ertragen müssen! 10 Der Gott
aller Gnade aber, der euch in (der Ge-
meinschaft mit) Christus zu seiner
ewigen Herrlichkeit berufen hat, wird
euch, die ihr kurze Zeit leiden müsst,
wieder aufrichten, stärken, kräftigen
und auf festen Grund stellen. 11 Sein ist
die Macht in Ewigkeit. Amen.

Der Schluss des Briefes: Grüsse und Segenswunsch

12 Durch den Bruder Silvanus, den ich
für treu halte, habe ich euch kurz ge-
schrieben; ich habe euch ermahnt und
habe bezeugt, dass dies die wahre
Gnade Gottes ist, in der ihr stehen sollt.
13 Es grüßen euch die Mitauserwählten
in Babylon und mein Sohn Markus.
14 Grüßt einander mit dem Kuss der
Liebe! Friede sei mit euch allen, die ihr
in (der Gemeinschaft mit) Christus
seid.

Der zweite Brief des Petrus

Der 2. Petrusbrief richtet sich an alle, die an Christus glauben (1,1), genauer gesagt, an die Adressaten des 1. Petrusbriefs (vgl. 2 Petr 3,1), bei denen er auch Briefe des Paulus als bekannt voraussetzt (3,15f). Im zweiten Kapitel lehnt er sich an Ausführungen des Judasbriefs an. Deshalb wird oft angenommen, das Schreiben sei erst nach dem Tod des Apostels entstanden. Es ist in der Form eines Briefs abgefasst, wie die Anschrift zeigt (1,1f); auch einige persönliche Äußerungen entsprechen dem Briefcharakter. Es fehlt aber ein Briefschluss; das Schreiben endet mit einem Lobpreis auf Christus (3,18; vgl. 1 Petr 4,11). Nach Inhalt und Form will es als Testament des Apostels verstanden sein (1,12–15).
Der 2. Petrusbrief will die Leser im Glauben und in der Hoffnung stärken und sie vor falschen Lehrern warnen. Diese spotten über den Glauben an die Wiederkunft des Herrn (3,4) und leugnen seine göttliche Herrlichkeit (2,1.10). Entsprechend ist ihre Lebensweise (vgl. Kap. 2). Das Schreiben verteidigt demgegenüber nachdrücklich die Erwartung der Wiederkunft Christi und erinnert an die Herrlichkeit Jesu, die bei der Verklärung sichtbar wurde (1,16–18). Wichtig sind die Aussagen über die heiligen Schriften und ihre richtige Auslegung (1,19–21).

Anschrift und Gruss

1 Simon Petrus, Knecht und Apostel Jesu Christi, an alle, die durch die Gerechtigkeit unseres Gottes und Retters Jesus Christus den gleichen kostbaren Glauben erlangt haben wie
wir. 2 Gnade sei mit euch und Friede in Fülle durch die Erkenntnis Gottes und Jesu, unseres Herrn.

Die überlieferte Wahrheit

Glaube und Leben

3 Alles, was für unser Leben und unsere Frömmigkeit gut ist, hat seine göttliche Macht uns geschenkt; sie hat uns den

erkennen lassen, der uns durch seine
Herrlichkeit und Kraft berufen hat.
4 Durch sie wurden uns die kostbaren
und überaus großen Verheißungen ge-
schenkt, damit ihr der verderblichen Be-
gierde, die in der Welt herrscht, entflieht
und an der göttlichen Natur Anteil
erhaltet. 5 Darum setzt allen Eifer daran,
mit eurem Glauben die Tugend zu ver-
binden, mit der Tugend die Erkenntnis,
6 mit der Erkenntnis die Selbstbeherr-
schung, mit der Selbstbeherrschung die
Ausdauer, mit der Ausdauer die Fröm-
migkeit, 7 mit der Frömmigkeit die Brü-
derlichkeit und mit der Brüderlichkeit
die Liebe. 8 Wenn dies alles bei euch vor-
handen ist und wächst, dann nimmt es
euch die Trägheit und Unfruchtbarkeit,
so dass ihr Jesus Christus, unseren Herrn,
immer tiefer erkennt. 9 Wem dies aber
fehlt, der ist blind und kurzsichtig; er hat
vergessen, dass er gereinigt worden ist
von seinen früheren Sünden. 10 Deshalb,
meine Brüder, bemüht euch noch mehr
darum, dass eure Berufung und Erwäh-
lung Bestand hat. Wenn ihr das tut,
werdet ihr niemals scheitern. 11 Dann
wird euch in reichem Maß gewährt, in
das ewige Reich unseres Herrn und
Retters Jesus Christus einzutreten.

Das Zeugnis der Propheten und der Apostel

12 Darum will ich euch immer an das
alles erinnern, obwohl ihr es schon
wisst und in der Wahrheit gefestigt
seid, die ihr empfangen habt. 13 Ich
halte es nämlich für richtig, euch daran
zu erinnern, solange ich noch in
diesem Zelt lebe, und euch dadurch
wach zu halten; 14 denn ich weiß, dass
mein Zelt bald abgebrochen wird, wie
mir auch Jesus Christus, unser Herr, of-
fenbart hat. 15 Ich will aber dafür sor-
gen, dass ihr auch nach meinem Tod
euch jederzeit daran erinnern könnt.
16 Denn wir sind nicht irgendwelchen
klug ausgedachten Geschichten ge-
folgt, als wir euch die machtvolle
Ankunft Jesu Christi, unseres Herrn,
verkündeten, sondern wir waren Augen-
zeugen seiner Macht und Größe. 17 Er
hat von Gott, dem Vater, Ehre und
Herrlichkeit empfangen; denn er hörte
die Stimme der erhabenen Herrlich-
keit, die zu ihm sprach: Das ist mein
geliebter Sohn, an dem ich Gefallen
gefunden habe. 18 Diese Stimme, die
vom Himmel kam, haben wir gehört,
als wir mit ihm auf dem heiligen Berg
waren. 19 Dadurch ist das Wort der Pro-
pheten für uns noch sicherer gewor-
den, und ihr tut gut daran, es zu be-
achten; denn es ist ein Licht, das an
einem finsteren Ort scheint, bis der Tag
anbricht und der Morgenstern aufgeht
in eurem Herzen. 20 Bedenkt dabei vor
allem dies: Keine Weissagung der
Schrift darf eigenmächtig ausgelegt
werden; 21 denn niemals wurde eine
Weissagung ausgesprochen, weil ein

Mensch es wollte, sondern vom Heili-
gen Geist getrieben haben Menschen
im Auftrag Gottes geredet.

Warnung vor Irrlehrern

Das Auftreten falscher Lehrer

2 Es gab aber auch falsche Pro-
pheten im Volk; so wird es auch
bei euch falsche Lehrer geben. Sie
werden verderbliche Irrlehren verbreiten
und den Herrscher, der sie freigekauft
hat, verleugnen; doch dadurch werden
sie sich selbst bald ins Verderben
stürzen. 2 Bei ihren Ausschweifungen
werden sie viele Anhänger finden, und
ihretwegen wird der Weg der Wahrheit
in Verruf kommen. 3 In ihrer Habgier
werden sie euch mit verlogenen Worten
zu kaufen versuchen; aber das Gericht
über sie bereitet sich schon seit langem
vor, und das Verderben, das ihnen droht,
schläft nicht.

Das drohende Gericht über die Irrlehrer

4 Gott hat auch die Engel, die gesündigt
haben, nicht verschont, sondern sie in
die finsteren Höhlen der Unterwelt ver-
stoßen und hält sie dort eingeschlossen
bis zum Gericht. 5 Er hat auch die
frühere Welt nicht verschont, nur
Noach, den Verkünder der Gerechtig-
keit, hat er zusammen mit sieben ande-
ren als achten bewahrt, als er die Flut
über die Welt der Gottlosen brachte.
6 Auch die Städte Sodom und Gomorra
hat er eingeäschert und zum Untergang
verurteilt, als ein Beispiel für alle Gott-
losen in späteren Zeiten. 7 Den ge-
rechten Lot aber, der unter dem aus-
schweifenden Leben der Gottesver-
ächter litt, hat er gerettet; 8 denn dieser
Gerechte, der mitten unter ihnen wohn-
te, musste Tag für Tag ihr gesetzwidriges
Tun sehen und hören, und das quälte
den gerechten Mann Tag für Tag. 9 Der
Herr kann die Frommen aus der
Prüfung retten; bei den Ungerechten
aber kann er warten, um sie am Tag des
Gerichts zu bestrafen, 10a besonders die,
die sich von der schmutzigen Begierde
ihres Körpers beherrschen lassen und
die Macht des Herrn verachten.

Der Weg der Irrlehrer

10b Diese frechen und anmaßenden
Menschen schrecken nicht davor zu-
rück, die überirdischen Mächte zu
lästern, 11 während die Engel, die ihnen
an Stärke und Macht überlegen sind,
beim Herrn nicht über sie urteilen und
lästern. 12 Diese Menschen aber sind
wie unvernünftige Tiere, die von Natur
aus dazu geboren sind, gefangen zu
werden und umzukommen. Sie lästern
über Dinge, die sie nicht verstehen;
doch sie werden umkommen, wie die
Tiere umkommen, 13 und als Lohn
für ihr Unrecht werden sie Unrecht

erleiden. Sie halten es für ein Ver-
gnügen, bei Tag ein üppiges Leben zu
führen; ein schmutziger Schandfleck
sind sie, wenn sie in ihrer trügerischen
Genusssucht mit euch prassen und
schwelgen. 14 Sie haben nur Augen für
die Ehebrecherin und sind unersättlich
in der Sünde. Sie locken haltlose Men-
schen an, deren Sinn nicht gefestigt ist;
ihr Herz ist in der Habgier geübt, sie
sind Kinder des Fluches. 15 Sie haben
den geraden Weg verlassen und sind in
die Irre gegangen. Sie folgten dem Weg
Bileams, des Sohnes Bosors; ihm ging
es nur um den Lohn für sein Unrecht,
16 aber er wurde wegen seines Verge-
hens zurechtgewiesen: Ein stummes
Lasttier redete mit menschlicher Stim-
me und verhinderte das wahnwitzige
Vorhaben des Propheten. 17 Diese Men-
schen sind Quellen ohne Wasser, sie
sind Wolken, die der Sturm vor sich
herjagt; für sie ist die dunkelste Fins-
ternis bestimmt. 18 Sie führen geschwol-
lene und nichts sagende Reden; sie
lassen sich von ihren fleischlichen Be-
gierden treiben und locken mit ihren
Ausschweifungen die Menschen an, die
sich eben erst von denen getrennt
haben, die im Irrtum leben. 19 Freiheit
versprechen sie ihnen und sind doch
selbst Sklaven des Verderbens; denn
von wem jemand überwältigt worden
ist, dessen Sklave ist er. 20 Sie waren dem
Schmutz der Welt entronnen, weil sie
den Herrn und Retter Jesus Christus
erkannt hatten; wenn sie sich aber von
neuem davon fangen und überwältigen
lassen, dann steht es mit ihnen am
Ende schlimmer als vorher. 21 Es wäre
besser für sie, den Weg der Gerechtig-
keit gar nicht erkannt zu haben, als ihn
erkannt zu haben und sich danach
wieder von dem heiligen Gebot ab-
zuwenden, das ihnen überliefert worden
ist. 22 Auf sie trifft das wahre Sprichwort
zu: Der Hund kehrt zurück zu dem, was
er erbrochen hat, und: Die gewaschene
Sau wälzt sich wieder im Dreck.

DAS ERWARTETE KOMMEN CHRISTI

Die Gewissheit der Ankunft

3 Das ist schon der zweite Brief, den
ich euch schreibe, liebe Brüder. In
beiden will ich eure klare Einsicht
wachrufen und euch erinnern: 2 Denkt
an die Worte, die von den heiligen Pro-
pheten im voraus verkündet worden
sind, und an das Gebot des Herrn und
Retters, das eure Apostel euch über-
liefert haben. 3 Vor allem sollt ihr eines
wissen: Am Ende der Tage werden
Spötter kommen, die sich nur von
ihren Begierden leiten lassen und höh-
nisch sagen: 4 Wo bleibt denn seine ver-
heißene Ankunft? Seit die Väter ent-
schlafen sind, ist alles geblieben, wie es
seit Anfang der Schöpfung war. 5 Wer
das behauptet, übersieht, dass es einst

einen Himmel gab und eine Erde, die
durch das Wort Gottes aus Wasser ent-
stand und durch das Wasser Bestand
hatte. 6 Durch beides ging die damalige
Welt zugrunde, als sie vom Wasser
überflutet wurde. 7 Der jetzige Himmel
aber und die jetzige Erde sind durch
dasselbe Wort für das Feuer aufgespart
worden. Sie werden bewahrt bis zum
Tag des Gerichts, an dem die Gottlosen
zugrunde gehen.

Die Verzögerung der Ankunft

8 Das eine aber, liebe Brüder, dürft ihr
nicht übersehen: dass beim Herrn ein
Tag wie tausend Jahre und tausend
Jahre wie ein Tag sind. 9 Der Herr zögert
nicht mit der Erfüllung der Verhei-
ßung, wie einige meinen, die von Ver-
zögerung reden; er ist nur geduldig mit
euch, weil er nicht will, dass jemand zu-
grunde geht, sondern dass alle sich be-
kehren. 10 Der Tag des Herrn wird aber
kommen wie ein Dieb. Dann wird der
Himmel prasselnd vergehen, die Ele-
mente werden verbrannt und aufge-
löst, die Erde und alles, was auf ihr ist,
werden (nicht mehr) gefunden. 11 Wenn
sich das alles in dieser Weise auflöst:
wie heilig und fromm müsst ihr dann
leben, 12 den Tag Gottes erwarten und
seine Ankunft beschleunigen! An
jenem Tag wird sich der Himmel im
Feuer auflösen, und die Elemente wer-
den im Brand zerschmelzen. 13 Dann
erwarten wir, seiner Verheißung ge-
mäß, einen neuen Himmel und eine
neue Erde, in denen die Gerechtigkeit
wohnt.

Das Zeugnis der Paulusbriefe

14 Weil ihr das erwartet, liebe Brüder,
bemüht euch darum, von ihm ohne
Makel und Fehler und in Frieden an-
getroffen zu werden. 15 Seid überzeugt,
dass die Geduld unseres Herrn eure
Rettung ist. Das hat euch auch unser
geliebter Bruder Paulus mit der ihm ge-
schenkten Weisheit geschrieben; 16 es
steht in allen seinen Briefen, in denen
er davon spricht. In ihnen ist manches
schwer zu verstehen, und die Unwis-
senden, die noch nicht gefestigt sind,
verdrehen diese Stellen ebenso wie die
übrigen Schriften zu ihrem eigenen
Verderben.

DER SCHLUSS DES BRIEFES: WUNSCH UND LOBPREIS

17 Ihr aber, liebe Brüder, sollt das im
voraus wissen und acht geben, dass ihr
euch nicht von dem Irrtum der Gottes-
verächter mitreißen lasst, euren Halt
verliert und zu Fall kommt. 18 Wachset
in der Gnade und Erkenntnis unseres
Herrn und Retters Jesus Christus! Ihm
gebührt die Herrlichkeit, jetzt und bis
zum Tag der Ewigkeit. Amen.

Der erste Brief des Johannes

Dieses Schreiben wendet sich wahrscheinlich an einen örtlich begrenzten Kreis christlicher Gemeinden und ist wohl gegen Ende des 1. Jahrhunderts abgefasst. Nach Stil und Gedankengut ist der 1. Johannesbrief mit dem Johannesevangelium nah verwandt.
Der Verfasser rechnet sich zu einer Gruppe christlicher Lehrer (vgl. »wir« in 1,1–4 u. ö.), die im Kampf gegen Irrlehrer (vgl. 2,18; 4,1) das »von Anfang an« Verkündigte (2,7.24; 3,11) einschärfen wollen.
Das Schreiben mahnt zum Glauben an Jesus, den Christus und Sohn Gottes, und zur Bruderliebe. Es ist kunstvoll gegliedert und hat folgenden Aufbau: Vorrede (1,1–4); Gemeinschaft mit Gott durch ein Leben im Licht, das heißt durch Einhalten der Gebote (1,5–2,17); Abwehr der »Antichriste« und Festhalten am wahren Bekenntnis zu Christus (2,18–27); Gotteskindschaft und Erfüllung der Gerechtigkeit in tätiger Bruderliebe (2,28–3,24); Unterscheidung der Geister und Verwirklichung des Glaubens in der Liebe (4,1–21); der wahre Glaube als Sieg über die Welt und als Weg zum Leben (5,1–12); Abschluss: Sünde und ewiges Leben (5,13–21).
Der 1. Johannesbrief ist ein wichtiges Zeugnis für den wahren Glauben an Jesus Christus als Gottessohn und weist auf bleibende Grundlagen des christlichen Lebens hin (Bruderliebe, Überwindung der Sünde).

Vorrede: Das Wort des Lebens

1 Was von Anfang an war, was wir
gehört haben, was wir mit unseren Augen gesehen, was wir geschaut und was unsere Hände angefasst haben, das verkünden wir: das Wort
des Lebens. 2 Denn das Leben wurde offenbart; wir haben gesehen und bezeugen und verkünden euch das ewige Leben, das beim Vater war und uns offenbart wurde.
3 Was wir gesehen und gehört haben,
das verkünden wir auch euch, damit

auch ihr Gemeinschaft mit uns habt.
Wir aber haben Gemeinschaft mit dem
Vater und mit seinem Sohn Jesus
Christus. 4 Wir schreiben dies, damit
unsere Freude vollkommen ist.

Das Leben in der Gemeinschaft mit Gott

Das Wesen Gottes

5 Das ist die Botschaft, die wir von ihm
gehört haben und euch verkünden:
Gott ist Licht, und keine Finsternis ist
in ihm. 6 Wenn wir sagen, dass wir Ge-
meinschaft mit ihm haben, und doch
in der Finsternis leben, lügen wir und
tun nicht die Wahrheit. 7 Wenn wir
aber im Licht leben, wie er im Licht ist,
haben wir Gemeinschaft miteinander,
und das Blut seines Sohnes Jesus rei-
nigt uns von aller Sünde.

Christ und Sünde

8 Wenn wir sagen, dass wir keine Sünde
haben, führen wir uns selbst in die Irre,
und die Wahrheit ist nicht in uns.
9 Wenn wir unsere Sünden bekennen,
ist er treu und gerecht; er vergibt uns
die Sünden und reinigt uns von allem
Unrecht. 10 Wenn wir sagen, dass wir
nicht gesündigt haben, machen wir ihn
zum Lügner, und sein Wort ist nicht in
uns.

2 Meine Kinder, ich schreibe euch
dies, damit ihr nicht sündigt.
Wenn aber einer sündigt, haben wir
einen Beistand beim Vater: Jesus Chris-
tus, den Gerechten. 2 Er ist die Sühne
für unsere Sünden, aber nicht nur für
unsere Sünden, sondern auch für die
der ganzen Welt.

Wahre Gotteserkenntnis

3 Wenn wir seine Gebote halten, er-
kennen wir, dass wir ihn erkannt
haben. 4 Wer sagt: Ich habe ihn er-
kannt!, aber seine Gebote nicht hält, ist
ein Lügner, und die Wahrheit ist nicht
in ihm. 5 Wer sich aber an sein Wort
hält, in dem ist die Gottesliebe wahr-
haft vollendet. Wir erkennen daran,
dass wir in ihm sind. 6 Wer sagt, dass er
in ihm bleibt, muss auch leben, wie er
gelebt hat.

Das neue Gebot

7 Liebe Brüder, ich schreibe euch kein
neues Gebot, sondern ein altes Gebot,
das ihr von Anfang an hattet. Das alte
Gebot ist das Wort, das ihr gehört habt.
8 Und doch schreibe ich euch ein neues
Gebot, etwas, das in ihm und in euch
verwirklicht ist; denn die Finsternis
geht vorüber, und schon leuchtet das
wahre Licht. 9 Wer sagt, er sei im Licht,
aber seinen Bruder hasst, ist noch in
der Finsternis. 10 Wer seinen Bruder

liebt, bleibt im Licht; da gibt es für ihn
kein Straucheln. 11 Wer aber seinen
Bruder hasst, ist in der Finsternis. Er
geht in der Finsternis und weiß nicht,
wohin er geht; denn die Finsternis hat
seine Augen blind gemacht.

Christ und Welt

12 Ich schreibe euch, ihr Kinder, dass
euch durch seinen Namen die Sünden
vergeben sind. 13 Ich schreibe euch, ihr
Väter, dass ihr den erkannt habt, der
von Anfang an ist. Ich schreibe euch,
ihr jungen Männer, dass ihr den Bösen
besiegt habt. 14 Ich schreibe euch, ihr
Kinder, dass ihr den Vater erkannt
habt.
Ich schreibe euch, ihr Väter, dass ihr
den erkannt habt, der von Anfang an
ist. Ich schreibe euch, ihr jungen Män-
ner, dass ihr stark seid, dass das Wort
Gottes in euch bleibt und dass ihr den
Bösen besiegt habt.
15 Liebt nicht die Welt und was in der
Welt ist! Wer die Welt liebt, hat die
Liebe zum Vater nicht. 16 Denn alles,
was in der Welt ist, die Begierde des
Fleisches, die Begierde der Augen und
das Prahlen mit dem Besitz, ist nicht
vom Vater, sondern von der Welt. 17 Die
Welt und ihre Begierde vergeht; wer
aber den Willen Gottes tut, bleibt in
Ewigkeit.

Die Bewährung des Glaubens

Das Auftreten von Irrlehrern

18 Meine Kinder, es ist die letzte Stunde.
Ihr habt gehört, dass der Antichrist
kommt, und jetzt sind viele Antichriste
gekommen. Daran erkennen wir, dass
es die letzte Stunde ist. 19 Sie sind aus
unserer Mitte gekommen, aber sie ge-
hörten nicht zu uns; denn wenn sie zu
uns gehört hätten, wären sie bei uns ge-
blieben. Es sollte aber offenbar werden,
dass sie alle nicht zu uns gehörten.
20 Ihr habt die Salbung von dem, der
heilig ist, und ihr alle wisst es. 21 Ich
schreibe euch nicht, dass ihr die Wahr-
heit nicht wisst, sondern ich schreibe
euch, dass ihr sie wisst und dass keine
Lüge von der Wahrheit stammt.
22 Wer ist der Lügner – wenn nicht der,
der leugnet, dass Jesus der Christus ist?
Das ist der Antichrist: wer den Vater
und den Sohn leugnet. 23 Wer leugnet,
dass Jesus der Sohn ist, hat auch den
Vater nicht; wer bekennt, dass er der
Sohn ist, hat auch den Vater.
24 Für euch gilt: Was ihr von Anfang an
gehört habt, soll in euch bleiben; wenn
das, was ihr von Anfang an gehört
habt, in euch bleibt, dann bleibt ihr im
Sohn und im Vater. 25 Und seine Ver-
heißung an uns ist das ewige Leben.
26 Dies habe ich euch über die ge-
schrieben, die euch in die Irre führen.
27 Für euch aber gilt: Die Salbung, die

ihr von ihm empfangen habt, bleibt in
euch, und ihr braucht euch von nie-
mand belehren zu lassen. Alles, was
seine Salbung euch lehrt, ist wahr und
keine Lüge. Bleibt in ihm, wie es euch
seine Salbung gelehrt hat.

Mahnung zur Treue

28 Und jetzt, meine Kinder, bleibt in
ihm, damit wir, wenn er erscheint, die
Zuversicht haben und bei seinem Kom-
men nicht zu unserer Schande von ihm
gerichtet werden.
29 Wenn ihr wisst, dass er gerecht ist,
erkennt auch, dass jeder, der die Ge-
rechtigkeit tut, von Gott stammt.

Das Geschenk der Kindschaft Gottes

3 Seht, wie groß die Liebe ist, die
der Vater uns geschenkt hat: Wir
heißen Kinder Gottes, und wir sind es.
Die Welt erkennt uns nicht, weil sie ihn
nicht erkannt hat. 2 Liebe Brüder, jetzt
sind wir Kinder Gottes. Aber was wir
sein werden, ist noch nicht offenbar
geworden. Wir wissen, dass wir ihm
ähnlich sein werden, wenn er offenbar
wird; denn wir werden ihn sehen, wie
er ist. 3 Jeder, der dies von ihm erhofft,
heiligt sich, so wie Er heilig ist. 4 Jeder,
der die Sünde tut, handelt gesetzwid-
rig; denn Sünde ist Gesetzwidrigkeit.
5 Ihr wisst, dass er erschienen ist, um
die Sünde wegzunehmen, und er selbst
ist ohne Sünde. 6 Jeder, der in ihm bleibt,
sündigt nicht. Jeder, der sündigt, hat
ihn nicht gesehen und ihn nicht
erkannt. 7 Meine Kinder, lasst euch von
niemand in die Irre führen! Wer die
Gerechtigkeit tut, ist gerecht, wie Er
gerecht ist. 8 Wer die Sünde tut, stammt
vom Teufel; denn der Teufel sündigt
von Anfang an. Der Sohn Gottes aber
ist erschienen, um die Werke des
Teufels zu zerstören. 9 Jeder, der von
Gott stammt, tut keine Sünde, weil
Gottes Same in ihm bleibt. Er kann
nicht sündigen, weil er von Gott
stammt. 10 Daran kann man die Kinder
Gottes und die Kinder des Teufels er-
kennen: Jeder, der die Gerechtigkeit
nicht tut und seinen Bruder nicht liebt,
ist nicht aus Gott.

Aufruf zur Bruderliebe

11 Denn das ist die Botschaft, die ihr von
Anfang an gehört habt: Wir sollen
einander lieben 12 und nicht wie Kain
handeln, der von dem Bösen stammte
und seinen Bruder erschlug. Warum
hat er ihn erschlagen? Weil seine Taten
böse, die Taten seines Bruders aber
gerecht waren.
13 Wundert euch nicht, meine Brüder,
wenn die Welt euch hasst. 14 Wir wis-
sen, dass wir aus dem Tod in das Leben
hinübergegangen sind, weil wir die
Brüder lieben. Wer nicht liebt, bleibt
im Tod. 15 Jeder, der seinen Bruder

hasst, ist ein Mörder, und ihr wisst:
Kein Mörder hat ewiges Leben, das in
ihm bleibt.
16 Daran haben wir die Liebe erkannt,
dass Er sein Leben für uns hingegeben
hat. So müssen auch wir für die Brüder
das Leben hingeben. 17 Wenn jemand
Vermögen hat und sein Herz vor dem
Bruder verschließt, den er in Not sieht,
wie kann die Gottesliebe in ihm
bleiben? 18 Meine Kinder, wir wollen
nicht mit Wort und Zunge lieben, son-
dern in Tat und Wahrheit.

Die Zuversicht der Kinder Gottes

19 Daran werden wir erkennen, dass wir
aus der Wahrheit sind, und werden
unser Herz in seiner Gegenwart beru-
higen. 20 Denn wenn das Herz uns auch
verurteilt – Gott ist größer als unser
Herz, und er weiß alles. 21 Liebe Brüder,
wenn das Herz uns aber nicht ver-
urteilt, haben wir gegenüber Gott Zu-
versicht; 22 alles, was wir erbitten, emp-
fangen wir von ihm, weil wir seine Ge-
bote halten und tun, was ihm gefällt.
23 Und das ist sein Gebot: Wir sollen an
den Namen seines Sohnes Jesus Chris-
tus glauben und einander lieben, wie
es seinem Gebot entspricht. 24 Wer
seine Gebote hält, bleibt in Gott und
Gott in ihm. Und dass er in uns bleibt,
erkennen wir an dem Geist, den er uns
gegeben hat.

Der Glaube als Weg zum Leben

Über die Unterscheidung der Geister

4 Liebe Brüder, traut nicht jedem
Geist, sondern prüft die Geister,
ob sie aus Gott sind; denn viele falsche
Propheten sind in die Welt hinaus-
gezogen.
2 Daran erkennt ihr den Geist Gottes:
Jeder Geist, der bekennt, Jesus Christus
sei im Fleisch gekommen, ist aus Gott.
3 Und jeder Geist, der Jesus nicht
bekennt, ist nicht aus Gott. Das ist der
Geist des Antichrists, über den ihr ge-
hört habt, dass er kommt. Jetzt ist er
schon in der Welt.
4 Ihr aber, meine Kinder, seid aus Gott
und habt sie besiegt; denn Er, der in
euch ist, ist größer als jener, der in der
Welt ist. 5 Sie sind aus der Welt; deshalb
sprechen sie, wie die Welt spricht, und
die Welt hört auf sie. 6 Wir aber sind aus
Gott. Wer Gott erkennt, hört auf uns;
wer nicht aus Gott ist, hört nicht auf uns.
Daran erkennen wir den Geist der
Wahrheit und den Geist des Irrtums.

Die Vollendung des Glaubens in der Liebe

7 Liebe Brüder, wir wollen einander
lieben; denn die Liebe ist aus Gott, und
jeder, der liebt, stammt von Gott und
erkennt Gott. 8 Wer nicht liebt, hat Gott

nicht erkannt; denn Gott ist die Liebe.
9 Die Liebe Gottes wurde unter uns da-
durch offenbart, dass Gott seinen ein-
zigen Sohn in die Welt gesandt hat, da-
mit wir durch ihn leben. 10 Nicht darin
besteht die Liebe, dass wir Gott geliebt
haben, sondern dass er uns geliebt und
seinen Sohn als Sühne für unsere
Sünden gesandt hat. 11 Liebe Brüder,
wenn Gott uns so geliebt hat, müssen
auch wir einander lieben. 12 Niemand
hat Gott je geschaut; wenn wir einan-
der lieben, bleibt Gott in uns, und seine
Liebe ist in uns vollendet. 13 Daran er-
kennen wir, dass wir in ihm bleiben
und er in uns bleibt: Er hat uns von
seinem Geist gegeben. 14 Wir haben ge-
sehen und bezeugen, dass der Vater
den Sohn gesandt hat als den Retter der
Welt. 15 Wer bekennt, dass Jesus der
Sohn Gottes ist, in dem bleibt Gott,
und er bleibt in Gott. 16a Wir haben die
Liebe, die Gott zu uns hat, erkannt und
gläubig angenommen.

Furcht und Liebe

16b Gott ist die Liebe, und wer in der
Liebe bleibt, bleibt in Gott, und Gott
bleibt in ihm. 17 Darin ist unter uns die
Liebe vollendet, dass wir am Tag des
Gerichts Zuversicht haben. Denn wie
er, so sind auch wir in dieser Welt.
18 Furcht gibt es in der Liebe nicht,
sondern die vollkommene Liebe ver-
treibt die Furcht. Denn die Furcht rech-
net mit Strafe, und wer sich fürchtet,
dessen Liebe ist nicht vollendet.
19 Wir wollen lieben, weil er uns zuerst
geliebt hat. 20 Wenn jemand sagt: Ich
liebe Gott!, aber seinen Bruder hasst, ist
er ein Lügner. Denn wer seinen Bruder
nicht liebt, den er sieht, kann Gott nicht
lieben, den er nicht sieht. 21 Und dieses
Gebot haben wir von ihm: Wer Gott
liebt, soll auch seinen Bruder lieben.

Der Glaube als Sieg über die Welt

5 Jeder, der glaubt, dass Jesus der
Christus ist, stammt von Gott,
und jeder, der den Vater liebt, liebt
auch den, der von ihm stammt. 2 Wir
erkennen, dass wir die Kinder Gottes
lieben, wenn wir Gott lieben und seine
Gebote erfüllen.
3 Denn die Liebe zu Gott besteht darin,
dass wir seine Gebote halten. Seine Ge-
bote sind nicht schwer. 4 Denn alles, was
von Gott stammt, besiegt die Welt. Und
das ist der Sieg, der die Welt besiegt hat:
unser Glaube. 5 Wer sonst besiegt die
Welt, außer dem, der glaubt, dass Jesus
der Sohn Gottes ist? 6 Dieser ist es, der
durch Wasser und Blut gekommen ist:
Jesus Christus. Er ist nicht nur im
Wasser gekommen, sondern im Wasser
und im Blut. Und der Geist ist es, der
Zeugnis ablegt; denn der Geist ist die
Wahrheit. 7 Drei sind es, die Zeugnis ab-
legen: 8 der Geist, das Wasser und das
Blut; und diese drei sind eins.

Das Zeugnis Gottes

9 Wenn wir von Menschen ein Zeugnis
annehmen, so ist das Zeugnis Gottes
gewichtiger; denn das ist das Zeugnis
Gottes: Er hat Zeugnis abgelegt für
seinen Sohn. 10 Wer an den Sohn Gottes
glaubt, trägt das Zeugnis in sich. Wer
Gott nicht glaubt, macht ihn zum
Lügner, weil er nicht an das Zeugnis
glaubt, das Gott für seinen Sohn abge-
legt hat. 11 Und das Zeugnis besteht
darin, dass Gott uns das ewige Leben
gegeben hat; und dieses Leben ist in
seinem Sohn. 12 Wer den Sohn hat, hat
das Leben; wer den Sohn Gottes nicht
hat, hat das Leben nicht.

Schlussmahnung: Sünde und ewiges Leben

13 Dies schreibe ich euch, damit ihr
wisst, dass ihr das ewige Leben habt;
denn ihr glaubt an den Namen des
Sohnes Gottes. 14 Wir haben ihm ge-
genüber die Zuversicht, dass er uns
hört, wenn wir etwas erbitten, das
seinem Willen entspricht. 15 Wenn wir
wissen, dass er uns bei allem hört, was
wir erbitten, dann wissen wir auch,
dass er unsere Bitten schon erfüllt hat.
16 Wer sieht, dass sein Bruder eine
Sünde begeht, die nicht zum Tod führt,
soll (für ihn) bitten; und Gott wird ihm
Leben geben, allen, deren Sünde nicht
zum Tod führt. Denn es gibt Sünde, die
zum Tod führt. Von ihr spreche ich
nicht, wenn ich sage, dass er bitten soll.
17 Jedes Unrecht ist Sünde; aber es gibt
Sünde, die nicht zum Tod führt. 18 Wir
wissen: Wer von Gott stammt, sündigt
nicht, sondern der von Gott Gezeugte
bewahrt ihn, und der Böse tastet ihn
nicht an. 19 Wir wissen: Wir sind aus
Gott, aber die ganze Welt steht unter
der Macht des Bösen. 20 Wir wissen
aber: Der Sohn Gottes ist gekommen,
und er hat uns Einsicht geschenkt, da-
mit wir (Gott) den Wahren erkennen.
Und wir sind in diesem Wahren, in
seinem Sohn Jesus Christus. Er ist der
wahre Gott und das ewige Leben.
21 Meine Kinder, hütet euch vor den
Götzen!

Der zweite Brief des Johannes

Der 2. Johannesbrief entspricht in der Anlage antiken Briefen, die gewöhnlich den Umfang eines Papyrusblattes hatten (vgl. 3 Joh). Der Verfasser stellt sich als »der Alte« oder »der Älteste« vor und weist damit auf seine Autorität hin. Über seine Person wissen wir nichts Sicheres.

Nach dem einleitenden Gruß (VV. 1–3) mahnt er zunächst zu christlicher Lebensführung entsprechend dem Liebesgebot (VV. 4–6), warnt vor Irrlehrern und gibt die Anweisung, ihnen keine Aufnahme und Gemeinschaft zu gewähren (VV. 7–11). Dann kündigt er seinen baldigen Besuch an und schließt mit Grüßen der Gemeinde, in der er sich befindet (VV. 12–13).

Nach Stil und Inhalt steht das Schreiben dem 1. Johannesbrief nahe (Liebesgebot, Irrlehren über Christus). Durch die eigentümliche Bezeichnung des Absenders ist er mit dem 3. Johannesbrief verbunden; beide sind wohl demselben Verfasser zuzuweisen.

Im Unterschied zum 3. Johannesbrief ist der zweite (vgl. VV. 1 und 13) ein Gemeindebrief.

Der Brief gibt Einblick in christliches Denken um 100 n. Chr. und zeigt, wie sich die Kirche damals gegen umherziehende Irrlehrer verteidigt. Obwohl das Liebesgebot stark betont ist, wird eine scharfe Trennungslinie zu den »Verführern« gezogen.

Anschrift und Gruss

1 Der Älteste an die von Gott auser-
wählte Herrin und an ihre Kinder, die
ich in Wahrheit liebe; aber nicht nur
ich, sondern auch alle, die die Wahr-
heit erkannt haben, lieben sie 2 auf-
grund der Wahrheit, die in uns bleibt.
Und sie wird mit uns sein in Ewigkeit.
3 Gnade wird mit uns sein, Erbarmen
und Friede von Gott, dem Vater, und
von Jesus Christus, dem Sohn des Va-
ters, in Wahrheit und Liebe.

Leben in der Wahrheit

4 Ich habe mich sehr gefreut, unter deinen Kindern solche zu finden, die in der Wahrheit leben, gemäß dem Gebot, das wir vom Vater empfangen haben.

5 Und so bitte ich dich, Herrin, nicht als wollte ich dir ein neues Gebot schreiben, sondern nur das, das wir von Anfang an hatten: dass wir einander lieben sollen. 6 Denn die Liebe besteht darin, dass wir nach seinen Geboten leben. Das Gebot, das ihr von Anfang an gehört habt, lautet: Ihr sollt in der Liebe leben.

Abweisung von Irrlehrern

7 Viele Verführer sind in die Welt hinausgegangen; sie bekennen nicht, dass Jesus Christus im Fleisch gekommen ist. Das ist der Verführer und der Antichrist. 8 Achtet auf euch, damit ihr nicht preisgebt, was wir erarbeitet haben, sondern damit ihr den vollen Lohn empfangt. 9 Jeder, der darüber hinausgeht und nicht in der Lehre Christi bleibt, hat Gott nicht. Wer aber in der Lehre bleibt, hat den Vater und den Sohn.

10 Wenn jemand zu euch kommt und nicht diese Lehre mitbringt, dann nehmt ihn nicht in euer Haus auf, sondern verweigert ihm den Gruß. 11 Denn wer ihm den Gruß bietet, macht sich mitschuldig an seinen bösen Taten.

Schlussgrüsse

12 Vieles hätte ich euch noch zu schreiben; ich will es aber nicht mit Papier und Tinte tun, sondern hoffe, selbst zu euch zu kommen und persönlich mit euch zu sprechen, damit unsere Freude vollkommen wird. 13 Es grüßen dich die Kinder deiner auserwählten Schwester.

Der dritte Brief des Johannes

Der 3. Johannesbrief ist wie der zweite von dem »Alten« oder »Ältesten« verfasst. Es ist ein persönlicher Brief an einen sonst unbekannten Gaius, der zu einem mit dem Absender verbundenen Freundeskreis gehört (vgl. V. 15). Drei Anliegen kommen darin zur Sprache: die Unterstützung von Wandermissionaren (VV. 2–8), die Zurückweisung eines herrschsüchtigen Gemeindeleiters namens Diotrephes, der die Bemühungen des Briefschreibers hindert und Christen aus der Gemeinde ausschließt (VV. 9–10), sowie eine Empfehlung für einen gewissen Demetrius (VV. 11–12). Der Briefschluss (VV. 13–15) gleicht dem des 2. Johannesbriefs.

Die Gemeinde, in der sich der Empfänger befindet, kann kaum dieselbe wie die Empfängerin des 2. Johannesbriefs sein. Von Irrlehrern ist keine Rede. Wegen des gleichen Verfassers muss dieser Brief etwa aus der gleichen Zeit wie der 2. Johannesbrief stammen (Ende des 1. Jahrhunderts).

Der 3. Johannesbrief ist wertvoll für die Kenntnis damaliger Gemeindeverhältnisse: Es gibt noch keine feste kirchliche Verfassung, aber lebendige Gemeindezellen, Wandermissionare und den Einfluss eines über die Ortsgemeinden hinaus wirkenden Mannes.

Anschrift und Gruss

1 Der Älteste an den geliebten Gaius, den ich in Wahrheit liebe.

2 Lieber Bruder, ich wünsche dir in jeder Hinsicht Wohlergehen und Gesundheit, so wie es deiner Seele wohl-
ergeht. 3 Denn ich habe mich sehr gefreut, als Brüder kamen, die für deine Treue zur Wahrheit Zeugnis ablegten und berichteten, wie du in der Wahr-
heit lebst. 4 Ich habe keine größere Freude, als zu hören, dass meine Kinder in der Wahrheit leben.

Unterstützung von Missionaren

5 Lieber Bruder, du handelst treu in
allem, was du an den Brüdern, sogar an
fremden Brüdern tust. 6 Sie haben vor
der Gemeinde für deine Liebe Zeugnis
abgelegt. Du wirst gut daran tun, wenn
du sie für ihre Reise so ausrüstest, wie
es Gottes würdig ist. 7 Denn für seinen
Namen sind sie ausgezogen und haben
von den Heiden nichts angenommen.
8 Darum sind wir verpflichtet, solche
Männer aufzunehmen, damit auch wir
zu Mitarbeitern für die Wahrheit
werden.

Zurechtweisung des Diotrephes

9 Ich habe der Gemeinde geschrieben.
Aber Diotrephes, der unter ihnen der
Erste sein will, erkennt uns nicht an.
10 Deshalb werde ich, wenn ich komme,
an sein Tun und Treiben erinnern. Mit
bösen Worten hetzt er gegen uns und
gibt sich damit noch nicht zufrieden;
sondern er selbst nimmt die Brüder
nicht auf und hindert alle daran, die es
tun wollen, und schließt diese aus der
Gemeinde aus.

Empfehlung des Demetrius

11 Lieber Bruder, ahme nicht das Böse
nach, sondern das Gute! Wer das Gute
tut, ist aus Gott; wer aber das Böse tut,
hat Gott nicht gesehen. 12 Für Deme-
trius legen alle und die Wahrheit selbst
Zeugnis ab; auch wir legen für ihn
Zeugnis ab, und du weißt, dass unser
Zeugnis wahr ist.

Schlussgrüsse

13 Vieles hätte ich dir noch zu schrei-
ben; ich will es aber nicht mit Tinte und
Feder tun. 14 Ich hoffe, dich bald zu
sehen; dann werden wir persönlich
miteinander sprechen. 15 Friede sei mit
dir! Es grüßen dich die Freunde. Grüße
die Freunde, jeden einzelnen!

Der Brief des Judas

Der Verfasser stellt sich in V. 1 als »Judas, Bruder des Jakobus« vor. Er beruft sich auf Jakobus, weil dieser eine bei den Empfängern des Briefs angesehene Persönlichkeit ist. Mit Judas kann also nur der »Bruder des Herrn« gemeint sein, der in Mt 13,55 und Mk 6,3 neben Jakobus und weiteren Brüdern Jesu genannt wird.

Der Judasbrief ist sicher vor dem 2. Petrusbrief geschrieben, da dieser ihn in Kap. 2 benützt. Er will vor Irrlehrern warnen, die den Glauben gefährden und die Gemeinde spalten. Den falschen Lehrern wird Gottlosigkeit, ausschweifendes Leben, Leugnung der alleinigen Herrschaft Christi und Missachtung der Engel vorgeworfen (VV. 3–4.8–16.19). Diese Angaben reichen nicht aus, um auf eine bestimmte Irrlehre zu schließen.

Der Aufbau des Briefs ist einfach. Im ersten Teil (VV. 3–16) droht Judas den falschen Lehrern das Gericht Gottes an. Er verweist auf warnende Beispiele im Alten Testament und beruft sich auch auf außerbiblische jüdische Überlieferungen (»Buch des Henoch« in den VV. 7 und 14, »Himmelfahrt des Mose« in V. 9). Der zweite Teil (VV. 17–23) wendet sich an die treu gebliebenen Christen. Sie sollen festhalten am Glauben und am Gebet, an der Liebe und an der Hoffnung, und sie sollen sich der Brüder annehmen, die in Gefahr sind.

Anschrift und Gruss

1 Judas, Knecht Jesu Christi, Bruder des
Jakobus, an die Berufenen, die von
Gott, dem Vater, geliebt und für Jesus
Christus bestimmt und bewahrt sind.
2 Erbarmen, Frieden und Liebe seien
mit euch in Fülle.

Warnung vor den Irrlehrern

Das Auftreten falscher Lehrer

3 Liebe Brüder, da es mich sehr drängt,
euch über unsere gemeinsame Rettung
zu schreiben, halte ich es für notwen-

dig, euch mit diesem Brief zu ermah-
nen: Kämpft für den überlieferten
Glauben,
der den Heiligen ein für allemal anver-
traut ist. 4 Denn es haben sich einige
Leute eingeschlichen, die schon seit
langem für das Gericht vorgemerkt
sind: gottlose Menschen, die die Gnade
unseres Gottes dazu missbrauchen, ein
zügelloses Leben zu führen, und die
Jesus Christus, unseren einzigen Herr-
scher und Herrn, verleugnen.

Das drohende Gericht über die Irrlehrer

5 Zwar wisst ihr alles ein für allemal;
aber ich will euch dennoch daran er-
innern: Obwohl der Herr das Volk aus
Ägypten gerettet hatte, hat er später
alle vernichtet, die nicht glaubten. 6 Die
Engel, die ihren hohen Rang miss-
achtet und ihren Wohnsitz verlassen
haben, hat er mit ewigen Fesseln in der
Finsternis eingeschlossen, um sie am
großen Tag zu richten.
7 Auch Sodom und Gomorra und ihre
Nachbarstädte sind ein Beispiel: In
ähnlicher Weise wie jene trieben sie
Unzucht und wollten mit Wesen ande-
rer Art verkehren; daher werden sie mit
ewigem Feuer bestraft.

Der Weg der Irrlehrer

8 Genauso beflecken sich auch diese
Träumer, sie missachten die Macht des
Herrn und lästern die überirdischen
Mächte. 9 Als der Erzengel Michael mit
dem Teufel rechtete und über den
Leichnam des Mose stritt, wagte er
nicht, den Teufel zu lästern und zu ver-
urteilen, sondern sagte: Der Herr weise
dich in die Schranken. 10 Diese jedoch
lästern über alles, was sie nicht kennen;
was sie aber wie die unvernünftigen
Tiere von Natur aus verstehen, daran
gehen sie zugrunde. 11 Weh ihnen! Sie
sind den Weg Kains gegangen, aus
Habgier sind sie dem Irrtum Bileams
verfallen, der Aufruhr Korachs hat sie
ins Verderben gestürzt. 12 Diese Men-
schen sind ein Schandfleck bei eurem
Liebesmahl, an dem sie ohne Scheu
teilnehmen und es sich gut gehen las-
sen; sie sind Hirten, die eine Weide für
sich selber suchen. Wasserlose Wolken
sind sie, von den Winden dahin-
getrieben; Bäume, die im Herbst keine
Frucht tragen, zweimal verdorrt und
entwurzelt; 13 wilde Meereswogen, die
ihre eigene Schande ans Land spülen;
Sterne, die keine feste Bahn haben;
ihnen ist auf ewig die dunkelste Fins-
ternis bestimmt. 14 Auch ihnen gilt, was
schon Henoch, der siebte nach Adam,
geweissagt hat: »Seht, der Herr kommt
mit seinen heiligen Zehntausenden,
15 um über alle Gericht zu halten und
alle Gottlosen zu bestrafen wegen all
ihrer gottlosen Taten, die sie verübt
haben, und wegen all der frechen
Reden, die die gottlosen Sünder gegen

ihn geführt haben.« 16 Sie sind Nörgler, immer unzufrieden mit ihrem Geschick; sie lassen sich von ihren Begierden leiten; sie nehmen große Worte in den Mund und schmeicheln den Menschen aus Eigennutz.

Ermahnung zur Treue und zur Sorge um gefährdete Mitchristen

17 Ihr aber, liebe Brüder, denkt an die Worte, die von den Aposteln Jesu Christi, unseres Herrn, im voraus verkündet worden sind, 18 als sie euch sagten: Am Ende der Zeit wird es Spötter geben, die sich von ihren gottlosen Begierden leiten lassen. 19 Sie werden die Einheit zerstören, denn es sind irdisch gesinnte Menschen, die den Geist nicht besitzen.

20 Ihr aber, liebe Brüder, gründet euch auf euren hochheiligen Glauben, und baut darauf weiter, betet in der Kraft des Heiligen Geistes, 21 haltet fest an der Liebe Gottes, und wartet auf das Erbarmen Jesu Christi, unseres Herrn, der euch das ewige Leben schenkt. 22 Erbarmt euch derer, die zweifeln; 23 rettet sie, entreißt sie dem Feuer! Der anderen aber erbarmt euch voll Furcht; verabscheut sogar das Gewand eines Menschen, der der Sünde verfallen ist.

Briefschluss

24 Dem einen Gott aber, der die Macht hat, euch vor jedem Fehltritt zu bewahren und euch untadelig und voll Freude vor seine Herrlichkeit treten zu lassen, 25 ihm, der uns durch Jesus Christus, unseren Herrn, rettet, gebührt die Herrlichkeit, Hoheit, Macht und Gewalt vor aller Zeit und jetzt und für alle Zeiten. Amen.

Die Offenbarung des Johannes

Das letzte Buch des Neuen Testaments heißt »Offenbarung« oder »Apokalypse« (griechisch: apokálypsis, Enthüllung). Der Titel stammt vom Verfasser selbst (1,1).

Apokalypsen gab es schon in alttestamentlicher Zeit. Das bekannteste Beispiel ist das Buch Daniel (Kap. 7–12), das zur Zeit der Religionsverfolgung durch den Syrerkönig Antiochus IV. Epiphanes (167–164 v. Chr.) geschrieben wurde, um die Israeliten zum treuen Festhalten am Bundesgott und seinem Gesetz aufzurufen. Eine ähnliche Situation führte zur Abfassung der neutestamentlichen Apokalypse, die gegen Ende der Regierungszeit des römischen Kaisers Domitian (81–96 n. Chr.) geschrieben wurde.

Der Verfasser rechnet damit, dass der Zwang zur göttlichen Verehrung des Kaisers in nächster Zukunft zu einer schweren Verfolgung der Kirche führen wird. Domitian verlangte, als »Herr und Gott« angeredet zu werden. In der römischen Provinz Asien wurde der Kaiserkult schon seit langem mit besonderem Eifer betrieben. Sieben Gemeinden dieser Provinz, die zugleich die ganze Kirche repräsentieren, sind denn auch die unmittelbaren Adressaten des Buches (1,4.11).

Der uns nicht näher bekannte Verfasser nennt sich schlicht »Knecht Johannes«; er muss aber eine Persönlichkeit von hoher Autorität gewesen sein. Seine gründliche Kenntnis des Alten Testaments und der außerbiblischen jüdischen Offenbarungsschriften (Apokalypsen) weisen auf judenchristliche Herkunft hin. Er ist der erste, der eine selbständige christliche Apokalypse verfasst hat. Den Auftrag dazu hat er nach seinen eigenen Worten in einer Vision (Schau) vom himmlischen Christus erhalten (1,10–20).

Auf die einleitende Vision folgen zuerst die sog. Sendschreiben, in denen sich der himmlische Christus anerkennend, tadelnd und mahnend an die sieben Gemeinden wendet (Kap. 2–3). Der ungleich längere Hauptteil (4,1–22,15) beginnt mit der großen Vision vom thronenden Gott im Kreis des himmlischen Hofstaates.

Die Offenbarung geschieht, wie in vorchristlichen apokalyptischen Schriften, auch in der christlichen Apokalypse durch »Visionen« und »Auditionen« (Schauen und Hören von himmlischen Botschaften). Wie seine Vorgänger bedient sich auch Johannes nicht nur der gewöhnlichen, ohne weiteres verständlichen Sprache, sondern er verwendet vor allem Bilder, Symbole und allegorische Szenen. Und wie dort ist auch hier das Hauptthema der bevorstehende Triumph der Herrschaft Gottes. Trotz dieser Gemeinsamkeiten ist die Apokalypse des Johannes aber eine echt christliche Schrift mit alttestamentlich-jüdischen Zeugnissen. Der endgültige Sieg Gottes, der für die vorchristlichen »Apokalyptiker« noch reine Zukunft ist, hat mit der Auferstehung Jesu bereits begonnen. Ziel der Geschichte kann demnach nur noch die Vollendung und volle Offenbarung dieses Sieges sein. Der prophetische Verfasser will im Blick auf die beginnende Auseinandersetzung zwischen Christuskult und Kaiserkult die noch ausstehenden Ereignisse der Endzeit mit den Ausdrucksmitteln einer Apokalypse veranschaulichen.

Die Offenbarung des Johannes will nicht den Gang der Welt- und Kirchengeschichte voraussagen. Ebenso wenig ist es ihre Absicht, das mit der baldigen Wiederkunft Christi verbundene Geschehen in seinem Ablauf genau zu beschreiben. Mit ihren zahlreichen, dem heutigen Leser weithin fremden Bildern will sie vielmehr bedeutsame Wahrheiten über das Schicksal der Kirche und der ungläubigen Menschheit verkünden, um in den Christen die Bereitschaft zum Martyrium zu stärken. Als Zeugnis des unerschütterlichen Glaubens an den Sieg Christi und seiner Getreuen ist diese einzige prophetische Schrift des Neuen Testaments das große Trost- und Mahnbuch der Kirche geworden.

Vorwort

1 Offenbarung Jesu Christi, die
Gott ihm gegeben hat, damit er
seinen Knechten zeigt, was bald geschehen
muss; und er hat es durch
seinen Engel, den er sandte, seinem
Knecht Johannes gezeigt. 2 Dieser hat
das Wort Gottes und das Zeugnis Jesu
Christi bezeugt: alles, was er geschaut
hat. 3 Selig, wer diese prophetischen
Worte vorliest und wer sie hört und
wer sich an das hält, was geschrieben
ist; denn die Zeit ist nahe.

Briefliche Einleitung

4 Johannes an die sieben Gemeinden in
der Provinz Asien: Gnade sei mit euch
und Friede von Ihm, der ist und der war

und der kommt, und von den sieben
Geistern vor seinem Thron 5 und von
Jesus Christus; er ist der treue Zeuge,
der Erstgeborene der Toten, der Herr-
scher über die Könige der Erde. Er liebt
uns und hat uns von unseren Sünden
erlöst durch sein Blut; 6 er hat uns zu
Königen gemacht und zu Priestern vor
Gott, seinem Vater. Ihm sei die Herr-
lichkeit und die Macht in alle Ewigkeit.
Amen.
7 Siehe, er kommt mit den Wolken, und
jedes Auge wird ihn sehen, auch alle,
die ihn durchbohrt haben; und alle
Völker der Erde werden seinetwegen
jammern und klagen. Ja, amen. 8 Ich bin
das Alpha und das Omega, spricht
Gott, der Herr, der ist und der war und
der kommt, der Herrscher über die
ganze Schöpfung.

Die Sendschreiben an die sieben Gemeinden

Die Beauftragung des Johannes

9 Ich, euer Bruder Johannes, der wie ihr
bedrängt ist, der mit euch an der
Königsherrschaft teilhat und mit euch
in Jesus standhaft ausharrt, ich war auf
der Insel Patmos um des Wortes Gottes
willen und des Zeugnisses für Jesus.
10 Am Tag des Herrn wurde ich vom
Geist ergriffen und hörte hinter mir
eine Stimme, laut wie eine Posaune.
11 Sie sprach: Schreib das, was du siehst,
in ein Buch, und schick es an die sieben
Gemeinden: nach Ephesus, nach Smyr-
na, nach Pergamon, nach Thyatira,
nach Sardes, nach Philadelphia und
nach Laodizea.
12 Da wandte ich mich um, weil ich
sehen wollte, wer zu mir sprach. Als ich
mich umwandte, sah ich sieben gol-
dene Leuchter 13 und mitten unter den
Leuchtern einen, der wie ein Mensch
aussah; er war bekleidet mit einem Ge-
wand, das bis auf die Füße reichte, und
um die Brust trug er einen Gürtel aus
Gold.
14 Sein Haupt und seine Haare waren
weiß wie weiße Wolle, leuchtend weiß
wie Schnee, und seine Augen wie Feuer-
flammen; 15 seine Beine glänzten wie
Golderz, das im Schmelzofen glüht,
und seine Stimme war wie das Rau-
schen von Wassermassen.
16 In seiner Rechten hielt er sieben
Sterne, und aus seinem Mund kam ein
scharfes, zweischneidiges Schwert, und
sein Gesicht leuchtete wie die macht-
voll strahlende Sonne.
17 Als ich ihn sah, fiel ich wie tot vor
seinen Füßen nieder. Er aber legte seine
rechte Hand auf mich und sagte:
Fürchte dich nicht! Ich bin der Erste
und der Letzte 18 und der Lebendige.
Ich war tot, doch nun lebe ich in alle
Ewigkeit, und ich habe die Schlüssel
zum Tod und zur Unterwelt.
19 Schreib auf, was du gesehen hast: was
ist und was danach geschehen wird.

20 Der geheimnisvolle Sinn der sieben
Sterne, die du auf meiner rechten Hand
gesehen hast, und der sieben goldenen
Leuchter ist: Die sieben Sterne sind die
Engel der sieben Gemeinden, und die
sieben Leuchter sind die sieben Ge-
meinden.

An die Gemeinde in Ephesus

2 An den Engel der Gemeinde in
Ephesus schreibe: So spricht Er,
der die sieben Sterne in seiner Rechten
hält und mitten unter den sieben
goldenen Leuchtern einhergeht:
2 Ich kenne deine Werke und deine
Mühe und dein Ausharren; ich weiß:
Du kannst die Bösen nicht ertragen, du
hast die auf die Probe gestellt, die sich
Apostel nennen und es nicht sind, und
hast sie als Lügner erkannt.
3 Du hast ausgeharrt und um meines
Namens willen Schweres ertragen und
bist nicht müde geworden.
4 Ich werfe dir aber vor, dass du deine
erste Liebe verlassen hast.
5 Bedenke, aus welcher Höhe du
gefallen bist. Kehr zurück zu deinen
ersten Werken! Wenn du nicht um-
kehrst, werde ich kommen und deinen
Leuchter von seiner Stelle wegrücken.
6 Doch für dich spricht: Du ver-
abscheust das Treiben der Nikolaiten,
das auch ich verabscheue. 7 Wer Ohren
hat, der höre, was der Geist den Ge-
meinden sagt: Wer siegt, dem werde
ich zu essen geben vom Baum des
Lebens, der im Paradies Gottes steht.

An die Gemeinde in Smyrna

8 An den Engel der Gemeinde in Smyr-
na schreibe: So spricht Er, der Erste und
der Letzte, der tot war und wieder
lebendig wurde:
9 Ich kenne deine Bedrängnis und deine
Armut; und doch bist du reich. Und ich
weiß, dass du von solchen geschmäht
wirst, die sich als Juden ausgeben; sie
sind es aber nicht, sondern sind eine
Synagoge des Satans.
10 Fürchte dich nicht vor dem, was du
noch erleiden musst. Der Teufel wird ei-
nige von euch ins Gefängnis werfen,
um euch auf die Probe zu stellen, und
ihr werdet in Bedrängnis sein, zehn
Tage lang. Sei treu bis in den Tod; dann
werde ich dir den Kranz des Lebens
geben.
11 Wer Ohren hat, der höre, was der
Geist den Gemeinden sagt: Wer siegt,
dem kann der zweite Tod nichts an-
haben.

An die Gemeinde in Pergamon

12 An den Engel der Gemeinde in Per-
gamon schreibe: So spricht Er, der das
scharfe, zweischneidige Schwert trägt:
13 Ich weiß, wo du wohnst; es ist dort,
wo der Thron des Satans steht. Und
doch hältst du an meinem Namen fest

und hast den Glauben an mich nicht
verleugnet, auch nicht in den Tagen, als
Antipas, mein treuer Zeuge, bei euch
getötet wurde, dort, wo der Satan
wohnt.
14 Aber ich habe etwas gegen dich: Bei
dir gibt es Leute, die an der Lehre
Bileams festhalten; Bileam lehrte Balak,
er solle die Israeliten dazu verführen,
Fleisch zu essen, das den Götzen
geweiht war, und Unzucht zu treiben.
15 So gibt es auch bei dir Leute, die in
gleicher Weise an der Lehre der
Nikolaiten festhalten.
16 Kehr nun um! Sonst komme ich bald
und werde sie mit dem Schwert aus
meinem Mund bekämpfen.
17 Wer Ohren hat, der höre, was der
Geist den Gemeinden sagt: Wer siegt,
dem werde ich von dem verborgenen
Manna geben. Ich werde ihm einen
weißen Stein geben, und auf dem Stein
steht ein neuer Name, den nur der
kennt, der ihn empfängt.

An die Gemeinde in Thyatira

18 An den Engel der Gemeinde in
Thyatira schreibe: So spricht der Sohn
Gottes, der Augen hat wie Feuerflam-
men und Beine wie Golderz:
19 Ich kenne deine Werke, deine Liebe
und deinen Glauben, dein Dienen und
Ausharren, und ich weiß, dass du in
letzter Zeit mehr getan hast als am An-
fang.
20 Aber ich werfe dir vor, dass du das
Weib Isebel gewähren lässt; sie gibt
sich als Prophetin aus und lehrt meine
Knechte und verführt sie, Unzucht zu
treiben und Fleisch zu essen, das den
Götzen geweiht ist.
21 Ich habe ihr Zeit gelassen um-
zukehren; sie aber will nicht umkehren
und von ihrer Unzucht ablassen.
22 Darum werfe ich sie auf das
Krankenbett, und alle, die mit ihr Ehe-
bruch treiben, bringe ich in große
Bedrängnis, wenn sie sich nicht abkeh-
ren vom Treiben dieses Weibes.
23 Ihre Kinder werde ich töten, der Tod
wird sie treffen, und alle Gemeinden
werden erkennen, dass ich es bin, der
Herz und Nieren prüft, und ich werde
jedem von euch vergelten, wie es seine
Taten verdienen.
24 Aber euch übrigen in Thyatira,
denen, die dieser Lehre nicht folgen
und die »Tiefen des Satans«, wie sie es
nennen, nicht erkannt haben, euch
sage ich: Ich lege euch keine andere
Last auf.
25 Aber was ihr habt, das haltet
fest, bis ich komme.
26 Wer siegt und bis zum Ende an den
Werken festhält, die ich gebiete, dem
werde ich Macht über die Völker geben.
27 Er wird über sie herrschen mit ei-
sernem Zepter und sie zerschlagen wie
Tongeschirr;
28 (und ich werde ihm diese
Macht geben,) wie auch ich sie von
meinem Vater empfangen habe, und ich
werde ihm den Morgenstern geben.

29 Wer Ohren hat, der höre, was der
Geist den Gemeinden sagt.

An die Gemeinde in Sardes

3 An den Engel der Gemeinde in
Sardes schreibe: So spricht Er, der
die sieben Geister Gottes und die sieben
Sterne hat: Ich kenne deine Werke. Dem
Namen nach lebst du, aber du bist tot.
2 Werde wach und stärke, was noch übrig
ist, was schon im Sterben lag. Ich habe
gefunden, dass deine Taten in den Augen
meines Gottes nicht vollwertig sind.
3 Denk also daran, wie du die Lehre empfangen und gehört hast. Halte daran fest,
und kehr um! Wenn du aber nicht aufwachst, werde ich kommen wie ein Dieb,
und du wirst bestimmt nicht wissen, zu
welcher Stunde ich komme.
4 Du hast aber einige Leute in Sardes, die
ihre Kleider nicht befleckt haben; sie
werden mit mir in weißen Gewändern
gehen, denn sie sind es wert.
5 Wer siegt, wird ebenso mit weißen
Gewändern bekleidet werden. Nie
werde ich seinen Namen aus dem Buch
des Lebens streichen, sondern ich werde mich vor meinem Vater und vor
seinen Engeln zu ihm bekennen.
6 Wer Ohren hat, der höre, was der
Geist den Gemeinden sagt.

An die Gemeinde in Philadelphia

7 An den Engel der Gemeinde in Philadelphia schreibe: So spricht der
Heilige, der Wahrhaftige,
der den Schlüssel Davids hat, / der
öffnet, so dass niemand mehr schließen kann, / der schließt, so dass niemand mehr öffnen kann :
8 Ich kenne deine Werke, und ich habe
vor dir eine Tür geöffnet, die niemand
mehr schließen kann. Du hast nur
geringe Kraft, und dennoch hast du an
meinem Wort festgehalten und meinen Namen nicht verleugnet.
9 Leute aus der Synagoge des Satans, die
sich als Juden ausgeben, es aber nicht
sind, sondern Lügner – ich werde bewirken, dass sie kommen und sich dir
zu Füßen werfen und erkennen, dass
ich dir meine Liebe zugewandt habe.
10 Du hast dich an mein Gebot gehalten, standhaft zu bleiben; daher
werde auch ich zu dir halten und dich
bewahren vor der Stunde der Versuchung, die über die ganze Erde
kommen soll, um die Bewohner der
Erde auf die Probe zu stellen.
11 Ich komme bald. Halte fest, was du
hast, damit kein anderer deinen Kranz
bekommt.
12 Wer siegt, den werde ich zu einer
Säule im Tempel meines Gottes machen,
und er wird immer darin bleiben. Und
ich werde auf ihn den Namen meines
Gottes schreiben und den Namen der
Stadt meines Gottes, des neuen Jeru-

salem, das aus dem Himmel herabkommt von meinem Gott, und ich werde auf ihn auch meinen neuen Namen schreiben.
13 Wer Ohren hat, der höre, was der Geist den Gemeinden sagt.

An die Gemeinde in Laodizea

14 An den Engel der Gemeinde in Laodizea schreibe: So spricht Er, der »Amen« heißt, der treue und zuverlässige Zeuge, der Anfang der Schöpfung Gottes:
15 Ich kenne deine Werke. Du bist weder kalt noch heiß. Wärest du doch kalt oder heiß!
16 Weil du aber lau bist, weder heiß noch kalt, will ich dich aus meinem Mund ausspeien.
17 Du behauptest: Ich bin reich und wohlhabend, und nichts fehlt mir. Du weißt aber nicht, dass gerade du elend und erbärmlich bist, arm, blind und
nackt. 18 Darum rate ich dir: Kaufe von
mir Gold, das im Feuer geläutert ist, damit du reich wirst; und kaufe von mir weiße Kleider, und zieh sie an, damit du nicht nackt dastehst und dich schämen musst; und kaufe Salbe für deine Augen, damit du sehen kannst.
19 Wen ich liebe, den weise ich zurecht und nehme ihn in Zucht. Mach also Ernst, und kehr um!
20 Ich stehe vor der Tür und klopfe an. Wer meine Stimme hört und die Tür öffnet, bei dem werde ich eintreten, und wir werden Mahl halten, ich mit ihm und er mit mir.
21 Wer siegt, der darf mit mir auf meinem Thron sitzen, so wie auch ich gesiegt habe und mich mit meinem Vater auf seinen Thron gesetzt habe.
22 Wer Ohren hat, der höre, was der Geist den Gemeinden sagt.

Die einleitende Himmelsvision

Die Huldigung vor dem Thron Gottes

4 Danach sah ich: Eine Tür war geöffnet am Himmel; und die Stimme, die vorher zu mir gesprochen hatte und die wie eine Posaune klang, sagte: Komm herauf, und ich werde dir zeigen, was dann geschehen muss.
2 Sogleich wurde ich vom Geist ergriffen. Und ich sah: Ein Thron stand
im Himmel; auf dem Thron saß einer,
3 der wie ein Jaspis und ein Karneol aussah. Und über dem Thron wölbte sich ein Regenbogen, der wie ein Smaragd aussah.
4 Und rings um den Thron standen vierundzwanzig Throne, und auf den Thronen saßen vierundzwanzig Älteste in weißen Gewändern und mit goldenen Kränzen auf dem Haupt.
5 Von dem Thron gingen Blitze, Stimmen und Donner aus. Und sieben lodernde Fackeln brannten vor dem

Thron; das sind die sieben Geister
Gottes.
6 Und vor dem Thron war etwas wie ein
gläsernes Meer, gleich Kristall.
Und in der Mitte, rings um den Thron,
waren vier Lebewesen voller Augen,
vorn und hinten.
7 Das erste Lebewesen glich einem
Löwen, das zweite einem Stier, das
dritte sah aus wie ein Mensch, das
vierte glich einem fliegenden Adler.
8 Und jedes der vier Lebewesen hatte
sechs Flügel, außen und innen voller
Augen. Sie ruhen nicht, bei Tag und
Nacht, und rufen:
Heilig, heilig, heilig / ist der Herr, der
Gott, der Herrscher über die ganze
Schöpfung; / er war, und er ist, und er
kommt.
9 Und wenn die Lebewesen dem, der auf
dem Thron sitzt und in alle Ewigkeit
lebt, Herrlichkeit und Ehre und Dank
erweisen, 10 dann werfen sich die vier-
undzwanzig Ältesten vor dem, der auf
dem Thron sitzt, nieder und beten ihn
an, der in alle Ewigkeit lebt. Und sie
legen ihre goldenen Kränze vor seinem
Thron nieder und sprechen:
11 Würdig bist du, unser Herr und
Gott, / Herrlichkeit zu empfangen und
Ehre und Macht.
Denn du bist es, der die Welt er-
schaffen hat, / durch deinen Willen war
sie und wurde sie erschaffen.

Das versiegelte Buch und das Lamm

5 Und ich sah auf der rechten Hand
dessen, der auf dem Thron saß,
eine Buchrolle; sie war innen und
außen beschrieben und mit sieben
Siegeln versiegelt. 2 Und ich sah: Ein ge-
waltiger Engel rief mit lauter Stimme:
Wer ist würdig, die Buchrolle zu öffnen
und ihre Siegel zu lösen? 3 Aber
niemand im Himmel, auf der Erde und
unter der Erde konnte das Buch öffnen
und es lesen. 4 Da weinte ich sehr, weil
niemand für würdig befunden wurde,
das Buch zu öffnen und es zu lesen.
5 Da sagte einer von den Ältesten zu
mir: Weine nicht! Gesiegt hat der Löwe
aus dem Stamm Juda, der Spross aus
der Wurzel Davids; er kann das Buch
und seine sieben Siegel öffnen.
6 Und ich sah: Zwischen dem Thron und
den vier Lebewesen und mitten unter
den Ältesten stand ein Lamm; es sah
aus wie geschlachtet und hatte sieben
Hörner und sieben Augen; die Augen
sind die sieben Geister Gottes, die über
die ganze Erde ausgesandt sind.
7 Das Lamm trat heran und empfing
das Buch aus der rechten Hand dessen,
der auf dem Thron saß.
8 Als es das Buch empfangen hatte,
fielen die vier Lebewesen und die vier-
undzwanzig Ältesten vor dem Lamm
nieder; alle trugen Harfen und goldene
Schalen voll von Räucherwerk; das sind
die Gebete der Heiligen. 9 Und sie
sangen ein neues Lied:

Würdig bist du, / das Buch zu nehmen
und seine Siegel zu öffnen;
denn du wurdest geschlachtet / und
hast mit deinem Blut / Menschen für
Gott erworben / aus allen Stämmen
und Sprachen, / aus allen Nationen und
Völkern,
10 und du hast sie für unsern Gott / zu
Königen und Priestern gemacht; / und
sie werden auf der Erde herrschen.
11 Ich sah, und ich hörte die Stimme von
vielen Engeln rings um den Thron und
um die Lebewesen und die Ältesten; die
Zahl der Engel war zehntausendmal
zehntausend und tausendmal tausend.
12 Sie riefen mit lauter Stimme:
Würdig ist das Lamm, das geschlachtet
wurde, / Macht zu empfangen, Reich-
tum und Weisheit, / Kraft und Ehre,
Herrlichkeit und Lob.
13 Und alle Geschöpfe im Himmel und
auf der Erde, unter der Erde und auf
dem Meer, alles, was in der Welt ist,
hörte ich sprechen:
Ihm, der auf dem Thron sitzt, und dem
Lamm / gebühren Lob und Ehre und
Herrlichkeit und Kraft in alle Ewigkeit.
14 Und die vier Lebewesen sprachen:
Amen. Und die vierundzwanzig Äl-
testen fielen nieder und beteten an.

Die sieben Siegel und die sieben Posaunen

Die ersten sechs Siegel

6 Dann sah ich: Das Lamm öffnete
das erste der sieben Siegel; und
ich hörte das erste der vier Lebewesen
wie mit Donnerstimme rufen: Komm!
2 Da sah ich ein weißes Pferd; und der,
der auf ihm saß, hatte einen Bogen. Ein
Kranz wurde ihm gegeben, und als
Sieger zog er aus, um zu siegen.
3 Als das Lamm das zweite Siegel öff-
nete, hörte ich das zweite Lebewesen
rufen: Komm! 4 Da erschien ein anderes
Pferd; das war feuerrot. Und der, der
auf ihm saß, wurde ermächtigt, der
Erde den Frieden zu nehmen, damit die
Menschen sich gegenseitig abschlach-
teten. Und es wurde ihm ein großes
Schwert gegeben.
5 Als das Lamm das dritte Siegel öff-
nete, hörte ich das dritte Lebewesen
rufen: Komm! Da sah ich ein schwarzes
Pferd; und der, der auf ihm saß, hielt in
der Hand eine Waage. 6 Inmitten der
vier Lebewesen hörte ich etwas wie eine
Stimme sagen: Ein Maß Weizen für
einen Denar und drei Maß Gerste für
einen Denar. Aber dem Öl und dem
Wein füge keinen Schaden zu!
7 Als das Lamm das vierte Siegel öff-
nete, hörte ich die Stimme des vierten
Lebewesens rufen: Komm! 8 Da sah ich
ein fahles Pferd; und der, der auf ihm
saß, heißt »der Tod«; und die Unterwelt

zog hinter ihm her. Und ihnen wurde
die Macht gegeben über ein Viertel der
Erde, Macht, zu töten durch Schwert,
Hunger und Tod und durch die Tiere
der Erde.
9 Als das Lamm das fünfte Siegel öff-
nete, sah ich unter dem Altar die Seelen
aller, die hingeschlachtet worden wa-
ren wegen des Wortes Gottes und
wegen des Zeugnisses, das sie abgelegt
hatten. 10 Sie riefen mit lauter Stimme:
Wie lange zögerst du noch, Herr, du
Heiliger und Wahrhaftiger, Gericht zu
halten und unser Blut an den Be-
wohnern der Erde zu rächen? 11 Da
wurde jedem von ihnen ein weißes
Gewand gegeben; und ihnen wurde
gesagt, sie sollten noch kurze Zeit
warten, bis die volle Zahl erreicht sei
durch den Tod ihrer Mitknechte und
Brüder, die noch sterben müssten wie
sie.
12 Und ich sah: Das Lamm öffnete das
sechste Siegel. Da entstand ein ge-
waltiges Beben. Die Sonne wurde
schwarz wie ein Trauergewand, und der
ganze Mond wurde wie Blut.
13 Die Sterne des Himmels fielen herab
auf die Erde, wie wenn ein Feigenbaum
seine Früchte abwirft, wenn ein hef-
tiger Sturm ihn schüttelt. 14 Der Him-
mel verschwand wie eine Buchrolle, die
man zusammenrollt, und alle Berge
und Inseln wurden von ihrer Stelle
weggerückt. 15 Und die Könige der
Erde, die Großen und die Heerführer,
die Reichen und die Mächtigen, alle
Sklaven und alle Freien verbargen sich
in den Höhlen und Felsen der Berge.
16 Sie sagten zu den Bergen und Felsen:
Fallt auf uns und verbergt uns vor dem
Blick dessen, der auf dem Thron sitzt,
und vor dem Zorn des Lammes; 17 denn
der große Tag ihres Zorns ist gekom-
men. Wer kann da bestehen?

Die Bezeichnung der Knechte Gottes

7 Danach sah ich: Vier Engel stan-
den an den vier Ecken der Erde.
Sie hielten die vier Winde der Erde fest,
damit der Wind weder über das Land
noch über das Meer wehte, noch gegen
irgendeinen Baum. 2 Dann sah ich vom
Osten her einen anderen Engel empor-
steigen; er hatte das Siegel des leben-
digen Gottes und rief den vier Engeln,
denen die Macht gegeben war, dem
Land und dem Meer Schaden zu-
zufügen, mit lauter Stimme zu: 3 Fügt
dem Land, dem Meer und den Bäumen
keinen Schaden zu, bis wir den
Knechten unseres Gottes das Siegel auf
die Stirn gedrückt haben.
4 Und ich erfuhr die Zahl derer, die mit
dem Siegel gekennzeichnet waren. Es
waren hundertvierundvierzigtausend
aus allen Stämmen der Söhne Israels,
die das Siegel trugen:
5 Aus dem Stamm Juda trugen zwölf-
tausend das Siegel, / aus dem Stamm
Ruben zwölftausend, / aus dem Stamm

Gad zwölftausend,
6 aus dem Stamm Ascher zwölftausend,
/ aus dem Stamm Naftali zwölftausend,
/ aus dem Stamm Manasse zwölftausend,
7 aus dem Stamm Simeon zwölftausend, /
aus dem Stamm Levi zwölftausend, /
aus dem Stamm Issachar zwölftausend,
8 aus dem Stamm Sebulon zwölftausend, /
aus dem Stamm Josef zwölftausend, /
aus dem Stamm Benjamin trugen
zwölftausend das Siegel.
9 Danach sah ich: eine große Schar aus
allen Nationen und Stämmen, Völkern
und Sprachen; niemand konnte sie
zählen. Sie standen in weißen Gewän-
dern vor dem Thron und vor dem
Lamm und trugen Palmzweige in den
Händen. 10 Sie riefen mit lauter Stim-
me: Die Rettung kommt von unserem
Gott, der auf dem Thron sitzt, und von
dem Lamm.
11 Und alle Engel standen rings um den
Thron, um die Ältesten und die vier
Lebewesen. Sie warfen sich vor dem
Thron nieder, beteten Gott an 12 und
sprachen:
Amen, Lob und Herrlichkeit, / Weisheit
und Dank, / Ehre und Macht und
Stärke / unserem Gott in alle Ewigkeit.
Amen.
13 Da fragte mich einer der Ältesten:
Wer sind diese, die weiße Gewänder
tragen, und woher sind sie gekommen?
14 Ich erwiderte ihm: Mein Herr, das
musst du wissen. Und er sagte zu mir:
Es sind die, die aus der großen Be-
drängnis kommen; sie haben ihre
Gewänder gewaschen und im Blut des
Lammes weiß gemacht. 15 Deshalb
stehen sie vor dem Thron Gottes und
dienen ihm bei Tag und Nacht in
seinem Tempel; und der, der auf dem
Thron sitzt, wird sein Zelt über ihnen
aufschlagen. 16 Sie werden keinen Hun-
ger und keinen Durst mehr leiden, und
weder Sonnenglut noch irgendeine
sengende Hitze wird auf ihnen lasten.
17 Denn das Lamm in der Mitte vor dem
Thron wird sie weiden und zu den
Quellen führen, aus denen das Wasser
des Lebens strömt, und Gott wird alle
Tränen von ihren Augen abwischen.

Das siebte Siegel und die sieben Engel

8 Als das Lamm das siebte Siegel
öffnete, trat im Himmel Stille ein,
etwa eine halbe Stunde lang.
2 Und ich sah:
Sieben Engel standen vor Gott; ihnen
wurden sieben Posaunen gegeben.
3 Und ein anderer Engel kam und trat
mit einer goldenen Räucherpfanne an
den Altar; ihm wurde viel Weihrauch
gegeben, den er auf dem goldenen Al-
tar vor dem Thron verbrennen sollte,
um so die Gebete aller Heiligen vor
Gott zu bringen. 4 Aus der Hand des
Engels stieg der Weihrauch mit den
Gebeten der Heiligen zu Gott empor.
5 Dann nahm der Engel die Räucher-
pfanne, füllte sie mit glühenden Koh-

len, die er vom Altar nahm, und warf
sie auf die Erde; da begann es zu don-
nern und zu dröhnen, zu blitzen und
zu beben.

Die ersten vier Posaunen

6 Dann machten sich die sieben Engel
bereit, die sieben Posaunen zu blasen.
7 Der erste Engel blies seine Posaune.
Da fielen Hagel und Feuer, die mit Blut
vermischt waren, auf das Land. Es ver-
brannte ein Drittel des Landes, ein
Drittel der Bäume und alles grüne
Gras.
8 Der zweite Engel blies seine Posaune.
Da wurde etwas, das einem großen
brennenden Berg glich, ins Meer
geworfen. Ein Drittel des Meeres wurde
zu Blut. 9 Und ein Drittel der Geschöpfe,
die im Meer leben, kam um, und ein
Drittel der Schiffe wurde vernichtet.
10 Der dritte Engel blies seine Posaune.
Da fiel ein großer Stern vom Himmel;
er loderte wie eine Fackel und fiel auf
ein Drittel der Flüsse und auf die
Quellen. 11 Der Name des Sterns ist
»Wermut«. Ein Drittel des Wassers
wurde bitter, und viele Menschen
starben durch das Wasser, weil es bitter
geworden war.
12 Der vierte Engel blies seine Posaune.
Da wurde ein Drittel der Sonne und ein
Drittel des Mondes und ein Drittel der
Sterne getroffen, so dass sie ein Drittel
ihrer Leuchtkraft verloren und der Tag
um ein Drittel dunkler wurde und
ebenso die Nacht.
13 Und ich sah und hörte: Ein Adler flog
hoch am Himmel und rief mit lauter
Stimme: Wehe! Wehe! Wehe den Be-
wohnern der Erde! Noch drei Engel
werden ihre Posaunen blasen.

Die fünfte Posaune

9 Der fünfte Engel blies seine
Posaune. Da sah ich einen Stern,
der vom Himmel auf die Erde gefallen
war; ihm wurde der Schlüssel zu dem
Schacht gegeben, der in den Abgrund
führt. 2 Und er öffnete den Schacht des
Abgrunds. Da stieg Rauch aus dem
Schacht auf, wie aus einem großen
Ofen, und Sonne und Luft wurden ver-
finstert durch den Rauch aus dem
Schacht.
3 Aus dem Rauch kamen Heuschre-
cken über die Erde, und ihnen wurde
Kraft gegeben, wie sie Skorpione auf
der Erde haben. 4 Es wurde ihnen
gesagt, sie sollten dem Gras auf der
Erde, den grünen Pflanzen und den
Bäumen keinen Schaden zufügen,
sondern nur den Menschen, die das
Siegel Gottes nicht auf der Stirn
haben. 5 Es wurde ihnen befohlen, die
Menschen nicht zu töten, sondern nur
zu quälen, fünf Monate lang. Und der
Schmerz, den sie zufügen, ist so stark,
wie wenn ein Skorpion einen Men-
schen sticht.

6 In jenen Tagen werden die Menschen
den Tod suchen, aber nicht finden; sie
werden sterben wollen, aber der Tod
wird vor ihnen fliehen. 7 Und die Heu-
schrecken sehen aus wie Rosse, die zur
Schlacht gerüstet sind; auf ihren Köpfen
tragen sie etwas, das goldschimmern-
den Kränzen gleicht, und ihre Gesichter
sind wie Gesichter von Menschen, 8 ihr
Haar ist wie Frauenhaar, ihr Gebiss wie
ein Löwengebiß, 9 ihre Brust wie ein
eiserner Panzer; und das Rauschen ihrer
Flügel ist wie das Dröhnen von Wagen,
von vielen Pferden, die sich in die
Schlacht stürzen. 10 Sie haben Schwänze
und Stacheln wie Skorpione, und in
ihren Schwänzen ist die Kraft, mit der
sie den Menschen schaden, fünf Monate
lang. 11 Sie haben als König über sich
den Engel des Abgrunds; er heißt auf
hebräisch Abaddon, auf griechisch
Apollyon.
12 Das erste »Wehe« ist vorüber. Noch
zweimal wird das »Wehe« kommen.

Die sechste Posaune

13 Der sechste Engel blies seine
Posaune: Da hörte ich eine Stimme, die
von den vier Hörnern des goldenen
Altars her kam, der vor Gott steht. 14 Die
Stimme sagte zu dem sechsten Engel,
der die Posaune hält: Binde die vier
Engel los, die am großen Strom, am
Eufrat, gefesselt sind. 15 Da wurden die
vier Engel losgebunden, die auf Jahr
und Monat, auf Tag und Stunde bereit-
standen, um ein Drittel der Menschheit
zu töten.
16 Und die Zahl der Reiter dieses Heeres
war vieltausendmal tausend; diese Zahl
hörte ich.
17 Und so sahen die Pferde und die
Reiter in der Vision aus: Sie trugen
feuerrote, rauchblaue und schwefel-
gelbe Panzer. Die Köpfe der Pferde
glichen Löwenköpfen, und aus ihren
Mäulern schlug Feuer, Rauch und
Schwefel. 18 Ein Drittel der Menschen
wurde durch diese drei Plagen getötet,
durch Feuer, Rauch und Schwefel, die
aus ihren Mäulern hervorkamen.
19 Denn die tödliche Macht der Pferde
war in ihren Mäulern und in ihren
Schwänzen. Ihre Schwänze glichen
Schlangen, die Köpfe haben, mit denen
sie Schaden zufügen können.
20 Aber die übrigen Menschen, die
nicht durch diese Plagen umgekom-
men waren, wandten sich nicht ab von
den Machwerken ihrer Hände: Sie
hörten nicht auf, sich niederzuwerfen
vor ihren Dämonen, vor ihren Götzen
aus Gold, Silber, Erz, Stein und Holz,
den Götzen, die weder sehen, noch
hören, noch gehen können. 21 Sie lie-
ßen nicht ab von Mord und Zauberei,
von Unzucht und Diebstahl.

Die Engel und das kleine Buch

10 Und ich sah: Ein anderer ge-
waltiger Engel kam aus dem

Himmel herab; er war von einer Wolke
umhüllt, und der Regenbogen stand
über seinem Haupt. Sein Gesicht war
wie die Sonne, und seine Beine waren
wie Feuersäulen. 2 In der Hand hielt er
ein kleines, aufgeschlagenes Buch. Er
setzte seinen rechten Fuß auf das Meer,
den linken auf das Land 3 und rief laut,
so wie ein Löwe brüllt. Nachdem er
gerufen hatte, erhoben die sieben
Donner ihre Stimme. 4 Als die sieben
Donner gesprochen hatten, wollte ich
es aufschreiben. Da hörte ich eine
Stimme vom Himmel her rufen: Halte
geheim, was die sieben Donner ge-
sprochen haben; schreib es nicht auf!
5 Und der Engel, den ich auf dem Meer
und auf dem Land stehen sah, erhob
seine rechte Hand zum Himmel. 6 Er
schwor bei dem, der in alle Ewigkeit
lebt, der den Himmel geschaffen hat
und was darin ist, die Erde und was
darauf ist, und das Meer und was darin
ist: Es wird keine Zeit mehr bleiben,
7 denn in den Tagen, wenn der siebte
Engel seine Stimme erhebt und seine
Posaune bläst, wird auch das Geheim-
nis Gottes vollendet sein; so hatte er es
seinen Knechten, den Propheten, ver-
kündet.
8 Und die Stimme aus dem Himmel, die
ich gehört hatte, sprach noch einmal zu
mir: Geh, nimm das Buch, das der
Engel, der auf dem Meer und auf dem
Land steht, aufgeschlagen in der Hand
hält. 9 Und ich ging zu dem Engel und
bat ihn, mir das kleine Buch zu geben.
Er sagte zu mir: Nimm und iss es! In
deinem Magen wird es bitter sein, in
deinem Mund aber süß wie Honig.
10 Da nahm ich das kleine Buch aus der
Hand des Engels und aß es. In meinem
Mund war es süß wie Honig. Als ich es
aber gegessen hatte, wurde mein
Magen bitter. 11 Und mir wurde gesagt:
Du musst noch einmal weissagen über
viele Völker und Nationen mit ihren
Sprachen und Königen.

Die Vermessung des Tempels

11 Dann wurde mir ein Messstab
gegeben, der aussah wie ein
Stock, und mir wurde gesagt: Geh, Miss
den Tempel Gottes und den Altar, und
zähle alle, die dort anbeten! 2 Den Hof,
der außerhalb des Tempels liegt, lass
aus, und Miss ihn nicht; denn er ist den
Heiden überlassen. Sie werden die
heilige Stadt zertreten, zweiundvierzig
Monate lang.

Das Zeugnis der beiden Propheten

3 Und ich will meinen zwei Zeugen auf-
tragen, im Bußgewand aufzutreten und
prophetisch zu reden, zwölfhundert-
sechzig Tage lang. 4 Sie sind die zwei
Ölbäume und die zwei Leuchter, die
vor dem Herrn der Erde stehen. 5 Wenn
ihnen jemand Schaden zufügen will,
schlägt Feuer aus ihrem Mund und ver-

zehrt ihre Feinde; so muss jeder ster-
ben, der ihnen schaden will.
6 Sie haben Macht, den Himmel zu verschließen,
damit kein Regen fällt in den Tagen ihres Wirkens als Propheten. Sie haben auch Macht, das Wasser in Blut zu verwandeln und die Erde zu schlagen mit allen möglichen Plagen, sooft sie wollen.
7 Wenn sie ihren Auftrag als Zeugen erfüllt haben, wird sie das Tier, das aus dem Abgrund heraufsteigt, bekämpfen, besiegen und töten.
8 Und ihre Leichen bleiben auf der Straße der großen Stadt liegen. Diese Stadt heißt, geistlich verstanden: Sodom und Ägypten; dort wurde auch ihr Herr gekreuzigt.
9 Menschen aus allen Völkern und Stämmen, Sprachen und Nationen werden ihre Leichen dort sehen, dreieinhalb Tage lang; sie werden nicht zulassen, dass die Leichen begraben werden.
10 Und die Bewohner der Erde freuen sich darüber, beglückwünschen sich und schicken sich gegenseitig Geschenke; denn die beiden Propheten hatten die Bewohner der Erde gequält.
11 Aber nach den dreieinhalb Tagen kam von Gott her wieder Lebensgeist in sie, und sie standen auf. Da überfiel alle, die sie sahen, große Angst.
12 Und sie hörten eine laute Stimme vom Himmel her rufen: Kommt herauf! Vor den Augen ihrer Feinde stiegen sie in der Wolke zum Himmel hinauf.
13 In diesem Augenblick entstand ein gewaltiges Erdbeben. Ein Zehntel der Stadt stürzte ein, und siebentausend Menschen kamen durch das Erdbeben um. Die Überlebenden wurden vom Entsetzen gepackt und gaben dem Gott des Himmels die Ehre.
14 Das zweite »Wehe« ist vorüber, das dritte »Wehe« kommt bald.

Die siebte Posaune

15 Der siebte Engel blies seine Posaune. Da ertönten laute Stimmen im Himmel, die riefen:
Nun gehört die Herrschaft über die Welt / unserem Herrn und seinem Gesalbten; / und sie werden herrschen in alle Ewigkeit.
16 Und die vierundzwanzig Ältesten, die vor Gott auf ihren Thronen sitzen, warfen sich nieder, beteten Gott an
17 und sprachen:
Wir danken dir, Herr, / Gott und Herrscher über die ganze Schöpfung, / der du bist und der du warst;
denn du hast deine große Macht in Anspruch genommen / und die Herrschaft angetreten.
18 Die Völker gerieten in Zorn. / Da kam dein Zorn und die Zeit, die Toten zu richten:
die Zeit, deine Knechte zu belohnen, / die Propheten und die Heiligen
und alle, die deinen Namen fürchten, / die Kleinen und die Großen, / die Zeit, alle zu verderben, die die Erde verderben.

19 Der Tempel Gottes im Himmel wurde
geöffnet, und in seinem Tempel wurde
die Lade seines Bundes sichtbar: Da be-
gann es zu blitzen, zu dröhnen und zu
donnern, es gab ein Beben und schwe-
ren Hagel.

Der Kampf des Satans gegen das Volk Gottes

Die Frau und der Drache

12 Dann erschien ein großes
Zeichen am Himmel: eine Frau,
mit der Sonne bekleidet; der Mond war
unter ihren Füßen und ein Kranz von
zwölf Sternen auf ihrem Haupt. 2 Sie
war schwanger und schrie vor Schmerz
in ihren Geburtswehen.
3 Ein anderes Zeichen erschien am
Himmel: ein Drache, groß und feuer-
rot, mit sieben Köpfen und zehn Hör-
nern und mit sieben Diademen auf
seinen Köpfen. 4 Sein Schwanz fegte ein
Drittel der Sterne vom Himmel und
warf sie auf die Erde herab.
Der Drache stand vor der Frau, die ge-
bären sollte; er wollte ihr Kind ver-
schlingen, sobald es geboren war. 5 Und
sie gebar ein Kind, einen Sohn, der
über alle Völker mit eisernem Zepter
herrschen wird. Und ihr Kind wurde zu
Gott und zu seinem Thron entrückt.
6 Die Frau aber floh in die Wüste, wo
Gott ihr einen Zufluchtsort geschaffen
hatte; dort wird man sie mit Nahrung
versorgen, zwölfhundertsechzig Tage
lang.

Der Sturz des Drachen

7 Da entbrannte im Himmel ein Kampf;
Michael und seine Engel erhoben sich,
um mit dem Drachen zu kämpfen. Der
Drache und seine Engel kämpften,
8 aber sie konnten sich nicht halten, und
sie verloren ihren Platz im Himmel. 9 Er
wurde gestürzt, der große Drache, die
alte Schlange, die Teufel oder Satan
heißt und die ganze Welt verführt; der
Drache wurde auf die Erde gestürzt,
und mit ihm wurden seine Engel
hinabgeworfen. 10 Da hörte ich eine
laute Stimme im Himmel rufen:
Jetzt ist er da, der rettende Sieg, / die
Macht und die Herrschaft unseres
Gottes / und die Vollmacht seines Ge-
salbten;
denn gestürzt wurde der Ankläger
unserer Brüder, / der sie bei Tag und bei
Nacht / vor unserem Gott verklagte.
11 Sie haben ihn besiegt durch das Blut
des Lammes / und durch ihr Wort und
Zeugnis;
sie hielten ihr Leben nicht fest, / bis
hinein in den Tod.
12 Darum jubelt, ihr Himmel / und alle,
die darin wohnen.
Weh aber euch, Land und Meer! / Denn
der Teufel ist zu euch hinabgekommen;
seine Wut ist groß, / weil er weiß, dass
ihm nur noch eine kurze Frist bleibt.

Der Kampf des Drachen gegen die Frau

13 Als der Drache erkannte, dass er auf
die Erde gestürzt war, verfolgte er die
Frau, die den Sohn geboren hatte.
14 Aber der Frau wurden die beiden
Flügel des großen Adlers gegeben, da-
mit sie in die Wüste an ihren Ort
fliegen konnte. Dort ist sie vor der
Schlange sicher und wird eine Zeit und
zwei Zeiten und eine halbe Zeit lang er-
nährt. 15 Die Schlange spie einen Strom
von Wasser aus ihrem Rachen hinter
der Frau her, damit sie von den Fluten
fortgerissen werde. 16 Aber die Erde
kam der Frau zu Hilfe; sie öffnete sich
und verschlang den Strom, den der
Drache aus seinem Rachen gespien
hatte. 17 Da geriet der Drache in Zorn
über die Frau, und er ging fort, um
Krieg zu führen mit ihren übrigen
Nachkommen, die den Geboten Gottes
gehorchen und an dem Zeugnis für
Jesus festhalten. 18 Und der Drache trat
an den Strand des Meeres.

Die beiden Tiere

13 Und ich sah: Ein Tier stieg aus
dem Meer, mit zehn Hörnern
und sieben Köpfen. Auf seinen
Hörnern trug es zehn Diademe und auf
seinen Köpfen Namen, die eine Gottes-
lästerung waren. 2 Das Tier, das ich sah,
glich einem Panther; seine Füße waren
wie die Tatzen eines Bären und sein
Maul wie das Maul eines Löwen. Und
der Drache hatte ihm seine Gewalt
übergeben, seinen Thron und seine
große Macht. 3 Einer seiner Köpfe sah
aus wie tödlich verwundet; aber die
tödliche Wunde wurde geheilt. Und
die ganze Erde sah dem Tier staunend
nach. 4 Die Menschen warfen sich vor
dem Drachen nieder, weil er seine
Macht dem Tier gegeben hatte; und sie
beteten das Tier an und sagten: Wer ist
dem Tier gleich, und wer kann den
Kampf mit ihm aufnehmen?

5 Und es wurde ermächtigt, mit seinem
Maul anmaßende Worte und Läste-
rungen auszusprechen; es wurde ihm
Macht gegeben, dies zweiundvierzig
Monate zu tun. 6 Das Tier öffnete sein
Maul, um Gott und seinen Namen zu
lästern, seine Wohnung und alle, die
im Himmel wohnen. 7 Und es wurde
ihm erlaubt, mit den Heiligen zu
kämpfen und sie zu besiegen. Es wurde
ihm auch Macht gegeben über alle
Stämme, Völker, Sprachen und Na-
tionen. 8 Alle Bewohner der Erde fallen
nieder vor ihm: alle, deren Name nicht
seit der Erschaffung der Welt einge-
tragen ist ins Lebensbuch des Lammes,
das geschlachtet wurde.

9 Wenn einer Ohren hat, so höre er.
10 Wer zur Gefangenschaft bestimmt
ist, geht in die Gefangenschaft. Wer
mit dem Schwert getötet werden soll,
wird mit dem Schwert getötet. Hier
muss sich die Standhaftigkeit und die
Glaubenstreue der Heiligen bewähren.

11 Und ich sah: Ein anderes Tier stieg
aus der Erde herauf. Es hatte zwei
Hörner wie ein Lamm, aber es redete
wie ein Drache. 12 Die ganze Macht des
ersten Tieres übte es vor dessen Augen
aus. Es brachte die Erde und ihre Be-
wohner dazu, das erste Tier anzubeten,
dessen tödliche Wunde geheilt war.
13 Es tat große Zeichen; sogar Feuer ließ
es vor den Augen der Menschen vom
Himmel auf die Erde fallen. 14 Es ver-
wirrte die Bewohner der Erde durch die
Wunderzeichen, die es im Auftrag des
Tieres tat; es befahl den Bewohnern der
Erde, ein Standbild zu errichten zu
Ehren des Tieres, das mit dem Schwert
erschlagen worden war und doch
wieder zum Leben kam. 15 Es wurde
ihm Macht gegeben, dem Standbild
des Tieres Lebensgeist zu verleihen, so
dass es auch sprechen konnte und be-
wirkte, dass alle getötet wurden, die
das Standbild des Tieres nicht anbe-
teten. 16 Die Kleinen und die Großen,
die Reichen und die Armen, die Freien
und die Sklaven, alle zwang es, auf ihrer
rechten Hand oder ihrer Stirn ein
Kennzeichen anzubringen. 17 Kaufen
oder verkaufen konnte nur, wer das
Kennzeichen trug: den Namen des
Tieres oder die Zahl seines Namens.
18 Hier braucht man Kenntnis. Wer Ver-
stand hat, berechne den Zahlenwert
des Tieres. Denn es ist die Zahl eines
Menschennamens; seine Zahl ist sechs-
hundertsechsundsechzig.

Das Lamm und sein Gefolge

14 Und ich sah: Das Lamm stand
auf dem Berg Zion, und bei
ihm waren hundertvierundvierzig-
tausend; auf ihrer Stirn trugen sie
seinen Namen und den Namen seines
Vaters. 2 Dann hörte ich eine Stimme
vom Himmel her, die dem Rauschen
von Wassermassen und dem Rollen
eines gewaltigen Donners glich. Die
Stimme, die ich hörte, war wie der
Klang der Harfe, die ein Harfenspieler
schlägt. 3 Und sie sangen ein neues Lied
vor dem Thron und vor den vier
Lebewesen und vor den Ältesten. Aber
niemand konnte das Lied singen lernen
außer den hundertvierundvierzigtau-
send, die freigekauft und von der Erde
weggenommen worden sind. 4 Sie sind
es, die sich nicht mit Weibern befleckt
haben; denn sie sind jungfräulich. Sie
folgen dem Lamm, wohin es geht. Sie
allein unter allen Menschen sind
freigekauft als Erstlingsgabe für Gott
und das Lamm. 5 Denn in ihrem Mund
fand sich keinerlei Lüge. Sie sind ohne
Makel.

Das Gericht

Die Ankündigung des Gerichts

6 Dann sah ich: Ein anderer Engel flog
hoch am Himmel. Er hatte den Be-
wohnern der Erde ein ewiges Evan-
gelium zu verkünden, allen Nationen,
Stämmen, Sprachen und Völkern. 7 Er
rief mit lauter Stimme: Fürchtet Gott,
und erweist ihm die Ehre! Denn die
Stunde seines Gerichts ist gekommen.
Betet ihn an, der den Himmel und die
Erde, das Meer und die Wasserquellen
geschaffen hat.

8 Ein anderer Engel, ein zweiter, folgte
und rief: Gefallen, gefallen ist Babylon,
die Große, die alle Völker betrunken
gemacht hat mit dem Zornwein ihrer
Hurerei.

9 Ein anderer Engel, ein dritter, folgte
ihnen und rief mit lauter Stimme: Wer
das Tier und sein Standbild anbetet
und wer das Kennzeichen auf seiner
Stirn oder seiner Hand annimmt, 10 der
muss den Wein des Zornes Gottes
trinken, der unverdünnt im Becher
seines Zorns gemischt ist. Und er wird
mit Feuer und Schwefel gequält vor den
Augen der heiligen Engel und des
Lammes. 11 Der Rauch von ihrer Pei-
nigung steigt auf in alle Ewigkeit, und
alle, die das Tier und sein Standbild
anbeten und die seinen Namen als
Kennzeichen annehmen, werden bei
Tag und Nacht keine Ruhe haben.
12 Hier muss sich die Standhaftigkeit
der Heiligen bewähren, die an den Ge-
boten Gottes und an der Treue zu Jesus
festhalten. 13 Und ich hörte eine Stim-
me vom Himmel her rufen: Schreibe!
Selig die Toten, die im Herrn sterben,
von jetzt an; ja, spricht der Geist, sie
sollen ausruhen von ihren Mühen;
denn ihre Werke begleiten sie.

Die Stunde der Ernte

14 Dann sah ich eine weiße Wolke. Auf
der Wolke thronte einer, der wie ein
Menschensohn aussah. Er trug einen
goldenen Kranz auf dem Haupt und
eine scharfe Sichel in der Hand. 15 Und
ein anderer Engel kam aus dem Tempel
und rief dem, der auf der Wolke saß,
mit lauter Stimme zu: Schick deine
Sichel aus, und ernte! Denn die Zeit zu
ernten ist gekommen: Die Frucht der
Erde ist reif geworden. 16 Und der, der
auf der Wolke saß, schleuderte seine
Sichel über die Erde, und die Erde
wurde abgeerntet.

17 Und ein anderer Engel trat aus dem
himmlischen Tempel. Auch er hatte
eine scharfe Sichel. 18 Vom Altar her
kam noch ein anderer Engel, der die
Macht über das Feuer hatte. Dem, der
die scharfe Sichel trug, rief er mit lauter
Stimme zu: Schick deine scharfe Sichel
aus, und ernte die Trauben vom Wein-
stock der Erde! Seine Beeren sind reif
geworden. 19 Da schleuderte der Engel
seine Sichel auf die Erde, erntete den

Weinstock der Erde ab und warf die
Trauben in die große Kelter des Zornes
Gottes. 20 Die Kelter wurde draußen vor
der Stadt getreten, und Blut strömte
aus der Kelter; es stieg an, bis an die
Zügel der Pferde, eintausendsechs-
hundert Stadien weit.

Die Ankündigung der sieben letzten Plagen

15 Dann sah ich ein anderes
Zeichen am Himmel, groß und
wunderbar. Ich sah sieben Engel mit
sieben Plagen, den sieben letzten; denn
in ihnen erreicht der Zorn Gottes sein
Ende. 2 Dann sah ich etwas, das einem
gläsernen Meer glich und mit Feuer
durchsetzt war. Und die Sieger über
das Tier, über sein Standbild und über
die Zahl seines Namens standen auf
dem gläsernen Meer und trugen die
Harfen Gottes. 3 Sie sangen das Lied des
Mose, des Knechtes Gottes, und das
Lied zu Ehren des Lammes:
Groß und wunderbar sind deine Taten, /
Herr, Gott und Herrscher über die
ganze Schöpfung.
Gerecht und zuverlässig sind deine
Wege, / du König der Völker.
4 Wer wird dich nicht fürchten, Herr, /
wer wird deinen Namen nicht preisen?
Denn du allein bist heilig: / Alle Völker
kommen und beten dich an; / denn
deine gerechten Taten sind offenbar
geworden.
5 Danach sah ich: Es öffnete sich der
himmlische Tempel, das Zelt des Zeug-
nisses im Himmel. 6 Und die sieben Engel
mit den sieben Plagen traten heraus; sie
waren in reines, glänzendes Leinen ge-
kleidet und trugen um ihre Brust einen
Gürtel aus Gold. 7 Und eines der vier
Lebewesen reichte den sieben Engeln
sieben goldene Schalen; sie waren gefüllt
mit dem Zorn des Gottes, der in alle
Ewigkeit lebt. 8 Und der Tempel füllte
sich mit dem Rauch der Herrlichkeit und
Macht Gottes. Niemand konnte den
Tempel betreten, bis die sieben Plagen
aus der Hand der sieben Engel zu ihrem
Ende gekommen waren.

Die sieben Engel mit den Schalen des Zorns

16 Dann hörte ich, wie eine laute
Stimme aus dem Tempel den
sieben Engeln zurief: Geht und gießt
die sieben Schalen mit dem Zorn Got-
tes über die Erde!
2 Der erste ging und goss seine Schale
über das Land. Da bildete sich ein böses
und schlimmes Geschwür an den Men-
schen, die das Kennzeichen des Tieres
trugen und sein Standbild anbeteten.
3 Der zweite Engel goss seine Schale
über das Meer. Da wurde es zu Blut, das
aussah wie das Blut eines Toten; und
alle Lebewesen im Meer starben.
4 Der dritte goss seine Schale über die
Flüsse und Quellen. Da wurde alles zu

Blut. 5 Und ich hörte den Engel, der die
Macht über das Wasser hat, sagen:
Gerecht bist du, der du bist und der du
warst, du Heiliger; denn damit hast du
ein gerechtes Urteil gefällt. 6 Sie haben
das Blut von Heiligen und Propheten
vergossen; deshalb hast du ihnen Blut
zu trinken gegeben, so haben sie es ver-
dient. 7 Und ich hörte eine Stimme vom
Brandopferaltar her sagen: Ja, Herr,
Gott und Herrscher über die ganze
Schöpfung. Wahr und gerecht sind
deine Gerichtsurteile.

8 Der vierte Engel goss seine Schale
über die Sonne. Da wurde ihr Macht
gegeben, mit ihrem Feuer die Men-
schen zu verbrennen. 9 Und die Men-
schen verbrannten in der großen Hitze.
Dennoch verfluchten sie den Namen
Gottes, der die Macht über diese Plagen
hat. Sie bekehrten sich nicht dazu, ihm
die Ehre zu geben.

10 Der fünfte Engel goss seine Schale
über den Thron des Tieres. Da kam
Finsternis über das Reich des Tieres,
und die Menschen zerbissen sich vor
Angst und Schmerz die Zunge. 11 Den-
noch verfluchten sie den Gott des
Himmels wegen ihrer Schmerzen und
ihrer Geschwüre; und sie ließen nicht
ab von ihrem Treiben.

12 Der sechste Engel goss seine Schale
über den großen Strom, den Eufrat. Da
trocknete sein Wasser aus, so dass den
Königen des Ostens der Weg offen
stand. 13 Dann sah ich aus dem Maul
des Drachen und aus dem Maul des
Tieres und aus dem Maul des falschen
Propheten drei unreine Geister hervor-
kommen, die wie Frösche aussahen.
14 Es sind Dämonengeister, die Wunder-
zeichen tun; sie schwärmten aus zu den
Königen der ganzen Erde, um sie zu-
sammenzuholen für den Krieg am
großen Tag Gottes, des Herrschers über
die ganze Schöpfung.

15 Siehe, ich komme wie ein Dieb. Selig,
wer wach bleibt und sein Gewand
anbehält, damit er nicht nackt gehen
muss und man seine Blöße sieht.

16 Die Geister führten die Könige an
dem Ort zusammen, der auf hebräisch
Harmagedon heißt.

17 Und der siebte Engel goss seine
Schale über die Luft. Da kam eine laute
Stimme aus dem Tempel, die vom
Thron her rief: Es ist geschehen. 18 Und
es folgten Blitze, Stimmen und Donner;
es entstand ein gewaltiges Erdbeben,
wie noch keines gewesen war, seitdem
es Menschen auf der Erde gibt. So ge-
waltig war dieses Beben. 19 Die große
Stadt brach in drei Teile auseinander,
und die Städte der Völker stürzten ein.
Gott hatte sich an Babylon, die Große,
erinnert und reichte ihr den Becher mit
dem Wein seines rächenden Zornes.

20 Alle Inseln verschwanden, und es gab
keine Berge mehr. 21 Und gewaltige
Hagelbrocken, zentnerschwer, stürzten
vom Himmel auf die Menschen herab.
Dennoch verfluchten die Menschen

Gott wegen dieser Hagelplage; denn
die Plage war über die Maßen groß.

Die Hure Babylon

17 Dann kam einer der sieben
Engel, welche die sieben
Schalen trugen, und sagte zu mir:
Komm, ich zeige dir das Strafgericht
über die große Hure, die an den vielen
Gewässern sitzt. 2 Denn mit ihr haben
die Könige der Erde Unzucht ge-
trieben, und vom Wein ihrer Hurerei
wurden die Bewohner der Erde be-
trunken. 3 Der Geist ergriff mich, und
der Engel entrückte mich in die Wüste.
Dort sah ich eine Frau auf einem
scharlachroten Tier sitzen, das über
und über mit gotteslästerlichen Namen
beschrieben war und sieben Köpfe und
zehn Hörner hatte. 4 Die Frau war in
Purpur und Scharlach gekleidet und
mit Gold, Edelsteinen und Perlen ge-
schmückt. Sie hielt einen goldenen
Becher in der Hand, der mit dem ab-
scheulichen Schmutz ihrer Hurerei
gefüllt war. 5 Auf ihrer Stirn stand ein
Name, ein geheimnisvoller Name:
Babylon, die Große, die Mutter der
Huren und aller Abscheulichkeiten der
Erde. 6 Und ich sah, dass die Frau be-
trunken war vom Blut der Heiligen und
vom Blut der Zeugen Jesu.
Beim Anblick der Frau ergriff mich
großes Erstaunen. 7 Der Engel aber sag-
te zu mir: Warum bist du erstaunt? Ich
will dir das Geheimnis der Frau ent-
hüllen und das Geheimnis des Tieres
mit den sieben Köpfen und zehn
Hörnern, auf dem sie sitzt. 8 Das Tier,
das du gesehen hast, war einmal und
ist jetzt nicht; es wird aber aus dem Ab-
grund heraufsteigen und dann ins Ver-
derben gehen. Staunen werden die Be-
wohner der Erde, deren Namen seit der
Erschaffung der Welt nicht im Buch
des Lebens verzeichnet sind. Sie wer-
den bei dem Anblick des Tieres stau-
nen; denn es war einmal und ist jetzt
nicht, wird aber wieder da sein. 9 Hier
braucht man Verstand und Kenntnis.
Die sieben Köpfe bedeuten die sieben
Berge, auf denen die Frau sitzt. Sie
bedeuten auch sieben Könige. 10 Fünf
sind bereits gefallen. Einer ist jetzt da,
einer ist noch nicht gekommen; wenn
er dann kommt, darf er nur kurze Zeit
bleiben. 11 Das Tier aber, das war und
jetzt nicht ist, bedeutet einen achten
König und ist doch einer von den
sieben und wird ins Verderben gehen.
12 Die zehn Hörner, die du gesehen
hast, bedeuten zehn Könige, die noch
nicht zur Herrschaft gekommen sind;
sie werden aber königliche Macht für
eine einzige Stunde erhalten, zusam-
men mit dem Tier. 13 Sie sind eines Sin-
nes und übertragen ihre Macht und
Gewalt dem Tier. 14 Sie werden mit dem
Lamm Krieg führen, aber das Lamm
wird sie besiegen. Denn es ist der Herr
der Herren und der König der Könige.

Bei ihm sind die Berufenen, Aus-
erwählten und Treuen.
15 Und er sagte zu mir: Du hast die
Gewässer gesehen, an denen die Hure
sitzt; sie bedeuten Völker und Men-
schenmassen, Nationen und Sprachen.
16 Du hast die zehn Hörner und das Tier
gesehen; sie werden die Hure hassen,
ihr alles wegnehmen, bis sie nackt ist,
werden ihr Fleisch fressen und sie im
Feuer verbrennen.
17 Denn Gott lenkt ihr Herz so, dass sie
seinen Plan ausführen: Sie sollen ein-
mütig handeln und ihre Herrschaft
dem Tier übertragen, bis die Worte
Gottes erfüllt sind. 18 Die Frau aber, die
du gesehen hast, ist die große Stadt, die
die Herrschaft hat über die Könige der
Erde.

Die Ankündigung von Babylons Sturz

18 Danach sah ich einen anderen
Engel aus dem Himmel herab-
steigen; er hatte große Macht, und die
Erde leuchtete auf von seiner Herrlich-
keit. 2 Und er rief mit gewaltiger Stim-
me: Gefallen, gefallen ist Babylon, die
Große! Zur Wohnung von Dämonen
ist sie geworden, zur Behausung aller
unreinen Geister und zum Schlupf-
winkel aller unreinen und abscheu-
lichen Vögel. 3 Denn vom Zornwein
ihrer Unzucht haben alle Völker ge-
trunken, und die Könige der Erde ha-
ben mit ihr Unzucht getrieben. Durch
die Fülle ihres Wohlstands sind die
Kaufleute der Erde reich geworden.
4 Dann hörte ich eine andere Stimme
vom Himmel her rufen: Verlass die
Stadt, mein Volk, damit du nicht mit-
schuldig wirst an ihren Sünden und
von ihren Plagen mitgetroffen wirst.
5 Denn ihre Sünden haben sich bis zum
Himmel aufgetürmt, und Gott hat ihre
Schandtaten nicht vergessen. 6 Zahlt ihr
mit gleicher Münze heim, gebt ihr
doppelt zurück, was sie getan hat.
Mischt ihr den Becher, den sie ge-
mischt hat, doppelt so stark. 7 Im
gleichen Maß, wie sie in Prunk und
Luxus lebte, lasst sie Qual und Trauer
erfahren. Sie dachte bei sich: Ich throne
als Königin, ich bin keine Witwe und
werde keine Trauer kennen. 8 Deshalb
werden an einem einzigen Tag die
Plagen über sie kommen, die für sie be-
stimmt sind: Tod, Trauer und Hunger.
Und sie wird im Feuer verbrennen;
denn stark ist der Herr, der Gott, der
sie gerichtet hat.

Die Klage über den Untergang Babylons

9 Die Könige der Erde, die mit ihr ge-
hurt und in Luxus gelebt haben, wer-
den über sie weinen und klagen, wenn
sie den Rauch der brennenden Stadt
sehen. 10 Sie bleiben in der Ferne stehen
aus Angst vor ihrer Qual und sagen:
Wehe! Wehe, du große Stadt Babylon,
du mächtige Stadt! In einer einzigen

Stunde ist das Gericht über dich ge-
kommen.
11 Auch die Kaufleute der Erde weinen
und klagen um sie, weil niemand mehr
ihre Ware kauft: 12 Gold und Silber,
Edelsteine und Perlen, feines Leinen,
Purpur, Seide und Scharlach, wohl-
riechende Hölzer aller Art und alle
möglichen Geräte aus Elfenbein, kost-
barem Edelholz, Bronze, Eisen und
Marmor; 13 auch Zimt und Balsam,
Räucherwerk, Salböl und Weihrauch,
Wein und Öl, feinstes Mehl und
Weizen, Rinder und Schafe, Pferde und
Wagen und sogar Menschen mit Leib
und Seele.
14 Auch die Früchte, nach denen dein
Herz begehrte, sind dir genommen.
Und alles, was prächtig und glänzend
war, hast du verloren; nie mehr wird
man es finden. 15 Die Kaufleute, die
durch den Handel mit dieser Stadt
reich geworden sind, werden aus Angst
vor ihrer Qual in der Ferne stehen, und
sie werden weinen und klagen: 16 Wehe!
Wehe, du große Stadt, bekleidet mit
feinem Leinen, mit Purpur und Schar-
lach, geschmückt mit Gold, Edelstei-
nen und Perlen. 17 In einer einzigen
Stunde ist dieser ganze Reichtum da-
hin.
Alle Kapitäne und Schiffsreisenden, die
Matrosen und alle, die ihren Unterhalt
auf See verdienen, machten schon in
der Ferne halt, 18 als sie den Rauch der
brennenden Stadt sahen, und sie rie-
fen: Wer konnte sich mit der großen
Stadt messen? 19 Und sie streuten sich
Staub auf den Kopf, sie schrien,
weinten und klagten: Wehe! Wehe, du
große Stadt, die mit ihren Schätzen alle
reich gemacht hat, die Schiffe auf dem
Meer haben. In einer einzigen Stunde
ist sie verwüstet worden. 20 Freu dich
über ihren Untergang, du Himmel –
und auch ihr, Heilige, Apostel und Pro-
pheten, freut euch! Denn Gott hat euch
an ihr gerächt.
21 Dann hob ein gewaltiger Engel einen
Stein auf, so groß wie ein Mühlstein; er
warf ihn ins Meer und rief: So wird
Babylon, die große Stadt, mit Wucht
hinabgeworfen werden, und man wird
sie nicht mehr finden. 22 Die Musik von
Harfenspielern und Sängern, von
Flötenspielern und Trompetern hört
man nicht mehr in dir. Einen kundigen
Handwerker gibt es nicht mehr in dir.
Das Geräusch des Mühlsteins hört man
nicht mehr in dir. 23 Das Licht der Lam-
pe scheint nicht mehr in dir. Die
Stimme von Braut und Bräutigam hört
man nicht mehr in dir. Deine Kaufleute
waren die Großen der Erde, deine
Zauberei verführte alle Völker. 24 Aber
in ihr war das Blut von Propheten und
Heiligen und von allen, die auf der Erde
hingeschlachtet worden sind.

Jubel im Himmel

19 Danach hörte ich etwas wie
den lauten Ruf einer großen
Schar im Himmel:
Halleluja! / Das Heil und die Herrlich-
keit und die Macht / ist bei unserm
Gott.
2 Seine Urteile sind wahr und gerecht. /
Er hat die große Hure gerichtet, / die mit
ihrer Unzucht die Erde verdorben hat.
Er hat Rache genommen für das Blut
seiner Knechte, / das an ihren Händen
klebte. 3 Noch einmal riefen sie:
Halleluja! / Der Rauch der Stadt steigt
auf in alle Ewigkeit.
4 Und die vierundzwanzig Ältesten und
die vier Lebewesen fielen nieder vor
Gott, der auf dem Thron sitzt, beteten
ihn an und riefen:
Amen, halleluja!
5 Und eine Stimme kam vom Thron her:
Preist unsern Gott, all seine Knechte /
und alle, die ihn fürchten, Kleine und
Große!
6 Da hörte ich etwas wie den Ruf einer
großen Schar und wie das Rauschen
gewaltiger Wassermassen und wie das
Rollen mächtiger Donner:
Halleluja! / Denn König geworden ist
der Herr, unser Gott, / der Herrscher
über die ganze Schöpfung.
7 Wir wollen uns freuen und jubeln /
und ihm die Ehre erweisen.
Denn gekommen ist die Hochzeit des
Lammes, / und seine Frau hat sich be-
reit gemacht.
8 Sie durfte sich kleiden in strahlend
reines Leinen. / Das Leinen bedeutet die
gerechten Taten der Heiligen.
9 Jemand sagte zu mir: Schreib auf:
Selig, wer zum Hochzeitsmahl des
Lammes eingeladen ist. Dann sagte er
zu mir: Das sind zuverlässige Worte, es
sind Worte Gottes. 10 Und ich fiel ihm
zu Füßen, um ihn anzubeten. Er aber
sagte zu mir: Tu das nicht! Ich bin ein
Knecht wie du und deine Brüder, die
das Zeugnis Jesu festhalten. Gott bete
an! Das Zeugnis Jesu ist der Geist pro-
phetischer Rede.

Sieg über das Tier und seinen Propheten

11 Dann sah ich den Himmel offen, und
siehe, da war ein weißes Pferd, und der,
der auf ihm saß, heißt »Der Treue und
Wahrhaftige«; gerecht richtet er und
führt er Krieg. 12 Seine Augen waren
wie Feuerflammen, und auf dem Haupt
trug er viele Diademe; und auf ihm
stand ein Name, den er allein kennt.
13 Bekleidet war er mit einem blut-
getränkten Gewand; und sein Name
heißt »Das Wort Gottes«. 14 Die Heere
des Himmels folgten ihm auf weißen
Pferden; sie waren in reines, weißes
Leinen gekleidet. 15 Aus seinem Mund
kam ein scharfes Schwert; mit ihm wird
er die Völker schlagen. Und er herrscht
über sie mit eisernem Zepter, und er
tritt die Kelter des Weines, des rächen-

den Zornes Gottes, des Herrschers über
die ganze Schöpfung. 16 Auf seinem
Gewand und auf seiner Hüfte trägt er
den Namen: »König der Könige und
Herr der Herren«.
17 Dann sah ich einen Engel, der in der
Sonne stand. Er rief mit lauter Stimme
allen Vögeln zu, die hoch am Himmel
flogen: Kommt her! Versammelt euch
zum großen Mahl Gottes. 18 Fresst
Fleisch von Königen, von Heerführern
und von Helden, Fleisch von Pferden
und ihren Reitern, Fleisch von allen,
von Freien und Sklaven, von Großen
und Kleinen!
19 Dann sah ich das Tier und die Könige
der Erde und ihre Heere versammelt,
um mit dem Reiter und seinem Heer
Krieg zu führen. 20 Aber das Tier wurde
gepackt und mit ihm der falsche Pro-
phet; er hatte vor seinen Augen Zeichen
getan und dadurch alle verführt, die
das Kennzeichen des Tieres angenom-
men und sein Standbild angebetet
hatten. Bei lebendigem Leib wurden
beide in den See von brennendem
Schwefel geworfen. 21 Die übrigen wur-
den getötet mit dem Schwert, das aus
dem Mund des Reiters kam; und alle
Vögel fraßen sich satt an ihrem Fleisch.

Die Tausendjährige Herrschaft

20 Dann sah ich einen Engel vom
Himmel herabsteigen; auf
seiner Hand trug er den Schlüssel zum
Abgrund und eine schwere Kette. 2 Er
überwältigte den Drachen, die alte
Schlange – das ist der Teufel oder der
Satan –, und er fesselte ihn für tausend
Jahre. 3 Er warf ihn in den Abgrund,
verschloss diesen und drückte ein
Siegel darauf, damit der Drache die
Völker nicht mehr verführen konnte,
bis die tausend Jahre vollendet sind.
Danach muss er für kurze Zeit freige-
lassen werden.
4 Dann sah ich Throne; und denen, die
darauf Platz nahmen, wurde das Ge-
richt übertragen. Ich sah die Seelen
aller, die enthauptet worden waren,
weil sie an dem Zeugnis Jesu und am
Wort Gottes festgehalten hatten. Sie
hatten das Tier und sein Standbild
nicht angebetet, und sie hatten das
Kennzeichen nicht auf ihrer Stirn und
auf ihrer Hand anbringen lassen. Sie
gelangten zum Leben und zur Herr-
schaft mit Christus für tausend Jahre.
5 Die übrigen Toten kamen nicht zum
Leben, bis die tausend Jahre vollendet
waren. Das ist die erste Auferstehung.
6 Selig und heilig, wer an der ersten
Auferstehung teilhat. Über solche hat
der zweite Tod keine Gewalt. Sie
werden Priester Gottes und Christi sein
und tausend Jahre mit ihm herrschen.

Der endgültige Sieg über den Satan

7 Wenn die tausend Jahre vollendet
sind, wird der Satan aus seinem Ge-

fängnis freigelassen werden. [8] Er wird
ausziehen, um die Völker an den vier
Ecken der Erde, den Gog und den
Magog, zu verführen und sie zu-
sammenzuholen für den Kampf; sie
sind so zahlreich wie die Sandkörner
am Meer. [9] Sie schwärmten aus über die
weite Erde und umzingelten das Lager
der Heiligen und Gottes geliebte Stadt.
Aber Feuer fiel vom Himmel und ver-
zehrte sie. [10] Und der Teufel, ihr Ver-
führer, wurde in den See von bren-
nendem Schwefel geworfen, wo auch
das Tier und der falsche Prophet sind.
Tag und Nacht werden sie gequält, in
alle Ewigkeit.

Das Gericht über alle Toten

[11] Dann sah ich einen großen weißen
Thron und den, der auf ihm saß; vor
seinem Anblick flohen Erde und
Himmel, und es gab keinen Platz mehr
für sie. [12] Ich sah die Toten vor dem
Thron stehen, die Großen und die Klei-
nen. Und Bücher wurden aufge-
schlagen; auch das Buch des Lebens
wurde aufgeschlagen. Die Toten wur-
den nach ihren Werken gerichtet, nach
dem, was in den Büchern aufge-
schrieben war. [13] Und das Meer gab die
Toten heraus, die in ihm waren; und der
Tod und die Unterwelt gaben ihre
Toten heraus, die in ihnen waren. Sie
wurden gerichtet, jeder nach seinen
Werken. [14] Der Tod und die Unterwelt
aber wurden in den Feuersee geworfen.
Das ist der zweite Tod: der Feuersee.
[15] Wer nicht im Buch des Lebens ver-
zeichnet war, wurde in den Feuersee
geworfen.

Die neue Welt Gottes

Gottes Wohnen unter den Menschen

21 Dann sah ich einen neuen
Himmel und eine neue Erde;
denn der erste Himmel und die erste
Erde sind vergangen, auch das Meer ist
nicht mehr. [2] Ich sah die heilige Stadt,
das neue Jerusalem, von Gott her aus
dem Himmel herabkommen; sie war
bereit wie eine Braut, die sich für ihren
Mann geschmückt hat. [3] Da hörte ich
eine laute Stimme vom Thron her ru-
fen: Seht, die Wohnung Gottes unter
den Menschen! Er wird in ihrer Mitte
wohnen, und sie werden sein Volk sein;
und er, Gott, wird bei ihnen sein. [4] Er
wird alle Tränen von ihren Augen ab-
wischen: Der Tod wird nicht mehr sein,
keine Trauer, keine Klage, keine Müh-
sal. Denn was früher war, ist vergangen.
[5] Er, der auf dem Thron saß, sprach:
Seht, ich mache alles neu. Und er sagte:
Schreib es auf, denn diese Worte sind
zuverlässig und wahr. [6] Er sagte zu mir:
Sie sind in Erfüllung gegangen. Ich bin
das Alpha und das Omega, der Anfang
und das Ende. Wer durstig ist, den
werde ich umsonst aus der Quelle trin-

ken lassen, aus der das Wasser des
Lebens strömt. 7 Wer siegt, wird dies als
Anteil erhalten: Ich werde sein Gott
sein, und er wird mein Sohn sein.
8 Aber die Feiglinge und Treulosen, die
Befleckten, die Mörder und Unzüch-
tigen, die Zauberer, Götzendiener und
alle Lügner – ihr Los wird der See von
brennendem Schwefel sein. Dies ist der
zweite Tod.

Das neue Jerusalem

9 Und es kam einer von den sieben
Engeln, die die sieben Schalen mit den
sieben letzten Plagen getragen hatten.
Er sagte zu mir: Komm, ich will dir die
Braut zeigen, die Frau des Lammes.
10 Da entrückte er mich in der Ver-
zückung auf einen großen, hohen Berg
und zeigte mir die heilige Stadt
Jerusalem, wie sie von Gott her aus dem
Himmel herabkam, 11 erfüllt von der
Herrlichkeit Gottes. Sie glänzte wie ein
kostbarer Edelstein, wie ein kristall-
klarer Jaspis. 12 Die Stadt hat eine große
und hohe Mauer mit zwölf Toren und
zwölf Engeln darauf. Auf die Tore sind
Namen geschrieben: die Namen der
zwölf Stämme der Söhne Israels. 13 Im
Osten hat die Stadt drei Tore und im
Norden drei Tore und im Süden drei
Tore und im Westen drei Tore. 14 Die
Mauer der Stadt hat zwölf Grundsteine;
auf ihnen stehen die zwölf Namen der
zwölf Apostel des Lammes.
15 Und der Engel, der zu mir sprach,
hatte einen goldenen Messstab, mit
dem die Stadt, ihre Tore und ihre
Mauer gemessen wurden. 16 Die Stadt
war viereckig angelegt und ebenso lang
wie breit. Er maß die Stadt mit dem
Messstab; ihre Länge, Breite und Höhe
sind gleich: zwölftausend Stadien.
17 Und er maß ihre Mauer; sie ist hun-
dertvierundvierzig Ellen hoch nach
Menschenmaß, das der Engel benutzt
hatte. 18 Ihre Mauer ist aus Jaspis ge-
baut, und die Stadt ist aus reinem Gold,
wie aus reinem Glas. 19 Die Grundsteine
der Stadtmauer sind mit edlen Steinen
aller Art geschmückt; der erste Grund-
stein ist ein Jaspis, der zweite ein
Saphir, der dritte ein Chalzedon, der
vierte ein Smaragd, 20 der fünfte ein
Sardonyx, der sechste ein Sardion, der
siebte ein Chrysolith, der achte ein
Beryll, der neunte ein Topas, der zehnte
ein Chrysopras, der elfte ein Hyazinth,
der zwölfte ein Amethyst. 21 Die zwölf
Tore sind zwölf Perlen; jedes der Tore
besteht aus einer einzigen Perle. Die
Straße der Stadt ist aus reinem Gold,
wie aus klarem Glas.
22 Einen Tempel sah ich nicht in der
Stadt. Denn der Herr, ihr Gott, der
Herrscher über die ganze Schöpfung,
ist ihr Tempel, er und das Lamm. 23 Die
Stadt braucht weder Sonne noch
Mond, die ihr leuchten. Denn die Herr-
lichkeit Gottes erleuchtet sie, und ihre
Leuchte ist das Lamm. 24 Die Völker

werden in diesem Licht einhergehen,
und die Könige der Erde werden ihre
Pracht in die Stadt bringen. 25 Ihre Tore
werden den ganzen Tag nicht ge-
schlossen – Nacht wird es dort nicht
mehr geben. 26 Und man wird die
Pracht und die Kostbarkeiten der
Völker in die Stadt bringen. 27 Aber
nichts Unreines wird hineinkommen,
keiner, der Greuel verübt und lügt. Nur
die, die im Lebensbuch des Lammes
eingetragen sind, werden eingelassen.

22 Und er zeigte mir einen Strom,
das Wasser des Lebens, klar wie
Kristall; er geht vom Thron Gottes und
des Lammes aus. 2 Zwischen der Straße
der Stadt und dem Strom, hüben und
drüben, stehen Bäume des Lebens.
Zwölfmal tragen sie Früchte, jeden
Monat einmal; und die Blätter der
Bäume dienen zur Heilung der Völker.
3 Es wird nichts mehr geben, was der
Fluch Gottes trifft. Der Thron Gottes und
des Lammes wird in der Stadt stehen,
und seine Knechte werden ihm dienen.
4 Sie werden sein Angesicht schauen, und
sein Name ist auf ihre Stirn geschrieben.
5 Es wird keine Nacht mehr geben, und
sie brauchen weder das Licht einer Lam-
pe noch das Licht der Sonne. Denn der
Herr, ihr Gott, wird über ihnen leuchten,
und sie werden herrschen in alle Ewig-
keit.

Zeugnis und abschliessende Mahnung des Sehers

6 Und der Engel sagte zu mir: Diese
Worte sind zuverlässig und wahr. Gott,
der Herr über den Geist der Propheten,
hat seinen Engel gesandt, um seinen
Knechten zu zeigen, was bald gesche-
hen muss.
7 Siehe, ich komme bald. Selig, wer an
den prophetischen Worten dieses
Buches festhält.
8 Ich, Johannes, habe dies gehört und
gesehen. Und als ich es hörte und sah,
fiel ich dem Engel, der mir dies gezeigt
hatte, zu Füßen, um ihn anzubeten.
9 Da sagte er zu mir: Tu das nicht! Ich
bin nur ein Knecht wie du und deine
Brüder, die Propheten, und wie alle, die
sich an die Worte dieses Buches halten.
Gott bete an!
10 Und er sagte zu mir: Versiegle dieses
Buch mit seinen prophetischen Worten
nicht! Denn die Zeit ist nahe. 11 Wer
Unrecht tut, tue weiter Unrecht, der
Unreine bleibe unrein, der Gerechte
handle weiter gerecht, und der Heilige
strebe weiter nach Heiligkeit. 12 Siehe, ich
komme bald, und mit mir bringe ich den
Lohn, und ich werde jedem geben, was
seinem Werk entspricht. 13 Ich bin das
Alpha und das Omega, der Erste und der
Letzte, der Anfang und das Ende. 14 Selig,
wer sein Gewand wäscht:

Er hat Anteil am Baum des Lebens, und
er wird durch die Tore in die Stadt ein-
treten können. [15] Draußen bleiben die
»Hunde« und die Zauberer, die Un-
züchtigen und die Mörder, die Götzen-
diener und jeder, der die Lüge liebt und
tut.
[16] Ich, Jesus, habe meinen Engel ge-
sandt als Zeugen für das, was die Ge-
meinden betrifft. Ich bin die Wurzel
und der Stamm Davids, der strahlende
Morgenstern.
[17] Der Geist und die Braut aber sagen:
Komm! Wer hört, der rufe: Komm!
Wer durstig ist, der komme. Wer will,
empfange umsonst das Wasser des
Lebens.
[18] Ich bezeuge jedem, der die pro-
phetischen Worte dieses Buches hört:
Wer etwas hinzufügt, dem wird Gott
die Plagen zufügen, von denen in
diesem Buch geschrieben steht. [19] Und
wer etwas wegnimmt von den pro-
phetischen Worten dieses Buches, dem
wird Gott seinen Anteil am Baum des
Lebens und an der heiligen Stadt weg-
nehmen, von denen in diesem Buch ge-
schrieben steht.
[20] Er, der dies bezeugt, spricht: Ja, ich
komme bald. –
Amen. Komm, Herr Jesus!
[21] Die Gnade des Herrn Jesus sei mit
allen!

ANHANG

I. Aus dem Abkürzungsverzeichnis

Allgemeine Abkürzungen

A	Anmerkung
AT	Altes Testament
atl.	alttestamentlich
ca.	circa = ungefähr
d.h.	das heißt
EÜ	Einheitsübersetzung
f	folgender Vers
G	griechische Übersetzung der Septuaginta, entstanden zwischen ca. 250–100 v. Chr.
H	hebräischer Text
Jh.	Jahrhundert (Jhd.)
korr.	korrigiert
NT	Neues Testament
ntl.	neutestamentlich
Par.	Parallele
Parr.	Parallelen
par.	parallele Stellen
S	Syrische Übersetzung (Peschitta)
s.	siehe
sog.	sogenannt (-e, -er, -es)
u.a.	unter anderem
usw.	und so weiter
vgl.	vergleiche
V.	Vers
VV.	Verse
Vg	Vulgata
z.B.	zum Beispiel
z.T.	zum Teil
( )	erklärender Zusatz der Übersetzer
[ ]	unechter Text bzw. alte Zusätze

Abkürzungen der biblischen Bücher

	Altes Testament
Gen	Das Buch Genesis
Ex	Das Buch Exodus
Lev	Das Buch Levitikus
Num	Das Buch Numeri
Dtn	Das Buch Deuteronomium
Jos	Das Buch Josua
Ri	Das Buch der Richter
Rut	Das Buch Rut
1 Sam	Das erste Buch Samuel
2 Sam	Das zweite Buch Samuel
1 Kön	Das erste Buch der Könige
2 Kön	Das zweite Buch der Könige
1 Chr	Das erste Buch der Chronik
2 Chr	Das zweite Buch der Chronik
Esra	Das Buch Esra
Neh	Das Buch Nehemia
Tob	Das Buch Tobit
Jdt	Das Buch Judit
Est	Das Buch Ester
1 Makk	Das erste Buch der Makkabäer

2 Makk	Das zweite Buch der Makkabäer
Ijob	Das Buch Ijob
Ps	Die Psalmen
Spr	Das Buch der Sprichwörter
Koh	Das Buch Kohelet
Hld	Das Hohelied
Weish	Das Buch der Weisheit
Sir	Das Buch Jesus Sirach
Jes	Das Buch Jesaja
Jer	Das Buch Jeremia
Klgl	Die Klagelieder
Bar	Das Buch Baruch
Ez	Das Buch Ezechiel
Dan	Das Buch Daniel
Hos	Das Buch Hosea
Joël	Das Buch Joël
Am	Das Buch Amos
Obd	Das Buch Obadja
Jona	Das Buch Jona
Mi	Das Buch Micha
Nah	Das Buch Nahum
Hab	Das Buch Habakuk
Zef	Das Buch Zefanja
Hag	Das Buch Haggai
Sach	Das Buch Sacharja
Mal	Das Buch Maleachi
	Neues Testament
Mt	Das Evangelium nach Matthäus
Mk	Das Evangelium nach Markus
Lk	Das Evangelium nach Lukas
Joh	Das Evangelium nach Johannes
Apg	Die Apostelgeschichte
Röm	Der Brief an die Römer
1 Kor	Der erste Brief an die Korinther
2 Kor	Der zweite Brief an die Korinther
Gal	Der Brief an die Galater
Eph	Der Brief an die Epheser
Phil	Der Brief an die Philipper
Kol	Der Brief an die Kolosser
1 Thess	Der erste Brief an die Thessalonicher
2 Thess	Der zweite Brief an die Thessalonicher
1 Tim	Der erste Brief an Timotheus
2 Tim	Der zweite Brief an Timotheus
Tit	Der Brief an Titus
Phlm	Der Brief an Philemon
Hebr	Der Brief an die Hebräer
Jak	Der Brief des Jakobus
1 Petr	Der erste Brief des Petrus
2 Petr	Der zweite Brief des Petrus
1 Joh	Der erste Brief des Johannes
2 Joh	Der zweite Brief des Johannes
3 Joh	Der dritte Brief des Johannes
Jud	Der Brief des Judas
Offb	Die Offenbarung des Johannes

II. Maße, Gewichte und Münzen

Maße, Gewichte und Münzen werden heute nach mathematisch festgelegten Einheiten errechnet, die in einem Bezugssystem zueinander stehen. In der Frühzeit stützten sich die sozialen Gemeinschaften auf Festlegungen, die ihren Vergleichspunkt in der konkreten Erfahrung hatten. So wurden zum Beispiel Längenmaße nach Arm und Hand, Flächen nach der Zeit, die man brauchte, sie zu bearbeiten (Tagwerk) oder nach der benötigten Saatmenge bestimmt, Entfernungen nach der Zeit, die man braucht, um sie zurückzulegen (Tagesmarsch).

Bei Maßen und Gewichten wird im Alten Testament zwischen königlichen und gewöhnlichen Einheiten unterschieden; eine königliche Elle etwa ist größer als eine gewöhnliche. Es ließ sich bisher nicht klären, ob die Bezeichnung »königlich« sich auf die Festsetzung der Wertgarantie (Eichmaß) durch den König bezieht oder auf Abgaben und Steuern, die nach dieser Bemessung zu leisten waren.

Die hier in Frage kommenden Begriffe bezeichnen in verschiedenen Perioden des Alten Testaments unterschiedliche Größen, je nach dem Herkunftsort (Babylonien, Ägypten, Griechenland, Rom, Ortsgegebenheiten) der einzelnen Zählsysteme. Diese verschiedenen Systeme wurden teilweise auch gleichzeitig benutzt. Die einzelnen Maßeinheiten entsprachen jedoch bei den einzelnen Völkerschaften des Vorderen Orients und der Mittelmeerwelt in etwa einander. Eine Übertragung in die heutigen Zahlen- und Maßsysteme ergibt nur Annäherungswerte.

1. Maße

a) Längenmaße

Elle (Gen 6,15; Mt 6,27):
gemessen von der Spitze des Ellbogens bis zur Spitze des Mittelfingers

Spanne (Ex 28,16):
der Abstand von der Daumen- bis zur Kleinfingerspitze der gespreizten Hand

Handbreite (Ex 25,25):
gemessen an der Fingerwurzel

Finger (Jer 52,21):
Daumenbreite

Es ergibt sich folgendes Verhältnisschema (zu lesen 1 Elle = 2 Spannen usw.):

				königlich	gewöhnlich
Elle	1			52,5 cm	45,8 cm
Spanne	2	1		26,9 cm	22,9 cm
Handbreite	6	3	1	8,7 cm	7,6 cm
Finger	24	12	4	2,2 cm	1,9 cm

b) Wegmaße

Tagesmarsch (Num 11,31): ca. 40 km

Meile (Mt 5,41):
römische Bezeichnung, 1.000 Doppelschritte, etwa 8 Stadien; ca. 1,5 km

Stadion (Mehrzahl: Stadien; Makk 11,5; Lk 24,13): griechische Bezeichnung,

ca. 185–200 m
Faden (Apg 27,28):
1/100 Stadion: ca. 1,85 m
Schritt (2 Sam 6,13):
1/200 Stadion: ca. 92 cm
Fuß (Dtn 2,5; Apg 7,5):
1/600 Stadion: ca. 30,8 cm
Elle (Gen 6,15; Mt 6,27):
45,8 cm
Bogenschuss (Gen 21,16): ?

c) Hohlmaße
Für Trockenes
Hómer (Lev 27,16):
10 Efa: ca. 400 l
Letech (s. Anmerkung zu Hos 3,2):
5 Efa: ca. 200 l
Efa (Ex 16,36):
ca. 40 l
Sea (2 Kön 7,1; Mt 13,13):
1/3 Efa: ca. 13 l
Gomer (Ex 16,36):
1/10 Efa: ca. 4 l
Zehntel (Ex 29,40):
1/10 Efa: ca. 4 l
Kab (2 Kön 6,25): 1/18 Efa: ca. 2,2 l

Für Flüssigkeiten
Kor (1 Kön 5,2; Lk 16,7):
10 Bat: ca. 400 l
Bat (1 Kön 7,26; Lk 16,6):
ca. 40 l
Metrete (Joh 2,6):
1 Bat: ca. 40 l
Hin (Ex 29,40):
1/6 Bat, ca. 6,5 l
Log (Lev 14,10):
1/72 Bat: ca. 0,5 l

2. Gewichte und Münzen
Schon in der Frühzeit erkannte man den Eigenwert edler und seltener Metalle; sie sind als Tauschobjekt begehrt und für Handel und Stadtkultur leicht verwendbar (vgl. die »Viehwährung« der Nomadenkultur). Metalle wog man mit Steingewichten auf einfachen Waagen. Die Metallwährung bildet das Zwischenglied zwischen dem Tauschhandel und der Geldwirtschaft. Das Verhältnis Gold-Silber war etwa 1:13. Gold- und Silberstücke wurden in Barren, als Schmuck (mit Gewichtsstempel) und vom 7. Jahrhundert an als geprägte Münzen gebraucht. Das Wort Silber wurde zur Bezeichnung für Geld schlechthin (vgl. das französische »argent«). Die ersten uns überhaupt bekannten Münzen wurden um das Jahr 630 v. Chr. in Lydien (heute West-Türkei) aus Weißgold (Elektrum) verfertigt. Im Alten Testament werden Münzen erst in nachexilischen Texten erwähnt. Die älteste auf dem kanaanäischen Boden gefundene Münze ist eine griechische Tetradrachme (Mitte des 6. Jahrhunderts). Als älteste jüdische Münze ist ein Halbschekel aus dem 5. Jahrhundert bekannt.

a) Gewichte
Talent (Ex 38,25; Mt 18,24):
3.600 Schekel: ca. 41 kg
Das Talent war keine Münze, sondern die Bezeichnung für eine festgelegte Recheneinheit: 6.000 Drachmen (vgl. Dutzend).
Mine (Ez 45,12; Lk 19,13):
60 Schekel: ca. 685 g
Auch die Mine war keine Münze, vgl. zu Talent; ihr Wert entsprach 100 Drachmen.
Pfund (litra, Joh 12,3; 19,39):
320 g
Kesita (Jos 24,32; vgl. Gen 23,15):
4 Silberschekel: ca. 46 g
Schekel bzw. Silberschekel (Ex 38,24; Ez 45,12): 11,5 g. Von hebr. »schakal,« wiegen, bezahlen: Gewicht, das zur Grundeinheit des Gewichtssystems wurde; es kann unterteilt werden in Drittel-, Halb- und Viertelschekel (vgl. die Doppeldrachme).
Halbschekel (Lk 15,8, vgl. Doppeldrachme): 6 g
Gera (Num 3,47):
ca. 0,6 g

Es ergibt sich etwa folgendes Verhältnisschema (zu lesen: 1 Talent = 60 Minen usw.):

Talent	1		
Mine	60	1	
Schekel	3.600	60	1
Gera	72.000	1.200	20

b) Altorientalische Währungen
In engem Zusammenhang mit der wechselreichen politischen Geschichte ist auch die Münzgeschichte Palästinas sehr lebhaft gewesen. Als Währung, die seit 538 in den persischen Provinzen Palästinas in Umlauf war, sind im Alten Testament erwähnt: Golddariken (1 Chr 29,7; Esra 2,69; 8,27; Neh 7,69-71) und Silberschekel (Neh 5,15), wobei die Goldmünzen von der persischen Zentralmacht, die Silbermünzen von der Provinzregierung geprägt waren. Daneben waren auch die Währungen anderer Staaten gültige Zahlungsmittel. Die Hafenstadt Tyrus begann schon etwa 450 v. Chr. eigene Münzen (Statér) zu prägen. Diese Währung phönizischen Standards galt bis 331; in diesem Jahr führte Alexander der Große in seinem Reich eine einigermaßen einheitliche Währung ein, u. a. Tetradrachmen und Doppeldrachmen attischen Standards. Nach einem Dreivierteljahrhundert ptolemäischer und einem Dreivierteljahrhundert seleuzidischer Prägung lieferte Tyrus ab 125 v. Chr. wieder Tetradrachmen, Doppeldrachmen und Drachmen phönizischen Standards (Schekel, Halbschekel, Viertel-Silberschekel) mit einem sehr stabilen Feingehalt, im Gegensatz zu den seleuzidischen (Syrien) und ptolemäischen (Ägypten) Währungen, die laufend weniger Eigenwert haben (der Metallfeingehalt ist Mitte des 1. Jahrhunderts v.

Chr. bis auf 30 Prozent des ursprünglichen Werts abgesunken). Daher galt die tyrische Währung als einzig gültiges Tempelsteuerzahlmittel. Nach 1 Makk 15,6 wurde dem Makkabäer Simeon (143–135) das Münzrecht zugestanden. Die makkabäische Währung ist durchwegs aus Bronze und ohne Wertangabe. Die Römer, Herrscher in Palästina seit 64 v. Chr., führten ihre Reichsmünzen (Denar, As, Quadrans) und verschiedene Provinzialmünzen (Münzstätten Antiochia, Alexandria) ein.

c) Griechische Währung
Mine (Ez 45,12; Lk 19,13):
25 Silberschekel bzw. Tetradrachmen, 100 Drachmen
Tetradrachme (Mt 17,27):
auch Statér genannt; eine Silbermünze im Wert eines Schekels (Mt 16,15, EÜ: Silberstück)
Doppeldrachme (Mt 17,24):
Silbermünze im Wert eines Halbschekels
Drachme (Lk 15,8):
Silbermünze im Wert eines Viertelschekels, gleich 6 Oboloi; entspricht einem Denar
Obolos:
Bronzemünze, gleich 8 Chalkoi
Chalkos (Mt 10,9):
Bronzemünze, gleich 1/48 Drachme
Lepton (Mk 12,42):
Bronzemünze, 1/144 Drachme

d) Römische Währung
Golddenar (vgl. Mt 10,9):
25 Silberdenare
Silberdenar (Mt 18,28):
gleich einem Viertel-Silberschekel, unter Kaiser Nero (63 n. Chr.) einer Drachme gleichgestellt; römische Sold- und Steuermünze; entsprach dem Taglohn (s. Mt 20,2)
As (Mt 10,29):
Bronzemünze, entspricht 1/16 Denar
Quadrans (Mt 5,26):
Bronzemünze, entspricht 1/64 Denar

III. Kalender und Festtage

1. Zeit

Monate:	Kanaanäische Bezeichnung	Babylonische Bezeichnung
März/April (1)	Abib	Nisan
April/Mai (2)	Siw	(Ijjar)
Mai/Juni (3)		Siwan
Juni/Juli (4)		(Tammus)
Juli/August (5)		(Ab)
August/ September (6)		Elul
September/ Oktober (7)	Etanim	(Tischri)
Oktober/ November (8)	Bul	(Marcheschwan)
November/ Dezember (9)		Kislew
Dezember/ Januar (10)		Tebet
Januar/ Februar (11)		Schebat
Februar/ März (12)		Adar

Die in Klammer stehenden Bezeichnungen finden sich nicht in der Bibel.
Der Tag dauerte von Sonnenuntergang zu Sonnenuntergang. Das galt auch für den Sabbat (7. Tag = Freitagabend bis Samstagabend). Der Lichttag wurde in zwölf Stunden eingeteilt, von Sonnenaufgang gerechnet bis Sonnenuntergang. Die Nacht wurde zunächst in drei, dann unter römischem Einfluss in vier Nachtwachen (zu je »drei« Stunden) eingeteilt.
Der Monat wurde von Neumond an gerechnet und bestand aus neunundzwanzig oder dreißig Tagen.
Das Jahr war ein Mondjahr zu 353 bis 355 Tagen, das man etwa jedes dritte Jahr durch Einschub eines Schaltmonats auf das Sonnenjahr abstimmte. Bis zum Babylonischen Exil begann das bürgerliche und das kultische Jahr mit dem Monat Nisan, das wirtschaftliche Jahr mit dem Monat Tischri. Nach dem Exil wurde das bürgerliche Jahr dem wirtschaftlichen angeglichen.
Zur Zeit Jesu galten auch römische Monatsnamen (s. die deutschen Monatsnamen, die sich aus den römischen entwickelten). Daneben kannte man auch mazedonische Bezeichnungen, von denen aber nur drei im Alten Testament erwähnt sind: Dystros (Februar/März), Xanthikos (März/April) und Dioskoros (ein Schaltmonat).

2. Biblische Feste und Festzeiten

Die Feste im Allgemeinen haben sich aus drei Grundmotiven entwickelt, nämlich aus der Erinnerung:
1. an die ständige Wiederkehr der Ereignisse in der Natur (Ernte, Schafschur);
2. an bedeutsame Ereignisse im Familienleben (Entwöhnung des Kindes, Hochzeit) und
3. an geschichtliche Ereignisse im Leben des Volkes.

Mit der Zeit verbanden sich bei einigen Festen einige verschiedene Motive (vgl. Pascha, Laubhüttenfest).

Zu den biblischen Festen und Festzeiten gehören:

Sabbat (letzter Tag jeder Woche); vgl. Lev 23,3.

Neumond (erster Tag jedes Monats); vgl. Num 28,11.

Neujahrsfest (erster Tag jedes Jahres); vgl. Lev 23,23-25.

Das Pascha (am 14. und 15. Nisan, Frühlingsvollmond); vgl. Ex 12,1-14; Lev 23,4-8.

Das Fest der Ungesäuerten Brote (Anfang der Gerstenernte, anschließend an das Pascha); vgl. Ex 12,15-20.

Das Wochen- oder Pfingstfest (Weizenernte, fünfzig Tage nach dem Fest der Ungesäuerten Brote); vgl. Lev 23,15-22.

Der Versöhnungstag (fünf Tage vor dem Laubhüttenfest); vgl. Lev 16,2-34; 23,26-32.

Das Laubhüttenfest (Ende der Oliven- und Weinernte, vom 15. bis 22. Tischri); vgl. Lev 23,33-36.39-43.

Das Tempelweihfest (Erinnerung an die Weihe des Tempels 164 v. Chr.; Woche vom 25. Kislew); vgl. 1 Makk 4,36-59.

Das Purimfest (am 14. und 15. Adar); vgl. Est 9,20-32.

Das Sabbatjahr (alle sieben Jahre); vgl. Lev 25,2-7.

Das Jubeljahr (alle neunundvierzig Jahre); vgl. Lev 25,8-31.

IV. Zeittafel zur Geschichte des Alten und Neuen Bundes

Manche Daten können nur annäherungsweise angegeben werden. In anderen Tabellen wird man bisweilen stark abweichende Angaben finden.

Außerbiblische Daten	*Biblische Daten*
Vor 12000 v. Chr.: Die Altsteinzeit (Paläolithikum). Funde von Menschenknochen in Galiläa und am Karmel	
12000–8000: Die Mittlere Steinzeit (Mesolithikum). Erste Spuren von Ackerbau und Viehzucht	
8000–4000: Die Jungsteinzeit (Neolithikum). Gründung der ersten bekannten Stadt um 7000 (Jericho). Erste Keramikerzeugnisse um 5000	
4000–3200: Kupferzeit (Chalkolithikum). Entdeckung der Töpferscheibe. Erste Verwendung des Metalls	3760 v. Chr.: Schöpfung der Welt nach der jüdischen Zeitrechnung
3200–2200. Die Frühbronzezeit. In Süd-Mesopotamien entsteht die erste Schrift (Sumerer). Erste Staaten: In Babylonien Sumerer, dann Akkader; in Ägypten sog. Altes Reich (Pyramiden, Aufkommen des Handels)	
2200–1550: Die Mittlere Bronzezeit. Palästina beherrscht durch Ägypten	
21. Jh.: In Mesopotamien Gesetzessammlungen, von Ur-Nammu, Lipit-Ischtar und aus Eschnunna	

Außerbiblische Daten	*Biblische Daten*
Jerusalem, Aschkelon, Sichem, Bet-Schean etc. erwähnt in ägyptischen Texten des 20. und 19. Jh.	
1792–1750: Hammurapi (oder: Hammurabi) von Babel. Zerstörung von Mari	In der Patriarchenerzählung (Gen 11,10–50,26) gleichen verschiedene Gesetze und Bräuche den Rechtsbräuchen, die in altorientalischen Rechtsurkunden bezeugt sind. Um diese Zeit (zwischen 2000 und 1400) kommen die Patriarchen von Mesopatamien und aus dem Ostjordanland nach Kanaan (nähere Zeitbestimmung nicht möglich)
1750–1550: Ägypten von den Hyksos beherrscht (Sammelbezeichnung für verschiedene Völker: Horiter, Amoriter etc.). Hauptstadt Tanis (bibl. Zoan)	Die größte Stadt in Kanaan ist Hazor (vgl. Jos 11)
1740–1200: Reich der Hetiter (von Anatolien bis zeitweise nach Kanaan)	
1550–1200: Die Spätbronzezeit	
Um 1550: Vertreibung der Hyksos aus Ägypten	Kanaan unter ägyptischer Kontrolle
Um 1468: Nach der Schlacht bei Megiddo dehnt Ägypten seine Herrschaft bis zum Eufrat aus	
1417–1379: In Ägypten herrscht Amenophis III.	Nach 1400: »Söhne Jakobs« in Ägypten (Gen 37 – Ex 11)
1379–1362: In Ägypten herrscht Amenophis IV. (Echnaton). Amarnabriefe: u.a. Korrespondenz der kanaanäischen Herrscher, in akkadischer Sprache, mit dem	

Außerbiblische Daten	*Biblische Daten*
Hof der beiden Pharaonen	
1304–1237: Ramses II. in Ägypten	Um 1250: Exodus (Auszug) der Israeliten aus Ägypten, Mose (Ex 12–14)
	Um 1230: Ansiedlung der Hebräer unter Josua in Palästina (Jos 1–12)
Um 1200: Zerfall des Hetiterreiches	
1200–900: Eisenzeit I	
Um 1190: Ansiedlung der Philister in Kanaan. Niedergang Ugarits. Ende der Mykenischen Kultur. Aramäer in Ost-Syrien	1200–1020: Richterzeit (Ri)
	1020–1000: Saul, erster König Israels (1 Sam 9–31)
	1000–961: Regierungszeit Davids (2 Sam 2–1 Kön 2)
	961–931: Salomo (1 Kön 2–11); Tempelbau in Jerusalem
	931: Zerfall des salomonischen Reiches in zwei Teile: Israel, d.h. Nordreich, und Juda, d.h. Südreich (1 Kön 12, 1–19)
945–924: Schischak herrscht in Ägypten	931–914: Rehabeam König von Juda (1 Kön 14, 21–31)
	924: Palästinafeldzug des Pharao Schischak (1 Kön 14, 25f)
	931–910: Jerobeam I., König von Israel (1 Kön 12,20–14,20)
	914–912: Abija von Juda (1 Kön 15, 1–8)
	911–871: Asa von Juda (1 Kön 15,9–24)
	909: Nadab von Israel (1 Kön 15,25–32)
	909–886: Bascha von Israel (1 Kön 15,33–16,7)
900–550: Eisenzeit II	885: Ela von Israel (1 Kön 16,8–14)
	885: Simri von Israel (1 Kön 16,15–20)
	885–874: Omri von Israel (1 Kön 16,21–28)
Vor 875: Ben-Hadad I., König der Aramäer in Damaskus	885–881: Kämpfe um die Herrschaft zwischen Omri und Tibni (1 Kön 16,21f)

Außerbiblische Daten	*Biblische Daten*
859–824: Salmanassar III. in Assur	873–853: Ahab von Israel (1 Kön 16,29–22,40). Die Propheten Elija und Elischa
Vor 841: Ben-Hadad II. in Damaskus	854: In der Schlacht bei Karkar kämpft Ahab als Verbündeter der Aramäer von Damaskus gegen die Assyrer
Um 850: Mescha, König von Moab	871–848: Joschafat von Juda (1 Kön 22,41–51)
	853–852: Ahasja von Israel (1 Kön 22,52–2 Kön 1,17)
	852–841: Joram von Israel (2 Kön 3)
	848–841: Joram von Juda (2 Kön 8,16–24)
	841: Ahasja von Juda (2 Kön 8,25–29)
	841–813: Jehu von Israel (2 Kön 9f)
	840: Jehu zahlt Tribut an Salmanassar III.
	840–835: Atalja von Juda (2 Kön 11)
810–782: Adad Nirari III. in Assur	835–796: Joasch von Juda (2 Kön 12)
	813–797: Joahas von Israel (2 Kön 13,1–9)
	797–782: Joasch von Israel (2 Kön 13,10–14,16)
	796–767: Amazja von Juda (2 Kön 14,1–22)
Vor 797: Hasaël in Damaskus	
753: Gründung Roms	782–747: Jerobeam II. von Israel (2 Kön 14,23–29)
	767–739: Asarja (Usija) von Juda (2 Kön 15,1–7). Propheten Amos und Hosea
	747: Secharja von Israel (2 Kön 15,8–12)
	747: Schallum von Israel (2 Kön 15,13–15)
745–727: Tiglat-Pileser III. in Assur und Babel (hier unter dem Namen Pul)	747–742: Menahem von Israel (2 Kön 15,14–22)

Außerbiblische Daten	*Biblische Daten*
	742–740: Pekachja von Israel (2 Kön 15,23–26)
740–730: Rezin, Usurpator in Damaskus	740–731: Pekach von Israel (2 Kön 15,27–31)
	739–734: Jotam von Juda (2 Kön 15,32–38). Die Propheten Jesaja und Micha
	734–728: Ahas von Juda (2 Kön 16). Syrisch-efraimitischer Krieg
727–722: Salmanassar V. in Assur und Babel	731–722: Hoschea von Israel (2 Kön 17,1–7)
722–705: Sargon II. König in Assur, seit 710 auch von Babel	722: Eroberung Samarias und Untergang des Nordreiches (2 Kön 17)
	728–699: Hiskija von Juda (2 Kön 18–20)
721–710: Merodach-Baladan II., König v. Babel	699–643: Manasse (2 Kön 21,1–18)
705–681: Sanherib in Assur und Babel. 689 Zerstörung Babels. Ninive Hauptstadt des neuassyrischen Reiches	
690–664: Tirhaka in Ägypten	
681–669: Asarhaddon von Assur erobert Ägypten; Wiederaufbau Babels	
669–627: Assurbanipal in Assur und Babel, berühmt durch seine große Bibliothek. In der Folgezeit langsamer Zerfall des Reiches	642–641: Amon (2 Kön 21,19–26)
	641–609: Joschija (2 Kön 22,1–23,30). Die Propheten Jeremia, Nahum, Habakuk (?) und Zefanja
625–605: Nabopolassar wird König in Babel, 614 erobert er mit Hilfe der Meder die Stadt Assur, 612 Ninive. Ende des neuassyrischen Reiches	609: Joahas (2 Kön 23,31–35)

Außerbiblische Daten	*Biblische Daten*
610–595: Necho II. in Ägypten. Unterliegt 605 bei Karkemisch den Babyloniern	
605–562: Nebukadnezzar in Babylonien	609–598: Jojakim (2 Kön 23,36–24,7)
	597: Jojachin (2 Kön 24,8–17)
	597–586: Zidkija (2 Kön 24,18–25,7)
	586: Eroberung Jerusalems und Untergang des Südreiches Juda (2 Kön 25,8–26)
556–539: Nabonid in Babylonien	586–538: Babylonische Verbannung = Babylonisches Exil (2 Chr 36,17–23). Die Propheten Ezechiel, Obadja, Deuterojesaja
550–545: Belschazzar Mitregent in Babel	
550–330: Persische Zeit	
538–530: Kyrus von Persien erobert Babel und gründet das persische Weltreich (Aufstieg zur Macht seit 559) unter der Dynastie der Achämeniden	538: Edikt des Kyrus (Esra 1,1–4)
530–522: Kambyses von Persien; erobert 525 Ägypten	
522–486: Darius I. von Persien. Teilt das persische Reich in 29 Satrapien ein	um 525: Serubbabel, Statthalter von Juda (Esra 3,2.8). Die Propheten Haggai und Sacharja
510: Rom wird Republik	
486–465: Xerxes I.	
480: Schlacht bei den Thermopylen. Kriege Persiens mit Athen	
465–423: Artaxerxes I.	458–428: Esra (?) Der Prophet Maleachi
	445–425: Nehemia, Statthalter von Juda
423–404: Darius II.	

Außerbiblische Daten	*Biblische Daten*
404–359: Artaxerxes II.	398: Esra (?)
336–331: Darius III., besiegt 333 bei Issus und 331 bei Arbela durch Alexander d. Großen. Niedergang des persischen Reiches	
330–64: Hellenistische Zeit	
323: Tod Alexanders des Großen	
323–305: Kämpfe der Diadochen um die Nachfolge Alexanders	
323: Ptolemäus wird Satrap von Ägypten, Seleukus Satrap von Babel	
312: Beginn der seleuzidischen Zeitrechnung	
305–283: Ptolemäus I., König von Ägypten	
305–281: Seleukus I., König von Babylon	
320–198: Ständiger Kampf zwischen Ptolemäern u. Seleuziden um Palästina	
285–246: Ptolemäus II. in Ägypten	Um 250: Beginn der griechischen Übersetzung der Bibel (Septuaginta)
261–246: Antiochus II. in Syrien	
221–203: Ptolemäus IV. in Ägypten	
223–187: Antiochus III. in Syrien	
198: Schlacht bei Paneas; Syrien und Palästina endgültig unter der Herrschaft der Seleuziden	
187–175: Seleukus IV. Philopator	Vor 170: Onias III., Hoherpriester (2 Makk 3,1–4,38)
175–164: Antiochus IV. Epiphanes	167: Aufstand der Makkabäer (1/2 Makk)
	167–166: Mattatias (1 Makk 2)
	166–161: Judas (1 Makk 3,1–9,22)

Außerbiblische Daten	*Biblische Daten*
164–162: Antiochus V. Eupator; sein Vormund Lysias	
162–150: Demetrius I. Soter	161–143: Jonatan (1 Makk 9,23–12,52). Hoherpriester Alkimus, seit 153 Jonatan
150–145: Alexander Balas	
149–146: Dritter punischer Krieg und Zerstörung Karthagos. Griechenland römische Provinz.	
145–140 und 129–125: Demetrius II. Nikator	143–135: Simeon (1 Makk 12,53–16,17), seit 141 unabhängiger Herrscher, von Rom anerkannt
145: Antiochus VI. Dionysos kämpft gegen Demetrius II. mit Unterstützung seines Vormunds Tryphon	
141–139: Tryphon tritt die Nachfolge des auf seinen Befehl hingerichteten Antiochus VI. an	
139–129: Antiochus VII. Sidetes	134–104: Johannes Hyrkanus I. (1 Makk 16), Hoherpriester und Ethnarch
133: Tod des Tiberius Gracchus	
125–96: Antiochus VIII.	103–76: Alexander Jannäus. Entstehung der starken religiös-politischen Gruppierungen (Essener, Pharisäer, Sadduzäer)
83–69: Tigranes I., der Armenier, erobert Syrien, wird jedoch durch die Römer verdrängt; kurze Regierung des Antiochus XII. Asiaticus	
82–79: Diktatur Sullas in Rom	76–67: Salome Alexandra
70–19: Vergil, röm. Dichter	
66: Pompeius römischer Befehlshaber im Osten	

Außerbiblische Daten	*Biblische Daten*
64: Syrien römische Provinz	(67) 63–40: Johannes Hyrkanus II. Ihm wurde Antipater, ein Sohn des Strategen von Idumäa gleichen Namens, als Hausverwalter durch Julius Cäsar aufgezwungen
64 v. Chr.–330 n. Chr.: Römische Zeit	
51–30: Kleopatra VII., Königin in Ägypten	40–37: Mattatias Antigonus II., der letzte König der makkabäischen Dynastie
47–44: Julius Cäsar	
41–30: Marcus Antonius	(40) 37 bis 4 v. Chr.: Herodes der Große (bzw. der Ältere), Sohn des Antipater, König über Judäa, Galiläa, Samarien, Idumäa und Peräa
27 v. Chr.–14 n. Chr.: Oktavianus Augustus, Kaiser in Rom	
13 v. Chr.–45/50 n. Chr.: Philo von Alexandria, jüdischer Religionsphilosoph	
	7/6 v. Chr.: Geburt Jesu (erste Volkszählung, Zensus des Quirinius? S. Lk 2,2)
6–4 v. Chr.: Quintilius Varus, Statthalter von Syrien	
5 v. Chr.–65 n. Chr.: Seneka	
	4 v. Chr.: Tod des Herodes und Verteilung seines Reiches unter die Söhne Archelaus (Ethnarch von Judäa, Idumäa und Samarien), Antipas (bis 39 n. Chr. Tetrarch von Galiläa und Peräa) und Philippus (bis 34 n. Chr. Tetrarch von Nordtransjordanien)
1 v. Chr.: Germanien wird römische Provinz	
6/7 n. Chr.: Quirinius, Statthalter von Syrien	6 n. Chr.: Archelaus wird entthront; Judäa, Idumäa und Samarien werden

Außerbiblische Daten	*Biblische Daten*
	römische Provinz. Volkszählung, Zensus des Quirinius. Zusammenschluß der sog. Zeloten; Unruhen unter Judas dem Galiläer
	6–15 n. Chr.: Hannas Hoherpriester
14–37: Tiberius, Kaiser von Rom	
	17–22: Gründung von Tiberias durch Herodes Antipas
	18–37: Josef Kajaphas, Hoherpriester
	26–36: Pontius Pilatus, römischer Statthalter in Judäa
	27/28–29: Öffentliches Wirken Johannes' des Täufers
	27/28: Taufe Jesu
	29: Enthauptung des Täufers
	30?: Kreuzigung Jesu (7. April/14. Nisan)
	um 33: Märtyrertod des Stephanus
	33/35: Bekehrung des Paulus
37: Geburt des jüdischen Historikers Flavius Josephus	
39: Petronius, Legat von Syrien	
41–54: Klaudius, Kaiser in Rom	41–44: Herodes Agrippa I., König von ganz Palästina
	42: Hinrichtung des Apostels Jakobus des Älteren
43–120: Der Philosoph Plutarch	
	um 48/49: Apostelkonzil in Jerusalem
	49: Klaudius weist die Juden (und Judenchristen) aus Rom aus
50–100: Herodes Agrippa II., Ethnarch, seit 53 König über Nordpalästina	50: Herodes, König von Chalkis
50–130: Der Philosoph Epiktet	50/1–52/3: Paulus zum ersten Mal in Korinth

Außerbiblische Daten	*Biblische Daten*
	51/52 oder 52/53: Gallio, Prokonsul von Achaia/Korinth
	53/4–55/6: Paulus in Ephesus
54: Ermordung des Kaisers Klaudius 54–68: Kaiser Nero 55–120: Der Historiker Tacitus	
	56–58: Paulus erneut in Korinth 58: Reise des Paulus nach Jerusalem 58/59: Paulus in Haft in Jerusalem und Cäsarea bis 59/60: Felix, Statthalter von Judäa ab 59–60: Porzius Festus, Statthalter von Judäa
61–114: Plinius der Jüngere	60/61: Fahrt des Paulus nach Rom 61/62: Gefangenschaft des Paulus in Rom 62: Ermordung des Hohenpriesters Jonatan 62/3: Hannas II., Sohn des Hannas I., Hoherpriester, läßt Jakobus, »den Bruder des Herrn«, hinrichten
64: Brand Roms. Christenverfolgung unter Nero	63/4 oder 65/67: Reise des Apostels Paulus nach Osten (Pastoralbriefe) und nach Westen (Spanien)? 64 oder 67: Hinrichtung des Petrus und Paulus in Rom 66: Statthalter Florus 66–70: Aufstand der Zeloten in Palästina. Einführung des Opfers für den Kaiser. Flucht der Christen aus Jerusalem nach Pella in Ostjordanien
68: Selbstmord Neros 68: Zerstörung von Qumran	

Außerbiblische Daten	*Biblische Daten*
69–79: Kaiser Vespasian	
70: Geburt des römischen Biographen Suetonius	70: Eroberung Jerusalems durch Titus und Zerstörung des Tempels
70–80: Bau des Kolosseums in Rom	70–80: Judenchristen aus Palästina kommen nach Ephesus, unter ihnen der Presbyter Johannes (?)
73: Judäa wird römische Provinz	
79–84: Kaiser Titus	
79: Ausbruch des Vesuv	
81–96: Kaiser Domitian	
um 90: Verfolgung von Philosophen, Gelehrten, Christen in Rom und im Osten des Reiches	
96–98: Kaiser Nerva	
98–117: Kaiser Trajan	
um 100: Die Synode von Jamnia: Ausschluß der Judenchristen aus der Synagoge	
111: Kaiser Trajan erklärt das Christentum für illegal (Edikt des Trajan)	
117–138: Kaiser Hadrian	
132–135: Zweiter jüdischer Aufstand unter Ben Kosiba (Bar Kochba). Völlige Zerstörung Jerusalems. Vertreibung der Juden aus Judäa. Jerusalem wird als heidnische Stadt neu aufgebaut: Colonia Aelia Capitolina mit einem Jupitertempel	

V. Karten

Karte 1: Der Nahe Osten

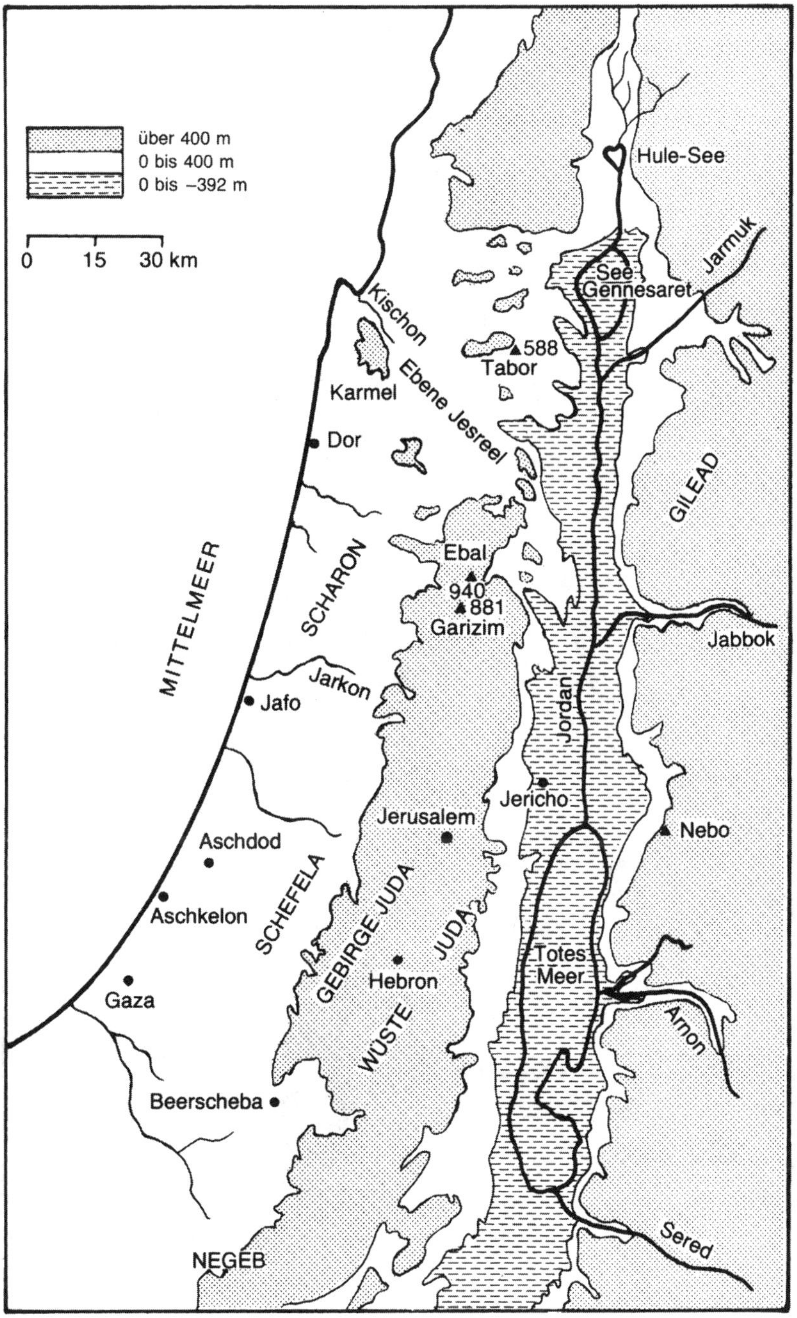

Karte 2: Physikalische Karte Palästinas

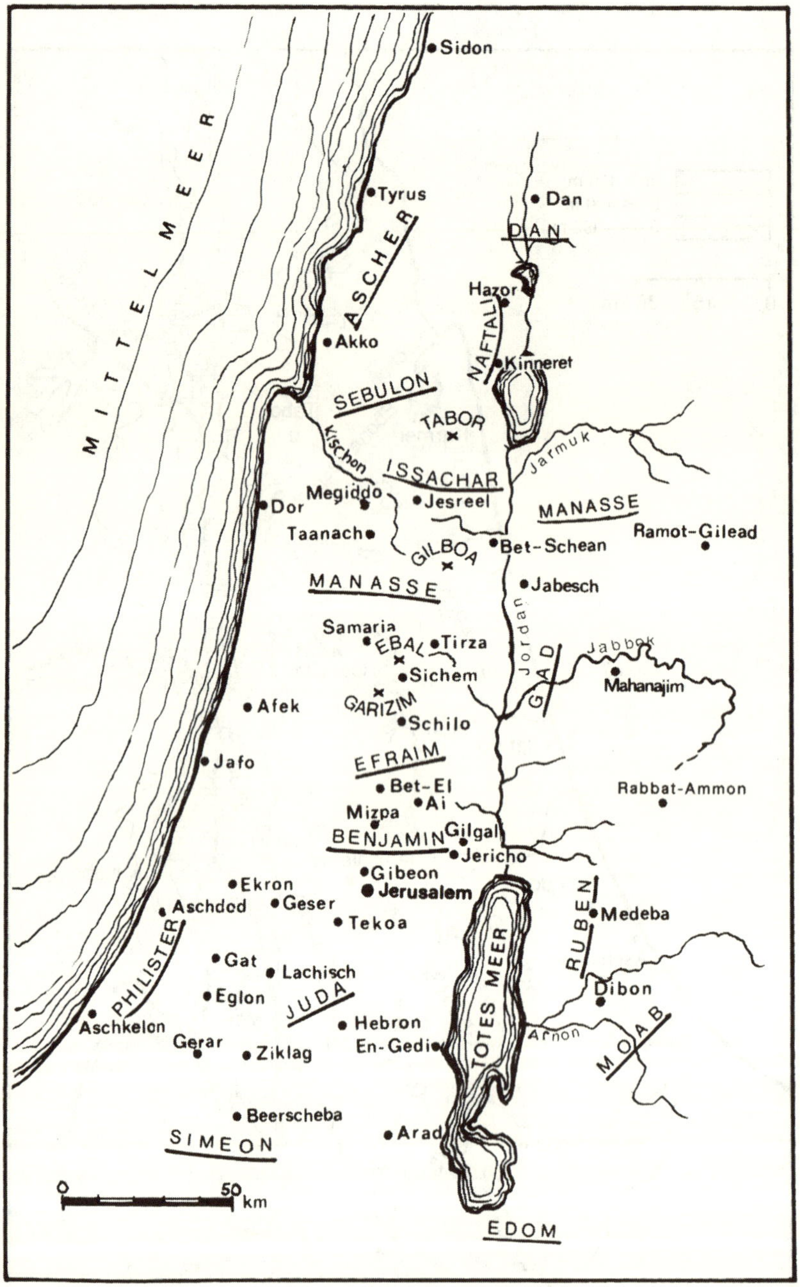

Karte 3: Siedlungsgebiete der israelitischen Stämme

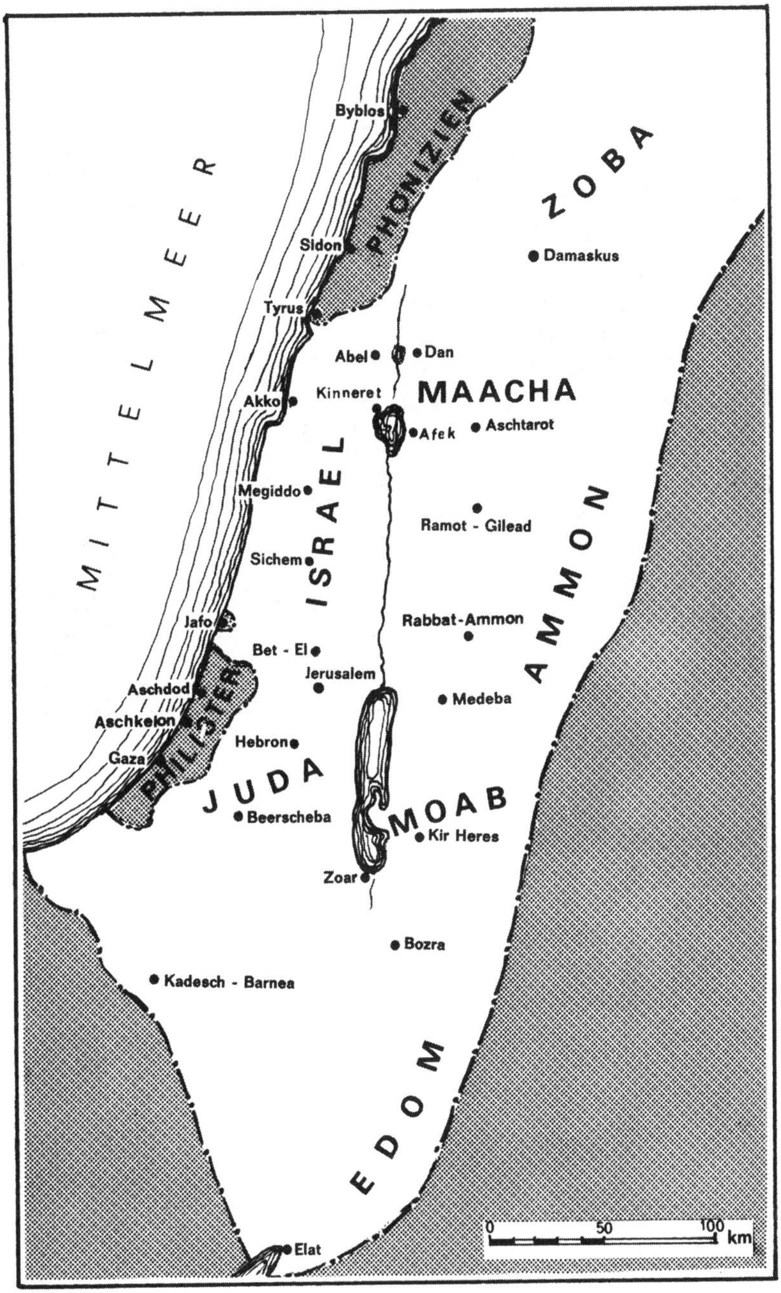

Karte 4: Das Reich Davids

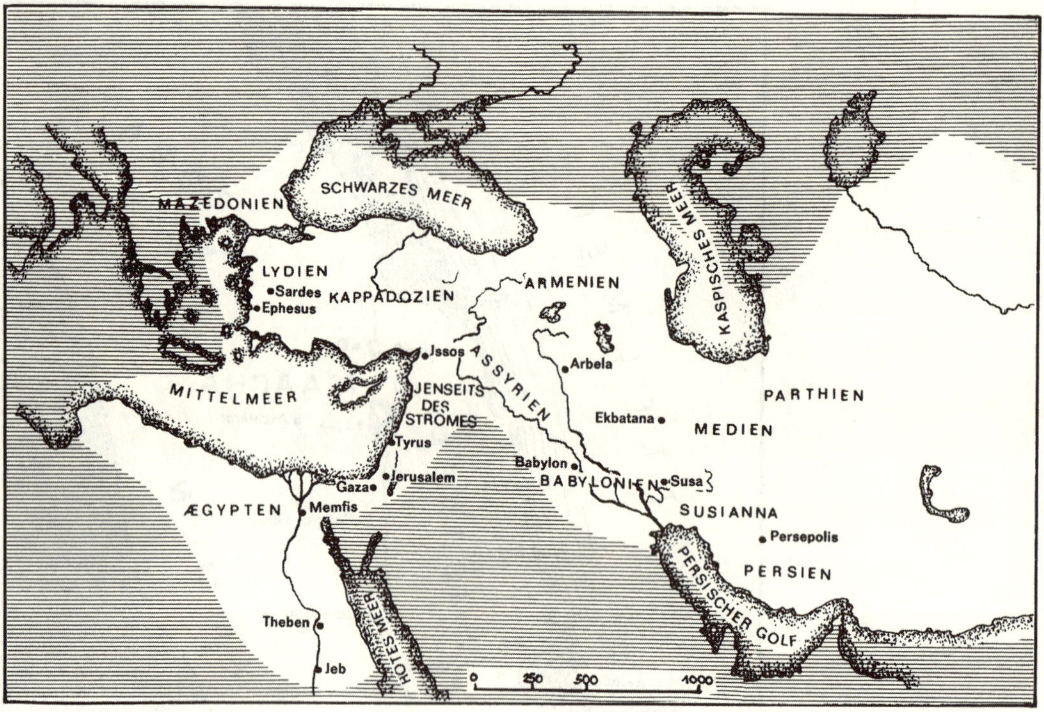

Karte 5: Das persische Reich

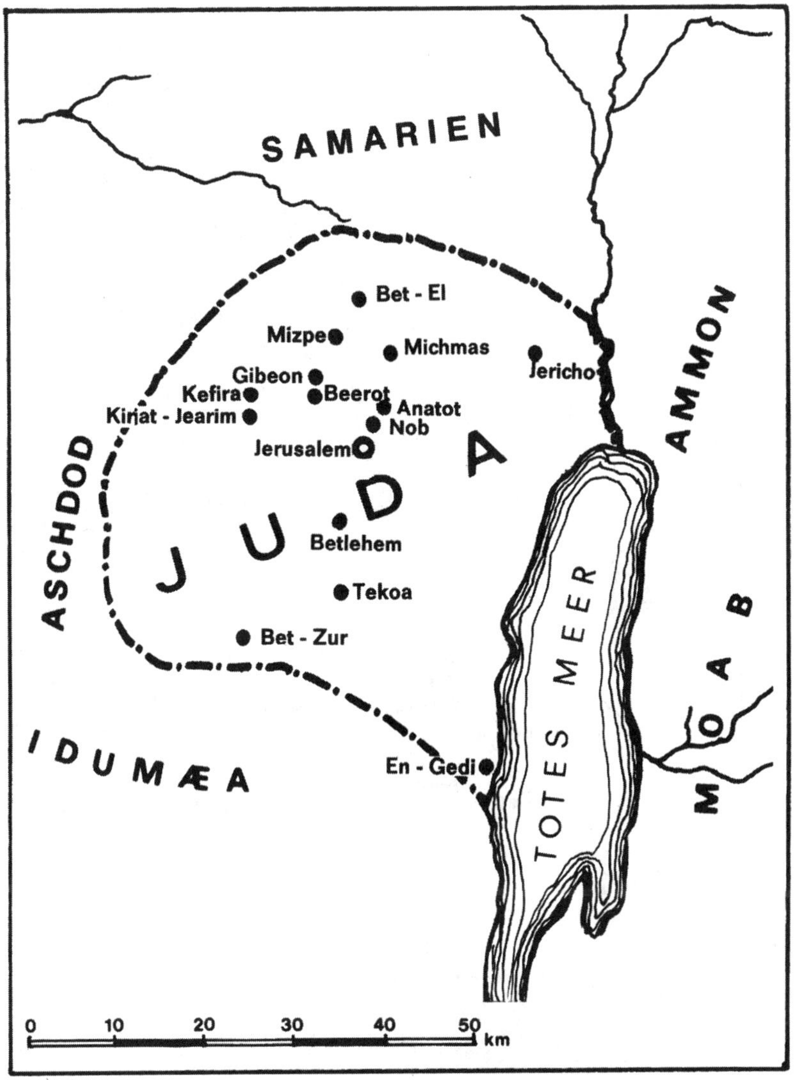

Karte 6: Juda in persischer Zeit

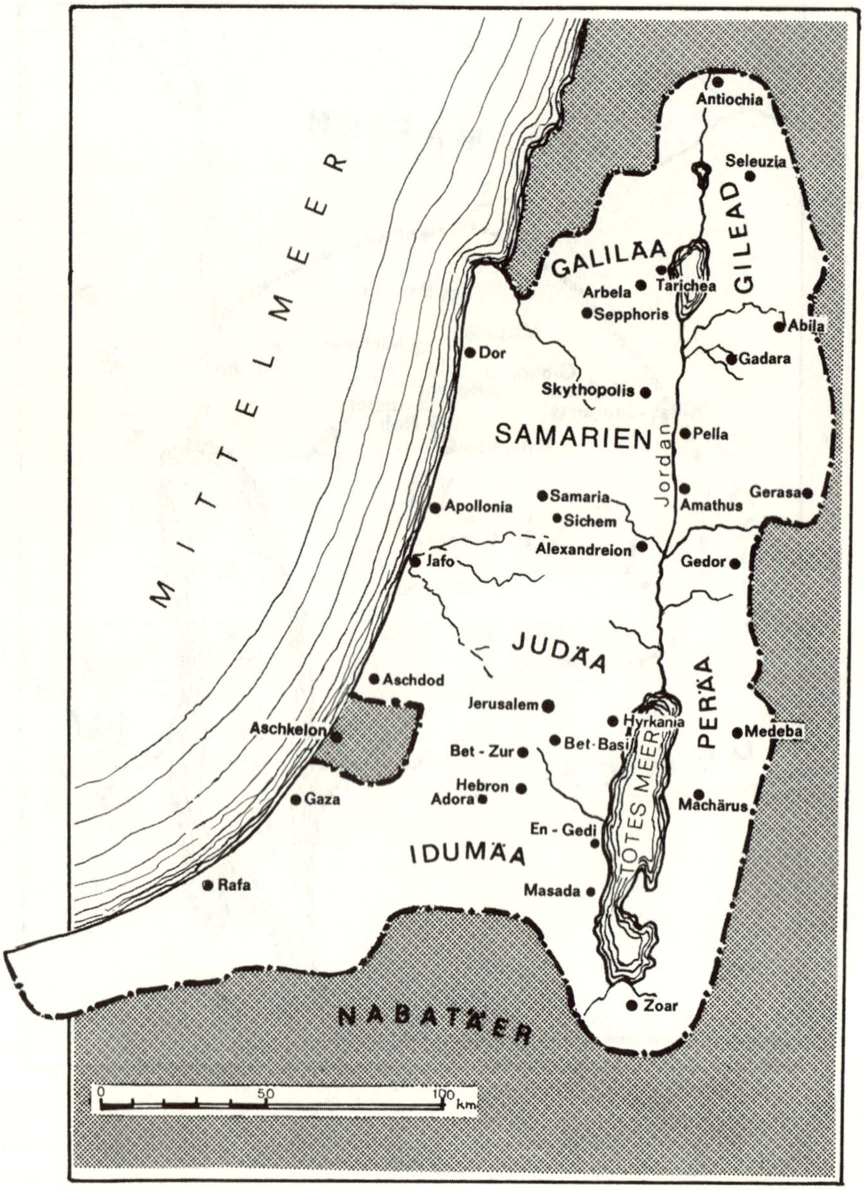

Karte 7: Der jüdische Staat in der Makkabäer-Zeit

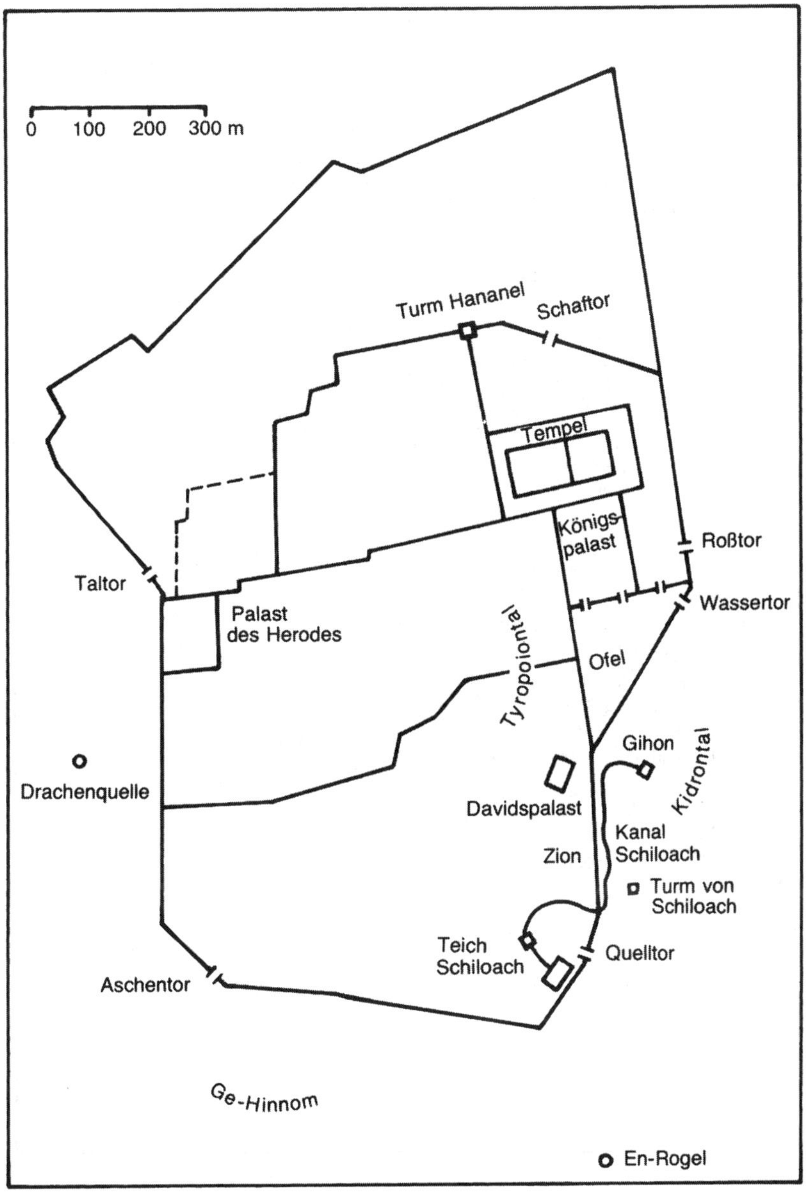

Karte 8: Jerusalem im Alten Testament

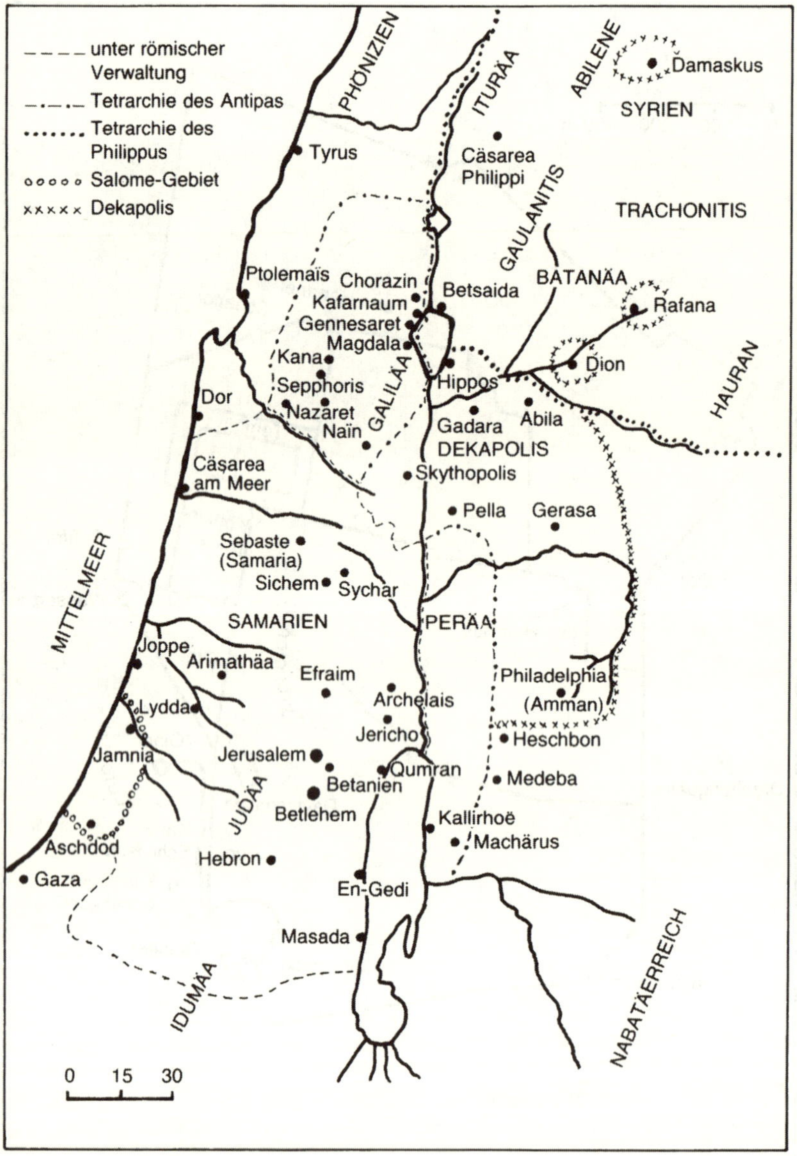

Karte 9: Palästina zu Beginn des 1. Jahrhunderts n. Chr.

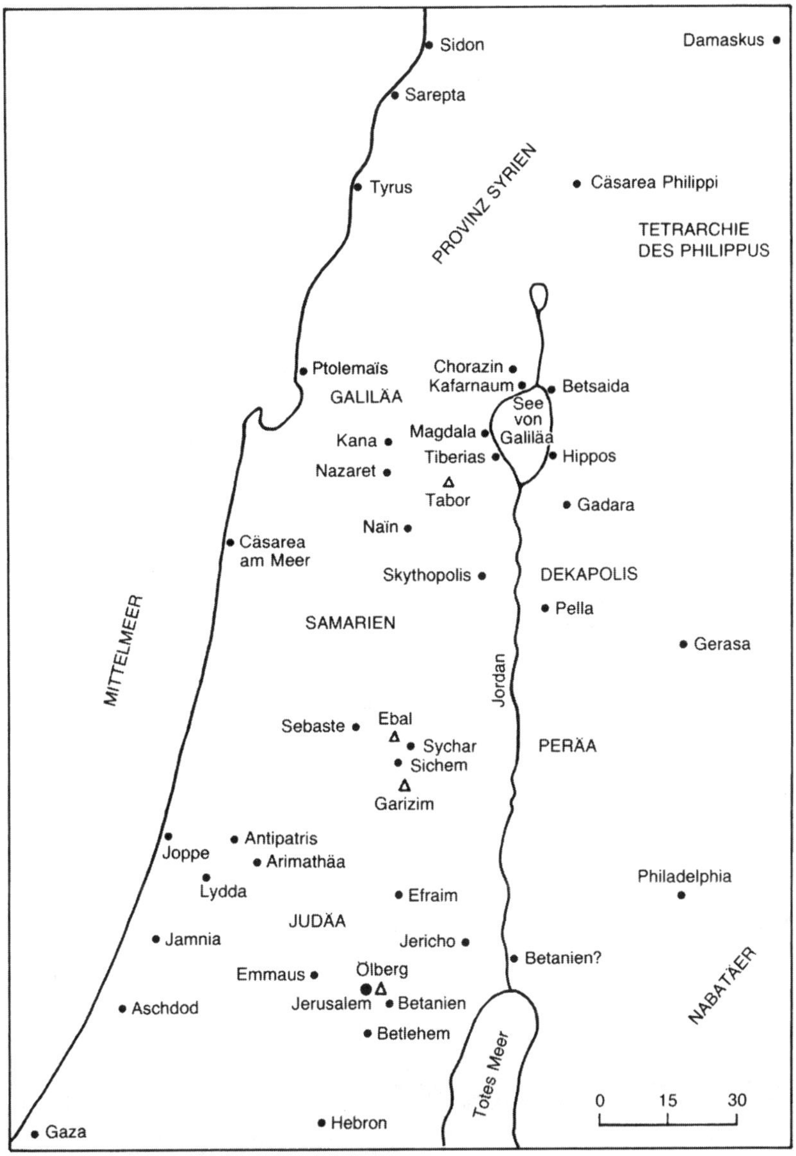

Karte 10: Palästina zur Zeit des Neuen Testaments

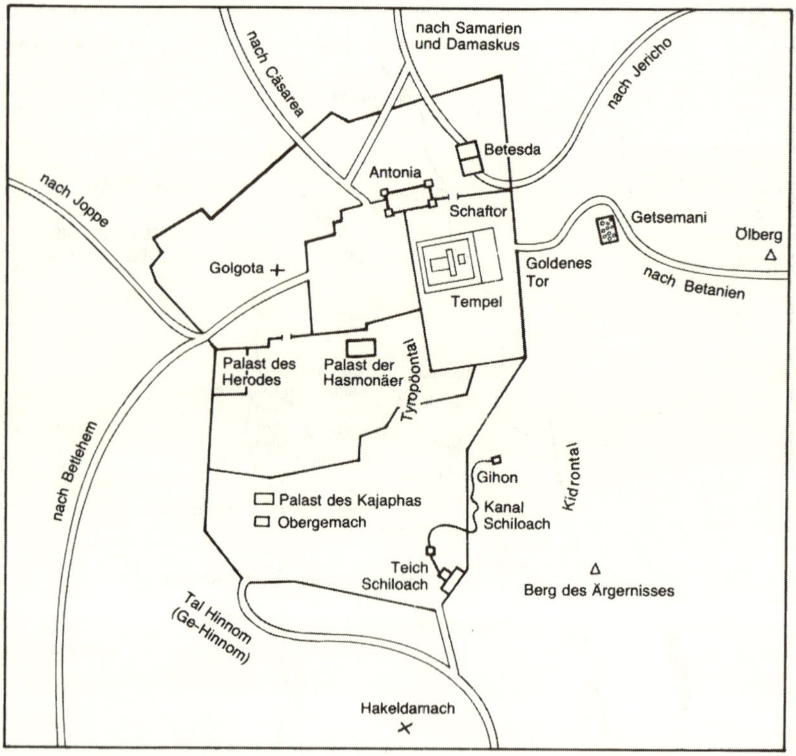

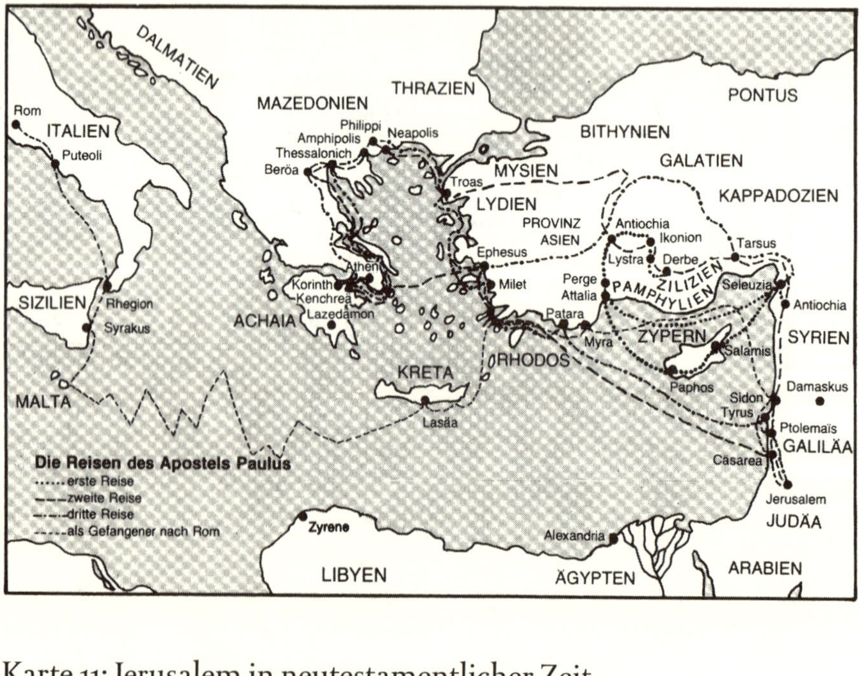

Karte 11: Jerusalem in neutestamentlicher Zeit
Karte 12: Die Reisen des Apostels Paulus